Harald Sommerfeld

Mit Gott in der Stadt

Harald Sommerfeld

Mit Gott in der Stadt

Die Schönheit der urbanen Transformation

Transformationsstudien Band 8

francke

Über den Autor:
Harald Sommerfeld lebt in Berlin, wo er eine stadtteilrelevante Gemeindearbeit mit aufgebaut hat. Gegenwärtig arbeitet er freiberuflich als Netzwerker, als Berater für urbane Transformation und als Praxisdozent des Instituts für Transformationsstudien in Kassel. Außerdem ist er Vorsitzender der ökumenischen Initiative „Gemeinsam für Berlin".

Reihe Transformationsstudien / Francke
Herausgeber: Tobias Faix & Johannes Reimer

Die Reihe „Transformationsstudien" ist ein interdisziplinäres Projekt, in dem die Fachbereiche Theologie, Sozialwissenschaften und Diakonie verbunden werden. Sie beschäftigt sich mit der Wechselwirkung von gesellschaftlichen Veränderungen, Theologie und Kirche.

Band 8: Mit Gott in der Stadt

Bibliografische Information Der Deutschen Bibliothek
Die Deutsche Bibliothek verzeichnet diese Publikation in der Deutschen Nationalbibliografie; detaillierte bibliografische Daten sind im Internet über http://dnb.ddb.de abrufbar.

ISBN 978-3-86827-579-7

35037 Marburg an der Lahn
Umschlaggestaltung: Verlag der Francke-Buchhandlung GmbH
Umschlagbilder: © iStockphoto.com /Krulua
© Pixabay: ClkerFree VectorImages
Satz: Verlag der Francke-Buchhandlung GmbH
Printed in Czech Republic

www.francke-buch.de

Meiner Stadt Berlin,
die mich gelehrt hat,
und meiner Frau Hanna,
die bereit war,
mit mir dorthin zu gehen

Inhalt

Über dieses Buch

Harald Sommerfelds Buch füllt nicht nur eine Marktlücke, weil es Vergleichbares bisher nicht gibt. Es ist auch ein vielfältig nutzbares Handbuch für persönliches Engagement und kirchliches Handeln in der Stadt. Wie ich aus jahrelanger eigener Anschauung weiß, schreibt hier kein Schreibtischtäter, sondern ein Stadtliebhaber. Lust und Last, Schönheit und Brüche im „Zukunftslabor Berlin“ hat er selber durchlebt, durchwandert und „durchglaubt“. Was er hier und in anderen Städten Europas sieht, reflektiert und diskutiert er, durchdringt er mit seinem profunden biblischen Glauben und seinem analytisch-systemischen Denken. Dabei ist ihm ein Kunststück gelungen: Das Buch ist auf dem aktuellen Standard der Stadt-Soziologie und doch mit Vergnügen und Gewinn lesbar für engagierte nicht-professionelle Stadt-Christen. Es wird *das* Standardbuch für christliche Arbeit in der Großstadt werden!

Axel Nehlsen, evang. Pfarrer,
bis 2016 Geschäftsführer bei „Gemeinsam für Berlin“

Vorwort der Herausgeber

Ich gebe zu: Ich bin ein Fan des Urbanen. Als Soziologe liebe ich es, durch die Straßen einer belebten Stadt zu schlendern. Mich dabei überraschen zu lassen von interessanten oder bizarren Details: eine vegane Dönerbude, das „Bestattungsinstitut Schwermut" oder die Massen von Hipstern auf einem angesagten Flohmarkt, die alle auf sehr ähnliche Weise versuchen individuell zu erscheinen. Überhaupt könnte ich stundenlang die Menschen beobachten. Das pulsierende Leben einer Stadt, ein lebender Organismus in beständiger Veränderung.

Und ich gebe zu: Ich stehe auf Transformation. Nicht eine beliebige Veränderung, sondern eine von Gott zum Besten der Stadt bewirkte. Das Vertrauen darauf, dass Gottes Wirken größer ist als meine Vorstellung davon. Der Glaube, dass Gott durch uns, aber auch jenseits der Grenzen und Begrenztheiten von Kirche und Gemeinde im (für mich) Verborgenen wirkt. Und die Hoffnung, dass er auch in jenen Veränderungen am Werk ist, die uns zu schaffen machen und als unüberwindbare Herausforderung erscheinen.

Da ich also ein Fan des Urbanen wie der Transformation bin, ist es kaum verwunderlich, dass ich das vorliegende Buch mit großer und wachsender Begeisterung gelesen habe. Es ist eines dieser Bücher, das man liest und sich wünscht, dass es möglichst viele Leser bekommt. Bei dem man schon beim Lesen darüber nachdenkt, wie andere dieses Buch lesen und sich von der Begeisterung anstecken lassen, die man selbst gerade spürt.

Daher bin ich der Überzeugung, dass dieses Buch auch für jene ein großer Gewinn ist, die auf dem Land leben und sich in Städten eher unwohl fühlen. Und ich bin überzeugt, dass diejenigen, die dem Begriff der Transformation und den Gedanken einer Transformationstheologie eher skeptisch bis kritisch gegenüberstehen, nach diesem Buch noch einmal ganz neu nachdenken.

Doch worum geht es überhaupt in diesem Buch? Im Grunde geht es ganz wörtlich um eine Verortung des Glaubens mit dem Ziel einer missionarischen Erneuerung. Menschen leben nicht nur in der Zeit, sondern auch im Raum. Viel ist in den letzten Jahren darüber gesprochen worden, dass wir in einer veränderten Zeit leben, die den christlichen Glauben ganz neu herausfordert. Ein Aspekt ist dabei oft zu wenig beleuchtet worden: Damit Glaube zeitgemäß ausgedrückt und gelebt werden kann, muss er entsprechend verortet werden. Denn allzu oft bekommt der zeitgemäße Glaube einen modernen bzw. postmodernen Anstrich, bleibt im Grunde jedoch vormodern. Und vormodern bedeutet zugleich: ländlich und nicht städtisch. Anders gesagt: Viele Menschen wollen die Kirche noch immer im Dorf lassen. Und selbst dort, wo sie in der Stadt angekommen ist, ist sie oft dörflich geblieben. Dieses Buch stellt die Frage: Wie kommt sie wirklich in die Stadt? Wie kann sie sich dort so verorten, dass Glaube urbane Gestalt gewinnt und das Evangelium seine verändernde Kraft entfalten kann?

Dazu müssen wir einerseits wissen, was Urbanität bedeutet, also was städtisches Leben ausmacht und wie die postmoderne Stadt in ihren zahlreichen Facetten verstanden werden kann. Genau dies wird im Buch auf ebenso wohlinformierte wie unterhaltsame und gut verständliche Weise dargestellt. Zum anderen ist aber auch eine theologische Verortung hilfreich. Es braucht eine Theologie des Raumes, die immer eine ganz praktische Seite hat. So erfahren die Leser, wie urbane Spiritualität praktiziert werden kann, was urbane Seelsorge ausmacht und wie Christen und Gemeinden sich an der Mitgestaltung der Stadt beteiligen können.

Das Großartige aber ist: Dieses Buch informiert nicht nur, vielmehr steckt es an. Es macht Lust darauf, mit Gott in der Stadt unterwegs zu sein. Ihn in seinem Wirken zu entdecken und daran teilzuhaben. Sich als Kirche, Gemeinden und Gemeinschaften herauslocken zu lassen, sein Licht nicht unter den Scheffel zu stellen, sondern ein lebendiger Teil der Stadt zu werden – gewissermaßen urbanes Salz.

Wer mich kennt, weiß, dass ich nicht so oft von einem Buch schwärme und mir Kritik leichter fällt als das Lob. Aber man merkt dem Buch an, dass hier ein besonderer Mensch gewissermaßen ein Lebenswerk vorlegt. Harald Sommerfeld vereint wie nur wenige Menschen Dinge, die leider zu oft getrennt existieren, und genau dies zeichnet auch dieses Buch aus: sehr vielfältige und reichhaltige Lebenserfahrungen mit einem großen und überaus fundierten theologischen und soziologischen Wissen, großes und intensives Engagement mit einer existenziellen Gelassenheit, die Fähigkeit Geschichten zu erzählen mit der Fähigkeit zu komplexen fachlichen Analysen und nicht zuletzt die unbändige Liebe zu den Menschen mit der überbordenden Liebe zu Gott. Ganzheitlichkeit und Weisheit machen nicht nur die Schönheit der urbanen Transformation aus, sondern auch die Schönheit dieses Buches.

In diesem Sinne wünsche ich allen LeserInnen ein beflügelndes Leseerlebnis und vielfältige Erfahrungen mit Gott in der Stadt!

Advent 2015, Prof. Dr. Tobias Künkler, im Auftrag der Herausgeber

Vorwort des Autors

Die Entstehungsgeschichte dieses Buches begann am 5. Juli 1996. An diesem Tag zog ich mit meiner Familie nach Berlin. Meine Mission lautete: *Was geht mit Jesus in der Stadt?* Davor hatten wir 20 Jahre im kleinstädtischen Nordhessen gelebt. Ich hatte dort meine theologische Ausbildung absolviert, als Pastor gearbeitet und war elf Jahre Dozent an einem theologischen Seminar gewesen. Im Verlauf dieser Zeit wurde mir immer mehr bewusst, wie irrelevant die meisten Gemeinden, die ich kannte, für ihre Städte waren. Sie waren wertvolle Orte der Zugehörigkeit und des gemeinsamen Glaubens für die, die ihnen angehörten. Ihr Umfeld hätte allerdings kaum etwas vermisst, wenn sie nicht da gewesen wären. Das empfand ich als Herausforderung. Wenn Jesus der ist, als der er uns in der Bibel begegnet, dann muss er überall und zu allen Zeiten für Menschen und Städte von Bedeutung sein. Wir müssen nur für unsere Zeit und unsere Wohnorte neu herausfinden, wie seine Relevanz sichtbar wird. Diesem Ziel sollte die zweite Hälfte meines Lebens gehören.

Mir war klar, dass es nicht reichen würde, Bücher zu befragen und Stadtveränderung am grünen Tisch zu erfinden. Ich musste selbst raus in die Großstadt, um auf die Frage „Was geht mit Jesus in der Stadt?" eine Antwort zu finden. Gemeinsam mit meiner Familie wurde mir klar, dass Berlin die neue Heimat werden sollte. Also kündigte ich Job und Wohnung, noch bevor wir wussten, wo in Berlin unser Platz sein würde, und bereitete mich auf das Abenteuer urbane Mission vor. Ich wurde nicht enttäuscht. In den letzten fast zwanzig Jahren habe ich miterlebt, wie in Berlin und an vielen anderen Orten eine neue christliche Stadtbewegung entsteht. Meine Beteiligung an ihr änderte sich im Verlauf dieser Zeit und damit auch die Perspektive, aus der ich sie wahrgenommen habe. Deshalb beschreibe ich kurz die Phasen meiner Berliner Zeit, weil sie die Grundlage für die Vielfalt dieses Buches sind, und stelle die Initiativen vor, die jeweils im Vordergrund standen und die ich oft erwähnen werde.

Meine erste Station war die *Josuagemeinde* in Berlin-Spandau. Sie war drei Jahre vorher gegründet worden. Eine Gruppe von ungefähr 40 Leuten, bis dahin Mitglieder einer Freikirche in Berlin-Schöneberg, wollte Gemeinde für den eigenen Bezirk sein. Ich wurde ihr Pastor und lernte Basisarbeit in der Großstadt kennen. Die Gemeinde wuchs, wir fanden die ersten Schritte ins kommunale Leben. Auch als meine Zeit als Pastor vorbei war, blieb ich Mitglied der Gemeinde. Heute sind wir eine stadtrelevante Gemeinde, ein wichtiger und respektierter Akteur in Spandau. Wir sind auch – darauf bin ich stolz – eine inklusive Gemeinde. Bei uns sitzen Geschäftsleute neben Hartz-IV-Empfängern und in den letzten Jahren wird die Gemeinde zunehmend interkulturell. Meine Leser werden merken, wie sehr sie mich geprägt hat.

Auf diese Station folgte eine ungewöhnliche Phase: eine längere Zeit der Zurückgezogenheit. Nach mehr als fünf Jahren in der Josuagemeinde wurde mir klar, dass meine Zeit als Pastor vorbei war. Ich hatte keine Ahnung, wie die Zukunft aussehen würde, nur die Gewissheit, dass ich aussteigen und Zeit mit Gott verbringen sollte. Meine Frau was sicher, das Gleiche von Gott gehört zu haben, und so fassten wir den Entschluss, uns mit den drei Kindern, die noch zu Hause waren, dem Abenteuer der Versorgung durch Gott auszusetzen. Es wurden mehr als vier lange Jahre. Ich betete und wartete, was kommen würde. In dieser Zeit empfand ich mich wie eine Puppe – zwischen Raupe und Schmetterling. Ich war nicht mehr, was ich gewesen war, und ich war noch nicht, was ich sein würde. In dieser scheinbaren Ereignislosigkeit geschahen in mir wichtige Veränderungen.

Heute spreche ich von der Zeit meiner Entgiftung. Im Rückblick stelle ich fest, dass mein Leben bis dahin von einem ungesunden Ehrgeiz getrieben war. Wenn ich ehrlich bin, liebte ich zwar Gott und Menschen, aber noch mehr liebte ich den Dienst und suchte in ihm meinen Wert und meine Identität. Das alles war auf einmal weg. Wer war ich jetzt noch? Es war eine Art Tod und Neuanfang. Meine Beziehung zu Gott veränderte und vertiefte sich, eine spirituelle Grundlage für die urbane Mission, der meine Leser begegnen werden, wurde gelegt. An einem Punkt stellte ich mir die Frage, was von meinem bisherigen Leben sich wirklich gelohnt hatte. Vor meinem inneren Auge standen lauter Bilder von einzelnen Menschen, denen ich begegnet und für die unsere Begegnung wichtig gewesen war. Ich merkte, dass das Wichtigste in meinem Leben nicht große Aktionen sind, sondern die *eine* Person, mit der ich gerade zusammen bin. Eine andere Schlüsselerfahrung war für mich ein Vortrag, wie man andere für seine Vision gewinnt. Zehn Jahre früher hätte ich an den Lippen des Redners gehangen. Doch jetzt ließen mich seine Worte kalt. Ich spürte: Ich habe überhaupt keine Lust, andere für *meine* Ziele zu einzuspannen. Stattdessen merkte ich, ich würde glücklich sein, wenn ich anderen helfe, *ihre* Vision auszuführen.

Mein Leben wurde neu ausgerichtet: (1) Wenn ich nie wieder eine Predigt halte, einen Dienst tue, einen Erfolg habe, bin ich immer noch alles, was ich sein muss und will. Ich praktiziere die urbane Mission, solange ich kann, weil sie schön ist, nicht weil ich sie brauche. (2) Jeder einzelne Mensch ist kostbar, unabhängig davon, ob er für irgendwelche Ambitionen nützlich ist. (3) Ich möchte anderen in dem helfen, was Gott ihnen aufgetragen hat.

Nach dieser Zeit wurde ich von einer unerwarteten neuen Berufung überrascht – in die interkulturelle Arbeit. Wie es dazu kam, werde ich in Kapitel 22 erzählen. Meine Basis wurde und ist bis heute die Initiative *Gemeinsam für Berlin*. Sie war aus langjährigen Stadtgebeten von Pastoren und Leitern entstanden und ist eine Art Förderverein für ein Netzwerk der urbanen Mission. Meine Leser werden einiges über sie erfahren. Ich wurde als „Beauftragter für interkulturelle Beziehungen" angestellt – eine Beauftragung, die sich sowohl auf Migranten und ihre Kirchen bezog als auch auf die „jungen Wilden" der Stadt: Christen, die in den Gemeinden des Mainstream nicht so gut klar kamen, dafür aber mit vielen Milieus verbunden waren, die „normale" Gemeinden nicht erreichten. Manche Pastoren sahen in ihnen problematische Gestalten, wir sahen in ihnen Potenzial. Ich lernte die Weite und die Vielfalt der Kirche kennen und schätzen. Dieses Buch versucht, sie widerzuspiegeln. Zu ihr gehören Landeskirchen und Freikirchen, Katholiken und Protestanten, Migrationskirchen und „Christen ohne Gemeinde", Evangelikale, Pietisten, Charismatiker, Pfingstler, „Liberale" und Emergente. Ihnen allen gehört meine Wertschätzung, auch wenn ich meine eigene freikirchliche und (post-) charismatische Prägung nicht verberge.

2007 fehlte das Geld, um mich weiter zu beschäftigen. Ich machte mich selbständig und wurde „Berater für urbane Transformation". Meine Berufung zum Unterstützer für andere fand auch beruflich ihren Ausdruck. Viele neue Kontakte entstanden, weit über Berlin hinaus. Eine besondere Rolle spielt für mich der *Studiengang Gesellschaftstransformation*, der inzwischen an der CVJM-Hochschule in Kassel angedockt hat. Dort bin ich Gastdozent und vor allem Praxismentor. Ich bin begeistert über die vielen Projekte der urbanen Mission, die ich dadurch kennengelernt habe, und die großartigen Menschen, die in ihnen aktiv sind. Einige werde ich vorstellen. Sie haben dazu beigetragen, dass dieses Buch nicht berlinlastig ist, sondern auch viele Städte mit anderer Größenordnung und anderem Charakter im Blick hat.

Seit 2011 bin ich Vorsitzender von Gemeinsam für Berlin. In dieser Initiative habe ich viel darüber gelernt, wie christliche Einheit und Stadtnetzwerke (nicht) funktionieren. Ich hoffe, dadurch nicht nur für Projekt-Aktivisten, sondern auch für gesamtstädtische Strategen nützliche Hinweise geben zu können.

Irgendwann meldete sich bei mir der Forscherdrang. Nach vielen Erfahrungen in der urbanen Mission und viel *Learning by Doing* wollte ich mehr über die wissenschaftliche Erforschung der Stadt lernen. Ich fing an, mich autodidaktisch mit Stadtsoziologie zu beschäftigen, seit dem Sommersemester 2012 studiere ich Soziologie an der FernUniversität Hagen. Dieses Buch profitiert davon, indem sozialwissenschaftliche Erkenntnisse, theologisches Denken und praktische Erfahrungen einander ergänzen.

Um nicht den Fehler zu machen, für die Stadt leben zu wollen, aber mich ständig nur unter ähnlich gesinnten Christen aufzuhalten, achte ich darauf, auch in säkularen oder gemischten Initiativen aktiv zu sein. Ein Schwerpunkt ist die *Bürgerplattform „Wir in Neukölln"*. In ihr haben sich zivilgesellschaftliche Gruppen zum Wohl ihres Stadtteils zusammengeschlossen. Sie repräsentiert für mich einen wichtigen Wert der urbanen Mission: Koalitionen von Christen mit anderen Akteuren, die auch das Beste der Stadt suchen.

Dieses Buch ist nicht nur mein Produkt. Ich möchte der vielfältigen christlichen Stadtbewegung eine Stimme geben und habe viele Leute gebeten, daran mitzuwirken. Ihnen allen danke ich für ihre Unterstützung. Sie haben mir wertvolle Feedbacks zu den Manuskripten gegeben, eigene Texte beigesteuert, ihre Geschichten mitgeteilt und sich für Interviews zur Verfügung gestellt. Ohne sie wäre dieses Buch nicht das, was es ist. Ich nenne ihre Namen, um meine Wertschätzung für ihre Beiträge und gleichzeitig die Vielfalt zum Ausdruck zu bringen, aus der dieses Buch entstanden ist.

- Mitglieder der Josuagemeinde: Jörg Gerasch und Totinia Mateus
- Politiker aus Berlin: Raed Saleh (SPD)
- Aktive von Gemeinsam für Berlin: Axel Nehlsen, Andrea Meyerhoff, Bianca Dümling, Joshua Lupemba
- Engagierte Berliner: Astrid Eichler (Emwag), Christine Knop (Johannes-Hospiz), Christine Thumm und Melinda Means (Serve the City), Claudia Wirths (Neustart), Cornelia und Daniel Hufeisen (FreiRaum), Felix Bergemann und Dorothea Petersen (FACE), Ines Külper (Memi), Joel Sommerfeld (Refo Moabit), John und Gayle Butrin (Matthew´s Table), Kelley Philips (XZ Berlin), Lia Ford (freie Fotografin), Martin Meyerhoff (Neukölln), Robert Stumpf (Lukas-Gemeinde), Werner Nachtigal (No Limit)
- Studiengang Gesellschaftstransformation: Tobias Faix, Tobias Künkler
- Meine Mentees aus diesem Studiengang: Andrea Haase (Gotha), David Schott (Cottbus), Jonte Schlagner und Ralf Neumann (Neubrandenburg-Datzeberg), Matthias Gibhardt (früher Berlin), Stephan Rauhut (Berlin-Moabit), Wolfgang Arzt (Solingen)
- Weitere Personen: Dieter Bittkau, Marianne Reichel, Helga Deichen, Anne Henning, Jenny, Doreen und Jule (Neubrandenburg-Datzeberg), Fuzz Kitto (Australien), Lesley und Roger Sutton, Paul Keeble und Rich Stanton (Manchester), Lloyd Cooke, Jon Bellamy und Danny Flinn (Stoke-on-Trent), Matthias Bothe, Martin Meister, Roswitha Weber und Horst Börger (Oberhausen), Michael Diener (früher Pirmasens), Peter Aschoff (Erlangen), Roland Baumann (Parchim), Ronny (Halle), Susanne Ebel (früher Neustadt a. d. W.)

Tobias Künkler hat dieses Buch in seiner Entstehung als wertvoller fachlicher Berater begleitet. Meine Tochter Esther hat mich in vieler Hinsicht unterstützt und die Zusammenfassungen und Anwendungsfragen für die einzelnen Kapitel geschrieben. Meine Frau Hanna hat liebevoll und geduldig ertragen, dass ich zuletzt nur noch für dieses Buch gelebt habe.

Am meisten danke ich Jesus Christus. Er hat mich buchstäblich gerettet, als die Stadt Berlin in jungen Jahren fast mein Untergang geworden wäre, und er hat mir das große Geschenk gemacht, mich später erneut dorthin zu senden und mich in dieser Stadt meine Bestimmung finden zu lassen.

Viele Bücher liest man von Anfang bis Ende. Bei diesem ist die Reihenfolge beliebig. Ich erkläre im Folgenden, wie die Lektüre an die eigenen Bedürfnisse angepasst werden kann. Es gibt einige zentrale Begriffe, die immer wieder vorkommen. Wir verständigen uns, in welchem Sinn sie verwendet werden.

Wie dieses Buch zu gebrauchen ist

Bedürfnisgerechte Lektüre

Wenn wir uns als Christen engagieren, brauchen wir drei Voraussetzungen: (1) eine biblische Grundlage, die uns Sicherheit gibt, dass unser Handeln in Übereinstimmung mit Gottes Absichten steht; (2) ein Verständnis unseres Umfeldes, damit der gut gemeinte Einsatz nicht sein Ziel verfehlt; (3) eine Orientierung über unser Vorgehen, um die Sache richtig anzupacken. Dieses Buch versucht, allen drei Bedürfnissen gerecht zu werden.

1. **Biblische Grundlagen:** Sie sind an vielen Stellen in die einzelnen Kapitel eingestreut. Damit soll zum Ausdruck kommen, dass unsere Praxis in ständigem Gespräch mit den Texten der Schrift geschieht. Einige Spezialthemen habe ich in Exkurse ausgelagert.
2. **Stadtsoziologische Grundlagen:** Sie konzentrieren sich im ersten Teil des Buches (→ Kap. 1-14). Ich empfehle Ihnen, mit den ersten drei Kapiteln zu beginnen. Wer vor allem an praktischen Hinweisen interessiert ist, kann anschließend ohne Nachteil im zweiten Teil des Buches weiterlesen und sich später nach Bedarf wieder dem ersten zuwenden. Nicht jedes Kapitel wird für jeden Leser von gleicher Wichtigkeit sein. Wer sich im Südwesten Deutschlands engagiert, wird nicht vorrangig die postsozialistische Stadt ergründen wollen. Wer im ostdeutschen Plattenbau wohnt, wird andere Prioritäten haben als die Erkundung einer wachsenden, wohlhabenden Stadt im Westen. Ich hoffe allerdings, dass die Kapitel interessant genug sind, auch auf das Appetit zu machen, was nicht unmittelbar das eigene Umfeld betrifft.
3. **Orientierung für die Praxis:** Im zweiten Teil des Buches (→ Kap. 15-32) finden Sie umfassende Hinweise für das städtische Engagement einzelner Christen, ganzer Gemeinden und übergemeindlicher Initiativen. Ich gehe von einer Grundüberzeugung aus, die ich an vielen Stellen näher ausführe: Urbane Mission beginnt

nicht mit uns, Gott ist immer schon vor uns in der Stadt. Er wartet dort auf uns und hat bereits Voraussetzungen geschaffen, die für unser Engagement nötig sind. Das Geheimnis der urbanen Mission liegt darin zu sehen, was Gott tut, um sich an seinem Werk zu beteiligen (Joh. 5,19-20). Dann ist sie kein Kraftakt, sondern entspannte Mitarbeit bei Gott. Ich hoffe, dass Sie am Ende der Aussage zustimmen, die im Untertitel dieses Buches zum Ausdruck kommt: Urbane Mission ist nicht nur wichtig, sie ist auch schön.

Damit Sie Ihre eigene Auswahl treffen und die Kapitel dieses Buches tatsächlich in beliebiger Reihenfolge lesen können, enthalten alle Kapitel einige benutzerfreundliche Elemente. Für den Fall, dass Sie auf Begriffe oder Inhalte stoßen, die an anderer Stelle im Buch definiert oder dargestellt werden, gibt es viele (Quer-)Verweise auf andere Kapitel oder Abschnitte. Sie sind in Klammern mit einem Pfeil eingefügt: (→ Kap. 3.4.1). Fachbegriffe werden noch einmal in einem Glossar am Ende des Buches erklärt. Außerdem steht über jedem Kapitel eine kurze Übersicht und am Ende eine Zusammenfassung des Inhalts.

Dieses Buch enthält viele Fallbeispiele und Zitate. Sie sind der methodische Ausdruck meiner Grundüberzeugung, dass zu unseren wichtigsten Haltungen das Hören und das Sehen gehören. Deshalb schauen wir uns konkrete Städte und Modelle an und hören auf die Äußerungen von Aktiven und anderen Stadtbewohnern. Es gibt dafür zwei besondere Textbestandteile, die mit „Erfahrungen und Reflektionen“ bzw. „Modelle und Beispiele“ überschrieben sind.

Einige Städte dienen als Fallbeispiele für ein ganzes Kapitel. Zum Beispiel illustriere ich die wachsende, erfolgreiche Stadt an Erlangen. Damit soll Ihnen keine Überdosis an Informationen über eine Stadt verpasst werden, in der Sie nicht leben. Mein Wunsch ist, so etwas wie ein Empathie-Training für Städte anzuregen. Normalerweise verstehen wir unter Empathie, dass wir uns in die Einstellungen anderer Menschen einfühlen. Das geht am besten, wenn man nicht das allgemein Menschliche betrachtet, sondern eine konkrete Person. Wer in *einer* Begegnung Empathie lernt, wird später auch anderen Menschen mit mehr Empathie begegnen können. Mit Städten ist es ähnlich. Eine Stadt zu verstehen, ihr gegenüber Empathie zu entwickeln, ist mehr als die Sammlung von Informationen. Man versetzt sich in ihr Leben und ihre Geschichte hinein. Auch das kann man am besten an konkreten Städten üben und diese Übung wird später für vergleichbare Städte fruchtbar werden. Wer Erlangen versteht, versteht auch Ingolstadt (leichter).

Als Hilfe für die Übertragung auf das eigene Umfeld und die eigene Praxis stehen am Ende eines jeden Kapitels Anwendungsfragen, die man alleine beantworten oder über die man in einer Gruppe sprechen kann. Außerdem finden Sie dort Empfehlungen für weiterführende Literatur zur Vertiefung.

Noch kurz etwas zur Literatur: Dieses Buch folgt der Harvard-Zitierweise. Alle Quellen werden in Klammern direkt im Text angegeben, mit den Namen der Verfasser, dem Jahr des Erscheinens und – wo nötig – den Seitenzahlen, zum Beispiel (Bertels 2008:62). Die genauen Angaben zu dem Buch von Lothar Bertels finden Sie dann im Literaturverzeichnis am Ende des Buches. Eine Ausnahme bilden antike Autoren. Hier folge ich der klassischen Zitierweise wie (Plato, Apologie 17 c). Dadurch ist die Quellenangabe unabhängig von einer bestimmten Ausgabe oder Übersetzung. Bei wörtlichen Zitaten habe ich Rechtschreibung, Zeichensetzung und Grammatik wie im Original beibehalten. Die Bibeltexte sind, sofern nicht anders angegeben, der Einheitsübersetzung entnommen.

Dieses Buch ist für den deutschen Kontext geschrieben. Die meisten Beispiele und, wo möglich, auch Forschungsergebnisse stammen aus Deutschland. Deshalb gelten manche Aussagen nicht für andere gesellschaftliche Situationen.

Auch dieses Buch steht vor der Schwierigkeit, dass die deutsche Sprache es schwer macht, die Gleichberechtigung von Frauen und Männern auf eine lesbare Art zum Ausdruck zu bringen. Ich verwende deshalb in der Regel das generische Maskulinum (zum Beispiel „Leser“ statt „Leserinnen und Leser“) mit dem ausdrücklichen Hinweis, dass es geschlechtsneutral gemeint ist.

Zentrale Begriffe und Konzepte

Dies ist ein Buch über *urbane Mission*. Deshalb ist es sinnvoll, dass ich mich gleich zu Beginn mit Ihnen darüber verständige, was ich unter Mission verstehe. Im traditionellen Sprachgebrauch meint Mission oft allein die Außenmission, nicht aber das Handeln der Kirche im Inland. Oder der Begriff zielt auf die evangelistische Aufgabe der Christen ab – in Abgrenzung zur Diakonie. In diesem Buch wird Mission in einem umfassenderen Sinn verwendet.

Das Wort „Mission“ stammt aus dem Lateinischen und bedeutet „Auftrag, Sendung“. Es gibt also jemanden, der beauftragt und sendet, nämlich Gott. Er ist und bleibt der eigentliche Urheber. Es ist *seine* Mission. Das führt uns zu einer ersten Definition.

Missio Dei

> **Definition:** Unter *Missio Dei* (lateinisch für Mission Gottes) verstehe ich alles Gute, das auf Gottes Initiative hin auf der Erde geschieht.

Zu dieser sehr weiten Definition komme ich, wenn ich mir anschaue, was in der Bibel alles als von Gott gesandt bezeichnet wird. Gott sendet „sein Wort“, um den Wechsel der Jahreszeiten zu bewirken (Ps. 147,15.18), Menschen gesund zu machen (Ps. 107,20) und vieles andere geschehen zu lassen: „Es bewirkt, was ich will, und erreicht all das, wozu ich es ausgesandt habe“ (Jes. 55,11). Gott sendet „Korn, Wein und Öl“ (Joel 2,19), um die

Menschen zu sättigen. Er sendet „Licht“ und „Wahrheit“, damit sie Orientierung finden (Ps. 43,3). Er sendet ihnen „Hilfe“ in der Not (Ps. 20,3). Gott ist der Welt zugewandt und lässt unaufhörlich Gutes zu den Menschen kommen: „Er tat Gutes, gab euch vom Himmel her Regen und fruchtbare Zeiten; mit Nahrung und mit Freude erfüllte er euer Herz“ (Apg. 14,17). Wir sollten das nicht als naive, vorwissenschaftliche Aussagen abtun. Auch die Menschen früherer Zeiten bauten ihr Korn an, kelterten ihren Wein, pressten ihr Öl, legten sich Pflaster auf, strebten nach Weisheit und schützten sich gegen Gefahren. Aber sie wussten, dass sie es auf geheimnisvolle Weise Gott verdankten, wenn ihr Tun Erfolg hatte.

Weil diese umfassenden Wohltaten letztlich von Gott gesandt sind, gehören sie zur *Missio Dei*, deren Außenbereich sich sehr weit erstreckt. Gott sendet Gutes auch den „Undankbaren und Bösen“ (Lk. 6,35) und Nichtchristen können seine Beauftragten sein. Der Staat steht zum Beispiel im „Dienst Gottes“ (Röm. 13,4), insofern er das Gute in der Gesellschaft fördert (Röm. 13,1-7). Letztlich steht Gott also hinter allem Guten, das geschieht. Deshalb sehe ich auch im sozialen Handeln säkularer Akteure einen Ausdruck seiner Mission.

Zentrum und Höhepunkt der *Missio Dei* ist die Sendung des Sohnes (Gal. 4,4). Jesus Christus ist *der* Missionar. Er kam im Auftrag des Vaters zu uns, um uns zu zeigen und zu erzählen, wie Gott wirklich ist (Joh. 1,18; 14,9). Er starb, um uns und die Welt mit Gott zu versöhnen (2. Kor. 5,18-19). Mit seiner Auferstehung begann die Erneuerung der Erde, die noch auf ihre Vollendung wartet (2. Petr. 3,13). Den Weg dorthin begleitet der zweite göttliche Missionar, der Heilige Geist, den der Vater und Jesus Christus zu uns gesandt haben (Joh. 14,26; 15,26), um das Werk Jesu weiterzuführen. In diese große Mission treten wir ein, in ihr haben wir einen Platz. Jesus sendet uns, wie der Vater ihn gesandt hat (Joh. 20,21).

Gott liebt es, mit seinen Menschen zusammenzuarbeiten. Deshalb vertraut er uns seine Mission an. Aber sie bleibt immer etwas, das weit über die Tätigkeit der Christen hinausgeht. Es ist nie die Mission der Kirche, es ist immer die *Missio Dei*. Es sind die Werke des Vaters, die seine Missionare vollbringen (Joh. 9,4).

(Urbane) Mission

Definition: Als *Mission* bezeichne ich alles, was Christen im Auftrag Gottes in der Welt tun.

Missionare verkündigen nicht nur das Evangelium. Sie setzen sich für gerechte Löhne oder eine gesunde Umwelt ein, besuchen Kranke und pflegen Sterbende, helfen Kindern bei den Hausaufgaben, beteiligen sich an Stadtteilinitiativen, ziehen in soziale Brennpunkte, werden Teil einer Subkultur, legen Gemeinschaftsgärten an, unternehmen Ausflüge mit Jugendlichen aus sozialen Brennpunkten und unterstützen schwache Familien. Mission geschieht in Tat und Wort, die Diakonie ist mit eingeschlossen. Mission umfasst Werke der Nächstenliebe an einzelnen Menschen, das Engagement für gerechte Verhältnisse und die Evangelisation. Sie ist *urbane Mission*, wenn sie in der Stadt und unter Berücksichtigung der Besonderheiten der Stadt praktiziert wird. Wichtig ist, dass wir entdecken, wie viel die Menschen um uns herum Gott bedeuten und welchen Platz und welche Aufgaben er in seiner Mission für uns hat. Dabei will dieses Buch helfen.

Evangelisation

> **Definition:** *Evangelisation* ist die Verkündigung des Evangeliums von Jesus Christus und die Einladung zu einem Leben mit ihm.

Die Evangelisation ist also in der Mission enthalten, aber die Mission umfasst viel mehr als sie. Evangelisation ist weder der einzige Auftrag, den wir haben, noch der eigentliche, dem gegenüber die übrigen Dimensionen der Mission weniger wichtig wären. Wort und Tat lassen sich nicht voneinander trennen. Evangelisation ist nur dann glaubwürdig und im Sinne des Auftraggebers, wenn sie in die umfassende Mission eingebettet bleibt.

Missional

Gelegentlich verwende ich das Wort *missional*. Im Prinzip bedeutet es dasselbe wie „missionarisch". Dieser neue Begriff bringt zum Ausdruck, dass kein verkürztes oder einseitiges Missionsverständnis gemeint ist. Oft sind mit ihm zwei Betonungen verbunden:

1. Mission ist kein Arbeitszweig der Kirche – neben vielen anderen –, sondern ihr Lebenselement. Die Kirche existiert um der Mission willen und bei allem, was sie tut, ist sie sich ihrer Sendung in die Welt bewusst.
2. Mission als Sendung vollzieht sich vor allem im Hingehen. Die Kirche hat nicht nur den Auftrag, zu sich und ihren Angeboten einzuladen. Sie geht zu den Menschen, wird Teil ihrer Lebenswelt und dient ihnen dort, wo sie sind.

Der letzte Aspekt steht auch beim nächsten Begriff im Mittelpunkt.

Inkarnation / inkarnatorisch

Als Inkarnation (von lateinischen *incarnatio* = Fleischwerdung) bezeichnen wir die Menschwerdung Christi. Er wohnte unter uns und erfüllte seine Mission als einer von uns (Joh. 1,14). Damit hat er uns für unsere Mission ein Vorbild gegeben.

> **Definition:** Als *inkarnatorisch* bezeichne ich die Mission, wenn wir den Menschen, zu denen Gott uns gesandt hat, nicht nur „von außen" dienen, sondern uns mit ihnen identifizieren und Teil ihrer Lebenswelt werden.

Transformation

Der Begriff *Transformation* bringt zum Ausdruck, dass Gott Herzen *und Verhältnisse* ändern will. Es geht nicht nur darum, dass einzelne Menschen zum Glauben an Jesus kommen, sondern dass ihr ganzes Leben, ihre Beziehungen und die Verhältnisse in ihrer Stadt im Sinne des Evangeliums eine positive Veränderung erleben.

> **Definition:** Unter Transformation verstehe ich, dass in Übereinstimmung mit Gottes Willen durch das Wirken seiner Missionare Herzen und Verhältnisse verändert werden.

David Bosch: Mission im Wandel. Paradigmenwechsel in der Missionstheologie (Bosch 2012). *Ein wichtiges Grundlagenwerk für ein angemessenes Verständnis von Mission.*

Nach einem kurzen Überblick, was heutige, postmoderne Städte ausmacht, begeben wir uns auf eine erste Suche nach Spuren Gottes in der Stadt. Und fragen uns, welche Aufgaben eine missionarische Stadtgemeinde hat.

1. Gott in der Stadt

Eine Einführung

Dieses Buch ist die Einladung zu einer gemeinsamen Suche. Wie kann in der Stadt, in der wir leben, der Gott, an den wir glauben, stärker erfahrbar werden? Als Einstieg führen wir ein kleines Gedankenexperiment durch. Gerda sei eine Frau, die Anfang der 1960er-Jahre in unserer Stadt lebte. Dann verfiel sie in einen langjährigen Schlaf, aus dem sie erst in unseren Tagen wieder erwachte. Welche Entdeckungen würde sie machen, wenn sie jetzt durch die Straßen unseres Ortes ginge?

Gerdas Stadterkundung beginnt im Zentrum. Erstaunt sieht sie Erwachsene, die mit einer schäbigen Tasche unterwegs sind und Abfallbehälter durchsuchen. Ab und zu wird sie von Jugendlichen, die heruntergekommen aussehen, um etwas Kleingeld gebeten. So etwas kennt sie nur von selten auftauchenden Landfahrern, aber nicht als normalen Teil des Stadtbildes. In einem Altbauquartier, durch das sie täglich geht, fallen ihr einige Männer auf, die sich anscheinend jeden Morgen an einer Imbissbude treffen, dort den ganzen Tag sitzen und ihr „Sterni" trinken. Warum gehen die nicht zur Arbeit? Dass sie keine haben könnten, kommt ihr nicht in den Sinn.

Sie geht ein kurzes Stück weiter und sieht vor einem weiteren Altbau einen Möbelwagen. Ein Ehepaar mit Kind steht daneben, offensichtlich gut gelaunt. Wieder eine Familie, die es geschafft hat, sich ein Haus im Grünen zu bauen, denkt Gerda. Doch die drei ziehen nicht aus, sondern ein. Gerda stellt fest, dass in dieser Straße die Häuser frisch gestrichen sind, in mehreren Fenstern hängen Schilder „Eigentumswohnungen zu verkaufen". In einigen ehemaligen Baulücken, an die sie sich noch von früher erinnert, sind schmucke Neubauten entstanden. Teure Boutiquen und die ihr unbekannten „Bioläden" ergänzen das Bild. Offensichtlich lässt es sich in der Stadt, aus der früher alle, die es sich leisten konnten, an die Ränder gezogen sind, wieder gut leben. An der nächsten großen Straße begegnet ihr ein Demonstrationszug. „Bezahlbare Mieten" liest sie auf den Spruchbändern, „Verdrängung stoppen" und „Schluss mit Zwangsräumungen". Das gute Leben in der Stadt ist wohl nicht für alle gut.

Völlig überrascht ist sie, dass ihr viele junge Frauen mit Kopftuch begegnen. Früher war das ein traditionelles Relikt, an dem Frauen im ländlichen Bereich noch festhielten. Aber diese sehen nicht aus wie Landfrauen und sie scheinen auch nicht von hier zu sein. Überhaupt ist die Stadt viel bunter geworden. Gerda erinnert sich, wie die ersten „Gastarbeiter" in ihren Heimatort kamen. Aber die müssten eigentlich schon lange wieder weg sein. Warum gibt es auf einmal so viele Menschen, die eine andere Hautfarbe haben und eine andere Sprache sprechen? Auch die deutschen Jugendlichen sehen ungewohnt aus. Wer früher auffallen oder anders sein wollte, ließ sich einfach die Haare länger wachsen. Doch jetzt trifft sie auf seltsame Frisuren. Manche tragen einen Haarkamm mitten auf dem Kopf, andere Strähnen in knallbunten Farben oder Glatzen und einige haben die Haare rundherum geschoren wie ihre Großväter in den 1950er-Jahren.

1.1 Die postmoderne Stadt

Worauf Gerda hier unvermittelt stößt, ist das Ergebnis einer längeren Entwicklung. Stadtforscher sprechen vom Wandel zur *postmodernen Stadt*. Mit ihm haben sich auch die Rahmenbedingungen für christliches Engagement tief greifend verändert. Wir werden diesen Wandel detailliert untersuchen und seine Bedeutung für die Gemeinde aufzeigen. Hier sei er zunächst nur in einigen wichtigen Grundzügen skizziert.

1.1.1 Die einen werden reicher, die anderen ärmer

In der Zeit des Wirtschaftswunders, also bis in die 1960er-Jahre, bewegte sich die ganze Gesellschaft wie in einem Fahrstuhl nach oben. Die Reichen wurden reicher, die anderen aber auch. „Wohlstand für alle" hieß ein Buch des damaligen Wirtschaftsministers Ludwig Erhard und dies war mehr als ein Wahlversprechen. Dann setzte eine Veränderung ein, die sich mit den Begriffen *Krise* und *Polarisierung* beschreiben lässt und die auch die Städte erfasste. „Nun gibt es plötzlich [...] einen gegenteiligen Typus von Stadt: die schrumpfende Stadt, in der nicht nur die Zahl der Bewohner abnimmt, sondern auch die Zahl der Arbeitsplätze [...] Es entsteht also eine Polarisierung der Stadtentwicklung in einerseits schrumpfende, andererseits weiterhin stark wachsende Städte" (Bertels 2008:62). Auch innerhalb der Städte teilte sich die Bevölkerung in Gewinner und Verlierer. Die einen wurden aus dem Fahrstuhl nach oben verwiesen, für die anderen nahm er mehr Fahrt auf. Die Schere zwischen arm und reich öffnete sich wieder.

1.1.2 Neue Jobs, neue Lebensformen, neue Landkarten

Das soziale und räumliche Gefüge unserer Städte befindet sich in einem Prozess der *Restrukturierung*. Das gesamte städtische Leben wird neu geordnet. Manche Veränderungen sind schon von Weitem sichtbar: Wer mit dem Zug durch ein Ballungsgebiet fährt, entdeckt Industriebrachen und leer stehende Fabrikhallen, aber auch neue Bürohochhäuser mit gläsernen Fassaden. Immer weniger Menschen sind in der Produktion beschäftigt, immer mehr arbeiten in Dienstleistungsberufen. Einigen Dienstleistern geht es gut. Sie sind hoch qualifiziert, haben ein entsprechendes Einkommen und eine angenehme Arbeitsumgebung. Andere schneiden ihnen die Haare, fahren sie mit dem Taxi zum Flughafen oder reinigen nach Feierabend ihre Büros. Von solchen Tätigkeiten kann man gerade sein Leben fristen.

Die Industriegesellschaft hatte eine neue Familienform hervorgebracht, die Kleinfamilie. Vor einigen Jahrzehnten galt sie – und in christlichen Kreisen gilt sie noch heute – als ideale Form der Lebensgemeinschaft. Um den Traum vom eigenen Heim im Grünen zu verwirklichen, zogen viele von ihnen ins Umland, wo es billiges Bauland gab. Von dort fuhr der Mann täglich zur Arbeit in die Stadt, die Frau blieb zu Hause, hütete das Heim und die Kinder. Heute ist dieser Lebensentwurf für viele Stadtbewohner kein attraktives Ziel, für andere keine realistische Option mehr. Ein Blick in die Statistik macht das schnell deutlich. In Berlin machen Einpersonenhaushalte inzwischen die Hälfte aller städtischen Haushalte aus (Amt für Statistik Berlin-Brandenburg 2013:42). Unter den übrigen findet man neben Kleinfamilien Alleinerziehende, Dinks[1], Patchwork-Familien, Wohngemeinschaften, (gleichgeschlechtliche) Lebenspartnerschaften und Großfamilien – meist mit Migrationshintergrund.

Wenn sich die Wirtschaft und die Bevölkerung ändern, ändern sich auch die städtischen Landkarten. Im Grünen zu wohnen, ist für viele kein Traum mehr. Wenn in einer Familie beide Eltern berufstätig sind, kann man das Alltagsleben am besten organisieren, wenn man in der Nähe von Kindergärten, Einkaufsmöglichkeiten und Versorgungseinrichtungen wohnt. Und wer alleine lebt oder keine Kinder hat, der bevorzugt kurze Wege zu Freizeitmöglichkeiten und Treffpunkten mit seinen Freunden. Viele Innenstädte sind wieder attraktiv für die geworden, die sich bessere Wohnmöglichkeiten leisten können. Die übrigen werden allmählich an die Ränder der Stadt oder in ärmere Stadtteile verdrängt. Wer über die Jahre hinweg den Sozialatlas einer Großstadt verfolgt, merkt, wie sich soziale Brennpunkte und bessere Wohnlagen verschoben haben und weiter verschieben.

1.1.3 Wir sind alle Minderheiten

In den 1950er-Jahren konnte die Behauptung aufgestellt werden, die frühere Klassengesellschaft sei zu einer „nivellierten Mittelstandsgesellschaft“ (Schelsky 1965:332) geworden, das soziale und kulturelle Verhalten der Menschen habe sich vereinheitlicht. Heute spricht man von *Fragmentierung*. Die Stadt zerfällt in geografische und kulturelle „Dörfer“: in Wohngebiete mit eigenständigem Charakter, in Teilgesellschaften und (Sub)kulturen.

„In der Weltstadt der Zukunft gibt es nur noch Minderheiten“ (Jencks 1993:7). Die Bevölkerung von Städten bildet immer weniger ein einheitliches Ganzes. Sie ist heutzutage deutlich vielfältiger, aber die sozialen Bindeglieder zwischen ihren Fragmenten sind eher weniger geworden.

1 Abkürzung für „Double Income No Kids“ (doppeltes Einkommen, keine Kinder).

1.2 Und die Gemeinde?

Gerda ist neugierig geworden. Sie ist Christin und fragt sich, wie die Gemeinden wohl mit dieser Vielfalt klarkommen. Doch dort erlebt sie die nächste Überraschung. Zwar ist die Musik ein bisschen flotter, als sie es in Erinnerung hat, aber ansonsten ist vieles noch vertraut. Armen Menschen begegnet sie dort kaum und denen von den Bioläden auch nur selten. Wenn ein Gemeindehaus in einer Nachbarschaft liegt, in der ihr die Not der Menschen aufgefallen ist, reisen die Leute am Sonntag von überall her an. Wer nebenan wohnt, kommt im Gemeindeleben nicht vor. Im Gottesdienst sieht Gerda viele fröhliche Gesichter, aber diese Gesichter sind alle weiß. Und die Frisuren sind auch eher einheitlich. Warum sind die Gemeinden in einer so farbigen Stadt so farblos? Es kommt Gerda vor, als hätten viele von ihnen tatsächlich einige Jahrzehnte verschlafen.

Beim zweiten Hinsehen entdeckt sie allerdings noch etwas anderes. Zuerst fällt es ihr in ihrer eigenen Gemeinde auf, einer Freikirche, die vor einigen Jahren ihr 100jähriges Bestehen gefeiert hat. Man hat zu diesem Anlass Bilder des Gründers gezeigt, der in einem ehemaligen Arbeiterviertel einige Leute um sich sammeln konnte. Die Gemeinde wuchs weiter und konnte in Eigenleistung ihr Gemeindehaus bauen. Nach dem Zweiten Weltkrieg schlossen sich eine Reihe von Flüchtlingen aus den früheren deutschen Ostgebieten an. Durch Tüchtigkeit brachten es viele Gemeindeglieder zu einem gewissen Wohlstand und eine Familie nach der anderen zog in ein Eigenheim im Umland. Man nahm viele Fahrten auf sich, um am Gemeindeleben teilzunehmen und die eigenen Kinder zu ihren Programmen zu fahren. Diese Entwicklung hat Gerda noch persönlich miterlebt. Die weitere Geschichte wird ihr erzählt.

Der Trend zum Wegzug verstärkte sich, als die Zahl der Arbeitslosen und Migranten zunahm. Das war nicht mehr „ihre Nachbarschaft". Nur das Gemeindehaus blieb. Natürlich hatte die Gemeinde ein missionarisches Herz. Das meinte sie jedenfalls. Sie unterstützte ein Ehepaar, das auf den Philippinen eine Gemeinde gründete und ein Hilfsprojekt leitete. Wenn die Missionare auf einem Heimaturlaub davon berichteten, waren alle bewegt von den Geschichten über Menschen, deren Nöten begegnet wurde und die zum Glauben kamen. In der eigenen Stadt war das schwieriger. Der Appell von der Kanzel, Freunde und Bekannte mitzubringen, blieb ohne Resonanz. Wer lässt sich schon nach Feierabend in einen 30 Kilometer entfernten seltsamen frommen Club einladen? Die jährlichen Evangelisationen wurden, auch als kaum „Fremde" mehr kamen, noch einige Jahre weitergeführt, bis man sie schließlich einstellte. Stattdessen versuchte man, mit Sonderveranstaltungen niedrigschwellige Angebote an Außenstehende zu machen. Doch die Schwelle schien immer noch hoch zu sein.

Inzwischen hat in der Gemeinde ein Generationenwechsel in der Leitung stattgefunden. Gerda bekommt mit, dass die nun Verantwortlichen nicht mehr damit zufrieden sind, dass ihre Gemeinde nur noch eine Erbauungsinsel in einem fremd gewordenen Quartier ist. Sie suchen Wege aus dem „frommen Ghetto", durch ein Tagesseminar über

„*missionale* Gemeinde" ist bei vielen der Wunsch nach neuer „Relevanz" für die Stadt erwacht. Aber wie vorgehen?

Die Christen dieser Gemeinde sind nicht die einzigen, die nach neuen Wegen in die Stadt suchen. Gerda hört von einigen anderen. Da sind Kirchengemeinden, die ihrem Mitgliederschwund begegnen oder die Diakonie nicht länger nur den dafür geschaffenen professionellen Einrichtungen überlassen möchten. Da sind junge Erwachsene, die von einer Lebensgemeinschaft träumen, aus der heraus sie sich „ganzheitlich" engagieren können. Da sind Christen, die in der zunehmenden Zahl der Flüchtlinge einen Auftrag Gottes sehen. Da ist ein Team, das sich herausgefordert fühlt, weil in der Großwohnsiedlung am Rande der Stadt überhaupt keine christliche Präsenz vorhanden ist. Da ist ein Ehepaar, das von einer ausländischen Missionsgesellschaft in die Stadt gesandt worden ist, um eine neue Gemeinde zu gründen. Da sind Gemeinden von Migranten, die eine Berufung spüren, neues Feuer in den geistlich kalten Westen zu bringen. Und da ist eine Gruppe von Frauen und Männern, die Gemeinden oder christliche Einrichtungen leiten und sich regelmäßig zum Gebet für ihre Stadt treffen.

1.2.1 Die Bekehrung zur Stadt

Zu den tragischen Kapiteln evangelikaler und pietistischer Geschichte gehört der weitgehende Rückzug aus der Stadt. Seine Auswirkungen sind bis heute spürbar. Fromme Hochburgen liegen eher in ländlichen Gebieten, theologische Ausbildungsstätten und geistliche Zentren finden wir auf „heiligen Bergen" oder in klösterlicher Abgeschiedenheit. Die städtische „Welt" kommt vielen Christen fremd oder gar feindlich vor. Entsprechend ist ihr Denken geprägt: „Die meisten Christen lesen die Bibel mit ländlichen Brillen" (Bakke 1997:14).

Doch das hat sich auf breiter Front zu ändern begonnen. In immer mehr Städten wenden sich Christen neu ihrem Umfeld zu. An einigen Orten hat das schon zu weitreichenden Veränderungen geführt – so in Boston, wo Christen von einer „stillen Erweckung" sprechen (Hall, Hall & Daman 2010:xiii-xv) und wo es schöne Beispiele gelungener Transformation ganzer Stadtteile gibt (Medoff & Sklar 1994), oder in London, wo allein die anglikanische Kirche von 1990 bis 2010 um mehr als 70 Prozent gewachsen ist (Wolffe & Jackson 2012:23).

Ganz so weit sind wir in Deutschland noch nicht. Aber auch hier gibt es hoffnungsvolle Zeichen. Wer genau hinsieht, entdeckt in vielen unserer Städte eine missionarische *Graswurzelbewegung*. Mit diesem Begriff bezeichnet man eine Bewegung, die nicht „von oben" entstanden ist, durch charismatische Leiter oder strategische Planung, sondern „von unten", von der Basis, durch viele voneinander unabhängige kleine Aktionsgruppen. Es entspricht dem fragmentierten Zustand der postmodernen Stadt, dass es nicht vorrangig die Massenevents und die Megaprojekte sind, sondern viele kleine, begrenzte Initiativen, in denen die Bekehrung zur Stadt ihren Ausdruck findet.

Andere Christen befinden sich noch im Stadium der „neuen Sehnsucht nach der

Stadt". Sie wollen sich nicht mehr damit abfinden, dass ihre Gemeinde eine fromme Oase inmitten einer urbanen Wüste ist. Diese Graswurzeln und diese Sehnsucht sind unabhängig voneinander an so vielen Orten zu finden, dass ich in ihnen eine Bewegung des Heiligen Geistes sehe. Gott führt seine Gemeinde zurück in die Stadt. Dieses Buch will diese Bewegung aufgreifen, verstärken und unterstützen. Doch bevor wir uns gemeinsam auf den Weg in die Stadt machen, ist es angebracht, noch einen weiteren Perspektivwechsel vorzunehmen.

1.3 Wo wir hinkommen, ist Gott schon da

Gerda ist bei ihrer Entdeckungsreise hin- und hergerissen. Einerseits kommen ihr diese neuen Ansätze wie ein spannendes Abenteuer vor, demgegenüber das frühere Gemeindeleben fast blass und langweilig wirkt. Andererseits bereitet ihr das neue Denken auch Mühe. In einer Kleingruppe sprechen sie über Apostelgeschichte 17,16-34. Paulus sagte den heidnischen Athenern: „Keinem von uns ist er [Gott] fern. Denn in ihm leben wir, bewegen wir uns und sind wir" (V. 27-28). Offensichtlich war Paulus überzeugt, dass Gott den Athenern schon nahe war, bevor er selbst mit dem Evangelium zu ihnen kam. Gott musste sich sogar bemerkbar gemacht haben, denn die Menschen hätten ihn suchen, fühlen und finden sollen (V. 27). Jemand in der Runde stellt die Frage: „Wie wirkt Gott denn in unserer Stadt unabhängig von uns Christen?"

Früher war alles viel einfacher, findet Gerda. Gott war in der Gemeinde, draußen war die „gottlose Welt". In der Gemeinde gab es an jedem Tag eine Chorprobe, eine Bibelstunde oder eine andere Veranstaltung, damit die jungen Christen keine Zeit hatten, weltlichen Versuchungen zu erliegen. Sie erinnert sich an viele Predigten, die gegen etwas waren. Und sie waren immer gegen etwas, das außerhalb geschah und drohte, in die Gemeinde einzudringen. Und da draußen soll Gott sich aufhalten? Aber so scheint Paulus es tatsächlich gemeint zu haben. Gerda ahnt, dass es nicht nur in der Stadt, sondern auch an Gott Neues zu entdecken gibt.

1.3.1 Gott in unserer Stadt

Für Gott ist jede Stadt einzigartig. Das hat er mit uns gemeinsam. Wir leben nicht in *der* Stadt, wir leben in Coburg, Castrop-Rauxel oder Chemnitz. Städte haben eine individuelle äußere Gestalt und ein individuelles inneres Leben. Sie haben ihre eigene Biografie (Geschichte) und ihren eigenen Charakter. Die soziale Stadtforschung hat sich in den letzten Jahren verstärkt der Besonderheit einer jeden Stadt zugewandt. Programmatisch ist der Buchtitel „Die Eigenlogik der Städte" (Berking & Löw 2008), bezeichnend einer der Beiträge: „Städte lassen sich an ihrem Gang erkennen wie Menschen" (Berking 2008).

Dieser Einzigartigkeit einer jeden Stadt entspricht – so meine These –, dass Gott zu ihr eine einzigartige Beziehung hat. Gott liebt nicht *die* Stadt, Gott liebt Herne, Halle und Hof. Er hat mit jeder Stadt eine eigene Geschichte, ist ihr auf besondere Weise nahe, hat spezielle Absichten für sie und hat seine unverwechselbaren Spuren in ihr hinterlassen. Zur Begründung und Veranschaulichung dieser These lade ich Sie ein, sich mit mir in eine antike Stadt zu begeben. Es geht dabei nicht nur um Vergangenes. Es geht darum, unseren Blick zu schärfen für die Gegenwart Gottes auch in unserer Stadt.

1.3.2 Auf den Spuren des unbekannten Gottes

Um das Jahr 50 n. Chr. reiste Paulus in die Stadt Athen. Die Blütezeit dieses politischen und kulturellen Zentrums lag schon einige Jahrhunderte zurück. Auf der Agora, die der Schauplatz der berühmten Dialoge des Sokrates gewesen war, disputierten nur noch zweitklassige Philosophen; von hervorragenden Künstlern, Dichtern und Denkern wird uns in dieser Zeit nicht berichtet. Dennoch strahlte der Glanz der ruhmreichen Vergangenheit nach. Athen war eine beliebte Universitätsstadt, zahlreiche Festpilger und Bildungstouristen – darunter römische Kaiser – besuchten sie (Elliger 2007:125-126). Für die meisten der rund 75.000 Athener (Chandler 1987:463) wird der Aufenthalt des Paulus deshalb nicht mehr als eine Randnotiz gewesen sein, falls er ihnen überhaupt auffiel.

Bevor wir Paulus durch Athen begleiten, ist eine Zwischenbemerkung nötig. Der Bericht des Lukas (Apg. 17,16-34) ist voller Anspielungen, die antike Leser sofort verstanden haben, die wir aber erst enträtseln müssen. Das erfordert einiges an Feinarbeit. Vermutlich haben Sie nicht alle Geschmack an historischen und fachtheologischen Tüfteleien. Deshalb habe ich diesen Teil in den Anhang verschoben. Hier geht es nur um die wichtigsten Ergebnisse; wer die ausführliche Darstellung und vor allem Belege und Begründungen sucht, findet sie dort.

Der Aufenthalt begann damit, dass Paulus die Stadt erkundete (Apg. 17,16.23). An diese vorbereitende „Kontextanalyse" schlossen sich missionarische Begegnungen an, sowohl in der jüdischen Synagoge als auch auf der Agora, wo Paulus sich mit denen unterhielt, die er dort antraf, unter ihnen Vertreter der beiden bedeutendsten Philosophenschulen (Apg. 17,17-18). Das Echo war geteilt: Es schwankte zwischen Spott, Befremden und Neugier. Schließlich kam es zu einer Untersuchung vor dem Areopag, der obersten Behörde Athens, die ein Auge auf die religiösen Aktivitäten in der Stadt hatte (Apg. 17,18-20). Wir hören hinein in die Rede, die Paulus dort hielt:

> Er hat aus einem einzigen Menschen das ganze Menschengeschlecht erschaffen, damit es die ganze Erde bewohne. Er hat für sie bestimmte Zeiten und die Grenzen ihrer Wohnsitze festgesetzt. Sie sollten Gott suchen, ob sie ihn ertasten [oder fühlen] und finden könnten; denn keinem von uns ist er fern. Denn in ihm leben wir, bewegen wir uns und sind wir [...]. (Apg. 17,26-28a)

Diese Sätze haben es in sich. Die menschliche Siedlungsgeschichte ist gleichzeitig eine Gottesgeschichte. Was immer Menschen in ein bestimmtes Wohngebiet verschlagen hat, Gott hat etwas damit zu tun. *Dort* soll die eigentliche Absicht Gottes in Erfüllung gehen, von den Menschen gesucht und gefunden zu werden. Daraus lassen sich Folgerungen ziehen.

Wenn der Ort, an dem Menschen wohnen, für ihre Gottesbeziehung von Bedeutung ist, dann muss es an jedem Ort besondere Spuren Gottes geben, die dem Suchen, Fühlen und Finden eine Richtung geben. Gott macht sich nicht überall auf die gleiche Weise bemerkbar und er wird nicht überall auf die gleiche Weise erkannt. Natürlich gibt es auch Konstanten: Es geht immer um den *einen* Gott, „der die Welt erschaffen hat", der Jesus „von den Toten auferweckte" und der jetzt verkünden lässt, „dass *überall alle* umkehren sollen" (Apg. 17,24.30-31). Aber für die Zugänge zu diesem Gott gibt es lokale Besonderheiten.

Damit kommen wir zu einer Entdeckung, die Paulus bei einem seiner Athener Stadtgänge gemacht hatte. Er fand „einen Altar mit der Aufschrift: Einem unbekannten Gott" (Apg. 17,23). Es gibt gute Gründe, den Anlass für die Errichtung dieses Altars in einer konkreten Erfahrung zu sehen, bei der die Anrufung eines unbekannten Gottes sich als erfolgreich herausgestellt hatte.

Athen wurde einst von einer Pest heimgesucht. In ihrer Not ließen die Athener einen Mann namens Epimenides von Kreta holen. Dieser führte eine Herde mit schwarzen und weißen Schafen auf den Areshügel. Wo jedes Schaf sich lagerte, wurde es dem „zuständigen" Gott geopfert. Die Plage endete und „anonyme Altäre" erinnerten an das Geschehen (Diogenes Laertios, Leben und Lehre der Philosophen I 110). Wie immer es um den historischen Wert solcher Überlieferungen steht, frei erfunden sind sie in der Regel nicht. In diesem Fall spricht einiges dafür, dass die Episode um Epimenides so oder ähnlich stattgefunden hat und dass sich Paulus und seine Weggefährten ernsthaft mit ihr und mit dem Mann aus Kreta beschäftigt haben. Epimenides wird im Titusbrief als „Prophet" zitiert: „Alle Kreter sind Lügner und faule Bäuche, gefährliche Tiere" (Tit. 1,12). Ebenfalls um ein Zitat könnte es sich bei dem Satz „in ihm leben wir, bewegen wir uns und sind wir" (Apg. 17,28) handeln. Auch er steht in einer Beziehung zu Epimenides. Und schließlich hat Lukas den Athenbesuch des Apostels so stilisiert, dass Parallelen zu dem Besuch des Mannes aus Kreta erkennbar werden.

Gott war auch außerhalb von Israel nicht untätig und nicht schweigsam gewesen. Er hatte auf Kreta, der Heimat des Epimenides, sein Heilshandeln gezeigt: „Wohl habe ich Israel aus Ägypten heraufgeführt, aber ebenso die Philister aus Kaftor[2]" (Am. 9,7). So wie er im heidnischen Perserreich einen König fand, den er zu seinem Gesalbten machte (Jes. 45,1), fand er auf Kreta einen Mann, der sein Prophet wurde. Diesen Propheten hatte er zur Rettung aus Todesnot nach Athen gesandt und Altäre hatten die Erinnerung

2 Kaftor ist der alttestamentliche Name für Kreta.

an diese Erfahrung bewahrt. So kam Paulus in ein vorbereitetes Wohngebiet und konnte den Athenern lokale Spuren seines Gottes zeigen, auf denen sie ihn erneut suchen konnten.[3]

1.4 Die vier Aufgaben der missionarischen Stadtgemeinde

Der Athenbesuch des Paulus gibt uns nicht nur Grund, auch in unserer Stadt auf einzigartige Spuren Gottes zu achten. Er zeigt uns gleichzeitig ein Modell für urbane Mission, das sich auf andere Städte übertragen lässt. An dieser Stelle sei es nur kurz skizziert. Seine Elemente werden uns in diesem Buch immer wieder begegnen.

1.4.1 Die sozialwissenschaftliche Aufgabe: Die Stadt verstehen

Paulus machte sich in zwei Schritten mit Athen vertraut. Zuerst unternahm er Stadtgänge, um sich einen optischen Eindruck zu verschaffen (Apg. 17,16.23). Jede Stadt hat ihre physische Gestalt, besteht aus einem System von Gebäuden, Plätzen und Verbindungswegen, das viel über ihre Bewohner, deren Verhältnisse und Weltanschauungen verrät. In Athen wurde das Stadtbild von religiöser Architektur und Kunst beherrscht. Die Akropolis erhob sich weithin sichtbar über die Stadt und wer in Athen unterwegs war, kam sich vor wie in einem „Wald von Götzenbildern"[4]. Der wesentliche Charakter der Stadt wurde schnell deutlich: „Nach allem, was ich sehe, seid ihr besonders fromme Menschen" (Apg. 17,22).

Vor allem aber besteht eine Stadt aus ihren Bewohnern. Die beste Art, sie kennenzulernen, besteht darin, ihnen zu begegnen und sich mit ihnen zu unterhalten. Paulus tat dies ausgiebig in der Synagoge und auf der Agora. Er traf die verschiedenen Gruppen der Stadt, von denen uns einerseits Juden und Gottesfürchtige, andererseits epikuräische und stoische Philosophen genannt werden (Apg. 17,17-18). Er lernte ihren Charakter kennen: ihre Religiosität, die zwischen Frömmigkeit und Aberglauben schwankte (Elliger 2007:132; Külling 1993:27-28), ihre sprichwörtliche Neugierde (Jipp 2012:574-575), ihre spöttische Verachtung (Barrett 1994b:830).

1.4.2 Die theologische Aufgabe: Gottes Spuren in der Stadt erkennen

In Athen haben wir bereits Spuren Gottes entdeckt, die in der Mission des Paulus eine Rolle spielten. Wo gibt es solche Spuren Gottes in unserer Stadt? Sie wird in der Regel schon eine christliche Geschichte haben, an der es einiges zu entdecken gibt. Wer hat vor uns gearbeitet, in dessen Ernte wir gekommen sind (Joh. 4,38)? Und wo war und ist Gott unter und durch Nichtchristen am Werk?

3 Bemerkenswert ist, dass auch der Gott der Juden, den Paulus verkündigte, bei den Griechen oft als „unbekannter Gott" bezeichnet wurde (Van den Horst 1989:1444-1446).

4 So übersetzt Wycherley (1968:619-620) den griechischen Ausdruck für „voll von Götzenbildern" (Apg. 17,16). Er beschreibt, wie man ihnen auf Schritt und Tritt begegnete, auch außerhalb der Tempel.

1.4.3 Die evangelistische Aufgabe: Gottes Gegenwart in der Stadt aufzeigen und deuten

Die evangelistische Aufgabe der Christen wird dadurch nicht bedeutungsärmer, dass Gott vor und neben ihnen bereits auf dem Plan ist. Auch wenn Gott keinem der Bewohner unserer Stadt fern war und ist (Apg. 17,27), bleibt er ihnen oft unbekannt. „Über die Zeiten der Unwissenheit [hat Gott] hinweggesehen" (Apg. 17,30), „jetzt" sollen sie beendet werden.

Die evangelistische Aufgabe der Christen bekommt in diesem Kontext aber einen Charakter, der von manchen vertrauten Vorstellungen abweicht. Klassische Evangelisation geht von der Gottesferne aller Menschen aus. Oft wird dabei mit Aussagen aus dem Römerbrief argumentiert. Doch dieser ist kein evangelistisches Traktat. Er ist an Menschen geschrieben, die bereits zum Glauben gekommen sind. Wenn wir wissen wollen, wie die ersten Christen evangelisierten, müssen wir in die Apostelgeschichte schauen. In ihr finden wir ein deutlich anderes Bild.

Hauptthema ihrer evangelistischen Reden sind nicht Sünde und Vergebung. Hauptthema ist vielmehr die bisherige Geschichte Gottes mit den Zuhörern, die „jetzt" in Jesus Christus ihre Erfüllung findet. Deshalb führt nicht *eine* „Römerstraße"[5] zu Gott, sondern verschiedene Wege, je nach Zuhörerschaft. Juden (und ihren Sympathisanten) wird die bisherige Geschichte Gottes mit Israel und ihre Messiaserwartung vor Augen geführt. Diese Geschichte ist jetzt in Jesus zum Ziel gekommen, er ist der verheißene Retter (Apg. 13,16-41).

Aber auch bei heidnischen Zuhörern ist der Ausgangspunkt nicht ihre Gottesferne, sondern ihre Gottesnähe! Der wahre Gott, der sich von allen ihren Göttern unterscheidet, hat „sich nicht unbezeugt gelassen. Er tat Gutes, gab euch vom Himmel her Regen und fruchtbare Zeiten, mit Nahrung und Freude erfüllte er euer Herz" (Apg. 14,17). „Keinem von uns ist er fern. Denn in ihm leben wir, bewegen wir uns und sind wir [...] Wir sind von seiner Art" (Apg. 17,27-28). Den Gott, der immer schon unter ihnen gewesen ist, sollen die Heiden suchen und finden. Dazu braucht er einen Namen und ein Gesicht (vgl. 2. Kor. 4,6). Erst dann ist eine echte Beziehung zu ihm möglich. Dieser Name („Jesus Christus") und sein Gesicht (das des „Gekreuzigten") wird ihnen jetzt verkündigt (1. Kor. 2,2).[6]

5 So wird ein Leitfaden zur persönlichen Evangelisation genannt, der sich auf Stellen im Römerbrief bezieht.

6 Gelegentlich wird die Mission des Paulus in Korinth gegen seine Areopag-Rede ausgespielt. In Athen habe er versucht, mit Mitteln griechischer Weisheit zu verkündigen, und dabei nur bescheidene Ergebnisse erzielt. Diesem Vorgehen habe er daraufhin entsagt und sich vorgenommen, in Zukunft nur noch ein „schlichtes" Evangelium vom Kreuz zu predigen, und diesen Vorsatz gleich an seiner nächsten Station Korinth umgesetzt (1. Kor. 2,1-5). Es ist jedoch kaum vorstellbar, dass Lukas eine Rede zu einem der Höhepunkte der Apostelgeschichte macht, die zeigt, wie man es nicht machen soll.

1.4.4 Die transformatorische Aufgabe: Sich für Gottes Ziele mit der Stadt engagieren

Gott will nicht nur Herzen, sondern auch Verhältnisse ändern. Das ist eine langfristige Aufgabe. Hier konnte Paulus nur den Grund legen. Er ließ einige Anhänger in Athen zurück, mit denen – wie in den übrigen Städten seiner Missionstätigkeit – ein mehrere Jahrhunderte dauernder Prozess der Transformation begann. Athen hat die Liebe Gottes zunächst nur zögerlich erwidert, „die Gemeinde war von Anfang an klein und blieb es“ (Harnack 1906:197). Aus den ersten Jahrhunderten besitzen wir nur spärliche Notizen. „Erst im 5. Jahrhundert scheint das Christentum in Athen in Schwung gekommen zu sein, nun aber gleich in beachtlicher Stärke“ (Elliger 2007:186). In anderen Städten des römischen Reiches verlief der Prozess schneller. Die ersten Christen haben ihre Städte verwandelt. In Geschichte und Gegenwart sind viele weitere Beispiele gelungener Transformation gefolgt. Einige werden uns in diesem Buch begegnen. Und warum sollte die Geschichte der Transformation nicht in unserer Stadt ihre Fortsetzung finden?

FAZIT

- Mit dem Wandel zur postmodernen Stadt haben sich auch die Rahmenbedingungen für christliches Engagement tief greifend verändert. Der Wandel zeigt sich in
  - Krise und Polarisierung: Der Wohlstand für alle ist vorbei. Die Schere zwischen arm und reich öffnet sich wieder.
  - Restrukturierung: Immer mehr Menschen arbeiten im Dienstleistungssektor, die traditionelle Kleinfamilie wird durch viele andere Lebensformen ergänzt, bessere Wohnlagen und soziale Brennpunkte verschieben sich.
  - Fragmentierung: Die Stadt zerfällt in geografische und kulturelle Dörfer und bildet immer weniger ein einheitliches Ganzes.
- Bei vielen Christen wächst die Sehnsucht nach einer neuen „Relevanz“ für die Stadt und an vielen Stellen entdeckt man missionarische Graswurzelbewegungen.
- Jede Stadt ist einzigartig und Gott hat zu jeder Stadt eine einzigartige Beziehung. Er ist bereits in unseren Städten und wir können seine Spuren dort entdecken.
- Am Beispiel von Paulus' Aufenthalt in Athen sehen wir ein Modell für urbane Mission:
  - die Stadt verstehen (die sozialwissenschaftliche Aufgabe);
  - Gottes Spuren in der Stadt erkennen (die theologische Aufgabe);
  - Gottes Gegenwart in der Stadt aufzeigen und deuten (die evangelistische Aufgabe);

  - sich für Gottes Ziele mit der Stadt engagieren (die transformatorische Aufgabe).

- Wie wirken sich Polarisierung, Restrukturierung und Fragmentierung in Ihrer Stadt aus?
- Wo entdecken Sie Spuren Gottes in Ihrer Stadt? Welche christliche Geschichte gibt es? Wo war und ist Gott unter Nichtchristen am Werk?
- Welche der vier Aufgaben einer missionarischen Stadtgemeinde erfüllen Sie / erfüllt Ihre Gemeinde bereits? Welche Aufgabe ist bislang eher zu kurz gekommen?

- Harvey M. Conn und Manuel Ortiz: Urban Ministry. The Kingdom, the City, and the People of God (Conn & Ortiz 2000). Ein umfassendes englisches Lehrbuch der urbanen Mission mit einer globalen Perspektive.
- Hartmut Häußermann und Walter Siebel: Stadtsoziologie. Eine Einführung (Häußermann & Siebel 2004). Wer sich einen umfassenden Überblick über soziologische Stadtforschung verschaffen will, findet hier eine verständliche Einführung.

Das Leben der Menschen ist untrennbar mit Räumen und Orten verbunden. Wir lernen den Unterschied zwischen ihnen kennen. Welche Bedeutungen haben Orte für die Menschen und welche sozialen Funktionen erfüllen sie?

2. „Wenn du zu einem Ort gehörst, sorgst du für ihn“

Räume und Orte

In der Einführung haben wir bereits einen Grund erfahren, warum Städte Thema der Mission sein müssen: Sie sind nicht nur Wohnorte der Menschen, sondern auch Aufenthaltsorte Gottes, der dort ihren Einwohnern nahe ist und sich ihnen bemerkbar macht. Das ist noch nicht alles. Das ganze Leben der Menschen ist untrennbar mit Räumen und Orten verbunden. Dazu gehören Städte, die in diesem Buch im Mittelpunkt stehen. Dazu gehören aber auch städtische Teilräume und andere geografische Einheiten. Ohne sie wären die Menschen nicht, was sie sind.

Es ist nicht egal, *wo* wir leben. Unser Leben würde anders verlaufen, wenn wir in China oder in Ghana zu Hause wären. Die Lebenseinstellung von Menschen, die in der DDR oder in der BRD aufgewachsen sind, unterscheidet sich bis heute. Wer vom Land in die Stadt zieht, bekommt dort ein anderes Lebensgefühl. Und innerhalb einer Stadt muss man an manchen Stellen nur wenige Meter weitergehen, um in einer anderen Lebenswelt zu sein.

Es ist auch nicht egal, *wo* wir Mission betreiben – in welcher Stadt und in welchen städtischen Teilräumen. Die Umgebung prägt das Leben der Menschen, denen wir begegnen, und sie beeinflusst die Zugänge, die wir zu ihnen haben. *Mission ist nicht raumneutral.* Deshalb befassen wir uns in diesem Kapitel mit der sozialen Bedeutung, die Räume und Orte für die Menschen haben. Der anschließende Exkurs zeigt den Weg zu einer „Theologie des Ortes“.

2.1 Räume

Räume sind „geographische Einheiten mit jeweils eigenen Formen, Größenordnungen und anderen Eigenschaften, die die Voraussetzungen für bestimmte Arten von menschlichen Aktivitäten schaffen“ (Chen, Orum & Paulsen 2013:8).[7]

7 Es gibt in der sozialwissenschaftlichen Beschäftigung mit Räumen verschiedene Ansätze, bei denen Begriffe zum Teil unterschiedlich hergeleitet und verwendet werden. In Deutschland wird auf hohem

Räume haben unterschiedliche *Formen*, an denen sie leicht zu erkennen sind. Wir identifizieren eine Brücke, einen Turm, ein Haus, einen Park, eine Straße, ein Fußballstadion oder eine Kirche auf den ersten Blick. Räume haben unterschiedliche *Größenordnungen*. Ein Kinderzimmer, eine Wohnung, ein Haus, ein Wohnblock, eine Nachbarschaft, ein Stadtteil und eine gesamte Stadt sind Räume. Unterschiedlich dimensioniert können auch Räume derselben Art sein. In eine kleine Landkapelle passen eine Handvoll Leute, die Kirche einer US-amerikanischen Mega-Church hat Tausende von Sitzplätzen. Schon die Größe an sich hat eine Wirkung. Kleine Räume haben oft etwas Intimes, große etwas Anonymes (ebd. S. 20.22). Sie können unterschiedliche Menschen anziehen, aber auch abschrecken, wie die gegensätzlichen Angststörungen Klaustrophobie (Furcht vor engen Räumen) und Agoraphobie (Furcht vor weiten Plätzen) zeigen.

Räume können öffentlich oder privat sein, „einladend oder abstoßend“ (ebd. S. 22), und sie werden für unterschiedliche *Aktivitäten* genutzt. In Räumen wohnen und arbeiten Menschen. In Räumen verbringen sie auf unterschiedliche Art ihre Freizeit oder üben ihre Religion aus. In Räumen bewegen sie sich und halten sie sich auf. In Räumen werden sie geboren, leben sie, sterben sie und werden sie begraben.

Räume sind nicht nur physische, sondern gleichzeitig soziale Gebilde. Sie sind nicht allein durch Formen, Farben und Materie bestimmt, sondern auch durch die Zwecke, für die sie von Menschen gebaut und gestaltet werden, durch das soziale Geschehen, das in ihnen stattfindet, und durch die Wirkungen, die sie auf Menschen ausüben.

2.2 Orte

Orte unterscheiden sich von Räumen wie das Besondere vom Allgemeinen (ebd. S. 8). Eine Kirche ist ein Raum, der Kölner Dom ist ein Ort. Eine Kleinstadt ist ein Raum, mit dem wir allgemeine Vorstellungen verbinden. Die Kleinstadt Fritzlar ist dagegen ein spezieller Ort, von dem Menschen konkrete Vorstellungen haben und der für sie konkrete Bedeutungen hat. In gewisser Hinsicht wird eine geografische Einheit erst durch diese Vorstellungen und Bedeutungen für uns zum Ort (Tuan 2003:6). Wer nur davon gehört hat, dass es in Nordhessen eine Kleinstadt mit Namen Fritzlar gibt, für den ist sie nicht mehr als ein weiteres Exemplar der Raumgattung Kleinstadt. Wer dort gelebt hat, für den ist Fritzlar ein bedeutungsvoller Ort. Wenn der Name fällt, sieht er vor seinem inneren Auge vielleicht den Dom oder den Marktplatz mit den schönen Fachwerkhäusern. Er erinnert sich an gute oder unangenehme Erlebnisse, die er dort gemacht hat. Fritzlar ist ein Teil seiner Biografie und damit seiner selbst.

Solches Ortserleben kann unterschiedlich intensiv und gefärbt sein. Wer in Fritzlar

---

Niveau sehr komplex diskutiert. Das bringt für Leute, die geneigt sind, abstrakte theoretische Höhen zu erklimmen, viel Ertrag. Weniger ergiebig ist es für den urbanen Missionar, der das schlichtere Ziel hat, anderen Menschen nützlich zu sein. Ich schließe mich der durch die zitierten Autoren vertretenen (vor allem im angelsächsischen Sprachraum verbreiteten) Richtung an, weil ich sie für unsere Zwecke am hilfreichsten finde. Bei der Verwendung von Fachliteratur vereinheitliche ich, wo nötig, den Sprachgebrauch.

geboren wurde und immer dort gewohnt hat, ist in diesem Ort tief verwurzelt, kennt jeden seiner Winkel und viele seiner Bewohner und ist emotional eng mit ihm verbunden. Für ihn ist Fritzlar Heimat. Wer die Stadt als Tourist besucht, für den ist sie nicht mehr als ein nettes Ambiente für eine Freizeitunternehmung. Genau genommen ist Fritzlar für jeden ein anderer Ort.

Die Art der Beziehung zu einem konkreten Raum bestimmt also, was für ein Ort er für uns ist und welche seiner Eigenschaften, Nutzungen, sozialen Gelegenheiten und Regeln für uns im Vordergrund stehen. Die Hasenheide in Berlin ist ein Park. Für einen Drogenhändler ist sie ein anderer Ort als für einen Vater mit Kind. Unter den *physischen Eigenschaften* sind für den Dealer die Möglichkeiten des Verstecks von Interesse, für den Vater der Zustand der Spielflächen. Der Dealer will den Ort zur „Arbeit" *nutzen*, der Vater für einige Stunden Freizeit mit seinem Kind. Für beide ist die Hasenheide ein *sozialer Ort*, aber während der Dealer dort seine Kunden trifft, lernt der Vater andere Eltern kennen. Unterschiedliche *Regeln* spielen eine Rolle. Das nicht auf die Hasenheide beschränkte Verbot des Verkaufs von Betäubungsmitteln veranlasst den Dealer lediglich, vorsichtig zu sein. Ernster nimmt er ein ungeschriebenes Gesetz: Wo eine Gang ihr Revier hat, haben die Dealer einer zweiten nichts zu suchen. Für den Vater gilt, dass in der Hasenheide nicht gegrillt werden darf. Wer ein Verwarnungsgeld riskiert, tut es trotzdem. Wie gesagt, die Hasenheide ist für den Dealer und den Vater ein jeweils anderer Ort.

Abbildung 2.1: Die Hasenheide – *eine* Freifläche, aber für unterschiedliche Nutzer jeweils ein anderer Ort

Diese Beispiele lassen sich verallgemeinern. Nicht nur das aktuelle Nutzungsinteresse, sondern auch verschiedene soziale Merkmale von Menschen haben einen Einfluss darauf, was für ein Ort ein bestimmter Raum für sie ist (Chen, Orum & Paulsen 2013:13). Das dunkle Parkhaus ist für einen Mann ein Zweckort, für eine Frau vielleicht ein Angstort. Die Straße im Altbauviertel ist für Bewohner aus der Mittelschicht ein Verkehrsort, den sie durchqueren, um zwischen ihrer Wohnung und ihren sonstigen *Aktionsräumen* zu wechseln, für Jugendliche aus prekären Milieus ist sie ein Aufenthaltsort, an dem sich ein großer Teil ihres sozialen Lebens abspielt. Für gläubige Muslime ist die Alfaruq Moschee in Dresden ein heiliger Ort, an dem sie die Schuhe ausziehen, für Pegida-Anhänger ist sie ein Symbol der Islamisierung des Abendlandes. Das Gemeindehaus einer charismatischen Gemeinde ist für ihre Mitglieder ein vertrauter Ort der Gottesbegegnung, für ihre Nachbarn ist es ein rätselhafter Ort, aus dem für eine Kirche ungewohnte Geräusche dringen – sonntags, wenn sie ausschlafen wollen, mit belästigender Lautstärke –, und es ist keineswegs nur ihre „Gottlosigkeit", die die Schwelle der Eingangstür für sie hoch sein lässt.

Orte sind keine unveränderlichen Gebilde, sondern werden immer wieder neu erfunden und neu erlebt. Einer unserer intimsten Orte ist unsere Wohnung. Wir erfinden sie neu, wenn wir sie renovieren, neue Möbel anschaffen oder alte umstellen. Wir erleben sie neu, wenn ein Wintergarten angebaut wird, die Kinder ausziehen oder der Partner stirbt und wir plötzlich allein in ihr sind.

2.2.1 Orte und ihre Bedeutungen

Orte werden durch Bedeutungen konstituiert. Wenn ein Ort für uns keine Bedeutung hat, ist er für uns nicht wirklich ein Ort. Solche Bedeutungen können auf unterschiedliche Weise entstehen (ebd. S. 7.42-43):

1. **Erlebnisse und Erinnerungen:** Oft sind Menschen durch vergangene Erfahrungen mit Orten verbunden. 2008 war ich mit meiner Frau das erste Mal im Urlaub auf Rügen. An unserem Hochzeitstag machten wir einen Ausflug nach Sassnitz. Wir aßen in einem Hafenrestaurant und nicht nur der Anlass und das Essen, sondern auch das Wetter und die Atmosphäre sorgten für einen unvergesslichen Abend, durch den das Restaurant – sonst nicht mehr als ein Exemplar der Raumgattung Hafenrestaurant – für uns zu einem besonderen Ort wurde. Wir fahren seither jedes Jahr nach Rügen und jedes Mal ist dieser Ort Teil des Urlaubs.
   Nicht nur individuelle, sondern auch kollektive Erinnerungen machen Orte zu dem, was sie sind. Als ich das erste Mal Leipzig besuchte, stand ich vor der Nikolaikirche. Obwohl ich diesen Ort vorher nie gesehen hatte, war er für mich ein besonderer Ort. Hier fanden schon lange vor dem Herbst 1989 Friedensgebete statt, von hier gingen vor der Wende die Montagsdemonstrationen aus. Durch die Rolle, die die Nikolaikirche in der Geschichte der friedlichen Revolution spielte, hat sie für viele Menschen eine kollektive Bedeutung, auch für mich.
2. **Emotionen:** Orte lösen vielfältige gefühlsmäßige Empfindungen in uns aus.

Manchmal beruhen sie auf Erinnerungen, wie eben dargestellt wurde. Dabei darf nicht vergessen werden, dass es auch traumatische Orte gibt: vom Keller, in dem jemand als Kind von seinen Eltern eingesperrt wurde, bis hin zu Schauplätzen von Massakern und Konzentrationslagern. Andere Emotionen beruhen auf dem ästhetischen Erscheinungsbild eines Ortes. Wir kennen Orte, die wir gern aufsuchen, weil sie „einfach schön" sind. An anderen Orten fragen wir uns, wie Menschen es dort aushalten. Eine besondere Emotion ist die Vertrautheit. Wenn wir oft an einem Ort sind, kann er in uns etwas wecken, was mehr ist, als dass wir ihn „gut kennen".

3. **Nutzungen:** Zu den wichtigen Bedeutungen von Orten gehört ihr Gebrauchswert. Wir geben einander Tipps, wo man besonders gut essen kann oder wo bestimmte Aktivitäten besonders gut möglich sind. Es gibt Orte zum Wohnen, zum Arbeiten, zum Abhängen, zum Feiern, zum Lesen und zum Tanzen. Für viele Menschen sind spirituelle Orte – auch wenn es sie stören mag, bei diesen von „Nutzung" und „Gebrauchswert" zu sprechen – besondere Orte. Aus der keltischen Frömmigkeit stammt der Begriff der „durchlässigen Orte" – im Englischen *thin places*. Es sind Orte, an denen die Grenze zwischen Himmel und Erde besonders „dünn" zu sein scheint und an denen man das Göttliche besonders leicht wahrnimmt. In der biblischen Geschichte wurde ein Schlafplatz unter freiem Himmel für Jakob zum heiligen Ort, weil Gott ihm dort im Traum erschien (Gen. 28,11-19). Heute ist für viele die Kommunität von Taizé (www.taize.fr) ein solcher Ort, der jährlich von Tausenden besucht wird. In den 1990er-Jahren war es für andere die *Toronto Airport Vineyard Church*[8], in der sie Gottes Nähe mit besonderer Intensität erlebten.[9]

Die Bedeutung, die Orte für Menschen haben, kommt in Ritualen und Feiern zum Ausdruck. Wie es für Menschen Rituale zum Beginn des Lebens (Taufe, Segnung, Beschneidung) und beim Übergang in die Mündigkeit (Konfirmation, Bar Mitzwa) gibt, so gibt es für Gebäude die Grundsteinlegung und das Richtfest, bei religiösen Menschen oft mit Segen und Gebet verbunden. Beim Einzug in ein neues Haus oder beim Umzug in eine neue Wohnung gibt es verschiedene Arten der Haussegnung, förmlich durch Liturgien oder informell durch Bibellesung oder Andacht und Gebet.[10] Viele Feiern haben

8 Sie wurde 1995 in Toronto Airport Christian Fellowship umbenannt, 2010 in Catch the Fire Toronto. Zu den Geisterfahrungen, die Tausende von Christen aus aller Welt dort machten und die unter dem Namen "Toronto Blessing" bekannt wurden, siehe Chevreau 1995.

9 Nebenbei bemerkt: Dieses Buch wäre ohne eine Reise nach Toronto so nicht denkbar. Die Gotteserfahrungen, die ich dort gemacht habe, wirken sich bis heute auf meine Liebe zur Stadt und zu ihren Menschen aus. Sie haben etwas „Mystisches" in mich implantiert, durch das selbst so profane Aktivitäten wie eine Fahrt mit der vollbesetzten S-Bahn oder die Lektüre eines soziologischen Artikels zu berührenden Erfahrungen der Gegenwart des Gottes werden können, der die Menschen liebt, die mit mir fahren oder um die es in der Studie geht. Durchlässige Orte können urbane Mission mit Herz und Energie versehen.

10 Die katholische Kirche regelt die Haussegnung im Diktionale (Internationale Arbeitsgemeinschaft

einen Ortsbezug. Dazu gehören Stadtteil- und Nachbarschaftsfeste oder Hafen- und Bergfeste. Städte feiern runde Geburtstage. Während ich dieses Kapitel schreibe, begeht Leipzig 1000 Jahre dokumentierter Stadtgeschichte: das ganze Jahr (2015) hindurch mit einem Höhepunkt am 20. Dezember, dem tausendsten Jahrestag der Ersterwähnung der Stadt. Dafür wurde eigens ein spezielles Logo gestaltet.

Abbildung 2.2: Logo zur 1000-Jahr-Feier von Leipzig

Bedeutungen, die mit Orten verbunden sind, strahlen von ihnen aus und übertragen sich auf Menschen. Paulus nannte sich den „Bürger einer nicht unbedeutenden Stadt" (Apg. 21,39). Nachbarn erzählen uns, dass sie an diesem oder jenem berühmten Ort waren. Touristen lassen sich vor Sehenswürdigkeiten fotografieren. Umgekehrt überträgt sich auch die geringe oder negative Bedeutung von Orten auf die, die dort wohnen oder mit ihnen zu tun haben. Orte stigmatisieren: „Aus Nazaret? Kann von dort etwas Gutes kommen?", fragte Natanaël (Joh. 1,46). Und wer aus Kreta stammte, war gewiss ein „Lügner und fauler Bauch" (Tit. 1,12), so wie heute der, der aus einer bestimmten Siedlung kommt, bei manchen Banken nur deswegen nicht kreditwürdig ist.

Urbane Mission ist ortsbewusst. Sie weiß, dass Menschen auch das sind, was Orte aus ihnen machen – durch Übertragung von Bedeutungen und auf anderen Wegen. Deshalb geht es ihr nicht nur um Menschen, sondern auch um Orte. Dieser Fokus kommt im Begriff der „Transformation" zum Ausdruck. Durch sie soll die Bedeutung von Orten geändert werden. Aus gottverlassenen Orten sollen „durchlässige Orte" werden, aus hässlichen Orten schöne, aus Angstorten Orte der Sicherheit, aus Orten früheren Unheils Orte zukünftigen Segens, an unbedeutenden Orten soll Bedeutendes geschehen. Die Zuwendung Gottes ist nicht nur eine Zuwendung zu Menschen, sondern auch zu

der Liturgischen Kommissionen im Deutschen Sprachgebiet, Institutum Liturgicum, Salzburg 1978); die Vereinigte Evangelisch-Lutherische Kirche Deutschlands veröffentlichte 2010 den Entwurf einer Handreichung „Segnung beim Umzug in eine neue Wohnung" (VELKD 2010) mit liturgischen Empfehlungen und einer biblisch-theologisch-kirchengeschichtlichen Einführung; viele freikirchliche Gemeinden segnen Wohnung oder Haus, wenn sie es überhaupt tun, einfach so.

Orten, denn das Eingreifen Gottes zugunsten der Menschen ist gleichbedeutend damit, dass er das Geschick ihrer Städte und Orte wendet (Jer. 32,44).

2.2.2 Ortsverbundenheit

Positive Bedeutungen eines Ortes und mit ihm verbundene positive Emotionen können sich mit der Zeit immer mehr verdichten, wenn sie durch wiederholte positive Erfahrungen weiter verstärkt werden. Dann spricht man von *Ortsverbundenheit* (*place attachment*; Chen, Orum & Paulsen 2013:11-12). Sie wird definiert als „emotionale Bindungen, die Menschen gegenüber bestimmten Orten wie Häusern, Nachbarschaften oder Städten empfinden" (ebd. S. 11). Unter anderem zeigt sie sich darin, dass es Menschen sehr schwerfällt oder für sie unvorstellbar ist, einen Ort zu verlassen.

Ortsverbundenheit kann, aber muss nicht mit den physischen Eigenschaften eines Ortes zusammenhängen. Wichtiger sind die psychologische und die soziale Dimension: Vertrautheit und persönliche Beziehungen. Manchmal sind Menschen mit Orten eng verbunden, die auf Außenstehende einen unattraktiven Eindruck machen, oder mit Orten, an denen sie wirtschaftlich keine Zukunft haben. Sie bleiben dennoch, um nicht ihre Heimat und ihre sozialen Beziehungen zu verlieren.

Je größer die Ortsverbundenheit eines Menschen, desto mehr schmerzt ihn ein Ortsverlust. Stellen wir uns eine Frau vor, die schon lange in einem Altbauviertel wohnt. Hier hat sie mit ihrem Mann gelebt, der vor einigen Jahren verstorben ist; sein Grab befindet sich auf dem nahe gelegenen Friedhof. Hier hat sie ihre Kinder großgezogen. Inzwischen leben diese in anderen Städten. Die meisten Menschen, mit denen sie regelmäßig Kontakt hat, wohnen ebenfalls in dieser Nachbarschaft. Hier kennt sie buchstäblich jeden, zumindest vom Sehen. Zu diesem Viertel gehören viele vertraute Plätze: die Bank im kleinen Park, auf der sie oft mit ihrem Mann saß und Menschen und Vögel beobachtete; der Spielplatz, auf dem ihre Kinder sich austobten; der Spätkauf – früher ein typischer Tante-Emma-Laden, in dem nicht nur Lebensmittel, sondern alle interessanten Informationen der Nachbarschaft zu erhalten waren. Das Viertel weckt in ihr viele Erinnerungen: an familiäre Anlässe wie die Einschulung der Kinder, an soziale Ereignisse wie Stadtteilfeste und an die besonderen Vorkommnisse, die es in jedem Viertel gibt. Hier hat sie anderen geholfen und von anderen Hilfe bekommen. Hier fühlt sie sich sicher und zugehörig.

Doch dieses Altbauviertel gehört zu denen, die aufgewertet werden und neue Bewohner anziehen. Die Mieten steigen. Eines Tages bringt die Post den Bescheid über eine neue Mieterhöhung. Eigentlich fällt sie moderat aus, aber die Miete liegt jetzt über dem Regelsatz, den das Jobcenter ihr als Hartz-IV-Empfängerin bewilligt. Sie soll ausziehen. In der Nähe der bisherigen Wohnung wird sie nichts finden, was wenig genug kostet. Bleibt nur eine der anonymen Großsiedlungen am Rand der Stadt. Für die Frau bricht eine Welt zusammen. Die Sachbearbeiterin im Jobcenter hat Mitleid, als ihre „Kundin" in Tränen ausbricht, kann aber nicht helfen.

Urbane Mission hat es in vielen Fällen mit Menschen zu tun, die eine starke Ortsverbundenheit aufweisen. Dann können sich Gelegenheiten ergeben, Menschen beim Ortswechsel zu begleiten. Wir haben vorhin gesehen, dass es nach vorn gerichtete Rituale für „neue Orte" gibt, zum Beispiel beim Bau eines Hauses oder beim Umzug in eine neue Wohnung. Wenn Menschen ihren Ort unfreiwillig verlassen, sind rückwärts gerichtete Rituale des Abschieds mindestens ebenso wichtig.[11] Manchmal brauchen die Menschen sogar Heilung.

Der Heilungsauftrag der christlichen Gemeinde bezieht sich nicht nur auf körperliches und seelisches Leiden, sondern auch auf die vielfältigen Formen sozialen Leidens (→ Kap. 26 und 27). Am Beispiel der Traumatisierung durch einen erzwungenen Ortswechsel stelle ich an dieser Stelle schon ein erstes – in diesem Fall säkulares – Beispiel vor, wie entsprechende Heilungsrituale aussehen können.

MODELLE UND BEISPIELE

Alles verloren – alles gewonnen?
Ein Theaterprojekt von Jürg Montalta[12]

Großräschen ist eine Kleinstadt in Brandenburg mit knapp 9.000 Einwohnern. Sie liegt im Lausitzer Braunkohlerevier. Dort mussten in den vergangenen Jahrzehnten fast 80 Ortschaften dem Tagebau weichen. Ende der 1970er-Jahre erfasste der Abbau auch das Gebiet von Großräschen. Bis 1989 wurden ca. 4.000 Einwohner planmäßig umgesiedelt, darunter mehr als die Hälfte aus dem Ortsteil Bückgen, um den es hier geht und der vollständig abgebaggert wurde. 2003 stand der leere Tagebau im Rahmen eines Landschaftsumbaus zur Flutung an.[13]

In diesem Jahr nahm der Theaterregisseur Jürg Montalta an einer Tagebauerkundung in Großräschen teil. Er traf auf ehemalige Bewohner von Bückgen. Sie waren immer noch traumatisiert und blickten mit Wehmut auf die verlorene Heimat zurück. Ihre Ortsverbundenheit war stark gewesen: „Nie hätte ich die Wohnung aufgegeben" (Montalta 2005:4), so oder ähnlich äußerten sich die Menschen. Montalta, der auch eine Ausbildung als Bewegungstherapeut und Theaterpädagoge absolviert hat, kam auf die Idee, ein Stück über den verlorenen Ort zu inszenieren. Auf dem dunklen Boden des Tagebaus wurde mit heller Erde der Grundriss des früheren Ortes markiert. Es gab außer Stuhlkreisen nur spärliche Requisiten. Hauptakteure wa-

11 In der Handreichung „Segnung beim Umzug in eine neue Wohnung" (VELKD 2010) beginnen die liturgischen Empfehlungen mit einem Abschiedsritual von den alten Räumen (ebd. S. 14-16).
12 Alle Informationen, sofern nicht anders angegeben, stammen aus Montalta 2005.
13 Inzwischen ist die Flutung des Großräschener Sees im Gang. 2018 wird er vollständig geflutet sein.

ren die Bewohner selbst. Bei ihnen stieß die Idee auf positive Resonanz. Ein Kollektiv von ungefähr 120 Menschen zwischen acht und 81 Jahren beteiligte sich. Sie übernahmen verschiedene Aufgaben, besorgten Materialien und steuerten ihre Erinnerungen bei.

Das Stück bestand vor allem darin, dass die Menschen ihre Erlebnisse und Erinnerungen erzählten. Sie berichteten vom Dorf, seinem Alltag und seinen besonderen Ereignissen. Sie beschrieben ihre Wohnungen und ihr Familienleben. Sie schilderten ihre Arbeit in der Landwirtschaft, in den Betrieben, im Einzelhandel und im Bergbau selbst. Sie erinnerten sich an Gaststätten, Sporteinrichtungen, das Freibad, den Spielplatz und die Rodelbahn. Sie erzählten von ihrer Schulzeit und von ihrer Kirche, die einmal niedergebrannt war. An einer Stelle sang ein Chor der Bergleute das Lied „Es ist bestimmt in Gottes Rat".

Im Frühjahr 2005 fand die Uraufführung statt. Die Vorstellungen waren ausverkauft und fanden ein überwältigendes Medienecho. Wichtiger war jedoch die Wirkung auf die Beteiligten selbst. „Mussten sie damals Hals über Kopf den Ort aufgeben und der Kohle opfern, konnten sie jetzt noch einmal ‚einziehen' und bewusst Abschied nehmen" (Thomas 2012:106). Diese Erfahrung brachte ihnen Heilung. Der Schmerz wich neuer Freude, der vergangenheitsverhaftete Blick wurde frei für die Zukunft, mehr als 15 Jahre alte Traumata verschwanden:

1. **Freude:** „Als ich vor ein paar Tagen mit meinem 5jährigen Enkel am Rand des Tagebaurestloches stand, konnte ich ihm mit *Freude* sagen, dass hier einmal ein See entstehen wird" (Montalta 2005:35).
2. **Zukunft:** „Da ich mit meinen Enkelkindern nie wieder in meinen Heimatort fahren kann, möchte ich aber mit dem ersten Schiff – da bin ich dann 83 Jahre – über den Ilse-See[14] fahren und ihnen sagen: ‚Seht mal Kinder, an der Stelle, wo unser altes Dorf lag, ist ein See entstanden.' Und das ist schließlich auch *Zukunft!*" (ebd. S. 29).
3. **Heilung von Angstträumen:** „Dieses Projekt hat [...] mich von meinen Angstträumen über Bückgen befreit" (ebd.).

Wer sagt, dass hier nur der menschliche Therapeut und nicht auch der göttliche Arzt am Werk war?

14 So hieß der See, bevor er in „Großräschener See" umbenannt wurde.

Ortsverbundenheit hat nicht nur (leidvolle) Auswirkungen, wenn sie verletzt wird. Sie ist eine positive Kraft, wenn sie intakt ist. Dudley ist eine Nachbarschaft in Boston, Casc Antic ein Stadtteil von Barcelona und Cayo Hueso gehört zu Havanna. Gemeinsam ist diesen Orten, dass sie vor Jahren heruntergekommen waren. Der öffentliche Raum war vermüllt, es gab viel Leerstand und wenig Grün, viele soziale Probleme und wenig Möglichkeiten für gesunde Aktivitäten und Erholung. Dann fingen in allen drei Orten einige Bewohner an, sich für ihre Nachbarschaft zu engagieren. Nachdem ihr Einsatz erste erkennbare Auswirkungen hatte, schlossen sich weitere Bewohner an. Die Aktiven erfüllten verlassene Grundstücke mit neuem Leben, reinigten und verschönerten den öffentlichen Raum, legten Parks, Spielplätze und Gemeinschaftsgärten an und schufen Sportanlagen. Diese und andere Veränderungen hatten soziale Auswirkungen. Die Lebensqualität stieg, das Gemeinschaftsgefühl nahm zu und die Kriminalität ging zurück. Es entstanden sichere Orte für die Menschen (Anguelovski 2013).

Die drei Nachbarschaften waren nicht nur das Ziel des Engagements. Sie waren auch die Motivation dafür. Isabelle Anguelovski von der Autonomen Universität Barcelona hat in den Jahren 2009 und 2010 in diesen Stadtteilen jeweils ungefähr 50 Aktive interviewt (ebd. S. 217). Das Ergebnis war eindeutig: In allen drei Nachbarschaften war Ortsverbundenheit eine zentrale, beständige Motivation. Es ging nicht um „höhere Ideale", sondern die Aktiven kämpften um *ihre* Orte, die von Verwahrlosung bedroht und zeitweilig sogar in ihrer Existenz gefährdet waren. Einer von ihnen sagte:

> Wenn du zu einem Ort gehörst, liebst du ihn, du sorgst für ihn, du beschenkst ihn, du willst ihn positiv verändern, nicht wahr? In der Praxis bewirkt dieses Gefühl, dass du dich nicht jeden Tag zu deinem Einsatz zwingen musst [...] Es ist nicht länger ein Muss. (ebd. S. 226)

Viele der Aktiven hätten durchaus die Möglichkeit gehabt, in angenehmere Wohngegenden umzuziehen, aber sie entschieden sich zu bleiben. Diese Entscheidung hatte ihren Lohn. Die Aktiven berichteten von dem Empfinden, sich persönlich weiterentwickelt zu haben, und von „starker emotionaler Erfüllung" (ebd.), die wiederum die Ortsverbundenheit verstärkte.

Ortsverbundenheit kann ein starker Motor der urbanen Transformation sein. Manchmal bringt sie uns weiter als „hochgeistliche" Begründungen und „hochethische" Ideale. Wenn Gott durch seinen Geist seine Liebe zu unserem Ort in unser Herz schreibt, sind wir nicht mehr aufzuhalten. Außerdem bietet Ortsverbundenheit eine Grundlage für Koalitionen mit anderen Menschen, die nicht unseren Glauben und unsere Weltsicht teilen, aber mit uns die Liebe zu unserem Ort gemeinsam haben.

2.2.3 Orte erfüllen soziale Bedürfnisse

Eine weitere Dimension der Beziehung von Ort und Mensch muss noch genannt werden. Orte sind eine Grundlage für die Befriedigung sozialer Bedürfnisse, zu denen (soziale) Identität (Ipsen 2006:102), Gemeinschaft und Sicherheit gehören (Chen, Orum & Paulsen 2013:8).

1. **Identität:** Viele Gespräche unter Menschen, die sich noch nicht näher kennen, beginnen mit der Frage: „Woher kommst du?“ Das ist nicht nur Smalltalk, sondern eine erste Annäherung an die Frage: „Wer bist du?“ Wir kommunizieren über uns selbst, wenn wir erzählen, von wo wir sind. Wir verraten damit etwas über unsere kulturellen Wurzeln und unseren Platz im sozialen Gefüge (ebd. S. 14). Woher wir kommen, sagt etwas über unsere Identität aus. Jesus war der „Jesus aus Narazet“. Das unterschied ihn nicht nur von einem möglichen Jesus aus Kana, sondern ließ Rückschlüsse auf seine Person zu (Joh. 1,46; Mt. 2,23). Wenn eine Ilka Bassin sich den Künstlernamen „Cindy aus Marzahn“ gibt, erschafft sie damit eine künstliche Identität. Als „Cindy aus Wilmersdorf“ kann man sie sich bei ihren Auftritten schwer vorstellen, obwohl sie privat dort wohnt. Nicht nur andere, sondern auch wir selbst verstehen uns durch unseren Ort (ebd.). Ich bin ein Kind des Ruhrgebiets und darauf ebenso stolz wie auf unsere heimische Mundart, auch wenn einige meiner Bekannten den Nichtgebrauch des Genitivs[15] und den falschen Gebrauch des Dativs[16] tadeln. Inzwischen wird meine Identität, wie im Vorwort beschrieben, ebenso von Berlin bestimmt. Orte machen uns zu dem, was wir sind.
2. **Gemeinschaft:** Gemeinschaft ist immer an Orte gebunden.[17] Dabei sind die jeweiligen Orte oft gruppenspezifisch. Szenen haben ihre eigenen Lokale, Teenager verbringen ihre Freizeit gemeinsam an Straßenecken oder in Einkaufszentren, Skatspieler haben ihren Stammtisch in ihrer Stammkneipe. In vielen Fällen läuft der Reflex von Christen, Menschen in „unsere“ Orte – meist die jeweiligen Kirchen und Gemeindehäuser – einzuladen, deshalb ins Leere. Die Leute haben bereits ihre eigenen Gemeinschaftsorte, die es kennenzulernen gilt, um ihnen dort zu begegnen. Denn Jesus hat nicht sie zu uns gesandt, sondern uns zu ihnen.

   Orte ermöglichen, fördern oder erschweren Gemeinschaft. Gefördert wird sie durch Orte wie die urbanen Gemeinschaftsgärten (→ Kap. 11.2.2), die auf immer mehr Freiflächen entstehen und „heute vielleicht mehr denn je […] Begegnung

15 Warum sollten wir „das Auto des Freundes“ sagen, wenn „dem Kumpel seine Kiste“ es auch tut?
16 Wir kennen den Dativ der Richtung: „Ich geh im Bett.“
17 Eine scheinbare Ausnahme ist die Gemeinschaft durch das Internet. Aber wenn man genauer hinsieht, ist auch dieses ein Raum, der für verschiedene Menschen zu einem jeweils anderen Ort wird, abhängig davon, wie sie es jeweils nutzen und mit wem sie dort zusammen sind.

und Kommunikation [...] und gemeinschaftliches Tun" (Pegels 2013:251) ermöglichen. Schwierig ist Gemeinschaft an Orten, an denen sich zwar viele Menschen aufhalten, aber immer andere. Auf Flughäfen werden keine Communities entstehen, in Nachbarschaften mit hoher Einwohnerfluktuation nur unter erschwerten Bedingungen. Andere Nachbarschaften – etwa Dörfer in der Lüneburger Heide – gleichen geschlossenen Gemeinschaften. Wer dazugehört, ist eng eingebettet in ein Netz sozialer Beziehungen. Wer zuzieht, ist auch nach Jahrzehnten immer noch ein Fremder. Wo andere Gemeinschaft erleben, ist er ausgeschlossen. Man kann an Orten Inklusion und Exklusion erleben.
Es gibt Eigenorte und Fremdorte (Ipsen 2006:103). Am Eigenort ist man zugehörig, kennt die Leute, erlebt Gemeinschaft und hat ein Heimspiel. Am Fremdort ist man Außenseiter, kennt die Leute nicht wirklich, hält sich bloß auf und befindet sich auf fremdem Terrain. Ich werde nicht müde zu betonen, dass der urbane Missionar an die Orte der Leute gehen sollte, zu denen er gesandt ist. Unsere Kirchen und Gemeindehäuser sind für uns Eigenorte, für die Menschen, die Jesus durch uns aufsuchen will, sind sie Fremdorte. Wenn wir ein Evangelium für sie haben, ist es unverantwortlich, ihnen durch die Hürde, einen Fremdort aufsuchen zu müssen, den Zugang zu erschweren.

3. **Sicherheit:** Menschen brauchen und suchen sichere Orte. In vielen Fällen sind solche Orte das Ergebnis von Identität und Gemeinschaft. Wer an einem Ort zugehörig ist und die Menschen dort kennt, fühlt sich sicher. Eine meiner Töchter wohnt in einer Straße, in der in den letzten Jahren neun Menschen eines gewaltsamen Todes gestorben sind. Aber sie fühlt sich dort – auch nachts im öffentlichen Raum – sicherer als manche Leute, die in vermeintlich bessere Wohngegenden „fliehen, ohne dass sie einer jagt" (Lev. 26,17). Auf der anderen Seite gibt es prekäre Orte, an denen die Gefahr, ein Opfer von Gewalt oder Straftaten zu werden, tatsächlich sehr hoch ist. Wenn Leute sich zu Recht nach Einbruch der Dunkelheit nicht mehr auf die Straße trauen, ist ihr Ort für sie zu einem Feind geworden. Menschen haben ein Recht darauf, an ihren Orten sicher zu sein.

2.3 Ausblick

In den folgenden Kapiteln beschäftigen wir uns mit städtischen Räumen und ihrem Einfluss auf die urbane Mission. Zunächst geht es um ganze Städte: Was ist eigentlich eine Stadt (→ Kap. 3) und wie hat sich das räumliche und soziale Gefüge der postmodernen Stadt verändert (→ Kap. 4-6). Wir schauen uns einige Stadttypen näher an (→ Kap. 7-9) und sehen, wie die unterschiedlichen Merkmale von Städten jeweils andere Schwerpunkte der urbanen Mission erforderlich machen. Danach wenden wir uns Teilräumen der Stadt zu: Wie nehmen Menschen sie wahr und welchen Einfluss hat das auf ihr Leben (→ Kap. 10)? Als wichtige Beispiele dienen uns der öffentliche Raum (→ Kap. 11) und die Quartiere der Stadt (→ Kap. 12-14). Meist werde ich dabei den

Begriff des *Raumes* verwenden, weil es mir um Verallgemeinerbares geht: Uns interessiert die Eckkneipe und nicht „Bei Elli“, die Übertragung auf die eigene Stammkneipe traue ich jedem Leser zu. *Orte* werden jedoch immer wieder als Fallbeispiele auftauchen.

Ich bitte Sie, auf diesem Weg nicht den Inhalt dieses Kapitels zu vergessen und bei den Räumen der Stadt nicht nur an bloße Gehäuse zu denken, in denen das Eigentliche passiert, wenn wir in ihnen Menschen begegnen. Räume und Orte *sind* Teil des Eigentlichen. Es kommt nicht nur darauf an, wen wir treffen, sondern wo wir ihn treffen. Und manche guten Dienste können wir den Menschen am besten auf dem scheinbaren Umweg über ihre Räume und Orte leisten. Deshalb gehören zur urbanen Mission auch Outdoor-Aktionen, bei denen Besen, Schaufel und Müllsack die wichtigsten Tools sind. Da ich mir aber vorstellen kann, dass der eine oder andere engagierte Leser den Verdacht hegt, die Beschäftigung mit Stein, Holz, Gras oder Müll sei nicht ganz auf der Höhe der biblischen Beauftragung, füge ich als nächstes einen Exkurs ein, der genau diesen Verdacht zerstreuen soll.

FAZIT

- Das ganze Leben von Menschen ist untrennbar mit Räumen und Orten verbunden.
    - Räume sind geografische Einheiten mit jeweils eigenen Formen, Größen und Eigenschaften, die die Voraussetzungen für menschliche Aktivitäten schaffen.
    - Durch Vorstellungen und Bedeutungen werden Räume für Menschen zu Orten.
- Die Bedeutungen, die Räume zum Ort machen, können durch Erlebnisse und Erinnerungen, durch Emotionen oder durch bestimmte Nutzungen entstehen.
- Bedeutungen, die mit Orten verbunden sind, übertragen sich auch auf Menschen, deshalb wendet sich Gott nicht nur Menschen zu, sondern auch Orten.
- Urbane Mission hat oft mit Menschen zu tun, die eine starke Ortsverbundenheit aufweisen. Diese Ortsverbundenheit kann wiederum ein starker Motor der urbanen Transformation sein.
- Orte sind eine wichtige Grundlage für die Befriedigung sozialer Bedürfnisse wie Identität, Gemeinschaft und Sicherheit.

- Welcher Raum ist für Sie ein besonderer Ort? Wie nutzen Sie ihn? Welche Erinnerungen verbinden Sie mit ihm? Welche Emotionen löst er in Ihnen aus?
- In welchem Teil Ihrer Stadt würden Sie auf keinen Fall wohnen wollen?

Warum? Welches Image hat dieser Stadtteil für Sie? Welchen Eindruck haben Sie von den Menschen, die dort wohnen?

- Welche missionarischen Aktivitäten Ihrer Gemeinde / Initiative finden in den eigenen Räumen statt? Welche an den Gemeinschaftsorten der Menschen, die Sie erreichen wollen?

- Jürg Montalta: Alles verloren – alles gewonnen? Äußere und innere Landschaften. Eine Spurensuche (Montalta 2005). *Ein Porträt des Ortes Bückgen und eine Beschreibung des Theaterprojekts, das in diesem Kapitel vorgestellt wird.*
- Xiangming Chen, Anthony M. Orum und Krista F. Paulsen: Introduction to Cities. How Place and Space Shape Human Experience (Chen, Orum & Paulsen 2013). *Eine schöne Einführung in die Stadtforschung, die auf dem Konzept von Räumen und Orten basiert.*

Räume und Orte haben in der Theologie oft eine Nebenrolle gespielt. Ich halte das für ein Defizit und erkläre, warum.

Exkurs 1: Auf dem Weg zu einer Theologie des Ortes

Der Mensch ist ein Ortswesen. Deswegen ist es ein Defizit, dass Räume und Orte in der Theologie oft eine Nebenrolle gespielt haben, von Ausnahmen wie der Behandlung kirchlicher Räume in der Praktischen Theologie abgesehen. Im Protestantismus ist diese Raum- und Ortsblindheit stärker ausgeprägt als im Katholizismus, weil ihm ein Urmisstrauen gegen alles eigen ist, was nicht „Wort" ist. In der Bibel, auf die er sich beruft, ist das anders. Nichts in ihr ist ohne Ort und ihre Orte sind mehr als bloße Schauplätze. Sie haben eine „theologische Qualität", das heißt: Ohne die Orte wäre das, was erzählt und gelehrt wird, nicht das, was es ist.

Es beginnt gleich am Anfang. In der Schöpfungsgeschichte lesen wir, dass Gott nicht nur Himmel und Erde, sondern auch Mensch und Ort schuf (Gen. 2,7-8). Vorher gab es nur Raum, „Ackerboden" genannt (Gen. 2,5-6). Die wesentliche Verbundenheit von Mensch und Ort kommt darin zum Ausdruck, dass beide denselben physischen Ursprung haben, nämlich diesen „Ackerboden". Aus ihm wurde der Mensch geformt (Gen. 2,7) und ein Teil von ihm wurde zum Ort, indem Gott einen „Garten" anlegte und diesen für den Menschen mit Bedeutungen (Wohnort, Arbeitsort, Konsumort, Tabuzone) versah (Gen. 2,8-9.16-17). Die weitere Gestaltung des Ortes, die zwangsläufig neue Bedeutungen hervorbrachte, überließ er dem Menschen (Gen. 2,15). Die vielfältigen Bezüge zwischen Mensch, Raum, Ort und Bedeutungen sind nicht nur ein sozialwissenschaftliches Konzept, sondern Schöpfungsordnung.

Der Garten war gleichzeitig sozialer und religiöser Ort. Dort lebte der Mensch als Mann und Frau (Gen. 2,21-22); dort begegnete er Gott, der im Garten „einherschritt" (Gen. 3,8). Zum Wesen der Gottesbeziehung gehörte, mit ihm einen gemeinsamen Ort zu haben. Mit dem Bruch der Gottesbeziehung verlor der Mensch gleichzeitig diesen gemeinsamen Ort (Gen. 3,23). Er fand sich im Raum, dem Ackerboden, wieder, aus dem er sich von nun an „im Schweiße seines Angesichts" seine Orte selbst schaffen musste, dabei aber feststellte, dass der Raum „verflucht" war und sich mit „Dornen und Disteln" dagegen sperrte, ein wohnlicher Ort zu werden (Gen. 3,17-19). Zum „gefallenen Menschen" gehören „gefallene Orte".

Gott zog sich nicht ganz zurück. Mitten unter den Orten der Menschen erwählte er „heilige Orte", zum Beispiel einen Berg (Ex. 19,11) oder ein mobiles Zelt (Ex. 40,17-38), an denen er den Menschen weiterhin erschien. Aber diese Orte waren heilig, abgesondert, nicht mehr gemeinsame Orte von Gott und Mensch, sondern nur noch Orte Gottes mitten unter den Menschen. Die Menschen wurden von diesen Orten Gottes ausgeschlossen, durch entsprechende Anweisungen oder durch die Unmöglichkeit, sie zu betreten: „Zieh um das Volk eine Grenze und sag: *Hütet euch*, auf den Berg zu steigen oder auch nur seinen Fuß zu berühren" (Ex. 19,12); „Mose *konnte* das Offenbarungszelt nicht betreten, denn die Wolke lag darauf, und die Herrlichkeit des Herrn erfüllte die Wohnstätte" (Ex. 40,35).

Wenn die Menschen ihre eigenen Orte schufen, war Gottes unsichtbare Hand wirksam und leitete sie, denn er setzte für sie Wohn*orte* fest, damit sie ihn auf ortsspezifische Weise suchen, fühlen und finden sollten (Apg. 17,26-27). In ihren Orten umhüllte er sie und ließ sie in ihm leben, sich bewegen und sein (Apg. 17,28), wenn auch meist unmerklich oder unwissentlich. Aber es blieben Orte der Menschen, Gott war in ihnen *nicht zu Hause.*

Im Zentrum der biblischen Geschichte steht die Wiederherstellung der gebrochenen Beziehung zwischen Gott und Mensch. Auch sie weist einen durchgängigen Ortsbezug auf, angefangen damit, dass das Wort Fleisch wurde und „unter uns gewohnt" hat (Joh. 1,14) – der Erlöser bekam einen Geburts- und einen Wohnort –, bis hin zu dem Hügel Golgota (Mk. 15,22), dem leeren Grab des Josef von Arimathäa (Mk. 15,43-46) und dem „Obergemach" (Apg. 1,13) in Jerusalem, in dem sich Pfingsten ereignete (Apg. 2,1-2) und die Kirche entstand.

Auf den ersten Blick könnte es so aussehen, als sei der Ortsbezug der Gottesbeziehung danach oft in den Hintergrund getreten. Wenn Erfahrungen Gottes sich als religiöse Erweckung, als „Erleuchtung" und „Überführung" oder als emotionale Ergriffenheit manifestieren, handelt es sich um Phänomene, die einen Inhalt, aber keinen Ort zu haben scheinen. Doch auch bei ihnen geht es um „Ort". Solche „mystischen" Erfahrungen sind Ausdruck davon, dass Gott selbst einen Ort haben wollte und ihn gefunden hat, denn unser Leib ist ein „Tempel des Heiligen Geistes" (1. Kor. 6,19). Menschen haben jetzt nicht nur religiöse Orte, sondern sind selbst zu einem Ort geworden für den „lebendigen Gott" (2. Kor. 6,16).

Es lohnt sich, die Aussage über den Leib als Tempel nicht nur als „Metapher" zu lesen (so zum Beispiel Gäckle 2014:361-370), sondern als Realaussage. (1) Als Metapher würde sie nur auf Analogien hinweisen: Mit dem Leib des Christen ist es so ähnlich wie mit dem Tempel. Als Realaussage weist sie darauf hin, dass die enge Beziehung von Person und Ort auch für Gott zutrifft. Wie Menschen wird auch Gott in der Bibel als ein Ortswesen beschrieben: Seine Orte sind wesentlich für ihn, kein optionales Accessoire. Er ist nicht der „Gott überall und nirgendwo", sondern der „Gott im Himmel" (Ps. 115,3) und der „Christus in uns" (Kol. 1,27). (2) Als Metapher verleitet die Aussage vom Leib als Tempel des Heiligen Geistes die Theologie dazu, nur darüber nachzudenken, was das Ausgesagte *für den Menschen* bedeutet – oft genug reduziert auf daraus erwachsende ethische Verpflichtungen. (In meiner Jugendzeit wurde die Tempelaussage gern zur Entwöhnung von Rauchern eingesetzt, denn es gehörte sich für einen Tempel nicht, Nikotin zu konsumieren.) Als Realaussage führt die Tempelaussage die Theologie dahin, zu fragen, was der Leib des Menschen *für Gott* bedeutet, denn Orte werden für den, dessen Orte sie sind, durch Bedeutungen konstituiert. Was hat *Gott* davon, dass er durch seinen Geist unserem Leib einwohnt und in ihm einen Wohn*ort* findet? (3) Die Vorstellung, dass Gott durch unseren Leib etwas gewinnt, wird sicher bei einigen Lesern Befremden hervorrufen, weil sie im Widerspruch zum klassischen Verständnis der Vollkommenheit, Unabhängigkeit und Selbstgenügsamkeit Gottes steht. Aber dieses Verständnis ist Erbe einer Zeit, in der die Theologie mit der Philosophie die Grundüberzeugung gemeinsam hatte, alles Wahre und Ewige müsse zeitlos, ortlos, bedürfnislos und eigentlich auch wunschlos sein. Was wäre, wenn Gott gar nicht der „unbewegte Beweger" sein *will*, als den die Theologie ihn seit Aristoteles explizit oder implizit verstanden hat? Hat er nicht die Fähigkeit, unseren Leib als einen ähnlich vertrauten und intimen Ort zu erleben wie wir unsere Wohnung, wenn er das *will*? Wir sollten nicht mit philosophisch-theologischen Begründungen Aussagen, die die Bibel über Gott macht, als Anthropomorphismen abtun, also als Aussagen, in denen lediglich aus pädagogischen Gründen *so getan wird*, als habe Gott bestimmte Erfahrungen – darunter die des Wohnorts – mit uns Menschen, den *anthropoi*, gemeinsam. Ich vermute, dass Gott es viel mehr genießt, in uns zu wohnen, als wir es genießen, ihn in uns wohnen zu haben.

Am Ende der Zeit wird, so lesen wir auf den letzten Seiten der Bibel, die Erlösung vollendet, indem Gott sich und dem Menschen einen neuen gemeinsamen Ort schenkt: „Ich sah die heilige Stadt [...] von Gott her aus dem Himmel herabkommen [...] Seht, die Wohnung Gottes unter den Menschen!" (Offb. 21,2-3).

Die christliche Theologie hat diesen durchgängigen Ortsbezug der Bibel nicht immer aufgegriffen. Es hat ihr mehr geschadet als genutzt, dass sie allzu oft dem Streben nach überzeitlichen und überörtlichen Wahrheiten nachgegeben hat. Doch der Mensch lebt immer in Zeit und Raum / Ort und ebenso sind sein Glaube, seine Spiritualität und seine Glaubenspraxis immer an Zeit und Raum / Ort gebunden. Die Zeit wurde von der Theologie schon vor längerer Zeit wiederentdeckt. Dazu beigetragen hat, dass – wie Michel Foucault schreibt – „die große Obsession des 19. Jahrhunderts [...] bekanntlich die Geschichte gewesen [ist]" (Foucault 1992:34). Seither ist westliches Denken viel stärker geschichts- und damit zeitbewusst. Wir haben entdeckt, dass alles auf dieser Erde nicht einfach *ist*, sondern sich im Zeitverlauf verändert, und dass unser ganzes Leben im Spannungsfeld von Kontinuität und Wandel verläuft. Die Kirche ist der *eine* Leib des Christus, dessen Gestalt sich ständig verändert. Sie gründet sich auf das *eine* Zeugnis der Schrift, das in jeder Zeit neu ausgelegt und angewendet werden muss. Ihre Mission ist der *eine* Auftrag, den Jesus uns gegeben hat, der immer wieder anders ausgeführt werden muss.

Die Wiederentdeckung von Raum / Ort in der Theologie hat erst begonnen. Zu ihr trägt bei, dass das Bewusstsein für die Bedeutung von Raum / Ort in unseren Tagen allgemein zunimmt. Ich zitiere noch einmal Foucault: „Hingegen wäre die aktuelle Epoche eher die Epoche des Raumes [...] des Nahen und des Fernen, des Nebeneinander, des Auseinander [...] Wir sind, glaube ich, in einem Moment, wo sich die Welt weniger als ein großes sich durch die Zeit entwickelndes Leben erfährt, sondern eher als ein Netz, das seine Punkte verknüpft" (ebd.). Die Globalisierung schärft unser Ortsbewusstsein und wir stellen fest, dass Glaube und Praxis der Kirche sich nicht nur mit der Zeit ändern, sondern auch mit den Orten, und dass den Orten ein eigenständiger Einfluss zukommt. Auch hier gibt es ein Spannungsfeld, nämlich das von Identität und Vielfalt. Alle christlichen Gemeinden sind zusammen der *eine* Leib Christi, der sich als staatskirchliche Gemeinde in einer Kathedrale und als Pfingstgemeinde in einer Garage nebenan manifestieren kann. Das *eine* Zeugnis der Schrift muss an jedem Ort neu in den jeweiligen Kontext gestellt werden. Alle christliche Praxis ist Ausdruck des *einen* gemeinsamen Lebens der Kirche, auch wenn sie in Pirmasens andere Formen annimmt als in Erlangen.

„Theologie des Ortes" hat vor diesem Hintergrund drei Aufgaben: (1) Die Bibel und die christliche Tradition werden nach ihren Ortsbezügen befragt. Erste grobe Linien dazu habe ich in diesem Exkurs bereits gezeichnet. (2) Theologie trägt zum Verständnis von Orten bei. (3) Theologie wird von Orten aus betrieben.

Theologie trägt zum Verständnis von Orten bei: Es ist noch nicht alles erklärt, wenn wir die materiell-physische Seite, die (psychologischen) Bedeutungen und den sozialen Charakter von Orten beschrieben haben. Orte haben eine „geistliche" Dimension. Wie Menschen können sie Träger einer göttlichen Bestimmung sein und Werkzeuge für Gottes Handeln. Von „durchlässigen Orten" war schon die Rede. Ergänzt werden sollte, dass Orte nicht nur für die guten Mächte, von denen wir uns gern geborgen wissen, durchlässig sein können, sondern ebenso für schädliche und zerstörerische Mächte. An manchen Orten ist man dichter am Abgrund als an anderen, ohne dass sich dies auf innerweltliche Einflüsse reduzieren ließe.

Theologie wird von Orten aus betrieben: Wir befinden uns nicht nur an Orten, sondern wir schauen von ihnen aus auf „Gott und die Welt". Unterschiedliche Orte ermöglichen unterschiedliche Perspektiven. Erlösung sieht in einer Favela von São Paulo anders aus als in Westerland auf Sylt. Nicht umsonst gedeiht in den Slums des Südens pfingstliche Frömmigkeit besser als viele andere spirituelle Pflanzen. Gotteserfahrungen fühlen sich auf der Hallig Süderoog (Deutschlands kleinster Siedlung mit zwei Einwohnern) anders an als in der vollbesetzten S-Bahn. In Berlin verstehe ich die Bibel anders als früher im kleinstädtischen Nordhessen. Demut ist in einem Luxusapartment eine andere Tugend als in einer nicht renovierten Altbauwohnung mit Kohleofen und Toilette im Treppenhaus. Gläubige Worte haben an dem einen Ort eine andere Bedeutung als an einem anderen. Dietrich Bonhoeffers großartiges Gedicht „Von guten Mächten wunderbar geborgen" wird dadurch, dass es in einem Gefängnis geschrieben wurde, wenige Monate vor seiner Hinrichtung, zu einem Text von „Widerstand und Ergebung“[18]. Wäre es im behaglichen Kerzenlicht eines Weihnachtsbaums verfasst worden, wäre es bei identischem Wortlaut ein anderer Text.

Unser Glaube und unsere Praxis werden von unseren jeweiligen Orten bestimmt. Das sollten wir nicht als störende Einflüsse verstehen, die uns eine „objektive“, „richtige“ und „allgemeingültige“ Erkenntnis erschweren, sondern als Gottes Absicht, der, wie wir wissen, an unterschiedlichen Orten auf jeweils eigene Weise gesucht, gefühlt und gefunden werden möchte (Apg. 17,27). So wie Orte immer wieder neu erfunden und erlebt werden, muss Theologie an jedem Ort neu gefunden und gelebt werden.

FAZIT

- Im Gegensatz zur Theologie, in der Räume und Orte oft eine Nebenrolle gespielt haben, hat die Bibel einen durchgängigen Ortsbezug.
- Die Geschichte Gottes mit den Menschen ist von der Schöpfung bis zur Vollendung wesentlich mit Orten verbunden.
- Eine Theologie des Ortes hat drei Aufgaben:
  - Die Bibel und die christliche Tradition werden nach ihren Ortsbezügen befragt.
  - Theologie trägt zum Verständnis von Orten bei, da Orte eine „geistliche“ Dimension haben.
  - Theologie wird von Orten aus betrieben, die uns jeweils unterschiedliche Perspektiven ermöglichen.

?

- Kennen Sie Orte, die Sie in positiver oder negativer Hinsicht als „durchlässig“ bezeichnen würden? Wie äußert sich das?
- Was ist für Sie ein besonderer Ort (→ Fragen zu Kap. 2)? Wie „färbt“ dieser Ort Ihren Blick auf Gott? Welche Perspektive ermöglicht er Ihnen?
- „Du bist selbst zu einem Ort geworden für den lebendigen Gott.“ Welche Gefühle löst das bei Ihnen aus? Was hat Gott davon, dass er in Ihnen einen Wohnort findet?

- John Inge: A Christian Theology of Place (Inge 2003). *Eine anspruchsvolle Arbeit des späteren anglikanischen Bischofs über die theologische und spirituelle Bedeutung von Orten.*

18 So lautet der Titel des Buches mit Bonhoeffer-Texten, in dem es veröffentlicht wurde (Bonhoeffer 2005).

Wer in der Stadt missionarisch tätig sein will, muss sich mit dem Wesen des Städtischen auseinandersetzen. Wir beziehen uns dazu auf eine klassische soziologische Definition und fragen uns, was die Charakteristika der Stadt für die urbane Mission bedeuten.

3. Groß, dicht und bunt

Städtisches Leben

Vor einiger Zeit wurde ich von der Leitung einer bekannten Missionsgesellschaft eingeladen. Die mit ihr verbundenen Gemeinschaften, meist im ländlichen Raum beheimatet, tun sich schwer, in größeren Städten Fuß zu fassen. Nun wollten sie von mir etwas zu der Frage hören: „Was macht das städtische Leben aus (im Unterschied zum ländlichen) und wie wirkt es sich auf die missionarische Gemeindearbeit aus?" Wer in der Stadt missionarisch tätig sein will, muss sich mit dem Wesen des Städtischen auseinandersetzen.

Wodurch unterscheidet sich also die Stadt vom Dorf? Und was ist überhaupt eine Stadt? Das Statistische Bundesamt rechnet alle Orte Deutschlands dazu, die das Stadtrecht besitzen. Der größte von ihnen ist Berlin mit rund 3,4 Millionen Einwohnern, dem kaum jemand den städtischen Charakter absprechen wird. Aber Stadtrechte genießt hierzulande auch das schleswig-holsteinische Arnis, das sich mit seinen 297 Einwohnern zu Recht rühmt, die „kleinste Stadt Deutschlands" zu sein (Statistisches Bundesamt 2013; Stand 2012). Viel urbanes Flair dürfte in der „Perle an der Schlei" nicht zu erwarten sein; der wahre Charme dieses ehemaligen „Flecken" findet eher darin seinen Ausdruck, dass er einer der Drehorte für die Fernsehserie „Der Landarzt" war (Röhe 2014:33).

Da eine rechtliche Definition uns nicht weiterführt, versuchen wir es mit einer klassischen soziologischen. Louis Wirth beschreibt eine Stadt als „eine relativ große, dichte und permanente Siedlung sozial heterogener Individuen" (Wirth 1938:8). Diese zunächst noch recht abstrakten Begriffe können uns helfen, einen anschaulichen Eindruck vom Wesen des Städtischen zu gewinnen.

3.1 Eine Stadt ist *relativ groß*

Eine bestimmte Größe ist vielleicht das Erste, was viele Menschen mit dem Begriff „Stadt" verbinden. Allerdings lässt sich keine klare Grenze bestimmen. Man kann die Stadt nicht vom Dorf unterscheiden wie die Eiche von der Buche. Die Unterschiede sind graduell. Dies gilt umso mehr, als sich durch technische, wirtschaftliche und soziale Entwicklungen Stadt und Land einander angenähert haben. Dorfbewohner sind mobil geworden, viele arbeiten in der Stadt, dort kaufen sie ein oder verbringen einen Teil ihrer Freizeit. Sie empfangen dieselben Fernsehprogramme wie die Städter und haben Anschluss an dasselbe Internet. Dadurch ist dörfliches Leben sehr viel urbaner geworden als in früheren Zeiten. Deshalb kann dieses Buch auch Lesern im ländlichen Raum viele nützliche Anregungen geben.

Folgt man der gängigen Einteilung von Städten nach Größenordnungen, gibt es in Deutschland 76 Großstädte, 568 Mittelstädte und 1013 Kleinstädte[19] mit zusammen mehr als 57 Millionen Einwohnern (Statistisches Bundesamt 2013; Stand 2012). Die Größe einer Stadt wird durch die Zahl ihrer Einwohner bestimmt, und nicht zum Beispiel durch ihre Fläche. Von einer Stadt kann man dann reden, wenn in ihr so viele Menschen leben, dass man die meisten von ihnen nicht mehr persönlich kennen kann. Im Dorf und in kleineren Städten trifft man meist Bekannte, in größeren Städten Fremde. Bekannte kennt man aus vielfältigen Bezügen, Fremde nimmt man, wenn überhaupt, nur ausschnitthaft und in bestimmten Funktionen wahr.

Bevor wir nach Berlin zogen, lebten wir viele Jahre in einer nordhessischen Kleinstadt. Mein Zahnarzt war gleichzeitig mein Mannschaftskamerad im Schachverein, unsere Töchter gingen gemeinsam zur Schule und wir begegneten uns auch sonst und kannten einander. In Berlin weiß ich über meinen Zahnarzt außer seinem Namen nicht mehr, als dass ich mit ihm zufrieden bin. Den Bäcker, der in Nordhessen unsere Bibelschule belieferte, traf ich oft, wenn er an unserem Campus vorbei zu dem Gehege ging, in dem er Puten züchtete. Ich kannte seinen Sohn, bekam mit, als die Schwiegertochter ins Haus kam, und seine Frau wachte mit Argusaugen darüber, ob wir ihnen als Kunden die Treue hielten. In einer Berliner Back-Factory steht eine minijobbende Verkäuferin hinter dem Tresen, die austauschbar ist und oft ausgetauscht wird und an der mich nicht mehr interessiert, als dass ich von ihr korrekt bedient werde.

Als Christen müssen wir uns bewusst sein, dass diese oberflächliche Beziehung zu Fremden auf Gegenseitigkeit beruht. Nicht nur sind die meisten Menschen, denen wir in der Stadt begegnen, für uns Fremde, wir sind es auch für sie. Wir sind nur ein weiterer Passant, Verkehrsteilnehmer, Kunde, Restaurantbesucher oder Parkbenutzer. Selbst wenn es zu kurzen freundlichen Begegnungen im öffentlichen Raum kommt, sind wir in der Regel aus dem Sinn, sobald wir aus den Augen sind. Wenn wir in missionarischer Absicht unterwegs sind, reihen wir uns ein in die Schar der Tierschützer, Politpropagandisten, Bettler, Abonnentenwerber und Straßenzeitungsverkäufer, denen sie meist aus dem Weg gehen. Als christliche Gemeinde hat man, je größer die Stadt ist, eine desto geringere „Sichtbarkeit". Wenn im ländlichen Nordfriesland ein spezielles Pro-

19 Großstädte haben mehr als 100.000, Mittelstädte 20.000 bis 100.000 und Kleinstädte 5.000 bis 20.000 Einwohner.

gramm angeboten wird, kann das einer der kulturellen Höhepunkte der Region sein. In der Großstadt ist es nur eins unter Hunderten oder Tausenden Events.

Ein Baptistenpastor, dessen Gemeinde in einem Berliner Ortsteil mit mehr als 38.000 Einwohnern liegt, erzählte Folgendes: Ein Bürgerverein war gegründet worden, der sich für Belange dieses Ortsteils engagierte. Der Pastor bot dem Verein an, eine Veranstaltung im Haus seiner Gemeinde durchzuführen. Der Vereinsvorsitzende kam vorbei, um sich die Räumlichkeiten anzusehen. Dabei erwähnte er, dass er seit 30 Jahren in diesem Ortsteil lebte, aber noch nie bemerkt hatte, dass dort eine Gemeinde ist. Als ihm das Taufbecken auffiel, kam es zu einem längeren Gespräch über das baptistische Taufverständnis und den Glauben überhaupt.

Aus dieser Begegnung lassen sich einige Folgerungen ziehen. In der Stadt bemerkt man uns als Christen nicht, nur weil wir da sind und Angebote machen. Wir werden für die Menschen in unserer Umgebung nicht dadurch interessant, dass wir versuchen, uns interessant zu machen, sondern dadurch, dass wir uns für sie interessieren. Eine Mission, die direkt darauf abzielt, Menschen für unseren Glauben zu gewinnen und zu einem Teil unserer Gemeinde zu machen, scheitert in der heutigen Großstadt an dieser mangelnden Sichtbarkeit.[20] Hier ist inkarnatorische Mission gefragt, bei der wir zunächst Teil ihres Lebens werden, bei ihrem Engagement mitmachen, ihre Meinung erkunden und ihre Anliegen unterstützen – und das nicht aus taktischen Gründen, sondern von Herzen.

3.2 Eine Stadt ist eine *dichte* Siedlung

In der Stadt wohnen nicht nur viele Menschen, sie leben auch auf engem Raum zusammen. Ein Maß dafür ist die Bevölkerungsdichte. Spitzenreiter in Deutschland ist München mit ca. 4.700 Einwohnern pro km^2, in Schwabing-West sind es sogar 15.000 (Statistisches Amt München 2014). Zum Vergleich: Kleinstädte mit ungefähr 15.000 Einwohnern erstrecken sich im Durchschnitt über mehr als 80 km^2 (eigene Berechnung nach Statistisches Bundesamt 2013). Und als ländliche Räume werden von der OECD Gebiete definiert, deren Bevölkerungsdichte geringer ist als 150 Einwohner je km^2 (Hoppe 2011:26). Man muss diese Nähe vieler Menschen um sich herum erst einmal bewältigen. Es sind ja nicht nur die Menschen selbst, mit denen man es zu tun hat. Diese Menschen machen Lärm, bewegen sich, bauen Häuser und technische Einrichtungen, verkaufen ein gigantisches Warenangebot und erfüllen die Stadt mit Aktivitäten aller Art. Viele werben optisch oder akustisch um unsere Aufmerksamkeit, um uns für ihre geschäftlichen oder gemeinnützigen Absichten zu gewinnen. Und weil auch sie unter den vielen Menschen kaum noch wahrgenommen werden, gehen sie dabei immer schriller und aufdringlicher vor. Für diese Intensität des Städtischen

20 Im Dorf oder in der Kleinstadt scheitert sie oft an der „sozialen Kontrolle". Zwar sind christliche Gemeinden dort viel sichtbarer. Aber sichtbar ist auch, wer zu ihren Veranstaltungen geht. Das ist für viele Außenstehende eine Hürde, vor allem wenn die Gemeinde nicht zur Landeskirche gehört.

brauchen wir eine Bewältigungsstrategie. Sie besteht darin, dass wir uns innerlich abschotten.

Diesen Aspekt großstädtischen Lebens hat der Berliner Soziologe Georg Simmel vor über 100 Jahren in seiner Schrift „Die Großstädte und das Geistesleben" (Simmel 2006; Erstauflage 1903) untersucht. Er beschreibt, wie das Leben in der Großstadt zu einer „Steigerung des Nervenlebens [führt], die aus dem raschen und ununterbrochenen Wechsel äußerer und innerer Eindrücke hervorgeht" (ebd. S. 9). Um sich gegen diese Reizüberflutung zu schützen, entwickelt der Städter drei Haltungen.

1. „Intellektualismus": Er kann sich ständige gefühlsmäßige Beziehungen nicht leisten, sondern begegnet den Menschen sachlich, zweckbestimmt und ohne Interesse für ihre individuellen Eigenschaften. Auf dem Land ist seine Beziehung zu vielen Menschen vertraut und emotional gefärbt, in der Stadt sind die meisten seiner Kontakte außerhalb seines privaten Lebensbereichs rein nutzenorientiert.
2. „Blasiertheit": Mit diesem Begriff bezeichnet Simmel die Unfähigkeit des Städters, „auf neue Reize mit der ihnen angemessenen Energie zu reagieren" (ebd. S. 20). Er nimmt zwar die Menschen, Dinge, Bewegungen, Farben, Klänge und Gerüche um sich herum wahr, die meisten bleiben für ihn aber ohne Bedeutung. Ob in der Fußgängerzone Werbung für einen neuen Beauty-Shop, ein politisches Pamphlet oder ein evangelistisches Traktat verteilt wird, dem Stadtbewohner ist alles Altpapier.
3. „Reserviertheit": Auf dem Land kann man es sich leisten, bei jeder Begegnung eine innere Reaktion zu zeigen. In der dichten Stadt zieht man sich innerlich zurück, selbst wenn man äußerlich nahe beieinander ist. Man meidet den intensiven Blickkontakt und oft gehen selbst die Beziehungen zu jahrelangen Hausnachbarn nicht über den Grußkontakt hinaus. Wenn es überhaupt zu einer fühlbaren Reaktion auf die Umgebung kommt, dann besteht diese in einem latenten Misstrauen, das sich in Vorsicht ausdrückt. Man behält sein Gepäck im Auge und legt den Arm über die Handtasche.

Stadtbewohner verhalten sich natürlich auch gegenüber christlicher Mission mit Blasiertheit und Reserviertheit. Zu der bereits beschriebenen Tatsache, dass wir in der Stadt kaum auffallen, kommt hinzu, dass man uns gegenüber gleichgültig bleibt, wenn man uns doch einmal zur Kenntnis nimmt. Wir sollten aber einen Moment innehalten und darüber nachdenken, dass wir selbst uns ebenfalls meist blasiert und reserviert durch die Stadt bewegen. Auch wir lesen in Bus und Bahn unser Buch, schauen auf unser Smartphone oder sind in Gedanken schon bei dem Ereignis, zu dem wir gerade unterwegs sind – falls wir nicht gleich das Auto nehmen, um den Unbequemlichkeiten und dem Gedränge des öffentlichen Nahverkehrs zu entgehen. Auch wir gewähren den meisten Menschen und dem größten Teil der städtischen Kulisse keine ständige Aufmerksamkeit. Es könnte sein, dass einige der Menschen, die an einem beliebigen Tag unseren Weg kreuzen, gerade ein bedrückendes Schicksal erleiden, aber wir nehmen sie überhaupt nicht oder gleichgültig und ohne Empathie wahr.

Es geht auch gar nicht anders, auch wir brauchen diese Bewältigungsstrategie für die ständige städtische Reizüberflutung. Aber gleichzeitig laufen wir dabei Gefahr, göttliche Gelegenheiten zu verpassen, die es inmitten urbaner Geschäftigkeit und Oberflächlichkeit gibt. Viele Christen können davon erzählen, wie sie, einem inneren Empfinden folgend, spontan einen Bekannten angerufen oder einen Fremden angesprochen haben und sich ein für ihr Gegenüber wichtiges Gespräch oder eine bedeutungsvolle Begegnung ergab. Doch diese leisen Impulse können wir im städtischen Alltag leicht überhören. Um solche Gelegenheiten nicht zu verpassen, ist es wichtig, eine Haltung der Verfügbarkeit für den Geist Gottes einzuüben.

Begriffe aus der Technik können dies verdeutlichen. „Blasiertheit" bedeutet, dass unser Herz und unsere Empfindungen „abgeschaltet" sind für die vielen Nächsten um uns herum. In einer Haltung der Verfügbarkeit befindet sich unser Inneres stattdessen im „Standby-Modus". Wir schützen uns immer noch vor dem Übermaß an Eindrücken, aber gleichzeitig kann der Geist Gottes uns jederzeit „mit einem Tastendruck" aufwecken für seine Absichten.

Wie können wir inmitten der „Blasiertheit" eines städtischen Alltags solch eine Haltung der Verfügbarkeit einüben? Die Erfahrung einer amerikanischen Theologin kann uns dabei helfen.

ERFAHRUNGEN UND REFLEXIONEN

Sally A. Brown ist presbyterianische Pfarrerin und Professorin am Princeton Theological Seminary. In einem Aufsatz über die Wahrnehmung der Gegenwart Gottes im öffentlichen Raum (Brown 2013) erzählt sie von einer alltäglichen Begegnung mit einem Fremden und zieht daraus Schlussfolgerungen.

Eines Tages hatte Brown an einer Tankstelle in Pennsylvania getankt. Plötzlich wurde sie von einem schäbig aussehenden Mann angesprochen, der sie um Geld für Benzin bat. Sie musterte ihn misstrauisch und spürte, wie Furcht in ihr aufstieg. Spontan wandte sie sich um und fuhr einfach los. Unterwegs wunderte sie sich, warum sie immer noch zitterte, und wusste gleich, dass sie sich nicht richtig verhalten hatte.

Nach wenigen hundert Metern geschah etwas mit ihr. Zwei Erinnerungen aus der sonntäglichen Gottesdienstfeier stiegen in ihr auf. Die erste bestand aus zwei Zeilen eines liturgischen Gebets: „Vergiss nicht den Bedürftigen, nimm nicht dem Armen seine Hoffnung" (*Book of Common Prayer*, zitiert nach Brown 2013:32). Die zweite bestand aus Bildern, wie sie mit zahlreichen Freunden und Fremden – darunter Menschen, die jenem Fremden glichen – die Eucharistie empfangen hatte. Bald danach wurde ihr klar, wie sie in der gerade erlebten Situation angemessener hätte reagieren können.

Brown konnte jetzt auch ihr eigenes Verhalten analysieren. Städtische Blasiertheit schließt ein, dass wir Fremde nicht jedes Mal neu ergründen, sondern in vorgefertigte Schubladen einsortieren. Wer bettelt, der lügt und will das Geld in Drogen oder Alkohol umsetzen. Erst jetzt wurde ihr bewusst, dass dieser Mann ebenso gut zu den „neuen Armen" der Finanzkrise von 2008 gehören konnte, die unverschuldet plötzlich in Not geraten waren. Hinzu kam eine frühere Traumatisierung. Sally war als Studentin von einem Fremden überfallen und beraubt worden – vermutlich die Ursache ihrer panischen Reaktion. Ähnlich Erfahrungen haben viele Stadtbewohner gemacht oder von ihnen gehört. Deshalb verbindet sich – so Simmel – die Reserviertheit des Städters mit einem „Recht auf Misstrauen" (Simmel 2006:23). Und schließlich hatte der überraschende Charakter der Begegnung auf unerwartetem Terrain sie auf dem falschen Fuß erwischt. Als Pfarrerin in der Kirche wusste sie, wie sie auf das Hilfeersuchen von Fremden reagieren konnte. An der Tankstelle war sie unvorbereitet.

Was hätte ihr helfen können, anders zu handeln? Brown ist überzeugt, dass in jener Situation das Empfinden für die Gegenwart Gottes im öffentlichen Raum nicht ganz an die Oberfläche ihres Bewusstseins gedrungen war (Brown 2013:35). Wenn sie wahrgenommen hätte, dass Gott bereits vor ihr auf dem Plan gewesen war, hätte sie sich weniger als Opfer fühlen müssen und die Möglichkeit erkennen können, in dieser Begegnung Mitarbeiterin seiner Fürsorge für diesen Mann zu werden. Als ihr die Erinnerungen an ihr Gottesdiensterleben kamen, wurde ihr gleichzeitig die Gegenwart Gottes bewusst und Licht kam in die Situation.

Für Brown ist bedeutsam, dass es nicht eine Erinnerung an Predigtgedanken oder Lehrinhalte war, die diese Veränderung bewirkt hatte. Solche kognitiven Elemente des Gottesdienstes werden Teil unserer Überzeugungen und können von uns in Situationen, in denen wir mit Bedacht handeln können, angewendet werden. Hier brauchte sie etwas, was die tieferen, intuitiven Schichten ihrer Persönlichkeit berührt hatte: die Erfahrung, mit Gott und Menschen verbunden zu sein, die durch Gebet, Anbetung, Eucharistie und andere liturgische Elemente vermittelt wird. Dafür ist es allerdings wichtig, dass solche Zeiten der Gottesbegegnung über den gottesdienstlichen Rahmen hinausweisen und uns mit dem Gott verbinden, der außerhalb der Kirche schon auf uns wartet: „Der Gott, der die Toten lebendig macht, sendet uns nicht nur, sondern geht uns voraus auf die Straßen der Stadt [...] Wenn unsere Augen geöffnet sind für Gottes Gegenwart und Verheißung, können wir dorthin gehen ohne Furcht, sondern mit Mut und Kreativität, bereit als Akteure einer erlösenden Hoffnung zu handeln" (ebd. S. 37).

Urbane Mission beginnt nicht mit einem Auftrag, mit Überzeugungen und Konzepten. Sie beginnt mit Anbetung. In dieser Hinsicht sind unsere Gebete und Lieder oft defizitär. Wir ehren den dreieinigen Gott in der Höhe, wir besingen Jesus den Retter, wir nahen uns Gott als unserem liebenden Vater oder Jesus als unserem intimen Freund. Aber wo ist der Lobpreis, der den Gott der *Missio Dei* feiert? Den Gott, der uns nicht nur in die Stadt sendet, sondern schon vor uns dort ist; den Gott, der, während wir ihn anbeten, auch bei denen ist, die ihn nicht anbeten; den Gott, der keinem Menschen und keiner Situation unseres Ortes fern ist. Es genügt nicht, darüber zu lehren. Wir brauchen es, auch diesem Gott in der Anbetung zu begegnen. Das bringt unser Inneres in den „Standby-Modus", in dem das Empfinden für Gottes Gegenwart in alltäglichen Situationen vom Geist Gottes spontan an die Oberfläche unseres Bewusstseins gebracht werden kann, damit wir mit Weisheit, Liebe, Zuversicht und Glauben handeln können.

3.3 Eine Stadt ist eine *permanente Siedlung*

Vom 15. bis 17. August 1969 fand im amerikanischen Bundesstaat New York das legendäre Woodstock-Festival statt. Ungefähr eine halbe Million Besucher drängten sich auf einer Farm von 240 Hektar. Wäre das Festival-Gelände eine Stadt gewesen, hätte ihre Einwohnerzahl der von Duisburg entsprochen, bei einer hundertmal so großen Bevölkerungsdichte.[21] Aber wir bezeichnen solche temporären Siedlungen nicht als Stadt, denn eine Stadt ist eine Siedlung auf Dauer. Ihre Bewohner wohnen in festen Häusern und oft hat sie schon eine lange Geschichte.

Deshalb sind die Bedürfnisse einer Stadt viel umfassender als die eines Wochenend-Camps. Für Woodstock musste außer dem Bühnenprogramm nur eine überschaubare Infrastruktur organisiert werden: Zufahrtswege, Platz zum Zelten, Verpflegung, medizinische Versorgung, sanitäre Anlagen und elektrischer Strom. Dennoch herrschte auf dem Festival ein Chaos, wie Städte es nur in Katastrophenfällen kennen. Woran lag das? Die Veranstalter waren völlig überfordert, weil sie mit viel weniger Besuchern gerechnet hatten, als tatsächlich auftauchten. Die Straßen waren verstopft, Musiker und Ärzte mussten mit Hubschraubern ein-, Kranke und Verletzte ausgeflogen werden. Verpflegt werden konnte das Publikum nur, weil viele Leute aus der Gegend spontan einsprangen, dabei aber teilweise mit horrenden Preisen das Missverhältnis von Angebot und Nachfrage ausnutzten. An den 600 mobilen Toiletten standen die Leute lange an, mitten in heftigem Gestank.

21 Duisburg: 488.000 Einwohner, 2.096 Einwohner je km^2 (Statistisches Bundesamt 2013); Woodstock: ca. 200.000 Besucher je km^2 (eigene Berechnung nach www.woodstock.com/about/).

Dass die viel umfassendere Versorgung in Großstädten in der Regel reibungsloser verläuft, hat damit zu tun, dass Städte über einen langen Zeitraum entstehen, wachsen und sich verändern. So können sich für die Versorgung und für andere Erfordernisse städtischen Lebens ausreichende Strukturen bilden und anpassen, die den jeweiligen Bedürfnissen entsprechen. Städte sind eingespielte Systeme, die trotz aller urbanen Probleme erstaunlich gut funktionieren. In einer Stadt wird nur wenig zentral organisiert und überwacht. Vieles geschieht in Eigeninitiative und doch funktioniert das Ganze. Die Versorgung mit Lebensmitteln, Waren und Dienstleistungen wird weitgehend durch den Markt geregelt, auf dem jeder anbieten und nachfragen kann. Ein Bäcker kann seinen Standort frei wählen, ein Kunde kann wählen, bei wem er kauft, und am Ende sind alle ausreichend mit Brot versorgt. In einer Stadt wird durch Nachbarschaftshilfe, diakonisches Engagement und ehrenamtliche Vereinstätigkeit mehr Lebensqualität geschaffen, als die Verwaltung jemals auf den Weg bringen könnte.

Eine Stadt ist ein lebendiges System. Aus dem Zusammenspiel vieler Akteure, die zwar jeder für sich, aber aufeinander bezogen handeln, entsteht ein Ganzes. Menschen erfüllen ihre Aufgaben, nutzen ihre Möglichkeiten, befriedigen ihre Bedürfnisse. Das Ergebnis all dieser Handlungen ist das städtische Leben. Es ist anpassungsfähig und verändert sich ständig, hat gleichzeitig aber auch eine hohe Konstanz und Widerstandsfähigkeit. Das wird besonders dann spürbar, wenn man in einer Stadt etwas nach Plan umgestalten will. Es gibt zwei Personenkreise, die das gerne möchten: Politiker und Christen. Reform nennen es die einen, Transformation die anderen. Und beide haben es schwer, wenn sie diesen Charakter der Stadt als lebendiges System nicht berücksichtigen.

Doug Hall, langjähriger Leiter des Emmanuel Gospel Center in Boston, hat diese Einsichten mit einem einfachen Bild zusammengefasst (Hall, Hall & Daman 2010:53-55). Wenn er mit seiner Frau frühstückt, leistet ihnen ein Toaster gute Dienste und eine Katze Gesellschaft. Ein Toaster ist ein technisches Gerät. Wenn es etwas tun soll, reicht ein Knopfdruck aus. Wenn es kaputt geht, kann man es reparieren, indem man defekte Teile austauscht. Eine Katze ist ein lebendiges System. Sie lässt sich nicht auf diese Weise bedienen oder reparieren. Für mich ist dieses Bild sehr anschaulich. Zu unserer Familie gehört ein Kater.[22] Er lässt sich nicht einfach an- und abschalten, wenn er etwas nicht will oder will. Viele unserer Beeinflussungsversuche sind gescheitert. Vor einigen Jahren bekam er Diabetes. Wir können ihn nicht reparieren, indem wir seine Bauchspeicheldrüse durch eine neue ersetzen. Aber wir können ihm helfen, weil es eine Lösung gibt, die sich in seinen Organismus einfügt. Wir spritzen ihm morgens und abends so viel Insulin, wie sein Körper nicht mehr selbst produziert. Alles Weitere regelt sich durch normale biologische Abläufe. Bei seiner Behandlung machen wir uns zunutze, dass Tiere als lebendige Systeme „konditioniert" werden können. Inzwischen hat er gelernt, dass es nach jeder Spritze eine seiner Leckereien gibt, und kooperiert freiwillig.

22 Unsere technischen Geräte würden wir nicht als Familienmitglieder ansehen.

Städte und andere auf Dauer existierende menschliche Gemeinschaften funktionieren nicht wie Toaster, sondern wie Katzen. Sie lassen sich nicht einfach nach unseren Vorstellungen verändern. Von 1919 bis 1933 versuchte die amerikanische Regierung, eine alkoholfreie Gesellschaft zu schaffen. Herstellung, Transport und Verkauf von Alkohol wurden per Gesetz verboten. Dieses „ehrenhafte Experiment"[23] scheiterte. Das lebendige System „Amerikanische Bevölkerung" spielte nicht mit. Katholische Priester entdeckten einen vermehrten Bedarf an Abendmahlswein. Und das organisierte Verbrechen entdeckte einen lukrativen Markt und erstarkte. Die Bemühungen waren nicht nur erfolglos, sondern kontraproduktiv. Solche Erfahrungen sind kein Einzelfall. Es gibt ein ganzes Buch darüber, „wie große Erwartungen Washingtons in Oakland [also in der Provinz; Anmerkung von mir] zunichte gemacht werden" (Pressman & Wildavsky 1984). Mit Städten ist es nicht anders. Hier gibt es ebenfalls schöne Untersuchungen, dass Reformfieber oft nicht der Weg zur kommunalen Gesundheit ist (Holtkamp 2012). Wer in der Stadt etwas verändern will, muss das lebendige System verstehen und berücksichtigen.

Davon sollten wir Christen lernen. Wenn wir einzelne Probleme isoliert ansprechen, wird sich wenig verbessern, ohne dass wir unerwünschte Nebenwirkungen ausschließen können. Ein gutes Beispiel dafür ist die Pro Reli-Initiative in Berlin.[24] Am Ende standen folgende Ergebnisse: Pro Reli scheiterte und machte die Schwäche der Christen in der Stadt offenbar. Gleichzeitig spaltete die Initiative die Stadt, und zwar entlang von Konfliktlinien, die mit dem eigentlichen Anliegen wenig zu tun hatten. Der bürgerlich-traditionelle Südwesten der Stadt war mehrheitlich für Pro Reli, die Ostbezirke der Stadt dagegen. Obwohl das Evangelium inklusiv ist und alle Milieus und Schichten meint, erweckte Pro Reli den Eindruck, dass hier ein bestimmtes Milieu der Stadt seine traditionellen Werte schützen wollte und Christen ihre Pfründe verteidigten. Eine Zeit lang waren viele Gemüter in der Stadt von den Auseinandersetzungen um Pro Reli erhitzt. Manches christliche Engagement wurde dadurch erschwert. Wo Vertrauen entstanden war, regte sich Misstrauen, ob diese Christen auch zu den Eiferern gehörten, die der Stadt ihre Werte per Gesetz verordnen wollten. Pro Reli war nicht nur erfolglos, sondern auch kontraproduktiv.

23 So wurde die Prohibition bezeichnet; englisch: „The Noble Experiment".

24 Seit 2006 sieht das Berliner Schulgesetz ein Pflichtfach Ethik vor; Religionsunterricht kann nur noch zusätzlich freiwillig besucht werden. Die Pro Reli-Initiative wollte dieses Gesetz mit Hilfe eines Volksentscheides ändern und eine Wahlpflichtfachgruppe „Ethik/Religion" einführen, sodass das Fach Religion weiterhin im Rahmen des Pflichtunterrichts gewählt werden könnte. Der Volksentscheid fand am 26. April 2009 statt. An der Abstimmung nahmen 29,2 % der Wahlberechtigten teil. 51,3 % stimmten gegen, 48,5 % für den Gesetzesentwurf (Trenkamp, Wiemann & Göbel 2009).

Abbildung 3.1: Auseinandersetzungen um Pro Reli

Pro Reli zeigt zwei Fehler, die Christen bei dem Bemühen um Transformation machen können. Zum einen lassen sich gesellschaftliche Entwicklungen nicht dadurch umkehren, dass wir einzelne Symptome zu reparieren versuchen. Säkularisierung und Entkirchlichung werden nicht geheilt, indem man das Symptom „Abschaffung des Pflichtunterrichts im Fach Religion" durch eine Gesetzesinitiative beseitigt. Stattdessen kommt es darauf an, dem lebendigen System Stadt neue geistliche Energien zuzuführen, die dieser Organismus aufnehmen kann und die in ihm nachhaltig wirksam werden. Das braucht eine langfristige Perspektive, weil „permanente Siedlungen" mit ihren gewachsenen Strukturen sich nur langsam wandeln.

Zum anderen lässt sich Veränderung im Sinne des Evangeliums nicht per Gesetz verordnen, sondern geschieht durch Dienen. Solches Dienen wird ein dezentrales Geschehen sein. Christen werden an vielen Stellen ihrer Stadt mit Nächstenliebe, Glaube und Hoffnung im Einsatz sein. Nicht nur städtisches Leben, sondern auch urbane Transformation ist das Ergebnis des Zusammenspiels vieler Akteure. Sie wird nicht zentral organisiert und gesteuert, sondern durch viele einzelne Aktivitäten bewirkt, die oft scheinbar unabhängig voneinander geschehen und doch ein Ganzes ergeben. Denn auch der Leib Christi in der Stadt ist ein lebendiges System, dessen Leben und Einheit nicht durch Menschen hervorgebracht und aufrechterhalten werden, sondern durch den Geist Gottes.

Bei dem Engagement von Gemeinsam für Berlin haben wir viel von unseren Partnern aus dem Emmanuel Gospel Center in Boston gelernt. Vor einigen Jahrzehnten waren sie nicht nur mit dem Niedergang etablierter Kirchen in ihrer Stadt konfrontiert, sondern auch mit vielen anderen städtischen Problemen. Es schien wenig Hoffnung zu geben, bis sie an unerwarteter Stelle Zeichen der Hoffnung entdeckten. In vielen schwierigen Stadtteilen stießen sie auf eine wachsende Zahl von Ladenkirchen, die unabhängig voneinander meist unter ethnischen Minderheiten entstanden waren. Diese Gemeinden wurden zu einem der wichtigsten Faktoren neuen geistlichen Lebens und neuer urbaner Mission in Boston. Inmitten aller Nöte war Gottes lebendiges System bereits am Werk (Hall, Hall & Daman 2010:35-37).

In Berlin haben wir inzwischen auch eine christliche *Graswurzelbewegung* entdeckt. In den letzten Jahren sind mehr als 100 neue Gemeinden und Initiativen entstanden (und ihre Zahl wächst weiter), die ihren konkreten Platz im städtischen System gefunden haben und dort missionarisch und diakonisch tätig sind. Sie sind für uns das größte Hoffnungszeichen an einem Ort, an dem es sich als sehr mühsam erwiesen hat, Christen für gemeinsame zentrale Aktionen zu gewinnen. Transformation geschieht nicht von oben, sondern von unten, indem der Geist Gottes an vielen Stellen Christen für ihr Umfeld erweckt. Das ist entlastend. Wir müssen nur das tun, was Gott uns zeigt. Unser Engagement mag überschaubar sein, aber es ist Teil von einem größeren Ganzen, dessen Urheber Gott selbst ist. Urbane Mission ist *Missio Dei*. Und noch beständiger als die „permanente Siedlung" ist seine Liebe zu ihr.

3.4 Eine Stadt besteht aus *sozial heterogenen Individuen*

Wer durch eine Stadt geht, begegnet sehr unterschiedlichen Menschen. Jeder von ihnen ist einzigartig, und doch nehmen wir an ihnen soziale Merkmale wahr, die sie mit anderen Menschen gemeinsam haben und aufgrund derer wir sie Gruppen zuordnen. Schon auf den ersten Blick identifizieren wir sie als Frau oder Mann, Seniorin oder Teenager, Polizistin oder Bauarbeiter, Afrikanerin oder Araber, Muslima oder Sikh, arm oder wohlhabend, Punkerin oder Skinhead. Wenn wir sie kennenlernen, stellen wir weitere, nicht auf den ersten Blick sichtbare Gruppenmerkmale fest. Die Stadtbevölkerung ist sozial heterogen.

3.4.1 Städtische Vielfalt

Diese Vielfalt liegt im Wesen der Stadt. Eine Stadt ist nicht denkbar ohne Arbeitsteilung, schon in den ältesten Städten sind verschiedene Berufsgruppen nachweisbar. Von Anfang an bildeten sich städtische Hierarchien, bedingt durch die Notwendigkeit einer gewissen Verwaltung und die Fähigkeit bestimmter Menschen, Macht an sich zu ziehen. Ebenfalls schon von Beginn der Stadtgeschichte an finden wir in den Städten zwei besondere Gruppen: die Armen und die Fremden. Diese Unterschiede sind geblieben und sie haben weiter zugenommen. Am auffälligsten ist in den westlichen Städten die

Steigerung der ethnischen Vielfalt. In Berlin leben Menschen aus 180 Ländern und auch in kleinen Städten kann man griechisch oder chinesisch essen und hat Nachbarn mit Migrationshintergrund. Ebenso zugenommen hat die religiöse Vielfalt. In einer interreligiösen Arbeitsgruppe saß ich 2013 mit einem Sikh und seiner Frau (methodistischer Hintergrund), zwei Damen von der Christlichen Wissenschaft, einer deutschen Muslima, einem vietnamesischen Katholiken, einer finnischen Lutheranerin, einer Buddhistin, einem sächsischen Jesiden und einem afrikanischen Presbyterianer zusammen. Von Weltreligionen bis zu spirituellen Exoten ist in unseren Städten alles vertreten, nicht zu vergessen die große Zahl religiöser Analphabeten und meist atheistischer Konfessionsloser.

Diese Beispiele zeigen, dass die Vielfalt in unseren Städten durch Zuwanderung und Einflüsse aus anderen Ländern und Kontinenten gewachsen ist. Aber auch die einheimische Stadtbevölkerung hat sich mit der Zeit immer weiter differenziert. Bis vor einigen Jahrzehnten haben Forschungen zur sozialen Ungleichheit vor allem Klassen oder Schichten untersucht. Beruf, Einkommen, Bildung und Status waren Kriterien, anhand derer die Menschen unterschieden wurden. Die Position, die man aufgrund dieser Kriterien im sozialen Gefüge einnahm, war von Dauer und wurde oft an die Kinder weitervererbt. Man kannte seinen sozialen Platz und wurde regelmäßig an ihn erinnert. 1896/97 errichtete die AEG an ihrer Niederlassung im Berliner Wedding das „Beamtentor“, das heute unter Denkmalschutz steht (→ Abb. 3.2). Durch dieses Tor betraten Gäste und Angestellte das Werksgelände. Die Arbeiter mussten Nebeneingänge benutzen.

Abbildung 3.2: Das Beamtentor an der Brunnenstraße 107
vor dem früheren Werksgelände der AEG in Berlin-Wedding

Inzwischen sind Konsum- und Freizeitverhalten, Werteorientierungen und Denkmuster ähnlich bedeutsam für die soziale Identität von Menschen wie die Stellung im Erwerbsleben. „Lebensstile" und „Milieus" sind Begriffe, unter denen man die neue Vielfalt zu fassen sucht. Ein 30-jähriger Angestellter kann einen „hedonistisch-expressiven" oder einen „kulturbezogen-asketischen" Lebensstil führen.[25] Seine ebenso alte Kollegin kann dem „adaptiv-pragmatischen" oder dem „sozialökologischen" Milieu zuzurechnen sein.[26] Und Jugendliche können verschiedenen Szenen angehören (zum Beispiel Antifa, Hip-Hop oder Ultras), mit verschiedenen Fokussen (Politik, Musik, Fußball), Einstellungen, Symbolen, Ritualen, Events, Treffpunkten, Medien und Strukturen (Hitzler & Niederbacher 2010).

3.4.2 Trennende soziale Kräfte

Diese Vielfalt stellt die Gemeinde vor ein Dilemma. Auf der einen Seite sieht sie sich mit dem inklusiven Anspruch des Evangeliums konfrontiert. Durch Christus wird vereint, was getrennt war, nahe gebracht, was fern war, versöhnt, was verfeindet war. Und wenn jemand ihm besonders nahe steht, sind es die Armen und die Fremden. Es gibt „nicht mehr Griechen oder Juden, Beschnittene oder Unbeschnittene, Fremde, Skythen, Sklaven oder Freie, sondern Christus ist alles und in allen" (Kol. 3,11). Das ist kein Motto für gelegentliche ökumenische Festgottesdienste, sondern für den Alltag der christlichen Gemeinde. Die nachfolgenden Verse (V. 12-14) geben praktische Hinweise, wie die Christen trotz ihrer Vielfalt versöhnte Gemeinschaft leben können. Und in der Gemeinde von Antiochia, dem Startpunkt der Weltmission, brachte schon die Zusammensetzung der Gemeindeleitung (Apg. 13,1) gelungene Inklusion zum Ausdruck.

Auf der anderen Seite tragen viele soziale Kräfte dazu bei, dass aus der Heterogenität der Stadtbewohner kein Miteinander, sondern ein Nebeneinander und manchmal auch ein Gegeneinander wird. Die meisten Menschen neigen zur sozialen *Homophilie* – sie sind am liebsten mit anderen zusammen, die ihnen ähnlich sind. Die Ähnlichkeit kann sich auf so unterschiedliche Kriterien wie ethnische Herkunft, sozioökonomischer Status, Bildungsgrad, Hobbies, Überzeugungen und Werte beziehen. Jugendliche hängen in ihren Szenen ab. Migranten bilden eigene Communities und sammeln sich in eigenen Gemeinden. Menschen aus dem „liberal-intellektuellen" Milieu (Sinus-Institut 2015) tauschen sich meist mit ihresgleichen aus, während andere aus dem „prekären" Milieu (ebd.) den Tag gemeinsam mit einer Bierflasche in der Hand an der Imbissbude verbringen.

Menschen bilden *soziale Gruppen*, von denen man dann sprechen kann, „wenn mehrere Personen sich darüber einig sind, dass sie ein bestimmtes, sie von anderen unter-

---

25 So heißen zwei der sieben Lebensstilgruppen nach Werner Georg (Burzan 2011:96). Eine Kurzdarstellung der Lebensstile findet sich im Anhang.
26 Das sind zwei der zehn Sinus-Milieus (Sinus-Institut 2015). Eine Übersicht über die Sinus-Milieus gibt es ebenfalls im Anhang.

scheidendes Merkmal besitzen und wenn diese Gemeinsamkeit ihr gegenseitiges Verhalten sowie auch ihr Verhalten gegenüber Nicht-Merkmalsträgem bestimmt" (Schmid 1991:148). Gruppenidentitäten bilden sich immer auch in Abgrenzung von denen, die nicht dazugehören: „Etablierte und Außenseiter" (Elias & Scotson 1993), Deutsche und Ausländer, Aufgeklärte und Spießer, Gemeinde und Welt. Dabei stehen die „Wir-Gruppe" und „die Anderen" nicht gleichwertig nebeneinander: „Die eigene Gruppe gilt als der Nabel der Welt und als Maßstab des richtigen Verhaltens" (Abels 2009:192). Diese Haltung nennt man *Ethnozentrismus*. Die Werte der eigenen Kultur sind die richtigen, die Politik der eigenen Partei ist die bessere, und wer sich in den speziellen Interessengebieten der eigenen Gruppe nicht auskennt, ist dumm.

Nun würden viele sich dagegen verwehren, solch einem Ethnozentrismus verfallen zu sein. Sind sie nicht tolerant, sozial engagiert, fremdenfreundlich und haben Bekannte aus unterschiedlichen Milieus? Aber auf Twitter kann man schnell feststellen, wie solche aufgeklärten Zeitgenossen einträchtig über Politiker spotten, für die das Internet noch immer unbekanntes Terrain ist, oder wie selbstverständlich von ihnen bestimmte konservative Positionen verabscheut (und nicht als zwar „falsche", aber legitime abweichende Meinung angesehen) werden. Der Ethnozentrismus ist eine Krankheit, die uns so tief in den Knochen steckt, dass ein wenig erworbene Weltläufigkeit sie keineswegs heilt. Weitherzigkeit findet manchmal schnell ein Ende, wenn ein Druckraum für Fixer nicht drei Straßen weiter, sondern im eigenen Wohnhaus eingerichtet werden soll. Und von den Hunderttausenden, die beim Berliner „Karneval der Kulturen" die Buntheit ihrer Stadt feiern, hatten vermutlich die wenigsten ihre Nachbarn mit Migrationshintergrund schon einmal an ihrem Tisch sitzen.

Ein weiterer Faktor ist der Wohnungsmarkt. Auf der Angebotsseite sorgen unterschiedliche Mietpreise dafür, dass das Klientel sich nach Einkommen und damit nach Schicht sortiert. Auf der Nachfrageseite suchen viele Städter eine Wohnung, in der sie ihresgleichen nahe sind und ein von ihnen favorisiertes Ambiente finden. Migranten wohnen gerne da, wo andere die gleiche Herkunft aufweisen und die gleiche Sprache sprechen. Deshalb gibt es in den USA an vielen Stellen ein „Germantown", während die Neuköllner Sonnenallee im Volksmund „Gazastreifen" heißt. Die Kreativen zieht es in die Berliner Innenstadt-Bezirke, Zehlendorf ist für sie ein No-Go. Dort fühlt sich indessen das etablierte Bürgertum recht wohl. Und Hartz-IV-Empfänger müssen nehmen, was übrig bleibt. *Segregation* nennt man diesen Vorgang, durch den die einzelnen Wohngebiete sehr viel weniger heterogen sind, als es die Stadt im statistischen Mittel ist. Solche Segregation findet auch an den und durch die Schulen statt. Familien des Bildungsbürgertums, die in einem der bunten Stadtteile leben, schicken ihre Kinder nicht auf die Kiezschule, sondern auf eine „bessere" im Nachbarbezirk, wenn sie nicht gleich in eine „bessere" Wohngegend ziehen, sobald ihre Kinder das Einschulungsalter erreicht haben.

Weitere Mechanismen kommen hinzu. Die Überlegenheitsgefühle sozialer Gruppen wurden bereits erwähnt, sie werden verstärkt durch Vorurteile, die umso nachhaltiger sind, je weniger man von der anderen Gruppe weiß und ihr begegnet. Ausländerfeindlichkeit gedeiht dort besonders gut, wo es wenige Ausländer gibt oder man sie nicht näher kennt. Umgekehrt gibt es aber auch Unterlegenheitsgefühle, die sich in Fremdheit, Unsicherheit und Furcht ausdrücken. Menschen aus prekären Milieus fühlen sich nicht wohl, wenn sie in eine „andere Welt" kommen. Dort sind sie Außenseiter, kennen die subtilen kulturellen Regeln nicht und ziehen sich schnell zurück. Vor einiger Zeit traf ich mich an einem Platz in Kreuzberg mit einer Afrikanerin, um eine gemeinsame Veranstaltung vorzubereiten. Ich wollte sie in ein bestimmtes Restaurant einladen. Früher war dort eine einfache Pizzeria gewesen, doch inzwischen hatte sich in den Räumlichkeiten ein gehobener gastronomischer Betrieb eingerichtet. Wir betraten ihn, nahmen das Ambiente wahr und spürten, dass etwas nicht passte. Also verließen wir das Lokal und setzten uns in eine nahe gelegene Dönerbude. Jetzt war meine Gesprächspartnerin entspannt und bemerkte: „Da drüben, das war nicht unser Ding." Wenn manche deutsche Mittelschichtgemeinde wüsste, wie Menschen aus anderen Schichten zumute ist, wenn sie in ihre gut situierte Gemeinschaft kommen, würde sie nicht mehr so naiv auf ihre Webseite schreiben: „Jedermann ist herzlich willkommen."

Bisweilen gibt es zwischen verschiedenen Gruppen der Stadt offene Feindseligkeit, die auf bestimmten Erfahrungen beruht. Vor Jahren veranstaltete Gemeinsam für Berlin am 3. Oktober ein interkulturelles Event zur dankbaren Erinnerung an die Wiedervereinigung unseres Landes und unserer Stadt. Der Auftaktgottesdienst fand in einer kroatischen katholischen Gemeinde statt. Wir hatten auch einen Vertreter der orthodoxen Kirchen eingeladen. Es kam ein serbischer Priester, bei dessen Anblick der kroatische Pfarrer aus allen Wolken fiel. Viele seiner Leute waren nach Berlin gekommen, weil sie im Bürgerkrieg vor den Serben geflohen waren. Sie hätten es nicht ertragen, einen „feindlichen" Priester in „ihrer" Kirche amtieren zu sehen. So mussten wir den Gast freundlich ausladen und eine ökumenische Irritation auslösen. In meiner eigenen Gemeinde, auf die ich stolz bin, weil sie recht heterogen ist, gibt es eine Arabisch sprechende Gruppe, meist koptische Ägypter, die sich bei uns willkommen und zugehörig fühlen. Sie haben aber Mühe damit, dass wir auch freundschaftliche Beziehungen zu Muslimen haben. In ihrer Heimat wurden sie von den Muslimen verfolgt, im deutschen Flüchtlingsheim werden sie von Muslimen gemobbt. Aus Rücksicht auf sie haben wir bei einer Veranstaltung darauf verzichtet, einen Imam einzuladen. Die Traumatisierung ist noch zu frisch.

Das Evangelium bringt uns zusammen, soziale Dynamiken trennen uns voneinander. Dieses Dilemma urbaner Mission habe ich am Pfingstsonntag 2006 anschaulich erlebt. Ich war in eine Kirche eingeladen, in der eine deutsch-reformierte, eine iranische und eine afrikanische Gemeinde ihre Gottesdienste feierten. An diesem Tag trafen sie sich zu einem gemeinsamen ökumenischen Pfingstgottesdienst. Alle waren gleichberechtigt an dem Programm beteiligt. In Einheit beteten sie den Vater an, dem sie durch

Jesus Christus angehörten und der sie mit *einem* Geist beschenkt hatte. Anschließend gab es ein Grillfest im Garten. Als ich diesen betrat, sah ich links einen Biertisch mit den Afrikanern, rechts zwei Biertische mit den Iranern, und die deutsche Gemeinde nahm den Rest des Geländes ein. *Homophilie* machte zunichte, was das Evangelium gerade bewirkt hatte. Ich war der einzige Deutsche, der sich an einen „fremden" Tisch setzte. In den ersten Minuten machte ich eine Erfahrung, die andere oft bei „uns" machen: Die Gespräche gingen (auf Persisch) weiter, als wäre ich nicht vorhanden. Dann konnte ich mich an geeigneter Stelle einklinken – die Brücke war die Liebe eines iranischen Jungen zum Fußball; dass er ein Fan des FC Bayern München war, ließ ich an diesem Tag kein Hindernis sein. Schließlich unterhielt ich mich länger mit einer Frau, die Muslima war, aber gern in die Gemeinde kam. Von ihr erfuhr ich sehr persönliche Dinge über das Leben gebildeter Frauen in Teheran, ihre Flucht mit ihren vier Töchtern und die Schwierigkeiten, in unserer Gesellschaft wirklich anzukommen. Es wurde eine lohnende Tischgemeinschaft.

3.4.3 Gott bringt zusammen

In diesem Buch wird noch viel davon die Rede sein, wie Inklusion gelingen kann. Doch bevor wir uns an die praktische Aufgabe machen, ist eine grundsätzliche Einsicht wichtig. Einheit in einer heterogenen Stadt ist kein menschliches Programm, sondern ein Werk Gottes. Christus hat uns nicht nur mit Gott, sondern auch untereinander versöhnt (Eph. 2,11-22). Er hat am Kreuz aus Ferne Nähe gemacht (V. 13), aus Fremden Mitbürger und Hausgenossen (V. 19). Er hat Mauern niedergerissen (V. 14), Feindschaft beendet (V. 16) und Frieden gestiftet (V. 17). Und ebenso hat er am Kreuz *Homophilie* und *Ethnozentrismus*, Vorurteile und Hass besiegt. Inklusive urbane Mission glaubt das, gegen den Augenschein aller sozialen Kräfte.

Nun ist es so, dass alle Gaben, die wir durch Christus empfangen, eine eschatologische Perspektive haben: Ihre eigentliche Vollendung wird in der zukünftigen Welt Gottes geschehen. Wir warten auf seine Stadt, die mehr als alle irdischen Städte „eine relativ große, dichte und permanente Siedlung sozial heterogener Individuen" (Wirth 1938:8) sein wird. Aber trotz der Größe werden wir einander nicht fremd sein, trotz der Dichte uns einander gegenüber nicht blasiert und reserviert verhalten und trotz der Heterogenität einander sehr nahe sein. Gottes Stadt wird keine Segregation und keine Fremden kennen.

Alle Gaben, die wir durch Christus empfangen, haben aber auch eine gegenwärtige Perspektive. Der Geist Gottes ist die „Anzahlung" des Zukünftigen (Eph. 1,14). Durch ihn kommt jetzt schon der Himmel auf die Erde. Alles, was wir einst in Vollendung sehen werden, gibt es jetzt schon in Vorläufigkeit. Deshalb ist Inklusion möglich und real, gegen alle sozialen Kräfte der Trennung. Inklusive urbane Mission gehört nicht nur in die christliche Ethik, als gutes Werk der Erlösten. Sie gehört nicht nur in die praktische Theologie, als erweiterte Form von Gemeindearbeit. Inklusive urbane Mission gehört in die Soteriologie, in die Lehre von der Erlösung. Gott fängt jetzt schon an mit der neuen Stadt und wir dürfen dabei sein. Nicht guter Wille treibt uns, sondern Glaube und Hoffnung. Gott beginnt in unserer Stadt, was er in seiner Stadt vollenden wird.

FAZIT

- Um in der Stadt missionarisch tätig zu sein, müssen wir uns mit dem Wesen des Städtischen auseinandersetzen.
- Eine Stadt ist relativ groß.
    - Man kennt die meisten Menschen nicht persönlich und nimmt sie – wenn überhaupt – nur ausschnitthaft und in bestimmten Funktionen wahr.
    - Christen und ihre Angebote haben eine mangelnde Sichtbarkeit.
    - Wir werden für die Menschen nur dadurch interessant, dass wir uns aufrichtig für sie interessieren.
- Eine Stadt ist eine dichte Siedlung.
    - Um sich gegen die Reizüberflutung der Stadt zu schützen, entwickelt der Städter drei Haltungen: Er begegnet Menschen sachlich und zweckbestimmt (Intellektualismus), er nimmt Reize nur noch wahr, ohne auf sie zu reagieren (Blasiertheit), und er zieht sich innerlich zurück (Reserviertheit).
    - Deshalb bleiben Christen und ihre Angebote den Menschen oft gleichgültig, selbst wenn sie zur Kenntnis genommen werden.
    - Damit wir selbst durch die genannten Bewältigungsstrategien nicht göttliche Gelegenheiten verpassen, ist es wichtig, eine Haltung der Verfügbarkeit für den Geist Gottes einzuüben.
- Eine Stadt ist eine permanente Siedlung.
    - Städte entstehen über einen langen Zeitraum und entwickeln sich zu eingespielten, lebendigen Systemen.
    - Urbane Transformation kann deshalb nicht zentral organisiert und gesteuert werden, sondern ist das Ergebnis des Zusammenspiels vieler Akteure.
- Eine Stadt besteht aus sozial heterogenen Individuen.
    - Durch soziale Dynamiken entsteht oft eher ein Nebeneinander oder Gegeneinander als ein Miteinander der verschiedenen Gruppen: Menschen bleiben am liebsten unter ihresgleichen (soziale Homophilie), sie beurteilen andere aus Sicht der eigenen sozialen Gruppe (Ethnozentrismus), sie empfinden Überlegenheit, haben Vorurteile oder zeigen sogar offene Feindseligkeit.
    - Einheit, die dem inklusiven Anspruch des Evangeliums entspricht, ist in einer heterogenen Stadt kein menschliches Programm, sondern

Werk Gottes, der in unserer Stadt bereits beginnt, was in seiner Stadt einst vollendet wird.

- Welche gut gemeinten Initiativen sind in Ihrer Stadt gescheitert? Woran lag es? Gab es unerwünschte Nebenwirkungen?
- Welcher sozialen Gruppe fühlen Sie sich besonders zugehörig? Vom wem grenzen Sie und Ihre Gruppe sich ausdrücklich ab? Für wen fehlt Ihnen das Verständnis?

- Georg Simmel: Die Großstädte und das Geistesleben (Simmel 2006). *Ein Klassiker der Stadtsoziologie.*
- Tim Lomax: Creating Missional Worship. Fusing Context and Tradition (Lomax 2015). *Tim Lomax stellt mit vielen Beispielen vor, wie sich im (anglikanischen) Gottesdienst Anbetung und das Leben in der zeitgenössischen (Stadt-) Kultur miteinander in Beziehung setzen lassen.*

Auf einer Bustour durch Berlin begegnen uns unterschiedliche Formen der Polarisierung. Wir beschäftigen uns damit, welche Auswirkungen diese Polarisierung auf die Stadt hat und was wir als Christen dem entgegenzusetzen haben.

4. M29 – der Bus der Hölle

Die gespaltene Stadt

Zu den Institutionen, denen die Berliner mit besonderer Zuneigung begegnen, gehört die Buslinie M29. Auf Facebook gefällt „M29 – der Bus der Hölle" mehr als 3.000 Leuten. Dort liest man: „Selten kommt er. Und wenn er kommt, dann ist er so voll, dass man halb tot gequetscht wird", und: „Der M29 ist unser aller Liebling. An sich soll er tagsüber alle 5 Minuten kommen. Daran hält er sich aber selten. Lieber fährt er Kolonne. Drei in einer Reihe mag er am liebsten. In den ersten kommt man selten rein. In den zweiten mit Hängen und Würgen. Falls man Platzangst hat, wartet man lieber auf den dritten."

Abbildung 4.1: M29 – der Bus der Hölle

Der M29 verspricht noch weitere soziale Abenteuer. Startpunkt ist das Roseneck in der Villengegend des Grunewald. Von dort fährt der Bus 15,8 Kilometer zum Hermannplatz in Neukölln, passiert dabei 45 Haltestellen und durchquert 20 höchst unterschiedliche Planungsräume[27]. Unterwegs begegnet man einem Querschnitt der postmodernen Stadt.

Die Berliner Morgenpost nennt die Linie M29 eine „Linie der Gegensätze" (Rentsch u. a. 2015).[28] Das Roseneck liegt im Planungsraum „Messelpark" mit dem zweithöchsten aller Berliner Sozialindizes[29]; 45 Minuten später ist man am Moritzplatz in Kreuzberg mit dem niedrigsten. Rund um die ersten Haltestellen herrscht praktisch Vollbeschäftigung, die Kaufkraft der Haushalte ist hoch und bei der letzten Bundestagswahl bekam die CDU mehr als die Hälfte aller Stimmen. Der Moritzplatz hat dagegen die zweithöchste Arbeitslosenquote von Berlin, drei Viertel aller Kinder lebt von Hartz IV (Senatsverwaltung für Gesundheit und Soziales 2014:142) und etwas weiter am Heinrichplatz wäre die CDU an der Fünf-Prozent-Hürde gescheitert (→ Abb. 4.2).

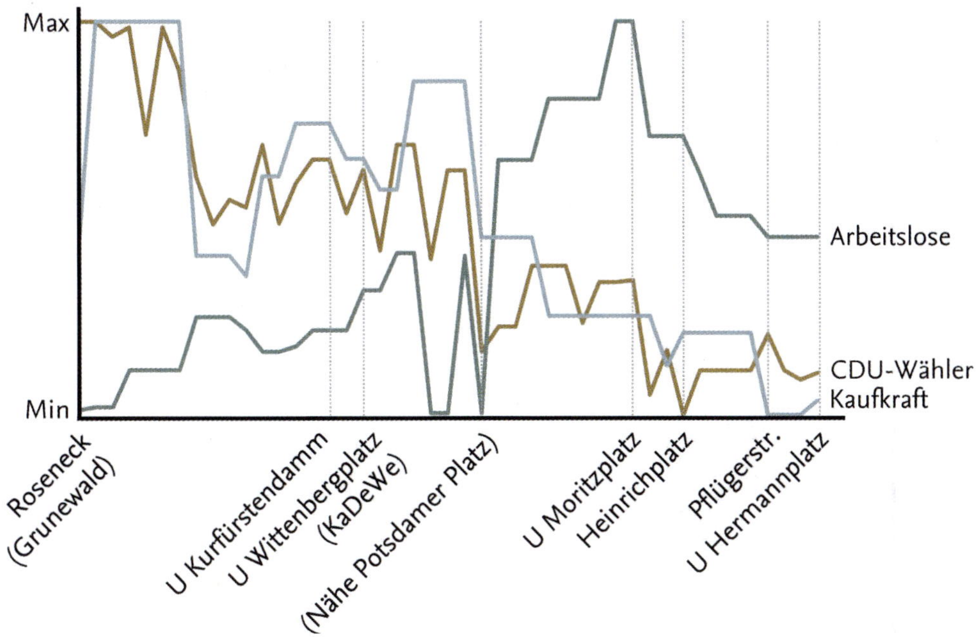

Abbildung 4.2: Anteil von CDU-Wählern und Arbeitslosen an der Bevölkerung sowie Kaufkraft der Haushalte entlang der Strecke des M29

27 Berlin ist in 447 Planungsräume eingeteilt. Sie weisen jeweils eine einheitliche Baustruktur und Milieubildung auf und bilden die unterste Ebene der Lebensweltlich orientierten Räume (LOR), die zur Erfassung sozialer und gesundheitlicher Merkmale der Bevölkerung dienen.

28 Die folgenden Angaben stammen, soweit nicht anders angegeben, aus dem angegebenen Zeitungsartikel und der zugehörigen interaktiven Webseite interaktiv.morgenpost.de/m29/ (mit Zugang zu einer Excel-Tabelle mit den Rohdaten). Die Daten beziehen sich, soweit nicht anders angegeben, auf das Jahr 2013.

29 Jährlich wird für jeden Planungsraum aus vielen Einzelwerten ein Sozialindex berechnet. In ihn gehen unter anderem Daten über Erwerbslosigkeit, staatliche Transferleistungen zur Sicherung des Lebensunterhalts, Wohnqualität, Bildungsabschlüsse, Einkommen, Armutsquote, vorzeitige Sterblichkeit und Lebenserwartung ein. Je höher der Sozialindex ist, desto besser geht es den Menschen.

Weitere Unterschiede entlang der Route machen den tief greifenden strukturellen Wandel der Stadt deutlich. In keinem Gebiet entlang der Strecke des M29 sind mehr als 45 Prozent der Anwohner gebürtige Berliner. Die niedrigsten Werte findet man in der Nähe des Potsdamer Platzes, wo nach der Wiedervereinigung besonders viel Neues entstanden ist. Stabiler sind die reichsten und die ärmsten Planungsräume an der Strecke. Wer auf der Sonnenseite lebt, will oft nicht weg; wer auf der Schattenseite lebt, kommt oft nicht weg. Bemerkenswert ist der Vergleich der Netto-Haushaltseinkommen mit der Mietentwicklung (→ Abb. 4.3). Im Grunewald, wo es den Leuten traditionell gut geht, sind die Mieten konstant. Rund um die Pflügerstraße, wo die Menschen am wenigsten haben, steigen die Mieten am stärksten (bei Neuvermietungen 80 Prozent in fünf Jahren). Seit Nord-Neukölln eine „angesagte Gegend“ geworden ist, verdrängen besser bezahlende Mieter die angestammten. Wer von Zeit zu Zeit dort vorbeischaut, bemerkt den Umbruch in der lokalen Gastronomie, der Speerspitze der feindlichen Übernahme. Und wer sich als Szenetourist dort zunächst einmal umsehen will, findet in der Internet-Schlafplatzbörse Airbnb (www.airbnb.de) ein ungewöhnlich gutes Angebot (→ Abb. 4.3).

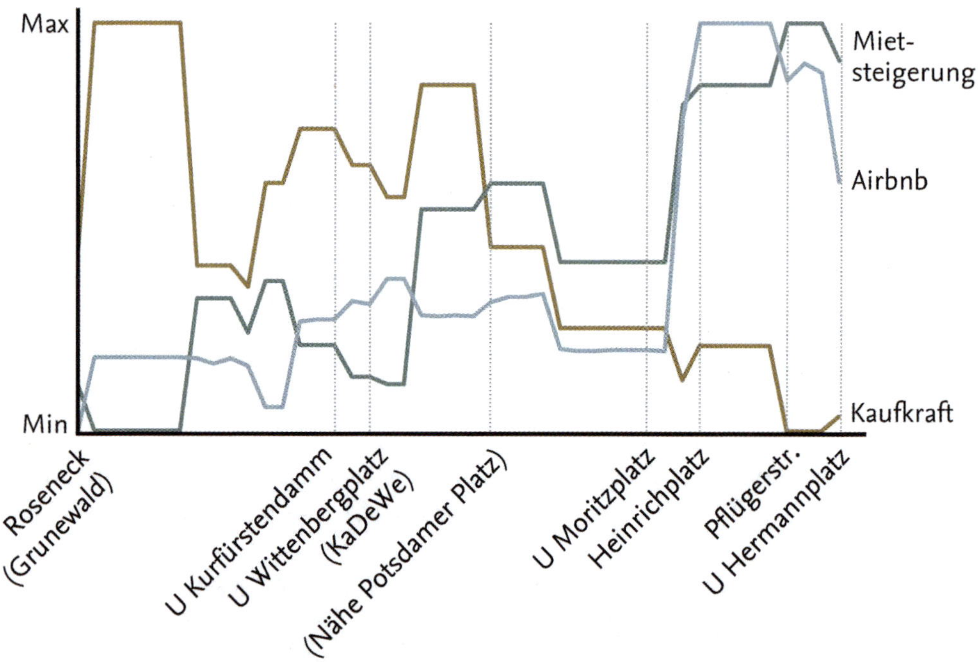

Abbildung 4.3: Kaufkraft, Mietsteigerung (von 2008 bis 2013) und Angebote der Schlafplatzbörse Airbnb entlang der Strecke des M29

Berlin ist wie viele andere Städte ein Mosaik von unterschiedlichen Lebenswelten, die oft räumlich dicht beieinander, sozial aber weit voneinander entfernt liegen. Die steilen Kurvenstücke der beiden Grafiken zeigen, dass man manchmal nur eine Haltestelle weiter fahren muss, um in eine andere Welt zu gelangen. Genau das kennzeichnet die postmoderne Stadt. Sie ist „eine postindustrielle Stadt, die durch soziale Fragmentierung charakterisiert ist" (Chen, Orum & Paulsen 2013:157). Einige Fragen machen deutlich, warum wir uns so genau mit diesem Aspekt des Städtischen beschäftigen: An welcher Haltestelle des M29 würden wir am liebsten wohnen? In der Nobelgegend des Grunewald? In einer der geräumigen Wohnungen am Kudamm? In der Nähe des Luxuskaufhauses KaDeWe? Bei den Armen am Moritzplatz? Im bunten Kreuzberg? Im hippen Nord-Neukölln? Wo würden wir gern unsere Freizeit verbringen? Wo würden wir hingehen, wenn wir eine Gemeinde gründen oder uns diakonisch engagieren wollten? Wie leben die Menschen dort? Wie sehen ihre Beziehungen aus? Welche Zugänge gibt es zu ihnen? Die Beantwortung dieser Fragen setzt voraus, dass wir die postmoderne Stadt verstehen, aber auch wissen, wo und wie wir selbst in diese Stadt hineinpassen.

4.1 Mehrfach geteilt

Gegensätze gab es in Städten immer. „Jede von ihnen ist nicht nur *eine* Stadt, sondern eine Vielzahl von Städten, wie man beim Spiele sagt. Zum mindesten sind es zwei, die einander feindlich gegenüberstehen: die Stadt der Armen und die der Reichen", stellte Plato fest (Politeia IV 422). Polarisierung ist mehr als das. Wir sprechen von *Einkommenspolarisierung*, wenn die Reichen reicher, die Armen ärmer und die dazwischen weniger werden.

> Die Einkommensgegensätze zwischen ärmeren und reicheren Haushalten nehmen in Deutschland seit der Wiedervereinigung zu [...] Im längerfristigen Trend ist einerseits nicht nur die Zahl der ärmeren Haushalte stetig gewachsen – sie wurden im Durchschnitt auch immer ärmer. Auf der anderen Seite gibt es im Trend immer mehr Reichere, die im Durchschnitt auch immer reicher werden. Dieser Gegensatz wird von den Menschen nicht nur als besonders ungerecht empfunden, sondern er schürt auch die Verunsicherung der Mittelschicht. (Goebel, Gornig & Häußermann 2010:2)

Diese Entwicklung spiegelt sich in den Städten mehrfach wider. Zum einen sind auch sie von dieser Einkommenspolarisierung betroffen. Ein Beispiel ist Dresden. Nach der Wiedervereinigung wuchs zunächst die Gruppe der mittleren Einkommen (→ Abb. 4.4). Doch dann begann die Mittelschicht zu schrumpfen, die Zahl der Dresdener mit hohen Einkommen wuchs ebenso wie die derjenigen, die unterhalb der Armutsgrenze leben.

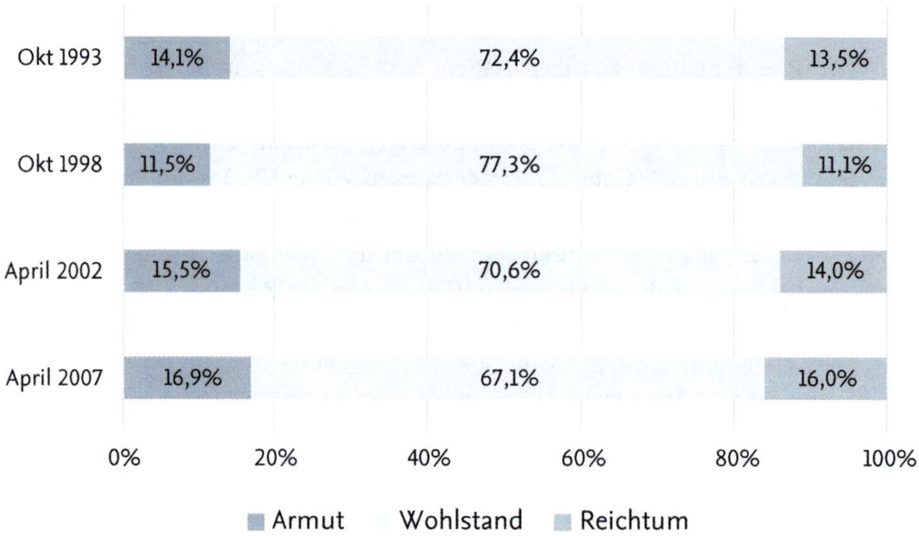

Abbildung 4.4: Entwicklung der Äquivalenzeinkommen[30] in Dresden von 1993 bis 2007 (nach Aehnelt 2011:76)

Zum anderen kommt in Städten noch eine *sozialräumliche Polarisierung* hinzu. Die verschiedenen Einkommensgruppen sind nicht gleichmäßig über die Stadt verteilt, sondern Reiche und Arme konzentrieren sich in bestimmten Wohngebieten. Auf unserer Fahrt mit dem M29 sind uns in Berlin bereits typische Armuts-, Wohlstands- und Szenequartiere begegnet. Und in Dresden sammeln sich die Armen in Stadtteilen wie dem Plattenbaugebiet Prohlis (→ Abb. 4.5).

30 Das Äquivalenzeinkommen wird verwendet, um die Einkommen von Haushalten unterschiedlicher Größe vergleichbar zu machen. Die Haushaltseinkommen werden dabei so auf eine Person umgerechnet, dass diese, wenn sie allein leben würde, den gleichen Lebensstandard hätte wie jetzt innerhalb der Haushaltsgemeinschaft. Für die Grafik werden niedrige Einkommen als solche definiert, die weniger als 60 Prozent des mittleren Einkommens betragen, hohe als solche, die über 150 Prozent liegen.

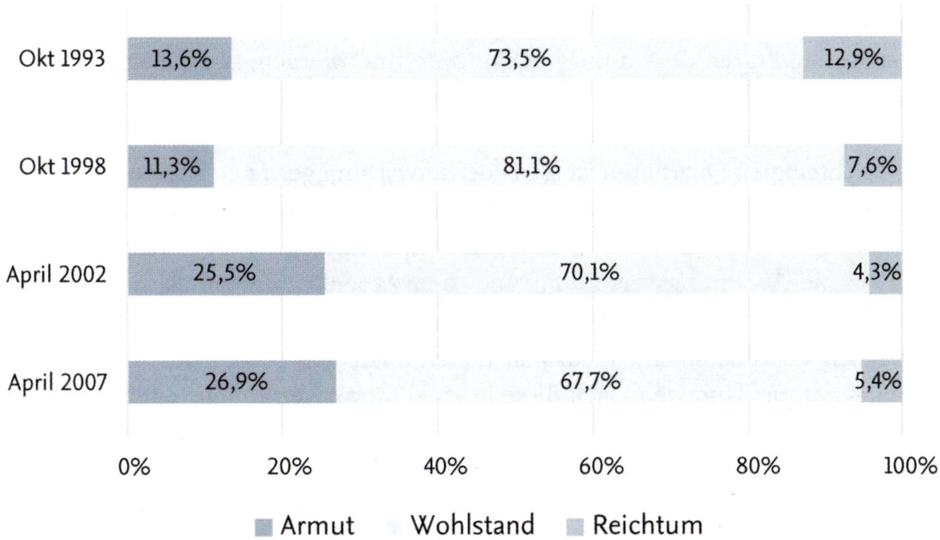

Abbildung 4.5: Entwicklung der Äquivalenzeinkommen in Dresden-Prohlis von 1993 bis 2007 (nach Aehnelt 2011:77)

Diese *Segregation* führt zu einer *Polarisierung der Lebensverhältnisse.* Wer in einem benachteiligten Quartier lebt, erfährt zusätzliche benachteiligende Wirkungen seines Wohnumfeldes (→ Kap. 12.3). Die Schulen sind schlechter. Einige Schüler fahren morgens mit dem M29 zum renommierten Hildegard-Wegscheider-Gymnasium im Grunewald (www.hwos.de). Dort gibt es eine spezielle Begabtenförderung, die Schule arbeitet mit der Technischen Universität und deren Projekt „Studieren ab 16“ zusammen und als Fremdsprache wird Japanisch angeboten. Andere Schüler fahren mit demselben Bus zum Campus Rütli (www.campusruetli.de) und besuchen dort die Gemeinschaftsschule. Sie ist 2008 durch die Fusion der Rütlischule mit zwei weiteren Schulen entstanden. 2006 erregte die Rütlischule große Aufmerksamkeit, weil das Kollegium mit einem Brandbrief „auf die schwierigen sozialen Verhältnisse und ungelösten schulinternen Probleme hinwies“ (Senatsverwaltung für Bildung, Jugend und Wissenschaft 2012:5).[31]

Die ärztliche Versorgung ist in benachteiligten Quartieren schlechter. Am Ende der Linie M29 (in Neukölln) gibt es nur halb so viele Frauenärzte wie nötig, am Anfang (in Charlottenburg-Wilmersdorf) doppelt so viele (Heine 2013). Hier zeigt sich, dass soziale Prozesse gestaltbar sind, wenn Menschen sich engagieren. Nach einer zweijährigen

31 Inzwischen hat durch eine neue Leitung und umfangreiche externe Unterstützung die neue Schule eine erfreulichere Entwicklung genommen. Eine Schulinspektion ergab 2012 ein ausgezeichnetes Qualitätsprofil. Schwierige Schulsituationen sind kein Schicksal, sondern veränderbar, wenn die Gesellschaft zu entsprechenden Investitionen bereit ist (Senatsverwaltung für Bildung, Jugend und Wissenschaft 2012:10).

Kampagne der Berliner Bürgerplattformen Neukölln und Südost kam es 2013 zu einer bis dahin in Deutschland einmaligen Vereinbarung zwischen Senat, Kassenärzten und Krankenkassen. Praxen dürfen nur noch dort eröffnet werden, „wo sie wegen der Not der Bewohner gebraucht werden", und bestehende Praxen dürfen nur noch „bergab" – das heißt in Stadtteile mit schlechteren Sozialdaten – umziehen (ebd.).

In benachteiligten Quartieren ist die Lebenserwartung geringer. In Neukölln sterben Frauen im Durchschnitt 1,6 Jahre und Männer 3,3 Jahre früher als in Charlottenburg-Wilmersdorf.[32] Die Wohnsituation ist schlechter, denn seit dem Rückzug des Staates aus der sozialen Wohnungsversorgung und „dem Absenken des gesellschaftlich akzeptierten Mindestwohnstandards für Hartz IV-EmpfängerInnen" (Manderscheid 2007:64) bleibt vielen Haushalten mit niedrigen Einkommen nur der Umzug in schlechtere Wohnungen übrig. Und wenn sich diese in einer attraktiven Innenstadtlage befinden, sind sie auch dort von Verdrängung bedroht. Entlang der Strecke des M29 sind die Wohnungen am Kudamm in Charlottenburg im Schnitt um die 100, an der Neuköllner Pflügerstraße um die 50 Quadratmeter groß (GSW Immobilien AG 2014:20.30), und wie wir gesehen haben, haben zahlungskräftigere Kunden diesen Kiez entdeckt.

ERFAHRUNGEN UND REFLEXIONEN

Einer meiner Freunde wohnt in unmittelbarer Nähe der Haltestelle Pflügerstraße. Er lebt seit vielen Jahren in Nord-Neukölln und blieb mit seiner Familie dort, als der Stadtteil sozial immer mehr abstieg und viele andere Familien, die es sich leisten konnten, wegzogen. Jetzt muss er mit ansehen, wie die neuen Entwicklungen im Kiez immer mehr seiner langjährigen Nachbarn an den Rand drängen. Nachdem er das Manuskript dieses Kapitels gelesen hatte, teilte er mir mit, wie dieser Prozess sich nach seiner Beobachtung weiter verschärft:

„Im vergangenen Winter bin ich drei Monate lang jeden Tag mit dem M29 zum Lützowplatz gefahren und denke, das Bild ändert sich. Mein Eindruck ist, dass die Armen gar nicht mehr am öffentlichen Leben teilnehmen. Ich sehe im Bus immer mehr Leute aus der Mittelschicht einsteigen, auch an den Haltestellen in problematischen Gebieten. Andererseits treffe ich am letzten Freitag Janina[33] [eine gemeinsame Bekannte]. Sie kann nicht auf die Bitte ihrer Tochter Maya eingehen, mit ihr Bus zu fahren, da sie sich die Fahrkarte nicht leisten kann und mit dem Fahrrad zur Arbeit fährt. Die Armen verschwinden immer mehr aus dem Straßenbild. Früher

32 Werte für die mittlere Lebenserwartung: in Charlottenburg-Wilmersdorf 83,4 Jahre für Frauen, 79,5 Jahre für Männer (Höchstwert aller Berliner Bezirke); in Neukölln 81,8 Jahre für Frauen, 76,2 Jahre für Männer (Senatsverwaltung für Gesundheit und Soziales 2014:159; Stand 2013).
33 Die Eigennamen wurden geändert.

saßen in den Shisha Bars an der Sonnenallee gelangweilte Leute und hielten sich stundenlang an einem Getränk fest. Heute achtet man in meinem Lieblingscafé darauf, dass diese Leute nicht die Plätze besetzen, wenn die Gentrifizierer kommen (als so einer werde ich bestimmt auch angesehen). Wenn ich die Gestik und Mimik (mein Arabisch reicht nicht) richtig verstehe, will jeder ein Stück vom Kuchen derjenigen Kunden abbekommen, die nicht über den Preis diskutieren. Also, die Armen verschwinden irgendwie aus dem Blickfeld. Ernst und Ludwig [ebenfalls gemeinsame Bekannte] nehmen öffentliche Angebote gar nicht mehr wahr. Das Stadtbad an der Ganghofer Straße ist abends zwar voll, aber nur noch mit jungen Zugezogenen, die nicht motzen, wenn es sechs Euro kostet, Schwimmen zu gehen."

Die sozialräumliche Polarisierung ist eine der wesentlichen Rahmenbedingungen urbaner Mission. Deshalb liegt in diesem Buch ein Schwerpunkt auf den unterschiedlichen Stadtquartieren. Zunächst aber lohnt sich ein Blick auf die Bedeutung dieser Polarisierung für die Gesamtstadt.

4.2 Die Auswirkungen der Ungleichheit

4.2.1 Wenn Solidarität verloren geht

Polarisierung ist in gewisser Hinsicht ein normaler Vorgang. Menschen haben unterschiedliche Startchancen und Begabungen. Manche sind risikofreudig und haben damit Glück, andere Pech. Einige sind gesundheitlich beeinträchtigt, andere besitzen eine hohe Schaffenskraft. Schicksalsschläge treffen die einen mehr als die anderen. Je nach Beruf sind sie von gesellschaftlichen Veränderungen unterschiedlich betroffen. Sie machen unterschiedlich viel aus ihren Möglichkeiten. Und einige verstehen es, andere auszunutzen und zu übervorteilen. Deshalb gibt es von Beginn an in Städten besser und schlechter gestellte Bürger. Selbst die bescheidene Verstädterung Israels nach der Landnahme (die meisten Städte des Alten Testaments würden wir als Dörfer ansehen) kennt die *personae miserae*[34]: die Witwen und Waisen, die Fremden und (flüchtigen) Sklaven, die Armen und Verschuldeten.

Angesichts dieser Entwicklung wird im israelitischen Gesetz von denen, denen es besser geht, Solidarität erwartet und es wird eine regelmäßige ausgleichende Umverteilung von oben nach unten verfügt (→ Exkurs 3). Es gibt vorgeschriebene Abgaben wie den Armenzehnten (Dtn. 14,28-29), die den Verarmten zugutekommen. Und damit diese Unterstützung nicht in herzloser Anonymität geschieht, wird zusätzlich ein solidarisches gemeinsames Feiern mit Wein, Bier und guten Speisen verordnet (Dtn. 16,11).[35]

34 Lateinisch für „elende Personen". So werden in der alttestamentlichen Wissenschaft die sozial Schwachen der damaligen Zeit genannt.
35 „Fröhlich sein" schließt Wein, Bier und „alles, wonach es deinem Gaumen verlangt" ein; vgl. Dtn.

Für den regelmäßigen Ausgleich sorgt vor allem die Einrichtung des Erlassjahres. Was auch immer der Grund für die persönliche und familiäre Verarmung ist, in ihm gibt es eine umfassende Schuldbefreiung und die Rückübertragung von Immobilien (Lev. 25,8-54; Dtn. 15,1-18).

Israel hat sich nicht an diese Vorgaben gehalten. Immer wieder beklagen und kritisieren die Propheten die Aufkündigung der Solidarität. In Jerusalem hatte man sich zur Zeit Jeremias unter dem Druck der feindlichen Invasion Jahwe zugewandt und ein Abkommen getroffen, gemäß dem Erlassjahr eine Freilassung für Sklaven auszurufen. Als der Druck sich milderte, machte man diese Entscheidung rückgängig und zwang die freigelassenen „hebräischen Stammesbrüder" erneut zum Sklavendienst (Jer. 34,8-22).

Ihren wohl stärksten Ausdruck findet die (soziale) Stadtkritik da, wo Jerusalem mit Sodom gleichgesetzt wird.[36] Jerusalems Sünde ist der Sodoms gleich (Jes. 3,9; Jer. 23,14). Ezechiel bezeichnet beide Städte als Schwestern (Ez. 16, 46-52)[37] und Gerichtsankündigungen stellen die kommende Zerstörung Jerusalems in Analogie zum Untergang Sodoms (Jes. 1,7; Am. 4,11). Bemerkenswert ist dabei Ezechiels Deutung der Sünde Sodoms. Aufgrund der Genesiserzählung hat Sodom sich einen zeitlosen „Ruhm" als Stadt sexueller Ausschweifung erworben. Ezechiel sieht eine tieferliegende Wurzel ihres gottlosen Zustandes: „Die Schuld deiner Schwester Sodom war, dass sie und ihre Töchter hochmütig waren, dass sie in Überfluss zu essen hatten und in sorgloser Ruhe dahinlebten, ohne den Elenden und Armen zu helfen" (Ez. 16,49). Hinter den moralischen Verwerfungen einer Stadt stehen soziale Verwerfungen. Je ungleicher und unsolidarischer eine Stadt ist, desto unmoralischer ist sie.[38]

4.2.2 (Zu viel) Ungleichheit ist Unglück

Es gibt einen Zusammenhang zwischen dem Umgang einer Stadt mit der Ungleichheit ihrer Bürger und ihrem sonstigen Wohlergehen. Im Alten Testament wird das theologisch beschrieben: Gott bindet seinen Segen für die, die im Wohlstand leben, an ihre Solidarität mit den Armen (Crüsemann 1992:262-264). Gültig ist dieser Zusammenhang bis heute, auch wenn sozialwissenschaftliche Forschungen ihn mit ganz anderen Begriffen beschreiben. Eine grundlegende Arbeit, die sich allerdings nicht auf Städte, sondern auf nationale Gesellschaften bezieht, haben Wilkinson und Pickett 2010 mit ihrem Buch „Gleichheit ist Glück" (Wilkinson & Pickett 2010a) vorgelegt. Sie messen die Ungleichheit von 23 Ländern danach, wie groß der Unterschied zwischen den Ein-

14,26.

36 Sodom ist in der israelitischen Tradition die Stadt, die Gerichtsreife verkörpert (Jes. 13,19; Zeph. 2,9).

37 Eine besondere Pointe besteht darin, dass Hesekiel sogar behauptet, Sodom sei besser als Jerusalem, und diese Aussage mit einem Schwur Jahwes bekräftigt (V. 48). Stärker kann man Stadtkritik nicht äußern. Und zur Schuld Jerusalems kommt die Schande hinzu (V. 51-52). Zu dem gesamten Abschnitt siehe Zimmerli 1979:366-368.

38 Die einseitige Beschäftigung mancher Christen mit moralischen Verfehlungen unter Ausblendung der sozialen Frage verfehlt deshalb das biblische Städtebild.

kommen der reichsten und der ärmsten 20 Prozent der Bevölkerung ist. Dann weisen sie in vielen, gut dokumentierten statistischen Auswertungen nach, dass eine Reihe sozialer und gesundheitlicher Probleme umso größer sind, je größer die Ungleichheit im jeweiligen Land ist: Mangel an sozialem Vertrauen, psychische Erkrankungen, Alkohol- und Drogenmissbrauch, Lebenserwartung und Kindersterblichkeit, Übergewicht, Bildungserfolge von Kindern, Schwangerschaften von Teenagern, Gewalt und Mord, Inhaftierungsraten und fehlende soziale Aufstiegschancen.

Uns interessiert, ob auf Stadtebene das Gleiche gilt. Leider gibt es aufgrund der Datenlage hierzu weniger Forschungsergebnisse. Die, die es gibt, weisen in folgende Richtung: (1) Je dichter Menschen zusammenleben, desto größer wird soziale Ungleichheit. In der Stadt ist sie größer als auf dem Land (Glaeser, Resseger & Tobio 2008:2). (2) Je ungleicher Städte sind, desto weniger wachsen Bevölkerung und Wohlstand. Mehr Menschen geben an, unglücklich zu sein. Die Kriminalitätsrate ist höher (Glaeser, Resseger & Tobio 2009).

Schwieriger als die Darstellung dieses Zusammenhangs ist seine Erklärung.[39] Überzeugend dargelegt ist, dass tatsächlich Ungleichheit der entscheidende Umstand für die genannten sozialen und gesundheitlichen Probleme ist, und nicht das Durchschnittseinkommen oder die Zahl der Armen. Ebenso überzeugend ist dargelegt, dass die Auswirkungen der Ungleichheit nicht nur die Armen betreffen. „Eine wachsende Zahl von Untersuchungen belegt, dass Ungleichheit dem sozialen Gefüge der ganzen Gesellschaft schadet" (Wilkinson & Pickett 2014).[40] Darüber hinaus gibt es erste Erkenntnisse über psychische und soziale Mechanismen, die tatsächlich einen ursächlichen Zusammenhang zwischen zu großer Ungleichheit und den genannten Problemen vermitteln. Es würde den Rahmen dieses Buches sprengen, in die Diskussion darüber einzusteigen (siehe dazu Wilkinson & Pickett 2010a:47-80.223-243; Pickett & Wilkinson 2015; Glaeser, Resseger & Tobio 2009:642). Erwähnt seien nur zwei Faktoren, auf die ich gleich zurückkommen werde: Angst spielt eine Rolle (Wilkinson & Pickett 2010a:47-61) und das Gefühl sozialer Entwertung, wenn die Schere sich zu weit öffnet[41] (Pickett & Wilkinson 2015). Die Bibel hat es mit der Erklärung leichter. Sie spricht einfach von Segen und Fluch.

Aus verschiedenen Gründen sind zunehmende Ungleichheit und ihre Auswirkungen für die urbane Mission von Bedeutung.

39 Wenn verschiedene Phänomene gleichzeitig auftreten, bedeutet das noch lange nicht, dass eines die Ursache für die anderen ist.

40 Dass zu viel Ungleichheit auch für die Reichen schädlich ist, beschreiben Smith 2011 und Lewis 2014.

41 Diese Mechanismen treten erst dann in Kraft, wenn Ungleichheit zu groß wird. Die meisten Menschen finden es durchaus angemessen, wenn der Geschäftsführer einer Firma ein größeres Auto fährt als der Portier. Es erzeugt ganz andere soziale Gefühle, wenn er 300-mal so viel verdient wie ein Angestellter.

1. Christen sind eine schichtübergreifende Gemeinschaft. Deshalb haben wir die Möglichkeit, Solidarität zu praktizieren und zu fördern, wo sie in unseren Städten fehlt. „Es besteht die Gefahr, dass die Stadt keine Einheit mehr bildet. Mit den räumlichen Distanzierungen rücken die sozialen Gruppen auseinander und in diesem Prozess schwindet offensichtlich auch die Identifikation mit der Gesamtstadt. Da bestimmte Stadtteile immer weniger, und andere immer mehr Probleme haben, erscheinen diese Probleme als die Probleme der Menschen, die dort wohnen. Warum soll man sich für diejenigen verantwortlich fühlen, die nur der Stadt auf der Tasche liegen, die nur Probleme machen, und die auch noch die übrigen Stadtteile verschmutzen und verunsichern?" (Häußermann 2007b:78-79). Christen haben eine gute Antwort auf diese Frage.
2. Einer der Faktoren, die dazu beitragen, dass soziale Ungleichheit viele andere Probleme hervorbringt, ist das eben genannte Gefühl sozialer Entwertung. Soziale Schieflagen und das Gefühl der Benachteiligung und Ausgrenzung gehen Menschen unter die Haut. Verletzungen ihrer Identität sitzen tief und werden auch durch zukünftige soziale Besserstellung nicht automatisch wieder geheilt. Die Stadt kann leichter verwunden als wiederherstellen. Und die Menschen, denen wir in ihr begegnen, leiden nicht nur an persönlichen Schicksalen, sondern auch an sozial erzeugten Traumatisierungen. Deshalb gehört soziales Leiden als Thema in die urbane Seelsorge (→ Kap. 26 und 27).
3. Ein weiterer Faktor ist, wie eben festgestellt, soziale Angst. In einer sich polarisierenden Gesellschaft und Stadt greift Angst besonders nach der Mittelschicht. Der Soziologe Heinz Bude hat in seinem Buch „Gesellschaft der Angst" (Bude 2014) ein Kapitel der „Statuspanik in der gesellschaftlichen Mitte" gewidmet. Sie spürt, wie die Einschläge des sozialen Abstiegs näher kommen. Angst ist der natürliche Feind der Solidarität. Auch in Gemeinden, die zum großen Teil von Angehörigen der Mittelschicht besetzt sind, begegnen wir Furchtreaktionen gegen Arme und Fremde. Wir brauchen in der urbanen Mission die angstüberwindende Kraft des Evangeliums. Die alten Quäker wussten: „Ein Christ ist unbeschreiblich glücklich, absolut furchtlos und immer in Schwierigkeiten." Nur furchtlose Christen sind ein Teil der Lösung, furchtsame sind ein Teil des Problems.

FAZIT

- In der Stadt begegnen uns verschiedene, sich gegenseitig bedingende Formen der Polarisierung.
    - Einkommenspolarisierung: Die Reichen werden reicher, die Armen ärmer und die Mittelschicht kleiner.
    - Sozialräumliche Polarisierung: Die verschiedenen Einkommensgruppen konzentrieren sich in bestimmten Wohngebieten.
    - Polarisierung der Lebensverhältnisse: In den benachteiligten Quartie-

ren gibt es zusätzliche benachteiligende Wirkungen (z. B. schlechtere Schulen, Wohnungen, ärztliche Versorgung).

- Sowohl die Bibel als auch sozialwissenschaftliche Studien weisen uns darauf hin, dass durch zu große Ungleichheit und verloren gehende Solidarität das soziale Gefüge der ganzen (Stadt-)Gesellschaft Schaden nimmt.
- Als Christen haben wir dem etwas entgegenzusetzen:
    - Als schichtübergreifende Gemeinschaft haben wir die Möglichkeit, Solidarität zu praktizieren und zu fördern, wo sie in unseren Städten fehlt.
    - In der urbanen Seelsorge können wir dem Gefühl sozialer Entwertung, das viele der Probleme in der Stadt (mit) hervorbringt, begegnen.
    - Der sozialen Angst, die besonders nach der (in vielen Gemeinden überproportional vertretenen) Mittelschicht greift, können wir die angstüberwindende Kraft des Evangeliums entgegensetzen.

- Wo zeigen sich in Ihrer Stadt soziale Gegensätze besonders markant?
- Recherchieren Sie, wie die Lebensverhältnisse in dem Quartier, in dem sich Ihr Gemeindehaus oder Ihre Räume befinden, aussehen (z. B. in Bezug auf Bildung, Gesundheit, Wohnsituation, Kriminalität). Wie unterscheiden sie sich von den durchschnittlichen Werten in Ihrer Stadt?
- Wenn Sie völlig frei nur nach dem Herzen entscheiden könnten (und es keine finanziellen oder ähnlichen Restriktionen gäbe): Wo würden Sie in Ihrer Stadt am liebsten wohnen? Wo würden Sie Ihre Freizeit verbringen? Wo würden Sie sich engagieren wollen?

- Richard G. Wilkinson und Kate Pickett: Gleichheit ist Glück. Warum gerechte Gesellschaften für alle besser sind (Wilkinson & Pickett 2010a). *Die Autoren untersuchen die schädlichen Auswirkungen zu großer sozialer Ungleichheit.*
- Heinz Bude: Die Ausgeschlossenen. Das Ende vom Traum einer gerechten Gesellschaft (Bude 2008). *Wie durch soziale Spaltung aus dem „Oben und Unten“ ein „Drinnen und Draußen“ wird.*

Welche Herausforderungen bringt die Restrukturierung der postmodernen Stadt für christliche Gemeinden mit sich? Wie kann man ihnen begegnen?

5. „Das ist nicht mehr meine Stadt“

Die umgestaltete Stadt

Am 26. Oktober 2010 starb ein berühmter Bewohner Oberhausens. Durch seine Leistungen war er weltweit bekannt geworden. Renommierte Zeitungen wie die New York Times und der Guardian hatten zu Lebzeiten über ihn geschrieben, nach seinem Tod erschienen Nachrufe bis ins ferne Australien. Seine Facebookseite als „Person des öffentlichen Leben“ hatte mehr als 180.000 Fans. Er wurde Ehrenbürger der Stadt Carballiño, auf Elba wurde eine Straße nach ihm benannt, sein Leben wurde in China verfilmt und der iranische Präsident Ahmadinedschad warf ihm vor, westliche Propaganda zu betreiben.

Eine Karriere wie die seine ist wohl nur in einer postmodernen Stadt denkbar. Sein Wohnsitz war das SEA LIFE in Oberhausen, sein Name war „Paul, die Krake“. Während der Fußballweltmeisterschaft 2010 hatte er als Orakel „gearbeitet“ und erstaunlich viele Fußballergebnisse richtig vorhergesagt.[42] Die Medien taten das Ihre und Paul wurde berühmt. Seine kurze Laufbahn ist ein Ausdruck davon, dass Image und Vermarktung in der heutigen Stadt eine nie gekannte Rolle spielen. Das SEA LIFE benutzte Paul als PR-Gag und erhoffte sich von ihm steigende Besucherzahlen.

Wie kommt es, dass eine Stadt wie Oberhausen, deren Leben sich früher um Kohle und Stahl drehte, heute für Einrichtungen steht, die der Freizeit und dem Konsum dienen? Es hat mit dem nächsten Merkmal der postmodernen Stadt zu tun, ihrer *Restrukturierung*. In der Einführung haben wir bereits gesehen, dass davon die Wirtschaft sowie die Lebensformen und die räumliche Verteilung der Bewohner betroffen sind (→ Kap. 1.1.2). Jetzt werden wir uns diese Veränderungen und ihre Auswirkungen auf die Menschen näher ansehen. Als Modell dient uns Oberhausen. „In keiner anderen Stadt des Ruhrgebiets hat sich struktureller ökonomischer Wandel so tiefgreifend vollzogen wie in Oberhausen, sowohl in Bezug auf die Erosion der einst so prägenden montanindustriellen Basis als auch hinsichtlich der konsum- und freizeitorientierten Erneuerung im Zeichen der ‚Neuen Mitte‘ in der jüngeren Vergangenheit“ (Wood 2003:11). An dieser Stadt des Ruhrgebiets sind Prozesse besonders deutlich abzulesen, die in ähnlicher Form auch in vielen anderen Städten ablaufen.

42 Vor einem Spiel wurden zwei Behälter mit je einer Miesmuschel (als Futter) in das Aquarium gesenkt. Jeder trug die Flagge eines der beiden gegnerischen Länder. Das Land, für dessen Behälter sich Paul entschied, galt als der von ihm prophezeite Sieger.

5.1 Aufstieg und Niedergang einer Industriestadt

Die Stadt Oberhausen verdankt ihre Entstehung der Industrialisierung. Am Anfang stand ein Bahnhof, den die Köln-Mindener Bahngesellschaft 1846 in einer noch ländlichen Gegend errichtete. Eine Eisenhütte, die Gutehoffnungshütte, kam hinzu, bald danach auch Zechen. Arbeitskräfte aus Ostelbien und dem Ausland siedelten sich an. 1862 wurde die politische Gemeinde gegründet. Zu diesem Zeitpunkt hatte der Ort 5.600 Einwohner, von denen 4.000 bei der Gutehoffnungshütte arbeiteten (Reif 1982:466-467; Wood 2003:117-118). Oberhausen wuchs weiter, schnell und chaotisch. Außenstehenden erschien die Stadt als „ineinandergekeiltes Gewirr von Fabriken, Zechen, Wohnvierteln, Gärten, Straßen und Eisenbahnen, alles ohne Ordnung“ (Reif 1982:458). Der Dichter Wilhelm Schaefer schrieb: „Hier ist der Mensch und seine Wohnung dem Wahn des Mehrverdienstes geopfert. In trauriger Öde, zwischen Fabriken und Zechen eingeengt, ziehen die schwarzen Straßen zwischen schwarzen Häusern dahin. Der elende Ziegelbau mit rußig angelaufenem Zement scheint hier die einzige Bauart. Überall Schienen! Man kann es nicht begreifen, was all die Bahnen sollen. Drähte von elektrischen Bahnen und immer ein Geruch von nassen Schornsteinen in der Luft: eine Höllengegend!“ (ebd. S. 458). Einheimische sahen es anders: „Daß unser Oberhausen eine naturgemäße und sichere Entwicklung nimmt *und niemals eine unschöne Stadt werden kann*“, urteilte 1912 der Lehrer Eich (ebd. S. 460).

Bis in die zweite Hälfte des 20. Jahrhunderts blieb Oberhausen eine Industriestadt, die von wenigen Großunternehmen dominiert wurde, denen ein großer Teil der Wohnungen und die meisten Gewerbeflächen gehörten. Nach dem Zweiten Weltkrieg war die Stadt noch einmal aufgeblüht. Dann begann der Niedergang. Die Kohlekrise Ende der 1950er-Jahre und die Stahlkrise der 1970er-Jahre führten zum Rückzug der Großindustrie (Wood 2003:119). Die Folgen für die Stadt waren dramatisch. Tausende von Arbeitsplätzen verschwanden (→ Tab. 2.1). Der Rückbau der Industrie traf Oberhausen noch härter als die übrigen Städte des Ruhrgebiets und wurde nur von dem in den Neuen Bundesländern übertroffen. Brachflächen bestimmten das Bild einer Stadt, für die lebendige Industrie Teil ihrer städtischen Identität gewesen war.

Arbeitsplätze in Oberhausen 1958-2013 1. Bergbau		Verluste an Arbeitsplätzen im industriellen Sektor 1990-1998 (in %)	
1958	21.530	BRD	-26,4
1963	15.462	Alte Bundesländer	-15,3
1987	3.514	Neue Bundesländer	-53,5
1992	710	Nordrhein-Westfalen	-18,7
2013	0	**Oberhausen**	**-40,6**
2. Gesamter industrieller Sektor		Bottrop	-10,2
1970	53.556	Gelsenkirchen	-38,8
1990	31.787	Duisburg	-31,0
1998	19.032	Essen	-22,5
2013	17.577	Dortmund	-23,8

Tabelle 5.1: Arbeitsplätze in Oberhausen und Arbeitsplatzverluste im Vergleich[43]

5.2 Postindustrielle Erneuerung

Oberhausen fand sich wieder als postindustrielle Stadt. Was war zu tun angesichts steigender Arbeitslosenzahlen[44], sinkender kommunaler Einnahmen und des Verlustes an Identität? Die politisch Verantwortlichen suchten nach einer Möglichkeit der ökonomischen Erneuerung. Sie fanden sie im Bereich der *konsum- und freizeitorientierten Dienstleistungen*. Das Projekt „Neue Mitte Oberhausen“ wurde mit einem britischen Investor verwirklicht. Im Mittelpunkt steht das Einkaufszentrum CentrO, ergänzt um eine Reihe von Freizeiteinrichtungen.[45] Das CentrO wurde 1996 eröffnet und 2012 erweitert (Heineberg 2014:202). Täglich kommen 70.000 Besucher (Knierbein 2010:411). Auf solche erlebnisorientierten Großprojekte setzen viele Städte, um „für ansiedlungswillige

43 Alle älteren Zahlen nach Wood 2003:119.121-122; Zahlen für 2013 nach Stadt Oberhausen 2014a:88.
44 Bis 1998 war die Arbeitslosenquote auf 14,7 % angestiegen (Wood 2003:137).
45 Dazu gehören die „Coca-Cola Oase“ (ein Food-Court), die „Promenade“ (mit einem umfangreichen gastronomischen Angebot), die „König-Pilsener-Arena“ (eine Mehrzweckhalle für Großveranstaltungen), das „Gasometer Oberhausen“ (eine der größten und bekanntesten Ausstellungshallen Europas), ein Multiplex-Kino, das „Metronom Theater“ (für Musical-Aufführungen), das Aquarium „SEA LIFE“ (die Heimat Pauls), das Schwimmbad „Aquapark“, ein Hochseilgarten und neuerdings das „TOP SECRET“ (ein Spionage-Museum), der „SEA LIFE Abenteuer Park“ und das „Legoland Discovery Centre“ (www.centro.de). Ergänzt wird das Ganze durch den „BusinessPark.O“ (www.businesspark-o.de) und die „Heinz-Schleußer-Marina“ (einen Yachthafen am Rhein-Herne-Kanal; www.marina-oberhausen.de).

Investoren, zukunftsorientierte Unternehmen, hoch qualifizierte Arbeitskräfte wie auch Touristen und Touristinnen und nicht zuletzt auch für eine möglichst zahlungskräftige Bevölkerung attraktiv zu werden“ (Harth u. a. 2010:77). Sie konkurrieren dabei miteinander und deshalb ist die Arbeit am eigenen Image für die Standorte und die Betreiber dieser Erlebniswelten wichtig. So werden „Knut, der Eisbär“[46] und „Paul, die Krake“ zu willkommenen Werbeträgern.

Abbildung 5.1: Das CentrO und die Neue Mitte in Oberhausen (Luftbild von 2014)

Bei Stadtforschern hat das CentrO wenig Gnade gefunden. Es ist an der finanzstärkeren Mittelschicht unter Ausgrenzung ärmerer sozialer Gruppen orientiert (ebd. S. 78). Andere Standorte des Einzelhandels leiden, denn „im Zuge der CentrO-Eröffnung in Oberhausen im Herbst 1996 [sind] die Lichter nicht nur in der Oberhausener Innenstadt, sondern auch in den umliegenden Städten Mülheim und Bottrop langsam aber sicher ausgegangen“ (Bettges 2006:87). Die Atmosphäre wird als künstlich empfunden: „Hier wirkt alles berechenbar, und das Unerwartete wäre ein Einbruch in die völlige Geregeltheit. Was nicht zuletzt das urbane Leben auf innerstädtischen Straßen ausmacht – hier ein Pflastermaler und dort ein Straßenmusiker, Leute, die kreuz und quer

46 Knut wurde 2006 im Zoologischen Garten in Berlin geboren. Seine Mutter verstieß ihn, ein Tierpfleger zog ihn mit der Flasche auf. Knut erregte nationales und internationales Medienecho und wurde eine der größten Attraktionen des Zoos, dem er Hunderttausende zusätzlicher Besucher einbrachte und der ihn höchst erfolgreich vermarktete. 2011 starb Knut an einer Hirnerkrankung.

laufen, von Inlinern, Radfahrern, Skatern etc. ganz zu schweigen (alles hier verbotene Fortbewegungsarten), das urbane Gewusele eben – all dies ist hier ersetzt durch eine hin und her flutende Menge“ (Legnaro & Birenheide 2005:122). Umso positiver klingt die Bilanz der Stadtverwaltung:

> Seit dem 12. September 1996 sind Oberhausen und das Ruhrgebiet um eine Attraktion reicher. An diesem Tag wurde das CentrO in der „Neuen Mitte Oberhausen“ eröffnet. Sein Name steht sowohl für in Europa bislang einzigartiges Einkaufs- und Freizeitparadies als auch für den Kristallisationspunkt eines ehrgeizigen und erfolgreichen Stadterneuerungsprojektes auf ehemaligen Industrieflächen [...] Die Eröffnung des CentrO markiert für Oberhausen einen doppelten Wendepunkt: in der Stadtentwicklung und in der Außendarstellung [...] Die bisher für die Entwicklung der Neuen Mitte Oberhausen eingesetzten öffentlichen Fördermittel weisen eine hohe Effizienz auf. Unmittelbar ablesen lässt sich der Erfolg im Vergleich der öffentlich eingesetzten Finanzmittel mit den in Folge privat getätigten Investitionen sowie an der Arbeitsplatzbilanz, die bisher deutlich mehr als 10.000 neu geschaffene Arbeitsplätze aufweist. (Stadt Oberhausen 2013)

Was ist wirklich für Oberhausen herausgekommen? Die Identität, das Stadtbild und das Image von Oberhausen (mit Wirkung weit über die Stadtgrenzen hinaus) haben sich verändert: „Wo das Leben der Oberhausener sich vordem um die Arbeit im Stahlwerk drehte, steht jetzt die Shopping-Mall mit aller Freiheit zum Konsum“ (Zohlen 1999:117-118). Damit hat die Stadt die Folgen der Deindustrialisierung mildern, aber nicht beheben können. Die neuen Arbeitsplätze im Dienstleistungssektor können an Zahl und Höhe der Entlohnung nicht die Verluste ersetzen. Die Arbeitslosenquote lag im Juli 2015 immer noch bei 10,4 Prozent (Bundesagentur für Arbeit 2015b). Viele Beschäftigungen sind Teilzeitjobs, oft sind sie schlecht bezahlt und unsicher. Vor allem für Frauen, Ältere und Jüngere sind die Aussichten schlecht (Wood 2003:133-134). In einem Städteranking, das 71 deutsche Großstädte vergleicht, belegt Oberhausen in Bezug auf Lehrstellen den letzten Platz (WirtschaftsWoche 2013:27). Der Familienbericht Oberhausen 2012 stellt fest, dass viele Haushalte auch bei Vollzeitarbeit als „Working Poor“ in „armen oder armutsnahen Verhältnissen“ leben (Stadt Oberhausen 2012:49-51).

Unter diesen Umständen wundert es nicht, dass es auch um die städtischen Finanzen nicht gut bestellt ist. Die jährlichen Einkünfte je Steuerpflichtiger – und damit auch die kommunalen Einnahmen – sind vergleichsweise niedrig.[47] Oberhausen ist die am stärksten verschuldete Kommune Deutschlands (Diehl 2012). Lars Holtkamp schreibt: „Die über Jahre aufgelaufenen Kassenkredite [sind] beispielsweise in Oberhausen schon

47 2010 betrugen sie in Oberhausen 28.331 €, im nahegelegenen Düsseldorf 40.269 € (Information und Technik Nordrhein-Westfalen 2014:1).

fast 10-fach so hoch wie die Steuereinnahmen eines Jahres. Oberhausen müsste also 10 Jahre lang seine ganzen Steuereinnahmen nicht für laufende Personal- und Sachausgaben, sondern ausschließlich zur Defizitabdeckung verwenden, um den von der Kommunalaufsicht [...] verlangten Ausgleich zu realisieren" (Holtkamp 2011:164). Man kann sich leicht vorstellen, welch enge Grenzen der Stadtverwaltung gesetzt sind, nichtkommerzielle Angebote für ihre Bürger bereitzustellen.

5.3 Und die Menschen?

Entwicklungen, wie sie in Oberhausen besonders markant zu beobachten sind, haben viele Städte in den alten und neuen Bundesländern erlebt. Durch sie sind nicht nur wirtschaftliche und soziale Probleme entstanden, sondern sie haben auch das Denken und Fühlen der Menschen geprägt. Wer in ihnen urbane Mission betreibt, muss sich damit auseinandersetzen. Für Oberhausen hat Gerald Wood untersucht, wie Bürger mit der Situation ihrer Stadt umgehen und wie sie über das CentrO denken (Wood 2003).[48] Ohne seine Analyse im Einzelnen nachzeichnen zu wollen, möchte ich folgende Punkte hervorheben, die sich in ähnlicher Form auch in anderen postindustriellen Städten finden:

1. **Empörung:** Für die Oberhausener war die Beziehung zu den Großbetrieben ihrer Stadt viel enger als eine reine Wirtschaftsbeziehung. Ihr Rückzug wurde deshalb „mit moralischer Empörung quittiert" (ebd. S. 119). Nach langer Werkszugehörigkeit entlassen zu werden, wurde nicht einfach als Schicksal, sondern als Ungerechtigkeit und Kränkung empfunden (ebd. S. 119.172-173).
2. **Identitätskrise:** Menschen haben das Bedürfnis, auf sich selbst und auf ihre Stadt stolz sein zu können. Der Niedergang der eigenen Stadt und die persönlichen Konsequenzen sind nicht nur ein wirtschaftliches, sondern auch ein Identitätsproblem. Der Verlust des Arbeitsplatzes erniedrigt das Selbstwertgefühl (ebd. S. 165). Und auch wer weiter in Lohn und Brot steht, leidet mit seiner Stadt. Die Interviewten nutzen verschiedene Möglichkeiten, mit diesem Problem umzugehen.
   a. Das CentrO macht es den Menschen möglich, neuen Stolz auf Oberhausen zu entwickeln. In ihren Augen hat sich nicht nur das Image der Stadt, sondern auch das Ansehen seiner Bewohner gehoben. „Die Menschen sind aufgewertet worden" (ebd. S. 184). Die Leute tragen „die Nase mittlerweile wieder ein bisschen höher" (ebd. S. 186).
   b. Man vergleicht sich mit anderen, die man als unter sich stehend ansieht, um dadurch die eigene Existenz aufzuwerten. Die anderen, das sind (1) Menschen,

48 Wood wertet eine Reihe von qualitativen Interviews mit Oberhausener Bürgern aus. Sie waren zum Zeitpunkt der Befragung zwischen 18 und 65 Jahren alt und unterschieden sich in Bezug auf Bildung, Beruf und Einkommen.

die mit der Arbeit auch die Kontrolle über ihr Leben verlieren (ebd. S. 177); (2) Jugendliche, die nicht genug Einsatz und Flexibilität zeigen und „gar nicht arbeiten wollen“ (ebd. S. 179.223); (3) soziale Brennpunkte mit vielen Migranten (ebd. S. 187-188); (4) andere Städte des Ruhrgebiets[49].

3. **Suche nach Vertrautem:** Mitten in den tief greifenden Veränderungen ihrer Stadt halten die Menschen sich an das Beständige, an die Familie (ebd. S. 173-174) oder an das noch als „dörflich“ empfundene Leben im eigenen Stadtteil (ebd. S. 187). Nostalgisch wird beklagt, was verloren gegangen ist: „Und da gab es in den fünfziger Jahren unheimlich viele Gemeinsamkeiten. Und das ist in positiver Erinnerung. Das ist irgendwann einmal verlorengegangen [...] Wir saßen alle in den Gärten. Einer hatte einen Fernseher im Hause. Und da guckte dann die ganze Nachbarschaft“ (ebd. S. 178). „Es ist nicht mehr mein Osterfeld“ (ebd. S. 179). „Irgendwie hat Oberhausen seinen kleinen Charakter verloren“ (ebd. S. 216). Man freut sich, wenn die alten industriellen Bauten in das Neue einbezogen werden und dadurch eine gewisse Kontinuität gewahrt bleibt[50] und wirft Ausländern vor, dass sie sich nicht assimilieren (ebd. S. 181-183).
4. **Fehlende Zukunftsorientierung:** Kaum einer der Interviewten spricht über die eigenen Zukunftsaussichten – und wenn, dann nur auf Nachfrage (ebd. S. 230-232.272-275). Die Zukunft ist nicht mehr verlässlich oder planbar, deshalb kann man sich nicht hoffnungsvoll an ihr ausrichten. So bleiben nur die Gegenwart und die Vergangenheit, die man als „gute alte Zeit“ verklärt.
5. **Ambivalenz:** Man kann sich keinen klaren Reim mehr auf sein Umfeld machen. Die Welt hat ihre Eindeutigkeit verloren, jedem Vorteil wohnt ein Nachteil inne: „Auch wenn Teile der Bewohnerschaft das CentrO nicht oder nur in geringem Umfang nutzen, schreiben sie ihm hohe symbolische Bedeutung zu. Man ist schon ein bisschen stolz darauf, dass Oberhausen jetzt sogar im Ausland bekannt ist und Menschen von auswärts zum Einkaufen nach Oberhausen kommen [...] Gleichzeitig wird der verstärkte Zustrom auswärtiger Gäste aber auch zumindest teilweise als ‚Überfremdung‘ und ‚Bruch‘ der Stadtatmosphäre empfunden“ (Harth u. a. 2010:79).

Urbane Mission ist nicht der geeignete Kontext für sozialromantische Vorstellungen. Nicht nur in Oberhausen, sondern auch in vielen anderen Orten treffen wir auf Menschen, die ähnlich geprägt sind. Wir finden bei ihnen soziale Verbitterung, besonders wenn sie zu den Verlierern der postmodernen Stadt gehören. Sie versuchen, ihren eigenen Wert zu sichern, indem sie auf andere mit Vorurteilen und Abgrenzungen reagie-

49 „Ich finde es bedeutend angenehmer hier zu leben als in Mülheim“ (ebd. S. 191). „Aber ich meine, Oberhausen ist jetzt berühmter als Essen. Darauf bin ich ganz stolz!“ (ebd. S. 244).
50 „Ich finde diese Verknüpfung von alt und neu gut. Dass im Gasometer Ausstellungen sind“ (ebd. S. 282).

ren. Sie sind verunsichert und hängen am Alten, um sich einen Rest von Vertrautem zu bewahren. Sie sind nicht für Zukunftsvisionen zu begeistern und wittern auch bei den allerbesten Vorhaben einen Haken. Mit solchen Leuten möchte Gott seine Absichten in der Stadt verwirklichen. Es kann nicht falsch sein, sie zu mögen. Vielleicht finden wir sie in unserer eigenen Gemeinde. Dann kann es eine spannende Aufgabe sein (die durchaus auch scheitern kann), die Gemeinde für mehr urbane Mission zu erwärmen und sie zur Öffnung gegenüber Fremdem und Neuem zu bewegen.

5.4 Mehr Haushalte, weniger Familien

Wir haben uns bei der Betrachtung der Umgestaltung Oberhausens bisher weitgehend auf die wirtschaftlichen Aspekte (und ihre Bedeutung für die Bewohner) konzentriert. In Oberhausen sind jedoch auch die weiteren Bereiche städtischer Restrukturierung zu finden, die in der Einführung vorgestellt wurden (→ Kap. 1.1.2). Die Bevölkerung verändert sich. Oberhausen gehört zu den schrumpfenden Städten: Von 1963 bis 2013 sank die Einwohnerzahl von 260.570 auf 210.354 (Stadt Oberhausen 2014a:30). Im Rahmen des *demografischen Wandels* stieg von 1965 bis 2013 das Durchschnittsalter von 35 auf 45 Jahre (Stadt Oberhausen 2014b:4), zukünftige Probleme zeichnen sich ab. Es gibt die Mischung unterschiedlicher Haushalts- und Lebensformen, wie sie für die postmoderne Stadt typisch ist.

Das für Familien zuständige „Dezernat 3" identifiziert im Einwohnermelderegister „12 Typen von Privathaushalten", darunter sechs unterschiedliche „Familienhaushalte".[51] Dabei wird noch gar nicht berücksichtigt, wie diese Haushalte zustande gekommen sind, ob es sich bei den Kindern in den Familien zum Beispiel um gemeinsame Kinder oder Kinder aus früheren Beziehungen handelt. Die Konsequenz ist eine pragmatische Definition von Familie: „Privater Haushalt an einer Adresse mit mindestens einer volljährigen Person (Bezugsperson) und einer minderjährigen Person (Kind)" (Stadt Oberhausen 2014c:3).

Oberhausen ist keine Familienstadt mehr: Die so definierten Familien machen nur noch ein Fünftel aller Haushalte aus[52], nur noch ein Drittel der Bewohner gehört zu ihnen (ebd. S. 5). 1970 stellten Familien mit minderjährigen Kindern noch zwei Fünftel aller Haushalte, mehr als die Hälfte der Oberhausener lebte in ihnen (Statistisches Landesamt Nordrhein-Westfalen 1973:24-25.48). Doch ihr Anteil ist seit vielen Jahren rückläufig, dieser Trend wird sich in den nächsten Jahren vermutlich fortsetzen (Stadt

51 Die sechs Familienhaushalte sind: (1) Ehepaar, mindestens ein Kind, keine weitere Person; (2) Ehepaar, mindestens ein Kind, mindestens eine weitere Person; (3) Paar in nichtehelicher Gemeinschaft, mindestens ein Kind, keine weitere Person; (4) Paar in nichtehelicher Gemeinschaft, mindestens ein Kind, mindestens eine weitere Person; (5) Bezugsperson ohne ehelichen oder nichtehelichen Partner, mindestens ein Kind, keine weitere Person; (6) Bezugsperson ohne ehelichen oder nichtehelichen Partner, mindestens ein Kind, mindestens eine weitere Person (Stadt Oberhausen 2014c:2).

52 Den größten Anteil aller Haushalte bilden die Einpersonenhaushalte (41,6 %), den zweitgrößten die Ehepaare ohne Kind (29,9 %), hierzu gehören allerdings auch Haushalte mit erwachsenen Kindern. Nur noch 19,6 % sind Familienhaushalte (ebd. S. 4).

Oberhausen 2014c:6-7). Unter den Familienhaushalten machen Haushalte mit Alleinerziehenden inzwischen mehr als ein Viertel aus (ebd. S. 4). Für sie und für viele andere Familien besteht ein „hoher (v. a. zeitlicher) Unterstützungsbedarf" (ebd. S. 20). Das sind Rahmenbedingungen urbaner Mission. Eine Fixierung auf die heile Kleinfamilie macht eine Gemeinde nicht unbedingt tauglich für die postmoderne Stadt.

5.5 Neues Leben für die alte Mitte

Auch die (soziale) Landkarte Oberhausens hat sich verändert. Hinzugekommen ist die „Neue Mitte" um das CentrO. Aber wie hat sich die alte Mitte entwickelt? Dort liegt das Haus der freikirchlichen Christus Gemeinde.[53] Diese Gemeinde hat in den vergangenen Jahrzehnten miterlebt, wie ihr Umfeld sozial abgestiegen ist. In der letzten Zeit ist sie in ihm zu einem Zeichen der Hoffnung geworden. Aber beginnen wir mit dem Niedergang.

Roswitha Weber ist Mitglied der Gemeinde und lebt seit 1957 in Oberhausen. Auf meine Frage, was für sie die markantesten Veränderungen in der Stadt sind, antwortete sie:

> Das CentrO hat Oberhausen schwer verändert. Früher spielte sich das Leben in unserer schönen Marktstraße ab. Da waren die ganzen Geschäfte. Die sind aber immer weniger geworden, wir haben hier kaum noch welche. Die Oberhausener lieben das CentrO nicht. Die Leute, die von überallher kommen, bis aus Holland, die finden das CentrO wunderschön. Wir gehen lieber in die normalen Geschäfte, die wir früher auch hatten. Woolworth hat zugemacht, unser Markt ist viel weniger geworden, keine Fischstation mehr, nur noch ein Obsthändler und eine Eierfrau. Unsere Innenstadt ist nicht mehr so schön, wie sie einmal war.

Das Ehepaar Weber war von der Deindustrialisierung Oberhausens und den Arbeitsplatzverlusten nicht persönlich betroffen, aber sie beklagen den Verfall ihres einst blühenden Stadtteils, in dem heute „tote Hose" herrscht. Das CentrO mögen sie nicht. Diese Distanz zur Neuen Mitte ist mir mehrfach begegnet. Vom Stolz auf die damals noch neue Attraktion, auf den Gerald Wood vor über zehn Jahren stieß, habe ich nicht mehr viel bemerkt. Das CentrO ist kein Oberhausen-, sondern ein Ruhrgebietszentrum. In der Stadt ist es eher ein Fremdkörper und es hat den Einzelhandel in der alten Mitte ausgeblutet.

Der Abstieg, den Roswitha Weber beschreibt, hat nicht nur in den Schaufenstern stattgefunden. In den 1960er-Jahren konnte Oberhausen stolz auf seine Altstadt sein:

53 Die Beobachtungen und Bewertungen dieses Abschnitts stammen aus Interviews mit Gemeindemitgliedern bei einem Besuch im April 2015.

> Die Altstadt ist das Hauptgeschäftsviertel Oberhausens, das sich um die Marktstraße gruppiert [...] Heute dürfen wir mit Befriedigung feststellen, daß unsere Marktstraße mit ihren Geschäften und Kaufhäusern [nach dem Krieg] schöner, neuzeitlicher und großstädtischer wiedererstanden ist. (Seipp 1964:462)

Heute ist die Altstadt ein sozialer Brennpunkt, mit einem hohen Anteil an Arbeitslosen, Hartz-IV-Empfängern, Alleinerziehenden und Migranten. Matthias Bothe, Pastor der Christus Gemeinde, vergleicht sie mit anderen Stadtteilen: „Wenn man durch die Marktstraße in Alt-Oberhausen geht, das ist so das Ärmliche. Ich nehme hier mehr Schwere wahr.“

Auch geistlich ist die Altstadt benachteiligt. Wie für postmoderne Städte typisch, sind die meisten starken Gemeinden da, wo es den Leuten besser geht, und sie erreichen auch vor allem diese Leute. In Oberhausen ist das der Norden der Stadt. Dort gibt es mehr Einfamilienhäuser und mehr Leute aus der Mittelschicht mit guter Arbeit. Und dort befindet sich die Mehrheit der lebendigen Gemeinden. Der Süden ist nicht nur sozial, sondern auch geistlich schlechter dran. In Brennpunkten liegen die Gebäude freikirchlicher Gemeinden meist nur dann, wenn sie in besseren Zeiten dort gebaut wurden. Die Mehrzahl ihrer Leute kommt am Sonntag aus anderen Teilen der Stadt. So war es auch in der Christus Gemeinde. Die Leute aus dem Norden prägten sie. „Früher war die Gemeinde eine typisch deutsche Gemeinde“, sagt Matthias Bothe, „Mittelstand, ordentliche Arbeit – das hat dominiert.“

Erschwert wird die Situation dadurch, dass es kaum eine gemeinsame lokale Identität gibt. „Im Ruhrgebiet definieren sich wenige Leute über ihre Städte, die ein Produkt aus zusammengewürfelten Dörfern oder Kleinstädten sind. Sie definieren sich entweder über ihren Stadtteil oder über das Ruhrgebiet als Ganzes.“ Horst Börger, ebenfalls Gemeindemitglied, lebt in dritter Generation im Stadtteil Alstaden. Als erstes erzählt er mir: „Wir sind eigentlich gar keine Oberhausener. Früher gehörten wir zu Mülheim, eine Zeitlang waren wir selbständig, vor ungefähr 100 Jahren sind wir eingemeindet worden.“ Mehrfach lässt er durchblicken, dass die Alstadener sich damit immer noch nicht ausgesöhnt haben: „Die Alstadener waren nie begeistert, nach Oberhausen zu kommen.“ In einer solchen Stadt fühlen sich die Bewohner der übrigen Stadtteile nicht automatisch mit der alten Mitte verbunden und solidarisch. Wenn der Osterfelder dorthin fährt, fährt er „nach Oberhausen“, egal ob zum Einkaufen oder zur Gemeinde.

Doch die Leute der Christus Gemeinde haben in letzter Zeit bewusst ihren Fokus auf die alte Innenstadt gerichtet, dorthin, wo die sozial Schwächeren und die Migranten leben und wo ihr Gemeindehaus steht. Das beginnt sich auszuwirken: Jetzt kommen immer mehr Leute nicht mit dem Auto. Die Gemeinde wächst und sie wächst vor allem durch Leute aus dem Umfeld, die zu Fuß kommen. Viele von ihnen sind Arbeitslose und Hartz-IV-Empfänger. Unter den neuen Leuten sind auch Migranten, die mehr kulturelle und sprachliche Vielfalt in die Gemeinde bringen.

Wie hat die Gemeinde sich auf ihr Umfeld eingestellt? Drei wichtige Schwerpunkte sind zu nennen.

1. **Soziales Engagement:** Zurzeit gibt es Deutschkurse für Migranten, eine Kleiderkammer, einen Self-Repair-Dienst, Beratung und Hilfe bei Formularen und Anträgen und ein kostenloses Café. Die Gemeinde hat ausprobiert, was gut angenommen wird, und festgestellt, dass besonders die Sprachkurse regen Zuspruch finden. Neben Deutschkenntnissen geht es bei ihnen auch um den Austausch über die unterschiedlichen Kulturen.
2. **Evangelistische Erneuerung:** Noch vor einiger Zeit war die Gemeinde recht isoliert im Stadtteil. Symbolisch dafür war ihr Gebäude: nett, aber im Hinterhof gebaut; von der Straße zu sehen, aber nicht einzusehen. Und so wurde die Gemeinde wahrgenommen. Jeder wusste, es gibt sie, aber die Leute kannten sie nicht. Deshalb geht es bei Evangelisation nicht zuerst um Programme, sondern um Öffnung. Im Schaukasten an der Straße laufen auf einem Monitor Fotos durch, die zeigen, wie es innen aussieht. Durch bauliche Veränderungen am Haus soll der Einblick von außen ermöglicht werden: Durchsichtige Fenster sollen die bisherigen Glasbausteine ersetzen, der Eingangsbereich soll so verändert werden, dass man von der Straße reingucken kann. „Unser Problem ist: Wie kommen Leute hier rein? Wenn sie erst einmal hier sind, fühlen sie sich wohl und merken: Hier ist es gut“, sagt Matthias Bothe. Ähnlich „eingeschlossen“ wie das Haus waren die Gemeindeleute. Durch Open-Air-Veranstaltungen wird auch hier ein Mentalitätswandel gefördert. Inzwischen beginnt die Erneuerung zu greifen: In der Gemeinde kommen wieder vermehrt Leute zum Glauben und lassen sich taufen.

Abbildung 5.2: Das Gemeindehaus der Christus Gemeinde Oberhausen vor dem Umbau

3. **Milieuübergreifende Gemeinschaft:** Die Gemeinde ist bunt und vielfältig geworden. Man begegnet Alt und Jung, Mittelschicht und sozial Schwächeren, Herkunftsdeutschen und Migranten, Mandolinenchor und Rap. Zum internationalen Charakter tragen vor allem Tamilen, Afrikaner und Chinesen bei. Sie werden bewusst sichtbar gemacht und einbezogen. Neue Leute machen Musik, gestalten den Gottesdienst, moderieren und verkündigen. Das neu eingeführte Kollektenlied im Gottesdienst ist Ausdruck der Anerkennung von Vielfalt. Es wird abwechselnd von Vertretern der verschiedenen Generationen und Kulturen vorgetragen, mit entsprechendem Stilreichtum. Bei der anstehenden Neubesetzung der Gemeindeleitung soll die entstandene Heterogenität sich auch in ihr abbilden. Um zu einem beziehungsmäßigen Miteinander zu kommen, ist das Kaffeetrinken nach dem Gottesdienst sehr wichtig. Dort sitzen Leute aus den unterschiedlichen Gruppen gemeinsam am Tisch und begegnen sich.

Abbildung 5.3: Eine Gemeinde ist bunt geworden

Natürlich bleiben auch Veränderungsschmerzen nicht aus. Anfänglich fielen Sätze wie: „Das ist nicht mehr unsere Gemeinde." Aber es ist gelungen, alle auf den neuen Weg mitzunehmen. Die Herkunftsdeutschen werden immer offenherziger, weil sie merken, dass ihnen nichts weggenommen wird, sondern sie immer noch wichtig sind. Die Gemeinde wird auf eine Weise inklusiv, wie die postmoderne Stadt es unbedingt braucht.

Der schwierigste Schritt einer solchen Transformation der Gemeinde ist der erste. Wie ist er in der Christus Gemeinde Oberhausen gelungen? Einen großen Anteil hat Matthias Bothe, der 2014 Pastor wurde. Er ist jemand, der Menschen begeistern kann, der einfach spricht, ohne platt zu sein, und der durch seine zugewandte und öffnende Art Gemeinschaft stiftet. Die Migranten mögen das, die sozial Schwachen brauchen das und den Anderen tut es auch gut. Matthias Bothe verbindet seine leidenschaftliche Spiritualität mit einem pragmatischen und differenzierten Blick für die Verhältnisse und Bedürfnisse seiner Umgebung. Er bezeichnet sich selbst als „nüchternen Pfingstler". Ich höre nicht oft von jemandem an einem Tag so viele „Hallelujas" wie von ihm, ich höre aber auch nicht oft von jemandem an einem Tag so viele kluge Analysen über eine Stadt und eine Region wie von ihm. Mit seiner Mentalität, seinem Temperament und seiner Spiritualität ist er ein Glücksfall für die Gemeinde und für das Umfeld.

Nicht immer wird sich so viel in einer Person vereinigen. Andere Gemeinden, die einen ähnlichen Weg suchen, sollten eher danach streben, die notwendigen sozialen Kompetenzen und geistlichen Gaben in einem Team zu vereinen. Das wird auch für die Christus Gemeinde von Bedeutung sein. Die Veränderung darf nicht vom Pastor abhängig bleiben. Gegenwärtig ist es noch so, dass durch einen Wechsel die Flut wieder zur Ebbe werden könnte. Veränderungen müssen in der Leitung, im Programm und in der DNA der Gemeinde so institutionalisiert werden, dass sie nachhaltig sind.

Auf einem solchen Weg der Veränderung spielen immer auch kleine „zufällige" Ereignisse eine Rolle. Das erste afrikanische Ehepaar tauchte genau zu dem Zeitpunkt in der Gemeinde auf, als Matthias Bothe sich als Kandidat vorstellte. Sie mochten den neuen Mann und blieben, andere folgten. Es gibt immer Umstände, die wir nicht inszenieren können. An solchen Führungen wird deutlich, warum wir die urbane Mission als *Missio Dei* bezeichnen. Sie ist Gottes Werk und er weiß, wie er „Zufälle" einfädelt.

FAZIT

- Veränderungen in Wirtschaft, Lebensformen und räumlicher Verteilung führen zu einer Umgestaltung von Städten.
- Restrukturierung der Wirtschaft: Um den Folgen der Deindustrialisierung zu begegnen, investieren viele Städte in konsum- und freizeitorientierte Dienstleistungen.
  - Durch die Arbeit am eigenen Image wollen sie für eine zahlungskräftige Bevölkerung attraktiv sein / werden.
  - Die neu entstehenden Arbeitsplätze können jedoch in der Regel die verlorenen Industriearbeitsplätze an Zahl und Entlohnungshöhe nicht ersetzen.
  - Die Veränderungen prägen das Denken und Fühlen der Menschen, die nicht selten sozial verbittert werden.
- Restrukturierung von Lebensformen: Familien werden weniger und unterschiedlicher.
  - Eine Fixierung auf die heile Kleinfamilie macht eine Gemeinde nicht unbedingt tauglich für die postmoderne Stadt.

- Restrukturierung der räumlichen Verteilung: Die (soziale) Landkarte verändert sich.
- Viele Gemeinden finden sich in einer völlig veränderten Nachbarschaft wieder.
    - Durch soziales Engagement, Öffnung in den Stadtteil und milieuübergreifende Gemeinschaft können gerade Gemeinden, deren Nachbarschaften sozial abgestiegen sind, zu einem Zeichen der Hoffnung werden.

- Wie stellt sich Ihre Stadt nach außen dar? Welches Image gibt sie sich? Deckt sich diese Darstellung mit der Wahrnehmung ihrer Bewohner?
- Welche Haushalts- und Lebensformen sind in Ihrer Gemeinde / Initiative besonders vertreten? Welche haben es schwer?
- Wie hat sich Ihr Stadtteil in den letzten Jahrzehnten verändert? Woran zeigt sich das? Welche Gefühle erzeugt dies bei den Bewohnern?

- Gregor Betz, Ronald Hitzler und Michaela Pfadenhauer (Hg.): Urbane Events (Betz, Hitzler & Pfadenhauer 2011). *Neben Großprojekten wie dem CentrO setzen Städte auf Mega-Events, um sich durch inszenierte Erlebnisse aufzuwerten.*
- Tobias Faix und Johannes Reimer (Hg.): Tat.Ort.Glaube. (Faix & Reimer 2013). *Nicht nur die Stadt wird restrukturiert, sondern auch die Kirche und die urbane Mission. Dieses Buch stellt viele Praxisprojekte vor, in denen neue Wege in die Stadt gegangen werden.*

In der fragmentierten postmodernen Stadt geschieht Transformation auf verschiedenen Ebenen. Ich erläutere diese und stelle einige Personentypen vor, die auf den jeweiligen Ebenen eine wichtige Rolle spielen.

6. Zwischen Yuppies und Autonomen

Die fragmentierte Stadt

Familie P. lebt in Berlin. Der Vater Michael ist in der Werbebranche tätig. 2009 ist er mit seiner Familie in ein Townhouse an der Nahtstelle der Berliner Stadtteile Friedrichshain und Prenzlauer Berg gezogen. Auf der früheren Brache „Alter Schlachthof" sind in den letzten Jahren viele solcher innerstädtischen Reihenhäuser gebaut worden. Von der Aussicht auf das zukünftige Domizil begeistert, begleitete Michael P. die Errichtung auf seinem Blog „Townhouse Chronicles" (www.townhouse-berlin.blogspot.de). Dort konnte man verfolgen, wie das neue Heim Gestalt annahm: vom Acker über die Erdarbeiten, dem Roh- und Innenausbau bis zur Schlüsselübergabe. Während der Bauphase wurde ein Sohn geboren, erste Kontakte mit den neuen Nachbarn entstanden. Ein fröhliches „Es ist vollbracht!!!" begleitete die Hausübergabe, zu der Nachbarn online gratulierten. Bald danach endete der Blog am Heiligen Abend 2009 mit einem „Merry Christmas!".

Familie P. war nicht überall so willkommen wie bei den unmittelbaren Nachbarn. Ungewollt war sie in eine städtische Konfliktzone geraten. Ein Leser des Blogs schrieb in einem Kommentar: „Ich bin ja mal gespannt, wie das so alles werden wird und ob ihr ohne elektrozaun [Rechtschreibungen wie im Original], kamera wachschutz und vor allem ohne angst dort leben werdet können. Hab selber schon viel in fhain bezüglich gentrifizierung erlebt." Michael P. war zuversichtlich: „Gentrifizierung ist ganz sicher eine ernst zu nehmende Herausforderung für einen Stadtteil. Die wird aber weder durch Elektrozäune noch durch Farbbeutel zu lösen sein. Und am Ende trifft man sich dann doch im Blankensteinpark oder am Forckenbeckplatz und merkt, dass man irgendwie auch gut in soetwas wie friedlicher Koexistenz leben kann ..."

Ein anonymer Kommentator setzte die Diskussion fort: „Herzlich Willkommen in Berlin! Sie wünschen sich das Konzept der friedlichen Koexistenz. Leider muss ich Ihnen mitteilen, dass das so wahrscheinlich nicht funktionieren wird. Durch reiche Yuppies wie Sie steigen die Mieten und ärmere Menschen und Menschen mit alternativem Lebensstil werden verdrängt. Nichts mehr mit Koexistenz. Ghettos für Arme und für Reiche entstehen [...] Ich wünsche Ihnen noch viel Spass in Berlin, mit [...] dem täglichen Gefühl unerwünscht zu sein." Michael P. antwortete und warb um eine namentliche

Diskussion, wies darauf hin, dass durch einen Neubau auf einer Brache keine alten Mieter verdrängt würden, und gab seiner Befürchtung Ausdruck, dass solche heftigen Äußerungen den Graben zwischen Armen und Reichen nur vertieften. Aber es kam noch ärger. In einem weiteren Kommentar äußerte „yuppikilla“ seine Wut: „Mein Gott! Ihr Scheißyuppies baut jetzt also eure hirnlosen Familienställe in den Friedrichshain.“

Nicht weit vom Townhouse der Familie P. entfernt wohnen Friedrichshainer, die von Mietsteigerungen und Verdrängung betroffen sind, und andere, die sich zum Teil mit Farbbeuteln und Brandstiftung gegen den Zuzug Besserverdienender wehren. In nur 600 Metern Entfernung liegt die Liebigstraße 14, zum Zeitpunkt des Einzugs von Familie P. noch eine bekannte Adresse im „antikapitalistischen Häuserkampf“. Das Haus war lange besetzt und wurde 2011 auf Veranlassung eines neuen Investors geräumt. Michael P. spürte „böses Blut“. An seinem Haus kamen Leute vorbei, die ihrem Hund zuriefen: „Komm mal weg von diesen Scheiß-Yuppies mit ihren Schuhkartonhäusern!“ (Leber 2010).

Was bedeutet urbane Mission in einem derart polarisierten und fragmentierten Umfeld? Darum geht es in diesem Kapitel. Über *Fragmentierung* selbst ist nicht mehr viel zu schreiben. Wir sind ihr bei Gerdas Stadterkundung (→ Kap. 1) begegnet, die nur wenige Meter weiter gehen musste, um neuen Facetten ihrer Stadt zu begegnen. Wir haben sie aus dem Fenster des M29 gesehen, der fast von Haltestelle zu Haltestelle unterschiedliche soziale Biotope anfährt (→ Kap. 4). In Oberhausen definieren sich die Menschen nicht über ihre Stadt, sondern über ihren Ortsteil (→ Kap. 5). Auf dem Alten Schlachthof, wo Familie P. gebaut hat, ist ein neues Fragment Berlins entstanden. Wir könnten die Beispiele und die Analyse beliebig fortsetzen und immer mehr geografische und kulturelle Fragmente in der Stadt identifizieren, die einander teils freundlich gesonnen sind, teils nebeneinander existieren, teils miteinander streiten. Für ein grundsätzliches Verständnis der postmodernen Stadt – über das bereits in den vorhergehenden Kapiteln Gesagte hinaus – würde das nicht viel zusätzlichen Ertrag bringen.

Eine andere Frage verdient an dieser Stelle Beachtung: Wie kann solch eine Stadt transformiert werden? In diesem Buch verstehen wir unter Transformation einen Prozess, durch den Gottes Wirken in der Stadt so bemerkbar wird, dass nicht nur das Leben einzelner Menschen, sondern die gesellschaftlichen Verhältnisse insgesamt eine positive Veränderung erfahren (→ Kap. 32). Wie laufen Transformationsprozesse unter den Bedingungen städtischer Fragmentierung ab?

6.1 „Einheimische“ und „Missionare“

Die Transformation einer Stadt, die in viele kleine soziale Einheiten zerfällt, geschieht auf drei Ebenen. Auf der ersten Ebene geht es zunächst um die einzelnen dieser Fragmente. Sie sind überschaubar, Veränderungen sind leichter möglich. Wenn es in einem von ihnen positive Entwicklungen gibt, bleiben sie jedoch oft auf dieses Fragment begrenzt. Als vor einigen Jahren der Gottesdienstbesuch in den Kirchen des Prenzlauer

Bergs boomte (Heier 2007), blieben die Gotteshäuser in anderen Stadtteilen leer. Wenn es unter Sinti und Roma eine große Zahl an Bekehrungen gibt, können die Mitgliederzahlen einer Freikirche in ihrer Nähe weiter zurückgehen. Die soziale und kulturelle Distanz zwischen den Fragmenten der Stadt wirkt wie eine geistliche Brandschutzmauer. Das Feuer springt nicht über.

Andrea Haase ist Gemeindepädagogin in Gotha. Der Pfarrbezirk ihrer Kirchengemeinde besteht aus zwei völlig unterschiedlichen Lebenswelten – dem ehemaligen, 1922 eingemeindeten Dorf Siebleben und der Clara-Zetkin-Siedlung, einer Großwohnsiedlung aus der DDR-Zeit. Egal wie lebendig sich das Leben in der Kirche im „Dorf" gestaltete, die Platte blieb davon unberührt. Aber die Sieblebener ließen die Kirche nicht im Dorf. Andrea zog in die Platte, mit Unterstützung aus ihrer Gemeinde fing sie an, Beziehungen zu ihren neuen Nachbarn aufzubauen und Kirche vor Ort zu sein. Es begann mit einem monatlichen Angebot von Spiele- und Begegnungsnachmittagen für Kleine und Große auf dem Parkplatz eines Supermarkts. Seither ist die Präsenz der Kirche in der Clara-Zetkin-Straße gewachsen. In Räumen der Baugesellschaft Gotha finden regelmäßige Veranstaltungen wie der Kidsclub, ein Mutter-Kind-Treff, ein Gesprächskreis über Gott und die Welt und ein offener Treff für Kids und Teens statt. Das Leitungsteam vor Ort besteht inzwischen aus drei Familien, die ihr Leben miteinander teilen. Besonders erfreulich ist, dass die ersten ehrenamtlichen Mitarbeiter ohne kirchlichen Hintergrund aus der Siedlung selbst gewonnen werden konnten. Die Hauptsache sind nach wie vor die Beziehungen, die sich überall knüpfen und vertiefen lassen, vor dem Briefkasten, auf dem Spielplatz, an der Supermarktkasse. „Wir leben ‚einfach nur' mitten unter den Menschen", schreibt Andrea (Persönliche Mitteilung vom 09.03.2015).

ERFAHRUNGEN UND REFLEXIONEN

Andrea Haase über ihr Leben in der Clara-Zetkin-Siedlung:

Als ich beschloss in die Platte zu ziehen, erntete ich viel Unverständnis. „Was – du ziehst ins Ghetto?", war einer der Sprüche, der mich betroffen machte. Natürlich gibt es Dinge, die einem auch nach Jahren noch schwerfallen: die leeren Schnapsfläschchen und Zigarettenkippen, die man zahlreich auf den Wegen im Wohngebiet antrifft, dass der Nachbar sich wieder mal nicht an die Hausordnung hält, dass man durch die dünnen Betonwände das Fernsehprogramm des Nachbarn mithören kann und dass man beim Blick aus dem Fenster einfach nur auf den nächsten grauen Betonklotz schaut. Doch das anfängliche Gefühl, fremd zu sein, und der Eindruck, die Menschen in meiner neuen Nachbarschaft lebten alle anonym und zurückgezogen, haben sich verflüchtigt. Inzwischen bin ich hier einfach zu Hause. In unserer relativ kleinen Neubausiedlung kennt man sich im Laufe der Jahre doch zumindest vom Sehen und ein freundlicher Gruß kann auch das Gegenüber offener machen. Man merkt, es sind Menschen wie du und ich, auch wenn sich die Probleme hier vielleicht häufen. Wir kommen nicht als die Wohltäter oder die, die alles besser wissen und besser machen, sondern als Nachbarn, Bekannte und Freunde und versuchen, ein Stück von Jesu Liebe mit den Menschen zu teilen.

Transformation in Gotha und in anderen Städten ist möglich, wenn Christen im Dorf, in der Platte und in vielen anderen Nachbarschaften und Milieus leben, sich bewegen, mitmachen und dienen. Dafür müssen sie in einem dieser Fragmente „Einheimische" sein oder als „Missionare" in ihm heimisch werden. In der Einführung habe ich Charles Jencks zitiert: „In der Weltstadt der Zukunft gibt es nur noch Minderheiten" (Jencks 1993:7). In größeren Städten können wir nur noch in einem kleinen Segment unserer Stadt wirklich zu Hause sein und uns auskennen. Dort sehen die Menschen uns als ihresgleichen oder ihrer Lebenswelt zugehörig an. Dort können wir der „Sauerteig" des Reiches Gottes sein (Mt. 13,33; → Kap. 19). Dort beginnt Transformation.

Doug Hall, von dessen Buch „The Cat and the Toaster" schon die Rede war, kann auf einige Jahrzehnte urbaner Mission in Boston zurückschauen. Er berichtet von den ersten Erfahrungen und Beobachtungen, nachdem er und seine Frau 1964 dorthin gezogen waren. Eine Reihe von christlichen Werken arbeitete damals mit Kids, die einen großen Teil ihrer Zeit auf der Straße verbrachten. Ein bestimmter Kreislauf wiederholte sich: Immer dann, wenn es erste Erfolge gab, begannen die Jugendlichen, die Hingabe der Mitarbeiter zu „testen". Sie legten in den Jugendzentren ein zerstörerisches Verhalten an den Tag und nach höchstens zwei Jahren brach der Dienst zusammen.

Nur wenige Jugendarbeiter blieben von diesem Vandalismus verschont. Sie hatten zwei Dinge gemeinsam. Sie waren besser geschult und vorbereitet. Und sie begannen ihre Programme auf der Straße, im Revier der Jugendlichen, nicht im eigenen Gebäude. So wurden sie zuerst Teil der Gemeinschaft der Kids. Wenn sie dann später in geeignete Räume umzogen, war es das gemeinsame Jugendzentrum, das die Jugendlichen nicht zerstörten (Hall, Hall & Daman 2010:15-16). Zugehörigkeit war der Schlüssel und zugehörig sein kann man nur in einem oder wenigen städtischen Fragmenten.

Was ist unser Fragment der Stadt? Wovon sind wir ein Teil? Wohin sendet Gott uns? Die weiteren Kapitel des Buches werden uns helfen, diese Fragen zu beantworten. Unsere „Heimat" oder unser „Missionsgebiet" kann unterschiedlich aussehen und unterschiedlich groß sein. Manchmal ist es ein temporäres Revier, bedingt durch einen Lebensumstand oder eine Lebensphase. Eine junge Frau aus unserer Gemeinde wurde zur Schulsprecherin gewählt. Sie nahm sich vor, als Christin etwas gegen die negative Atmosphäre an ihrer Schule zu tun – mit Erfolg.

ERFAHRUNGEN UND REFLEXIONEN

Der Schulzusammenhalt war so stark wie noch nie
von Totinia Mateus

Abbildung 6.1: Totinia

Im Schuljahr 2012-2013 war ich Schulsprecherin des Hans-Carossa-Gymnasiums in Berlin-Kladow, dessen Schüler zu 70 bis 80 Prozent aus wohlhabenderen Elternhäusern kommen. Unter ihnen geht es hauptsächlich darum, sich selbst darzustellen, jeden neuen Trend mitzumachen und, wenn möglich, andere zu übertreffen – ein nicht endender Kreislauf der Selbstzentriertheit. Die Atmosphäre an der Schule war entsprechend aufgesetzt, man verglich sich ständig mit anderen. Ich habe auch gute Erinnerungen an Klassenzusammenhalt und gute Gemeinschaft, doch diese wurde oft von der anderen Realität überschattet.

Nach einem Auslandsschuljahr in Amerika kandidierte ich top motiviert mit meinem Stellvertreter für die Schulsprecherwahl mit der festen Überzeugung: Hier muss sich etwas verändern. Ich liebte diese Schule und wusste, dass Gott viel mehr sieht, als dass sich die Menschen nur im Kreis um sich selbst drehen und einander gegenüber ignorant sind. So fing es also an: mit der Entscheidung im Kopf, Veränderung sehen zu wollen, und mit der Gewissheit im Herzen, dass Gott diese Schule noch viel mehr liebt, als ich es jemals könnte. Der Winter kam und die Idee entstand, die Schule für die Aktion „Weihnachten im Schuhkarton" zu mobilisieren. Über 150 Kartons kamen zusammen. Doch das war erst der Anfang.

Wir konnten das Engagement der Schüler durch einige Projekte herauskitzeln und die Schule begann sich zu verändern: Gemeinsam an einem Strang ziehen und nicht für sich alleine leben wurde wichtiger. So stellten wir als Schülersprecherteam in Zusammenarbeit mit den Lehrern einen Charitylauf auf die Beine. Rückblickend war das ein Riesending. Schüler sowie einige Lehrer waren bereit, in 90 Minuten so viele Runden wie möglich zu laufen, um durch selbstorganisierte Spender unsere Partnerschule in Uganda zu unterstützen. Das war das Ziel: Zusammen etwas bewegen, miteinander und nicht gegeneinander! Ich war überwältigt, wie viele Schüler tatsächlich erschienen und wie viele nicht schon nach ihren 90 Minuten gingen. Sie blieben, ermutigten ihre Mitschüler, weiterzulaufen, und reichten ihnen Wasserflaschen und Snacks. Der Schulzusammenhalt war so stark wie noch nie.

Die Atmosphäre war nicht einfach nur verändert; sie wurde beeinflusst von einem großen Gott, der seinen Charakter offenbaren und sein Wesen mitteilen möchte, Einheit zu schaffen. Gott ist gut und es war für mich eine Ehre, mich von ihm gebrauchen zu lassen und zu sehen, dass mein Herzschlag für diese Schule mit seinem übereinstimmt und dass er mit der Bereitschaft einer Person eine ganze Schule auf den Kopf stellen kann.

In den meisten Fällen ist unsere missionarische Verortung von längerer Dauer. Sie kann sich auf ein größeres Wohnhaus, einen Verein, eine Szene oder einen Stadtteil beziehen. Einige meiner christlichen Bekannten wohnen in einem Townhouse-Gebiet, das dem von Familie P. ähnlich ist. Sie engagieren sich dort im Nachbarschaftsverein. Andere sind Freunde der yuppie-feindlichen Autonomen und Jesus ist durch sie auch dort präsent. (Es ist wohl offensichtlich, dass man sich diesen beiden urbanen Fragmenten zunächst nur getrennt zuwenden kann.)

Solche Beispiele zeigen, dass urbane Transformation nicht zuallererst durch gesamtstädtische Strategen geschieht, sondern durch Menschen, die sich mit Liebe einem konkreten Teil der Stadt zuwenden. Vielleicht sind sie auf eine sehr überschaubare Lebenswelt fokussiert. Das kann ein Vorteil sein, wenn sie das kleine Fragment, in dem sie zu Hause sind, als göttlichen Auftrag annehmen – es sei denn, dieses Fragment ist eine in sich geschlossene Gemeinde.

6.2 Brückenbauer und Grenzgänger

Auf der zweiten Ebene der urbanen Transformation geht es nicht mehr nur um einzelne Fragmente oder soziale Einheiten der Stadt, sondern um die Verbindung zwischen ihnen, besonders solchen, die sich fremd oder feindlich gegenüberstehen. Die folgenden Abschnitte zeigen, welche Auswirkungen es haben kann, wenn „grenzüberschreitende" Beziehungen entstehen.

6.2.1 Sozialer Zusammenhalt

„Angenommen, Sie hätten Ihre Geldbörse mit hundert Euro und Ihrem Personalausweis auf der Straße verloren, in der Sie wohnen: Wie wahrscheinlich wäre es, dass Sie diese mitsamt dem Geld zurückbekommen?" Solche Fragen stellen Stadtforscher einer Reihe von Bewohnern, wenn sie herausfinden wollen, wie groß das *soziale Vertrauen* in einem Wohnquartier ist (Gundelach & Freitag 2014:1241).[54] Dieses Vertrauen wiederum gilt als einer der Indikatoren für *soziale Kohäsion*. Damit ist die „besondere psychische oder freiwillige soziale Bindung" der Bewohner an ihr Wohngebiet gemeint sowie die „dadurch erreichte Festigkeit und Widerstandsfähigkeit [...] gegenüber destruktiven

54 Mögliche Antworten: „Auf keinen Fall"; „Wahrscheinlich nicht"; „Wahrscheinlich"; „Mit Sicherheit".

Fremdeinflüssen und Binnenstörungen“ (Hillmann 2007:429). Man könnte auch sagen: Die Leute lieben ihren Kiez und halten zusammen.

Andere Indikatoren für soziale Kohäsion sind gegenseitige Toleranz, Hilfsbereitschaft, ehrenamtliches Engagement, die Anerkennung gemeinsamer Verhaltensnormen oder enge soziale Beziehungen zwischen den Bewohnern. Leider gilt in vielen Fällen, dass sie durch ethnische Vielfalt in einem Wohngebiet geschwächt werden (Górny & Toruńczyk-Ruiz 2014:1000). Eine alte Theorie scheint sich zu bestätigen: „Die negative Beziehung zwischen ethnischer Diversität und sozialer Kohäsion kann [...] durch die Konflikttheorie erklärt werden, der zufolge die bloße Anwesenheit einer Fremdgruppe – in diesem Fall einer anderen ethnischen Gruppe – eine Bedrohung für die Mehrheitsgruppe darstellt, durch die Vorurteile gefördert und Spannungen zwischen den Gruppen wahrscheinlich werden“ (ebd. S. 1002).

In Konstanz wollten Forscher genauer wissen, wie die Beziehung zwischen sozialem Vertrauen und ethnischer Vielfalt aussieht (Gundelach & Freitag 2014). Konstanz ist eine Universitätsstadt mit ungefähr 80.000 Einwohnern. Zwölf Prozent sind Ausländer, fast ein Drittel aller Einwohner hat einen Migrationshintergrund. Die meisten Migranten kommen aus Ex-Jugoslawien, der Türkei und Italien. Ein Vorteil ist, dass Konstanz keine ernsthaften sozialen Problemgebiete hat. Wenn ethnische Vielfalt und Armut gemeinsam auftreten, lässt sich ihr jeweiliger Einfluss nur schwer auseinanderhalten. Was wurde in der Stadt am Bodensee herausgefunden?

Zunächst wurde Bürgern unterschiedlich gemischter Stadtteile die eingangs zitierte Frage nach der verlorenen Geldbörse gestellt. Dabei wurde grundsätzlich bestätigt, dass mit zunehmender ethnischer Vielfalt das soziale Vertrauen abnimmt. Dieser negative Effekt gilt allerdings nur für Einheimische, nicht für Migranten, deren Vertrauen ohnehin im Durchschnitt größer ist.[55] Anders ausgedrückt: Möglicherweise vertraut unser bosnischer Nachbar uns mehr und traut uns mehr Gutes zu als wir ihm. Es gibt jedoch zwei Gruppen von Einheimischen, bei denen der beschriebene negative Effekt ausbleibt bzw. abgeschwächt ist. Sie unterscheiden sich von anderen Einheimischen durch ihre Beziehungen zu Migranten.

Die Konstanzer Forscher ermittelten diese beiden Gruppen durch weitere Fragen. Zunächst sollten die Befragten bis zu acht Personen nennen, mit denen sie über persönliche Dinge sprechen, und außerdem angeben, wer die wichtigsten Personen sind, mit denen sie ihre Freizeit verbringen. Die Herkunft dieser Leute wurde ermittelt und so konnten die Forscher feststellen, wer Freunde aus anderen ethnischen Gruppen hat und wie viele es sind. Das Ergebnis: Wenn Einheimische Migranten als Freunde haben, vertrauen sie mehr. Ihr Vertrauen wird durch Vielfalt im Wohnumfeld nicht geschwächt, bei mehrfachen interethnischen Freundschaften nimmt es sogar zu. Bemerkenswert an diesem Ergebnis ist, dass die Vertrautheit mit wenigen Migranten auf die gesamte

55 Die Gründe für diese Unterschiede werden von Gundelach und Freitag ausführlich diskutiert.

Nachbarschaft übertragen wird. Wer mit wenigen Migranten befreundet ist, vertraut vielen. Wer Ahmet zum Freund hat, kann sich leichter vorstellen, dass Abdulmelik ihm seine verlorene Geldbörse zurückbringt.

Die zweite Gruppe besteht aus den Leuten, die zwar auch interethnische Beziehungen haben, aber weniger enge. Für die Ermittlung dieser Gruppe wurden Einheimische gefragt, ob sie in den letzten zwölf Monaten Migranten besucht hatten oder von ihnen besucht worden waren. Migranten wurde die umgekehrte Frage gestellt. Es zeigte sich, dass solche Bekanntschaften ausreichen, um den Vertrauensverlust Einheimischer in gemischten Wohngebieten zwar nicht aufzuheben, aber deutlich zu dämpfen.

Eine ähnliche Untersuchung wurde in sechs europäischen Großstädten durchgeführt (Górny & Toruńczyk-Ruiz 2014). Hier wurde allerdings nicht das soziale Vertrauen, sondern die emotionale Bindung an die eigene Nachbarschaft erforscht. Es ergab sich, dass zunehmende Vielfalt auch diesen Indikator für soziale Kohäsion abnehmen lässt. Aber auch hier spielen interethnische Beziehungen eine positive ausgleichende Rolle. Ausdrücklich wurde dabei festgestellt, dass es unerheblich ist, ob jemand seine Beziehungen innerhalb oder außerhalb der eigenen Wohnumgebung hat. Wer im Stadtteil A mit Bharat nach Feierabend Squash spielt oder in Stadtteil B mit Afson in einer Mutter-Kind-Gruppe ist, erlebt sein eigenes multikulturelles Wohngebiet C als angenehmer.

6.2.2 Transformative Beziehungen

Soziale Kohäsion ist ein Wert und Teilziel der urbanen Mission. Sie ist ein Gegenmittel gegen die schädlichen Auswirkungen der – in diesem Fall ethnischen – Fragmentierung der postmodernen Stadt. Je mehr positive Kontakte zwischen Angehörigen unterschiedlicher Fragmente entstehen, desto stärker wird die Kohäsion und desto förderlicher ist es für das soziale Klima.

Beziehungen über soziale und kulturelle Distanzen hinweg haben schon in sich eine transformative Wirkung. Engagierte aus der westlichen Kultur, die gern in Projekten und Kampagnen denken, müssen das wissen. Wo man „grenzüberschreitend" miteinander Kaffee und Tee trinkt, Freizeit verbringt und sich näher kennenlernt, geht allein davon eine heilsame Wirkung aus. Zuerst erfasst sie Einzelne, deren Vertrauen und Lebensqualität wächst. Wenn diese Einzelnen mehr werden – wir werden noch sehen, dass ihr Anteil gar nicht so hoch sein muss (→ Kap. 12.4) –, können sie die soziale Atmosphäre in ihrem Teil der Stadt positiv beeinflussen. Wo es auf der anderen Seite kaum zu absichtslosen Begegnungen kommt, haben absichtsvolle Projekte es schwer.

Deshalb üben beispielsweise multikulturelle Gemeinden allein durch ihre Existenz eine positive Wirkung aus. Ihre Mitglieder nehmen das Vertrauen und den Zusammenhalt, die sie in der Gemeinde erleben, mit in ihre Nachbarschaften. Ein Moscheebesuch (und die dort erlebte Gastfreundschaft) kann in Quartieren mit einem hohen Anteil an Muslimen die Furcht vor dem Islam mindern, die auch in christlichen Gemeinden zu finden ist. Noch besser ist es, wenn dieser Besuch durch eine Gegeneinladung erwidert wird. Am besten ist es, wenn es zu Freundschaften zwischen Christen und Muslimen kommt. *The Feast* ist dafür ein schönes Beispiel.

ERFAHRUNGEN UND REFLEXIONEN

Andrea Meyerhoff[56] über *The Feast*:

Vor einigen Jahren hörte ich von den Jugendlichen einer Gemeinde: „Wenn mir eine Gruppe Türken entgegenkommt, dann wechsle ich lieber die Straßenseite." Ganz so krass ist die Situation unter Jugendlichen in deutschen Städten nicht überall. Aber muslimische und christliche Jugendliche haben im Allgemeinen nicht viele positive Begegnungsebenen.

In Birmingham, wo die Idee von *The Feast* vor ungefähr 10 Jahren entstanden ist, sind die Lebenswelten beider Gruppen meist auch räumlich stark voneinander getrennt. Muslimische, meist pakistanische oder auch indische Menschen wohnen in anderen Stadtteilen als weiße Einheimische. Es gibt viel stärkere Segregationstendenzen. Durch konfessionelle Schulen (christliche und muslimische) werden diese Tendenzen noch verstärkt. In Deutschland erleben wir diese Segregation nur in einzelnen Stadtteilen. Jedoch gibt es in Kreuzberg und Neukölln Schulen, an denen keine ethnisch deutschen Kinder mehr zu finden sind.

Einige muslimische Vertreter wünschen sich sehr, dass ihre Jugendlichen Kontakt haben mit herkunftsdeutschen Jugendlichen. Da sie im Allgemeinen eine hohe Wertschätzung für bewusste Christen haben, ist es ihnen sehr lieb, wenn der Austausch sich auch mit Glaubensinhalten beschäftigt. *The Feast* möchte durch ein spannendes jugendspezifisches Programm Begegnung und möglichst auch langfristige Beziehungen fördern. Eine kleine Gruppe von jungen Christen und Muslimen wird eingeladen zu einem coolen Event, lernt sich kennen und wird dabei angeleitet, auch über ihren eigenen Glauben zu sprechen. Die Teilnehmer werden so ausgewählt, dass durch Hobbies, Wohnort oder Schule eine dauerhafte Freundschaft entstehen kann.

56 Andrea Meyerhoff hat The Feast in Birmingham kennengelernt und ist zurzeit dabei, dieses Projekt auch in Berlin zu etablieren.

Aus dem Mission Statement von *The Feast* (www.thefeast.org.uk): The Feast ist eine gemeinnützige christliche Initiative [...] zur Förderung sozialer Kohäsion zwischen jungen Christen und Muslimen.

Haleema Sadia, eine junge muslimische Teilnehmerin, erzählt: Ich ergriff die Gelegenheit, als ich von einem Workshop bei The Feast erfuhr, und nahm daran teil. Zu Beginn fühlte ich mich unter den vielen fremden Leuten sehr unsicher, aber ich überwand die Furcht, mischte mich unter sie und unterhielt mich offen mit ihnen über Religion und andere Themen.

Ich war vorher skeptisch, weil ich in jüngeren Jahren vielen rassistischen Beleidigungen ausgesetzt war. Das kam so regelmäßig vor, dass ich dachte, alle Christen wären gleich. The Feast zeigte mir, dass ich damit falsch lag. Total falsch. Ich lernte, dass Vorurteile ein typisches Zeichen von Unwissenheit sind, und konnte eigene Vorurteile überwinden. Überhaupt glaube ich, dass The Feast die Betonwände der Unwissenheit zwischen Muslimen und Christen niederreißt.

Durch die Teilnahme bei The Feast bin ich viel entschlossener geworden, öffentlich Position zu beziehen, vor allem gegen Rassismus. The Feast motiviert junge Leute wie mich, eine aktive und positive Kraft in unserem Umfeld zu sein. Mein Leben hat sich verändert, ich kann andere leichter annehmen und ihnen vergeben.

Das größte Vorbild ist in dieser Hinsicht Jesus selbst. In seiner Zeit gehörten religiöse Lehrer – er war einer von ihnen – und „Zöllner und Sünder" zu unterschiedlichen gesellschaftlichen Gruppen, zwischen denen es keine guten, aber viele schlechte Beziehungen gab. Jesus war die Ausnahme. Ein großer Teil seines Programms bestand darin, mit Menschen zu essen und zu trinken, darunter viele, mit denen seinesgleichen sonst nicht aß und trank. Er hetzte keineswegs von Predigt zu Predigt und von Wunder zu Wunder. Einen Workaholic des Reiches Gottes würde man nicht als „Fresser und Weinsäufer" (Lk. 7,34) bezeichnen. Seine Tischgemeinschaften waren transformativ und subversiv. Für die einen öffneten sich dadurch Räume der Gotteserfahrung, andere nahmen Anstoß und schlossen sich selbst aus diesen Räumen aus.

Essen und Trinken sind nicht durch Sympathie und gute Absichten zu ersetzen. Man kann es cool finden, in einer bunten Umgebung zu leben – einschließlich ihrer kulturellen und kulinarischen Angebote –, und dabei einen farblosen eigenen Bekannten- und Freundeskreis haben. Man kann sich gegen Diskriminierung stellen, ohne jemals die Nähe der Diskriminierten zu suchen. Auf der Verlautbarungsebene wird eine Stadt nicht transformiert.

In einer ähnlichen Gefahr stehen missional gesonnene christliche Vollzeitliche, wenn sie ständig auf Veranstaltungen zu missionalen Themen sind, mit anderen Christen missionale Ideen austauschen, missional inspirierende Blogs lesen, Artikel über die Notwendigkeit der missionalen Gemeinde schreiben und von der Kanzel eine missionale Reich-Gottes-Sicht predigen, ihre Bekannten und Freunde aber überwiegend andere missional gesonnene Christen sind. Solche missionalen Subkulturen sind kein großer Gewinn für die Stadt. An welchen Tischen sitzen wir? Wessen Geschichten hören wir? Wen laden wir zum Bier ein? Wer lädt uns zum Essen ein?

Der Tisch gehört ins Zentrum der urbanen Mission. Jesus war an dieser Stelle unverblümt. Einen vornehmen Gastgeber, von dem er selbst eingeladen worden war, hofierte er nicht, sondern gab ihm eine neue Lebensaufgabe mit: „Wenn du mittags oder abends ein Essen gibst, so lade nicht deine Freunde oder deine Brüder, deine Verwandten oder reichen Nachbarn ein; sonst laden auch sie dich ein, und damit ist dir wieder alles vergolten. Nein, wenn du ein Essen gibst, dann lade Arme, Krüppel, Lahme und Blinde [also Menschen, die sonst wenig zu feiern haben oder von deiner Schicht nicht eingeladen werden; Anmerkung von mir] ein. Du wirst selig sein, denn sie können es dir nicht vergelten; es wird dir vergolten werden bei der Auferstehung der Gerechten" (Lk. 14,12-14). Nicht viele Christen glauben das. Nicht viele tun es. Wer sich auf Geburtstagsfeiern umschaut, weiß, wovon ich rede. (Vielleicht ist jetzt zunächst etwas anderes dran, als dieses Buch weiterzulesen.)

6.2.3 Der *Marginal Man*

Auf dieser zweiten Ebene der urbanen Transformation sind zwei Personengruppen von Bedeutung. Die erste besteht aus Brückenbauern. Zu ihnen gehören die, die in den eben zitierten Studien positiv aufgefallen sind. Sie haben oft nicht nur selbst Beziehungen zu Leuten außerhalb ihres eigenen Milieus, sondern sie bringen Leute aus verschiedenen Fragmenten zusammen. Diese letzte Fähigkeit macht sie für urbane Mission so bedeutsam: Sie können Lotsen derer sein, die allein nur schwer den Weg in einen fremden Hafen finden. Im Kapitel über Netzwerke (→ Kap. 31) werden wir uns mit dem Persönlichkeitstyp des Brückenbauers näher vertraut machen.

Die zweite Personengruppe sind „Grenzgänger", Menschen, die auf beiden Seiten einer Grenze zu Hause sind und sich hüben wie drüben auskennen. In der Soziologie bezeichnet man sie als *marginal man* oder als „Randpersönlichkeiten" (Hillmann 2007:723-724). Entwickelt wurde dieses Konzept von dem Amerikaner Robert Park (Park 1928) im Zusammenhang mit Einwanderern: „Die Figur des marginal man beschreibt eine Person im Übergang von der Herkunfts- in die Aufnahmekultur, die ihre Verbindungen zur alten Gesellschaftsform noch nicht vollkommen abgebrochen hat, die aber nur teilweise von ihrem neuen sozialen Umfeld akzeptiert wird" (Farwick 2009:28).

Später wurde dieses Konzept verallgemeinert: Eine Randpersönlichkeit liegt vor, „wenn eine Person gleichzeitig mehreren Gruppen angehört, zwischen diesen Gruppen aber große Wert- und Normendifferenzen bestehen" (Hillmann 2007:723) und diese Differenzen die Person in eine gewisse Spannung bringen. Der *marginal man* lebt „in zwei Kulturen, die nicht nur unterschiedlich sind, sondern einen Gegensatz bilden" (Park in Stonequist 1961:xv). Wer Graffiti sprüht und gleichzeitig zur Veganer-Szene gehört, qualifiziert sich noch nicht zum *marginal man*, wohl aber der, der gleichzeitig Fanclubs von Schalke 04 und Borussia Dortmund[57] angehören möchte (wobei er in diesem Fall die Möglichkeiten des *marginal man* wohl überreizen würde).

Zum *marginal man* kann man auf verschiedene Weise werden: durch Migration (der „Engländer in New York"[58]), durch Bildung (vom Arbeiterkind zum Bildungsbürger), durch Heirat („Adliger freit Bürgerstochter"), durch Glück oder Erfolg (die oft karikierte Figur des Neureichen), durch Bekehrung (christlicher Konvertit islamischer Herkunft[59]) oder durch Geburt (Migranten der zweiten Generation oder Kinder aus bikulturellen Ehen).

Uns interessiert der *marginal man*, weil er besondere Potenziale besitzt, die er oft mit besonderen Schwierigkeiten bezahlen muss. Auf der einen Seite erlebt er innere Konflikte[60] und „Unsicherheit in Bezug auf seine soziale Identität" (Dickie-Clark 1998:13). Wenn es zwischen den Gruppen ein Macht- oder Statusgefälle gibt, leidet er in der überlegenen Gruppe an Unterlegenheits- oder Unsicherheitsgefühlen (Stonequist 1961:148). Er ist widersprüchlichen Rollenerwartungen ausgesetzt – die Herkunftskultur erwartet Festhalten an der Tradition, die Aufnahmekultur Anpassung. Die gegenseitigen Vorurteile beider Gruppen treffen ihn. In Deutschland ist er „der Türke", in der Türkei „der Deutsche".[61]

Auf der anderen Seite hat er oft einen „weiteren Horizont" (Park in Stonequist 1961:xvii). Was andere für normal und selbstverständlich halten, ist es für ihn nicht.

57 Die Rivalität der Fans beider Vereine ist ausgesprochen hoch.

58 Sting besingt diese Situation in einem Lied: „I don´t drink coffee, I take tea, my dear. / I like my toast done on one side. / And you can hear it in my accent when I talk. / I´m an Englishman in New York."

59 In einem Interview mit Gene Daniels beschreibt ein solcher Konvertit – Abu Jaz – die anfängliche Spannung zwischen seinem Glauben an Isa (Jesus) und seiner Verwurzelung in der islamischen Kultur. Später fand er eine integrierte Identität als „Jesusmuslim", der Isa in Formen islamischer Kultur nachfolgt und verkündigt (Daniels 2013). Abu Jaz ist gutes Beispiel für die Schwierigkeiten und Möglichkeiten des marginal man, die ich gleich beschreiben werde.

60 „Der Konflikt der Kulturen findet im Kopf und in der Seele jedes Immigranten statt" (Siebel 1999:90).

61 Der deutsche Fußballnationalspieler Mesut Özil (geboren in Gelsenkirchen) beklagte sich vor seinem 63. Länderspiel, dass er immer noch als „Deutsch-Türke" bezeichnet wird (Rumpf 2015).

Er weiß, dass man die Dinge auch ganz anders sehen kann, und wird deshalb nicht so leicht ein Opfer des bereits beschriebenen *Ethnozentrismus*, für den die Kultur der eigenen Gruppe der Maßstab für den Rest der Welt ist. „Da der Fremde zwei Kulturen angehört", ohne in beiden ganz integriert zu sein, besitzt er „eine besondere Freiheit und Objektivität, wie sie den Künstler und den Wissenschaftler, den Erfinder und den Unternehmer auszeichnen" (Siebel 1999:85). „*Bahnbrechende* [Hervorhebung im Original] Entdeckungen und Erfindungen [wurden] von Außenseitern gemacht" (Lindner 1990:212).

Gleichzeitig ist der *marginal man* „für die Rolle des Mittlers und Interpreten prädestiniert" (ebd. S. 204). Er ist Übersetzer – im buchstäblichen Sinn, wenn die türkische Mama ihren hier geborenen Sohn als Dolmetscher mit zum Arzt nimmt, und im übertragenen Sinn, wenn er Kulturen einander erklären und zwischen ihnen vermitteln kann. In einer fragmentierten Stadt kann der *marginal man* Menschen aus verschiedenen Fragmenten gleichzeitig verstehen, durchschauen und miteinander verbinden.

In der urbanen Mission sollten wir auf solche Leute und ihr Potenzial achten. Sie sind nämlich auch in unseren Kreisen häufig zu finden. Auf zwei Gruppen möchte ich besonders hinweisen. Die erste besteht aus christlichen Migranten der zweiten Generation. Ihre Eltern haben sich vielleicht noch aus sprachlichen Gründen und um sich ein Stück Heimat zu bewahren in ihre Migrationskirchen zurückgezogen. Aber die Kinder sind hier aufgewachsen, zweisprachig und „zweiheimisch"[62]. Sie durchleben die Konflikte des *marginal man* und erwerben sich dadurch seine Fähigkeiten. Ein heutiges Beispiel dafür ist Joshua Lupemba (→ Box). Ein neutestamentliches Beispiel sind die Hellenisten in Jerusalem (Apg. 6,1), ohne die man sich den Schritt der ersten Gemeinde in die Weltmission kaum vorstellen kann. Ihr Vorbild ist so bedeutend und so instruktiv, dass ich ihnen einen auf dieses Kapitel folgenden Exkurs widme.

Die andere Gruppe sind Christen, die nicht nur in ihrer Gemeinde, sondern auch in anderen Milieus verwurzelt sind und intensive Beziehungen leben. Man findet sie unter Künstlern, in Sportvereinen, in politischen Bewegungen, in Hilfsorganisation und in Jugendszenen. Auch sie können die Spannungen des *marginal man* erleiden. Ihre säkularen Freunde finden vielleicht ihren Glauben oder ihre kirchliche Bindung seltsam. Ihre Gemeinde zeigt wenig Verständnis oder Wertschätzung für ihr außergemeindliches Engagement. Auf einer christlichen Freizeit begegnete ich einem 71-jährigen Mann, der sich schon lange an kommunalen Initiativen beteiligt. Ich war der erste Christ, der ihm jemals gesagt hat, dass das, was er macht, gut ist. Solche Grenzgänger brauchen wir. Sie können uns mit anderen Milieus verbinden und diese Milieus mit dem Glauben. Sie sind unsere Vorposten in Bereichen, in die viele von uns nicht hineinkommen. Wir sollten das nicht als ihre Privatsache ansehen, sondern sie segnen und senden.

---

62 So heißt ein Buchtitel (Spohn 2006).

ERFAHRUNGEN UND REFLEXIONEN

Joshua Lupemba

Abbildung 6.2: Joshua

Joshua wuchs in unterschiedlichen ethnischen, kulturellen, sozialen und religiösen Welten auf. Seine Mutter stammt aus Ghana, sein Vater aus dem Kongo. Vier Monate nach seiner Geburt trennten sich die Eltern, Joshua wuchs mit einer älteren Schwester bei seiner alleinerziehenden Mutter auf, die er als sein „größtes Vorbild" bezeichnet. Sie prägte ihn durch ihre praktische Nächstenliebe und durch die christliche Weite, in die sie ihn einführte.

Ende der 1970er- und Anfang der 1980er-Jahre kamen viele Flüchtlinge nach Berlin. Joshuas Mutter nahm einige von ihnen in die Wohnung auf, bis ihr selbst gekündigt wurde. Bei der evangelischen Landeskirche fand sie Unterstützung, eine Kirche wurde ihr für die Flüchtlingshilfe zur Verfügung gestellt. Dort kochte sie für Hunderte von Leuten und half ihnen auch sonst. Sie hat ein Herz für ausgegrenzte Menschen, zum Beispiel psychisch Kranke oder Obdachlose: „Sie hat immer jemandem geholfen, ständig wohnten Leute bei mir im Zimmer."

Ihr Engagement brachte Joshua mit vielen christlichen Milieus in Verbindung. Seine Mutter ist gelernte Friseurin und schnitt Pfarrern die Haare. So kam Joshua in die Pfarrhäuser, freundete sich mit den Pfarrerskindern an und lernte die *evangelischen Kirchengemeinden* kennen. Als Ende der 1980er- und Anfang der 1990er-Jahre in Berlin die ersten afrikanischen Kirchen entstanden, war Joshuas Mutter für die

Landeskirche die Auskunftsstelle, um Referenzen einzuholen, wenn diese und andere Migrationskirchen Gottesdienste in Kirchengebäuden feiern wollten. Wenn es Konflikte gab, übernahm sie die Mediation. So bekam Joshua Beziehungen zu vielen *Migrationskirchen.*

Zum Gottesdienst gingen sie in die *pfingstkirchliche Volksmission*, deren Kinderdienst und Freizeiten seine spirituelle Identität bis heute prägen. Seine Mutter wurde später Pastorin einer afrikanischen Gemeinde. Hier lernte Joshua das verbindliche Leben einer kleinen intergenerationellen Gemeinde kennen. Durch ihre Mitgliedschaft im *Ökumenischen Rat* weitete das Spektrum sich erneut. Joshua erinnert sich an den Weihrauchgeruch in orthodoxen Kirchen und viele neue Eindrücke.

Trotz eines knappen Budgets machte seine Mutter es möglich, dass sie viel reisten: durch Europa, aber auch nach Ghana. Seit Joshua acht oder neun Jahre alt war, flogen sie alle zwei Jahre in das Heimatland der Mutter und unterstützten kleine *Dorfgemeinden* in entlegenen Landesteilen, zu denen sie abenteuerliche Wege im Busch zurücklegen mussten. Dort erlebte Joshua, wie Gott in originären stammeskulturellen Formen angebetet wurde. Er zieht Bilanz: „Ich habe als Missionarskind – denn so sehe ich mich – einen weiten Blick auf Gemeinden, Kirchen und Kulturkreise bekommen und gelernt, wie man in ihnen kommuniziert und worauf man Rücksicht nehmen muss. Ich habe die Vielfalt schätzen gelernt, denn Gottes Fülle wird nur in der Vielfalt sichtbar."

Joshua lernte nicht nur die bunte christliche Welt kennen. Er wuchs in einem Kiez in Schöneberg auf, in dem es viele Migranten gab und viele Kinder in benachteiligten Familien lebten, ressourcenarm und „bildungsfern". Mit seiner dunklen Haut fiel er dort nicht besonders auf. Alle lebten zusammen und „bei Freunden sieht man die Hautfarbe nicht". Diskriminierung war nicht das Problem, aber in diesem Milieu musste man sich durchsetzen können. Joshua erzählt: „Von der Grundschule an musste ich mich beweisen, um wahrgenommen und nicht untergebuttert zu werden."

Der ständige Wechsel zwischen dem christlichen und dem schulischen Milieu war für ihn weniger schwierig. Joshua empfand seinen christlichen Hintergrund sogar als Vorteil: „In einer Klasse, in der die Mehrheit Muslime sind, wird eine christliche Identität respektiert, weil du einen Glauben hast. Herkunftsdeutsche ohne Religion hatten es viel schwerer. Sie waren ohne Gott und deshalb ohne Ehre, ohne Würde, ohne Identität – ein Niemand. Der Glaube machte es leichter, egal ob man Christ, Moslem, Hindu oder Buddhist war."

Rassismus erlebte Joshua erst später. Er spielte Fußball als Leistungssport und war mit seinem Verein zum Trainingslager in Schwerin. Dort traten sie gegen eine Mannschaft aus der Region an, die von rechtsradikalen Fans unterstützt wurde. Joshua war Linksaußen. Am Seitenrand standen Hooligans mit Pitbulls, hielten ihm Bananen hin und beschimpften ihn. Doch er konnte damit umgehen: „Ich konnte differenzieren, dass das nur eine Gruppierung war. Ich hatte nie das Gefühl: Die Deutschen sind so. Mir war immer klar, es gibt Gruppen, die aus bestimmten Gründen diese Sichtweise haben, das spiegelt aber nicht die Gesellschaft wider."

Er empfindet, dass diese Differenzierung ihm geholfen hat. Er hat keine Bitterkeit und sagt: „Wer hinter jeder Ecke Rassismus sieht, schränkt seine Möglichkeiten ein. Ich habe Diskriminierung und Rassismus immer als Defizit derjenigen Person wahrgenommen, die sie ausübt. Deshalb konnte ich in Bereiche vorstoßen, in die viele meiner Freunde nicht hineinkamen, weil sie nicht darüber hinwegsehen konnten. Ich habe früh verstanden, wie Stereotype entstehen. Wenn eine Oma sich in der U-Bahn nicht neben mich gesetzt hat, wusste ich, dass sie möglicherweise im Fernsehen Afrikaner oft in einem negativen Zusammenhang gesehen hat. Es kam vor, dass eine ältere Frau mich als ‚Neger' ansprach, und ich dachte mir, dass sie aus der Vorkriegszeit geprägt ist und es nicht besser weiß. Ich heiße so etwas nicht gut, aber ich differenziere und ordne es der einen Person zu. Ich habe Leuten, die mich am Anfang diskriminierend behandelt haben, die Chance gegeben, mich näher kennenzulernen, und zum Teil sind sie enge Freunde geworden."

Diese Erfahrungen haben Joshua zu einem engagierten *marginal man* gemacht. Er kennt die Weite der christlichen Szene und will neben seiner eigenen Gemeinde immer auch dem ganzen Leib Christi dienen. Er hat in viele gesellschaftliche Bereiche Einblick bekommen, nicht nur in die prekäre Welt, sondern er kennt Profi-Fußballer und Leute aus der Medienwelt. Deshalb will er sich immer auch gesellschaftlich engagieren. Ein Schwerpunkt ist, dass er jungen Leuten wie seinen ehemaligen Mitschülern helfen will, ihre Chancen im Leben zu erkennen und zu nutzen. Ein Hauptschullehrer hatte ihnen unverblümt erzählt: „Ihr müsst Realisten sein und die Realität ist, dass ihr alle höchstwahrscheinlich Hartz IV bekommt. Darauf muss ich euch vorbereiten." Joshua hat erlebt, dass auch bei einer solchen Schullaufbahn mehr geht. Zwei Faktoren sind für ihn besonders wichtig: Mentoring und die Erlaubnis zu träumen. Seit er 15 war, hatte er immer Menschen, die ihn begleiteten, die er anrufen und treffen konnte, die ihn ermutigten und korrigierten, die ihn auf seine Talente hinwiesen und ihm zeigten, wie er diese Talente entwickeln konnte. Er ist überzeugt, dass jeder Mensch ein besonderes Potenzial hat, und er möchte dazu beitragen, dass auch andere aus ihren Talenten etwas machen können. Dafür müssen sie zuerst träumen dürfen. „Uns wurde verboten zu träumen. Unser Lehrer hat es uns verboten. Ich kenne viele Kids, die noch nie in ihrem Leben geträumt haben. Ich möchte mit ihnen ins Traumland gehen und dann an den Punkt zurück, wo sie jetzt stehen, und von diesem Punkt aus ihnen bei den nächsten Schritten helfen."

Joshua spürt auch die Berufung des Brückenbauers, für die der *marginal man* wie geschaffen ist. Ein Beispiel ist die Bewegung „Typisch Deutsch". Auf der Webseite des gleichnamigen Vereins (www.typischdeutsch.de), den Joshua zusammen mit Freunden gründete, liest man: „Unsere Eltern sind aus Ghana, Türkei, Iran, Korea, Syrien, Libanon, Afghanistan, Italien, USA, Ost- & West-Deutschland. DOCH WIR SIND TYPISCH DEUTSCH." Ihr Anliegen erklären sie so: „Wir sind eine bunte Gemeinschaft, die multikulturell, multiethnisch und multireligiös ist, wir bringen Alt- und Neudeutsche zusammen und lehnen den Begriff ‚Integration' völlig ab. Das, was gemeinhin als ‚typisch deutsch' bezeichnet wird, bedarf einer neuen Definition. In Deutschland existieren Sprache, Religion, Ethnie oder Kultur in verschiedenen Ausführungen und wir schätzen diese Pluralität – sie birgt viele Chancen und ist für uns ‚typisch deutsch'. Wir respektieren alle in Deutschland lebenden Menschen – so, wie sie sind [...] Wir wollen Gesellschaft gemeinsam gestalten."

6.3 Netzwerker und Unterstützer

Auf der ersten Ebene der urbanen Transformation macht das Reich Gottes sich in einzelnen Fragmenten der Stadt bemerkbar. „Einheimische" und „Missionare" sind treibende Kräfte. Auf der zweiten Ebene geht es um Verbindung, Solidarität oder auch Versöhnung zwischen verschiedenen Fragmenten. Brückenbauer und Grenzgänger haben hier ihren Platz. Hinzu kommt eine dritte Ebene. Auch eine fragmentierte Stadt bleibt ein Ganzes und die vielen kleineren lokalen Transformationsprozesse sollen sich auf die gesamte Stadt auswirken. Die Christen der Stadt, die sich an vielen Stellen engagieren, sind der *eine* Leib Christi in ihrem Ort und ihr dezentraler Einsatz ist Teil der übergreifenden *Missio Dei*. Diese Einheit in Vielfalt ist nicht vorrangig eine organisierte, die durch zusätzliche Mammutprojekte und Megaevents viel Zeit, Kraft und Geld verschlingt. Sie geschieht ständig und organisch, weil der Geist Gottes viele Initiativen an vielen Stellen der Stadt zu einem göttlichen Gesamtgeschehen verbindet. Dazu gebraucht er Menschen mit gesamtstädtischen Berufungen. Zwei von ihnen scheinen mir besonders wichtig zu sein.

1. **Missionarische Netzwerker:** Sie haben Beziehungen zu Engagierten in vielen unterschiedlichen Bereichen der Stadt. Sie verbinden Initiativen miteinander und fördern gegenseitige Ermutigung und den Austausch von Ressourcen. Sie helfen Christen mit gemeinsamen Anliegen, sich gegenseitig über die Grenzen von Stadtteilen, Konfessionen, Generationen, Kulturen und Ethnien hinweg zu ent-

decken und zusammenzufinden. Durch sie werden getrennte Dienste zu einem gemeinsamen Ganzen verbunden.

2. **Missionarische Unterstützer:** Sie halten Ausschau danach, was Gott in der Stadt tut, und helfen den Menschen, die er dabei gebraucht. Ihr Einsatz hat keine eigene Agenda, sondern sie dienen der Agenda anderer und tragen dazu bei, dass diese ihre Berufung für die Stadt verwirklichen können. Sie tun das, indem sie beraten, begleiten, lehren und auf andere Weise fördern. Durch sie sind die einzelnen Dienste in der Stadt nicht auf sich allein gestellt.

Über dieses Verständnis von Einheit und solche Berufungen gibt es so viel zu schreiben, dass ihnen das Kapitel 31 gehört.

6.4 Versöhnung in Spandau

Kehren wir noch einmal zurück zu Familie P. in ihrem Townhouse auf dem Alten Schlachthof. Gibt es Hoffnung auf Gemeinschaft und Versöhnung zwischen ihr und ihren feindseligen Nachbarn? Können Yuppies und Autonome Freunde werden? Vielleicht können wir uns noch nicht vorstellen, wie das geschehen kann.

Ich möchte von einer anderen Situation erzählen, die ähnlich verfahren war und sich in Spandau, einem anderen Bezirk Berlins, abgespielt hat. Die Spandauer Neustadt ist eines der benachteiligten Quartiere in Berlin. Im Januar 2007 kam es zu Konflikten und die Jugendgewalt drohte zu eskalieren. Es herrschte Feindseligkeit zwischen verschiedenen Gruppen von Jugendlichen und zwischen den Jugendlichen und der Polizei. Der soziale Friede war gefährdet.

Ein muslimischer Politiker aus Spandau ergriff die Initiative. Raed Saleh ist ein typischer *marginal man*. Er ist in Palästina geboren und kam als Kind nach Deutschland. Hier hat er erfolgreich seinen Weg gemacht. Er ist ein beziehungsstarker, verbindender und auf soziale Versöhnung ausgerichteter Mensch. Saleh brachte „VertreterInnen der Spandauer Polizei, lokal ansässiger Migrantenvereine, der Kirchen und Moscheen sowie viele andere Multiplikatoren zusammen“ (Saleh 2011:208). Bald wurde klar, dass mehr gefragt war als einer der üblichen „Dialoge“. Und so kam man zu dem Ergebnis: „Weg von den ewig runden Tischen, hin zur eigentlichen Arbeit, das heißt, Begegnung schaffen“ (Interview vom 18.10.2009). Es entstand die Initiative „Stark ohne Gewalt“. Unter anderem gab es die folgenden beiden Aktionen: (1) Polizisten trainierten gemeinsam mit Jugendlichen für das Olympische Sportabzeichen. (2) Seit April 2007 gingen „PolizistInnen mit vier Jugendlichen (zwei mit und zwei ohne Migrationshintergrund) regelmäßig auf *Kiezstreife*. Damit werden gleich zwei Ziele verfolgt: Zum einen soll die Distanz zwischen der Polizei und den Jugendlichen abgebaut werden; die Jugendlichen und die Polizei gehen aufeinander zu und können sich besser ihre Bedürfnisse, Sorgen und Nöte mitteilen. Zum anderen wird damit deutlich, dass sich die BürgerInnen vor Ort gegen gewalttätige Auseinandersetzungen aussprechen. Am wichtigsten ist jedoch, dass wir bei den so genannten Kiezstreifen feststellen konnten, dass in den jeweiligen Kiezen – die vom ‚Stark ohne Gewalt'-Team an den Wochenenden von 18.00 bis 24.00 Uhr besucht werden – Begegnungen zwischen deren BewohnerInnen geschaffen werden. Dies sorgt für den Abbau von Vorurteilen und stärkt das Selbstwertgefühl der Menschen sowie die Identifikation mit dem eigenen Kiez" (Saleh 2011:209).

Andere Aktivitäten folgten. Die Situation änderte sich. „Es herrscht in Spandau seitdem ein neues Klima, ein Klima des Vertrauens" (Interview vom 18.10.2009). Im Oktober 2009 habe ich Raed Saleh und Jörg Gerasch, Pastor der Josuagemeinde (meiner Gemeinde) und ebenfalls in der Initiative „Stark ohne Gewalt" aktiv, interviewt. Ich stellte ihnen unter anderem die Frage: „Was waren für euch beide besondere Highlights auf dem bisherigen Weg, Situationen, die euch besonders gefreut haben, die euch besonders bewegt haben, wo für euch besonders deutlich geworden ist: Hier funktioniert etwas, das wir uns erhofft haben?"

Raed Saleh antwortete: „Eine Sache, die mir gezeigt hat, dass wir auf dem richtigen Weg sind, war, als wir in den Gemeinderäumen der Josuagemeinde die Jahresfeier von Stark ohne Gewalt hatten. Im Publikum waren sehr viele Moslems. Die Kirche, die normalerweise für sie fremd war und die sie sonst nicht betreten hätten, wurde durch diese Feier ein Stück weit eine Art Heimat für diese Leute [...] Juden, Christen und Moslems saßen gemeinsam im Saal der Josuagemeinde [...] in den ersten Reihen auch Imame der benachbarten Moscheen [...] Das war für mich ein Moment, wo ich mir gesagt habe: Es funktioniert. Man kann Vertrauen säen und am Ende sozialen Frieden ernten."

Jörg Gerasch ergänzte: „Man kann an einigen Stellen wahrnehmen, dass sich die Atmosphäre verändert hat. Das ist etwas, was mich sehr berührt [...] Die Polizei traut sich wieder in die Neustadt, ohne auf den zweiten Funkwagen zu warten. Die Polizisten gehen zu Fuß hindurch, sie werden auf der Straße begrüßt. Daran sehen wir, dass sich tatsächlich etwas verändert hat [...] Über das Projekt sind eine Reihe von Türen aufgegangen, *von denen ich keine Vorstellung gehabt hätte, wie das geschehen könnte* [Hervorhebung von mir] [...] Plötzlich ist Gemeinde ein Ort, wo man sich begegnet und wo man feststellt, wir wollen miteinander Verantwortung wahrnehmen für das, was in unserem Bezirk oder in unserer Stadt passiert."

Auch das, was wir uns nicht vorstellen können, ist möglich, wenn die richtigen Leute zur richtigen Zeit an der richtigen Stelle die richtigen Ideen haben und das Richtige tun.

FAZIT

- Die postmoderne Stadt besteht aus geografischen und kulturellen Fragmenten, die kleine soziale Einheiten bilden.
- Transformation geschieht in solch einer Stadt auf drei Ebenen.
  - Erste Ebene: Das Reich Gottes macht sich in einzelnen Fragmenten der Stadt bemerkbar.

    - Transformation ist möglich, wenn Christen in diesen Fragmenten leben, mitmachen und dienen.
    - Dafür müssen sie „Einheimische“ sein oder als „Missionare“ in ihnen heimisch werden.
  - Zweite Ebene: Es kommt zu Verbindung, Solidarität und Versöhnung zwischen verschiedenen Fragmenten.
    - Je mehr positive Kontakte zwischen Angehörigen unterschiedlicher Fragmente entstehen, die sich sonst fremd oder feindlich gegenüberstehen, desto mehr wird der soziale Zusammenhalt erhöht und beziehungsbasierte Transformation ermöglicht.
    - Von besonderer Bedeutung sind Brückenbauer, die Menschen aus verschiedenen Fragmenten zusammenbringen, und Grenzgänger (*marginal man*), die in zwei gegensätzlichen Fragmenten zu Hause sind.
  - Dritte Ebene: Die lokalen Transformationsprozesse wirken sich auf die ganze Stadt aus.
    - Der Geist Gottes verbindet viele Initiativen an vielen Stellen der Stadt zu einem göttlichen Gesamtgeschehen.
    - Von Bedeutung sind dabei missionarische Netzwerker, die getrennte Dienste zu einem gemeinsamen Ganzen verbinden, und missionarische Unterstützer, die diejenigen begleiten und fördern, die Gott an den verschiedenen Stellen der Stadt gebraucht.

- In welchem Fragment / welchen Fragmenten der Stadt sind Sie Einheimischer?
- Aus welchen anderen Fragmenten kennen Sie Leute näher oder sind mit ihnen befreundet?
- Welche Personengruppen sind durch Zeitpunkt, Ort und Art der Treffen Ihrer Gemeinde / Initiative möglicherweise ausgeschlossen?

- Cornelia Spohn (Hg.): zweiheimisch. Bikulturell leben in Deutschland (Spohn 2006). *Die jungen Menschen, die in diesem Buch von ihrem Leben erzählen, lassen die Schwierigkeiten und die Potenziale der Bikulturalität erkennen.*
- Gene Daniels: Worshipping Jesus in the Mosque. What It's Like to Follow Christ Embedded in Muslim Culture. An Interview with a Muslim Follower of Isa (Daniels 2013). *Ein spannender Einblick in die kulturellen Konflikte eines Jesusnachfolgers in der muslimischen Kultur.*

Am Beispiel der ersten Gemeinde in Jerusalem zeige ich, wie wichtig der marginal man für die urbane Mission ist.

Exkurs 2: Von Jerusalem nach Antiochia

Ich möchte Sie noch mehr davon überzeugen, wie wichtig der *marginal man* für die urbane Mission und Transformation ist. Das Fallbeispiel dafür ist die erste Gemeinde in Jerusalem. Sie wird von Christen oft als „Urgemeinde" glorifiziert. Tatsächlich wäre sie in ihren Möglichkeiten begrenzt geblieben, wenn nicht Unterstützung „vom Rand her" gekommen wäre, ohne die der „hebräische" Kern der Gemeinde (Apg. 6,1) für die Mission im Römischen Reich kaum tauglich gewesen wäre.

Diese Kerngruppe war fest im traditionellen Judentum verankert. Das Gemeindeleben war um den Tempel (Apg. 2,46; 5,12) und die jüdischen Gebetszeiten (Apg. 3,1) organisiert. Koschere Küche und Beschneidung galten auch für Jesusnachfolger als verbindlich. So selbstverständlich war hebräischen Jüngern diese kulturelle Prägung, dass sie sich in typischem *Ethnozentrismus* nicht vorstellen konnten, der Glaube an Jesus als den Messias könne ohne dieses kulturelle Gesamtpaket zu den Heiden gelangen. Alle diesbezüglichen Andeutungen Jesu waren im toten Winkel seiner Jünger geblieben.

Einen Mann wie Jakobus, den Bruder Jesu, kann man sich nur schwer als Missionar in Antiochia vorstellen. Noch in einer Zeit, in der die Öffnung zu den „Heiden" bereits vollzogen war, ging von ihm und seinem Umfeld so viel kultureller Konformitätsdruck aus, dass selbst ein gestandener Apostel wie Petrus eingeschüchtert wurde und aus Furcht die Tischgemeinschaft mit antiochenischen Christen einstellte (Gal. 2,11-13). Zwar hatten Jakobus und seine Gefolgsleute den Kompromiss mitgetragen, dass gläubig gewordene Nichtjuden von den meisten Anforderungen des Gesetzes ausgenommen worden waren (Apg. 15,13-29). Umso strenger wachten sie aber darüber, dass kein jüdischer Gläubiger von ähnlicher Freiheit Gebrauch machte (Apg. 21,18-26). In Antiochia bedeutete das für Petrus: Sobald es zum Essen ging, „zog er sich von den Heiden zurück und trennte sich von ihnen" (Gal. 2,12). Wir erinnern uns – gemeinsame Mahlzeiten sind eine treibende Kraft der urbanen Mission. Eine Gemeinschaft, die so geprägt ist wie der hebräische Kern der Jerusalemer Gemeinde, braucht mehr als Missionsbefehl und Pfingsterfahrung, um tatsächlich den Weg zu den Heiden zu finden und zu gehen. Wir können uns inzwischen vorstellen, was diesen monokulturellen Leuten fehlte: der *marginal man.*

Zur Hilfe kamen „Hellenisten" (Apg. 6,1). Dieser Begriff bezeichnet Menschen, die (nur) Griechisch sprechen. Gemeint sind Juden, die in der Diaspora des Römischen Reiches aufgewachsen, aber inzwischen nach Jerusalem zurückgekehrt waren (Dunn 2009:246-251). Sie hatten eine doppelte Erfahrung der Marginalisierung hinter sich. Ihre Vorfahren waren in verschiedene Städte des Römischen Reiches ausgewandert.[63] Dort hatten sie als Minderheit in einer pluralistischen Gesellschaft gelebt. Was das bedeutete, kann man sich am Beispiel heutiger Migration verdeutlichen.

Yaşar Fuad[64] ist aus einem anatolischen Dorf in eine deutsche Großstadt gezogen. In seinem Heimatort lebte er als Muslim unter lauter Muslimen. Die Dorfgemeinschaft war gleichzeitig die islamische Gemeinde, deren Lebensrhythmus durch den religiösen Kalender bestimmt wurde. Gebetszeiten, Fastenmonat und Feste wurden gemeinsam eingehalten, oft ohne innere Teilnahme. Man ging zur Moschee, weil alle anderen auch gingen, sonst hätte man sich selbst ins Abseits gestellt.

Hier in Deutschland ist Yaşars Zugehörigkeit zur islamischen Gemeinschaft nicht mehr etwas, was ihn mit seiner gesamten Umgebung verbindet. „Während der heiligen Zeiten wandelt die Gesellschaft sich nicht mehr zur religiösen Gemeinschaft, man verlässt vielmehr die Gesellschaft, um in die religiöse Gemeinschaft zu gehen – sofern das überhaupt möglich ist, denn der Gegensatz zwischen säkularen und heiligen Zeiten wird jetzt durch die viel grundsätzlicheren Festlegungen von Arbeitszeit und Freizeit bestimmt. Für die eigene gesellschaftliche Position ist die Mitgliedschaft in der religiösen Gemeinschaft also unerheblich. Sie [...] wird zu einer Privatangelegenheit“ (Schiffauer 1988:150).

Als Folge gibt es nicht nur eine, sondern mehrere Optionen. Man findet unter den Migranten aus Yaşars Dorf große Unterschiede. Einige wählen die säkulare Option und vernachlässigen die religiösen Vorschriften in einem Umfang, der in der Heimat unvorstellbar gewesen wäre: „Er sagt: *Burası Almanya* – ‚Dies ist Deutschland‘ – und fastet nicht mehr und geht nicht mehr zur Moschee“ (ebd. S. 152). Yaşar hat die religiöse Option gewählt. Er ist als Muslim entschiedener, als er es in seinem Heimatdorf je gewesen wäre. In bewusster Opposition zu seiner neuen Umgebung hält er demonstrativ an den Vorschriften seiner Religion fest. Er kämpft um das Recht, an seinem Arbeitsplatz öffentlich beten zu können. Seine Kinder schickt er nicht in den Kindergarten, aus Furcht vor dem Einfluss der Erzieherin und einem möglichen Verzehr von unreiner Wurst. Auf seinen neunjährigen Sohn ist er stolz, weil dieser nicht mit deutschen Kindern spielt – „sie stinken nach Schweinefleisch“ (ebd.) – und im Hort bewusst eine religiös begründete Außenseiterposition einnimmt. Yaşar meidet den Kontakt mit „liberalen“ Muslimen, beispielsweise einem anderen Mann aus seinem Heimatdorf: „Er

63 Zur Entstehung der griechischen Diaspora trugen die Siedlungspolitik der jeweiligen Herrscher, die Anwerbung zum Militärdienst, Versklavung und freiwillige Auswanderung aus wirtschaftlichen und politischen Gründen bei (Koch 2013:115-116).

64 Über ihn (der Name wurde geändert) berichtet Werner Schiffauer in einem Buchbeitrag „Migration and Religiousness“ (Schiffauer 1988).

betet nicht, er fastet nicht. Warum sollte ich ihn besuchen?" (ebd. S. 151). Umso enger hält er sich an die islamistische Organisation, der er sich angeschlossen hat.

Solche Beispiele, die sich gut in unserer Nachbarschaft abspielen könnten, verdeutlichen uns die Situation der jüdischen Migranten in der Diaspora. Die religiösen Verhaltensweisen, durch die sie in Palästina der Gesellschaft zugehörig waren, machten sie in den Städten des Römischen Reiches zu Außenseitern. Viele von ihnen wählten ähnliche Optionen wie die Muslime aus Anatolien. Auf der einen Seite gab es die, die nur noch wenig oder keine Treue zu ihrer jüdischen Religion zeigten. Sie hatten viele Beziehungen zu Heiden und passten sich an ihre neue Umgebung an – bis hin zum Abfall von ihrem Glauben. Auf der anderen Seite gab es die, die jetzt erst recht mit ihrer Religion ernst machten. Sie hatten vermutlich nur wenige Beziehungen zu Heiden, blieben unter sich und stärkten ihre jüdische Identität (Zetterholm 2003:75-88).

Beide Gruppen versuchten auf unterschiedliche Art, ihre Probleme im neuen Umfeld zu lösen und ihr Leben an der Grenze zweier Kulturen zu bewältigen. Aber weder Anpassung noch Abgrenzung bringen das Potenzial des *marginal man* zum Tragen. Glücklicherweise gab es noch eine Gruppe unter den Diasporajuden, die einen dritten Weg fand. Diese Leute blieben dem Glauben ihrer Väter treu, fragten aber danach, welchen Ausdruck dieser Glaube in einem veränderten Kontext finden musste. Und – das ist hier entscheidend – sie verbanden diese kulturelle Transformation ihres Glaubens mit missionarischem Bemühen. „Das Judentum war die erste große missionarische Religion" (Stark 2006:5).

An dieser dritten Gruppe werden die Stärken des *marginal man* erkennbar. Er ist der Übersetzer zwischen Kulturen. Unter den Diasporajuden entstand die Septuaginta, die griechische Übersetzung des Alten Testaments, die zunächst sicher dem Eigenbedarf diente – viele ihrer Kinder sprachen nur noch Griechisch –, später aber von den Christen übernommen und zur Volksbibel des Römischen Reiches wurde. Die hellenistischen Juden fassten den Glauben in Begriffe, die den Griechen und Römern vertraut und zugänglich waren. Manche ihrer Bemühungen würden wir heute eher belächeln, so die *allegorische Bibelauslegung*, bei der jeder Stein in der Schrift zu einem Symbol und jede Person zur Verkörperung einer abstrakten Idee wurde. Aber hinter diesem Ansatz stand das Anliegen, die Großartigkeit ihres Gottes in den für Nichtjuden oft unzugänglichen Geschichten des Alten Testaments sichtbar werden zu lassen.

Diese randständigen Missionare hatten Erfolg. Der Gott der Juden wurde für viele Bewohner des Römischen Reiches attraktiv. Sie nahmen an den Synagogengottesdiensten teil und begannen, einzelne Vorschriften des Gesetzes zu beachten. Jedoch blieben viele heidnische Verehrer Jahwes auf halbem Wege stehen: Die Hürde, durch Beschneidung, ein Taufbad und ein Opfer im Tempel vollständig zum Judentum überzutreten und somit Teil einer anderen ethnischen Gemeinschaft zu werden (als *Proselyten*), war zu hoch. So wurden sie *Gottesfürchtige*, die Jahwe verehrten, sich aber nicht beschneiden ließen (Strecker 2009). Man kann schon ahnen: Sollte eine neue Bewegung auftauchen, durch die man den Gott Israels ohne zusätzliche ethnische und kulturelle Verpflichtungen annehmen konnte, hätte diese Bewegung gute Aussichten (Stark 2006:7-8).

Zur Zeit der ersten Gemeinde bestand die Bevölkerung Jerusalems zu einem nicht unerheblichen Teil aus Diasporajuden, die nach Palästina zurückgekehrt waren.[65] Hier machten sie zum zweiten Mal eine Marginalisierungserfahrung. In der Diaspora waren sie „die Juden" gewesen, in Jerusalem waren sie „die Griechen". Wer sich ihre Situation genauer vorstellen möchte, mag an Spätaussiedler denken. Das sind Deutsche, die Jahrzehnte oder Jahrhunderte in Gebieten der ehemaligen Sowjetunion gelebt und sich dort ihre deutsche Identität mehr oder weniger stark bewahrt haben. Als sie in den letzten Jahrzehnten zurück in das Land ihrer Vorfahren kamen, haben sie sich oft im eigenen Volk und auch in der eigenen Denomination fremd gefühlt. So haben sie sich in bestimmten Regionen gemeinsam angesiedelt und ihre eigenen Gemeinden gegründet. (Nebenbei: Ich kenne einige von ihnen, die mit der Rolle des *marginal man* konstruktiv umgegangen und wertvolle Initiatoren und Partner in der urbanen Mission und Transformation geworden sind.)

Eine ähnliche Erfahrung machten also die Hellenisten in Jerusalem. Schon aus sprachlichen Gründen hatten sie ihre eigenen Synagogen (Apg. 6,9)[66], in denen sie ihre eigenen Gottesdienste abhielten. Juden, die aus derselben Gegend des Römischen Reiches gekommen waren, bildeten dabei separate Gemeinschaften.[67] Daraus können wir schließen, dass sie in Jerusalem enge Beziehungen aufrecht erhielten und vermutlich in gemeinsamen Quartieren wohnten (Dunn 2009:252-253).

Auch aus diesem Teil der Jerusalemer Bevölkerung waren bereits viele an Jesus gläubig geworden, als es zu den Ereignissen kam, die uns jetzt beschäftigen werden. Die Hellenisten beschwerten sich, dass ihre Witwen bei der täglichen Armenfürsorge der Gemeinde „übersehen" wurden (Apg. 6,1). Das lässt sich nicht allein mit Arbeitsüberlastung der Apostel erklären. Wenn Benachteiligung nicht zufällig auftritt, sondern gezielt eine bestimmte Gruppe betrifft, dann gibt es strukturelle Gründe. Wie in der Stadt waren die Hellenisten auch in der Gemeinde eine Randgruppe. Wegen ihrer Sprache mussten sie eigene Gottesdienste feiern (Hengel 1975:176-177) und auch sonst wohnten sie für sich. Dass sie gegen die Hebräer „aufbegehrten" (der Begriff hat auch im Griechischen eine gewisse Schärfe), spricht dafür, dass sie diese Benachteiligung als Diskriminierung empfanden. Der *marginal man* hat es auch unter Gläubigen nicht immer leicht.

Es gab also Handlungsbedarf. Das Problem wurde angegangen und gelöst, indem

65 Nach inschriftlichen Funden lässt sich ihr Anteil an der Bevölkerung Jerusalems auf 8.000 bis 16.000 schätzen, bei einer Gesamtbevölkerung von 80.000 bis 100.000 (Hengel 1989:10).

66 Wie viele Synagogen sind in Apg. 6,9 gemeint? Neutestamentler geben unterschiedliche Antworten: eine, zwei, drei, vier, fünf oder mehrere. Zur Diskussion siehe Jeremias 1962:75-76; Neudorfer 1983:266-269; Dunn 2009:248. Zu rabbinischen Parallelen siehe Strack & Billerbeck 1924:661-665.

67 Apg. 6,9 erwähnt vier geografische Herkunftsbereiche (Zyrene, Alexandria, Zilizien und die Provinz Asien) und einen sozialen (die „Libertiner" sind Juden, die als Sklaven in die Diaspora kamen und dort freigelassen wurden; siehe Barrett 1994a:323-324).

eine Gruppe von sieben Hellenisten mit der Armenfürsorge betraut wurde, unter ihnen Stephanus.[68] Dieser Mann steht im Folgenden für einige Zeit im Mittelpunkt der Apostelgeschichte. Lukas betont seine Geistbegabung (Apg. 6,5), die „Wunder und großen Zeichen", die durch ihn geschahen (Apg. 6,8), und seine dialogische apologetische Verkündigung (Apg. 6,9-10). Sein Einsatz fand in den Quartieren der Hellenisten statt, wo er auf Leute aus ihrer Synagoge traf. Dort kam es zu einem folgenschweren Konflikt mit weitreichenden Auswirkungen auf die Mission. Stephanus wurde wegen Lästerung „gegen Mose und gegen Gott" (Apg. 6,11) angeklagt und gesteinigt (Apg. 7,54-60). Anschließend wurden die hellenistischen Jesusnachfolger aus Jerusalem vertrieben (Apg. 8,1).

Stephanus besaß als Hellenist und *marginal man* die Freiheit des Denkens, die diesem Personentyp oft eigen ist, und den weiten Horizont, der Dinge unvoreingenommener betrachten kann. Und so konnte er erkennen, dass die hebräisch-jüdische Kultur nicht das Lebenselement des Glaubens an Jesus, sondern eher sein Gefängnis war. Wir können seine Auffassungen indirekt der Anklage, die gegen ihn erhoben wurde, und direkt seiner Rede vor seinen Anklägern entnehmen.

Die Beschuldigung lautete: „Dieser Mensch hört nicht auf, gegen diesen heiligen Ort und das Gesetz zu reden. Wir haben ihn nämlich sagen hören: Dieser Jesus, der Nazoräer, wird diesen Ort zerstören und die Bräuche ändern, die uns Mose überliefert hat" (Apg. 6,13-14). Diese Vorwürfe kamen zwar von „falschen Zeugen" (Apg. 6,13), das bedeutet aber nicht, dass die behaupteten Äußerungen des Stephanus frei erfunden waren, sondern dass sie verzerrt oder übertrieben wiedergegeben wurden. Genaueren Aufschluss gibt uns seine Rede (Apg. 7,2-53).

Um sie richtig einzuordnen, sollten wir uns bewusst machen, dass viele der Rückkehrer aus der Diaspora zu den besonders religiösen Juden gehörten und „um des Tempels, des Gesetzes und der Heiligkeit des Landes willen" (Hengel 1975:189) nach Jerusalem zurückgekehrt waren, um dort ihren Lebensabend zu verbringen und in der Nähe des Tempels zu sterben und begraben zu werden (Schenke 1990:57). Genau diese drei Werte – Tempel, Gesetz und Heiligkeit des Landes – stellt Stephanus in Frage, eingehüllt in eine ausschweifende Darstellung der Geschichte Israels. Aber so redete man damals. Im Einzelnen geht er auf diese drei Werte wie folgt ein:

1. Wer Gott durch die Werke menschlicher Hände verehrt, verfehlt ihn. Zu den Sünden Israels gehörte, dass sie in der Wüste das Standbild eines Kalbes – ein „Werk ihrer Hände" (Apg. 7,41) – verehrten. Aber „von Menschenhand gemacht" war auch der Tempel und „der Höchste wohnt nicht in dem, was von Menschenhand gemacht ist" (Apg. 7,48; vgl. Dunn 2009:269-270). Diese Parallelsetzung von Goldenem Kalb und Tempel war in der Tat eine Provokation.

68 Ob es sich hierbei um die Einführung des Diakonats handelt oder ob die Sieben die Leiter des Griechisch sprechenden Zweigs der Gemeinde waren, ist für unsere Zwecke ohne Bedeutung. Ich gehe deshalb auf die diesbezügliche Diskussion nicht ein.

2. Dass jemand äußerlich nach dem Gesetz beschnitten ist, besagt gar nichts. „Ihr Halsstarrigen und Unbeschnittenen an Herz und Ohren!“ (Apg. 7,51; Elberfelder Übersetzung), so endet die Rede. Wir hören von ferne schon die Worte des Paulus: „Jude ist nicht, wer es nach außen hin ist, und Beschneidung ist nicht, was sichtbar am Fleisch geschieht, sondern Jude ist, wer es im Verborgenen ist, und Beschneidung ist, was am Herzen durch den Geist, nicht durch den Buchstaben geschieht“ (Röm. 2,28-29). „Denn es kommt nicht darauf an, ob einer beschnitten oder unbeschnitten ist, sondern darauf, dass er neue Schöpfung ist“ (Gal. 6,15).
3. Entscheidende Werke Gottes hatten außerhalb des Landes Israel stattgefunden. Unter anderem erwähnt Stephanus zwei Gotteserscheinungen: Gott erschien Abraham, „als er in Mesopotamien lebte“ (Apg. 7,2), und Gott erschien Mose „in der Wüste beim Berg Sinai“ (Apg. 7,30). Dort sagte er ihm: „Der Ort, wo du stehst, ist heiliger Boden“ (Apg. 7,33). Die Grenze Israels ist nicht die Grenze des Heiligen Landes. *Wo Gott ist, ist heiliger Boden, nicht da, wo sein Volk sich niedergelassen hat.*

Wer in diesem Milieu so redet, stirbt jung. Stephanus formulierte als erster in der jungen Gemeinde, dass der Tempel und die mosaischen Vorschriften ihre Bedeutung verlieren würden. Für diese Weitsicht bezahlte er mit seinem Leben.

In zweifacher Hinsicht bereitete Stephanus (und der Kreis um ihn) den Weg zur Weltmission. Er lieferte die gedankliche Vorarbeit, um den Glauben an Jesus aus der hebräisch-jüdischen Verengung zu befreien und so die rituellen und kulturellen Hürden zu entfernen, die für viele Bewohner der Römischen Reiches dem vollen Übertritt in das Gottesvolk entgegengestanden hatten. Und in seinem Umfeld formierte sich eine Bewegung von Jesusnachfolgern, die nicht so fest im Griff von Berührungsängsten gegenüber Nichtjuden war wie die Hebräer.

Dass Stephanus nicht der Einzige war, der so dachte, zeigen die weiteren Ereignisse. Es kam zu einer Verfolgung, denn die Gründe, um derentwillen man ihn gesteinigt hatte, trafen auch auf andere Hellenisten zu. „An jenem Tag brach eine schwere Verfolgung über die Kirche in Jerusalem herein. Alle wurden in die Gegenden von Judäa und Samarien zerstreut, mit Ausnahme der Apostel“ (Apg. 8,1), informiert uns Lukas. Die Formulierung „Alle [...] mit Ausnahme der Apostel“ wirkt zunächst seltsam. Welche Verfolger lassen die Leiter der verfolgten Gruppe unbehelligt? Verständlicher wird diese Aussage, wenn wir berücksichtigen, dass Lukas seine Informationen vermutlich einer „antiochenischen Quelle“ verdankt (Hengel 1975:156-157; Dunn 2009:242-245), also letztlich den Hellenisten. Mit meinen Worten bedeutet sie: „Wir, die hellenistischen Jesusnachfolger, wurden alle aus Jerusalem vertrieben. Die Apostel (und mit ihnen den hebräischen Teil der Gemeinde) ließ man in Ruhe, weil sie sich noch uneingeschränkt innerhalb der Grenzen des Judentums bewegten“ (Hengel 1984:65-66; Dunn 2009:274-278).

Die hellenistischen Jünger machten aus der Not eine Tugend. Die Diaspora hatte sie wieder und sofort fingen sie an, dort zu evangelisieren (Apg. 8,4). Zuerst geschah das innerhalb ihrer weiterhin bestehenden Netzwerke mit anderen Diasporajuden (Apg. 11,19). In Antiochia kam es dann zu einer „bahnbrechenden" Innovation, wie sie dem *marginal man* mehr als anderen zuzutrauen ist (Lindner 1990:212): Heiden können ohne Umweg über das Gesetz und ohne zusätzliche rituelle Verpflichtungen an Jesus gläubig werden und man kann mit ihnen Gemeinschaft haben (Apg. 11,20-21). Das war der logische Schlusspunkt der Entwicklung und gleichzeitig der Anfangspunkt der eigentlichen Weltmission. Hellenisten hatten den Anfang gemacht. Der *marginal man* hatte seine Möglichkeiten genutzt, seinen Weitblick und seine grenzüberschreitende Beziehungsfähigkeit. So sehen wir, dass wir in der urbanen Mission den *marginal man* brauchen, der die Spannung, in der er lebt, nicht durch Anpassung oder Abgrenzung auflöst, sondern sie aushält und die neuen Wege sucht und geht, die nur er finden kann.

Ein weiterer Punkt verdient eine kurze Erwähnung. Die Heidenmission in Antiochia war eine missionarische Neuerung, die sich auf einem besonders für traditionelles evangelikales Denken befremdlichen Weg durchsetzte. Am Anfang stand nicht die abgeklärte theologische Begründung, sondern die mutige Tat von nonkonformistischen Pionieren. Sie machten, was vor ihnen niemand gemacht hatte, und verkündigten das Evangelium den Griechen (Apg. 11,20-21). Der erste Schritt zur Akzeptanz dieser Innovation geschah durch Barnabas, der zur Inspektion aus Jerusalem geschickt wurde. Seine Bestätigung geschah allein aufgrund einer charismatischen Wahrnehmung. Er erkannte, dass Gott in der Sache war (Apg. 11,22-24). Später, als es noch einmal heftige Auseinandersetzungen um diesen neuen Weg gab, wurde er in einem nächsten Schritt noch nicht durch Schrift-, sondern durch Erfahrungstheologie begründet. Paulus und Barnabas berichten, wie dieser Weg „funktioniert" hatte und eine große Anzahl von Heiden zum Glauben gekommen war (Apg. 15,3-4), und Petrus rechtfertigt dieses Vorgehen dadurch, dass er selbst durch eine Vision und eine Intervention des Heiligen Geistes einen ähnlichen Weg geführt worden war (Apg. 15,7-11). Erst danach taucht zum ersten Mal ein Schriftbeweis für die Richtigkeit dieses neuen Weges auf (Apg. 15,13-18). Dass ihn ausgerechnet Jakobus, der Anführer der Bedenkenträger, vorträgt, dürfte geholfen haben, dass man sich allerseits auf einen tragfähigen Kompromiss einigen konnte, in der unbekümmerten Gewissheit, dass „der Heiligen Geist und wir" (Apg. 15,28) es so beschlossen hatten.

So wie damals die missionarische Praxis der theologischen Verarbeitung vorausging, kann es auch uns geschehen. Urbane Mission kann unsere Theologie verändern, indem sie uns Dinge – auch in der Schrift – erkennen lässt, die wir bisher durch Milieublindheit übersehen haben.

FAZIT

- Die erste Gemeinde in Jerusalem bestand aus unterschiedlichen Gruppen von Menschen.
  - Der „hebräische" Kern der Gemeinde war fest im traditionellen Judentum verankert und sah die jüdischen Gesetze (wie koschere Küche und Beschneidung) auch für die Jesusnachfolge als verbindlich an.
  - Die „Hellenisten" waren griechischsprachige Juden, die in der Diaspora des Römischen Reiches aufgewachsen und nach Jerusalem zurückgekehrt waren und deshalb eine doppelte Erfahrung der Marginalisierung hinter sich hatten.
- Stephanus spielte als Hellenist und *marginal man* eine wichtige Vorreiterrolle, um den Glauben an Jesus auch zu den Heiden zu bringen:
  - Er lieferte die gedankliche Vorarbeit, um den Glauben an Jesus aus der hebräisch-jüdischen Verengung zu befreien.
  - In seinem Umfeld formierte sich eine Bewegung von Jesusnachfolgern, die viel weniger Berührungsängste gegenüber Nichtjuden hatten als die Hebräer.
- Missionarische Praxis kann unsere Theologie verändern, indem sie uns Dinge erkennen lässt, die wir sonst in unserer Milieublindheit übersehen.

- Wen kennen Sie, der nicht nur in Ihrer (Sub-)Kultur, sondern noch in mindestens einer anderen (Sub-)Kultur zu Hause ist? Was können Sie von ihm über Ihre eigene Kultur lernen?
- Welcher Personengruppe gegenüber haben Sie starke Berührungsängste? Was genau bereitet Ihnen Schwierigkeiten? Was schätzt Gott an diesen Menschen wohl am meisten?

- Rodney Stark: Der Aufstieg des Christentums. Neue Erkenntnisse aus soziologischer Sicht (Stark 1997). *Eine feine Analyse der Ausbreitung des Christentums in den ersten Jahrhunderten. Im dritten Kapitel geht Stark auf die Marginalität der hellenistischen Juden ein, das siebte enthält eine exzellente Beschreibung des städtischen Lebens in Antiochia.*
- Magnus Zetterholm: The Formation of Christianity in Antioch. A Social-Scientific Approach to the Seperation Between Judaism and Christianity (Zetterholm 2003). *Eine Spezialuntersuchung für Leute, die noch mehr Hintergrundwissen suchen.*

Schrumpfende Städte stehen einer Reihe von Herausforderungen gegenüber. Ich beschreibe sie und zeige angemessene Zugänge für die urbane Mission.

7. „Wer hier bleibt, der hat keine Chance"[69]

Schrumpfende Städte

Wir wohnen im Paradies, mit Luxus so wie die Queen,
Haben keine Probleme, alles läuft wie geschmiert.
Das ist die Traumstadt Wittenberge, perfekt abgezäunt.
Jeder liebt diese Stadt, hier wächst Geld auf den Bäumen.

Hier kannst du Geld machen wie Heu und es auch bestens verschleudern.
Wittenberge, die Millionenstadt, hier gibt´s keine Mittelschicht.
Wir haben Flughäfen, Tierparks und ´ne Skipiste.
Wir brauchen keine Bullen, wir sind alle harmonisch.
Der letzte Stress liegt Jahre zurück, es ging um Drogen.
Doch seitdem sind wir drogenfrei und leben gesund.
Bei uns gibt es kein Gammelfleisch, nur edelste Zunft.

Jeder hat seinen Job, wir haben keine Alkoholiker,
Haben keine Verbrecher, haben nur Workaholiker.
Die Jugend hat Perspektive und gute Zensuren.
Wir haben nur Gymnasien, unsere Schulen sind super.
Wir produzieren kein CO_2, wir sind solarbetrieben,
Haben die saubersten Badegebiete, zahlbare Mieten,
Und keiner fällt aus der Reihe, wir halten alle zusammen.

Das ist die Traumstadt Wittenberge – alles ist machbar.

Sword & Snake, „Traumstadt Wittenberge"
(aus dem Album PR-Wirksam, Wittenberge 2009)

69 So lautet der Titel eines Berichts über Pirmasens von Ludger Fittkau im Deutschlandradio nach dem Zitat eines Einwohners (Fittkau 2012).

Es gibt Städte, die kann man mit Selbstironie besser ertragen. Ihre wirtschaftliche Basis ist weggebrochen. Wir nennen sie „strukturschwach“. Viele ihrer Einwohner verlassen sie. Wir bezeichnen sie als „schrumpfend“. Wittenberge ist eine von ihnen. Nach der Wende erlebte die Stadt – wie viele ehemalige Industriestandorte der DDR – einen nachhaltigen Niedergang. Dafür boomte Ende der 1990er-Jahre eine örtliche Hip-Hop-Szene, „offensichtlich der Versuch von Jugendlichen [...] mit der Situation in Wittenberge aktiv umzugehen“ (Thomas 2012:97-98). In ihren Texten – einer steht am Anfang dieses Kapitels – begegnet man der eigenartigen Hassliebe, die Bewohner solcher Städte oft mit ihrem Heimatort verbindet: „Danke, Wittenberge, auch wenn du ein Rattenloch bist“ (ebd. S. 98).[70]

Städte wie Wittenberge sind nicht nur in den Neuen Bundesländern zu finden. „Wittenberge ist überall“ heißt ein Buch, das weitere Beispiele aus anderen Regionen vorstellt (Willisch 2012). Häufig handelt es sich um Klein- oder Mittelstädte. Urbane Mission darf sie nicht übersehen. Wie prägen solche Städte die Menschen, die in ihnen leben? Und was haben wir als Christen dem Niedergang und der Hoffnungslosigkeit entgegenzusetzen?

7.1 Von „Deutschlands Schuhmetropole“ zur „Hauptstadt der Schuldner“

Pirmasens ist eine kreisfreie Stadt in Rheinland-Pfalz, nahe an der Grenze zu Frankreich. Die Zahl der Einwohner ist in den letzten fünfzig Jahren um ein Drittel zurückgegangen (Statistisches Landesamt Rheinland-Pfalz 2014a).[71] Geblieben sind die Senioren, die Stadt ist alt geworden (Statistisches Landesamt Rheinland-Pfalz 2014b). Pirmasens ist „eine Rentnerstadt“, sagt einer, der gerade selbst pensioniert worden ist (Fittkau 2012). Gegangen sind viele Jüngere und Familien (Beißwenger & Weck 2010b:8). Die Zahl der Geburten liegt weit unter den Sterbezahlen (Statistisches Landesamt Rheinland-Pfalz 2014c). Entsprechend sehen die Prognosen aus: Die Stadt wird weiter schrumpfen, der Anteil der Senioren wird weiter zunehmen, der Anteil der Jüngeren wird weiter zurückgehen (Statistisches Landesamt Rheinland-Pfalz 2012:4).

Andere Umstände verschärfen die Situation. Die Arbeitslosigkeit ist mehr als doppelt so hoch wie im Umland (Stadtverwaltung Pirmasens 2011:10).[72] Für viele Jobs, die es in der Stadt gibt, fehlen den Einheimischen die Voraussetzungen – in kaum einer anderen deutschen Stadt gibt es so wenige Hochqualifizierte.[73] Stattdessen arbeiten in Pirmasens Einpendler und halten die Arbeitslosigkeit im Umland niedrig (Stadtverwaltung

70 Die Auswertung von Hip-Hop-Texten mit Lokalbezug kann eine spannende und aufschlussreiche Komponente städtischer Kontextanalyse sein.
71 Am 31.12.2014 waren 40.385 Einwohner gemeldet (Kreisfreie Stadt Pirmasens 2015).
72 Im März 2015 betrug die Arbeitslosigkeit 13,6 Prozent gegenüber 5,9 Prozent in Rheinland-Pfalz (Bundesagentur für Arbeit 2015c).
73 Es sind 5,4 Prozent (Beißwenger & Sommer 2013:58). Zum Vergleich: In Erlangen sind 29,3 Prozent der Einwohner hochqualifiziert (Wirtschaftswoche 2013:27). Ähnlich sieht es bei der „Geographie der Kreativen Klasse“ (Fritsch & Stützer 2007) aus: Erlangen belegt mit 41,1 Prozent den ersten, Pirmasens mit 4,2 Prozent den letzten Platz (ebd. S. 19; zur Kreativen Klasse siehe Kapitel 13).

Pirmasens 2011:9). Dorthin fließen folglich die Steuern vieler Verdiener. Was Pirmasens bleibt, sind die Sozialleistungen für die Arbeitslosen. Die Stadt ist hoch verschuldet, seit 1993 gibt es keinen ausgeglichenen Kommunalhaushalt mehr (Beißwenger & Weck 2010b:13). Vielen Privathaushalten geht es nicht besser. Nirgendwo in Deutschland haben mehr Leute Schwierigkeiten mit Schulden (Wilhelm 2010).[74] Pirmasens ist zum „Armenhaus" (Fittkau 2012) geworden und Arme sterben früher. Die durchschnittliche Lebenserwartung von Frauen beträgt 77,90 Jahre, der mit Abstand niedrigste Wert aller deutschen Landkreise und kreisfreien Städte. Ähnlich sieht es bei den Männern aus. Sie können im Durchschnitt erwarten, 73,26 Jahre alt zu werden. Nur in Stralsund sterben Männer durchschnittlich noch zwei Wochen jünger (Luy 2014).

Wer heute durch Pirmasens geht, kann den Glanz vergangener Zeiten ahnen. Stilvolle Sandsteinfassaden von Fabrikgebäuden aus der Gründerzeit erinnern daran, dass die Stadt einst durch Schuhfabriken groß wurde. In der zweiten Hälfte des 19. Jahrhunderts begann der Aufstieg zur „deutschen Schuhmetropole". 1913 hatten 243 von 546 deutschen Schuhfabriken ihren Standort in Pirmasens. Die letzte Hochproduktionsphase liegt allerdings schon ein halbes Jahrhundert zurück: 300 Schuhfabriken gab es in der Stadt, die Hälfte der 60.000 Einwohner war im Bereich der Schuhindustrie beschäftigt (Beißwenger & Weck 2010b:9). Dann drängte billigere Ware aus Gebieten, in denen günstiger produziert wurde, auf den Markt. Um konkurrenzfähig zu bleiben, verlegten die „Schuhbarone" ihre Produktion „erst nach Südfrankreich und Portugal, dann nach Osteuropa und China" (Gabler 2012:198). Viele Betriebe mussten schließen, „allenfalls ein Zehntel" hat überlebt (Stadt Pirmasens 2011:5).

In der Stadt konzentrierte man sich auf das, was nicht viele Arbeitsplätze schafft: „Wissen und Können" rund um den Schuh. Pirmasens ist immer noch eine Schuhstadt. Der Verband der Schuhindustrie von Rheinland-Pfalz hat hier seinen Sitz. Auf dem Messegelände finden Leder- und Schuhfachmessen statt. Neu gegründet wurden ein Schuhkompetenzzentrum und ein Prüf- und Forschungsinstitut. Man kann an einer Fachhochschule Lederverarbeitung und Schuhtechnik studieren oder die Deutsche Schuhfachschule besuchen. Den Arbeitslosen hilft das wenig (Beißwenger & Weck 2010b:10-11; Stadt Pirmasens 2011:5).

Während die Veränderungen in der Schuhindustrie schleichend vor sich gingen, traf ein anderer Verlust die Stadt sehr plötzlich. 1997 schlossen die Amerikaner ihren militärischen Stützpunkt auf der Husterhöhe. Die Stadt verlor die Kaufkraft von 10.000 Soldaten samt Angehörigen, außerdem 3.500 Zivilarbeitsplätze (Stadt Pirmasens 2011:13). Der Schock war heilsam. Man erkannte, dass vermehrte Anstrengungen nötig waren, um neue wirtschaftliche Grundlagen zu schaffen und die Stadtentwicklung voranzubringen. Eine besondere Rolle spielt dabei Oberbürgermeister Bernhard Matheis, der seit 2003 im Amt ist und als „Visionär und Macher" stadt- und landesweites Ansehen

74 Der Privatverschuldungsindex der Schufa gibt für Pirmasens den höchsten Wert an (Hagen 2014).

genießt (Beißwenger & Weck 2010b:27-28). Unter seiner Führung hat sich eine Koalition von Politik, Verwaltung, Wirtschaft und Zivilgesellschaft gebildet, die Probleme der Stadt wurden offensiv, strategisch und zuversichtlich angegangen, neue Projekte auf den Weg gebracht (ebd. S. 28-37). Bei Aktiven wächst neue Zuversicht. Es lässt sich schwer sagen, wie begründet die „gefühlte Trendwende" ist, die einer der Stadtpolitiker zum Ausdruck bringt: „Ich habe [...] das Gefühl, dass sich für uns relativ viel zum Positiven wenden wird. Oder nicht nur wenden wird, sondern positiv in der Zukunft entwickelt werden kann. Aber das mehr gefühlt, als dass es auf harten Tatsachen beruht" (ebd. S. 26). Für viele Einwohner ist das bedeutungslos (ebd. S. 39-40). Veränderungen werden „nicht positiv wahrgenommen, weil keine zugänglichen Arbeitsplätze entstehen" (ebd. S. 23).

Das soziale Gefälle ist stark. „Die sogenannten Schuhbarone bildeten eine dünne, reiche Oberschicht, die teils heute noch ihren Wohnsitz in Pirmasens hat, während sich andererseits eine breite Schicht von ungelernten und angelernten Arbeitern herausbildete" (ebd. S. 21). Sie im Streben nach Bildung zu fördern, lag nicht im Interesse der ortsansässigen Elite. Im Rückblick bewerten Vertreter der Stadtpolitik die Entwicklung so: „Wenn ich [...] eine Schuhindustrie habe, die Niedriglohngruppen hat, und zwar ganz viele, dann muss ich ja interessiert daran sein, die nicht zu qualifizieren." „Früher sind ja die Kinder nach der Schule mit 14 Jahren ab in die Fabrik und die meisten haben dort keine Lehre gemacht, sondern wurden an einer Maschine angelernt, die konnten diese eine Maschine bedienen und dann wurde nach Akkord bezahlt und dann hat ein 16-Jähriger manchmal so viel verdient wie ein Familienvater." „Über vier, fünf Generationen [haben sich] in Pirmasens dadurch keine höheren Bildungsaspirationen für die Kinder herausgebildet" (ebd. S. 39). Es ist eine „Stadt ohne Mittelschicht" (Gabler 2012:195).

7.2 Städte im Abseits

Entwicklungen wie in Pirmasens bezeichnet die Stadtforschung als *Peripherisierung* (Kühn & Weck 2013a) und identifiziert vier Dimensionen dieses Weges ins Abseits: Abwanderung, Abkoppelung, Abhängigkeit und Stigmatisierung.

7.2.1 Abwanderung

Die Einwohner stimmen „mit den Füßen ab" (ebd. S. 31) – gegen ihre Stadt. Die Abwanderung verläuft sozial selektiv: Es sind junge Leute und Haushalte in der Familienphase, die der Stadt den Rücken kehren. Fachkräfte und bildungsorientierte Jugendliche sehen ihre Zukunft woanders (Beißwenger & Weck 2010b:8.19). „Zurück bleiben diejenigen, die zu arm, zu unqualifiziert oder zu alt sind, um abzuwandern" (Glock 2006:39). 2001 gab bei einer Befragung von Einwohnern schrumpfender Städte in den Neuen Bundesländern die Hälfte der 18- bis 25-Jährigen an, „ziemlich sicher" wegziehen zu wollen (Hannemann 2004:268).[75] Viele von ihnen haben ihre Absicht seither umgesetzt. Die Folgen kann man sich ausmalen. Wohnungen stehen leer, die Mieten sinken, man sieht vielen Wohnhäusern an, dass das Geld für Investitionen fehlt. Einrichtungen für Kinder, Jugendliche und Familien werden geschlossen oder ausgedünnt, die Lebensqualität für die Gebliebenen geht zurück (Kühn & Weck 2013a:34). Stattdessen kommen auf finanzschwache Städte neue Aufgaben der Fürsorge für Senioren zu.

7.2.2 Abkoppelung

Peripherisierte Städte haben den Anschluss verloren – oder nie gefunden. Abkoppelung kann mit geografischer Randlage zusammenhängen. Davon betroffen sind Städte in der Nähe der deutschen Außengrenzen (Stadtverwaltung Pirmasens 2011:9) und entlang der früheren innerdeutschen Grenze (Beißwenger & Weck 2010a:9-10.17-19), ebenso Städte außerhalb der elf *Metropolregionen* (Kühn & Weck 2013b:86-87.92-96). Ein weiterer möglicher Grund ist eine schlechte Verkehrsanbindung. Fehlende ICE-Verbindungen und Autobahn-Anschlüsse sind negative Standortfaktoren (Beißwenger & Weck 2010b:13.22.27). Städte können von der Gewinnung wichtigen innovativen Wissens abgekoppelt sein, wenn Hochschulen und Forschungseinrichtungen fehlen (Kühn & Weck 2013a:33-36). Städte können von wirtschaftlicher Dynamik abgekoppelt sein, selbst auf kürzeste Entfernung. Bremerhaven hat nach wie vor einen Hafen von „geostrategischer Bedeutung". Dieser „strahlt allerdings weder wirtschaftlich noch politisch auf die Stadt Bremerhaven aus" (Berking & Schwenk 2011:45). Wegen der Containerisierung der Hafenwirtschaft werden die städtischen Arbeitskräfte nicht mehr im Hafen benötigt. Wegen der immer kürzeren Ladezeiten haben die Seeleute keine Zeit mehr für Landgänge (ebd. S. 44). Der Hafen blüht, die Stadt welkt.

7.2.3 Abhängigkeit

Entscheidungen, die über das Schicksal schrumpfender Städte entscheiden, werden woanders getroffen. Nur selten sind entscheidende Akteure im Ort ansässig wie in Pirmasens, wo die Inhaber von Schuhfabriken blieben, als ihre Produktion auswanderte (Beißwenger & Weck 2010b:22.27). Typischer ist die Schließung des amerikanischen Militärstützpunktes, die von übergeordneter Stelle beschlossen wurde. Die Regel ist: „Die Headquarter von Konzernen und Großunternehmen außerhalb der Region kontrollieren und steuern die Wirtschaftsentwicklung von Städten und Regionen, indem sie über Ausbau oder Schließung von Zweigwerken bestimmen" (Kühn & Weck 2013a:36). Peripherie bedeutet Machtlosigkeit, „sich nicht mehr gegen Benachteiligungen wehren zu können" (ebd.). Wenn dann aufgrund externer Entscheidungen gegen die Stadt der wirtschaftliche Niedergang eingesetzt hat, kommt als weitere Form der Abhängigkeit hinzu, dass solche Kommunen am Dauertropf staatlicher Transferleistungen hängen (ebd. S. 37).

75 Von den über 65-Jährigen wollten drei Viertel dauerhaft bleiben.

7.2.4 Stigmatisierung

Wer den Schaden hat, braucht für den schlechten Ruf nicht zu sorgen. Die überregionale Medienberichterstattung richtet ihren Blick auf Verschuldung, Wohnungsleerstand, Arbeitslosigkeit und die fehlende Mittelschicht (Beißwenger & Weck 2010b:24). Dramatisierende Zuschreibungen und negative Superlative bestimmen den Diskurs. Von „Verödung“ und „Vergreisung“ ist die Rede (Kühn & Weck 2013a:39) und vom „Armenhaus“ (Fittkau 2012). Bremerhaven ist die „Hartz IV-Hauptstadt“ (Berking & Schwenk 2011:66), Sangerhausen die „Hauptstadt der Arbeitslosen“ (Bürk & Beißwenger 2013:129-131). Pirmasens ist die „Pleitestadt“ (Wilhelm 2010), Völklingen die „hässlichste Stadt Deutschlands“ (Bürk & Beißwenger 2013:135-137).

Solche *Stigmatisierung*[76] wirkt als selbsterfüllende Prophezeiung und verstärkt den Abwärtstrend auf zweifache Weise. Zum einen schreckt der negative Ruf mögliche Investoren, Zuwanderer und Touristen[77] ab und schwächt die Zukunftsaussichten zusätzlich (Kühn & Weck 2013a:39; Staemmler 2014:30). Ist das negative Image erst einmal verfestigt, erweist es sich als resistent gegen reale Verbesserungen. „Eine strukturschwache Stadt findet wenig positive mediale Erwähnung und wird damit auch nicht zum Anziehungspunkt für Investoren oder Touristen. Aller positiven Veränderungen zum Trotz kann sich ein Image des Verfalls stabilisieren, so dass intendierte positive Effekte nicht greifen, weil die Wahrnehmung der Stadt in der überregionalen Öffentlichkeit negativ bleibt“ (ebd.).

Zum anderen übernehmen die Einwohner der betroffenen Städte das Fremdbild, obwohl es sie kränkt (Beißwenger & Weck 2010b:24). Die eigenen Kräfte werden dadurch weiter gelähmt (Kühn & Weck 2013a:39). In Johanngeorgenstadt gaben auf die Frage, ob sie einem Freund empfehlen würden, in die Stadt zu ziehen, 66 Prozent der Befragten eine negative Antwort (Steinführer & Kabisch 2004:48-49).[78] Als Stadtaktive im brandenburgischen Goldberg gefragt wurden, was das Positive an ihrem Ort sei, fiel ihnen kaum etwas ein (Hannemann 2004:247). Sword & Snake ziehen ironisch über ihre Heimatstadt Wittenberge her.[79] „Was die lokalen Eliten und die Bewohner [von Bremerhaven] heute verbindet, ist die verneinende Verachtung gegenüber ihrer Stadt“ (Berking & Schwenk 2011:233).

Bisweilen ist die Einstellung der Einwohner zur Stadt negativer als die von Besuchern. Und sie ist zäh: „Viele Gesprächspartner verweisen darauf, dass der Blick auf die Stadt bei der Pirmasenser Bevölkerung negativer ist, als der Realität an gegebenen

76 Zum Konzept der Stigmatisierung von Städten siehe Bürk, Kühn & Sommer 2012; Bürk & Beißwenger 2013. Allgemein ist ein Stigma ein Merkmal, durch das sich eine Person oder eine Gruppe negativ von anderen unterscheidet und aufgrund dessen „soziale Deklassierung, Isolation oder sogar allg. Verachtung droht“. Dieser Prozess wird dann als Stigmatisierung bezeichnet (Hillmann 2007:864).

77 Strukturschwache Städte liegen häufig in reizvollen Landschaften, die die wichtigste Ressource für die Stadtentwicklung sein können.

78 Weitere 21 Prozent wussten es nicht. Nur 13 Prozent hielten ihre Stadt für empfehlenswert.

79 Siehe den Textauszug am Beginn dieses Kapitels.

Infrastrukturen, Angeboten und Entwicklungschancen entsprechen würde“ (Beißwenger & Weck 2010b:23). Die Marktdaten für den Einzelhandel mögen noch sehr gut sein, aber die Befragung von Konsumenten dokumentiert „Negativeinschätzungen“ (ebd.).

Diese „Selbststigmatisierung“[80] beeinflusst „die aktive Handlungsfähigkeit der Bevölkerung“. Die Menschen fühlen sich abgehängt und vergessen (Neu 2006:11), sie sehen sich selbst am Rand der Gesellschaft und neigen zu Hoffnungslosigkeit, Apathie und Resignation (Kühn & Weck 2013a:39). Eine „große Traurigkeit“ (Fittkau 2012) liegt über den Städten.

Dabei hängen viele Einwohner an ihrer Stadt. Trotz kritischer Äußerungen sind sie heimatverbunden. Auch wer seinem Freund nie raten würde, in die eigene Stadt zu ziehen, will selbst nicht weg. Schaut man sich die Gründe an, weshalb Leute in ihrer Stadt bleiben wollen und was sie als deren Vorzüge ansehen, dann fällt auf, dass es – neben persönlichen Gründen wie Familie und Wohneigentum – vorwiegend um Emotionen, Natur und Vergangenheit geht: Heimatliebe wird genannt, Geschichtsträchtigkeit und die schöne Landschaft einschließlich ihrer Wintersportmöglichkeiten (Steinführer & Kabisch 2004:47.54-55; Hannemann 2004:224). Nicht genannt wird eine rosige Zukunft.

Diese Ambivalenz von Ablehnung und Verbundenheit ist schwer zu verarbeiten. Zugehörigkeit zum eigenen Wohnort ist für viele Menschen Teil ihrer persönlichen Identität. Wenn dann die eigene Stadt nur negative Schlagzeilen produziert und man selbst nicht wirklich stolz auf sie sein kann, trifft es einen persönlich. Die Hassliebe (Beißwenger & Weck 2010b:24) zur eigenen Stadt ist der äußere Ausdruck einer verwundeten inneren Identität.

7.3 Urbane Mission in der schrumpfenden Stadt

Am Beginn dieses Kapitels habe ich die Frage gestellt: Was haben wir als Christen dem Niedergang und der Hoffnungslosigkeit entgegenzusetzen? Es gibt noch etwas zu fragen: Was können schrumpfende Städte *uns* geben? Indem sie scheinbare Selbstverständlichkeiten in Frage stellen, können strukturschwache Städte die urbane Mission von Festlegungen befreien, die Ausdruck unserer (westlichen) Kultur sind, aber wenig Anhalt im Evangelium finden. In diesen Städten werden nicht die schnellen Erfolgsgeschichten der urbanen Mission geschrieben. In ihnen versagen bewährte Erfolgsrezepte. In ihnen muss neu definiert werden, was Erfolg ist. Das kann uns nur guttun.

7.3.1 Umdenken

Eine der größten Schwierigkeiten im Umgang mit Schrumpfung war, dass man nicht auf sie vorbereitet war und sie nur schwer akzeptieren konnte. Das Wachstumsdenken ist in unserer Gesellschaft bis zur Ideologie verfestigt und macht es schwer, eine positive Einstellung zu umgekehrten Prozessen zu gewinnen. Auch in den struktur-

80 Sie wird auch als „Peripherisierung in den Köpfen“ bezeichnet (Kühn & Weck 2013a:39).

schwächsten Städten der Neuen Bundesländer wurden lange Zeit illusionäre Erwartungen geschürt. „Der Osten wurde mit seiner Deindustrialisierung zugleich auf einen wirtschaftlichen Wachstumskurs getrimmt beziehungsweise darauf gehalten, für den es keinerlei Grundlagen mehr gab. ‚Wittenberge hat bald 20 000 Einwohner mehr, haben uns Berater 1990 erzählt. Wir haben ihnen geglaubt!'" (Thomas 2012:104).

Noch rund ein Jahrzehnt nach der Wiedervereinigung war Schrumpfung trotz zunehmenden Leerstands auch in benachteiligten Gebieten ein politisches Tabu (Wiechmann & Pallagst 2012:265; Bernt u. a. 2014:6-7). Erst um das Jahr 2000 setzte ein Umdenken ein (ebd. S. 6-7; Franiek 2015:49-53). In Wittenberge war es Bürgermeister Benedikt Reichelt – er kam im Jahr 2000 in die Stadt –, der das Thema auf die Agenda setzte: „Hatten sich die alten, lokal verwurzelten Eliten mit der Schrumpfung nicht abfinden können und in den 1990er-Jahren noch Wachstumsszenarien und großartige Visionen entworfen, so ist es Reichelt zuzuschreiben, dass der Begriff der schrumpfenden Stadt als angemessene Beschreibung des Zustandes in Wittenberge überhaupt erst in der politischen Arena auftauchte" (Haese 2012:74). Seither beschäftigt man sich damit, wie Schrumpfung konstruktiv gestaltet werden kann. *Shrink Smart* (Schrumpfe auf kluge Weise) ist die neue Devise (Bernt u. a. 2014:4).

Eine Wachstumsideologie herrscht auch in vielen christlichen Gemeinden. Sie wollen größer werden und ihr Fortbestand ist ein nicht hinterfragbares Ziel. Deshalb setzen sie auf Kinder und Jugendliche – denn „die Jugend ist die Zukunft der Gemeinde" – und auf eine gute Familienarbeit. In der schrumpfenden Stadt funktioniert das nicht. Wenn gerade die, die Grundlage erfolgreicher Gemeindearbeit zu sein scheinen, den Ort verlassen, ist die traditionelle Gemeinde mit ihrem Latein am Ende. Ihre Klage ist der ihrer Städte nicht unähnlich. Und das Umdenken fällt ihr genauso schwer.

Aber eine – in Gottes Augen – „erfolgreiche" Gemeindearbeit ist nicht davon abhängig, dass eine Gemeinde wächst und fortbesteht. Wichtig ist, was von der Gemeinde ausgeht, solange sie existiert. Ich formuliere eine erste These:

> Einige Gemeinden werden schrumpfen oder mangels Nachwuchs eingehen und *das ist nicht schlimm*. So wie manche Städte das *Smart Shrinking* lernen müssen, müssen manche Gemeinden das versöhnte und fruchtbare Ende lernen.

ERFAHRUNGEN UND REFLEXIONEN

Eine Begegnung mit Fuzz Kitto

Abbildung 7.1: Fuzz Kitto

„Fuzz reist um die Welt, um Geschichten zu sammeln und neue Geschichten zu erschaffen, die Hoffnung verbreiten“ (www.fuzzkitto.com.au). Am 21. Mai 2007 traf ich ihn in Berlin. Wir saßen in einem Straßencafé und ich hörte eine seiner Geschichten.

Unter anderem berät Fuzz christliche Gemeinden. Einmal wurde er gerufen, einer überalterten und schrumpfenden Gemeinde neues Leben einzuhauchen. Die Leute standen unter dem Druck, der für solche Situationen typisch ist: Sie *mussten* ihre Gemeinde erhalten und dazu *mussten* sie Jüngere erreichen. Fuzz besuchte sie und verbrachte einige Tage mit ihnen. Dann teilte er ihnen seinen Rat mit.

„Versucht nicht, Jüngere zu erreichen“, sagte er ihnen, „das werdet ihr nicht schaffen.“ Ein erster Anflug von Erleichterung war zu spüren. „Aber ich habe gesehen, dass in eurer Gegend viele Senioren leben, mit denen ihr wunderbar Bridge spielen könnt.“ Die Erleichterung nahm zu. Mit anderen älteren Leuten Bridge zu spielen – und dazu noch im Auftrag des Herrn – konnten sie sich gut vorstellen. „Außerdem habe ich gesehen, dass ihr treue Leute seid. Ihr habt es verdient, geistlich gut betreut zu werden. Ich werde eurer Denomination empfehlen, dafür jemanden mit einer halben Stelle einzusetzen.“ Die Gesichter wurden noch heller.

„Ich habe etwas Weiteres festgestellt. Ihr habt einiges an Immobilienbesitz. Verkauft, was ihr nicht braucht, und stellt davon einen Jugendmissionar ein. Er kann erreichen, was ihr nicht erreichen könnt, nämlich mit Jugendlichen eine neue, unabhängige Arbeit in eurem Gebäude zu starten. Außerdem habe ich in eurem Umfeld zwei spezielle Gruppen von Menschen bemerkt, die auf herkömmliche Weise nicht erreicht werden.[81] Von dem Erlös könnten noch zwei Wohnungen gekauft werden, in denen jemand lebt, der sie für diese Menschen öffnet.“ Das war eine Perspektive, die die Leute nachvollziehen konnten. Sie versöhnten sich mit dem „Ende“ ihrer Gemeinde und erlebten gleichzeitig den Beginn fruchtbarer neuer Dienste mit.

81 Fuzz hat mir leider nicht erzählt, um welche Gruppen es sich handelt.

Gemeindehäuser in guter Lage sind manchmal im Besitz überalterter, schrumpfender Gemeinden, auch in Städten, denen es besser geht. Wenn sie nicht auf den oft wenig erfolgversprechenden Versuch fixiert sind, durch Jüngere wieder zu wachsen, sondern ihre Gebäude als Ressource für die urbane Mission ansehen, ergeben sich hoffnungsvolle Möglichkeiten. So geschieht es in Berlin in einem Haus des Gemeinschaftswerks Berlin-Brandenburg. In ihm trifft sich eine kleine Gemeinde von Senioren. Parallel dazu wurden 2013 Daniel und Cornelia Hufeisen berufen, dort eine neue christliche Initiative „FreiRaum" zu starten (www.freiraum134a.de), die unabhängig von der Gemeinde, aber freundschaftlich mit ihr verbunden ist.

In Geesthacht öffnete sich eine ebenfalls alternde und schrumpfende Gemeinde neu für ihren Stadtteil (→ Kap. 15.1): „Mittlerweile sind wir zu einer Begegnungsstätte in der Geesthachter Oberstadt geworden, erweitern unsere Kontakte in der Nachbarschaft und zur Stadt hin, teilen unsere Räume mit weiteren unterschiedlichen Gruppen aus der Stadt" (Wagner 2013:228). In diesem Fall hat die Gemeinde sogar durchaus Hoffnung, durch die Kontakte zur Nachbarschaft selbst neu gestärkt zu werden. Aber eine wichtige Rolle spielte dabei, nicht nur auf die eigene Gruppe zu sehen, sondern das Haus für Bedürfnisse der Nachbarschaft zur Verfügung zu stellen.

7.3.2 Die neuen Senioren

Man kann nicht mit denen etwas tun, die man nicht hat, sondern nur mit denen, die man hat. Schrumpfende und alternde Städte haben viele Senioren. Diese Senioren werden bleiben. Von Pirmasens wurden bereits einige „Rekorde" erwähnt. Einer ist noch hinzuzufügen: Es ist die Stadt mit dem höchsten Altersdurchschnitt in Rheinland-Pfalz (Gerhards & Spellerberg 2011:121). 2009 fanden dort auf Initiative der Stadtverwaltung eine Befragung von 2.000 älteren Menschen und sechs *Zukunftswerkstätten* mit Senioren in verschiedenen Stadtteilen statt (Gerhards & Spellerberg 2011; Spellerberg & Gerhards 2013). Einige Ergebnisse verdienen Erwähnung.

Eine „neue" Generation von Senioren wächst nach. Die „alten" Senioren der Kriegs- und Nachkriegsgeneration haben entbehrungsreiche Zeiten erlebt und haben oft eine geringere Anspruchshaltung. Die künftigen Älteren (der alten Bundesländer) gehören zu den Kindern des Wirtschaftswunders und haben „lange andauernde Wohlstandsphasen und einen Wertewandel hin zu Selbstentfaltung erfahren" (Gerhards & Spellerberg 2011:124).

Zu dieser „Selbstentfaltung" gehört auch eine hohe Bereitschaft zum ehrenamtlichen Engagement. In Pirmasens gaben 36 Prozent der befragten Senioren an, sich bereits ehrenamtlich zu betätigen. Weitere 6 Prozent hätten das gerne getan, es fehlte ihnen aber der Zugang dazu. „Gezielte Information, Beratung, Förderung und Vermittlung" wurden gebraucht. Die Stadt reagierte durch die Einrichtung einer „Ehrenamtsbörse" des Seniorenbüros (ebd. S. 125.127). Außerdem wünschten die Senioren sich bessere Kontaktmöglichkeiten – untereinander und mit Jüngeren. Noch während des Projekts entstand ein erster Nachbarschaftstreff (ebd. S. 125).

Wenn eine Gemeinde nicht ihren höchsten Lebenssinn im Fortbestand des eigenen Vereinslebens sieht und deshalb auf Nachwuchs fixiert ist, sondern das neutestamentliche Motto befolgt: „Deshalb wollen wir, *solange wir noch Zeit haben*, allen Menschen Gutes tun“ (Gal. 6,10), bieten sich hier wunderbare Gelegenheiten. Die „neuen Senioren“ bestimmen zunehmend auch das Bild vieler Gemeinden. Traditionelle Seniorenarbeit ist betreuungsorientiert. Man trinkt Kaffee und gibt Zuwendung. Viele jüngere Senioren würden sich um nichts in der Welt diesen Treffen beigesellen. Wenn sie nostalgisch werden, singen sie keine alten Heilslieder, sondern legen Bob Dylan auf oder Brian Doerksen. Aber oft sind sie nicht nostalgisch, sondern aktiv und unternehmungslustig. Sie müssen für die Verwirklichung ihres Tatendrangs nicht auf Urlaubsreise gehen. Meine zweite These lautet:

> Senioren sind nicht nur Zielgruppe, sondern Akteure der urbanen Mission. Sie haben Zeit und immer mehr von ihnen suchen und brauchen nicht Betreuung, sondern eine Aufgabe.

Diese Perspektive muss sich nicht auf die eigenen Leute und den eigenen Dienst beschränken. Warum sollten in anderen Städten nicht Christen auf den Weg bringen, was in Pirmasens von der Stadtverwaltung ausging: Zukunftswerkstätten mit Senioren, Vermittlungen ins Ehrenamt, Schaffung von Begegnungsmöglichkeiten in Nachbarschaften?

7.3.3 Jugendarbeit

Man kann darüber klagen, dass die eigenen jungen Leute die Stadt verlassen, wenn sie studieren, eine Berufsausbildung machen oder einen Job suchen. Die Jugendarbeit der Gemeinde erscheint sinnlos, wenn die Leute, in die man investiert, bald wegziehen. In Wirklichkeit ist es großartig. Was bei uns gesät wird, wird an vielen anderen Stellen geerntet. Um das einzusehen, braucht man nur ein weites Verständnis von Gemeinde, wie meine nächste These zeigt.

> Gemeinde ist immer größer als die eigene Ortsgemeinde. Wenn eine Gemeinde ihre eigenen Jugendlichen „fit macht“ für urbane Mission, ist es unerheblich, wo diese sich später engagieren. Wenn sie wegziehen, wird die Berufung der „großen“ Gemeinde gefördert, auch wenn die „kleine“ Gemeinde davon nicht profitiert.

7.3.4 Zivilgesellschaft

Als *Zivilgesellschaft* bezeichnen wir den Bereich der Gesellschaft, in dem ehrenamtliche und gemeinnützige Tätigkeiten stattfinden, in Abgrenzung zu Staat und Wirtschaft. Christliche Gemeinden und Initiativen sind ein Teil von ihr. In schrumpfenden Städten ist sie besonders wichtig. Meine These für diesen Abschnitt borge ich mir von Johannes Staemmler:

> Kommunale Strukturschwäche schafft Räume für zivilgesellschaftliche Akteure, *wenn sie auf kommunale Mittel verzichten können* [Hervorhebung von mir]. (Staemmler 2014:178)

Arme Städte sind besonders auf die Zivilgesellschaft angewiesen. Viele Bürgermeister und Stadtverwaltungen haben das erkannt und handeln entsprechend. In dieser Hinsicht gibt es von Pirmasens viel Gutes zu berichten. Oberbürgermeister Matheis hat nicht nur gemeinnützige Organisationen als Partner zum Wohl der Stadt aufgewertet, sondern sie auch für eine solidarische Koalition zum Wohl der Stadt gewinnen können (ebd. S. 121-124). Das ist nicht selbstverständlich. In Kommunen, in denen der zu verteilende Kuchen von Zuschüssen kleiner wird, wird die Konkurrenz derer, die sich darauf bewerben, härter. Aus anderen schrumpfenden Städte wird von Verteilungskämpfen und Einzelinteressen berichtet (ebd. S. 94.99.157.161): „Jeder macht so Seins" (ebd. S. 94). In Pirmasens arbeitet man zusammen, um das negative Image des Ortes abzuschütteln und die voranzubringen, die in der Vergangenheit zurückgeblieben sind (ebd. S. 119; Gabler 2012:206-208).

MODELLE UND BEISPIELE

Der Pakt für Pirmasens

Abbildung 7.2: Logo des Pakts für Pirmasens

Der zivilgesellschaftliche Schulterschluss und die enge Partnerschaft mit der Stadt finden ihren besonderen Ausdruck im „Pakt für Pirmasens", der 2008 aus der Taufe gehoben wurde. Es handelt sich um ein Netzwerk von Haupt- und Ehrenamtlichen, das etwas gegen die schlechten Bildungschancen vieler Kinder unternimmt. Oberbürgermeister Matheis stellt es auf der Webseite seiner Stadt so vor:

„Es gibt in Pirmasens eine nicht geringe Anzahl von Kindern, denen der Zugang zu gesellschaftlicher Teilhabe und insbesondere Bildung durch die familiären und sozialen Verhältnisse, in denen sie aufwachsen, erheblich erschwert ist. Nach aktuellen Schätzungen sind es derzeit mehr als 500 Kinder allein im Alter bis zu sechs Jahren, denen durch begleitende erzieherische Hilfen im Vorschulalter zu verbesserten Bildungschancen verholfen werden könnte. Die Themen Sprachförderung und Sozialverhalten stehen hier im Vordergrund.

Andererseits gibt es in Pirmasens bereits engagierte Einzelinitiativen, die betroffenen Kindern Hilfestellungen geben (Kinderschutzbund, Regenbogenkinderhilfe, Tafel, Lern- und Spielstuben etc.). Im Pakt für Pirmasens werden die vorhandenen staatlichen und ehrenamtlichen Initiativen gebündelt und individuell nach Bedürfnissen von Kindern koordiniert. Der Pakt für Pirmasens, in den sich nahezu alle relevanten Initiativen eingebracht haben, will die Chancen der Kinder aus sozial schwachen und problematischen Familienverhältnissen durch gezielte, individuelle Hilfen verbessern" (Matheis o. J.).

Die Unterstützung für die Kinder beginnt mit einer täglichen warmen Mahlzeit. Es gibt „individuelle ehrenamtliche Patenschaften, Qualifizierungsinitiativen für junge Eltern" (ebd.) und so unterschiedliche Projekte wie „ein Taschengeldprojekt für Jugendliche in Kooperation mit der kommunalen Wohnungsgesellschaft, eine Mutter-Kind-Projektgruppe v. a. für islamische Mütter, die ‚Pack's'-Freizeit, über die Kinder langfristig in die Pirmasenser Vereine integriert werden sollen, das Mamma Mia Projekt mit individueller Unterstützung für schwangere Frauen und die Lebenswegbegleiter, die schwangere Mädchen oder Frauen, die in der Familie zu Hause wenig Halt finden, in Schwangerschaft, Geburt und den ersten Lebensjahren des Kindes begleiten" (Beißwenger & Weck 2010b:37). Gegenwärtig (Ende 2015) engagieren sich im Netzwerk „rund 200 Haupt- und Ehrenamtliche aus 51 Vereinen, Verbänden und Organisationen. Derzeit werden in 30 Projekten und Initiativen rund 1 100 Kinder und Jugendliche, darunter auch Flüchtlingskinder, unterstützt [...] Der Pakt für Pirmasens gilt durch seinen ganzheitlichen Ansatz als Paradebeispiel für die gelungene Kooperation von Kommune, Ehrenamt, Akteuren aus Wirtschaft, Kirche und gemeinnützigen Organisationen" (Pressemitteilung der Stadt Pirmasens vom 7.12.2015).

Der Pakt ist nicht das einzige, wo die Kirchen zu nennen sind. Auch für sie zählt das Gemeinsame, auch sie beteiligen sich am Engagement für die Stadt. Michael Diener, Präses des Gnadauer Gemeinschaftsverbandes, ist in Pirmasens aufgewachsen und war dort von 1996 bis 2005 als Pfarrer an der Johanneskirche und danach bis 2009 als Dekan tätig. Seine damalige Gemeinde hat 1999 das Café LichtBlick gegründet. Es ist eine Initiative für Arbeitssuchende, und zwar „gerade die, die mit 45 keine Chance mehr auf einen Job haben, sondern ‚nicht mehr gebraucht' werden" (persönliche Mitteilung vom 21.07.2015). Dort wird ihnen praktische Hilfe geboten für die Erstellung von Bewerbungsunterlagen, für Kontakte zu Ämtern und Institutionen und allgemein bei der Suche nach einem Arbeitsplatz. An den Computern des Cafés können die Besucher selber recherchieren und sie werden auch bei persönlichen Problemen beraten (www.johanneskirche-pirmasens.de/cafe-lichtblick). In einer Stadt wie Pirmasens sind solche Einrichtungen für viele Menschen „gelebtes Evangelium" (Michael Diener).

Eine Herausforderung mag der Nachsatz der letzten These sein: „... wenn sie auf kommunale Mittel verzichten können." Doch Geld ist da, nur woanders. Es gibt auch reiche Städte und in ihnen gibt es reiche Christen und Gemeinden. Diese Städte wachsen auf Kosten schrumpfender Städte. Und deshalb könnten sich die Christen in ihnen an den neutestamentlichen Grundsatz erinnern: „Euer Überfluss soll ihrem Mangel abhelfen [...] So soll ein Ausgleich entstehen" (2. Kor. 8,14). Meist haben diese Christen und Gemeinden Missionspartnerschaften – warum nicht auch im eigenen Land? Warum sollten nicht die Christen einer Stadt wie Erlangen (→ Kap. 8) Partner einer Stadt wie Pirmasens werden? In den USA sind solche Partnerschaften längst etabliert.

Dazu ein konkreter Vorschlag: In Pirmasens waren es der Oberbürgermeister und die Stadtverwaltung, die konkurrierende zivilgesellschaftliche Akteure zum Wohl der Stadt geeint und gefördert haben. Solche Initiativen könnten aber durchaus auch aus der Zivilgesellschaft selbst kommen (Staemmler 2014:175). Christen wären dafür prädestiniert. Sie sind uneigennützig, weil sie gelernt haben, „nicht nur auf das eigene Wohl, sondern auch auf das der anderen" (Phil. 2,4) zu achten. Sie freuen sich über die Erfolge anderer säkularer und christlicher Initiativen wie über die eigenen. Deshalb müssen sie nicht unbedingt eine eigene Einrichtung schaffen, sondern können Förderer anderer zivilgesellschaftlicher Einrichtungen sein, vor allem wenn sie das Profil von Netzwerkern und Unterstützern haben (→ Kap. 31). Warum sollte man also nicht einen urbanen Missionar in eine schrumpfende Stadt aussenden, nicht als Gemeindegründer oder als Projektentwickler, sondern als jemand, der alle Freiheit hat, „das Beste der Stadt zu suchen", indem er Beziehungen knüpft, andere vernetzt und zusammenbringt, berät, unterstützt und durch Ermutigung und Wertschätzung aufwertet?

MODELLE UND BEISPIELE

Der Himmelsfels in Spangenberg

Ein schönes Beispiel, wie eine christliche Einrichtung als zivilgesellschaftlicher Akteur einer schrumpfenden Stadt guttun kann, stammt aus Nordhessen. Spangenberg ist eine kleine Stadt, die aber wegen ihrer sozialen Herausforderungen – hohe Arbeitslosigkeit, Wegzug, Leerstand von Geschäften und Häusern – in das Programm „Soziale Stadt“ aufgenommen wurde. Durch die Schenkung eines Grundstücks für interkulturelle ökumenische Begegnung und Jugendarbeit entstand dort 2007 die Werner Pfetzing Stiftung Himmelsfels (www.himmelsfels.de).

Neben dem bundesweiten interkulturellen Engagement sieht sich der Himmelsfels auch als Teil von Spangenberg. Durch die guten Beziehungen zum Bürgermeister, der Stadtplanerin und den örtlichen Kirchengemeinden öffneten sich immer wieder Türen, sich einzubringen und zur Revitalisierung der Stadt beizutragen. Zum einen steigern die Besucher den wirtschaftlichen Umsatz in Spangenberg, zum anderen bereichert der Himmelsfels das Kulturangebot der Stadt durch Veranstaltungen, aber auch Angebote wie die Himmelsfels-Singers oder die Tanzcompany. Vor allem sind jedoch drei Projekte zu erwähnen, die Teil des Himmelsfels sind bzw. in Zusammenarbeit mit lokalen Akteure initiiert wurden und nun selbstständige Vereine sind:

1. Der *Burgsitz*, ein historisches Fachwerkhaus im Ortskern, wurde nach langem Leerstand durch EU-Förderprogramme von Spangenberger Bürgerinnen und Bürgern, die vorher beschäftigungslos waren, grundsaniert (www.gehobene-schaetze.de/burgsitz). Auf der Webseite sieht man die Fotos aller Beteiligten und liest: „Insgesamt beteiligen sich im Lauf von drei Jahren an dem Projekt zwischen 40 und 60 Arbeitssuchende. Sie werden in das regional wichtige Arbeitsfeld der historischen Fachwerksanierung eingeführt und für wichtige Arbeitsschritte qualifiziert [...] Den meisten der hier Arbeitenden können die Gesellschaft und der Arbeitsmarkt gegenwärtig wenig Halt und oft keine beruflichen Perspektiven bieten. Dennoch beweisen sie auf einmalige Weise ihre Bereitschaft, ihre Kräfte und Stärken einzubringen. Sie probieren sich selbst zugleich neu aus und wirken an einer wichtigen gesellschaftlichen Aufgabe maßgeblich mit. Man kann es sicher so ausdrücken: Ohne sie würde der Burgsitz verfallen.“ Zusammenfassend wird festgestellt, dass „diese Menschen zu Retterinnen und Rettern eines historisch wichtigen Gebäudes werden *und zugleich das eigene Leben neu definieren*“.
2. Dem *Spangensteine* e.V. ist es ein Anliegen, Spangenberg wiederzubeleben und neue Bürgerinnen und Bürger sowie Gäste willkommen zu heißen, zum Beispiel

durch städtebauliche und soziale Projekte und die „*Vernetzung von Menschen, Vereinen, Unternehmen und Ideen* aus Spangenberg“ (www.spangensteine.de).
3. Der *Katharinenverein* e.V. unterstützt Senioren durch einen Treffpunkt, die Katharinenstube, und professionelle haushaltsnahe Dienstleistungen.

7.3.5 Das „richtige“ Evangelium

Ich beende dieses Kapitel mit einer letzten These.

> Strukturschwache und schrumpfende Städte brauchen ein einfaches, positives und von Zuversicht getragenes Evangelium.

Eine säkulare Form dieses „Evangeliums“ hat sich Pirmasens selbst gegeben. Nach der Internet-Aktion „Eine Stadt schafft sich ab“ eines Pirmasenser Künstlers reagierten die Einheimischen auf diese als „destruktiv“ empfundene Aktion und traten öffentlich dafür ein, dass Pirmasens „eine lebenswerte Stadt“ sei. Höhepunkt wurde das spartenübergreifende Musik- und Medienprojekt „Song für Pirmasens“ (Staemmler 2014:120). In der JuKuWe, der JugendKulturWerkstatt des Internationalen Bundes (IB), entstand die Idee und wurde dann schnell von der Stadt sowie anderen Institutionen und Partnern unterstützt und durch das Bundesprogramm "Toleranz fördern - Kompetenz stärken" gefördert. 232 Bürger im Alter von sieben bis 89 Jahren beteiligten sich an der Erstellung und videotechnischen Umsetzung dieser musikalischen Collage – vom Seniorenchor über Rock und Hip-Hop bis zum Kinderchor. Bürger unterschiedlicher Herkunft und Menschen mit Beeinträchtigungen wirkten mit, um mit dem inklusiven Projekt zu demonstrieren, was der Text zum Ausdruck bringt:

> Und du lebst in Pirmasens, weil du hier die Straßen kennst
> Egal, wen du Freunde nennst, keiner wird verkannt, PS ist tolerant
>
> Hier kommt die nackte Wahrheit, Toleranz, aber wenig Arbeit
> Doch kommt her und schaut euch an, was unser Wille bewegen kann
>
> Komm du doch nach Pirmasens, damit du uns kennenlernst
> Egal, wen du Freunde nennst, keiner wird verkannt, PS ist tolerant

Abbildung 7.3: Der Song für Pirmasens wird aufgeführt

Am 13. Januar 2012 wurde der Song auf dem Neujahrsempfang von Oberbürgermeister Dr. Bernhard Matheis vorgestellt.[82] Es lohnt sich, das Video im Internet anzuschauen, denn es ist sehr schön gemacht und bringt genau das zum Ausdruck, was einer Stadt wie Pirmasens guttut. Als Christ würde ich dort ähnlich predigen:

> Und Gott lebt in Pirmasens, weil er hier die Straßen kennt
> Egal, wen du Freunde nennst, keiner wird von ihm verkannt,
> Denn er ist mehr als tolerant
>
> Doch kommt her und schaut euch an, was sein Wille bewegen kann

Aber so predige ich eigentlich überall.

FAZIT

- Strukturschwache, schrumpfende Städte unterliegen einem Prozess der Peripherisierung, der durch vier Dimensionen gekennzeichnet ist.
    - (Sozial selektive) Abwanderung: Viele Menschen verlassen die Stadt, zurück bleiben v. a. die, die zu arm, zu unqualifiziert oder zu alt sind, um abzuwandern.
    - Abkoppelung: Die Städte befinden sich in geografischen Randlagen, haben eine schlechte Verkehrsanbindung und sind von innovativem Wissen und wirtschaftlicher Dynamik abgekoppelt.

82 www.pirmasens.de/dante-cms/23026/Song_fuer_Pirmasens.html.

  - Abhängigkeit: Entscheidungen, die über das Schicksal der Städte bestimmen, werden woanders getroffen.
  - Stigmatisierung: Die überregionale Berichterstattung konzentriert sich auf die Probleme der Stadt. Die Stigmatisierung wird von Einwohnern ins Selbstbild übernommen.
- Strukturschwache Städte machen eine Abkehr von dem unsere Gesellschaft durchziehenden Wachstumsdenken notwendig, das auch in vielen Gemeinden vorherrscht.
- In schrumpfenden Städten leben viele „neue" Senioren, die nicht Betreuung brauchen, sondern eine hohe Bereitschaft zum ehrenamtlichen Engagement haben und so wichtige Akteure urbaner Mission sein können.
- Dass viele Kinder und Jugendliche, in die eine Ortsgemeinde investiert hat, als junge Erwachsene wegziehen, macht die Kinder- und Jugendarbeit nicht sinnlos, sondern ist ein Beitrag zur „großen" Gemeinde Gottes, in der die Früchte dieser Saat geerntet werden.
- Strukturschwache Städte sind besonders auf zivilgesellschaftliche Akteure angewiesen, die auf kommunale Mittel verzichten können.
- Strukturschwache und schrumpfende Städte brauchen ein einfaches, positives und von Zuversicht getragenes Evangelium.

- Welche Personengruppen sind in Ihrer Gemeinde besonders stark vertreten (z. B. Senioren, Familien, Arbeitslose ...)? Welche Gruppen will Ihre Gemeinde erreichen? Ist das angesichts Ihrer Zusammensetzung realistisch?
- Gibt es Netzwerke in Ihrer Stadt / Ihrem Stadtteil, die dem Wohl der Stadt dienen? Wie könnten Sie und Ihre Gemeinde sich daran beteiligen? Falls es kein Netzwerk gibt: Für welches Thema könnten Sie möglicherweise eine Vernetzung anstoßen?
- Welches Evangelium verkündigt Ihre Gemeinde? Ist es passend für Ihren Kontext?

- Andreas Willisch (Hg.): Wittenberge ist überall. Überleben in schrumpfenden Regionen (Willisch 2012). *Verschiedene Autoren geben weitere Einblicke in das soziale Leben schrumpfender Städte.*
- Ralph Fischer: Kirche und Zivilgesellschaft. Probleme und Potentiale (Fischer 2008). *Nicht nur in schrumpfenden Städten ist die Kirche als zivilgesellschaftlicher Akteur gefragt. Ralph Fischer behandelt dieses Thema aus Sicht der evangelischen Kirche.*

Zur Abwechslung wenden wir uns städtischen Erfolgsgeschichten zu und untersuchen, was erfolgreiche und wachsende Städte ausmacht und wie urbane Mission unter diesen Rahmenbedingungen aussehen kann.

8. Wer hat, der kann geben

Wachsende Städte

1997 stieg der VfL Wolfsburg in die Erste Fußballbundesliga auf. Verstärkung wurde gesucht. Bei dem Litauer Valdas Ivanauskas – aufgrund seiner Heißblütigkeit auch „Ivan der Schreckliche" genannt – wurde man fündig. Nach einem Probetraining einigte man sich; ein Haus, ein Neuwagen und ein gut dotierter Vertrag warteten auf den Spieler. Aber es gab noch eine Frau Ivanauskas. Valdas führte seine Gattin Beatrix in der zukünftigen Heimatstadt aus und dann geschah, was in der Karriere des Fußballers einen Knick und in der Stadt große Empörung auslöste. „Valdas, ich liebe dich, aber ich kann nicht in Wolfsburg leben", wird das Machtwort von Beatrix überliefert. Ivanauskas verzichtete und landete nach einem Zwischenspiel in Salzburg beim Regionalligisten SV Wilhelmshaven. Eine weitere Information erhielt die Öffentlichkeit nie: „Wie es Beatrix [...] in der nicht unbedingt mit Schönheit übersäten Industriehafenstadt ausgehalten hat, ist nicht überliefert" (Gohla 2010).

Frau Ivanauskas stand mit ihrer Distanzierung von Wolfsburg nicht allein. In demselben Jahr erlebte die Stadt den größten Wanderungsverlust der letzten 40 Jahre (Harth u. a. 2010:73; Herlyn u. a. 2012:71).[83] Reiseführer empfahlen Touristen, einen Bogen um Wolfsburg zu machen (Otgaar u. a. 2010:28). Doch inzwischen hat sich das Blatt gewendet.[84] Die einst graue Stadt hat durch neue Anziehungspunkte Farbe gewonnen. Seit einigen Jahren wächst sie wieder und ist zu einem von Reiseführern gelobten Ziel für Touristen geworden.[85] Und der VfL hat sich auch ohne Ivan den Schrecklichen zu einer Spitzenmannschaft entwickelt.

8. 1 Erfolgreiche Städte

Es gibt Städte wie Wolfsburg, die die wirtschaftlichen Veränderungen der letzten Jahrzehnte gut gemeistert haben. Zunächst lernen wir in diesem Kapitel Ursachen ihrer

83 Hauptgrund für die Abwanderung war allerdings nicht die Unwirtlichkeit der Stadt, sondern eine vorübergehende VW-Krise mit starken Arbeitsplatzverlusten.

84 Die jüngere Erfolgsgeschichte Wolfsburgs ist gut dokumentiert und analysiert in Harth u. a. 2010 und Herlyn u. a. 2012.

85 Die Entwicklung eines vorbildlichen Industrietourismus durch VW beschreibt Otgaar u. a. 2010: 25-54.

Widerstandskraft kennen. Danach beschäftigen wir uns mit der Frage, wie die urbane Mission an das Potenzial erfolgreicher und wachsender Städte und ihrer Bewohner, denen es meist gut geht, anknüpfen kann.

8.1.1 Resilienz

Erfolgreiche und wachsende Städte[86] sind von Krisen nicht verschont geblieben, haben aber in die Erfolgsspur zurückgefunden. Diese „Fähigkeit einer Regionalwirtschaft, sich von Schocks zu erholen und danach zu einem nachhaltigen Wachstumspfad zurückzukehren“ (Kiese & Hundt 2014:117), nennt man *Resilienz*. Sie hat einige nicht schwer zu identifizierende Ursachen und Begleitumstände. Der Erfolgsweg wachsender Städte lässt sich verstehen als Umkehrung der *Peripherisierung*, die wir im letzten Kapitel kennengelernt haben. Schrumpfende Städte rücken an den Rand wirtschaftlicher und gesellschaftlicher Entwicklungen, wachsende Städte stehen in der Mitte oder rücken in die Mitte.

8.1.1.1 Zentralität

Während schrumpfende Städte *abgekoppelt* sind, sind wachsende Städte gut erreichbar, haben eine günstige Lage und sind oft Teil dynamischer Regionen. Sie verfügen über gute Verkehrsverbindungen: international durch schnell erreichbare Flughäfen, national durch Autobahnen und Fernbahnhöfe. Sie sind durch Hochschulen und Forschungseinrichtungen eng verbunden mit dem für Innovation und Wachstum bedeutsamen gesellschaftlichen Wissen.[87] Aufgrund dieser Umstände sind sie attraktive Standorte für zukunftsfähige Industrien und gehobene Dienstleistungen.

8.1.1.2 Zuwanderung

Fachkräfte und bildungsorientierte Jugendliche, die aus schrumpfenden Städten *abwandern*, haben ein Ziel, und dieses Ziel ist in der Regel eine der wachsenden Städte. Dort gibt es gute Ausbildungsmöglichkeiten und begehrte Arbeitsplätze. Deshalb finden wir in wachsenden Städten insgesamt ein höheres berufliches Qualifikationsniveau und damit auch höhere Durchschnittseinkommen – bei niedrigerer Arbeitslosigkeit. Für die kommunalen Finanzen ist das erfreulich.

8.1.1.3 Zweckgemeinschaft

Schrumpfende Städte sind einseitig *abhängig* von Akteuren, denen sie machtlos gegenüberstehen. In wachsenden Städten hat sich eine gegenseitige Abhängigkeit, oder

86 Für dieses Kapitel habe ich mich mit den zehn deutschen Großstädten befasst, die zwischen 1990 und 2010 am stärksten gewachsen sind (Statistisches Bundesamt 2013), und mit denen, die im Städtetest 2014 der WirtschaftsWoche die ersten zehn Plätze belegten.

87 Ein Nebeneffekt ist die Belebung städtischer Kultur durch das universitäre Bildungsbürgertum und städtischer Gastronomie durch zahlreiche Studenten.

besser gesagt eine Interessengemeinschaft, von Stadt, Wissenschaft und Wirtschaft herausgebildet. Durch vielfältige personelle und institutionelle Beziehungen, die man je nach Perspektive als „Filz" oder als *Sozialkapital* bezeichnen kann, ist ein dichtes Netzwerk gemeinsamen Nutzens entstanden.

8.1.1.4 Positives Image

Schrumpfende Städte werden *stigmatisiert*, wachsende Städte haben eine gute Presse. Die Medienberichterstattung stellt meist die angenehmen und erfolgreichen Seiten heraus. Vorzeigeprojekte der Stadtentwicklung, Verschönerungen im Stadtbild und Vielfalt im Stadtleben erhöhen den Bürgerstolz und die Attraktivität. In Leipzig, einer der am schnellsten wachsenden deutschen Städte, wurden jüngst die Gründe für die hohe Zuwanderung erfragt: „Ganz oben bei den 2.500 Teilnehmern einer Studie war das Image der Stadt, das schon für den Spitznamen HYPEzig gesorgt hat" (Scheer 2014).

8.1.2 Erlangen – offen aus Tradition[88]

Auch städtische *Resilienz* lässt sich am besten durch ein konkretes Beispiel veranschaulichen. Erlangen hat sich mehrfach von Krisen erholt und ist heute eine der erfolgreichsten deutschen Städte.

8.1.2.1 Die Zentralität von Erlangen

Die *Zentralität* von Erlangen ist schnell beschrieben. Die fränkische Stadt ist gut an den Straßen-, Schienen- und Luftverkehr angebunden[89] und bildet gemeinsam mit Nürnberg und Fürth eine *Metropolregion*. Erlangen ist einer der Standorte der Friedrich-Alexander-Universität Erlangen-Nürnberg, die als zweitgrößte Universität Bayerns auch der zweitgrößte Arbeitgeber der Stadt ist. Zusammen mit anderen Forschungseinrichtungen macht sie Erlangen zur „Wissensstadt" und ist wichtiger Partner innovativer ortsansässiger Unternehmen, unter denen der Siemenskonzern das mit Abstand größte ist.

8.1.2.2 Zuwanderung nach Erlangen

Wer über *Zuwanderung* nach Erlangen spricht, sollte früh ansetzen. Markgraf Christian Ernst öffnete 1686 das lutherische Erlangen für hugenottische (calvinistische) Flüchtlinge und ließ für sie die Neustadt bauen. Rund 1.500 von ihnen siedelten sich in den nächsten Jahren an (Stadt Erlangen o. J. a). Die Bedeutung dieser Zuwanderung für die

88 Ich habe am 7. April 2015 ein Interview mit Cornelia und Daniel Hufeisen über Erlangen geführt. Beide lebten mehrere Jahre in der fränkischen Stadt. Cornelia arbeitete in der Stadtverwaltung, Daniel in der landeskirchlichen ELIA-Gemeinde. Soweit nicht anders angegeben, stammen Beschreibungen des heutigen Charakters der Stadt aus diesem Interview.

89 Erlangen liegt an zwei Bundesautobahnen (A 3 und A 73) und in der Nähe einer dritten (A 9). Die Züge der ICE-Strecke Berlin-München halten hier und der Flughafen Nürnberg ist nur 15 Kilometer entfernt.

Entwicklung der Stadt wird deutlich, wenn man bedenkt, dass die Altstadt in dieser Zeit weniger als 1.000 Einwohner hatte (Stadt Erlangen o. J. b). In Erlangen erinnert man sich gern an dieses Ereignis, auch zur Begründung des Stadtmottos „Erlangen – offen aus Tradition".

Diese Offenheit wird auf konservative Weise verstanden und gelebt, in Verbindung mit einer anderen Eigenschaft der Stadt: Erlangen wird als eine „sehr geordnete Stadt" beschrieben. Stadtplan und Stadtbild sind klar strukturiert. Wer eine Veranstaltung ankündigen will, muss sich Monate vorher in der Stadtverwaltung um Platz und Lizenz für sein Plakat bewerben. (In Berlin nimmt man einfach Kleister und klebt.) Eine ähnliche Regelhaftigkeit zeichnet das gesamte öffentliche Leben aus. Für die Jugend- und Studentenkultur gibt es ein großes Kulturzentrum – ebenfalls ein „geordnetes Haus" –, in dem Tanztees, Partys, Konzerte, Filme und andere Events verwaltet und durchgeführt werden. Dass man ohne kreative „Bruchbuden" und andere unkonventionelle Locations auskommt, liegt auch daran, dass es für eine Studentenstadt nur „eine sehr kleine alternative Szene" gibt. Geordnet verläuft auch das Leben der Bürger. In Berlin trifft man in einigen Stadtteilen kaum jemanden, der in fünf Jahren noch dasselbe machen wird wie heute (oder auch nur weiß, was er in fünf Jahren machen wird). In Erlangen sind die Biografien berechenbarer, Leute ohne geordnete Laufbahn sind rar.

Wer die Offenheit der Stadt sucht, findet sie an anderer Stelle: „Von Siemens und der Stadtverwaltung [wird] die ‚Offenheit' Erlangens gegenüber neuen gesellschaftspolitischen Entwicklungen als einer der wichtigsten Standortfaktoren angesehen. Die Wiederbelebung des auf die hugenottenstädtische Gründung zurückgehenden Slogans ‚Erlangen – offen aus Tradition' erklärt sich vor dem Hintergrund, Verständnis für eine globalisierte, und damit flexibilisierte, Unternehmenspolitik in der Erlanger Bürgerschaft zu erzielen" (Büttner 2009:144).

Auch das hat Tradition. Es waren nicht ausschließlich idealistische Motive, die einst Markgraf Christian Ernst die Stadttore für die Hugenotten öffnen ließen. Im Stadtarchiv kann man lesen: „Der Markgraf Christian Ernst nutzte diese Situation, um die Wirtschaft im Markgrafentum und somit auch in Erlangen anzukurbeln, und gewährte den Flüchtlingen das Recht auf Ansiedlung" (Stadt Erlangen o. J. a). Zuwanderer, die weniger ökonomischen Nutzen versprachen, hatten es in Erlangen nicht immer so leicht, willkommen zu sein. Vor einigen Jahren gab es eine Kontroverse um „Sheriff Gnadenlos", einen Mitarbeiter des Ausländeramtes, durch die deutlich wurde, dass späteren Flüchtlingen gelegentlich weniger Gunst zuteilwurde als ihren hugenottischen Vorgängern (Hufeisen 2012). Der Fairness halber muss hinzugefügt werden, dass Erlangen sich danach am Modellprojekt „Ausländerbehörden – Willkommensbehörden" des Bundesamtes für Migration und Flüchtlinge beteiligte (Stadt Erlangen 2013).

Erlangen ist eine wachsende Stadt. In den letzten fünfzehn Jahren hat die Zahl der Einwohner kontinuierlich zugenommen (Stadt Erlangen 2015a). Die meisten Zuwanderer kommen wegen eines Ausbildungs- oder Arbeitsplatzes. Erlangen ist international.

Der Anteil an Ausländern ist in den letzten Jahren auf ungefähr 15 Prozent gestiegen (ebd.), einen Migrationshintergrund haben mehr als doppelt so viele. Bemerkenswert ist die Zusammensetzung. Mir ist keine andere deutsche Stadt bekannt, in der Menschen aus China und Indien die dritt- und viertgrößte Gruppe von Ausländern bilden.[90] Viele von ihnen gehören zu den Asiaten, die bei Siemens arbeiten.

8.1.2.3 Zweckgemeinschaft von Stadt, Wirtschaft und Universität

Dass Wirtschaft und Universität gute Partner sind, wurde schon erwähnt. Zusammen mit der Stadt bilden sie eine *Zweckgemeinschaft*, von der alle profitieren. Hier wirkt sich aus, dass gezielt eingesetzte „Offenheit" Erlangen schon mehrfach geholfen hat, Krisen zu bewältigen und erfolgreich aus ihnen hervorzugehen. Die Hugenotten waren eine willkommene Verstärkung beim mühsamen Wiederaufbau nach dem Dreißigjährigen Krieg. Nach dem Zweiten Weltkrieg spielten wieder Kriegsflüchtlinge eine wichtige Rolle beim Aufschwung der Stadt. 50 Jahre später war die Situation nicht so dramatisch, aber eine Krise gab es auch und sie betraf sowohl die Stadt als auch Siemens.[91]

Ende der 1980er-Jahre schlugen die wirtschaftlichen Veränderungen infolge der Globalisierung in Erlangen durch. Traditionsfirmen wurden verlegt, Arbeitsplätze abgebaut, die Pro-Kopf-Verschuldung stieg auf Rekord-Niveau. 1994 zog auch noch die US-amerikanische Garnison ab. In Städterankings nahm die Stadt Plätze im hinteren Bereich ein. 1996 wurde ein Jahr der Entscheidung. Bei Siemens geriet die traditionsreiche Medizintechnik in eine schwere Krise. Der Konzern „sah sich [...] bereits gezwungen, den Standort Erlangen aufzugeben" (Büttner 2009:135).

In dieser Situation wurde der CSU-Mann Siegfried Balleis ins Amt des Oberbürgermeisters gewählt, das er bis 2014 innehatte. Er entwickelte das Leitbild, Erlangen bis 2010 zur „Bundeshauptstadt für Medizin und Gesundheit" zu machen. Die Hauptrolle sollte dabei die Siemens-Medizintechnik spielen. Der Oberbürgermeister hatte gegenüber dem Konzern gute Argumente: Forschungseinrichtungen, Kliniken und andere Unternehmen im Bereich Medizintechnik, Pharma und Biotechnologie machten Erlangen zu einem idealen Ort für medizinische Innovationen und Siemens sollte „selbstverständlich die notwendigen Rahmenbedingungen" (ebd. S. 136) erhalten durch eine „konstruktive Zusammenarbeit [...] von Stadtverwaltung, Unternehmen und Bürgern" (ebd.). Für diese Sprache war man bei Siemens empfänglich.

Wie eng die Liaison von Stadt und Konzern wurde, lässt sich gut an einem Beispiel ablesen. Manfred Hopfengärtner war bis 2008 Standortleiter bei Siemens, saß aber auch für die CSU im Stadtrat. Privat sammelte er „Autos [...] Kontakte und Ehrenämter" (Pletter 2007:87). Manche nannten ihn „den heimliche Bürgermeister der Stadt" (Gehrmann 2007), eine Einschätzung, der er kaum widersprochen hätte, denn er selbst sah es

90 Die beiden größten Gruppen sind Türken und Italiener (Stadt Erlangen 2015b).
91 Die folgenden Angaben stammen, soweit nicht anders angeben, aus Büttner 2009.

ähnlich: „Ich bin die Stadt" (Büttner 2009:138). Aus solch einer Position heraus lässt sich dann gut zusätzlicher wechselseitiger Nutzen von Konzern und Universität generieren, wie folgende Äußerung des Standortleiters in einem Interview belegt:

> Das gehört zur Kooperation mit der Uni, wenn z. B. ein Professor nach Erlangen kommt, der ... gutes Renommee hat, und wir wollen den gewinnen und dann kommt ja oft die Frau, die Lebensgefährtin, die ja auch arbeiten wollen [Grammatik wie im Original]. Hier bieten wir dann auch Arbeitsplätze an für die Frauen, so dass dann die Familie auch zusammen geführt werden kann. Also, das sind auch Sachen, die wahrscheinlich der Universität dann helfen, denn dadurch kriegen sie halt sehr gute Leute nach Erlangen. (ebd. S. 139)

8.1.2.4 Positives Image

Für Erlangen sprechen zunächst die Fakten. Beim Städtetest 2014 der WirtschaftsWoche belegte Erlangen im Niveau-Ranking[92] (WirtschaftsWoche 2014:7) den zweiten Platz von 69 deutschen Großstädten und wurde Testsieger im Teilbereich „Arbeitsmarkt". Die Stadt hat den geringsten Anteil an Hartz-IV-Empfängern und den höchsten an Akademikern. Nirgendwo sonst werden im Verhältnis zur Zahl der Erwerbstätigen so viele Patente angemeldet.

Der Stadt geht es finanziell gut, die Privathaushalte haben eine hohe Kaufkraft. Das Leben in der Stadt hat Niveau: Die hochkulturellen Ansprüche der örtlichen Bildungsoberschicht wollen erfüllt werden und so ist das kulturelle Angebot für eine kleine Großstadt ausgesprochen gut. Erlangen ist darüber hinaus grün, fahrradfreundlich und infrastrukturell gut ausgestattet. Der Erlanger kann in seiner Stadt gut leben.

Wer solche Fakten aufzuweisen hat, über den wird positiv berichtet. Dem entspricht ein gesundes Erlanger Selbstbewusstsein, das sich in den ambitionierten Zielen ausdrückt, „Bundeshauptstadt für Medizin und Gesundheit" und die „familienfreundlichste Stadt Bayerns" (Büttner 2009:140) zu werden, und im Stadtmotto „Erlangen – offen aus Tradition". Der Erlanger kann stolz auf seine Stadt sein.

8.2 Urbane Mission in wachsenden Städten

Welche Chancen und Aufgaben hat urbane Mission in Städten, die sich durch Wachstum und Wohlstand auszeichnen? Zunächst stelle ich eine These voran:

> Der wichtigste Ausgangspunkt urbaner Mission in erfolgreichen Städten ist nicht die Bedürftigkeit der Menschen, sondern ihr Potenzial.

92 Das Niveau-Ranking ist eine aktuelle Momentaufnahme, für die Städte in vier Bereichen bewertet werden: Arbeitsmarkt, Wirtschaftsstruktur, Immobilienmarkt und Lebensqualität.

8.2.1 Soziales Engagement

In der Regel findet man bei einkommensstärkeren und besser gebildeten Schichten eine höhere Bereitschaft, sich ehrenamtlich zu engagieren und für das Gemeinwohl einzusetzen. Sie besitzen außerdem die dafür erforderlichen Fähigkeiten, Finanzen und Verbindungen. In einer wachsenden Stadt stellen diese Leute einen höheren Anteil an der Bevölkerung. Wir dürfen deshalb mit einem hohen bereits vorhandenen Engagement rechnen. Es ist ein guter erster Schritt der urbanen Mission in wachsenden Städten, nicht gleich mit dem zu beginnen, was wir tun können und sollen, sondern mit Freude über und Dankbarkeit für das Gute, das in der Stadt bereits geschieht.

Auch in Erlangen geschieht schon viel Gutes. „Von über 600 ehrenamtlichen Gruppen, Institutionen und Vereinen, sowie von zahlreichen Einzelpersonen [werden] in den Bereichen Soziales, Kultur, Sport, Kirche und Umwelt enorme Leistungen für eine lebendige Bürgergesellschaft unserer Stadt erbracht“ (Stadt Erlangen o. J. c). Die Stadtverwaltung fördert diesen Einsatz durch ihre Ehrenamtsbeauftragte, einen „Runden Tisch Ehrenamt“, eine Internet-Plattform „Ehrenamt online“ und eine Aktiv-Card als Anerkennung für Engagierte, mit der sie in städtischen Einrichtungen Vergünstigungen erhalten.

Für Daniel Hufeisen ist in einer Stadt wie Erlangen ein Ansatzpunkt urbaner Mission, das „Potenzial der Gebildeten und Reichen zu nutzen und ihnen Möglichkeiten aufzuzeigen, wie sie das, was sie haben, zum Guten einsetzen können“. Deshalb startete er mit der ELIA-Gemeinde das Projekt fairlangen.org, um für ein nachhaltigeres und faireres Leben im Alltag zu werben und praktische Wege dazu aufzuzeigen (→ Box). Im Interview sagte er mir: „In einer armen Stadt, in der viele Menschen von Hartz IV leben, wäre der faire Handel nicht mein größtes Thema. Aber in einer Stadt, in der die Menschen genug Geld haben, um beim Einkaufen nicht nur auf den Preis zu schauen, möchte ich zeigen, wie man durch die Konsumentscheidungen, die man trifft, sich für mehr Gerechtigkeit einsetzen kann.“

MODELLE UND BEISPIELE

Daniel Hufeisen über fairlangen.org

Vision: „Erlangen wird fairer“ ist die Kurzfassung der Vision von fairlangen.org. Die Erlanger Bürger, Unternehmen und Stadtverwaltung sollen motiviert werden, gerechter und nachhaltiger zu leben. Dazu sollen sie über fairlangen.org alle notwendigen Informationen bekommen.

Ablauf: Die Idee zu fairlangen.org entwickelte sich im Rahmen des „Just People?“-Kurses der Micha-Initiative. Dieser Kurs zum Thema Armut und soziale Gerechtigkeit, der sich als „Gebrauchsanweisung zu globaler Nächstenliebe" versteht, wurde Anfang 2009 in der ELIA-Gemeinde durchgeführt. In dem Kurs, in dem es darum ging, was der Auftrag der Christen zu diesen Themen ist und wie man als Einzelner und als Gemeinde gegen Armut und Ungerechtigkeit aktiv werden kann, sollte als Abschluss ein gemeinsames Projekt gemacht werden. Den Teilnehmern des Kurses war es wichtig, dass das Projekt nicht nur kurzfristig, sondern „nachhaltig" wirksam ist. Da den Teilnehmern eine Übersicht über die konkreten Handlungsmöglichkeiten (in den Bereichen Gerechtigkeit und Nachhaltigkeit) in Erlangen fehlte und jeder Teilnehmer andere Erfahrungen und Kenntnisse einbrachte, kam die Idee, diese zu bündeln und auf einer Website zu veröffentlichen. Damit konnten auch Erlanger, die den Kurs nicht besucht hatten, davon profitieren.

Daraus entstand zunächst ein Team, das die Website gestaltete und mit Inhalt füllte. Schon bald entwickelten sich von der Website ausgehend zahlreiche Kooperationen mit anderen Initiativen und Organisationen in Erlangen und darüber hinaus. Aus diesen Kooperationen entstanden unter anderem Ausstellungen, Events zu fairer Mode, die Dokufilmreihe „Weitsicht ERlangen" und Aktionen zur Fairen Woche. Außerdem wurden eine Stadtschokolade und ein Stadtkaffee „Genuss ERlangen" eingeführt. Fairlangen.org initiierte auch den Prozess zur Bewerbung Erlangens als Fairtrade-Stadt. Mit diesem Titel soll das Thema Fairtrade in Erlangen noch bekannter werden. Die Bürger und die Stadtverwaltung sollen dazu motiviert werden, bei ihrem Einkauf auf Fairtrade zu setzen.

Transformative Wirkung: Mit www.fairlangen.org gibt es erstmals eine umfassende Informationsquelle zu einem „fairen und nachhaltigen Lebensstil" in Erlangen. Erlanger, die ihr Leben in bestimmten Bereichen nachhaltiger gestalten wollen, finden auf www.fairlangen.org die dafür notwendigen Informationen, wie und wo sie das umsetzen können. Die bisherigen Reaktionen auf die Initiative waren durchweg positiv. Regelmäßig berichten Besucher der Website, dass sie dort angesprochene Punkte umgesetzt haben bzw. dass sie zum Nachdenken über das Thema angeregt wurden. Auch die Möglichkeit, ergänzende Vorschläge einzureichen, wird häufig genutzt.

Die Bewerbung als Fairtrade-Stadt war erfolgreich: Der Stadtrat diskutierte angeregt über Fairtrade und stimmte mit nur einer Gegenstimme für die Bewerbung. Am 20. Oktober 2012 wurde Erlangen mit dem Titel „Fairtrade-Stadt" ausgezeichnet.

Abbildung 8.1: Erlangen ist Fairtrade-Stadt geworden

In den genannten Punkten zeigt sich die transformative Wirkung des Projektes: Einzelne Menschen und auch die gesamte Stadtverwaltung überdenken und ändern durch fairlangen.org angeregt ihr Konsumverhalten und ihren Lebensstil. Und auch die Kooperationen bewirken Veränderungen: Menschen, Organisationen und Geschäfte, die vorher nicht kooperierten, werden zusammengebracht und setzen sich nun gemeinsam für Gerechtigkeit und Nachhaltigkeit ein.

In Erlangen lassen sich viele gern auf die Unterstützung guter Projekte ansprechen. Während in einer armen Stadt wie Pirmasens Solidarität vor allem nach innen gebraucht wird, kann die Solidarität einer reichen Stadt wie Erlangen nach außen wirksam werden. Wer durch extreme berufliche Beanspruchung wenig Zeit und Kraft investieren kann, hat dafür mehr Möglichkeiten zu spenden. Christen fördern zum Beispiel missionarische Projekte in anderen Ländern. Ein Hinweis ist hier angebracht: Menschen, die gebildet und wirtschaftlich erfolgreich sind, sind es gewohnt, auf Qualität zu achten. Auf hemdsärmelig präsentierte Projekte reagieren sie oft nicht sonderlich wohlwollend. Wer ihre Unterstützung gewinnen will, sollte mit einer guten Projektplanung, einer ansprechenden Präsentation und einer überzeugenden *Evaluation*[93] aufwarten.

93 Evaluation bedeutet die überprüfbare Bewertung, ob und in welchem Umfang Ziele erreicht werden. Mit einer guten Evaluation beugt man christlicher Mogelei vor, die allzu schnell nach der frommen Legitimation greift, dass „erst die Ewigkeit zeigen wird", was bei unserem Tun herauskommt, und dahinter einen Mangel an Wirksamkeit versteckt.

8.2.2 Als Christ im Beruf

Wie lebt man als Christ seinen Glauben im Beruf? Diese Frage markiert ein weiteres Thema urbaner Mission in wachsenden Städten. Ein Mitglied der ELIA-Gemeinde kam bei einem Unfall ums Leben. Er war Anfang 50 und hatte eine gute Position bei Siemens. Auf der Beerdigung würdigte ihn ein Kollege. Mit wenigen Sätzen beschrieb er, was für eine besondere Person der Verstorbene gewesen war. Dieser sei ihm mit ungewöhnlicher Herzlichkeit begegnet und habe eine besondere Ausstrahlung gehabt. Dann erwähnte er sein weltweites Engagement für soziale Projekte, für die er unter den Kollegen gesammelt hatte. Solche Menschen braucht die urbane Mission.

8.2.3 Das seelische und familiäre Wohl fördern

Menschen, die materiell gut versorgt sind, zahlen dafür oft den Preis von Dauerstress, der mit der Höhe der Position zunimmt. Burnout ist ein Thema. Angebote für Ausgleich, Entspannung und seelisches Wohl können helfen, vor allem wenn sie deutlich machen, dass der christliche Glaube in dieser Hinsicht eine Ressource ist. Weitere Themen sind Ehe und Familie: Wie ist auch bei hoher zeitlicher Beanspruchung eine glückliche Partnerschaft und ein gesundes Familienleben möglich? Die Gemeinde kann durch gute Angebote für Kinder, Jugendliche und Familien unterstützen. Und sie kann sich darauf verlassen, dass ihr in wachsenden Städten die Zielgruppen für diese klassischen Sparten von Gemeindearbeit nicht abhandenkommen.

8.2.4 Fluktuation

Dass Städte wachsen, bedeutet nicht, dass alle Zuwanderer sich dauerhaft niederlassen, sondern nur, dass mehr hinzukommen als weggehen. Erfolgreiche Städte haben eine hohe Fluktuation ihrer Einwohner. Bei Studenten liegt das auf der Hand: Studiengänge werden abgeschlossen oder woanders fortgesetzt. Aber es betrifft auch die Berufstätigen. In Bezug auf Erlangen erfährt man: „Pro Jahr waren es zuletzt bis zu tausend Siemensianer, die aus Erlangen weggingen. Aber eben auch genauso viele, die kamen" (Przybilla 2014). Christliche Gemeinden in der Stadt können es bestätigen. Beruflich bedingt gehen Leute mit ihren Familien für mehrere Jahre ins Ausland oder ganz weg. In der ELIA-Gemeinde war in einer Gruppe von jungen Erwachsenen (in der vorfamiliären Phase) eine beliebte Frage, wer schon am längsten in Erlangen wohne. Oft lag ein Engländer vorn, der zum Studium in die Stadt gekommen war.

Die traditionelle Gemeinde ist gewöhnt, dass ihre Leute langfristig und immer da und in das Gemeindeleben voll integriert sind. In der postmodernen Stadt funktioniert das nicht mehr. Die zeitliche und räumliche Fragmentierung vieler Biografien bedeutet, dass die Gemeinde diese Leute nur für eine gewisse Zeit hat und dass viele auch nur partiell ins Gemeindeleben integriert sind. Auch von der Gemeinde fordert die Postmoderne die Tugend der Flexibilität. Anstatt darüber zu jammern, sollte sie sich Gedanken machen, wie diese Umstände konstruktiv bewältigt werden können.

8.2.5 Soziale Ungleichheit

Bei allem Wohlergehen ist es nicht so, dass die wachsende und erfolgreiche Stadt die klassischen Aufgabengebiete für missionarisch-diakonisches Engagement nicht mehr kennt. Es gibt weniger Arme, aber die, die es gibt, leiden aufgrund des größeren Abstandes zum Rest der Stadt oft mehr an ihrer Armut.

In Erlangen gibt es trotz des allgemeinen Wohlstandes kleine „soziale Brennpunkte". Es sind abgeschlossene Lebenswelten mit wenig Außenkontakten. Ein bürgerliches Wohngebiet auf der anderen Seite der Straße ist für sie sehr weit entfernt. Eine Sozialarbeiterin, die in einem dieser Gebiete mit Kindern und Jugendlichen arbeitete, erzählte den Bewohnern, dass sie gleichzeitig auch in einem nahe gelegenen anderen Stadtteil tätig war, von dem sie nur ein Kanal und eine Autobahn trennten. Die Reaktion hätte kaum erstaunter ausfallen können, wenn sie verkündet hätte, gleichzeitig auf verschiedenen Kontinenten zu arbeiten.

Auch Erlangen ist – wie in der postmodernen Stadt zu erwarten – polarisiert und fragmentiert.

8.2.6 Das Evangelium für Erlangen

Für die Verkündigung in schrumpfenden und armen Städten habe ich ein „einfaches, positives und von Zuversicht getragenes Evangelium" empfohlen. Zuversicht ist auch in reichen und erfolgreichen Städten nicht verkehrt, aber es gibt Formen von Einfachheit, die nicht zu empfehlen sind. Leute, die es gewohnt sind, differenziert zu denken, und die wissen, dass es oft mehr als eine Perspektive gibt, wollen keine Verkündigung ohne Graustufen. Leute, die gelernt haben, größere Zusammenhänge zu sehen, suchen keine Verkündigung, die nicht über die eigene kleine Lebenswelt hinaussieht. Leute, die anspruchsvolle Kultur lieben, lieben auch anspruchsvolle Verkündigung. Leuten, die viel haben, wird es guttun, in ihrer ohnehin höheren Bereitschaft zum gemeinnützigen (finanziellen) Engagement durch die Verkündigung bestärkt zu werden. Ich formuliere für diesen Kontext meine These:

> Städte mit vielen gebildeten und erfolgreichen Einwohnern brauchen ein weites, durchdachtes und Solidarität erzeugendes Evangelium.

Darüber hinaus hat die evangelistische Aufgabe der Gemeinde einen besonderen Akzent: Wie lädt man Menschen zum Glauben ein, die nicht bedürftig sind und gerade nicht durch eine Krise gehen? Eine defizitorientierte Evangelisation richtet sich an den Menschen am Boden, um ihn wieder aufzurichten. Wir haben gesehen, dass die Evangelisationspraxis der Apostelgeschichte anders aussah (→ Kap. 1.4.3). Ihr Ausgangspunkt war nicht die Gottesferne und Bedürftigkeit der Menschen, sondern die Menschennähe und die Wohltaten Gottes. Wer die Schönheit Gottes entdeckt, kann ihn lieben lernen, auch ohne vorher am Boden zu liegen.

Abschließend folgt ein Beispiel für ein gelungenes evangelistisches Format, das in Erlangen auch bei kirchenfernen Menschen großen Anklang findet: „Gott im Berg".[94]

MODELLE UND BEISPIELE

Pure Passion: Gott im Berg
Peter Aschoff

Ich fand Karfreitagsgottesdienste oft schwierig: Wie lässt sich diese abgründige, drastische, aber fast allen bestens bekannte Geschichte so erzählen, dass man nicht beim gut gemeinten Versuch, durch die schockierende Dramatisierung irgendeinen Aha- oder Überraschungseffekt zu erreichen, Menschen wie einst Mel Gibson mit viel Theaterblut den Appetit verdirbt? Dringen Worte überhaupt noch durch oder müsste man besser schweigen? Und wie kann das alles auch noch kompatibel werden für Menschen, denen der christliche Glaube fremd ist?

Vor ein paar Jahren haben wir statt eines Gottesdienstes einen Kreuzweg aufgebaut, zunächst im verdunkelten Gemeindesaal – die klassischen 14 Stationen aus der christlichen Tradition. Zwei Stunden lang konnten die Gottesdienstbesucher allein oder als Familie durchgehen, innehalten, einen Bibelvers lesen und dann mit einer kurzen Anleitung etwas betrachten, anfassen, schmecken, hören oder tun. Zum Beispiel hatten wir für die Grablegung eine Granitplatte ausgeliehen, auf die jeder nach jüdischem Brauch einen Stein legen konnte. Und bei den weinenden Frauen Jerusalems konnte man einen Tropfen Salzwasser schmecken. Keine langatmigen Kommentare, schon gar keine Predigt, nur Instrumentalmusik, der dunkle Raum und Stille. Es ging nicht darum, die Szenen von damals nachzubilden, sondern durch die Installationen die Verbindung in die Gegenwart zu schlagen, weil das Leiden Jesu damals mit dem Leiden aller Menschen zu allen Zeiten zu tun hat.

Ich saß den Vormittag über am Eingang und kann mich nicht erinnern, jemals so viele Menschen gesehen zu haben, die sich beim Verlassen des Raumes Tränen aus den Augen wischten und erst nach einer ganzen Weile wieder sprechen wollten. Wir haben das Ganze im Jahr darauf wiederholt und dann stand die Frage im Raum, warum man das nicht für all die anderen Menschen in unserer Stadt öffnen könnte.

94 Den Erlangern ist es beschwerlich geworden, dass immer mehr Christen aus anderen Regionen als „spirituelle Touristen" zu „Gott im Berg" kommen. Durch ihre große Anzahl erhöhen sich die Wartezeiten und erschwert sich das Erleben für die eigentliche Zielgruppe. Der Bericht von Peter Aschoff ist als Anregung gedacht, nicht als Einladung.

Freilich kann man – aber wie?

Was am Rhein der Karneval und in München das Oktoberfest ist, das ist in Erlangen die Bergkirchweih. An Pfingsten bevölkern zehn Tage lang Hunderttausende die Bierkeller am Burgberg, man trifft sich und feiert, selbst die Standesunterschiede scheinen aufgehoben. „Der Berg" ist ein besonderer, fast heiliger Ort. 355 Tage im Jahr aber ist dort kaum Betrieb. Bevor es Kühlhäuser gab, wurde in den Kellern bei konstant 8 Grad Bier gelagert. Der längste unter ihnen führt mehrere hundert Meter in die Sandsteinfelsen hinein. Im Sommer veranstaltet einer der Wirte Führungen. Die dunklen Gänge sind dann mit Kerzen beleuchtet, es ist kühl und der Lärm der Stadt bleibt draußen. Hier und da tropft etwas Wasser von den Wänden, der Atem kondensiert in der Kälte.

Abbildung 8.2: Gott im Berg

Wir bekamen die Erlaubnis, im nächsten Jahr unseren Kreuzweg in diesem Keller aufzubauen – die perfekte Umgebung. Das war die Geburtsstunde von Gott im Berg: Wir passten unser Konzept den Gegebenheiten an, stellten viele Kerzen und ein paar Scheinwerfer auf, verteilten die Stationen so, dass ein Rundgang entstand, der eine gute halbe Stunde dauerte, wenn man gemächlich lief, und druckten ein paar Plakate. Am Karfreitag kamen 600 Leute – längst nicht alle kirchlich sozialisiert. Wieder waren viele tief angerührt und bedankten sich beim Abschied mit einem Kloß im Hals. Die Lokalzeitung schrieb einen schönen Bericht. Im Jahr darauf kamen bei schönem Wetter rund 900 Leute – wir hatten ein paar neue Ideen eingebracht und die Beleuchtung verbessert. Letztes Jahr mussten dann manche der 1.200 Besucher eine knappe Stunde warten, weil aus Sicherheitsgründen nur 100 Personen gleichzeitig in den Keller dürfen, und zu unserem Erstaunen blieben die meisten tatsächlich so lange da. 2012 begann „Gott im Berg“ schon am Gründonnerstag, und obwohl die Zeitung unsere Pressemeldung verschmähte und es draußen kalt war, hatten wir 1.500 Gäste, die sich ins Dunkel des Berges und auf die Spuren Jesu wagten. Am meisten aber staunen wir darüber, wie sich die Passionsgeschichte selbst erzählt, wenn man sie lässt, und wie am richtigen Ort auch solche Menschen einen Zugang finden, die sonst kaum den Fuß in eine Kirche setzen. Es war der längste und buchstäblich auch der coolste Gottesdienst, den ich je an einem Karfreitag erlebt habe.

FAZIT

- Erfolgreiche und wachsende Städte zeichnen sich durch Resilienz aus, d. h. die Fähigkeit, sich von wirtschaftlichen Schocks zu erholen und zu einem Wachstumspfad zurückzukehren, und sind durch vier Dimensionen gekennzeichnet.
  - Zentralität: Durch gute Lage und Erreichbarkeit sind sie attraktive Standorte.
  - Zuwanderung: Gute Ausbildungs- und Arbeitsplätze ziehen Menschen an und führen zu einem durchschnittlich höheren Qualifikationsniveau, höheren Einkommen und weniger Arbeitslosigkeit.
  - Zweckgemeinschaft: Stadt, Wissenschaft und Wirtschaft bilden eine Interessengemeinschaft.
  - Positives Image: Die überregionale Presse konzentriert sich auf die positiven Aspekte der Stadt.
- Der wichtigste Ausgangspunkt urbaner Mission in erfolgreichen Städten ist nicht die Bedürftigkeit der Menschen, sondern ihr Potenzial.
- Urbane Mission geschieht oft durch Menschen an ihrem Arbeitsplatz. Ein wichtiges Thema für Gemeinden ist daher, wie man seinen Glauben im Beruf leben kann.
- Materiell gut versorgte Menschen leiden oft an Dauerstress und sind durch Angebote für Ausgleich und Entspannung sowie Unterstützung in Bezug auf Partnerschaft und Familie ansprechbar.
- Auch in erfolgreichen Städten gibt es Arme, die aufgrund ihres größeren Abstands zum Rest der Stadt oft besonders darunter leiden, und damit Raum für missionarisch-diakonisches Engagement.
- Städte mit vielen gebildeten und erfolgreichen Einwohnern brauchen ein weites, durchdachtes und Solidarität erzeugendes Evangelium.

- Welche einkommensstärkeren und besser gebildeten Menschen gibt es in (oder im Umfeld) Ihrer Gemeinde / Initiative? Wie engagieren sie sich bereits? Was können Sie tun, um ihr Potenzial weiter zu unterstützen?
- Wie gehen Sie in Ihrer Gemeinde / Initiative mit Menschen um, die nur für begrenzte Zeit bei Ihnen sind oder z. B. aufgrund hoher Arbeitsbelastung nur wenig Zeit haben? Wie können Sie dazu beitragen, dass sie als „vollwertige" Mitglieder bei Ihnen integriert sein können?
- Wie sieht die Evangelisationspraxis in Ihrer Gemeinde / Initiative aus? Konzentriert sie sich auf Gottesferne und Bedürftigkeit der Menschen oder nimmt sie ihren Ausgangspunkt von der Menschennähe und den Wohltaten Gottes?

- Peter Aschoff: Mit Gott im Job. Ganzheitlich leben – Gott am Arbeitsplatz begegnen (Aschoff 2004). *Der Pastor der ELIA-Gemeinde hat viele Leute wie die in diesem Kapitel beschriebenen in seiner Gemeinde und zeigt Wege, wie sie im beruflichen Alltag mit Gott unterwegs sein können.*
- Timothy J. Keller und J. Allen Thompson: Handbuch zur urbanen Gemeindegründung (Keller & Thompson 2012). *Tim Keller ist erfolgreicher Gemeindegründer unter gebildeten Professionals in New York. Seine Redeemer Gemeinde ist weltweit zu einem einflussreichen Modell geworden, auch in Deutschland.*

Die friedliche Revolution in der ehemaligen DDR und die Wiedervereinigung sind für viele ein Wunder Gottes. Gleichzeitig haben viele Menschen im Osten durch die Wende nicht nur gewonnen. Wer unter ihnen urbane Mission betreiben will, muss sie und ihre Erfahrungen zunächst einmal verstehen.

9. Gottes Werk und Teufels Beitrag

Die postsozialistische Stadt

Die Bekanntgabe der Reisefreiheit für DDR-Bürger und die Öffnung der innerdeutschen Grenze am 9. November 1989 lösten auch in Gotha großen Jubel aus.

> Es ist unfaßbar! Die Freude ist betäubend! [...] Der Andrang vor der Kirche war so groß, daß Hunderte gar nicht hineinkamen. Sie standen auf dem Vorplatz in der Kälte und verfolgten mittels dafür an der Kirche angebrachter Lautsprecheranlagen die Informationsstunde und das Friedensgebet. Die Demonstration von ca. 25.000 Menschen führte durch die Stadt zum Rathaus. Dort wurden die Transparente und Kerzen aufgestellt. Zum 1. Mal singen alle die Nationalhymne der DDR mit dem verbotenen Text „Deutschland, einig Vaterland". (aus der Dokumentation einer Ausstellung zur Wende[95]; Franz 1994a:74)

Elf Monate später, am 3. Oktober 1990, wurde in Gotha die Wiedervereinigung gefeiert. Sie ist bis heute ein Grund zum Feiern geblieben, für Gothaer und für andere Deutsche. Auch viele Christen feiern den Jahrestag. Für sie ist die friedliche Revolution ein Wunder Gottes und eine Gebetserhörung. Christen in Ost-Deutschland sind dankbar für das Ende jahrzehntelanger Diskriminierung und Repression. Doch damals verbanden sich mit der Freude Erwartungen, die bald bei vielen Menschen zu Enttäuschungen wurden.

> Zur ersten Feier der Deutschen Einheit am 3. Oktober 1990 sollte zum letzten Mal unbeschwerte Stimmung aufkommen. Die darauf folgenden Erfahrungen von Arbeitslosigkeit, unsicheren Beschäftigungsverhältnissen, Kurzarbeit, plötzlichem Berufswechsel sowie Preis- und Mieterhöhungen bereiteten ungeahnte Zukunftsängste. (Schlegelmilch 2006:8)

95 Der Begriff „Wende" ist umstritten. Er stammt von Egon Krenz und steht in den Augen vieler Beteiligter für eine verkürzte Darstellung der friedlichen Revolution. Andererseits ist er eingebürgert, kurz und prägnant und wird von der Fachliteratur und vielen meiner ostdeutschen Kontakte verwendet. Ich bitte darum, ihn in diesem Kapitel in einem wertneutralen Sinn zu verstehen.

Die Menschen im Osten haben bei der Wiedervereinigung nicht nur gewonnen. Wer in den postsozialistischen Städten der Neuen Bundesländer urbane Mission betreiben will, muss sie verstehen. Deshalb geht es in diesem Kapitel nur am Rande um strukturelle Entwicklungen ostdeutscher Städte.[96] Im Mittelpunkt stehen ihre Bewohner – viele Beispiele sind aus Gotha[97] –, die die Veränderungen der Wende bewältigen und verarbeiten mussten und von diesen Erfahrungen bis heute geprägt sind. Deswegen lässt das Heute sich besser durch einen Rückblick auf das Damals begreifen.

9.1 Phasen des Umbruchs

9.1.1 Erlebnisdichte und Zumutung

Selten haben so viele Menschen in so kurzer Zeit so viel erlebt wie die Menschen der ehemaligen DDR während der friedlichen Revolution. Helga Königsdorf schrieb Mitte 1990: „Alles geht sehr durcheinander. Man erlebt seit einem halben Jahr mehr als vorher in zwanzig, dreißig Jahren" (Königsdorf 1990:127). Das Mitteilungsbedürfnis war groß. Sozialforscher stießen bei Befragungen im Osten auf eine „abnormal hohe Antwortbereitschaft" (Herlyn 1994b:35). Die Menschen nutzten die Gelegenheit der Gespräche zur Verarbeitung der Erlebnisdichte (ebd. S. 34).

Selten ist so vielen Menschen in so kurzer Zeit so viel zugemutet worden wie den Menschen der ehemaligen DDR nach der Wiedervereinigung. 1992 schrieb Wolfgang Thierse: „Eine radikale Umstellung des Alltagslebens, ein Wechsel von politischen, ideologischen, kulturellen Mustern und Leitbildern wird uns abverlangt, ein totaler Wandel unseres Lebens und unseres Selbst vollzieht sich. So viel Anfang war nie und zugleich so viel Ende, und beides erzeugt nicht nur Hoffnungen" (Thierse 1992:9). In Gotha waren die Menschen 1993 schweigsamer geworden: Aus „Enttäuschung und manchmal sogar Resignation" (Herlyn 1994b:35) zeigten sie gegenüber einer erneuten Befragung mehr Zurückhaltung (ebd. S. 35-36).

96 Viele sind den Entwicklungen zur postmodernen Stadt ähnlich, nur dass die Prozesse schneller und radikaler verlaufen sind.

97 Eine Gruppe von Stadtsoziologen aus der BRD erkannte unmittelbar nach der Wende die Chance, etwas Neues von der Entstehung an zu beobachten. Sie wählten Gotha als Fallbeispiel (zu den Gründen siehe Herlyn 1994b:31-32) und erforschten die Entwicklung der Stadt von 1990 bis 2012 mit einem breiten Mix an Methoden (zur Beschreibung siehe Herlyn 1994b; Bertels 2015b). Unter anderem führten sie eine Reihe von qualitativen Interviews, zum Teil als wiederholte Befragung derselben Personen in größeren zeitlichen Abständen. Ihre Ergebnisse veröffentlichten sie in drei Gotha-Studien (Herlyn & Bertels 1994; Bertels & Herlyn 2002; Bertels 2015a).

9.1.2 Aufbruch

Die Geschehnisse des Jahres 1989 hielten sich in Gotha „in erstaunlicher Parallelität [...] an das ‚Drehbuch[98] der Wende'" (Franz 1994a:68). Zuerst wuchs die allgemeine Unzufriedenheit (ebd. S. 69). „So geht´s nicht weiter", war die Grundstimmung angesichts der katastrophalen Situation vieler Betriebe. Vorfälle wie die Unterstützung staatlicher Repression in China durch die SED-Führung und vermutete Fälschungen bei den Kommunalwahlen im Mai 1989 schürten den Unmut über die „politische Strangulierung" (Herlyn 1994a:22). Hinzu kamen desolate Zustände in der eigenen Stadt.

Abbildung 9.1: 1989 – Die Gothaer gehen auf die Straße

Die Initiatoren der friedlichen Revolution gehörten anfangs auch in Gotha zum größten Teil zur evangelischen Kirche (Franz 1994a:68). Ein wöchentliches Friedensgebet in der Augustinerkirche wurde im August 1989 begonnen, die Zahl der Teilnehmer wuchs schnell von 40 auf 1.000 an. Bald schlossen sich abendliche Protestmärsche in die Innenstadt an (ebd. S. 70). Die Stimmung war oft explosiv, aber es gelang den Initiatoren, den gewaltfreien Charakter zu wahren. Am 27. Oktober zogen die Demonstranten zum „Rat des Kreises" und forderten die Funktionäre auf, sich den Fragen der Bevölkerung zu stellen (ebd. S. 72). Zwei Tage später kam es dazu:

> An diesem Sonntag waren auf dem Hauptmarkt 20.000 Bürger versammelt [...] Zwei Mikrophone standen der Bevölkerung zur Verfügung. Über vier Stunden lang wur-

98 Mit dem Begriff „Drehbuch" wird zum Ausdruck gebracht, dass die Vorgänge an unterschiedlichen Orten einen ganz ähnlichen Verlauf nahmen.

> den die leitenden Funktionäre mit Kritik bombardiert, mußten Rede und Antwort stehen. Zum ersten Mal schrieen Menschen öffentlich ihren lang angestauten Unmut heraus – das Tabu ist gebrochen. (Aus der Dokumentation einer Ausstellung zur Wende; ebd. S. 73)

Die Oppositionsbewegung organisierte sich. Die kirchlichen Initiatoren boten Arbeitsgruppen zu Themen wie Familien- und Sozialpolitik, Stadterhaltung, freie Wahlen und Wirtschaft an (ebd. S. 71). Kirchenunabhängige Gruppen wie der Demokratische Aufbruch (DA) und das Neue Forum (NF) bildeten sich auch in Gotha (ebd. S. 73-74). Ziel war eine demokratische Erneuerung der DDR. Die vorherrschenden Emotionen wurden mit Begriffen wie „Grundaufregungsstimmung" (ebd. S. 74) oder „beklemmende Hoffnung" (Herlyn 1994a:22) beschrieben.

9.1.3 Euphorie

Die größte Hochstimmung herrschte in den Monaten nach dem Fall der Mauer. Mit der plötzlichen Reisefreiheit gab es die Möglichkeit, neue Kontakte in der BRD zu knüpfen und alte aufzufrischen. Erste westliche Waren konnten gekauft werden. Die staatliche Bevormundung war vorbei. Die begleitende emotionale Befindlichkeit bezeichnete der Psychotherapeut Hans-Joachim Maaz als „rauschartig-kathartische Abreaktion aufgestauter Gefühle" (Maaz 1991:29). Der Oberbegriff dieser Zeit war „Wahnsinn" (Herlyn 1994a:23).

Nicht vergessen werden sollte, dass bei einigen Aktiven, die auf einen dritten Weg zwischen Sozialismus und Kapitalismus gehofft hatten, bereits am 9. November 1989 Skepsis einsetzte (Franz 1994a:74-75; Herlyn 1994a:23; Berking & Neckel 1991:292). In der Tat ließ der Schwung der Basisbewegung angesichts der gewonnenen Freiheit und der neuen Möglichkeiten nach (Franz 1994a:75). Dennoch gab es auch hier weitere Entwicklungen: Ein Bürgerkomitee wurde gegründet und ein Runder Tisch eingerichtet, um das kommunale Leben zu sichern. Das Stasi-Gebäude wurde besetzt, um die Vernichtung von Akten zu verhindern. Im Januar 1990 strömten zu einer Kundgebung mit Willy Brandt 100.000 Menschen auf den Gothaer Hauptmarkt (ebd. S. 75-82).

9.1.4 Ernüchterung und Enttäuschung

Es konnte nicht lange bei der Euphorie bleiben. Zum einen setzte im städtischen Leben eine Veralltäglichung ein. Im Mai 1990 fanden die ersten freien Kommunalwahlen statt und eine kommunale Selbstverwaltung nach westlichem Vorbild wurde eingeführt (Franz 1994b:102). Neue Institutionen mussten aus dem Boden gestampft, möglichst unbelastete Mandatsträger gefunden werden. Außenseiter sahen sich mit alltäglichen kommunalen Aufgaben konfrontiert (Berking & Neckel 1991; Häußermann 1996:22). Sachkenntnis war bei ihnen oft nicht vorhanden (Franz 1994b:104). „Zudem lagen ihre politischen Ideale auf einer höheren Etage als Kläranlagen oder Gewerbegebiete" (Häußermann 1996:23).

Zum anderen ging die politische Wende nahtlos in eine wirtschaftliche Krise über. Nach der Währungsunion (eingeführt am 1. Juli 1990) und noch vor der Wiedervereinigung kam es zu ersten Betriebsumwandlungen und Betriebsübernahmen durch westliche Firmen, die mit ersten größeren Arbeitsplatzverlusten verbunden waren (Franz 1994c:182). Im Dezember 1990 betrug die Arbeitslosenquote im Kreis Gotha bereits fast 8 Prozent und steigerte sich danach von Jahr zu Jahr.[99] Eine massive Deindustrialisierung setzte überall in den Neuen Bundesländern ein: 1990 gab es 2,1 Millionen Arbeitsplätze im produzierenden Gewerbe, 1992 nur noch 670.000 (Herrschel 1997:268). Statt der versprochenen „blühenden Landschaften"[100] entstanden Brachen.

Die Menschen im Osten waren in dieser Situation doppelt benachteiligt, weil die DDR „eine Arbeits-, aber keine Leistungsgesellschaft" (Franz 1994c:180) gewesen war. Arbeit war zentraler Aspekt der persönlichen Identität. Mit ihr ging der Lebenssinn verloren. Wer seine Arbeit jedoch behielt oder eine andere fand, war der neuen Schlagzahl nur mit Mühe gewachsen.

Die Euphorie der friedlichen Revolution machte „einer radikalen Ernüchterung und Enttäuschung Platz" (Berking & Neckel 1991:291). Es wurde klar, dass gleichwertige Lebensverhältnisse erst im neuen Jahrtausend zu erwarten waren (Herlyn 1994a:24). Die Art der Übernahme und „Abwicklung der DDR" (ebd. S. 23) durch die BRD „vermittelte bei den Betroffenen fast flächendeckend Gefühle der Minderwertigkeit und Unterlegenheit" (ebd.).

9.1.5 Resignation und Gewöhnung

Nach dem Stimmungseinbruch kam es zu einer Phase der Resignation und der Gewöhnung (ebd. S. 24-25). Man verabschiedete sich von unrealistischen Hoffnungen und stellte sich auf die neuen Verhältnisse ein. 1993 war der Höhepunkt der negativen Stimmung überschritten. Bei einer Umfrage zeigten die Gothaer mehr Selbstbewusstsein gegenüber den „Wessis" und ein positiveres Selbstbild als 1991. In ihrer Selbsteinschätzung waren sie deutlich selbständiger, flexibler und entschlusskräftiger (Bertels & Herlyn 1994:377-378). Sie freuten sich, dass ihre früher graue Stadt Farbe gewonnen hatte (ebd. S. 379). Angesichts der immer noch großen Herausforderungen überraschte die „positive Grundstimmung" (ebd. S. 386), mit der sie die Lernprozesse angepackt hatten. 50 Prozent erklärten sich mit ihrer Lebenssituation zufrieden – 1990 hatten sich nur 25 Prozent ähnlich geäußert (ebd.). Bei den Zukunftserwartungen ergab sich ein differenziertes Bild (→ Tab. 9.1). Die Stimmung war besser geworden, aber immer noch überwogen bei mehr als einem Viertel der Befragten die Befürchtungen. „Wendege-

99 Dezember 1990: 7,9 %; Dezember 1991: 12,0 %; Dezember 1992: 15,7 %; Dezember 1993: 17,7 % (Franz 1994c:183).

100 In einer Fernsehansprache sagte der damalige Bundeskanzler Helmut Kohl am 1. Juli 1990: „Durch eine gemeinsame Anstrengung wird es uns gelingen, Mecklenburg-Vorpommern und Sachsen-Anhalt, Brandenburg, Sachsen und Thüringen schon bald wieder in blühende Landschaften zu verwandeln, in denen es sich zu leben und zu arbeiten lohnt" (Kohl 1990).

winner" zeigten sich optimistisch, bei „Wendeverlierern" verfestigte sich allerdings die Enttäuschung zur Verbitterung (Herlyn 1994a:25).

	1991	1993
nur Hoffnungen	5 %	20 %
Hoffnungen und Befürchtungen	68 %	52 %
nur Befürchtungen	27 %	27 %

Tabelle 9.1: Zukunftserwartungen 1991 und 1993 (nach Bertels & Herlyn 1994:392)

9.2 Biografische Verluste

9.2.1 Stress der Veränderung

Die Wende forderte viel von den Menschen der ehemaligen DDR. Die radikale Veränderung stürzte sie in eine Orientierungskrise (Neef & Schäfer 1996:52). Bei der Mehrheit machte sich ein „Gefühl dauernder Anspannung" (ebd.) bemerkbar: Die Menschen litten an Bewährungs- und Versagensängsten (ebd. S. 53), erhöhter Leistungs- und Entscheidungsdruck lastete auf ihnen. Die Erfahrung von Konkurrenz und Erwerbsunsicherheit war neu. Für große Bereiche des Lebens fehlten Verhaltensroutinen, die sich erst neu formen mussten (ebd. S. 55). Die Auswahl aus einer Vielzahl von Optionen musste erlernt werden. Hans-Joachim Maaz schrieb: „Die tägliche Flut von Informationen, verlockenden Angeboten, neuen Möglichkeiten und Pflichten macht mich fertig [...] Es ist mir auch eine Last, daß ich jetzt auf allen Gebieten aus so vielen Angeboten wählen und mich permanent entscheiden muß" (Moeller & Maaz 1991:26.90).

Nicht leichter wurde die Aufgabe durch das Auftreten der ersten „Wessis". „Gerissene Geschäftsleute" hatten mit den unerfahrenen Menschen vielerorts „leichtes Spiel" (Häußermann 1996:21). Man machte „Erfahrungen mit Ramschwaren, windigen Vertretern, überflüssigen Versicherungen und Geldanlagen" (Neef & Schäfer 1996:59-60). In Gotha stellte der Leiter der Abteilung Stadtplanung fest: „Als erstes kommen die Haie, dann kommen die Geier und dann erst kommen die Geschäftsleute" (Cornelsen, Franz & Herlyn 1994:342). Ähnliche Erfahrungen machte man weiter nordöstlich in Eberswalde: „Zuerst kamen die Discounter, die schnelles Geld machen wollten, dann die Makler und Juristen, die altes Eigentum requirieren; schließlich die Consulter, die alles versprechen, aber selber nichts können, und last not least die Qualifizierer, die dem Ostdeutschen klarmachen, was er noch alles lernen muß" (Berking & Neckel 1992:166).

Schwer fiel auch die Umstellung auf die neue Situation an den Arbeitsplätzen. 1991 urteilte die Hälfte der Befragten, dass das Betriebsklima sich verschlechtert habe (Franz 1994c:191). Genannt wurden vor allem Konkurrenzdenken und Ellenbogenmentalität. So sehr man die gewonnene staatliche Freiheit schätzte, in den Betrieben spürten einige einen Freiheitsverlust. Im Oktober 1991 äußerte eine Sachbearbeiterin: „Früher haben wir auch unsere Meinung offen gesagt, im Betrieb auf jeden Fall. Wenn einem da etwas nicht gepaßt hat, hat man gesagt: Hör mal zu, so und so. Und jetzt schluckt man vieles runter, denn irgendwie hat man immer im Hinterkopf: Moment, du darfst nicht mehr so viel sagen wie früher" (ebd.).

Anstrengend war das Tempo der Veränderungen. Im Herbst 2009 war ich auf einer Freizeit einer Kirchengemeinde im ländlichen Mecklenburg-Vorpommern. Immer wieder erzählten mir Teilnehmer von ihren Erfahrungen und Überforderungen: „Das ist alles für uns viel zu schnell gekommen. Wir hatten nicht so viel Zeit für Veränderungen wie ihr im Westen."

9.2.2 Biografische Entwertung

Nicht unterschätzt werden darf, was es für Menschen bedeutet, wenn vergangene biografische Errungenschaften und Phasen über Nacht entwertet werden. Berufliche Qualifikationen zählten nicht mehr, Fähigkeiten zur Alltagsbewältigung waren überholt (Neef & Schäfer 1996:52). Durch Arbeitslosigkeit oder in neuen beruflichen Stellungen gingen soziale Anerkennung und Prestige verloren. Ein Gothaer, der in Stuttgart als Wochenendpendler neue Arbeit gefunden hatte, dabei aber vom Meister zum einfachen Arbeiter heruntergestuft worden war, erzählte: „Jetzt bin ich eine Null. Früher war ich keine Null! Früher war ich ein Mensch, da war ich geachtet, mit dem hat man gesprochen über seine Probleme [...] Also mich trifft das, wollen wir mal sagen, ganz hart" (Franz 1994d:317).

Noch härter trifft es, wenn man die gesamte Lebensphase in der DDR als entwertet wahrnimmt. Man hat „ein falsches Leben im falschen System" (Ahbe 2005:30) geführt. Das kommt einer Entwertung der eigenen Person gleich. Ein Lehrer im Vorruhestand aus Gotha beschrieb 1993 seine Empfindungen: „Das würde unser Selbstvertrauen unendlich heben, wenn wir erfahren würden, daß unsere Arbeit durchaus auch gute Seiten gehabt hat [...] Ich will erfahren, daß ich nicht vierzig Jahre umsonst gearbeitet habe" (Bertels 1994:202).

Der Diskurs über die DDR wurde nach der Wiedervereinigung von ostdeutscher Seite von denen bestimmt, die in besonderer Weise Opfer des früheren Systems gewesen waren (Ahbe 2005:64). Aber rund 80 Prozent, schätzt Thomas Ahbe (ebd. S. 42), waren kaum oder nicht in besonderer Weise Opfer der Repression gewesen. Der „offizielle" Diskurs verfehlte „diejenigen Erfahrungen des In-der-DDR-Gelebthabens, die nicht in der Unterordnung unter das Diktat der Partei aufgingen und in Millionen von Fällen ein Mehr beinhalteten: ein mehr oder weniger sinnvoll verbrachtes Leben trotz oder auch mit der Partei, ermöglicht durch Kompromisse, Anpassungsbereitschaft oder auch Verweigerung und Rückzug ins Private" (Lindenberger 2003:240-241).

Vor diesem Hintergrund ist die im Westen oft miss- oder unverstandene Ostalgie der 1990er-Jahre zu sehen.[101] In den meisten Fällen war sie nicht Ausdruck eines Wunsches nach der Rückkehr der DDR. Es ging um Selbstvergewisserung und Selbsttherapie (Ahbe 2005:44). „Ein Teil der Ostdeutschen [wollten] bei ihrer Integration in das vereinigte Deutschland auf ihre eigenen, von denen der westdeutschen Mehrheit abweichenden Erfahrungen, Erinnerungen und Werte nicht verzichten" (ebd. S. 66). Es sollte nicht alles schlecht gewesen sein, damit das eigene Leben nicht wertlos gewesen war.

9.2.3 Unterschiede zwischen den Generationen

Die DDR-Generation, die zur Zeit der Wende bereits im Seniorenalter war, musste sich der neuen Situation im Berufsleben nicht mehr stellen. Sie lebt heute zum größten Teil nicht mehr. Die damals junge Generation war weniger stark von der DDR geprägt, flexibler und konnte sich leichter auf die neuen Verhältnisse umstellen (Neef & Schäfer 1996:56). Dazwischen gab es die „betrogene Generation" (Geißler 1993:26): „Keine Generation trägt so schwer an den Folgen der Wende wie diese. Noch haben sie das Sozialisationspaket der DDR auf dem Rücken, und schon lastet das Gewicht der Marktwirtschaft auf ihnen [...] Für sie brach der Staatsozialismus gleichzeitig zu spät und zu früh zusammen. Noch waren sie nicht aus dem Erwerbsleben ausgeschieden [...] waren aber andererseits nicht mehr jung genug, um die Arbeitskrise erfolgreich bewältigen zu können" (Bertels 1994:214-215). Vor allem unter ihnen sind die eben beschriebenen Erfahrungen zu finden. Viele von ihnen leben noch. An ihre Erfahrungen kann noch angeknüpft werden. Sie gehören mit in den Fokus der urbanen Mission.

9.3 Gemeinschaftsverlust

Neben biografischen Wertverlusten litten die Menschen in den Neuen Bundesländern besonders stark am Verlust von Gemeinschaft. „Wie soll man Freiheit mit einem Gemeinschaftsleben zusammenbringen?" (Schlegelmilch 2006:53), fragte Helmut Geißler, ein Bürger der sächsischen Stadt Wurzen, nach der Wende. „Gemeinschaftsgeist" (Wilde & Mallock 2009:10) war bei den Ostdeutschen großgeschrieben. Eine Ursache war die Mangelwirtschaft (Neef & Schäfer 1996:70). Schwer zugängliche Güter und Dienste wurden getauscht, es gab zahlreiche Hilfeleistungen, die auf Gegenseitigkeit beruhten. Ein Bewohner des Ost-Berliner Stadtteils Marzahn erzählte mir vor einigen Jahren, dass früher jeder in den Wohnblocks der Großsiedlung wusste, wer jeweils bestimmte Werkzeuge besaß. So half man sich gegenseitig aus.

101 Sehr erhellend ist die Beschreibung und Analyse in Ahbe 2005.

Die Nachbarschaften der DDR-Städte waren sozial durchmischt, gemeinschaftsorientiert und bis in die Platte „dörflicher" (ebd. S. 50) als im Westen. Es gab „Tanzgruppen, Chöre, Faschings- und Karnevalsvereine, Zeichenzirkel, Zirkel schreibender Arbeiter, Theatergruppen" (ebd. S. 74). Nach der Wende änderte sich das. Die verbindende Mangelsituation war vorbei (Franz & Herlyn 1994:259). Die Gemeinsamkeiten nahmen ab, soziale Gegensätze nahmen zu (ebd. S. 260). Eine Tendenz zur Individualisierung stellte sich ein (ebd. S. 259). Die Quartiere entmischten sich (Cornelsen 1994:305). Die Menschen wurden mobil, die Gemeinschaft blieb auf der Strecke.

In der DDR waren die Betriebe „zentrale Orte der Lebensorganisation" (Häußermann 1996:9) – weit über die Arbeitszeit hinaus. Kaum etwas hat den Alltag der Ostdeutschen mehr verändert als ihr Abbau und Umbau. Die Betriebe versorgten ihre Angehörigen mit Kindergärten, Kantinen, Werkswohnungen, Werksärzten, Kliniken, Sanatorien, Ferienheimen und Sport-, Kultur- und Bildungseinrichtungen und organisierten Kultur- und Bildungsveranstaltungen. Es gab geschützte Arbeitsplätze für Behinderte und Randständige. Durch Prämien und Ehrungen sorgten die Betriebe für Anerkennung, durch Feiern und Ausflüge für Geselligkeit (Neef & Schäfer 1996:69-70). Beliebt waren Brigadefeiern, Kegelabende und gemeinsame Gaststättenbesuche (ebd. S. 70). Betriebe gehörten zu den Orten, an denen sich das eben genannte Tauschsystem vollzog (ebd.). Kollegen und Vorgesetzte waren Ansprechpartner für persönliche Probleme (Franz 1994c:179). Das Leben im Kollektiv verknüpfte Arbeit und Freizeit, Ehepartner und Kinder wurden mit einbezogen (Wolf 2008:49). Für viele waren die Betriebe ein „zweites Zuhause" (Neef & Schäfer 1996:70).

Das alles brach nach der Wende weg. Die Erinnerung blieb. Kristine Wolf erlebte zwei Jahrzehnte später, dass ihr in Eisenhüttenstadt „rückblickend teils euphorisch" (Wolf 2008:49) von der betrieblichen Vergangenheit berichtet wurde. Eine Arbeiterin erzählte ihr: „Ich hab das nur ganz am Anfang mitbekommen. Das war so richtig ausgeprägt, da kannte jeder jeden, hat jeder jedem geholfen" (ebd.).

Immer noch wünschen sich viele Menschen wehmütig die verloren gegangene Gemeinschaft zurück. Doch die erforderliche Eigeninitiative zur Wiederbelebung fehlt. Hier könnte urbane Mission wirksam werden. 2012 besuchte ich den Gemeindegründer David Schott im brandenburgischen Cottbus. Er wohnte mit seiner Familie in einer Platte. Im grünen Innenhof ihres Wohnblocks hatte er einige Zeit vorher ein gemeinsames Grillen organisiert. „Ich finde das so toll, dass ihr einfach angefangen habt, hier zu grillen. Keiner in der Nachbarschaft traut sich das, und das schon seit Jahren", hatte sich eine Anwohnerin gefreut. Und eine andere hatte hinzugefügt: „Ich vermisse die Hoffeste, die früher ganz normal waren. Heute kümmert sich jeder nur um sich selbst."

9.4 Gotha adelt

Das waren die Bedingungen, unter denen man in Gotha nach der Wiedervereinigung an den Start ging. Seither wurde viel geleistet. Heute ist Gotha eine schöne Stadt. Viele Menschen leben gern in ihr. Ein kurzer Überblick soll zeigen, was erreicht worden ist.

Nach der Wende ist die Stadt viele Jahre lang kontinuierlich geschrumpft. 1988 hatte sie 57.365 Einwohner, 2012 waren es nur noch 44.371 (Stadtverwaltung Gotha 2014:18). Zwei Faktoren spielten dabei eine Rolle. Viele Bürger, vor allem jüngere und besser Qualifizierte, zogen weg, zuerst in den Westen, ab 1994 vermehrt ins Umland (Franiek 2015:46). Und angesichts der Unsicherheit der neuen Zeit kam es nach der Wende wie überall in der DDR auch in Gotha zu einem „Geburtenstreik" (ebd. S. 45-46), sodass die Sterbezahlen weit über der Zahl der Geburten lagen. Inzwischen hat Gotha sich erholt. In den letzten Jahren werden mehr Kinder geboren. „Starker Geburtenanstieg setzt sich fort", meldete das Standesamt am 9. Januar 2014 (Standesamt Gotha 2014). Der Abstand zwischen der Zahl der Geburten und der Sterbefälle verringert sich. Es ziehen wieder mehr Menschen in die Stadt als wegziehen. Der positive Wanderungssaldo[102] kann den immer noch negativen Geburtensaldo[103] ausgleichen, unter dem Strich gibt es inzwischen wieder ein leichtes Bevölkerungswachstum (Franiek 2015:45 Abbildung 4.2).[104]

Wirtschaftlich hat Gotha sich als eine Stadt mittlerer *Resilienz* erwiesen. Mit erfolgreichen Großstädten wie Leipzig oder Dresden kann sie als Mittelstadt nicht mithalten. Es geht ihr aber besser als vielen anderen Städten in den Neuen Bundesländern. Gotha liegt in der guten Mitte: Der Stadt wird ein durchschnittliches Wachstum bescheinigt, ihre Potenziale liegen im Bereich mittelständischer Unternehmen (Franz 2015:81). Die Wirtschaft hat sich stabilisiert und ist durch Vielfalt besser für Krisen gerüstet (Franz 2015; Bertels 2015c:101). Die Arbeitslosigkeit ist nach den schwierigsten Jahren deutlich gesunken.[105] Gedämpft wird die Freude dadurch, dass viele Bürger sich darauf eingestellt haben, noch lange Zeit schlechter gestellt zu sein als die Menschen im Westen (Bertels 2015c:99).

Die Innenstadt lebt wieder, man kann in ihr gut wohnen oder einkaufen (Kurrat 2015:113-115; Franz 2015:71). Zum Sorgenkind der Stadt wurde nach der Wende die Großsiedlung Gotha-West. Wie überall im Osten wurde die Platte von einem bevorzugten zu einem benachteiligten Wohngebiet, in dem sich soziale Problemlagen konzentrierten. Intensive Maßnahmen haben auch hier zu ersten Verbesserungen geführt (Kurrat 2015:115-118). Bei einer Befragung (2012) gaben die Gothaer an, in ihren Nachbarschaften gute Beziehungen zu haben, es gebe eine hohe Hilfsbereitschaft (ebd. S. 119). Bei näherem Nachfragen zeigte sich jedoch, dass die Älteren immer noch den

102 Wanderungssaldo = Zahl der Zuzüge – Zahl der Wegzüge.
103 Geburtensaldo = Zahl der Geburten – Zahl der Sterbefälle.
104 Ende 2014 hatte Gotha 44.855 Einwohner (Stadtverwaltung Gotha 2015).
105 Die höchste Arbeitslosenquote im Jahresdurchschnitt gab es 1997 (18,7 %; Bertels 2002:51). Im April 2015 betrug sie nur noch 7,2 % (Bundesagentur für Arbeit 2015a; die Zahlen gelten jeweils für den Kreis Gotha).

Qualitätsverlust nachbarschaftlicher Gemeinschaft gegenüber der DDR-Zeit beklagen (ebd. S. 119-121).

Gotha hat sein kulturelles Erbe als Residenzstadt gut genutzt (Bertels 2015d). Historische Bauten, allen voran Schloss Friedenstein, Bibliotheken und Sammlungen sind Kapital für die Stadtentwicklung. Entsprechende Events finden statt und ziehen Besucher an. Folgerichtig entschied man sich 2011 für den Slogan „Gotha adelt“ als Stadtmarke.[106]

Gotha ist schön geworden. Die Menschen geben insgesamt eine hohe Wohnzufriedenheit und eine hohe Bindung an die eigene Stadt an (Kurrat 2015:111-112). Viele sind früher nur aus wirtschaftlichen Gründen weggezogen (Franiek 2015:46-47). Die ersten, auch jüngere, sind zurückgekommen. Auch bei anderen ist die Rückkehrbereitschaft hoch (Franiek 2015:47.50; Kurrat 2015:122). Natürlich ist nicht alles perfekt. Den Forschern aus dem Westen wurde vor allem großer Stolz auf die eigene Stadt mitgeteilt. Intern bekommt man, besonders von Jüngeren, auch andere Töne zu hören. Aber das ist wohl in jeder Stadt so. Das letzte Wort soll einem Rentner gehören: Für ihn, so gab er bei einer Befragung an, ist Gotha „die schönste Stadt Europas“ (Franiek 2015:51). Ein starkes Kompliment für das, was geleistet wurde.

9.5 Beispiele urbaner Mission in postsozialistischen Städten

9.5.1 Aufwertung und Gemeinschaft

Wir haben gesehen, dass Menschen in den Städten der ehemaligen DDR besonders an der Entwertung ihrer Biografien und am Verlust von Gemeinschaft gelitten haben und zum Teil immer noch leiden. Wer in diesem Kontext urbane Mission betreibt, sollte sich auf die Kraft des Evangeliums besinnen, Gemeinschaft zu stiften und Menschen aufzuwerten. Meine These lautet also:

> Postsozialistische Städte brauchen ein Evangelium, das Menschen aufwertet und Gemeinschaft stiftet.

Die größte Inspiration dazu ist Jesus selbst. Schon bei der ersten Begegnung mit zwei seiner späteren Jünger lud er sie zu sich nach Hause ein, um dort im privaten Rahmen den Tag mit ihnen zu verbringen (Joh. 1,37-39). Später intensivierte er diese Beziehung, indem er sie und andere aufforderte: „Kommt her, folgt mir nach!“ (Mt. 4,19). Damit war nicht die Art „geistiger“ Beziehung gemeint, als die „Nachfolge“ heute oft gesehen

106 Bei vielen Bürgern stößt diese Stadtmarke allerdings auf Zurückhaltung. Der Slogan wird eher als aufgesetzt empfunden. Umso größer ist die Begeisterung von Oberbürgermeister Knut Kreuch: „Die ganze Welt beneidet uns um dieses Logo ‚Gotha adelt!‘. Weil es im europäischen Sprachraum wie kein anderer Städtename genutzt wird. [...] Wenn jemand hier investiert, hier wohnt, hier lebt, der darf sich geadelt fühlen“ (Bertels 2015d:132).

wird, in der einzelne sich an Jesus und seinen Werten orientieren, sondern er wollte sie längere Zeit *als Gruppe* ständig bei sich haben. Ihre Lern- und Glaubenserfahrungen geschahen im gemeinsamen *Alltagsleben eines Kollektivs*. Vielleicht kann jemand, der in der DDR im Kollektiv gelebt hat, die Nachfolge der Jünger besser verstehen als individualisierte Menschen aus dem Westen. Bald danach nahm Jesus den Steuereinnehmer Matthäus in diesen Kreis auf (Mt. 9,9). Sofort weitete sich die Gemeinschaft auf das persönliche Netzwerk dieses Mannes aus (Mt. 9,10-11). Jesus war Kristallisationspunkt für Gemeinschaft – unabhängig davon, ob Menschen schon an ihn glaubten oder sich mit seinen Lehren identifizierten.

Später erhob Jesus seine eigene Praxis zum Prinzip für seine Jünger. Als er sie zu ihren ersten eigenen Missionsreisen in die Städte und Dörfer Galiläas aussandte (Mt. 10,5-13; Lk. 9,1-6; Lk. 10,1-9), stand die Gemeinschaftsbildung vor dem Dienst und der Verkündigung. Die Jünger sollten in jedem Ort zuerst jemanden suchen, der sie aufnahm. Mit diesem Gastgeber und seinem Haus sollten sie für die Dauer ihres Aufenthaltes eine feste Gemeinschaftsbeziehung eingehen, die durch gastliche Aufnahme konstituiert und durch gemeinsame Mahlzeiten ratifiziert wurde. „Bleibt in diesem Haus, esst und trinkt, was man euch anbietet [...] Zieht nicht von einem Haus in ein anderes! Wenn ihr in eine Stadt kommt und man euch aufnimmt, so esst, was man euch vorsetzt" (Lk. 10.7-8). Erst danach sollte der Dienst beginnen: „Heilt die Kranken, die dort sind, und sagt den Leuten: Das Reich Gottes ist euch nahe" (Lk. 10,9). Die Reihenfolge ist eindeutig: erst die Gemeinschaft, dann die Tat, dann das Wort.

Jesus wertete Menschen auf, besonders solche, die als Person von anderen entwertet worden waren. Ein Beispiel sei stellvertretend für andere angeführt: In Jericho lud Jesus sich – sehr zum Unmut der übrigen Stadtbewohner – bei einem Mann namens Zachäus ein (Lk. 19,5-7). Dieser Mann hatte auch „zur falschen Zeit im falschen System gelebt" bzw. mit dem falschen System – in diesem Fall den römischen Besatzern – kooperiert.[107] Das änderte für Jesus nichts daran, dass Zachäus „ein Sohn Abrahams" (Lk. 19,9) war. Die Biografie dieses Mannes wurde nicht entwertet, sondern in einen größeren Sinnzusammenhang eingeordnet. Jesus sah das Leben des Zachäus als Teil einer Gottesgeschichte an, die nicht dadurch hinfällig wurde, dass bestimmte biografische Abschnitte in einem problematischen Kontext standen.

Die beiden abschließenden Praxisbeispiele sind gelungene Beispiele für Aufwertung und Gemeinschaftsbildung. Sie stammen aus Parchim und Neubrandenburg, zwei Städten in Mecklenburg-Vorpommern. Das erste zeigt darüber hinaus, wie eine missionarische Veranstaltung rund um positive Erinnerungen an den DDR-Alltag konzipiert werden kann.

107 Die Zölle aus der Provinz Judäa, zu der Jericho gehörte, gingen direkt an den Kaiser in Rom. Abgaben an diesen waren aus religiösen und patriotischen Gründen höchst umstritten (Mt. 22,15-22). Der Hauptvorwurf, der den Zöllnern gemacht wurde, war allerdings unrechtmäßige Bereicherung (Strack & Billerbeck 1922:377-378).

9.5.2 Eine DDR-Weihnachtsfeier

Roland Baumann und die Gemeindegründungsinitiative „nonamechurch“ führten 2009 in Parchim eine „DDR-Weihnachtsfeier“ durch (Baumann 2011:36-38). Ein großer Teil der Teilnehmer kam aus dem Milieu der „DDR-Nostalgischen“[108], hatte also den in diesem Kapitel beschriebenen Hintergrund. Ich führe im Folgenden von Baumann beschriebene Elemente an und kommentiere sie im Licht des Vorangegangenen.

MODELLE UND BEISPIELE

DDR-Weihnachtsfeier 2009 in Parchim

„Jeder bringt etwas mit. Möglichst viele am Ablauf beteiligen. Ein Nachbar, der sonst nie kommt, bringt seine Familie mit, und spielt die Rolle des Weihnachtsmannes. [...] Tipps für den Weihnachtsbaum wurden eingeholt.“

Das Gefühl, nicht mehr gebraucht zu werden, lastet schwer auf Menschen, die nach der Wende ihre Arbeit und damit die Möglichkeit zur Erbringung eines gesellschaftlichen Beitrags verloren haben. Wer ihnen dienen will, tut es am besten so, dass er gleichzeitig auf sie angewiesen ist. Dieser Grundsatz lässt sich über den konkreten Fall hinaus verallgemeinern. Als Jesus seine Jünger aussandte, forderte er sie auf: „Nehmt nichts mit auf den Weg, keinen Wanderstab und keine Vorratstasche, kein Brot, kein Geld und kein zweites Hemd“ (Lk. 9,3). So kamen sie als Bedürftige, die ständig neu darauf angewiesen waren, dass andere sie mit einem Schlafplatz, einem gedeckten Tisch und weiteren alltäglichen Notwendigkeiten versorgten. Es gefällt Gott, wenn nicht nur die Stadt den urbanen Missionar, sondern dieser auch die Stadt braucht.

„Die Weihnachtsfeier findet im großen Wohnzimmer einer Privatwohnung statt. [...] Gemeinsam wird im Vorfeld für die Dekoration gebastelt.“

Die DDR-Weihnachtsfeier war, anders als viele Heiligabend-Gottesdienste mit Aufführungs-Charakter, durch die Wahl des Ortes und die gemeinsame Vorbereitung gemeinschaftsbasiert.

„Es gibt typische Ostprodukte zu essen, einen mit Lametta behängten, DDR-geschmückten Weihnachtsbaum, DDR-Geschenke, Westpakete. Eine Teilnehmerin aus Ostdeutschland zieht sich bewusst eine Küchenschürze an und trägt Lockenwickler. [...] DDR-spezifische

108 Es wird beschrieben in Baumann 2011:27-29. Eine Kurzdarstellung steht im Anhang dieses Buches.

Utensilien (Musik, Bilder) werden mitgebracht. Weihnachtskarten wurden in DDR-typischer Art gebastelt. [...] Das Rahmenprogramm bildete die in der DDR traditionelle Sendung ‚Zwischen Frühstück und Gänsebraten', mittels des Programms ‚crazy speech' wurden Bilder alter Darsteller zum Leben erweckt und mit persönlichen Texten versehen. Videosequenzen mit alter DDR-Werbung wurden als Vorschlag für Weihnachtsgeschenke eingespielt."

Die Teilnehmer durften zur Feier der Geburt Jesu Symbole und Erinnerungen ihrer DDR-Biografie mitbringen. Was im sonstigen Leben entwertet worden war, wurde als Dekoration und Programmbeitrag wichtiger Bestandteil des Festes.

„Auspacken der DDR-Weihnachtsgeschenke und des ‚Westpakets' mit ausführlicher Schilderung des Inhaltes und der damit verbundenen Emotionen. [...] Den tieferen Sinn der Geschenke der drei Weisen erklären."

Von den Elementen der Feier wurde eine Brücke zum Evangelium geschlagen.

„Jesus, der als Opfer im Futtertrog geboren wird. [...] Die schwierige Situation der ‚Heiligen Familie' als Identifikationsmöglichkeit."

Menschen, die sich als Opfer der Veränderung und als „Bürger zweiter Klasse"[109] sehen und die darüber resigniert und verbittert sind, können erkennen, dass Jesus „einer von ihnen" ist.

„‚Ostler' führen durch das Programm. Sie können selbst auch über die Schattenseiten der DDR (Weihnacht) sprechen."

Baumann führt dazu aus: „Zentrale Ansprechpartner sollten nicht aus dem Westen kommen, man vermutet schnell Respektlosigkeit und Überheblichkeit gegenüber ‚Ostlern'" (Baumann 2011:37). Viele Christen halten es für eine unverzichtbare Aufgabe der Mission, Menschen auf die Schattenseiten ihres Lebens anzusprechen. Aber es gibt Punkte, die nur die Betroffenen selbst sich und anderen sagen können. Hier komme ich auf Zachäus zurück. Der einzige, der im Rahmen seiner persönlichen Feier mit Jesus die kritischen Punkte seiner Biografie ansprach, war er selbst: „Herr, die Hälfte meines Vermögens will ich den Armen geben, und wenn ich von jemand zu viel gefordert habe, gebe ich ihm das Vierfache zurück" (Lk. 19,8). Wenn die Leute in Jericho ihn einen „Sünder" nannten (Lk. 19,7), war es Diskriminierung.

109 So lautete seit der Wende oft die Selbsteinschätzung Ostdeutscher als Bürger der BRD (Herlyn 2015:27).

Wenn Zachäus selbst die Schattenseiten seines bisherigen Lebens ansprach, war es Freiheit. Diese Freiheit ermöglichte Jesus ihm.

„Ein Märchenquiz wurde durchgeführt (Märchen waren und sind ein essentieller Bestandteil der DDR-Weihnacht) […] Wenn der Weihnachtsengel verkündet: Freuet Euch, verkündet er ‚Frohe Weihnachten', wie wir es auch tun. Was gibt wahre Freude? […] Märchen beginnen mit: ‚Es war einmal …', die Weihnachtsgeschichte mit: ‚Es begab sich aber …'."

In jedem Kontext gibt es Punkte, an die das Evangelium anknüpfen kann, aber auch Punkte, über die das Evangelium hinausführt oder zu denen es im Gegensatz steht. Die Freude, von der der Engel spricht, geht über das hinaus, was Menschen sich normalerweise erträumen. Das biblische Zeugnis ist etwas ganz anderes und viel mehr als ein Märchen.

9.5.3 Schall.platte – der Chor vom Datzeberg

Polylux e. V. ist ein Verein, der auf dem Datzeberg, einem Stadtteil von Neubrandenburg, aktiv ist. Diese Platte hat seit der Wende einen ähnlichen Abstieg erlebt wie andere Großsiedlungen im Osten (→ Kap. 14.2). Zu den Projekten von Polylux gehört die „schall.platte", ein Nachbarschaftschor, der sich gut in die Tradition der früheren Kulturzirkel fügt.

MODELLE UND BEISPIELE

Die Beschreibung auf der Webseite von Polylux (beta.polyluxev.de/schall-platte):

„Der Soundtrack deines Lebens": *Vier Monate lang singen wir jeden Montag gemeinsam in der Kita Sonnenschein: Lieder aus dem Radio, die jeder schon mal gehört hat. Dann wird es ernst: Die Generalprobe und ein Konzert, bei dem wir das Einstudierte unserem Publikum präsentieren. Nach einer Abschlussfeier – bei der die Erfolge gebührend gefeiert werden – und einer kreativen Pause beginnen wir dann mit den Proben für das nächste Konzert.*

Wer darf mitsingen? *Die schall.platte ist ein generationenübergreifendes Angebot. Willkommen ist jeder ab 16 Jahren. Das älteste Mitglied ist derzeit 65 Jahre alt.*

Die Idee dahinter: *Wir wollen mit der „schall.platte" Hoffnung und Perspektive stiften, indem wir den Teilnehmenden vom Datzeberg im wahrsten Sinne ihre Stimme „zurückgeben"! Durch den Chor erleben die Beteiligten, wie sie mit ihrer Stimme und ihrem Einsatz positive Auswirkungen sowohl auf persönlicher, als auch auf gemeinschaftlicher Ebene* *erzielen und somit in der Gesellschaft Gehör finden können. Auf diese Weise gestaltet der Chor gleichzeitig ein niedrigschwelliges, kulturelles Angebot auf dem Datzeberg, zu dem der Eintritt frei ist.*

Abbildung 9.2: Ein Auftritt der schall.platte

Aus einem Zeitungsartikel „Wenn aus Nachbarn Chorfreunde werden" (Nehls 2015):

‚So klous, nou mätter hau far, kudent bi matsch mor from the hart. Forewer trast in hu wi arr, änd nathing els mätters.' Haben Sie es erkannt? Das ist der Song ‚Nothing else matters' von Metallica so aufgeschrieben, dass Jürgen ihn singen kann. Jürgen Quast ist 61 Jahre alt und hat es nicht so mit dem Englischen. Trotzdem will und soll er mitsingen beim Datzeberger Chor schall.platte. […] Der Chor tut ihm gut, denn es liegen harte Zeiten hinter ihm. Seine Frau ist verstorben, die Kellerei, bei der er gearbeitet hat, gibt es nicht mehr. Jürgen Quast versprüht trotzdem Lebensfreude. Forewer trast in hu wi arr, änd nathing els mätters.

Aus der Bewertung von Anne Henning (Gemeinwesenarbeiterin auf dem Datzeberg):

Das Projekt bringt Menschen auf die Bühne, die meist selbst nicht daran glauben, dass sie genau dort hingehören. […] Und dann ist es wirklich ganz still bevor das Publikum die tolle Leistung dieser Sänger mit tosendem Applaus honoriert. Dieses Projekt hat meine volle Unterstützung, weil es schafft, dass Menschen mich zu Bewunderung und Staunen regen, die sonst kaum eine Bühne haben.

FAZIT

- Die Menschen in Ostdeutschland haben durch die Wiedervereinigung nicht nur gewonnen. Sie sind durch ihre Erfahrungen, durch die hohe Erlebnisdichte und Zumutung in kürzester Zeit, durch die erlebten Enttäuschungen bis heute geprägt. Wer unter ihnen urbane Mission betreiben will, muss sie verstehen.
- Die Wende führte bei vielen von ihnen zu biografischen Verlusten: Die radikale Veränderung stürzte sie in eine Orientierungskrise. Vergangene biografische Errungenschaften und Phasen wurden über Nacht entwertet.
- Die vorher stark ausgeprägte Gemeinschaft in Nachbarschaften und Betrieben wich der Tendenz zur Individualisierung.
- Urbane Mission in der postsozialistischen Stadt sollte sich besonders auf zwei Aspekte des Evangeliums besinnen.
    - Aufwertung von Menschen: Jesus wertete Menschen auf, die in der Gesellschaft seiner Zeit nicht angesehen waren oder biografische Entwertung erfahren hatten.
    - Gemeinschaftsstiftung: Jesus war der Kristallisationspunkt für Gemeinschaft, die Lern- und Glaubenserfahrungen seiner Jünger geschahen im gemeinsamen Alltagsleben eines Kollektivs. Urbane Mission in postsozialistischen Städten kann dazu beitragen, dass Menschen ein Stück der durch die Wende verlorenen Gemeinschaft wiedergewinnen.

- Für Leser aus Westdeutschland: Wen kennen Sie (in Ihrer Gemeinde oder sonstigen Bekanntschaft), der in der DDR lebte und zur Zeit der Wende bereits im Erwerbsleben stand? Was wissen Sie über das Leben dieser Personen in der DDR und ihre Erfahrungen während der Wende?
- Welche Elemente gibt es in Ihrer Gemeinde / Initiative, die nicht in erster Linie auf Individuen / individuelle Veränderung, sondern auf Gemeinschaft abzielen? Welche gemeinschaftsstiftenden Elemente könnten Sie möglicherweise neu integrieren?
- Welche Menschen in Ihrem Umfeld haben es durch Arbeitsplatzverlust, chronische Erkrankung oder aus anderen Gründen schwer, einen „gesellschaftlichen Beitrag“ im herkömmlichen Sinne zu leisten? Wie könnten Sie als Gemeinde / Initiative sie so integrieren, dass sie tatsächlich gebraucht werden und ihr Potenzial ausgeschöpft wird?

- Hans-Joachim Maaz: Der Gefühlsstau. Psychogramm einer Gesellschaft (Maaz 2014). *Der Autor beschreibt in diesem Buch, das zuerst 1990 erschien und mehrfach neu aufgelegt wurde, psychologische Aspekte der DDR und der Wende.*

- Thomas Ahbe: Ostalgie. Zum Umgang mit der DDR-Vergangenheit in den 1990er Jahren (Ahbe 2005). *Thomas Ahbe macht die überraschende Renaissance von Symbolen der DDR-Vergangenheit in den 1990er-Jahren verständlich.*

Wahrnehmung ist die unmittelbare Verbindung zwischen uns und unserer Stadt. Deshalb erkläre ich, wie sie funktioniert und was das alles mit urbaner Mission zu tun hat.

10. Weiße Folter und graue Wände

Raumwahrnehmung

Wenn etwas geächtet wird, wird es heimlich getan. Das gilt auch für die Folter, wie ein vielsagender Buchtitel – „Die Geschichte der Folter seit ihrer Abschaffung" (Altenhain & Willenberg 2011) – zum Ausdruck bringt. Folter ist weltweit und ausnahmslos geächtet, aber noch nie wurde so viel gefoltert wie in unseren Tagen (Mausfeld 2009:230).

Wenn man etwas heimlich tut, weil es geächtet ist, tut man es so, dass es keine beweisfähigen Spuren hinterlässt. Die klassische Folter arbeitete mit Methoden, die körperliche Schmerzen und damit auch sichtbare Wunden und Narben verursachten. Die Abschaffung der Folter führte zu ihrer „Verfeinerung" (Harrasser 2007:37). Dass die UN-Definition von Folter ausdrücklich „seelische Schmerzen und Leiden"[110] erwähnt, weist darauf hin, dass es dabei gerade um diese geht.

Als besonders wirksames Verfahren der „weißen Folter" hat sich der Entzug von Sinnesreizen erwiesen.[111] Die Gefolterten sollen *möglichst wenig* hören, sehen und fühlen. Ihnen werden schwarze Kapuzen aufgesetzt oder die Augen verbunden, sie werden in schallisolierte Zellen gesperrt und in Overalls gesteckt, die ihre Wahrnehmungen über den Tastsinn stark einschränken (Mausfeld 2009:232; Shallice 1972:387). Auf solche Ideen kamen die Folterer durch wissenschaftliche Berater.[112] Durch flankierende Forschungen[113] weiß man inzwischen mehr über die Wirkungen *sensorischer Deprivation.*

In Versuchen[114] wurden optische, akustische und Berührungsreize für die Teilnehmer weitgehend ausgeschaltet. Die Folgen waren dramatisch: Schon nach kurzer Zeit setzte ausnahmslos mentale Verwirrung ein und in nur 48 Stunden wurden psychoseähnliche Zustände hervorgerufen (Mausfeld 2009:231; McCoy 2007:325). Die Probanden erlebten Angst, Panik, Albträume, Halluzinationen und Paranoia (Shallice 1972:393; Bexton,

110 Aus Artikel 1 der UN-Antifolterkonvention (zitiert nach Mausfeld 2009:230).

111 Das ist effektiver als Überdosierung, obwohl auch diese vorkommt (presslufthammerartige Geräusche, überlaute Musik, grelles Licht; siehe Mausfeld 2009:231-232).

112 Im „Krieg gegen den Terror" arbeitet die CIA genauso eng mit Psychologen zusammen, wie sie es im „Kalten Krieg" tat (Mausfeld 2009:229).

113 Weil der eigentliche Forschungszweck bei der Veröffentlichung in einer Fachzeitschrift keinen guten Eindruck gemacht hätte, wurde er durch einen fiktiven Forschungsanlass maskiert (so zum Beispiel Bexton, Heron & Scott 1954:70).

114 Zu den Versuchsanordnungen siehe Bexton, Heron & Scott 1954:71; Smith & Lewty 1959; McCoy 2007:325-326.

Heron & Scott 1954:73-74). Auf Dauer kam es zum Zusammenbruch und zur Auflösung der eigenen Identität (Shallice 1972:390; McCoy 2007:325). Ein Teilnehmer berichtete von dem Gefühl, es gebe ihn doppelt, ohne sich entscheiden zu können, welcher von beiden er war (Bexton, Heron & Scott 1954:75). Die Auswirkungen waren so belastend, dass kaum ein Teilnehmer länger als zwei oder drei Tage durchhielt, obwohl sie außergewöhnlich gut bezahlt wurden. Man ahnt, was passiert, wenn einer keine Ausstiegsmöglichkeit hat, weil er sich in den Händen eines Geheimdienstes befindet.

> Obwohl sie, dem Anschein nach, weniger brutal ist als gewisse körperliche Züchtigungen, wirkt diese „berührungslose“ Folter doch in höchstem Grade zerstörerisch auf die menschliche Psyche; sie hinterlässt sowohl bei den Opfern als auch bei den Verhörenden seelische Narben, die therapeutische Fachleute im Vergleich zu körperlichen Schmerzen als noch stärkere Verkrüppelung betrachten. Ein britischer Journalist, der den Einsatz dieser Methoden in Nordirland erlebt hatte, nannte den Entzug von Sinnesreizen „die schlimmste Form der Folter“, weil sie „mehr Ängste auf Seiten der Verhörenden provoziert als traditionellere Folterarten, weil sie keine sichtbaren Narben hinterlässt und somit schwerer nachzuweisen ist, und weil sie schließlich längerfristige Wirkungen zeitigt“. (McCoy 2007:331)

Ich habe für dieses Kapitel über die Wahrnehmung städtischer Räume den Einstieg über die weiße Folter gewählt, um an einem drastischen Beispiel zu zeigen, dass wir uns beim Thema „Sinneswahrnehmung“ nicht auf belanglosem Gelände bewegen. Wenn Menschen nicht (quantitativ und qualitativ) angemessen mit Sinnesreizen versorgt werden, ist das nicht nur lästig, sondern kann zerstörerisch sein. Doch bevor wir dieser Spur weiter folgen, lernen wir zunächst etwas darüber, wie Menschen überhaupt wahrnehmen.

10.1 Die Welt unserer Sinne

Wahrnehmung ist die unmittelbarste Verbindung zwischen uns und unserer Stadt. Im Alltag gehen wir davon aus, dass wir die Räume unserer Stadt so wahrnehmen, wie sie sind. Das ist naiv, aber nützlich. Wer jedes Mal, bevor er einen Platz überquert, erst ausloten wollte, ob dieser Platz möglicherweise ganz anders gestaltet ist, als seine Sinne ihm vorgaukeln, wäre wenig lebenstüchtig. Wir halten den Platz einfach für genau das, was er uns zu sein scheint. Naiv ist es trotzdem: Unsere eigensinnige Hauskatze nimmt einen ganz anderen Platz wahr. Nickolay Lamm hat das in eindrücklichen Bildern rekonstruiert (Lamm 2013): Bei Licht sieht das Tier einen recht farblosen, dafür bei Dunkelheit einen noch genügend hellen Platz.

Abbildung 10.1: Ein erleuchteter Platz aus der Sicht von Mensch und Katze

Abbildung 10.2: Ein dunkler Platz aus der Sicht von Mensch und Katze

Auch wenn unsere Sinne nicht so untrüglich sind, wie wir meinen, haben wir doch keinen anderen Zugang zu unserer Umwelt als durch sie. Sinne sind unser Tor zur Welt. Wenn wir etwas in der Welt verstehen oder deuten, gebrauchen wir Begriffe, die ursprünglich aus dem Bereich der sinnlichen Wahrnehmung kommen. Etwas ergibt *Sinn,* deshalb *sehen* wir es genauso wie ein anderer. Wir *hören* auf jemanden oder können ihn nicht *riechen.* Eine Geschichte *schmeckt* uns nicht und wir *fühlen* dem Erzähler auf den Zahn. Unsere gesamte Einstellung zur Welt beruht so elementar auf unseren Sinnen, dass wir auch komplexe Schlussfolgerungen, die wir aus unseren Wahrnehmungen ziehen, immer noch in der Sprache der Wahrnehmung ausdrücken.

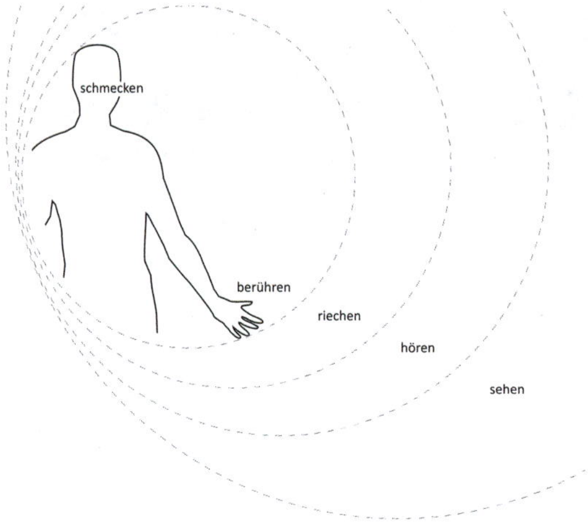

Abbildung 10.3: Die Reichweite der Sinne

Unsere Sinne haben unterschiedliche Reichweiten (→ Abb. 10.3). Am wichtigsten für die Wahrnehmung städtischer Räume sind das Sehen und das Hören. Das liegt nicht nur daran, dass diese beiden Sinne die größten Reichweiten haben, sondern auch daran, „dass sowohl das Auge wie das Ohr die Empfindung nicht bei den Rezeptoren lokalisiert, sondern bei dem vermuteten Sender des Reizes" (Ipsen 2006:30): Während wir die Wärme der Sonnenstrahlen *auf* der Haut fühlen, sehen wir die Sonne *am* Himmel; wir fühlen eine Druckwelle *an* unserem Körper, hören die Detonation aber *von* ferne. Sehen und Hören verbinden wir mit Richtungen und Entfernungen, es sind ihrem Wesen nach räumliche Sinne.

10.1.1 Ein Wahrnehmungsexperiment

Wenn unsere Sinne ihre gewohnten Aufgaben erfüllen, geschieht unser Wahrnehmen automatisiert. Anders ist es, wenn einzelne Sinne ausfallen und wir ihren Verlust durch andere Sinne kompensieren müssen. Beliebte Experimente dazu sind Spiele mit verbundenen Augen oder – aufwendiger – der Besuch eines Dunkelcafés:

> Dieses Café ist weniger für Blinde gedacht als für Sehende, damit sie nachempfinden können, was man von Blinden lernen kann. Denn nachdem die Tür hinter dem Besucher geschlossen wird, steht man in völliger Dunkelheit in einem Gang. Von irgendwo hört man die typischen Geräusche eines Cafés: Porzellan auf Tischflächen, das Zischen einer Espressomaschine, Gesprächsfetzen. Wie aber sich Klarheit schaffen, woher diese Geräusche kommen, wie dorthin gelangen? Die Geräuschquelle ist einigermaßen leicht zu orten, nun beginnt das Tasten. An den Wänden versuchen

> die Hände Orientierung zu finden, am Boden die Füße. Dabei versucht der Hörsinn ständig zu orten, wie weit ich vom Ziel entfernt bin. Als ich schließlich den Raum erreicht habe, werde ich von dem blinden Barkeeper angesprochen, als habe er mich schon lange erwartet: „Sie wünschen?" Allmählich komme ich ins Gespräch und gewinne Vertrauen in die Situation, bis schließlich der Vorgang des Zahlens kommt. Woher soll ich wissen, was 2 Euro und 50 Cent sind? Wird man mir auf den Schein, bei dem ich nicht weiß, ob es zwanzig oder fünfzig Euro sind, richtig herausgeben? (ebd. S. 18-19)

Solch eine experimentelle Erfahrung teilt uns drei Tatsachen über unser Sinnesleben mit:

1. Wir nehmen selektiv wahr. Bei einem normalen Cafébesuch achten wir auf viele Geräusche nicht, weil sie für uns keinen Aufmerksamkeitswert besitzen. Im Dunkelcafé sind wir auf diese Geräusche zur Orientierung angewiesen und wir hören ganz anders hin. Selektive Wahrnehmung ist in vielen Fällen entlastend. Wenn für uns alles den gleichen Aufmerksamkeitswert besäße, könnten wir uns nicht konzentrieren. Selektive Wahrnehmung kann uns aber auch etwas Wichtiges übersehen lassen. Wer denkt, er wisse über etwas Bescheid, schaut nicht mehr genau hin.
2. Unsere Sinne sind unterschiedlich geschult. Die Fähigkeit, wahrzunehmen, ist eine erlernte Fähigkeit. Eltern von Babys und Kleinkindern begleiten die besonders intensive Phase dieses Lernprozesses in den ersten Lebensjahren mit Freude und Stolz. Lernchancen und Lernerfolge unterscheiden sich von Mensch zu Mensch. Der Gourmet aus gutem Hause schmeckt den Unterschied zwischen einem Wein für 100 Euro und einem für 1000 Euro, Kalle von der Pommesbude schmeckt ihn nicht. Unsere Fähigkeit, uns durch Hören und Tasten zu orientieren, kann mit der eines Blinden nicht mithalten. Und der sinnlich geübte urbane Missionar entdeckt in der Stadt, woran der weniger geübte achtlos vorübergeht.
3. Wenn wir Räume wahrnehmen, passiert in unserem Kopf einiges an Konstruktionsarbeit (Ipsen 2006:19). Das fällt uns im Alltag nicht auf, weil es wie von selbst geschieht. Deshalb gehen wir, wie wir oben gesehen haben, naiv davon aus, dass wir die Räume unserer Stadt so wahrnehmen, wie sie sind. Wenn wir uns im Dunkelcafé jedoch mühsam anhand von Hören und Tasten orientieren, dann merken wir, wie wir aus den Sinneseindrücken in unserem Kopf ein räumliches Bild *herstellen*. Das Gleiche geschieht auch beim Sehen, nur weniger bewusst.

Was uns zugänglich ist, ist also nie der reale Außenraum an sich, sondern nur unser individuelles Abbild im Kopf, das wir uns aus unseren sinnlichen Eindrücken konstruieren. Es ist unsere Vorstellung von dem, was „da draußen" ist, und diese unterscheidet sich von Mensch zu Mensch. Man muss nur einmal mehrere Personen denselben städtischen Platz betrachten und hinterher beschreiben und zeichnen lassen. Unterschiedliche Einzelheiten haben sich ihnen eingeprägt (selektive Wahrnehmung), sie haben unterschiedliche Facetten des städtischen Lebens erkannt (geschulte Wahrnehmung) und ihre Zeichnungen weichen voneinander ab (räumliche Bilder). Und vielleicht halten sich die einen gern dort auf, während die anderen den Platz zu hektisch oder zu öde finden.

10.1.2 Jeder sieht etwas anderes

Wir sollten nie davon ausgehen, dass städtische Räume für andere Menschen genau so sind wie für uns. In unserem Kopf wird munter geordnet, gefiltert, interpretiert und bewertet. In unsere Wahrnehmung fließen Erfahrungen, Interessen, Sozialisationseinflüsse und kulturelle Prägungen ein. Die Dakota sehen – so hat man herausgefunden – überall Kreise, die Pueblo-Indianer Vierecke (Tuan 2003:16-17).

> Das, was man wahrnimmt, ist also immer höchst selektiv, bestimmt u. a. durch die jeweilige Bedürfnislage, durch Erfahrungen und Kenntnisse, die Position oder Rolle, die man in der jeweiligen Situation einnimmt. Wenn ein Bauer seine Äcker und Wiesen anschaut, sieht er sie anders als ein Tourist. Jemand, der auf Wohnungs- oder Hotelsuche ist, schaut sich in einer Straße anders um als die Frau, die zum Einkaufen geht. Ein Naturschützer sieht eine innerstädtische Brachfläche mit anderen Augen als ein Kind oder der Eigentümer dieser Fläche. (Tessin 2008:14)

Wir sollten uns nicht nur für „das Leben der anderen" interessieren, sondern auch für „die Stadt der anderen" und für „die Räume der anderen". Sie können zwar nie ganz die unseren werden, wir können uns aber an sie annähern. Wir sind erst dann dicht dran an den Menschen, wenn wir ihr Leben *und* ihre Räume kennen und verstehen.

Susanne Ebel lebte von 1996 bis 2012 in Neustadt an der Weinstraße. Ihr Mann war Pastor einer freikirchlichen Gemeinde und beide suchten nach Wegen, über die Gemeinde hinaus der Stadt zu dienen. Nach einigen Jahren ergab sich die Möglichkeit, in einem öffentlichen Treffpunkt eines sozialen Brennpunktes eine Mutter-Kind-Gruppe zu starten. Einige Jahre lief die Gruppe gut, aber die Mütter, die Susanne am liebsten dabeigehabt hätte, nämlich Frauen aus besonders benachteiligten Verhältnissen, kamen nicht.

> „Warum kommen diese Mütter nicht?", fragte ich die Quartiersmanagerin. „Dieser Raum war früher eine ‚Gammelecke', voll mit Flohmarktkram und ähnlichem. Danach wurde er renoviert. Für die Menschen vor Ort ist er jetzt zu sauber und zu schön. Die Schwelle ist zu hoch, in solch einen Raum zu kommen." Dabei war der Raum nur mit einfachen Ikea-Möbeln eingerichtet, aber alles war sauber und

> ordentlich. „Das ist für diese Leute oft schon zu schwer." Dann gab es noch einen weiteren Punkt: Viele der Frauen konnten nicht lesen. Wenn ich mit den Müttern und Kindern sang, legte ich große Pappen mit den Liedtexten auf den Boden, damit die Mütter den Text verfolgen konnten. Die Quartiersmanagerin meinte: „Vielleicht ist auch das eine Hemmschwelle." Ich stellte fest: „Wenn so etwas eine Hürde ist, bin ich immer noch nicht nah genug dran an den Frauen". (mündlicher Bericht am 11. März 2012 auf einem Seminar in Neustadt an der Weinstraße)

Für die Frauen, von denen Susanne erzählte, war der Treffpunkt ein anderer Raum als für sie. Sie ordneten ihre Wahrnehmung nicht nur durch geometrische, sondern auch durch soziale Abstände. Für sie war der Treffpunkt „zu weit entfernt", obwohl er nebenan lag. Spätestens jetzt dürfte deutlich geworden sein, dass unser Ausflug in die Welt der Wahrnehmungstheorie kein belangloses Geplänkel ist. Die Menschen, denen wir in der urbanen Mission begegnen, haben ihre je eigene Raumwahrnehmung. Wenn wir das nicht wissen und verstehend nachvollziehen, kann unser gut gemeintes Handeln ins Leere laufen.

ERFAHRUNGEN UND REFLEXIONEN

Ronny aus Halle (Saale)

Am 2. Juli 2015 lernte ich Ronny kennen. Ich war nach Halle gefahren, um mir von Betroffenen zeigen zu lassen, wie Obdachlose ihre Stadt wahrnehmen. Ronny ist einer von ihnen. Er ist 37 Jahre alt, flog mit neun Jahren von zu Hause raus, hat eine gescheiterte Ehe hinter sich, ist HIV-positiv und hat Hepatitis C. Außerdem trinkt er jeden Tag drei bis vier Flaschen Schnaps.

Wie nimmt Ronny seine Stadt wahr? Zunächst einmal sehr begrenzt. Die meisten Orte spielen für ihn keine Rolle, von anderen ist er ausgeschlossen. „In Halle werde ich nie wieder eine Wohnung bekommen", sagt er. An vielen Stellen hat er Hausverbot: im Bahnhof und in den meisten Kaufland- und Edeka-Supermärkten. In die Notunterkunft geht er nicht, weil er dort nicht mit Hund hinkommen darf. Ronnys Stadt besteht vor allem aus Orten, die mit dem täglichen Überleben zu tun haben. Fünf hat er mir beschrieben.

1. **Die Bahnhofsmission:** Für ihre Gäste gibt es einen äußeren Seiteneingang. Die Bahn ist kein Freund von Randgruppen. Doch in der Mission wird Ronny anständig behandelt. Er bekommt dort jeden Morgen sein Frühstück. Die Gäste kennen sich untereinander, die Mitarbeiterin trifft für alle den richtigen

Ton. Als sie hört, dass Ronny letzte Nacht gefroren hat, schenkt sie ihm einen Schlafsack.

2. **Das Elisabeth-Krankenhaus:** Mittags sieht man sich im „Elli" wieder, dort gibt es eine Mahlzeit für 1,70 Euro. So viel kann man bis dahin erbettelt haben.
3. **Der Platz vor einem Edeka-Supermarkt:** Hier bettelt Ronny tagsüber. Die Leute bringen ihm Futter für seinen Hund und er selbst bekommt so viel, wie er täglich braucht (rund 10 Euro). Manchmal wird er auch angemacht. Im Edeka darf er nur einkaufen, keine Pfandflaschen einlösen.
4. **Silberhöhe und Neustadt:** Wenn Ronny Flaschen gesammelt hat, fährt er in eins dieser beiden Plattenbaugebiete am Rand der Stadt. Dort nimmt man sie ihm ab.
5. **Draußen:** Ronny schläft immer draußen, auch im Winter. Fast sein ganzes Leben spielt sich in räumlicher Schutzlosigkeit ab. Nachts kommt es vor, dass Polizisten ihn verscheuchen und er ein Stück weiter zieht. Er ist schon angepinkelt worden, eine Polizistin hat ihm erklärt: „Du bist Abfall."

Ronnys Stadt besteht also aus zwei positiven Orten (der Bahnhofsmission und dem „Elli"), zwei ambivalenten Orten (Edeka und draußen), zwei Gelegenheitsorten (Silberhöhe und Neustadt) und vielen No-Go-Bereichen. Sein Halle ist eine andere Stadt als das Halle der meisten übrigen Einwohner.

Bei all dem ist Ronny dankbar für die Bahnhofsmission und für alle, die sich um Menschen wie ihn kümmern. Als er sich am Vorabend auf eine Wiese zum Schlafen gelegt hatte, brachte eine ältere Dame ihm zwei Hamburger. So etwas bedeutet ihm viel. Und er führt sein hartes Leben mit einem, den viele der anderen Hallenser nicht kennen. Wiederholt erzählt mir Ronny: „Ich glaube an Gott und an Jesus. Er verlässt mich nicht. Mein Leben war nie leicht, wird nie leicht sind, aber ich gebe nicht auf. Denn Gott ist bei mir."

10.1.3 Die Komplexitätshypothese

Die Wirkungsweise der weißen Folter zeigt, dass Wahrnehmen ein *elementares und unverzichtbares Grundbedürfnis* des Menschen ist wie Essen und Trinken (Harrasser, Macho & Wolf 2007:25; McCoy 2007:326). Dass etwas ein Grundbedürfnis ist, bedeutet aber nicht: je mehr, desto besser. Beim Essen reguliert unser Körper die Dosierung durch differenzierte Empfindungen. Wenn wir unbedingt etwas brauchen, bekommen wir *Hunger*. Wenn wir etwas vertragen könnten, meldet sich *Appetit* – auch abhängig davon, welche Düfte uns gerade in die Nase steigen oder welches Buffet uns unter die Augen kommt. Wenn wir genug gegessen haben, stellt sich ein *Sättigungsgefühl* ein. War es zu viel, bestraft uns *Übelkeit*.

Ähnlich ist es mit unseren übrigen Grundbedürfnissen: Wir können unseren Durst *stillen*, endlich einmal *ausschlafen*, uns warm *genug* anziehen. Weniger wäre zu wenig, aber mehr wäre nicht wirklich mehr. Auch bei der Wahrnehmung gibt es solch ein „Gesetz der richtigen Dosierung", wie die *Komplexitätshypothese* zeigt:

> Eine zunehmende Möglichkeit, neue und komplexe Informationen aufzunehmen, erhöht die Attraktivität einer Situation bis zu einem Optimumniveau. Steigt danach die Komplexität weiter an, so verliert die Situation an Attraktivität und wird, insofern es möglich ist, gemieden. (Ipsen 2006:24)

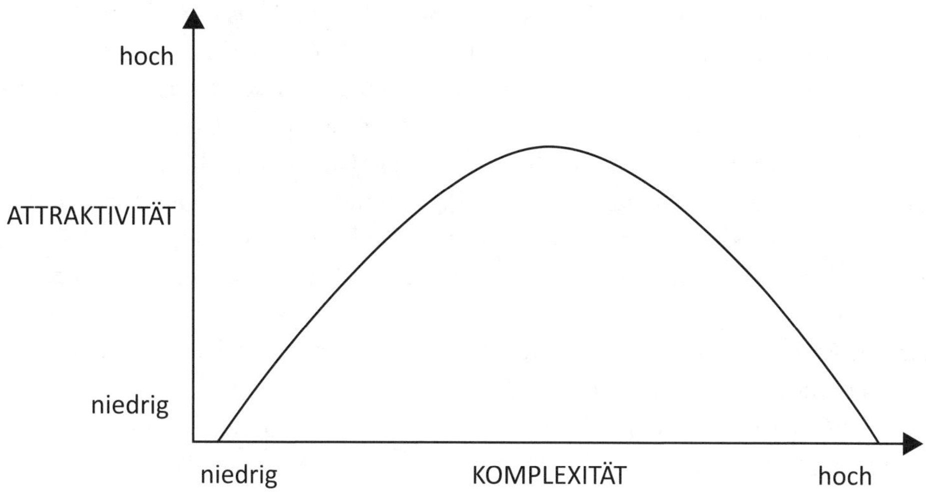

Abbildung 10.4: Die Komplexitätshypothese

Wo es nichts zu sehen gibt, wird uns langweilig. Wo zu viel los ist, suchen wir Abstand. Städtische Räume können uns „hungern" lassen. So geht es Kindern, die in anregungsarmen Räumen aufwachsen müssen und durch diese sinnliche „Mangelernährung" für ihr Leben geschädigt werden. Von städtischen Räumen kann uns aber auch „übel werden", wie mancher Landbewohner erlebt hat, als er in die Stadt zog. Wer in Ostfriesland seinen Führerschein gemacht hat, sollte in Istanbul lieber ein Taxi nehmen.

Auch urbane Mission geschieht in Räumen und durch Wahrnehmung. Deshalb ist die Frage angebracht, ob die Rahmenbedingungen dabei im Sinne der Komplexitätshypothese günstig sind. Können Leute erwarten, bei uns neue und interessante Wahrnehmungen zu machen, ohne überfordert zu werden? Darüber entscheidet nicht unsere gute Absicht, sondern das, was sich in ihrem Kopf abspielt.

Unser Gehirn reagiert auf Umgebungsreize schneller als unser bewusstes Denken. Wenn wir einen Raum betreten, tritt der *Hippocampus* in Aktion, ein Teil unseres Gehirns, der gegenwärtige Wahrnehmungen mit früheren Erfahrungen abgleicht (Montgomery 2013:157-158). Er informiert sofort andere Hirnareale, und bevor wir die Frage bewusst beantworten können, ob ein Platz sicher oder gefährlich ist, gibt der *Hypothalamus* eine hormonelle Antwort: Auf sterile oder chaotische Plätze – mit zu wenig oder zu viel Wahrnehmungsreizen – reagiert er mit den Stresshormonen *Adrenalin* und *Cortisol*. Auf Plätze, die uns vertraut sind, die gute Erinnerungen auslösen und auf denen man sich gut orientieren kann, die aber auch neue Entdeckungen und Erfahrungen ermöglichen, reagiert der *Hypothalamus* mit den Glückshormonen *Serotonin* und *Oxytocin*.

Ein Gottesdienst kann für einen charismatischen Gläubigen eine oxytocinbetonte Veranstaltung sein, denn er kennt den Ort, die Leute und die subtilen liturgischen Regeln, die die „Freiheit im Geist" steuern, und er hat guten Grund, sich auf eine neue Begegnung mit Gott zu freuen. Ist das Hormon erst einmal ausgeschüttet, fördert es auch die vertrauensvollen Beziehungen rund um den Gottesdienst. Dem säkularen Gast, der sich zum ersten Mal in den Gottesdienst einladen lässt, ist alles neu und vieles undurchsichtig. Er erlebt den Gottesdienst eher unter dem Einfluss von Adrenalin, von dem man sagt, es habe unseren Vorfahren die rasche Flucht ermöglicht.[115]

Solche praktischen Überlegungen der Wahrnehmungstheorie liegen dem nicht besonders nahe, für den alles „allein vom Wirken des Heiligen Geistes abhängt". Doch die akustischen und optischen Vorgänge in unseren sakralen Räumen können es dem Heiligen Geist schwer machen. Wir helfen ihm bei seinem Wirken an unseren Gästen, indem wir Formen und Abläufe so transparent und nachvollziehbar wie möglich machen und manchmal auch aus Liebe verändern.

Um die Wahrnehmungen, die Leute bei uns machen, im Sinne der Komplexitätshypothese zu optimieren, sollten wir mehr darüber wissen, wie unsere Räume und Veranstaltungen auf sie wirken. Eine gute Idee, um das herauszufinden, ist, sie zu fragen. Eine noch bessere Idee ist, sie zu motivieren, uns ehrliche Antworten zu geben. Jim Henderson tat das, indem er Leute dafür bezahlte, Gottesdienste zu besuchen und zu bewerten. Sein erster Partner war Hemant Mehta, ein erklärter Atheist, der seine Dienste zu eben diesem Zweck auf eBay angeboten hatte. Später machten einige von Hendersons christlichen Freunden ihn mit ihrem „Lieblingsatheisten" Matt Casper bekannt. Gemeinsam besuchten die beiden Gottesdienste in elf der bekanntesten Gemeinden in den USA und schrieben darüber das Buch „Jim and Casper Go to Church" (Henderson & Casper 2007). Ganz so weit müssen wir es nicht treiben, aber der Vorschlag ist durchaus ernst gemeint: Warum nicht Studenten, Arbeitslose und andere Zeitgenossen gegen eine Aufwandsentschädigung dafür gewinnen, unsere Räume und Veranstaltungen aus säkularer Sicht zu begutachten – nur für den Fall, dass doch nicht alles allein vom Wirken des Geistes abhängt?

115 Adrenalin spielt eine Rolle bei der Kampf-oder-Flucht-Reaktion, die „das Individuum in eine erhöhte [...] Flucht-Bereitschaft versetzt" (Bensel 1999).

10.1.4 Das Adaptionsniveau

Dass derselbe Raum und dieselbe Situation von verschiedenen Menschen unterschiedlich wahrgenommen werden, erklären Psychologen unter anderem durch ein unterschiedliches *Adaptionsniveau.* So bezeichnen sie den subjektiven Maßstab zur Einschätzung eines Reizes. Bei der Bewertung dessen, was „leicht" und „schwer" ist, hat der Möbelpacker ein anderes Adaptionsniveau als die ältere Dame, deren Kommode er gerade auf seinem Rücken durch ein enges Treppenhaus bugsiert. Manchen Teenager von heute müsste man auf einem Stuhl anbinden, damit er sich den Film „Spiel mir das Lied vom Tod" ohne Zappen von Anfang bis Ende ansieht. Für sein Adaptionsniveau ist der Film viel zu langsam. Seine Oma indessen hätte bereits nach dem dritten Musikvideo, wenn sie sich so etwas mit ihm gemeinsam anschauen würde, Kopfschmerzen, denn bei diesen schnellen Sequenzen „wird man ja ganz wirr im Kopp". Der Landeskirchler muss wissen, dass seine Gottesdienste für Leute ohne lutherisch geprägtes Adaptionsniveau todlangweilig sind. Der pfingstliche Evangelist muss wissen, dass seine Veranstaltungen für Leute, deren Adaptionsniveau nicht durch Heilig-Geist-Nächte trainiert wurde, jenseits der Schmerzgrenze liegen können. Das heißt nicht, dass wir auf jedes Adaptionsniveau eingehen können und es allen recht machen müssen. Wir sollten aber wissen, welche Adaptionsniveaus bei uns gut aufgehoben sind *und welche nicht,* damit wir entscheiden können, ob wir das wollen oder in Kauf nehmen.

Adaptionsniveaus sind ständig in Bewegung. Nach ein paar Wochen in der neuen Wohnung direkt neben der S-Bahn-Trasse hört man den Lärm kaum noch. Was uns heute fasziniert, ist morgen Schnee von gestern. Deshalb suchen wir ständig einen neuen „Kick". Das ist in einem gewissen Maß gesund, denn wer wollte ein Mensch ohne Entdeckungslust sein? Wenn jemand sich jedoch lange Zeit nur in Räumen aufhält, die für ihn „gering komplex" geworden sind, „erlischt in seinem Handlungsschema der Bedarf an Veränderungen" (Ipsen 2006:26). Das Adaptionsniveau hat sich auf niedrigem Niveau stabilisiert. „Das heißt, dass schon geringe Neuerungen Angst erzeugen und Abwehrhaltungen hervorrufen" (ebd.). Wenn das auf eine christliche Gemeinde zutrifft, wird sie nicht von heute auf morgen eine Speerspitze der urbanen Mission werden. Auf jeden Fall trifft es auf viele der Menschen zu, zu denen Jesus uns sendet.

10.2 Raumwahrnehmung und Sozialverhalten

Wie wir gesehen haben, ist Wahrnehmen ein Grundbedürfnis des Menschen. Bei Grundbedürfnissen kommt es nicht nur darauf an, *ob* sie befriedigt werden, sondern auch, *wie* das geschieht. Wir könnten uns zur Not mit fadem Reis und abgestandenem Wasser einige Zeit am Leben erhalten, aber schön wäre das nicht. Wir stellen lieber etwas Schmackhafteres auf den Tisch. Aber auch der Geschmack allein tut es nicht. Wir könnten ein süßes Gift mit Genuss verzehren, aber es wäre unsere letzte Mahlzeit. Unser Essen muss ausreichend, wohlschmeckend und bekömmlich sein.

Auch Wahrnehmung muss nicht nur *genug* sein, sondern *gut genug.* Auch sie muss uns gefallen und uns guttun. Was wir in unserem städtischen Alltag zu sehen und zu hören bekommen, hat Auswirkungen auf unser Wohlergehen. Probleme mit dem Stadtbild und dem Stadtklang *sind keine Luxusprobleme.* Wenn die Stadt kein gesundes Wahrnehmungsleben ermöglicht, ist ein gesundes seelisches, soziales, moralisches und menschenwürdiges Leben signifikant erschwert.[116]

Verstärkt wird der schädliche Effekt schlechter Wahrnehmung dadurch, dass wir unserer Stadt und dem, was sie an Wahrnehmungsmaterial bietet, ausgeliefert sind. Der Humanist kann mit dem Glauben an Gott nicht gleichzeitig das Hören von Kirchenglocken ablegen, und wer in einer Einflugschneise wohnt, lebt mit Fluglärm, auch wenn er selbst nie fliegt. Man kann sein Fernsehprogramm wählen, aber nicht das Programm, das vor dem eigenen Fenster läuft. Und wer zu den ärmeren Stadtbewohnern zählt, hat auch nicht die Möglichkeit, in einen anderen Stadtteil zu ziehen, in dem ein besseres Programm gespielt wird.

Ausgelöst wird der schädliche Effekt schlechter Wahrnehmung wie folgt: So wie unsere Nahrung nicht nur auf unseren Geschmackssinn einwirkt, sondern unserem Körper darüber hinaus Energie und Stoffe zuführt, so nehmen wir die städtischen Räume nicht nur wahr, sondern wir „einverleiben" sie uns über unsere Sinne, wodurch sie in uns wirksam werden. Wie schädliche Stoffe in der Nahrung können auch schädliche Klänge und Anblicke in der Stadt krank machen. Wenn in bestimmten Stadtteilen vermüllte Plätze und eingeworfene Fenster das Straßenbild bestimmen, wird dadurch das Wohlbefinden ihrer Bewohner beeinträchtigt und ihr Sozialverhalten negativ beeinflusst. Der physiologische Vorgang des Sehens hat soziale und moralische Auswirkungen. Umgekehrt können von der „Reparatur" und der Verschönerung solcher Stadtteile heilsame Wirkungen ausgehen. Wer diese Zusammenhänge versteht, wird nicht so schnell behaupten, dass der urbane Missionar andere Dinge zu tun hätte, als Farbeimer und Pinsel in die Hand zu nehmen.

10.2.1 Der Terror der grauen Wände

Gesunde städtische Räume sind so gestaltet, dass sie eine Vielfalt von Wahrnehmung und Beobachtung möglich machen. Sie tragen dem Bedürfnis unserer Sinne nach Abwechslung Rechnung und sie schaffen einen Rahmen dafür, dass Menschen einander auf unaufdringliche und unschuldige Weise bei alltäglichen Tätigkeiten beobachten können. Für Menschen gibt es nichts Interessanteres als andere Menschen. Wo einige von ihnen verweilen, fühlen andere sich angezogen.

Ein gutes Beispiel für Räume gesunder Wahrnehmung sind klassische Altbauviertel,

116 Dass die Frauen, von denen Susanne Ebel uns erzählt hat, auf einen schönen und sauberen Raum nicht positiv reagierten, zeigt, dass dieser Zusammenhang bei ihnen schon sehr weit gediehen war. Wer lange Zeit unter benachteiligenden sozialen und optischen Bedingungen leben muss, dessen Sinne kommen mit dem Schönen und Sauberen nicht mehr gut klar, so wie ein ungesund ernährtes Kind am Ende nur noch auf Fastfood anspricht.

wenn sie nicht heruntergekommen oder verwahrlost sind. Ihr Bürgersteigleben bietet viele Eindrücke. Kinder bekommen Einblicke in die Welt der Erwachsenen, Nachbarn lernen sich zumindest vom Sehen kennen, kleine Geschäfte und Cafés mit Außentischen beleben die Straße und Senioren können den ganzen Tag, auf ein Kissen gelehnt, aus dem Fenster schauen. „Das meiste davon ist scheinbar äußerst trivial, aber das Ergebnis ist überhaupt nicht trivial" (Jacobs 1992:56). Vertrauen und Vertrautheit entstehen, und mit ihnen Sicherheit und Zugehörigkeit.

Irgendwann erfanden Stadtplaner und Architekten mit mehr Idealismus als Menschenkenntnis die Funktionstrennung.[117] Einzelne Stadtbereiche dienen nur noch einer einzigen Nutzung. In der Charta von Athen, einem der zentralen Texte für das Konzept der funktionsgetrennten Stadt, heißt es: „Der Schlüssel zum Städtebau liegt in den folgenden vier Funktionen: wohnen, arbeiten, sich erholen (in der Freizeit), sich bewegen" (zitiert nach Kuder 2001:161). Die Bereiche der ersten drei Funktionen sollten durch Grünanlagen voneinander getrennt und durch Verkehrswege miteinander verbunden werden. Durch diese Funktionstrennung sollten eine Reihe von ernsthaften städtischen Problemen gelöst werden (ebd. S. 127-170). In der Praxis wurden durch sie neue ernsthafte Probleme geschaffen.

Monotonie wurde städtebauliches Programm. Graue Wände und gleichförmige Fenster sind in Wohn- und Schlafstädten zur dominanten Raumwahrnehmung geworden. Nicht anders ist es in Vierteln, die von Banken, Versicherungen und ähnlichen Einrichtungen dominiert werden.

> Wer die ungeheuren Mengen grauer Bimssteinblöcke gesehen hat, aus denen menschliche Behausungen errichtet werden, kann nicht daran vorbei, daß in unserer Zeit depressive Elemente in permanenter Weise in den Alltag eingebaut sind. Aber diese [...] Bimssteinwelt ist für Millionen ungleich ausschließlicher als je für eine Bevölkerung zuvor zur alleinigen, bestimmenden Umwelt geworden. Denn auch dort, wo die Ausbruchssehnsucht die Menschen zu den winterlichen und sommerlichen Urlaubsmigrationen treibt, finden sie sich in Hotels und Bungalows gleicher Konstruktion, aus gleichen Bauelementen, in gleicher Massierung wieder. (Mitscherlich 1965:50)

Wir haben genug über die Bedeutung des Wahrnehmens gelernt, um zu ahnen, dass solch eine Umwelt nicht gesund sein kann. Dieser Anfangsverdacht lässt sich empirisch erhärten.

Jan Gehl ist ein bekannter Stadtplaner und Architekt aus Kopenhagen, der sich mit seinem Engagement für menschenfreundlichere Städte einen Namen gemacht hat. Bei

117 Sie war eines der bedeutendsten städtebaulichen Leitbildelemente des 20. Jahrhunderts (Kuder 2001:127).

seinen Forschungen stellte er Folgendes fest: Wenn in einer Straße die Fassaden gleichförmig sind und es wenig Türen und keine bauliche und funktionale Vielfalt gibt, bewegen die Leute sich so schnell wie möglich. Wenn es viele Eingänge gibt und wenn die Fassaden und andere bauliche Elemente abwechslungsreich und die Funktionen gemischt sind, gehen die Leute langsamer und bleiben öfter stehen. In solchen Straßenabschnitten führen sie ihre Telefongespräche per Handy – nicht vis-à-vis monotoner Fassaden (Montgomery 2013:161). *Graue Wände sabotieren die Sozialnatur des Menschen.*

Im Rahmen eines BMW Guggenheim Lab in New York[118] wurde eine Studie durchgeführt. 2006 war ein Stück der East Houston Street durch einen Einkaufskomplex ersetzt worden und die Fassade des ganzen Blocks bestand aus gleichförmig dunkel getöntem Glas. Probanden gaben an, sich auf dem Bürgersteig davor deutlich schlechter zu fühlen als praktisch überall sonst auf der Straße (ebd.). *Monotone Fassaden sabotieren emotionales Wohlbefinden.*

Senioren, die in einer Gegend mit langen toten Straßenfronten leben, altern schneller als Senioren, in deren Wohngegend es viele Türen, Fenster, Vorbauten und Orte, die man aufsucht, gibt (ebd. S. 162). *Graue Wände sabotieren die Gesundheit und senken die Lebenserwartung.*

Fazit: Graue Wände „saugen das Leben von den Bürgersteigen, und wenn es von ihnen zu viele gibt, *können sie eine Straße töten* [Hervorhebung von mir]“ (ebd. S. 163) und den Menschen in ihr Schaden zufügen. Umgekehrt kann es eine heilsame Wirkung haben, wenn im Rahmen der urbanen Transformation monotone Räume um Farben und Formen angereichert werden.

10.2.2 Warme Getränke und Fahrstühle nach oben

Auch sonst hat (Raum-)Wahrnehmung soziale Konsequenzen, wie einige weitere Studien zeigen. In Binghampton, New York, wurden einer Gruppe von Probanden Bilder einer Wohngegend mit Gehwegschäden, ungepflegtem Grün und zerfallenen Häusern gezeigt. Eine zweite Gruppe bekam Bilder einer Wohngegend mit intakten Gehwegen und gepflegten Gärten und Häusern zu sehen. Anschließend sollten sie in einem Spiel Geldgeschäfte mit den Bewohnern der jeweiligen Nachbarschaft tätigen. Wer meinte, sein „Geschäftspartner“ stamme aus dem „schönen“ Wohngebiet, war signifikant vertrauensvoller und großzügiger (ebd. S. 156).

Wenn Menschen bei einer Begegnung mit einem Fremden ein warmes Getränk in der Hand halten, vertrauen sie dem Unbekannten mehr, als wenn es ein kaltes Getränk ist (ebd. S. 157). Hier geht es um eine andere Sinneswahrnehmung, aber das gleiche Prinzip: Was wir sehen, hören oder fühlen, beeinflusst die soziale Dimension unseres Lebens.

118 Das BMW Guggenheim Lab ist ein mobiles Stadtforschungslabor, das 2011 in New York gestartet wurde (www.bmwguggenheimlab.org).

Nach einer Aufwärtsbewegung sind Menschen hilfsbereiter, großzügiger und freundlicher als nach einer Abwärtsbewegung (ebd.).

> Forscher der Universität von North Carolina beobachteten, dass Kunden eines Einkaufszentrums doppelt so oft einem Spendensammler der Heilsarmee etwas gaben, wenn sie aus einem aufwärts fahrenden Lift stiegen, als wenn sie einen abwärts fahrenden Lift verließen. Sie stellten weiter fest, dass Leute, die gerade einen Videoclip mit Aussichten aus einem Flugzeugfenster gesehen hatten, bei Computerspielen kooperativer waren als Leute, die sich Clips mit Aussichten aus einem Autofenster angeschaut hatten. Auch bei weiteren Experimenten ergab sich: Altitude [Höhe] stärkt Altruismus. (ebd.)

Wenn wir räumlich oben sind oder uns auf dem Weg nach oben befinden, werden positive soziale Empfindungen bestärkt. Der Weg nach unten führt nicht nur räumlich in die entgegengesetzte Richtung. Zu Beginn meines interkulturellen Engagements besuchte ich 2006 zum ersten Mal den Treffpunkt einer ethnischen Gruppe, aus der ich niemanden kannte. Ich erinnere mich noch heute an das mulmige Gefühl beim ersten Eintreten. Es wurde dadurch verstärkt, dass ich einige Stufen abwärts in einen dunklen, nicht überschaubaren Raum gehen musste. Nachdem ich die Hemmschwelle erst einmal überwunden hatte, fühlte ich mich dort jedoch ausgesprochen wohl.

10.3 Drei praktische Anwendungen

Am Ende dieses Kapitels stehen drei Beispiele dafür, wie die urbane Mission aus den Erkenntnissen über Raumwahrnehmung fruchtbare Konsequenzen ziehen kann. Das erste ist kurz und knapp.

10.3.1 Die Räume der urbanen Missionare

Die Lage einer urbanen „Missionsstation“ ist nicht bedeutungslos: Gut sind ebenerdige Räume mit unmittelbarem Zugang zur Straße, Fenstern, die Einblick gewähren, und der Möglichkeit, sich im Sommer auf dem Gehweg aufzuhalten. Hochparterre ist besser als Tiefparterre. Helle, gut und barrierefrei erreichbare Räume im Dachgeschoss mit weitem Ausblick sind in vielen Fällen ein perfekter Ort. Der zweite Hinterhof ist hingegen ideal, wenn man doch lieber unter sich bleiben will.

10.3.2 Farbe verändert das Leben

MODELLE UND BEISPIELE

Die Memi am Alex

„Am Rande des Berliner Alexanderplatzes steht ein unwürdig gealterter Plattenbau. Zu DDR-Zeiten wohnten hier Professoren und sogar Minister, später hatten Nutten und Dealer in den Fluren ihren Arbeitsplatz" (Heier & Groß 2015). Hier beginnt unsere Geschichte. 2011 hatte die Wohnungsbaugesellschaft WBM ein Problem. Die „Memi", wie der Plattenbau liebevoll genannt wird, war schlimm in die Schlagzeilen geraten. Die BZ schrieb über den „Drogen-Bunker am Alex": „Wer durch einen der sechs Aufgänge in das Haus an der Memhardstraße geht, kann kaum glauben, dass hier überhaupt noch jemand wohnt: Blut und Erbrochenes kleben an den Wänden im Treppenhaus, Spritzen liegen auf Fensterbänken, es riecht nach Urin" (13. Mai 2011).

Die WBM wandte sich an Ines Külper. Ines arbeitet freiberuflich an Projekten, die Gemeinschaft und sozialen Zusammenhalt fördern. Sie schaute sich das Haus an. „Ich dachte, so etwas gibt es nicht", erzählte sie mir. Drogenhandel und -konsum, Beschaffungskriminalität und -prostitution hatten sich auf den Fluren eingenistet. Entsprechend sah es aus. Im Haus herrschte Angst. Auch Familien mit Kindern wohnten dort und sie wussten nie, wer vor ihrer Wohnung lag oder wer den Fahrstuhl betrat, wenn die Tür sich öffnete. Aber Ines hatte ein gutes Gefühl: „Ich kann es mir vorstellen" – allerdings nur mit 24-Stunden-Sicherheitsdienst. Sie nahm den Auftrag an.

Ines ist Christin. Nachdem sie ihre Entscheidung getroffen hatte, bestätigte eine Begegnung sie in ihrem Empfinden, am richtigen Platz zu sein. Einer ihrer ersten Kontakte im Haus war eine Mieterin, die dort seit der Erbauung (1983) wohnt und die ihr erzählte, dass sie schon lange für das Haus betete.

Ines legte los. In einer Zwischenetage startete sie den „Memi-Treff". Aus einer Zukunftswerkstatt mit den Mietern ergab sich eine Reihe von Handlungsfeldern. Ein wichtiges Anliegen war, etwas gegen die Verwahrlosung der Flure und Treppenhäuser zu unternehmen. Doch ein Kostenvoranschlag für den Neuanstrich des Gebäudekomplexes belief sich auf einige Hunderttausend Euro, zu viel für ein Haus, das offiziell immer noch auf dem Abrissplan steht. Also musste ein anderer Weg gefunden werden. Bei der Initiative *Serve the City* (→ Kap. 23.6) stieß Ines auf offene Ohren. Christine Thumm, eine der Leiterinnen, sah sich die Sache an und erklärte: „Wir machen hier etwas, bis alles chic ist."

Abbildung 10.5: Die Flure in der Memi vor und nach dem Einsatz

Ein erstes Treffen mit den Mietern (2012) verlief allerdings wenig ermutigend. Misstrauen herrschte. Die Leute hielten die Aktion für ein Beruhigungsmanöver der Wohnungsbaugesellschaft oder fürchteten zuerst Verschönerung, danach Verteuerung und schließlich Verdrängung. Außerdem konnten sie sich nicht vorstellen, dass jemand umsonst in seiner Freizeit so etwas tut. Christine fühlte sich „nicht willkommen, fast wie ein Eindringling". Auch als zehn Freiwillige zum ersten Renovierungs-Einsatz kamen, war die Ablehnung greifbar. Die Mieter standen auf dem Flur und versperrten den Weg zu Werkzeug und Material. Die Gruppe reagierte liebevoll, ignorierte die Feindseligkeit und ging freundlich auf die Mieter zu: „Sie wohnen hier?"

Durch die positive Reaktion, das Interesse an den Menschen und die Ausstrahlung der Aktiven wurde das Eis gebrochen. Einige Mieter sagten: „Wenn andere hierher kommen, um etwas für unser Haus zu tun, müssen wir mitmachen." Leute aus dem Haus halfen und versorgten die Malernden mit Musik oder Bier. Über drei Jahre lang kamen die Engagierten von Serve the City einmal im Monat zum Einsatz in die Memi, begleitet von weiteren Aktivitäten wie Kinderfesten. Die Auswirkungen sind großartig.

1. **Die Memi sieht wieder besser aus:** Das Haus wurde durch Helligkeit in den Fluren und ergänzende Wandbilder aufgewertet. Bemerkenswert ist, dass der Anstrich nicht wieder übersprüht oder übermalt wird, wie es mit Sicherheit bei einer gewerblichen Renovierung der Fall gewesen wäre. (Beim ersten Einsatz

hatten Mitarbeiter des Sicherheitsdienstes noch berlinert: „Dett is morjen allet wieda wech.“) Die Mieter sprechen von einem anderen Lebensgefühl, das sich im Haus ausgebreitet hat.

2. **Die Leute sind wieder sicher:** Die Angst ist nicht mehr da. Familien mit Kindern fühlen sich wieder wohl. Der Sicherheitsdienst kommt nur noch selten nachts.
3. **Es gibt ein anderes Miteinander:** Nachbarn haben ihre Telefonnummern ausgetauscht und helfen sich untereinander, zum Beispiel in der Kinderbetreuung oder bei Computerproblemen. Gemeinschaft ist gewachsen. „Für mich ist das unfassbar“, sagt Ines. Im Oktober wird es im Haus einen Sponsoren-Treppenlauf geben. Ziel ist, möglichst oft alle Treppen bis zum zwölften Stock zu schaffen. Auch die Kinder beteiligen sich. Der Erlös soll als Dank an *Serve the City* gehen.

Auch für die Engagierten hat sich der Einsatz gelohnt. „Sie nehmen etwas mit, wenn sie wieder gehen“, erklärt Christine, „durch Streichen kommt etwas in Bewegung, das mehr ist als Farbe.“

10.3.3 Zonenbewohner und Insulaner

Das dritte Beispiel betrifft Projekte mit Kindern und Jugendlichen. Kinder entwickeln sich zu Stadtbewohnern, indem sie sich städtische Räume aneignen (Deinet 2009c). In der Sprache von Kapitel 2 könnte man sagen: Immer mehr städtische Räume werden für die Kinder durch Bedeutungen zu Orten. Sie entdecken die Bedeutungen, die Räume schon haben, oder geben ihnen neue. Zum Beispiel lernen sie, was ein Supermarkt ist und wie man dort einkauft, später funktionieren sie dann den dazugehörigen Parkplatz zu einer Skaterbahn um.

Der Bereich, in dem Kinder sich Räume aneignen, erweitert sich allmählich in immer größere Zonen (Muchow & Muchow 2012; Baacke 1993:162-173). Das Zentrum bildet die eigene Wohnung, das „Zuhause“. Um diesen Mittelpunkt herum liegt die „Nachbarschaft“. Hier nehmen kleine Kinder erste Außenbeziehungen auf, hier können sie spielen und durch Erkundung und Beobachtung die Welt der Erwachsenen kennenlernen. Ihr Leben findet anfänglich noch überwiegend in diesen beiden Zonen statt, zwischen „Ich geh jetzt raus“ und „Ich muss jetzt rein“. In der dritten Zone liegen viele der funktionsbestimmten Räume, die Kinder mit zunehmendem Alter vermehrt aufsuchen: Schulen, Sportplätze, Kaufhäuser und Freizeiteinrichtungen. Der typische Satz lautet: „Ich fahre jetzt nach …“. Jenseits dieser Zone liegt die Peripherie, die nur selten und punktuell aufgesucht wird. Dort liegen Urlaubsorte oder Orte für besondere Unternehmungen.

Wenn im Zentrum dieser Zonen ein gutes Familienleben stattfindet und die Nachbarschaft sicher und anregungsreich ist, kann das *Zonenmodell* den Rahmen für eine „schöne Kindheit“ beschreiben, in der das Grundbedürfnis einer anregenden und gesunden Wahrnehmung befriedigt wird. Leider sind für viele Kinder diese Voraussetzungen nicht mehr gegeben. Wie alles andere in der postmodernen Stadt hat sich auch die Raumaneignung der Kinder polarisiert. Die einen haben ihren Nahraum verloren und hetzen für ihre Aktivitäten von einer „Rauminsel" zur nächsten. Die anderen sind auf einen nicht sehr förderlichen Nahraum eingeengt, dessen geografische für sie auch eine soziale Grenze ist.

In vielen Stadtteilen leiden Kinder am *Verlust der Straßenöffentlichkeit* (Deinet 2009c:41). Die Funktionstrennung der Städte hat zu einem Rückzug der Erwachsenen aus dem Nahraum der Kinder geführt. Sie arbeiten woanders, sie verbringen ihre Freizeit woanders – oft genug hinter der eigenen Wohnungstür. Das Miteinander, das für die Entwicklung von Kindern so wichtig wäre, findet nicht mehr statt. „Der Bauarbeiter früherer Jahre, der am Straßenrand mit einer Schaufel Sand und Zement in der Wanne verrührte, war für die Kinder, die um ihn herumstanden, erlebbar, ansprechbar, vorhanden. Schon als die kleine elektrische Betonmischmaschine ihr lärmendes Mahlen losließ, war die Kommunikation gestört. Die Bediener der technischen Ungetüme der Großbaustelle von heute bekommt das Kind schon gar nicht mehr zu Gesicht" (ebd.).

Kinder erleben Nachbarschaft „nicht als Netz sozialer Verbindung und gegenseitiger Hilfe, sondern als Reglementierungssystem mit besonders mit dieser Aufgabe beauftragten ‚Raumwärtern', wie den Hausmeistern" (ebd.). Die streifende Raumerkundung und -aneignung wird ihnen durch diese verwehrt, die von Erwachsenen geplanten Spielplätze sind keine Alternative. Sie sind genauso anregungsarm wie die sonstige Nachbarschaft.[119] Kinder wollen nicht nur in „kindgerechten" Räumen aktiv sein. Sie brauchen die Interaktion mit Erwachsenen und sie wollen die Möglichkeit haben, selbst Nutzungen zu erfinden. Auf einer Rutsche kann man nur rutschen, nicht die Welt der Erwachsenen imitieren, und man kann mit ihr nicht so kreativ umgehen wie mit einem Baum, den man zum Klettern oder zum Bau eines Baumhauses nutzen kann.

Kinder aus mobilen Familien – wie sie zum Beispiel in Vorstädten wohnen – können sich behelfen, indem sie ihre Raumaneignung vom *Zonenmodell* in ein *Inselmodell*[120] transformieren. Sie haben keinen zusammenhängenden Lebensraum mehr, sondern einen in Bruchstücken über die Stadt hinweg verstreuten. Ihre Aktionsräume liegen kaum noch in der zweiten Zone, der Nachbarschaft, sondern fast ausschließlich in der dritten. Das ist mit Verlusten verbunden. Die Kinder verlieren die Zwischenräume, durch die man aufs Geratewohl streifen kann, und bekommen diese nicht einmal mehr zu Gesicht, wenn sie mit der U-Bahn fahren. Sie sind nicht mehr zu absichtsloser Erkundung unterwegs, sondern nur noch zu zweckbestimmter Zielerreichung. Sie verlieren viele Chancen zu spontanen Aktivitäten, denn ihr Alltag muss zeitlich straff

119 Bei einer Befragung im Falkenhagener Feld, einer Großsiedlung von Berlin, äußerten sich alle Kinder zwischen neun und vierzehn Jahren ablehnend gegenüber der Gestaltung der Spielplätze.
120 Die kindliche Raumaneignung und das Inselmodell werden großartig beschrieben von Helga Zeiher (1995).

geplant werden: Die „Inseln" haben Öffnungszeiten, die Wege erfordern Zeit und die Zeitpläne verschiedener Familienmitglieder müssen koordiniert werden. Die Kinder können nicht einfach „rausgehen", denn da ist nichts los. Und die Eltern können sie nicht einfach „reinrufen", denn die Kinder sind woanders. Die Kinder verlieren den Gesamtzusammenhang ihres Lebens, denn auf jeder „Insel" treffen sie andere „Inselbewohner". Sie kennen einander nur noch in den Ausschnitten, die mit der jeweiligen Inselfunktion zusammenhängen. Das Leben der Kinder ist ähnlich fragmentiert wie das ihrer Eltern, die in A wohnen, in B arbeiten, in C einkaufen und in D zum Fitness-Center gehen. Es ist auch ähnlich anstrengend. Ihre Wahrnehmung ist eher überdosiert, ihnen fehlen die Zwischenräume der Verdauung. Dabei sind sie aber immer noch verhältnismäßig privilegiert. Und vielleicht fühlen sie diese Verluste gar nicht, weil sie nie erlebt haben, wie es sich anfühlt, wenn man auf einer der guten, alten Stadtstraßen aufwuchs.

Der Lebensraum von Kindern in benachteiligten Quartieren – zum Beispiel Großsiedlungen – besteht im Gegensatz dazu oft nur noch aus der Zone des *unmittelbaren Nahraums*. Je höher das Hochhaus, desto weniger gehen sie überhaupt raus. Wenn sie rausgehen, bleiben sie in einem engen Umkreis. Gegen institutionelle Freizeitangebote haben sie ein Misstrauen, weil diese für sie „pädagogische Gängelei" statt eigenständiger Raumaneignung sind (Zeiher 1995:191). Ihre Welt ist klein, ihre Wahrnehmung hungert.

Das Leben in der postmodernen Stadt bedeutet also für Kinder: „Im verinselten Lebensraum, in dem der Nahraum arm an Kontakt- und Handlungsmöglichkeiten geworden ist, gibt es die *Alternative zwischen vorausgeplanter Aktivität und Mobilität oder Isolation* [Hervorhebung von mir]" (ebd.).

Für die urbane Mission bringt das Herausforderungen. Viele Gemeinden bestehen aus Insulanern, die Kirche oder das Gemeindehaus ist nur eine weitere ihrer Inseln. Können Kinder und Jugendliche aus einer solchen Lebenswelt auf einen gemeinsamen Weg mit Kindern und Jugendlichen aus prekären Zonen kommen? Urbane Mission für Kinder und Jugendliche (und für ihre Eltern) müsste dazu vorrangig in diese Zonen verlagert und dorthin dezentralisiert werden. Die Insulaner müssten ihren städtischen Archipel nur um weitere Inseln ergänzen. Die Zonenbewohner müssten keine Hürde überwinden, die für sie zu hoch ist. Ihre anregungsarme Lebenswelt hat ihr Adaptionsniveau auf ein niedriges Niveau gebracht. Das heißt, so wissen wir inzwischen, „dass schon geringe Neuerungen Angst erzeugen und Abwehrhaltungen hervorrufen" (Ipsen 2006:26). Und das Verlassen ihrer Zone wäre sogar eine große Neuerung. Es würde Jesus viel Freude bereiten, wenn Insulaner den umgekehrten Weg in die Lebenswelt der Zonenbewohner fänden.

ERFAHRUNGEN UND REFLEXIONEN

Der CVJM Oberhausen arbeitet viel mit Kindern und Jugendlichen aus der Innenstadt. Martin Meister, leitender Sekretär des CVJM Oberhausen, erzählte mir:

Die Lebenswelt der Kinder ist eingeschränkt, teilweise auch sehr eingeschränkt. Wir arbeiten mit Kindern zusammen, die um ihr Haus keine 500 Meter weit gekommen sind. Das ist ihr Einzugsbereich. Wir haben uns gesagt: In diese Lebenswelt gehen wir hinein. Wir haben nicht nur unser Haus, sondern wir haben unsere mobile Jugendarbeit, mit Spielstationen auf einem Schulhof. In einem Bereich von jeweils 500 Metern haben wir unsere Einrichtungen, wo die Mitarbeiter, die dort arbeiten, Ansprechpartner sind.

Unser Anliegen ist, dass die Kinder über den Tellerrand hinausgucken, dass Oberhausen für sie nicht nur aus der Innenstadt besteht, sondern aus vielen Teilen, die sie kennenlernen müssen. Das ist für viele eine Herausforderung, auch für viele Eltern. Für uns bedeutet das, dass wir Vertrauen aufbauen müssen, sowohl zu den Kindern als auch zu den Eltern, damit sie das ermöglichen.

Um Vertrauen zu gewinnen, ist wichtig, immer wieder im Gespräch mit Kindern und Eltern zu sein. Wenn Eltern zum ersten Mal sagen: Unser Kind kann an einem Ausflug oder an einer Busfahrt teilnehmen, ist das der Einstieg. Spätestens wenn ein Kind glücklich von einem Ausflug oder von einer Freizeit zurückkommt, haben wir die Eltern gewonnen.

In der Sprache dieses Kapitels heißt das: Kinder, deren Leben sich in einer engen, anregungsarmen Zone abspielt, werden durch Ausflüge in andere Bereiche der Stadt in ihrer Raumwahrnehmung bereichert. Das Ergebnis ist Freude, Vertrauen und noch mehr.

FAZIT

- Wir nehmen Städte und Räume durch unsere Sinne wahr. Diese Wahrnehmung erfolgt selektiv, ist für unterschiedliche Aspekte unterschiedlich gut geschult und mit einiger Konstruktionsarbeit verbunden.
- Da Menschen städtische Räume unterschiedlich wahrnehmen, ist es für die urbane Mission wichtig, die Raumwahrnehmung derjenigen verstehend nachzuvollziehen, die wir erreichen möchten.
- Monotone, reizarme, funktionsgetrennte Stadtviertel sabotieren die Sozialnatur, das emotionale Wohlbefinden sowie die Gesundheit und Lebenserwartung von Menschen.

- Aus der Auseinandersetzung mit menschlicher Raumwahrnehmung lassen sich praktische Tipps für die urbane Mission ableiten.
  - Die Lage einer urbanen „Missionsstation" ist nicht bedeutungslos, sondern hat einen Einfluss darauf, ob Leute gern dorthin kommen.
  - Durch etwas Farbe und andere „Sanierungstätigkeiten" lässt sich im Rahmen von dienenden praktischen Einsätzen in „problematischen" Nachbarschaften mehr verändern als nur der optische Eindruck.
  - Der Lebensraum von Kindern in benachteiligten Quartieren besteht oft nur aus der Zone des unmittelbaren Nahraums. Angebote für sie müssen deshalb in diesen Zonen stattfinden. Gleichzeitig kann durch gemeinsame Ausflüge in andere Bereiche der Stadt ihre Raumwahrnehmung nach und nach bereichert werden.

- Stellen Sie sich einige städtische Räume vor, in denen Sie sich oft aufhalten. Welche sind für Sie angenehm, welche unangenehm? Welche finden Sie interessant, welche langweilig? Woran liegt das?
- Können Sie sich vorstellen, wie Leute aus unterschiedlichen Milieus die Räume Ihrer Gemeinde / Initiative wahrnehmen?
- Sind die Kinder, die Ihre Gemeinde / Initiative erreicht, Zonenbewohner oder Insulaner? Wie kommt das?

- Ulrich Deinet (Hg.): Sozialräumliche Jugendarbeit. Grundlagen, Methoden und Praxiskonzepte (Deinet 2009b). *Wie Kinder und Jugendliche sich Räume aneignen und was das für die Arbeit mit ihnen bedeutet (mit Praxisbeispielen).*
- Joachim Ritzkowsky: Die Spinne auf der Haut. Leben mit Obdachlosen (Ritzkowsky 2001). *Der Berliner Obdachlosenpfarrer († 2003) gibt Einblicke, wie das Leben aus der Perspektive von Wohnungslosen aussieht.*

Mission im öffentlichen Raum muss sich nicht in evangelistischen Anspielen auf dem Marktplatz oder dem Austeilen von Traktaten erschöpfen. Unterschiedliche Nutzungs- und Gestaltungsarten des öffentlichen Raums bieten dem urbanen Missionar viele andere Möglichkeiten der Auseinandersetzung mit und der Bereicherung seiner Stadt.

11. „Am häufigsten sitzen Menschen da, wo es Sitzgelegenheiten gibt“

Der öffentliche Raum

Ein schöner alter Marktplatz, ein zugemüllter Hof, eine überdachte Einkaufspassage, eine dunkle und unübersichtliche Seitenstraße, ein gepflegter Park in Innenstadtnähe, eine sich selbst überlassene Brache, eine Fußgängerzone oder eine Ausfallstraße – das alles und noch vieles mehr ist „öffentlicher Raum“. Eine einfache Definition wäre: „Öffentlicher Raum ist alles in der Stadt, wo jeder hindarf.“ Ganz so einfach ist es eigentlich nicht. Stadtforscher kennen neben öffentlichen Räumen noch „bedingt öffentliche“, „halböffentliche“ oder „semi-öffentliche“, „quasi öffentliche“, „veröffentlichte private“, „privat produzierte, öffentlich nutzbare“ oder „private öffentliche“ Räume (Klamt 2007:44). Doch für unsere Zwecke reicht es aus, unter „öffentlichem Raum“ den Bereich der Stadt zu verstehen, in dem sich *im Prinzip* alle Stadtbewohner aufhalten oder bewegen dürfen.

Dieser eine öffentliche *Raum* teilt sich in viele kleine und große öffentliche *Räume* auf. Sie sind das Herz der Stadt (Chen, Orum & Paulsen 2013:22) und erfüllen viele soziale Funktionen. Auch der urbanen Mission können sie förderlich sein, wenn Christen mit ihnen recht umzugehen wissen. Darum geht es in diesem Kapitel. Wir betrachten den öffentlichen Raum unter sieben Aspekten: als „Schaufenster“, als „Chatroom“, als „Bühne“, als „Wohnzimmer“, als „Ausflugsziel“, als „Garten“ und als „Präsentierteller“. Bei den ersten vier Aspekten geht es vorrangig um die Nutzung des öffentlichen Raums, bei den nächsten beiden um Möglichkeiten seiner Gestaltung und beim letzten um eine grundsätzliche Neuorientierung der christlichen Gemeinde.

11.1 Die Nutzung des öffentlichen Raums

11.1.1 Der öffentliche Raum als Schaufenster

Schaufenster geben uns einen Einblick in die Angebote eines Geschäfts, ohne dass wir über eine Schwelle treten müssen oder eine Kaufverpflichtung spüren. Manche Menschen mögen das. Deshalb gibt es den Begriff „Schaufensterbummel". Es gibt aber auch den analogen Begriff „Stadtbummel" für den Streifzug durch den öffentlichen Raum. Dieser ist für die Stadt das, was ein Schaufenster für ein Geschäft ist. Nur schauen wir dabei keine Waren, sondern Menschen, Gegenstände und Plätze an.

Im letzten Kapitel haben wir gesehen, dass Raumwahrnehmung sich nicht darin erschöpft, Räume mit den Sinnen zu erfassen, sondern dass wir sie uns über die Sinne „einverleiben", wodurch sie in uns wirksam werden. Wahrgenommene Räume beeinflussen unsere Stimmungen, unser Wohlbefinden und unser Sozialverhalten (→ Kap. 10.2). Das gilt auch für die Stadtwahrnehmung. Wenn wir durch das Schaufenster der Stadt, den öffentliche Raum, bummeln – mit keinem anderen Zweck als dem der Stadtwahrnehmung –, *nehmen wir die Stadt in uns auf*. Die Stadt *wirkt* auf uns. Ein Stadtbummel mag für eine analytische Kontextanalyse, bei der wir Zahlen und Fakten über unsere Stadt sammeln, wenig bringen. Aber in unserem Unterbewussten lernen wir durch die absichtslose Wahrnehmung der Stadt und ihrer Menschen mehr, als wir ahnen. Deshalb kann ich Ihnen keinen besseren Rat geben als den, den Robert Park vor 100 Jahren seinen Studenten gab, um sie vor einer Studierzimmersoziologie zu bewahren: „Schnüffelt in der Stadt herum!" (Lindner 1990:11).

Einen weiteren Rat hat Jesus uns gegeben: „Kehrt um und werdet wie die Kinder" (Mt. 18,3). Kinder sind noch nicht so verdorben, dass alles, was sie tun, nützlich und effektiv sein muss. Ein Teil dessen, was sie sind, sind sie durch ihre „Streifzüge", bei denen sie nichts erledigen, außer ihre Persönlichkeit und ihre Wahrnehmung zu „bilden". Wir sollten von ihnen lernen. Dafür gibt es übrigens auch ein erwachsenes Vorbild – den Flaneur – und sogar ein wissenschaftliches – „die sinnliche Ethnographie der Großstadt" (Hiebsch, Schlüter & Willkomm 2009). Dieser geht es um einen „wahrnehmungsorientierten Zugang" (ebd. S. 32) zur Stadt, bei dem die Farben, Töne und Gerüche der Stadt nicht ausgeblendet werden. Das kann Auswirkungen haben: „Mein Ziel war plötzlich nicht mehr das Ankommen, sondern das Gehen selbst" (ebd. S. 45). Genau das wünsche ich Ihnen.

Gelegenheiten zum „Herumschnüffeln" gibt es viele. Zu ihnen gehören die Zeiten des Wartens, die jeder Stadtbewohner kennt, weil er mit ihnen im Durchschnitt 374 Tage seines Lebens verbringt (Geschke 2009:186). Und da dieses „Warten häufig seine Bühne auf der Straße findet" (ebd.), ergeben sich unverhoffte Chancen, der Stadt über unsere Sinne Zugang zu unserem Inneren zu geben. Wir sollten, was von diesen 374 Tagen noch vor uns liegt, nicht vergeuden.

Andere, noch häufigere Chancen bietet der öffentliche Nahverkehr. Es gibt ländliche Räume und besondere Situationen, in denen das kein guter Rat wäre, aber in vielen anderen Fällen empfehle ich: „Lass das Auto steh´n, fahr Bus und Bahn!" Ich beschreibe es aus meiner Erfahrung: In Berlin würde ich manchmal mit dem Auto nur 30 Minuten brauchen, um mein Ziel zu erreichen. Diese 30 Minuten wären aber verlorene Zeit, zu nichts anderem nütze, als die Entfernung zu „vernichten". Mit dem öffentlichen

Nahverkehr brauche ich eine Stunde, aber diese eine Stunde ist gewonnene Zeit, weil ich unter den Menschen meiner Stadt bin. Selbst wenn ich mich unterwegs mit etwas anderem beschäftige, sehe, höre und rieche ich sie und in meinem Inneren werde ich enger mit ihnen verbunden.

Meine Beobachtung ist, dass viele, die den Menschen nützen wollen, zu viel Zeit fern von ihnen verbringen – getrennt mindestens durch das Blech einer Autokarosserie. Wie kann man soziale Politik aus einem abgeschotteten Biotop der Macht betreiben? Wie soziale Wissenschaft aus akademischer Quarantäne? Wie urbane Mission, ohne oft unter den Leuten zu sein? Wer dafür keine Zeit hat, dem haben unser Gesellschaftssystem, andere Menschen oder er sich selbst zu viel aufgebürdet. Und wer die Menschen seiner Stadt nicht attraktiv und interessant genug findet, um sich gern und oft unter sie zu mischen, warum will der ihnen überhaupt dienen? Es könnte sein, dass er eine Idee der Stadt liebt und nicht die reale Stadt der schwitzenden, lärmenden, drängelnden und bedrängten Menschen.

Als ich 2006 von „Gemeinsam für Berlin“ als „Beauftragter für Interkulturelle Beziehungen“ angestellt wurde, sagte ich meinem Arbeitgeber: „Ich brauche keinen Büroraum, aber ich hätte gerne eine mobile Internet-Flatrate[121].“ Für einige Jahre dienten mir Cafés und ähnliche Orte als Büro. Ich wollte mitten in meiner Stadt sein, während ich Dinge erledigte, die Menschen in ihr nützlich sein sollten. Das hat mir – und hoffentlich auch diesem Buch – gutgetan.

11.1.2 Der öffentliche Raum als Chatroom

Ein Chatroom ist ein Raum des Internets, der eine bestimmte Form von Kommunikation ermöglicht: Man loggt sich mit einem Benutzernamen ein und trifft auf andere Benutzer, mit denen man das Kommunikationsinteresse gemeinsam hat. Was man eintippt, wird für die anderen Benutzer sofort sichtbar. Man kann in eine laufende Diskussion einsteigen, ein neues Thema eröffnen oder Fragen stellen.

Ein Chatroom ist unverbindlich und die Nutzung flexibel. Man kann in den Chatroom eintreten und ihn verlassen, wann man will. Man kann sich rege an der Kommunikation beteiligen oder sich zurückhalten, der Kommunikation der anderen folgen und sich selbst nur gelegentlich – wenn überhaupt – äußern. Man kann sich auch darauf beschränken, das Fenster des Chatrooms geöffnet zu lassen, seine Aufmerksamkeit aber anderen Vorgängen auf dem Bildschirm oder in der Umgebung zu widmen und nur ab und zu einen Blick auf das Chat-Protokoll zu werfen. Man kann viel von sich preisgeben oder sich hinter einem *Nickname* verstecken. Nur Respektlosigkeit und Aufdringlichkeit sind verpönt. Der Social-Media-Knigge des Deutschen Knigge-Rates zählt „plumpe Vertraulichkeiten“ und „Belästigungen“ zu den unzulässigen Kommunikationsformen (Wälde o. J.).

Der öffentliche Raum hat einiges mit einem Chatroom gemeinsam, auch wenn in

121 Damals war mobiles Internet noch etwas teurer als heute.

ihm die Kommunikation nicht der Hauptzweck ist und in vielen Fällen ganz unterbleibt. Wenn sie aber zustande kommt, gelten ähnliche Regeln (Jacobs 1992:55-62). Stadtbewohner wollen keine Gespräche aufgezwungen bekommen. Wenn ihnen eins angeboten wird, möchten sie die Freiheit haben, das Angebot anzunehmen oder abzulehnen und jederzeit wieder auszusteigen.[122] Sie sind unangenehm berührt, wenn sie von Fremden auf Themen höchst privater Natur angesprochen werden. In unserer Kultur besteht deshalb die Gefahr, dass es übergriffig wirkt, wenn wir wildfremde Menschen unvermittelt auf den Glauben ansprechen. Der andere möchte von uns nicht auf eine Weise evangelisiert werden, auf die wir von ihm nicht auf andere private Themen angesprochen werden möchten.

Wie ansprechbar sind Menschen im öffentlichen Raum überhaupt? Bei der Beantwortung dieser Frage stößt man auf eine bemerkenswerte Diskrepanz: Viele Menschen sind im öffentlichen Raum unterschwellig sehr kommunikationsbereit, dennoch kommt es kaum zur Kommunikationsaufnahme. Der Grund dafür ist, dass es zu wenig Gesprächsanlässe gibt, die in unserer Kultur legitimiert sind (Von Seggern & Tessin 2005:284). Die Leute würden sich gern unterhalten, wissen aber nicht, wie sie auf eine für beide Seiten angenehme Weise Kontakt aufnehmen, und bleiben aus Unsicherheit gehemmt. Wer also ein taktvolles Geschick für Gesprächseröffnungen besitzt und solche „erlaubten" Anlässe zum Gesprächseinstieg zu entdecken und zu nutzen weiß, kann als „Eisbrecher" anderen durchaus etwas Gutes tun, wenn er sie anspricht. Darüber hinaus unterscheiden sich die Ansprechfähigkeit und die Ansprechbarkeit von Person zu Person: Wenn ich mit meiner Tochter in der S-Bahn unterwegs bin, ist sie ständig in Mikro-Gespräche verwickelt, während ich eher der schweigende, aber interessierte Beobachter bleibe.

Was aber sind „legitimierte Gründe und Formen der Gesprächsaufnahme" (ebd. S. 285)? Auf dem Ernst-August-Platz in Hannover wurden im Jahr 2000 Testreihen durchgeführt, um eine Antwort auf diese Frage zu bekommen (ebd. S. 293-296). Unbekannte wurden auf verschiedene Arten angesprochen und die jeweiligen Reaktionen festgehalten.

1. **Übliche Anlässe:** Unproblematisch ist es, einen Fremden um Feuer zu bitten, ihn nach dem Weg zu fragen oder sich nach der Uhrzeit zu erkundigen. Zulässig ist auch, etwas zu kommentieren, was beide gerade wahrnehmen, wie spielende Kinder, Jugendliche, die im Wasser eine Show abziehen, oder Trommelmusik auf dem Platz. Grenzwertig ist der folgende Einstieg: Im Rahmen der Experimente wurde auch die Verwendung beweglicher Stühle auf dem Platz getestet. Mit ihnen ließen sich Gesprächseröffnungen „erzwingen", indem man einen Stuhl „zu nahe" an einen Fremden rückte und dann fragte: „Darf ich mich setzen?" (ebd.

122 Nur distanzlose Menschen ignorieren Signale der Gesprächsbereitschaft oder -unwilligkeit.

S. 293). Es ist zweifelhaft, ob dem Unbekannten das anschließende Gespräch angenehm war, auch wenn er sich darauf einließ.

2. **Unübliche Anlässe:** Jenseits der üblichen Anlässe gibt es Themen – vor allem persönliche –, die sich für beiläufige Erstgespräche nicht eignen. Was jedoch wieder gehen kann, ist die dramatisierende Übertreibung. In Hannover funktionierte zum Beispiel der folgende Einstieg: „Schönes Wetter heute und an einem solchen Tag hat mich mein Mann verlassen" (ebd.). Nun werden Sie eine solche Erfahrung weder machen noch erfinden wollen, aber vielleicht fallen Ihnen bessere Anwendungsmöglichkeiten dafür ein, dass zu krass schon wieder in Ordnung sein kann.[123]
3. **Grenzüberschreitungen nach legitimem Gesprächseinstieg:** Zu diesem Test gab es verschiedene Varianten. Bei der ersten wurden Unbekannte nach einem „üblichen" Gesprächseinstieg durch Nachfragen und intensives Zuhören auf immer persönlicheres Terrain gelockt. Das kann unproblematisch gelingen, wenn zum Beispiel „ältere Damen [...] über ihre Beziehungen zu ihren Kindern und Enkeln" (ebd. S. 294) berichten. Es kann aber auch problematisch sein. Wenn jüngere Frauen Männern, die etwas älter sind, persönlichere Fragen stellen und „intensiv zuhören", werden diese das in der Regel auf ihre Weise interpretieren. Grundsätzlich ist folgendes zu beachten: „Ein Gespräch abzulehnen ist schwer und (vermutlich mehr als früher) eine Frage der Kompetenz: Eine jüngere Frau antwortet nicht, rückt ein wenig weg, schaut demonstrativ weg. Sie sagt nicht: ‚Ich möchte kein Gespräch'" (ebd.). Wenn Leute ein Gespräch nicht beenden, weil sie zu „taktvoll" sind, um dem anderen über den Mund zu fahren, ist das kein gutes Gespräch. Schlecht ist auch eine zweite Variante, bei der jemand nach der Gesprächseröffnung anfängt, von sich selbst private Dinge zu erzählen. In diesem Fall wird „die Zurückhaltung größer, das Ausweichen deutlicher, Unlust signalisiert" (ebd.).

Relevant sind diese Ergebnisse für evangelistische Eins-zu-eins-Gespräche im öffentlichen Raum. Aus ihnen ergeben sich folgende Konsequenzen:

1. Sich für einen anderen Menschen näher zu interessieren, ist unproblematischer, als über sich und den eigenen Glauben zu sprechen – es sei denn, im Verlauf des Gesprächs signalisiert der Gesprächspartner, dass er mehr über uns erfahren möchte. Meine Überzeugung, dass unaufdringliche und indirekte Formen der persönlichen Evangelisation heute angebrachter sind als missionarisches Frontalgeschehen, wird durch solche Testergebnisse bestätigt (→ Kap. 30). Das Interes-

123 In Abschnitt 11.1.3 werden wir sehen, dass Interventionen im öffentlichen Raum genau so funktionieren.

se am anderen muss allerdings echt sein. Eine „Umfrage“ (legitimer Gesprächseinstieg!) über religiöse Themen, bei der der Fragesteller nicht ernsthaft erfahren möchte, was sein Gegenüber denkt, sondern nur darauf lauert, ihm anschließend eine vorgefertigte Botschaft servieren zu können, ist Etikettenschwindel. Ich hoffe, dass die Unsitte der Pseudo-Befragung als evangelistischer Trick inzwischen außer Gebrauch ist. Wer nicht wirklich wissen will, was ein anderer denkt, hat kein legitimes Recht, dem anderen aufzudrängen, was er selbst denkt – nicht einmal, wenn es sich dabei um das Evangelium handelt. Wer sich aber aufrichtig erkundigt, kann erleben, dass er zurückgefragt wird und vom anderen eine „Lizenz zur Mitteilung seines Glaubens“ erhält.

2. Nicht jeder hat die Energie oder die Kompetenz, ein Gespräch abzulehnen, das er eigentlich nicht führen möchte. Wer das nicht merkt oder nicht respektiert, ist kein „Zeuge Christi“, sondern eine Nervensäge.
3. Es gibt Leute, die gern und dankbar darauf eingehen, wenn sich auf sensible Weise tiefere Gespräch ergeben. Wenn das Gespräch dann ebenso sensibel weitergeführt wird, ist das eine gute Sache. Evangelistische Gespräche im öffentlichen Raum sind auch heute noch eine Option.

11.1.3 Der öffentliche Raum als Bühne

Eine Bühne ist ein Raum, auf dem ein oder mehrere Akteure für ein Publikum sichtbar werden und etwas tun, was auf dieses Publikum eine Wirkung ausüben soll. Die Akteure wollen das Publikum unterhalten, es beeinflussen, von ihm bewundert werden und von ihm profitieren. Eine spezielle Bühne ist der öffentliche Raum. Diese Bühne hat allerdings einen besonderen Charakter: Auf anderen Bühnen bieten Akteure Auftritte an und warten, dass das Publikum zu ihnen kommt; im öffentlichen Raum ist das Publikum schon da und die Akteure kommen zu ihm. Aber ansonsten gilt das gleiche Prinzip: Akteure, die etwas bewirken wollen, machen sich für ein Publikum sichtbar.

Manche Vorstellungen im öffentlichen Raum zielen direkt auf *Gewinn*. Straßenverkäufer inszenieren sich und ihre Waren, gelegentlich unterstützt durch Marktschreierei. Bettler inszenieren ihre Bedürftigkeit, um das Herz des Publikums zu erweichen. Hütchenspieler inszenieren optische Täuschungen, um schnelle betrügerische Kohle zu machen. Straßenprostituierte inszenieren ihren Körper, um Begehrlichkeiten zu wecken.

Andere Vorstellungen zielen zwar auch auf materiellen Gewinn, werden aber als *Unterhaltung* für das Publikum inszeniert. Das Stück wird gespielt; ob dafür gezahlt wird, ist dem Publikum freigestellt. Im Programm gibt es Musik, Tanz, Illusionskunst oder Akrobatik. Ein aufgestellter Hut, ein herumgereichter Becher oder zum Verkauf ausgelegte CDs bringen die eigentliche Absicht zum Ausdruck.

Bei wieder anderen Vorstellungen reicht es den Akteuren, ein Publikum für ihre *Selbstdarstellung* zu haben. In manchen Fällen stehen die Kostüme der Darsteller im

Vordergrund, um zu provozieren oder aufzufallen – als Szenekleidung oder im Karneval. In anderen Fällen geht es vor allem um (schau)spielerische Leistungen. Immer mehr Sportarten erobern die Straße zurück, als offizielle Großveranstaltung (ein Stadtmarathon) oder als Kleinkunst (scheinbar beiläufige Kunststücke mit dem Skateboard).

Bei einer vierten Art von Vorstellungen geht es um *Verkündigung*. Politiker versprechen von der Bühne des öffentlichen Raums die Rettung der Welt, Apokalyptiker kündigen ihren Untergang an. Exoten klären uns über Verschwörungen auf, Demonstranten machen auf offensichtlicheres Unrecht aufmerksam.

Im öffentlichen Raum der Großstadt findet also ein buntes Festival statt. Der urbane Missionar kann durch die Vorstellungen dieser Festspiele viel über seine Stadt lernen. Aber soll er sich selbst als Akteur beteiligen und wie könnte eine gute Inszenierung aussehen? Im Verlauf der Jahre habe ich viele christliche Straßeneinsätze miterlebt, teils als einer der Akteure, teils als einer aus dem Publikum. Manchmal war der Auftritt des urbanen Missionars professionell, manchmal dilettantisch, meist irgendwo dazwischen. Ich habe ihn manchmal als Publikumsmagnet erlebt, manchmal als Publikumsschreck, meist als jemanden, der einige aus dem Publikum interessierte und viele nicht. Manchmal hat er sein Ziel erreicht, manchmal hat er es verfehlt, meist ist er bei einzelnen wirklich „angekommen“. Aufgrund dieser Beobachtungen habe ich drei Vorschläge für den urbanen Missionar, der den öffentlichen Raum als Bühne nutzen möchte.

Mein erster Vorschlag heißt *Supervision*. Die örtlichen Bühnenräume und Requisiten, die Begabungen und Prägungen der Darsteller und der Geschmack des Publikums sind zu vielfältig, als dass sich vom grünen Tisch aus der ideale Outdoor-Einsatz konzipieren ließe. Aber an jedem Ort lassen sich gute „Theaterkritiker“ finden, die dem urbanen Missionar, den es auf die Bühne der Straße zieht, wertvolle Dienste leisten könnten – sofern sein Sendungsbewusstsein ihn nicht über die Wahrnehmung und das Feedback Außenstehender erhaben sein lässt. Zum Kritiker taugen weder der Feind noch der Fan des Darstellers und auch nicht der, der die Darstellung pauschal „toll“ oder „doof“ findet. Geeignet ist jemand aus dem säkularen Umfeld des urbanen Missionars, der einen scharfen Blick hat, seine Wahrnehmungen gut auf den Punkt bringen kann, neugierig genug ist, sich in ein fremdes Thema hineinzudenken, und sich dazu bereit erklärt, einen Auftritt unter folgender Perspektive zu betrachten: Wie nimmt er als Außenstehender Absicht und Durchführung des Stücks wahr? Christen ist oft nicht bewusst, dass ihre Botschaft im Ohr des Publikums eine völlig andere sein kann als in ihrem eigenen Mund. Deshalb sollten sie offen dafür sein, dass ihnen ein neutraler Supervisor sein Ohr und sein Auge leiht.

Mein zweiter Vorschlag ist *eine neue Rolle*, nämlich die des Dieners. Zwar ist der urbane Missionar gelernter Verkündiger, aber als solcher ist er einer von vielen. Als Diener ist er einer von wenigen. Als Verkündiger interessiert ihn, wie er seine Botschaft an den Mann bringen kann. Als Diener interessiert ihn, wie er seine Liebe in die Stadt bringen kann. Als Verkündiger steht er in der Gefahr, dass das Publikum für ihn zum Objekt wird. Als Diener sieht er in ihm ein Gegenüber. Er möchte Leute nicht „gewinnen", sondern beschenken und sich mit ihnen solidarisieren. Ein Beispiel sind die Gebetsgottesdienste, die Gemeinsam für Berlin am 1. Mai in Berlin-Kreuzberg durchgeführt hat.

MODELLE UND BEISPIELE

Das Myfest in Berlin-Kreuzberg

Viele Jahre war Berlin bekannt für einen gewalttätigen 1. Mai. Das Ritual war jedes Jahr dasselbe: Im Anschluss an die „Revolutionäre 1. Mai-Demonstration" kam es am Abend in einem bestimmten Gebiet von Kreuzberg zu Straßenschlachten zwischen Autonomen und der Polizei mit vielen Verletzten und Sachschäden. Um das Jahr 2003 begann das Blatt sich zu wenden. Dazu trug bei, dass drei Gruppen von Beteiligten ihr Verhalten änderten.

1. **Die Kreuzberger wurden aktiv:** Ein breites Bündnis aus Anwohnern, Gewerbetreibenden und bürgerschaftlichen Initiativen, das „Netzwerk Myfest", formierte sich und organisierte 2003 zum ersten Mal das Myfest, ein seither jährlich am 1. Mai stattfindendes Straßenfest. „Das Fest soll vor allem die [betroffenen] Bereiche [...] mit friedlichen Menschen in Festatmosphäre überziehen, um den Ausschreitungen am 1. Mai in diesem Gebiet entgegenzuwirken und potentiellen Gewalttätern alternative Unterhaltung zu bieten. Der seit 2003 zunehmend friedlichere Verlauf der Kreuzberger Maifeiern wird von Polizei, Politik und Anwohnern in erster Linie dem Myfest zugeschrieben" (www.myfest36.de).
2. **Die Polizei änderte ihre Strategie:** In früheren Jahren war das Verhalten der Polizei oft selbst umstritten gewesen. Es gab immer wieder Vorwürfe gegen polizeiliche Übergriffe. Jetzt setzte sie vermehrt auf eine Kombination von Deeskalation und gezieltem Eingreifen gegen identifizierte Gewalttäter.[124]
3. **Christen mischten mit:** Anstatt wie früher aus sicherer Entfernung gegen Autonome zu beten, begannen Christen, vor Ort die zu unterstützen, die sich für einen friedlichen 1. Mai einsetzen. Die Leiter eines Jugendgebetskonzerts fragten beim Polizeipräsidenten an, für welche Anliegen sie beten könnten, und erste kleine Gebetsteams waren am Abend in Kreuzberg auf der Straße. Im nächsten Jahr gingen die Jugendleiter zu Vertretern des lokalen Netzwerks und boten an, das Myfest mit einem Gebetsgottesdienst für einen friedlichen Verlauf des Tages zu eröffnen. Sie waren willkommen. Auf ihre Anfrage hin übernahm

124 Die Berliner Strategie wurde sogar zum Exportmodell für den Umgang mit gewaltbereiten Demonstranten.

Gemeinsam für Berlin die Rolle des Veranstalters und organisierte 2004 zum ersten Mal auf einer der Bühnen des Myfestes einen Gottesdienst, zu dem sich von da an bis 2013 jedes Jahr Hunderte von Christen einfanden. Für viele war es eine Lernerfahrung in Bezug auf Zweckkoalitionen ohne Berührungsängste: Wir teilten uns die Bühne mit Basisorganisationen der Grünen und der Linken. Der dienende Charakter stand im Vordergrund: Als Christen unterstützten wir das Anliegen der Veranstalter und griffen ihre Themen auf. Wir stellten auf der Bühne Beteiligte und Betroffene – Anwohnerinitiativen, Verantwortliche der Polizei – vor und beteten für sie. Ein Teil der Kollekte ging an Kiezprojekte. In den ersten Jahren, bis der Verkauf von Glasflaschen untersagt wurde, sammelten Jugendliche am Nachmittag auf dem Festgelände Flaschen, nach dem Motto: „Was nicht herumliegt, kann nicht geworfen werden." Und am Abend waren kleine Gebetsteams auf den Straßen unterwegs, um die kritische Phase nach Ende der offiziellen Demonstration durch befriedendes Gebet zu begleiten.

Inzwischen ist der 1. Mai in Berlin-Kreuzberg wieder zu einem weitgehend gewaltfreien Tag geworden.

Mein letzter Vorschlag ist die *urbane Intervention*. Das ist ein Sammelbegriff für Aktionen, die gewohnte Kommunikations- und Nutzungsmuster im öffentlichen Raum durchbrechen – deshalb nennt man sie „Interventionen". Gegenstände des Alltags werden in einem unerwarteten Zusammenhang verwendet oder kulturelle Regeln spielerisch verletzt, um „Betrachter_innen, Passant_innen herauszufordern und einzuladen bestimmte Sachverhalte auf neue Art wahrzunehmen" (Thoma o. J.). Ein Meister der urbanen Intervention ist der „Missio-Narr" (Backhaus o. J.) Arno Backhaus.

Arno Backhaus, erklärter Straßenevangelist, stellt in der Fußgängerzone einen Tisch auf. Viele Puzzleteile liegen darauf. Er sitzt am Tisch und puzzelt. Passanten kommen vorbei, schauen locker drauf und Arno lädt sie ein: „Puzzeln Sie doch einfach mit! Einen Kaffee bekommen Sie auch noch!" Gefragt, getan. Passanten setzen sich und machen mit. Sie versuchen es. Denn nach ein paar Minuten fragen sie: „Wie soll das Bild denn aussehen? Wo ist denn die Bildvorlage für das Puzzle?"

Genau diese Frage ist für Arno Backhaus dann eine Steilvorlage für einen Gesprächsgang, der sich damit beschäftigt, ob wir Menschen denn eine Vorlage für unser Leben haben. Wo soll es denn hingehen? Was ist das Ziel? Wer hat ein Bild für unser Leben? (Theis 2013)

Das Motto lautet: „Konfrontiere mit etwas Unerwartetem!" (Thoma o. J.). Urbane Interventionen lösen oft einen bestimmten Mechanismus aus. Stadtbewohner haben gelernt, selektiv wahrzunehmen. Was auf sie einströmt, ordnen sie automatisch als interessant, uninteressant oder störend ein. Das gelingt aber nur, solange der Alltag „stimmt" und nach vertrauten Regeln abläuft. Wenn eine urbane Intervention diese vertrauten Regeln durchbricht, müssen die Leute sich erst wieder „einen Reim" auf die Situation „machen". Das aktiviert bewusste Wahrnehmung und Interesse.

Abbildung 11.1: Der urbane Interventionist Arno Backhaus

Arno Backhaus bezahlt abgelaufene Parkgebühren von Autos, verteilt „Positiv-Knöllchen" und macht Hostessen für einen Vormittag arbeitslos (Backhaus o. J.). Das ist eine urbane Intervention in die Alltagswelt der Parksünder, aber auch in die von Ordnungshütern. In Bayern verbot ihm die Polizei, ohne Erlaubnis vom Ordnungsamt Geld zu verschenken (ebd.). Das Durchbrechen gewohnter Muster ließ sich nicht in ihre Vorstellung von dem, wie die Welt zu funktionieren hat, einordnen. Urbane Interventionen können also durchaus provozieren. Sie tun es aber, ohne Leuten distanzlos „auf die Pelle" zu rücken. Wer weit daneben schießt, kann schon wieder ins Schwarze treffen.

MODELLE UND BEISPIELE

Der Kinopfarrer vom Potsdamer Platz

Werner Nachtigal lebt in Berlin und ist Evangelist. Als vor einigen Jahren der Film „Die Passion Christi" in die deutschen Kinos kam, war das für ihn ein Signal zum Einsatz. Er nahm Kontakt mit dem Cinemaxx am Potsdamer Platz auf und erhielt die Erlaubnis, am Ende der Vorführungen eine kurze Ansprache an die Kinobesucher zu halten. Die Sache hatte nur einen Haken: Die Leute waren nicht interessiert. Wer ins Kino geht, will keine Rede hören.

Werner ließ sich etwas einfallen und veränderte *ein* Detail der Aktion: Er besorgte sich einen Talar und trat nach Ende der Filmvorführung in diesen gewandet vor die Leinwand. Durch diese einfache Maßnahme wurde aus der evangelistischen Störung eine urbane Intervention. Ein „Gegenstand des Alltags" – in diesem Fall der Talar – wurde „in einem unerwarteten Zusammenhang verwendet" und löste durch dieses Durchbrechen „kultureller Regeln" Interesse aus. Die Leute blieben und hörten zu und Werner wurde für einige Wochen der „Kinopfarrer vom Potsdamer Platz".

11.1.4 Der öffentliche Raum als Wohnzimmer

Unser Wohnzimmer ist für uns ein primärer Ort. Wir suchen es nicht nur für bestimmte spezielle Tätigkeiten auf, sondern richten uns in ihm ein und sind in ihm zu Hause. Für nicht wenige Menschen ist der öffentliche Raum solch ein „Wohnzimmer". Dazu gehören zunächst die, die sonst kein Wohnzimmer haben, die „Obdachlosen" und „Straßenkinder" unserer Städte.

Dazu gehören aber auch die, die zwar eine Bleibe haben, diese jedoch nur als nächtliche Absteige nutzen, während ihr zentraler Aufenthaltsort „die Straße" ist. Ein Buchtitel wie „Street Corner Society" (Whyte 1981) zeigt, dass der öffentliche Raum für manche sozialen Gruppen identitätsstiftend ist. Dort verbringen sie den Tag mit ihrer *Peergroup*, die aus Trinkern an einem Kiosk oder aus einer Clique von Teenagern bestehen kann. Solch ein Straßenleben verbindet sich leicht mit sozialen Problemlagen, deshalb sind diese Menschen oft Zielgruppe von „aufsuchender Sozialarbeit" oder von „Streetwork". Die „Kümmerer"[125] (englisch *Caretaker*) „besuchen" sie in ihrem „Wohnzimmer", um ihnen bei der Lebensbewältigung zu helfen, oder auch, um sie „von der Straße zu holen".

Schließlich sind noch die zu nennen, deren Lebensmittelpunkt zwar die eigene Woh-

125 Mit diesem Begriff soll angedeutet werden, dass diese Art der Fürsorge bei den Betroffenen nicht uneingeschränkt willkommen ist.

nung ist, die aber so oft und gern draußen sind, dass der öffentliche Raum für sie ein „erweitertes Wohnzimmer" bedeutet.

Urbane Mission unter diesen Menschen kann verschiedene Formen annehmen. Sie kann „einladend" erfolgen, indem sie ihnen Räume anbietet – zur Nutzung bei schlechtem Wetter oder als Ersatz für die Straße, wenn sie diese nur notgedrungen als „Wohnzimmer" gewählt haben – und dort *für* sie da ist. Sie kann „aufsuchend" erfolgen, indem sie diese Menschen in ihrem Territorium besucht, um mit ihnen in Kontakt zu kommen und dort etwas *für* sie zu tun. Sie kann noch weiter gehen und den öffentlichen Raum auch für sich als „Wohnzimmer" wählen, um nicht *für*, sondern *mit* seinen Bewohnern etwas zu tun. Ausschließlich wird sie das nur in Extremfällen tun. Nur wenige Christen sind berufen, als Obdachlose unter Obdachlosen zu leben, und nur wenige Gemeinden sind berufen, ihr gesamtes Gemeindeleben „draußen" durchzuführen. Naheliegender ist in solchen Fällen, der urbanen Mission einen *hybriden* Charakter zu geben. Hybrid sind laut Duden „Gebilde aus zwei oder mehreren Komponenten". Ein Hybridauto fährt mit Benzin und mit Strom, hybride Software läuft auf verschiedenen Betriebssystemen, den Menschen mit hybrider Kultur haben wir als *marginal man* (→ Kap. 6.2.3) kennengelernt und eine hybride Gemeinde ist „drinnen" und „draußen" zu Hause.

Räumlich hybride urbane Mission kann als *Nacheinander* oder als *Nebeneinander* geschehen. Das Nacheinander ist uns bei einigen Jugendarbeitern in Boston begegnet (→ Kap. 6.1), die zunächst auf der Straße Teil einer *Peergroup* von *Corner Boys*[126] wurden, um danach mit ihnen zusammen Räume zu suchen und einzurichten. Das Nebeneinander hat sogar ein frühchristliches Vorbild. Die ersten Christen trafen sich im privaten und im öffentlichen Raum – „in ihren Häusern" und „Tag für Tag im Tempel" (Apg. 2,46). Ein heutiges Beispiel für diese Art hybrider urbaner Mission sind die Christen in der Clara-Zetkin-Siedlung in Gotha (→ Kap. 6.1), für die ein Parkplatz nicht nur ein temporärer Notbehelf war. Viele ihrer Aktivitäten finden inzwischen drinnen statt, aber immer noch verwandeln sie den Penny-Parkplatz ihrer Siedlung einmal im Monat für einen „Spiele- und Begegnungsnachmittag" in ein „Wohnzimmer".

11.2 Die Gestaltung des öffentlichen Raums

11.2.2 Der öffentliche Raum als Ausflugsziel

Das Motiv, mit dem Menschen ein Ausflugsziel aufsuchen, ist dem des Schaufensterbummels verwandt, hat aber doch eigene Nuancen. Sie wollen „etwas Schönes" oder „einfach mal Abwechslung" erleben und für einige Zeit „rauskommen". Überraschenderweise lässt sich dieses Bedürfnis auf ganz alltägliche Weise auch in der unmittelbaren Nähe der eigenen Wohnung befriedigen. Dasselbe Motiv, das den Lörracher nach

126 So heißen bei Whyte die Leute, für die eine Straßenecke zum „Wohnzimmer" geworden ist (Whyte 1981). Whyte hat seine Feldforschungen ebenfalls in Boston durchgeführt.

Basel ans Rheinufer treibt, treibt ältere Eheleute bei schönem Wetter auf die Sitzbank an der Straße vor dem eigenen Haus. Sie suchen Abwechslung, wenn auch in einem vertrauten Rahmen. Und diese Abwechslung bietet ihnen der Anblick anderer Menschen.

Die Ausflügler in den öffentlichen Raum würden vielleicht nicht explizit sagen, dass sie die Aussicht auf andere Menschen suchen, und doch ist es so: „Was Menschen am meisten anzieht, sind andere Menschen" (Whyte 1988:9). Deswegen sind für solche Mikro-Ausflüge lebendige Straßen, Sitzbänke, von denen aus man viel sieht, und Orte, an denen Kinder spielen, beliebte Ziele. Leute kommen dahin, wo Leute sind (Gehl 1986). Nachdem wir die Komplexitätshypothese (→ Kap. 10.1.3) kennengelernt haben, wundert uns das nicht: Räume ohne Menschen sind auf Dauer nicht anregend genug.[127]

Leider gibt es viele Menschen, die nicht sehr mobil sind und in deren Leben nicht viel passiert, die aber kein solches „Ausflugsziel" in ihrer unmittelbaren Nähe haben. In manchen Fällen könnten christliche Gemeinden ihnen eins verschaffen. Wenn eine Kirchengemeinde über ein geeignetes Areal verfügt oder eine Freikirche noch aus Pionierzeiten in einer grau gewordenen, aber menschenreichen Nachbarschaft ein Filet-Grundstück besitzt, könnte ein solcher Fall vorliegen. Natürlich verfolgt die Gemeinde mit Haus, Hof und Grundstück ambitioniertere Ziele. Sie will dort ihre Programme durchführen und ihre Angebote machen. Aber für viele Nachbarn ist das schon zu ambitioniert. Wenn ich einen Ausflug in eine fremde Stadt mache, will ich auch nicht gleich Bürger dieser Stadt werden und ihrem Schützenverein oder ihrer Freiwilligen Feuerwehr beitreten. Ich will mich nach einem schönen Platz umsehen und mich dort *nur aufhalten*. Vielleicht würden manche Nachbarn leichter das Gemeindegrundstück betreten, wenn sie sich dort zunächst auch *nur aufhalten* könnten und dieser Aufenthalt lohnend wäre. Was dann weiter passieren würde, bliebe abzuwarten.

Voraussetzung wäre allerdings, einen Teil des Grundstücks so umzugestalten, dass er eine Aufenthaltsqualität hätte, die genug Menschen anzieht, die dann wieder andere anziehen. Glücklicherweise gibt es gute Literatur darüber, welche Eigenschaften solch ein Platz haben müsste. William Foote Whyte hat mit einem Team viele Jahre erforscht, warum manche Plätze voller Menschen sind, während andere kaum frequentiert werden (Whyte 1988). Sie untersuchten ausführlich, ob die Lichtverhältnisse, die Größe und Form des Platzes oder seine ästhetische Gestaltung den Ausschlag gaben. Aber das alles war nicht entscheidend. Schließlich machten sie eine verblüffend einfache Entdeckung: „Am häufigsten sitzen Menschen da, wo es Sitzgelegenheiten gibt" (ebd. S. 110).

Wenn andere Bedingungen stimmen, funktionieren Menschen sogar Gebäudeteile wie Mauersimse und Stufen zu Sitzmöbeln um (ebd. S. 112). Angenehmer sind Sitzbän-

127 Das gilt besonders für Menschen mit einem eher monotonen Alltag. Wer in ständiger Hektik – begleitet von überdosierten Eindrücken – lebt, kann möglicherweise das entgegengesetzte Bedürfnis spüren und in der Freizeit menschenleere Orte lieben.

ke. Sie haben aber einen Haken, den man erkennen kann, wenn man in einem Park mit vielen Bänken darauf achtet, wie diese Bänke sich füllen (ebd. S. 117). Der erste Parkbesucher, der sich niederlässt, setzt sich an ein Ende einer Bank. Der nächste setzt sich an ein Ende einer weiteren, noch leeren Bank. Erst wenn auf jeder Bank eine Person sitzt, nimmt der nächste Sitzbedürftige auf einer schon besetzten Bank Platz, allerdings an dem noch freien anderen Ende. Schließlich sind alle Bänke doppelt besetzt – an beiden Enden mit jeweils einem freien Stück Bank dazwischen. Wer jetzt denkt, man könnte bei der Möblierung des Parks auf dieses leere Mittelstück ganz verzichten und kürzere Bänke aufstellen, liegt allerdings falsch. Diese leere Mitte erfüllt eine wichtige soziale Funktion: Sie schützt einander Unbekannte davor, in die intime Zone des jeweils anderen einzudringen.

Auch für das Problem der unvollständig genutzten Sitzbank gibt es eine verblüffend einfache Lösung, wie Whyte herausgefunden hat: „eine wunderbare Erfindung, der bewegliche Stuhl" (ebd. S. 119). Stühle geben Menschen die Gelegenheit, die angemessene Distanz selbst herzustellen, sich beliebig zu gruppieren[128] und die Richtung zu bestimmen, in die sie beim Sitzen schauen möchten. Leider gibt es auch bei Stühlen einen Haken. Sie werden oft nicht angeschafft, weil die in Frage kommenden Käufer von tief sitzendem sozialem Misstrauen erfüllt sind: Die Furcht vor Diebstahl lässt viele Stühle ungekauft bleiben. Dabei ist diese Furcht wenig begründet. Praktische Versuche haben ergeben, dass die Verlustquote bei nur geringem Aufwand äußerst niedrig ist (ebd. S. 121-122; Von Seggern & Tessin 2005:292).

Abbildung 11.2: Das wichtigste Stadtmöbelstück der Postmoderne

128 Der nur mit Sitzbänken ausstaffierte Platz ist für Kleingruppenerfahrungen ungeeignet, sofern man nicht auf dem Boden sitzen will.

Institutionelle Bedenkenträger lassen sich nicht so leicht überzeugen. In Hannover sprachen sich beim Umbau des Ernst-August-Platzes am Hauptbahnhof für die Expo 2000 vor allem Stadt, Bahn und Interessengemeinschaft Innenstadt gegen eine Bestuhlung aus (Von Seggern & Tessin 2005:283). Ein Argument pflegt in solchen Fällen zu sein, dass eine zu komfortable Einrichtung von öffentlichen Räumen diese zu einer Hochburg unerwünschter Personen macht. Als unerwünscht gelten dabei Randgruppen wie Bettler, Obdachlose und Punks, die weder kaufen noch konsumieren, dafür aber erwünschte Leute abschrecken. Auch hier stehen der besorgten Theorie ganz andere empirische Fakten gegenüber (Whyte 1988:156-164; Whyte 2001:60-65). Die Verdrängung „Unerwünschter" erfolgt oft über gestalterische Maßnahmen. Man will erreichen, dass ein Bahnhof für Obdachlose nicht einladend ist, und gestaltet ihn so, dass er auch für Normalreisende nicht mehr attraktiv ist. Um wenige zu treffen, schlägt man viele. Auf dem Berliner Hauptbahnhof müssen Hunderte es auf den schlimmsten Sitzbänken, die ein Designer entwerfen kann, unbequem haben, damit eine Handvoll Obdachloser es nicht bequem hat. Natürlich ist ein Raum, in den sich andere Leute nicht mehr trauen, weil er fest in der Hand von Randgruppen ist, ein Problem. Aber die beste Lösung ist nicht, den Platz für alle unwirtlich zu machen. Das Gegenteil gilt: Je attraktiver ein Platz für Normalbesucher ist, desto eher bleibt der Anteil der „Unerwünschten" in einer sinnvollen Proportion (Whyte 2001:63).

Außerdem sind die „Unerwünschten" keineswegs allen Platznutzern so unerwünscht wie den Institutionen. Auf dem Ernst-August-Platz äußerten Befragte dazu differenzierte Meinungen: „Die Abwesenheit von Punks, Obdachlosen und anderen Randgruppen wird ambivalent wahrgenommen: angenehme Sicherheits- und Wohlfühl-Äußerungen neben dem Vermissen als Teil der Bahnhofsatmosphäre und ärgerliche Erinnerung an die Verdrängungsproblematik" (Von Seggern & Tessin 2005:296). Es fielen Beschreibungen wie „fast zu wenig bunt", „zu kontrolliert", „keine typische Bahnhofsszene" (ebd. S. 295-296). Nicht alle Menschen sind so herzlos, wie die Institutionen sie gern hätten.

Neben den Sitzmöglichkeiten entscheiden weitere Umstände über die Attraktivität von kleinen Stadtplätzen: (1) Offenheit zur Straße hin ist ein Muss (Whyte 1988:128). Je mehr die Leute alles überschauen können, bevor sie eintreten, desto lieber treten sie ein. (2) Die Ausstattung mit raumstrukturierenden Objekten ist ratsam, weil viele Menschen lieber in der Nähe solcher Objekte sitzen als umgeben von einigen leeren Quadratmetern (Whyte 2001:21-22). (3) Großartig ist Wasser. Ein Brunnenbecken erhöht die Aufenthaltsqualität, besonders wenn man im Sommer die Füße darin kühlen kann (Whyte 2001:47-48; Von Seggern & Tessin 2005:288-289). (4) Der Platz sollte Nutzungen nahelegen, die sich gegenseitig zu einem interessanten Ganzen ergänzen können, ohne sich in die Quere zu kommen. Wikingerschach und Kinderschaukel sind kompatibel, Skateboard und Bobbycar nur dann, wenn der Platz groß genug ist, um in verschiedene Areale aufgeteilt zu werden. Das dürfte unter den genannten Voraussetzungen nur selten der Fall sein. (5) Ideal wäre es, den Platz zusammen mit Anwohnern – Erwachsenen und Kindern – zu entwerfen und zu gestalten. Damit würde die Chance erhöht, dass der Platz ihnen auch tatsächlich gefällt. Wer ohne die Menschen plant, plant leicht an ihnen vorbei, wie die Geschichte der professionellen Landschaftsarchitektur zeigt, die eine Geschichte der Verfehlung und Missachtung von Publikumsgeschmack ist (Tessin 2008). Außerdem würde der *Raum* für die Menschen schon in der Entstehungsphase ein *Ort* (→ Kap. 2.2). Er wäre *ihr* Platz.

Nicht immer ist es möglich oder angebracht, ein dauerhaftes Ausflugsziel zu schaffen. In diesem Fall gibt es eine temporäre Alternative, mit der man Nachbarn oder Passanten einen Ort der Entspannung und der Begegnung bieten kann.

MODELLE UND BEISPIELE

PARK(ing) Day

Abbildung 11.3: PARK(ing) Day 2012 in Nashville

Die PARK(ing)-Day-Bewegung (www.parkingday.org) entstand 2005 in San Francisco. Die Mitglieder einer Organisation namens Rebar zahlten einen Tag lang die Gebühr für Parkplätze und wandelten diese in echte Mini-Parks um. Sie legten Rasen aus, stellten Pflanzen und Sitzmöbel auf und schufen Orte, an denen Passanten sich entspannen konnten. Sie wollten mit dieser Aktion darauf hinweisen, dass in vielen

Innenstädten ein unverhältnismäßig hoher Flächenanteil für den Individualverkehr reserviert ist. Inzwischen ist daraus eine globale Bewegung geworden. Jedes Jahr gibt es einen PARK(ing) Day und in vielen Städten entstehen an diesem Tag temporäre Grünflächen, auf denen Menschen sich begegnen, erholen oder spielen können. Auch in deutschen Städten sind Park-Produzenten aktiv. Wer mitmachen will, findet Tipps für die Gestaltung und rechtliche Hinweise auf www.parking-day-leipzig.de.

11.2 2 Der öffentliche Raum als Garten

11.2.2.1 Die Gärten

Viele Stadtbewohner haben in den letzten Jahren den Gärtner in sich entdeckt. Wo die Stadt nicht grün ist, nehmen sie es in die eigene Hand, sie zu begrünen. Deswegen entstehen in vielen Städten *Gemeinschaftsgärten*[129]:

> Gemeinschaftsgärten sind gemeinschaftlich und durch freiwilliges Engagement geschaffene und betriebene Gärten, Grünanlagen und Parks mit Ausrichtung auf eine allgemeine Öffentlichkeit. (Rosol 2006:7)

Es sind also „grüne“ Räume in der Stadt, die zwischen Schrebergärten (privat betrieben und genutzt) und Parks (kollektiv benutzt, aber staatlich betrieben) liegen und sich von beiden unterscheiden. Sie sind nicht besonders groß: In Berlin beträgt ihre Fläche in der Regel weniger als 3.000 Quadratmeter. Der Boden ist meist im Besitz der öffentlichen Hand, die ihn den Gemeinschaftsgärtnern – oft als Zwischennutzung – zur Verfügung stellt. Die Betreiber können eine lose Gruppe oder ein eingetragener Verein sein (Rosol 2011:106).

Die Zahl der Gemeinschaftsgärten wächst: 2013 waren der Stadtforscherin Juliane Pegels in Berlin über 100 und bundesweit ungefähr 500 Projekte bekannt, davon 200 als interkulturelle urbane Gärten (Pegels 2013:252). Gemeinschaftsgärten können thematisch oder nachbarschaftlich ausgerichtet sein. Thematische Gärten haben konkrete Zielstellungen (Umweltbildung, interkultureller Austausch) oder Zielgruppen (Kinder, Migranten). Nachbarschaftsgärten sollen mehr Grün in die unmittelbare Wohnumgebung bringen (Rosol 2006:123).

11.2.2.2 Die Gärtner

Die Betreiber geben eine Vielzahl von Motiven für ihr gärtnerisches Tun an. Eine Übersicht finden wir in einer Doktorarbeit über „Gemeinschaftsgärten in Berlin“ (Rosol 2006):

---

129 Es gibt auch alternative Formen wie das Guerilla Gardening, bei dem vernachlässigte Freiflächen „illegal“ begrünt werden.

Zentrales Motiv	„Es macht Spaß“
Schlüsselmotive	Gärtnerische Motive Soziale Motive: Gemeinsinn, Gruppe, Kontakt, Kommunikation Raumbezogene Motive Eigene kleine Kinder
Weitere Motive	Bewegung und Erholung Fähigkeiten und Vorlieben Freiraum und Kreativität Naturverbundenheit Ökonomische Motive Pädagogische Motive Politische Motive Verantwortungsgefühl und Identifikation

Tabelle 11.1: 13 Motive für das Engagement in Gemeinschaftsgärten (nach Rosol 2006:217)

Es geht also auch, aber nicht nur ums Gärtnern: „Die Menschen kommen nicht nur zusammen, um ihre Beete zu bestellen, sondern tauschen sich aus, arbeiten gemeinsam, teilen Wissen und Ernte, feiern, kochen und sorgen füreinander“ (Pegels 2013:252). In Berlin spielt die Ernte teilweise sogar eine Nebenrolle (Rosol 2010:552). Der Umgang mit ihr ist entspannt:

> **Wem gehört die Ernte?**
> Wir finden es fair, wenn die Leute, die bei der Kultivierung mitgeholfen haben, auch die Früchte ihrer Arbeit genießen können. Dass das auf einer öffentlichen Fläche nicht immer ganz so möglich ist, nehmen wir gerne in Kauf. Die Erträge der Obstbäume und Beerensträucher stehen natürlich allen Passant_innen (ohne moralische Einschränkung) zur Verfügung. (www.rosarose-garten.net)

Ein besonderes Merkmal der urbanen Gärten ist die Heterogenität der sie betreibenden Gemeinschaft: „Es sind Orte, an denen Menschen unterschiedlicher gesellschaftlicher, sozialer und ethnischer Herkunft zusammenkommen“ (Pegels 2013:252). Die Altersspanne ist groß, ebenso die Unterschiede nach Einkommen, Bildung und Stellung im Berufsleben.[130] Zwei Gruppen, die in Ehrenamtsstudien als weniger engagiert eingeschätzt werden, sind gut vertreten: Arbeitslose und Menschen über 60 Jahren (Rosol 2006:211-212).

11.2.2.3 Die Auswirkungen

Gemeinschaftsgärten haben viele positive Auswirkungen. Wenn Menschen einen Gemeinschaftsgarten anlegen, verwandeln sie einen Freiraum für sich in einen Ort (→ Kap. 2.2). Weil sie dort viel Zeit verbringen und den Ort gestalten und pflegen, entsteht Ortsverbundenheit. Durch gemeinsame Gartenarbeit wird aus einer heterogenen Gruppe eine *Gemeinschaft* (→ Kap.15.4.1). Und das Bedürfnis der menschlichen Sinne nach Natur wird erfüllt.

Konkret wird unter anderem von folgenden Auswirkungen berichtet.

1. **Persönliche Auswirkungen:** Kinder in benachteiligten Quartieren haben weniger emotionale Probleme, wenn sie Zugang zu Gärten haben (Flouri, Midouhas & Joshi 2014). Die körperliche Bewegung und Arbeit stärkt die Gesundheit und die Fitness der Stadtmenschen (ebd. S. 179; Rosol 2006:250). Bei der Gründung und Pflege von Gemeinschaftsgärten müssen politische, organisatorische und gärtnerische Aufgaben bewältigt werden. Das führt dazu, dass Kompetenzen geweckt und gestärkt werden.[131]
2. **Soziale Auswirkungen:** Gemeinschaftsgärten fördern den sozialen Zusammenhalt einer Nachbarschaft *über den Kreis der aktiven Gärtner hinaus* (Alaimo, Reischl & Allen 2010:498-499). Kontakte, Kommunikation und Ortsverbundenheit werden gefördert (Rosol 2006:247). Gemeinschaftsgärten stärken soziale Inklusion, indem sie Beziehungen und Freundschaft entstehen lassen, die über das unmittelbare Gartenleben hinausreichen, wobei soziale und kulturelle Grenzen überwunden werden können.

> Viele solche Beziehungen entstanden zwischen Menschen von ähnlichem Hintergrund, aber einige überbrückten große Klassen-, Rassen- und ethnische Unterschiede. Einige Gärtner äußerten sich begeistert über ihre Gartenerfahrungen, weil diese ihnen ermöglicht hatten, mit Leuten Freundschaft zu schließen, zu denen sie normalerweise keinen Kontakt hatten. (Aptekar 2015:220)

130 Da diese drei Indikatoren bei der Einteilung der Bevölkerung in Schichten die zentrale Rolle spielen, folgt daraus, dass Gemeinschaftsgärten nicht schichtspezifisch sind.
131 In manchen Fällen führt das gemeinsame Gärtnern zu anderen Formen zivilgesellschaftlichen Engagements (Rosol 2006:252-253).

3. **Therapeutische Auswirkungen:** „Eine [...] therapeutische Wirkung des Gärtnerns wird auch im ‚Interkulturellen Garten Köpenick' im Zusammenhang mit traumatisierten Kriegsflüchtlingen aus Bosnien angesprochen" (Rosol 2006:250).
4. **Ökonomische Auswirkungen:** Wer gärtnert, der erntet.
5. **Ökologische Auswirkungen:** Grüne Räume tun der Stadt gut.

11.2.2.4 Konflikte und ihre Lösung

Natürlich tauchen bei einer so bunt zusammengewürfelten Gruppe wie den Gemeinschaftsgärtnern Probleme und Konflikte auf. Gerade ihre gemeinsame Überwindung trägt aber zum Wert der Gärten bei. In ihnen können Lern- und Veränderungserfahrungen gemacht werden, die zum Schaden der Stadt sonst meist ausbleiben.

Das erste Beispiel für solche Konflikte stammt wieder aus Berlin:

> Gerade bei Kindern und Jugendlichen machen die PrimärakteurInnen immer wieder die Erfahrung, dass diese oft Dinge zerstören, weil sie sich langweilen und nicht sinnvoll mit ihrer Energie umgehen können. Werden ihnen jedoch sinnvolle und verantwortliche Aufgaben zugewiesen, sind sie oft begeistert bei der Sache. (Rosol 2006:261)

Probleme wie Vandalismus werden im Alltag oft nur moralisch, aber nicht verstehend bewertet. Dort kann man ihnen auch nur regulierend, aber nicht pädagogisch sinnvoll begegnen. Gemeinschaftsgärten zeigen, dass in manchem Vandalen der Straße ein passionierter Gärtner steckt, der geweckt werden kann, wenn man nur den geeigneten Rahmen hat, um ihm Hacke und Harke nahezubringen.

Ein zweites Beispiel stammt aus New York. Es ist höchst instruktiv, weil es in einem sozial und ethnisch äußerst heterogenen Raum zeigt, wie verschiedene Prägungen denselben Garten für verschiedene Gärtner zu einem jeweils anderen Ort machen – durch unterschiedliche Bedeutungen und Wahrnehmungen, wie wir sie kennengelernt haben (→ Kap. 2 und 10). Aber was noch wichtiger ist, im Kontext des Gartens konnten die daraus resultierenden Konflikte produktiv bewältigt werden. Das Beispiel hat deshalb eine eigene Box verdient.

ERFAHRUNGEN UND REFLEXIONEN

Ein Gemeinschaftsgarten in Queens

Der New Yorker Stadtteil Queens weist eine hohe ethnische, kulturelle und soziale Vielfalt auf. Dort leben die Nachkommen von früheren europäischen Einwanderern (Italiener und Griechen), neuen Immigranten (aus Lateinamerika, Bangladesch, China, Marokko und Kroatien), benachteiligte Gruppen (Afroamerikaner, Puerto Ricaner) und zunehmend Vertreter der gehobenen weißen Mittelschicht, für die am Ufer des East River Luxusbauten errichtet werden. Das Zusammenleben in solchen gemischten Stadtteilen kann sich sehr unterschiedlich gestalten. Manchmal führt es zu einem Nebeneinander, bei dem verschiedene Gruppen einander tolerieren. Zu Konflikten kommt es, wenn zum Beispiel in einem Park unterschiedliche Nutzungswünsche aufeinanderprallen: Die einen wünschen sich einen ruhigen Erholungsort, andere wollen laut Musik machen. Ohne eine Beziehungsbasis lassen sich solche Konflikte nur schwer konstruktiv lösen. Anders ist es, wenn die verschiedenen Gruppen durch ein gemeinsames Anliegen miteinander verbunden sind. Dann können die Beteiligten lernen, ihre Meinungsverschiedenheiten offen auszutragen und zu lösen. Diese Erfahrungen stärken dann wiederum den sozialen Zusammenhalt.

Solch ein gemeinsames Anliegen kann ein Gemeinschaftsgarten sein. Einen dieser Gärten hat die Soziologin Sofya Aptekar von 2011 bis 2013 durch teilnehmende Beobachtung erforscht (Aptekar 2015). Die betreibende Gemeinschaft hatte ungefähr 200 Mitglieder. Vertreten waren 40 Sprachen und alle Altersstufen. Ein Fünftel der Mitglieder wohnte im sozialen Wohnungsbau. Beteiligt waren aber auch weiße Mittelschichtsangehörige, die schnell ihre Überlegenheit aufgrund von Bildung und einflussreichen Beziehungen ausspielten und das Leitungskomitee dominierten. Insgesamt machten die Gärtner viele positive Erfahrungen. Der Umgang war höflich bis gesellig. Es entstanden Freundschaft über das Gartenleben hinaus. Allerdings kam es auch zu Konflikten, die mit unterschiedlichen „Gartenphilosophien" zu tun hatten. Mit ihnen verbanden sich jeweils andere Vorstellungen, wie der Garten aussehen und genutzt werden sollte.

1. **Privatgärten:** Obwohl der gesamte Garten im Besitz der Stadt war, hielten viele Gärtner das ihnen zugeteilte Gartenstück für ihr Privateigentum. Sie waren der Auffassung, es sei ihre Sache, wie es aussieht, und sicherten es durch Zäune und Schlösser. Sie waren gegen einen freien Zugang für die Allgemeinheit, um vor Diebstahl und unordentlichem Verhalten geschützt zu sein. Diese Einstellung war unter allen beteiligten Gruppen vertreten.
2. **Grünfläche:** Andere Gärtner vertraten die Auffassung, dass der gesamte Gemein-

schaftsgarten ein ansehnliches Stück Grün für die Nachbarschaft sein sollte. Sie legten Wert auf gepflegte Rasen. Ein Dorn im Auge waren ihnen Zäune und Konstruktionen wie Klettergerüste für Pflanzen, und ebenso jede „Unordnung". Diese Einstellung fand sich besonders unter den Weißen, die auch die Stadtverwaltung auf ihrer Seite hatten. Ihre Gartenphilosophie war die einflussreichste, obwohl die Privatgärtner zahlenmäßig in der Mehrheit waren.

3. **Städtischer Bauernhof:** Eine Gärtnerin brachte diese Auffassung so zum Ausdruck: „Ich bin nicht hier wegen Schönheit, sondern um zu ernten" (ebd. S. 218). Für die Ästhetik gebe es Parks. Vertreter dieser Einstellung waren ebenfalls gegen den freien Zugang, aus Furcht vor Beschädigung oder Diebstahl ihrer Erzeugnisse. Zu ihnen gehörten einige jüngere Weiße, für die diese Art des Gärtnerns trendy war, vor allem aber ältere Immigranten und Afroamerikaner.
4. **Gemeinschaftsort:** Für eine vierte Gruppe von Gärtnern waren Begegnungen der eigentliche Zweck des Gartens, das Aussehen der Rasen und die Ernte waren zweitrangig. Freier Zugang für alle ohne Zäune und Einschränkungen war ihr Ideal. Sie bearbeiteten nicht nur ihre eigenen Gartenstücke, sondern halfen sich gegenseitig aus. Folglich nahmen sie es mit der Frage, wem die Erträge gehörten, nicht so genau. Zu diesen Gärtnern gehörten vor allem Afroamerikaner und Puerto Ricaner. Gelegentlich verband sich ihre Gartenphilosophie mit religiösen Überzeugungen: Die Fülle der Erzeugnisse war eine Gabe Gottes, also teilte man sie. Ärgerlich fanden sie höchstens, wenn jemand etwas klaute, statt darum zu bitten.

Man sieht sofort, dass derselbe Garten für jede diese Gruppen ein anderer Ort war, und man kann sich leicht vorstellen, dass es aufgrund der unterschiedlichen Vorstellungen zu Konflikten kam. Häufig wurden sie durch Konstruktionen wie Zäune, Rankhilfen für Pflanzen und Frühbeete ausgelöst. Formal waren diese verboten, weil das Ideal der Grünfläche satzungsmäßig verankert war und von der Stadt unterstützt wurde. Raumwärter waren die Weißen, die von ihren Mitgärtnern „die Anwälte" genannt wurden. Sie machten Druck und verwendeten dabei einschüchternde rechtliche Sprache und brachten ihre Beziehungen zur Verwaltung ins Spiel.

Innerhalb der betreibenden Gemeinschaft konnte der üblichen sozialen Hierarchie etwas entgegengesetzt werden. Tai, eine ältere und behinderte, aber erfahrene und geschätzte Gärtnerin, geriet ins Visier der „Anwälte". Einer von ihnen überreichte ihr eine schriftliche Notiz mit der Aufforderung, ihr Gartenstück zu säubern. Sie war jedoch nicht imstande, die physischen Merkmale so zu sehen wie die Vertreter der Grünflächen-Philosophie. Für sie besaß alles einen Zweck, der sich direkt auf die Bedürfnisse ihrer Pflanzen bezog. Aber Tai hatte durch den Garten viele Kontakte und konnte sich wehren. Zunächst bat sie andere, ihr als Augen zu dienen und sich vorzustellen, was ihre Kritiker wohl über bestimmte Aspekte ihres Gartens sagen würden. Dann forderte sie die Leitung auf, ihr detailliert mitzuteilen, welche Konstruktionen zu entfernen waren. So wurde geklärt, welche durch schöneres Holz ersetzt werden konnten, welche tatsächlich beseitigt werden mussten – es waren nur wenige – und welche bleiben durften. Wegen ihrer guten Beziehungen bekam sie Unterstützung durch andere und am Ende blieb vieles erhalten, was ihr wichtig war. Diese Erfahrung zeigt, dass im Kontext eines Gemeinschaftsgartens die üblichen sozialen Machtverhältnisse eingeschränkt oder unterlaufen werden können, denen Tai außerhalb dieses Kontextes ausgeliefert gewesen wäre. Solche Erfahrungen sind heilsam für die postmoderne Stadt.

11.3 Der öffentliche Raum als Präsentierteller

Christliche Gemeinden klagen über ihre zunehmende gesellschaftliche Bedeutungslosigkeit. Sie führen ihr inneres Leben so, dass man davon außerhalb nichts mitbekommt, und wenn sie dann bei den Gelegenheiten, bei denen sie sich sichtbar zu machen versuchen, auf wenig Resonanz stoßen, betrübt sie der „Niedergang des christlichen Abendlandes". Die Beatles haben diese Irrelevanz der Kirche in einer Stadt voller einsamer Menschen, bei denen man nicht weiß, „von wo sie herkommen und wo sie hingehören", in dem Lied „Eleanor Rigby" auf den Punkt gebracht:

> Vater McKenzie
> Schreibt eine Predigt, die niemand hören wird.
> Niemand kommt näher.
> Sieh, wie er arbeitet
> Und nachts seine Socken stopft, wenn niemand da ist.
>
> Eleanor Rigby
> Starb in der Kirche und wurde mit ihrem Namen begraben.
> Niemand tauchte auf.
> Vater McKenzie
> Wischte den Schmutz von seinen Händen, als er vom Grab wegging.
> Niemand wurde gerettet.

In dieser Situation suchen christliche Gemeinden nach Wegen aus dem Abseits, um wieder positiv wahrgenommen zu werden. Dafür müssen allerdings viele von ihnen erst einmal wieder *öffentlichkeitstauglich* werden. Sie haben ihr Leben so lange in ihrer Nische geführt, dass sie gar nicht merken, wie insidermäßig es sich gestaltet und wie inkompatibel es mit dem Leben draußen ist. In ihren eigenen vier Wänden konnten sie in den meisten Fällen praktisch unbehelligt, aber auch unbeachtet tun und sagen, was sie wollten, ohne sich damit auseinandersetzen zu müssen, was denn geschähe, wenn die Leute tatsächlich kämen.

Das hat in den letzten Jahren zu einigen Schockerlebnissen geführt. Seit sie das Internet entdeckt haben, benutzen Christen dieses in gewohnter Unbekümmertheit, um Insider-Themen in Insider-Sprache zu veröffentlichen. Doch das Internet ist ein öffentlicher Raum und Leute, die nicht in die Kirche kommen, googlen. Einige von ihnen stoßen gezielt auf Beweise für die „Rückständigkeit" und „Verbohrtheit" von Christen. Dann gibt es manchmal einen *Shitstorm*[132]. Christen sollten sich nicht über diese „Verfolgung" empören oder sich selbst bemitleiden, sondern sich freuen, dass Öffentlichkeit und christliches Binnenleben endlich wieder aufeinanderprallen.

Die Kirche hat in dieser Situation dieselben drei Optionen, die ich in Exkurs 2 für den *marginal man* aufgezeigt habe: (1) Sie kann sich trotzig als eine „Säule der Wahrheit" (1. Tim. 3,15) verstehen und durch noch markigere Worte ihr eigenes „Martyrium" verstärken. (2) Sie kann ihre Botschaft weichspülen und das Mäntelchen ihrer Lehre nach dem Wind der öffentlichen Meinung hängen. (3) Sie kann lernen, wie sie die Treue zu ihrem Herrn und zu sich selbst und die Liebe zu den Menschen in Übereinstimmung bringen kann.

Solche Lernerfahrungen können beschleunigt werden, wenn Christen sich nicht nur in der gefühlten Zurückgezogenheit des Internet auf den Präsentierteller begeben, sondern auch bei hellem Tageslicht im öffentlichen Raum der Stadt. Hauskreise sind in Kneipen oder Cafés ebenso gut aufgehoben wie Taufen am See oder Gottesdienste im Park. Die Leute können uns beobachten, ohne ihr Interesse zeigen zu müssen, und wir können lernen, in einer Situation des Beobachtetwerdens authentisch und transparent zu sein. Der öffentliche Raum kann eine Hilfe sein, dass aus einer „Kirche für niemand"[133] eine „Kirche für die Stadt" wird.

FAZIT

- Der öffentliche Raum, also die Teile der Stadt, wo jeder hindarf, hat verschiedene Nutzungs- und Gestaltungsmöglichkeiten.
  - Schaufenster: Wenn wir durch den öffentlichen Raum bummeln, dort Wartezeit verbringen oder in öffentlichen Verkehrsmitteln fahren, nehmen wir die Stadt in uns auf und kommen den Menschen darin näher.
  - Chatroom: Viele Menschen sind im öffentlichen Raum unterschwellig sehr kommunikationsbereit. Wenn man ein taktvolles Geschick für Gesprächseröffnung und -führung besitzt, kann man ihnen durchaus etwas Gutes tun, wenn man sie anspricht. Daraus kann sich – bei Interesse des Gegenübers – auch ein evangelistisches Gespräch ergeben.
  - Bühne: Durch Aktionen, die gewohnte Kommunikations- und Nut-

132 Der Duden erklärt einen Shitstorm als „Sturm der Entrüstung in einem Kommunikationsmedium des Internets, der zum Teil mit beleidigenden Äußerungen einhergeht".
133 Siehe den Text von „Eleanor Rigby".

zungsmuster durchbrechen, können auch in der postmodernen Stadt noch Aufmerksamkeit und Interesse geweckt werden.

- Wohnzimmer: Manche sozialen Gruppen halten sich ständig oder oft im öffentlichen Raum auf. Urbane Mission kann ihnen Räume anbieten, sie aufsuchen oder den öffentlichen Raum auch für sich selbst als Wohnzimmer wählen.
- Ausflugsziel: Menschen begeben sich in den öffentlichen Raum, weil sie Abwechslung suchen. Gemeinden mit passenden Grundstücken können wenig mobilen Menschen solch ein Ausflugsziel in ihrer Umgebung anbieten.
- Garten: In Gemeinschaftsgärten mitten in der Stadt kommen Menschen unterschiedlicher gesellschaftlicher, sozialer und ethnischer Herkunft zusammen. Dadurch wird Lebensqualität und sozialer Zusammenhalt gestärkt.
- Präsentierteller: Christliche Gemeinden klagen über ihre gesellschaftliche Bedeutungslosigkeit und suchen nach Wegen, um wieder positiv wahrgenommen zu werden. Dafür müssen viele von ihnen allerdings erst einmal öffentlichkeitstauglich werden. Dann sind Hauskreise, Taufen und Gottesdienste im öffentlichen Raum eine gutes Übungsfeld.

- Wie nutzen Sie den öffentlichen Raum bevorzugt? Als Schaufenster, Chatroom, Bühne, Wohnzimmer, Ausflugsziel, Garten oder Präsentierteller? Wie nutzen Sie ihn fast gar nicht?
- Lesen Sie sich aufmerksam die Internetseite, einen Flyer oder das Mitteilungsblatt Ihrer Gemeinde / Initiative durch. Versuchen Sie, Inhalt und Gestaltung mit den Augen eines Außenstehenden wahrzunehmen. Oder noch besser: Zeigen Sie sie einem nichtchristlichen Freund und lassen Sie sich seine Eindrücke berichten. Wie unterscheidet sich die beabsichtigte von der wahrgenommenen Botschaft?
- Was würde sich ändern, wenn Ihre Kleingruppe sich in einer Kneipe träfe?

- Martin Hofmann: Sehhilfe 2. Den Ort entdecken (Hofmann 2012). *Wer dem Rat von Robert Park folgen und in seiner Stadt „herumschnüffeln" möchte, finden in dem Buchbeitrag von Martin Hofmann und vier ergänzenden Tools von Heiko Metz und Tobias Faix gute Anregungen.*
- Arno Backhaus: Efungelisation. Kreativ-missionarisches Überlebens-Training im Dschungel der Fussgängerzonen und anderswo (Backhaus 2002). *Der Experte für evangelistische urbane Interventionen erzählt.*

Während das Leben vieler Menschen stark quartiersbezogen ist, sind es christliche Gemeinden oft nicht. Ich plädiere dafür, dass urbane Mission einen stärkeren Quartiersbezug braucht, erkläre warum und zeige Möglichkeiten der Umsetzung auf.

12. „Entscheidend is´ auf´m Platz"

Stadtquartiere

Wenn eine Behörde von mir wissen will, wo ich wohne, wäre sie mit der Auskunft „Berlin" nicht zufrieden. Wenn ein guter Freund aus Hessen oder Sachsen mich besuchen will, würde ihm diese spärliche Information ebenfalls nicht genügen. Sein Navi würde die Eingabe zwar akzeptieren, aber wenn mein Freund die Worte „Sie haben Ihr Ziel erreicht" zu hören bekäme, wäre er noch mehr als zehn Kilometer (Luftlinie) von meiner Wohnung entfernt. Die Behörde und mein Freund möchten konkrete Zusatzinformationen bekommen: eine fünfstellige Zahl, die mich einem Postleitbezirk zuordnet, einen Straßennamen und eine Hausnummer (evtl. mit Angaben über die Lage meiner Wohnung im Gebäude).

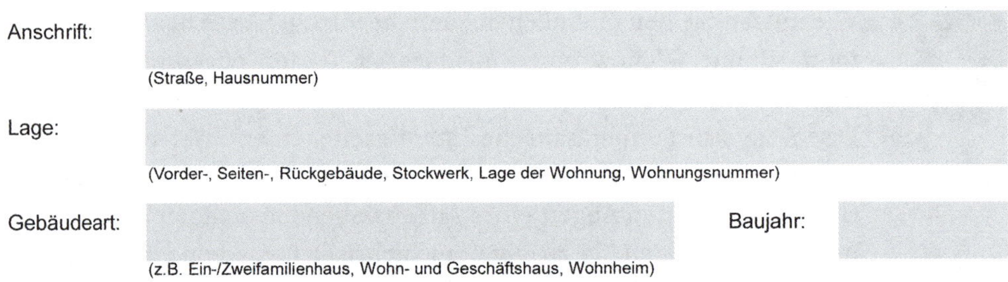
Anschrift:
(Straße, Hausnummer)
Lage:
(Vorder-, Seiten-, Rückgebäude, Stockwerk, Lage der Wohnung, Wohnungsnummer)
Gebäudeart:
Baujahr:
(z.B. Ein-/Zweifamilienhaus, Wohn- und Geschäftshaus, Wohnheim)

Abbildung 12.1: Behördliche Neugier

Solche Informationen geben nicht nur an, wie man uns ausfindig machen kann, sondern sie verweisen auf – zunächst ineinander geschachtelte – Räume, die für unser Leben in der Stadt eine wesentliche Bedeutung haben. Allerdings wird es von innen nach außen immer komplizierter: Unsere Wohnung und unser Haus sind eindeutig definierbare Räume, unsere Straße auch, wenn man davon absieht, dass wir uns in einer sehr langen Straße eventuell nur einem Teilstück zugehörig fühlen. Aber was kommt dann, was ist unser *Wohngebiet*?

Die Verwaltung hat es einfach. Die Post hat fünfstellige Zahlen vergeben und die

Zuständigkeiten für die entsprechenden Postleitbezirke festgelegt. Ähnlich findet Demokratie in Wahlbezirken statt und der Staat ordnet uns für seine Fürsorge Verwaltungsbezirken zu. Doch diese Einteilungen decken sich nicht unbedingt mit den lebensweltlichen Räumen, denen sich ein Stadtbewohner zugehörig fühlt. Und sie decken sich auch nicht mit den Zielgebieten der urbanen Mission. Ich habe noch nie einen Christen getroffen, der betete: „Herr, segne die Menschen in Wahlbezirk 03817“, und auch noch nie eine missionarische Initiative, die einen Sommereinsatz in Postleitbezirk 10435 plante. Doch was liegt für uns um unser Haus und unsere Straße herum?

Wie gesagt, hier wird es kompliziert. Wir stoßen auf eine Fülle an Begriffen, Definitionen und Merkmalen. Die Rede ist von „Quartieren“, „Stadtteilen“, „Ortsteilen“, „Kiezen“, „Veedeln“, „Grätzln“, „Kolonien“, „Vierteln“, „Siedlungen“, „Nachbarschaften“, „Communities“ und „Wohnblöcken“. Der Definitionen gibt es viele, aber sie sind nicht widerspruchsfrei und nicht alle eignen sich für die praktischen Absichten des urbanen Missionars. Er könnte schon mit drei Nachbarn Freundschaft geschlossen haben, bevor er in der Tiefe erfasst hätte, inwiefern sein Quartier „ein kontextuell eingebetteter, durch externe und interne Handlungen sozial konstruierter, jedoch unscharf konturierter Mittelpunkt-Ort alltäglicher Lebensweiten und individueller sozialer Sphären, deren Schnittmengen sich im räumlich-identifikatorischen Zusammenhang eines überschaubaren Wohnumfelds abbilden“ (Schnur 2013:31), ist. Solche Definitionen sind sinnvoll, aber in einem anderen Kontext als diesem Buch.

Ich möchte mit Ihnen einige Vereinfachungen absprechen, die helfen sollen, dass dieses Kapitel übersichtlich, lesbar und anwendbar bleibt.

1. Wir verständigen uns auf den Begriff *Quartier* für ein Wohngebiet.[134] Er stammt nicht aus der Verwaltungssprache und steht deshalb nicht in der Gefahr, ein Gebiet für eine in sich geschlossene soziale Einheit zu halten, nur weil der Buntstift eines Beamten seine Grenze auf einer Karte markiert hat. Es geht um das, was Menschen als ihr Quartier empfinden und erleben. Die Leute „wissen“ in der Regel, was ihr Quartier ist.
2. Wir begnügen uns mit einer unscharfen Definition, weil Quartiere ohnehin „eine eher gefühlte sozialräumliche, alltagsweltliche Kategorie darstellen“ (Schnur 2013:26). Wir beschäftigen uns mit Siedlungsgebieten unterschiedlicher Größe innerhalb unserer Stadt, denen Menschen sich zugehörig fühlen und die für sie eine überschaubare soziale Einheit bilden.

134 Das heißt nicht, dass es nicht in Nuancen Unterschiede zwischen den verschiedenen möglichen Begriffen gäbe. Zum Beispiel wird „der Begriff ‚Kiez‘ […] in Berlin im Wesentlichen synonym zu ‚Quartier‘ verstanden. Im ‚Kiez‘ klingt jedoch eine qualitative Komponente an, die früher vor allem die Sozialstruktur betraf (‚Arbeiterkiez‘) und heute stärker in Konnotationen wie ‚Nachbarschaftlichkeit‘, ‚Authentizität‘ und ‚Atmosphäre‘ (zwischen ‚Dörflichkeit‘ und ‚Urbanität‘) angesiedelt ist“ (Schnur 2014:94).

12.1 Warum wohnen wir, wo wir wohnen?

Wir haben nicht nur eine Adresse und ein Wohngebiet, wir sind auch irgendwann dorthin gekommen: manchmal durch Geburt, meist durch Zuzug. Unser Wohnstandort ist in der Regel das Ergebnis einer individuellen Wahl, sei es unserer eigenen oder der unserer Vorfahren. Dabei spielen drei Faktoren eine Rolle: Präferenzen, Ressourcen und Restriktionen.

Präferenzen geben an, wie und wo Menschen gern wohnen möchten. Einige favorisieren das Zentrum, um ständig viel Stadtleben um sich herum zu haben, andere lieben ein Haus mit Garten im Umland. Dem einen ist die Nähe zum Arbeitsplatz wichtig, der andere wünscht sich ein Naherholungsgebiet nebenan. Art und Qualität der Wohnung spielen eine Rolle, ebenso die Menschen, die bereits im Quartier wohnen. Präferenzen verändern sich mit der Stellung im Lebenszyklus: Ein Student will anders wohnen als eine Familie mit Kleinkindern oder ein Rentner.[135]

Präferenzen lassen sich nicht immer verwirklichen. Manchmal liegt das an ihrer schwierigen Vereinbarkeit: Wer in einer verkehrsarmen Sackgasse wohnen möchte, damit seine Kinder ungefährdet auf die Straße laufen können, aber eine Bushaltestelle direkt vor der Haustür auch nicht schlecht fände, wird einen Kompromiss finden müssen. Meist aber liegt es an dem jeweiligen Verhältnis von Ressourcen und Restriktionen.

Zu unseren *Ressourcen* gehört alles, was uns bei der Wohnungswahl hilft, zu den *Restriktionen* alles, was sie erschwert. Die wichtigste Ressource ist genug Geld, die stärkste Restriktion zu wenig davon. Weitere Ressourcen sind Beziehungen oder Findigkeit bei der Wohnungssuche, weitere Restriktionen sind Knappheit auf dem Wohnungsmarkt[136] oder die Diskriminierung bestimmter Wohnungsbewerber[137].

Sofern Wohnungen nicht zugewiesen werden, fallen Entscheidungen über Wohnstandorte unter Berücksichtigung aller drei Faktoren: Eine Familie, deren oberste Präferenz ein Eigenheim mit Garten ist, kann angesichts ihrer eigenen Ressourcen und der Restriktion der Bodenpreise in der Stadt diesen Wunsch nur im Umland verwirklichen. Eine gleichzeitige Verwirklichung der nachrangigen Priorität „kurze Wege" ist in dieser Gesamtkonstellation nicht mehr möglich.

Ressourcen und Restriktionen sind unterschiedlich verteilt und verteilen die Menschen unterschiedlich über die Stadt. Ein Hartz-IV-Empfänger könnte es sich gut vorstellen, in einer Villa am Wannsee[138] zu leben, kann es sich aber nicht leisten. Ein Ma-

135 Der urbane Missionar hat noch eine übergeordnete Präferenz: den Willen Gottes. Wenn er uns einen Platz anweist, ist das auf Dauer der beste Wohnstandort, selbst wenn er am Anfang nicht unseren sonstigen Vorlieben entspricht.

136 (Nicht nur) in diesem Fall ist für Christen das Gebet eine weitere wichtige Ressource.

137 Wenn Leute sich auf eine angebotene Wohnung bewerben oder selbst ein Wohnungsgesuch inserieren, bekommen Träger türkischer Vornamen signifikant weniger positive Reaktionen als Träger deutscher Vornamen (Lütkenkönner 2011).

138 Die Villenviertel im Berliner Südwesten gehören zu den besonders attraktiven Wohnlagen der Stadt.

nager könnte es sich gut leisten, im Soldiner Kiez[139] zu leben, kann es sich aber nicht vorstellen. Deswegen werden die beiden keine Nachbarn werden. Und deswegen ist eine Villengegend am Wannsee nicht nur baulich ein anderes Quartier als der Soldiner Kiez. Aus individuellen Präferenzen, Ressourcen und Restriktionen wird durch einen Mechanismus namens Wohnungsmarkt die *Segregation*. Unterschiedliche soziale Gruppen verteilen sich unterschiedlich auf die Stadtquartiere.

In der polarisierten Stadt (→ Kap. 4) verschärft sich Segregation. In den letzten Jahrzehnten nahm nicht nur die soziale Ungleichheit in unseren Städten zu, sondern parallel dazu auch die räumliche (Farwick 2007:111). Verstärkt wurde diese Entwicklung dadurch, dass segregationsdämpfende Maßnahmen zurückgefahren wurden. Der Staat zog sich immer mehr aus dem sozialen Wohnungsbau zurück[140], der vielen einkommensschwächeren Bewohnern bessere Wohnlagen ermöglichte. Viele kommunale Wohnungsbestände wurden privatisiert.[141] So ist es kein Wunder, dass heute die reichsten und die ärmsten Stadtbewohner am stärksten segregiert leben, während es in der Mitte noch ausgeglichener zugeht (Farwick 2012:384). Wohngebieten der Reichen stehen abgehängte Quartiere der Armen gegenüber. Dabei fällt in der öffentlichen Diskussion ein Umstand auf:

> Bemerkenswert ist, dass sich die gesamte Diskussion über die Effekte sozial homogener Wohngebiete nur auf benachteiligte Wohngebiete bezieht, die Folgen in homogen reichen Wohngebieten demgegenüber für Sozialwissenschaftler von sehr geringem Interesse zu sein scheinen. (Friedrichs & Triemer 2009:17)

Es ist viel davon die Rede, dass die Armen in ihrem Wohnumfeld nicht unter sich sein sollten. „Soziale Mischung" wird als Heilmittel angesehen, wo soziale Problemlagen sich konzentrieren. Man hofft, dass von der Nähe Bessergestellter eine positive Wirkung ausgeht. Aber schadet es den Reichen nicht, wenn sie unter sich sind und die Tuchfühlung zu den Armen verlieren? Der Sodom-Effekt, den ich in Abschnitt 4.2.1 beschrieben habe, lässt etwas anderes vermuten.

Die ärmeren Stadtbewohner konzentrieren sich immer mehr in den unattraktivsten Quartieren der Stadt. Dazu gehören Altbauviertel, die sich durch die Nähe zu Gewerbegebieten oder Hauptverkehrsstraßen, durch hohe Luftverschmutzung oder Lärmbe-

139 Der Soldiner Kiez hat seit Langem in Berlin ein sehr negatives Image als Problemquartier (die „Bronx" von Berlin). Das deckt sich allerdings nicht mit dem Selbstbild seiner Bewohner und wer sich auf den Kiez einlässt, kann feststellen, dass es auch inmitten von räumlichen und sozialen Belastungen viel Lebensqualität gibt.

140 Auslaufende Förderungen werden nicht verlängert und es wird kaum noch neu gebaut. Von 1987 bis 2003 ging in Deutschland die Zahl der Sozialwohnungen von 4 auf 2,1 Millionen zurück. Bis 2020 wird der Bestand weiter auf 1,2 Millionen schrumpfen (Farwick 2012:385).

141 Wenn privatisiert wird, werden oft die attraktivsten Wohnungsbestände zum Kauf angeboten, sodass sich „die für die sozial schwachen Bevölkerungsgruppen weiterhin zugänglichen Wohnungen räumlich zumeist in weniger attraktiven Lagen" konzentrieren (Farwick 2012:385).

lästigung nicht für eine Aufwertung anbieten (Farwick 2007:116). Dazu gehören auch die Großsiedlungen im Westen und im Osten Deutschlands (→ Kap. 14). Aus Gründen, die ich gleich nennen werde, gilt diesen Quartieren meine besondere Aufmerksamkeit. Aber zunächst einige grundsätzliche Gedanken zur Bedeutung von Quartieren für die urbane Mission.

12.2 Der Quartiersbezug der urbanen Mission

Kirchliches Leben ist oft nicht quartiersbezogen. Aus der Gemeinwesenarbeit stammt die Unterscheidung zwischen einem kategorialen Ansatz, der auf eine bestimmte Gruppe von Menschen ausgerichtet ist, und einem territorialen, der ein Gebiet im Auge hat (Faix 2012a:33-34). Beide Ansätze gibt es auch bei christlichen Gemeinden.

Landeskirchliche Gemeinden sind in der Regel territorial aufgestellt. Das bedeutet noch nicht automatisch, dass sie quartiersbezogen arbeiten. Pfarrbezirke sind zunächst einmal Verwaltungsbezirke, und Verwaltungseinheiten müssen nicht mit den Lebenswelten der Menschen korrespondieren. Das gilt besonders da, wo sie durch Fusionierung entstanden oder so groß sind, dass sie unterschiedliche lebensweltliche Räume umfassen. Zum Pfarrbezirk der Kirchengemeinde Gotha-Siebleben, die uns schon begegnet ist, gehört die Clara-Zetkin-Siedlung, und klassische Aktivitäten am Standort der Kirche hatten für diese Platte keine Bedeutung. Quartiersbezogen wurde die Gemeindearbeit dadurch, dass Leute in die Platte zogen und sich dort vor Ort engagierten.

Freikirchliche Gemeinden sind dagegen meist kategorial orientiert. Zwar sind viele berufen – „Jeder ist herzlich willkommen!" –, aber nur wenige sind auserwählt: De facto erreichen sie nur bestimmte Kategorien von Menschen, die mobil sein müssen, um sonntags quer durch die Stadt zu einem Gemeindehaus zu fahren, das ebenso gut woanders stehen könnte.

Urbane Mission braucht einen stärkeren Quartiersbezug. Von Adi Preißler, einer Dortmunder Fußballlegende, soll der Spruch stammen: „Entscheidend is´ auf´m Platz." Der deutsche Fußball zieht seine Kraft nicht aus der DFB-Zentrale in Frankfurt, sondern aus zahlreichen kleinen und großen Fußballplätzen und Stadien. Die Zentrale hat eine Funktion, aber wenn sie die Aktiven jedes Wochenende nach Frankfurt holen würde, würden sie sich dort auf die Füße treten und „auf´m Platz" wäre nichts los. „Entscheidend is´ auf´m Platz" – draußen, wo das Leben ist, wo die Menschen sind. Die Quartiere der Stadt sind die Schauplätze der urbanen Mission. Wenn eine stadtweit agierende Gemeinde sich nicht gleichzeitig lokal in Quartieren verortet und dort Präsenz zeigt, steht sie in der Gefahr, der Stadt transformatorische Energien zu entziehen, wie aufrichtig ihr Wunsch nach Transformation auch sein mag. Die „Zentrale" schafft dann nicht die Voraussetzungen dafür, dass viele Leute auf den Plätzen der Stadt „spielen" können, sondern wird zu einem „schwarzen Loch", das die Kraft zu vieler Leute durch zu viele Binnenaktivitäten verschlingt.

12.2.1 Der passende Zugang

Eine christliche Gemeinde oder Initiative, die transformatorische Wirkung anstrebt, muss sich auf einen Bereich der Stadt ausrichten, in dem sie tatsächlich etwas ausrichten kann. Nach der lockeren Definition von Quartieren, auf die wir uns verständigt haben, dürfte sie bei einem von ihnen die passende Größenordnung finden: Ein Quartier ist „größer als ein Haushalt und kleiner als eine Stadt" (Hunter 1979:270). Bei einem Haushalt würden wir noch nicht von Transformation reden, obwohl ich hoffe, dass der urbane Missionar nie aufhört, davon berührt zu sein, wenn einem „Haus das Heil geschenkt wird" (Lk. 19,9). Die Stadt ist dagegen in den meisten Fällen zu groß. In größeren Städten kenne ich kaum Gemeinden, die für die gesamtstädtische Öffentlichkeit ein relevanter Faktor sind oder von der Stadtverwaltung als Partner auf Augenhöhe angesehen werden. In Bezirken und Quartieren ist das durchaus anders. Aber dafür muss die Gemeinde dort mehr Präsenz zeigen, als dass ihre Leute zu bestimmten Veranstaltungen anreisen und Einladungen aussprechen, die niemand annimmt. Wenn sie das jedoch tut, kann sie in diesem Quartier durchaus etwas bewegen.

12.2.2 Der einzige Zugang

In vielen Fällen ist der quartiersbezogene Zugang nicht nur klug, sondern alternativlos. In Kapitel 10 haben wir „Zonenbewohner" kennengelernt: Kinder und Jugendliche, deren Leben sich auf einen engen Nahraum beschränkt. Vielen ihrer Eltern geht es nicht anders. Es gibt Stadtbewohner, die eine räumlich sehr begrenzte Lebenswelt haben. Dazu gehören Senioren, die nicht mehr, und Kinder, die noch nicht mobil sind. Vor allem aber gehören dazu die Ärmeren der Stadt. Ihnen kann man *nur* dort begegnen, wo sie wohnen. Deswegen gilt ihren Quartieren meine besondere Aufmerksamkeit. Gott ist schon bei ihnen und wartet auf seine Leute.

12.2.3 Der angemessene Zugang

Quartiersbezug ist für die urbane Mission auch da besonders angesagt, wo Quartiere tatsächlich Gemeinschaft, Zugehörigkeit und Identität stiften. Wir haben sie definiert als „Siedlungsgebiete unterschiedlicher Größe innerhalb unserer Stadt, denen Menschen sich *zugehörig* fühlen und die für sie eine überschaubare *soziale Einheit* bilden". Wenn diese Zugehörigkeit und Einheit vorliegen, kann man sie wahrnehmen. Das lokale Vereinsleben und andere Formen des zivilgesellschaftlichen Lebens sind stark und die Leute fühlen sich zuerst als Bewohner ihres Quartiers und dann ihrer Stadt.

In solchen Fällen ist es oft nicht schwer, Zugang zum Quartier und nicht nur zu Einzelnen zu bekommen. Dafür ist es allerdings wichtig, dass man selbst dort lebt. In Quartieren mit einem hohen „Quartiersgefühl" schauen die Leute genau hin, wer Einheimischer und wer Fremder ist. Der Pastor einer Gemeinde, die 2010 eine ehemalige „Wohngebietsgaststätte" im Südosten Berlins als Gemeindezentrum übernahm, erzählte mir, dass er bei Kontakten immer wieder gefragt wird: „Aber wohnen Sie auch hier?"

Ein Beispiel dafür, wie gut die, die in einem Quartier wohnen oder dort hinziehen, auf vielfältige Weise Teil des lokalen Lebens werden können, sind die Erfahrungen der „Refo Moabit".

ERFAHRUNGEN UND REFLEXIONEN

Kirche im Kiez
von Stephan Rauhut und Esther Sommerfeld, zwei Refos der ersten Stunde

Moabit ist ein ehemaliges Arbeiterviertel in der Berliner Innenstadt, in dem viele sozial benachteiligte Menschen wohnen, das sich aber gleichzeitig durch eine hohe Identifikation der Menschen mit ihrem Kiez, sehr hohes Engagement und eine starke Beziehungsorientierung auszeichnet.

Als wir beschlossen, gerade dort christliche Gemeinschaft zu leben und eine Gemeinde zu gründen, waren wir uns über zwei Dinge einig: Wir wollen Kirche im und für den Kiez sein, und wir wollen nicht „das Rad neu erfinden", sondern uns mit dem vernetzen, was schon an Gutem vor Ort geschieht. 2009 zogen die ersten von uns in den Kiez und die Gruppe erweiterte sich schnell um Menschen, die bereits in Moabit wohnten. Zunächst trafen wir uns in Wohnzimmern, 2011 bezogen wir dann die bis dahin leer stehende Reformationskirche (die uns inzwischen für 99 Jahre übertragen wurde). Mittlerweile wohnen fast alle von uns im Kiez und haben hier ihren Lebensmittelpunkt. Wir arbeiten und leben hier, unsere Kinder gehen hier zur Kita und zur Schule.

Abbildung 12.2: Nachbarn zu Gast bei den Refos

Die Nachbarschaft geht in der Refo ein und aus. Ein Jugendtheater mit Schwerpunkt auf politischer Bildungsarbeit hat ein dauerhaftes Zuhause auf unserem Campus gefunden, verschiedene Gruppen treffen sich, lokale Bands proben in unseren Räumen, Künstler gestalten Ausstellungen, Filmstudierende zeigen Kinofilme in der Kirche und Nachbarn kommen auf einen Kaffee oder ein Bier vorbei.

In den lokalen Netzwerken und Initiativen wurden wir mit offenen Armen empfangen. Wir sind im Quartiersrat, der Stadtteilvertretung und der Bürgerplattform vertreten, besuchen Stadtteilplena und Ideenwerkstätten, arbeiten mit verschiedenen lokalen Organisationen zusammen und haben Freunde aus den unterschiedlichsten gesellschaftlichen Bereichen. Als es 2014/15 darum ging, die Gebäude langfristig zu übernehmen, setzten sich Kirchenvertreter, Politiker und zivilgesellschaftliche Akteure gleichermaßen dafür ein, dass uns die Kirche und die zugehörigen Gebäude übertragen wurden.

Inzwischen sind wir das, was wir schon vor Jahren programmatisch in unseren Vereinsnamen aufgenommen haben: „Kirche im Kiez“.

12.2.4 Eine Einschränkung

Die eben genannten Gründe für den Quartiersbezug der urbanen Mission treffen allerdings nicht auf alle Stadtbewohner zu. Es gibt nicht nur die „Zonenbewohner“, deren Leben sich auf einen engen Nahraum konzentriert, sondern auch die „Insulaner“, deren Aktionsräume wie ein Archipel über die Stadt verstreut sind, deren Netzwerke sich nicht auf das Quartier beschränken und deren Treffpunkte außerhalb liegen. In diesen Fällen muss man genau hinschauen, ob das Quartier für sie tatsächlich noch eine *soziale Einheit* bildet, der sie sich *zugehörig* fühlen und in die sie so integriert sind, dass der Weg in das Quartier auch der Weg zu ihnen ist. Der kategoriale Ansatz hat in der urbanen Mission nicht ausgedient. Aber auch für ihn gilt: „Entscheidend is´ auf´m Platz.“ Nur sind es dann andere Plätze, die es zu bespielen gilt.

12.3 Kontexteffekte

Quartiere sind das Ergebnis sozialer Prozesse wie der Segregation. Sie werden dann aber selbst zur Ursache weiterer sozialer Prozesse. Benachteiligte Quartiere werden zu noch mehr benachteiligenden Quartieren. Quartiere, in denen sich Menschen mit sozialen Problemen konzentrieren, verfestigen und verstärken diese sozialen Probleme. Solche Wirkungen, die Quartiere auf ihre Bewohner ausüben, nennen wir *Kontexteffekte*. Sie treten dann auf, „wenn eine soziale Umgebung auf das Denken, Handeln und die normativen Orientierungen ihrer Bewohner einen ungünstigen Einfluss hat“ (Häußermann 2010:24).

12.3.1 Die Entstehung benachteiligter Quartiere

Quartiere, die heute benachteiligt sind, waren es früher nicht unbedingt. Sie haben irgendwann den Weg nach unten eingeschlagen. Wie sieht dieser Weg typischerweise aus? Drei Faktoren spielen dabei eine Rolle.

1. **Fahrstuhleffekt:** Viele benachteiligte Quartiere sind aus ehemaligen Arbeitervierteln und aus Großsiedlungen entstanden. Ihre Bewohner waren aufgrund geringer formaler Qualifikationen von den Folgen der Deindustrialisierung und Krisen am Arbeitsmarkt am stärksten betroffen. Deswegen nahm „in diesen Gebieten das Ausmaß von Arbeitslosigkeit und Armut überdurchschnittlich zu" (Farwick 2012:386). „Die betreffenden Stadtteile fielen in ihrem ökonomischen Niveau gleichsam eine Stufe nach unten, die Kaufkraft ließ nach, und gleichzeitig nahmen die Konflikte im Quartier zu. Man kann von einem *Fahrstuhleffekt nach unten* [Hervorhebung im Original] sprechen" (Häußermann & Siebel 2004:160).
2. **Selektive Wegzüge:** Wenn sich die Verhältnisse im Quartier verschlechtern, ziehen viele besser gestellte Haushalte fort. Das zieht weitere Verschlechterungen nach sich: Es „verringert sich die Kaufkraft im Gebiet, private und teilweise auch öffentliche Anbieter von Gütern und Dienstleistungen dünnen darauf hin ihr Angebot aus oder schließen, das Image des Gebiets wird schlechter, die Banken werden zurückhaltend bei der Vergabe von Krediten, was Hauseigentümer veranlasst, nicht mehr in ihre Immobilien zu investieren, weitere Haushalte, die sich Mobilität leisten können, ziehen fort, bis am Ende nur noch jene, die keine Alternative auf dem Wohnungsmarkt haben, in einem auch äußerlich heruntergekommenen Gebiet wohnen" (Siebel 2007:131).
3. **Selektive Zuzüge:** Wenn frei werdende Wohnungen neu bezogen werden, kommen in der Regel Leute, die sich in ähnlichen Problemlagen befinden und dorthin ziehen, weil sie sich andere Wohnungen nicht leisten können.

Diese Entwicklungen haben auf viele Bewohner eine demoralisierende Wirkung:

> Das wachsende Niveau sozialer Probleme macht sich in den Quartieren in einer zunehmenden Zahl alltäglicher Konflikte bemerkbar, beispielsweise dann, wenn die Zahl von Dauerarbeitslosen steigt, die am Tage im öffentlichen Raum demonstrativ dem Alkoholgenuss nachgehen und dabei das verträgliche Mit- und Nebeneinander im Viertel strapazieren [...] Begleitet vom Zuzug von Migranten entsteht bei vielen Herkunftsdeutschen, die sich selbst von wachsenden sozialen Problemen bedroht sehen, ein Gefühl des Kontrollverlustes, ein Unsicherheitsgefühl, das aus wachsender Fremdheit und zahlreichen, alltäglichen Konflikten innerhalb der Nachbarschaft resultiert. Dadurch entstehen „überforderte Nachbarschaften", das heißt, die Integrationskraft solcher Quartiere nimmt ab, weil die selbst von sozialem Abstieg

bedrohten Bewohner die häufiger und heftiger werdenden Konflikte nicht mehr gleichsam natürlich absorbieren können. (Häußermann 2010:24-25)

Am Ende dieser Entwicklung stehen Quartiere, in denen es vielen Bewohnern nicht nur wirtschaftlich schlecht geht, sondern sie sich auch einem schlecht ausgestatteten, belastenden und konfliktträchtigen Umfeld ausgesetzt sehen. Das bleibt nicht ohne Folgen.

12.3.2 Auswirkungen

Quartiere beeinflussen das Verhalten und das Ergehen ihrer Bewohner. Forschungen ergeben „nahezu einhellig einen negativen Einfluss einer durch Armut geprägten Wohnumgebung auf die verschiedensten Lebenslagen der Bewohner" (Farwick 2012:389). Die ungünstigen Auswirkungen lassen sich in vielen Bereichen feststellen: Die Schulabschlüsse sind schlechter, Teenager werden häufiger schwanger (Andersson u. a. 2009), das Arbeitslosigkeitsrisiko ist höher (Farwick 2013:118-119), die Dauer von Armutslagen verlängert sich (Farwick 2012:390), delinquentes Verhalten – besonders von Jugendlichen – steigt (ebd. S. 390; Friedrichs & Blasius 2000:92), die Lebenserwartung sinkt (Friedrichs & Triemer 2009:33-34).

Nicht immer sind die genauen Zusammenhänge leicht zu entschlüsseln. Man weiß zum Beispiel, dass Kinder, die in prekären Verhältnissen aufwachsen, eher übergewichtig sind. In Leipzig stellten Forscher jedoch fest, dass Kinder aus armen Familien in besseren Stadtvierteln besser geschützt sind: „Wohnt eine Mutter mit niedriger Bildung in einem privilegierten Ortsteil, verringert sich das Übergewichtsrisiko beim Kind."[142] Die genauen Ursachen lassen sich bisher noch nicht erklären. Ersichtlich ist trotzdem die Bedeutung des Umfeldes.

12.3.3 Die Ausstattung des Quartiers

Die Bewohner benachteiligter Quartiere sind schlechter versorgt als die anderer Wohngebiete. Ihre Wohnungen sind nicht so gut ausgestattet (Siebel 2007:132). In den Quartieren fehlt es an passenden Arbeitsplätzen und die in anderen Gebieten vorhandenen sind für sie nicht leicht erreichbar (Andersson u. a. 2009). Das Angebot an Einkaufsmöglichkeiten, Freizeiteinrichtungen und anderen Dienstleistungen ist gering, weil die zahlungskräftigeren Haushalte verschwunden sind (Siebel 2007:131; Farwick 2012:391). Schulen stehen vor erhöhten pädagogischen Anforderungen, denen sie aufgrund ihrer personellen Ausstattung nicht gewachsen sind (Farwick 2007:391). Dadurch werden gerade die Kinder schlechter beschult, die ohnehin schlechtere Eingangsvoraussetzungen haben.

142 Mündliche Mitteilung von Elmar Brähler auf einem Kongress für Psychosomatische Medizin und Psychotherapie in Berlin, zitiert nach Hucklenbroich 2014.

Viele Bewohner sind nicht in der Lage, diese mangelhafte Ausstattung durch Fahrten in andere Stadtgebiete zu kompensieren. Dazu trägt die räumliche Abkoppelung und die Vermeidung von Fahrtkosten bei, aber auch die lähmende Wirkung des Lebens in benachteiligten Quartieren. Die Bewohner resignieren und fühlen sich vom Rest der Stadt isoliert.

> Je schlechter ein Wohngebiet ausgestattet ist, desto stärker beschränkt man sich auf Aktivitäten, die im Wohngebiet möglich sind – und kompensiert die lokalen Defizite nicht durch Fahrten in andere Teile der Stadt. (Friedrichs & Blasius 2000:84)

Im öffentlichen Raum machen Unsicherheit, mangelnde Sauberkeit und Lärm den Bewohnern zu schaffen (Farwick 2012:392). Wir haben uns genug mit Raumwahrnehmung beschäftigt (→ Kap. 10), um nachvollziehen zu können, dass allein der Anblick verwahrloster Räume schon Wirkung zeigen kann. Wenn noch andere Faktoren hinzukommen, können Quartiere gesundheitsschädlich sein. Wer in seinem Quartier einem hohen Maß an belastenden Wahrnehmungen (wie Unrat auf den Straßen, unangenehme Gerüche, Vandalismus und nächtliche Ruhestörung) ausgesetzt ist und keinen Ausgleich durch Annehmlichkeiten (wie Parks, Einkaufs- und Unterhaltungsmöglichkeiten) hat, hat eine signifikant schlechtere „gesundheitsbezogene Lebensqualität"[143]. Ihm fehlt schneller die Energie für die Bewältigung seines Alltags, er ist anfälliger für trübe Stimmungen und er fühlt sich eher im Stich gelassen (Hill u. a. 2012).

12.3.4 Das Quartier als sozialer Lernraum

Menschen lernen nicht nur in der Schule, sondern auch im Quartier. Sie lernen durch Beobachtungen, durch Begegnungen und durch Beziehungen. Wer in einem benachteiligten Quartier aufwächst, lernt, was es dort zu lernen gibt – und anderes eben nicht. Er befindet sich in einem Raum „begrenzter sozialer Erfahrungen" (Farwick 2012:392) und das spezielle Bildungsangebot dieses Raums prägt ihn.

Zum Lehrpersonal des Quartiers gehören Vorbilder. Man kann sich nur an den Menschen orientieren, die man erlebt. Wenn Jugendliche in ihrem Umfeld kaum noch Personen begegnen, die morgens zur Arbeit gehen und abends nach Hause kommen, lernen sie nicht, was ein normales Erwerbsleben ist. Wenn sie kaum jemanden kennen, der erfolgreich Karriere gemacht hat, lernen sie nicht, dass Anstrengung sich lohnt. „Es fehlen im Alltag der Heranwachsenden die Vorbilder, die das Gelingen des harten Wegs von schulischem Erfolg, Lehrjahren und beruflichem Erfolg plausibel machen können" (Siebel 2007:132).

143 „Gesundheitsbezogene Lebensqualität" misst, wie zufrieden Menschen mit ihrem körperlichen, seelischen und sozialen Befinden sind.

Stattdessen suchen sie sich andere Vorbilder. Von ihnen lernen sie die „Techniken des Überlebens unter schwierigen Lebensbedingungen [...] aber nicht die Kulturtechniken, die für eine erfolgreiche Integration in den Arbeitsmarkt und eine ‚normale' Lebensführung notwendig sind" (Häußermann 2010:25). Von ihnen lernen sie ihr Freizeitverhalten, ihren Umgang mit Ernährung, Bewegung, Körperpflege, Sexualität und oft auch Suchtmitteln (ebd. S. 27). Sie lernen Gewalt als Mittel der Konfliktlösung, Tricks, mit denen man bei Behörden durchkommt, und illegale Einnahmemöglichkeiten.

Für Jugendliche besteht im Quartier fast so etwas wie „Lernzwang", wenn sie klarkommen wollen. „Die Wohnumgebung vermittelt Normen, stellt Vorbilder bereit und übt soziale Kontrolle aus. Dadurch werden die Aspirationen und die Lernmotivation insbesondere von Jugendlichen beeinflusst. Sie ist als Sozialraum ein Ort für informelles Lernen und bildet ein Normensystem, dem sich der Einzelne nur dann entziehen kann, wenn er sich bewusst dem sozialen Druck widersetzt, der vor allem von Gleichaltrigen ausgeht" (ebd.). Die Kraft dazu hat nicht jeder.

12.3.5 Stigmatisierung

Dem Rest der Stadt bleiben die Verhältnisse im Quartier nicht verborgen. Das Gebiet wird im Bewusstsein der Stadt zur schlechten Adresse (Siebel 2007:132), zum „Ghetto" oder zu „Klein-Moskau" (Kreichauf 2012:77). Wer von dort kommt, wird schief angesehen oder hat es als Bewerber auf einen Arbeits- oder Ausbildungsplatz schwerer (Farwick 2012:393).

Das negative Außenbild wirkt zurück auf die Bewohner. Wenn sie sich mit ihrem Quartier identifizieren, kann die Diffamierung von außen ihr Selbstwertgefühl nachhaltig negativ beeinflusst. Andere schützen sich, indem sie sich auf einen eng begrenzten Interaktionskreis zurückziehen, der sich von den übrigen Bewohnern abgrenzt (ebd.). Man ist nicht so „wie die Leute von hier".

12.4 Es gibt Hoffnung

Kann eine kleine Gruppe von Christen ein Quartier positiv verändern? Ein Team in Manchester wollte es versuchen. 1997 zogen sie in den Stadtteil Wythenshaw und starteten das *Eden Project*. Wythenshaw hatte damals unter allen Wohngebieten Englands den schlechtesten „Index multipler Benachteiligung" (IMD)[144]. Heute ist das Quartier von diesem negativen Spitzenplatz weit entfernt und aus dem mutigen ersten Projekt ist das Eden Network entstanden. Zurzeit leben mehr als zwanzig Eden Teams in benachteiligten Quartieren.[145]

144 Dieser Index wird aus vielen Sozialdaten (zu Einkommen, Beschäftigungsverhältnissen, Gesundheit, Bildung, Kriminalität, Umweltbedingungen u. a.) ermittelt. Mit ihm misst die Regierung die relative Prosperität aller englischen Wohngebiete.

145 Im September 2008 habe ich ein Eden Project besucht, im September 2014 ein Interview mit Rich Stanton, dem nationalen Koordinator von Eden, geführt. Alle Angaben und Zitate stammen, soweit nicht anders angegeben, aus diesem Interview und von der Webseite des Eden Network (www.edennetwork.org).

12.4.1 Ein Quartier, eine Gemeinde, ein Team

Damit ein neues Eden Project beginnt, müssen zwei Voraussetzungen erfüllt sein: Das *Quartier* muss zu den zehn – besser noch fünf – Prozent der am meisten benachteiligten Wohngebiete Englands gehören und eine *lokale Gemeinde* muss eine Einladung aussprechen. Diese Gemeinde ist *das* entscheidende Element: Sie darf nicht zu ambitioniert sein. In einigen Fällen kam es vor, dass Eden Teams aufgegeben haben, und in der Regel lag es an einer nicht funktionierenden Partnerschaft. Die Gemeinde muss genauso hingegeben an das Quartier sein wie das Team. In zwei Fällen ist sie das nicht: (1) Eine Gemeinde ist anfänglich auf das Quartier fokussiert. Aber mit wachsendem Erfolg wird sie ehrgeiziger und will eine große Stadtgemeinde werden und verlagert ihren Schwerpunkt. (2) Eine Gemeinde hat noch andere Eisen im Feuer und die Partnerschaft mit dem Eden Team ist nur eines ihrer Anliegen. In beiden Fällen leidet das Projekt Schaden. Die Arbeit in einem benachteiligten Quartier erfordert so viel Hingabe und Einsatz, dass man nichts anderes im Auge haben darf. Mit schwachen, aber fokussierten Gemeinden kann ein gutes Eden Team manchmal mehr erreichen als mit starken. Ich formuliere eine erste These:

> Benachteiligte Quartiere brauchen Gemeinden, die ungeteilt (nur) für sie da sind.

Ein Eden *Team* besteht aus einem Leiter(paar), dem Kernteam und dem erweiterten Team. Die *Leiter* sind die einzigen, die bezahlt werden. Das *Kernteam* besteht aus – idealerweise – sechs bis sieben Leuten, die einige Bedingungen erfüllen und einige Verpflichtungen auf sich nehmen müssen. Zu den Bedingungen gehört, dass sie eine gesunde Persönlichkeiten besitzen, denn sie werden sehr gefordert, und ihre finanziellen Verhältnisse geordnet sind, denn sie werden nicht so viel verdienen, dass sie davon Schulden abzahlen können. Verpflichtend ist, dass sie (1) in das Quartier ziehen, (2) sich dort Arbeit suchen, (3) dort ihre Einkäufe erledigen, (4) sich der Partnergemeinde anschließen und (5) wöchentlich sechs Stunden für bestimmte Dienste zur Verfügung stehen. Auf diese Weise ist sichergestellt, dass sie sich mit dem Quartier identifizieren, dass sie sich ganz auf das Leben dort konzentrieren und dass sie den Menschen auch außerhalb des Dienstes begegnen (durch Arbeit, Einkauf und ständigen Wohnaufenthalt). Sie bleiben fünf Jahre oder länger[146] und es gilt das Prinzip der offenen Tür: Wenn jemand ein Problem hat, kann er Tag und Nacht vorbeikommen. Die Mitglieder des *erweiterten Teams* können außerhalb wohnen und müssen nicht zur Partnergemeinde gehören. Aber auch sie verbringen regelmäßig einen Teil ihrer Zeit im Projekt.

12.4.2 Das Leben im Quartier

Schlüssel zur Veränderung sind nicht in erster Linie Programme, sondern das Leben im Quartier, das von klaren Werten bestimmt ist. Eden Teams leben

146 Einige schaffen die fünf Jahre nicht ganz, aber andere sind schon 10 oder 15 Jahre dabei.

1. **inkarnatorisch:** Es geht um mehr als gute Nachbarschaft oder ehrenamtliches Engagement. Durch das Leben der Teammitglieder soll „die Gnade Gottes Gestalt gewinnen".
2. **beziehungsorientiert:** „Beziehungen sind unsere Währung und der Hauptweg zur Transformation. Wir führen ein authentisches, offenes Leben [...] praktizieren Gastfreundschaft und lieben die, die andere nicht liebenswert finden."
3. **zielbewusst:** „Wir halten an unserer erlösenden Absicht fest, in Zeiten des Durchhaltens genauso wie in Zeiten der Begeisterung."
4. **ganzheitlich:** Es geht um das gesamte Leben des Quartiers, um Beziehungen, Freizeit, Bildung, emotionale und geistliche Bedürfnisse.
5. **vorbildlich:** Die Eden-Leute wollen zeigen, wie ein Leben in Integrität nach der Lehre von Jesus aussieht.

Die Bedeutung der Vorbildfunktion wurde unterstrichen, als das erste Team in Wythenshaw auf eine ermutigende Entdeckung stieß: Untersuchungen in den USA hatten gezeigt, dass schon ein sehr kleiner Anteil von Leuten mit „anerkannten Berufen" – also Vorbilder eines nichtprekären Lebens – ausreichten, um benachteiligte Nachbarschaften zu stabilisieren (Wilson 2005:22-27). Ein kleines Team könnte also auch ausreichen, so folgerten sie, eine Nachbarschaft positiv zu verändern.

12.4.3 Erlebte Transformation

Die Eden Teams erleben Transformation, gemäß der schlichten Definition einer „Veränderung von Herzen und Verhältnissen". Ein Schwerpunkt liegt auf der Beziehung zu Jugendlichen: „Eden sieht in jungen Leuten [...] den Schlüssel zur Transformation ganzer Nachbarschaften. Wir wollen ihnen helfen, ihr gesamtes von Gott gegebenes Potential zu verwirklichen, und wir machen sie mit Jesus bekannt." Die Veränderung im Leben junger Leute wird nach einiger Zeit so sichtbar, dass die anfängliche Skepsis seitens der lokalen Politik und Verwaltung in eine Unterstützung der Eden Teams umschlägt.

Veränderung erlebt auch das Quartier. Sam Ward, der nationale Leiter von Eden, hat in einer unveröffentlichten Untersuchung[147] die Werte des IMD (s. o.) von 2000 und 2010 für alle Quartiere verglichen, in denen Eden Teams im Einsatz sind oder waren. Die Quartiere, in denen das Engagements schon früh begann (Start zwischen 1997 und 2003), haben zum Teil dramatische Verbesserungen des IMD-Wertes erlebt. Bei Eden ist man realistisch genug, diesen Erfolg nicht nur sich selbst zuzuschreiben, aber auch selbstbewusst genug, den eigenen Beitrag als wesentlich anzusehen. Deshalb beende ich dieses Kapitel mit einer weiteren These:

147 Sie wurde mir privat zur Verfügung gestellt.

Kleine Teams können in überschaubaren benachteiligten Quartieren große Wirkung erzielen, wenn sie dort leben und an ihre Sendung hingegeben sind.

Das normale Ende eines Eden Project besteht darin, dass Team und Gemeinde miteinander verschmelzen und das Projekt in der Gemeinde aufgeht. Das offizielle Ende eines Teams bedeutet also nicht, dass das Engagement aufhört, sondern dass es dauerhaft zum Quartier gehört.

FAZIT

- Quartiere sind Siedlungsgebiete innerhalb unserer Stadt, denen Menschen sich zugehörig fühlen und die für sie eine überschaubare soziale Einheit bilden.
- In welchem Quartier Menschen wohnen, hängt nicht nur von ihren persönlichen Präferenzen, sondern auch von den zur Verfügung stehenden Ressourcen und Restriktionen ab. Deshalb verteilen sich unterschiedliche soziale Gruppen unterschiedlich auf die Stadtquartiere (Segregation).
- Manche Quartiere sind besonders von Krisen am Arbeitsmarkt betroffen (v. a. ehemalige Arbeiterviertel), die zu einem Fahrstuhleffekt nach unten für eine ganze Nachbarschaft führen. Dazu kommen selektive Wegzüge von besser gestellten Haushalten und Zuzüge von Menschen in ähnlichen Problemlagen. So entstehen benachteiligte Quartiere.
- Benachteiligte Quartiere werden in der Folge zu benachteiligenden Quartieren, da die soziale Umgebung Einfluss auf das Denken, Handeln und Leben der Bewohner hat (Kontexteffekte). Die Bewohner sind schlechter versorgt, leiden unter Unsicherheit, mangelnder Sauberkeit und Lärm. Jugendlichen fehlen positive Vorbilder, ihre sozialen Erfahrungen sind begrenzt. Die Stigmatisierung des Quartiers macht es schwerer, einen Ausbildungs- oder Arbeitsplatz zu finden und wirkt sich negativ auf das Selbstwertgefühl aus.
- Urbane Mission braucht einen stärkeren Quartiersbezug.
    - Zumindest in größeren Städten kann eine Gemeinde gesamtstädtisch meist wenig ausrichten, dafür umso mehr auf Bezirks- und Quartiersebene.
    - Das Leben vieler Menschen (bes. Kinder, Senioren und Arme) ist auf einen engen Nahraum beschränkt; ihnen kann man nur dort begegnen, wo sie wohnen.
    - Manche Quartiere stiften in besonderem Maße Gemeinschaft, Zugehörigkeit und Identität. In ihnen hat man nur dann wirklich Zugang, wenn man dort wohnt.
    - Am Beispiel des *Eden Projects* zeigt sich, dass kleine Teams in über-

schaubaren benachteiligten Quartieren große Wirkung erzielen können, wenn sie dort leben und an ihre Sendung hingegeben sind.

- Wo wohnen die Mitglieder Ihrer Gemeinde / Initiative? Sind Sie eher territorial oder kategorial ausgerichtet? Haben oder brauchen Sie einen stärkeren Quartiersbezug?
- Welche Akteure, Organisationen, Einrichtungen, Netzwerke etc. gibt es im Quartier Ihrer Gemeinde / Initiative? Mit wem arbeiten Sie bereits zusammen? Mit wem könnten Sie Kontakt aufnehmen und Beziehungen aufbauen?
- Wer nutzt die Räumlichkeiten Ihrer Gemeinde / Initiative? Wem könnten Sie eine Nutzung anbieten?

- Detlef Baum (Hg.): Die Stadt in der sozialen Arbeit. Ein Handbuch für soziale und planende Berufe (Baum 2007). *Ein Reader mit unterschiedlichen Texten auch zu quartiersbezogenen Themen.*
- Katie Day: Faith on the Avenue. Religion on a City Street (Day 2014). *Die Germantown Avenue führt mehr als 13 Kilometer durch Philadelphia, verbindet die reichste, die ärmste und andere Nachbarschaften miteinander und ist Heimat für 83 (meist christliche) Gemeinden, die auf unterschiedliche Art in ihren jeweiligen Quartieren mitmischen.*

Viele Christen kennen das Wort „Gentrifizierung“, wenige haben sich intensiv damit befasst. Ich versuche, den Prozess sowie die Folgen von Gentrifizierung verständlich zu erklären, und gebe Denkanstöße für den Umgang mit diesem Thema im Rahmen urbaner Mission.

13. „Man darf nicht mal wohnen, wo man will“

Gentrifizierung

> Nie hätte der 13-jährige Kenan erwartet, dass seine Familie mal aus Kreuzberg wegzieht. Doch als die Aufforderung vom Jobcenter kam, innerhalb eines halben Jahres die Wohnkosten zu senken, gab es keinen anderen Ausweg. Plötzlich fand sich Kenan, der mit seinen zwei Geschwistern in der Nähe des Oranienplatzes aufgewachsen ist, am Rande Berlins wieder, in der Spandauer Großwohnsiedlung Falkenhagener Feld. Hier vermisst er nicht nur seine gewohnte Umgebung, die kleinen Lebensmittelläden und das Freizeitangebot Kreuzbergs, sondern vor allem seine Freunde. Die würden mit Bus und Bahn nun fast anderthalb Stunden brauchen, bis sie bei ihm seien. „Das haben sie ein paar Mal gemacht, dann blieben sie weg“, erzählt Kenan traurig. Petra Sperling vom Gemeinwesenverein Heerstraße Nord in Spandau sagt: „Wer aus finanziellen Gründen aus den Innenstadtbezirken an den Stadtrand ziehen muss, vermisst nicht nur das urbane Flair. Er fühlt sich oft regelrecht entwurzelt.“ (Kalwa 2011)

Die Geschichte von Kenan ist eine von vielen, zufällig herausgegriffen. In der Regel gibt es zu ihnen eine Gegengeschichte. Die Wohnung, aus der Kenans Familie ausziehen musste, ist nicht vom Markt verschwunden. Andere Leute sind dort eingezogen; vermutlich, wie bei Neuvermietungen üblich, zahlen sie eine deutlich erhöhte Miete. Es kann sein, dass sie sich das gut leisten können und dass sie jetzt ganz begeistert davon sind, in Kreuzberg zu leben.

Die Summe solcher Einzelgeschichten ergibt einen sozialen Effekt. Damit sind wir bei dem „schmutzigen“ G-Wort: *Gentrifizierung*. Es steht für die Veränderungen in der Innenstadt, die unserer fiktiven Gerda im Einleitungskapitel aufgefallen sind. Zuerst zogen ungefähr ab den 1960er-Jahren viele bessergestellte Bewohner an den Stadtrand oder in das Umland – wir nennen diesen Vorgang *Suburbanisierung* – und überließen die Innenstadt den alten A-Gruppen (Arme, Alte, Ausländer, Arbeitslose). Rund 20 Jahre später begann ihre Rückkehr und jetzt gehören große Teile der Innenstadt den neuen A-Gruppen (Anwälte, Architekten, Akademiker). Wie ist dieser Prozess zu verstehen und was bedeutet er für die urbane Mission? Darum geht es in diesem Kapitel.

Der Begriff Gentrifizierung taucht in seiner englischen Form – *Gentrification* – zuerst 1964 in einem Essay von Ruth Glass über Veränderungen in London auf:

> In ein Arbeiterquartier nach dem anderen sind die – oberen und unteren – Mittelschichten eingedrungen [...] Große Häuser im viktorianischen Stil, die früher heruntergewirtschaftet worden waren [...] sind wieder aufgewertet worden [...] Der heutige soziale Status und Wert der Wohnungen [...] liegt deutlich über dem bisher im Quartier üblichen. Wenn dieser Prozess der „Gentrification" in einem Gebiet erst einmal begonnen hat, setzt er sich rasch fort, bis alle oder die meisten der bisherigen Bewohner der Arbeiterklasse verdrängt worden sind und der gesamte soziale Charakter des Gebiets sich verändert hat. (Glass 2010:22-23; zuerst erschienen 1964)

Gentrifizierung ist, wie wir noch sehen werden, ein komplexer Prozess. Doch im Kern lässt sie sich so einfach wie in diesem Text beschreiben: Es geht um Gebäude und Menschen in einem Quartier. Heruntergewirtschaftete Häuser werden baulich und ökonomisch aufgewertet, die Bevölkerung wird ausgetauscht und der soziale Charakter des Quartiers ändert sich (Holm 2012:661). Schwieriger ist sie zu erklären. Deshalb ist dieses Kapitel gleichzeitig ein gutes Beispiel dafür, dass eine Stadt als „lebendiges System" (→ Kap. 3.3 und 16) funktioniert: Veränderungen sind nicht das Ergebnis einzelner, sondern des Zusammenspiels vieler Faktoren.

13.1 Was führt zur Gentrifizierung?

Drei Faktoren sind besonders zu nennen: wirtschaftliche Möglichkeiten, soziale Bedürfnisse und politischer Wille. So war es schon bei der Suburbanisierung: Möglich wurde sie durch steigenden Wohlstand aufgrund des „Wirtschaftswunders", sie entsprach dem kleinfamiliären Ideal weiter Bevölkerungskreise (mit dem Mann als Ernährer und einem Haus mit Garten als Traum) und sie wurde politisch durch Steuervorteile und Subventionen massiv gefördert. Für die Gentrifizierung schauen wir uns das Zusammenspiel dieser Faktoren genauer an.

13.1.1 Wirtschaftliche Faktoren

13.1.1.1 Es muss Geld vorhanden sein, das investiert werden will

Im Kapitalismus beginnt alles mit dem Kapital. Für manche Forscher ist es der dominierende Faktor[148], denn Gentrifizierung braucht Startkapital. Damit heruntergewirtschaftete Häuser für zahlungskräftige Kreise attraktiv werden, muss zuerst tüchtig investiert werden. Die bisherigen Besitzer haben das Geld dafür meist nicht, die Städte auch nicht. Es muss also von dritter Seite kommen.

Geld ist nicht überall knapp. In einer Welt, in der die einen ärmer werden, werden andere reicher. Das Geld verschwindet nicht, denn die Armen werden nicht dadurch arm, dass sie ihr Geld verbrennen. Es wandert lediglich in andere Taschen, von denen sich einige immer mehr füllen. Geld hat nun die Eigenschaft, dass es nicht sättigt. Auch wer schon sehr viel davon hat, will noch mehr. Deswegen boomen Finanzmärkte und Anlagefirmen. Ein Teil des vermehrungsfreudigen Kapitals fließt in den Immobilienbereich[149]:

> Statt der traditionellen Immobilienentwickler_innen und Wohnungsbauunternehmen waren es in den letzten Jahren zunehmend Finanzmarktakteur_innen, die auf die Wohnungs- und Immobilienmärkte drängten. Internationale Finanzdienstleistungskonzerne wie UBS und Morgan Stanley erwarben in Hamburg prominente Immobilien in bester Innenstadtlage, etwa das Atlantic-Haus oder den Astra-Turm. Investmentgesellschaften wie Cerberus, Blackstone und Fortress kauften bundesweit hunderttausende Wohnungen. (Holm 2010:22)

Auch kleinere Anleger schauen sich nach geeigneten Objekten um. So ist es nicht ungewöhnlich, wenn eine Mieterin einen Brief erhält, in dem steht, „dass eine italienische Dame die Wohnung, in der sie zur Miete lebt, gekauft habe" (Lindner & Anker 2011). Die Empfängerin stellt sich auf eine baldige Mieterhöhung ein, „denn ihre neue Vermieterin, die zwei Wohnungen in dem Haus erstanden hat, habe ihr klar signalisiert, dass die Wohnungen für sie Kapitalanlagen seien" (ebd.).

Die Frage ist, unter welchen Bedingungen Immobilien nicht nur gekauft werden, um Mieteinnahmen zu erzielen, sondern um alte Wohnhäuser umfassend zu modernisieren und aufzuwerten.

13.1.1.2 Investitionskapital sucht Ertragslücke

Eine Ertragslücke liegt vor, wenn sich bei entsprechender Investition aus einem Gebäude deutlich mehr herausholen ließe. Interessant sind die Fälle, in denen die Ertragslücke größer ist als die erforderliche Investitionssumme (Holm 2012:665), denn nur dann ergibt sich mithilfe der Grundrechenart Subtraktion ein Profit. Solche Ertragslücken sind häufig in Quartieren aufzuspüren, die folgende Eigenschaften haben: Sie liegen nahe am

148 Der amerikanische Geograf Neil Smith schrieb 1979 einen Aufsatz mit dem Titel: „Auf dem Weg zu einer Theorie der Gentrifizierung: Nicht die Menschen, sondern das Kapital kehrt in die Stadt zurück."

149 Nicht umsonst begann die große Finanzkrise (ab 2007) als US-Immobilienkrise und war unter anderem Folge eines spekulativ aufgeblähten Immobilienmarkts.

Stadtzentrum; die attraktiven Wohngebäude wurden um 1900 errichtet und befinden sich in einem schlechten Zustand; die Bodenpreise und Mieten sind ebenso niedrig wie der soziale Status der Bewohner (Friedrichs 1998:59). Unter solchen Umständen ist – wie sehr es auch beschönigt wird – der Austausch der Bewohner Teil des Programms. Von ihnen können die erhöhten Einnahmen der Zukunft nicht erwartet werden (Holm 2010:25-26).

Nicht jedes heruntergewirtschaftete Altbauquartier ist ein Investitionskandidat. Die Lage und das Umfeld müssen passen. Die sogenannte Neustadt in Berlin-Spandau wäre von der Bausubstanz und der Lage im Bezirk her ein geeignetes Quartier. Sie liegt aber in der Einflugschneise des Flughafens Tegel und schied aus Lärmgründen bisher aus. Doch die Scouts der Immobilienwirtschaft sind aufmerksam und registrieren schon früh aus ihrer Sicht verheißungsvolle Entwicklungen. Angesichts der beabsichtigten Schließung des Tegeler Flughafens – in Verbindung mit der ursprünglich für 2012 geplanten Eröffnung des neuen Flughafens BER – wurden Investoren vorausschauend tätig und inserierten bereits erste luxussanierte Wohnungen (Hildebrandt 2012).[150]

Die Attraktivität eines Quartiers wird nicht nur durch Veränderung äußerer Faktoren gesteigert. Sie nimmt ebenso zu, wenn das Innenleben an Reiz gewinnt. Bevor aus einem abgehängten Altbauquartier eine angesagte Wohngegend wird, werden oft die „Pioniere" der Gentrifizierung tätig. Das sind Leute, die der wirtschaftlichen Aufwertung durch eine kulturelle den Weg bereiten. Auf sie komme ich noch zu sprechen.

13.1.1.3 Von der Miete zur Rendite

Die alten Eigentümer und die neuen Investoren haben in der Regel eine unterschiedliche Mentalität. Die alten Eigentümer wohnen oft selbst in ihren Häusern oder im Quartier und die Gebäude sind für sie so etwas wie ein Sparbuch mit regelmäßiger Verzinsung. Dass sie die Häuser vernachlässigen, liegt entweder daran, dass sie ihren Gewinn nicht schmälern wollen, oder daran, dass die niedrigen Mieteinnahmen für Investitionen nicht genug abwerfen (Holm 2010:26-27). Ein Verkauf ist angesichts der Lage und des Zustandes der Objekte nicht lukrativ.

Das ändert sich, wenn das Gebiet zu einem Gentrifizierungskandidaten wird. Der Wert steigt und die Eigentümer bekommen Angebote, die sie nicht ablehnen. So gehen die Häuser in das Eigentum von Investoren über. Diese nehmen erst einmal viel Geld für den Erwerb und die Modernisierung in die Hand. Wer so viel Geld in Gebäude steckt, setzt sich damit unter enormen Verwertungsdruck. Er muss anschließend genug Gewinn machen, damit die Sache nicht mit einem Minus endet.

Die neuen Investoren haben oft nicht dieselbe Sparbuchmentalität – nur mit höheren

150 So hat es sich vor einigen Jahren, als der Berliner Flughafen Tempelhof geschlossen wurde, schon einmal im Schillerkiez in Neukölln abgespielt. „Meine Wohnung wurde von einem Holländer gekauft, und ich habe damals direkt €50 Mieterhöhung bekommen. Ich bin dann für drei Jahre nach Boston gegangen. Nach meiner Rückkehr war es ein anderer Kiez" (persönliche Mitteilung von Bianca Dümling vom 5. Juli 2015). Das Kapital reagiert schnell.

„Zinssätzen" – wie die alten Eigentümer. Sie sind nicht darauf aus, langfristig höhere Mieten zu kassieren. Stattdessen sind sie scharf auf das schnelle Geld: Ihr Kapital soll sich möglichst kurzfristig amortisieren, um dann woanders erneut investiert zu werden (ebd.). Am besten lässt sich das durch Umwandlung in Wohneigentum realisieren. Diese verschärft den Prozess. Der Anteil an Altmietern, der in den Wohnungen bleibt bzw. bleiben kann, fällt noch einmal deutlich geringer aus. Das zeigten Untersuchungen im Prenzlauer Berg: „Kehrten bei ‚normalen' Modernisierungsarbeiten noch 40 Prozent der früheren Bewohner_innen in ihre Häuser und Wohnungen zurück, liegt dieser Anteil bei Umwandlungsstrategien unter 20 Prozent" (ebd. S. 28).

13.1.2.1 Soziale Faktoren

Vermutete Ertragslücken sind noch keine Zahlungseingänge. Die Rechnungen der Investoren gehen nur dann auf, wenn ihren geplanten Angeboten eine entsprechende Nachfrage gegenübersteht. Andernfalls werden sie zu Milchmädchenrechnungen. Dass die erforderliche Nachfrage tatsächlich vorhanden ist, liegt an umfassenden sozialen Veränderungen, die in den 1960er- und 1970er-Jahren begonnen haben. Die traditionelle Kleinfamilie verlor immer mehr an Dominanz, Arbeitsverhältnisse änderten sich, neue Lebensstile entwickelten sich. Das wirkte sich auf die Wohnbedürfnisse vieler Menschen aus. Mit den 1980er-Jahren begann eine Zeit der „Neuen Urbanität".

13.1.2.1 Neue Haushalte

Gentrifizierung ist möglich, weil der Anteil „neuer"[151] Haushalte mit überdurchschnittlichen Einkommen zugenommen hat, deren Bedürfnisse sich in der Innenstadt am besten verwirklichen lassen. Es sind Haushalte,

> deren Arbeitsplatz in den meisten Fällen in der Innenstadt liegt und deren Lebensstil die räumliche Nähe zu der großstädtischen Infrastruktur (Kinos, Gaststätten, Dienstleistungen) erfordert. Es sind sehr wahrscheinlich Haushalte, in denen die Partner (mit oder ohne Kind) einen Lebensstil bewahren, den sie als Singles hatten. (Friedrichs 1998:64)

In den aufgewerteten Gebieten treffen wir sie als Yuppies (Young Urban Professionals) und Dinks (Double Income No Kids), inzwischen verstärkt auch als Yupps (Young Urban Professional Parents) und Diwiks (Double Income With Kids). Zu ihnen stoßen die neuerdings eifrig umworbenen Woopies (Well-Off Older People) und Empty Nesters[152] (Frank 2011:287-288). Gemeinsam sind ihnen das nötige Geld und die neue Urbanität.

Mit den Haushalten haben sich auch die Geschlechterrollen verändert. Die Emanzi-

151 Sie sind nicht wirklich neu, aber die starke Zunahme ihrer Zahl gibt ihnen eine neue gesellschaftliche Bedeutung.

152 Eltern, deren Kinder aus dem Haus sind.

pation von Frauen gilt als wichtiger Faktor im Gentrifizierungsgeschehen. Es zieht sie in die „Stadt der kurzen Wege", um Karriere und Kinder vereinbaren zu können (Holm 2012:668-669; Karsten 2003).

13.1.2.3 Neue Arbeitsverhältnisse

Mit dem Übergang von der Industrie- zur Dienstleistungsstadt verlagern sich viele Arbeitsorte in die Innenstadt (Holm 2012:668). Auch das Arbeitsleben selbst verändert sich. Gehobene Dienstleister, besonders Selbstständige, unterliegen erhöhten zeitlichen Anforderungen. „In dieser neuen urbanen Arbeitsgesellschaft verflüssigt sich die traditionelle Trennung von Arbeiten, Wohnen und Freizeit" (Läpple 2005:407). Diese „für den beruflichen Erfolg notwendige Durchlässigkeit von Arbeits-, Wohn- und Freizeitstrukturen ist fast ausschließlich in den Innenstädten zu realisieren [...] Dies erklärt die wachsende Nachfrage nach innerstädtischen Wohngelegenheiten durch Besserverdienende" (Holm 2012:668). Und es erklärt gleichzeitig das Auftauchen der neuen A-Gruppen in den Gentrifizierungsquartieren.

13.1.2.3 Neue Lebensstile

Der typische Lebensstil eines Gentrifizierers wird als „expressiv und distinktionsbewusst" (ebd. S. 670) beschrieben, das heißt, dass er durch seine Freizeitaktivitäten und Konsummuster mehr oder weniger demonstrativ zum Ausdruck bringen möchte, wer er ist, dass er genießen kann und wie er sich von anderen unterscheidet.[153] Dafür braucht er das breite Angebot von Spezialgeschäften, Kneipen, Restaurants, Cafés und kulturellen Events (Frank 2011:294), das er nur in bestimmten Quartieren findet und das ihm „Alltagspraktiken von betonter Individualität" (Holm 2012:670) ermöglicht.

Abbildung 13.1: Die Schwierigkeiten des distinktionsbewussten Lebensstils

153 Der „expressive" Charakter des Lebensstils zeigt sich zum Beispiel an der Häufigkeit, mit der der eigene Konsum in Social Media wie Facebook und Twitter thematisiert wird.

Der Anspruch auf Individualität ist allerdings nicht leicht einzulösen, weil viele andere auf eine ganz ähnliche Weise individuell sein möchten. Das zieht dann schon einmal den Spott der Beobachter auf sich: „Ein paar kunstvolle Bauschäden, Bioessen und der Koch ist regional tätowiert: Jeden Monat eröffnet ein total individuelles Hipster-Restaurant. Super Sache, wenn die Läden nicht alle gleich wären" (Rolff & Scharnigg 2015). Gleich ist oft auch der Kontext, in dem diese Läden entstehen. Wir kennen seinen Namen schon. Er heißt Gentrifizierung.

13.1.3 Politische Faktoren

Auch wenn es das Kapital und die Menschen in die Innenstadt zieht, ist noch nicht alles entschieden. Die Stadtpolitik spielt ebenfalls eine Rolle. Sie kann Gentrifizierung, wenn nicht verhindern, so doch abschwächen oder verlangsamen. Sie kann sie aber auch erleichtern und beschleunigen. Auf die rechtlichen Aspekte kann hier nicht näher eingegangen werden, wohl aber auf die Ziele und Hoffnungen, von denen die Städte sich leiten lassen.

Viele Städte befinden sich in einer schwierigen Lage. Sie haben „Problemviertel", die saniert werden müssten, aber es fehlt das Geld dafür. Und Geld fehlt auch sonst. Vom Staat ist wenig zu holen, die Stadt muss sich selbst etwas einfallen lassen. Wie kann sie Menschen, die ihr nicht auf der Tasche liegen, und Geld anlocken? Sie steht mit dieser Frage nicht allein, andere Städte konkurrieren mit ihr um dieselben Menschen und dasselbe Geld. „Standortmarketing" muss betrieben werden. Es gilt, sich für die attraktiv zu machen, die genug Geld mitbringen oder die neue Dienstleistungen schaffen (Twickel 2010:29). So wird Reurbanisierung zum normativen Ziel (Frank 2011:287), denn nur das, was auf dem Stadtgebiet passiert, schlägt steuerlich und auch sonst zu Buche.

Wenn Städte für die bereits bekannten Yuppies, Dinks, Yupps und Diwiks attraktiv werden wollen, besteht eine Möglichkeit darin, diesen das Ambiente für ihre Lebensstil-Bedürfnisse zu bieten. Eine Stadt, die „arm, aber sexy" ist, wird ihren Sex-Appeal herausstellen. Schwieriger hat es eine unansehnliche Stadt, die erst einmal sexy werden muss. Beide werden in ihrem Bestreben von einem Leitbild bestärkt, das seit einiger Zeit im Umlauf ist. Es geht zurück auf die Theorien des amerikanischen Wirtschaftsgeografen Richard Florida.

Floridas Bestseller (Florida 2002 und 2005) haben die „Kreative Klasse" zum Thema. Zu ihrem „superkreativen Kern" zählt er „Wissenschaftler und Ingenieure, Universitätsprofessoren, Dichter und Schriftsteller, Künstler, Entertainer, Schauspieler, Designer, Architekten und die Meinungsführer der Gesellschaft: Sachbuchautoren, Herausgeber, Kulturschaffende, Think-Tank-Forscher, Analysten und andere Meinungsmacher" (Florida 2005:34). Im zweiten Glied sieht Florida „Fachkräfte, die in einem weiten Spektrum von wissensintensiven Branchen tätig sind, in High-Tech-Bereichen, Finanzdienstleistungen, juristischen und medizinischen Berufen und im Management" (ebd.). Wir erkennen unschwer die neuen A-Gruppen wieder.

Floridas Hauptthese ist, dass Städte nur dann eine positive Entwicklung nehmen können, wenn sich die Kreative Klasse in ihnen wohlfühlt (Florida 2005). Dafür ist eine Atmosphäre nötig, die sie anzieht. Doch wie lässt sich diese Atmosphäre beschreiben und wo ist sie zu finden? Den Schlüssel findet Florida auf der Landkarte: Es gibt eine auffällige Übereinstimmung von (1) den Zentren der Kreativen Klasse, (2) den Hochburgen der Homosexuellen und (3) den Hot Spots der Bohème[154]. Nicht nur die beiden letzten suchen eine Atmosphäre von Toleranz, Vielfalt und Offenheit für Kreativität, sondern auch die Kreative Klasse (Florida 2002:x). Auch für sie gilt – so lassen sich die Aussagen von Florida verstehen –,

> was man bislang nur von Künstlern annahm, dass sie ‚Kultur' suchen, ihre Arbeitsplätze aber im Zweifelsfall dann selber schaffen. Kultur wird damit in einer ganz anderen Dimension als bisher vermutet als ‚weicher Standortfaktor' gerechtfertigt, Kulturpolitik in entsprechender Weise als potenzielle Steuerungspolitik der Stadtentwicklung erkennbar. Um kreative Potenziale in technischen und ökonomischen Wirtschaftsbereichen anzulocken oder in einer Stadt zu halten, muss man demnach nicht erst deren Arbeitsplätze schaffen, also Wirtschaftsförderung betreiben. Die Entwicklung einer bestimmten kulturellen Atmosphäre scheint eher wirkungsvoll zu sein. (Göschel 2007)

Floridas Buch „The Rise of the Creative Class" wurde nach seinem Erscheinen 2002 zur „Bibel für Stadtentwickler" (Twickel 2010:59). Der Glaube an sie fand seinen Ausdruck im Dogma (Leitbild) der „Kreativen Stadt" (ebd. S. 62-63). Wenn eine Stadt zur Gemeinde der Gläubigen gehört, ist sie wenig motiviert, Gentrifizierung zu stoppen, denn für die Atmosphäre, die ihr erst neue Bewohner und dann neuen Wohlstand bescheren wird, ist sie auf entsprechende Quartiere angewiesen. Ich unterstelle keiner Stadt, dass sie bewusst ihre ärmeren Einwohner vertreiben will. Aber Städte sind selbst in Bedrängnis, wissen auch keine andere Lösung für ihre „Problemquartiere" und greifen nach der Kreativen Klasse. Am Ende ist dann Verdrängung eine nicht angestrebte, aber doch eintretende Folge. Denn Folgen bleiben nicht aus, nur weil sie nicht beabsichtigt sind.

Dafür treten andere Folgen nicht ein, nur weil sie gewünscht werden. Der Florida-Effekt lässt sich nicht überall erzielen. Die Logik von Florida ist bestechend, aber das ist auch die Logik von Kettenbriefen. Beide finden ihre Begrenzung darin, dass die Zahl der zur Verfügung stehenden Partner begrenzt ist. Die Kreative Klasse vergrößert sich nicht beliebig dadurch, dass mehr Städte um sie werben. *Sie* haben die Wahl, nicht die Städte. „Wenn hoch verschuldete Ruhrgebiets-Kommunen von Dinslaken bis Oberhau-

154 Florida nennt „Künstler, Schriftsteller und Darsteller" (2002:x). Die Abgrenzung zur Kreativen Klasse ist bei ihm nicht ganz klar.

sen ‚Kreativquartiere‘ ausrufen, entstehen womöglich nur hochsubventionierte, halb leerstehende Enklaven“ (ebd. S. 8).

13.2 Der Verlauf der Gentrifizierung

Da Gentrifizierung von vielen Faktoren abhängt, die zusammenkommen müssen, ist es nicht verwunderlich, dass sie nicht immer den gleichen Verlauf nimmt. Auch ist sie kein Prozess, der – einmal ausgelöst – mit Zwangsläufigkeit bis zum Ende weitergeht:

> Nicht jede Aufwertung durchläuft die spektakulären Verwandlungen ehemaliger Armenviertel in exklusive Enklaven des Reichtums. Nicht einmal jedes Szeneviertel fällt zwangsläufig der weiteren Gentrification anheim und viele Aufwertungsprozesse bleiben auf halbem Wege stecken, ohne dass es zu einer vollständigen Verdrängung der früheren Bewohnerschaft kommt. (Holm 2010:16)

Ein differenziertes Bild ist nötig. In Berlin haben sich zwei Forscher die Innenstadt genauer angeschaut und sind zu interessanten Ergebnissen gekommen. Es sind nicht die reichen Kreativen, die den größten Zustrom in die Stadt ausmachen. Unter dem Strich verliert Berlin sogar einkommensstarke Haushalte, weil immer noch viele ins Umland abwandern (Bouali & Gude 2014:29). Das alte Wohnideal hat nicht ausgedient und nicht jeder, der mehr Geld verdient, will dieses im Rahmen eines expressiv-distinktiven Lebensstils in der Innenstadt ausgeben. Berlin wächst besonders stark durch junge, einkommensschwache Haushalte, die hier erst noch in die Erfolgsspur kommen wollen (ebd.). Für sie sind Mietsteigerungen eine ähnliche Herausforderung wie für die Alteingesessenen, allerdings haben sie mehr Hoffnung, dass es ihnen bald besser gehen wird.

Man kann die Gebiete in der Berliner Innenstadt grob in drei Typen einteilen. Zum Typ 1 gehören die bereits durchgentrifizierten Gebiete (ebd. S. 35-36). Hier ist alles entschieden. Dem Typ 2 lassen sich Gebiete zurechnen, die sich im Gentrifizierungsprozess befinden (ebd. S. 36-37). Der weitere Prozess ist damit nicht vorherbestimmt. „Politische Interventionen und administrative Maßnahmen können […] die Entwicklung abbremsen, stoppen und in Teilen sogar umkehren“ (ebd. S. 37).

Zum Typ 3 sind Gebiete mit überwiegend einkommensärmerer Bevölkerung zu zählen (ebd. S. 37-38). Zunehmend stoßen neue Bewohner hinzu, „die zu den PionierInnen der Gentrifizierung gerechnet werden, wie StudentInnen, Kreative mit prekären Einkommen und Menschen mit alternativen Lebensentwürfen“ (ebd. S. 37). Durch sie kommen neue kulturelle und gastronomische Angebote ins Quartier. „Trotzdem bleibt der Anteil an Besserverdienenden gering und scheint auch bislang nicht zu wachsen“ (ebd.). Aber etwas anderes wächst, nämlich die Höhe der Mieten, weil ein größerer Pool von nicht Wohlhabenden sich um die Wohnungen bewirbt.

13.2.1 Die Pioniere der Gentrifizierung

Jetzt ist es an der Zeit, die Pioniere der Gentrifizierung näher ins Auge zu fassen. Ihr Name bringt schon zum Ausdruck, dass sie im Prozess der Gentrifizierung die Leute der ersten Stunde sind. Zu ihnen gehören Anhänger eines alternativen Lebensstils, Angehörige von Subkulturen, Kreative mit schmalem Geldbeutel und Studenten. Sie sind so etwas wie die tragischen Figuren der Gentrifizierung. Ihr Ziel ist nicht die Veränderung und Aufwertung des Quartiers, sondern sie suchen es auf, weil sie sein Flair lieben oder weil sie sich nur dort Räume leisten können. Malte Bergmann hat einige der „Raumpioniere" in Neukölln aufgesucht und traf zum Beispiel einen Grafiker, der durch die niedrigen Raumkosten leichter wettbewerbsfähig sein konnte und gleichzeitig den Kontakt mit der Nachbarschaft schätzte (Bergmann 2011:58-59). Andere betreiben bewusst die „Distinktion nach oben": In ihren Augen haben durchgentrifizierte Quartiere ihre Seele verloren. Neukölln dagegen ist so cool, wie es der Prenzlauer Berg war, als „noch nicht die ‚Porsches vor der Tür geparkt' haben" (ebd. S. 50).

Anfänglich gibt es in den Quartieren Leerstand, den die Pioniere nutzen (ebd. S. 8-9). Im Rahmen des von Florida inspirierten Leitbildes werden sie sogar zunehmend als „Zwischennutzer" angeworben. Die Kreative Stadt hat ihr Herz für die früher verschmähten Pioniere[155] entdeckt. Von diesen erhofft sie sich die erwünschte Atmosphäre, um die Stadt für die gewinnträchtigen Kreativen schmackhaft zu machen. Woher der neue Wind weht, zeigt das folgende Zitat:

> Im selben Jahr beauftragt der Hamburger Senat die Unternehmensberatung Roland Berger, ein Konzept zu entwickeln, wie Floridas Thesen auf die Hansestadt anwendbar seien. Neben anderen Dingen regen die Unternehmensberater an, die Kultur- und Kreativwirtschaft – in ihren Augen ‚Katalysatoren für Innovation/Kreativität' – aktiver zu fördern sowie die existierenden Sub- und Szenekulturen und ihre Viertel stärker zu vermarkten. ‚Stadtviertel wie die Schanze unterstützen ein Image als weltoffene und tolerante Stadt', heißt es in dem Gutachten. (Twickel 2010:63)

Im Kapitalismus wird alles zur Ware oder zum Werbeträger, selbst eine „antikapitalistische" Lebensgestaltung. Ein ähnliches Umdenken ist in Berlin zu beobachten.[156] Das Leitbild der Kreativen Stadt wurde auch hier angesichts klammer Kassen zum Hoffnungsbild:

> Das breite Spektrum von Zwischennutzungen in Berlin ist für die Stadt ein PR und wirtschaftlicher Faktor geworden. Egal ob als Motor für die Schaffung von Arbeits-

155 In früheren Zeiten erkämpften sich die Pioniere zum Teil ihre Räume durch Besetzung und politischen Kampf (Twickel 2010:52-53). In anderen Fällen wurden Zwischennutzungen toleriert, aber nicht besonders beachtet (Colomb 2012).
156 Es wird gut beschrieben in Colomb 2012.

> plätzen, als Katalysator für die Ansiedlung internationaler Firmen oder als Touristenattraktion, der finanzielle Impuls, den die Zwischennutzer generieren, ist von zunehmender Bedeutung für Berlin als einer kreativen Metropole. (Colomb 2012:140)

In diesem Zusammenhang ist es nicht weiter verwunderlich, wenn eine „Zwischennutzungsagentur" durch das Programm Soziale Stadt gefördert wird, die leer stehende Läden in benachteiligten Quartieren zur temporären Verwendung vermittelt (ebd.).

Der Pionier gerät bei dem Ganzen zwischen die Fronten. Wenn die Geister, die er rufen hilft, kommen, wird er selbst verdrängt, oder er zieht weiter, um neues „unberührtes" Land zu entdecken, denn seine Identität besteht darin, Außenseiter zu sein. „Lange galt: Wer anders war als der Mainstream, der ging nach Berlin. Inzwischen kommt eher die breite Masse. So mancher Szenegänger sucht daher ‚das neue Berlin'" (Lange 2015). Einige führt die Suche inzwischen bis nach Warschau oder Budapest. Naheliegender ist Leipzig:

> „Ich bin einer von denen, die von Berlin nach Leipzig gezogen sind", sagt Thilo Lang, 38, vom Leibniz-Institut für Länderkunde [...] „In Leipzig ist vieles noch möglich, was in Berlin nach und nach verschwunden ist. Viele sagen, es ist jetzt auf dem Stand von Berlin vor zehn Jahren."
>
> Eine kreative und alternative Szene, niedrige Kosten für Wohnungen und das Leben an sich, wilde Partys – und aufregende Orte, die noch nicht in jedem Reiseführer stehen. (ebd.)

2012 beschrieb Maximilian Popp für den Spiegel die neue Attraktivität von Leipzig unter der harmlosen Überschrift „Hauptstadt der Träumer" (Popp 2012a). Damit auch weniger Landeskundige die Signale erkennen, wurde die Überschrift in der internationalen Ausgabe von Spiegel Online angeschärft: „Calling All Hipsters: Leipzig is the New Berlin" (Popp 2012b). In Leipzig hören die wahren Pioniere diese Töne nicht gern. Sie spüren schon jetzt den Eishauch der Gentrifizierung. Ein Beispiel dafür ist eine Wohngemeinschaft, die sich in einer ehemaligen Karosseriewerkstatt eingerichtet hat.

> Heute sitzt die junge Frau zusammen mit ihren Mitbewohnern Steffen Balmer, 52, und Angela Seidel, 45, und diskutiert darüber, was sie falsch gemacht haben könnten. Denn so absurd es klingt: Die Künstler und Kreativen, die einst die Stadtteile aufwerteten, sind nun zu Verlierern ihres eigenen Engagements geworden. Die Geister, die sie riefen, werden sie nicht mehr los.
>
> Immobilieninvestoren haben die Quartiere der Künstler für sich entdeckt. Aus der ehemaligen Karosseriewerkstatt, in der Jedlitschka wohnt, sollen moderne und

> hochpreisige Lofts werden. Die Kündigungen liegen seit Monaten auf dem Tisch. (Menzel 2014)

Während Leipzig bei den einen noch Aufbruchsstimmung auslöst, resignieren andere bereits. Ein Blog mit dem bezeichnenden Titel „Hypezig – Bitte bleibt doch in Berlin!" (hypezig.tumblr.com) stellte 2014 seine Aktivität ein: „Als einzige Möglichkeit der Kritik [bleibt] nur noch, das Ganze fallen zu lassen." Der Pionier hat hier „keine Stadt, die bestehen bleibt", sondern er sucht immer wieder „die künftige" (Hebr. 13,14).

13.2.2 Die eigentliche Gentrifizierungsphase

Wenn der Prozess nicht auf halbem Wege stecken bleibt oder einen anderen Verlauf nimmt, werden die Pioniere Schritt für Schritt durch die „richtigen" Gentrifizierer erst ergänzt, dann ersetzt (Holm 2010:10-11).[157] Es spricht sich herum, dass die Gegend „hip" geworden ist und das Gerücht dringt in die Ohren von Investoren und von potenziellen Nachfragern nach Wohnraum in der Innenstadt. Die Ereignisse nehmen ihren Lauf und irgendwann naht das Ende der improvisierten Kneipen und Galerien und die Verdrängung der Pioniere (Holm 2010:10-11). Wenn zum Schluss kritisch Bilanz gezogen wird, liest sich das so:

> Gewinner sind die Immobilienfirmen und Grundbesitzer, Verlierer sind alle die, die mit dem gestiegenen Preisniveau nicht mithalten können: Zuerst verschwinden die proletarischen und subproletarischen Bewohner, die Rentner und Migranten mit kleinem Einkommen. Dann trifft es die sogenannten „Pioniere", die die Viertel hip gemacht haben: Studenten, Künstler, Bohemiens. Und auch einige von den sympathischen kleinen Shops und Kneipen können irgendwann nicht mehr mithalten. Die Armen ziehen in die Sozialgroßsiedlungen am Stadtrand, die Pioniere weichen in das nächstgünstige Viertel aus und schaffen dort die Voraussetzungen für den nächsten Gentrifizierungsprozess. (Twickel 2010:101-102)

13.3 Die Folgen der Gentrifizierung

Ich habe Gentrifizierung in diesem Kapitel eher negativ beschrieben. Das hängt auch damit zusammen, dass ich mich mit Leuten, die davon betroffen sind, verbunden fühle. Autoren haben Beweggründe, die sie sich selbst eingestehen und anderen transparent machen sollten. Aber es gibt positive und negative Folgen von Gentrifizierung, die als nächstes dargestellt werden sollen.

157 Mehrstufig wird dieser Prozess in Holm 2012:671-672 und Friedrichs 1998:59-61 beschrieben.

13.3.1 Positive Folgen

Eine erste positive Folge ist, dass „verfallender Wohnraum modernisiert und damit erhalten wird" (Friedrichs 1998:66). Quartiere können sich in einem so maroden Zustand befinden, dass man sich nicht einfach damit abfinden kann, nur weil Leute dort günstig wohnen. Gentrifizierende Modernisierungen zu kritisieren ist leichter, als realistische sozialverträgliche Alternativen aufzuzeigen. Eine weitere positive Folge ist, dass einkommensstarke Haushalte nicht ins Umland abwandern oder sogar von dort zurückziehen. Die Stadt braucht die dadurch entstehenden Einnahmen dringend.

Eine dritte positive Folge würde eintreten, wenn man Gentrifizierung dosieren und das Verhalten der Gentrifizierer beeinflussen könnte. Wie in einem früheren Kapitel dargestellt, lösen reine Armutsquartiere schädliche Kontexteffekte aus (→ Kap. 12.3). Deshalb ist nicht nur die Kreative Stadt zum Leitbild der Entwickler geworden, sondern auch die „Soziale Mischung". Man erhofft sich positive Folgen, wenn verschiedene Schichten gemeinsam im Quartier wohnen. Das könnte funktionieren und davon könnten sozial erwünschte Wirkungen ausgehen, wenn (1) die Zahl der Zuzügler begrenzt werden könnte, wenn (2) die Mieten für die bisherigen Bewohner bezahlbar gehalten werden könnten und wenn (3) die Zuzügler an Beziehungen zu ihren ärmeren Nachbarn interessiert wären. Der letzte Satz enthält viele Konjunktive, die für ebenso viele Möglichkeiten des Scheiterns der guten Absicht stehen.

13.3.2 Negative Folgen

Was nicht ausbleibt, sind die negativen Folgen. Leute werden verdrängt und ohnehin schon knapper preiswerter Wohnraum wird vernichtet (Friedrichs 1998:66). Mit der Verdrängung ist es allerdings so, dass sie sich leicht erzählen und sehen, aber schwer messen lässt. Wer Menschen wie Kenan, mit dessen Geschichte dieses Kapitel begann, trifft, steht ihr gegenüber. Wer in einem Quartier auf Schritt und Tritt den neuen A-Gruppen begegnet, kann sich ausrechnen, dass nicht alle von ihnen ehemalige Mitglieder der alten A-Gruppen sind, die den sozialen Aufstieg geschafft haben. Zu messen ist Verdrängung kaum, weil der Städter auch ohne sie ein „rastloses und ruheloses" (Gen. 4,12) Wesen ist. Die hohe Zahl der innerstädtischen Umzüge lässt nicht erkennen, wann im Einzelfall Verdrängung oder ein anderes Umzugsmotiv vorliegt. Indirekt ist sie trotzdem aus den Statistiken ablesbar: Wenn die Zahl der Hartz-IV-Empfänger in angesagten Stadtteilen immer stärker gegen Null tendiert, dafür aber in weniger attraktiven Gebieten entsprechend steigt, dürften nicht veränderte Wohnpräferenzen der Armen die Ursache sein.

Der Sache nach lassen sich vier Arten der Verdrängung unterscheiden.[158]

158 Die Unterscheidung der folgenden direkten und indirekten Verdrängungsformen stammt von Peter Marcuse. Ich beschreibe sie nach der Zusammenfassung in Holm 2010:61.

1. **Physische Verdrängung:** Damit ist direkte Verdrängung gemeint, die durch Kündigung (zum Beispiel bei Umwandlung in Wohneigentum) und/oder durch Zwangsräumung geschieht.
2. **Ökonomische Verdrängung:** Auch das ist eine direkte, wohnungsbezogene Verdrängung. Sie geschieht, wo steigende Wohnkosten von einkommensschwachen Haushalten nicht mehr bezahlt werden können. Eine besondere Dynamik hat sie dadurch, dass Wohnkosten für Hartz-IV-Empfänger vom Job-Center übernommen werden, aber nur bis zur Höhe des Regelsatzes. Dann reicht manchmal schon eine energetische Sanierung, die eigentlich sinnvoll ist, aber auf die Mietkosten umgelegt wird, um über die kritische Marke zu kommen (Twickel 2010:103). Die Betroffenen haben nicht einmal die Wahl, sich den weiteren Verbleib im lieb gewordenen Quartier vom Mund abzusparen, sondern müssen umziehen.
3. **Kulturelle Verdrängung:** Der eigene Kiez wird fremd. Besonders ältere Bewohner klagen darüber, dass sie mit den Veränderungen nicht klarkommen und ihr vertrautes Beziehungsumfeld sich auflöst. Auch daraus können Umzugsentscheidungen resultieren.
4. **Ausschließende Verdrängung:** Der Wegzug eines Bewohners geschieht freiwillig. Die Wohnung wird danach teurer oder gar aufgewertet. Ein Haushalt mit vergleichbarem Einkommen kann nicht mehr einziehen. Preiswerter Wohnraum für eine bestimmte Bevölkerungsschicht ist verschwunden.

Manchmal wird noch eine weitere Verdrängungsart genannt: die Verdrängung aus dem Lebensstil. Sie liegt dann vor, wenn einkommensschwache Haushalte aufgrund der gestiegenen Mieten einen überdurchschnittlich hohen Anteil ihres Haushaltseinkommens für die Wohnung verwenden, dafür aber ihren Lebensstandard absenken müssen und sich sonst kaum noch etwas leisten können (Holm 2010:18). Verschärft wird dieser Effekt, wenn billige Läden durch teurere ersetzt werden und dadurch die Lebenshaltungskosten steigen.

13.4 Urbane Mission und Gentrifizierung

Ich kenne kaum christliche Literatur, die sich mit Gentrifizierung beschäftigt. Das kann an meinem begrenzten Überblick liegen, kann aber auch Ausdruck davon sein, dass Christen sich mit diesem Thema tatsächlich nicht ausgiebig befassen. Ein möglicher Grund könnte sein, dass viele Christen und vor allem ihre Meinungsführer eher aus den Kreisen kommen, aus denen sich normalerweise die Gentrifizierer rekrutieren, als aus denen, zu denen die Verdrängten gehören. In manchen Fällen ist innovatives christliches Engagement direkt in das Gentrifizierungsgeschehen eingebettet. Wovon wir ein Teil sind, das sehen und benennen wir nicht immer besonders scharf.[159]

159 Ein Buch, das 2013 auf dem US-amerikanischen Markt zu den wichtigen Neuerscheinungen im

Wenn aber die Schattenseiten der Gentrifizierung den urbanen Missionar beschäftigen und zur Tat motivieren, gibt es dafür viele Möglichkeiten. Zwei möchte ich im Folgenden nennen.

13.4.1 Mitmachen bei Mieterinitiativen

Abbildung 13.2: Mieterinitiative in Berlin-Kreuzberg

Wenn wir in einem Quartier leben, das sich gerade im Prozess der Gentrifizierung befindet, sind wir nicht die einzigen, die sich Gedanken machen, wie es weitergeht. Oft haben die Menschen schon angefangen, sich zu organisieren, um sich gegen Mietsteigerungen und Verdrängung zu wehren. Bei solchen Mieterinitiativen kann man sich zunächst einmal informieren, wenn man über die örtlichen, sozialen und rechtlichen Gegebenheiten nicht gut genug Bescheid weiß.[160] Man trifft dort auf Leute, die genug Sachkenntnis und Ideen haben, wie man mit rechtlichen und politischen Mitteln gegen überhöhte Mieten und weitere Verdrängung vorgehen und sich für den Erhalt des noch sozial gemischten Gebiets engagieren kann. Dabei kann man mitmachen und nebenbei bekommt man Kontakt zu vielen anderen Bewohnern des Quartiers.

Bereich der urbanen Mission gezählt wurde, erwähnt nicht einmal das Stichwort „Gentrifizierung", referiert dafür aber ausgiebig den uns inzwischen bekannten Richard Florida (Um & Buzzard 2013).

160 In solchen Bewegungen sind übrigens Leute aus der Mittelschicht, die sich nicht nur für ihren eigenen Wohn- und Freizeitkomfort interessieren, sondern sich mit ihrer Nachbarschaft solidarisieren, wichtig, weil sie organisatorische und andere Fähigkeiten mitbringen, die für eine erfolgreiche Initiative erforderlich sind.

13.4.2 Vergesst nicht die Verdrängten

„Wenn alle den Täter jagen, wer bleibt dann beim Opfer?" So lautet ein Slogan des Weißen Rings. Wenn alle zu den Gentrifizierern gehen, wer geht dann zu den Verdrängten? In den USA hat Sean Benesh systematisch erforscht, wo neue Gemeinden entstehen. Sein Ergebnis lautet: Die Zielgruppe von Gemeindegründern besteht in der Regel aus Leuten, die so sind wie sie selbst (Benesh 2014a:154).

> Gemeindegründer sind von denselben kulturellen und sozialen Kräften bestimmt wie andere aus der Kreativen Klasse [...] Wenn man davon absieht, dass zuerst „Gottes Wille" genannt wurde, war der primäre Motivationsfaktor für die Wahl ihres Gründungsortes kulturelle Identität, Kompatibilität und Vertrautheit. Sie gründeten Gemeinden ganz einfach an den Orten, die sie selbst am meisten liebten und mit denen sie sich am stärksten identifizierten. (Benesh 2014b:164)

Für Deutschland kenne ich keine belastbaren Zahlen. Ich kann nur eine subjektive Einschätzung geben: Ich kenne deutlich mehr neue Gemeinden, deren Zielgruppe der von Immobilieninvestoren ähnelt, als solche, die in den Quartieren entstehen, in denen die Verdrängten der Gentrifizierung landen. Deshalb plädiere ich für mehr räumliche Verteilungsgerechtigkeit der christlichen Stadtgemeinde.

> Gentrifizierung? Das Wort hat Ursula Neue noch nie gehört. Die 53-Jährige lächelt verlegen. Sie zieht einen vollgepackten Einkaufstrolley aus der evangelischen Kirche im Spandauer Stadtteil Staaken. Dort gastiert jeden Donnerstag die Berliner Tafel. Frau Neue hat sich Milch, Butter, Nudeln und Reis geholt, wie jede Woche. (Frenzel und Rink 2013)

Frau Neue wohnt wenige Kilometer südlich von Kenan, im Quartier Heerstraße Nord. Ein Stadtrat bezeichnet ihn als „schlimmsten Stadtteil" des Bezirks: „Ich wüsste nicht, wem man empfehlen sollte, hierher zu ziehen." Aber es gibt 17.000 Menschen, die dort wohnen. Unter ihnen ist Frau Neue und sie ist nicht auf Empfehlung dorthin gezogen. Ihr Schicksal ähnelt dem von Kenans Familie. Nach der Scheidung von ihrem Mann teilte das Job-Center ihr mit, dass die Miete für zwei Personen – Frau Neue hat eine damals zehnjährige Tochter – zu hoch sei. In zentraler Lage fand sie nichts, was preislich den amtlichen Vorstellungen entsprach, und so leben die beiden jetzt in einer Zwei-Zimmer-Wohnung nördlich der Heerstraße.

In ihrer Nähe wohnen andere, die auf höhere Empfehlung als die eines Stadtrats dorthin gezogen sind. Einige Aktive einer kleinen „Kiezgemeinde" bemühen sich hingegeben, dort Fuß zu fassen und Gottes Liebe in das Quartier zu bringen. Ihre finanziellen und personellen Möglichkeiten sind begrenzt und sie mussten schon Rückschläge überwinden. Aber sie geben nicht auf. Ich träume davon, dass immer mehr engagierte

Christen für immer mehr solcher Quartiere eine göttliche „Empfehlung“ bekommen. Dann könnte dort neue Lebensqualität entstehen und Menschen wie Frau Neue hätten größere Chancen, dass jemand ihnen in ihrer Trauer und ihrer Wut beisteht:

> „Manchmal empfinde ich auch eine solche Wut, dass ich am liebsten etwas werfen würde.“ Ihre Wut richtet sich nicht gegen die Wohlhabenden, die sich schicke Eigentumswohnungen kaufen. Auch nicht gegen Investoren, die sie bauen oder jene, die sie vermarkten. Und nicht gegen die Wohnungsbaupolitik. „Ich bin wütend auf das Jobcenter und die ganze Hartz-IV-Politik“, erklärt sie. „Ständig wird man gegängelt.“ Sie stellt den Trolley ab, kramt in ihrer Tasche und zündet sich eine selbst gestopfte Zigarette an. „Man darf nicht mal wohnen, wo man will.“ (ebd.)

FAZIT

- Beim Prozess der Gentrifizierung werden heruntergewirtschaftete Häuser baulich und ökonomisch aufgewertet, die Bevölkerung wird ausgetauscht und der soziale Charakter des Quartiers ändert sich.
- Gentrifizierung entsteht aus einem Zusammenspiel verschiedener Faktoren.
    - Wirtschaftliche Faktoren: Investoren kaufen als Kapitalanlage Häuser auf, für die eine Ertragslücke vorliegt, d. h. aus denen sich bei entsprechender Investition deutlich mehr herausholen ließe. Ihre Investition amortisiert sich besonders schnell bei Weiterverkauf als Wohneigentum.
    - Soziale Faktoren: Es gibt eine verstärkte Nachfrage nach sanierten, innerstädtischen (Eigentums-)Wohnungen, weil sich viele Bedürfnisse von Haushalten mit überdurchschnittlichen Einkommen in der Innenstadt am besten verwirklichen lassen.
    - Politische Faktoren: Städten fehlt es an Geld, deshalb bemühen sie sich, attraktiv für Menschen zu sein, die genug Geld mitbringen oder neue Dienstleistungen schaffen (besonders die Kreative Klasse). Ein sozialer Austausch in „Problemquartieren“ ist deshalb oft politisch gewollt oder zumindest toleriert.
- Auch wenn Gentrifizierung nicht immer gleich verläuft, gibt es typische Phasen.
    - Zunächst kommen die „Pioniere“ (Kreative mit wenig Geld, Studenten, Anhänger eines alternativen Lebensstils), die das Quartier attraktiver machen.
    - Investoren nutzen diese Chance und werten Wohnraum auf, sodass er für die echten Gentrifizierer attraktiver wird.
    - Am Ende verdrängen diese nicht nur die ursprüngliche Bevölkerung, sondern auch die „Pioniere“.
- Positive Folgen der Aufwertung sind Modernisierung und Erhaltung

verfallenden Wohnraums, kommunale Mehreinnahmen durch einkommensstärkere Haushalte und (zunächst) mehr soziale Mischung im Quartier.

- Ihnen stehen als negative Folgen der Gentrifizierung die Verdrängung von Menschen und die Vernichtung ohnehin schon knappen preiswerten Wohnraums gegenüber.
- Sowohl viele Christen als auch Zielgruppen von Gemeinden stammen eher aus den Kreisen, aus denen sich die Gentrifizierer rekrutieren, als aus denen, zu denen die Verdrängten gehören.
- Zu den Möglichkeiten, sich im Rahmen der urbanen Mission mit den Schattenseiten der Gentrifizierung auseinanderzusetzen, gehören
    - das Mitmachen bei vorhandenen Mieterinitiativen, in denen sich Menschen gegen Verdrängung wehren;
    - mehr räumliche Verteilungsgerechtigkeit der Stadtgemeinde durch Gemeindebau und christliche Initiativen in den Quartieren, in denen die Verdrängten landen.

- Recherchieren Sie, wie teuer eine Wohnung für eine Familie / einen Haushalt Ihrer Größe in Ihrer Kommune maximal sein darf, um vom Jobcenter übernommen zu werden. Gleichen Sie diese Zahl mit den Immobilienanzeigen einer Zeitung oder eines Immobilienportals ab. In welchen Quartieren haben Transferleistungsempfänger eine realistische Chance auf Wohnraum, in welchen nicht?
- Gibt es in Ihrer Stadt Initiativen, die sich mit Gentrifizierung und Verdrängung beschäftigen? Was wissen Sie über ihre Anliegen, Ziele und Aktivitäten?
- Welche Möglichkeiten fallen Ihnen neben den genannten ein, um sich mit den durch Aufwertungsprozesse Betroffenen und Verdrängten zu solidarisieren?

- Christoph Twickel: Gentrifidingsbums oder Eine Stadt für alle (Twickel 2010). Andrej Holm: Wir Bleiben Alle! Gentrifizierung – Städtische Konflikte um Aufwertung und Verdrängung (Holm 2010). *Zwei Bücher, in denen ein Journalist und ein Soziologe Gentrifizierung noch genauer beschreiben.*
- Sean Benesh (Hg.): Vespas, Cafes, Singlespeed Bikes, and Urban Hipsters. Gentrification, Urban Mission, and Church Planting (Benesh 2014a). *Die Autoren setzen sich mit Gentrifizierung auseinander und beschreiben, wie Christen sich dazu verhalten können.*

Großsiedlungen an den Rändern der Stadt zeichnen sich oft durch besonders hohe Problemkonzentrationen und ein schlechtes Image aus. Mir liegen sie besonders am Herzen. Ich vermute, Gott auch. Deshalb stelle ich Beispiele für gelungene urbane Mission in Großsiedlungen vor.

14. „Je genauer wir hinschauen, desto begeisterter sind wir“

Großsiedlungen

Wenn ich mir anschaue, wie die Bibel Gottes Wirken beschreibt, stoße ich auf ein Merkmal, das sich durch die ganze Schrift zieht: Gott liebt es, menschliche Ordnungen umzukehren. Die Letzten werden die Ersten sein (Mt. 20,16); was in der Gesellschaft niedrig und verachtet ist, hat Gott erwählt (1. Kor. 1,28); wo die Probleme einer gefallenen Welt besonders groß sind, zeigt Gottes Gnade sich noch größer (Röm. 5,20).

Wo sind in der postmodernen Stadt die „Letzten“, die Verachteten und die höchsten Problemkonzentrationen? Wir finden sie in Armutsquartieren und besonders in Großsiedlungen an den Rändern der Städte. Dorthin ziehen die, die auf dem Wohnungsmarkt buchstäblich die „Letzten“ sind, weil sie im Gefolge von Segregation und Gentrifizierung nur noch dort bezahlbaren Wohnraum finden. Viele Bewohner fühlen sich abgehängt und verhalten sich entsprechend, wie zum Beispiel die niedrige Wahlbeteiligung zeigt. Diese Siedlungen sind oft verachtete Orte, als „Ghetto“ oder „Assi-Hügel“ verschrien. Soziale Problemlagen verdichten sich in ihnen. Könnte es sein, dass Gott diesen Orten besonders zugewandt ist?

Ich lade Sie ein, sich mit mir an diesen Orten umzusehen. Es gibt dort mehr zu entdecken, als in die Schlagzeilen gelangt und in das stereotype Bild passt, das andere Stadtbewohner von diesen Siedlungen haben. Ich habe für dieses Kapitel zwei Beispiele ausgewählt: das Märkische Viertel in Berlin als Großsiedlung West und den Datzeberg in Neubrandenburg als Platte Ost. Wir schauen sie uns aus der Perspektive von engagierten Christen und von Bewohnern an. Doch zuerst einige Zahlen.

Großsiedlungen sind Wohngebiete mit einer dichten, hochgeschossigen und relativ homogenen Bebauung und einer gewissen Größe. Der Großsiedlungsbericht der Bundesregierung von 1994 geht von einer Mindestzahl von 2.500 Wohneinheiten aus. Von diesen Großsiedlungen gab es 239, davon 95 in den alten und 144 in den neuen Bundesländern (Jessen 1998:104). Hier stoßen wir zum ersten Mal auf einen markanten Unterschied zwischen den beiden Teilen Deutschlands: Im Osten wohnte fast jeder Vierte in einer Großsiedlung, im Westen nur jeder Sechzigste (ebd.).

14.1 Das Märkische Viertel

14.1.1 Großsiedlungen West

„Der Bau großer Wohnsiedlungen setzte in der Bundesrepublik Mitte der 50er Jahre ein, boomte in den 60er und 70er Jahren und kam in den 80er Jahren nahezu zum Erliegen" (ebd.). Diese Quartiere bedeuteten zunächst für viele Menschen eine deutliche Verbesserung der Qualität ihrer Wohnungen. Doch bald wurde Kritik an ihnen laut, die „Schlafstädte", „Betonburgen" oder „Wohnsilos" wurden zu Symbolen eines „inhumanen Städtebaus". Bemängelt wurde das unwirtliche Wohnumfeld. Man erfuhr von traurigen Schicksalen vieler Kinder und Heranwachsender, von denen das der Christiane F. („Wir Kinder vom Bahnhof Zoo"; Christiane F. 1978) am bekanntesten wurde. Stadtforscher stellten fest, dass die Menschen in Hochhäusern eine schlechtere Gesundheit hatten (Fanning 1967) und dass nachbarschaftliche Beziehungen auf der Strecke blieben (Gronemeyer 1977). „Apathie und Privatismus" (ebd. S. 51) wurden diagnostiziert. „Die Freiheit von [...] traditionellen Bindungen im Neubaublock hat Kehrseiten: Ein Rentner kann heute sechs Wochen in seiner Wohnung tot liegen, ohne vom Nachbarn entdeckt zu werden" (Gronemeyer & Bahr 1977:9).

14.1.2 Das Quartier

Eine dieser Großsiedlungen ist das Märkische Viertel: Von 1963 bis 1974 wurden 17.000 Wohnungen für 50.000 Menschen errichtet. Dort ist Felix Bergemann[161], der heutige Leiter des FACE-Familienzentrums, aufgewachsen. Er erinnert sich, wie der soziale Charakter des Quartiers sich in den 1990er-Jahren veränderte. Bis dahin kam ein großer Teil der Bewohner aus der Mittelschicht. Für Mieter, deren Einkünfte so hoch waren, dass ihnen die Sozialwohnung eigentlich nicht mehr zustand, wurde dann eine Fehlbelegungsabgabe eingeführt. Viele von ihnen verließen das Märkische Viertel daraufhin. Felix Bergemann erzählt: „Ich habe gemerkt, dass alle, die konnten, von hier weggezogen." In ihre Wohnungen zogen Sozialhilfeempfänger ein. Bald hatte das Quartier den Ruf eines „Ghettos", der zum zähen Image geworden ist, obwohl es so nicht stimmt. Das Märkische Viertel gleicht eher einer Kleinstadt, die sozial heterogen ist. Es gibt nach wie vor bürgerliche Mieter (darunter viele Senioren), die sich aber in bestimmten Teilgebieten konzentrieren. Von den vier Sozialräumen, die man unterscheiden kann, bezeichnet Felix Bergemann zwei als durchschnittlich und zwei als kritisch.

In den letzten Jahren gab es noch einmal einen verstärkten Zuzug von Menschen,

161 Soweit nicht anders angegeben, stammen die folgenden Informationen aus einem Interview mit ihm und einer weiteren Mitarbeiterin des FACE, Dorothea Petersen, im Juni 2015.

die aus der Innenstadt verdrängt wurden. Matthias Gibhardt, der 2007 ins Märkische Viertel zog, beobachtete seinerzeit erneut einen „Fahrstuhleffekt nach unten" (→ Kap. 12.3.1). Unter den Neubewohnern sind viele Migranten, ohne dass eine bestimme ethnische Gruppe dominiert. Der Bezirk ist einer der kinderreichsten von Berlin geworden. An den Schulen spürt man die neue soziale Mischung: Viele Kinder werden mit Sprachproblemen eingeschult.

Die Arbeit des Familienzentrums konzentriert sich auf die kritischeren Sozialräume. Unter den bürgerlicheren Bewohnern gibt es noch mehrere, die eine gewisse Kirchenbindung haben und die durch die „normale" Arbeit der Kirchengemeinde erreicht werden können. Von den sozial Schwächeren, die dazugekommen sind, sind die meisten kirchendistanziert. Ihnen gilt die Aufmerksamkeit des diakonisch-missionarischen Engagements.

Der Mangel an gelebter Nachbarschaft, der grundsätzlich in den Großsiedlungen West beobachtet wird, ist auch im Märkischen Viertel festzustellen. Soziale Träger beklagen die fehlende Gemeinschaft und die Anonymität. In den langen Fluren lebt man nebeneinander her. Felix Bergemann sagt: „Der unbekannteste Ort meiner Kindheit war die Wohnung des Nachbarn." Unter den Migranten gibt es einen größeren Zusammenhalt, aber sie bleiben als kleine Migrantengruppen unter sich. Auch hier ist also Vereinzelung wahrzunehmen, nicht bezogen auf Einzelne oder Familien, sondern auf Mikro-Milieus.

Wir haben gesehen, dass Orte die Menschen prägen und wichtig für ihre soziale Identität sind (→ Kap. 2.2.3). Im Märkischen Viertel ist diese lokale Identität gespalten und äußert sich als „Hassliebe", wie sie uns bereits in schrumpfenden Städten begegnet ist (→ Kap. 7.2.4). Wenn man mit Bewohnern spricht, reden sie gern über ihr Viertel, aber in der ersten halben Stunde nur über das, was dort „doof" ist. Erst dann sprechen sie darüber, dass es trotzdem angenehm ist dort zu leben oder dass sie die Aussicht lieben. Die Freunde von Felix Bergemann hatten alle Klischees über das Märkische Viertel verinnerlicht und trotzdem war es für sie Heimat. Aber dieses Heimatgefühl wird nicht durch ein positives Heimatbild genährt. „Jedes Berliner Dorf hat ein Heimatmuseum, aber in der Schule haben wir in Heimatkunde nur etwas über das Dorf Wittenau, nicht über das Märkische Viertel gelernt. Dabei wäre die Geschichte superinteressant." Der Ort hat keine Identität, die man positiv für seine eigene übernehmen könnte. Am ehesten hat der Rapper Sido, der dort gelebt und immer wieder Songs über das Quartier veröffentlicht hat, ihm eine gewisse Identität verliehen. „Mein Block" ist eine Art Hymne auf das Märkische Viertel, das in ihr zu einem negativ coolen Ort wird. Felix Bergemann empfindet: „Die Darstellung ist negativ, aber zum ersten Mal hatte man das Gefühl: Zu diesem Ort kann ich mich verhalten."

Für Felix Bergemann wäre ein positives Image und eine entsprechende lokale Identität ein wichtiger Schlüssel für mehr Nachbarschaft und Engagement. Man setzt sich für einen Ort ein, wenn man sich ihm verbunden fühlt und Lust hat, ihn mitzugestalten. Wir haben gesehen, dass in Problemvierteln Ortsverbundenheit ein starkes Motiv für transformatives Engagement sein kann (→ Kap. 2.2.2). Im Märkischen Viertel fehlt dieses Motiv. Außerdem weckt die dominante Wohnungsbaugesellschaft, der das ganze Quartier gehört und die letztlich alles in der Hand hat, auch wenn sie die Menschen rhetorisch einbezieht, eher die Assoziation: Die machen das schon.

14.1.3 Die Kirchengemeinden

Im Märkischen Viertel gibt es zwei evangelische Kirchengemeinden, die Apostel-Petrus-Gemeinde und die Apostel-Johannes-Gemeinde. Vor einigen Jahren arbeiteten beide Gemeinden ein neues Leitbild aus und beschäftigten sich mit der Frage ihrer Relevanz für das Quartier. Es gab ein entscheidendes Gespräch mit einer Sozialmanagerin der Wohnungsbaugesellschaft. Sie sagte den Kirchenleuten: „Wir nehmen euch nicht wahr. Ihr seid für uns ein weißer Fleck auf der Landkarte." Die Gemeinden merkten, dass ihre Selbstwahrnehmung sich deutlich von der Fremdwahrnehmung unterschied. Diese Feststellung löste viel aus. Die Gemeinden öffneten sich neu für den Sozialraum.

14.1.4 Das FACE-Familienzentrum

Diese Entwicklung führte zur Gründung des FACE-Familienzentrums, das von beiden Kirchengemeinden getragen wird. Matthias Gibhardt zog 2007 mit seiner Familie ins Märkische Viertel und initiierte erste Schritte ins Quartier. Mit Jugendlichen ging er „raus", zu Einsätzen auf Spielplätzen. Im Gespräch mit anderen Trägern stellte sich heraus, dass es einen großen Bedarf an Hausaufgabenhilfe für Grundschüler gab. Diese wurde das zweite Projekt, das bis heute gut läuft. 2010 kam es zur eigentlichen Aufbauarbeit des Familienzentrums. Sein Ziel ist die Unterstützung von Familien und die Förderung von Nachbarschaft. Das erste dieser beiden Anliegen ist wesentlich leichter zu verwirklichen.

Abbildung 14.1: Sportwoche 2015 (mit Mitarbeitern des FACE und der Apostel-Petrus-Gemeinde)

In einem kinderreichen Bezirk kann ein Kindergarten keine unpassende Idee sein. Die Apostel-Petrus-Gemeinde hat schon längere Zeit eine gute und erfolgreiche Kita-Arbeit und Felix Bergemann findet es „super-leicht", diese Arbeit jetzt durch das Familienzentrum zu ergänzen und zu erweitern. Eine Reihe von erfolgreichen Projekten ist entstanden. Dazu gehören ein offener Spieltreff (hervorgegangen aus einem Winterspielplatz), ein Elterncafé, Kinderturnen, ein Familien-Verwöhnfrühstück und ein Familiengarten. Als nächstes wird eine Hebammenpraxis, die einzige im Märkischen Viertel, hinzukommen. Ein weiteres schönes Projekt, FuN, stelle ich gleich noch separat vor.

Schwieriger zu verwirklichen ist das zweite Anliegen: die Förderung gelebter Nachbarschaft. Eine Zeitlang gab es eine Nachbarschaftshilfe für Senioren. Diese mussten nur ihren Bedarf per Postkarte mitteilen, dann meldeten sich Helfer bei ihnen. Doch das Projekt wurde wieder eingestellt, rechtliche Probleme (Gewährleistungs- und Haftungsfragen) zwangen dazu. Nun sollen neue Ideen ausprobiert werden. Eine Nachbarschaftsideenwerkstatt ist geplant. Ein Engagierter möchte mit anderen Quartiersbewohnern Bienen züchten. Aber grundsätzlich ist es nicht einfach, die richtigen Schlüssel zu finden.

Es hat den Anschein, als ob Nachbarschaft nicht direkt, sondern eher als „Nebenprodukt" anderer Aktivitäten, also beiläufig, entsteht. Ansätze in diese Richtung zeigen Erfolge. Eine Kleiderbörse ist als „Fairkaufladen" sehr erfolgreich. Inzwischen sind ehemalige Kunden die Mitarbeiter. Diese sind keine Gemeindeleute, sondern Menschen aus dem Quartier. Der Nutzen, den sie erlebt haben, motiviert sie, sich jetzt auch selbst zu engagieren. Der zweite Ansatz sind Feste. Wenn die Kirche ihren Garten zum Feiern öffnet, kommen Gäste und treffen sich dort mit Gemeindeleuten.

Allerdings stößt die Gemeinschaft auch schnell wieder an eine Grenze: Die Leute, die das FACE erreicht, finden nur schwer den Weg ins Gemeindeleben und bürgerliche Gemeindeleute tun sich umgekehrt in den Begegnungen auch schwer. Die Idealvorstellung ist, dass der Gottesdienst zu einem Raum der Begegnung für alle wird. Doch das lässt sich nur schwer verwirklichen. Über diese Herausforderung wird zurzeit nachgedacht. Ich bin gespannt, was dabei herauskommt, denn dieses Problem stellt sich nicht nur im Märkischen Viertel, sondern überall, wo urbane Mission aus der Mittelschicht heraus geschieht und dann Menschen aus prekären Milieus erreicht. Gute Lösungen sind deshalb eine elementare Notwendigkeit für die urbane Mission.

14.1.5 Das FuN-Projekt (Familie und Nachbarschaft)[162]

14.1.5.1 Der Ausgangspunkt

Viele Familien im Märkischen Viertel leiden am Verlust von Gemeinschaft – auch innerhalb der Familien. Manche müssen überhaupt erst wieder lernen, wie man als Familie Gemeinschaft lebt, zum Beispiel miteinander spielt und gemeinsam die Mahlzeiten einnimmt. Außerdem gibt es Überforderung in der Erziehung, weil es kaum noch Orte gibt, wo man sie lernen kann. Felix Bergemann vermutet, dass der Erfolg der Fernsehserie „Die Super Nanny“ (2004-2011 bei RTL) auf den großen Bedarf an Erziehungsvorbildern zurückzuführen ist. Wie setzt man zum Beispiel Grenzen? Vor 60 Jahren hatte man dafür Repertoires, aber es ist gut, dass auf diese heute nicht mehr zurückgegriffen wird. Doch die Alternativen fehlen. Was kann man tun, wenn man nicht gleich zuschlagen will?

Wenn Erziehung überfordert, ignoriert man sie: „Dann spiel doch und geh zum Kühlschrank, wenn du was essen willst. Ich will mich mit dir nicht streiten.“ Auf diese Weise geht der Zusammenhalt verloren. Bürgerliche Familien können sich aus Büchern Anregungen holen, bildungsungewohnte Familien haben diese Ressource nicht. Das zu erkennen ist wichtig. Viele Vorurteile gegen „Unterschichtsfamilien“ würden entfallen, wenn Außenstehende wüssten, dass die Eltern nicht gleichgültig und unwillig sind, sondern nie jemanden hatten, der ihnen gezeigt hat, wie es gehen kann. Die FACE-Mitarbeiter gehen vom „Glauben an die Erziehungskompetenz der Eltern“ (Petersen 2012:12) aus, die sie fördern wollen.

14.1.5.2 Das Programm

FuN ist freiwillig und kostenfrei, ein niederschwelliger Kurs für Familien. In fachlicher Sprache sind die „Ziele von FuN [...] die Stärkung von Elternkompetenz und -verantwortung, das Fördern von Zusammenhalt, Strukturbildung und Konfliktfähigkeit innerhalb der Familie, Kontaktaufbau zu anderen Familien, Integration und Mitwirkung der Eltern in pädagogischen Einrichtungen und Kooperation und Vernetzung familienorientierter Dienste“ (ebd. S. 4-5). Die Familien sollten gestärkt werden und Beziehungen zu anderen Familien entstehen.

Dafür treffen sich unter fachlicher Begleitung acht Familien an acht Nachmittagen für ein dreistündiges Programm. Teilnehmen soll möglichst die ganze Familie, bei Vätern gelingt das nur bedingt. Das Programm ist einfach und ritualisiert, durch die gleichbleibende Grundstruktur sollen neu erlernte Fähigkeiten verinnerlicht werden. Wichtige Programmelemente sind Spiele, die der Kommunikation und dem Mitein-

---

162 Das FuN-Programm wurde im Auftrag des Landesinstituts für Qualifizierung NRW in Kooperation mit dem Institut praepaed (www.praepaed.de) entwickelt. Sein Einsatz setzt eine Qualifizierung voraus.

ander der Familien dienen, ein Essen, bei dem Familien neu den Wert gemeinsamer Mahlzeiten entdecken, und die Elternzeit, eine Gesprächsrunde, während der die Kinder in einem Nebenraum unter Aufsicht spielen.

Diese Gesprächsrunde ist für die Eltern ein Highlight. Am Anfang erzählen sie einander, wo sie herkommen und wie sie aufgewachsen sind. Das ist spannend, wenn die Teilnehmer unter anderem aus Nigeria, Afghanistan und Syrien stammen. Wer Sprachschwierigkeiten hat, ist damit nicht allein und wird mutig, notfalls mit Händen und Füßen seine Geschichte zu erzählen. Danach sprechen die Eltern über Themen, die aus ihrer Mitte kommen. Meist geht es um Erziehungsfragen: Wie können wir Grenzen setzen und Werte vermitteln? Wie sollen wir uns in Bezug auf Medien- und Handynutzung der Kinder verhalten? In diesen Gesprächen zeigt sich, dass die Eltern das Beste für ihre Kinder wollen, aber Unterstützung brauchen. Zu einem großen Teil geschieht das durch gemeinsames Lernen im gegenseitigen Austausch. Dorothea Petersen, die die FuN-Kurse leitet, hört immer aufmerksam zu: „Für manches habe ich auch keine Lösung und ich will wissen, wie andere Eltern das machen.“

Die Atmosphäre im Kurs ist aufbauend. Die Mitarbeiter sprechen nicht die Defizite der Eltern an, sondern loben, was sie gut machen, und vermitteln ihnen Wertschätzung und Ermutigung. Die Familien sind begeistert dabei, weil für sie jedes Treffen wie ein kleines Fest ist.

14.1.5.3 Die Auswirkungen

Die Auswirkungen lassen sich auf verschiedenen Ebenen wahrnehmen. Dorothea Petersen hat in ihrer Diplomarbeit die FuN-Kurse wissenschaftlich evaluiert (Petersen 2012). Sie konnte feststellen, dass die Kurse nachhaltig etwas verändern. Mit mehr als einem Jahr Abstand berichteten die befragten Mütter von positiven Resultaten in den Familien und mehrheitlich von dauerhaften neuen oder intensivierten Beziehungen zu anderen Familien. Aus der Kita, deren Mitarbeiter beim Kurs mitmachen, kommt die Rückmeldung, dass die Atmosphäre anders ist: Die Eltern sind offener, haben eine bessere Beziehung zu den Mitarbeitern und sprechen mehr über sich selbst und ihre Familien. Das heißt, es ist mehr Vertrauen entstanden. Und schließlich gibt es noch Einzelerfahrungen, die den Wert der Kurse deutlich machen. Nach einem der ersten FuN-Kurse erzählte mir Matthias Gibhardt von einer schönen Begegnung mit einer teilnehmenden Mutter. Sie kam begeistert zu Matthias und berichtete ihm: „Bei uns ist ein Wunder passiert. Als wir nach dem letzten Nachmittag nach Hause kamen und unser Sohn auf dem Boden mit seinen Bauklötzen spielte, hat sich zum ersten Mal in unserer Familiengeschichte mein Mann zu ihm gekniet und mit ihm gespielt.“

14.2 Auf dem Datzeberg

14.2.1 Der Stadtteil

Wir machen einen Sprung. Zwei Autostunden nördlich vom Märkischen Viertel liegt der Datzeberg[163], ein Stadtteil von Neubrandenburg. Von 1978 bis 1982 wurde dort ein typisches DDR-Neubaugebiet errichtet, eine Platte mit 3.300 Wohneinheiten. Neubauwohnungen waren begehrt, einer der Anwohner sagt: „Wir waren froh und glücklich, so eine Wohnung zu bekommen." Von den Balkons hat man eine herrliche Aussicht, die ich bei meinen Besuchen selbst genieße.

Abbildung 14.2: Ein Blick über den Datzeberg

1989 wohnten auf dem Datzeberg ungefähr 10.000 Menschen. Mit der Wiedervereinigung begannen die Wegzüge (Deichen 2013:211-213). Viele Bewohner gingen in die alten Bundesländer, weil dort nach dem massiven Arbeitsplatzabbau im Osten schneller gute Arbeit zu bekommen war. Andere, die es sich leisten konnten, nutzten die Möglichkeiten, sich Eigenheime zu bauen. In einen Teil der leer stehenden Wohnungen zogen einkommensärmere Mieter, weil man auf dem Datzeberg günstig wohnen kann. Sie konnten aber die Verluste nicht kompensieren. Außerdem kam „es infolge der gesellschaftlichen Verunsicherungen zu einem rapiden Geburtenrückgang" (ebd. S. 211). Zu den Auswirkungen dieser Entwicklungen gehören

1. **ein starker Einwohnerrückgang:** „2012 leben hier noch etwa 4.000 Menschen" (ebd.);
2. **ungünstige Sozialdaten:** Im Dezember 2012 bezog fast ein Drittel der Bewohner Leistungen nach SGB II;

163 Alle Angaben stammen, soweit nicht anders angegeben, aus Gesprächen mit Datzebergern und von der Webseite des polylux e. V. (www.polyluxev.de).

3. **ein massiver Rückbau:** Seit 2006 wurden eine Reihe von Häusern abgerissen oder die oberen Stockwerke abgetragen.

14.2.2 Die Gemeinschaft polylux

Es gibt auf dem Datzeberg sehr viel mehr zu finden als diese Veränderungen. „Je genauer wir hinschauen, desto begeisterter sind wir von dem, was wir in den DatzebergerInnen entdecken." Die das auf ihre Webseite schreiben, sind dorthin gezogen, um als Nachbarn mit den Bewohnern zusammenzuleben und sich im Stadtteil zu engagieren. Die Leute der Gemeinschaft polylux (www.polyluxev.de) identifizieren sich mit dem Quartier und haben es ins Herz geschlossen. Die ersten, die auf den Datzeberg zogen, waren Ralf und Katharina Neumann (2011).[164] Jonte Schlagner, der mit seiner Frau Heike ein Jahr später kam, schreibt:

> Ich spüre noch den Stich im Herzen [...] dass sich jemand extrem herablassend über den Datzeberg geäußert hat. Über mein Viertel. Über meinen Datzeberg. Und damit auch über mich, denn ich wohne hier – ich bin ein Teil des Viertels. Und ich merke, wie sich alles in mir anspannt und ich mein Viertel verteidigen will – so als wäre es ein Mensch, Freund, Kind. (Schlagner 2015)

Die Leute von polylux haben viele Beziehungen im Quartier, beteiligen sich an der Stadtteilarbeit und machen verschiedene Angebote, darunter

- das Abenteuerland, ein Kinder- und Familientreff in einer Grundschule;
- eine Fußball-AG;
- das polylux camp, zu dem besonders diejenigen eingeladen sind, „die sich normalerweise keinen Urlaub leisten können";
- die schall.platte, der Chor vom Datzeberg (→ Kap. 9.5.3);
- einen Familiennachmittag mit dem CARIbuni[165], dem Stadtteiltreff der Caritas.

Seit einigen Jahren begleite ich die polyluxer als Mentor und als Freund. Ich habe sie mehrmals besucht und mich im Stadtteil umgesehen. Für dieses Buch wollte ich noch weitere Stimmen hören.

14.2.3 Erkundungen auf dem Datzeberg

Im Juni 2015 war ich auf dem Datzeberg, um mit Bewohnern und Engagierten zu sprechen. Ich traf drei Mitglieder der Datzeberger Bürgerinitiative (Dieter Bittkau, Marian-

164 Sie wohnten schon einige Jahre in der Nähe. Der Verein polylux e. V. wurde bereits 2008 gegründet.
165 Das CARIbuni spielt auch sonst eine wichtige Rolle. Beide Angestellte gehören zum polylux-Verein und es gibt viel gemeinsames Engagement.

ne Reichel und Helga Deichen[166]), Anne Henning, die seit 2012 im Stadtteilbüro arbeitet, und drei junge Mütter (Jenny, Doreen und Jule), die den Familiennachmittag im CARIbuni besuchen. Die Eindrücke aus diesen Gesprächen und meinen mehrjährigen Kontakten zu den polylux-Leuten formen sich zu folgendem Bild: Wer den Datzeberg und seine Bewohner verstehen will, muss möglicherweise zuerst soziale Distanzen überwinden.

Die erste ist *Unwissenheit.* Obwohl ich seit vielen Jahren gute Freunde und Bekannte in den neuen Bundesländern habe, ist mir bei den Arbeiten für dieses Buch deutlich geworden, wie wenig ich immer noch über das Leben der Menschen in der ehemaligen DDR weiß. Dieses Leben hat sie geprägt und man kann ihnen nicht gerecht werden, wenn man ihre Wurzeln nicht kennt. Sie empfinden, dass sie im Westen oft falsch gesehen und dargestellt werden. „Wir haben auch gelebt, und unterm Strich nicht schlecht. Das Gros war zufrieden, Leute waren glücklich." Es stört sie, dass fast nur problematische Aspekte – wie die Stasi – erwähnt werden, aber nicht das Alltagsleben der Bürger, vor allem das, was sie heute wirklich vermissen: das intensive Nachbarschaftsleben und die größere soziale Sicherheit. Sie haben verletzende Erfahrungen mit „Wessis" gemacht, die ihnen arrogant begegnet sind. Dieter Bittkau erzählt mir ein Beispiel. Er war Soldat und der neue Chef, der aus dem Westen kam, gab in der Kantine folgenden Spruch von sich: „Ach, hier wird auch mit Messer und Gabel gegessen?!"

Eine zweite Distanz sind *Stereotype.* In ihrer Chronik schreibt Helga Deichen: „Die Neubrandenburger gaben dem Wohngebiet Datzeberg im Laufe der Jahre je nach Sichtweise Namen wie [...] ‚Ghetto' wegen des Zuzugs einkommensarmer Bürger" (ebd. S. 9). Auch Leute, die nur wenige Kilometer entfernt leben, haben oft nur eine Fernperspektive. Solch ein Image ist zäh. Anne Henning begegnete ihm immer noch, als sie 2012 ihre Arbeit auf dem Datzeberg begann: „Auf diesen Assihügel – das willst du dir antun?!" Dieses Image ist für die Bewohner nicht leicht zu tragen. Sie sehen ihren Stadtteil anders: „Bei uns ist es auch schön." Sie sind stolz auf Wendungen zum Guten und sie machen kollektiv wieder positive Erfahrungen. Woanders werden diese kaum bemerkt. Wer sich jedoch die Mühe macht, näher heranzukommen, der stellt fest, dass der Datzeberg ein liebenswertes Quartier ist.

14.2.3.1 Gemeinschaftsleben

Wir haben gesehen, dass Großsiedlungen in den alten Bundesländern von Anfang an in vielen Fällen zu „Apathie und Privatismus" führten. Im Osten waren und sind Großsiedlungen zum Teil immer noch Orte eines regen Gemeinschaftslebens und intensiver nachbarschaftlicher Verbundenheit. Meine Gesprächspartner erzählen: „Früher war

166 Dieter Bittkau (DB), Marianne Reichel (MR) und Helga Deichen (HD) gehören zu den „Ureinwohnern" – sie sind 1978/79 eingezogen. Dieter Bittkau ist Vorsitzender der Bürgerinitiative, Marianne Reichel hat von 1989 bis 2006 die Gaststätte „Unkel-Bräsig-Stuw" betrieben und Helga Deichen ist die Historikerin des Stadtteils: Sie schrieb die Chronik „Bei uns oben auf dem Datzeberg" (2013).

es normal, zum Nachbarn zu gehen: ‚Ich gehe heute weg, kannst du nach meinem Kind gucken'" (DB). „Am Wochenende, wenn die Eltern frei hatten – es war herrlich. Die Männer standen alle unten, haben zusammen die Autos geputzt. Und die Kinder, die schwirrten rum. Nach dem Mittagessen ging es zum Spaziergang. Die Stadt, die Straßen, alles war voller Leben" (MR). Anne Henning beobachtet: „Hier passiert [immer noch] viel über Nachbarschaft und Gemeinschaft. Den Leuten ist die Beziehung zueinander wichtig, eine Gemeinsamkeit zu haben, und wenn es nur ein Sommerfest im Haus ist oder der gemeinsame Frühjahrsputz. Deswegen funktionieren Beziehungen auch gut, wenn man sie pflegt. Es braucht nur jemanden, der die Zeit und Kraft hat, gemeinsame Momente zu organisieren."

14.2.3.2 Ortsverbundenheit

„Jeder Mensch hat zu der Gegend, in der er aufgewachsen ist oder sehr lange wohnt, eine ganz besondere Beziehung. So fühlen sich auch viele ehemalige und heutige Datzeberger mit ihrem Berg eng verbunden und verfolgen aufmerksam seine Veränderungen." Mit diesen Worten beginnt Helga Deichen ihre Chronik (Deichen 2013:9). Dieter Bittkau schätzt, dass immer noch 30 bis 40 Prozent der Bewohner zum alten Stamm gehören. Viele andere wären geblieben, wenn nicht die wirtschaftlichen Aussichten sie zur Veränderung gezwungen hätten. Aber sie bleiben mit ihrem Stadtteil verbunden. Das Heimatgefühl der Datzeberger wird gepflegt. „Geburtstage" der Siedlung werden gefeiert (ebd. S. 207-208; Nehls 2013). Eine geschlossene Facebook-Gruppe „Wir sind die ‚Kinder' vom Datzeberg" hat 1996 Mitglieder (Stand 17.08.2015). Die früheren Gäste von Marianne Reichel kommen jährlich Silvester nach Hause und laden sie – die „Chefin" – ein. Der Rückbau tat vielen weh. „Wenn ein Gebäude nicht mehr da ist, ist ein Stück vom eigenen Leben nicht mehr da." Als 2006 das erste Wohnhaus abgerissen wurde, gab es „Zuschauer ohne Ende" (HD).

14.2.3.3 Engagementbereitschaft

Diese Ortsverbundenheit führt zu einer hohen Engagementbereitschaft. Auch auf dem Datzeberg gilt, was uns zuvor in einem anderen Zusammenhang begegnet ist: „Wenn du zu einem Ort gehörst, liebst du ihn, du sorgst für ihn" (Anguelovski 2013:226). Die heutige Bürgerinitiative formierte sich, als Pläne aufkamen, den gesamten Stadtteil abzureißen. „Wir wollen bleiben", beschlossen Einwohner und wehrten sich. Sie hatten Erfolg. Es kam nur zu einem Teilrückbau, die Anwohner konnten eigene Vorschläge einbringen und können mit dem Ergebnis gut leben (Deichen 2013:204-206). Die Bürgerinitiative ist aktiv geblieben, wird im Rathaus respektiert und kann von sich aus wichtige Themen auf die kommunale Tagesordnung bringen.

Auch über die Bürgerinitiative hinaus ist das Interesse der Bewohner groß. Für mich war das eine überraschende Erkenntnis, weil viele von ihnen nach ihrer sozialen Lage zu denen gehören, die man als apathisch und desinteressiert ansieht. Auf dem Datzeberg sind sie es nicht. Als sich Anfang dieses Jahres (2015) die Kandidaten für das Amt des Bürgermeisters vorstellten, reichten die Plätze nicht aus. Anne Henning berichtet: „Hier leben Menschen aus benachteiligten Haushalten, denen man nachsagt, kein Interesse an Politik und Entscheidungsprozessen zu haben. Aber es gibt ein großes Interesse. Die Frage ist nur, in welcher Sprache die Politik mit den Menschen spricht. Ich übersetze es in ihre Alltagssprache: ‚Wenn die Schule hier schließt, bedeutet das am Ende, dass du dein Kind jeden Morgen zwei Kilometer fahren musst.‘ Dann wird es konkret: ‚Ich muss mich engagieren, es betrifft mein Leben.‘ Die Datzeberger sind gut zu aktivieren, wenn sie wissen, es geht ans Eingemachte.“

14.2.4 Public Characters

Jane Jacobs hat beschrieben, wie wichtig *public characters* (öffentliche Personen) für sozialen Zusammenhalt sind (Jacobs 1992:68-71). Diese Leute müssen keine offizielle Position haben. Sie sind einfach mit vielen Bewohnern ständig im Kontakt und sie sind in der Öffentlichkeit präsent. Als solch ein *public character* wurde mir von den Müttern aus dem CARIbuni Jens Lehmann beschrieben, der bis 2012 eine Baguetterie im Datzecenter betrieb: „Damals gab es dieses Bonjour, wo die Kinder von Jens ein Eis kriegen konnten. Jeder kannte ihn und jeder durfte ihn mit dem Vornamen ansprechen. Er hat sich mit allen gut verstanden. So was fehlt hier oben.“ Das Bonjour rechnete sich am Ende nicht mehr, Jens Lehmann musste dicht machen. „Es war sehr schwer für ihn, das aufzugeben.“

Noch intensiver übernimmt Anne Henning die Rolle des *public character*. Ursprünglich war das Stadtteilbüro, in dem sie arbeitet, eingerichtet worden, um das Wohngebiet während des Rückbaus sozial zu stabilisieren (Deichen 2013:207). Doch ihr Vorgänger Tom Liebelt wurde zu einem „Ansprechpartner für alle Ideen, Informationen und Probleme rund um das Leben auf dem Datzeberg“ (ebd. S. 206). Diese Aufgabe führt Anne Henning jetzt weiter. Sie arbeitet mit der Bürgerinitiative zusammen und begleitet Stadtentwicklungsthemen. Dazu geht sie viel auf dem Datzeberg umher und spricht mit den Leuten. Wichtig ist ihr, nicht ihre eigene Agenda ins Quartier zu bringen, sondern aufzugreifen, was die Bewohner beschäftigt. Das erfordert offene Augen und Ohren und die Fähigkeit, die richtigen Fragen zu stellen.

Im Gespräch mit ihr habe ich einige wichtige Dinge erfahren. In einem Stadtteil wie dem Datzeberg kann man als Netzwerker viel miteinander verbinden und anstoßen. 4.000 Bewohner sind eine gute Größenordnung. Man kann zu genügend Menschen direkten Kontakt haben, um mit fast allen Bewohnern nur „um eine Ecke“ verbunden zu sein. Diese Dichte und Kürze der Netzwerkverbindungen sind in größeren Stadtteilen nicht mehr möglich. Eine Kollegin in der Oststadt von Neubrandenburg ist für 15.000 Personen zuständig und dort funktioniert das Netzwerken nicht mehr so intensiv. Die Oststadt bräuchte vier solche Aktive. Außerdem vermutet Anne Henning – ich habe sie danach gefragt –, dass für solch eine Tätigkeit ein offizieller Status zweitrangig ist.

Wichtiger sind die speziellen sozialen Kompetenzen, die man braucht, um ohne eigene Festlegungen herauszufinden, was gebraucht und gewünscht wird, und genug Zeit, um mit vielen Leuten zu sprechen und Themen aufzugreifen. Auch freie Träger könnten geeignete Leute dafür freistellen. Doch sollten sie ein Verhältnis wie 1:4.000 als Faustregel kennen. Dann wäre einiges möglich.

14.2.5 Ambivalenzen

Die Datzeberger wissen, dass bei ihnen nicht alles nur gut ist. Darüber sprechen sie auch offen. Sie tun es, weil sie ihren Stadtteil lieben. Deshalb leiden sie manchmal auch an ihm. Sie haben gesehen, dass nach der Wende einiges schlechter wurde. Den Verlust der umfassenden sozialen Sicherheit habe ich schon erwähnt. Als die „Freiheit“ kam, blieb bei vielen die Verantwortung für das Gemeinwohl auf der Strecke. Egoismus und Rücksichtslosigkeit tauchten auf. Marianne Reichel ist ratlos: „Heute sind viele so anders geworden. Früher war Neubrandenburg eine saubere Stadt. Nach der Wende wurde alles hingeschmissen. Es gibt hier schöne Bänke. Heute liegen Eispapier und Flaschen herum. Warum sind die alle so?“ Die Leute scheinen nach dem Grundsatz zu leben: Jemand anders räumt hinter mir weg. „Dafür bezahlt man hier ja Steuern“ (DB).

In den Häusern ging es unterschiedlich zu. Ein Hochhaus erlebte nach der Wende einen schlimmen Niedergang. Es wurde zum „schmuddeligsten Bau“ der Stadt (Deichen 2013:62), bis es abgerissen wurde. Wo es weniger Wechsel unter den Hausbewohnern gab, kann die frühere Hausgemeinschaft bis heute weiterleben. Die Max-Adrion-Straße 45/47 wurde schön renoviert und heißt bei den Datzebergern „das blaue Hochhaus“, die Bewohner bezeichnen es als „Insel“ (ebd. S. 66). Es gibt einen starken Zusammenhalt, jährliche Hausfeste und gemeinsame Arbeitseinsätze, die wie früher als „Subbotnik“[167] bezeichnet werden.

Am stärksten ist mir die gespaltene Haltung bei den Müttern aus dem CARIbuni begegnet. Ich habe sie gebeten, mir zu erzählen, was der Datzeberg für sie bedeutet, was ein Außenstehender erfahren sollte. Der erste Satz lautet: „Der Datzeberg hat gute und schlechte Seiten.“ Dann sprechen sie über die Vertrautheit im Stadtteil. „Jeder kennt jeden. Jeder hält zusammen. Wir sind alle eine große Familie.“ Sie berichten mir von Verbesserungen: „Der Datzeberg ist schöner geworden.“ Doch dann beginnen die Klagen: über zu wenige oder ungepflegte Spielplätze für ihre Kinder, über Hundekot, über den mangelhaften Einzelhandel und fehlende Gastronomie. Das ist leider die Kehrseite des Einwohnerrückgangs. Der Datzeberg ist nicht nur überschaubarer und vertrauter geworden, wegen des Wegzugs vieler Bewohner konnten sich einige Geschäfte und gastronomische Einrichtungen nicht halten.

167 Subbotnik ist abgeleitet von dem russischen Wort für „Samstag“ und bezeichnete im Sprachgebrauch der DDR einen unbezahlten Arbeitseinsatz am Samstag.

Am Ende bringen die Mütter beides zusammen: „Im Großen und Ganzen lieben wir den Datzeberg. Man kann nicht mit ihm, und man kann nicht ohne ihn." Eine, die demnächst wegziehen wird, bekennt: „Der Datzeberg wird immer in meinem Herzen bleiben. Ich habe mir meine Hausnummer tätowieren lassen."

14.2.6 polylux und CARIbuni

Abbildung 14.3: Die polylux-Gemeinschaft

Mich hat natürlich interessiert, wie meine Freunde von polylux auf dem Datzeberg wahrgenommen werden. Bei Anne Henning frage ich direkt nach: „Wenn man von außen auf polylux schaut und die Resonanz im Quartier hört, wie sieht das aus?" Sie antwortet:

> Toll. Ich bin froh, dass polylux sich auf dem Datzeberg angedockt hat. Am Anfang war ich etwas skeptisch: Nicht dass sie jetzt die Datzeberger missionieren und mit der Idee kommen: Wir machen die Welt schön. Aber sie sind sehr dezent in ihrer Art, zu leben und zu sein und ihren christlichen Auftrag auszuführen. Sie machen es wirklich auf eine sehr angenehme Art und Weise. Das gleiche gilt für CARIbuni. Die haben für die Nachbarschaft und den Alltag der Menschen eine enorme Bedeutung. Ich finde die Idee toll zu sagen: Wir kommen hierher und wir leben hier. Wir kommen nicht als Diakone und Sozialarbeiter von außen, sondern wir siedeln uns hier an, wir leben mit den Menschen, wir sind Nachbarn. Das macht ein Stück gleich. Ich habe immer das Gefühl, durch ihre Art, mit den Menschen zu leben und hier zu sein, zeigen sie den Menschen auch, wie man Dinge anders tun könnte und

> dass man dadurch vielleicht leichtere Lösungen findet als auf dem herkömmlichen Weg. Das ist eine dezente Botschaft, die einfach still nebenbei passiert, die ich aber für sehr wichtig halte.

Bei Jenny, Doreen und Jule muss ich nicht erst fragen. Sie kommen von sich aus auf das CARIbuni zu sprechen und schätzen die Arbeit sehr.

> CARIbuni ist doch das einzige, wo man wirklich hingehen kann. Es ist noch zu wenig geöffnet. Ich würde schöner finden, wenn es jeden Tag auf wäre. Hier kann jeder kommen, wie er ist: Auch wer nicht so gut aussieht, dick oder dünn, lange oder kurze Haare. Wenn der ganze Datzeberg gegen eine Person wäre, hier wäre sie willkommen. Die Leute haben immer ein Ohr, sind für einen da, helfen einem, reden mit einem. Blöd wäre, wenn sie nicht mehr da wären. Wenn die schließen würden, würde ich eine Sitzblockade machen. Dann wäre nichts mehr, wo man willkommen ist.

Seinen Namen trägt das CARIbuni zu Recht: Er ist abgeleitet von einem Wort in Swahili und bedeutet „Willkommen". Zum Schluss sprechen die drei ein weiteres Thema an: „Das mit diesem Tischgebet, mit diesem Singen, das finde ich auch schön." Lachend erinnern sie sich, dass wir im Gebetsraum sitzen, wo wir mehr Ruhe für unser Gespräch haben. Eine sagt: „Ich bin nicht gläubig, aber ich habe nichts dagegen." Die anderen beiden ergänzen: „Ich bin auch nicht so, aber ich finde es gut, diese Sicht mal zu hören, wie die anderen das sehen. Wenn Basti[168] einen Tipp gibt, der kommt eher so von Gott …" und „… dann denkst du SEHR darüber nach."

FAZIT

- In der postmodernen Stadt finden sich die höchsten Problemkonzentrationen oft in den Großsiedlungen an den Rändern der Stadt. Da Gott es liebt, menschliche Ordnung auf den Kopf zu stellen, dürfen wir davon ausgehen, dass diese ihm besonders am Herzen liegen.
- Großsiedlungen mit dichter, hochgeschossiger, homogener Bebauung wurden in Westdeutschland seit den 1950er-Jahren zur Verbesserung von Wohnqualität gebaut, hatten aber durch ihr unwirtliches Wohnumfeld negative Auswirkungen auf Gesundheit und nachbarschaftliche Beziehungen.
- Plattenbaugebiete in der ehemaligen DDR waren zunächst beliebte Wohngebiete, sind aber seit der Wiedervereinigung vermehrt von Einwohnerrückgang, ungünstigen Sozialdaten und massivem Rückbau betroffen.

168 Sebastian Zaddach, der als Erzieher im CARIbuni arbeitet.

- Auch wenn Großsiedlungen oft von außen ein sehr negatives Image haben, unter dem die Bewohner durchaus leiden, ist ihre Einstellung zu ihrem Quartier sehr viel differenzierter – wenn man sich die Mühe macht, sie kennenzulernen.
- Das FACE-Familienzentrum im Westberliner Märkischen Viertel und die Gemeinschaft polylux auf dem Neubrandenburger Datzeberg sind gelungene Beispiele für urbane Mission in Großsiedlungen.

- Welches Quartier in Ihrer Stadt hat einen besonders schlechten Ruf? Wo konzentrieren sich Problemlagen? Wohin werden ärmere Menschen verdrängt?
- Wer sind in Ihrem Quartier *public characters*? Was zeichnet sie aus? Wie werden sie von den Bewohnern wahrgenommen und beschrieben?

- Christiane F.: Wir Kinder vom Bahnhof Zoo. Nach Tonbandprotokollen aufgeschrieben von Kai Hermann und Horst Rieck (Christiane F. 1978). *Christiane F. beschreibt in dem erfolgreichsten deutschen Sachbuch der Nachkriegszeit nicht nur ihr Leben mit der Drogensucht, sondern auch die unglückliche Kindheit in einer Hochhaussiedlung.*
- Eberhard Tiefensee: Areligiosität. Annäherungen an ein Phänomen (Tiefensee 2007). *Areligiosität ist ein relativ junger und speziell im Blick auf die neuen Bundesländer geprägter Begriff. Diese „unaufgeregte Gottvergessenheit“ ist auch für viele Bewohner des Datzebergs prägend.*

Mission bedeutet, dass Gott uns beauftragt und sendet. Wir beschäftigen uns damit, an welchen Ort wir berufen sind und wie wir in ihm unseren Platz finden.

15. „Herr, wohin soll ich gehen?“

Die Berufung in die Stadt

Mission bedeutet dem Wortsinn nach „Auftrag“ oder „Sendung“. Wenn Gott uns einen Auftrag gibt, hat er etwas für uns zu tun. Wenn er uns sendet, sendet er uns an einen oder mehrere Orte. Es ist also eine gute Idee, ihn zu fragen: „Herr, was soll ich tun? Herr, wohin soll ich gehen?“ Nicht immer ist es leicht, darauf eine Antwort zu bekommen. Wer die Geschichten urbaner Missionare hört oder liest, stellt fest, dass es eine große Vielfalt an Wegen gibt, auf denen Gott seine Leute an vorbereitete Plätze bringt. Dazu gehören auch Zeiten der Suche und des Wartens. In diesen Geschichten finden wir Hinweise, die uns bei unserer eigenen Suche nach dem „richtigen“ Platz helfen können.

Die Sendung in die urbane Mission bedeutet oft nur, dass wir zu dem Ort, an dem wir bereits sind, eine neue Beziehung bekommen und aus unserem Wohnort ein „Missionsgebiet“ wird. In anderen Fällen gilt es, einen Ortswechsel vorzunehmen. Manchmal ist es für eine Berufung wichtig, einen Ort zu verlassen. So war es bei Abraham: Zunächst führte Gott ihn *aus* seiner Heimatstadt Ur (Gen. 15,7). Es gibt Orte, an denen wir nicht das werden können, was Gott mit uns vorhat. Als mir vor rund 20 Jahren klar wurde, dass Gottes Absicht für den Rest meines Lebens die urbane Mission ist, wurde mir auch klar, dass sich diese Berufung nicht in meinem damaligen kleinstädtischen Wohnort verwirklichen würde. Sie erforderte einen Aufbruch, der nicht schmerzfrei verlief. Ich musste kündigen, ohne zu wissen, wo mein Weg hinführen und was als Nächstes kommen würde.

Die Notwendigkeit, einen Ort zu verlassen, kann sich auch daraus ergeben, dass eine Mission erfüllt ist. Hier gibt es delikate Situationen. Über den Anarchisten Michail Bakunin wurde gesagt: „Am ersten Tag der Revolution ist er einfach unbezahlbar, doch am nächsten Tag muss man ihn erschießen“ (Wittkop 1974:37). So drastisch würde ich es nicht formulieren, aber es gibt in der urbanen Mission Pioniere, die wieder niederreißen, was sie aufgebaut haben, wenn sie nicht früh genug weiterziehen. Sie haben unschätzbare Gaben für die Gründungsphase eines Projekts oder einer Gemeinde, aber wenn die Phase kommt, in der Teamwork und Strukturierung angesagt sind, werden sie mit ihrer Einzelkämpfermentalität zu einer Belastung. Sie könnten am nächsten

Ort wieder hervorragende Gemeindegründer sein; stattdessen bleiben sie und sind schlechte Pastoren. Wohl ihnen, wenn sie die innere Größe haben, das einzusehen und loszulassen. Doch oft hängen sie an dem, was sie gegründet haben, weil es „ihr Kind" ist. Wohl ihnen, wenn dann andere die innere Größe haben, ihnen in den Weg zu treten. Eine gute Supervision, ehrliche Freunde, die nicht nach dem Munde reden, oder turnusmäßige Bestätigung von Leitungsverantwortung durch geheime Abstimmung können dazu beitragen, dass der richtige Zeitpunkt nicht verpasst wird.

15.1 Die Hinwendung zum eigenen Ort

Abbildung 15.1: Liebe deine Stadt

In vielen Fällen geht es bei der Sendung in die urbane Mission um eine neue Hinwendung zum eigenen Wohnort. Manchmal ist sie emotionaler Natur. Nicht jeder liebt seine Stadt, doch urbane Mission funktioniert nicht ohne Liebe. Ich selbst stand vor dieser Situation, als mein Weg mich bereits nach Berlin geführt hatte. Im August 1996 wurde ich Pastor der Josuagemeinde in Spandau, und obwohl ich sicher war, dass dieser Schritt richtig war, spürte ich in mir eine Abneigung gegen den Bezirk. Spandau hatte damals noch mehr als heute das Image eines kleinbürgerlichen Vororts von Berlin und im Bewusstsein seiner Einwohner liegt es nicht in, sondern „bei Berlin". Und dort lag es auch meinem Empfinden nach. Einige Monate lang haderte ich: „Herr, du hast mich nach Berlin berufen: Warum durfte ich nur nach Spandau?" Das war nicht die richtige Voraussetzung für urbane Mission. Im Januar 1997 startete ich in unserer Gemeinde ein wöchentliches Frühgebet für unseren Bezirk. Oft liefen wir morgens durch die Spandauer Altstadt und beteten mit offenen Augen für die Menschen, die Verhältnisse und die Verwaltung unseres Bezirks. In meinem Herzen veränderte sich etwas. Ich begann, Spandau zu lieben. Das ist bis heute so geblieben, auch wenn der Bezirk nicht mehr der Mittelpunkt meines Engagements ist.

Eine innere Distanz zu ihren Wohnorten hatten auch die jüdischen Exilanten, die zur Zeit Jeremias in das babylonische Reich umgesiedelt worden waren. Sie fühlten sich dort nicht zu Hause und isolierten sich in der Hoffnung auf eine baldige Rückkehr in die Heimat. Doch die Botschaft, die Jeremia ihnen ausrichtete, war klar: Sie sollten sich niederlassen, wirtschaftlich investieren, sich am sozialen Leben beteiligten und sich um das Wohl der gesamten Stadt bemühen, nicht nur das ihrer kleinen jüdischen Gemeinde (Jer. 29,5-7). Ihnen wurde empfohlen, was auch mir zweieinhalb Jahrtausende später in Spandau half: „Betet für sie zum Herrn" (Jer. 29,7). Man kann das ganze Alte Testament unter der Perspektive lesen, wie aus Stadtkritik Liebe zur Stadt wird. Das ist das Thema des auf dieses Kapitel folgenden Exkurses. Jeremia 29 ist auf diesem Weg einer der Meilensteine und das Motto „Suchet der Stadt Bestes" (V. 7; Lutherübersetzung) ist bis in unsere Tage eine Motivation für urbane Mission geblieben.

Die Hinwendung zur Stadt findet ihren Ausdruck in einem Perspektivwechsel: Wir sehen sie nicht länger nur als unseren, sondern als Gottes Ort. Dadurch ändert sich auch unsere eigene Identität: Aus Bewohnern werden Gesandte. Einen solchen Perspektivwechsel gab es in der Jugendarbeit der evangelischen Kirchengemeinde St. Reinoldi Rupelrath in Solingen, deren Leiter Wolfgang Arzt ist. Den Beteiligten wurde bewusst,

> dass die persönliche Dimension von Glauben und Evangelium in den Programmen der Jugendarbeit stark betont wurde, während die soziale und die politische Dimension der guten Nachricht von Gottes anbrechender neuer Welt kaum vorkam. Entsprechend wurde viel Zeit und Kraft investiert, um attraktive Programme zu gestalten und Jugendliche in die eigenen Räumlichkeiten einzuladen. Mission wurde vor allem als Auftrag zum Gemeindebau verstanden. Der Fokus war stärker nach innen gerichtet als auf den Stadtteil, in den Gott die Jugendarbeit gestellt hatte. (Arzt 2013:69-70)

Sie ließen sich herausfordern: „Fragen, die sich hauptsächlich auf die Kirche konzentrieren, führen nur in die falsche Richtung. Am derzeitigen Punkt in unserer Geschichte müssen wir radikal andere Fragen stellen: Was führt Gott in unserer Nachbarschaft, in unseren Milieus im Schilde? Wie werden wir ein Teil dessen, was Gott in diesen Kontexten tut?" (Roxburgh 2012:19). Das Ergebnis waren eine neue Perspektive: „Wie können wir dazu beitragen, dass Jugendliche an unserem Ort Gottes Vision vom Leben in allen Beziehungsdimensionen ihres Lebens umsetzen?" (Arzt 2013:70) und eine neues Selbstverständnis: „Wozu sind wir an unserem Ort da?" (ebd. S. 69).

Bei freikirchlich geprägten Christen kann die Hinwendung zur Stadt eine andere Form annehmen. Viele freikirchliche Gemeinden haben einen großen Einzugsbereich. Die Mitglieder fahren von ihren Wohnorten weite Strecken zu den jeweiligen Versammlungsorten. Wenn mehrere von ihnen an einem Ort wohnen, kann der Wunsch entstehen, auch im eigenen Ort eine Gemeinde ihrer Art zu haben. Die Berufung zur

Stadt bewirkt in diesem Fall, dass es ihnen um mehr als die Verkürzung von Fahrzeiten geht. So geschah es in Bergneustadt:

> Eine kleine Gruppe von Bergneustädtern hegte schon seit langem den Wunsch, in Bergneustadt eine Gemeinde zu gründen. Sie trafen sich zunächst zum Gebet für die Stadt. Als ihr Wunsch immer mehr zur Realität wurde, fragte sich die Gruppe, wie so eine Gemeinde aussehen könnte. Bald wurde klar, dass diese Gemeinde ihre Daseinsberechtigung durch ihren Dienst an der Stadt erhalten und zu einer Kirche für andere werden sollte. (Beck 2013:173)

Die Gemeindegründer erkundigten sich bei Verantwortlichen der Stadt, wo diese einen besonderen Bedarf sahen. Sie erhielten zur Antwort: „Es wäre schön, wenn sich jemand um die Jugend, die auf der Straße rumhängt, kümmern würde“ (ebd.). Und so entstand parallel zur neuen Gemeinde und eng mit ihr verbunden die interkulturelle Jugendarbeit „Connection Bergneustadt“ (Beck 2013).

In einer anderen freikirchlichen Gemeinde, der Freien Evangelischen Gemeinde Geesthacht, wurde die Berufung zur Stadt durch eine Krise aktualisiert:

> Alles begann mit einer Krise. In den letzten Jahren nahm die Zahl der Mitglieder und Gottesdienstbesucher immer mehr ab. Viele treue und ältere Mitglieder der Gemeinde wurden immer schwächer und die ehemals aktive Generation erlebte starke Einbrüche durch Krankheit und Tod [...] Die Gemeinde schrumpfte, niemand kam hinzu. Ein Gefühl der Kraftlosigkeit machte sich breit, welches auch bis heute nicht ganz überwunden ist. Dieser Leidensdruck machte uns offen für Veränderung. (Wagner 2013:228)

Auch wenn die Gemeinde im Stadtteil recht isoliert war, lebte in ihr die Erinnerung: „Ja, Gott hat uns damals [vor über 30 Jahren; Anmerkung von mir] in die Oberstadt gestellt“ (ebd. S. 229). Nun besann man sich auf diese Überzeugung unter dem Leitsatz: „Wir wollen uns neu für den Stadtteil öffnen“ (ebd. S. 230). Drei Jahre später sah die Zwischenbilanz so aus:

> Mittlerweile sind wir zu einer Begegnungsstätte in der Geesthachter Oberstadt geworden, erweitern unsere Kontakte in der Nachbarschaft und zur Stadt hin, teilen unsere Räume mit weiteren unterschiedlichen Gruppen aus der Stadt, laden jeden Mittwoch zum Nachbarschaftstreff ein und reden von uns als der „Nachbarschaftskirche FeG Geesthacht“, die immer mehr Gestalt annimmt. (ebd. S. 228)

15.2 Die Sendung an einen neuen Ort

Häufig stellt sich die Aufgabe, das richtige urbane „Missionsgebiet" erst noch zu finden. Das gilt vor allem, wenn jemand sich in Verbindung mit einem speziellen Beruf (wie Pastor, Gemeindepädagoge oder Sozialarbeiter) engagieren möchte, für den er die entsprechende Ausbildung absolviert (hat). Eine Erschwernis ist in diesem Fall, dass nicht nur ein Ort, sondern auch eine Stelle gefunden werden muss, eine Erleichterung, dass Gott nicht nur mögliche Orte, sondern auch mögliche Stellen kennt.

Nicht jeder hat es so leicht wie Jona, der von Gott eine klare Ansage bekam: „Geh nach Ninive!" (Jona 1,2). Dafür hat Gott es nicht mit jedem so schwer wie mit Jona. Ich selbst „wusste" zwei Jahre vor unserem Umzug, dass es nach Berlin gehen würde. Es war eine tiefe, intuitive Sicherheit, die jenseits rationaler Erwägungen lag. Eine solche Sicherheit ist allerdings keine notwendige Voraussetzung für eine Sendung an einen Ort und für sich allein genommen ist sie sogar dünnes Eis. Wir können so verliebt in unsere eigenen Ideen sein, dass sie sich in unserem Kopf anfühlen wie der Wille Gottes in unserem Herzen. Es muss mehr passen als die eigene Sendungsgewissheit.

Eine wichtige Bestätigung (oder ein Korrektiv) kann der eigene Partner sein. Als ich schon wusste, dass unser Weg nach Berlin geht, wusste meine Frau es noch überhaupt nicht. „Ich gehe nie nach Berlin", hörte ich sie sagen. Das war völlig in Ordnung. Für mich stand fest: „Wenn das, was ich im Herzen spüre, von Gott ist, wird er es auch meiner Familie zeigen." Ich überließ das Weitere ihm. Und schon bald „wussten" auch meine Frau und unsere älteren Töchter, dass es Richtung Hauptstadt ging. Das hat sich übrigens für alle als ein guter Schritt erwiesen. Und für mich ist bis heute bei wichtigen Entscheidungen die übereinstimmende Gewissheit meiner Frau die beste Sicherheitsgarantie. Ich bin der Abenteurer, sie ist die Bodenständige und zusammen sind wir ein gutes Team, das gemeinsam von Gott geführt wird.

Eine andere Form von intuitiver Gewissheit ist das „Erkennen" eines Ortes. Ich deute es so: Da wir in Verbindung mit dem Geist Gottes stehen, gibt es in unserem Inneren ein Signal, wenn wir uns an einem Ort befinden, dem er in besonderer Weise zugewandt ist, vor allem, wenn wir Teil seiner Absichten sind. In Kapitel 6 habe ich von Andrea Haase berichtet, die 2008 in die Clara-Zetkin-Siedlung in Gotha-Siebleben zog. Acht Jahre vorher war ihr Pfarrer mit seiner Familie in die Kirchengemeinde gekommen. Bei einem Gang durch die Platte hatten sie schon damals empfunden: „Dort müsste die Kirche sein" (Haase 2013:165). Inzwischen wurde der Wunsch Wirklichkeit. Wenn bestimmte Orte in uns etwas Besonderes auslösen, ist es gut, solche Intuitionen bewusst zu registrieren und in Erinnerung zu behalten. Sie sind nicht immer eine sofortige Platzanweisung, aber sie können später zum Mosaikstein einer eigenen oder fremden Berufung werden.

Die meisten Berufungen an einen konkreten Ort kommen nach meiner Wahrnehmung dadurch zustande, dass immer mehr Details zusammenpassen. Es ist wie bei einem Dalli-Klick, bei dem ein Bild zu erraten ist, das Stück für Stück aufgedeckt wird. Mit jedem neuen Bildelement werden mehr Details sichtbar, bis das Abgebildete sicher erkannt werden kann. So war es bei der Gründung einer Wohngemeinschaft von Studierenden in einem sozialen Brennpunkt Marburgs:

> Die Idee zur Gründung einer Wohngemeinschaft entstand bei einem Kursabendessen am MBS-Bibelseminar im Februar 2007. Eine Studierende kam mit ihren Kommilitonen über Evangelisation, soziale Brennpunktarbeit und den biblischen Auftrag, Menschen bedingungslos zu lieben, ins Gespräch. Auslöser hierfür war der Besuch der One-Heart-Konferenz in Kassel, wo das Thema christliche Schulsozialarbeit und die Frage, ob Schüler anderer sozialer Milieus einen Platz in der christlichen Gemeinde finden können, im Mittelpunkt standen. Durch zahlreiche Unterrichtsgespräche über emergente Gemeindearbeit im postmodernen Kontext, angeregt durch Bücher wie „Das Kreuz und die Messerhelden“ (David Wilkerson) oder „Ich muss verrückt sein, so zu leben“ (Shane Claiborne), war in diese Richtung bereits eine Grundlage gelegt worden. Aufgrund existierender Beziehungen zu Jugendlichen des oben beschriebenen Stadtteils infolge von Schulpraktika wuchs das Bestreben, an dieses Engagement anzuknüpfen und die theoretische Diskussion durch weitere Praxiserfahrungen zu ergänzen. Es entstand der Wunsch, eine Wohngemeinschaft vor Ort zu gründen. (Müller 2013:157)

Mehrere Bildelemente sind klar erkennbar: Durch die Ausbildung und durch Bücher waren Überzeugungen, Werte und Wünsche geformt worden; es gab bereits Kontakte zum Ort; ein Konferenzbesuch aktualisierte grundsätzliche Einsichten zu einer konkreten Herausforderung („Können Schüler anderer sozialer Milieus einen Platz in der Gemeinde finden?“); die Gedanken mehrerer Einzelpersonen konvergierten zu einem Gruppenkonsens. Für mich sieht das Bild wie eine Sendung aus.

Ein weiteres Beispiel dieser Art stammt von Thorsten Riewesell, dem Gründer und Leiter des Vereins „Jumpers – Jugend mit Perspektive“. Seine Erfahrungen führen uns noch einen Schritt weiter und ich lasse ihn ausführlicher zu Wort kommen:

> Durch meine langjährige Tätigkeit als Referent im Deutschen EC-Jugendverband konnte ich an vielen Orten beobachten, wie Jugendarbeit gelebt und umgesetzt wird, welche jungen Leute Zugang zu Teen- und Jugendkreisen bekommen und welche Gruppen wir nicht erreichen. Es zeichnete sich das deutliche Bild ab, dass in den EC-Kreisen vornehmlich Jugendliche aus dem mittleren bis gehobenen Bildungsbürgertum heimisch werden. Immer wieder machte ich diese Beobachtung während und nach Jugendwochen, in denen auch mit attraktiven Bands und Gruppen in Schulen zu Abendveranstaltungen eingeladen wurde.
>
> Zwar ließen sich auch viele Jugendliche aus Hauptschulen einladen und manche entschieden sich an den Abenden sogar dazu, ihr Leben fortan mit Jesus zu gestalten. Doch so mitreißend und wohltuend diese Abende offensichtlich erlebt wurden,

> wurde schnell der Graben zur „normalen" Teen- oder Jugendstunde deutlich. Dort gab es keine coole Band mehr, stattdessen langwierige und langweilige „Texterörterung" anhand schwer verständlicher Bibelpassagen. Zudem meldeten sich schnell die „frommen" Teens und äußerten deutlich ihr Unbehagen, dass jetzt diese „Assis" aus der Stadt auch in „ihrem" Teenkreis abhängen. Schließlich kamen noch die Eltern dieser Teens zu Wort und machten dem Jugendarbeiter sehr deutlich, dass sie sich einen anderen Umgang für ihr Kind wünschen. [Das Letzte, was viele christliche Eltern sich für ihre Kinder vorstellen können, ist, dass diese anfangen, wie Jesus zu leben; Anmerkung von mir.] Als ich Vorsitzender der Jugendallianz in Deutschland wurde und diese Beobachtung mit Vertretern anderer Jugendverbände teilte, wurde schnell deutlich, dass alle christlichen Jugendverbände vor allem und fast nur die Kinder und Jugendlichen mit höherer Bildung und mit stärkerer Sozialkompetenz erreichen. Belegt wurde es durch Untersuchungen und Umfragen im Rahmen meines Masterstudiums „Gesellschaftstransformation". Die Frage kam auf: „Welche Arbeit, welcher Jugendverband kümmert sich eigentlich darum, sozial schwächere und weniger gebildete Kinder und Jugendliche mit der Liebe Gottes zu erreichen und sie in ihrer Entwicklung zu unterstützen?" (Riewesell 2013:149)

Diese Frage wurde zur Berufung. Es gibt Sendungen, die nicht orts-, sondern personenbezogen sind. Gott „spricht" zu jemandem nicht über einen Ort, sondern über eine bestimmte Gruppe von Menschen oder eine konkrete Herausforderung. Der Betreffende weiß, zu wem er gesandt ist, und sucht dann den passenden Ort, wo er diesen Menschen begegnen kann. Für die Arbeit der Jumpers kristallisierte sich ein Stadtteil Kassels heraus, weil dort vieles zusammenpasste: die Sozialdaten, die Kooperationsbereitschaft säkularer Akteure und die Partnerschaft einer örtlichen Gemeinde (ebd. S. 151).

Auch für Roland Baumann begann der Weg in die Stadt Parchim mit der Entdeckung einer „Not". Er lebte mit seiner Familie als Missionsarzt in Peru. Dort fielen ihnen „Nachrichten über die immer desolatere geistliche Situation in Deutschland" (Baumann 2011:12) auf.

> Nach Beendigung unseres Auftrages in Puno sahen wir unser nächstes missionarisches Ziel deswegen weder in einem neuen Projekt in Peru, noch in einem anderen Entwicklungsland, sondern in Deutschland. Der Wohnort wurde dabei bewusst gewählt, um in einer Gegend, mit für Deutschland größter geistlicher und materieller Armut, durch missionalen Gemeindebau gesellschaftstransformatorisch aktiv zu sein. Es war für uns offensichtlich, dass diese Kriterien auf Ostdeutschland und dort wiederum besonders auf den Norden zutreffen würden. Aus diesem Grund zogen wir 2003 nach mehreren Erkundungsreisen in die Kleinstadt Parchim in Mecklenburg-Vorpommern. (ebd.)

15.3 Eine Ermutigung, eine Warnung, ein heikles Thema und noch eine Ermutigung

Im Verlauf der letzten Jahrzehnte habe ich viele Leute auf dem Weg zu oder in ihrem Dienst begleitet. Ich habe mich über ihre Erfolge mit gefreut, aber auch Scheitern mit ansehen müssen. Diese Erfahrungen sind der Hintergrund für einige zusätzliche Anmerkungen zum Thema „Berufung“.

Viele Leute mit großem Potenzial sind zurückhaltend. Sie sind bescheiden oder die wichtigsten Personen ihrer Biografie haben ihnen nicht viel Selbstvertrauen vermittelt. Joshua Lupemba, den ich in Kapitel 6 vorgestellt habe, bekam von seinem Hauptschullehrer zu hören, dass die Schule ihm und seinen Klassenkameraden die Qualifikation für Hartz IV vermittele. Wer solche Sätze nicht abschütteln kann, den fesseln sie. Das kann dazu führen, dass Leute sich nicht trauen, ihrem Herzen zu glauben. Eigentlich wissen sie um eine bestimmte Berufung, aber weil diese außerhalb ihrer Komfortzone liegt oder nicht in ihrer Reichweite scheint, zögern sie. Für solche Leute kann es eine freisetzende Hilfe sein, wenn sie in einem geeigneten Kontext aufgefordert werden, über die Träume ihres Herzens zu sprechen. Gute Fragen dazu sind: „Was würdest du erreichen wollen, wenn du keine Angst haben müsstest, zu scheitern?“ oder „Was würdest du tun, wenn es keine finanziellen Einschränkungen gäbe?“ (Die letzte Frage war in meinem eigenen Dienst der Auslöser für einen wichtigen Richtungswechsel.) Wir sollten unserem Herzen mehr vertrauen, vor allem, wenn der große Traum sich mit konkreten ersten kleinen Schritten verbindet.

Es gibt aber auch Leute, die zu hoch nach den Sternen greifen. Durch einen „großen“ Dienst wollen sie sich selbst aufwerten. Davon gibt es verschiedene Varianten. Der eine will unbedingt zu den „Aposteln und Propheten“ gehören. Ein anderer träumt davon, dass eine mächtige Geisterfahrung ihm den „Durchbruch“ beschert und langwierige Beziehungs- und Kleinarbeit erspart. (Vermutlich werden solche „Frauen und Männer Gottes“ mein Buch gar nicht erst lesen.) Ein dritter versucht verkrampft, ein erfolgreicher Pastor zu werden, bis er nach viel Frust dankbar ist, dass seine Denomination ihm eine Nische in der Verwaltungsarbeit einrichtet. Dort ist er dann oft wirklich gut. Ein vierter würde einen großartigen Dienst leisten, wenn er in seinem Stadtteil zwei Kindern aus schwierigen Verhältnissen bei den Hausaufgaben helfen würde, aber als Gestalter einer stadtteilweiten Jugendarbeit ist er heillos überfordert. Ein Dienst kann viel Freude machen und viel Erfüllung bringen, er ist aber nicht das geeignete Mittel zum Aufbau einer gesunden Identität, sondern setzt diese voraus. Wer nicht ohne einen besonderen Dienst mit sich selbst in Harmonie sein kann, wird es auch in einem solchen mit sich selbst schwer haben. Wer nicht glücklich ist, wenn er *einem* Menschen etwas Gutes tun kann, wird auch nicht glücklich sein, wenn Tausende an seinen Lippen hängen. Ob jemand in der richtigen Liga am Start ist, muss sich zeigen. Wer nie Tore schießt, sollte nicht auf seine vermeintliche himmlische Spielberechtigung (Berufung) pochen, sondern sich bescheiden. Entweder steigt er freiwillig ab in die Liga seines

Glücks, oder er stellt fest, dass er kein guter Leiter und Initiator, aber ein tüchtiger Helfer ist.

Was den Ort betrifft, gibt es Konstellationen, in denen jemand keine Wahl hat. Wenn eine Denomination hierarchisch geordnet ist, dann ist ein Beschluss der übergeordneten Instanz oft der bestimmende Faktor bei der Platzzuweisung. Diese kann mit einer göttlichen Sendung übereinstimmen, wenn die Verantwortlichen weise vorgehen und gemeinsam eine gute Lösung erarbeitet wird. Das ist hoffentlich heute in den meisten Fällen so, auch wenn ich bis in die Gegenwart hinein tragische Missgriffe beobachte. Nicht nur der Ort, sondern auch die Dauer kann von kirchlichen Gepflogenheiten bestimmt sein. Turnusmäßige Pastorenwechsel in festen Abständen sehen für mich nicht sehr organisch aus. Wer an einem Platz falsch ist, für den ist ein Jahr zu lang. Wer dort richtig ist, hat seine Mission nach fünf Jahren meist noch nicht erfüllt. Wenn der Ort und die Zeit stimmen, kann es dennoch sein, dass die Aufgabenbeschreibung nicht passt. Die Erwartungen, die Gemeinden an ihre Vollzeitlichen richten, sind in vielen Fällen nicht gesund und nicht berufungsgemäß. Ein Beispiel haben wir vorhin gelesen: Eltern nehmen sich Jugendarbeiter zur Brust, weil diese ihre Kinder nicht vor dem Kontakt zu „Schmuddelkindern" bewahren. Bei allem Respekt, den ich vor allen christlichen Kirchen habe: Die Sitten und Gebräuche einer Denomination oder einer Lokalgemeinde sind nicht immer mit dem Willen Gottes identisch. Wenn aus der Loyalität zum eigenen Verband Nibelungentreue wird, können mutige Schritte erforderlich werden. Gott hat nichts dagegen, wenn wir ihm „mehr gehorchen als den Menschen" (Apg. 5,29).

Was ist, wenn wir die „letzte Ausfahrt" zu unserem göttlichen Bestimmungsort verpassen? Keine Angst, es wird uns besser ergehen als Jona (Jona 1,15-2,1). Gott verbreitet „durch uns den Duft der Erkenntnis Christi an *allen* Orten" (2. Kor. 2,14) und lässt uns nicht hängen, weil wir eine Führung verschlafen haben. Mit der richtigen Einstellung am „falschen" Platz kommt mehr Gutes zustande als mit der falschen Haltung am „richtigen" Ort.

15.4 Und unsere Wohnung?

Muss unsere Wohnung da liegen, wo unser Einsatzort ist? Das ist eine gute, aber keine leicht zu beantwortende Frage. Wir kommen einer Antwort näher, indem wir uns mit einem weiteren Aspekt des städtischen Lebens befassen und die Ergebnisse mit neutestamentlichen Beobachtungen verbinden.

15.4.1 Gemeinschaft in der Stadt

15.4.1.1 Die verlorene Gemeinschaft

In Kapitel 3 haben wir gesehen, wie sich mit der Größe einer Siedlung das gegenseitige Verhältnis ihrer Bewohner verändert: Im Dorf und in kleineren Städten trifft man meist

Bekannte, in größeren Städten Fremde. Bekannte kennt man aus vielfältigen Bezügen, Fremde nimmt man, wenn überhaupt, nur ausschnitthaft und in bestimmten Funktionen wahr. Vertraute und emotionale Beziehungen, die man auf dem Land zu vielen Menschen hat, werden in der Stadt durch reservierte, sachliche und zweckbestimmte Begegnungen ersetzt.

Diese Beobachtungen führten in der Zeit der stärksten Verstädterung[169] zu heftiger Großstadtkritik. Man sah etwas Wertvolles verschwinden und fürchtete die entwurzelten Massen, die in die wachsenden Städte gespült wurden. Ein 1887 in erster Auflage erschienenes Buch fasste die Besorgnis in eine umfassende soziologische Theorie über „Gemeinschaft und Gesellschaft"[170]. Der Verfasser Ferdinand Tönnies beschreibt sie als zwei entgegengesetzte Erscheinungsformen des Sozialen. Gemeinschaft wird im Dorf und in der Kleinstadt gelebt, in der Großstadt findet man die Gesellschaft. Was unterscheidet beide?

In der Gemeinschaft sind die Menschen „wesentlich verbunden" (Tönnies 1963:40). Sie sind Teil einer Gruppe und haben, so würden wir es heute bezeichnen, ein Wir-Gefühl. In der Gesellschaft sind die Menschen „wesentlich getrennt" (ebd.) und leben als Individuen. In der Gemeinschaft hat der Mensch seinen festen und sicheren Platz und ist durch vielfältige Begegnungen als Person bekannt. In der Gesellschaft erfüllt er eine Funktion, ohne dass mehr von ihm zur Kenntnis genommen wird. In der Gemeinschaft ist er zugehörig und kann auf Fürsorge und Solidarität rechnen. In der Gesellschaft herrscht soziale Distanz und andere interessiert nur der Nutzen, den er bietet. Die Mitglieder einer Gemeinschaft sind durch gemeinsame Werte und eine gemeinsame Geschichte verbunden. In der Gesellschaft schließt man Verträge und bildet eine zufällige Ansammlung von Menschen ohne geteilte Vergangenheit.

Die Großstadt ist aus dieser Sicht der Tod der Gemeinschaft. Sie ist nicht nur der Ort unsteter und anonymer Massen, sondern in ihr herrscht eine gefährliche Gesetzlosigkeit, weil die soziale Kontrolle kleiner Gemeinschaften fehlt (Häußermann 2007a:601). Inzwischen weiß man, dass die zweifellos vorhandenen schädlichen Begleitumstände des damaligen Großstadtlebens weniger auf der Größe der Städte als auf ihrem schnellen Wachstum und der ständigen Mobilität ihrer Bewohner beruhten, die heute hier und morgen da lebten und heute diesen und morgen jenen Nachbarn hatten. Dennoch bleibt die Einsicht, dass Großstädte Gemeinschaft verhindern und Menschen isolieren können. In Kapitel 14 haben wir bereits gesehen, dass Großsiedlungen solche Effekte haben können. Ihnen wurde schon in den 1970er-Jahren, lange bevor der Fahrstuhleffekt nach unten einsetzte, bescheinigt, dass sie zu Isolation, Apathie und Privatismus führen (Gronemeyer 1977:47.51). Auch gelegentliche Zeitungsmeldungen, dass jemand tage-, wochen- oder monatelang unbemerkt tot in seiner Wohnung lag, zeigen die Realität dieser Seite des Stadtlebens.

169 Zwischen 1860 und 1925 (Häußermann & Siebel 2004:21).
170 So der Titel des Buches (Tönnies 1963). Die nachhaltige Wirkung dieses Klassikers lässt sich auch daran erkennen, dass sich gesellschaft und gemeinschaft in der englischsprachigen Literatur bis heute als Fachbegriffe eingebürgert haben.

15.4.1.2 Die bewahrte Gemeinschaft

Im Jahr 1957 zog ein anderer Soziologe, Herbert Gans, für einige Zeit in das Westend von Boston, ein Quartier, das aufgrund seiner baulichen Verfassung als Slum galt. Gans wollte aus erster Hand erfahren, wie das Leben dort aussah, und verbrachte mehr als ein halbes Jahr unter den italienischen Einwanderern, die den größten Teil der Bewohner ausmachten (Gans 1982). Er traf auf ein intensives Gemeinschaftsleben, das im Gegensatz zu den Theorien der Großstadtkritik stand. Die Leute lebten so zusammen, wie man es bis dahin nur in einem Dorf erwartet hätte. Sie kannten einander, klatschten übereinander, besuchten einander und halfen einander. Ihre Beziehungen waren eng, umfassend und dauerhaft. Gans hatte ein „Dorf in der Stadt" entdeckt.[171]

Auch in deutschen Großstädten gab und gibt es diese urbanen Dörfer (Häußermann 2007a:602). Am häufigsten sind sie in den Quartieren zu finden, die wir in Kapitel 13 als Kandidaten für Gentrifizierung kennengelernt haben. Es sind Altbaugebiete in einem schlechten baulichen Zustand, deren Bewohnern meist arm an Geld, aber reich an Beziehungen sind. In diesen Quartieren findet ein reges Bürgersteigleben statt, es gibt viele Möglichkeiten, sich im Alltagsleben zu treffen und kennenzulernen, und man stößt auf nachbarschaftliche Unterstützungsnetze. Auch in der Großstadt ist ein intensives Gemeinschaftsleben möglich.

15.4.1.3 Befreite Gemeinschaft

Neben den urbanen Dörfern gibt es in großen Städten eine weitere Gemeinschaftsform, die nur hier möglich ist (ebd. S. 603). Der Kanadier Barry Wellman nennt sie die „befreite Gemeinschaft"[172] (Wellman 1979). Durch die Größe und Dichte der Stadt stehen in ihr viel mehr potenzielle Interaktionspartner zur Verfügung als im Dorf oder in der Kleinstadt und so können sich Gemeinschaften bilden, die etwas anderes verbindet als gemeinsame Herkunft oder räumliche Nähe. Wer eine seltene Sportart betreibt, einen ausgefallenen Lebensstil pflegt, speziellen Interessen nachgeht oder ungewöhnliche Aktivitäten liebt, findet in der Stadt leichter Gleichgesinnte als auf dem Dorf und kann im Bedarfsfall seinen Vorlieben eher im Schutz der Anonymität nachgehen. Die Gemeinschaft des Dorfes kann ja auch erdrückend eng werden. Deshalb hat es Außenseiter schon immer in die Städte gezogen, weil sie nur dort die Chance haben, einen Kreis zu finden, in dem sie Insider sind.

In der Stadt kann man sich seine Beziehungen aussuchen und man ist dabei nicht auf ein gemeinsames Wohngebiet angewiesen. So entstehen in den Städten neben den geografischen auch kulturelle Dörfer, verzweigte Netzwerke, die sich über Quartiers- und Stadtgrenzen hinweg erstrecken. Diese Gemeinschaftsform ist stärker von Verabredungen und Treffpunkten abhängig. Man läuft sich nicht dauernd über den Weg,

171 Sein Buch trägt den bezeichnenden Titel „The Urban Villagers".
172 Wellman fasst die verschiedenen Aspekte von Gemeinschaft in der Großstadt unter den Bezeichnungen „Community Lost", „Community Saved" und „Community Liberated" zusammen.

deshalb braucht man Orte, an denen man sich ständig treffen kann. Ein Beispiel für einen solchen Ort ist das „St. Oberholz" (www.sanktoberholz.de) in Berlin-Mitte, ein „Treffpunkt für die ‚digitale Bohème'" (Warnhold 2014). Wer dorthin geht, sitzt mitten unter Nerds; wer dazugehört, trifft Leute, die er kennt.

15.4.2 Gemeinschaft bei Jesus und den ersten Christen

Im Neuen Testament ist Gemeinschaft ein konstitutives Element der Jesusbewegung. Von Anfang an gehört nach Apostelgeschichte 2,42 die Gemeinschaft neben der Lehre, dem Mahl und dem Gebet zu den Kernelementen dessen, was Kirche ausmacht. Die durch Jesus gestiftete Gemeinschaft besitzt die Merkmale, die wir bei Ferdinand Tönnies gefunden haben: Die Gläubigen sind „wesentlich verbunden" zu einer Gruppe mit einem Wir-Gefühl; sie können aufgrund ihrer Zugehörigkeit mit Fürsorge und Solidarität rechnen; sie teilen gemeinsame Werte und eine gemeinsame Geschichte, denn auch die, die neu dazustoßen, werden durch die „Lehre der Apostel" Teilhaber der Jesusgeschichte.

Gleichzeitig ist die Gemeinschaft „inkarnatorisch". Inkarnation bedeutet, Teil der Lebenswelt und der Kultur von Menschen zu werden (→ Kap. 23). Zur Kultur gehört auch, wie Menschen Gemeinschaft verstehen, leben und erleben. Deshalb knüpft die Gemeinschaftsstiftung durch Jesus und später durch seine Nachfolger an Gemeinschaftsformen und -erfahrungen an, die den Menschen ihrer Umwelt vertraut waren. Die enge Gemeinschaft, die Jesus mit seinen Jüngern hatte, wies trotz wichtiger Unterschiede so viele Parallelen zum Jüngerwesen der damaligen Zeit auf, dass Außenstehende sie in diese vertraute Kategorie einordnen konnten: „Leute [kamen] zu Jesus und sagten: Warum fasten deine Jünger nicht, während die Jünger des Johannes und die Jünger der Pharisäer fasten?" (Mk. 2,18). Und die von den frühchristlichen Missionaren gegründeten Gemeinden waren trotz mancher Besonderheiten keine völlig neuen sozialen Gebilde: „Sowohl von ihren Sozialformen und -strukturen als auch von ihrer Selbststilisierung her ähneln christliche Gemeinden den antiken Vereinen außerordentlich" (Ebner 2012:228).

Aus dieser Beobachtung lassen sich Folgerungen ziehen: Wir sollten sehr vorsichtig sein, aus den sozialen Formen der damaligen Gemeinden eine auch heute noch verbindliche „neutestamentliche Gemeindeordnung" abzuleiten. Stattdessen gilt es, Gemeinschaft in unserer Zeit so zu gestalten, dass sie Analogien zu dem aufweist, wie die Menschen heute Gemeinschaft verstehen, leben und erleben.

Wenn wir jetzt die Brücke zur Gemeinschaft in der Stadt schlagen, ergeben sich die praktischen Anwendungen fast von selbst:

1. Wo Gemeinschaft verloren gegangen ist, muss sie neu gestiftet werden. Da im Verlauf der Zeit mit der Gemeinschaft auch die Gemeinschaftsfähigkeit Schaden leidet, kann es erforderlich sein, Gemeinschaft neu zu lehren und zu lernen.
2. Wo Gemeinschaft in den kleinen, „geografischen Dörfern" der Stadt bewahrt ge-

blieben ist, muss auch die Gemeinschaftspraxis der urbanen Mission wohnungs- und alltagsnah geschehen.

3. Wo Gemeinschaft zum Miteinander in „kulturellen Dörfern" befreit ist, braucht die Gemeinschaftspraxis der urbanen Mission eine ähnlich flexible Netzwerkstruktur.

15.4.3 Der Zusammenhang von Gemeinschaft und Wohnungswahl

Jetzt lassen sich einige Kriterien für unsere Wohnungswahl formulieren. Sie hängt davon ab, in welches der geografischen oder kulturellen Segmente der Stadt wir gesandt sind.

Wer sich in einem gemeinschaftsarmen Quartier, zum Beispiel einer Hochhaussiedlung im Westen – in den Neuen Bundesländern sind die Verhältnisse anders (→ Kap. 14.2) – engagieren möchte, muss nicht unbedingt dort wohnen. Aufgrund des baulichen und monofunktionalen Charakters des Quartiers würden sich daraus nicht die vielen Alltagsbegegnungen ergeben, in die urbane Mission an anderen Orten eingebettet ist. Es fehlen die Zwischenräume, auf denen sich zwanglose Geselligkeit entwickeln und Schritt für Schritt zur Gemeinschaft werden kann. Da man sich in diesen Siedlungen so gut wie nie gegenseitig in die Wohnungen einlädt, bleibt es meist bei Small Talk im Treppenhaus oder auf der Etage und der nächste Aufgang ist schon wieder eine Welt für sich.

Ich habe Felix Bergemann, den Leiter des FACE-Familienzentrums (→ Kap. 14.1), gefragt, wie er die Frage nach dem Wohnort beantwortet. Er meint: „Wichtiger ist, einen echten Einblick in die Lebenswelt zu haben, wie immer man den bekommt. Wir im FACE haben alle diesen Bezug, weil wir hier groß geworden sind wie ich oder durch unseren Gemeindebesuch. Das hilft total. Man muss das Grundgefühl der Menschen, ihre Hassliebe zum Quartier nachvollziehen können. Das ist der Schlüssel für Gespräche mit den Anwohnern. Sie spüren schnell, ob jemand wirklich Liebe und Bezug zum Sozialraum hat oder nur missionieren und sein Ding durchziehen will. Man muss es möglichst schnell schaffen, Menschen aus dem Sozialraum einzubeziehen. Wer immer nur von außen Impulse bringt, läuft an den Leuten vorbei. Das bedeutet nicht automatisch, dass man hier wohnen muss. Aber man sollte ganz schnell Anwohner mit reinnehmen oder wenigstens diesen Bezug zum Quartier haben."

Wer hingegen seinen Einsatzort in einem der gemeinschaftsstarken Altbauviertel gefunden hat, für den ist es eigentlich zwingend, dort auch zu wohnen. Wer am Alltagsleben nicht teilnimmt, bleibt ein Außenstehender. Wer aus triftigen Gründen sein Domizil außerhalb hat, der sollte unbedingt möglichst viele auch seiner nicht dienstbezogenen Aktivitäten im Quartier ausüben: Einkäufe, Spaziergänge usw. Aber selbst dann steht er in der Gefahr, als ein von außen kommender „Kümmerer" angesehen zu werden, und das ist in diesen Quartieren keine Empfehlung. Zugehörigkeit entsteht durch Zusammenleben, durch Identifikation. Eine Ausnahme mag sein, wenn jemand in einem solchen Quartier einen belastenden Helferberuf ausübt. Dann kann es sein, dass er nach Feierabend den Abstand braucht, um sich zu regenerieren. Aber grundsätzlich gilt: Wohne, wo du dienst.

Nur kurz sei angemerkt, dass die Lage der Wohnung relativ beliebig ist, wenn jemand in eins der kulturellen Dörfer der Stadt, also in eine der Netzwerk-Gemeinschaften gesandt ist. Wichtig ist stattdessen, dass er die Treffpunkte und Events seiner Szene kennt.

15.4.4 Der Umzug in ein benachteiligtes Quartier

In ein benachteiligtes Quartier zu ziehen, kommt manchem wie ein großes Opfer vor. Ich kenne viele Christen, die es gebracht haben, und ich habe nicht den Eindruck, dass ich sie bedauern müsste. Man sollte eine solche Entscheidung nicht blauäugig und mit sozialromantischen Vorstellungen treffen, sich aber auch nicht vor ihr fürchten. In einigen Fällen ist die größte Herausforderung nicht das Quartier, sondern das eigene Umfeld oder die eigene Familie. Wenn Leute aus der Mittelschicht in ein Armutsquartier ziehen, können sie sich nicht immer des ungeteilten Beifalls ihrer Familie oder ihrer Freunde sicher sein. Unverständnis, Sorge oder gar Vorwürfe können ihren Schritt begleiten. Das gilt umso mehr, wenn sie Kinder haben. Ich habe eine einfache Antwort: Da muss man durch.

Am gravierendsten ist der Einwand, ob man den eigenen Kindern – jetzigen oder zukünftigen – dieses Umfeld zumuten will. Dabei steht oft die Schulfrage im Mittelpunkt: Will man seine Kinder auf eine Schule schicken, die einen schlechten Ruf hat, in der sich soziale Problemlagen konzentrieren, in denen sie vermutlich weniger lernen und in denen sie vielleicht eine ethnische Minderheit sind? Solche Fragen stellen sich auch den Mitgliedern von Eden Teams (→ Kap. 12.4). Ihre Antwort lautet: Kein Teammitglied muss seine Kinder auf die lokale Schule schicken. Wo es nicht funktioniert, können sie nach einer alternativen Lösung suchen. Die Kinder der urbanen Missionare sind nicht die Geiseln des Idealismus ihrer Eltern. Viele der Eden-Leute entscheiden sich jedoch für die örtliche Schule und machen damit gute Erfahrungen. Dazu trägt bei, dass sie den Schulbesuch ihrer Kinder als Chance sehen und nutzen, durch ihr Engagement (zum Beispiel im Elternbeirat) zur Verbesserung der Schulsituation beizutragen. Rich Stanton, der nationale Koordinator des Eden Network, erzählte mir: „Wenn die Teammitglieder Kinder erst bekommen, nachdem sie ins Quartier gezogen sind, ist das Leben dort für sie schon so normal geworden, dass die Einschulung im Quartier ganz natürlich ist."

Von Eltern, deren Kinder inzwischen erwachsen sind, habe ich schon mehrfach eine positive Bilanz gehört. Paul Keeble, der seit 35 Jahren in einer der ärmsten Gegenden Manchesters lebt, schreibt:

> Wir empfinden, dass unsere Kinder, die hier aufgewachsen sind und eine örtliche Schule mit Kindern aus vielen Herkunftsländern besucht haben, im Vorteil sind. Sie

> finden leichter ihren Weg in einer pluralistischen und multikulturellen Gesellschaft als andere junge Leute, die in eher homogenen Gebieten leben [...] Unsere Tochter lebt jetzt in Bangalore und unser Sohn hat sich entschlossen, in ein Wohngebiet in Sheffield zu ziehen, das dem sehr ähnlich ist, in dem er groß geworden ist. Wir spüren bei ihnen überhaupt kein Bedauern oder ein Gefühl, benachteiligt zu sein. Sie schätzen eher den Reichtum der kulturellen Vielfalt, den sie hier erlebt haben, und sind vielleicht sogar etwas stolz auf die „Straßenklugheit", die sie besitzen. (Keeble 2013:32.69-70)

Eine meiner Töchter ist mit ihrer Familie vor einiger Zeit in ein benachteiligtes Quartier in Berlin-Moabit gezogen. Ich habe sie noch nie in einem Wohngebiet so zufrieden und glücklich erlebt wie dort. Ihr 13-jähriger Sohn war vorher in einer der besseren Wohngegenden auf einer Schule, in der seine Mitschüler aus gut situierten Familien kamen. Jetzt geht er auf die Kiezschule. Er hat nur eine herkunftsdeutsche Mitschülerin aus einer eher ärmeren Familie. Alle anderen Klassenkameraden haben einen – mehrheitlich türkischen oder arabischen – Migrationshintergrund. Zum ersten Elternabend brachte die Klassenlehrerin für die geplante Klassenfahrt vorsorglich für alle Eltern einen Antrag auf Kostenübernahme durch das Jobcenter mit. Mein Enkel fühlt sich auf dieser Schule wohler als auf der früheren. Und er lernt dort soziale Kompetenzen, die er woanders nicht lernen würde. Einige seiner Klassenkameraden mussten in diesem Jahr das erste Mal im Ramadan fasten. Sie fragten ihn, ob er auch fastet. Er dachte darüber nach, machte sich schlau und teilte ihnen mit: „Ja, ich faste mit euch, aber ich faste christlich." Zum Unterschied erklärte er: „Wir dürfen, wenn wir fasten, etwas trinken. Aber auch darauf verzichte ich freiwillig, weil ihr nicht trinken dürft." Das kam bei seinen Klassenkameraden richtig gut an. Bei seinem Großvater auch. Mein Enkel lernt eine Fähigkeit, die wir in der urbanen Mission unbedingt brauchen: In einer multireligiösen Welt anderen mit Respekt vor ihrem Glauben und mit Solidarität zu begegnen, dabei aber eine klare eigene christliche Identität zu haben. Vielleicht wird sein Leistungsstand am Ende nicht ganz so hoch sein wie auf einem Elitegymnasium, aber er wird an sozialer Kompetenz vor vielen Altersgefährten einen Vorsprung haben. Die Antwort auf die Frage, was mehr zählt, brauche ich nicht zu fürchten.

FAZIT

- Mission bedeutet Auftrag oder Sendung. Gott gibt uns einen Auftrag, was wir tun sollen, und sendet uns an einen Ort, wo wir dienen sollen.
- Die Sendung in die urbane Mission kann Verschiedenes bedeuten:
  - Oft bedeutet sie nur, dass wir zu dem Ort, an dem wir bereits sind, eine neue Beziehung bekommen, ihn wirklich lieben lernen (dabei hilft Gebet für den Ort) und ihn als Gottes Ort sehen, an dem er bereits am Werk ist.

  - In anderen Fällen muss der richtige Ort erst noch gefunden werden. Berufungen werden meist dadurch erkennbar, dass immer mehr Details zusammenkommen: eigene Gewissheit, Bestätigung durch den Partner / die Familie, ein intuitives, geistgeleitetes Erkennen …
- Gemeinschaft ist schon im Neuen Testament ein konstitutives Element der Jesusbewegung. Die Gemeinschaft von Jesus und seinen Nachfolgern knüpfte dabei an die Gemeinschaftsformen und -erfahrungen ihrer Umwelt an. Urbane Mission sollte heute ebenfalls an unterschiedliche Gemeinschaftsformen in der Stadt anknüpfen.
  - Verlorene Gemeinschaft: Großstädte können durch ihre Größe und Anonymität Gemeinschaft verhindern und Menschen isolieren. Wo Gemeinschaft verloren gegangen ist (z. B. in Großsiedlungen in Westdeutschland), muss sie neu gestiftet werden. Dazu muss der urbane Missionar nicht unbedingt vor Ort wohnen, aber die Mentalität der Quartiersbewohner verstehen und sie mit einbeziehen.
  - Bewahrte Gemeinschaft: In Großstädten gibt es auch heute noch „urbane Dörfer". Wir finden sie meist in schlecht sanierten Altbaugebieten, deren Bewohner arm an Geld, aber reich an Beziehungen sind. Hier muss die Gemeinschaftspraxis der urbanen Mission wohnungs- und alltagsnah geschehen. Es ist eigentlich zwingend, selbst dort zu wohnen.
  - Befreite Gemeinschaft: In der Großstadt können sich Gemeinschaften bilden, die nicht durch räumliche Nähe verbunden sind. Es entstehen „kulturelle Dörfer", Netzwerke, die sich über Quartiers- und Stadtgrenzen hinweg erstrecken. In diesen Fällen braucht urbane Mission eine ähnlich flexible Netzwerkstruktur. Der eigene Wohnort ist eigentlich beliebig, wichtig ist stattdessen, die Treffpunkte und Events der Szene zu kennen.
- Wer sich entscheidet, in ein benachteiligtes Quartier zu ziehen, sieht sich oft mit zwei Problemen konfrontiert:
  - Verwandte und Freunde haben häufig Einwände. Man darf jedoch in solchen Fällen getrost Gott mehr gehorchen als den Menschen.
  - Man stellt sich die Frage, ob die lokalen Schulen gut genug für die eigenen Kinder sind. Der Besuch der lokalen Schule ist kein Muss, viele Eltern haben aber gute Erfahrungen damit gemacht.

- Was ist der (heimliche) Traum Ihres Herzens? Was würden Sie erreichen wollen, wenn Sie keine Angst haben müssten, zu scheitern? Was würden Sie tun, wenn es keine finanziellen Einschränkungen gäbe? Falls Sie diesen Traum noch nicht (vollständig) leben: Was ist der erste Schritt, den Sie gehen können, um diesem Traum näher zu kommen?

- Unabhängig davon, ob Ihr Wohnort auch Ihr Berufungsort ist oder nicht: Wie denken Sie über die Nachbarschaft, in der Sie leben? Welche Gefühle löst sie in Ihnen aus?
- Welche Gemeinschaftsform oder -erfahrung ist im Umfeld Ihrer Gemeinde / Initiative vorherrschend: verlorene, bewahrte oder befreite Gemeinschaft? Passt die Art und Weise, wie Sie als Gemeinde / Initiative diesem Umfeld dienen, dazu?

- Tobias Faix: Logbuch Berufung. Navigationshilfen für ein gelingendes Leben (Faix 2013b). *Wer sich auch über andere als die örtlichen Aspekte seiner Berufung klar werden möchte, findet hier gute Anregungen.*
- Paul Brian Keeble: Mission-With in Inner-South Manchester (Keeble 2013). *Paul Keeble erzählt von seiner Berufung in ein benachteiligtes Quartier und von seinem Leben dort.*

Die Haltung der Stadt gegenüber wandelt sich innerhalb des Alten Testaments. Ich zeichne diesen Verlauf von der Verurteilung der Stadt zur Hinwendung an die Stadt nach, da dieser Wandel die Grundlage dafür schafft, dass urbane Mission überhaupt möglich wird.

Exkurs 3: Von Ur nach Ninive

Abraham wurde von Gott *aus* der Stadt Ur geführt. Jona wurde von Gott *in* die Stadt Ninive gesandt. Abkehr von der Stadt und Hinwendung zur Stadt – zwischen diesen beiden Polen verläuft die alttestamentliche Stadtgeschichte.

Die Geschichte Abrahams wird man nicht anders als stadtkritisch lesen können.[173] Mit dem Auszug aus Ur (und später aus Haran; Gen. 11,28.31; 12,1.4; 15,7) war der Übergang in eine nomadische Lebensweise verbunden. Der Hebräerbrief sieht darin eine Tat des Glaubens: „Aufgrund des Glaubens hielt er sich als Fremder im verheißenen Land wie in einem fremden Land auf und wohnte mit Isaak und Jakob, den Miterben derselben Verheißung, in Zelten; denn er erwartete die Stadt mit den festen Grundmauern, die Gott selbst geplant und gebaut hat" (Hebr. 11,9-10). Die von Menschen gebaute Stadt war im Gegensatz dazu ein Ort, den es zu meiden galt.

Verkörpert wurde sie durch Sodom. Die Einwohner dieses Ortes waren „sehr böse" (Gen. 13,13), aber seine Gegend war fruchtbar und sein Wohlstand groß. Lot, der Neffe Abrahams, erlag der Versuchung der Stadt. Zunächst schlug er seine Zelte in der Nähe von Sodom auf (Gen. 13,12), später bewohnte er ein Haus in der Stadt (Gen. 14,12). Doch Sodom war dem Untergang geweiht. Nur Lot und seine Familie sollten gerettet werden. „Der Herr hatte Mitleid mit ihm" (Gen. 19,16) und wollte nicht, dass er „wegen der Schuld der Stadt hinweggerafft" (Gen. 19,15) würde.

Lot sollte Sodom den Rücken kehren und sich nicht umsehen, sondern sich ins Gebirge retten (Gen. 19,17). An dieser Stelle macht die Erzählung den inneren Konflikt deutlich, den die Stadt auslöst. Sie ist verlockend wegen ihres angenehmen Lebens, aber sie ist gefährlich wegen ihrer Gottlosigkeit. Lots Frau hing am städtischen Leben, blickte zurück und kam um (Gen. 19,26). Lot wusste, dass er eigentlich nicht in die Stadt gehörte, aber er fürchtete sich davor, wieder ein ungesichertes Leben aufzunehmen. „Ich kann nicht ins Gebirge fliehen, sonst lässt mich das Unglück nicht mehr los, und ich muss sterben. Da, die Stadt in der Nähe, dorthin könnte man fliehen. Sie ist doch klein; dorthin will ich mich retten. Ist sie nicht klein?" (Gen. 19,19-20). Die Engel gewährten ihm diese Bitte. Aber er wagte dann doch nicht, dort ansässig zu werden. „Er

173 Das Gleiche gilt für die biblische Urgeschichte (siehe Gen. 4,16-17; 11,1-9).

fürchtete sich nämlich, in Zoar zu bleiben, und wollte lieber mit seinen beiden Töchtern in einer Höhle wohnen“ (Gen. 19,30). Die Stadt, selbst wenn sie klein ist, ist kein guter Ort zum Leben – das ist die Essenz dieser Geschichte.[174]

Nomade zu werden bedeutete für Abraham einen radikalen Schritt. Üblicherweise verlief der Prozess in die entgegengesetzte Richtung: Nomaden wurden in den Städten ansässig. Abraham wählte eine in seiner Heimat verachtete Lebensweise. Die Mesopotamier waren Stadtmenschen, die auf ihre Urbanität stolz waren und geringschätzig auf Wanderhirten herabsahen. Nomaden galten als unzivilisierte Leute, die in Steppen und Wüsten lebten und „kein Getreide kennen“ (Postgate 1992:84). Gottes Ruf zu folgen bedeutete für Abraham den Verlust urbaner Annehmlichkeiten, Statusverzicht und den sozialen Abstieg.

Bevor wir uns weiter mit Abraham und seinen Nachkommen beschäftigen, werfen wir einen kurzen Blick in die Stadt, die er hinter sich ließ. Wir beschränken uns allerdings auf die sozialen Verhältnisse, weil sie uns später als Kontrast für die israelitische Stadt dienen.

Ur

Ur war eine der zahlreichen sumerischen Stadtgründungen im südlichen Mesopotamien. Für die Sumerer begann die Geschichte nicht in einem Garten, sondern in einer Stadt. Die Götter hatten die Städte als Wohnort für sich selbst erbaut (Van de Mieroop 1999:46-47). Die Menschen waren zum Dienst für die Götter erschaffen, das Stadtleben war in allen Bereichen eng mit ihrer Verehrung verbunden (Reader 2004:26-27). Kultur und Lebensweise der Sumerer waren hochgradig urbanisiert (Van de Mieroop 1999:36). Fast die gesamte Bevölkerung wohnte in Städten.

Ur ist durch Ausgrabungen gut bekannt. Genaue archäologische Beschreibungen und zahlreiche Schriftfunde geben viele Einblicke in das Leben der Stadt. Die ummauerte Kernstadt umfasste ungefähr eine Fläche von 60 Hektar (Van de Mieroop 1992:26), die Einwohnerzahl lässt sich kaum zuverlässig schätzen, nach heutigen Größenordnungen wird es sich um eine Mittelstadt gehandelt haben. Tertius Chandler, ein Experte der historischen Stadtstatistik, schätzt die Zahl der Einwohner für das Jahr 2000 v. Chr. auf 65.000 (Chandler 1987:460).

In den Städten Mesopotamiens hatten sich soziale Pyramiden formiert, „deren Spitze der absolute Herrscher war: König, Priester und Schriftgelehrter bildeten den Oberteil

174 Auch als Israel später in Städten wohnte, gab es Stimmen, die der vor- und außerstädtischen Lebensweise eine größere Nähe und Treue zu Gott zuschrieben. „Auf! Ruf Jerusalem laut ins Ohr: So spricht der Herr: Ich denke an deine Jugendtreue, an die Liebe deiner Brautzeit, wie du mir in der Wüste gefolgt bist, im Land ohne Aussaat“ (Jer. 2,2). So schildert Jeremia die Zeit der Wüstenwanderung, obwohl die Berichte des Pentateuchs wenig Anlass für solche nostalgische Verklärung bieten. Eine ähnliche Bewertung der Wüstenzeit findet sich bei Hosea (Hos. 2,16-17). Die Rechabiter werden von Jeremia gelobt, weil sie, der Anordnung ihres Stammvaters folgend, in Zelten statt in Häusern wohnten und keinen Wein tranken (Jer. 35).

der Pyramide; aber allein der König empfing an der höchsten Stelle den vollen Glanz der Sonne. Unter ihm verbreiterte sich der Bau über Advokaten, Kaufleute, Handwerker, Bauern, Seeleute, Hausgesinde und Freigelassene zu den Sklaven, wobei die unterste Schicht tief im ewigen Schatten lebte" (Mumford 1979:124). In Ur selbst regierte zur Zeit Abrahams kein eigener König mehr, aber die „im ewigen Schatten" waren geblieben.

Auch in Zeiten des Wohlstands gab es eine verarmte städtische Unterklasse, zu der Haussklaven, Zwangsarbeiter und abhängige Arbeiter gehörten (Soja 2000:57.59). Sklaven gab es in jedem städtischen Haushalt. Sie waren als Kriegsgefangene oder durch Händler nach Ur gekommen. Samt ihren Kindern waren sie Besitz ihrer Herren (Reader 2004:28). Sie wurden als Sache behandelt, konnten vererbt, als Kreditsicherheit verpfändet oder als Gabe an den Tempel gegeben werden (Van de Mieroop 1992:213-214). Wenn Sklaven flohen, wurden sie öffentlich zur Fahndung ausgeschrieben und mussten – anders als in Israel, wo es ein Asyl für entflohene Sklaven gab (Dtn. 23,16-17) – ausgeliefert werden (Reader 2004:28).

Verarmung war auch das Schicksal vieler freier Bürger. In jedem landwirtschaftlichen Ertragsbereich war jährlich eine feste Quote an die Götter abzuliefern. Im Fall von Mindererträgen wurde eine Ausgleichszahlung fällig. Dieser Grundsatz hing immer als Damoklesschwert über den Produzenten. Ein schlechtes Jahr mit widrigen Umständen konnte Missernten, weniger trächtiges Vieh oder geringeren Fischbestand bedeuten. Durch die dann fälligen Ausgleichszahlungen fielen die Betroffenen in die Hände von Geldverleihern.

Kreditwirtschaft wurde für die besser gestellten Einwohner der Kernstadt zu einem einträglichen Gewerbe. Darlehen wurden meist in Silber, gelegentlich auch in Gerste gegeben (Van de Mieroop 1992:203-208). Der pauschale Zinssatz betrug für Silber im Normalfall 20 Prozent. Solche Zinssätze wären schon bei jährlicher Berechnung Wucher, in Ur wurden sie auch für Kurzdarlehen von manchmal nur 30 Tagen genommen.

Wer Geld verleiht, will Sicherheit. In Ur wurden Häuser, Felder, Sklaven (ebd. S. 206) und sogar eigene Kinder (Postgate 1992:194) verpfändet. Und da aus naheliegenden Gründen die Rückzahlung der Kredite oft nicht möglich war, fielen diese Pfänder an die Geldverleiher. Das setzte einen Kreislauf immer höherer Verschuldung und Abhängigkeit vom Finanzier in Gang. Wenn ein Fischer zum Beispiel sein Boot verpfändet hatte, musste er in Zukunft nicht nur die vorgeschriebene Fangquote, sondern zusätzlich die Miete für das Boot erwirtschaften (Van de Mieroop 1992:228). Am Ende stand in vielen Fällen die Schuldsklaverei, bei der sich jemand aus Not selbst verkaufte (Postgate 1992:194). Diese Form der Ausbeutung war eine der Ursachen für die wachsende arme Unterschicht der Stadt.

Den Königen konnte das nicht gleichgültig sein. Es wird weniger die Sorge um soziale Gerechtigkeit gewesen sein, die sie intervenieren ließ. Wenn Bürger ihre Sklaven oder Kinder für Schuldherren arbeiten lassen mussten oder diesen ihre Felder abtraten, waren von ihnen nicht mehr so viele Steuern einzutreiben. Ein oft eingesetztes, aber wenig wirksames Mittel war ein staatlich verordneter Schulderlass (Van de Mieroop 1992:205) – ähnlich dem Erlassjahr in Israel –, bei dem auch Schuldsklaven freigelassen werden mussten (Postgate 1992:195). Ein solcher Schulderlass wurde häufig und in unregelmäßigen Abständen verkündet. Die Geldverleiher reagierten mit kürzeren Darlehensfristen, um der königlich verordneten Geschäftsschädigung zuvorzukommen (Van de Mieroop 1992:228).

Abrahams Auszug

Man kann sich vorstellen, dass in einer Stadt wie Ur, in der das gesamte Leben um die Verehrung der Götter organisiert war, die alleinige Verehrung des Gottes Abrahams eine gewisse Herausforderung gewesen wäre. Für Abrahams Schritt, „aufgrund des Glaubens" (Hebr. 11,9) die Stadt zu verlassen und eine nomadische Lebensweise zu wählen, gibt es jedoch ein hintergründigeres Motiv. Er sollte zu einem großen Volk werden. Das war nur im Rahmen einer Stammeskultur möglich, in der die gemeinsame Abstammung und Verwandtschaft das Gerüst des sozialen Lebens ist. Aus Mesopotamien wissen wir, dass die Berufung auf gemeinsame Vorfahren ein Merkmal nomadischer Gruppen war (Postgate 1992:85). In den Städten lockerten sich großfamiliäre Strukturen über wenige Generationen (Van de Mieroop 1999:103-111.115). Soziale Identität und Beziehungen waren bald mehr von sozialer Ähnlichkeit – durch gemeinsame Berufe oder gesellschaftliche Positionen – bestimmt. Nomaden, die in mesopotamischen Städten ansässig wurden, waren früher oder später assimiliert.[175]

Volk zu werden erforderte die soziale Trennung von der Stadtgesellschaft und Bildung einer Stammeskultur. Beides ließ sich nur durch eine nomadische Lebensweise verwirklichen.[176] Als das außerstädtische Leben seine Aufgabe erfüllt hatte, konnte sich auch die Beziehung zur Stadt ändern.

Die Stadt in Israel

Das Bild wandelte sich nach der Landnahme Israels. Die ehemals verpönte Stadt wurde zu einer Gabe Gottes (Dtn. 6,10). Die Regel waren Kleinstädte und Dörfer, eng mit landwirtschaftlicher Lebensweise verbunden. Aber auch diese behutsame Verstädterung schuf eine neue soziale Situation. Sie lässt sich gut aus dem Deuteronomium ablesen, in dem das Gesetz Jahwes für diesen Kontext neu formuliert und aktualisiert wurde. Im Vergleich zu den Büchern Exodus, Leviticus und Numeri dominiert in ihm die Stadt-

175 Dieser Mechanismus der Assimilation wurde später auch für Israel wirksam. Die Bewohner des Nordreichs verschwanden nach der assyrischen Deportation aus der Geschichte, die des Südreichs Juda kehrten nach 70 Jahren Exil zurück in ihre Heimat. Der Unterschied liegt darin begründet, dass die Stämme des Nordreichs mehr als 120 Jahre länger im Exil gelebt hatten und nicht mehr unterscheidbar waren (Van de Mieroop 1999:113).

176 Später in Ägypten wird der verachtete Status des Viehzüchters zum Anlass, Jakobs Familie getrennt von den Wohngebieten der Ägypter anzusiedeln (Gen. 46,31-47,11).

gemeinschaft über den Sippenverband. Maßgebliche soziale Einheiten und Autoritäten sind nicht mehr die Sippen (Num. 1-4; 26) und ihre Häupter (Ex. 16,22; 34,31; 35,27), sondern die Städte (Dtn. 13,13; 19,1-12) und ihre Ältesten (Dtn. 19,11-12; 21,1-7.18-20). Die Stadttore sind die Orte, an denen Recht gesprochen wird (Dtn. 22,13-18.23-24).

Die positive Sicht auf die Stadt fand ihren Höhepunkt im Jerusalem der Zeit Davids und Salomos. Die ehemalige Jebusiterstadt wurde von David erobert und von ihm und seinem Sohn zu einer typischen Residenzstadt des alten Orients mit Gottestempel und Königspalast ausgebaut. Mit ihr entstand der theologische Topos der „Gottesstadt" – in den Psalmen besungen[177] und später, losgelöst von der irdischen Stadt, immer wieder aufgegriffen. So wie Babel als antigöttliche Stadt fand auch Jerusalem als Gottesstadt in Mythos, Apokalypse, Theologie und Kultur einen dauerhaften Platz.[178]

Neben die Freude über die Stadt als Gabe Gottes trat allerdings eine Ernüchterung. Das Leben in Städten führte zu neuen sozialen Herausforderungen. Die sozialen Sicherungssysteme der traditionellen Sippengemeinschaft begannen, sich zu lockern, soziale Probleme entstanden oder verschärften sich. Auch hier gibt uns ein Vergleich des Deuteronomiums mit den drei vorausgehenden Büchern Aufschluss.

Aus dem „Armen, der neben dir wohnt" (Ex. 22,24) werden die „Fremden, Waisen und Witwen, die in deinen Stadtbereichen wohnen" (Dtn. 16,14). Gleichzeitig nimmt die „soziale Frage" einen viel größeren Raum ein. In allen Städten gibt es die *personae miserae,* die Witwen und Waisen, die Fremden und (flüchtigen) Sklaven, die Armen und Verschuldeten (Crüsemann 1992:262-264).

Die Fürsorge für sie wird der Stadtgemeinschaft übertragen. Der „Löser", durch den die Großfamilie die soziale Sicherung verarmter Verwandter übernahm (Lev. 25,25), tritt im Deuteronomium nicht mehr in Erscheinung. Stattdessen wird der Schutz der Armen durch eine umfassende Sozialgesetzgebung geregelt. Ursprünglich diente der Zehnte allein der Versorgung der Leviten (Num. 18,21). Nun gibt es zusätzlich alle drei Jahre den Armenzehnten, der „in deinen Stadtbereichen" abgeliefert und eingelagert werden soll (Dtn. 14,28-29). Auf Getreidefeldern, an Ölbäumen und in Weinbergen soll keine Nachlese gehalten werden. Was stehen oder hängen bleibt, gehört ebenfalls den Armen (Dtn. 24,19-21). Notleidende Israeliten ohne Landbesitz, die sich als Tagelöhner verdingen, sollen ihren Lohn am selben Tag erhalten, weil sie davon abhängig sind (Dtn. 24,14-15).

Der Charakter der Sozialgesetzgebung wird besonders deutlich, wenn wir sie mit den Verhältnissen vergleichen, die uns in Ur begegnet sind. Im Unterschied zu Mesopotamien gibt es in Israel ein Asylrecht für entlaufene Sklaven, um sie vor brutalen Strafen zu schützen (Dtn. 23,16-17). Alle sieben Jahre ist ein vollständiger Schulderlass

177 Die Beschreibung Jerusalems in den Zionspsalmen (Ps. 46; 48; 76; 84; 87; 122; 132) geht weit über die tatsächlichen geografischen Verhältnisse hinaus und zeigt, dass die Gottesstadt zu einem idealisierten und eschatologischen theologischen Topos geworden war.
178 Zur säkularen Rezeption des Babylon-Jerusalem-Gegensatzes siehe Girouard 1987:343-375.

vorgesehen (Dtn. 15,1-11). Im Buch Leviticus ist für dieses siebte Jahr nur ein „Brachjahr" vorgesehen, als Erholung für das Ackerland (Lev. 25,1-7). Doch unter den veränderten Verhältnissen wird auch dem Verarmten dieses „Brachjahr" (deswegen auch als „Erlassjahr" übersetzt) zugesprochen. In Mesopotamien wurde ein Schulderlass willkürlich und wohl zum Nutzen des Königs verordnet. In Israel wird er eine verlässliche Institution, durch die der Verarmte „Land in Sicht" hat und für die seinem Nachbarn eingeschärft wird: „Nimm dich in Acht, dass du nicht in niederträchtigem Herzen den Gedanken hegst: Bald kommt das siebte Jahr, das Brachjahr!, und deinen armen Bruder böse ansiehst und ihm nichts gibst, sodass er den Herrn gegen dich anruft und Strafe für diese Sünde über dich kommt" (Dtn. 15,9). Eine besondere Schutzfunktion hat das Zinsverbot: „Du darfst von deinem Bruder keine Zinsen nehmen: weder Zinsen für Geld noch Zinsen für Getreide noch Zinsen für sonst etwas, wofür man Zinsen nimmt" (Dtn. 15,20). Wenn wir uns an die horrenden Zinsen erinnern, gegen die in Mesopotamien Silber verliehen wurde, dann wissen wir, wie das Deuteronomium und sein Urheber über Ausbeutung denken.

Sozialfürsorge war in Israel mehr als ein ethisch-diakonisches Geschehen. Sie wurde eng mit dem Kultus und mit dem Segen Gottes verbunden. Das wird deutlich durch eine Formulierung, die in leichten Variationen bei den wichtigen Sozialgesetzen steht und den Grund für ihre Einhaltung angibt: „Damit der Herr, dein Gott, dich stets segnet bei der Arbeit, die deine Hände tun." Wir finden es beim Armenzehnten (Dtn. 14,29), beim Erlassjahr (Dtn. 15,10), bei der Freilassung von Schuldsklaven (Dtn. 15,18), bei der Einbeziehung der sozial Schwachen in die Wallfahrtsfeste (Dtn. 16,15), beim Zinsverbot (Dtn. 23,21) und bei der Nachlese (Dtn. 24,19).

> Diese deutlich aufeinander bezogenen Zielangaben stehen bei den wichtigsten Sozialgesetzen und verbinden sie – und nur sie – untereinander. Damit wird ein nicht nur in unseren Kategorien, sondern auch für das deuteronomische Denken zusammengehörender Block von Bestimmungen festgelegt. Die vom Gesetz gewollte Sicherung sozialer Problemgruppen, der recht- und landlosen traditionellen *personae miserae* [...] beruht natürlich auf der Arbeit der angeredeten freien Grundbesitzer. Der göttliche Segen für ihre Arbeit wird explizit daran gebunden, daß ein Teil ihrer Produkte den gesellschaftlich Schwächsten zugute kommt. Die solidarische Einbeziehung der Schwachen in den Reichtum der Produktion gewährleistet den Segen für die Arbeit, die solches möglich macht. (Crüsemann 1992:263)

Diese Verheißungen Gottes fanden in Israel wenig Glauben und deshalb fanden auch die Sozialgesetze wenig Gehorsam. In den Prophetenbüchern wird Sozialkritik zu einem zentralen Thema. Wir haben bereits gesehen, wie sie ihren Höhepunkt darin findet, dass Jerusalem mit Sodom gleichgesetzt wird (→ Kap. 4.2.1), dessen Kernschuld Ezechiel so beschreibt: „Die Schuld deiner Schwester Sodom war, dass sie und ihre

Töchter hochmütig waren, dass sie in Überfluss zu essen hatten und in sorgloser Ruhe dahinlebten, ohne den Elenden und Armen zu helfen" (Ez. 16,49).

Daneben werden zunehmend mildere Töne angestimmt. Nicht nur die gerechte, sondern auch die sündige Stadt ist die geliebte Stadt. Nun reicht – im Gegensatz zu Sodom – schon *ein* Gerechter, um die Stadt zu bewahren (Jer. 5,1). Gottes Gedanken über die Stadt sind Gedanken des Heils. Bei Ezechiel gilt das sogar für Sodom. Jerusalem und ihre „Schwestern" Samaria und Sodom – also die Hauptstadt Judas, die Hauptstadt des Nordreiches und die heidnische Stadt – sind eng verbunden in ihrer Sünde, aber ebenso eng verbunden in Verheißung und Gnade (Ez. 16,53-55).[179]

Damit ist eine wichtige Brücke geschlagen. Gott liebt auch die heidnische Stadt. Das Heil wird universal. Die Deportation Judas nach Babel und in andere Städte wird begleitet von einem Transfer von Gottes Zuwendung zu diesen Städten. Und Gott wünscht sich für sein Volk dieselbe Hinwendung zur Stadt (Jer. 29,4-7).

Den markantesten literarischen Ausdruck findet diese Wende im Buch Jona. Es geht um Gottes Barmherzigkeit gegenüber der sündigen, heidnischen Stadt und damit auch um die Überwindung des Hasses der Frommen auf diese Stadt. Als Sodom zerstört wurde, galt Gottes Barmherzigkeit nur dem Gerechten in der Stadt (Gen. 19,15-16). Als Ninive die Zerstörung drohte, galt Gottes Barmherzigkeit der ganzen Stadt (Jona 4,2.11). Außerdem führt das Buch Jona ein weiteres neues Motiv ein: Die Schuldigen werden als Unwissende angesehen (Jona 4,11). Wir begegnen diesem Motiv wieder, wenn Paulus in Athen davon spricht, dass „Gott [...] über die Zeiten der Unwissenheit hinweggesehen hat" (Apg. 17,30). Und der Höhepunkt des Buches Jona besteht darin, dass es Glauben nicht nur an die Verschonung, sondern an die Veränderbarkeit der sündigen Stadt weckt (Jona 3,6-9).

Am Ende des Alten Testaments geht es nicht mehr um den Gegensatz von gerechter Stadt und gottloser Stadt. De facto ist jede Stadt eine sündige Stadt. Es geht um die Haltung ihr gegenüber: Verurteilung oder Hinwendung. Auch die sündige Stadt ist die geliebte Stadt. Für sie ist zu beten, ihr Bestes ist zu suchen, an ihre Veränderbarkeit ist zu glauben. Die Sünde der Stadt ist kein Grund mehr, sich von ihr abzuwenden oder sie zu verurteilen. Sie ist der Anlass, ihr barmherzig zu sein und sich ihr zuzuwenden. Damit ist die Bühne für das Evangelium und die urbane Mission bereitet.

FAZIT

- Die alttestamentliche Stadtgeschichte beginnt mit Kritik und Abkehr von der Stadt. Sodom wurde vernichtet, Abraham sollte seine Herkunftsstadt Ur verlassen, um als Nomade zu leben. Das war nötig, damit aus ihm ein großes Volk werden konnte.

179 Ezechiel sieht Sodom weniger als konkrete historische Stadt, sondern als Repräsentantin der heidnischen Stadt.

- Als das außerstädtische Leben seine Aufgabe erfüllt hatte, konnte sich auch die Beziehung zur Stadt ändern. Die ehemals verpönte Stadt wurde zu einer Gabe Gottes. Diese positive Sicht fand ihren Höhepunkt im Jerusalem der Zeit Davids und Salomos.
- Das Leben in den Städten führte jedoch zu sozialen Herausforderungen. Der Schutz der *personae miserae* (Witwen, Waisen, Fremde, Sklaven, Arme, Verschuldete) wurde durch eine umfassende Sozialgesetzgebung geregelt. Der Segen der freien Grundbesitzer wurde daran gebunden, wie sie mit den gesellschaftlich Schwachen umgingen. Da die Sozialgesetze wenig Gehorsam fanden, wurde Sozialkritik zu einem zentralen Thema in den Prophetenbüchern.
- Bei den Propheten wird nicht nur die gerechte, sondern auch die sündige Stadt zur geliebten Stadt. Als Ninive die Zerstörung drohte, galt Gottes Barmherzigkeit der ganzen Stadt.
- Am Ende des Alten Testaments geht es nicht mehr um den Gegensatz von gottloser und gerechter Stadt, sondern um die Haltung – Verurteilung oder Hinwendung – der Stadt gegenüber. Da auch die sündige Stadt geliebt ist, gilt es, für sie zu beten, ihr Bestes zu suchen, an ihre Veränderbarkeit zu glauben. Dadurch werden das Evangelium für alle und urbane Mission möglich.

- Wer sind die *personae miserae* in Ihrer Stadt, wer ist besonders auf Schutz und Unterstützung angewiesen? Welche kommunalen, säkularen und christlichen Vorkehrungen, Einrichtung, Initiativen etc. gibt es, um ihr Wohlergehen sicherzustellen? Was tut Ihre Gemeinde / Initiative, um sich für diese Menschen einzusetzen?
- Suchen Sie mit einer (Online-)Konkordanz alle Bibelstellen heraus, in denen Sodom erwähnt wird. Wie wird die Stadt jeweils dargestellt, was wird kritisiert? Welche dieser Sichtweisen wurde / wird in dem christlichen Umfeld, in dem Sie aufgewachsen sind oder sich aktuell bewegen, besonders betont?

- Ray Bakke: A Theology as Big as the City (Bakke 1997). *Ray Bakke liest alt- und neutestamentliche Texte über die Stadt aus der Perspektive eines jahrzehntelangen Dienstes in der armen Innenstadt von Chicago.*

Da es sich bei den Menschen, Organisationen und Städten, mit denen wir es in der urbanen Mission zu tun haben, um lebendige Systeme handelt, lassen sie sich nicht einfach wie eine Heizung bedienen. Ich behaupte, dass dies nur auf den ersten Blick von Nachteil ist.

16. Der Kobra-Effekt

Lebendige Systeme

Man sagt, in Indien habe es während der Kolonialzeit eine Kobra-Plage gegeben. Als Gegenmaßnahme setzte der britische Gouverneur eine Kopfprämie auf jede abgelieferte Kobra aus. Der Plan schien aufzugehen: Fleißig brachten die Inder tote Schlangen, um sie gegen Bares einzutauschen. Doch dann machte die Verwaltung eine Entdeckung. Statt sich auf die Jagd zu begeben, züchteten die geschäftstüchtigen Inder Kobras, um die Prämie zu kassieren. Als daraufhin die Belohnung aufgehoben wurde, sahen die Leute keinen Anlass, die Kobras weiter zu versorgen, und ließen sie frei. Am Ende war die Plage größer als zu Beginn.

Solche Kobra-Effekte sind nicht selten. Man findet sie in der Politik, in der Wirtschaft[180] und auch sonst im Leben – und in der urbanen Mission. Um ein bestimmtes Ziel zu erreichen, wird eine naheliegende Maßnahme ergriffen und das Ergebnis ist ein verfehltes Ziel und möglicherweise ein ungewollter Schaden. Ich habe gut gemeinte Projekte scheitern und unbeabsichtigte Wirkungen eintreten sehen. Ein typisches Beispiel ist, dass ein urbaner Missionar seine Gemeinde in die Stadt führen möchte, die Gemeinde aber nicht mitzieht. Eine mögliche Nebenwirkung ist, dass das Thema „missionale Gemeinde“ danach verbrannte Erde ist.[181] Deshalb möchte ich in diesem Kapitel einige Hinweise geben, wie sich solche Fehlschläge vermeiden lassen. Es wäre zu schade, wenn die urbane Mission Schauplatz enttäuschter Hoffnungen und schädlicher Nebenwirkungen wäre.

16.1 Lebendige Systeme

Im Mittelpunkt dieses Kapitels stehen *lebendige Systeme*. Deshalb ist zunächst eine Verständigung darüber angebracht, was damit gemeint ist. Ein System besteht aus vielen *Teilen*, die durch ihr *Zusammenspiel* bzw. ihre *Interaktion* ein *Ganzes* ergeben. Mit sol-

180 Die Bezeichnung „Kobra-Effekt“ stammt aus einem gleichnamigen Buch, das sich, ausgehend von der Geschichte aus Indien, mit Irrwegen der Wirtschaftspolitik befasst (Siebert 2002).
181 Auf geeignete Wege, eine Gemeinde stadtrelevant zu machen, gehe ich in den Kapiteln 18 und 19 ein.

chen Systemen haben wir es ständig zu tun. Wir leben in einem Sonnensystem, zu dem die Sonne, Planeten und ihre Trabanten (zum Beispiel unsere Erde und der Mond) und kleinere Himmelskörper gehören. Die Interaktion heißt in diesem Fall Gravitation und die Teile bilden ein Ganzes, weil sie vor allem durch die Anziehungskraft der Sonne zusammengehalten werden.

Ein ganz anderes System erlebt man jeden Samstag in der Fußballbundesliga. Elf Teile, Fußballspieler genannt, ergeben durch ihr Zusammenspiel ein Ganzes, nämlich eine Mannschaft. Jeder Spieler hat die Ordnung des Ganzen (die man passenderweise mit Namen wie „4-4-2-System"[182] bezeichnet) und seine eigene Aufgabe darin so verinnerlicht, dass eingespielte Teams durch oft intuitives Zusammenspiel eine Einheit bilden.

Man unterscheidet zwischen *einfachen* und *komplexen Systemen*. „Einfache Systeme bestehen aus wenigen Komponenten; ihr Verhalten lässt sich vollständig verstehen und vorhersagen" (Bodenschatz 2010:56). Ein Beispiel ist das Heizungssystem. Seine Teile sind der Heizkessel, die Umwälzpumpe, Rohrleitungen, Heizkörper und Temperaturregler (z. B. Ventile an den Heizkörpern). Dieses System lässt sich nicht nur vollständig verstehen, sondern auch kontrollieren. Komplexe Systeme bestehen dagegen aus vielen Teilen, lassen sich nicht so leicht verstehen, verhalten sich oft unvorhersehbar und können nicht restlos beherrscht werden. Ein Beispiel ist die Aktienbörse. Wer sich jemals an ihr verspekuliert hat, dem muss ich nicht näher erläutern, dass die Auswirkungen des komplexen Zusammenspiels von Anlegern, ihren An- und Verkäufen und vielen weiteren Faktoren nicht vollständig vorhersagbar sind.

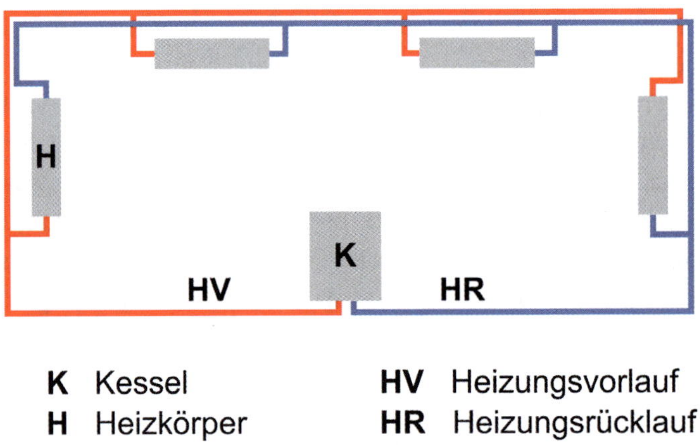

Abbildung 16.1: Einfache Systeme sind leicht zu verstehen

182 Damit ist gemeint, dass die Mannschaft (außer dem Torwart) in ihrer Grundordnung in drei Reihen auf dem Platz steht, in der Verteidigung vier Spieler, im Mittelfeld ebenfalls vier und im Angriff zwei.

Zu den komplexen Systemen gehören die lebendigen Systeme, deren Ganzes aus lebendigen Teilen besteht, die untereinander und mit ihrer Umwelt interagieren. Selbst wenn wie bei einer Fußballmannschaft nur wenige Systemakteure im Einsatz sind, lässt sich ihr Verhalten vom Gegner nicht vollständig vorausberechnen und das Ergebnis des Spiels von den Zuschauern nicht mit Sicherheit vorhersagen. Es kann immer eine Überraschung geben, sonst wäre die Bundesliga ein langweiliger Betrieb.

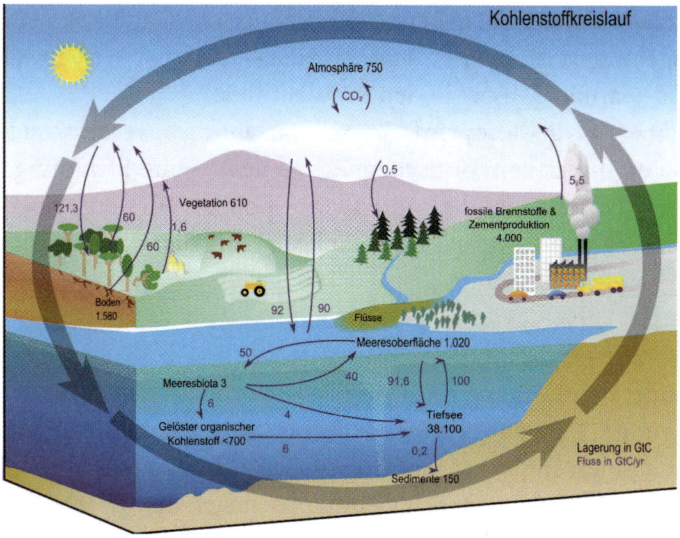

Abbildung 16.2: In komplexen Systemen gibt es viele Wechselwirkungen

In der urbanen Mission haben wir es mit vielen hochkomplexen lebendigen Systeme zu tun: Darunter sind einzelne Menschen (unter anderem wir selbst[183]), unsere Gemeinde oder Initiative und unsere Stadt. Deshalb lohnt es sich, über den richtigen Umgang mit ihnen nachzudenken. Einige Grundsätze werde ich im Folgenden darlegen und durch Beispiele aus diesen Systemen veranschaulichen.

16.2 Das technische Denken

Unser Leben ist von wissenschaftlichen und technischen Errungenschaften bestimmt, die unseren Alltag angenehmer machen und uns helfen, schwierige Aufgaben zu erledigen. Auch unser Denken ist davon geprägt. Wir sind gewöhnt, dass Dinge nach einem klaren Ursache-Wirkung-Schema funktionieren. Wenn wir einen Schalter betätigen, geht das Licht an, wenn wir Gas geben, beschleunigt unser Auto, und wenn wir die richtigen Tasten drücken, können wir mit unserer Tante in Australien telefonieren.

183 Dass wir auch uns selbst als ein komplexes System ansehen müssen, wird schnell offenbar, wenn wir versuchen, unser eigenes Verhalten (einschließlich unserer Emotionen) vollständig zu verstehen, vorherzusagen oder zu kontrollieren.

Dieses Schema funktioniert, solange wir es mit einfachen Systemen zu tun haben.[184] Ein solches ist, wie wir gesehen haben, die schlichte Zentralheizung. Wenn wir einen Heizkörper aufdrehen (Ursache), wird er warm (Wirkung). Das System gibt zeitnah Feedback: Wenn wir die Hand an das Heizungsrohr halten, spüren wir, dass warmes Wasser einfließt. Solch ein einfaches System lässt sich leicht regulieren: Wird es zu warm, drehen wir das Thermostat runter, wird es zu kühl, stellen wir es höher. Wenn die gewünschte Wirkung nicht eintritt, hilft das einfache Ursache-Wirkung-Schema, den Fehler zu finden und zu beheben: Die Heizung muss entlüftet werden, damit der Durchfluss ungehindert ist, oder es liegt am Heizkessel bzw. der Umwälzpumpe, dass nicht genügend (warmes) Wasser in den Kreislauf fließt.

Probleme gibt es, wenn dieses einfache Schema auf nicht-technische Bereiche übertragen wird. So erging es dem britischen Gouverneur. Seine Erwartung war: Ich setze eine Prämie aus (Ursache) und die Leute fangen Kobras (Wirkung). Aber eine indische Provinz ist kein einfaches, sondern ein komplexes lebendiges System, das anders funktioniert als unsere Zentralheizung.

16.3 Eigenschaften lebendiger Systeme

Was unterscheidet den Umgang mit einem lebendigen System von der Bedienung einer Zentralheizung? (1) Es gibt nicht mehr den einfachen Zusammenhang von Ursache und Wirkung. Stattdessen gibt es vielfältige Wechselwirkungen. (2) Wirkungen treten nicht zeitnah auf. (3) Wenn etwas schiefläuft, lassen sich die Ursachen im Nachhinein nicht einfach feststellen und beheben. Diese drei Eigenschaften lebendiger Systeme begegnen uns in der urbanen Mission ständig.

16.3.1 Vielfältige Ursachen und (Wechsel-)Wirkungen

Schon in überschaubaren sozialen Situationen sind vielfältige Einflüsse am Werk. Der Erlass des britischen Gouverneurs war nicht die einzige Ursache, die im System seiner Provinzbevölkerung wirksam wurde. Zu den weiteren Faktoren gehörten die Abneigung der Inder gegen die Kolonialmacht, ihre Findigkeit, sich einen profitableren Weg zur Kobraprämie auszudenken, und ihre Kommunikation untereinander. Auch wenn nur ein einziger von ihnen auf die clevere Idee der Schlangenzucht gekommen wäre, hätten die anderen davon erfahren und es ihm nachgemacht.

Unsere Worte und Taten sind nie der einzige Einflussfaktor, der auf Menschen oder Situationen einwirkt. Bleiben wir einen Moment bei den Worten, denn Kommunikation ist in der urbanen Mission wichtig. Wir sind nicht die einzige Stimme, die unsere Leute zu hören bekommen. Während wir sie für städtisches Engagement gewinnen wollen, beklagt ihr Partner sich, dass sie schon jetzt zu wenig Zeit füreinander haben. In ihrer Firma läuft

184 Diese müssen unter der Oberfläche keineswegs ganz einfach sein, aber durch benutzerfreundliche Gestaltung sind sie es für uns.

gerade ein wichtiges Projekt, das Überstunden und Dienstreisen erfordert. Ihre Eltern werden immer gebrechlicher und brauchen vermehrte Unterstützung. In den Reihen der Gemeinde melden sich skeptische Stimmen. Und was sich in ihrem eigenen Kopf abspielt, ist unserem Einfluss entzogen. Unser biblisch begründeter und leidenschaftlich vorgetragener Aufruf ist nur einer von vielen Einflüssen (Ursachen) auf ihr Verhalten (Wirkung).

Die Wirkung unserer Worte und Taten ist oft nicht vorhersehbar. Eine beabsichtigte Wirkung kann ausbleiben. Selbst wenn sie eintritt, können wir nicht ausschließen, dass sie von weiteren, unerwünschten Wirkungen begleitet wird. Aus Sicht des britischen Gouverneurs sah die Sache so aus: (1) Die erwünschte Beendigung der Kobraplage blieb aus. (2) Eine unerwünschte Vermehrung der Giftschlangen trat ein. (3) Die bereits erfolgten Prämienzahlungen waren nutzlos verpulvertes Staatsgeld. Diese Wirkung dürfen wir ebenfalls als unerwünscht ansehen.

Ein stadtbezogenes Beispiel habe ich schon früher erwähnt: Pro Reli in Berlin (→ Kap. 3.3). Daran haben wir gesehen, wie sich eine einfache stadtweite Initiative in einem komplexen Stadtsystem verheddern kann. Ich muss sie nicht erneut beschreiben, erinnere aber daran, dass auch hier eine erwünschte Wirkung (Verhinderung der Abwertung des Religionsunterrichts) ausblieb und eine nicht erwünschte (Erschwerung von Beziehungen zwischen Christen und Nichtchristen) eintrat. Solche Vorkommnisse sind so häufig, dass es dafür den scherzhaften Ausdruck „Gesetz der unbeabsichtigten Wirkungen" gibt. Wer in der urbanen Mission mit technischem Denken handelt, bekommt dieses Gesetz leicht zu spüren, denn es gibt mehr Ursachen und Wirkungen, als er überschauen und kontrollieren kann.

16.3.2 Verzögerte Wirkungen

In komplexen Systemen gibt es nicht nur sofortige, sondern auch langfristige Wirkungen. Technischer Fortschritt, der das Leben der Menschen zunächst erkennbar angenehmer gemacht hat, hat durch Energie- und Ressourcenverbrauch sowie durch Schadstoffbelastung ihrem Leben langfristig Risiken und Beeinträchtigungen beschert. Was kurzfristig nützt, kann auf lange Sicht schaden. Das gilt auch für die urbane Mission.

Jemand, der mit übergroßem Eifer und zu hoher Schlagzahl an den Start geht, wird nicht postwendend mit einem Burnout bestraft. Aber kontinuierlich entleert sich sein seelischer Tank und die Erschöpfung nimmt langsam zu. Wenn er nicht rechtzeitig auf Warnsignale achtet, kann die Sache mit einem Zusammenbruch oder einer Entgleisung enden. Deshalb habe ich vorhin darauf hingewiesen, dass auch wir zu den lebendigen Systemen gehören, mit denen wir es zu tun haben. Wir müssen den richtigen Umgang mit uns selbst lernen. Ein solcher Effekt kann ebenso in einer Gruppe eintreten. Ein feuriger Evangelist wird Gemeindepastor. Zunächst freuen sich alle über den frischen Wind. Aber Aktion jagt Aktion und nach einiger Zeit ist die Gemeinde außer Atem. Schließlich gibt es wie aus heiterem Himmel einen Knall.

16.3.3 Versteckte Ursachen

In dem gerade beschriebenen Fall hat der Knall in der Regel einen konkreten Auslöser. Dieser wird dann als Ursache angesehen. Aber er ist nicht die Ursache, sondern nur der Anlass, durch den die eigentliche Ursache wirksam werden konnte. Diese lässt sich in diesem Fall benennen: Sie heißt „Überdosierung einer guten Sache". In der Regel erkennt man die wahren Ursachen nicht so einfach. Was auf der Hand liegt, sind Symptome. Sich mit ihnen zu befassen, verändert wenig.

16.4 Die schlechte Nachricht

Aus den Eigenschaften lebendiger Systeme ergibt sich, wie das Vorangegangene gezeigt hat, zunächst eine schlechte Nachricht: *Es kann sein, dass wir kontraproduktiv vorgehen, ohne es (rechtzeitig) zu merken.* Das Letzte, was dem britischen Gouverneur in den Sinn gekommen wäre, war die Vermehrung giftiger Schlangen. Aber genau das war das Ergebnis seiner Verordnung. Wenn wir Pläne schmieden, beschäftigen wir uns meist nur mit dem, was geschehen soll. Eine gute Gewohnheit ist, immer auch darüber nachzudenken, was geschehen könnte. Woran könnte unser Plan scheitern? Welche kontraproduktiven Auswirkungen könnte er (kurz- oder langfristig) haben?

Die schlechte Nachricht lässt sich in einige „Gesetze" fassen.[185]

1. **Lebendige Systeme verhalten sich nicht so, wie wir es erwarten.** Der Kobra-Effekt legt davon beredtes Zeugnis ab.
2. **Das naheliegende Vorgehen ist meistens falsch.** Auch das nehmen wir aus den Erfahrungen des britischen Gouverneurs mit in die städtische Praxis.
3. **Was schnell wächst, geht schnell wieder ein.** Wenn es einem christlichen Motivationskünstler gelingt, Leute für eine tolle Projektidee zu gewinnen, für die es keine Vorbereitung und Verwurzelung in ihrem Herzen, sondern nur eine Begeisterung in ihrem Gefühl gibt, hält die Motivation nur, bis die nächste neue Idee auftaucht.
4. **Die Veränderung einzelner Parameter verändert das System nicht.** Die Erläuterung überlasse ich Doug Hall, der erzählt, wie er die Wirksamkeit dieses Gesetzes in seinem eigenen Dienst erkannte:

> Ich hatte Leute mit unterschiedlichen Problemen zu Einrichtungen gebracht, bei denen sie Hilfe finden sollten. Aber nichts schien zu funktionieren. Die Sache lief so: Ich brachte jemanden zu einer Stelle, die ihm bei einem Problem half, zum Beispiel der Entgiftung von Alkohol oder Drogen. Das Ergebnis war, dass ein anderes Problem auftauchte, etwa eine psychische oder körperliche Krankheit. Also brachte ich ihn zur nächsten Einrichtung. Doch dann tauchten

185 Hall, Hall & Daman 2010:40-44.

weitere Probleme auf: die Unfähigkeit, mit Geld umzugehen, das Fehlen einer Wohnung, zerbrochene Familienbeziehungen, Probleme mit dem Gesetz usw. Viele der Leute, denen ich helfen wollte, hatten multiple Probleme, denen keine einzelne Einrichtung begegnen konnte, weil jede nur in ihrem eigenen Fachgebiet arbeitete. Ich fuhr auf dem Karussell der Einrichtungen. Schließlich dämmerte mir: Egal mit wie vielen einzelnen Aspekten oder *Parametern* der Problematik eines Menschen ich mich – oder eine Einrichtung sich – befasste, es half nicht, denn das tiefere Problem des Menschen ließ sich durch Veränderung einzelner Parameter nicht lösen. Echte Veränderung trat ein, wenn die Probleme als zusammenhängende Einheit angegangen wurden. Der Mensch mit seiner Dysfunktionalität war schließlich keine Sammlung von Einzelteilen, sondern ein zusammenhängendes lebendiges System. (Hall, Hall & Daman 2010:42)

5. **Systeme wehren sich gegen Veränderung von außen.** Wir werden wenig erreichen, wenn wir nicht etwas ansprechen und aktivieren, was in Menschen oder Gruppen bereits vorbereitet oder angelegt ist. Unser städtisches Engagement ist von Voraussetzungen abhängig, die wir nicht selbst geschaffen haben oder schaffen können. Wir müssen sie aber entdecken.

16.5 Die gute Nachricht

Nach so viel schlechter Nachricht brauchen wir die gute: Lebendige Systeme haben grandiose Eigenschaften, die einfachen technischen Systemen fehlen und die in der urbanen Mission sehr wichtig sind. Auch sie lassen sich in „Gesetzen" ausdrücken, deren Anwendung wir in den folgenden Kapiteln immer wieder begegnen werden.

1. **Lebendige Systeme organisieren sich selbst.** Wer jemals an einer erlebnispädagogischen Gruppenaufgabe teilgenommen hat, staunt, wie schnell eine zufällig zusammengestellte Gruppe eine unbekannte Aufgabe lösen kann. Die unterschiedlichen Rollen und Beiträge ergeben sich wie von allein. Die Gruppe organisiert sich spontan selbst. Bei Städten geschieht das nicht ganz so schnell und spontan, aber auch in ihnen können, wie ich in Abschnitt 3.3 geschrieben habe, „sich für die Versorgung und für andere Erfordernisse städtischen Lebens ausreichende Strukturen bilden und anpassen, die den jeweiligen Bedürfnissen entsprechen. Städte sind eingespielte Systeme, die trotz aller urbanen Probleme erstaunlich gut funktionieren."
2. **Lebendige Systeme erneuern sich selbst.** Diese Fähigkeit hat unser eigener Organismus. Jede Nacht machen wir davon Gebrauch, wenn wir uns durch den Schlaf aus einem Zustand der Ermüdung in einen Zustand der Tatkraft erneuern. Nach Enttäuschungen und Rückschlägen finden wir immer wieder zu neu-

er Zuversicht. Unsere Stadt hat möglicherweise Pestepidemien des Mittelalters, mehrere Kriege und Zerstörungen und weitere schlimme Ereignisse erlebt und trotzdem hat sie ihr 800-jähriges Jubiläum gefeiert. Die Kirche ist schon 2000 Jahre alt, aber weil sie eine besondere Art des Lebens besitzt und dadurch ein lebendiges System höherer Ordnung ist, hat sie sich in dieser Zeit von jedem Niedergang erholt und ist durch Reform- und Erneuerungsbewegungen immer wieder neu erstarkt. Deshalb wird, auch wenn die Kirche in der westlichen Welt an vielen Stellen derzeit nicht besonders vital ist, die Mission Gottes daran nicht scheitern.

3. **Lebendige Systeme haben, was sie brauchen.** Das bedeutet nicht, dass sie keinen Input von außen und keine Unterstützung brauchen. Aber sie tragen in sich Anlagen, die dadurch gefördert und zur Entfaltung gebracht werden. Bei einem Kind ist das offensichtlich: Für alles, was ein Kind jemals werden wird und was es lernen und erreichen kann, sind ihm die Voraussetzungen von Geburt an mitgegeben. Ähnlich ist es mit Gemeinden und Städten. Für alles, was Gott mit ihnen vorhat, sind bereits Anlagen und Vorbereitungen vorhanden.
4. **Die Veränderung eines lebendigen Systems kommt von innen.** Das ist die logische Konsequenz davon, dass lebendige Systeme sich gegen Veränderung von außen wehren. Wer nicht zu ihnen gehört oder „Verbündete“ in ihnen findet, wird sie nicht nachhaltig beeinflussen können. In der urbanen Mission geht es deshalb immer darum, Teil sozialer Systeme zu werden oder in Verbindung mit Insidern in ihnen tätig zu werden.
5. **Die Veränderung eines lebendigen Systems geschieht organisch, braucht dafür aber Zeit.** Eine elektrische Glühbirne lässt sich sofort auswechseln, eine Wunde heilt erst mit der Zeit. Auf einem Computer kann ich ein sofort einsatzfähiges Programm installieren, ein Kind lernt das Keyboardspiel durch Üben und Ausdauer. Ebenso lernen wir die urbane Mission durch Üben und Ausdauer und die Wunden unserer Stadt heilen auch nicht über Nacht. Veränderung braucht auch deswegen Zeit, weil wichtige Wirkungen in lebendigen Systemen verzögert auftreten, dafür sind sie organisch und nachhaltig. Das Prinzip von Ursache und Wirkung versagt in ihnen, dafür gilt das Prinzip von Saat und Ernte. Wer das „richtige“ Werkzeug gebrauchen will, um schnell eine erwünschte Wirkung sicherzustellen, wird leicht Opfer des Gesetzes der unbeabsichtigten Wirkungen. Wer mit seinen Worten und Taten „gute“ Saat ausstreut, darf darauf vertrauen, dass gute Ernte wächst. „Mit dem Reich Gottes ist es so, wie wenn ein Mann Samen auf seinen Acker sät; dann schläft er und steht wieder auf, es wird Nacht und wird Tag, der Samen keimt und wächst und der Mann weiß nicht, wie. Die Erde bringt von selbst ihre Frucht“ (Mk. 4,26-28).

16.6 Das Vorbild der Inkarnation

Lebendige Systeme haben nicht nur, was sie für ihre Selbstorganisation und Selbsterneuerung brauchen. Gott hat dafür gesorgt, dass in ihnen auch das zu finden ist, was erforderlich ist, damit sie nach seinem Willen verändert werden können. Das beste Beispiel ist der Höhepunkt der biblischen Geschichte, die Inkarnation: „Das Wort ist Fleisch geworden und hat unter uns gewohnt" (Joh. 1,14). Wer genau hinschaut, erkennt die systemischen Aspekte dieses zentralen Ereignisses. Als Jesus in das lebendige System der Menschheit eintrat, war der Erfolg seiner Mission von Voraussetzungen abhängig, die er unter den Menschen bereits vorfand. „Als die Zeit erfüllt war, sandte Gott seinen Sohn" (Gal. 4,4). Die Zeit war erfüllt, als das System hatte, was es brauchte, um für die Mission Jesu und seiner Nachfolger empfänglich zu sein.

Der wichtigste Teil der Vorbereitung war durch die Geschichte Israels und die Entwicklung der jüdischen Kultur geschehen. In ihr fand Jesus die „Sprache", die er für seine Botschaft brauchte. Damit meine ich nicht das Aramäische als natürliche Sprache, sondern die religiöse Sprache des *Tanach*, der hebräischen Bibel. Seine Geschichten, Gebete, Sprüche, Gedichte, Prophetien und Lehrtexte enthalten Überlieferungen und Lehren, die Jesus aufgreifen und weiterentwickeln konnte. Die darin festgehaltene Offenbarung Gottes an Israel, die eine Offenbarung „von außen" gewesen war, transformierte Jesus in eine Offenbarung „von innen": „Niemand hat Gott je gesehen. Der Einzige, der Gott ist und am Herzen des Vaters ruht, er hat Kunde gebracht" (Joh. 1,18). „Wer mich gesehen hat, hat den Vater gesehen" (Joh. 14,9).

Zeitnah zu seinem Auftreten hatte eine weitere Vorbereitung stattgefunden. Johannes der Täufer trat in der Wüste auf als eine Stimme: „Bereitet dem Herrn den Weg! Ebnet ihm die Straßen!" (Mk. 1,3). Durch ihn wurde eine religiöse Bewegung ausgelöst, die den Anknüpfungspunkt für das erste öffentliche Auftreten von Jesus bildete. Er ließ sich von Johannes taufen (Mt. 3,13-17) und fand in der Johannesbewegung seine ersten Anhänger (Joh. 1,35-39).

Die Mission war auch außerhalb von Israel vorbereitet. Als Jesus seinen Jüngern den Missionsbefehl gab und sie in die Welt sandte (Mt. 28,18-20), gab es im Römischen Reich die Rahmenbedingungen, durch die ihre Sendung erfolgreich sein konnte. In der Diaspora hatte sich das hellenistische Judentum gebildet. In Exkurs 2 haben wir gelesen, dass aus ihm die entscheidenden Brückenbauer zwischen der jüdischen und der griechisch-römischen Kultur kamen. Die *Septuaginta*, die griechische Übersetzung des Tanach, hatte sich überall verbreitet und in vielen Städten gab es eine jüdische Gemeinde, um die sich andere gesammelt hatten, die vom Gott Israels angezogen worden waren und in vielen Fällen für das Evangelium offen waren. Wo der Einfluss des Judentums weniger zu spüren war, hatte Gott die Mission auf andere Weise vorbereitet. In Kapitel 1 haben wir einige Spuren gesehen, die Gott in Athen hinterlassen hatte. Zu den hilfreichen logistischen Rahmenbedingungen gehörte die *Koine*, eine einfache Form des Griechischen, die im ganzen Römischen Reich gesprochen und verstanden wurde.

Auch die Mission der ersten Christen war von Voraussetzungen abhängig, die sie nicht selbst geschaffen hatten. „Ich habe euch gesandt zu ernten, wofür ihr nicht gearbeitet habt; andere haben gearbeitet und ihr erntet die Frucht ihrer Arbeit" (Joh. 4,38).

Vor diesem Hintergrund war die Mission der ersten Jahrhunderte und die Transformation des Römischen Reiches ein systemischer Vorgang. Sie knüpfte an das an, was das System bereits besaß, geschah von innen[186] und sie geschah langsam, aber nachhaltig.

Gott hat nicht nur die Sendung seines Sohnes vorbereitet, sondern auch unsere. Überall, wo sein missionarischer Auftrag uns hinführt, dürfen wir mit Systemelementen rechnen, die es ermöglichen, von innen und nicht von außen zu verändern. Ein Beispiel, das ich besonders liebe, stammt nicht aus der Stadt, sondern aus einem entlegenen außenmissionarischen Einsatzgebiet. Ich gebe es trotzdem wieder, weil es zeigt, dass auch im „letzten Winkel" Gott schon vor seinen Leuten vorbereitend am Werk war.

ERFAHRUNGEN UND REFLEXIONEN

Das Friedenskind

Don Richardson siedelte sich 1962 mit seiner Familie bei den Sawi an, einem Volk im damaligen Niederländisch Neuguinea (heute West Papua; Richardson 1980). Die Sawi lebten in einer Steinzeitkultur, waren sehr aggressiv und verspeisten getötete Feinde. Richardson fing an, ihre Sprache zu lernen und zu ihnen über *Myao Kodon*, den höchsten Geist, zu sprechen. Doch richtig fasziniert waren seine Zuhörer nur an einer Stelle: Als er ihnen vom Verrat des Judas erzählte. Drei Jahre lang war Judas einer der engsten Freunde von Jesus gewesen, hatte mit ihm gegessen und war mit ihm unterwegs gewesen. „Dennoch hatte Judas, einer der Jünger Jesu, sich entschlossen ihn zu verraten. Und er hatte die furchtbare Tat allein ausgeführt, ohne daß einer der anderen Jünger Verdacht schöpfte" (ebd. S. 147).

Richardson war entsetzt, dass die Sawi Judas als Helden feierten: „Das war wirklich *tuwi asonai man*!" Er hatte Jesus „mit Freundschaft gemästet bis zur unerwarteten Schlachtung". Für die Sawi war dies das höchste Ideal. Wer einem Arglosen Freundschaft vortäuschte, um ihn nach längerer Zeit zu töten und zu verzehren, wurde gerühmt. Wie sollte Richardson den Sawi das Evangelium erklären? Es schien nichts zu geben, was sie darauf vorbereitet hätte. Er dachte über die vielen Anknüpfungspunkte nach, die Jesus und seine Jünger im Judentum und bei den Griechen vorgefunden hatten. Die Sawi schienen in der vorbereitenden *Missio Dei* leer ausgegangen zu

186 Jesus gab seinen Nachfolgern für ihren ersten stadtmissionarischen Einsatz die Anweisung, sich in jedem Ort mit einer Person „des Friedens" zu verbinden (Lk. 10,5-7). Dieser „Teampartner" war ihr Brückenkopf in den Ort, von dem aus sie „von innen" wirken konnten.

sein. „Die Sawi hatten keinen Namen für Gott. Sie hatten überhaupt keine Vorstellung von ihm [...] Es gab keinen Erlösungsgedanken, den ich verwenden konnte" (ebd. S. 152). Stattdessen stand für sie fest, dass man niemandem vertrauen durfte.

Doch Richardson irrte sich. Es gab diesen Erlösungsgedanken und er lernte ihn kennen, als er bereits abreisen wollte. Er hatte nämlich festgestellt, dass es zwischen den drei Dörfern, mit denen er Kontakt hatte, ständig gefährlichen Streit gab und die Bewohner sich durch die Beziehung zu ihm nicht aus dem Weg gehen konnten. Das war für ihn der Grund, sich zu entfernen. Doch die Sawi wollten, dass er bei ihnen blieb: „Morgen schließen wir Frieden!" Richardson hatte keine Ahnung, wie das auf verlässliche Weise geschehen könnte. Am nächsten Tag versammelten sich die beiden am stärksten verfeindeten Dörfer für sich. In einem fing eine Frau herzzerbrechend zu schreien an, als ihr Mann den einzigen Sohn nahm, ihn zum anderen Stamm brachte und dort einem anderen Mann überreichte: „Ich übergebe dir meinen Sohn und mit ihm auch meinen Namen." Alle anderen traten heran und legten ihre Hand auf das Kind. Richardson erfuhr, dass dieses Kind ein *tarop* war, ein Friedenskind. „Unter den Sawi war jede Freundschaftsbeziehung verdächtig – bis auf eine einzige. Wenn ein Mann wirklich seinen eigenen Sohn seinen Feinden übergab, dann konnte man diesem Mann trauen!" (ebd. S. 171). Und alle, die ihre Hand auf das Kind gelegt hatten, mussten auf Gewalt verzichten, solange das Kind lebte.

Abbildung 16.3: Ein Friedenskind wird überreicht

Jetzt hatte Richardson inmitten des lebendigen Systems der Sawi entdeckt, was die *Missio Dei* vorbereitet hatte, damit die Sawi Gott kennenlernen konnten. Er fing an, Jesus als das Friedenskind Gottes zu verkündigen, und Sawi nahmen ihn an, so wie sie das Kind aus einem anderen Stamm angenommen hatten. Das Evangelium konnte seine transformierende Wirkung beginnen.

16.7 Systemfragen stellen[187]

Wenn wir uns in der Stadt für ein Ziel engagieren, ist die naheliegende Frage: Was können *wir* tun, um das Ziel zu erreichen? Inzwischen wissen wir bereits, dass das, was naheliegt, oft falsch ist. Die naheliegende Frage nach dem richtigen Vorgehen, um ein Ziel zu erreichen, kann uns schnell wieder in das Ursache-Wirkung-Schema zurückwerfen, dessen Tücken uns bekannt sind. Natürlich geht es auch um unser Engagement und damit stellt sich auch die Frage, wie wir aktiv werden können. Aber wie schon empfohlen, sollten wir diese Frage in Kombination mit zwei weiteren stellen: Woran könnte unser Plan scheitern? Welche kontraproduktiven Auswirkungen könnte unser Handeln haben?

Ein besserer Ausgangspunkt ist, mit einer Systemfrage zu beginnen: Wie geschieht das, was wir anstreben? Sie bringt uns zu einer neuen Perspektive. Bei Gemeinsam für Berlin, einer Initiative, in der ich tätig bin, haben wir das Anliegen, eine Transformation unserer Stadt zu erleben. In den ersten Jahren haben wir uns die falsche Frage gestellt: „Was müssen wir tun, damit Berlin transformiert wird?" Wir merkten nach einiger Zeit, dass dieses Ziel für den Anfang etwas zu groß war. Ein einzelner Bezirk schien uns angemessener. Also begannen wir mit Überlegungen, was wir tun könnten, um einen einzelnen Bezirk zu verändern. Wir kamen auf die naheliegende (!) Strategie, die Christen im Bezirk zu sammeln und zu einer gemeinsamen Anstrengung zu motivieren. Doch wir spürten, dass der naheliegende Weg nicht der richtige war. Wie es weiterging, erzähle ich gleich.

Inzwischen haben wir gelernt, die Systemfrage zu stellen: „Wie geschieht in Berlin Transformation?" In unserer Stadt hat es sich in den letzten Jahrzehnten immer als schwierig erwiesen, Christen zu großen Aktionen zusammenzubringen. Die Systemfrage hält uns davon ab, ihre Trägheit zu schelten, und führt uns stattdessen zu der Erkenntnis, dass dies offensichtlich nicht der systemgemäße Weg ist. Sonst würde er ja funktionieren! Was in Berlin tatsächlich transformativ geschieht, ist, dass dezentral und unabhängig voneinander immer mehr meist kleine Initiativen entstehen – das, was wir eine *Graswurzelbewegung* nennen –, die in unterschiedlichen Segmenten der Stadt im Einsatz sind. In dieser Form des parallelen Engagements zeigt sich auch (oder vielleicht sogar mehr) die „Einheit der Christen", aber es ist keine organisierte, sondern eine organische Einheit. Gegenwärtig scheint dies in Berlin der Weg zu sein, auf dem Transformation vorangebracht wird, und wir versuchen, ihn zu fördern. Dabei hören wir nicht auf, die Systemfrage zu stellen. Vielleicht sind in einigen Jahren andere Aktivitäten das, was wirkt.

187 Vgl. Hall, Hall & Daman 2010:180-183.

Weitere Systemfragen sind: Was ist schon da? Was könnten wir aufgreifen? Mit wem könnten wir uns verbinden? Wen könnten wir fördern? Wo hat Gott etwas vorbereitet? Solche Fragen haben die Ausrichtung von Gemeinsam für Berlin verändert. Als wir den Plan fallen ließen, unsere ganze Kraft einem Bezirk zu widmen, stellten wir übereinstimmend fest: Wir möchten uns da investieren, wo Gott erkennbar etwas oder jemanden vorbereitet hat. Manchmal bestätigt Gott den richtigen Weg sehr schnell. Eine junge Frau, Henriette von Wulffen, tauchte in unserem Umkreis auf. Sie war in der Vergangenheit zweimal bei Amnesty International im Freiwilligenmanagement tätig gewesen. Jetzt war sie nach Berlin zurückgekommen und hatte Gott gefragt, was diese Erfahrungen für ihr Leben bedeuteten. In ihr entstand das Bild von einer Christlichen Freiwilligenagentur, durch die das Engagement von Christen in säkularen und christlichen Einrichtungen außerhalb ihrer Gemeinden gefördert würde. Als wir sie kennenlernten, hatten wir schnell den Eindruck, es mit einer authentischen göttlichen Idee zu tun zu haben. Wir unterstützten Henriette beim Aufbau der Freiwilligenagentur, zuerst als Arbeitszweig von Gemeinsam für Berlin, später als eigener Verein. Bis heute ist die Agentur mit wenig Geld, aber viel Glauben und Einsatz ein Segen für die Stadt (www.christliche-freiwilligenagentur.de).

Die Hauptfrage ist für uns geworden: Was tut Gott (bereits)? Jesus sagte über sich: „Der Sohn kann nichts von sich aus tun, sondern nur, wenn er den Vater etwas tun sieht" (Joh. 5,19). Weil wir uns selbst nicht mehr zutrauen als Jesus, lassen auch wir uns von dieser Aussage leiten. Dabei erleben wir, dass es uns in noch einer Hinsicht wie Jesus geht: „Denn der Vater liebt den Sohn und zeigt ihm, was er tut" (Joh. 5,20). Gott gibt uns immer wieder eine Ahnung von etwas, was bei ihm gerade in Arbeit ist, und wir haben viel Freude, daran beteiligt zu werden.

Systemfragen sind nicht nur fruchtbar, sondern rücken uns aus der Mitte des Geschehens. Ab und zu begegne ich Leuten mit einem ausgeprägten Sendungsbewusstsein, die auftreten, als sei ihr Projekt das wichtigste Ereignis im Reich Gottes seit der Reformation. In der Regel müssen sie es ohne mich durchführen. Unsere Bedeutung liegt nicht darin, dass wir ein „großes Werk" tun, sondern dass wir Teil von einem großen Werk Gottes sind. Die Fragen, wie etwas geschieht und was Gott bereits tut, erinnern uns daran.

FAZIT

- In der urbanen Mission haben wir es mit hochkomplexen lebendigen Systemen zu tun, darunter einzelne Menschen, unsere Gemeinde / Initiative und unsere Stadt. Lebendige Systeme funktionieren nicht nach einfachen Ursache-Wirkung-Schemata, sondern
    - es gibt vielfältige Ursachen und Wechselwirkungen, sodass die Wirkung unserer Worte und Taten oft unvorhersehbar ist.
    - es kommt zu verzögerten Wirkungen, sodass das, was kurzfristig nützt, auf lange Sicht schaden kann.

    - die wahren Ursachen erkennt man nicht so einfach. Stattdessen sieht man v. a. Symptome, deren direkte Bekämpfung wenig verändert.
- Es kann sein, dass wir kontraproduktiv vorgehen, ohne es (rechtzeitig) zu merken, denn
    - lebendige Systeme verhalten sich nicht so, wie wir es erwarten.
    - das naheliegende Vorgehen ist meistens falsch.
    - was schnell wächst, geht schnell wieder ein.
    - die Veränderung einzelner Parameter verändert das System nicht.
    - Systeme wehren sich gegen Veränderung von außen.
- Lebendige Systeme haben jedoch grandiose Eigenschaften, die einfachen technischen Systemen fehlen und die in der urbanen Mission sehr wichtig sind:
    - Lebendige Systeme organisieren sich selbst.
    - Sie erneuern sich selbst.
    - Sie haben, was sie brauchen.
    - Ihre Veränderung kommt von innen.
    - Ihre Veränderung geschieht organisch, braucht allerdings Zeit.
- Die Inkarnation Jesu und die Mission der ersten Jahrhunderte war ein systemischer Vorgang und knüpfte an das an, was das System besaß, geschah von innen und langsam aber nachhaltig.
- Wir dürfen bei unserem missionarischen Auftrag ebenfalls damit rechnen, dass Gott unsere Sendung vorbereitet hat und wir Systemelemente vorfinden werden, die eine Veränderung von innen ermöglichen.
- Statt uns bei unserem Engagement die naheliegende Frage zu stellen (Was können wir tun, um das Ziel zu erreichen?), ist es hilfreich, Systemfragen zu stellen: Wie geschieht das, was wir anstreben? Was ist schon da? Mit wem können wir uns verbinden? Was tut Gott (bereits)?

- Bei welcher Gelegenheit hat Ihre Gemeinde / Initiative versucht, ein Ziel mit technischem Denken zu erreichen? Haben Sie das Ziel erreicht? Gab es nicht intendierte Nebenwirkungen?
- Schauen Sie sich das „Mission Statement" oder die Ziele Ihrer Gemeinde / Initiative an. Entsprechen sie eher technischem Ursache-Wirkung-Denken oder berücksichtigen sie, dass Sie es mit lebendigen Systemen zu tun haben?
- Was würde es Sie kosten, statt naheliegender Fragen (Was können wir tun?) Systemfragen zu stellen? Sind Sie bereit, sich selbst aus der Mitte des Geschehens zu rücken?

- Douglas Hall, Judy Hall und Steve Daman: The Cat and the Toaster. Living System Ministry in a Technological Age (Hall, Hall & Daman 2010). *Die Autoren wenden systemisches Denken umfassend auf die urbane Mission an. (Eine kürzere Einführung in ihr Denken findet man online: Hall & Hall 2012.)*
- Donella H. Meadows: Die Grenzen des Denkens. Wie wir sie mit System erkennen und überwinden können (Meadows 2010). *Die Mitautorin des Weltbestsellers „Die Grenzen des Wachstums" führt in das systemische Denken ein.*

Stadterkundung kann zu einem besseren Verständnis unseres Auftrags in der Mission Dei führen. Ich lade dazu ein, sich seiner Stadt mit offenen Augen und Ohren zu nähern, warne aber auch vor einigen potenziellen Stolpersteinen bei der Durchführung einer Kontextanalyse.

17. Wer sucht, der findet

Stadterkundung

In früheren Jahren kamen viele Idealisten der urbanen Mission nach Berlin, die in ihrem Kopf bereits die fertige Blaupause dessen mitbrachten, was ihr Beitrag zur Transformation der Stadt werden sollte. Wiederholt wiesen sie dieselben drei Merkmale auf: (1) Gott hatte sie nach Berlin gesandt. (2) Gott hatte ihnen große Dinge für die Stadt versprochen. (3) Nach zwei Jahren waren sie wieder verschwunden. Inzwischen hat das Bild sich verändert. Immer mehr Leute haben verstanden, dass man nie als Wissender, sondern immer nur als Lernender in einen neuen Ort kommen kann. Mit dieser Haltung finden sie ihren Platz und sind ein Gewinn für die Stadt.

Rhonda und Kelley Philips sind in den letzten Jahren gute Freunde von mir geworden. Sie sind als Missionare nicht nur nach Berlin *gekommen*, sondern sie sind in ihrem Teil der Stadt wirklich *angekommen* und tun einen guten Dienst. Aber auch sie wären beinahe über die Fußangel des „Zu-früh-Wissens" gestolpert. Ich habe Kelley gebeten, ihre Erfahrungen für dieses Buch aufzuschreiben, und obwohl mir etwas unangenehm ist, wie er meine Rolle dabei beschreibt, gebe ich seine Geschichte so weiter, wie er sie erzählt hat.

ERFAHRUNGEN UND REFLEXIONEN

Kelley Philips

Als wir 2007 nach Berlin kamen, hatten Rhonda und ich bereits in Russland eine gesunde Gemeinde gegründet und wir hielten uns für Leute, die im interkulturellen Dienst erfahren sind. Nach unserer Ankunft in Berlin gaben uns einige Pastorenkollegen und Freunde den Rat, Kontakt zu Harald Sommerfeld aufzunehmen, weil er einen guten Überblick hat, was in der christlichen Szene in Berlin läuft. Das taten wir einige Monate später, nachdem wir uns eingelebt und unsere Strategie für die

Stadt erarbeitet hatten. Eines Nachmittags trafen wir mit einigen Leuten aus unserem Team Harald in einem Café. Er war herzlich und begrüßte uns freundlich, so wie wir ihn seither kennengelernt haben. Dann erzählte er uns einiges aus seiner Geschichte und bat uns, mehr von uns zu berichten. Später im Verlauf des Gesprächs fragte er nach unseren Plänen für eine Gemeindegründung in Berlin. Ohne zu zögern enthüllten wir unsere ambitionierten Pläne, ein Gebäude zu finden, in dem wir ein cooles, kunstvolles Café, ein Worship Center und einiges mehr einrichten wollten. Haralds Reaktion veränderte ein für alle Mal unsere Sicht und später auch Erfahrung von christlicher Gemeinschaft. Nachdem er aufmerksam unsere Pläne angehört hatte, schaute er uns, die Amerikaner, an und sagte: „Ihr werdet ungefähr 18 bis 24 Monate durchhalten. Euer Projekt wird nicht den zahlenmäßigen Erfolg haben, den eure Denomination erwartet, ihr werdet entmutigt werden und euch eine neue Aufgabe suchen." Was er sagte, ließ uns aufhorchen. In seiner Stimme lag keine Verurteilung oder Kritik, seine Worte kamen von Herzen und brachten einfach zum Ausdruck: „Ich habe es zu oft erlebt." Wir waren sprachlos. Schließlich fragten wir ihn: „Was schlägst du stattdessen vor?" Harald sagte: „Warum nehmt ihr euch nicht zwei Jahre Zeit, den Herzschlag eurer Nachbarschaft kennenzulernen und die wirklichen Bedürfnisse herauszufinden? Dann werdet ihr besser verstehen, wie ihr bei dem mitmachen könnt, was Gott bereits tut." Wir taten es. Acht Jahre später sind wir Teil einer kleinen, intimen Gemeinschaft von Gläubigen und dienen benachteiligten Menschen in unserem Kiez. Wir sind dankbar, dass Haralds Worte uns erlaubten und freisetzten, auf Gottes Pläne zu warten, statt unsere eigenen durchzudrücken.

17.1 Hören und Sehen

Zwei der wichtigsten Fähigkeiten des urbanen Missionars sind das Hören und das Sehen, eine seiner wichtigsten Haltungen ist die Lernbereitschaft. Das hängt eng damit zusammen, dass Städte lebendige Systeme sind, wie ich sie im letzten Kapitel beschrieben habe. Alles, was neu entsteht, muss organisch aus dem hervorgehen, was bereits da ist, und alles, was wir mitbringen, muss sich organisch einfügen in die individuelle und originelle „Persönlichkeit" der Stadt.

Abbildung 17.1: Hören und Sehen im Kiez – eine Stadtteilbegehung in Berlin-Spandau

Bei einem Besuch in Oberhausen stellte ich Martin Meister, dem leitenden Sekretär des CVJM, die Frage, welchen Rat er jemandem geben würde, der neu in einen Brennpunkt kommt. Seine Antwort lautete:

> Das Wichtigste ist, mit offenen Augen durch seine Stadt zu gehen und dort zu leben. Dann sieht man, welche Menschen hier wohnen und wie die Kinder außerhalb der Schule leben. Das ist das Wichtigste: zu sehen, wahrzunehmen, zu hören. Sonst macht man voreilig irgendwelche Angebote, die nachher nichts bringen. Irgendwann resigniert man dann. Manchmal laufe ich die Marktstraße rauf und runter. Ich spreche einfach ein Gebet oder sage den Leuten: „Sei gesegnet." Das ist ein Ausdruck meines Glaubens: Ich gehe nicht durch die Stadt, ohne zu beten. Wenn man das tut, erreicht man etwas. Man zieht dann keine voreiligen Schlüsse, wo man aktiv werden soll. Im Moment sind wir gerade wegen des Flüchtlingsthemas im Gespräch. Es wird noch eine Weile dauern, bis wir entscheiden, was und wo an dieser Stelle unser Platz ist. Auch da wollen wir erst einmal hören: Was möchten die Menschen, was möchte die Institution, was möchte die Kommune? Es gibt so viele Dinge, wo man erst einmal zuhören muss.

Der Rat, das Hören und Sehen mit dem Gebet zu verbinden, ist auch in anderen Kontexten klug. Wir hören und sehen besser, wenn wir gleichzeitig die inneren Ohren und Augen geöffnet halten und mit Gott über das reden, was wir wahrnehmen.

Auch Jesus kannte die Bedeutung des achtsamen Wahrnehmens und praktizierte es: „Als er die vielen Menschen sah, hatte er Mitleid mit ihnen; denn sie waren müde und erschöpft wie Schafe, die keinen Hirten haben. Da sagte er zu seinen Jüngern: Die Ernte ist groß" (Mt. 9,36-37). Diese Verse sind nicht in der Sprache der urbanen Mission geschrieben, das sei nebenbei angemerkt. Viele Stadtbewohner haben in ihren Leben noch nie ein Schaf gesehen und einige haben noch nie etwas anderes geerntet als Cannabis auf dem eigenen Balkon. In der Begegnung mit ihnen gilt es, die biblischen Bilder und Geschichten in ihre Lebenswirklichkeit zu übertragen. Doch inhaltlich könnte Jesus in unseren Städten ähnliche Wahrnehmungen machen.

Am Beispiel von Jesus erkennen wir, dass es mehr zu sehen gibt, als vor Augen ist. In gewisser Hinsicht geschieht das immer. Über unsere Sinneswahrnehmung gelangt mehr in uns hinein, als uns bewusst ist (→ Kap. 10). Wenn wir aber in betendem Kontakt zum Geist Gottes stehen, bekommt unser Blick eine zusätzliche Tiefe und der „Durchblick" kann in unserem Bewusstsein zu einer „Offenbarung" werden. Jesus erkannte mehr, als der erste Blick auf eine Volksmenge verrät. Die Menschen waren „müde" und „erschöpft". Der erste Begriff hat als weitere Bedeutungen „geschunden", „bedrängt", „geplagt", der zweite „geschleudert", „geworfen", „auseinandergetrieben". Es ging nicht um einen Zustand von Müdigkeit und Erschöpfung, der aufgrund von zu viel Anstrengung eingetreten war und sich mit etwas Ruhe und Erholung wieder hätte beheben lassen. Auf das Leben der Menschen wirkten Kräfte ein, die Druck auf sie ausübten und sie aus der Bahn warfen. Solche geistlichen und sozialen Kräfte sind auch in unseren Städten am Werk. Sie bedrängen die Menschen, machen sie haltlos und isolieren sie voneinander.

Diese Feststellung war für Jesus noch nicht das Signal zur Aktion. Es ist ein gutes Motiv, wenn wahrgenommene Not einen Menschen zum Einsatz treibt, aber hoffentlich wird er dann nicht zum „hilflosen Helfer"[188], der das Elend der Welt auf seinen Schultern trägt und darunter selbst „müde und erschöpft" wird. Jesus schaute noch weiter hin, bis er hinter der Not die Möglichkeiten sah: „Die Ernte ist groß." In unserer Sprache klingt das so: „Hier geht etwas." Das Mitleid oder die Liebe sind nur in Verbindung mit dem Glauben und der Hoffnung stark und deshalb dringt unser Blick nicht tief genug, solange wir nicht auch eine Ahnung von den Absichten und Möglichkeiten Gottes bekommen.

Selbst die Sicht des Glaubens war für Jesus noch nicht ausreichend, seine Jünger loszuschicken. „Bittet also den Herrn der Ernte, Arbeiter für seine Ernte auszusenden" (Mt. 9,38). Mich erinnert diese Aufforderung an den Rat, Systemfragen zu stellen: Die richtige Frage ist nicht, was wir tun müssen, um ein Ziel zu erreichen, sondern was geschehen muss, damit das Ziel erreicht wird (→ Kap. 16.6). Die „Ernte" wird nicht allein dadurch eingebracht, dass wir unser Bestes geben und andere dazu motivieren, es ebenso zu tun. Unabhängig von uns müssen viele andere ausgesendet werden und

188 „Hilflose Helfer" ist der Titel eines Buches von Wolfgang Schmidbauer „über die seelische Problematik der helfenden Berufe" (Schmidbauer 1992).

das Zusammentreffen von Umständen, die außerhalb unserer Vorausschau und unserer Kontrolle liegen, muss eingefädelt werden. Es muss immer mehr geschehen, als in unserer Macht steht, deshalb beten wir zu dem, der die Macht hat, das Umfassende und Übergreifende auf den Weg zu bringen. In diesem Geschehen haben wir durchaus unseren Platz – die Jünger wurden bald danach auf ihren ersten eigenen Missionstrip geschickt (Mt. 10,1-15) –, aber wir wissen und akzeptieren, dass unser Beitrag begrenzt ist. Die Mission ist nicht unsere Mission, sondern die *Missio Dei*, die Mission des „Herrn der Ernte, der sendet".

Auf der anderen Seite ist urbane Mission auch sehr bodenständig. Was unmittelbar vor Augen liegt, ist ebenso von Bedeutung. Auch die ganz „natürlichen" Umstände gilt es zu sehen und zu verstehen. Damit kommen wir zum Thema *Kontextanalyse.*

17.2 Stadterkundung als Begegnung

„Eine Kontextanalyse hilft der Gemeinde, die Lebenswelt der Menschen im Ort besser zu verstehen" (Faix 2012a:14). So schreibt Tobias Faix in seiner Einleitung zu dem schönen Buch „Die Welt verstehen" (Faix & Reimer 2012). Darum geht es: Wir wollen besser verstehen, was das Leben der Menschen um uns herum ausmacht, wovon es bestimmt ist, wie sie denken und handeln. Dafür gibt es viele hilfreiche Methoden. Es würde den Umfang dieses Kapitels sprengen, sie detailliert vorzustellen. Einen guten Einstieg bietet das eben genannte Buch, das auch Hinweise auf weiterführende Literatur enthält.

Die Frage ist, wie wir Methoden handhaben und wie die Kontextanalyse in unsere gesamte urbane Praxis eingebettet ist. Damit das nicht auf eine verkürzte Weise geschieht, liste ich zunächst fünf mögliche Missverständnisse auf, bevor ich der Reihe nach auf sie eingehe.

1. **Subjekt-Objekt-Beziehung:** Für den Kontextanalytiker wird das Umfeld zu einem Forschungsgegenstand.
2. **Theorie-Praxis-Abfolge:** Die Kontextanalyse geht der „eigentlichen" Praxis der urbanen Mission voraus.
3. **Forscher-Anwender-Arbeitsteilung:** Weil die Kontextanalyse als eigenständiges Geschehen verstanden wird, lässt sie sich an „Experten" delegieren.
4. **Problem-Antwort-Schema:** Das Ziel der Kontextanalyse besteht vor allem darin, Bedürfnisse ausfindig zu machen, für die wir dann eine Antwort anbieten können.
5. **Projektcharakter:** Die Kontextanalyse ist ein klar definiertes Projekt mit vorab festgelegten Teilschritten.

17.2.1 Überwindung der Subjekt-Objekt-Beziehung

Wer sein Umfeld wie einen Forschungsgegenstand behandelt, betrachtet es aus einer Außenperspektive. Er kann viele Daten zusammentragen und Merkmale erfassen, aber es ist fraglich, ob er auf diese Weise sein Umfeld wirklich versteht. Als Christen dürfen wir Gott getrost als den besten Kontextanalytiker des Universums ansehen. Aber selbst für ihn gibt es eine Grenze des Verstehens durch objektive Betrachtung. Deshalb beinhaltet die Sendung seines Sohnes – der Höhepunkt der *Missio Dei* – nicht nur eine Offenbarung an uns, sondern auch einen Weg tieferen Verstehens für ihn: „Darum musste er in allem seinen Brüdern gleich sein, um ein barmherziger [...] Hoherpriester vor Gott zu sein [...] Wir haben ja nicht einen Hohenpriester, der nicht mitfühlen könnte mit unserer Schwäche" (Hebr. 2,17; 4,15). Inkarnation und Kontextanalyse gehören zusammen.

Unter den sozialwissenschaftlichen Methoden kommt die „beobachtende Teilnahme" dem Prinzip der Inkarnation am nächsten, die der Soziologe Ronald Hitzler für die Szeneforschung empfiehlt:

> Das für uns sozusagen ‚basale' Verfahren ist das der beobachtenden *Teilnahme*. Beobachtende Teilnahme bedeutet, dass wir in das soziale ‚Feld', das wir je gerade untersuchen, möglichst intensiv hineingehen und – bis hinein in sprachliche und habituelle Gewohnheiten – versuchen, den Menschen, die wir untersuchen, möglichst ähnlich zu werden. Das gelingt natürlich – aus vielerlei Gründen – nicht immer und schon gar nicht immer gleich gut. In dem Maße aber, wie es gelingt, erlangen wir eine Art und Qualität von Daten, wie wir sie mit anderen Forschungsmethoden nur schwerlich bekommen: Daten darüber nämlich, wie man und was man in solchen Welten tatsächlich *erlebt* [Hervorhebungen im Original]. (Hitzler 2013)

Nicht immer ist es möglich oder sinnvoll, in eine Lebenswelt einzutauchen[189], und Recherche aus der Distanz ist nicht überflüssig. In diesen Fällen gilt die Faustregel: Informationsbeschaffung ist umso wertvoller, je mehr sie mit Begegnungen und Beziehungen verbunden wird. Wenn wir zum Beispiel bei der Recherche feststellen, dass in unserem Quartier Menschen einer sozialen Gruppe mit bestimmten Merkmalen stark vertreten sind, haben wir eine objektive *Sach*information. Aber wir kennen diese Menschen vielleicht nur als Kategorie und haben unsere mehr oder weniger zutreffenden Vorstellungen von ihnen. Zum Verstehen kommt es erst dann, wenn wir Mitglieder dieser Gruppe persönlich kennenlernen. Durch Begegnungen und Beziehungen werden aus Kategorien Personen und wir erfahren etwas darüber, was das Leben in dieser Gruppe oder mit diesen Merkmalen für die Betreffenden bedeutet. Verstehen geschieht

189 Ich werde für meine Kontextanalyse keine alleinerziehende Mutter werden können und kein Muslim werden wollen.

in *Subjekt-Subjekt-Beziehungen* und mit Empathie kann man sich auch ohne Teilnahme in fremde Lebenswelten hineinversetzen.

Deshalb ist es in interkulturellen Begegnungen wichtig, dass wir uns gegenseitig unsere Geschichten erzählen. Nur so wird der ausländische Nachbar für uns zu Hamit aus dem Libanon und wir werden für ihn zu Heinz aus Dorsten. Auch da, wo es in einer Interviewsituation um Sachthemen geht und die Rollen des Befragenden und des Befragten festgelegt sind, ist es gut, wenn es uns gelingt, auf eine persönliche Ebene zu kommen. Was hat einen Experten dazu motiviert, seinen Berufsweg einzuschlagen? Wie geht es ihm in seinem Berufsfeld? Solch ein – ehrliches! – Interesse kann in manchen Fällen das Interview für ihn zu einer wertvollen Erfahrung machen. Ihm geht es ja meist genauso wie anderen Stadtbewohnern: Er wird nur in seiner Funktion, aber nicht „als Mensch" wahrgenommen und geht davon aus, auch von uns nur in der Funktion des Informationsbeschaffers gesehen zu werden. Ich halte den Versuch für lohnend, das zu durchbrechen.

Eine Kontextanalyse mit vielen Subjekt-Subjekt-Beziehungen bringt mehrere Vorteile. Bereits während der Erkundungsphase entsteht oder erweitert sich unser lokales Beziehungsnetz. Wie bereits gesagt, kommt es dabei zu echtem Verstehen. Wir haben eine Chance, unseren *Ethnozentrismus* zu überwinden, der eine fremde Lebenswelt aus der Sicht unserer eigenen interpretiert. Entscheidend ist, wie die Menschen selbst ihre Situation wahrnehmen und wie sie ihre Lebenswelt deuten. Am besten können wir das von ihnen selbst erfahren. Besonders wichtig ist die Begegnung, wo unsere Beziehung zu einer Gruppe von Vorurteilen oder gar Verurteilungen geprägt ist. Die Begegnung ist der Feind des Vorurteils und Verurteilen geht am besten aus der Distanz. Aus der Nähe sieht vieles anders aus. Es gibt Lebenswelten, die für uns nicht nur fremd, sondern – möglicherweise zu Recht – befremdlich sind. Aber das, was für uns ein „unmögliches" Verhalten darstellt, ist aus der Sicht der Betreffenden nicht nur möglich, sondern sogar sinnvoll. Welchen „Gewinn" erlebt ein Bewohner einer benachteiligten Region durch die Zugehörigkeit zu einer Neonazi-Szene? Ich kenne wenige Christen oder Nichtchristen, die sich dafür interessieren. Aber vielleicht wären Begegnen und Verstehen ein ebenso wichtiger Schritt zur Überwindung des Rechtsradikalismus wie Gegendemonstrationen?

17.2.2 Kontextanalyse als Prozess

Eine Kontextanalyse ist mehr als die theoretische Vorarbeit für die „eigentliche" Praxis der urbanen Mission. Das entspräche der typischen Theorie-Praxis-Abfolge unserer Kultur. Zuerst lernen wir, wie man etwas tut, und dann tun wir es. In der klassischen Henne-Ei-Problematik haben wir uns entschieden, dass die Henne der Theorie zuerst kommt und diese dann das Ei der Praxis legt. Wir lesen erst das Handbuch, dann folgen wir seinen Anweisungen. Dieses Vorgehen hat Schwächen.

Nicht alle Leute sind gleich gestrickt: Mancher schaltet ein neues Gerät zuerst ein und probiert es aus, bis er an einen Punkt kommt, an dem seine Kenntnisse nicht ausreichen. Erst dann schaut er ins Handbuch. *Learning by Doing* (etwas lernen, indem man es tut) ist legitim und oft von Vorteil. Der Inhalt dieses Buches ist das Resultat eines entsprechenden Prozesses. Ich habe die urbane Mission durch *Learning by Doing* „erlernt", indem ich mich ohne Schwimmkurs ins Wasser gestürzt habe, oft meiner Intuition gefolgt bin und einen Weg von *Trial and Error* (etwas versuchen und aus Fehlern und Fehlschlägen lernen) gegangen bin. Mitten auf diesem Weg entdeckte ich dann in mir das Verlangen nach Forschung und Reflexion. Ich fing an, erst autodidaktisch und dann an der Fernuniversität Hagen Soziologie zu studieren, und ich glaube, dass ich bei dieser Abfolge mehr von meinen Studien profitiere und sie besser in Beziehung zur Praxis setzen kann, als wenn ich urbane Mission im Studierzimmer vorbereitet hätte. Vielleicht hätte ich dann durch theoretische Festlegungen ganz andere und weniger lehrreiche Fehler begangen.

Ich habe mit einer – einseitigen, wie ich zugebe – These manche Diskussionen ausgelöst: „Vor dem Denken kommt das Handeln." Nur wenn wir etwas tun, was wir noch nie getan haben, werden wir etwas verstehen, was wir noch nie verstanden haben. Warum kann nicht die Praxis die Henne sein, die das Ei der Theorie legt? Bei den ersten Christen haben wir genau das gesehen (→ Exkurs 2): Die innovative Praxis der „Heidenmission" ging ihrer theologischen Begründung voraus.

Nach der These und der Antithese zur Henne-Ei-Problematik ein Vorschlag für die Synthese: In der urbanen Mission wird es ein ständiges Wechselspiel von Theorie und Praxis geben.[190] Aus dem Handeln wird durch Reflexion neue Theorie, aus neuen Einsichten wird durch Umsetzung neue Praxis. Nach einigen „Generationen" hat sich dann die Frage nach dem Primat von Henne oder Ei erledigt. Hennen legen Eier und aus Eiern schlüpfen Hennen.

Für die Kontextanalyse als Teil unserer Theoriebildung ergibt sich daraus die Empfehlung, sie nicht als einen großen Wurf anzugehen, sondern als einen ständigen Prozess, der in kleinen Einzeldosierungen die Praxis der urbanen Mission unaufhörlich begleitet. Es wäre schade, wenn aufwendige Kontextanalysen zu Datenfriedhöfen würden, weil wir uns so viele Informationen gar nicht auf einmal verstehend aneignen und sie in die Praxis einfließen lassen können. Am Ende füllten sie dann Ordner mit Papier statt urbane Mission mit Anregungen.

17.2.3 Alle wissen etwas, alle tun etwas

Es gibt Leute, die dem Forschen und Recherchieren besonders zugetan sind. Sie können, aber müssen nicht in den eigenen Reihen zu finden sein. Eine Gemeinde oder

190 Deshalb finde ich Ausbildungsformen wie den Studiengang Gesellschaftstransformation (www.gesellschaftstransformation.de) oder den Studiengang Urbane Mission (www.urbanemission.de) besonders wertvoll. Sie sind praxisbegleitend und implizieren automatisch eine Verzahnung von Praxis und Theorie.

eine Initiative könnte diese Leute bitten, für sie eine Kontextanalyse zu erstellen, und sie würden einen guten Job machen. Das Delegieren von Kontextanalysen im Rahmen einer Forscher-Anwender-Arbeitsteilung hielte ich allerdings für einen Notbehelf. Wir verpassen dadurch einige Chancen.

Eine Chance liegt in der Aktivierung von Vorwissen. So abgeschottet ist keine Gemeinde, dass ihre Mitglieder nicht vielfältige Einblicke in gesellschaftliche Bereiche hätten, von denen die Leitung wenig weiß und versteht. *Crowdsourcing* ist das neue deutsche Wort für die „Weisheit der vielen", bei der die Kompetenzen einer großen Zahl von Beteiligten zum Tragen kommen. Wenn wir uns gegenseitig mitteilen, wie es in unseren außergemeindlichen Lebenswelten aussieht, kommt schon ein guter Fundus an Wissen zusammen.

Leute mit besonderem Forscherdrang oder besonderer Recherchefähigkeit sind dadurch nicht überflüssig. Aber anstatt die Kontextanalyse *für* uns zu erstellen, können sie es *mit* uns tun. Sie können den Prozess anstoßen und moderieren, in dessen Verlauf die Engagierten ihr Vorwissen zusammentragen und neue Kenntnisse über das Umfeld erwerben. Je mehr Leute sich daran beteiligen lassen, desto besser ist es, vor allem, wenn Begegnungen Teil des Ganzen sind.

Ich war sehr angetan, als ich anlässlich der Predigt in einer Gemeinde erfuhr, dass die Mitarbeiter mit den Kindern für deren Programm in ein nahe gelegenes Asylbewerberheim gingen. Das ist, so hoffe ich, nicht nur für die Kinder dort, sondern auch für die besuchenden Kinder ein Segen, den ich mir auf dreifache Weise vorstellen kann: (1) Sie lernen schon früh, dass Gemeinden keine Vereinigungen zur überwiegenden Eigenversorgung sind. (2) Sie begegnen einem anderen als den üblicherweise in der Gemeinde vertretenen Milieus. (3) Es gäbe dann auch die Möglichkeit, dass sie nach einiger Zeit in der Gemeinde zu „Experten" werden. Vielleicht wissen sie inzwischen mehr über das Leben von Flüchtlingskindern als viele der Erwachsenen. Man könnte sie berichten lassen, wen sie kennengelernt und was sie erfahren haben. Dass ihre Wahrnehmungen und Erzählungen auf kindgemäße Weise erfolgen, muss kein Nachteil sein. Auch Kinder können Kontextanalytiker sein.

17.2.4 Potenziale des Umfeldes entdecken

Ziel der Kontextanalyse ist nicht nur, Bedürfnisse zu entdecken, denen die urbane Mission begegnen kann. Daran ist nichts falsch – wir wollen schließlich unserem Umfeld dienen. Es sollte nur nicht das Einzige sein, was uns interessiert. Das wäre zwar immer noch besser als andere Ansätze, bei denen den Menschen Antworten auf Fragen gegeben werden, die sie nie gestellt haben, aber eine Verkürzung auf das Problem-Antwort-Schema reduziert uns zu Gebenden und damit Habenden und die Leute um uns herum zu Nehmenden und damit Bedürftigen. Das ist nicht die Idee des Gottes der Mission. Es gehört zur Würde des Menschen, dass er einen Beitrag geben kann, deshalb behandeln wir Menschen mit Würde, wenn wir bereit sind, von ihnen zu empfangen.

Christen lesen den Bericht über die Begegnung von Jesus und einer samaritanischen „Frau am Brunnen“ (Joh. 4,5-26) meist unter dem Vorzeichen, dass der Spender des Lebenswassers eine lebensdurstige Frau trifft. Das ist nicht die ganze Geschichte. Am Anfang ist Jesus der Bedürftige. Er sitzt müde, hungrig und durstig am Brunnen (V. 6 und 8). Sein Durst wird durch den Umstand verschärft, dass es knapp außerhalb seiner Reichweite kühles, frisches Brunnenwasser gibt. Als die Frau näherkommt, ist zunächst sie die Habende und kann die Gebende sein. Sie trägt einen Krug und Jesus ehrt sie, indem er – gegen alle Konventionen – bereit ist, daraus zu trinken. Gott ist ein Gott der Augenhöhe, nicht demütigender einseitiger Wohltaten. Wenn wir von den Grundsätzen der *Missio Dei* überzeugt sind, werden wir damit rechnen, dass Gott nicht nur uns, sondern auch unserem Umfeld Potenziale gegeben hat. Wir können ihnen den vorstellen, der Wasser des Lebens hat, für andere Brunnen haben sie die Gefäße.

In der Sozialarbeit begegnet uns eine anerkennende Haltung gegenüber dem Sozialraum in der „fallunspezifischen Arbeit“,

> bei der es darum gehen muss, Ressourcen eines Sozialraumes für fallspezifische Arbeit nutzbar zu machen. Er [Frank Früchtel] vergleicht Fachkräfte, die fallunspezifisch arbeiten, mit „talentierten Ressourcensuchern, diese [...] müssen auf vielen Hochzeiten tanzen können: In der Eckkneipe genauso wie auf einer Gesellschafterversammlung oder im Hausfrauenverein“. Im Grunde ist die fallunspezifische Arbeit keine methodische Technik, sondern ein konsequenter Zugang [...] „Grundvoraussetzung für Ressourcensucher ist, davon überzeugt zu sein, dass der soziale Raum etwas zu bieten hat, das besser (oder sagen wir weit reichender) sein kann als das eigene professionelle Engagement.“ (Deinet 2009a:46)

„Ressourcensucher“ ist ein Ausdruck, der mir gefällt. Auch wenn der urbane Missionar auf Probleme und Nöte achtet, um ihnen zu begegnen, wird es ihm guttun, sich gleichzeitig als Ressourcensucher zu verstehen.

17.2.5 Kontextanalyse als Lebensstil

Kontextanalyse ist letztlich kein Projekt, sondern ein Lebensstil. In ihm vereinigen sich das Tun und das Sein. Am meisten lernt man durch das gemeinsame Leben.

> Interessant [...] ist auch eine UNESCO-Studie, die schon 1972 feststellte, dass 70 Prozent der Bildungsprozesse informell – z. B. auf Schulhöfen, in Jugendzentren, Vereinen, Treffs etc. – ablaufen, d. h. außerhalb von formalen Bildungsprozessen schulischen Unterrichts; eine kanadische Studie kommt sogar auf 90 Prozent. (Grimm & Deinet 2009:129)

Nicht nur Kinder lernen so. Ich stelle die These auf, dass der größte Teil unserer Kontextanalyse ebenfalls nicht durch formale Verfahren, sondern durch informelles Leben zustande kommt.

17.3 Erkundung in lebendigen Systemen

Die Stadt ist ein lebendiges und damit ein hochkomplexes System. Ihre Komplexität ist so hoch, dass es nicht möglich ist, ihre vielen Zusammenhänge und Wechselwirkungen rational zu verstehen, zu verarbeiten und zu steuern. Unser Bemühen, die Stadt oder einen Teil von ihr zunächst einmal verstehend „in den Griff" zu bekommen, kann uns zu einer ebenfalls komplexen Fülle an Informationen und Beobachtungen führen. Das Ergebnis kann sein, dass wir den Wald vor lauter Bäumen nicht sehen, dass also die Fülle an Daten uns nicht zeigt, sondern verbirgt, worauf es wirklich ankommt. Auch aus einem großen Pool an Daten lassen sich Zusammenhänge und Wechselwirkungen nicht so „berechnen", dass sich daraus zwingend die richtige Strategie ergibt. Manchmal verweisen die Daten nur auf Symptome, nicht auf Ursachen. Ein anderes Mal legen sie ein bestimmtes Vorgehen nahe, aber das Naheliegende ist oft das Falsche, wie wir gesehen haben (→ Kap. 16.4).

Was lebendige Systeme nachhaltig verändert, ist oft verborgen. Es gibt in ihnen „Wirkungspunkte" (oder „Interventionspunkte"; Hall, Hall & Daman 2010:46-47). Wenn man an diesen Punkten ansetzt, können kleine Ursachen große Wirkungen hervorbringen. Das folgende Beispiel zeigt, wie das aussehen kann. Stellen wir uns eine Schulklasse vor, deren Schüler aus schwierigen Verhältnissen kommen und in der das Sozialverhalten chaotisch ist. Wie können in einer solchen Klasse positive Veränderungen bewirkt werden? Die Kanadierin Mary Gordon hat einen Wirkungspunkt entdeckt, der alles andere als naheliegend ist: Der neunmalige Besuch einer Mutter mit ihrem Baby kann – bei entsprechender pädagogischer Begleitung – eine Klasse nachhaltig positiv verändern.

MODELLE UND BEISPIELE

Roots of Empathy[191]

Mary Gordon ist Pädagogin. Als Lehrerin wurde ihr schnell bewusst, dass viele Kinder eigentlich schon verloren haben, wenn sie auf die Schule kommen. Die Defizite, die sie aus schwierigen Familien mitbringen, haben bereits die Weichen auf Misserfolg

191 Die Informationen über Roots of Empathy stammen aus Gordon 1999; 2009; 2010; Dworschak 2013.

gestellt. Der Zeitpunkt der Einschulung ist zu spät für eine erfolgreiche Intervention. Man muss den Eltern früher helfen, ihre Kinder auf die Schule vorzubereiten.

Gordon sah in den Familien nicht das Problem, sondern die Lösung. Eigentlich, davon war sie überzeugt, wollen Eltern das Beste für ihre Kinder. Sie haben nur nie gelernt, mit ihren Kindern gut umzugehen, weil mit ihnen früher nicht gut umgegangen wurde. Dabei haben sie den größten Einfluss auf ihre Kinder. Also muss ihnen geholfen werden, sich angemessen auf ihre Kinder einzustellen.

Zu dem Programm, das Gordon für Eltern entwickelte, gehört eine Empathieschulung. *Empathie* bedeutet, sich in die Gedanken und Gefühle einer anderen Person hineinversetzen zu können und sie zu verstehen. Die andere Person ist in diesem Fall das eigene Kind. Die Eltern werden gelehrt, ihre Kinder zu „lesen", also schon die Signale der ganz Kleinen richtig zu deuten.

Dann kam Gordon eine geniale Idee: Muss man eigentlich warten, bis aus den verletzten Kindern Eltern geworden sind, um sie Empathie zu lehren? Kann man damit nicht schon im Schulalter anfangen, lange bevor sie tatsächlich Eltern werden? Aber wie sollen sie es lernen ohne ein eigenes Kind? Gordons Einfall bestand darin, die Schüler an einem „geliehenen" Kind lernen zu lassen, indem ein Vater oder eine Mutter mit einem Baby in die Klasse eingeladen werden.

Aus dieser Idee entstand das Programm *Roots of Empathy* (Wurzeln der Empathie). Es besteht darin, dass neun Monate lang das Baby einmal im Monat die Klasse besucht, begleitet von einem Empathietrainer, der auch zwischendurch mit den Schülern arbeitet. Sie lernen, die Signale des Babys zu deuten und sich in seine Gefühle hineinzuversetzen. Das Baby wird gewissermaßen zum Lehrer. Und dieser Lehrer ist entwaffnend. Man kann ihm „nicht andichten, er wolle sich nur wichtigmachen oder herumnerven – so wie sie es sich gegenseitig gern unterstellen" (Dworschak 2013:121). Seine Gefühle „sind richtig und wahr, man kann ihnen nicht ausweichen" (ebd.).

Die Ergebnisse sind beeindruckend. Wie die Schüler sich später als Eltern verhalten, kann man nicht sofort sehen. Was sich unmittelbar einstellt, ist ein veränderter Umgang mit sich selbst und mit anderen Schülern. Eine regelmäßige Auswirkung des Programms ist, dass Kinder anfangen, eigene traumatische Erlebnisse zu thematisieren und Verständnis für die Gefühle anderer aufzubringen. Ein Raubein darf jetzt heulen, ohne gehänselt zu werden. Die Klasse verhält sich kooperativer und in dem Maße, wie die Empathie steigt, sinkt die Aggressivität.

2013 wurde das erste Roots-of-Empathy-Programm in Deutschland durchgeführt, in einer fünften Klasse in Bremen. Hier waren die Ergebnisse genauso positiv, wie es in größerem Umfang in Evaluationsstudien für Kanada nachgewiesen wurde. Ole, so hieß das Baby, gewann die Herzen, sogar ein „harter Knabe, einer mit dicker Schulakte, wurde schwach" (ebd. S. 119). Und in der Klasse herrschte danach eine andere Atmosphäre.

17.3.1 Die Kraft der Intuition

Auf solche Interventionen kommt man nicht allein dadurch, dass man Informationen sammelt und auswertet. An einer entscheidenden Stelle ist ein Moment der Intuition, wie die Idee Mary Gordons, erforderlich. Intuition lässt uns verborgene – also nicht naheliegende – Zusammenhänge sehen oder ahnen. Sie befähigt uns, in komplexen Situationen *auf einen Blick* zu erkennen, was lange Analysen nicht herausfinden. Sie zeigt uns Lösungen, wo wir uns im Gestrüpp der Informationen verheddert haben. Vielleicht brauchen sogar alle wichtigen Entdeckungen und Erfindungen diesen Moment der Intuition. Albert Einstein, einer der größten Denker der Menschheit, erlebte es so:

> Einstein sagte: „Ich habe nie etwas durch rationale Überlegungen entdeckt." Er beschrieb einmal, wie er das Relativitätsprinzip entdeckte, indem er sich vorstellte, auf einem Lichtstrahl zu reisen. Und doch konnte er seine brillanten Intuitionen nutzen und sie in prägnante, rational überprüfbare Thesen umsetzen. (Senge 2001:207-208)

Intuition ist nicht mysteriös. Sie gehört zur Arbeitsweise unseres Gehirns.[192] Ein gutes Beispiel ist das komplexe Schachspiel. Der Anfänger muss zunächst die Regeln lernen. In diesem Stadium ist Intuition ein hoffnungsloses Unterfangen. Wer das erste Mal vor einem Schachbrett sitzt, hat keine Chance, „aus dem Bauch heraus" zu wissen, wie man die einzelnen Figuren zieht. Ohne bewusstes Lernen geht hier gar nichts. Wer die Regeln verstanden hat, wird am Anfang meistens verlieren. Er wird Züge machen, die aus seiner Sicht naheliegend sind, um sein Ziel, den Angriff auf den gegnerischen König, voranzubringen. Aber diese naheliegenden Züge sind schlecht und ein geübter Gegner wird sie schnell zu seinem Vorteil ausnutzen. Wenn der Novize ein Schachbuch oder ein Lernprogramm zu Rate zieht, lernt er die Eigenschaften guter Züge zu erkennen. Aber auch dann bleibt sein Erfolg begrenzt. Eine Schachpartie ist ein lebendiges System, denn nicht nur 32 Figuren aus Holz, sondern ein weiterer Spieler aus Fleisch und Blut ist beteiligt, dessen Absichten unser Schachlehrling nicht festlegen oder ahnen kann und der in diesem Stadium meist überlegen ist. Einige Jahre später ist aus dem Anfän-

192 Eine gut lesbare, populärwissenschaftliche Erklärung des Phänomens der Intuition bietet das Buch „Blink" (Gladwell 2006).

ger ein fortgeschrittener Schachspieler geworden. Er hat gelernt, auf dem Schachbrett viel mehr Zusammenhänge zu erkennen und mögliche Antworten auf seine Züge zu berücksichtigen. Er ahnt, was sein Gegner vorhat, und berechnet einige Züge im Voraus. Außerdem beginnt er, etwas zu entwickeln, was bei einem Schachmeister zur Reife kommt: das Schachgefühl.

Darum geht es bei der Intuition: Selbst ein hochkomplexes Spiel wie Schach, das völlig nach rationalen Regeln abläuft und das man deshalb einem Computer beibringen kann, kann durch ein spontanes „Gefühl" entschieden werden. Das Gehirn des Schachgroßmeisters hat die Fähigkeit entwickelt, in verworrenen Stellungen sofort zu erkennen, was das Wesentliche ist. Es gibt zwei Situationen, in denen die wunderbaren Fähigkeiten dieser Schachintuition besonders erkennbar werden. (1) Das Blitzschach: Hier hat jeder Spieler für alle seine Züge zusammen nur wenige Minuten Bedenkzeit. In der heißen Phase einer solchen Partie muss man im Bruchteil einer Sekunde ziehen, damit die Zeit des Gegners vor der eigenen abgelaufen ist, falls es nicht vorher zum Sieg kommt. Die Kraft der Intuition zeigt sich daran, dass Blitzpartien unter Spitzenspielern viel anspruchsvoller sind als die Partien gewöhnlicher Spieler selbst bei langer Bedenkzeit. (2) Das Simultanschach: Ein Schachgroßmeister spielt gleichzeitig Dutzende von Partien gegen geübte Vereinsspieler. Er geht reihum von Brett zu Brett, seine Gegner haben so lange Bedenkzeit, bis er wieder bei ihnen ankommt. Bei solchen Veranstaltungen gewinnen die Großmeister in der Regel fast alle Partien. In einem Augenblick sehen sie mehr, als ihre Gegner in einigen Minuten analysieren.

Intuition ist kein Ersatz für das Lernen. Schachgefühl ist die Frucht von vielen Schachpartien und ein „Gefühl" für die Situationen, denen wir in der Stadt begegnen, setzt viel Hören und Sehen voraus.

> Systemakteure handeln in der Komplexität lebendiger Systeme auf angemessene Weise, aber sie tun es intuitiv. Ihre Intuition wurde dadurch geschult, dass sie in ihren sozialen Systemen leben und dort ein tiefes Verständnis dafür entwickelt haben, wie Gottes lebendige Systeme funktionieren. Ihre Art zu denken ermöglicht es ihnen, auf natürliche und effektive Weise in großen lebendigen Sozialsystemen zu interagieren. Sie folgen ihren Ahnungen, tauchen zur richtigen Zeit auf, und wo sie sind, geschehen in den sozialen Systemen gute Dinge. (Hall, Hall & Daman 2010:230)

Es ist leichter, die Bedeutung der Intuition einzusehen, als sie zu lernen. Meine Empfehlung dafür lautet so: Wer sich Zeit zum Hören und Sehen nimmt und in das städtische Leben eintaucht, wird merken, wie sein Gehör und sein Blick sich allmählich verändern. Er erfasst schneller, was das Wesentliche ist, und erkennt Zusammenhänge leichter. Normalerweise bekommt er dann irgendwann „Blitzideen" oder „Eingebungen". Dabei kann es ihm so gehen, dass er eigentlich etwas „weiß", aber sich nicht traut, es zu wissen. Das Sicherheitsbewusstsein seines bewussten Denkens verlangt nach rationalen Begründungen, die er ihm nicht (sofort) liefern kann. Manchmal gilt es dann zu warten, um Bestätigungen zu bekommen. Ein anderes Mal gilt es, praktische Schritte zu unternehmen und die Tragfähigkeit der Eingebung zu testen. Das ist riskant, weil es schiefgehen kann. Wenn es schiefgeht, kann es auch demütigend sein. Wer meint, einen „Wirkungspunkt“ identifiziert zu haben, ohne dass später Wirkungen eintreten, ist nicht seiner Intuition gefolgt, sondern seiner Einbildung. Urbane Mission ist kein Betätigungsfeld für Leute, die Angst vor Fehlern und Fehlschlägen haben. Intuition ist nicht in der Komfortzone erlernbar. Eine gute Motivation ist, sich bewusst zu machen, dass wir Fehler machen dürfen und aus Fehlschlägen lernen können, sodass auch aus ihnen Gutes entstehen kann.

17.3.2 Kontextanalyse und Glaube

Wenn die Komplexität der Stadt uns verunsichert, kann der Glaube uns neue Sicherheit geben. Er ist ein „Feststehen in dem, was man erhofft“ (Hebr. 11,1), eine Zuversicht auf ein gutes Ergebnis. Zu diesem Glauben befähigt uns die Einsicht, dass die urbane Mission Teil der *Missio Dei* ist. Lebendige Systeme sind Gottes Idee und er sorgt dafür, dass in ihnen die Schlüssel für ihre Veränderung liegen. „Lebendige Systeme haben, was sie brauchen“, habe ich im letzten Kapitel geschrieben. In ihnen liegen nicht nur die Potenziale, die es zu fördern, sondern auch das Wissen, das es fruchtbar zu machen gilt. Wenn wir vor der Komplexität der Stadt stehen, können wir uns sicher sein, dass dieses System „weiß“, was es braucht. Wenn wir mit der richtigen Haltung hinhören und hinsehen, wird das System uns mitteilen, was wir wissen müssen.

Für mich ist diese Erwartung einer der Gründe, warum ich Interviews gerne mit Kleingruppen führe und offen gestalte. Statt detaillierte Fragen zu stellen, bitte ich die Teilnehmer: „Erzählen Sie mir einfach, was aus Ihrer Sicht das Besondere am Leben in diesem Stadtteil ist. Ich werde zuhören und nur am Ende die eine oder andere Rückfrage stellen.“ Was die Leute dann von sich aus erzählen, kann aufschlussreicher sein als das, was ich ursprünglich hätte wissen wollen. Besonders gut ist es, wenn sie untereinander ins Gespräch kommen, weil sie dann möglicherweise Themen anschneiden, die sonst nicht zur Sprache gekommen wären.

Unsere Sicherheit steigt, wenn wir daran denken, dass wir von Gott Gesandte und Beauftragte sind. Er sendet uns nicht, damit wir scheitern. Auch wenn die Wirkungspunkte einer Stadt für uns anfänglich ein Rätsel sind, wird er sie für uns kein Rätsel bleiben lassen. Dafür haben wir eine Zusage: „Wer sucht, der findet“ (Mt. 7,8). Das Suchen ist allerdings wichtig. Am Anfang dieses Kapitels habe ich über die Gefahr des „Zu-früh-Wissens“ geschrieben. Wer seine Pläne schon kennt, muss nicht mehr suchen. Aber er hat auch keine Verheißung.

Wir sollten das Suchen nicht für eine lästige Verzögerung halten. Die Suche zwingt uns dazu, uns intensiv auf die Stadt einzulassen – auch auf die Seiten, die wir sonst vermeiden würden. Es gehört zum Wesen des Suchens, dass wir nicht wissen, wo wir suchen müssen. Wer ohne Smartphone und ohne Hilfe von Passanten in einer wildfremden Stadt eine öffentliche Toilette sucht, hat keine Ahnung, in welche Richtung er gehen muss. Er kann es nur aufs Geratewohl versuchen. In einer Stadt nicht einmal zu wissen, wo wir Wirkungspunkte finden können, passt uns, die wir urbane Mission gern kontrollieren und beherrschen würden, gar nicht. Aber wer bereit ist, sich – oft absichtslos und aufs Geratewohl, aber aufmerksam – in der Stadt umzusehen und umzuhören, dem verspricht Jesus, dass er finden wird. Darauf würde ich mich verlassen.

17.4 Was tut Gott in der Stadt?

Schon in der Einführung dieses Buches habe ich meine Überzeugung geäußert, dass wir – wie Paulus in Athen – in jeder Stadt Spuren Gottes entdecken können. Diese Spuren kommen nicht nur aus der Vergangenheit, sondern Gott ist auch heute in unseren Städten aktiv und wir tun gut daran, nach ihm Ausschau zu halten. Auch hier geht es um ein „Finden", das ein „Suchen" voraussetzt. Paulus ging in Athen umher und besah sich die Stadt, bis er den Altar „fand" (Apg. 17,23), der ihm den Anknüpfungspunkt für seine Rede gab.

Die Suche nach Gott in der Stadt hat eine spirituelle Seite. Diesen Aspekt betont Papst Franziskus in seinem Apostolischen Schreiben *Evangelii Gaudium*:

> Wir müssen die Stadt von einer kontemplativen Sicht her, das heißt mit einem Blick des Glaubens erkennen, der jenen Gott entdeckt, der in ihren Häusern, auf ihren Straßen und auf ihren Plätzen wohnt. Die Gegenwart Gottes begleitet die aufrichtige Suche, die Einzelne und Gruppen vollziehen, um Halt und Sinn für ihr Leben zu finden. Er lebt unter den Bürgern und fördert die Solidarität, die Brüderlichkeit und das Verlangen nach dem Guten, nach Wahrheit und Gerechtigkeit. *Diese Gegenwart muss nicht hergestellt, sondern entdeckt, enthüllt werden* [Hervorhebung von mir]. (Franziskus 2013:71)

Auf die kontemplative Stadterkundung werde ich im Kapitel über urbane Spiritualität (→ Kap. 24) eingehen. Daneben gibt es forschungsorientiertere Ansätze, Gott auf die Spur zu kommen. Uns muss aber bewusst sein, dass die Ergebnisse einen Unsicherheitsfaktor enthalten, der mit zwei Umständen zusammenhängt: (1) Unsere Wahrnehmung und Deutung ist davon beeinflusst, wie wir uns Gottes Wirken (nicht) vorstellen. (2) Was Gott tut, manifestiert sich durch Menschen und jede göttliche Intention wird durch die menschliche Umsetzung gefärbt oder verfärbt. Selbst Vorgänge innerhalb der Kirche werden deshalb von Christen unterschiedlich bewertet: Für die einen ist ein besonderes Wirken des Geistes, was andere als Schwärmerei abtun. Wir werden also auch nicht mit einem ökumenischen Konsens rechnen können, wenn wir in bestimmten Aspekten des Stadtlebens Gottes Handschrift zu erkennen meinen. Unsere Sicherheit kann nur dadurch wachsen, dass wir uns mit dem verbinden, was wir für Gottes Wirken halten, und dass dann gute Früchte bestätigen, wenn wir auf dem richtigen Weg sind.

17.4.1 Gott in Leipzig?

Ein Ausgangspunkt bei der Suche nach Gottes Spuren ist die Frage nach erkennbaren Grundmustern in der Stadtgeschichte. Als Beispiel, wohin diese Suche führen kann, dient uns die Stadt Leipzig.[193]

Es gibt verschiedene Aspekte von Leipzig, die sich durch die Geschichte ziehen. Leipzig ist eine Musikstadt[194], eine Messe- und Handelsstadt und eine Buch- und Medienstadt. Jeder dieser Seiten von Leipzig könnte man nachgehen. Ich konzentriere mich auf ein weiteres Muster, das in der jüngeren Geschichte einen besonders bedeutsamen Ausdruck gefunden hat. Leipzig war *die* Stadt der friedlichen Revolution. Seit 1982 gab es in der Nikolaikirche wöchentliche Montagsgebete, die 1989 Ausgangspunkt anschließender Demonstrationen wurden. Dass die Leipziger dieses Demonstrationsrecht durchsetzen konnten, war ein wichtiger Schritt zum Machtverlust des DDR-Regimes.

Abbildung 17.2: Die Nikolaikirche in Leipzig

Es war kein Zufall, dass diese Vorgänge in Leipzig stattfanden. Oberbürgermeister Wolfgang Tiefensee sprach 2003[195] von „ihren mutigen, unbändigen und freiheitsliebenden Menschen" (Steets 2008:144). Solche waren die Leipziger schon immer. Zu den ältesten

193 Die Angaben über Leipzig stammen aus Krehl, Steets & Wenzel 2005, Rink 2005 und Steets 2008:144-171.
194 Hier wirkte u. a. Johann Sebastian Bach.
195 Anlässlich der Ausscheidung um die deutsche Bewerberstadt für die Olympischen Spiele 2012.

Ereignissen, die berichtet werden, gehört ein Aufstand der Bürger gegen den feudalen Stadtherrn (1216). Im 19. Jahrhundert war Leipzig eine „Hochburg demokratischer Strömungen" (ebd. S. 145). Viele Bewegungen und Ereignisse nahmen in Leipzig ihren Ausgang oder fanden dort ihr Zentrum. Die Stadt war ein Mittelpunkt der bürgerlichen Demokratiebewegung von 1848. Sie wurde getragen von einem freiheitlich gesinnten Vereinsleben. „Vereine, vor allem Bürger-, Gesangs-, Turn- und Bildungsvereine, hatten bei der politischen Mobilisierung der Bevölkerung [...] eine bedeutende Rolle gespielt" (Krehl, Steets & Wenzel 2005:72).

Weitere soziale Bewegungen folgten: Leipzig ist die Wiege der deutschen Arbeiterbewegung. In den 1860er-Jahren gab es rund 160 selbstorganisierte Vereinigungen, darunter die ersten beiden gesamtdeutschen Gewerkschaften.[196] Nach dem Vorbild der Arbeiterbildungsvereine wurde 1865 – aus einer ebenfalls hier entstehenden Frauenbewegung heraus – der „Frauenfortbildungsverein Leipzig" gegründet. Der Vereinszweck war erstmalig die Bildung, und nicht, wie sonst für Frauenvereine üblich, die Wohltätigkeit. Bildung war später erneut das Thema der Leipziger Volksbildungsbewegung (1922-1933). Ferner liegt in Leipzig der Ursprung der Schrebergartenbewegung mit dem Ziel, etwas gegen Verarmung und ungesunde Lebensbedingungen zu tun.

Der Mut und die Freiheitsliebe der Stadtbewohner endeten nicht mit der Machtergreifung der Nazis. Noch im Mai 1933 wurden Gegendemonstrationen organisiert. Von 1937 bis 1939 machten die „Leipziger Meuten" von sich reden. Es waren lose Vereinigungen von Jugendlichen, die sich der Hitlerjugend verweigerten, sich mit dieser sogar heftige Kämpfe lieferten und eine oppositionelle Haltung einnahmen, bis sie schließlich durch harte Strafen gebrochen wurden. Als es 1938 eine Abstimmung über den Anschluss Österreichs an das Deutsche Reich gab, war Leipzig die Großstadt mit den meisten Gegenstimmen, was ihr den Titel „Reichs-Nein-Stadt" einbrachte.

Die freiheitliche Tradition Leipzigs setzte sich in der DDR fort. Nach Ost-Berlin war die Stadt der zweite Schwerpunkt des Arbeiteraufstandes von 1953. Eine andere Form des Widerstandes zog sich durch die ganze Zeit der DDR: Oppositionelle oder staatlich verpönte Kunst und Musik sowie Jugendsubkulturen verweigerten sich dem Regime und schufen sich ihre Nischen. Eine weitere Heimstätte des Protests war der Fußballverein Chemie Leipzig, dessen Anhänger von den Rängen politische Lieder sangen, für die sie auf der Straße verhaftet worden wären. In der letzten Phase der DDR sammelten sich viele oppositionelle Bürger und Gruppen unter dem Dach der Kirche. Die weitere Entwicklung kennen wir.

Auch nach der Wiedervereinigung ist Leipzig eine Stadt von Basisbewegungen und

196 Es handelt sich um die Gewerkschaften der Zigarrenmacher und der Buchdrucker und Schriftsetzer.

Großdemonstrationen geblieben. Zehntausende protestierten unter anderem gegen Werksschließungen, gegen den drohenden Irak-Krieg und gegen die Einführung von Hartz IV. Die Leipziger sind „mutig, unbändig und freiheitsliebend" geblieben. Nicht von ungefähr ist Leipzig die einzige deutsche Stadt, für die je ein „Protestatlas" (Krehl, Steets & Wenzel 2005) veröffentlicht wurde.

Wenn wir die lange Geschichte systematisieren, entdecken wir bestimmte Grundformen und -themen. Zu den wichtigsten Aktionsformen gehören öffentliche Demonstrationen, soziale Bewegungen, Vereine, vernetzte Basisinitiativen und selbstverwaltete Orte. Wichtige Themen und Ziele des Engagements sind: Freiheit und Demokratie, Widerstand gegen Diktaturen, Bildung und förderndes Vereinsleben, Friede, soziale Gerechtigkeit, Gleichberechtigung und das Recht, anders zu sein.

Was sind die Ursachen dieser „Leipziger Spezialität"? Eine natürliche Ursache mag sein, dass die Stadt seit dem Ausgang des Mittelalters immer eine Bürgerstadt war. Es gab keinen Fürsten, keine Garnison und kein Beamtenheer. Solche Umstände fördern eine Haltung, sich nicht bevormunden zu lassen. Schwieriger ist die Antwort, ob es tiefere Ursachen gibt. Was an der Leipziger Freiheits- und Gerechtigkeitsliebe, was am Streben nach Förderung und Rechten für benachteiligte Gruppen ging von Gott aus? Ich habe bis auf die letzten DDR-Jahre in der Leipziger Bewegungsgeschichte nur wenige Spuren kirchlicher Beteiligung gefunden. Eine von ihnen, den Leipziger Pietismus, werde ich gleich noch vorstellen (→ Box). War Gottes Hand auch da im Spiel, wo die Kirche ihre Hand zurückhielt? Lässt sich aus der Geschichte ableiten, dass der Einsatz für Freiheit und Gerechtigkeit – in den Gefäßen einer Basisbewegung, aber mit gelegentlichen Großaktionen – eine Art Schwerpunktidee Gottes für Leipzig ist? Wenn mein Platz in Leipzig wäre, würde ich mit einer entsprechenden Anfangsvermutung nach weiteren Indizien Ausschau halten und überlegen, woran Christen anknüpfen und womit sie sich verbinden könnten.

ERFAHRUNGEN UND REFLEXIONEN

Der Leipziger Pietismus

Ein weiteres Indiz für die Vermutung, Leipzig könne eine freiheitliche Berufung haben, findet sich in der Geschichte des Pietismus (Mori 2004). In Leipzig nahm diese geistliche Erneuerungsbewegung eine Entwicklung, die in ihren Formen und Inhalten Parallelen zu dem gerade beschriebenen Grundmuster der Stadtgeschichte aufweist. Ryoko Mori sieht im Leipziger Pietismus eine eigenständige Bewegung (ebd. S. 4), die zwar einiges mit dem sonstigen frühen Pietismus gemeinsam hat, über diesen aber doch auf typische Leipziger Manier hinausgeht.

In Leipzig, so haben wir festgestellt, waren „soziale Bewegungen, Vereine, vernetzte Basisinitiativen und selbstverwaltete Orte" immer wiederkehrende *Aktionsformen*. Mit diesen Begriffen lässt sich auch die Leipziger „Pietisterey" beschreiben.

Soziale Bewegung: Der Leipziger Pietismus war eine Basisbewegung, die sich gegen den Widerstand der Obrigkeit ausbreitete. 1689 war ihr Geburtsjahr. Theologiestunden gründeten erste Konventikel (*Collegia Pietatis*), in denen sie sich zur privaten Erbauung trafen. Bald gesellten sich Laien dazu. Die um sich greifende Bewegung erregte den Argwohn des sächsischen Kurfürsten, die Versammlungen wurden verboten, die Studenten gemaßregelt, viele von ihnen verließen die Stadt. Doch die Bewegung ließ sich dadurch nicht eindämmen, weil sie inzwischen von Bürgern getragen wurde.

Vereine: Die prägende Organisationsform der Bewegung waren die Konventikel. Diese privaten religiösen Zusammenkünfte sind zwar insgesamt für den Pietismus typisch, in Leipzig veränderte sich jedoch ihr Charakter. Bis dahin waren solche Treffen eng mit der Kirche verbunden und wurden überwiegend von Theologen geleitet. In den Leipziger Konventikeln, die ungeachtet des Verbotes fortgesetzt wurden, übernahmen Laien die theologische Leitung und diese „Vereine" wurden von einer Ergänzung zum kirchlichen Leben immer mehr zu einer eigenständigen Alternative.

Vernetzte Basisinitiative: Die aus Leipzig vertriebenen Studenten gründeten in anderen Städten Mittel- und Norddeutschlands neue Konventikel, die miteinander durch ein Beziehungsnetzwerk ohne Hierarchie verbunden waren.

Selbstverwaltete Orte: Konsequenter als zuvor bildeten in Leipzig Privathäuser das logistische Fundament des Pietismus.

Auch *inhaltlich* gab es bemerkenswerte Parallelen zum sonstigen Leipziger Bewegungsleben. Zu den Themen, die uns aufgefallen sind, gehören Freiheit und Demokratie, Opposition gegen Staatsgewalt und Gleichberechtigung. Wir finden sie bei den Leipziger Pietisten wieder.

Freiheit und Demokratie: Im Leipziger Pietismus rückte das Individuum stärker in den Mittelpunkt. Die Erfahrung der Bekehrung mit ihren emotionalen Begleitzuständen wurde stärker reflektiert, die dadurch erlebte Unmittelbarkeit zu Gott drückte sich in stärkerer kritischer Distanz zur Kirche aus. Die Teilnehmer rühmten den „demokratischen" Charakter ihrer Zusammenkünfte: „Bei den pietistischen Erbauungsstunden [kamen] Gleichgesinnte und zwar grundsätzlich unabhängig von ihrem unterschiedlichen Sozialstatus, zusammen. Auch Frauen fanden sich dabei ein [...] Mit Stolz verwies ein Pietist darauf, dass im Gegensatz zu einem normalen Gottesdienst, wo allein der Prediger reden dürfte und die anderen ihm zuhören müssten, bei seinen Erbauungsstunden aber alle Anwesenden zu Wort kämen" (ebd. S. 55).

Opposition gegen Staatsgewalt: Zum Leipziger Pietismus zählte sich der Schmied Tostlöwe. Er hatte schon vor Beginn der Pietisterey eine Kontroverse mit dem Leipziger Stadtrat. In der Stadt grassierte die Pest. Tostlöwe fühlte sich beauftragt, den Kranken Wasser aus dem Brunnen seines Dorfes, dem er heilende Wirkung zuschrieb, zu bringen. Doch der Stadtrat untersagte ihm dies und verschloss den Brunnen auf Betreiben eines neidischen Schankwirts, der weniger verdiente, weil die Leute ihren Durst am Brunnen löschten und nicht bei ihm. Dieser Vorfall führte zu einer wichtigen Neuinterpretation der Epidemie. Die offizielle kirchliche Deutung, der sich der Stadtrat anschloss, hatte diese Seuche als Strafe Gottes angesehen, sodass „wahre hertzliehe Reue und ernste Besserung [...] des sündigen Lebens" (ebd. S. 100) geboten sei. Für Tostlöwe gab es eine sehr viel irdischere Erklärung: Der eigentlich Verantwortliche war die Obrigkeit, die den Einsatz des Heilmittels verhinderte. Solche Erfahrungen blieben keine Einzelfälle und führten zu einer obrigkeitskritischen Haltung.

Gleichberechtigung: Frauen nahmen selbstverständlich an den Konventikeln teil und konnten dort auch das Wort führen. Als die Vorgänge in Leipzig noch mit den Studenten und der Universität verbunden waren, kam es zu dem „damals aufsehenerregend[en Vorfall], dass Frauen die homiletischen Übungen an der Universität besuchten" (ebd. S. 18). Wir erinnern uns, dass das Recht von Frauen auf Bildung später in Leipzig erneut auf die Tagesordnung gesetzt wurde.

Der Leipziger Pietismus war insgesamt eine freiheitlichere und stärker von der Basis ausgehende Bewegung als der übrige Pietismus seiner Zeit.

17.4.2 Die Stadtgemeinde

Was tut Gott gegenwärtig in der Stadt? Um darauf eine Antwort zu finden, lohnt es sich, zunächst darauf zu achten, was sich in seiner Kirche tut. Welche seiner Leute sind in der letzten Zeit neu in die Stadt gekommen? Was sehen sie als ihren Auftrag an? Welche Trends und Anliegen gibt es unter denen, die schon länger hier aktiv sind? Was haben engagierte Christen auf dem Herzen, was erzählen sie uns, wenn wir sie nach ihren Träumen für die Stadt fragen? Welche Aktivitäten scheinen derzeit besonders fruchtbar zu sein? Gibt es bei dem, was wir durch diese Fragen entdecken, erkennbare Grundmuster oder Übereinstimmungen, die sich unabhängig voneinander ergeben haben?

Ähnliche Fragen lassen sich für das säkulare Engagement in der Stadt stellen. Was sind hier die hervortretenden Besonderheiten? Gibt es Gemeinsamkeiten zwischen dem, was auf die Tagesordnung der Kirche und der Zivilgesellschaft kommt? Vielleicht ergibt sich ein weiterer Dalli-Klick: Viele Einzelwahrnehmungen lassen irgendwann ein handlungsleitendes Bild erkennen.

FAZIT

- Am Beispiel von Jesus sehen wir, dass eine verstehende Wahrnehmung eine wichtige Voraussetzung für die Mission ist.
- Eine Kontextanalyse hilft uns, die Lebenswelt der Menschen um uns herum besser zu verstehen. Dabei kann es zu fünf möglichen Missverständnissen kommen, die es zu überwinden gilt:
    - Subjekt-Objekt-Beziehung: Das Umfeld wird zu einem Forschungsgegenstand.
    - Theorie-Praxis-Abfolge: Kontextanalyse wird der „eigentlichen“ Praxis der urbanen Mission vorgeschaltet.
    - Forscher-Anwender-Arbeitsteilung: Die Kontextanalyse wird an Experten delegiert.
    - Problem-Antwort-Schema: Mit der Kontextanalyse sucht man Bedürfnisse, auf die man eine Antwort anbieten kann.
    - Projektcharakter: Kontextanalyse wird als klar abgegrenztes Projekt betrieben.

  Stattdessen umfasst Kontextanalyse Begegnungen und Beziehungen, begleitet ständig die Praxis der urbanen Mission, ist Sache aller, sucht nach den Potenzialen und Ressourcen und geschieht zum großen Teil durch informelles Lernen.
- Die Stadt ist ein lebendiges und hochkomplexes System. Was sie nachhaltig verändert (Wirkungspunkte), ist oft verborgen. Um diese Wirkungspunkte zu finden, benötigen wir auch die Intuition.
- In jeder Stadt gibt es Spuren Gottes zu entdecken. Wir können uns mit dem verbinden, was wir für Gottes Wirken halten. Gute Früchte bestätigen dann, wenn wir auf dem richtigen Weg sind.

?

- Kennen Sie Erfahrungen, wie durch Intuition eine Lösung gefunden wurde, auf die man mit „normalem“ Denken kaum gekommen wäre?
- Kennen Sie immer wiederkehrende Grundmuster in der Geschichte Ihrer Stadt? Wie deuten Sie sie?
- Was tut Gott gegenwärtig in Ihrer Stadt? Was tut sich in den Kirchen / unter den Christen? Was steht auf der Tagesordnung der Zivilgesellschaft?

- Tobias Faix und Johannes Reimer (Hg.): Die Welt verstehen (Faix & Reimer 2012). *Das Praxis- und Methodenbuch für die Kontextanalyse.*
- Peter Niedermüller (Hg.): Soziale Brennpunkte sehen? Möglichkeiten und Grenzen des „ethnologischen Auges“ (Niedermüller 2004). *In diesem Sammelband erfährt man, wie Studierende der Stadtethnologie Quartiere erkunden.*

Wie können wir Gemeinden für die urbane Mission gewinnen? Ich glaube, dass wir Schlüssel zu solch einer Veränderung im systemischen Denken und am Beispiel der Verbreitung von Hybridmais in Iowa finden können.

18. Der dritte Weg

Die missionarische Erneuerung bestehender Gemeinden 1

18.1 Die Dvorak-Tastatur[197]

Während ich an diesem Kapitel arbeite, sitze ich vor einer Tastatur, auf der meine Finger an einem normalen Schreibtag mehrere Kilometer Weg zurücklegen. Diese Strecke könnte halbiert werden, der Kraftaufwand ließe sich sogar auf weniger als ein Zehntel reduzieren. Ich benutze nämlich eine unvorteilhafte Tastatur, die meinen Lesern sehr vertraut ist: die QWERTZ-Tastatur[198], die ihren Namen von den ersten Tasten der oberen Buchstabenreihe hat.

Abbildung 18.1: Eine alte QWERTY-Schreibmaschine

197 Die Angaben zur Dvorak-Tastatur stammen aus Rogers 2003:8-11.
198 Im englischsprachigen Raum heißt sie wegen der etwas anderen Tastaturbelegung die QWERTY-Tastatur.

Die QWERTZ-Tastatur wurde 1873 von Christopher Latham Sholes entwickelt, mit der ausdrücklichen Absicht, den Schreibvorgang zu verlangsamen. Damalige Schreibmaschinen hatten eine Mechanik, bei der sich benachbarte Typenhebel verhakten, wenn die entsprechenden Tasten zu schnell nacheinander gedrückt wurden. Die Tastaturbelegung von Sholes schuf durch reduziertes Schreibtempo Abhilfe. Doch mit der Zeit verbesserte sich die Mechanik, während die Zufriedenheit der Benutzer sich verschlechterte.

1932 stellte August Dvorak nach mehreren Jahren Forschung, in denen er die Bewegungsabläufe beim Tippen genau analysiert hatte, eine deutlich verbesserte Alternative vor, die der Anatomie der menschlichen Hand besser gerecht wird. Die am häufigsten verwendeten Buchstaben liegen auf der mittleren Reihe[199] und die Vokale befinden sich alle auf der linken Seite, damit die Hände sich möglichst oft abwechseln[200].

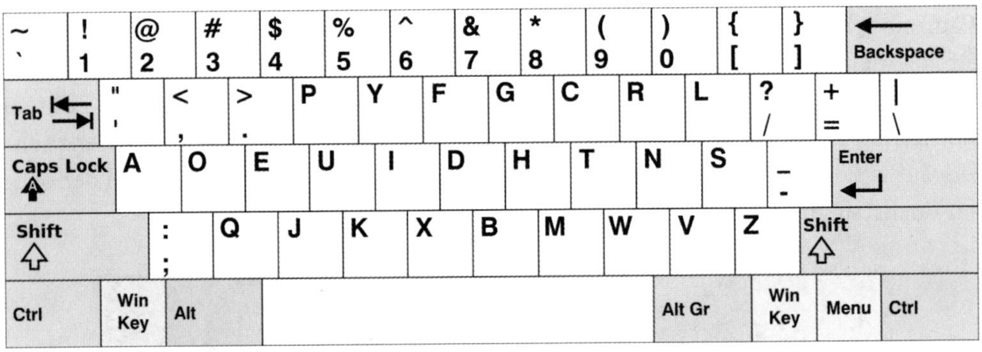

Abbildung 18.2: Die US-amerikanische Dvorak-Tastatur

Damit begann der Siegeszug der Dvorak-Tastatur – so sollte man erwarten. Doch dieser blieb aus. Ich bin mir sicher, dass Sie – genau wie ich – diese Tastatur noch nie im Einsatz gesehen haben, obwohl alles für sie spricht. Woran liegt es, dass eine so überzeugende Erfindung sich nicht durchsetzen konnte? Die Dvorak-Tastatur traf auf etwas, das wir bereits kennen, nämlich auf ein lebendiges System, und dieses verhält sich nicht so, wie wir es erwarten. Die Umstellung auf die neue Tastatur hätte für unzählige Menschen einen tiefen Einschnitt bedeutet: Hersteller hätten ihre Produktionsabläufe neu gestalten müssen, Händler wären auf ihren Lagerbeständen sitzengeblieben, Firmen hätten neue Büroeinrichtungen anschaffen müssen, Schreibkräfte hätten umlernen müssen[201] und Schreiblehrer hätten mit ihren Lehrmaterialien und -inhalten nichts mehr anfangen können. Dass ein solches System sich gegen eine Veränderung von außen wehrt, darf uns nicht wundern.

199 Während bei der QWERTZ-Tastatur nur 32 Prozent der Anschläge auf der mittleren Reihe stattfinden, sind es bei der Dvorak-Tastatur 70 Prozent.
200 Vokal-Konsonant oder Konsonant-Vokal sind die häufigsten Buchstabenfolgen.
201 Das ist in der Regel schwieriger als das völlig neue Erlernen, weil nicht nur neue Gewohnheiten angeeignet, sondern bestehende verlernt werden müssen.

Die Einführung einer Neuerung in ein lebendiges System ist eine störanfällige Unternehmung. Für viele christliche Gemeinden sind Gedanken, wie sie in diesem Buch geäußert werden, definitiv eine Neuerung. Mit einer Gemeinde den Weg in die Stadt zu gehen, ist deshalb ebenfalls störanfällig. Nicht wenige Leiter sind daran gescheitert und einige waren hinterher ebenso verbittert wie August Dvorak nach seinem Misserfolg. Damit es nicht noch mehr werden, schreibe ich dieses und das nächste Kapitel.

18.2 Der übliche Weg

Wie sieht normalerweise das Bemühen aus, eine bestehende Gemeinde für die urbane Mission zu gewinnen? In der Praxis wird der Prozess unterschiedlich gestaltet, aber zwei Aspekte sind regelmäßig zu finden: (1) Man möchte die ganze Gemeinde „mitnehmen". (2) Die neue Praxis wird theoretisch vorbereitet. Beliebte Elemente dazu sind Predigt(reih)en, Vorträge und Seminare (auch durch Gastredner). Danach folgen Arbeitsgruppen und erste Schritte.

Es gibt Fälle, in denen das funktioniert. Manchmal helfen besondere Umstände, das gewünschte Ziel zu erreichen. Ein förderlicher Umstand kann zum Beispiel die Existenzkrise einer Gemeinde sein, denn Not lehrt nicht nur beten, sondern sie macht auch erfinderisch und damit bereit für Neues.[202] Außerdem gibt es den Glücksfall, in einer ungewöhnlich offenen und veränderungsbereiten Gemeinde zu sein.

Anders sieht es meistens in traditionell geprägten Gemeinden mit langer Geschichte aus. Die Veränderung der Gemeinde kann ein sehr mühsames Geschäft sein, das mehr schlecht als recht gelingt und bei dem der Erneuerer sich blaue Flecken holt – bis hin zum bereits erwähnten Scheitern. In der Praxis beobachte ich Folgendes: Es ist schon ein Erfolg, wenn es zu einer Parallelstruktur kommt. Eine oder mehrere Aktivitäten, die aus der Gemeinde heraus entstehen, übernehmen den Dienst nach außen, während das eigentliche Gemeindeleben ziemlich unverändert weiterläuft. Die Haltung der Gemeinde reicht von sympathisierender Unterstützung bis zu skeptischer Duldung.

Die Mehrzahl der vitalen Unternehmungen in der urbanen Mission sind nach meiner Wahrnehmung derzeit noch Neugründungen oder freie Initiativen, die neben den bestehenden Gemeinden entstehen. Deshalb könnte es so aussehen, als habe man in vielen herkömmlichen Gemeinden nur die Wahl, sich aufzureiben, ohne viel zu erreichen, oder die Gemeinde aufzugeben und etwas Neues zu starten. Für solche Fälle schlage ich einen dritten Weg vor.

18.3 Veränderungsprozesse in einem lebendigen System

Die Schwierigkeiten, eine traditionelle Gemeinde in die urbane Mission zu führen, sind ein guter Testfall für den systemischen Ansatz, den ich in Kapitel 16 vorgestellt habe.

202 So erlebte es die Freie Evangelische Gemeinde in Geesthacht (→ Kap. 15.1).

Um sich zu bewähren, muss er (1) erklären, warum das übliche Verfahren oft scheitert, und (2) einen wirksameren Weg zeigen.

18.3.1 Die Beharrlichkeit des Systems

In dem oben beschriebenen Verfahren finden wir Elemente wieder, die in lebendigen Systemen Veränderungswiderstand erzeugen.

1. **Das naheliegende Vorgehen ist meistens falsch:** Wer nur einen Hammer hat, für den wird jedes Problem zum Nagel. Wem vor allem das Werkzeug der Lehre und der Verkündigung zur Verfügung steht, für den wird jede Veränderung zu einer Schulungs- und Unterweisungsfrage. Aber die Veränderung von Denkgewohnheiten und Alltagsverhalten braucht mehr, als im Kontext gemeindlicher Programme vermittelt werden kann. Ich erinnere daran, dass in Schulen 70 bis 90 Prozent der Bildungsprozesse informell außerhalb der Schulklassen ablaufen (Grimm & Deinet 2009:129). Übertragen auf die Gemeinde bedeutet das: Mit unserem „Unterricht“, der durchaus seine Bedeutung hat, können wir nur einen kleinen Teil dessen vermitteln, was für die Vorbereitung zur urbanen Mission wichtig wäre. Den entscheidenden Rest müssen die Leute außerhalb unserer Beeinflussung in informellen Settings lernen. Dazu brauchen wir neue Werkzeuge, die Alltagslernen ermöglichen. Das naheliegende Vorgehen über ein Schulungsprogramm ist in diesem Fall zwar nicht ganz „falsch“, aber es fehlen ihm wesentliche Elemente.
2. **Lebendige Systeme verhalten sich nicht so, wie wir es erwarten:** Das muss wohl nicht mehr näher ausgeführt werden.
3. **Lebendige Systeme wehren sich gegen Veränderung von außen:** Für die Leute ist das Anliegen der urbanen Mission eine Neuerung, die von außen in die Gemeinde eindringt. Der Pfarrer oder Pastor hat die Vision aus einer Tagung oder aus seiner Ausbildung importiert und ein möglicher Gastredner ist ohnehin ein externer Besucher.[203] Das wichtige Anliegen ist ein Fremdkörper und die Immunabwehr der Gemeinde springt an.

Es gibt noch einen weiteren Grund, warum der naheliegende Weg, eine Gemeinde durch Schulungs- und Arbeitsprogramme in die urbane Mission zu führen, oft versagt. Wir können ihn bei Coca-Cola lernen. Ende der 1980er-Jahre erlebte der Konzern eine Krise (Gladwell 2006:155-167). Der Rivale Pepsi gewann immer größere Marktanteile. Dafür benutzte Pepsi eine clevere Werbestrategie: Überzeugte Coke-Trinker wurden ins Studio eingeladen und ihnen wurden zwei Gläser, je eins mit einer der beiden Cola-Sorten, serviert. Ohne zu

203 Selbst beim eigenen vollzeitlichen Leiter ist nicht sicher, ob er wirklich ein Insider ist. Pastoren können eingekaufte „Servicekräfte auf Zeit“ oder hierarchisch vermittelt sein. In diesem Fall kann es sein, dass die einflussreichen Beziehungsnetze an ihnen vorbeilaufen.

wissen, welches Glas welches Getränk enthielt, sollten sie von beiden probieren und angeben, welches ihnen besser schmeckte. Pepsi gewann 57:43 nach Prozenten.

Coca-Cola war alarmiert. Offensichtlich war das eigene Getränk für den Kundengeschmack inzwischen zu streng. Der süßere und weichere Geschmack von Pepsi kam besser an. Also begann man, das legendäre, streng geheime Hausrezept zu verändern. Die Testreihen waren ermutigend. Bald hatte Coke wieder die Nase vorn. Die Herstellung wurde auf „New Coke" umgestellt. Was folgte, war ein Desaster. Es gab einen Aufstand der Kunden, die Firma kam erst recht in die Krise und nach einigen Monaten kehrte sie zur ursprünglichen Classic Coke zurück. Wie kam es zu dieser Fehleinschätzung?

Coca-Cola wurde Opfer einer Täuschung, der auch wir erliegen können. Die Geschmackstests gehörten zu einer Kategorie, die man *Central Location Tests* (CLT; Tests an einem Zentralort) nennt. Dort trinken die Testpersonen keine normale Dosis, sondern eine kleine Probe. Das entspricht nicht ihren heimischen Trinkgewohnheiten. Wer im Studio nippt, liebt den süßen Geschmack. Wer zu Hause ganze Flaschen leert, dem ist das Zeug zu süß. Das Fazit: Der Appetit des Publikums an einem Zentralort sagt nichts über seinen Geschmack zu Hause auf dem Sofa aus.

Eine Schulung in der Gemeinde gleicht einem CLT. Dort lernt man urbane Mission nicht unter Alltagsbedingungen kennen. Es ist nicht besonders schwer, in diesem Kontext bei einer Reihe von Leuten Appetit zu wecken. Man ist in einem geschützten Rahmen, hört inspirierende Geschichten und bestärkt sich gegenseitig. (Ich gehe vom Idealfall aus, dass nicht gleich Bedenkenträger den Verlauf bestimmen.) Aber dieser Appetit hat kaum etwas damit zu tun, welche Motivation die Leute spüren, wenn sie im Wohnzimmer auf der Couch sitzen oder ihr alltägliches Umfeld überhaupt nicht mehr inspirierend ist.[204]

Welche Motivation setzt uns und unsere Leute in Bewegung, wenn wir nicht im Kontext der Gemeinde sind? Für mich ist urbane Mission mein Lebenselement. Ich schaue zwar gerne Fernsehserien, aber wenn ich nach meinem Tagesprogramm abends zu Hause sitze, beschäftige ich mich meist doch lieber mit städtischen Themen. Aber das kann und darf ich von keinem anderen erwarten und ich habe auch kein Recht und nicht die Möglichkeit, es zu erzwingen. Jeder Mensch hat die Freiheit, anders zu sein, zu denken und zu handeln als ich. Ich habe keinen Anspruch darauf, dass jemand „meine Vision" ausführt.[205]

Deshalb gehen meine Gedanken in eine ganz andere Richtung, die ich im Vorgriff auf später schon einmal erwähne. Ich stelle die Frage: Was motiviert eine andere Person so stark, wie mich die urbane Mission motiviert? Es kann ein Hobby sein, eine andere Form des Engagements oder eine konsumorientierte Freizeitbeschäftigung. Zu dieser Tätigkeit zieht es die jeweilige Person und in der Regel hat sie dafür auch noch Energie, wenn sie ansonsten eher abgespannt ist. Und deshalb stelle ich eine weitere Frage: Wie

204 Diesen Effekt kennt der ehrliche Leser von sich selbst. Die Ergriffenheit, die er in einem Gottesdienst erlebt, kann beim anschließenden Mittagessen durch eine hektische Familiensituation wie weggewischt sein.
205 Ich bitte alle Pastoren unter meinen Lesern, diesen Satz zweimal zu lesen.

kann diese Tätigkeit für die urbane Mission fruchtbar werden? Mein Ansatzpunkt ist nicht die äußere Beeinflussung, sondern die bereits vorhandene Neigung.

18.3.2 Der bessere Weg

Wir erinnern uns, dass es über lebendige Systeme auch eine gute Nachricht gibt. Sie haben schöne Eigenschaften, die eine nachhaltige Wirkung haben, wenn sie in der urbanen Mission zum Tragen kommen. Auch von ihnen nenne ich drei.

1. **Lebendige Systeme haben, was sie brauchen:** Für alles, wofür sie da sind, sind bereits Anlagen und Vorbereitungen vorhanden. Weil auch traditionelle Gemeinden zur (urbanen) Mission berufen sind, können wir davon ausgehen, dass es dafür in ihnen Ansätze gibt, selbst wenn es sich dabei nur um die Ansprechbarkeit weniger Leute handelt.
2. **Veränderung geschieht von innen:** Wenn wir identifizieren, was schon da ist, haben wir einen Ansatzpunkt.
3. **Veränderung braucht Zeit:** Ich halte es für eine gute Faustregel, mit sieben oder mehr Jahren zu rechnen. Wir sollten also den Veränderungsprozess so gestalten, dass auch der Weg dorthin schon Freude macht, denn sieben Jahre sind eine lange Zeit.

Mit diesem Bewusstsein gilt es jetzt, die richtige Systemfrage zu stellen. Diese lautet nicht: Wie verändere ich meine Gemeinde? Sie lautet: Wie wird meine Gemeinde verändert? Zur Beantwortung hilft uns eine interessante Forschungsrichtung: die Diffusionsforschung. Sie beschäftigt sich mit der *Diffusion* (Ausbreitung) von Neuerungen. Wer möchte, dass neue Ideen und Verhaltensweisen sich ausbreiten, findet hier viele nützliche Einsichten. Ich lade Sie zu einem Ausflug in die Maisfelder von Iowa ein, um etwas über Gemeinden in Deutschland zu lernen.

18.4 Die Erfolgsgeschichte des Hybridmais[206]

Die Gegend von Scranton und Grand Junction (in Iowa) gehört zum US-amerikanischen Maisgürtel (*Corn Belt*). Der Maisanbau ist die Existenzgrundlage der Farmer, die also an einem möglichst guten Ertrag interessiert sind.

18.4.1 Die Neuerung

Im Jahr 1927 kam neu gezüchtetes Saatgut auf den Markt. Es handelte sich um die Kreuzung von zwei Maissorten – daher der Name Hybridmais. Das neue Saatgut hatte eindeutige Vorteile: Die Stängel waren härter, die Erträge höher, der Gewinn größer. Außerdem war die Neuerung sehr einfach zu handhaben. Der Prozess von der Saat bis zur Ernte und zum Verkauf blieb völlig unverändert, nur das Saatgut wurde ausgetauscht.

206 Alle Angaben über die Ausbreitung des Hybridmais stammen aus Ryan & Gross 1950.

Neuerungen haben es leichter, wenn sie einfach und vorteilhaft sind und sich in das Leben der Menschen harmonisch einfügen. Es wäre ein aussichtsloses Unterfangen gewesen, die Farmer von Iowa für den Weizenanbau gewinnen zu wollen. Die Neuerung setzte an ihrem Leben und ihren Interessen an. Für die urbane Mission brauchen wir Saatgut, das ebenso harmonisch in das Leben unserer Leute passt. Je einfacher und weniger neu für sie ihr Beitrag zur urbanen Mission ist, desto leichter sind sie zu gewinnen. Folglich ist oft nicht der beste Ansatz, ihnen zu sagen: „Wir brauchen eine neue Ausrichtung." Eine Alternative wäre: „In dem, was euren Alltag ausmacht und euch wichtig ist, stecken mehr Möglichkeiten, als ihr ahnt."

18.4.2 Die Ausbreitung

Der Hybridmais war ab 1927 im Angebot. Nur 14 Jahre später hatte er sich bei allen 259 Farmern der Gegend durchgesetzt.[207] Der S-förmige Verlauf der Ausbreitungskurve (Abb. 18.3) ist typisch. Zu Beginn setzen sich nachhaltige Neuerungen nur langsam durch. Erst im siebten Jahr war eine kritische Masse erreicht, von da an ging es steil aufwärts. In den zweiten sieben Jahren wurden fast zehnmal so viele Farmer gewonnen wie in den ersten sieben. Die Ausbreitung endete nur, weil eine Sättigung eingetreten war.

Es lohnt sich, am Beginn von Veränderungsprozessen in nur wenige Leute zu investieren. Man erreicht nicht mehr, wenn man die übrigen 90 Prozent nervt. Sollen sie doch in Ruhe ihren alten Erbauungsmais ernten, während einige wenige auf ihrem Feld den neuen missionalen Mais säen. Die Zeit arbeitet für uns, wenn wir Gott richtig verstanden haben.

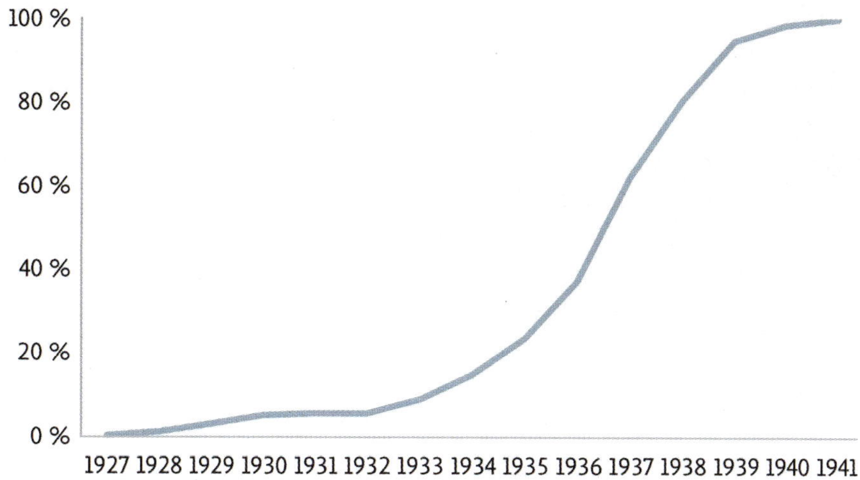

Abbildung 18.3: Die Ausbreitung des Hybridmais

207 Man muss bei der Bewertung dieser Zeitspanne beachten, dass pro Jahr nur eine Entscheidung für oder gegen den neuen Mais (und damit auch nur eine Lernerfahrung) möglich war.

18.4.3 Die unterschiedlichen Systemkräfte

Bei den Farmern von Iowa lassen sich gut die vielfältigen und widersprüchlichen Einflüsse erkennen, die in sozialen Systemen wirksam sind.

Es gab eine Reihe von hemmenden Faktoren: Das Leben der Farmer war von Konservativismus geprägt, was uns wenig überrascht. Durch eine Wirtschaftskrise waren viele verunsichert. Sie schreckten vor der Neuerung zurück, weil sie das neue Saatgut nicht von der alten Ernte abzweigen konnten, sondern es kaufen und dafür jährlich investieren mussten. Ähre, Frucht und Form entsprachen nicht den vertrauten Standards von „gutem Mais". Unwissenschaftliche Gerüchte, das neue Saatgut sei schädlich für den Boden, machten die Runde.

Auf der andere Seite gab es motivierende Faktoren: Durch eine Trockenheit wurde die Überlegenheit des Hybridmaises deutlich sichtbar, denn auf den wenigen Feldern, auf denen er angebaut wurde, erwies er sich als wesentlich robuster gegen die Dürre. Nur durch ihn ließ sich der jährliche Gewinn steigern: Die landwirtschaftliche Verwaltung hatte eine Anbaubeschränkung erlassen, dass keine neuen Maisfelder angelegt werden durften. Sie hatte aber eine Preisgarantie für die bestehenden Felder gegeben, sodass ein höherer Gewinn nur durch einen höheren Ertrag pro Feld möglich war. Außerdem warb die Verwaltung für das neue Saatgut.

Ambivalent war die Vereinbarkeit der Neuerung mit dem Leben der Farmer: Wie schon gesehen, änderte sich an den Arbeitsabläufen nichts, aber die Farmer mussten ihre Autarkie aufgeben und von fremdem Saatgut abhängig werden. Ihre spätere Selbsteinschätzung zeigte, dass es vor allem die *Furcht vor dem Neuen* war, die sie so lange hatte zögern lassen.

Ähnlich komplex sieht die Sache aus, wenn wir eine Neuerung wie die urbane Mission, deren Richtigkeit für uns auf der Hand liegt, den Leuten unserer Gemeinde schmackhaft machen wollen. Sie kämpfen schon jetzt mit Verunsicherung und Überlastung und während wir sie mit positiven Worten für den neuen Weg gewinnen wollen, steigen in ihnen Bedenken auf. Vielleicht dringen Gerüchte an ihr Ohr, dass diese ganze missionale Geschichte doch eher ein Fehlschuss sei.

Andererseits gibt es unter ihnen den Wunsch, mit der Gemeinde wieder fruchtbarere Zeiten und einen neuen Aufwind zu erleben. Sie sind nicht herzlos gegenüber ihrem Umfeld und bei den gelegentlichen Versuchen, mit attraktiven Angeboten „Fremde" ins eigene Gemeindehaus zu holen, bereiten sie treu den Kaffee und die belegten Brötchen vor oder beten um das Wirken Gottes. Doch wenn ganz neuartige Schritte angesagt sind, meldet sich bei vielen die *Furcht vor dem Neuen*. Das ist legitim.

18.4.4 Der Zeitgraben zwischen Wissen und Tun

Aufschlussreich ist eine weitere Grafik (Abb. 18.4): 1931 war bereits die Mehrheit der Farmer über den neuen Mais informiert, aber erst 1937 hatte die Mehrheit ihn übernommen.

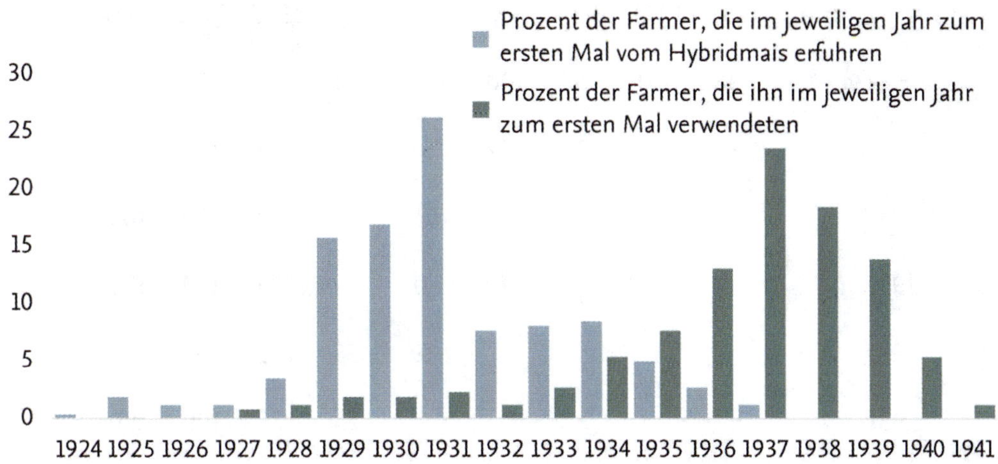

Abbildung 18.4: Die Zeitspanne zwischen Information und Akzeptanz

Bedenken brauchen Zeit, um überwunden zu werden. Diese Zeit sollten die Leute bekommen. Je mehr unsere Prägung es uns schwer macht, eine Neuerung willkommen zu heißen, desto länger dauert dieser Prozess. Normalerweise bin ich schnell offen für Neues. Aber es gab in meinem Leben zwei Veränderungen, für die ich sehr lange brauchte. Ich war durch meine christliche Sozialisation mit starken Vorbehalten gegen zwei Ausdrucksformen des Glaubens (die ich nicht näher benennen möchte) ausgestattet worden, die so tief saßen, dass ich meine Bedenken nur in einem mehrjährigen Prozess überwinden konnte. Von Leuten, deren biografische Prägungen in eine andere Richtung gehen als unsere Sicht von urbaner Mission, können wir nichts anderes erwarten.

18.4.5 Gestufte Akzeptanz

Praktisch kein Farmer übernahm den neuen Mais sofort zu 100 Prozent. Tabelle 18.1 zeigt, dass zunächst nur ein Teil der Felder auf die neue Art besät wurde, um erste Erfahrungen zu sammeln. Als Beispiel, wie die Abbildung zu lesen ist, wähle ich das Jahr 1934. Farmer, die in diesem Jahr anfingen, Hybridmais anzubauen, taten dies zunächst nur auf durchschnittlich 20 Prozent ihrer Felder und steigerten danach den Anteil von Jahr zu Jahr (von 29 über 42, 67 und 95 bis auf 100 Prozent). In der Regel dauerte es drei bis vier Jahre, bis aus den ersten Versuchen eine vollständige Überzeugung gewachsen war. In vielen Fällen ging der ersten eigenen Verwendung eine Beobachtung der Nachbarn, die schneller gewesen waren, voraus. Kein einziger Farmer stellte nur auf fremdes Zeugnis hin sofort vollständig auf das neue Verfahren um.

Erste Anwendung	1933	1934	1935	1936	1937	1938	1939	1940	1941	Zahl
vor 1934	38	50	67	100	100	100	100	100	100	24
1934		20	29	42	67	95	100	100	100	16
1935			8	44	75	100	100	100	100	21
1936				20	41	62	100	100	100	36
1937					19	55	100	100	100	61
1938						25	79	100	100	46
1939							30	91	100	36
1940								69	100	14
1941									54	3
Summe										259

Tabelle 18.1: Die allmähliche Zunahme der Anbaufläche von Hybridmais

Beobachten und Probieren sind wichtige Schlüssel für die Akzeptanz neuer Wege. Leute werden nicht ihre Gesamtgemeinde einer neuen Vision verschreiben, deren praktische Auswirkungen sie noch nicht gesehen haben, sondern die ihnen nur von Gastrednern und der eigenen Leitung schmackhaft gemacht worden ist. Zumal die Erfolgsgeschichten nicht aus der eigenen Nachbarschaft kommen. Es muss die Möglichkeit geben, die erkennbare Wirksamkeit im Engagement anderer Gemeindeleute, die schneller dafür zu gewinnen sind, praktisch zu beobachten und danach in kleinen Dosierungen selbst zögerliche erste Schritte zu gehen, wenn ihre Vorbehalte schmelzen sollen. Das gilt es in die Wege zu leiten.

18.4.6 Unterschiedliches Tempo

Wer waren die Farmer, die zuerst die Neuerung übernahmen? Es waren auf der einen Seite die jüngeren Farmer, auf der anderen die mit höherer Bildung, größeren Höfen, Mitgliedschaften in mehr Organisationen und mehr abonnierten Fachzeitschriften. Besonders zögerlich waren Farmer, die einer christlichen Gemeinde angehörten.

Hier finden wir erste Hinweise auf die Art von Leuten, mit denen wir bei der missionarischen Erneuerung einer Gemeinde anfangen können. In ihr gehören alle einer christlichen Gemeinde an, sodass wir realistische Erwartungen an das Veränderungstempo haben sollten.

18.4.7 Die Agenten der Veränderung

Es gibt den Zeitpunkt, an dem jemand erstmalig von einer Neuerung erfährt, und einen zweiten, an dem er sie übernimmt. An beiden Zeitpunkten gibt es dafür einen Hauptfaktor. Die Farmer in Iowa wurden gefragt, wer oder was die Quelle für ihre Erstinformation über den Hybridmais gewesen war und wer oder was ihnen den entscheidenden Anstoß für seine Verwendung gegeben hatte. Die folgende Tabelle 18.2 stellt die Angaben gegenüber.

	Erstinformation	**Entscheidender Anstoß**
Nachbarn	14.6	45,5
Handelsvertreter	49.0	32,0
Landwirtschaftliche Zeitschriften	10.7	2,3
Radiowerbung	10.3	
Extension	2.8	2,4
Verwandte	3.5	4,2
Persönliches Experimentieren		6,6
Andere oder unbekannt	9.1	7,0
Summe	100.0	100.0

Tabelle 18.2: Erstinformationsquellen und entscheidender Anstoß (in Prozent)

Die wichtigste Rolle bei der Erstinformation spielten Handelsvertreter. Den stärksten Einfluss bei der Entscheidung hatten Nachbarn. Noch aufschlussreicher ist eine Darstellung des entscheidenden Einflussfaktors im Zeitverlauf (Abb. 18.5).

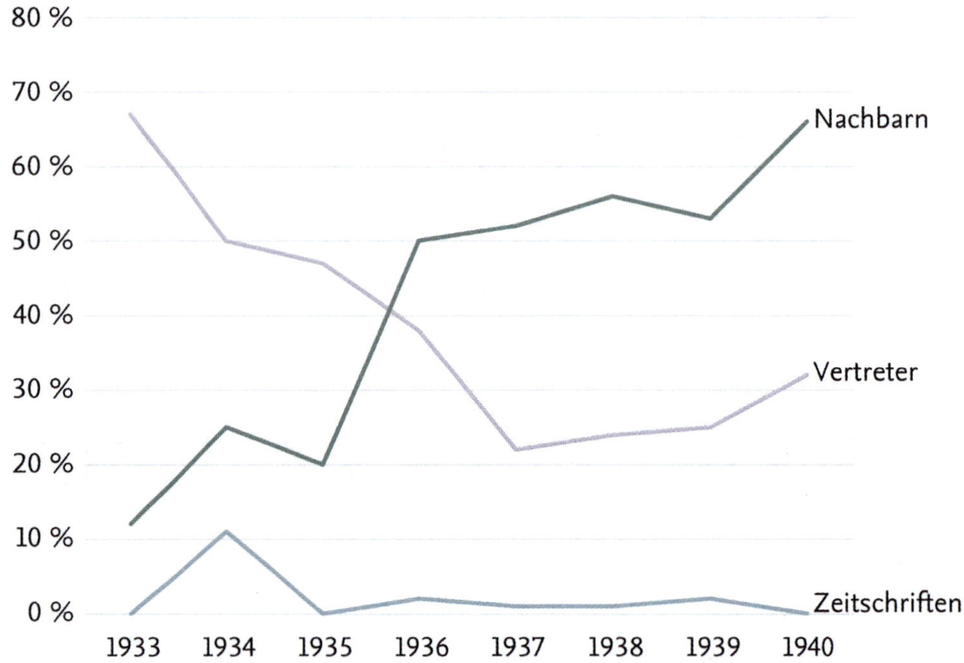

Abbildung 18.5: Die Bedeutung der verschiedenen Einflussfaktoren im Zeitverlauf

In den ersten Jahren kam der entscheidende Anstoß für die Akzeptanz des Hybridmais von Vertretern. Andere Agenten spielten kaum eine Rolle. Doch je länger der Prozess dauerte, desto weniger Einfluss hatten die Vertreter. In der späteren Phase, in der die meisten Farmer gewonnen wurden, waren es vor allem die Nachbarn, die die entscheidende Rolle spielten.

Veränderungsprozesse brauchen also externe (informierende) und interne (aktivierende) Agenten. Sie laufen in zwei Phasen ab. In der ersten Phase werden die frühzeitigen Anwender (*Early Adopters*) gewonnen. Sie lernen von externen Quellen, sind aber die Minderheit. In der zweiten Phase stoßen die späten Anwender (*Late Adopters*) dazu. Sie lernen von ihren Freunden und Bekannten und brauchen fünf bis zehn überzeugende Kontakte, bis sie sich für den neuen Weg entscheiden.

Für die Gemeinde bedeutet das: Externe Einflüsse können den Weg in die urbane Mission anstoßen. Zu ihnen zähle ich den Gastredner und das neue Konzept, das der Pastor (mit der Leitung) in die Gemeinde trägt. Dadurch können die frühzeitigen Anwender gewonnen werden, die auf diese externen Einflüsse anspringen.[208] Diese müs-

208 In der Systemsprache heißt das: Jedes System hat, was es braucht; deshalb hat jedes System seine Cosmopolitans (die Erklärung folgt im nächsten Kapitel), durch die es erforderliche Informationen von außen aufnimmt.

sen dann eine überzeugende Praxis und eine darauf aufbauende überzeugende Binnenkommunikation an den Tag legen, um die späten Anwender zu gewinnen. Diese werden nicht auf den Gastredner und selten auf den Pastor allein hören. Urbane Mission hat nur dann die Chance, die Gemeinde in ihrer Breite zu gewinnen, wenn sie irgendwann Thema von Tischgesprächen beim Mittagessen wird.

18.5 Eine kurze Zwischenbilanz

Wir haben bisher in diesem Kapitel einige „Fäden" zusammengetragen, aus denen die missionarische Erneuerung der Gemeinde gewebt werden soll. Das systemische Denken gibt uns folgende Hinweise: (1) Entscheidend ist, was schon da ist. (2) Veränderung muss bei diesen Voraussetzungen ansetzen, um von innen zu geschehen. Die Erfahrungen aus Iowa geben uns weitere Hinweise: (3) Veränderung hat umso größere Chancen, je besser sie auf das bisherige Alltagsleben maßgeschneidert ist. (4) Veränderung beginnt mit wenigen Leuten. (5) Nach anfänglichen Impulsen von außen lernen die Leute voneinander und im Alltag durch Beobachten und Ausprobieren. (6) Nur was im Alltag gelernt wird, motiviert auch im Alltag. Das Systemdenken und der Erfolg des Hybridmais geben uns einen siebten Hinweis: (7) Veränderung braucht Zeit.

Diese Fäden liegen allerdings noch unverbunden nebeneinander und die bisherigen Einsichten sind auch noch nicht sehr praktisch. Damit aus ihnen tatsächlich der Teppich der urbanen Mission entsteht und nicht ein Knäuel in unserem Kopf, werde ich sie im nächsten Kapitel zu einer organischen Herangehensweise zusammenfügen. Vorher möchte ich Ihnen aber noch etwas anderes mitteilen, das sich auf die Atmosphäre bezieht, die für die Veränderung nötig ist.

18.6 Veränderung braucht Sicherheit

Frühzeitige Anwender sind meist Leute, die Veränderung lieben. Sie entdecken gern Neues und finden gleichbleibende Abläufe auf Dauer langweilig. Späte Anwender sind Leute, die das Vertraute lieben. Sie haben es gern, wenn die Dinge so bleiben, wie sie sind, und Veränderungen lösen bei ihnen eine instinktive Abwehrhaltung aus. Wir haben es also mit zwei Mentalitäten zu tun: die Unternehmungslust auf der einen, das Sicherheitsbedürfnis auf der anderen Seite. Die Kunst der Veränderungsmoderation besteht darin, gleichzeitig für beide Mentalitäten die richtige Atmosphäre zu schaffen, indem wir den einen Abenteuer bieten und den anderen Sicherheit vermitteln.

Sicherheit ist eine entscheidende Rahmenbedingung für Veränderung. Viele Leute können sich nur in einem solchen Klima für Neues öffnen. In meiner eigenen Gemeinde hatten wir dafür eine gute Arbeitsteilung. Ich merkte bald, nachdem ich Pastor der Josuagemeinde in Spandau geworden war, dass ich für den Weg in die Stadt nicht die erforderlichen Stürmerqualitäten besaß. Ich bin Mittelfeldspieler, kein offensiver Torjäger. Also brauchte ich Verstärkung, bat Gott um eine solche und die Erhörung kam in Gestalt von Jörg Gerasch, der mein Co-Pastor und später mein Nachfolger wurde. Mit ihm kam ein Offensivschub in die Gemeinde. Meine Funktion war eine andere und sie blieb wichtig. Im Nachhinein betrachte ich es als einen meiner Hauptbeiträge zu dem Weg unserer Gemeinde in die urbane Mission, dass ich Leuten Sicherheit für Schritte vermittelt habe, vor denen sie sich sonst gescheut hätten.

Hier beobachte ich in christlichen Gemeinden ein grundsätzliches Defizit. Es wird zum Beispiel davon gesprochen, dass wir unsere Sicherheitszone verlassen müssen, um mit Gott neue Erfahrungen zu machen. Aber wer seine Sicherheitszone verlassen soll, *muss erst einmal eine Sicherheitszone haben.* Wem keine echte Sicherheitszone in Christus vermittelt wird, der hat gar keine andere Wahl, als sich eine vermeintliche Sicherheitszone im Vertrauten und Bewährten zu schaffen und diese zu verteidigen. Die meisten Leute leiden schon von Haus aus an dem Gefühl, nicht gut genug zu sein. Und jetzt hören sie auch noch ständig in der Gemeinde, dass sie mehr tun, anders werden und Neues anpacken sollen. Die meisten Menschen brauchen viel mehr Zuspruch und Bestätigung als Ansporn und Ermahnung. Aber in vielen Gemeinden ist letzteres die Regelkost. Ich wünschte, ich könnte im Gehirn einiger Verkündiger für ein Jahr die Stelle abschalten, an der Imperative gebildet werden. Ihre Gemeinden würden es mir danken.

Weil ich die ständige Treiberei unsäglich finde, habe ich neben meinem städtischen Engagement ein kleines Büchlein mit dem Titel „No More Blues – Glauben ohne Schuldgefühle" geschrieben. Die Resonanz hat mich oft berührt. Wie tief sitzt in vielen Christen die Prägung, nie gut genug zu sein, und welch einen Freiheitsschub erleben sie, wenn diese Prägung aufgebrochen wird! Deshalb bitte ich Sie eindringlich, die urbane Mission nicht als eine weitere Christenpflicht einzuführen.

Wenn ich mit Leuten auf dem Weg bin, ist meine erste Priorität, dass sie entspannt sein sollen. Bezogen auf mein Herzensanliegen, die urbane Mission, sage ich ihnen: „Du musst nie etwas tun, was du nicht selbst von Herzen tun möchtest." „Du musst dich nie schlecht fühlen, wenn du nicht tust, was ich dir sage."

18.6.1 Die Gemeinde als Leib

Solche ketzerischen Gedanken brauchen eine biblische Begründung. Ich finde sie in der Beschreibung der Gemeinde als dem Leib des Christus (1. Kor. 12,12-27). Ein Körper – ein lebendiges System – ist ein höchst differenziertes Gebilde. Nie tun alle seine Organe dasselbe und nie beschäftigen sie sich mit denselben Aufgaben. Ich besitze eine Milz und eine Leber. Für beide bin ich sehr dankbar. Aber beide hatten noch nie einen Außenkontakt und haben noch nie einen Beitrag für die urbane Mission geleistet. Es sind zwei total „egoistische" Organe, einzig darauf bedacht, dass es meinem Körper gutgeht. Sie interessieren sich nur für das, was innerhalb des Körpers vor sich geht, und nur das fördern sie. Das ist gut so.

Mein Körper hat andere Organe, denen es nicht so geht. Wenn mein Auge nur Nabelschau betreiben würde und meine Hand nur gierig greifen würde, wären diese Organe nicht „glücklich". Es liegt in ihrem Wesen, zu entdecken und Blickkontakt aufzunehmen, anderen gereicht zu werden und mit anzufassen. Sie wären nicht in ihrem Element, sondern beraubt, wenn sie nur für meinen eigenen Körper zum Einsatz kämen.

Wenn Leute mit der urbanen Mission nichts anfangen können, sage ich: „Prima, wie gut, dass es in der Gemeinde auch Leber und Milz gibt." Solche Leute sind dankbar, wenn sie hören, dass sie *nicht* in die Stadt müssen. In einer Gemeinde, in der ich über den Leib des Christus predigte, unterhielt ich mich hinterher mit einem jungen Mann. Er war wissenschaftlich hoch gebildet, aber man spürte gleich, dass er ein sehr schüchternes Wesen hatte. Seine Reaktion, die er mir mitteilte, war: „Danke für deine Worte, dass ich so, wie ich bin, okay bin und dass ich nicht in die Offensive gehen muss." Wenn ich so etwas höre, finde ich, dass Predigen sich lohnt.

Der Schlüssel zur urbanen Mission liegt darin, dass einige noch nicht gemerkt haben, dass sie Auge oder Hand sind und dass sie eigentlich die Außenwirksamkeit suchen. Wie können sie es entdecken? Wie findet man überhaupt heraus, wer man im Leib des Christus ist?[209] Die Antwort hat etwas damit zu tun, dass Gott weiß, wie lebendige Systeme funktionieren.

18.6.2 Der Neue Bund

Das Alte Testament ist ein Beleg für das uns bekannte Prinzip: Lebendige Systeme wehren sich gegen Veränderung von außen. Der zentrale Veränderungsimpuls in Israel war das Gesetz. Es war ein Einfluss von außen. Das Buch Exodus erzählt, wie Mose die ersten Gebote Gottes von einem heiligen Berg in das Lager des Volkes brachte. Diese und ihre späteren Erweiterungen und Modifizierungen brachten ernüchternde Resultate. Die Propheten beschreiben sie aus Gottes Sicht so: „Seit den Tagen eurer Väter seid ihr von meinen Gesetzen abgewichen und habt auf sie nicht geachtet" (Mal. 3,7). „Sie lebten nicht nach meinen Gesetzen und wiesen meine Rechtsvorschriften zurück" (Ez. 20,13). In einer noch nicht erlösten Welt hören lebendige Systeme nicht einmal auf Gott, sondern wehren sich auch gegen diese Veränderung von außen.

Die Veränderung eines lebendigen Systems kommt von innen. Das ist das Grundprinzip des Neuen Bundes. „Ich schenke euch ein neues Herz und lege einen neuen Geist in euch. Ich nehme das Herz von Stein aus eurer Brust und gebe euch ein Herz von Fleisch. Ich lege meinen Geist in euch und bewirke, dass ihr meinen Gesetzen folgt und auf meine Gebote achtet und sie erfüllt" (Ez. 36,26-27). „Das wird der Bund sein, den ich nach diesen Tagen mit dem Haus Israel schließe – Spruch des Herrn: Ich lege mein Gesetz in sie hinein und schreibe es auf ihr Herz" (Jer. 31,33).

Zugespitzt heißt das: Was die Leute sollen, ist das, was sie zutiefst wollen. Es steht in ihrem Herzen geschrieben – und nicht in meinem Buch. Deshalb lautet eine mei-

209 Es gibt nützliche Handwerkzeuge wie Gabentests, die die folgenden Überlegungen praktisch ergänzen können.

ner häufigsten Empfehlungen: „Folge deinem Herzen!" Die Leute wissen, wofür sie da sind. Leider haben sie manchmal noch nicht gemerkt, dass sie es wissen. Es klingt paradox, aber viele Menschen wissen nicht, was sie wissen. Sie sind oft nicht „in touch" – in Verbindung – mit ihrem Herzen. Veränderungsprozesse bestehen darin, dass sie entdecken, was in ihrem Herzen steht und was sie wollen.

18.6.2.1 Der Wiedererkennungseffekt

Diese Entdeckung geschieht auf zwei Wegen. Der erste Weg ist das „Wiedererkennen". Wenn Leute etwas hören oder lesen, gibt es eine bestimmte Resonanz in ihrem Herzen. Sie lässt sich wie folgt erklären und beschreiben: Immer wieder kommen neue Ideen ins Land. Früher standen viele in Büchern, die von erfolgreichen christlichen Akteuren geschrieben wurden und zur Nachahmung anreizten. Heute geschieht das Gleiche über das Internet oder durch Tagungen. Die Leute lassen sich begeistern und versuchen, das Gehörte oder Gelesene umzusetzen. Oft versuchen sie, auch andere dafür zu gewinnen. Aber Begeisterung ist noch nicht das, was ich als „Wiedererkennen" bezeichne. Die Ergebnisse zeigen es. Ein neues Programm löst das andere ab. Kaum wurden die Leute in 40 Tagen zu Visionären geschult, schon kommt das „Jahr der Stille", in dem ihnen der Aktivismus wieder ausgeredet wird. Inzwischen haben sie begriffen, dass keine neue Mode so getragen wird, wie sie genäht wird.

Was ich in den letzten Jahren an echten Veränderungsprozessen beobachte, folgt einem anderen Muster. Die Leute finden etwas, was sie hören oder lesen, nicht einfach „toll", sondern erkennen es wieder als etwas, was bereits in ihrem Herzen schlummerte. Ein typischer Satz lautete: „Das bringt genau auf den Punkt, was ich schon lange ahne. Ich konnte es nur nicht genau benennen. Jetzt weiß ich, was es ist." Die neue Idee ist nicht wirklich neu, sondern sie berührt einen Wirkungspunkt in ihrem Inneren und von dort gehen nachhaltige Veränderungen aus. Die Betreffenden haben erkannt, was Gott in ihr Herz geschrieben hat.

18.6.2.2 Der Magneteffekt

Den zweiten Weg, auf dem Christen entdecken, was in ihrem Herzen geschrieben steht, nenne ich den Magneteffekt. Ein Magnet kann nur Kraft ausüben, wenn der Körper, den er bewegen will, Eisen enthält. Malen wir uns aus, es gäbe eine Vielzahl von Magneten, die auf jeweils andere Stoffe eine Anziehungskraft ausüben. Wenn wir einen dieser Magneten auf eine Vielzahl von Körpern richten würden, würden nur die reagieren, die den dazugehörigen Stoff enthalten. Die anderen würden unbewegt bleiben.

Ähnlich ist es mit der Vermittlung von Anliegen der urbanen Mission (und anderen) an die Gemeinde. Die Leute, die von Gott für bestimmte Wege vorbereitet sind, werden eine nachhaltige Reaktion zeigen und die anderen eben nicht. So ging es mir am Anfang in Bezug auf die urbane Mission. Wie ich im Vorwort erzählt habe, bewegte mich die Wahrnehmung, dass ich um mich herum etliche Gemeinden sah, die für ihr kommunales Umfeld relativ unbedeutend waren. Andere Leute schien das nicht besonders zu stören, aber mich ließ diese Einsicht nicht mehr los[210] und ich konnte – und wollte – nicht anders, als den Weg in die Stadt zu suchen.[211] Gott benutzte die Entdeckung dieses Mangelzustands als Magneten, um mich nach Berlin zu führen.

Darum geht es, wenn wir eine Gemeinde in die urbane Mission führen wollen. Die Leute entdecken auf diesem Weg irgendwann: Das ist es, was ich eigentlich will. Wer das nicht entdeckt, muss es auch nicht tun. (Die anderen brauchen allerdings Freiräume, dass sie nicht daran gehindert werden.) Und keiner muss es tun, bevor er es entdeckt hat. Die Abenteurer entdecken es schneller. Die Sicherheitsbedürftigen brauchen länger. Und es ist gut, wenn einige Milz oder Leber der Gemeinde bleiben.

FAZIT

- Der „übliche" Weg, eine bestehende Gemeinde für die urbane Mission zu gewinnen, beinhaltet oft, dass man die ganze Gemeinde mitnehmen will und die neue Praxis v. a. theoretisch vorbereitet wird. Häufig scheitert er.
- Aus dem systemischen Denken und der Diffusionsforschung können wir einige Impulse mitnehmen, wie die Öffnung einer Gemeinde für die urbane Mission geschehen kann:
  - Weil lebendige Systeme alles haben, was sie zur Veränderung brauchen, und auch (traditionelle) Gemeinden zur (urbanen) Mission berufen sind, können wir davon ausgehen, dass es in ihnen schon Ansätze dafür gibt.
  - Veränderung kann von innen geschehen, wenn sie bei diesen vorhandenen Voraussetzungen ansetzt.
  - Veränderung hat umso größere Chancen, je besser sie auf das Alltagsleben maßgeschneidert ist.
  - Veränderung beginnt mit wenigen Leuten, den frühen Anwendern, die Veränderung lieben und von externen Quellen lernen.
  - Nach anfänglichen Impulsen von außen lernen Leute voneinander und im Alltag durch Beobachten und Ausprobieren. Nun stoßen nach und nach auch die späten Anwender dazu, die das Vertraute lieben.
  - Nur was im Alltag gelernt wird, motiviert auch im Alltag. Eine Schulung in der Gemeinde reicht nicht für eine Umsetzung im Alltag. Statt-

210 Dieses Nicht-mehr-Loslassen ist der Echtheitsbeweis einer göttlich vorbereiteten Motivation. Menschlich initiierte Motivationen haben eine Halbwertzeit von zwei Jahren.

211 Diesen Magneteffekt empfehle ich Leuten auch für den Umgang mit der Bibel. Ich rate ihnen, immer nur das umzusetzen, wozu sie diesen inneren Zug verspüren und was ihnen gelingt, und alles andere zunächst auf die Seite zu legen. Auf diese Weise kommen sie weiter, als wenn sie sich an dem aufreiben, wogegen sich in ihnen etwas sträubt oder was sie nicht schaffen. Das entspricht der biblischen Unterscheidung von „Milch" und „fester Speise" (1. Kor. 3,2). Auch für die natürliche Ernährung ist immer nur das dran, was einem Menschen in seiner Entwicklung bekömmlich ist. Alles andere ist für später – oder manchmal auch für nie.

    dessen geht es darum, Tätigkeiten, die die Menschen ohnehin lieben, für die urbane Mission fruchtbar zu machen.
  - Veränderung braucht Zeit. Ich gehe als Faustregel von mindestens sieben Jahren aus. Es ist gut, Veränderungsprozesse so zu gestalten, dass auch der Weg dahin schon Freude macht.
- Sicherheit ist für viele Menschen eine wichtige Rahmenbedingung für Veränderung. Wir können sie ihnen auf dem Weg in die urbane Mission vermitteln.
- Es gibt aber auch Menschen, die noch nicht entdeckt haben, dass es sie eigentlich in die urbane Mission zieht. Die Entdeckung geschieht, wenn sie etwas darüber hören oder lesen und merken, dass diese Gedanken bereits in ihnen schlummern.

- Was ist Ihr größtes Herzensanliegen in Bezug auf Ihr Christsein? Was erfüllt Sie mit Leidenschaft? In welchem Bereich sollten Ihrer Meinung nach mehr Christen aktiv sein? Vermutlich hat dieses Thema etwas mit Ihrer Berufung zu tun. Wie geht es Ihnen, wenn andere Ihre Anliegen nicht teilen?
- Wer sind in Ihrer Gemeinde / Initiative die frühen Anwender, die Veränderung lieben? Wie können Sie ihre Abenteuerlust wecken?
- Wer sind die späten Anwender, die das Vertraute lieben? Wie können Sie ihr Sicherheitsgefühl stärken?

- Everett M. Rogers: Diffusion of Innovations (Rogers 2003). *Ein Standardwerk darüber, wie Neuerungen sich ausbreiten.*
- Harald Sommerfeld: No More Blues. Glauben ohne Schuldgefühle (Sommerfeld 2009). *Wer anfällig für Schuldgefühle ist, dem wünsche ich, dass er erst einmal diese loswird, bevor ihm die urbane Mission neue bereitet.*

Was wir im letzten Kapitel theoretisch über die missionarische Veränderung bestehender Gemeinden gelernt haben, wird nun praktisch angewendet. Dabei spielen Senfkorn und Sauerteig eine Rolle.

19. Die andere Seite des Reiches Gottes

Die missionarische Erneuerung bestehender Gemeinden 2

> Er sagte: Wem ist das Reich Gottes ähnlich, womit soll ich es vergleichen? Es ist wie ein Senfkorn, das ein Mann in seinem Garten in die Erde steckte; es wuchs und wurde zu einem Baum und die Vögel des Himmels nisteten in seinen Zweigen.
>
> Außerdem sagte er: Womit soll ich das Reich Gottes vergleichen? Es ist wie der Sauerteig, den eine Frau unter einen großen Trog Mehl mischte, bis das Ganze durchsäuert war.
>
> Lukas 13,18-21

Mit diesem Doppelgleichnis legt Jesus eine Grundlage für die urbane Mission, die in christlichen Gemeinden nicht genug verstanden wird. Wo Gott auf der Erde aktiv ist, manifestiert sich das auf zwei Arten. Die erste ist uns sehr vertraut: Gottes Wirken bringt eigenständige, erkennbare Gebilde hervor. Diese Gebilde sind – damit war zu rechnen – lebendige Systeme. Ihren Charakter beschreibt Jesus durch den Vergleich mit einem Senfkornbaum, der die Fähigkeit besitzt, aus einem Samen zu wachsen und sich dabei selbst zu organisieren. Er weiß von allein, wo und wie der Stamm, Zweige, Blätter, Blüten und später die Frucht entstehen.

Der Baum ist an seiner Gestalt erkennbar, hat einen festen Ort und klar definierbare Funktionen, von denen für Jesus die wichtigste ist, einen sicheren Ort für Vögel zu bieten, die in ihm nisten können. (Normalerweise sind Vögel Lebewesen, die sich selbst schützen können, indem sie vor einem Angreifer davonfliegen. Wenn sie Junge haben, werden sie diese nicht im Stich lassen und sind auf einen anderen Schutz angewiesen, den ihnen der Senfkornbaum bietet.)

Die Deutung des Bildes ist einfach. Das Reich Gottes bringt in der Welt neue „Gewächse“ hervor, die sich ganz ähnlich verhalten. Christliche Gemeinden und Initiativen sind lebendige Systeme, durch die Gott wirkt. Sie wachsen zu einer bestimmten Größe und Gestalt und man kann sie als eigenständige Gebilde wahrnehmen. Sie haben ihre Adresse und ihre Struktur, ihre Aktiven und Mitglieder und heute auch ihre Webseite und ihren Flyer. Ihre Funktionen sind beschreibbar. Die wichtigste ist für Jesus, dass sie Anlaufstellen für andere und besonders für Schutzbedürftige sind.

Die Praxis der christlichen Gemeinde sieht in der Regel so aus, als habe Jesus seine Rede an dieser Stelle beendet. Fast alles, was eine Gemeinde als urbane Mission ansieht und anpackt, wird zu einem speziellen, umschriebenen Projekt oder Angebot. Der Baum schlägt gewissermaßen neue Zweige (oder ein neuer Baum wächst heran), um für neue Vögel da zu sein. Es geht immer um Formen christlichen Dienstes, die wie ein Baum oder ein Zweig ihre eigene Struktur und Gestalt haben. Dieser Reflex ist so selbstverständlich, dass wir uns urbane Mission gar nicht anders vorstellen können: Sie muss in Form von Veranstaltungen, Projekten, Angeboten oder Dienstgruppen auf die gemeindliche Agenda. Diese ist im Normalfall allerdings schon recht voll.

Doch Jesus ist noch nicht fertig. Die Verwendung eines Doppelgleichnisses signalisiert, dass Gottes Wirken auf der Erde noch auf eine andere, ergänzende Art geschieht. Jesus erzählt von einer Frau, die einen Klumpen Sauerteig nimmt und ihn unter einen großen Trog Mehl mischt. Am Anfang ist der Klumpen noch als ein eigenständiges Gebilde erkennbar, auch wenn seine Form sehr viel anspruchsloser ist als die eines Baumes. Das Ziel des Verfahrens ist, dass er am Ende gar nicht mehr als getrennt vom Mehl wahrgenommen werden kann. Parallel dazu erlebt auch das Mehl eine Veränderung. Am Anfang ist es trocken und geschmacklos, am Ende ist alles teigig und geschmackvoll. Ohne Bild gesagt: Bei dieser Erscheinungsform der urbanen Mission gibt es keine christliche Einrichtung zu besichtigen, dafür aber einen Unterschied zu schmecken. Christen (und ihr Einfluss) werden unter den Mehltrog ihres Umfeldes gemischt, als Ergebnis schmeckt ein Stück Erde nach Himmel.

Diese Wirkung des Reiches Gottes geschieht an vielen Stellen in unseren Städten. Doch wo sie geschieht, wird sie oft nicht als urbane Mission identifiziert. Wenn eine Christin, die als Krankenschwester arbeitet, durch ihre Ausstrahlung die Atmosphäre einer ganzen Station positiv prägt, ist diese Wirkung für ihre Gemeinde genauso wenig als ein „missionarisches Projekt" identifizierbar, wie die Frau aus dem Gleichnis den Sauerteig, nachdem er sich mit dem Mehl verbunden hat, noch als Klumpen erkennen kann. In den meisten Fällen wird die Gemeinde nie etwas von der Sauerteigwirkung ihres Mitglieds erfahren, und wenn sie es tut, dann wird sie es als erfreuliche Einzelaktion verbuchen. Tatsache ist, dass *die Gemeinde* auf der Station dieser Frau erfolgreich urbane Mission betrieben hat, denn die Frau hört nicht auf, Glied der Gemeinde zu sein, wenn sie die Klinik betritt. Die Gemeinde, repräsentiert durch diese Frau, ist für viele Menschen ein Segen. „Wenn darum ein Glied leidet, leiden alle Glieder mit; wenn ein Glied geehrt wird, freuen sich alle anderen mit ihm" (1. Kor. 12,26). Und wenn ein Glied etwas Gutes bewirkt, ist es das Werk aller. *Gemeinden betreiben schon mehr urbane Mission, als ihnen bewusst ist.*

Ich habe dieses Doppelgleichnis und seine Anwendung an den Beginn dieses Kapitels gestellt, weil es eine wichtige weitere Zutat für das Folgende ist. Wenn wir eine Gemeinde in die urbane Mission führen wollen – richtiger müssten wir, wie wir gerade gelernt haben, sagen: wenn wir sie *tiefer* in die urbane Mission führen wollen –, sollten wir nicht nur an Projekte und Programme denken, sondern auch an die Förderung der Sauerteigwirkung. Zu Beginn kann sie sogar im Vordergrund stehen. Da steht sie auch in diesem Kapitel. Sie hat allerdings den demütigenden Nachteil, dass die Gemeinde nicht verkünden kann, wie viele missionarische Projekte sie durchführt. Den Kollegen und Patienten der Krankenschwester wird das allerdings egal sein. Sie freuen sich über den Qualitätszuwachs der Atmosphäre auf der Station.

Aus der Betonung der Sauerteigwirkung ergibt sich ein wichtiger Fokus dieses Kapitels. Die entscheidende Rahmenbedingung, damit der Teig zur Wirkung kommt, ist nicht das Bemühen, ihn besonders „sauer“ sein zu lassen, sondern die Schaffung und Nutzung von Kontaktflächen zum Mehl. Ebenso steht und fällt urbane Mission mit der Schaffung und Nutzung von Kontaktflächen zwischen Gemeinde und Stadt.

19.1 Eine Orientierung für die missionarische Erneuerung

Jetzt ist es Zeit, die Einsichten des letzten Kapitels zusammenzufügen. Unser Ziel ist dabei eine Orientierung, die uns hilft, die missionarische Erneuerung einer bestehenden Gemeinde anzugehen. Ich nenne sie bewusst eine „Orientierung“, weil es sich nicht um einen „Umbauplan“ für die Gemeinde handelt. Man kann eine Kirche umbauen, indem man von einem Architekten Zeichnungen erstellen lässt und dann mit einzelnen Firmen plant, in welchen zeitlichen Schritten welche Baumaßnahmen durchgeführt werden, denn es handelt sich um eine totes Gebäude. Eine Gemeinde ist dagegen ein lebendiges System, das sich selbst so erneuert, wie es in ihm angelegt ist, und nicht, wie wir es uns am grünen Tisch ausdenken.

Von uns ist etwas anderes gefragt: eine Herangehensweise, mit der wir die in der Gemeinde schlummernden Fähigkeiten wecken und fördern und Rahmenbedingungen schaffen, unter denen die Gemeinde sich selbst erneuern und Einfluss ausüben kann. Das Folgende ist *kein* Aktionsplan – und schon gar kein lückenloser –, den wir Schritt für Schritt abarbeiten können. Es ist *kein* Routenplaner für die Strecke, die vor uns liegt. Es lässt uns Veränderungspotenziale entdecken. Es soll uns helfen, aufmerksam zu werden auf und ein Gespür zu entwickeln für die vielen kleinen günstigen Gelegenheiten, durch die organische Schritte in die Stadt möglich werden, die zusammen ein gutes Stück Weg ergeben. Am Ende werden dann auch die Liebhaber der Planung von Projekten und der Organisation von Diensten auf ihre Kosten kommen.

19.2 Zwei grundlegende Thesen

> **These 1:** Die urbane Mission einer Gemeinde geschieht zum großen Teil nicht durch „offizielle" Programme, sondern durch das Alltagshandeln ihrer Mitglieder.

Das ist eine Folgerung, die ich aus dem Doppelgleichnis vom Senfkornbaum und vom Sauerteig ziehe. Wer nur missionarische Projekte anschieben will, übersieht die Möglichkeiten eines inkarnatorischen Lebensstils (→ Kap. 23).

> **These 2:** Die Gemeinde hat, was sie braucht, um eine missionarische Gemeinde zu werden.

Diese Überzeugung haben wir aus der Beschäftigung mit lebendigen Systemen mitgebracht. Sie muss sich jetzt bewähren.

19.3 Was ist schon da?

Wir können immer nur mit dem arbeiten, was da ist, nicht mit dem, was fehlt. Mit fünf Broten und zwei Fischen lässt sich leichter eine Menschenmenge speisen als mit der Berechnung, wie viele Brote und Fische fehlen. Auch die „5000" (Mt. 14,21) hatten, was sie brauchten, jedenfalls in den Augen Jesu. Deshalb schaute er nicht auf die brotlose Menge, sondern freute sich über den Proviant des einen Jungen und „blickte zum Himmel auf und sprach den Lobpreis" (Mt. 14,19) als Ausdruck der Dankbarkeit für das, was da war. Aus dem bescheidenen Anfang wurde mehr.

Ich empfehle, es sich zum Grundsatz zu machen, nie einen Dienst aus Unzufriedenheit heraus zu tun. Erstens wäre das nicht gesund für uns und zweitens wären wir für die jeweiligen Leute eine weitere Stimme, die ihnen sagt, dass sie nicht gut genug sind oder nicht genug tun. Zufriedenheit und Dankbarkeit machen den Dienst angenehmer und fruchtbarer. Es gibt Grund für beides, denn es ist immer schon etwas da: Es geschieht schon etwas oder es ist schon etwas vorbereitet. Das gilt es aufzuspüren.

19.3.1 Das Erbe

Da wir uns mit bestehenden, traditionellen Gemeinden beschäftigen, haben sie eine Vorgeschichte. In dieser lassen sich Erbstücke finden, aus denen die eigentliche DNA der Gemeinde hervorgeht, auch wenn sie in Vergessenheit geraten sind. Sie wieder ans Licht zu bringen, kann ein motivierender Faktor der Erneuerung sein. So haben wir es in der Freien Evangelischen Gemeinde Geesthacht gesehen (→ Kap. 15.1). Eine sterbende Gemeinde erinnerte sich daran, dass dreißig Jahre vorher ihre Standortwahl von der Gewissheit begleitet gewesen war, von Gott in diesen Teil der Stadt gesandt zu sein. Die Erinnerung half bei der (missionarischen) Wiederbelebung. Nicht immer wirkt die Entdeckung dessen, was war, Wunder, aber es ist kein Fehler, in der Vergangenheit zu forschen.

19.3.2 Mögliche frühzeitige Anwender

Die Ausbreitung einer guten Sache beginnt oft mit wenigen Leuten. Das haben wir bei den Farmern von Iowa gesehen (→ Kap. 18.4). Also halten wir nach diesen Wenigen Ausschau und begeben uns auf Kandidatensuche.

19.3.2.1 Wer praktiziert schon die urbane Mission?

Für einen Augenblick lassen wir die auf der Seite, die durch ihren Beruf urbane Missionare sind (wie die oben beschriebene Krankenschwester), und suchen nach Leuten, die sich als Freiwillige engagieren. Ich frage oft in Gemeinden: Wer ist außerhalb der Gemeinde und christlicher Einrichtungen in irgendeinem gesellschaftlichen Bereich ehrenamtlich tätig? Wenn unsere Arbeitsgrundlage die Unzufriedenheit wäre, würden wir in manchen Fällen sagen, dass es erschreckend wenig sind. Aber weil wir den Weg der Zufriedenheit gewählt haben, stellen wir fest, dass es erfreulich viele sind. Ich habe bisher in jeder Gemeinde mindestens drei gefunden. Das ist ein Anfang.

19.3.2.2 Wer träumt schon?

Nicht alle Kandidaten sind bereits am Start, einige sind erst vorbereitet. Da Gott seinen Willen in das Herz seiner Leute schreibt (→ Kap. 18.6.2), dürfen wir überall mit Christen rechnen, die schon angefangen haben, den Teil der göttlichen Einträge in ihre Herzen, der sich auf urbane Mission bezieht, zu entziffern. Sie ahnen, dass Gott mehr im Sinn hat als die aktuelle *splendid isolation*[212] der Gemeinde, und werden von missionarischen Wünschen bewegt. Wenn wir sie auf die richtige Weise ansprechen, zeigt sich das.

19.3.2.3 Wer sind die *Cosmopolitans*?

Hier begegnen wir wieder einem nützlichen Konzept aus der soziologischen Forschung. 1943 untersuchte der Amerikaner Robert Merton in einer US-amerikanischen Kleinstadt, wer die einflussreichen Personen des Ortes waren (Merton 1995:367-398). Er entdeckte dabei zwei Kategorien, die er die *Locals* (Einheimische) und die *Cosmopolitans* (Weltbürger) nannte.

Wer zu den Locals gehört, „beschränkt seine Interessen weitgehend auf die Gemeinde[213]" (ebd. S. 373). Hier ist er aufgewachsen, hier hat er seine Wurzeln, hier kennt er die Leute und ist ihnen bekannt. Die Gruppen, denen er sich anschließt, dienen der Beziehungspflege und seine ehrenamtlichen Tätigkeiten sind überwiegend auf die Gestaltung des gemeinsamen Stadtlebens ausgerichtet. Er liest Lokalzeitungen, um über das auf dem Laufenden zu sein, was in seiner Stadt passiert.

Ein Cosmopolitan ist „signifikant an der Welt außerhalb [...] orientiert" (ebd.). Oft ist er zugezogen, die Stadt ist für ihn nur eine Lebensstation und seine Beziehungen sind

212 Diese „wunderbare Isolation" ist das Ideal vieler Briten, aufgrund der Insellage ihres Landes für sich zu bleiben.

213 Hier wird der Begriff in der Bedeutung der politischen Gemeinde verwendet.

mehr von gemeinsamen Interessen bestimmt als von der gemeinsamen Zugehörigkeit zum Ort. Die Gruppen, denen er sich anschließt, sucht er sich danach aus, wo er seine speziellen Fähigkeiten einbringen kann, und davon sind auch seine ehrenamtlichen Tätigkeiten bestimmt. Er liest überregionale Magazine, um sich über globale und nationale Ereignisse zu informieren.

Auch in einer christlichen Gemeinde gibt es die Locals und die Cosmopolitans. Die Locals gehen in der Gemeinde auf, die *der Mittelpunkt* ihres sozialen Lebens ist. Für die Cosmopolitans ist die Gemeinde *ein Bereich* ihres sozialen Lebens. Die Locals beschränken ihre Interessen „weitgehend auf die Gemeinde“, die Cosmopolitans orientieren sich „an der Welt außerhalb“. Sie sind gewissermaßen die Rezeptoren des Systems Gemeinde für Einflüsse von außen. Die Locals wollen mit ihrem Engagement den Zusammenhalt der Gemeinde fördern, die Cosmopolitans wollen mit ihrem Engagement etwas bewegen. Es liegt auf der Hand, wer die Kandidaten für die frühzeitige Anwendung der urbanen Mission sind.

Man muss keine soziologischen Studien betreiben, um die Cosmopolitans der Gemeinde zu identifizieren, sondern nur den Kaffeegesprächen nach dem Gottesdienst zuhören. Die Locals unterhalten sich über das, was im Gemeindeleben und im Leben der Gemeindefamilien passiert. Die Cosmopolitans unterhalten sich über gesellschaftliche und andere Themen – auch städtische –, die über den Bereich der Gemeinde hinausgehen. Sie sind daher leichter für urbane Anliegen zu erwärmen.

Die Sache hat leider einen Haken: Auf die Mehrheit der Gemeinde haben die Cosmopolitans weniger Einfluss als die Locals, denn die Mehrheit hört eher auf die Stimmen derer, die zum langjährigen Beziehungsgeflecht der Gemeindebasis gehören, als auf die Stimmen der oft weniger verwurzelten Cosmopolitans. Damit stehen wir vor der Frage, wie später der Transfer von den frühzeitigen zu den späten Anwendern gelingt. Die Cosmopolitans können relativ leicht durch Input von außen für die urbane Mission erwärmt werden. Aber wie kommt es zur gegenseitigen Erwärmung der weitgehend aus Locals bestehenden Gemeindebasis? Ich komme später auf diese Frage zurück.

Wir haben also drei Arten von Kandidaten für die nächsten Schritte der urbanen Mission: (1) Die, die es bereits tun, (2) die, die schon vorbereitet sind und (3) die, die (möglicherweise) dafür offen sind.

19.4 Die Vorhut der urbanen Mission aktivieren und fördern

19.4.1 Die Aktivierung

Unter den frühzeitigen Anwender sind die, die auf externe Einflüsse positiv reagieren und neue Informationen und Anregungen aufgreifen. Sie springen an, wenn wir die urbane Mission *thematisieren*. Wir können eine Predigtreihe über urbane Mission halten oder einen Gastredner in die Gemeinde holen. Wir können ihnen eine Tagung zum Thema empfehlen (bzw. mit ihnen dorthin fahren) oder entsprechende Literatur in die Hand drücken. Und wir können mit ihnen Einzelgespräche führen. Das ist zwar aufwendiger, aber wir haben ja Zeit.[214] In Gesprächen können wir persönlich auf sie eingehen und gleichzeitig erreichen wir noch etwas anderes.

Dazu erinnere ich an das, was ich über die Atmosphäre der Veränderung geschrieben habe. Zwei verschiedene emotionale Bedürfnisse müssen gleichzeitig befriedigt werden: Die frühen Praktiker brauchen eine Aufbruchsstimmung, die übrigen eine Atmosphäre der Sicherheit. Da die Praxis organisch aus der Gemeinde herauswachsen soll, ist es nicht nötig, neuartige Großszenarien an die Wand des Gemeindebewusstseins zu malen, solange wir mit wenigen Frühanwendern erste Gehversuche unternehmen. In vielen Fällen wird es sinnvoll sein, sich zunächst auf diese wenigen zu beschränken. Wir können ihre Unternehmungslust befeuern, ohne andere zu verunsichern. Das bedeutet allerdings nicht, dass wir mit verdeckten Karten spielen. Die Gemeinde soll wissen, dass wir die Stadt auf dem Herzen haben und dass wir mit einigen, denen es ähnlich geht, im Gespräch und auf dem Weg sind. Wir bauen nicht hinter ihrem Rücken eine missionale Untergrundkirche. Transparenz ist gut, ein taktischer Umgang mit der eigenen Gemeinde ist schlecht.

Die Thematisierung der urbanen Mission hat ein klares Ziel. Wir wollen drei Effekte auslösen:

1. **den Aha-Effekt:** Leute, die sich bereits auf eigene Faust außerhalb der Gemeinde engagieren, entdecken, dass ihre persönliche Neigung ein Teil von Gottes großem Trend ist;
2. **den Wiedererkennungseffekt:** Leute, die in sich bereits den Wunsch nach mehr Außenorientierung tragen, entdecken, dass die urbane Mission genau das ist, was sie sich ersehnen;
3. **den Magneteffekt:** Leute wie die *Cosmopolitans* entdecken, dass die urbane Mission sie „anzieht".

19.4.2 Die Förderung

Zur Förderung derer, die mitmachen, gehört zunächst, für die Neulinge ein Einsatzgebiet zu finden, das zu ihnen passt und ihnen positive Ersterfahrungen vermittelt. Ein sehr einfacher Weg dahin ist, bei einem Programm oder einer Aktivität mitzumachen, das oder die bereits von anderen Stadt(teil)bewohnern durchgeführt wird. Das kann die Teilnahme an einem VHS-Kurs oder der Eintritt in einen Sportverein sein, der Besuch eines Repair-Cafés oder einer Krabbelgruppe. Interessierte können sich einer Laienthe-

214 In vielen Gemeinden wird viel zu viel von vorne angesagt. Die Gottesdienstmoderatoren stöhnen über die Fülle an Abkündigungswünschen, die kurz vor Gottesdienstbeginn auf sie einprasseln. Gemeindeleute sind bequem: Warum sollten sie mit Einzelnen sprechen, wenn es ein Mikrofon gibt? Aber die urbane Mission ist zu wichtig, um es sich bequem zu machen. Viele Einzelgespräche dauern länger als eine Predigt, sind aber wirksamer.

atergruppe oder einem Chor anschließen, ihren grünen Daumen im Gemeinschaftsgarten zum Einsatz bringen, gemeinsam mit anderen Lebensmittel retten oder ein Ehrenamt in einer Kleiderkammer oder im Tierheim übernehmen. Vielleicht gibt es in der Schule der Kinder ein Elterncafé oder in der Straße eine Nachbarschaftsinitiative zur Verschönerung des öffentlichen Raums, die noch Mitstreiter suchen. Wenn man anfängt, sich umzuschauen, werden sich immer mehr Möglichkeiten auftun. Wichtig ist, dass einsatzbereite Neulinge nicht alleingelassen, sondern auf dem Weg ins Engagement begleitet werden.

Nachdem sie aktiv geworden sind, besteht ein wichtiger Aspekt der Förderung darin, sie aufzuwerten. Weil das, was sie tun, nicht ihr privates Hobby ist, sondern Außenwirksamkeit der Gemeinde, geben wir ihnen die entsprechende *Sichtbarkeit* und *Anerkennung*. Wir lassen sie in der Gemeinde – und das kann durchaus im Gottesdienst geschehen – erzählen, was sie „an der Front" erleben. Wir geben ihnen geistliche Rückendeckung für ihr Engagement, indem wir sie zum Beispiel in ein gesellschaftliches Ehrenamt einsegnen. Und wir geben ihnen einen gemeindlichen Status: „Ihr seid Mitarbeiter."

Als Gemeindepastor habe ich von der Kanzel die Parole ausgegeben: „Jeder von uns, der außerhalb der Gemeinde ehrenamtlich tätig ist, ist genauso ein Mitarbeiter der Gemeinde wie jemand, der eine gemeindeinterne Gruppe leitet. Und er darf Aufgaben in der Gemeinde niederlegen, wenn er die zeitlichen Ressourcen für seinen Auftrag in der Stadt braucht." Das erfordert ein wenig Mut angesichts der Situation, dass ich noch nie eine Gemeinde kennengelernt habe, die genug Mitarbeiter hat. Ich konnte es tun, weil ich der Aussage von Jesus glaube, dass Großzügigkeit sich auf lange Sicht rechnet (Lk. 6,38).

Was man sagt, muss man meinen. Einige Zeit später fragte ich eine Frau aus unserer Gemeinde, ob sie sich vorstellen könne, Kandidatin für die Gemeindeleitung zu werden. Wir hätten sie gut brauchen können, weil sie von ihrer Persönlichkeit und ihrem Potenzial her eine echte Verstärkung gewesen wäre. Sie erbat sich etwas Bedenkzeit. Eine Woche später kam sie zu mir und sagte: „Harald, wenn ich ernst nehme, was du verkündigst, kann ich es nicht tun." Sie und ihr Mann waren vielfältig außerhalb der Gemeinde mit Menschen unterwegs und das ließ sich nicht mit der Leitungsaufgabe vereinbaren. Ich sagte ihr: „Prima! Du hast mich richtig verstanden." Nach dem Sonntagsgottesdienst kam sie mit ihrem Mann zu mir und die beiden baten mich, sie für ihr außergemeindliches Engagement zu segnen, was ich sehr gerne tat.

In einer anderen Gemeinde erfuhr ich von folgender Begebenheit. Eine Hauskreisleiterin kam zur Gemeindeleitung und teilte dieser mit: „Ich muss meine Aufgabe niederlegen." Sie wurde nach den Gründen gefragt. Daraufhin holte sie einen Ausriss aus der Tageszeitung hervor, auf dem stand: „Muslimische Frauen turnen einmal in der Woche. Andere Frauen sind herzlich willkommen." Als sie diese Anzeige gelesen hatte, hatte sie den uns bekannten Magneteffekt erlebt: Sie „wusste", das Gott sie turnen lassen wollte. Die entsprechende Zeit musste sie an anderer Stelle einsparen, deshalb ihr Wunsch nach der Entpflichtung vom Hauskreis. Die Gemeindeleitung war klug und gab sie frei. Später berichtete die Frau, dass die muslimischen Frauen sie mit Fragen nach ihrem Glauben löcherten: „Wir haben uns schon lange gewünscht, eine Christin zu treffen, die uns Auskunft über ihren Glauben geben kann."

Wenn die frühen Praktiker solche Geschichten in der Gemeinde erzählen und dadurch sichtbar werden, hat das eine doppelte Wirkung. (1) Das Lernen voneinander beginnt. Urbane Mission wird nicht durch die Leitung vor die Gemeinde getragen, sondern durch „ihresgleichen". Es ist leider so, dass in vielen Gemeinden die Leitung einen herausgehobenen Status hat, dafür aber auch mit kritischeren Augen gesehen wird. Aber jetzt steht eine „Frau aus ihren Reihen" vorn und erzählt von schönen Erfahrungen in der Stadt. (2) Das Lernen findet durch Geschichten und nicht durch Konzepte statt. Viele Locals denken in Beziehungen und nicht in Lehrsätzen und Projekten. Eine türkische Frau, die mehr über Jesus hören will, löst bei ihnen positivere Assoziationen aus als Ausführungen über die *Missio Dei*, obwohl diese es ist, die den Wunsch in der Frau hervorgebracht hat. Und gemeinsames Turnen ist für sie anschaulicher als ein Projektzyklus.

Außerdem gehört zur Förderung, dass wir unsere Außenmitarbeiter bei ihrem Einsatz begleiten. Wir erkundigen uns, wie es ihnen in ihrem Engagement geht. Wir wollen ja auch sonst wissen, was in unseren Gemeinde läuft, deshalb fragen wir die Kindermitarbeiter, wie es in ihrer Gruppe aussieht. Also fragen wir auch den Ehrenamtlichen bei Amnesty International, für welchen inhaftierten Bürgerrechtler in welchem Land er sich gerade einsetzt. Wir ermutigen unsere Leute, lassen ihre Gebetsanliegen in die Gebetsstunde einfließen[215] und achten darauf, dass die „geistliche Rückendeckung" für ihr Engagement sich nicht auf einen demonstrativen Akt zu Beginn beschränkt.

19.5 Die Ausbreitung

Das langfristige Ziel ist, dass viele sich in die urbane Mission einbringen, dass daraus größere missionarische Initiativen der Gemeinde erwachsen und dass auch die, deren Berufung gemeindeintern ist, die Aktivitäten der anderen wohlwollend begleiten. Wie kann der Funke von den frühzeitigen zu den späten Anwendern überspringen?

19.5.1 Die Stadt in die Gemeinde holen

Wahrnehmung verändert. Was wir sehen und uns veranschaulichen, bewegt etwas in uns. Afrika-Hilfswerke werben nicht vorrangig mit Statistiken und Erklärungen, sondern mit Fotos von bedürftigen Kindern, mit Geschichten von Familien, denen geholfen wurde, und manchmal auch mit reisenden Chören, damit Afrika in die Gemeinde

215 Ein Nebeneffekt kann sein, dass die Beter der Gemeinde, indem sie für außergemeindliche Anliegen beten, selbst für diese erwärmt werden.

kommt. Bevor die Gemeinde in die Stadt geht, bringen wir deshalb die Stadt in die Gemeinde. Eine Möglichkeit dazu besteht darin, Vertreter der Stadt in den Gottesdienst einzuladen, damit diese sich vorstellen und der Gemeinde ihre Anliegen vortragen. Nach der letzten Kommunalwahl hatten wir zu verschiedenen Terminen unseren neuen Bezirksbürgermeister und drei Stadträte im Gottesdienst. Sie haben von sich erzählt, wir haben für sie gebetet, wir haben ein Bild von ihnen bekommen und sie eins von uns. In einer größeren Stadt, in der die Lokalpolitik „weiter weg" ist, werden auf diese Weise aus Funktionsträgern Menschen mit Hoffnungen und Herausforderungen. Die Stadt ist ein kleines Stück näher gerückt.

Darüber hinaus empfehle ich, die Stadt sozusagen latent präsent zu halten. Sie steht nicht ständig thematisch im Vordergrund, indem wir eine Aussendungspredigt nach der anderen halten. Überdosierung ist kontraproduktiv. Die Stadt steht aber ständig im Hintergrund. Ich habe, während ich diesen Abschnitt schreibe, aufs Geratewohl eine Reihe von Predigten im Internet durchstöbert. In ihnen werden anschauliche Bilder gemalt: aus den Feldern, Fluren und Gewässern Galiläas, aus dem innerkirchlichen Leben, aus der Welt globalen Unrechts und aus dem Privatleben der Hörer. Die Leute gehen mit Bildern nach Hause, wie Menschen Fischnetze auswerfen, was Teilnehmer auf dem Kirchentag erleben, wie Flüchtlinge über das Mittelmeer fahren und wie es auf Familienfesten zugeht. Diese vier wichtigen Kategorien lassen sich um eine fünfte ergänzen: Bilder aus dem städtischen Alltagsleben der Leute. Das klingt banal, ist es aber auf Dauer keineswegs. Je öfter wir biblische Aussagen mit einem Bild aus dem Stadtgeschehen verbinden, desto enger wird beides miteinander verbunden.

Eine weitere schöne Möglichkeit sind Beamer-Folien. Warum sind auch in Stadtgemeinden die Hintergründe für Texte meist Landschafts- oder Naturbilder? Kein Wunder, dass die Leute eher bei einem Sonnenuntergang an Gott denken als auf dem Marktplatz. Wenn wir während der gemeinsamen Lieder oder bei der Verfolgung der Hauptpunkte einer Predigt im Hintergrund die Stadt erkennen, setzen wir das Gesungene oder Gehörte mit ihr in Verbindung, ohne dass ausdrücklich von ihr die Rede ist.

19.5.2 Sich für den Alltag der Leute interessieren

Unsere Taten sprechen lauter als unsere Worte. Das gilt auch für die Taten und Worte von Gemeindeleitungen. Die Worte einer missionarisch gesinnten Leitung erklären, dass der Alltag der Leute ein wichtiges Handlungsgebiet des Glaubens ist. Wenn ihre Taten aber nicht erkennen lassen, dass dieser Alltag ihnen wirklich wichtig ist, übertönt dieses Desinteresse die gute Belehrung. Wenn „draußen" wichtig ist, interessieren wir uns für „draußen". Wir werten den Alltag der Leute auf, indem wir ihn kennenlernen und wertschätzen.

Gerade denen, die noch nicht für die urbane Mission erwärmt sind, können wir auf diese Weise vermitteln, wie viel „urbane Mission" in ihrem Leben schon vorhanden ist. Jeder Lehrer, jede Verkäuferin, jeder Sachbearbeiter und jede Alleinerziehende leistet einen wertvollen Beitrag für das Stadtleben. Das sagt ihnen jedoch meist niemand. Der Lehrer hat eine aufsässige Klasse, die Verkäuferin meckernde Kunden, der Sachbearbeiter unzufriedene Klienten, die Alleinerziehende keinen Mann, der ihr sagt, was sie toll gemacht hat. Und wenn diese Menschen in eine Gemeinde gehen, treffen sie dort auf einen Verkündiger, der ihnen sagt, was in ihrem Leben alles noch anders werden muss und dass die heile Familie das christliche Ideal ist. Deshalb sage ich den Leuten, so oft sich die Gelegenheit dafür bietet, wie wertvoll das ist, was sie tun. Ich bitte Sie, sich mir anzuschließen. Die Menschen bekommen nicht die Bestätigung, die sie verdient haben. Wir können etwas davon kompensieren. Es gehört auch zur urbanen Mission, im Alltag Wertschätzung zu verbreiten. Wenn die genannten Leute zur Gemeinde gehören, dann lautet meine Botschaft an sie: „Du bist bereits ein urbaner Missionar. Durch dich ist Christus in der Schule, dem Geschäft, dem Rathaus und in deinem schwierigen Alltag präsent."

Dieser Zuspruch ist umso glaubhafter, je mehr er durch Taten bestätigt wird. Das Stichwort heißt, wie schon angedeutet, „Interesse". Das kann bedeuten, einen Lehrer, der zur Gemeinde gehört, über die Herausforderungen in einer Hauptschulklasse berichten zu lassen. In andern Fällen kann es eine spannende Erfahrung sein, Leute in ihrem Berufsalltag zu begleiten, wenn das möglich ist. Der hannoversche Landesbischof Ralf Meister war früher Generalsuperintendent in Berlin. Bei einer Tagung erzählte er, dass er, um mehr Gespür für unsere Stadt zu bekommen, eine Nacht in einem Streifenwagen der Polizei in Neukölln mitgefahren sei. Solche Begleitungen sind nicht nur eine treffliche Form der Stadterkundung, sondern sie demonstrieren den Polizisten, dass die Kirche sich für ihren beruflichen Alltag interessiert.

19.5.3 Sich nach der „Sofamotivation" der Leute erkundigen

Was machen Leute so gern, dass sie es von sich aus tun und dafür fast immer genug Energie haben? Wozu könnten sie sich jederzeit aufraffen, wenn sie zu Hause auf dem Sofa sitzen? Im letzten Kapitel haben wir gesehen, dass diese Art von Motivation tatsächlich ihr Leben bestimmt, und nicht eine Motivation, die in einem „künstlichen" Kontext durch Beeinflussung erzeugt worden ist. Oft können diese Aktivitäten für die urbane Mission fruchtbar werden. Manchmal kommen die Leute von allein auf die entsprechende Idee, manchmal brauchen sie einen Anstoß von außen. Zwei Beispiele zeigen, wie das aussehen kann. Sie illustrieren eine weitere Lehre aus Iowa, nämlich dass Neuerungen umso größere Chancen haben, je harmonischer sie sich in das Leben von Menschen einfügen.

MODELLE UND BEISPIELE

Die Totale Offensive

Ein Mann aus unserer Gemeinde war vor einigen Jahren zu einem Spiel von Hertha BSC im Olympiastadion. Er hatte nicht nur Augen für das, was auf dem Rasen geschah. Rund um den Fußball gibt es auch Unschönes zu bemerken wie Alkoholmissbrauch und Gewaltbereitschaft. An diesem Tag kam ihm eine Idee: Viele von uns gehen mehr oder weniger oft ins Stadion. Könnten wir uns nicht zu einem christlichen Fanclub zusammenschließen, gemeinsam zu den Spielen gehen und unsere Liebe zum Fußball mit anderen Aktivitäten verbinden? Er stieß bei einigen von uns auf offene Ohren. Wir entdeckten, dass diese Idee in Hamburg bereits verwirklicht worden war. Seit 2005 gibt es dort die „Totale Offensive", einen christlichen HSV-Fanclub. Wir nahmen Kontakt auf, gründeten einen christlichen Hertha BSC-Fanclub und nannten uns ebenfalls „Totale Offensive". Inzwischen gibt es solche Fanclubs bei vielen Vereinen (www.totale-offensive.de). Sie ermöglichen gemeinsame Aktivitäten und Begegnungen von Christen und Nichtchristen und sie engagieren sich sozial-diakonisch: gegen Gewalt, gegen Intoleranz, für ein suchtfreies Leben.

Abbildung 19.1: Zeichen setzen – Die Totale Offensive

ERFAHRUNGEN UND REFLEXIONEN

Kein Auskommen mit dem Einkommen

Robert Stumpf ist Finanzberater. Einige Jahre lang hat er ehrenamtlich Menschen beraten, die den finanziellen Überblick verloren hatten, und ihnen geholfen, ihre wirtschaftlichen Verhältnisse zu ordnen. In einem Interview von 2009 erzählte er:

Ich bin [damals] 42 Jahre alt, seit über 20 Jahren verheiratet und habe zwei Kinder. Wenn ich in Berlin unterwegs bin, bewegt es mich schon, wenn ich sehe, was in der Stadt los ist und wie viele Menschen in schwierigen Verhältnissen leben. Davor kann man nicht die Augen verschließen. Da kam mir, in Verbindung mit der Christlichen Freiwilligenagentur, der Gedanke: Was könnte ich eigentlich tun? Für mich habe ich dann festgestellt: Ich kann eigentlich nur eins, das ist Beraten, und zwar bei Finanzen. Also versuche ich das doch mal. Wir haben uns dann zusammengesetzt. Ich habe erzählt, was ich mir vorstellen kann, dass ich eben Menschen unterstütze, die den Überblick über ihre Finanzen verloren haben. Es geht definitiv nicht um Schuldnerberatung, das darf ich rechtlich auch gar nicht. Aber oft besteht der erste Schritt darin, einfach wieder einen Überblick zu bekommen.

Noch etwas zu meinem Alltag: Natürlich bin ich mit viel Arbeitszeit belastet, zwischen 50 und 60 Stunden in der Woche. Aber es ist mir wichtig, von meinem Wissen, das ich in den Jahren erlangt habe, etwas abzugeben. Und ich bin jemand, der berät einfach gern, ich erkläre gerne. Dafür muss ich mich gar nicht groß anstrengen. Das mache ich einfach von innen heraus.

19.5.4 Voneinander lernen

Schon einige Male habe ich darauf hingewiesen, dass eine kritische Stelle der urbanen Mission da liegt, wo der Funke von den frühzeitigen zu den späten Anwendern überspringen muss. Bei den Farmern von Iowa haben wir gelernt, dass Beobachten und Probieren zwei wichtige Elemente dieses Transfers sind. Beobachten bedeutet, dass die zukünftigen Anwender die Praxis der gegenwärtigen Anwender miterleben können. Solche Lernerfahrungen kann die Gemeindeleitung oft nicht selbst bieten, sie kann sie aber anregen.

In manchem Engagement kommt es zu besonderen Events. In einer Arbeit mit Asylbewerbern wird ein Fest gefeiert oder mit Kindern aus schwierigen Verhältnissen wird ein Stück eingeübt. Es gibt Locals, die sich – persönlich, nicht durch Abkündigung! – zum Fest oder zur Aufführung einladen lassen. Wenn sie erleben, wie herzlich und gastfrei die Asylbewerber und wie begeistert die Kinder bei der Sache sind, haben sie die Chance, etwas von der Schönheit der urbanen Mission zu sehen. Sie werden nicht gleich in einen der beiden Dienste einsteigen, aber trotzdem kann etwas passiert sein. Bei der Verbreitung von Hybridmais haben wir gesehen, dass fünf bis zehn solcher Kontakte nötig waren, bis zögerliche Farmer sich für die Neuerung entschieden. Diese Zahl ist kein Dogma, aber eine brauchbare Tendenzbeschreibung. Je öfter Leute als Zuschauer ein Stück urbane Mission miterleben, desto größer ist die Chance, dass sie zu Mitspielern werden.

Nach dem Beobachten kommt das Probieren. Die Farmer in Iowa wollten, bevor sie sich ganz einer neuen Sache verschrieben, den Hybridmais zunächst nur auf einem kleinen Teil ihrer Felder ausprobieren. Punktuelle Tests sind ein Weg zu dauerhaften Überzeugungen. Deshalb ist es gut, dafür Gelegenheiten zu schaffen. Die missionarischen Innovatoren der Gemeinde können zum Beispiel einen „Samstag der guten Tat" vorbereiten, an dem eine Wohnung von Bedürftigen renoviert, ein Spielplatz gesäubert oder ein Stadtteilfest unterstützt wird. Sie laden andere ein, mitzumachen, und dosiertes Probieren, wie es sich im Mehltrog der Stadt anfühlt, wird möglich. Das muss man nicht in jedem Fall selbst organisieren. Dienste wie „Serve the City" (→ Kap. 23.6) bieten solche punktuellen Einsatzmöglichkeiten an, die man nutzen kann.

19.5.5 In die richtige Sprache übersetzen

Damit die urbane Mission von den frühzeitigen auf die späten Anwender übergreift, muss sie aus der Sprache des Abenteuers in die Sprache des Bewährten übersetzt werden. Ich habe als Mentor mehr als einmal erlebt, dass Begriffe, mit denen auch ich in diesem Buch arbeite, in Gemeinden Abwehr auslösten, die nicht der Sache, sondern der Verpackung galt. In einer Gemeinde, die sich in ungewöhnlicher Breite Menschen vom Rand der Gesellschaft zugewandt hatte, äußerte jemand: „Bitte höre mit diesem Wort Gesellschaftstransformation auf."

Im Zusammenhang mit (urbaner) Mission ist oft von *Kontextualisierung* die Rede. Damit ist gemeint, dass das Evangelium in die Sprache und Gedankenwelt der jeweiligen Zielkultur übertragen werden muss. Die urbane Mission selbst muss aber auch kontextualisiert werden, und zwar in die Sprache und Gedankenwelt der jeweiligen Gemeinde. Mein Freund und Kollege Axel Nehlsen gebraucht im Zusammenhang mit „Transformation" gern die Formulierung von der „Veränderung der Herzen und der Verhältnisse". Er hat erlebt, dass diese Formulierung Leuten den Zugang zum Anliegen der „Transformation" erleichterte, die eine innere Resistenz gegen den Begriff selbst verspürten.

In der inhaltlichen Beschreibung der urbanen Mission gilt es, Brücken zu bewährter Praxis zu schlagen. Da es „nichts Neues unter der Sonne" gibt (Koh. 1,9), gibt es in der Geschichte der Gemeinde, im Leben ihrer Mitglieder oder im kollektiven Bewusstsein ihrer Glaubensrichtung immer schon Elemente, in denen das Anliegen der urbanen Mission zum Ausdruck kommt und die den Betreffenden vertraut sind. Sie können die

Brücke zur „Kontextualisierung“ der urbanen Mission sein. Paul Keeble, von dem schon die Rede war (→ Kap. 15.4.4), erlebte die Berufung in die Innenstadt von Manchester durch seinen anglikanischen Pfarrer, dessen Vorbild für die urbane Mission die Praxis des bekannten China-Missionars Hudson Taylor[216] war, die er seiner Gemeinde darstellte. Für Christen aus dem Bereich des Pietismus und des traditionellen Evangelikalismus könnte das Leben Hudson Taylors ebenfalls ein guter Anknüpfungspunkt sein, denn er wäre für sie ein „kanonischer Heiliger“, wenn Protestanten so etwas hätten.

19.6 Und die schöne Projektplanung?

Wer gerne Projekte plant und Gesamtstrategien entwickelt, bei dem mag der Inhalt dieses Kapitels bisher wenig Begeisterung ausgelöst haben. Aber wir lieben nicht die Idee der urbanen Mission, sondern die Menschen aus Fleisch und Blut, die in unserer Stadt leben. Die Begegnung mit ihnen ist das Lebenselement der urbanen Mission, nicht die glorreiche Konzeption. Deshalb habe ich in den Vordergrund gestellt, was unmittelbar zu solchen Begegnungen führt und der Sauerteigwirkung des Reiches Gottes entspricht. Auf diesem Weg wird früher oder später auch die Zeit von Veranstaltungen, Projekten, Angeboten und Dienstgruppen und von Gesamtkonzeptionen und Leitbildern kommen. Wir vergessen nicht, dass es auch den Senfkornbaum gibt, dem die Zweige (nach)wachsen sollen, die ihm bisher gestutzt wurden, wodurch sich seine Gesamtgestalt verändert. Es soll auch sichtbare und identifizierbare Ausdrucksformen christlichen Engagements in der Stadt geben. Und sie sollen Teil der Gemeindeagenda werden.

Wann die Zeit dafür reif ist, lässt sich nicht von außen bestimmen. Man braucht vor Ort ein Empfinden für das, was jeweils geht und hilfreich ist. Viele Christen, die gern urbane Mission betreiben möchten, haben nur in einer Gruppe die Initiativkraft, tatsächlich loszugehen. Sie brauchen also von Anfang an eine Dienstgruppe. Darüber hinaus gilt: Manchmal helfen frühzeitige „offizielle“ Aktivitäten, die urbane Mission in der Gemeinde zu verankern, manchmal verschleißt man sich bei dem Versuch, sie zu früh einzuführen. Manchmal hilft den Leuten eine umfassende Anfangsbelehrung über die urbane Mission, manchmal helfen ihnen tröpfchenweise verabreichte neue Einsichten. Manchmal kann ein neues Leitbild das Signal zum Aufbruch geben, manchmal ist es das Ergebnis eines Weges. Die Weisheit, weder zu forsch noch zu zögerlich zu sein, wünsche ich Ihnen im Umgang mit den Menschen Ihrer Gemeinde. Ich gehe davon aus, dass das Wissen, wie man Veranstaltungen organisiert und Angebote macht, wie man lehrt und Leitbilder entwickelt, vor Ort abrufbar ist. Die Macher und Organisatoren werden voll auf ihre Kosten kommen. Die Sache sollte nur nicht ihnen allein überlassen werden.

216 Hudson Taylor (1832-1905) ist ein Pionier der neuzeitlichen inkarnatorischen Mission. Unter heftiger Kritik durch andere Missionare begann er, chinesische Kleidung zu tragen und wie ein Chinese unter Chinesen zu leben. In einigen pietistischen und evangelikalen Kreisen gehört er zu den besonders geschätzten Personen der jüngeren Kirchengeschichte. Er ist deshalb für diese Christen ein unverdächtiger Zeuge, wenn es darum geht, zu einem missionalen Leben zu ermutigen.

Ich möchte sehen, wie Gottes Einfluss in der Stadt zunimmt – auch nach der Art von Senfkornbäumen. Sie sind lebendige Systeme: Sie werden nicht wie technische Geräte zusammengebaut, sondern sie wachsen aus kleinen Anfängen. Ein Senfkornbaum ist nicht das Ergebnis eines Strukturdiagramms, sondern eines Samenkorns. Und er wächst nicht von oben nach unten, sondern von unten nach oben. Wenn er zur richtigen Zeit die richtigen Zweige hervorbringt, hängen diese nicht in der Luft.

FAZIT

- Gottes Wirken auf der Erde tritt in zwei Formen auf:
  - als Senfkornbaum, d. h. durch eigenständige, erkennbare Gebilde wie Gemeinden oder Initiativen;
  - als Sauerteig, d. h. durch die Vermischung von Christen (und ihrem Einfluss) mit ihrer Umgebung.
- Die urbane Mission einer Gemeinde geschieht zum großen Teil nicht durch offizielle Programme, sondern durch das Alltagshandeln ihrer Mitglieder. Deshalb betreiben Gemeinden schon mehr urbane Mission als ihnen bewusst ist.
- Die Gemeinde hat, was sie braucht, um eine missionarische Gemeinde zu werden. Das gilt es aufzuspüren.
  - Traditionelle Gemeinden haben eine Vorgeschichte (ein Erbe), die zur Erneuerung motivieren kann.
  - Es gibt potenzielle frühzeitige Anwender der urbanen Mission, nämlich die, die es bereits tun (z. B. ehrenamtlich außergemeindlich Tätige), die, die schon vorbereitet sind, und die Cosmopolitans, die möglicherweise dafür offen sind.
- Diese ersten Gruppen können durch Thematisierung der urbanen Mission aktiviert und durch Sichtbarmachung und Anerkennung gefördert werden.
- Dazu, dass der Funke von den frühzeitigen zu den späten Anwendern überspringt, kann die Gemeinde einiges beitragen:
  - Die Stadt durch Vertreter oder Bilder in die Gemeinde holen.
  - Sich für den Alltag der Leute interessieren.
  - Sich nach der „Sofamotivation“ der Leute erkundigen, also danach, wozu sie sich jederzeit aufraffen können, wenn sie zu Hause auf dem Sofa sitzen.
  - Lernen voneinander ermöglichen, indem Gelegenheiten zum Beobachten und zum Ausprobieren gegeben werden.
  - Das Thema urbane Mission in die richtige Sprache übersetzen, sodass es in die Gedankenwelt und vertraute Ausdrucksweisen der jeweiligen Gemeinde passt.

- Wo gibt es in der Geschichte Ihrer Gemeinde und in ihrem Erbe Anknüpfungspunkte für eine stadtmissionarische (Neu-)Ausrichtung?
- Was ist Ihre „Sofamotivation"? Wie könnte sie für die urbane Mission fruchtbar werden?
- Welche Vorbehalte gibt es in Ihrer Gemeinde gegen urbane Mission? Woran liegt die Ablehnung (fühlen Leute sich unter Druck gesetzt, reagieren sie allergisch auf „Mode-Begriffe" wie Transformation ...)? Wo sind sie trotzdem bereits als Sauerteig im Mehltrog der Gesellschaft am Werk? Wie können Sie sie darin unterstützen und ermutigen? Wie können Sie an ihre Sprache und Lebenswelt anknüpfen?

- Bernd Wulf: Pro Ehrenamt. Entscheidungsfinder (Wulf 2008). *Dieses Buch gibt Tipps und Anregungen, wie man im Engagement Freude und Erfüllung finden und sich Enttäuschungen ersparen kann. Wer einen Weg in ein Aufgabenfeld außerhalb der Gemeinde sucht, findet hier nützliche Ratschläge.*
- Alan Roxburgh und Fred Romanuk: Missionale Leiterschaft. Gemeinde bauen in einer sich verändernden Welt (Roxburgh & Romanuk 2011). *Die missionarische Erneuerung der Gemeinde erfordert auch eine Erneuerung der Art, wie wir leiten.*

Gemeinden schaffen Werte, die ihren Kommunen zugutekommen. Vielen Gemeinden ist jedoch gar nicht bewusst, wie willkommen sie Politik und Verwaltung als Kooperationspartner sind und was sie zum kommunalen Leben beitragen können.

20. Im Rathaus willkommen

Gemeinden im kommunalen Leben

> Anfang des Jahres 2010 schnürte die Stadt Solingen ein umfangreiches Sparpaket, in dem versteckt auch die Schließung der Solinger Notschlafstelle für Jugendliche („Die 10") enthalten war. Wir beschlossen, uns einzumischen und die Stimme der obdachlosen Jugendlichen mit unseren Möglichkeiten zu verstärken. Die Jugendlichen der Notschlafstelle planten eine Schlafsack-Demo vor dem Solinger Rathaus, um dem Oberbürgermeister zu zeigen, dass ihr künftiger Schlafplatz auf der Straße wäre, sollte die Notschlafstelle geschlossen werden. Mit etwa 50 Jugendlichen aus unserer Gemeinde nahmen wir an dieser Demonstration teil. Der Oberbürgermeister kam zum Gespräch heraus und erklärte sich. Viele Solinger Bürger wurden durch die Aktion auf die drohende Schließung aufmerksam, das WDR-Fernsehen berichtete in seiner Lokalzeit. In der Folge wurden 2500 Unterschriften gegen die Schließung gesammelt und dem Oberbürgermeister überreicht. Im Juli 2010 fiel dann die Entscheidung: Der Solinger Stadtrat beschloss, dass die Notschlafstelle für Jugendliche von den Sparmaßnahmen ausgenommen werden solle, der Einsatz hatte sich gelohnt. (Arzt 2013:73)

Wenn Christen sich gesellschaftstransformatorisch engagieren wollen, bietet das kommunale Leben ihnen dafür einen geeigneten Raum. Kommunen sind die politische Ebene, zu der die Bürger unmittelbaren Zugang haben. Verantwortliche sind ansprechbar, es gibt viele Beteiligungsmöglichkeiten. Kommunen haben die Größenordnung, in denen sogar einzelne Gemeinden oder Initiativen genügend Sichtbarkeit bekommen und Öffentlichkeit herstellen können, um relevant zu sein. Manchmal wird urbane Mission die Rolle der „Opposition" spielen müssen. Ein erfolgreiches Beispiel ist die Schlafsack-Demo in Solingen, durch die eine ungerechte Sparmaßnahme zu Lasten der Schwächsten der Stadt verhindert wurde. Oft ergibt sich jedoch die Möglichkeit, „Koalitionspartner" der kommunal Verantwortlichen zu werden. Wenn sie in geeigneter Weise auf diese zugingen, wären Christen an vielen Stellen willkommener, als vielen von ihnen bewusst ist.

20.1 Die Kommunen

Mit dem Begriff der Kommune werden verschiedene politische Gebilde bezeichnet: (politische) Gemeinden, kreisfreie Städte, kreisangehörige Städte und Landkreise (Bogumil & Holtkamp 2013:8). Im politischen Leben Deutschlands spielen sie eine wichtige Rolle, sind aber nur schlecht mit Finanzen und Kompetenzen ausgestattet. Sie sind den Ländern untergeordnet, die auch die jeweiligen Kommunalverfassungen festlegen (ebd. S. 16). Deshalb unterscheiden sich die Strukturen kommunaler Politik und Verwaltung von Bundesland zu Bundesland. Meine Leser werden leicht herausfinden, wie in ihrer Kommune die Verwaltung aufgebaut ist, wer im Rathaus sitzt und wer die zuständigen Ansprechpartner für die Bereiche sind, in denen sie sich engagieren. Inzwischen dürfte jede deutsche Kommune eine eigene Webseite haben, auf der das alles steht. Kommunen sind für zwei Aufgabenbereiche zuständig (→ Tab. 20.1):

1. **Auftragsangelegenheiten ohne eigene Handlungsspielräume:** Hier führen die Kommunen nur aus, was der Staat ihnen vorgibt. Ein Beispiel ist das Pass- und Meldewesen. Auch wenn einer Kommune der biometrische Reisepass zu viel „Big Brother" wäre, hätte sie keine Möglichkeit, einen anderen auszugeben. Und mit datenschutzrechtlichen Bedenken geht man nicht zum Amtsgericht, sondern zum Bundesverfassungsgericht (Bittner 2008).
2. **Selbstverwaltungsaufgaben:** Hier „ist die Gemeindevertretung durchweg die höchste Entscheidungsinstanz" (Bogumil & Holtkamp 2013: 17). Es gibt jedoch eine wichtige Unterscheidung: Bei den *Pflichtaufgaben*, die den Kommunen aufgetragen sind, können sie nur festlegen, *wie* sie diese ausführen. Nur bei den *freiwilligen Aufgaben* kann die Kommune entscheiden, *ob* sie die Aufgaben ausführt.

Auftragsangelegenheiten	Selbstverwaltungsaufgaben	
	Pflichtaufgaben	**Freiwillige Aufgaben**
Durchführung der Bundestagswahl	Förderung des Wohnungsbaus	Einrichtung und Unterhaltung von Grünanlagen
Pass- und Meldewesen	Kindergärten	Museen
Ausländerangelegenheiten	Jugendhilfe	Schwimmbäder
Bauaufsicht	Wohngeld	Theater
Lebensmittelüberwachung	Schulverwaltung	Sportstätten
Gewerberecht	Volkshochschulen	Jugendeinrichtungen
KFZ-Zulassung	Abfallbeseitigung	Büchereien
Ordnungsrecht	Straßenreinigung	Seniorentreffen
Standesamt	Gemeindestraßen	Wirtschaftsförderung
Zivilschutz	Trinkwasserversorgung	Städtepartnerschaft

Tabelle 20.1: Kommunale Aufgaben (Auswahl)

Wer sich Tabelle 20.1 anschaut, erkennt schnell, dass Art und Umfang der Erfüllung freiwilliger Aufgaben einen großen Einfluss auf die Lebensqualität in den jeweiligen Kommunen haben. Gleichzeitig sind dies die Bereiche, in denen finanzschwache Kommunen am ehesten Handlungsspielräume für Sparmaßnahmen haben. Die Auswirkungen liegen auf der Hand.

Wichtig ist für unseren Zusammenhang noch ein weiterer Aspekt. Mit dem Wandel zur postmodernen Stadt war auch ein Politikwandel verbunden: „von einer steuernden Zentralinstanz (government) zu neuen Formen einer dezentralen Steuerung, die zwischen öffentlichen und nicht-öffentlichen Akteuren keine hierarchische, sondern eine kooperative Beziehung annimmt und befördert (new governance)" (Häußermann 2006:515). Zu den „nicht-öffentlichen" Akteuren gehören privatwirtschaftliche Unternehmen, aber auch die Zivilgesellschaft und damit auch christliche Gemeinden und Initiativen. Mit ihnen suchen also viele Rathäuser „kooperative Beziehungen". Wir haben bereits Beispiele aus Pirmasens und Spangenberg kennengelernt, die zeigen, welche Handlungsmöglichkeiten sich daraus ergeben (→ Kap. 7.3.4).

20.2 Was ist eine Gemeinde wert?

Als unsere Gemeinde in Spandau ihre Beziehungen zur Kommunalpolitik verstärkte, bekamen wir erfreuliches Feedback. Unsere Jugendgruppe beteiligte sich an einer der ersten Aktionen der Initiative Stark ohne Gewalt (→ Kap. 6.4). Ein Polizist sagte: „Solche jungen Leute haben wir hier sonst nicht", ein Muslim erklärte: „Eure Jugendlichen sind ein Zeugnis für eure Gemeinde." Dann sagte ein Kommunalpolitiker noch etwas, was unseren eigenen Blick veränderte: „Was ihr in eurer Jugendarbeit macht, ist eine wichtige Präventionsarbeit." Er hielt unsere Arbeit nicht erst dann für wichtig, wenn wir uns an kommunalen Aktivitäten beteiligten, sondern auch das, was wir unter uns tun, hatte für ihn gesellschaftliche Bedeutung. Wir lernten, dass in unseren Jugendhauskreisen nicht nur der Glaube der Jugendlichen gestärkt wurde, sondern sie auch wichtige soziale Kompetenzen erwarben. Eine Gemeinde ist schon durch ihre bloße Existenz gesellschaftsrelevant. Was wir über urbane Mission gelernt haben, nämlich dass Gemeinden schon viel mehr tun, als ihnen bewusst ist (→ Kap. 19), gilt auch im Zusammenhang dieses Kapitels: Gemeinden sind wertvolle kommunale Akteure.

Doch wie lässt sich ihr Wert bestimmen? Das ist in einer kapitalistischen Gesellschaft, in der Werte am liebsten in Euro und Cent angegeben werden, nicht ganz einfach zu beantworten. Viele Werte, die eine Gemeinde schafft, sind ideell, andere lassen sich kaum berechnen. Wir können Geschichten erzählen, wie Leben verändert wurden, aber das ist noch keine Evaluation. Offen bleibt zum Beispiel, in wie vielen Fällen durch Gemeinden das Leben von Menschen so stabilisiert wird, dass sie später keine Alkoholprobleme bekommen, nicht drogenabhängig werden oder ins Gefängnis müssen. In all diesen Fällen erspart sie der Gesellschaft viele Ausgaben: Die jährlichen Krankheitskosten durch Alkoholmissbrauch werden auf 26,7 Milliarden Euro geschätzt (Aktionswoche Alkohol 2014), ein Tag Knast kostet ebenso rund 100 Euro (Bundesministerium der Justiz 2011) wie ein Tag Drogen-Reha (Breuer 2014:32).

In den USA ist Ram A. Cnaan einer der Forscher, die sich damit beschäftigen, wie man die gesellschaftliche Wirksamkeit von Gemeinden *quantifizieren* kann (Cnaan 2009). Ein wichtiges Konzept ist der *Ersatzwert* (*replacement value*): Was würde es kosten, wenn gesellschaftlich bedeutsame Tätigkeiten nicht von Gemeinden, sondern von profitorientierten Unternehmen geleistet würden? Wenn statt der vielen Stunden ehrenamtlichen Engagements entsprechend bezahlte Hauptamtliche eingesetzt würden und für Räume Miete gezahlt werden müsste, die die Gemeinden kostenlos zur Verfügung stellen? Das ist relativ einfach herauszufinden, einige Beispiele folgen gleich. Doch Cnaan war damit nicht zufrieden.

Welche finanziellen Vorteile hat eine Kommune sonst noch von Gemeinden, die in ihnen ihren Standort haben? Dabei geht es auch um nüchterne *ökonomische Aspekte*. Das Budget einer Gemeinde kommt der lokalen Wirtschaft zugute. Die Vollzeitlichen, die sie anstellt, geben einen Großteil ihres Einkommens im Ort aus und erhöhen die örtliche Kaufkraft. Von den Steuern, die für sie gezahlt werden, geht ein Anteil an die

Kommune. Materialien, die gekauft werden, werden in lokalen Geschäften gekauft. Leute gehen nach dem Gottesdienst essen, die örtliche Gastronomie verdient an ihnen. Wenn Gemeinden ihr Haus in einer ärmeren Stadt haben, bringen auf diesem Weg ihre Mitglieder, die im besser gestellten Umland wohnen, einen Teil ihres Geldes zurück in die Stadt. Gemeinden sind ein wirtschaftlicher Faktor.

Cnaan hat außer dem Ersatzwert und dem ökonomischen Nutzen noch weitere Vorteile kalkuliert, die Gemeinden ihren Orten bereiten. Für die USA schätzt er, dass eine Gemeinde mit einem jährlichen Budget von 100.000 Dollar insgesamt für ihre Kommune einen Wert von 500.000 Dollar pro Jahr erbringt (ebd. S. 657).

Wie ist es in Europa? Auch hier gibt es Studien. Stoke-on-Trent (→ Box) ist eine Stadt in England, die besonders stark unter den Folgen der Deindustrialisierung zu leiden hat. Sie hat ungefähr 250.000 Einwohner. 154 religiöse Gemeinden und Initiativen sind in Stoke aktiv. Die meisten sind Kirchen und christliche Werke, aber es gibt auch einige Moscheen und andere *Faith Communities*. Bei einer Befragung für ein „Faith Action Audit Stoke-on-Trent“ (Williams & Cradock 2006) antworteten 97 von ihnen. Die meisten dieser Glaubensgemeinschaften sind klein: Der durchschnittliche Besuch liegt bei 80 Leuten. Ihre Aktivitäten konzentrieren sich in benachteiligten Quartieren: Dort liegt die Mehrzahl der Gemeindehäuser, dort finden 70 Prozent der erfragten Projekte statt. Erfasst wurden nur Projekte mit sozialer Ausrichtung, also keine religiöse Unterweisung oder Evangelisation. Jede Woche werden für gesellschaftsrelevante Projekte 3.500 Freiwilligenstunden geleistet, das entspricht ungefähr 90 Vollzeitstellen. Wird der englische Mindestlohn zugrunde gelegt, bedeutet das jährlich mehr als 1,3 Millionen Euro. Doch viele der Aktiven sind qualifiziert und müssten deutlich mehr verdienen, wenn sie es für Geld täten.[217]

217 Der Auftraggeber dieser Studie, Lloyd Cooke (Saltbox Stoke-on-Trent), hat mir mündlich mitgeteilt, dass die Angaben vermutlich zu bescheiden waren. Gemeinden hatten nur ihre wichtigsten Projekte berichtet und die Zahl der Freiwilligen zu niedrig angesetzt, wie spätere Nachfragen ergaben.

Abbildung 20.1: Faith Action Audit Stoke-on-Trent

In den Niederlanden hat die *Oikos Stiftung* von 2004 bis 2009 mehrere ähnliche Untersuchungen in Auftrag gegeben. Einige Ergebnisse sind in der folgenden Tabelle zusammengefasst.

Jahr	Organisationen	Einsatzstunden	Wert (in Euro)
2004	18 protestantische Gemeinden in Utrecht	408.000	8.900.000
2006	110 Migrationskirchen in Den Haag	1.100.000	18.000.000
2009	16 niederländische Moscheen	270.000	5.200.000

Tabelle 20.2: Der von Religionsgemeinschaften in den Niederlanden erbrachte soziale Nutzen (nach Boender 2015:335).

Das *Nijmegen Institute for Mission Studies* der Radboud Universität in Nimwegen veröffentlichte 2008 eine Studie über den sozialen Nutzen der Kirchen Rotterdams (Guerra, Glashouwer & Kregting 2008). Das Ergebnis wird so zusammengefasst: „Der Einsatz der Kirchen Rotterdams erspart der Gesellschaft jährlich zwischen 110 und 133 Millionen Euro, im Durchschnitt pro Gemeinde 442.000 Euro. Der größte Teil dieses Betrages (68 Prozent) entfällt auf Tätigkeiten im Bereich der psychosozialen Fürsorge und Hilfeleistung [...] Der soziale Nutzen wird zum größten Teil (86 Prozent) durch kirchliche Freiwillige generiert. Für Migrationskirchen ist der ermittelte soziale Nutzen ähnlich hoch wie für einheimische Kirchen“ (ebd. S. 7).

Solche Zahlen erfassen nur Aktivitäten, die „offiziell“ unter dem Label der Gemeinde laufen, nicht das sonstige Verhalten und Engagement ihrer Mitglieder. Dieser verdeckte Wert christlicher Gemeinden ist nicht zu unterschätzen. Die Studie „Faithful Citizens“ (Birdwell & Littler 2012) des *Demos Think-Tanks* hat für England und acht westeuropäische Länder – darunter Westdeutschland[218] – Folgendes herausgefunden:

- In Großbritannien sind Leute, die einer religiösen Gemeinschaft[219] angehören, häufiger in ihrer Kommune als Freiwillige aktiv, fühlen sich ihrer Kommune stärker verbunden und haben eher den Eindruck, sie könnten lokale Entscheidungen beeinflussen. Sie beteiligen sich öfter an kommunalen Gremien und übernehmen mehr Ehrenämter. Diejenigen, die angaben, ihr Glaube sei für ihre Identität sehr wichtig, sind engagierter als die, für die der Glaube weniger wichtig ist (ebd. S. 16).
- In den acht westeuropäischen Ländern sind Mitglieder religiöser Organisationen häufiger in politischen Parteien aktiv und beteiligen sich mehr an kommunalen Aktivitäten. Sie engagieren sich stärker für Entwicklung und Menschenrechte, im Umweltschutz, für Gleichberechtigung und in der Jugendarbeit (ebd. S. 17).

Gemeinden sind eine positive Kraft im kommunalen Leben. Sie schaffen sowohl quantifizierbare als auch ideelle und nicht messbare Werte, die ihren Orten zugutekommen.

20.3 Im Rathaus willkommen

Viele Gemeinden haben noch nicht entdeckt, wie willkommen sie im Rathaus als Partner für das Gemeinwohl sind oder werden können. Diese Möglichkeit bietet die bereits erwähnte Veränderung der Stadtpolitik: hin zu mehr kooperativen Beziehungen mit nicht-öffentlichen Akteuren. Sie hängt aber auch vom Verhalten der Gemeinden ab. Wer sich mit einer dienenden Haltung ins kommunale Leben einbringt, läuft entweder offene Türen ein oder überwindet anfängliche Skepsis, sodass Türen sich mit der Zeit öffnen. Zwei Beispiele zeigen das.

218 Um eine Vergleichbarkeit der Ergebnisse zu sichern, wurden nur Länder ausgewählt, die eine ähnliche gesellschaftliche Geschichte hinter sich haben (Westeuropa ohne Skandinavien). Die neuen Bundesländer wurden deshalb nicht berücksichtigt.
219 In den meisten Fällen handelt es sich um christliche Gemeinden. Andere Religionsgemeinschaften wurden jedoch auch erfasst.

Abbildung 20.2: Ein Haus, das der urbane Missionar von innen kennen sollte

20.3.1 Das Go20Nord in Hildesheim

Maren und Karsten Weniger leben in der Hildesheimer Nordstadt. Den Charakter dieses multiethnischen Stadtteils beschreiben sie so: Dort „wohnt man nicht, wenn man nicht muss" (Weniger & Weniger 2013:91). Mit ihren Mitarbeitern haben die Wenigers sich den Kindern und Jugendlichen zugewandt. Sie eröffneten ein Jugendcafé, kooperierten mit Schulen, gründeten das Go20Nord, einen Kinder- und Teenietreff, und übernahmen das städtische Spielmobil. Ihr Ziel ist, dass die Kinder, die unter schwierigen Bedingungen aufwachsen, „Ermutigung, Wertschätzung, Anerkennung, Unterstützung und eine Zukunftsperspektive" (ebd.) bekommen. Durch ihren Einsatz haben sie sich die Anerkennung anderer kommunaler Akteure erworben.

> Ein Schulleiter, der erst skeptisch gegenüber Christen war, meinte: „Ihr seid Christen, die nicht nur reden, sondern auch handeln!" Vielleicht könnte ich das für den Stadtteil so formulieren: Wir werden wahrgenommen als Menschen, die helfen, die sich um Kinder kümmern, die sich engagieren. Immer mehr Leute grüßen uns auf der Straße, Kinder rufen, lächeln. Wir verschwinden nach Feierabend nicht einfach in unsere schöne Wohnung in einem anderen Stadtteil, sondern sind greifbar, gehören irgendwie dazu [...]
>
> Gegenüber der städtischen kommunalen Jugendarbeit haben wir uns in den letzten elf Jahren etabliert. Es finden vielleicht nicht alle gut, was wir machen, aber eine

> zuvor fast mitleidig belächelte kleine christliche Jugendarbeit wird inzwischen ernst genommen. Wir müssen uns nicht verstecken, denn wir haben etwas zu sagen! Damit man uns aber zuhört, ist Vertrauen notwendig – nicht nur im Stadtteil, sondern auch in der Kommunalpolitik. Man muss kein Parteibuch ergreifen, aber kann durch seine bloße Anwesenheit in kommunalen Ausschüssen Interesse signalisieren. Wir machen das nicht, um uns einzuschleimen, sondern aus der ehrlichen logischen Überlegung: Wenn wir uns für die Kinder interessieren, sollten wir auch denjenigen Interesse zeigen, die über Kinder in dieser Stadt entscheiden. (ebd. S. 93)

20.3.2 Connection Bergneustadt

Als Christen in Bergneustadt eine freikirchliche Gemeinde gründen wollten, wurde ihnen klar, dass die Existenzberechtigung dieser neuen Gemeinde der Dienst an der Stadt war. „Die Gruppe wandte sich an die Verantwortlichen der Stadt mit der Frage: ‚Was können wir tun?' Die prompte Antwort war folgende: ‚Es wäre schön, wenn sich jemand um die Jugend, die auf der Straße rumhängt, kümmern würde'" (Beck 2013:173). Aus diesem kommunalen Wunsch erwuchs der Connection Bergneustadt e. V. Viktor Beck gibt eine wichtige Empfehlung weiter, nämlich

> das Anstreben einer engen Zusammenarbeit mit Behörden und Verantwortlichen der Stadt. Wer darauf verzichtet, der bekommt bald die Quittung, die in der Regel so aussieht, dass einem an den Stellen, an denen man Hilfe braucht, diese verwehrt wird. Andersherum machen wir die Erfahrung, dass uns die Verantwortlichen der Stadt Tür und Tor öffnen, Empfehlungen ausschreiben und sich aktiv für unseren Verein einsetzen, weil wir sie von vornherein aktiv mit ins Boot geholt haben. (ebd. S. 177-178)

Kooperative Beziehungen mit dem Rathaus, die in beiderseitigem Interesse liegen und dem Wohl der Stadt dienen, sind möglich. Wichtig ist, dass wir den Kontakt suchen und dass wir mit einer dienenden Haltung kommen. Viele Rathäuser bekommen engagierte Christen nur dann zu Gesicht, wenn diese eine Genehmigung brauchen oder finanzielle Förderung suchen. Aber Leuten, die etwas von ihnen wollen, begegnen die Verantwortlichen der Stadt auch sonst schon genug. Christen, die ihnen mit Interesse und Wertschätzung begegnen und kommen, weil sie einen uneigennützigen Beitrag für das kommunale Wohl leisten wollen, treffen sie nicht so oft.

20.4 Investitionen lohnen sich

Als Christen haben wir wichtiges Kapital für die Kommune: Wertschätzung, Uneigennützigkeit, Dienstbereitschaft. Wir sind nicht die einzigen, die es haben, aber bei uns ist es gut vertreten, wie wir in Abschnitt 20.2 gesehen haben. Dieses Kapital will investiert werden.

Als Jörg Gerasch zu uns in die Josuagemeinde kam und mein Co-Pastor wurde, übernahm er die Vertretung unserer Gemeinde in der Stadtteilkonferenz, in der sich fast alle Einrichtungen für Kinder, Jugendliche und Familien treffen. Eines Tages kam er von einer Sitzung und erzählte mir, dass er sich zum Sprecher der Konferenz hatte wählen lassen. Ich wusste damals noch nicht, was ich heute weiß, und dachte: „Hast du nicht genug zu tun?" Das behielt ich allerdings für mich, weil ich Leute nicht in dem bremsen möchte, was ihnen wichtig ist. Inzwischen weiß ich, dass Jörg damals eine Entscheidung mit nachhaltigen positiven Auswirkungen getroffen hat.

Einige Jahre lang investierte er: Er nahm sich Zeit für trockene Sitzungen und für Kontakte und Beziehungen. Solche Phasen – es können einige Jahre sein – sind nach dem Prinzip von Saat und Ernte nicht gering zu schätzen. Nach der Zeit der Investition kommt die Zeit der Frucht. Ursache und Wirkung lassen sich nicht immer aufschlüsseln – das haben wir bereits gelernt. Aber ich bin überzeugt, dass viele der folgenden Entwicklungen vorbereitet wurden, als wir in Frühgebeten um unser Rathaus gingen und segnend für die Verantwortlichen beteten und als Jörg die Interessen anderer kommunaler Akteure vertrat.

Einen Qualitätssprung machte unsere Beziehung zur Politik, nachdem wir unseren endgültigen Standort gefunden hatten: eine ehemalige Fabrik am Rand der Spandauer Neustadt, einem benachteiligten Quartier. Wir starteten einen Kids Club für die Kinder der Nachbarschaft und erreichten Kinder mit und ohne Migrationshintergrund. Ein Politiker aus unserem Stadtteil hörte davon und wollte sich die Sache anschauen. Zufälligerweise tauchte er in Jörgs Büro auf, als gerade auf dem Hof Fotos vom Kids Club gemacht wurden. Er schaute aus dem Fenster und stellte fest, dass wir tatsächlich die in unserem Stadtteil vorhandene Mischung von Kindern erreichten. Von da an öffneten sich viele neue Türen. Als die Initiative Stark ohne Gewalt gegründet wurde (→ Kap. 6.4), waren wir von Anfang an im Boot und Jörg war einige Jahre lang Vorsitzender des Vereins. Weitere Kontakte und Kooperationsmöglichkeiten entstanden. Dabei spielte auch eine Rolle, dass wir unser Haus gern für kommunale Belange zur Verfügung stellen.

Heute sind wir im Bezirk anerkannt und respektiert. Und wir können immer wieder gemeinsame Zeichen setzen. Manchmal geht es dabei um aktuelle Herausforderungen. Demnächst wird bei uns im Haus eine Veranstaltung „Verantwortungsvolle Flüchtlingspolitik" stattfinden:

> Zu einer Informations- und Diskussionsveranstaltung mit Sozialsenator Mario Czaja (CDU) lädt die Spandauer SPD am 31. August um 18 Uhr in die Josua Gemeinde an der Bismarckstraße 20 ein. Thema wird die Situation der derzeit rund 1900 Flüchtlinge sein, die in fünf Gemeinschaftsunterkünften in der Havelstadt leben. Da die aktuelle Flüchtlingszahl nötig macht, dass in Berlin weitere Einrichtungen zur Unterbringung gesucht werden müssen, erwartet die SPD von Senator Czaja, dass er zu den Fragen der Anwohner Stellung nehmen wird. (Uhde 2015)

Die Verantwortlichen haben bei uns angefragt, ob sie die Veranstaltung bei uns durchführen können, weil wir in ihren Augen besonders das verkörpern, worum es ihnen geht. Der Kreisvorsitzende der SPD kam persönlich in unseren Gottesdienst, um dies unserer Gemeinde auf eine wertschätzende Art mitzuteilen. Bei anderen Gelegenheiten geht es nicht um Herausforderungen, sondern um eine Haltung, die in einer für ihre Begabung zum Meckern bekannten Stadt wie Berlin wichtig ist: Dankbarkeit. Unter der Überschrift „Silvester mal ganz anders – Jahresrückblick in Dankbarkeit" lud das Spandauer Rathaus in einer Pressemitteilung vom 29.11.2012 zu einem Silvester-Event auf dem Marktplatz ein[220]:

> Zum ersten Mal gestalten Spandauer Christen eine Jahresabschlussfeier an Silvester. Am Montag, den 31.12.2012, 18:00 Uhr, treffen sich alle interessierten Spandauerinnen und Spandauer auf dem Spandauer Marktplatz. Zwischen Breite Straße und Carl-Schurz-Straße werden verschiedene Persönlichkeiten Spandaus davon sprechen, worüber sie im vergangenen Jahr dankbar waren.
>
> Bezirksbürgermeister Kleebank hierzu: „Ich freue mich, dass die bereits zum Anfang des Jahres entstandene Idee einer Jahresabschlussveranstaltung für alle Spandauer Bürgerinnen und Bürger nun auch von den christlichen Gemeinden realisiert wird."
>
> Der Bezirksbürgermeister, Helmut Kleebank, wird ein Grußwort sprechen, ebenso Pfarrer Mücke von der Katholischen Kirche, Pfarrer Mathias Wohlfahrt von der evangelischen Luthergemeinde, ein Vertreter der Polizei und andere. Neben Liedvorträgen und gemeinsamen Singen wird es eine kurze Andacht von Pastor Jörg Gerasch von der Josua Gemeinde geben.
>
> Nach Ende des Programms sind alle eingeladen, auf dem Marktplatz bei warmen Getränken und Selbstgebackenem noch zusammen zu bleiben und sich auszutauschen oder gleich zur Silvesterparty zu gehen. (Bezirksamt Spandau von Berlin 2012)

Wer gemeinsam das Beste des Bezirks sucht, kann auch gemeinsam danken.

220 Auch in den folgenden Jahren wurde eine solche Feier mit unterschiedlichen Schwerpunkten durchgeführt.

MODELLE UND BEISPIELE

Saltbox und *Cross Rhythms*

Die Ergebnisse des *Faith Action Audits* in Stoke-on-Trent habe ich bereits mitgeteilt (→ Kap. 20.2). Die Vorgeschichte und die Auswirkungen dieser Studie sind ebenso bemerkenswert. Ich war im September 2014 in Stoke und habe mich vor Ort erkundigt.[221]

Wie viele andere Städte gehört Stoke zu den Verlierern der postindustriellen Stadtentwicklung. Früher war die Stadt bekannt für ihre Töpfereien, doch mit dem Niedergang der britischen Keramikindustrie gingen viele dieser Arbeitsplätze verloren, soziale Probleme nahmen zu. In einer nationalen Studie des *Experian Institute* wurde Stoke im Jahr 2001 die geringste Lebensqualität von 376 Städten in England und Wales bescheinigt. Dieser Schock war für die Christen in Stoke heilsam. Sie fingen an, für ihre Stadt zu beten wie nie zuvor. Zu einem ersten Gebetstreffen kamen 200 Leute, die Zahl stieg bald auf 600 an. Die Treffen wurden bis 2008 als stadtweite Gebetsveranstaltungen fortgesetzt. Außerdem fingen Gemeinden an, soziale Dienste aufzubauen.

Eine führende Rolle spielte dabei Saltbox, ein schönes Beispiel für eine Unterstützer-Organisation (→ Kap. 31). „Saltbox ist ein christliches Zentrum, das die Arbeit der Kirchen unterstützt, ermutigt und fördert", heißt es auf der Webseite (www.saltbox.org.uk). Gleichzeitig ist Saltbox eine Stimme der *Faith Communities* gegenüber der Stadt und fördert zivilgesellschaftliche Zusammenarbeit.

Die Anfänge von Saltbox waren bescheiden: 1983 wurde die Organisation gegründet, Lloyd Cooke wurde 1988 der erste Angestellte. In den ersten Jahren lag der Schwerpunkt darauf, bei den Christen in Stoke ein Bewusstsein für ihre Stadt zu schaffen. Die Leute in Stoke waren sehr parochial geprägt, hatten nur einen Blick für ihr eigenes Umfeld, nicht für die Stadt. Das hat sich inzwischen geändert. Auch die Arbeit von Saltbox hat sich weiterentwickelt. Heute hat die Organisation 30 Angestellte. Sie ist unter anderem Träger eines großen Wohnprojekts für 90 ehemalige Strafgefangene, kümmert sich um Senioren, berät Schuldner und organisiert stadtweite christliche Veranstaltungen. Und sie hat Einfluss in der Stadt.

Saltbox initiierte das *Faith Action Audit*. Es hatte eine doppelte Auswirkung: Die Stadt war überrascht und die Christen der Stadt waren überrascht. Das Selbstbewusstsein

221 Die folgenden Informationen stammen aus Gesprächen mit Lloyd Cooke, Danny Flinn und Jon Bellamy.

der Gemeinden wurde gestärkt. Die Stadt begriff, dass sie die *Faith Communities* ernst nehmen musste. Sie begann, Christen als Berater heranzuziehen, denn „ihr seid dichter dran an vielen Bereichen, mit denen wir uns beschäftigen". Saltbox berät die Stadtverwaltung, die Polizei, das Gesundheitswesen und den Bildungssektor. Weil diese Bereiche ihre eigene Sprache sprechen, „übersetzt" Saltbox zwischen ihnen und den Christen.

Lloyd Cooke sieht sich heute nicht mehr als christlichen Leiter, sondern als Leiter in der Zivilgesellschaft, von der die christlichen Gemeinden ein Teil sind. Früher verbrachte er 90 Prozent seiner Arbeitszeit mit Christen, heute verbringt er 80 Prozent mit Nichtchristen. Lloyd und Danny Flinn vom örtlichen CVJM leiten kommunale Versammlungen und haben Einfluss auf die Tagesordnung.

Auf der Liste englischer Städte steht Stoke heute nicht mehr ganz unten. Christen haben durch ihre Einheit, ihr Gebet, soziale Dienste und einen neuen Fokus auf die Stadt dazu beigetragen.

Ein weiteres Beispiel für den Einfluss von Christen ist *Cross Rhythms*, eine christliche Radiostation, die ebenfalls eine transformatorische Kraft in Stoke geworden ist. Auch hier waren die Anfänge bescheiden. Ein ehemaliger Nachtclubbesitzer kam 1983 zum Glauben. Er traf einen charismatischen katholischen Bischof, der über ihm die Prophetie aussprach, er werde viele Menschen durch die Medien erreichen. Von Geld, das er zur Hochzeit geschenkt bekam, kaufte er zwei Mischpulte und fing mit 25 Vinyl-Schallplatten aus der Jesus-People-Bewegung an. Einer örtlichen kommerziellen Radiostation gefielen die halbstündigen Programme, die er produzierte, und so gingen sie auf Sendung.

Christliche Gemeinden erkannten nicht, was da heranwuchs. Viele von ihnen beschäftigten sich noch mit der Frage, ob christliche Rockmusik legitim sei, während aus den kleinen Anfängen der meistgehörte lokale Sender *Cross Rhythms* mit einem 24-stündigen Programm wurde, der gleichzeitig eine stadtbezogene Philosophie entwickelte, die mir der heutige Leiter Jon Bellamy so erklärte: Die meisten christlichen Radiosender produzieren ihre Sendungen für die Leute, von denen sie finanziert werden, also für die Christen. *Cross Rhythms* produziert seine Sendungen für die Stadt. Die meisten Leute hören Radio beim Frühstück, im Auto und bei alltäglichen Verrichtungen, aber nicht mehr am Abend. Also sendet *Cross Rhythms* seine spirituellen Programme für Christen abends, wenn der Rest der Stadt das Radio ausgeschaltet hat. Tagsüber geht es um Themen, die alle betreffen. Kommunale Akteure sollen eine Stimme bekommen, Lokalpolitiker, Polizisten, Theaterleute und andere Bürger von Stoke werden interviewt. Auf diese Weise entstehen viele gute Beziehungen. Dazwischen wird zeitgenössische Musik von Christen gespielt (keine Anbetungsmusik, die gehört in das Abendprogramm).

Die Werte und Ziele von *Cross Rhythms* lassen sich in den beiden Begriffen Dienst und Einfluss zusammenfassen. Zum Dienst gehört zum Beispiel, dass benachteiligte Jugendliche die Möglichkeit zu einem Praktikum in der Radiostation bekommen. Mir hat gefallen, wie Jon ihre Haltung beschrieb: „Wenn solch ein Jugendlicher bei uns ist, ist er die *eine* Person, die gerade wichtig ist." Ein weiteres Beispiel für die dienende Haltung ist, dass der Sender Werbezeit an örtliche Einrichtungen verschenkt. Eine Frau hatte ein kleines Theater gegründet, das um seine Existenz kämpfte. Jon ging zu ihr und bot ihr an, das nächste Programm kostenlos zu bewerben. Es wurde das erfolgreichste Programm, das das Theater bis dahin aufgeführt hatte.

In Bezug auf den Einfluss hält Jon sich an eine Aussage aus der Bibel: „Geschenke schaffen dem Geber Raum und geleiten ihn vor die Großen" (Spr. 18,16). Weil er Leuten aus der Stadt Gehör verschafft, laden diese ihn ein. In der Innenstadt, in der die Radiostation ihren Standort hat, gibt es eine *City Center*-Partnerschaft, in der sich die wichtigsten Akteure wie Einkaufszentren, Zeitungen und Verwaltung zusammengeschlossen haben. Jon wurde eingeladen und leitet inzwischen die *Cultural Quarter*-Gruppe, die sich vor allem mit der kulturellen Stadtentwicklung befasst.

Lloyd Cooke, Danny Flinn und Jon Bellamy haben mir gezeigt, wie Christen durch ihren Dienst zu einflussreichen kommunalen Leitern werden. Ähnliches ist mir in Liverpool und Manchester begegnet. Wir können von ihnen lernen: Unsere Bezugsgröße sind nicht nur die anderen Christen der Stadt, auch nicht nur unsere gesellschaftsrelevanten christlichen Aktivitäten. Unsere Bezugsgröße ist die Stadt selbst. Wie viel unserer Zeit verbringen wir mit Christen oder in den eigenen Diensten, wie viel mit anderen kommunalen Akteuren? Wie viel Unterstützung geben wir Christen, die sich engagieren, wie viel anderen kommunalen Akteuren? Das ist nicht egal.

FAZIT

- Die Kommune bietet aufgrund ihrer (überschaubaren) Größe und ihrer Beteiligungsmöglichkeiten einen geeigneten Raum für Christen, die sich gesellschaftstransformatorisch engagieren wollen.
- Auch wenn viele Gemeinden es noch nicht entdeckt haben, sind sie im Rathaus als Partner für das Gemeinwohl sehr willkommen oder können zumindest durch eine dienende Haltung dazu beitragen, dass sich Türen öffnen.
    - Gemeinden sind bereits eine positive Kraft im kommunalen Leben.

Sie schaffen sowohl quantifizierbare als auch ideelle und nicht messbare Werte.

- Mit dem Wandel zur postmodernen Stadt hat sich auch die kommunale Politik gewandelt: Statt auf zentrale Steuerung setzen Politik und Verwaltung heute auf kooperative Zusammenarbeit zwischen öffentlichen und nicht-öffentlichen Akteuren, zu denen auch wir gehören.

- Wenn wir den Kontakt zu Verantwortlichen der Stadt suchen, ihnen mit Interesse und Wertschätzung begegnen und dabei eine dienende Haltung haben, werden unsere Investitionen sich lohnen.
- Unsere Bezugsgröße sind nicht nur die Christen der Stadt oder gesellschaftsrelevante christliche Aktivitäten, sondern die Stadt selbst. Es lohnt sich, ausreichend Zeit mit kommunalen Akteuren außerhalb der „christlichen Szene“ zu verbringen.

- Was wissen Sie über den Aufbau der Verwaltung in Ihrer Stadt? Wer sitzt im Rathaus? Welche Ressorts, Gremien, Beiräte etc. gibt es? Wer sind die zuständigen Ansprechpartner für die Bereiche, in denen Sie sich als Gemeinde / Initiative engagieren?
- Welche Mitwirkungsmöglichkeiten für Bürger gibt es in Ihrer Kommune (z. B. Beiräte, Vertretungen, Konferenzen, Plena, Ideenwerkstätten, gesetzlich vorgeschriebene Beteiligungsverfahren bei Bauvorhaben, öffentliche Sitzungen politischer Gremien ...). Für welche Gremien muss man sich wählen lassen oder bewerben, an welchen Treffen kann jeder Interessierte einfach teilnehmen?
- Wie viel Ihrer Zeit verbringen Sie und die anderen Mitglieder Ihrer Gemeinde / Initiative mit Christen, wie viel mit anderen kommunalen Akteuren?

- Jörg Bogumil und Lars Holtkamp: Kommunalpolitik und Kommunalverwaltung. Eine praxisorientierte Einführung (Bogumil und Holtkamp 2013). *Zwei renommierte Verwaltungswissenschaftler erklären die deutschen Rathäuser.*
- Roger Sutton: Connecting with your Local Authority (Sutton 2014). *Ein kurzer, lesenswerter Text über den angemessenen Zugang zum Rathaus. Der Autor war früher Pastor in einem der reichsten englischen Wohngebiete und zog danach in ein Armutsquartier in Manchester. Roger leitet heute eine christliche Stadtbewegung in England, ist aber gleichzeitig zivilgesellschaftlicher Leiter (unter anderem in zwei kommunalen Gremien in Trafford/Manchester).*

Herkömmliche Gemeinden passen nicht zu jeder Art städtischer Biografie. Ich stelle verschiedene Biografien und passende Gemeindetypen vor.

21. Neuartige Gemeinden braucht die Stadt

Städtische Biografien und Kirche im Wandel

> Zuletzt war ich in Indien [...] jetzt war ich am letzten Donnerstag in Hamburg für eine Premierenfeier, war Freitag- bis Sonntagabend in Ungarn, weil mir jemand sehr empfohlen wurde [...] Da war ich dann drei Tage, jetzt bin ich wieder da, und jetzt kommen alle größeren Reisen nach Montreal zu den Festivals, dann für acht Tage nach Brüssel zu der Frie Leysen, die so eine persönliche Partnerin für mich ist [...] Dann sind da immer wieder Riga oder Warschau oder solche Sachen. Die wichtigsten Gesprächspartner, die ich in Neu Delhi treffen wollte, waren zu der Zeit gerade in Brüssel, und die treffe ich jetzt wahrscheinlich zwischen dem 11. und 14. Mai in Berlin. Die eigentlich spannenden Leute aus Neu Delhi – das meine ich mit diesem Über-Netzwerk – trifft man dann hauptsächlich in Europa. (Nippe 2006:79)

So beschreibt ein Berliner Theaterregisseur seinen Berufsalltag. Seine Großeltern haben mit Sicherheit ein sesshafteres Leben geführt. In zwei Generationen haben sich die Lebensführung und die Biografie vieler Städter radikal verändert, aber die Kirche ist in vieler Hinsicht geblieben, wie sie war. Die Struktur ihres Gemeindelebens entspricht Lebensläufen, die nur noch bei einem Teil derer zu finden sind, für die sie da sein will. Wir brauchen nach wie vor herkömmliche Gemeinden, denn für viele Einwohner der Stadt sind sie weiterhin das, was ihren Bedürfnissen entspricht. Wir brauchen daneben aber gleichzeitig eine radikale Veränderung von Praxis und Theorie des Gemeindelebens. Darum geht es in diesem Kapitel.

21.1 Städtische Biografien

21.1.1 Die traditionelle Biografie

Paul[222] lebt in einer württembergischen Kleinstadt. Seit seiner Geburt wohnt er im Haus seiner Eltern, das er später erben und in dem er alt werden wird. Zum Arbeitsplatz geht er zu Fuß. Dort hat er seinen Handwerksberuf erlernt, dort wird er bis zur Rente tätig sein. Seine Freundin, die er schon von der Schule kennt, wohnt zwei Straßen weiter, bis die beiden heiraten und sie zu ihm zieht. In seiner Freizeit trifft Paul sich mit Freunden im Schützenverein oder in seinem Stammlokal. Am Sonntag sieht er die meisten von ihnen in der Kirche wieder.

Früher waren solche Biografien der Normalfall. Die meisten Menschen lebten in Dörfern und Kleinstädten, in die sie vollständig eingebunden waren und in denen sie ihr ganzes Leben verbrachten. „Die gesellschaftliche Norm dieser Gesellschaftsformation stellten [...] territorial sesshafte und sozial geschlossene Gemeinden dar" (Manderscheid 2007:55). Der politischen entsprach die kirchliche Gemeinde. Sie war im buchstäblichen Sinn eine *Orts*gemeinde und bildete eine ebenfalls „territorial sesshafte" und „sozial geschlossene" Größe.

In Resten und in abgeschwächten Formen hat sich die traditionelle Biografie bis heute erhalten. Selbst wenn Leute gelegentlich aus beruflichen oder familiären Gründen ihren Wohnort wechseln, bleiben sie doch viele Jahre in einer Stadt oder in einem Stadtteil. Dort konzentriert sich ihr Alltagsleben und wenn sie Christen sind, sind sie für lange Zeit in eine örtliche Gemeinde integriert.

21.1.2 Die moderne Biografie

Nina ist in Nordrhein-Westfalen aufgewachsen. Im Anschluss an ihre Ausbildung zieht sie wegen einer Arbeitsstelle nach Darmstadt. Dort lernt sie ihren Freund kennen, der an der Uni studiert. Nach seinem Abschluss heiraten die beiden. Als das zweite Kind unterwegs ist, suchen sie nach einem Eigenheim und finden in Flörsheim am Main ein passendes Einfamilienhaus. Wie lange sie dort bleiben werden, lässt sich noch nicht sagen, aber für diese Lebensphase ist es das Richtige. (Ninas Mann stellt sich allerdings schon vor, dass sie ihren Lebensabend in seiner Heimat im Allgäu verbringen.) Durch die Kinder haben sie im neuen Wohnort bald Kontakt zu anderen jungen Familien. Doch ein großer Teil ihres Alltagslebens verteilt sich über mehrere Städte. Ninas Mann hat eine gute Arbeit in Frankfurt, Nina findet eine Halbtagsstelle im benachbarten Rüsselsheim. Für Großeinkäufe fahren sie am liebsten ins Main-Taunus-Zentrum nach Sulzbach, zum Baden mit den Kindern in die Rhein-Main-Therme nach Hofheim. Und am Sonntag besuchen sie weiterhin ihre

222 Die Namen und Beschreibungen der vier Modellbiografien sind erfunden, entsprechen aber realen Lebensläufen.

freikirchliche Gemeinde in Darmstadt. Mit ihrem Audi brauchen sie dorthin eine halbe Stunde, das ist machbar.

Solche individuellen – durch die allgemeine Verbreitung des PKW möglichen – biografischen Abläufe summieren sich für die betroffenen Städte und christlichen Gemeinden zu spürbaren Effekten. Für die Stadt heißt das, dass die

> Bindung der Bürger an ihre Stadt schwindet: Solange Stadt die Einheit des Alltags ihrer Bürger darstellte, d. h. solange der Bürger in der Stadt, in der er wohnte, auch seine Arbeit hatte, sich versorgte, das Theater besuchte, seine Kinder zur Schule schickte und die Verkehrsmittel nutzte, solange existierte eine Stadtbürgerschaft [...] Heute ist der Alltag vieler Bürger regional organisiert, arbeitsteilig über verschiedene Gemeinden hinweg: man wohnt in A, arbeitet in B, kauft ein in C und fährt durch D mit dem Auto hindurch. Die Kommunen sehen sich nicht mehr Stadtbürgern sondern Kundengruppen gegenüber, die spezialisierte Erwartungen kompromisslos erfüllt haben wollen: von A ein durch Nichts gestörtes Wohnen, von B einen leicht erreichbaren, expandierenden Arbeitsmarkt, von C ein Einkaufszentrum mit vielen Parkplätzen und von D eine kreuzungsfreie Schnellstraße. (Siebel 2012:205-206)

Wenn umgekehrt viele Einwohner von D täglich durch A fahren und sich deshalb auch dort eine schnelle Durchfahrtstraße wünschen, schließen Bewohner von A sich zu einer Bürgerinitiative zusammen, um diese zu verhindern.

Eine Form von Kirche, die dieser modernen Biografie entspricht, ist die Freikirche. Viele freikirchliche Gemeinden sind in den letzten Jahrzehnten von einer Orts- zu einer Reisegemeinde geworden. Die Leute fühlen sich mit ihr verbunden, viele nehmen deshalb einen großen zeitlichen Einsatz auf sich. Sie fahren nicht nur zum Gottesdienst, sondern auch zu anderen Veranstaltungen und bringen ihre Kinder und Teenager zu den jeweiligen Programmen.

Aber wie die Bürger verliert auch die Gemeinde ihre Bindung an die Stadt. Wenn sie die urbane Mission entdeckt, stellt sie das vor Herausforderungen. Wie sollen ihre Leute sich in einer Stadt engagieren, die sie nur als geistliche Pendler für bestimmte Events aufsuchen, mit der sie aber im Alltag nichts (mehr) zu tun haben? Wenn ein guter Stamm der Gemeinde vor Ort wohnen geblieben ist, lässt sich etwas ausrichten. Sonst gibt es vier Alternativen: (1) Die Gemeinde sucht sich dort einen neuen Standort, wo sich möglichst viele ihrer Mitglieder konzentrieren. (2) Für die urbane Mission schließen sich Mitglieder mit gemeinsamem Wohnort zusammen, um da, wo sie leben, aktiv zu werden – mit der eventuellen Perspektive, eine Tochtergemeinde zu gründen. (3) Die Gemeinde wählt für ihre urbane Mission einen kategorialen Ansatz[223] und wen-

223 Damit ist gemeint, dass sie nicht ein (geografisches) Zielgebiet, sondern eine oder mehrere Zielgruppen hat.

det sich Formen des Dienstes zu, für die man keine lokale Verwurzelung, sondern nur ein Herz für bestimmte Menschen braucht. Dann fahren die Leute zu den Aktivitäten ihrer Dienstgruppe, wie sie jetzt zu den gemeindlichen Angeboten fahren. (4) Die Gemeinde erkennt, dass sie nur eingeschränkt ein „Senfkornbaum des Reiches Gottes" werden wird, wie ich ihn im letzten Kapitel beschrieben habe. Dafür setzt sie umso stärker auf die „Sauerteigwirkung", die wir ebenfalls dort kennengelernt haben. Sie leitet ihre Leute zu einem inkarnatorischen Lebensstil (→ Kap. 23) an und gibt sie frei, sich weniger in der Zentralgemeinde und mehr in ihrem örtlichen Umfeld zu engagieren.[224]

21.1.3 Die postmoderne Biografie

Henrik ist in seinem Leben schon oft umgezogen. Ein richtiges Heimatgefühl hat er nirgends entwickelt. Zurzeit wohnt er in Berlin-Friedrichshain. Er ist in der Kulturbranche tätig und wenn er gerade in der Stadt ist, arbeitet er meistens im Bezirk Mitte. Seine Partnerin hat eine Stelle an der Uni in Hamburg. Beide führen eine Fernbeziehung und versuchen, sich alle zwei Wochen zu treffen, abwechselnd bei ihr und bei ihm. Henriks Arbeitszeit ist unregelmäßig, außerdem ist er ständig im In- und Ausland unterwegs. Wenn man ihn nach seiner Freizeit und seinen Freunden fragt, nennt er einige Orte in Berlin, wo „man" sich trifft. Darüber hinaus ist er weltweit mit Bekannten und Kollegen über Skype und Internet verbunden. Die wichtigen Events seiner Branche sind immer auch Gelegenheiten, einander in Person zu begegnen. Henrik ist Christ. Gibt es eine Gemeinde, die zu seinem Leben passt wie die traditionelle Gemeinde zur traditionellen Biografie?

Henriks Biografie ist ein Ausdruck davon, dass die Veränderungen der Moderne sich in der Postmoderne noch beschleunigt haben. Zeit und Raum sind „geschrumpft". Was früher eine Tagereise weit entfernt war, erreicht man heute mit dem Auto in weniger als einer halben Stunde. Im 18. Jahrhundert brauchte John Wesley[225] für eine Schiffsreise von England nach Georgia mehr als 15 Wochen (Wesley 1996:31-36), ein Direktflug von London nach Atlanta dauert heute weniger als zehn Stunden. Nachrichten aus Übersee, auf die man früher lange warten musste, erreichen uns heute in Echtzeit. Durch die räumliche „Verdichtung" und die zeitliche Beschleunigung haben sich die Lebensläufe vieler Stadtbewohner radikal verändert.

21.1.3.1 Räumliche Mobilität

Im statistischen Durchschnitt ist der Stadtbewohner ein unstetes Wesen. Er zieht häufig um und hat einen weiten Aktionsradius. Diese Beweglichkeit im Raum nennen wir seine Wohn- bzw. Alltagsmobilität (→ Abb. 21.1).

---

224 Das setzt aber voraus, dass die Motivation zur urbanen Mission mit der Zeit so stark wächst, dass die Gemeinde bereit ist, auf einige mitarbeiterintensive Aktivitäten der zentralen Selbstversorgung zu verzichten.

225 Anglikanischer Pfarrer (1703-1791) und Begründer des Methodismus.

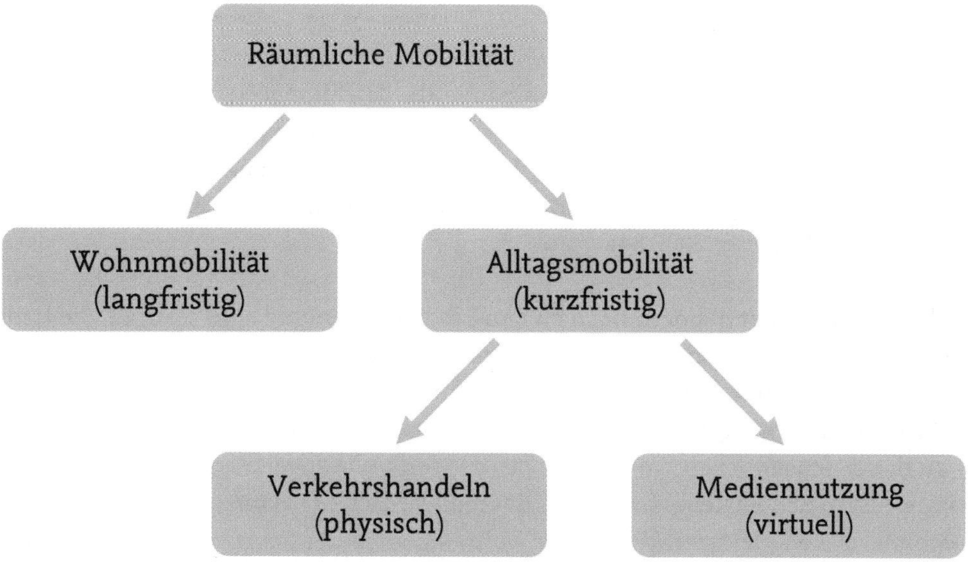

Abbildung 21.1: Formen der räumlichen Mobilität (nach Hammer & Scheiner 2006:19)

Wohnmobilität

In Berlin gab es von 1991 bis 2013 jedes Jahr durchschnittlich 128.000 Zuzüge, 117.000 Fortzüge und 356.000 innerstädtische Wanderungen.[226] Das bedeutet, dass die Zu- und Fortzüge sich jeweils auf mehr als drei Viertel der gesamten Stadtbevölkerung summieren. Natürlich ist der „echte" Austausch der Einwohnerschaft weniger hoch, weil viele die Stadt zuerst verlassen haben und dann zurückgekehrt sind. Dennoch ist die Fluktuation enorm. Darüber hinaus ist im Durchschnitt jeder Berliner 2,4 Mal innerhalb der Stadt umgezogen. Die postmoderne Stadt wird kräftig durchgemischt.

In Berlin ist dieses Phänomen durch die Wiedervereinigung besonders ausgeprägt. Aber viel schwächer ist es in anderen Großstädten auch nicht. Rein statistisch tauscht sich in ihnen die Bevölkerung der Innenstadtquartiere alle sechs Jahre aus (Güleş & Sturm 2014:66). Diese hohe Wohnmobilität verteilt sich allerdings sehr unterschiedlich auf bestimmte Bevölkerungsgruppen.

> Ein hohes Ausmaß an Wohnmobilität besitzen vor allem die beiden „jungen" Lebensstile[227]: die Erlebnisorientierten und die Außerhäuslich-Geselligen [...] Beide sind im Bezugszeitraum (seit 1989) vergleichsweise häufig umgezogen und zeichnen sich durch eine niedrige Wohndauer im Quartier aus. Dies entspricht der Er-

226 Eigene Berechnungen nach Amt für Statistik Berlin-Brandenburg 2007 und Amt für Statistik Berlin-Brandenburg 2014.

227 Zu den einzelnen Lebensstilen siehe die Übersicht im Anhang.

> wartung, dass Personen mit hoher Selbstverwirklichungsorientierung zu hoher Wohnmobilität neigen [...]
>
> Das Gegenstück zu diesen Gruppen bilden die Traditionellen, die sich durch eine hohe Konstanz der räumlichen Lebensbezüge auszeichnen (auch dies entspricht der Erwartung): wenige Umzüge, hohe Wohndauer, kaum Umzugspläne. Wenn im erfragten Zeitraum überhaupt einmal umgezogen wurde, dann häufig innerhalb des Quartiers. (Scheiner 2006:84)

Viele Stadtbewohner gehören noch zu den Traditionellen und sind sesshaft, die traditionelle Gemeinde ist genau „ihr Ding". Umso mobiler sind die von der Postmoderne geprägten, meist jüngeren Einwohnern. Mit ihnen kann die herkömmliche Gemeinde nicht so viel anfangen, denn sie kann nicht auf Dauer mit ihnen rechnen.

Zu dieser sequentiellen Wohnmobilität, bei der Wohnungen nacheinander bezogen werden, ist in den letzten Jahrzehnten das *multilokale Wohnen* hinzugekommen: Stadtbewohner haben gleichzeitig mehrere Wohnungen, in der Regel in unterschiedlichen Städten. Es gibt dafür zwei Gründe, die zusammentreffen können: (1) Die Zahl der befristeten Arbeitsverhältnisse hat zugenommen, deshalb lohnt es sich nicht, am jeweiligen Arbeitsort sesshaft zu werden. Ein seltenes, aber anschauliches Beispiel ist der Bundesligatrainer. So schnell, wie er gefeuert wird, möchte seine Familie nicht wieder umziehen. Also bleibt der Erstwohnsitz der Familie stabil und der Vater sucht sich eine Zweitwohnung in Vereinsnähe. (2) Beide Partner haben Arbeit gefunden, aber in unterschiedlichen Städten. So ist es bei unserem fiktiven Henrik, mit dem dieser Abschnitt begonnen hat.

Die folgende Grafik (→ Abb. 21.2) verschafft einen Überblick über die Formen und Begriffe des multilokalen Wohnens. Danach unterscheiden wir drei Gruppen: (1) Die *Shuttles* sind Personen, die ihren Lebensmittelpunkt und mit ihm ihre Hauptwohnung beibehalten und sich am Arbeitsort eine Zweitwohnung suchen. (2) Bei Paaren mit getrennten Haushalten (*Living Apart Together*; abgekürzt LAT) haben beide Partner ihren eigenen Haushalt, die Beziehung wird durch gegenseitige Besuche geführt. (3) Wenn die Wohnungen, meist berufsbedingt, mehr als 50 Kilometer voneinander entfernt liegen, sprechen wir von einer Fernbeziehung.

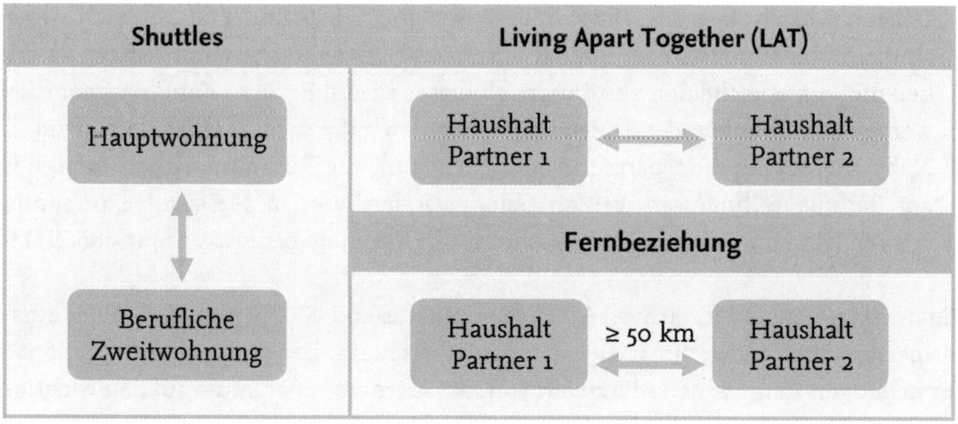

Abbildung 21.2: Multilokales Wohnen (nach Reuschke 2010:24)

Statistisch fallen die Shuttles kaum ins Gewicht: 2004 betrug ihr Anteil an den Erwerbstätigen nur ein Prozent. Wichtiger sind die LATs. Unter den erwachsenen Bundesbürgern wuchs ihr Anteil im Zeitraum 1992 bis 2006 von 8,5 auf 10,9 Prozent (Asendorpf 2008:756). Besonders hoch ist ihr Anteil bei den Jüngeren, nimmt bis zum Alter von ungefähr 40 Jahren ab und stagniert danach. In vielen Fällen ist das Leben in getrennten Haushalten also nur eine vorläufige Beziehungsform, mögliche Gründe für das spätere Zusammenziehen sind die Familiengründung, geänderte berufliche Verhältnisse oder einfach der Wunsch, das Leben intensiver zu teilen. Es gibt jedoch auch eine nennenswerte Gruppe von LATs, die aus Überzeugung getrennte Wohnungen beibehalten (ebd. S. 751).

Mir sind keine Zahlen bekannt, wie hoch unter den LATs der Anteil derjenigen ist, die in einer Fernbeziehung leben, deren Wohnungen also mehr als 50 Kilometer auseinander liegen. Mehrheitlich finden die Besuche, durch die sie ihre Beziehung führen, im 14-tägigen Turnus, im Wechsel und von Freitag bis Sonntag statt (Reuschke 2010:236-240). Mit den Shuttles und LATs kann die herkömmliche Gemeinde noch weniger anfangen, denn sie kann weder auf Dauer noch regelmäßig mit ihnen rechnen.

21.1.3.1.2 Alltagsmobilität

Auch im Alltagsleben sind viele Stadtbewohner hochmobil. Ihre regelmäßigen Aktionsräume sind über die Stadt verstreut und manchmal auch weit darüber hinaus. Auch hier spielt der Beruf eine zentrale Rolle. Viele Jobs sind mit regelmäßiger Reisetätigkeit verbunden – regional, national oder international. Christine Nippe hat in Berlin Leute interviewt, die „in einer Galerie, einem Theater, für eine Kunstmesse, für Theaterensembles oder als freischaffender Künstler tätig“ (Nippe 2005:133) sind und stieß auf eine zunehmende beruflich erzwungene Mobilität.

> Dabei sind sich aber alle einig, dass Reisen im Kunst- und Kulturbereich wichtig sind, um das künstlerische Produkt in seinem Entstehungszusammenhang zu erleben und um entscheiden zu können, ob dieses in den Berliner Kontext „importiert" werden kann. Proben des Theaterstücks werden aufgesucht, Ateliers begangen, die Nähe zur Kooperationspartnerin gesucht, damit die Zusammenarbeit erfolgreich auf Berliner Bühnen, an weißen Galeriewänden oder in Messekojen präsentiert werden kann und auch positive ökonomische Resultate erzielt werden. (ebd. S. 134)

Die meist kurzen und intensiven Arbeitsaufenthalte (ebd. S. 135) dienen darüber hinaus der persönlichen Aufwertung. Auslandsaufenthalte und die Häufigkeit internationaler Ausstellungen steigern den Marktwert von Künstlern und man muss auf den wichtigen Events seiner Kulturszene präsent sein, um gut im Rennen zu liegen (ebd. S. 137). So global ist die Reisetätigkeit nicht immer, einige meiner Freunde und Bekannten, denen ich auf Twitter folge, sitzen „nur" ständig im ICE, im Fernbus oder im Auto, weil sie beruflich unterwegs sind oder Freunde besuchen. Wenn Leute mit hoher Alltagsmobilität Christen sind, hat die herkömmliche Gemeinde kaum etwas von ihnen, denn sie sind „nie da".

Zur Alltagsmobilität gehört auch die Mediennutzung (Internet und andere Kommunikationsmittel). Man bewegt sich zwar nicht körperlich durch die Gegend, aber man nimmt an Veranstaltungen teil, tauscht sich mit Leuten aus und beteiligt sich an Initiativen, die irgendwo anders stattfinden, leben oder durchgeführt werden. Diese Art der Mobilität prägt das Bewusstsein der Leute. Ihre Lebenswelt beschränkt sich nicht auf einen Bereich, der in einer geografischen Zone um ihren Aufenthaltsort herum liegt, sondern ist ein landes- oder weltweit verknüpftes Netz. Ich nenne es ihre Lebenswelt, weil sie sich nicht nur – wie beim Fernsehen – in Echtzeit darüber informieren, sondern teilhaben, mitmachen und in Beziehung stehen.

21.1.3.2 Zeitliche Flexibilität

Die Vereinbarkeit von Lebensgestaltung und herkömmlichem Gemeindeleben wird mit zunehmender räumlicher Mobilität immer schwieriger. Ebenso gravierend ist ein weiterer Umstand: eine tiefgreifende Veränderung der Zeitpraxis in der Postmoderne, die einer „Zeitrevolution" (Bertram 2007:222) gleichkommt. In der traditionellen Gesellschaft war alles einfach: „In Agrargesellschaften orientierte sich der Produktions-, Alltags-, Feiertags- und Familienrhythmus an den Jahreszeiten" (ebd. S. 218). In diese Rhythmen fügte sich das kirchliche Geschehen nahtlos ein. Wenn die Glocken[228] zum Gottesdienst riefen, war das Vieh bereits versorgt und es blieb zwischen dem Amen in der Kirche und dem Essen daheim genug Zeit für den Frühschoppen.

Mit der Industrialisierung veränderten sich die Zeitrhythmen:

228 Öffentliche Uhren gibt es erst seit dem 14. Jahrhundert (Venturi 2007:28).

> Die Industriegesellschaft orientierte sich in ihren Zeitrhythmen im wesentlichen an den Produktionserfordernissen [...] Die Abfolge aus 6 Uhr Frühschicht, 8 Uhr Schulbeginn, Öffnung der Ämter und Kaufhäuser, 13 Uhr Ende der Schule, 14 Uhr Ende der Frühschicht, 16 Uhr Büroschluss, 18 Uhr Ladenschluss war nicht nur ein starres Zeitschema, sondern bedeutete für die Städte einen klaren Rhythmus des städtischen Lebens. (ebd.)

Mit diesem Rhythmus kam die herkömmliche Gemeinde gut klar. Der Sonntag war für die Arbeit tabu, der Gottesdienst weitgehend ohne Konkurrenz. Die meisten Gemeindeglieder konnten auch an den Abendveranstaltungen – zum Beispiel der klassischen Bibelstunde – regelmäßig teilnehmen, weil diese nach Feierabend stattfanden. (Erste „Störfaktoren" im System waren allerdings Leute wie Krankenschwestern, die man aufgrund ihrer 14-tägigen Sonntagsarbeit nicht im Kindergottesdienst einsetzen konnte. Ich erinnere mich an diesbezügliche Klagen.) Ernsthafte Komplikationen entstanden erst durch die Zeittrends der Postmoderne.

21.1.3.2.1 Flexibilisierung

Mit der Flexibilisierung von Arbeitsverhältnissen wurden auch die Arbeitszeiten wechselhafter (Henckel 1998:314; Henckel 2007:120-121). Schon im Jahr 2000 arbeiteten „nur noch 15 Prozent aller Erwerbstätigen in der so genannten Normalarbeitszeit" (Bertram 2007:221). Bei Volkswagen gab es zeitweilig 150 verschiedene Arbeitszeitmodelle, weil die Arbeit an die jeweilige Nachfrage angepasst wurde (Henckel 2007:120-121). Ein Architekt in Wien beschrieb seine Arbeit so:

> Ein normaler Arbeitstag ist, zwischen 9 und 12 Uhr ankommen und zwischen 16 und 21 Uhr wieder gehen. Das Normale am Arbeitstag ist, dass ich davor noch nicht weiß, wie er sein wird. D. h. in der Früh ist noch nicht klar, heut gehe ich dann und dann nachhause. Es kann sein, dass überraschende Sachen dazu kommen. Es ist nicht ganz klar, wie lange ich arbeite, weil es davon abhängt, wie weit ich einen Input habe über ein frisches Thema drüber zu gehen. (Frey 2009:201-202)

Solche Arbeitszeiten führen zu neuen Ansprüchen an das Stadtleben. Auch Öffnungszeiten von öffentlichen und privaten Einrichtungen sollen flexibel sein (Henckel 1998:315). „Weiter soll das Viertel weitgehend den Ansprüchen an eine 24-Stunden-Stadt erfüllen, denn die Arbeit ist selten um 17 oder 18 Uhr zu Ende und ein Hunger kann sich um 3 Uhr morgens einstellen" (Frey 2009:27).

21.1.3.2.2 Ausdehnung

Berufliche Aktivitäten dringen in Zeiten vor, die bisher geschützt waren: Dazu gehören der Abend, die Nacht, das Wochenende und die Feiertage (Henckel 1998:314; Henckel 2007:121). In vielen Fällen betrifft es sogar den Urlaub.

> Trotzdem arbeiten viele Angestellte durchschnittlich rund anderthalb Stunden pro Urlaubstag. Auf das Jahr hochgerechnet, ergeben sich daraus 259 Millionen Stunden, die im Urlaub abgearbeitet werden. Für die Unternehmen lohnt sich der Einsatz ihrer Mitarbeiter: Durch die Extra-Stunden werden den Firmen zusätzlich 5,3 Milliarden Euro pro Jahr in die Kassen gespült. (Freitag 2014)

In der Rangliste der Urlaubsschändungen stehen E-Mails und Telefonate an der Spitze. Nicht ungewöhnlich sind aber auch Geschäftstermine und Fortbildungen im Urlaub. Und wer denkt, dass die Leute Workaholics und selbst schuld sind, sollte berücksichtigen, dass arbeitsbezogene Tätigkeiten im Urlaub am häufigsten von Angestellten der niederen Gehaltsgruppen ausgeführt werden: Von denen, die monatlich weniger als 2500 Euro verdienen, sind es 35 Prozent, unter den Topverdienern (ab 6000 Euro) sind es nur noch sieben Prozent (ebd.). Abhängigkeit ist wohl eher das Motiv.

21.1.3.2.3 Zeitkonflikte

Flexibilisierung und Ausdehnung von zeitlichen Beanspruchungen führen dazu, dass die kollektiven Zeitrhythmen der Stadt sich auflösen. Deshalb müssen immer mehr individuelle Zeitrhythmen miteinander koordiniert werden (Henckel 1998:314-315). Das kann schon innerhalb einer Familie zu Problemen führen. Es belastet auch die Stadt. Weil der öffentliche Nahverkehr die immer differenzierteren Mobilitätsbedürfnisse nicht befriedigen kann, nimmt der Individualverkehr mit seinen Umweltbelastungen zu. In Wolfsburg ging nach einem Flexibilisierungsschub der Arbeitszeiten bei Volkswagen die Zahl der Abonnements im Nahverkehr um 50 Prozent zurück (ebd. S. 315).

Die zeitlichen Koordinierungsprobleme führen zu Zeitkonflikten. Man kann sie sich veranschaulichen, indem man zwischen Taktgebern und Taktnehmern unterscheidet. Taktgeber sind „Institutionen, die in der Lage sind, Zeiten zu bestimmen, nach denen sich andere richten müssen" (Henckel 2007:142). Zu ihnen gehören Firmen, Behörden und auch die Kirche. Taktnehmer sind die, die vorgegebene Zeiten einhalten müssen. Zu ihnen gehören Arbeitnehmer, Kunden und Kirchgänger. Zwischen ihnen kommt es zu vier Formen von Zeitkonflikten (ebd.).

1. **Konflikte zwischen Taktgebern:** Firmen fordern mehr Sonntagsarbeit, die Kirche wehrt sich heftig dagegen.
2. **Konflikte zwischen Taktgebern und Taktnehmern:** Arbeitnehmer bekommen nicht dann frei, wenn es für sie nötig wäre. Das kann den Familienurlaub verhindern und die Kinderbetreuung erschweren.
3. **Konflikte zwischen Taktnehmern:** Berufstätige Mütter haben andere Wünsche an Kinderbetreuungszeiten als die betroffenen Erzieherinnen. Berufstätige Kunden fordern vom Einzelhandel andere Öffnungszeiten, als den dort Beschäftigten lieb ist.

4. **Konflikte einzelner Taktnehmer:** Es wird immer schwieriger, berufliche und private Anforderungen in Einklang zu bringen. Bei Christen kommen gemeindliche Anforderungen komplizierend hinzu.

Herkömmliche Gemeinden werden von dieser „Zeitrevolution" stark gefordert. Aus der beruflichen, privaten und kirchlichen Beanspruchung der Beteiligten ergeben sich Koordinationsprobleme und Zeitkonflikte. Terminfindungen für Teams werden komplizierter. Je mehr Mitglieder im Beruf von der Flexibilisierung und Ausdehnung ihrer zeitlichen Beanspruchung betroffen sind, desto schwieriger wird es für sie, überhaupt geregelt am Gemeindeleben teilzunehmen. Eine Stadtgemeinde spürt das. Sie ist nie der einzige oder dominante Taktgeber ihrer Mitglieder, sondern steht immer im Zeitkonflikt mit anderen Taktgebern.

Die Situation ist nicht nur aus Sicht der Gemeinde, sondern auch aus der Sicht des Einzelnen unbefriedigend. Henrik gehört zu den Hochmobilen und -flexiblen. Gibt es eine Gemeindeform für Leute wie ihn? Bevor ich eine Antwort gebe, stelle ich erst noch kurz die vierte städtische Biografie vor.

21.1.4 Die prekäre Biografie

Nicole lebt in einem Kiez im Berliner Wedding. Normalerweise verlässt sie ihn nur, wenn sie zum Job-Center muss. Einen Beruf hat sie nie erlernt, ihre Berufserfahrung beschränkt sich auf kurze Teilzeitjobs. Ihr letzter Partner blieb bei ihr, bis ein Kind unterwegs war. Jetzt ist sie alleinerziehende Mutter und lebt mit ihrer Tochter von Hartz IV. Ihre Zeit verbringt sie mit Freunden, die ähnlich leben wie sie, und vor dem Fernseher. Manchmal geht sie abends in die Kneipe um die Ecke und hofft, dass ihre Tochter nicht wach wird. Dieses Leben kennt sie von klein auf von ihren Eltern und sie hat nicht die Erwartung, dass es sich jemals ändern wird.

Das Leben von Nicole entspricht dem, was wir bereits über Kinder in prekären Verhältnissen gelernt haben (→ Kap. 10.3.3): Sie haben einen geringen Aktionsradius, der sich auf das Wohnquartier beschränkt. Dieses bildet für sie „den wesentlichen Lebensrahmen. Die Bindung ans Quartier ist in der Regel hoch, trotz häufiger Unsicherheits-Erlebnisse im Alltag" (Neef 2011:248). Die herkömmliche Gemeinde ist für Nicole ohne Bedeutung. Entweder ist sie zu weit weg oder in ihr treffen sich Leute, mit denen sie nichts zu tun hat. Aber was für eine Gemeinde entspricht ihrem Lebensgang?

21.2 Die Gemeinden der Stadt

Eigentlich müssten allen vier Formen städtischer Biografien unterschiedliche Ausprägungen von christlichen Gemeinden entsprechen. Aber das, was allgemein als „richtige" Gemeinde gilt, wird vor allem den ersten beiden Lebensverläufen gerecht und erreicht deshalb überwiegend Menschen mit traditionellen und modernen Biografien.

21.2.1 Die traditionelle Gemeinde

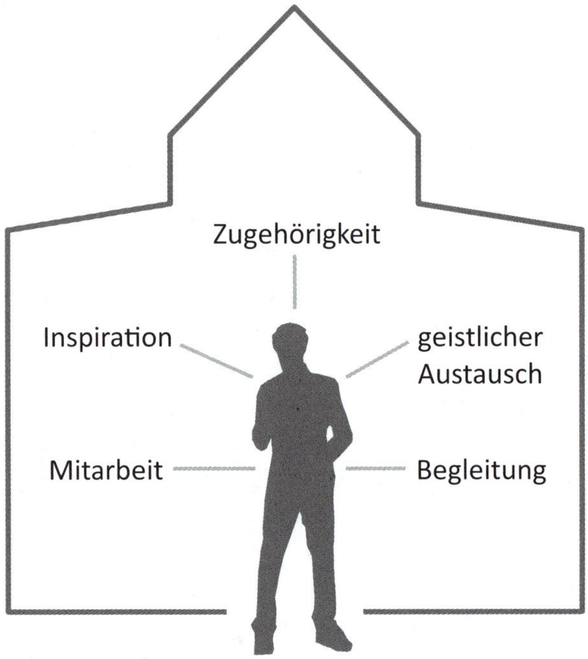

Abbildung 21.3: Eine Gemeinde für Paul

Die traditionelle Gemeinde ist, wie wir gesehen haben, perfekt auf die traditionelle Biografie zugeschnitten. Ihre Mitglieder finden in ihr alles unter einem Dach, was sie von ihrer Kirchengemeinde erwarten können (→ Abb. 21.3). Was bedeutet Pauls Gemeinde für ihn? Durch die Predigten erhält er *Inspiration* für seinen Glauben. Früher wäre er für den *geistlichen Austausch* in die Bibelstunde gekommen, heute gibt es dafür den Hauskreis. Paul *arbeitet mit*, indem er im Posaunenchor spielt. Wenn er Probleme hat, kann er damit zu seinem Pfarrer gehen, der sein Leben von der Taufe über die Konfirmation und die Trauung bis zum Seniorenkreis *begleitet* und ihn einmal beerdigen wird. In dieser Gemeinde fühlt er sich *zugehörig*, sie ist zentraler Teil seiner Lebenswelt. Von der Mobilität her ist sie eine „Zu-Fuß-Gemeinde".

21.2.2 Die moderne Gemeinde

In der modernen Gemeinde hat sich nicht viel geändert. Sie ist nach wie vor der zentrale Ort für die geistliche Versorgung ihrer Mitglieder. Für Nina erfüllt ihre Freikirche dieselben Funktionen wie die Kirchengemeinde für Paul. Es gibt allerdings vermehrte Ergänzungsangebote: Kirchen- oder Gemeindetage, Veranstaltungen der Evangelischen Allianz oder der Ökumene, übergemeindliche Treffen oder Freizeiten.[229] Die Mobilität der Moderne führt zu erweiterten Möglichkeiten, ohne die Rolle der Gemeinde zu verändern. Sie ist eine „Auto-Gemeinde“.

21.2.3 Die postmoderne Gemeinde

Was für eine Art von Gemeinde entspricht der postmodernen Biografie, bei der die vertrauten Formen von Gemeinde an ihre Grenzen stoßen? Wie wir gesehen haben, sind die Leute ständig an anderen Orten, ihre zeitlichen Abläufe lassen sich nicht mit dem Gemeindeleben synchronisieren. Viele gehen wie Henrik in diesem Lebensstil auf. Sie genießen es, dauernd woanders zu sein, und haben sich in der Flexibilität häuslich eingerichtet. Für diesen Lebenslauf ist die herkömmliche Gemeinde keine taugliche Lösung. Henrik braucht eine Gemeinde, an die nicht er sich anpassen muss, sondern die sich an ihn anpasst. Er braucht eine Gemeinde, die überall da ist, wo er gerade ist, und die immer dann verfügbar ist, wenn er gerade Zeit hat. Ich bin mir sicher, dass viele Leser eine solche Gemeinde für illusionär halten. Aber es gibt sie bereits und Henrik hat sie sich selbst geschaffen (→ Abb. 21.4).

Abbildung 21.4: Eine Gemeinde für Henrik

Henriks Gemeinde erfüllt für ihn dieselben Funktionen wie die traditionelle Gemeinde für Paul. Aber was Paul unter einem Dach findet, verteilt sich bei Henrik auf mehrere Anlaufstellen. Wenn er sonntags gerade in Berlin ist und es zeitlich einrichten kann,

229 In der Praxis gibt es auch vermehrt Alternativangebote. Durch die erhöhte Mobilität sind mehr Gemeinden in Reichweite, Gemeindewechsel werden häufiger.

holt er sich seine *Inspiration* in einem Gottesdienst im Prenzlauer Berg. Auf Reisen hört er Predigten aus dem Internet. Für den *geistlichen Austausch* verabredet er sich mit Freunden im Starbucks. Sie sprechen über ihren Glauben und beten füreinander. Wenn er viel unterwegs ist, treffen sie sich via Skype. Seine *Mitarbeit* findet im Rahmen einer Stadtteilinitiative statt: Henrik hilft benachteiligten Jugendlichen, ihre kreativen Fähigkeiten zu entwickeln. Alle sechs Wochen fährt er nach Thüringen zu seinem Mentor, der ihn schon einige Jahre *begleitet*. Aber wie steht es um Henriks *Zugehörigkeit*?

Wenn ich Henriks Gemeinde in Seminaren vorstelle, erlebe ich zwei entgegengesetzte Reaktionen. Bei den einen schrillen die Alarmglocken, die anderen hören die Freiheitsglocke läuten. Ich identifiziere im Wesentlichen drei Bedenken:

1. **Ketzereiverdacht:** Die Gemeinde von Henrik ist so radikal anders als alles, was wir aus 2000 Jahren Kirchengeschichte kennen, dass viele sich überhaupt nicht vorstellen können, ein Gebilde, das so wenig fassbar ist, als „richtige" Gemeinde anzusehen. Henrik ist für sie heimatlos.
2. **Unverbindlichkeit:** Verbindlichkeit scheint vielen nur in einer festen Bezugsgruppe möglich, manchen auch nur in einer hierarchischen Ordnung. Henrik ist für sie ein Freigeist ohne echte Einbindung.
3. **Finanzielle Sorgen:** Ganz schnell taucht die Frage auf: „Wer bezahlt das?" Wer finanziert die herkömmliche Gemeinde, wenn alle nur auf der Durchreise sind? Henrik ist aus dieser Sicht ein gemeindlicher Trittbrettfahrer, der Angebote nutzt, die andere schaffen.

Ich antworte auf diese Bedenken in umgekehrter Reihenfolge.

21.2.3.1 Der finanzielle Aspekt

Es sind keineswegs alle auf der „Durchreise", sondern nur einige. Sesshafte gibt es genug und sie finanzieren ihre Gemeinde. Henrik trägt dazu etwas bei, denn er zahlt weiter seine – verhältnismäßig hohe – Kirchensteuer (weil die Kirche „viel Gutes tut") und beteiligt sich gern und angemessen an den Kollekten der Gottesdienste, die er besucht.

21.2.3.2 Die Verbindlichkeit

Bei der Vorstellung, Verbindlichkeit könne nur in einer festen Bezugsgruppe praktiziert werden, handelt es sich um einen *Ethnozentrismus* des traditionellen und modernen Menschen. Weil er selbst nur in einer festen Gruppe verbindlich leben kann, unterstellt er anderen dasselbe. Aber wer postmodern sozialisiert ist, denkt, fühlt und lebt in Netzwerken. Er gleicht einem Meeresfisch, der im großen Ozean ebenso zu Hause ist wie die standorttreue Bachforelle im Flüsschen neben Großvaters Haus. Im Übrigen kann es sein, dass Henriks Mentor verbindlicher in sein Leben spricht, als viele Kirchgänger es ihrem Pfarrer gestatten würden.

Der Ethnozentrismus der Moderne äußert sich in zwei Vorurteilen: (1) Virtuelle Beziehungen sind keine echten Beziehungen. Wer einmal erlebt hat, wie er online Christen kennengelernt und mit ihnen eine Freundschaft geschlossen hat, an die sich nahtlos anknüpfen ließ, wenn man sich nach längerer Zeit das erste Mal im „realen“ Leben traf, weiß es besser. (2) Gelegentliche Beziehungen sind oberflächlich. Auch das erleben viele anders. Sie finden zu Leuten, die sie nur von Zeit zu Zeit treffen, einen Draht, durch den diese Beziehungen tief, intensiv und persönlich sind.

Henrik fühlt sich seinem Netzwerk ebenso *zugehörig* wie Paul sich seiner Kirchengemeinde. Hohe Mobilität, so habe ich vorhin geschrieben, prägt das Bewusstsein der Mobilen. Ihre Lebenswelt besteht aus einem landes- oder weltweit verknüpften Netz, in dem sie teilhaben, mitmachen und in Beziehung stehen. Henriks Gemeinde ist die Gemeinde, die zu seiner Biografie passt. Sie ist eine „Netzwerk-Gemeinde“.

21.2.3.3 Die Legitimität

Es geht Christen nicht nur ums Geld und um die Verbindlichkeit, es geht ihnen auch um die „wahre Kirche“ oder eine „richtige Gemeinde“. Diese lässt sich aber nicht formal bestimmen. Lebendige Kirche findet in den Sozialformen der jeweiligen Zeit und Kultur statt. Im Römischen Reich waren das Haus und das *Collegium* (der Verein) zwei wichtige Organisationsformen des Sozialen. Deshalb gab es Hauskirchen und Gemeinden, die den Vereinen sehr ähnlich waren (Ebner 2012:166-235). In der vorindustriellen Gesellschaft war das Leben eingebunden in die Gemeinschaft von Dörfern und Kleinstädten. Deshalb entwickelte sich dort die traditionelle Gemeinde. Sie kann heute nicht als Norm für Leute angesehen werden, deren Lebenswelt nicht ein Ort oder eine Gruppe, sondern ein Netzwerk ist. Etwas ist nicht deshalb geboten, weil wir es gewöhnt sind.

Kirche kann um verschiedene Zentren organisiert werden. Einige Kirchen sind um das Amt organisiert. Die größte von ihnen ist die Katholische Kirche. Andere Kirchen sind um Bekenntnisse organisiert. Die wichtigsten sind die Kirchen der Reformation. Wieder andere Kirchen sind um Dienste organisiert. Ein markantes Beispiel ist die Heilsarmee. Eine große Familie von Kirchen ist um eine spirituelle Erfahrung organisiert. Ich meine die Pfingstbewegung. Warum kann Kirche nicht um Beziehungen organisiert werden? Henriks Gemeinde funktioniert so. Und sie ist genauso legitim wie die anderen Kirchen, weil sie alle um Jesus Christus „organisiert“ sind.

Es ist wahr, dass es eine Gemeinde wie die von Henrik zweitausend Jahre nicht gab. Aber es gab zweitausend Jahre auch keine Mobilität und keine Biografie wie die der Gegenwart. Die Kirche muss sich darauf einstellen, dass immer mehr Leute auf eine für sie ganz natürliche Weise Zugehörigkeit nicht mehr in Gruppen, sondern in Netzwerken erleben. Das gilt auch für viele, die nicht so oft auf Reisen sind. Internet und neue Kommunikationsmedien schaffen Möglichkeiten der Beteiligung und des Zusammenhalts, durch die sie das Netz genauso als Heimat erleben wie Paul seine Kleinstadt. Solche gesellschaftlichen Entwicklungen lassen sich nicht aufhalten, weil wir sie nicht richtig finden. Wir können darüber klagen, wir können aber Leute wie Henrik auch in der urbanen Mission willkommen heißen.

Als ich 2006 von Gemeinsam für Berlin als „Beauftragter für interkulturelle Beziehungen" eingestellt wurde, gehörte zu meiner Beauftragung nicht nur der Beziehungsaufbau zu Migranten und ihren Kirchen, sondern auch die Vernetzung mit Leuten wie Henrik, die von etablierten Gemeinden oft mit Skepsis betrachtet wurden. Wir erkannten, dass sie keine „Christen ohne Gemeinde", sondern „Christen mit Potenzial" für die urbane Mission sind. Sie leben in Szenen, die herkömmliche Gemeinden nicht erreichen (können) und die man nicht in herkömmliche Gemeinden einladen kann. Sie sind der Sauerteig Gottes in Mehltrögen, unter die traditionelle Christen nicht gemischt werden können. Und sie verbreiten dort den Geschmack des Reiches Gottes.

Gemeinden für Leute wie Henrik muss niemand organisieren. Sie sind lebendige Systeme, die sich selbst organisieren. Man kann sie nicht gründen, aber man kann sie fördern und ein Teil von ihnen werden: als Pastor, der seine Predigten im Internet zur Verfügung stellt, als Mentor, als Vermittler in ein Freiwilligenengagement im Brennpunkt oder als Freund, der mit anderen Freunden im Café über die Bibel spricht und betet. Es lohnt sich, in Netzwerk-Gemeinden zu investieren, denn sie bzw. die, die ihnen angehören, sind Akteure der urbanen Mission.

21.2.4 Gemeinde im prekären Milieu?

Nachdem Henrik zu seiner Gemeinde gekommen ist, fehlt noch eine für Nicole. Auch sie stelle ich mit einem Bild vor (→ Abb. 21.5).

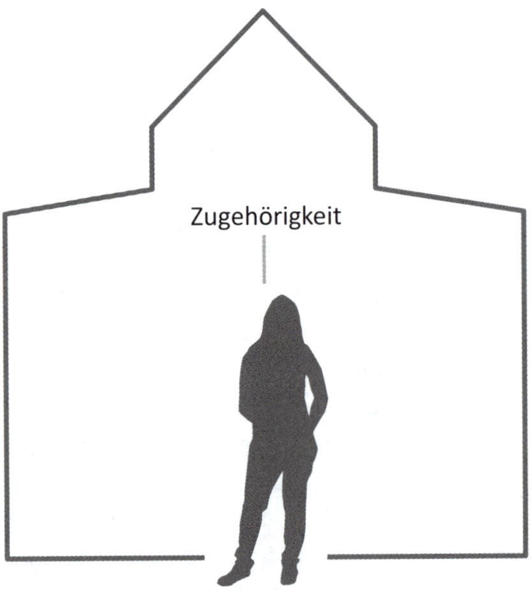

Abbildung 21.5: Eine Gemeinde für Nicole

Das Erste und für längere Zeit Einzige, was zählt, ist die *Zugehörigkeit*. Die „Gemeinde" muss Teil von Nicoles Quartier sein, damit Nicole Teil der Gemeinde werden kann. Damit solche Gemeinden entstehen, müssen Christen im Quartier wohnen oder dorthin ziehen. Für alles Weitere gebe ich Ihnen an dieser Stelle nur einen Rat von Brandon Rhodes (Rhodes 2014:212) weiter:

1. Fangt mit der Mission an und lasst die Gemeinde später daraus erwachsen.
2. Schlagt gemeinsam Wurzeln im Quartier.
3. Hört auf, der Mittelschicht nachzugehen.

FAZIT

- Lebensführung und Biografie vieler Städter haben sich so verändert, dass herkömmliche Gemeinden nicht (mehr) für alle von ihnen passend sind. Stattdessen benötigen unterschiedliche Lebensformen unterschiedliche Gemeindeformen.
    - Die traditionelle Biografie: Leute bleiben viele Jahre in einer Stadt. Dort konzentriert sich ihr Alltagsleben. Die traditionelle Gemeinde ist perfekt auf sie zugeschnitten. In ihr finden Mitglieder in fußläufiger Nähe alles unter einem Dach, was sie von ihrer Kirchengemeinde erwarten können.
    - Die moderne Biografie: Ein großer Teil des Alltagslebens dieser Leute verteilt sich über mehrere Städte. Auch zu ihrer modernen Gemeinde, oft eine Freikirche, reisen sie mit dem Auto an. Darüber nutzen sie vermehrt übergemeindliche Zusatzangebote. Durch die erhöhte Mobilität werden Gemeindewechsel wahrscheinlicher. Gleichzeitig verliert die Gemeinde leicht die Bindung an ihre Stadt / ihren Stadtteil, weil ihre Mitglieder nicht vor Ort wohnen.
    - Die postmoderne Biografie: Durch Flexibilisierung von Arbeitsverhältnissen haben diese Leute oft Zeitkonflikte mit herkömmlichen regelmäßigen Gemeindeveranstaltungen. Auch durch ihre räumliche Mobilität und ihren weiten Aktionsradius sind sie selten (langfristig) in einer Gemeinde. Die Leute schaffen sich deshalb ihre eigene postmoderne Gemeinde in Form eines Netzwerkes, sodass die verschiedenen Funktionen, die eine traditionelle Gemeinde unter einem Dach vereint, auf unterschiedliche Anlaufstellen verteilt sind.
    - Die prekäre Biografie: Menschen in prekären Verhältnissen haben oft einen engen, auf das Wohnquartier beschränkten Aktionsradius. Herkömmliche Gemeinden sind für sie in der Regel räumlich oder sozial „zu weit weg". Sie brauchen Gemeinden, die Teil des Quartiers sind, damit sie darin zugehörig werden können.

- Zu welcher Art von Gemeinde(n) gehören Sie? Zu einer traditionellen Zu-Fuß-Gemeinde, einer modernen Auto-Gemeinde, einer postmodernen Netzwerkgemeinde, einer Zugehörigkeitsgemeinde im prekären Milieu oder …? Zu welcher Art von Gemeinde würden Sie am liebsten gehören?
- Suchen Sie nach je einem Beispiel aus Ihrem Bekanntenkreis für eine Person, die den genannten städtischen Biografien entspricht. Wie würde diese Person in die Gemeinde / Initiative passen, zu der Sie gehören?
- Wen kennen Sie, der Milieus / Szenen erreicht, zu denen Sie und Ihre Gemeinde keinen Zugang haben? Wie könnten Sie einen dieser urbanen Missionare fördern oder unterstützen?

- Christine Nippe: Kunst der Verbindung. Transnationale Netzwerke, Kunst und Globalisierung (Nippe 2006). *Eine ethnografische Einführung in Biografien wie die von Henrik.*
- AG Kiezforschung (Hg.): In den Straßen des Soldiner Kiezes (AG Kiezforschung 2005). *Wo Menschen wie Nicole leben.*

Viele herkunftsdeutsche Christen haben noch gar nicht gemerkt, wie viele Migrationskirchen und interkulturelle Gemeinden es in unseren Städten gibt. Dabei brauchen wir die Begegnung und Zusammenarbeit mit Christen mit Migrationshintergrund – für gelingende gesellschaftliche Integration, aber auch für unsere eigene geistliche Erneuerung.

22. Neue Gemeinden hat die Stadt

Migranten, Migrationskirchen und interkulturelle Gemeinden mit Bianca Dümling[230]

Die kulturelle und religiöse Vielfalt in unseren Städten nimmt zu. Menschen in ihrer traditionellen Kleidung verändern das Straßenbild: muslimische Mädchen mit Kopftuch, indische Frauen in Saris, arabische Männer im Kaftan und jüdische Gläubige mit Kippa. Geschäfte verkaufen Produkte aus fernen Ländern. Cafés und Restaurants laden zu einer kulinarischen Weltreise ein. Auf den Straßen erklingen Sprachen, die nur wenige auseinanderhalten können. War das nun Malaysisch oder Nepalesisch, Kroatisch oder Estnisch, Twi, Ewe oder Kiswuali? Neben katholischen und evangelischen Kirchtürmen stechen Kuppeln der russisch-orthodoxen Kirche zwischen den Häuserblöcken hervor. Moscheen und ihre Minarette, reich verzierte hinduistische Tempel sowie buddhistische Gebetshäuser bereichern das Stadtbild. Die Welt ist in unserer Nachbarschaft angekommen.

Migranten prägen nicht nur unser Straßenbild, unser kulinarisches Erleben und die kulturelle Vielfalt an den Schulen und Universitäten, sie verändern auch die kirchliche Landschaft. Als Folge der Migrationsbewegung sind in der Stadt neue Gemeinden entstanden: Migrationskirchen und interkulturelle Gemeinden. Sie gehören genauso zur Stadtgemeinde, wie die Migranten zur Stadtbevölkerung gehören. Und sie sind wichtige Partner für die urbane Mission. Das müssen wir nur an einigen Stellen erst noch entdecken.

230 Bianca Dümling leitet die interkulturelle Arbeit von Gemeinsam für Berlin. Seit vielen Jahren hat sie Beziehungen zu Migranten und ihren Kirchen. Sie schrieb ihre Dissertation über „Migrationskirchen in Deutschland. Orte der Integration" (Dümling 2011) und war von 2010 bis 2013 Assistant Director of Intercultural Ministries beim Emmanuel Gospel Center (www.egc.org/intercultural) in Boston. Den Text dieses Kapitels hat Bianca verfasst, ich habe die abschließende Box „Meine Berufung zur interkulturellen Arbeit" geschrieben.

22.1 Migranten in Deutschland

22.1.1 Demografischer Überblick

Heute haben ungefähr 20 Prozent der in Deutschland gemeldeten Menschen einen „Migrationshintergrund". So bezeichnet man „alle nach 1949 auf das heutige Gebiet der Bundesrepublik Deutschland Zugewanderten, sowie alle in Deutschland geborenen Ausländer und alle in Deutschland als Deutsche Geborenen mit zumindest einem zugewanderten oder als Ausländer in Deutschland geborenen Elternteil" (Statistisches Bundesamt 2014). Wir nennen sie in diesem Kapitel einfach „Migranten".

Herkunftsgebiete von Migranten	Anteil in Prozent
Europa	69,4
Europäische Union	36,6
Asien	17,8
Afrika	3,2
Türkei	12,8
Polen	11,4
Russische Föderation	9,0
Kasachstan	6,9
Rumänien	4,4
Italien	4,0

Tabelle 22.1: Woher stammen die Migranten? (Statistisches Bundesamt 2014)

Unter den 16,5 Millionen Migranten besitzt die Mehrheit (9,7 Millionen) einen deutschen Pass[231]. Ein Drittel ist in Deutschland geboren, zwei Drittel sind zugewandert. Die weitaus meisten (96,6 Prozent) leben im Westen, nur wenige (570.000) im Osten (ebd.). Sie konzentrieren sich in den Städten: Allein in den 15 größten wohnt ein Viertel aller Migranten. Am höchsten ist ihr Anteil in Frankfurt/Main (45 Prozent), gefolgt von Nürnberg (37,7 Prozent) und Stuttgart (37,1 Prozent; Alscher 2015).

Der Anteil der Migranten an der Bevölkerung Deutschlands wird weiter steigen. Jedes dritte Kind unter fünf Jahren kommt aus einer solchen Familie (Bundeszentrale für politische Bildung 2012). Das liegt an der hohen Geburtenrate Zugewanderter und vor

231 Im Verlauf des Jahres 2014 wurden zum Beispiel 108.422 Ausländerinnen und Ausländer eingebürgert (Statistisches Bundesamt 2015a).

allem an der niedrigen Einheimischer. Ohne Einwanderer würde unsere Bevölkerung in den kommenden Jahrzehnten um bis zu 20 Millionen Einwohner schrumpfen. Laut Bundesarbeitsministerin Andrea Nahles kann der Wohlstand in Deutschland nur gesichert werden, wenn es ein attraktives Einwanderungsland ist (Von Dohnany 2015:16). „Ohne robuste Zuwanderung und damit die Steuer- und Sozialabgaben vieler neuer Migranten wird der Sozialstaat in seiner bestehenden Form kaum noch finanzierbar sein" (ebd. S. 24). Migration ist nicht umkehrbar. Wir brauchen sie.

22.1.2 Zusammenleben in Deutschland – Integration

Gelingende Integration ist zu einer Schicksalsfrage für Deutschland geworden. Ob Menschen mit und ohne Migrationshintergrund auf Dauer friedlich zusammenleben, wird davon abhängig sein, ob sie sich gemeinsam *einer* Gesellschaft zugehörig fühlen und es zu gerechter Teilhabe für *alle* kommt. Damit der soziale Zusammenhalt gestärkt wird, müssen viele Akteure ihren Beitrag leisten: politische, wirtschaftliche und zivilgesellschaftliche, also auch kirchliche. Integration kann nur als wechselseitiger Prozess gesehen werden, für den Einheimische und Zugewanderte gleichermaßen Verantwortung tragen.[232] Alltagswissen und -fähigkeiten – vor allem deutsche Sprachkenntnisse – zu erwerben, liegt im Verantwortungsbereich der Migranten. Es ist wichtig für sie, Beziehungen in Bereichen des alltäglichen Lebens aufzunehmen und sich mit dem sozialen System zu identifizieren.

Gleichzeitig kann Integration nur gelingen, wenn sich die deutsche (Stadt-)Gesellschaft interkulturell öffnet. Behörden, Unternehmen oder Einrichtungen müssen sich auf Menschen anderer Kulturen einstellen und Vielfalt fördern. Das erfordert gesetzliche Rahmenbedingungen, zum Beispiel eine Neuregelung der Staatsangehörigkeit. Im Zusammenleben muss interkulturelle Sensibilität entwickelt werden, Hindernisse für ethnische Minderheiten müssen abgebaut werden (Die Beauftragte der Bundesregierung für Migration, Flüchtlinge und Integration 2009).

Neben praktischen Angeboten, zum Beispiel für den Spracherwerb, ist die gesellschaftliche Einstellung wichtig: Einwanderung muss bejaht und als Gewinn gesehen werden. Die Realität, dass Deutschland de facto ein Einwanderungsland ist, wurde lange verleugnet. Erst sehr spät erkannte die Bundesregierung den „nachholenden Integrationsbedarf" und betonte, dass die Aufnahmegesellschaft ebenfalls ihren Beitrag leisten muss. Ein Paradigmenwechsel wurde eingeläutet. Kulturelle Vielfalt wird end-

232 Die offizielle Definition der Bundesregierung lautet: „Integration ist ein langfristiger Prozess. Sein Ziel ist es, alle Menschen, die dauerhaft und rechtmäßig in Deutschland leben, in die Gesellschaft einzubeziehen. Zuwanderern soll eine umfassende und gleichberechtigte Teilhabe in allen gesellschaftlichen Bereichen ermöglicht werden. Sie stehen dafür in der Pflicht, Deutsch zu lernen sowie die Verfassung und die Gesetze zu kennen, zu respektieren und zu befolgen" (Bundesamt für Migration und Flüchtlinge o. J.). Diese Definition muss unbedingt um eine weitere Aussage ergänzt werden: „Integration ist keinesfalls als vollständige Anpassung oder Assimilation an bestehende Bedingungen zu verstehen. Im Gegenteil ist Integration ein konstitutives Element städtischen Lebens und damit ein Prozess, an dem Zuwanderer/innen und die Aufnahmegesellschaft beteiligt sind" (Der Beauftragte des Berliner Senats für Integration und Migration 2005:7).

lich nicht nur als Defizit, sondern als Ressource gesehen. Durch gesetzliche Verbesserungen wird jedoch noch keine neue soziale Realität geschaffen, negative Bilder von Migranten und Zuwanderung werden nicht aus den Köpfen gelöscht.

22.1.3 Die Lebensrealität von Migranten

Die Vielfalt der Zugewanderten ist groß und ihre Lebenswelten variieren stark. Internationale Geschäftsleute mit Dienstwagen erleben unsere Städte anders als osteuropäische Pflegekräfte, die Angehörige deutscher[233] Familien rund um die Uhr betreuen. Die Biografien der afrikanischen Klofrau, die von ihrem geringen Gehalt die Schulausbildung ihrer Neffen finanziert, des tamilischen Küchengehilfen ohne Papiere und des rumänischen Erntehelfers liegen oft weit entfernt von der Vorstellungskraft deutscher Gemeindemitglieder. Daneben gibt es den polnischen Bauunternehmer, den türkischen Gastronomen oder Geschäftsmann und den asiatischen Schönheitssalon. Die Zahl der Migranten, die einen Universitätsabschluss haben, steigt. Vereinzelt sind sie schon in Führungspositionen und in der Politik zu sehen.

Deutschland wird ein allgemein positives Integrationsklima attestiert, doch die alltägliche Realität sieht anders aus (Sachverständigenrat deutscher Stiftungen für Integration und Migration 2014:23-41). An Bildungsstätten und auf dem Arbeits- und Wohnungsmarkt erleben Migranten Alltagsrassismus und Diskriminierung. Iranische Flüchtlinge erzählen mir, dass ihr iranischer Universitätsabschluss in Deutschland nicht anerkannt wird. Sie sind gezwungen, den Hauptschulabschluss nachzuholen, um überhaupt einen anerkannten Abschluss zu erlangen. Migranten bekommen nur dort Ausbildungsplätze, wo sich keine Deutschen bewerben. Eine Ausbildung im Pflegeheim können sie nur machen, weil die Deutschen das nicht wollen (Dümling 2011:131).

Mohamad Isa und seine Frau Hiba Balaoni aus Damaskus fanden erst nach einem Jahr eine Wohnung: „Für viele Wohnungen ist eine Provision fällig. Ich habe aber kein Geld. Einige Wohnungen hatten Schimmel an den Wänden. Oder die Hausverwalter wollten keine Ausländer als Mieter. Wir bekamen nur Absagen" (Gust & Simon 2015). Gerade bei der Wohnungssuche macht es kaum einen Unterschied, ob man nigerianischer Botschaftsangehöriger, syrischer Flüchtling oder bulgarischer Student ist. Die Auswirkung von Alltagsrassismus aufgrund von Aussehen und Namen wird nicht durch höhere Bildungsabschlüsse aufgehoben. Auch erfolgreiche und „integrierte" Migranten spüren diese Diskriminierung. Wenn sie sich selbständig machen, haben sie es deutlich schwerer als ihre deutschen Konkurrenten: Schwierigkeiten bei der Kreditaufnahme, der Kampf gegen Vorurteile bei der Personalgewinnung oder bei der Kundenakquise verzerren den Wettbewerb (Klein 2015). Die Annahme, dass türkische Unternehmer nur türkische Mitarbeiter anstellen oder türkische Angestellte nur bei türkischen Firmen

233 Der Begriff „deutsch" wird in diesem Kapitel im Sinne von „herkunftsdeutsch" verwendet. Viele Migranten sind rechtlich und nach ihrem Selbstverständnis auch Deutsche. Besonders sichtbar wird das an der deutschen Fußballnationalmannschaft.

arbeiten wollen, ist nur bedingt richtig. Für türkische Migranten ist es schwieriger, auf dem „deutschen Arbeitsmarkt" Fuß zu fassen, und einen türkischen Arbeitsgeber empfinden deutsche Bewerber wohl nicht als Gewinn für ihren Lebenslauf. (Eine Zwischenfrage an Unternehmer und Wohnungsbesitzer, die dieses Buch lesen: Könnte urbane Mission nicht auch bedeuten, dass wir als Christen bewusst Migranten einstellen und ihnen unsere Wohnungen vermieten?)

Die Erfahrung von Sandra Karangwa (Deutsch-Burundianerin) bei der Beantragung eines neuen Reisepasses ist ein weiteres Beispiel alltäglicher Diskriminierung. Sie berichtet: „Mein Passbild sei zu dunkel und das Programm könne das Foto nicht bearbeiten [...] Vielleicht hätte ich schon beim Studieren der von der Bundesdruckerei erstellten Fotomustertafel für biometrisch korrekte Passfotos misstrauisch werden sollen. Dort werden nur weiße Menschen gezeigt [...] Es stellte sich Wut ein. Wut auf ein System, das vorgibt, Menschen nicht aufgrund ihrer Herkunft und ihrer äußeren Erscheinung zu benachteiligen, auszuschließen, abzuwerten und zu demütigen. Doch die Realität sieht anders aus. Diese Geschichte entlarvt eine vermeintlich diskriminierungssensible Bürokratie" (Karangwa 2015).

Das Leben von Migranten wird nicht nur von außen durch Diskriminierung erschwert. Die Migrationssituation führt auch zu Spannungen innerhalb der Familien. Häufig lernen die Kinder schneller Deutsch und finden sich in Deutschland besser zurecht. Sie organisieren vieles und übersetzen für ihre Eltern. Das kann dazu führen, dass die elterliche Autorität verloren geht und die Kinder sagen: „Gut, wenn wir alles für euch erledigen, dann habt ihr überhaupt nichts zu sagen" (Dümling 2011:131). Kinder und Jugendliche verbringen viel Zeit im deutschen Kontext, im Kindergarten oder der Schule, in Sportvereinen oder durch Freundschaften. Gleichzeitig werden sie in ihrem Elternhaus oft traditionell gemäß ihrer kulturellen Wurzeln erzogen. Dies führt unweigerlich zu Konflikten. Die Jugendlichen sind herausgefordert, ihre Identität zu finden und beide kulturelle Prägungen in sich zu vereinen.

Das Leben in Deutschland ist für Migranten oft sehr anstrengend. Sie sind in ihrem Alltag vielen Unsicherheiten ausgesetzt, angefangen von der Sprachbarriere bis hin zu offenem Rassismus. In sozialen und religiösen Netzwerken, den Moscheevereinen, Migrationskirchen oder Kulturvereinen sammeln sie sich. Diese Migrantenorganisationen geben Orientierung und Unterstützung. Dadurch erleichtern sie Integration, denn emotionale Stabilität ist dafür eine wichtige Voraussetzung. Allerdings wird sehr kontrovers diskutiert, ob sie tatsächlich integrationsfördernd oder integrationshemmend wirken.[234] Unumstritten ist, dass es sich positiv auf den Integrationsprozess ihrer Mitglieder auswirkt, wenn Migrantenorganisationen Beziehungen zu deutschen Organisationen unterhalten (Diehl 2004; Haug 2007:100).

234 Die Meinung, dass Migrantenorganisationen eher integrationsfördernd sind, wird unter anderem von Elwert (1982), aber auch Thränhardt (2000) oder Lehmann (2001) vertreten. Eine integrationshemmende Wirkung wird von Esser (1986), Diehl (2002) oder Diehl & Urbahn (1998) betont.

22.2 Migrationskirchen

Sonntags sieht man ähnliche Szenen in den Bussen und Bahnen vieler deutscher Städte: afrikanische Familien auf dem Weg in den Gottesdienst. Die Frauen und Mädchen tragen bunte Kleider, die kleinen Jungen und ihre Väter gehen im Anzug und haben eine Bibel in der Hand. Während die deutschen Gottesdienstbesucher beim Mittagessen sitzen, sammeln sich Christen mit Migrationshintergrund in denselben Kirchen und feiern ihren Gottesdienst, ohne dass sich die Wege der jeweiligen Gemeindemitglieder kreuzen. In vielen urbanen Zentren besitzen die meisten Menschen, die sonntags einen Gottesdienst besuchen, einen Migrationshintergrund.

Bundesweit sind über 50 Prozent der Zuwanderer Christen. In Hessen gehören sogar 74 Prozent der Migranten einer christlichen Kirche an (Hessisches Ministerium der Justiz, für Integration und Europa 2010:103-104). Syrisch-orthodoxe Gläubige, finnische Lutheraner, brasilianische und nigerianische Pfingstler, koreanische Presbyterianer und polnische Katholiken bereichern den weltweiten Leib Christi in unserer Nachbarschaft. Nur ein geringer Prozentsatz dieser Christen besucht eine deutsche Gemeinde. Viele Christen mit Migrationshintergrund fühlen sich dort nicht wohl. Sie gründen ihre eigenen Gemeinden. Kulturelle und theologische Aspekte spielen dabei eine Rolle, aber auch die Erfahrung, nicht willkommen zu sein.

Als Migrationskirchen[235] werden Gemeinden bezeichnet, die von einem Pastor mit Migrationshintergrund gegründet wurden, deren Hauptsprache nicht Deutsch ist und in der über 75 Prozent der Mitglieder einen Migrationshintergrund haben. Viele entstehen aus Gebetskreisen und Bibelstunden unbemerkt in Wohnzimmern und werden erst entdeckt, wenn sie sich auf der Suche nach Gottesdiensträumen an deutsche Gemeinden wenden.

Die Existenz von Migrationskirchen ist kein neues Phänomen. Bereits 1544 kann eine niederländische Gemeinde in Köln/Frankenthal nachgewiesen werden (Berger 1997:15). Die Zahl der Migrationskirchen, ihr Selbstbewusstsein und ihre Bedeutung nahmen jedoch erst in den letzten 25 Jahren stark zu. Heute schätzt man ihre Zahl auf 2000 bis 3000 und geht von einer weiteren Zunahme aus. Dem „Bund Freikirchlicher Pfingstgemeinden" gehörten 1992 nur 13 Migrationsgemeinden an. Ihre Zahl stieg bis 2011 auf 264 (34,9 Prozent aller Mitgliedsgemeinden), 2013 lag sie bei 285 (36,4 Prozent; Bund Freikirchlicher Pfingstgemeinden 2015).

Migrationskirchen entstehen oft parallel zu Einwanderungswellen. Tamilische Gemeinden wurden durch Flüchtlinge, die während des Bürgerkriegs in Sri Lanka in den 1980er-Jahren nach Deutschland kamen, gegründet. Gegenwärtig (2015) entstehen

235 Es gibt keinen guten Begriff für Migrationskirchen, der nicht auf einer Fremdzuschreibung basiert. Im landeskirchlichen Kontext werden sie „Gemeinden anderer Sprache und Herkunft" genannt. In anderen Kontexten heißen sie internationale oder interkulturelle Gemeinden. Die Zeit der „Ausländergemeinden" haben wir zum Glück hinter uns. Ich verwende im Folgenden den Begriff der Migrationskirchen.

aufgrund aktueller Fluchtbewegungen neue arabisch- und farsisprachige Gemeinden. Diese Gemeinden sind Orte, an denen das Trauma der Flucht gemeinsam verarbeitet werden kann. Der Glaube an Gott, der Gottesdienst in der Muttersprache, die soziale und praktische Unterstützung und das Teilen von gemeinsamen Erfahrungen sind wichtige Faktoren im emotionalen Heilungsprozess.

Die migrationskirchliche Landschaft in Deutschland ist sehr komplex und muss differenziert betrachtet werden. Claudia Währisch-Oblau (2005) teilt Migrationskirchen in vier Kategorien ein:

1. **Etabliert-denominationelle Diaspora-Gemeinden** sind monoethnisch. Sie wurden meist in Absprache mit einer Heimatkirche und Kirchen in Deutschland gegründet. Zu ihnen gehören die finnisch-lutherische Kirche, die orthodoxen Kirchen und katholische muttersprachliche Missionen. Diese Gemeinden sehen es als ihre primäre Aufgabe, eine geistliche und soziokulturelle Heimat für die jeweilige christliche Diaspora zu schaffen. Dabei sind die ethnische und nationale Zugehörigkeit sowie die Sicherung der eigenen kulturellen Identität in der Fremde sehr wichtig.
2. **Freikirchliche Missionsgemeinden** sind ebenfalls monoethnische Gemeinden. Ihre Mitglieder kommen aus China, der Türkei, dem Iran oder arabischen Staaten. Sie wurden mit Unterstützung von deutschen freikirchlichen Gemeinden und Missionswerken gegründet, um Brücken der Evangelisation zu „geschlossenen" Heimatländern zu bauen. Diese Gemeinden konzentrieren sich auf die nicht christlichen Mitglieder ihrer eigenen Diaspora, um ihnen das Evangelium nahezubringen. Sie haben nicht die Absicht, sich für deutsche Mitglieder zu öffnen. Der Fokus einer chinesischen Gemeinde in Berlin sind chinesische Studierende.
3. **Gemeinden reverser Missionskirchen** verstehen sich als internationale Gemeinden. Ihre Mitglieder kommen hauptsächlich aus Zentral- und Westafrika, aber auch aus Korea. Sie sind pfingstliche oder afrikanisch-unabhängige Kirchen mit starken Verbindungen zu den überseeischen Mutterkirchen. Sie wünschen sich jedoch deutsche Mitglieder. Deutschland sehen sie als „Missionsfeld", das mit dem Evangelium erreicht werden muss.
4. **Unabhängige, nicht-denominationelle neue Missionskirchen** haben ihren Ursprung ebenfalls oft in Zentral- und Westafrika. Sie sind ähnlich ausgerichtet wie die Gemeinden reverser Missionskirchen, haben aber nur lockere Kontakte zu ihren Herkunftsländern und sind hier als unabhängige Gemeinden entstanden.

Abbildung 22.1: Afroberliner beten für ihre neue Heimat

Im Selbstverständnis vieler Migrationskirchen spielt Mission im Sinne der Evangelisation eine entscheidende Rolle. Gleichzeitig erfüllen sie alleine durch ihre Existenz verschiedene gesellschaftliche Funktionen.

Migrationskirchen sind die geistliche und soziokulturelle Heimat für ihre Mitglieder, die oft ohne ihre Familie und ihre sozialen Netzwerke in Deutschland leben. Die Mitglieder unterstützen sich gegenseitig in ihren schwierigen Lebenslagen. Gleichzeitig erfüllen Migrationskirchen eine wichtige Integrationsfunktion: Sie helfen ihren Mitgliedern, in Deutschland anzukommen und sich im Alltag zurechtzufinden. Immer mehr Migrationskirchen nehmen ihre Rolle als Brückenbauer ernst. Sie initiieren Integrationsprojekte, bieten Hausaufgabenhilfe an und engagieren sich in ihrer Nachbarschaft. Außerdem ermutigen Pastoren ihre Mitglieder, Deutsch zu lernen, sich für die Gesellschaft zu engagieren und Deutschland zu dienen.

Diese unterschiedlichen Funktionen zeigen, welchen wertvollen gesellschaftlichen Beitrag Migrationskirchen oft im Verborgenen leisten. Die Realität vieler Migrationskirchen hindert sie jedoch daran, ihr Potenzial auszuschöpfen. Die Lebenssituation vieler Mitglieder ist prekär. Als Flüchtlinge oder Migranten bekommen sie nur schlecht bezahlte Jobs und müssen zum Teil durch Schicht- und Sonntagsarbeit ihren Lebensunterhalt verdienen. Dies beeinflusst die Verbindlichkeit und Kapazität vieler Mitglieder in ihrem gemeindlichen Engagement. Weil sie selbst ums Überleben kämpfen, ist auch die Finanzkraft der Gemeinden gering. Das Jahresbudget einer afrikanischen Gemeinde in Berlin liegt bei 6000 Euro, das meiste davon verschlingt die Miete. Der Pastor arbeitet vollzeitlich und leitet die Gemeinde ehrenamtlich. Ich kenne einige Pastoren, die als Lastwagen- oder Taxifahrer ihren Lebensunterhalt verdienen, in Restaurants oder Putzkolonnen. Die eigenen Möglichkeiten und die Kapazität, sich nach außen zu öffnen, werden dadurch sehr eingeschränkt.

Viele Migrationskirchen existieren in der ersten Generation, der Gründungspastor leitet die Gemeinde noch. Die Herausforderung der Zukunft liegt in einem Leitungs- und Generationenwechsel. Die Mehrheit der Migrationskirchen ist auf die Bedürfnisse der ersten Generation ausgerichtet. Die zweite Generation und ihre interkulturelle Lebensrealität wird nur wenig beachtet. Viele wenden sich von der Gemeinde und gar dem christlichen Glauben ab. Das führt zu einer Überalterung, wenn keine neuen, jüngeren Zuwanderer kommen.

22.3 Interkulturelle Gemeinden

Die kulturelle Vielfalt in unseren Städten führt zu weiteren „neuen Gemeinden", den interkulturellen Gemeinden. Sie entstehen entweder als Neugründungen oder durch die interkulturelle Öffnung einer monoethnischen Gemeinde.

Während Migrationskirchen sich eindeutig definieren lassen, gibt es für interkulturelle Gemeinden weniger klare Kriterien. Mein Verständnis von interkulturellen Gemeinden, das diesem Absatz zugrunde liegt, umfasst vier Aspekte: (1) interkulturelle Leitung, (2) ein ausgeglichenes Verhältnis von Mitgliedern mit und ohne Migrationshintergrund, (3) Verankerung in der deutschen Gesellschaft sowie (4) Deutsch als Hauptsprache, jedoch mit Übersetzungsangeboten.

Für die *Neugründung* interkultureller Gemeinden gibt es drei Ansätze, die sich durch ihre Leitungsstrukturen unterscheiden:

1. *Pastoren/Leiter der zweiten Generation* gründen interkulturelle Gemeinden. Ein Beispiel ist das Hope Center in Berlin. Pastor Joshua Lupemba haben wir bereits kennengelernt (→ Kap. 6.2.3). Er hat einen ghanaischen Hintergrund, wurde aber in Berlin geboren. Seine Gemeinde besteht hauptsächlich aus Jugendlichen und jungen Erwachsenen mit Migrationshintergrund (www.hopecenter.de).
2. *Bikulturelle Ehepaare* gründen Gemeinden, die sich bewusst als interkulturell verstehen.
3. Interkulturelle Gemeinden werden von einem *interkulturellen Leitungsteam* gegründet. Meines Wissens gibt es nur wenige Gemeinden dieser Art, die den genannten Kriterien für interkulturelle Gemeinden entsprechen. Die gute Absicht besteht, doch für eine erfolgreiche Durchführung braucht man ein interkulturelles Team, das sich die Leitung gleichberechtigt teilt. Daran scheitern viele dieser Gemeindegründungen.

Interkulturelle Gemeinden, die sich durch die *Öffnung* monoethnischer Gemeinden entwickeln, können sowohl aus deutschen Gemeinden als auch aus monoethnischen Gemeinden mit Migrationshintergrund entstehen. Öffnung bedeutet, die Bedürfnisse von Mitgliedern aus anderen Kulturen zu erkennen und ernst zu nehmen und die kulturelle Vielfalt als Bereicherung anzusehen, die selbstverständlich das Gemeindeleben und den Gottesdienst prägt. Interkulturelle Öffnung vollzieht sich in einem Prozess, der von Bibeln in unterschiedlichen Sprachen über die Veränderung des Gottesdienstes bis hin zur gleichberechtigten interkulturellen Gemeindeleitung reicht.

Zurzeit machen sich erst wenige Gemeinden bewusst auf diesen Weg. Auslöser können Kontakte nach außen oder demografische Veränderungen im Stadtteil sein. Zwei ermutigende Beispiele zeigen, wie das aussehen kann. Eine brasilianische Gemeinde in Düsseldorf startete als klassische Migrationskirche: gegründet von einem Brasilianer, Mitglieder aus Brasilien, Portugal und Angola und Portugiesisch als Gottesdienstsprache. Viele brasilianische Frauen heirateten deutsche Männer, die oft nur wenige Berührungspunkte mit dem christlichen Glauben hatten. Da die Männer kein Portugiesisch sprachen, war es schwierig, sie mit in die Gemeinde zu bringen. Außerdem führte die Gemeinde immer wieder Musik- und Tanzprojekte durch, zu denen die Jugendlichen ihre Freunde mitbringen wollten, die ebenfalls kein Portugiesisch sprachen. Dies löste einen Prozess der interkulturellen Öffnung aus. Heute ist der Gottesdienst zweisprachig und das Leitungsteam interkulturell.

Die Josuagemeinde in Spandau, ursprünglich eine deutsche Gemeinde, lässt sich auf die kulturellen Veränderungen in ihrem Stadtteil ein. Immer wieder besuchten Migranten den Gottesdienst. Die Gemeindeleitung überlegte, wie eine interkulturelle Öffnung der Gemeinde aussehen könnte: „Was muss geschehen, damit sich Menschen mit und ohne Migrationshintergrund bei uns zugehörig fühlen?" Der erste Schritt war, Übersetzungen und Hauskreise bzw. Gottesdienste in der jeweiligen Muttersprache anzubieten. Auf der Suche nach Möglichkeiten, wie die Gemeinde Zugewanderte in Spandau unterstützen kann, besser in Deutschland anzukommen, und wie die Menschen verschiedener Kulturen in der Gemeinde enger zusammenwachsen können, entstand der Kurs „Zuhause in Deutschland". Er ist gleichermaßen für Migranten und Einheimische konzipiert. Migranten können in einem familiären Rahmen durch einen kurzen Input und im anschließenden Gespräch mit Einheimischen verschiedene Aspekte der deutschen Kultur und Gesellschaft besser kennenlernen. Einheimische bekommen Einblicke in die Lebensrealität der Zugewanderten, die sie brauchen, um eine Willkommenskultur zu schaffen.[236] Gleichzeitig wurde das Café der Kulturen gegründet, ein Ort interkultureller Begegnungen und Veranstaltungen, der regen Zuspruch findet (Unterwegs in Spandau 2015).

Obwohl in beiden Beispielen eine Öffnung der traditionellen Gemeindekultur zu erkennen ist, gibt es noch eine dominierende Gemeindekultur: die brasilianische bzw. die deutsche. Die Veränderung einer bestehenden Gemeinde, eines bestehenden lebendigen Systems, bringt Herausforderungen mit sich und erfordert Zeit (→ Kap. 18-19).

---

236 Das detaillierte Konzept dieses Kurses ist in Dümling 2015 zu finden.

Eine Neugründung hat den Vorteil, dass die interkulturelle Gemeindekultur von Anfang an ausgehandelt wird. In interkulturellen Gemeinden, die von Pastoren der zweiten Generation geleitet werden, liegt das größte Potenzial für die Zukunft. Diese jungen Leiter sind Brückenbauer, sie verstehen ihre Herkunftskultur und sind gleichzeitig in Deutschland aufgewachsen. Leider gibt es noch wenige solcher Pastoren. Es gilt, sie gezielt zu fördern und zu begleiten. Gleichzeitig ist es nötig, dass sich theologische Ausbildungsstätten ebenfalls auf einen Prozess der interkulturellen Öffnung einlassen, damit sie ihre Studierenden auf die Herausforderungen der Zukunft vorbereiten können.

22.4 Dimensionen der interkulturellen Begegnung

Kulturelle Vielfalt gehört zur DNA des Reiches Gottes: „Danach sah ich: eine große Schar aus allen Nationen und Stämmen, Völkern und Sprachen; niemand konnte sie zählen. Sie standen in weißen Gewändern vor dem Thron und vor dem Lamm und trugen Palmzweige in den Händen. Sie riefen mit lauter Stimme: Die Rettung kommt von unserem Gott, der auf dem Thron sitzt, und von dem Lamm" (Offb. 7,9-10). Die Zuwanderung von Christen mit Migrationshintergrund bereichert die Stadtgemeinde. Gemeinsam mit ihnen, Menschen aus allen Nationen, können wir Gott loben und ein Stück mehr das Reich Gottes in unserer Stadt sichtbar machen.

Paulus beschreibt die christliche Gemeinschaft als einen Leib, der unabdingbar zusammengehört (1. Kor. 12,12-14). Zwischen Christen mit und ohne Migrationshintergrund besteht eine Verbundenheit in Christus, die jede gesellschaftliche und kulturelle Ungleichheit durch die Kraft des Heiligen Geistes überwinden kann: „Es gibt nicht mehr Juden und Griechen, nicht Sklaven und Freie, nicht Mann und Frau; denn ihr alle seid *einer* in Christus Jesus" (Gal. 3,28).

Mit diesen Versen wird oft eine Differenzblindheit begründet, als ob soziokulturelle Unterschiede und Ungleichheit in der Gemeinde keine Rolle mehr spielten. Doch das meint Paulus nicht, „weil es ja sowohl in den angesprochenen galatischen Gemeinden als auch in dem von Paulus in [Gal.] 2,11-21 aufgerufenen antiochenischen Beispiel gerade die Vielfalt der Gläubigen ist, die Probleme bereitet. In seiner Argumentation plädiert Paulus eben gerade nicht für die Aufhebung von Unterschieden. Er möchte seine Adressaten für ein Programm gewinnen, wonach die Verschiedenen als Verschiedene zu einer Glaubensgemeinschaft zusammenwachsen. Differenz soll nicht ausgelöscht werden" (Kahl 2015:9). Durch interkulturelle Zusammenarbeit, egal ob in oder zwischen Gemeinden, verbreiten wir die DNA des Reiches Gottes, überwinden kulturelle Gräben, ohne die jeweilige kulturelle Identität zu verneinen.

Die Frage sollte nicht sein, *ob* wir interkulturelle Beziehungen aufbauen, sondern *wie* dies geschieht. Aufgrund meiner Erfahrung und Beobachtung und der Auseinandersetzung mit verschiedenen theoretischen Ansätzen unterscheide ich vier Dimensionen, die entscheidend für das Gelingen von interkultureller Begegnung und Zusammenarbeit sind.

22.4.1.1 Mentale Modelle und innere Einstellungen

Die Begegnung mit Menschen anderer Kulturen wird von unseren *mentalen Modellen* geprägt. „Mentale Modelle sind tief verwurzelte Annahmen, Verallgemeinerungen oder auch Bilder und Symbole, die großen Einfluss darauf haben, wie wir die Welt wahrnehmen und wie wir handeln“ (Senge 2001:17). Oft sind wir uns dieser mentalen Modelle nicht bewusst. Erst in der Begegnung mit anderen kommen sie zum Vorschein. Wir werden uns unserer eigenen diskriminierenden Gedanken bewusst. Wenn wir uns diesen negativen mentalen Modellen stellen und sie nicht beschämt verdrängen, haben wir die Chance, durch Versöhnung Veränderung zu erleben.

Unsere *innere Einstellung* ist dagegen die bewusste Entscheidung, ob wir kulturelle Vielfalt bejahen, Flüchtlinge willkommen heißen oder gegen sie demonstrieren. Unsere innere Einstellung entscheidet auch darüber, ob wir eine lernende Haltung einnehmen und uns durch interkulturelle Begegnungen verändern lassen. Besonders wichtig ist die Einstellung, Dinge *mit* Flüchtlingen und Migranten zu gestalten und nicht *für* sie. Christen mit Migrationshintergrund kommen mit vielen geistlichen und sozialen Ressourcen, die es zu fördern und wertzuschätzen gilt.

22.4.1.2 Der Kontext der interkulturellen Begegnung

Interkulturelle Begegnung findet nicht im luftleeren Raum statt, sondern ist durch den gesellschaftlichen Kontext geprägt. Der ungleiche Zugang zu Ressourcen, sozioökonomische Unterschiede und Vorurteile sind Rahmenbedingungen, die auch in den Beziehungen unter Christen eine Rolle spielen. Ein klassisches Beispiel ist die Nutzung von Gottesdiensträumen. Deutsche Gemeinden treten als Vermieter auf, während Migrationskirchen die Räume stundenweise für viel Geld mieten. Aufgrund kultureller Unterschiede – laute Musik, ungewohnte Speisegerüche, flexibleres Zeitverständnis – ist das Verhältnis zwischen den Gemeinden oft angespannt, vor allem wenn das „Vermieter-Mieter-Verhältnis“ die Begegnung bestimmt und keine geschwisterlichen Beziehungen gepflegt werden.

Diese gesellschaftliche Realität muss anerkannt, reflektiert und, wo möglich, verändert werden. Ein erster Schritt besteht darin, gemeinsame Projekte und Veranstaltungen nur mit gleichberechtigten interkulturellen Vorbereitungs- und Leitungsteams durchzuführen. Ein weiterer Schritt zur Überwindung des Ungleichgewichts ist, Migrationskirchen nicht durch Mieterlöse als Finanzbeschaffer zu sehen, sondern als Verstärkung in der urbanen Mission, die es zu unterstützen gilt.

22.4.1.3 Beziehungen

Die Reflexion der eigenen inneren Einstellung und die Anerkennung der ungleichen sozialen Realität bereiten den Boden für ehrliche und wertschätzende Beziehungen. Solche Beziehungen erfordern Zeit, Investition und Geduld. Die Begegnung bei einem Planungstreffen für einen gemeinsamen Gottesdienst reicht dazu nicht aus. Einen tieferen Einblick in die andere Lebenswelt verschaffen uns der Besuch von Gottesdiensten oder die Teilnahme an Festen und Veranstaltungen der anderen Gemeinde, auch wenn diese gefühlte fünf Stunden dauern. Einander zuzuhören, ohne zu bewerten, ist grundlegend, um Beziehungen zu bauen, Vertrauen zu gewinnen und Vorurteile abzubauen. Ohne persönliche und tragfähige Beziehungen bleibt jede interkulturelle Begegnung oberflächlich und wirkt sich nicht stärkend auf den Zusammenhalt der Gesellschaft aus.

22.4.1.4 Projekte und Programme

Es gibt Projekte und Programme, die helfen, interkulturelle Begegnung zu initiieren. Oft werden sie angewandt, ohne die eben genannten Dimensionen zu berücksichtigen. Dies führt häufig zum „Kobra-Effekt" (→ Kap. 16), also dem Auftreten von unbeabsichtigten Nebenwirkungen.

Die Vorbereitung eines interkulturellen Gottesdienstes illustriert eine solche Situation. Der deutsche Pastor wartet auf den afrikanischen Pastor. Insgeheim hofft er, dass der afrikanische Pastor nicht predigen möchte, da er mit Akzent spricht und seine eigenen Gemeindemitglieder sich beschweren könnten. Der afrikanische Pastor kommt verspätet an und entschuldigt sich mit der Begründung, dass ein Gemeindemitglied angerufen hat. Der deutsche Pastor fühlt sich in seinem Vorurteil bestätigt, dass Afrikaner wenig verlässlich und immer unpünktlich sind. Die Vorbereitung verläuft höflich, aber wirkliche Begegnung bleibt aus, weil keine Beziehung zwischen beiden besteht. Der deutsche Pastor versteht die Lebenswirklichkeit des afrikanischen Pastors nicht, dessen Mitglieder zum Teil von Abschiebung bedroht sind, sodass er sie in akuten Problemen begleiten muss. Auch das Privileg einer Gemeindesekretärin ist dem afrikanischen Pastor vorenthalten. Er muss sich um vieles selbst kümmern, was der deutsche Pastor einfach delegieren kann. Der Kobra-Effekt besteht in diesem Fall darin, dass die beabsichtigte Folge – echte Gemeinschaft – ausbleibt, dafür aber eine nicht beabsichtigte – Bestätigung von Vorurteilen – eintritt.

In Kassel und Hamburg gibt es eine lange Tradition interkultureller Gottesdienste. Von diesen Erfahrungen lässt sich viel lernen (Degenhardt 2015:51-57; Krause, Krause & Dawin 2015:59-64). Zur erfolgreichen Durchführung eines interkulturellen Gottesdienstes wird empfohlen, dass Vertrauen und Beziehungen wachsen müssen, bevor der Gottesdienst geplant wird. Ein konstantes Planungsteam ist dabei von Vorteil. Es muss ein Gleichgewicht zwischen Planungssicherheit und der Freiheit des Geistes gefunden werden. Die Unsicherheit der Gottesdienstbesucher kann reduziert werden, indem „Ungewohntes" erklärt wird. Gottesdienstblatt und Texte geben ebenfalls Sicherheit. Die Dialogpredigt ist ideal für solch einen Gottesdienst, da sie die Beziehungen und die Gleichberechtigung zwischen Pastoren mit und ohne Migrationshintergrund demonstriert. Andere Aspekte sind: eine Willkommenskultur schaffen, die Beteiligung der Gottesdienstbesucher, gute Musik und zum Schluss ein gemeinsames Essen.

Es gibt weitere praktische Möglichkeiten, Raum für interkulturelle Begegnung zu schaffen: gemeinsame Musikworkshops, Jugendevents oder der bereits erwähnte Kurs „Zuhause in Deutschland". Interkulturelle Bibelarbeiten nach der Methode des „Bibel-Teilens" (Kahl 2011:210-217) ermöglichen ebenfalls gleichberechtigte Begegnungen. In all diesen Fällen ist der Weg schon ein Teil des Ziels: Der Vorbereitungsprozess in einem interkulturellen Team ist genauso wichtig wie das Endprodukt.

Abbildung 22.2: Wichtige Standards: Gemeinsam vorbereiten und gemeinsam durchführen[237]

In der alltäglichen Praxis sind die vier beschriebenen Dimensionen nicht voneinander zu trennen und bedingen sich gegenseitig. Es ist gut, sich immer wieder neu zu fragen, was unsere innere Einstellung ist, wo das gesellschaftliche Macht-Ungleichgewicht deutlich wird und wie es um unsere Beziehungen steht.

22.5 Wir brauchen einander in der urbanen Mission

In Deutschland sind die soziale Absicherung und Lebensqualität sehr hoch. Deutsche Christen sind in der Regel gut versorgt. Für viele Migranten und Flüchtlinge sieht es ganz anders aus. Sie kämpfen häufig mit finanziellen und sozialen Schwierigkeiten und treffen aufgrund ihrer Herkunft auf viele strukturelle Herausforderungen. Dennoch oder gerade deshalb halten sie an Gottes Verheißungen fest und setzen ihre ganze Hoffnung auf ihn. Sie erwarten und vertrauen, dass Jesus Gebete beantwortet, Krankheiten heilt und ganz konkret im Alltag eingreift. In ihren Geschichten ist Gottes Handeln und seine Versorgung immer wieder zu erkennen. Die Erfahrung der Geschwister aus aller Welt gibt Hoffnung und kann den Glauben derer stärken, die ihre Geschichten hören.

237 Ein Vorbereitungsteam und Moderatoren von Gemeinsam für Berlin.

In der postmodernen Stadt, in der es nur noch Minderheiten gibt (→ Kap. 1.1.3), ist die interkulturelle Zusammenarbeit von Christen unverzichtbar. Viele Migrationskirchen haben eine berührende Liebe zu Deutschland. Sie beten regelmäßig und sehr intensiv für unser Land und unsere Städte. Sie spüren unsere „geistliche Armut" und möchten ein Segen für unser Land sein. Aber aus Mangel an Verständnis für die deutsche Kultur entstehen durch ihre Hingabe nicht unbedingt Brücken zur deutschen Gesellschaft. Die Situation deutscher Gemeinden ist nicht sehr viel anders. Sie meinen, sie seien offen für jedermann, aber in der Realität erreichen sie fast nur Leute aus dem eigenen Mittelschichts-Milieu. In der fragmentierten und heterogenen Stadt sind viele ihrer Mitglieder hilflos, wenn es darauf ankommt, zu Menschen in Beziehung zu treten, die in ganz anderen sozialen Verhältnissen leben. Migranten sind an der Lebenswelt ärmerer Deutscher oft dichter dran als die Mehrheit der Mitglieder einer deutschen Gemeinde.

In interkulturellen Begegnungen – innerhalb einer Gemeinde oder zwischen Gemeinden – können beide Seiten lernen, ihren hemmenden *Ethnozentrismus* zu überwinden und neue Kompetenzen für milieuübergreifende Gemeinschaft zu erwerben. Unter Christen können solche Begegnungen moderiert geschehen und auf der Grundlage, dass wir uns als Schwestern und Brüder begegnen, die durch Christus eins sind. Sie haben nicht nur ihren Wert in sich, sondern sie sind ein wichtiges Übungsfeld für die urbane Mission. Als die Christus Gemeinde in Oberhausen (→ Kap. 5.5) sich für Christen aus anderen Kulturen öffnete, wurde sie auch für Deutsche aus prekären Verhältnissen attraktiv. Wenn wir die Grenzen unserer Kultur oder unseres Milieus an einer Stelle überschreiten, werden sie auch an anderen Stellen durchlässig. Deshalb endet auch dieses Kapitel mit einer These:

> Christen mit Migrationshintergrund sind eine Gabe Gottes und wichtige Partner für die urbane Mission. In der Begegnung und Zusammenarbeit mit ihnen werden wir selbst zum Besten unserer Stadt verändert.

ERFAHRUNGEN UND REFLEXIONEN

Meine Berufung zur interkulturellen Arbeit

Im November 2005 wurde ich nach Rotterdam eingeladen, um in zwei interkulturellen Gottesdiensten zu predigen. Während meiner Vorbereitungen beschäftigte mich die Frage: Warum sind eigentlich so viele Migranten aus der südlichen Hemisphäre nach Europa gekommen? Die äußeren Gründe liegen auf der Hand: Politische, wirtschaftliche und soziale Verhältnisse motivieren viele Menschen dazu, hier eine neue

Heimat mit einer besseren Zukunft zu suchen. Aber gibt es noch tiefere Gründe? Verbindet sich mit dieser Migrationsbewegung eine Absicht Gottes?

In der Bibel begegnet uns an vielen Stellen eine Doppelbödigkeit der Geschichte: Vordergründig handeln Menschen, doch im Hintergrund verwirklicht Gott seine Pläne. Ein markantes Beispiel ist die Josefgeschichte (Gen. 37-50). Seine Brüder hatten ihn aus Neid nach Ägypten verkauft, die Frau seines Sklavenherrn hatte ihn durch eine Intrige ins Gefängnis gebracht, aber am Ende wurde eine ganze Region vor einer Hungersnot bewahrt und Josef konnte seinen Brüdern sagen: „Nicht ihr habt mich hierher geschickt, sondern Gott" (Gen. 45,8). Gibt es eine ähnlich hintergründige Migrationsgeschichte? Hat Gott die Migranten zu uns geschickt?

Die Josefgeschichte beschäftigte mich weiter. Ich erkannte in ihr ein weiteres Motiv: die Verbindung von Rettung und Rehabilitierung. Josefs Brüder wurden vor dem Hungertod bewahrt und Josef selbst erlebte soziale Heilung. Wenn Unrecht aufhört, ist es noch nicht vorbei. Wunden müssen geheilt werden. Josef war von seinen Brüdern gedemütigt worden und die Erinnerung daran wäre lebendig geblieben, wenn er auf „normale" Weise frei geworden wäre. Doch Gott hatte einen Weg der Wiederherstellung: Er gab die früheren Peiniger in die Hand des Gepeinigten. Josef war ohnmächtig gewesen und hatte seine Brüder um Erbarmen angefleht, aber sie hatten ihn nicht gehört. Jetzt waren sie ohnmächtig und brauchten sein Erbarmen. Josef gab es ihnen und wurde wirklich frei.

Eine Parallele drängte sich mir auf: Wir Europäer haben Afrika, Asien und Lateinamerika gedemütigt, unterdrückt und ausgebeutet. Diese tiefen Verletzungen sind nicht vorbei, wenn frühere Kolonien unabhängig geworden sind. Im Kontakt mit Migranten kann man ihre Spuren noch heute entdecken. Dreht Gott den Spieß um und ehrt sie dadurch, dass wir sie brauchen und eine geistliche Erneuerung Europas nur mit ihnen möglich ist? Wir haben ihnen das Evangelium gebracht, wenn auch oft in Verbindung mit einem westlichen Kulturimperialismus. Dafür sind viele von ihnen dankbar und jetzt wollen sie es in neuer Lebendigkeit zu uns zurückbringen. Dass wir sie wirklich brauchen, ist ein Weg, auf dem Gott sie rehabilitiert und ihre Würde wiederherstellt. Nicht wir sind großzügig, wenn wir sie aufnehmen, sondern sie sind großzügig in ihrer Liebe zu ihrer neuen Heimat und in ihrem leidenschaftlichen Gebet für unsere Städte. „Wir haben Böses gegen sie im Sinne gehabt, Gott aber hatte dabei Gutes im Sinn, um [...] viel Volk am Leben zu erhalten" (nach Gen. 50,20).

Mit dieser Sicht kehrte ich aus Rotterdam nach Berlin zurück. Ich entdeckte, dass es schon damals mehr als 100 fremdsprachige Gemeinden in unserer Stadt gab, die viele der einheimischen Christen überhaupt nicht auf dem Schirm hatten. Ich fing an, sie zu besuchen, trank viel Kaffee und Tee, hörte viele Geschichten. Anfangs sah ich eine Frage in ihren Augen: „Meinst du es ernst? Oder bist du nur ein weiterer Weißer, der seinen eigenen Events mit unseren Chören mehr Farbe verleihen möchte?" Einer von ihnen bezeichnete so etwas als „kirchlichen Kolonialismus". Doch Vertrauen wuchs und echte Freundschaften entstanden.

Aus diesen ersten Anfängen wuchs die interkulturelle Arbeit von Gemeinsam für Berlin. Inzwischen gehören Migranten ganz selbstverständlich zu unserem Netzwerk und wir arbeiten daran, noch mehr Gleichberechtigung und Repräsentanz in unseren Gremien herzustellen. Meine Überzeugung, dass Migranten ein Geschenk Gottes für die urbane Mission sind, hat sich verfestigt. Allerdings habe ich gemerkt, dass wie alle systemischen Vorgänge auch die gemeinsame interkulturelle urbane Mission Zeit braucht. Die erste Generation, die aus Afrika, Asien und Lateinamerika gekommen ist, muss erst einmal hier ankommen und heimisch werden. Die zweite und dritte Generation, die schon hier aufgewachsen ist, hat ein unglaubliches Potenzial. Ich habe in diesem Buch den *marginal man* so ausführlich vorgestellt (→ Kap. 6.2.3), weil ich erlebe, was für Schätze unter uns aufwachsen. Als Beispiele habe ich Totinia Mateus (→ Kap. 6.1) und Joshua Lupemba (→ Kap. 6.2.3) vorgestellt. Wir können uns auf schöne Überraschungen gefasst machen.

Wer die Geschichte der Evangelien liest, würde nicht erwarten, dass die eigentlichen Initiatoren der Weltmission nicht die Zwölf um Jesus, seine Augen- und Ohrenzeugen, sein würden, sondern eine Gruppe von marginalisierten hellenistischen Juden in Jerusalem. Doch so kam es (→ Exkurs 2). Wer die Geschichte des Christentums in Europa mit ihrem reichen theologischen und spirituellen Erbe liest, würde auch nicht unbedingt erwarten, dass wir für eine geistliche Erneuerung Akteure brauchen, die aus anderen Erdteilen zugewandert sind und hier oft unter schwierigen Bedingungen leben. Meine Prognose ist: So wird es kommen.

FAZIT

- Die kulturelle und religiöse Vielfalt in unseren Städten nimmt zu. Ungefähr 20 Prozent der in Deutschland gemeldeten Menschen haben einen Migrationshintergrund, dieser Anteil wird weiter steigen.
- Gelingende Integration ist deshalb wichtig. Dabei handelt es sich um einen wechselseitigen Prozess, für den Einheimische und Zugewanderte gleichermaßen Verantwortung tragen.
- Die Zuwanderung von Christen mit Migrationshintergrund bereichert die Stadtgemeinde.
  - Zahl, Selbstbewusstsein und Bedeutung von Migrationskirchen haben in den letzten Jahren stark zugenommen. Sie bieten eine geistliche

  und soziokulturelle Heimat für ihre Mitglieder und erfüllen gleichzeitig eine wichtige Integrationsfunktion.
  - Daneben gibt es durch Neugründung oder die interkulturelle Öffnung monoethnischer Gemeinden vermehrt interkulturelle Gemeinden, in denen kulturelle Vielfalt selbstverständlich das Gemeindeleben prägt.
  - Durch interkulturelle Begegnung und Zusammenarbeit (in oder zwischen Gemeinden) verbreiten wir die DNA des Reiches Gottes, wenn wir einander gleichberechtigt begegnen und echte Beziehungen entstehen.

- Christen mit Migrationshintergrund sind eine Gabe Gottes und wichtige Partner für die urbane Mission. In der Begegnung und Zusammenarbeit mit ihnen werden wir selbst zum Besten unserer Stadt verändert.
- Welche Migrationskirchen und interkulturellen Gemeinden gibt es in Ihrer Stadt / Ihrem Stadtteil? Wie sehen die Beziehungen anderer Gemeinden zu ihnen aus?
- Wo gelingt in Ihrer Stadt das Zusammenleben von Menschen mit unterschiedlichem ethnischem Hintergrund gut? Welche Probleme gibt es?
- Welche Möglichkeiten gibt es für Ihre Gemeinde / Initiative zur Zusammenarbeit auf Augenhöhe mit Christen mit Migrationshintergrund?

- Bianca Dümling: Migrationskirchen in Deutschland. Orte der Integration (Dümling 2011). *Biancas Dissertation zum Thema.*
- Sarah Lanier: Überall zu Hause?! Menschen aus fremden Kulturen verstehen (Lanier 2006). *Wichtige Grundlagen für das Gelingen interkultureller Begegnungen und Beziehungen.*

Zur Inkarnation von Jesus gehörte, dass er einer von uns wurde und unter uns wohnte. Das ist ein gutes Vorbild für urbane Mission.

23. „Es ist jeden Abend wert“

Inkarnatorisch leben

„Das Wort ist Fleisch geworden und hat unter uns gewohnt“ (Joh. 1,14), so beschreibt das Johannesevangelium die Menschwerdung Jesu. In der Theologie wird sie die Inkarnation[238] genannt. Zu ihr gehört, dass der Sohn Gottes *einer von uns* wurde und dass er *unter uns wohnte*. Es geht um Zugehörigkeit und Nähe.

Jesus sendet uns, wie der Vater ihn gesandt hat (Joh. 20,21). Inkarnatorisches Leben nach seinem Vorbild ist ein wesentlicher Teil der urbanen Mission. Wir gehen nicht nur mit einem Auftrag zu den Menschen, sondern wir werden *einer von ihnen* und *wohnen unter ihnen*. Das führt zu der konkreten Frage: Wie werden wir für andere jemand, von dem sie sagen, dass er zu ihnen gehört und ihnen nahe ist? Wir können darüber einiges von Jesus lernen. Ich beginne, indem ich einige Themen, die bereits angesprochen wurden, noch einmal aufgreife und sie in den Kontext der Inkarnation stelle, bevor ich weitere Aspekte anspreche.

23.1 Hören und Sehen

Wer einer von „ihnen“ werden und unter ihnen wohnen will, muss herausfinden, wer sie sind und wie ihre Welt beschaffen ist. Jesus begann nicht als Lehrer, sondern als Lernender. Er lernte laufen und sprechen wie ein Mensch. Er erlernte ein Bauhandwerk (Mk. 6,3). Und er war wissbegierig in Bezug auf religiöse Themen: „Er saß mitten unter den Lehrern, hörte ihnen zu und stellte Fragen“ (Lk. 2,46). Er „wuchs heran und seine Weisheit nahm zu“ (V. 52).

Jesus blieb zeitlebens ein aufmerksamer Beobachter. Mit seinem Blick auf eine Menschenmenge haben wir uns bereits beschäftigt (→ Kap. 17.1). Aus seinen Reden geht hervor, wie genau er die Menschen und Verhältnisse seiner Heimat kannte. An einigen Stellen wird seine „Neugier“ explizit: Bei einem Gastmahl studierte er das Verhalten der Gäste (Lk. 14,7), als er nach Jerusalem einzog, sah er „alles“ an (Mk. 11,11) und mitten in inhaltsreichen Tagen fand er die Muße, sich gegenüber dem Opferkasten des Tempels zu setzen, um das Verhalten der Leute, die Geld einwarfen, zu beobachten (Mk. 12,41).

Hören und Sehen gehören zum inkarnatorischen Leben. Das spricht dafür, schon die

238 Abgeleitet von *incarnatio*, dem lateinischen Wort für Fleischwerdung.

Stadterkundung mit viel „Inkarnation“ zu füllen. Deshalb habe ich sie als „Begegnung“ konzipiert (→ Kap. 17.2), als eine Praxis, bei der wir schon denen zugehörig werden und die Nähe derer suchen, unter denen wir wohnen wollen.

23.2 Kommen und Gehen

In Kapitel 19 habe ich das Doppelgleichnis vom Senfkornbaum und vom Sauerteig (Mt. 13,31-33) auf die urbane Mission angewendet. Mit dem ersten Bild beschreibt Jesus, was wir heute eine „Komm-Struktur“ nennen. Diese besteht darin, (Hilfs-)Angebote zu machen, und es ist Sache derer, die sie nutzen wollen, zu kommen. Heute ist die Komm-Struktur bei einigen missionarischen Christen in Verruf gekommen, weil sie lange Zeit die einseitige und deshalb verkürzte Praxis der Gemeinde war. Sie hat aber nach wie vor ihre Berechtigung, denn Jesus sieht in dem Senfkornbaum eine Anlaufstelle, zu der „die Vögel des Himmels *kommen* und in seinen Zweigen nisten“ (Mt. 13,32).

Mit dem Sauerteig fügt Jesus ein Bild für das hinzu, was wir heute eine „Geh-Struktur“ nennen. In der sozialen Arbeit nennt man eine entsprechende Praxis „aufsuchend“ und es würde gut passen, von einer „aufsuchenden Mission“ zu sprechen. Das Mehl kommt nicht zum Sauerteig, sondern der Sauerteig wird in das Mehl befördert. Das Bild vom Sauerteig führt uns aber noch einen Schritt weiter. Er symbolisiert auch eine „Wohn-Struktur“. Der Sauerteig wird nicht temporär unter das Mehl gemischt, um sich dann wieder in seinen Klumpen zurückzuziehen, sondern er bleibt und vermischt sich mit dem Mehl. Inkarnatorisches Leben bedeutet eine „Wohn-Struktur“ der urbanen Mission. Die Gesandten und die, zu denen sie gesandt sind, vermischen und verbinden sich eng. Es gibt im Alltag „Kontaktflächen“, die sich nicht auf Dienstprogramme beschränken.

23.3 Essen und Trinken

Im Neuen Testament findet das Prinzip der Inkarnation einen zentralen Ausdruck im gemeinsamen Essen und Trinken. Ich habe schon mehrfach darüber geschrieben[239] und füge jetzt weitere Aspekte hinzu.

23.3.1 Ein „Fresser und Säufer“

Kaum etwas war so bezeichnend für Jesus wie seine Mahlgemeinschaften. Die Jünger aus Emmaus erkannten ihn nach seiner Auferstehung nicht an seinen Worten, sondern erst an seinem Tischverhalten (Lk. 24,13-31). Seine Gegner nannten ihn einen „Fresser und Säufer“ (Lk. 7,34), weil sie ihn häufig an Tischen erlebten, und zwar an solchen, an denen sie nie Platz genommen hätten: „Als Jesus in seinem Haus beim Essen war, aßen viele Zöllner und Sünder zusammen mit ihm und seinen Jüngern; denn es folgten ihm schon

239 In den Abschnitten 3.4.2 (ein Beispiel aus Neukölln), 4.2.1 (das solidarische Essen und Trinken mit den Armen in den Städten Israels), 6.2.2 (die Tischgemeinschaften von Jesus), 17.2.4 (sein Trinken aus dem Krug der samaritanischen Frau) und in Exkurs 2 (Petrus in Antiochia).

viele. Als die Schriftgelehrten, die zur Partei der Pharisäer gehörten, sahen, dass er mit Zöllnern und Sündern aß, sagten sie zu seinen Jüngern: Wie kann er zusammen mit Zöllnern und Sündern essen?“ (Mk. 2,15-16). Was sie empörte, was für Jesus Herzenssache.

Die Tischgemeinschaft war oft das Erste, was Jesus Menschen anbot. Bei Zachäus, der ihn von einem Baum beobachtete, lud er sich selbst ein: „Ich muss heute in deinem Haus zu Gast sein“ (Lk. 19,5). Die Frommen befremdete es, weil Zachäus für sie ein „Sünder“ war (V. 7). Den Zachäus veränderte es, weil er für Jesus „ein Sohn Abrahams“ war (V. 9).

Am Abend vor seiner Passion wollte Jesus noch einmal mit seinen Jüngern an einem Tisch sitzen: „Ich habe mich sehr danach gesehnt, vor meinem Leiden dieses Paschamahl mit euch zu essen“ (Lk. 22,15). Der intimste Ausdruck seiner Beziehung zu seinen Anhängern war die gemeinsame Mahlzeit. Er teilte seinen Jüngern mit, dass dieses Mahl nur einen Vorgeschmack auf ein größeres bot, das kommen würde (V. 16-18). In der zukünftigen Welt werden wir gemeinsam „zu Tisch sitzen“ (Mt. 8,11) und Jesus beschrieb sie gern als ein Festmahl (Mt. 22,1-10).

Nach seiner Auferstehung blieb Jesus seiner Vorliebe, wichtige Dinge bei gemeinsamen Mahlzeiten geschehen zu lassen, treu. Petrus hatte ihn nach seiner Verhaftung drei Mal verleugnet (Joh. 18,12-27). Nun war er wieder auf dem See und fischte mit einigen anderen. Jesus wusste, dass Petrus eine neue Vergewisserung der Zugehörigkeit zu ihm brauchte. Am Morgen nach einer Nacht ohne Fang erschien Jesus ihm und seinen Gefährten und bescherte ihnen einen wunderbaren Fischzug (Joh. 21,4-8) – wie schon einmal zuvor (Lk. 5,1-10). Die Botschaft war klar: Für Jesus was alles noch wie damals, die Berufung, die er bei dem ersten Fischzug ausgesprochen hatte (V. 10), galt immer noch.

Damit war die Begegnung nicht zu Ende. Nach einem Fehltritt wie dem des Petrus hätten wir vermutlich gesagt: „Petrus, wir müssen reden.“ Jesus sagte: „Petrus, wir müssen essen.“ Das Feuer hatte er bereits angezündet und die ersten Brote und Fische gebraten (Joh. 21,9-13). Auch hier ist die Botschaft klar: „Petrus, du gehörst immer noch mit mir an einen Tisch.“ Mit einem gemeinsamen Essen heilte Jesus, was Petrus zerbrochen hatte.

Nach der Mahlzeit stellte Jesus dem Petrus drei Mal eine Frage: „Liebst du mich?“ (V. 15-17). Wenn Jesus uns eine Frage stellt, braucht er keine Information. Wir brauchen eine Einsicht. Petrus musste wieder wissen, wie sehr er an Jesus hing. In einer Situation wie seiner spricht das Herz eine andere Sprache: Wie kannst du sagen, dass du Jesus liebst, wenn du ihn so im Stich gelassen hast? Aber Jesus wusste es besser und mit seiner Frage holte er wieder an die Oberfläche, was tief im Herzen von Petrus zugedeckt war: „Herr, du weißt alles; du weißt, dass ich dich liebhabe“ (V. 17). Ich habe von Jesus gelernt, Christen nicht zu bedrängen, sie sollten Jesus „mehr lieben“. Ich helfe ihnen zu entdecken, wie sehr sie Jesus immer noch lieben, selbst wenn es ihnen nicht gelungen ist, das praktisch zum Ausdruck zu bringen.[240]

240 Was hier zwischen Jesus und Petrus passiert, hat auch für zwischenmenschliche Beziehungen Bedeutung. Manchmal müssen schwierige Situationen bereinigt werden, indem sie „aufgearbeitet“ und die Probleme an- und ausgesprochen werden. Ich beobachte unter Christen jedoch bisweilen

23.3.2 Der Tisch in der Mission

Mit seinen Mahlgemeinschaften gab Jesus seinen Nachfolgern ein Vorbild, das er durch konkrete Anweisungen unterstrich. Als er sie in die Städte und Dörfer Galiläas aussandte, gab er ihnen Folgendes mit auf den Weg:

> Danach suchte der Herr zweiundsiebzig andere aus und sandte sie zu zweit voraus in alle Städte und Ortschaften, in die er selbst gehen wollte [...] Nehmt keinen Geldbeutel mit, keine Vorratstasche und keine Schuhe! Grüßt niemand unterwegs! Wenn ihr in ein Haus kommt, so sagt als erstes: *Friede* diesem Haus! Und wenn dort ein Mann des Friedens wohnt, wird der Friede, den ihr ihm wünscht, auf ihm ruhen; andernfalls wird er zu euch zurückkehren. Bleibt in diesem Haus, *esst und trinkt*, was man euch anbietet; denn wer arbeitet, hat ein Recht auf seinen Lohn. Zieht nicht von einem Haus in ein anderes! Wenn ihr in eine Stadt kommt und man euch aufnimmt, so *esst*, was man euch vorsetzt. *Heilt* die Kranken, die dort sind, und *sagt* den Leuten: Das Reich Gottes ist euch nahe. (Lk. 10,1.4-9)

Erst kommt der Friedensgruß (Segen), dann das Essen, dann der Dienst (Heilung), dann das Wort. Im Zentrum steht die Einkehr in ein Haus und die damit verbundene Mahlgemeinschaft. Zwei Mal schärft Jesus den Jüngern ein, zu essen, was man ihnen „anbietet" bzw. „vorsetzt", die anderen Elemente erwähnt er nur je ein Mal. Die Mission der Jünger war um den Tisch „organisiert".

So blieb es. Petrus wurde durch göttliche Intervention dazu gebracht, über seinen jüdischen Schatten zu springen, um dem Haus des römischen Hauptmanns Kornelius das Evangelium zu bringen (Apg. 10). Empört hatte er sich gewehrt: „Noch nie habe ich etwas Unheiliges und Unreines gegessen" (V. 14). Gottes Antwort lautete: „Dann wird es Zeit." Am Tisch des Kornelius bekam er die Gelegenheit. Durch das inkarnatorische Handeln des Petrus, einer von ihnen zu werden und sich unter ihnen aufzuhalten, konnten die Leute des Kornelius bei Gott zugehörig werden.

Der Tisch spielte nicht nur in der missionarischen Erstbegegnung eine zentrale Rolle. Er war ein wichtiges Mittel der schichtübergreifenden Gemeinschaft. Ich habe schon früher die folgenden Worte von Jesus zitiert:

> Wenn du mittags oder abends ein Essen gibst, so lade nicht deine Freunde oder deine Brüder, deine Verwandten oder reiche Nachbarn ein; sonst laden auch sie dich ein, und damit ist dir wieder alles vergolten. Nein, wenn du ein Essen gibst, dann lade Arme, Krüppel, Lahme und Blinde ein. Du wirst selig sein, denn sie können es

einen übertriebenen „Aufarbeitungszwang" oder eine „Klärungsmanie". Jesus hat, soweit wir wissen, mit Petrus nie über den Vorfall im Hof des Hohenpriesters gesprochen. Das war nicht nötig. Manches muss nie „auf den Tisch", wenn wir uns „am Tisch" gegenseitig vergewissern, dass wir einander in Liebe zugetan sind.

dir nicht vergelten; es wird dir vergolten werden bei der Auferstehung der Gerechten. (Lk. 14,12-14)

Tische sind Bindeglieder in einer fragmentierten Stadt. Dass die erste Gemeinde tatsächlich eine Gemeinschaft war, zeigte sich darin, dass zu den konstituierenden Elementen ihres Gemeindelebens neben der Lehre und dem Gebet auch das gemeinsame Essen gehörte (Apg. 2,42), bei dem Reiche und Arme[241] zusammen an einem Tisch saßen. In Korinth blieben die gemeinsamen Mahlzeiten auf der Strecke, stattdessen aßen und tranken die einen für sich, während die anderen ebenfalls für sich hungerten. In einem solchen Kontext ist das, was am Ende begangen wird, für Paulus kein richtiges „Herrenmahl" mehr (1. Kor. 11,20-22).

Der Tisch ist auch heute zentrales Möbelstück der inkarnatorischen Mission, wie die beiden folgenden Bespiele veranschaulichen.

ERFAHRUNGEN UND REFLEXIONEN

Ein Abendessen in Moabit

Vor einigen Jahren war ich zur Geburtstagsfeier eines Freundes in Moabit eingeladen. Er gehört zur Refo-Gemeinschaft (www.refo-moabit.de) und die Feier fand im Gemeindehaus der Reformationskirche statt. Mein Freund hatte auch einen Nachbarn eingeladen, einen Journalisten ungefähr in meinem Alter, den er erst am Tag zuvor kennengelernt hatte. Er begrüßte uns mit den Worten: „Ich habe normalerweise mit Kirche nichts im Sinn. Wenn es euch interessiert, kann ich euch nachher erzählen, warum." Allerdings interessierte er sich während der Feier dann doch dafür, was die Refo-Leute so treiben.

Später am Abend saßen wir beide – die einzigen etwas älteren Gäste – mit einem Teller Salat und einem Bier zusammen. Jetzt war für mein Gegenüber die Zeit zum Erzählen gekommen. Seine Großmutter hatte während der NS-Zeit in einer Fabrik gearbeitet, in der Granaten für den Kriegseinsatz produziert wurden. Dort arbeiteten auch Zwangsarbeiterinnen aus den besetzten Gebieten Osteuropas. Eines Tages kamen ein katholischer Priester und ein evangelischer Pfarrer einträchtig in die Fabrik, um vor allen öffentlich die Granaten zu segnen und zu beten, dass sie dem Feind viel Schaden zufügten. Für die Frauen, die dort arbeiten mussten, bedeutete dies, dass Gott angerufen wurde, den Leuten in ihrer Heimat den Tod zu bringen. Für die Oma des Journalisten war von dem Tag an die Kirche gestorben. Später sagte sie ihren

241 Es gab beide Gruppen in der Gemeinde und sie lebten solidarisch (Apg. 2,44-46).

Kindern: „Eins dürft ihr mir nicht antun. Meine Enkel werden nicht getauft.“ Also wuchs der Journalist ohne Taufe und ohne Kirche auf.

Ohne die Geburtstagsfeier wären zwei Dinge nicht geschehen. Der Journalist hätte sich nicht dafür interessiert, was in dieser Kirche geschieht. Und ich hätte nicht erfahren, was der Grund seiner Kirchendistanziertheit war. Wer weiß, wie wir uns gegenseitig wahrgenommen hätten, wenn wir uns in einem anderen Rahmen begegnet wären. Aber so vermute ich, dass Gott mehr Verständnis für ihn und seine Familie hat als für sein waffensegnendes Bodenpersonal.

MODELLE UND BEISPIELE

Matthew´s Table

John und Gayle Butrin wohnen in einer großen, gutbürgerlichen Wohnung in Berlin-Charlottenburg. Mitten in ihr steht „Matthew´s Table“ (der „Tisch des Matthäus“). Dieser Tisch ist der Mittelpunkt ihres inkarnatorischen Lebens. Vor einer Reihe von Jahren ging John durch eine schwere gesundheitliche Krise. In dieser Zeit wurde seine Aufmerksamkeit auf die Bedeutung des Essens gelenkt. Menschen müssen essen und sie essen gern. Wenn sie gemeinsam an einem Tisch Platz nehmen, sind sie auf Augenhöhe und Barrieren zwischen ihnen fallen. John entdeckte, dass Essen in der Bibel eine zentrale Rolle spielt. Gayle und er waren besonders von der Matthäus-Geschichte fasziniert. Dieser Mann bereitete einen Tisch, lud seine Freunde ein und bat Jesus hinzu, in der Erwartung, dass Jesus sich seinen Freunden offenbaren würde. Solch einen Tisch wollten John und Gayle auch haben. An ihm sollten die unterschiedlichsten Menschen sitzen, auch die vom Rand der Gesellschaft und mit großen Lebensproblemen. Und während sie dort sitzen würden, so stellten sie es vor sich, würde Jesus kommen und sich ihnen zeigen.

Abbildung 23.1: An Matthew´s Table

Heute haben die Butrins diesen Tisch. Ihr Ziel ist, an diesem Tisch Freunde zu gewinnen, nicht Bekehrte. Sie haben gelernt, dass sie verfügbar sein müssen, wenn die Freunde sie brauchen. Zu jeder unerwarteten Zeit kann es klingeln und Leute kommen, die ein Problem haben und einen Kaffee brauchen. Durch den Tisch ist ihr Leben unplanbar geworden. Gayle hat für sich eine Entscheidung getroffen: Meine Zeit gehört nicht mir. Die beiden freuen sich, dass ihre Gäste immer wieder zum Ausdruck bringen: Hier ist ein Ort voller Frieden, hier fühlen wir uns sicher. Sie hoffen, dass ihre Freunde herausfinden, wer der Urheber dieses Friedens ist.

Ihre Freunde kommen von überall. Ein junger Pakistani besuchte Berlin. Auf dem Flughafen traf er jemanden, der ihm sagte, er müsse die Butrins kennenlernen. Also tauchte er auf. Er war ein hingegebener Muslim und hätte sie gern bekehrt. Aber sie wurden nur seine Freunde. Bald stellte er fest, dass sie völlig anders sind, als er sich Christen vorgestellt hatte. Als er wieder zu Hause war, schrieb seine Mutter an Gayle und John und bedankte sich für die Liebe zu ihrem Sohn. Dieser hatte ihr gesagt: „Wenn ihr eine Frau für mich aussucht, möchte ich eine haben, die wie Gayle ist."

Eine ganz andere Freundin arbeitete in der britischen Botschaft. Über längere Zeit kam sie regelmäßig zum Kaffee oder Tee. Nach mehr als eineinhalb Jahren rief sie eines Tages an und sagte zu Gayle: „Ich muss mit dir über deinen Glauben sprechen." Sie hatte Gayle und eine andere Christin die ganze Zeit beobachtet und war zu dem Ergebnis gekommen: Ich möchte haben, was diese Frauen haben, diese Beziehung zu Jesus. Gayle sprach mit ihr und schenkte ihr eine Bibel. Nachdem ihr Gast wieder fort war, machte sie sich Sorgen. Sie hatte der Frau gar keine Tipps gegeben, wie man als Einsteiger am besten mit der Bibellektüre beginnt. Würde sie verstehen, was sie las? Ein paar Tage später fragte sie per Telefon nach. Ihre Freundin berichtete ihr: „Ich war so neugierig auf die Bibel, dass ich gleich in der Bahn anfing, sie zu lesen. Dabei ist etwas ganz Erstaunliches passiert. Es war, als ob ich nicht selbst lese, sondern noch jemand da war, der mir vorlas und den Inhalt erklärte.“ Sie war schon auf einige schwierige Passagen gestoßen und hatte jedes Mal von dem „Unbekannten“ eine passende Erklärung bekommen. Gayle konnte die Veränderung sehen, die der Geist Gottes in ihrer Freundin bewirkte. Ihren eigenen Beitrag dazu beschreibt sie so: „Ich habe nur Kaffee getrunken.“

23.4 Chronos und Kairos

Aus dem letzten Abschnitt können wir lernen, ein naheliegendes Missverständnis des Inkarnatorischen zu vermeiden. Der Begriff des „Wohnens“ suggeriert Dauer und Sesshaftigkeit unter den Menschen. Manchmal stimmt das. Zum Beispiel wird Identifikation in prekären Milieus durch langfristigen Aufenthalt sichtbar und glaubhaft. Manchmal stimmt es nicht. So war es bei Jesus.

Seine Inkarnation hatte eine Absicht, deren Erfolg Johannes in der Rückschau so beschreibt: „Wir haben seine Herrlichkeit gesehen“ (Joh. 1,14). Dieses Ergebnis hatte die Inkarnation nicht während der dreißig Jahre, in denen Jesus in Nazaret sesshaft war. Es trat erst ein, als er auf Wanderschaft ging. Jesus war Gast auf einer Hochzeit und half dem Brautpaar aus einer Klemme, indem er ihnen übernatürlichen Nachschub an – hochwertigem! – Wein verschaffte (Joh. 2,1-11). „So tat Jesus sein erstes Zeichen, in Kana in Galiläa, und *offenbarte seine Herrlichkeit* und seine Jünger glaubten an ihn“ (V. 11). An einem Tag gab es mehr „erfolgreiche“ Inkarnation als in den 30 Jahren davor. (Diese waren allerdings keine „vergeudete“ Zeit. Kurze Höhepunkte erfordern lange Vorbereitung.)

Wir können den zeitlichen Aspekt des inkarnatorischen Lebens präziser fassen, wenn wir zwei bekannte griechische Begriffe gegenüberstellen: *Chronos* und *Kairos*. Der Chronos ist die quantitative Zeit, die verstreicht oder abläuft und von Dauer ist. Der Kairos ist ein (von Gott geschenkter) Zeitpunkt, an dem sich besondere Gelegenheiten für unseren Auftrag eröffnen. Die inkarnatorische Mission von Jesus verdichtete sich in solchen Kairoi zu intensiver Zugehörigkeit und Nähe. Als Jesus sich bei Zachäus einlud, um für einen Tag in dessen Haus zu „wohnen“ (Lk. 19,5), gab es einen transformierenden Kairos: „*Heute* ist diesem Haus das Heil geschenkt worden“ (V. 9).

Das inkarnatorische Leben hat seine Chronoi und seine Kairoi. Einige von uns sind berufen, lange Zeit unter bestimmten Menschen zu bleiben. Anderen von uns wird es geschenkt, tiefe Gemeinschaft und Nähe in kurzen Begegnungen zu vermitteln und zu erleben, in denen geschieht, was Gott möchte. In vielen Fällen gehört beides zur inkarnatorischen Existenz.

23.5 Geben und Nehmen

Inkarnation kann zweischneidig sein, vor allem, wenn sie mit einem „Abstieg" verbunden ist. Bei Jesus lag ein solcher vor: „Eine tiefere Herablassung und Entleerung kann man kaum denken" (Reimer 2009:154), schreibt Johannes Reimer zu Recht. So krass wird es bei uns nie sein können, aber der missionarische Weg kann uns durchaus auf der sozialen Leiter einige Sprossen abwärts führen. „Herablassung" kann leicht dazu führen, dass wir „herablassend" auftreten oder so empfunden werden. Das ist für den anderen demütigend: Wenn unser Gegenüber immer nur Wohltaten von uns empfängt, fehlt ihm ein Stück seiner Würde, das darin besteht, dass auch er einen Beitrag leisten kann. Einbahnbeziehungen sind nicht, was der Gott der Inkarnation sich vorgestellt hat. Deshalb hat er einige Schutzvorrichtungen eingebaut. Diese gelten sogar für die Beziehung zwischen Jesus und uns. Vielleicht werden die folgenden Gedanken einige Leser überraschen, weil wir in der Theologie oft Gott und Jesus gegenüber nur in der Rolle von „Gnadenempfängern" gesehen werden. Diese Gedanken stammen aber nicht von mir, sondern aus der Bibel.

Wir sind es gewohnt, Jesus als Geschenk Gottes an uns zu sehen. Das ist richtig und es kommt in einem der bekanntesten Verse des Neuen Testaments zum Ausdruck: „Gott hat die Welt so sehr geliebt, dass er seinen einzigen Sohn *hingab*, damit jeder, der an ihn glaubt, nicht zugrunde geht, sondern das ewige Leben hat" (Joh. 3,16). Weniger bewusst ist uns, dass wir ebenso eine Gabe des Vaters an Jesus sind: „Ich habe deinen Namen den Menschen offenbart, die du mir aus der Welt *gegeben*[242] hast" (Joh. 17,6). Nicht nur Jesus ist ein Geschenk Gottes für uns, wir sind ebenso ein Geschenk des Vaters an ihn. Wir dürfen davon ausgehen, dass der Vater seinem Sohn nur etwas schenkt, was für diesen kostbar ist und ihm viel bedeutet. Wir sind froh, dass wir Jesus haben, und er ist froh, dass er uns hat. Die Beziehung zwischen Jesus und uns ist ein gegenseitiges Geben und Nehmen.

Diese Gleichzeitigkeit von Geben und Nehmen kommt auch in der inkarnatorischen Alltagspraxis von Jesus zum Ausdruck. Wir haben schon gesehen, dass bei der Begegnung von Jesus und der „Frau am Brunnen" zunächst Jesus der Bedürftige war (→ 17.2.4). Die Frau half ihm gegen seinen Durst, weil er bereit war, aus ihrem Krug zu trinken. Für einen jüdischen Mann gab es drei Hürden für dieses Verhalten: Sie war eine Frau, sie war Samaritanerin und sie war vermutlich eine zweifelhafte Person, denn sie kam allein in der Mittagszeit zum Brunnen und nicht am Abend mit den übrigen Frauen des Ortes. Indem Jesus aus ihrem Krug trank, teilte er ihr mit: „Ich stehe nicht über dir."

Die Geschichte hat noch eine tiefere Dimension. Ich habe eine Predigt über diese

242 Im Griechischen steht hier dasselbe Verb wie in Johannes 3,16 für „hingab".

Begegnung einmal mit dem Titel überschrieben: „Der bedürftige Jesus und wie ihm geholfen wurde." Jesus hatte nicht nur Durst, sondern auch Hunger. Doch als die Jünger von einem erfolgreichen Einkauf zurückkehrten, war sein Hunger bereits gestillt:

> Währenddessen drängten ihn seine Jünger: Rabbi, iss! Er aber sagte zu ihnen: Ich lebe von einer Speise, die ihr nicht kennt. Da sagten die Jünger zueinander: Hat ihm jemand etwas zu essen gebracht? Jesus sprach zu ihnen: Meine Speise ist es, den Willen dessen zu tun, der mich gesandt hat, und sein Werk zu Ende zu führen. (Joh. 4,31-34)

So wie Jesus der Überbringer des himmlischen Wassers an diese Frau war, war sie die Überbringerin des göttlichen Brotes an ihn. Der Vater hatte ihm durch diese Frau als Antwort auf seinen Mangel einen Auftrag geschickt, der so erfüllend war, dass er gleichzeitig sättigend war. Ich hoffe, Sie kennen solche Erfahrungen: Wir sind erschöpft, aber dann ist Gott im Dienst so gegenwärtig, dass wir hinterher mehr Energie haben als vorher.

Weil ich um diese Zusammenhänge weiß, habe ich den Mut, auch Leute, deren Leben bereits anstrengend genug ist, für die urbane Mission zu werben. Es gibt auch für sie eine Speise, die sie noch nicht kennen, nämlich „den Willen dessen zu tun, der sie gesandt hat, und sein Werk zu Ende zu führen" (nach Joh. 4,34). Inkarnatorisches Leben macht satt und gibt Kraft, weil – und wenn! – wir nicht immer nur geben, sondern selbst empfangen.

Das Prinzip des Gebens und Nehmens kommt auch im Einsatz der Jünger zum Ausdruck. Als Jesus sie vor sich her in die Städte und Dörfer Galiläas aussandte, hieß die Marschorder: „Nehmt nichts mit auf den Weg, keinen Wanderstab und keine Vorratstasche, kein Brot, kein Geld und kein zweites Hemd" (Lk. 9,3). Ethisch gestimmte Christen haben daraus ein Armutsideal gezimmert. Aber dahinter steckt eine ganz andere Absicht: selbstauferlegte Bedürftigkeit zur Herstellung von Augenhöhe. Die Jünger hatten, was die Städte brauchten, nämlich die Kraft zum Heilen und zur Vertreibung böser Mächte (V. 1). Also musste dafür gesorgt werden, dass die Jünger auch etwas brauchten, was die Städte hatten.

Wer kein Geld bei sich trägt, kann nicht in der Herberge absteigen, sondern braucht einen gastfreien Mitmenschen, der ihn aufnimmt. Wer kein Brot und keine Vorratstasche hat, braucht jemanden, der ihn an seinen Tisch einlädt, und zwar jeden Tag neu. Wer kein zweites Hemd in Reserve hat, braucht auch in Kulturen mit robustem Geruchsempfinden ab und zu jemanden, der ihm ein neues gibt oder das alte wäscht. Wir verstehen das Prinzip: „Ich habe ein Bett für dich, du hast die gute Nachricht vom Reich Gottes für mich."

Ich misstraue einer Mission, bei der wir nur die Gebenden und nicht auch die Bedürftigen oder Empfangenden sind. Das muss nicht materiell geschehen. Wir empfangen, wenn wir die Augenblicke erleben, in denen wir spüren, dass unser Einsatz sich lohnt, und in denen wir von unserem Engagement als die Beschenkten nach Hause gehen. So hat es Claudia Wirths erlebt.

ERFAHRUNGEN UND REFLEXIONEN

Es ist jeden Abend wert

Claudia Wirths ist ehrenamtliche Mitarbeiterin beim Neustart (www.neustart-ev.de), einer christlichen Einrichtung in Berlin-Schöneberg für Frauen, die auf der Straße als Prostituierte arbeiten. In einem Interview erzählte sie mir von ihren Erfahrungen.

Als ich bei Neustart anfing, machte ich mir Gedanken: Wie spreche ich mit den Frauen? Was ich wirklich gelernt habe, ist Zuhören. Ein Abend hat mich besonders bewegt. Eine Frau setzte sich neben mich, weil sie einfach liebesbedürftig war. In ihrem Leben war wieder viel schiefgelaufen. Sie fühlte sich allein und es ging ihr nicht gut. Nachdem sie sich zu mir gesetzt hatte, schlief sie in meinem Arm ein. Das hatte etwas sehr Persönliches, weil sie sich mir einfach so öffnete. Und ich fühlte mich ihr auch sehr nahe [...] Ich musste hier auch lernen, dass es Rückschläge gibt. An einem Abend denkt man, es ändert sich etwas im Leben der Frau, und am nächsten Tag sieht die Situation schon wieder ganz anders aus. Man muss lernen, mit diesen Enttäuschungen umzugehen. Das macht mir bewusst, wie sehr Gott mich liebt. Er könnte von mir auch enttäuscht sein, weil ich nicht perfekt bin. Ich empfinde es als unendliche Bereicherung, zu spüren, wie Gott mich liebt, wie er mir Dinge verzeiht, wie er mit den Enttäuschungen umgeht, die ich ihm bereite [...] Aber dann gibt es eben auch wieder Abende, die einfach toll sind, an denen man fantastische Gespräche hat, an denen wirklich Beziehung gelebt wird mit den Frauen. Mitunter ist es ein Auf und Ab, aber es ist jeden Abend wert.

Ich glaube, Begegnungen dieser Art sind Jesus sehr vertraut. So muss es ihm unter den „Zöllnern und Sündern" gegangen sein.

23.6 Schenken und Dienen

Wenn ein Mann seiner Frau ein Buch schenkt, das er selbst schon lange lesen will, ist das kein Geschenk, sondern Selbstversorgung. Wer wirklich schenkt, überlegt sich, was der andere gern hätte. Manchmal bittet er Freunde oder Bekannte um einen Tipp oder fragt den Betreffenden direkt. Am einfachsten ist es – zumindest für einen Mann wie mich –, wenn die Einladung zur Geburtstagsfeier gleich einen Geschenkwunsch enthält.

Mit dem Dienen ist es ähnlich wie mit dem Schenken, aber doch etwas komplizierter. Es geht um die *Wünsche und Bedürfnisse* dessen, dem gedient wird. Mit den Wünschen verhält es sich genauso wie mit den Geschenken: Wir dienen einem anderen, indem wir für ihn etwas tun, was er gern getan haben möchte. Mit den Bedürfnissen kann es eine andere Bewandtnis haben: Wie wissen oder meinen zu wissen, was gut für einen anderen wäre. Aber wenn wir es ihm aufzwingen, dienen wir ihm nicht, sondern bevormunden ihn. Wir können solche Dienste immer nur anbieten und der andere hat die Wahl, ob er unser Angebot annimmt oder ausschlägt. Wenn wir dienen, ist der andere die maßgebliche Instanz für das, was geschieht.

Inkarnation und Dienst gehören zusammen. Jesus ist „nicht gekommen, um sich dienen zu lassen, sondern um zu dienen“ (Mt. 20,28). Im Zentrum seines Dienens stand ein Bedürfnis, das viele bis heute nicht als ein solches empfinden: Er ist gekommen, „um zu dienen und sein Leben hinzugeben als Lösegeld für viele“ (Mt. 20,28). Nicht jeder sieht ein, dass er einen braucht, der für ihn stirbt. Aber Jesus diente den Menschen auch im Bereich ihrer ausgesprochenen und unausgesprochenen Wünsche. Das erste Wunder, das von ihm berichtet wird, geschah auf einer Hochzeit und hatte keinen anderen Zweck, als einem Brautpaar, dem der Wein ausgegangen war, aus einer peinlichen Situation zu helfen (Joh. 2,1-11). Die Geschichte von Jesus und Petrus begann damit, dass Jesus dem Fischer nach einer erfolglosen Nachtschicht mit ungewöhnlichen Methoden in seinem Beruf half (Lk. 5,4-7). Jesus zog umher, tat Gutes und heilte (Apg. 10,38).

Dienen birgt Risiken. Wenn einer im Interesse anderer lebt, macht er sich verwundbar. Er wird immer neue Bedürfnisse entdecken, die Menschen werden mit immer neuen Wünschen zu ihm kommen und einige werden ihn ausnutzen und vor ihren Karren spannen wollen. Es kam vor, dass Jesus und seine Jünger „nicht einmal Zeit zum Essen [fanden], so zahlreich waren die Leute, die kamen und gingen“ (Mk. 6,31). Ein anderes Mal wollte einer von den Leuten Jesus in eine familiäre Erbstreitigkeit hineinziehen (Lk. 12,13).

Wer ein Diener der Menschen sein will, ohne ihr Büttel zu werden, braucht Schutz. Jesus hatte einen doppelten: (1) Er hatte immer eine übergeordnete Instanz, den Willen seines Vaters. (2) Er konnte, was viele Christen nur mühsam aus einem gleichnamigen Buch lernen: „Nein sagen ohne Schuldgefühle“ (Cloud & Townsend 2014). Den Erbstreiter wies er schroff ab (Lk. 12,14)[243], mit seinen Jüngern zog er sich ohne schlechtes Gewissen von den Leuten zurück (Mk. 6,31).

Inkarnatorisches Leben folgt dem Vorbild von Jesus. Wir dienen den Menschen, aber unser Auftraggeber Nr. 1 ist Jesus selbst. Wir lassen uns nicht von anderen manipulieren oder bedrängen, sondern *wir* setzen die Grenzen.

243 Dass er anlässlich der Hochzeit von Kana zuerst mit seiner Mutter ähnlich schroff umgeht, obwohl er hinterher ihren Wunsch erfüllt (Joh. 2,4), deute ich so: Mit einer klaren Ansage machte er ihr unmissverständlich klar, dass nicht ihre „Hinweise“ seine zukünftige Tagesordnung sein würden. Mütter nehmen gern länger Einfluss auf ihre Söhne, als angebracht ist.

Im Dienen sind die anderen die maßgebliche Instanz für das, was geschieht. Oft sind sie selbst schon dabei, etwas zur Verwirklichung ihrer Wünsche und Bedürfnisse zu tun. Eine angemessene Form des Dienens besteht darin, bei *ihren* Projekten und Aktivitäten mitzumachen. Ich staune, wie selten Christen auf diese Idee kommen. Urbane Mission wäre manchmal viel einfacher, wenn wir uns umsehen würden, welche Vereine oder Initiativen schon da sind, um einfach unterstützend mitzumachen, statt mühsam selbst etwas aus dem Boden zu stampfen.

MODELLE UND BEISPIELE

Serve the City

Christine Thumm lebt seit ungefähr 20 Jahren in Berlin. Anfangs war ihre Sicht auf die Stadt eher negativ: Die Stadt gehörte zur „bösen Welt", aus der Christen andere Menschen retten müssen. Doch mit der Zeit änderte sich ihr Blick. Sie entdeckte, dass die Stadt Gottes Idee ist und dass es sich lohnt, in das alltägliche Leben der Stadt zu investieren, weil Gott sie liebt. Außerdem stellte sie in Gesprächen mit Freunden, Bekannten und Nachbarn fest, dass viele Menschen in der Stadt entgegen anderslautenden Vorurteilen nicht nur an sich selbst denken, sondern sich gerne engagieren möchten. Sie wissen oft nur nicht wie. Wenn man ihnen niederschwellige Einstiegsmöglichkeiten gäbe, würden viele gern mitmachen.

Ein Freund machte Christine auf ein Video über *Serve the City* Brüssel aufmerksam und sie erlebte den „Wiedererkennungseffekt", von dem schon die Rede war (→ Kap. 18.6.2.1): „Das ist eigentlich das, was ich möchte." *Serve the City* ist eine inzwischen weltweite Bewegung, deren Ziel so einfach ist wie der Name: der Stadt dienen. Auf der Webseite (www.servethecity.berlin) liest man: „Serve the City Berlin mobilisiert Freiwillige [...] Freundlichkeit auf praktische Weise zu zeigen [...] indem wir Wände streichen, Essen ausgeben, Menschen besuchen, Spiele spielen, Musik machen, Sportfeste gestalten, durch Kunst und Kreativität, indem wir Müll sammeln und vieles mehr. Wir dienen Kindern, Jugendlichen und Erwachsenen, älteren Menschen, Menschen mit Behinderung, Obdachlosen und anderen Menschen, die am Rande der Gesellschaft stehen bzw. Hilfe nötig haben."

Mit dieser Vision im Herzen kehrte Christine von einer Erkundungstour aus Brüssel zurück. Gemeinsam mit zwei Freundinnen, Melinda Means und Sabrina Tesch, fing sie an. Zwei Punkte waren ihnen wichtig: (1) Was sie tun, sollte organisch wachsen. Nachhaltigkeit ist wichtiger als Kraftakte. Deshalb begannen sie klein in ihrem Umfeld, in der Erwartung, dass das Engagement Kreise ziehen würde. (2) Sie starten keine eigenen Projekte, sondern unterstützen bestehende. Beim ersten Einsatz beteiligten sie sich am „Aktionstag für ein schönes Berlin“ der stadtweiten Initiative wirBERLIN (www.wir-berlin.org) und säuberten einen Park. Ein späteres Beispiel haben wir bereits kennengelernt: *Serve the City* unterstützte Ines Külper bei der Verbesserung der Wohn- und Lebensverhältnisse in der Memi (→ Kap. 10.3.2).

Abbildung 23.2: Serve the City beim Einsatz

Inzwischen machen immer mehr Leute mit. Einmal im Monat gehen sie in mehreren Teams zu unterschiedlichen Einsätzen. Durch *Serve the City* ist eine einfache und schöne Möglichkeit entstanden, mehrere Ziele und Werte gleichzeitig zu verwirklichen:

Serve the City dient auf freundliche Art Menschen der Stadt, von denen viele zu den Schwächeren unserer Gesellschaft gehören. Das tut ihnen gut und ihre Lebensqualität steigt.

Serve the City bewirkt eine schicht- und milieuübergreifende Gemeinschaft der Engagierten. Ich habe schon betont, wie wichtig solche Gemeinschaften für den sozialen Zusammenhalt in der fragmentierten postmodernen Stadt sind (→ Kap. 6.2). Sie entstehen nicht von alleine und nicht jeder hat die Fähigkeit, im Alltag zwanglos Beziehungen zu Menschen aufzunehmen, die ganz anders sind als er selbst. Das ist viel einfacher, wenn man gemeinsam einen praktischen Einsatz unternimmt. Begegnungen, die sonst schwierig wären, werden leicht. Wenn Herkunftsdeutsche und Migranten, Banker und Alleinerziehende, Senioren und Jugendliche gemeinsam Wände streichen oder Müll sammeln, an Obdachlose Essen ausgeben oder Flüchtlinge besuchen, lernen sie nicht nur neue Milieus kennen, sondern auch zwischen ihnen selbst wachsen enge Beziehungen.

Serve the City verbindet Christen und kirchendistanzierte Menschen. Auch wenn der Gründer Christ ist, ist die Bewegung keine Bewegung nur für Christen. Das Motto heißt: „Von Jesus motiviert, für alle offen." Am Anfang war das in Berlin gar nicht so einfach. Christen, die mitmachten, begannen sofort mit dem gewohnten Insider-Talk („Aus welcher Gemeinde kommst du?") und einige kamen mit dem Pflichtgefühl, man müsse die Menschen, denen man begegnet, auch frontal evangelisieren. Doch allmählich lernten sie: „Sei einfach da! Lebe, was du bist!" Für Christen, die an evangelistischer Verkrampfung leiden, ist das entlastend, es ermöglicht ein wertschätzendes Miteinander und durch die entstehenden Beziehungen kommt es auf natürliche Weise im Verlauf der Zeit zu Gesprächen über tiefergehende Themen.

Serve the City verändert die Aktiven und tut ihnen gut. Für viele ist es der Einstieg in ein weitergehendes Engagement. Die Möglichkeit, sich niederschwellig auszuprobieren, führt dazu, dass sie Appetit bekommen und mehr machen wollen. Sie bleiben in Projekten, die sie bei einem Einsatz kennengelernt haben, oder nehmen zusätzliche Dienstzeiten wahr. Die Tatsache, dass immer mehr Engagierte sich mit *Serve the City* identifizieren und regelmäßig mitmachen, ist Ausdruck davon, dass sie sich selbst bereichert fühlen. Aber das war eigentlich zu erwarten (→ Kap. 23.5).

Serve the City schafft das Bewusstsein, zu etwas Größerem zu gehören. Wer mitmacht, ist Teil einer weltweiten Bewegung in vielen Städten, die durch eine gemeinsame Haltung, aber auch durch äußere Zeichen wie ein gemeinsames Logo, verbunden ist. Und bei größeren jährlichen Events wie dem zweitägigen *Serve the City plus* besucht man sich bundes- und europaweit.

Serve the City stärkt das zivilgesellschaftliche Netzwerk der Stadt. Weil keine eigenen Projekte gestartet, sondern bestehende unterstützt werden, entstehen enge Beziehungen zu vielen Initiativen, deren Wert weit über den zeitlich begrenzten Einsatz hinausgeht. Wer „nicht nur auf das Wohl" des eigenen Projekts achtet, „sondern auch auf das der anderen" (Phil. 2,4), fördert eine solidarische Haltung in der Stadt.

Serve the City bringt Wesenszüge Gottes zum Ausdruck. Der Grundsatz des Dienens spiegelt wider, dass er ein dienender Gott ist, und die fünf Werte von *Serve the City* – Mitgefühl, Respekt, Mut, Demut und Hoffnung – sind ebenfalls göttliche Werte, mit denen sich jedoch auch Menschen identifizieren können, die (noch) keine Beziehung zum Glauben haben.

Serve the City macht Spaß. Bei einem Interview mit Christine Thumm und Melinda Means spürte ich auch vier Jahre nach dem Beginn des Dienstes noch ungebrochene Begeisterung. Und bei den Aktiven scheint das ähnlich zu sein.

Paul Keeble aus Manchester habe ich bereits vorgestellt (→ Kap. 15.4.4). Er hat zum Thema inkarnatorisches Leben viel zu sagen (Keeble 2013). Sein Begriff für diese Art der Mission und für seinen eigenen Lebensstil ist *Mission-With* (Mission mit), die er von zwei anderen Formen unterscheidet: *Mission-To* (Mission an) und *Mission-For* (Mission für). Alle drei Formen sind wichtig und ergänzen einander. Mission-To richtet sich *an* die Leute, Mission-For tut etwas *für* sie, Mission-With engagiert sich *mit* ihnen. Das Herzstück der Mission-With ist für ihn die *Project-Praxis* (das Mitmachen bei Projekten).[244] In diesem Zusammenhang zitiert er einen Satz von Steve Chalke aus einem Vortrag von 2001, der ein gutes Schlusswort für dieses Kapitel ist:

> Wahre Inkarnation besteht darin, hinauszugehen und sich an einem lokalen Projekt zu beteiligen, bei dem wir nicht den Laden schmeißen und alle Fäden ziehen. (zitiert nach Keeble 2013:1)

FAZIT

- Jesus wurde einer von uns (Zugehörigkeit) und lebte unter uns (Nähe). Inkarnatorisches Leben nach seinem Vorbild ist ein wesentlicher Teil der urbanen Mission.
- Zur urbanen Mission gehören „Komm-Strukturen", also Angebote für Menschen, die dem Senfkornbaum aus einem Gleichnis von Jesus entsprechen. Zu ihr gehört aber auch die Sauerteigwirkung. Sie entsteht durch „aufsuchende" Mission („Geh-Struktur") und durch „Wohn-Strukturen", also ein dauerhaftes Verbleiben in und Vermischen mit unserer Umgebung.

244 In seiner Masterarbeit stellt er vier Projekte vor, an denen er beteiligt war: Initiativen gegen Jugendgewalt, zur Erneuerung eines Parks, zur Lösung eines Verkehrsproblems und zum Anlegen eines Gemeinschaftsgartens (Keeble 2013).

- Das Prinzip der Inkarnation findet im Neuen Testament einen zentralen Ausdruck im gemeinsamen Essen und Trinken.
- Das „Wohnen" unter den Menschen muss nicht immer dauerhaft sein. Einige sind berufen, lange Zeit unter bestimmten Menschen zu leben. Anderen von uns ist es geschenkt, tiefe Gemeinschaft in kurzen Begegnungen zu vermitteln und zu erleben.
- Urbane Mission besteht nicht nur aus Geben, sondern auch aus Nehmen. Wir empfangen, wenn wir Augenblicke erleben, in denen wir spüren, dass sich unser Einsatz lohnt, und in denen wir als die Beschenkten nach Hause gehen. Dann macht inkarnatorisches Leben satt und gibt uns Kraft.
- Zur urbanen Mission gehört auch das Schenken und Dienen. Dabei geht es um die Wünsche und Bedürfnisse dessen, dem gedient wird. Eine angemessene Form des Dienens besteht darin, dass wir bei Projekten und Aktivitäten derer mitmachen, denen wir dienen wollen (statt immer selbst etwas aus dem Boden zu stampfen).

- Wie ist in Ihrer Gemeinde / Initiative das Verhältnis von Senfkornbaum- und Sauerteigwirkung?
- Wo haben Sie in Ihrem Leben und Dienst *kairoi* erlebt, von Gott geschenkte Gelegenheiten, in denen Sie tiefe Gemeinschaft mit Menschen erlebt und sich besondere Möglichkeiten für Ihren Auftrag ergeben haben?
- Bei welchen Gelegenheiten hat Sie urbane Mission wirklich satt gemacht? Was haben Sie empfangen?

- Alan Hirsch: Vergessene Wege. Die Wiederentdeckung der missionalen Kraft der Kirche (Hirsch 2011). *Alan Hirsch beschreibt das inkarnatorische Leben und viele andere Aspekte der missionalen Kirche.*
- Alan Roxburgh: Missional. Mit Gott in der Nachbarschaft leben (Roxburgh 2012). *Was führt Gott in unserer Nachbarschaft, in unseren Milieus im Schilde? Und wie werden wir ein Teil dessen, was Gott in diesen Kontexten tut?*

Gott hält sich in unseren Städten auf. Er möchte dort gesucht, gefühlt und gefunden werden. Ich stelle unterschiedliche Möglichkeiten der Gotteserfahrung in der Stadt vor und gebe Tipps zum Einüben von Alltagsspiritualität.

24. „In der Begegnung mit Menschen begegnet mir Christus“

Urbane Spiritualität 1

24.1 Die Stadt als spiritueller Ort

Städte sind spirituelle Orte. So wie sie soziale Orte sind, weil Menschen in ihnen wohnen, sind sie spirituelle Orte, weil Gott sich in ihnen aufhält. Beides ist eng miteinander verbunden. Wir werfen noch einmal einen Blick auf Verse, die uns bereits beschäftigt haben:

> Er hat aus einem einzigen Menschen das ganze Menschengeschlecht erschaffen, damit es die ganze Erde bewohne. Er hat für sie bestimmte Zeiten und die Grenzen ihrer Wohnsitze festgesetzt. Sie sollten Gott suchen, ob sie ihn ertasten [oder fühlen] und finden könnten; denn keinem von uns ist er fern. Denn in ihm leben wir, bewegen wir uns und sind wir. (Apg. 17,26-28a)

Wohngebiete – also auch unsere Städte – sind in zweifacher Hinsicht Orte, an denen Gott gesucht und gefunden werden möchte. Der erste mögliche Zugang wird durch den Begriff *fühlen* angezeigt, der zwischen suchen und finden eingeschoben ist. Suchen könnte man auch etwas, was nicht nahe ist. Man könnte fragen, wer hinter den Geheimnissen des Lebens steht, man könnte die Schöpfung als Indiz für einen Schöpfer ansehen, man könnte sich nach ihm sehnen und durch religiöse Praktiken versuchen, Kontakt mit dem aufzunehmen, der „irgendwo da oben“ ist.[245] Doch hier geht es um etwas anderes.

Das Ertasten oder Fühlen[246] weist darauf hin, dass eine unmittelbare *sinnliche* Wahrnehmung Gottes gemeint ist. Es geht nicht um die Gottessehnsucht im Herzen der Menschen, sondern um die Gottesgegenwart in ihrer Stadt. Er ist von keinem

245 Viele Theologen gehen davon aus, dass dem Menschen ein solches Verlangen „eingepflanzt“ ist (Pohlenz 1949:89).
246 Andere Übersetzungsmöglichkeiten sind greifbar fassen und berühren.

Menschen fern, alle leben und sind in ihm und *deshalb* kann er von ihnen gefühlt werden.

Der zweite mögliche Zugang zu Gott wird dadurch angezeigt, dass die *Wohngebiete* der Menschen die Orte des Suchens und Findens sind. Wo Menschen wohnen, wohnen sie nicht allein. Fühlen könnte man Gott auch auf einer einsamen Insel. Die Erwähnung der Wohngebiete weist darauf hin, dass es Gotteserfahrungen gibt, die im Miteinander der Menschen, also nicht nur zwischen Gott und Mensch, sondern im Dreieck Gott, Mensch und Nächster geschehen.

24.1.1 Die sinnliche Wahrnehmung Gottes

Auch wenn Städte dazu bestimmt sind, dass die Bewohner in ihnen Gott suchen, fühlen und finden, ist das Fühlen und Finden nur eine Möglichkeit, kein zwangsläufiges Ergebnis. Dem „ob" in Vers 27 entspricht im Griechischen eine Verbform, die die Ungewissheit des Ausgangs zum Ausdruck bringt. Fühlen und Finden sind möglich, ihr Zustandekommen ist aber auf dreifache Weise unsicher: (1) Nicht alle Menschen scheinen Gott zu fühlen. Es wäre anmaßend, jemandem, der sich selbst entschieden als „religiös unmusikalisch" bezeichnet, zu unterstellen, dass er spirituelle Erfahrungen hat, diese aber leugnet. (2) Menschen, die Gott fühlen, fühlen ihn nicht immer und nicht immer gleich stark. Wer die Menschen nach ihrer Spiritualität fragt, kann überrascht sein, wie viele Erfahrungen ihm berichtet werden. Aber oft sind es nur besondere Zeiten, in denen sie eine höhere Realität spüren. (3) Wenn die Menschen Gott fühlen, ist nicht sicher, ob sie das Gefühlte richtig deuten und die richtigen Konsequenzen daraus ziehen. Zum Beispiel bringt nicht jeder seine spirituellen Erfahrungen mit einem personalen Gott in Verbindung.

Menschen werden Gott immer wieder fühlen, weil er in ihrer Stadt gegenwärtig ist. Doch das Ergebnis ist im günstigsten Fall eine undeutliche Erkenntnis, wie Gott „in etwa" ist, ein „ungefähres" Finden. Im schlimmsten Fall kommt es zu einem völligen Missverstehen Gottes.

Die Aussagen der Areopag-Rede stimmen mit empirischen Beobachtungen überein. Stadtforscher waren einige Zeit der Auffassung, Städte würden immer mehr zu säkularen Orten. Viele von ihnen sind überrascht, weil es stattdessen weltweit eine Renaissance und Intensivierung des Religiösen gerade in den (großen) Städten gibt. Wer dieses Phänomen in globalen Metropolen erforscht, stößt auf einen bunten Mix spiritueller Formen, von neuen christlichen Gemeinden bis hin zu obskuren Kulten (Becker u. a. 2013).

Im biblischen Sprachgebrauch führt das Fühlen oder Berühren nur in Verbindung mit dem Sehen zu sicheren Ergebnissen.[247] Das Evangelium ist nie überflüssig und wird

247 An Stellen wie Dtn. 28,29 oder Jes. 59,10 ist davon die Rede, dass Menschen wie Blinde umhertasten, ohne echte Orientierung zu haben. Sie fühlen etwas, aber erhalten doch keinen zuverlässigen Aufschluss. Auf der Gegenseite fordert der Auferstandene die Jünger auf, ihn zu betasten, um sich zu

nicht durch das Fühlen und Finden ersetzt. Die Stadt braucht das Evangelium, *weil* sie spirituell ist. Den Athenern ist zuzutrauen, dass sie Gott fühlen, und einige von ihnen haben, wie wir in Exkurs 1 gesehen haben, Gott erstaunlich gut ertastet. Dennoch wissen sie nicht wirklich, wer Gott ist. Die Zeiten des bloßen Fühlens sind die „Zeiten der Unwissenheit“ (Apg. 17,30). Die sinnliche Wahrnehmung Gottes wird dann zu einer sicheren Wahrnehmung, wenn Menschen zusätzlich den sehen (!), den er gesandt hat. Aus Ahnungen können Gewissheiten werden, wenn ein Evangelist wie Paulus zu ihnen kommt, um ihnen „Jesus Christus deutlich als den Gekreuzigten vor Augen zu stellen“ (Gal. 3,1). Die Athener können Gott kennenlernen, weil ihnen von diesem „einen Mann“ (Apg. 17,31) erzählt wird.

24.1.2 Soziale Gotteserkenntnis

Der zweite Zugang zu Gott hängt mit dem sozialen Charakter der Stadt zusammen. Gott kann im Miteinander der Menschen erkannt und gefunden werden. Ich sehe vier Varianten, wie das geschehen kann und geschieht. Eine von ihnen ist einmalig, die anderen sind weit verbreitet.

24.1.2.1 Wer mich gesehen hat, hat den Vater gesehen

„Das Wort ist Fleisch geworden und hat unter uns *gewohnt*“ (Joh. 1,14). In eins der Wohngebiete der Menschen kam der Sohn Gottes als Mitbewohner, um uns den Vater und seine eigene Herrlichkeit zu zeigen – sie uns *sehen* zu lassen! „Wer mich gesehen hat, hat den Vater gesehen“ (Joh. 14,9), konnte er sagen. „Wie haben seine Herrlichkeit gesehen“ (Joh. 1,14), konnten seine Jünger sagen. Sie hörten nicht nur seine Worte, sondern sie beobachteten seine sozialen Interaktionen. Wie Jesus mit Menschen aß und trank, wie er sie heilte und aufrichtete, wie er mit ihnen redete und umging, machte sichtbar, wie Gott ist und wer er selbst ist.

Durch die Evangelien und das Zeugnis der Jünger haben wir daran Anteil, wir werden mit hineingenommen in die Gemeinschaft mit dem Vater und dem Sohn:

> Was von Anfang an war, was wir gehört haben, was wir mit unseren Augen gesehen, was wir geschaut und was unsere Hände angefasst haben, das verkünden wir: das Wort des Lebens. Denn das Leben wurde offenbart; wir haben gesehen und bezeugen und verkünden euch das ewige Leben, das beim Vater war und uns offenbart wurde. Was wir gesehen und gehört haben, das verkünden wir auch euch, damit auch ihr Gemeinschaft mit uns habt. Wir aber haben Gemeinschaft mit dem Vater und mit seinem Sohn Jesus Christus. (1. Joh. 1,1-3)

überzeugen, dass ihre Augen sie nicht trügen (Lk. 24,39). Und Johannes erklärt die Gewissheit, mit der er Christus als das Wort Gottes bezeugt, aus der Tatsache, dass er ihn gesehen und betastet hat (1. Joh. 1,1). In allen Fällen steht im griechischen AT (LXX) oder NT derselbe Begriff. Vgl. auch Külling 1993:110-113.

24.1.2.2 Wer uns sieht, sieht Jesus

Jesus sendet uns, wie der Vater ihn gesandt hat (Joh. 20,21). Wir machen ihn sichtbar, wie er den Vater sichtbar gemacht hat. Wer seine Nachfolger gesehen hat, hat Jesus gesehen. Durch die Art, wie wir miteinander umgehen und wie wir den Menschen unserer Stadt dienen, zeigen wir, wie er ist. Es liegt auf der Hand, dass das nicht ausnahmslos geschieht. Wir können Jesus auch mehr verdunkeln als erhellen. Nicht alle Begegnungen mit einem Christen sind für andere eine positive Erfahrung. Viele halten Jesus für unattraktiv, *weil* sie einigen seiner Nachfolger begegnet sind. Aber wenn wir anfangen, wie Jesus zu leben, kann die Art, wie wir miteinander und mit anderen umgehen, den Menschen etwas von seinem Charakter zeigen.

165 und 251 n. Chr. brachen im Römischen Reich schwere Epidemien aus, die einen großen Teil der Bevölkerung hinrafften (Stark 1997:83-109). Die Christen waren auch in Städten, in denen sich der Glaube an Jesus während der ersten drei Jahrhunderte vor allem ausbreitete, noch eine kleine Minderheit. Doch in beiden Epidemien wuchs ihr Anteil an der Bevölkerung stark an. Ein wichtiger Faktor dafür war ihr Umgang mit der Krankheit und mit den Kranken. Dionysius, während der zweiten Epidemie Bischof in Alexandrien, beschreibt in einem Osterbrief die Vorgänge in seiner Stadt so:

> Jetzt ist alles voll Klagen. Alle trauern, und Wehegeschrei hallt wider in der Stadt wegen der Menge der Toten und derer, die noch täglich sterben [...] Da die meisten unserer Brüder in übermäßiger Liebe und Freundlichkeit sich selbst nicht schonten und füreinander eintraten, furchtlos sich der Kranken annahmen, sie sorgfältig pflegten und ihnen in Christus dienten, starben sie gleich diesen freudigst dahin, angesteckt vom Leide anderer, die Krankheit der Mitmenschen sich zuziehend, freiwillig ihre Schmerzen aufnehmend [...] Wenn sie die Leiber der Heiligen auf ihre Arme und ihren Schoß genommen, ihnen die Augen zugedrückt und den Mund geschlossen, sie auf die Schulter geladen und unter herzlichen Umarmungen nach Waschung und Bekleidung bestattet hatten, erfuhren sie kurz darauf dieselben Dienstleistungen, wobei die Überlebenden stets an Stelle derer traten, die vorausgegangen. Ganz anders war es bei den Heiden. Sie stießen die, welche anfingen krank zu werden, von sich, flohen vor ihren Teuersten, warfen sie halbtot auf die Straße und ließen die Toten unbeerdigt im Schmutze liegen. So suchten sie der Auslieferung an den Tod und der Gemeinschaft mit ihm zu entgehen.[248]

Wenn man noch berücksichtig, dass die Christen ihre Pflege und Fürsorge in vielen Fällen auch auf die Kranken der Heiden ausweiteten, kann man sich den Eindruck

248 Der Text des Osterbriefes ist in Auszügen erhalten in Eusebius von Cäsarea, Kirchengeschichte VII 22 (zitiert nach der deutschen Übersetzung Eusebius von Cäsarea 1932:343-345).

vorstellen, den ihr Verhalten auf andere machte. Hier sahen sie eine Hingabe, die aus Liebe zum Nächsten auch den Tod nicht fürchtet. Sie sahen Christus.

24.1.2.3 Was ihr für einen meiner geringsten Brüder getan habt, das habt ihr mir getan

Die Gottesoffenbarung durch die Inkarnation seines Sohnes war nur an *einem* Ort zu einer bestimmten Zeit möglich. Die Jesusoffenbarung durch seine Nachfolger ist seither überall da möglich, wo sie sind. Darüber hinaus ist Christus zu allen Zeiten und an allen Wohnorten auf eine geheimnisvolle Art gegenwärtig – und zwar in den Bedürftigen. Wer einem Hungrigen zu essen und einem Durstigen zu trinken gibt, wer einen Fremden oder Obdachlosen aufnimmt, wer einen Frierenden kleidet und wer einen Kranken oder Gefangenen besucht, handelt direkt an Jesus (Mt. 25,35-40). Die barmherzige soziale Interaktion ist eine Interaktion mit Jesus.

Solche realen Jesusbegegnungen haben mit dem Fühlen gemeinsam, dass sie ohne Erklärung nicht wirklich verstanden werden. In der Regel denken barmherzige Menschen, dass sie nur einem Mitmenschen etwas Gutes tun, und merken nicht, dass sie gerade Jesus getroffen haben. Sie werden erfreut und überrascht sein, wenn er sie eines Tages darüber aufklärt und sich bei ihnen bedankt (Mt. 25,34.37-40). Doch auch jetzt kann man schon merken, dass der Dienst an Bedürftigen ein spiritueller Akt ist. Immer wieder erleben Menschen, die sich einem von ihnen zuwenden, wie sie selbst beschenkt und gesegnet werden. Etwas von der Herrlichkeit Jesu berührt ihr Leben, auch wenn sie es nicht so benennen können. Sie spüren ihn, weil er real da ist. In einer Prostituierten oder einem Flüchtling können sie Jesus selbst begegnen.

Die Stadt ist ein spiritueller Ort, weil Gott sich durch seinen Geist in ihr aufhält und weil Jesus in Gestalt der Bedürftigen in ihr wohnt.

24.1.2.4 Aus allen Stämmen und Sprachen

Aus dem bisher Gesagten ist noch nicht ersichtlich, warum die Menschen für das Suchen und Finden Gottes über die ganze Erde zerstreut und auf unterschiedliche Wohngebiete verteilt werden mussten. Das ergibt sich aus einem anderen Merkmal des Sozialen. Wo Menschen zusammenleben, entstehen Kulturen. Diese prägen das Wahrnehmen und Verstehen der Menschen. Ein Japaner sieht die Welt anders als ein Engländer. Er erlebt aber auch Gott anders und versteht das Evangelium anders als ein Engländer. Beide Wahrnehmungen stehen nicht im Widerspruch zueinander, sondern ergänzen einander. Gott ist so vielseitig, sein Evangelium ist so vielschichtig, dass es vielfältige Zugänge und Perspektiven braucht, um sich der Entdeckung und Wahrnehmung des Ganzen anzunähern. Im Mosaik der Kulturen formt sich das Mosaik des Bildes Gottes.

In der zukünftigen Welt werden diese kulturellen Unterschiede nicht aufhören, sondern erst zur vollen Blüte gelangen. Christus hat Menschen „aus allen Stämmen und Sprachen" (Offb. 5,9) erlöst und sie werden *in dieser Vielfalt* vor Gottes Thron stehen

(Offb. 7,9). In einer Zeit, in der sich die Kulturen der Welt durch die Globalisierung in den Städten versammeln, haben wir die Möglichkeit, durch interkulturelle Gemeinden und durch die Partnerschaft zwischen Gemeinden aus verschiedenen Kulturen schon jetzt etwas von dieser Vielfalt der Widerspiegelung Gottes in seinem Volk zu erleben.

24.2 Das spirituelle Leben des urbanen Missionars

Die Umarmung durch einen geliebten Menschen verliert für uns nicht an Wert, weil wir ihn schon oft gesehen und mit ihm gesprochen haben. Ebenso verliert das Fühlen Gottes für uns nicht an Bedeutung, wenn wir ihn im Evangelium „gesehen" haben und ihn unseren Vater nennen, sondern wir schätzen es umso mehr. Wir möchten ihn weiterhin in der Stadt *fühlen*. Wenn wir Christus kennen und an ihn glauben, hören wir nicht auf, ihm in den Bedürftigen zu dienen, sondern sie kommen unserem Herzen noch näher. Das ist der Ausgangspunkt der spirituellen *Praxis* des urbanen Missionars.

24.2.1 Alltagsspiritualität

Das größte Hindernis für urbane Spiritualität ist, dass die Stadt laut, Gott aber leise ist, dass die Stadt aufdringlich, Gott aber sanft ist. Einige Bewohner verlassen deshalb die Stadt, um Gott nahe zu sein, auf ihn zu hören und ihn zu fühlen. Rückzugsorte und -zeiten haben ihre Berechtigung und ihren Sinn. Selbst Jesus zog sich immer wieder zurück „und ging an einen einsamen Ort" (Mk. 1,35), um ungestört mit seinem Vater zusammen zu sein. Es wäre aber schade, wenn die Nähe Gottes nur in unserer „Kammer" (Mt. 6,6) oder in der Abgeschiedenheit eines Klosters erfahrbar wäre. Wir brauchen sie mitten in der Stadt. Deshalb müssen unsere Sinne geschärft werden für den Leisen und Sanften.

24.2.1.1 Die Alltagswahrnehmung Gottes

Wie fühlt man Gott eigentlich im Alltag? Bei Spiritualität geht es nicht um Theologie, sondern um Erfahrung. Alltagsspiritualität besteht nicht aus einem Wissen über Gott. Es geht nicht darum, wie er *an und für sich* ist, sondern wie er *für uns da ist*. Alltagsspiritualität besteht auch nicht aus der (tröstlichen) Gewissheit des Glaubens, dass Gott da ist, *obwohl wir ihn nicht fühlen*. Theologie und Glaube sind wichtig, aber etwas anderes als das unmittelbare Fühlen.

Wer Spiritualität (gerade) erlebt, für den ist sie (in diesem Augenblick) einfach. Wer sie erklären will, für den ist sie kompliziert. Wer frisch verliebt ist, kennt die „Schmetterlinge im Bauch". Er hätte Mühe, sie seiner Schulklasse zu erklären, und vor allem den Mitschülern, denen eine solche Erfahrung fehlt. Ich versuche dennoch, das Fühlen Gottes zu erklären. Dazu mache ich Anleihen bei einer Denkrichtung, die man die *Phänomenologie* nennt. Ihr geht es nicht darum, wie die Dinge an und für sich sind, sondern wie sie uns begegnen, wie wir sie wahrnehmen, wie sie in unser Bewusstsein treten, wie sie uns fraglos gewiss werden.

Während ich diese Sätze schreibe, sitze ich neben meiner Frau auf dem Beifahrersitz unseres Autos, um zu einem Schreiburlaub nach Rügen zu fahren. Die Anwesenheit meiner Frau und die Umstände der Reise sind für mich so selbstverständlich, dass ich dafür keine Beweise und keine Erklärungen brauchen. Meine Hanna sitzt neben mir und wir sind unterwegs in unsere Ferienwohnung, das weiß ich einfach. Die Phänomenologie erklärt unser Alltagswissen wie folgt: Auf uns kommt ständig ein „Bewusstseinsstrom" von Sinneseindrücken zu. Ich sehe gerade nicht nur mein Notebook vor mir, sondern in meinem Gesichtsfeld befinden sich die Hände meiner Frau, die das Lenkrad halten, die Autos, die vor uns fahren und uns entgegenkommen, und die Felder und Wiesen, an denen wir vorbeifahren. Ich höre Motorengeräusche, ich spüre den Sitz unter mir und habe auch sonst unterschwellige Körpergefühle. Das meiste davon registriere ich nicht einmal, weil ich völlig darauf konzentriert bin, Ihnen das Fühlen Gottes zu erklären.

Ab und zu ragt aus diesem Bewusstseinsstrom ein „Erlebnis" heraus, wenn ich etwas bewusst wahrnehme. Wenn meine Frau mich anspricht, ist sie auf einmal nicht nur da, sondern ich wende ihr meine Aufmerksamkeit zu. Ähnliches gilt, wenn sie plötzlich bremsen muss, weil vor uns ein Stau auftaucht. Dann beachte ich die Autos vor uns. Wenn Erlebnisse markanter sind, können sie sich zu einer „Erfahrung" verdichten. Wenn der Stau sich als durch einen Unfall verursacht herausstellt und wir an der Unfallstelle vorbeifahren, beschädigte Autos und verletzte Menschen sehen, prägt sich das ein. Wir registrieren es nicht nur, sondern wir merken es uns und können hinterher davon berichten.

Unter Alltagsspiritualität verstehe ich, dass Gott in unserem ständigen Bewusstseinsstrom genauso gegenwärtig ist, wie meine Frau, die Felder, der Verkehr und meine Körpergefühle es gerade in meinem sind. Wir denken nicht ständig an ihn, aber er befindet sich in unserem „Gesichtsfeld" und unserem unterschwelligen Empfinden und jederzeit kann das Gefühl für seine reale Nähe in unser Bewusstsein aufsteigen.

Es geht dabei nicht um eine Emotion, wie sie in intensiven Events oder beim Lesen berührender Berichte aufkommen, aber ebenso schnell wieder abebben kann, sondern um das unmittelbare Wahrnehmen, in seiner spürbaren Gegenwart zu sein. Gott ist so selbstverständlich Teil unserer alltäglichen Lebenswelt, dass wir ihn fühlen, erleben und erfahren. Manche Christen kennen das zu bestimmten Zeiten, andere dauerhaft. Ein Mönch aus dem 17. Jahrhundert, Bruder Lorenz, hat festgehalten, wie Gott Inhalt seines Alltagserlebens wurde.

ERFAHRUNGEN UND REFLEXIONEN

In Gottes Gegenwart leben

Nicolas Herman (ca. 1610-1692), wie Bruder Lorenz mit weltlichem Namen hieß, führte ein spirituelles Leben, dessen literarischer Niederschlag (Herman 2014) bis heute viele Menschen inspiriert. In ihm findet man auch für die urbane Mission wichtige Anregungen. Lorenz war ein Pionier der Alltagsspiritualität: „Die Arbeitszeit ist für mich keineswegs von der Gebetszeit verschieden. Ich besitze Gott genauso ruhig in der Hektik meiner Küche, wo mich manchmal mehrere Personen gleichzeitig verschiedene Dinge fragen, als würde ich vor dem Altar knien“ (Herman o. J.:13). Diese Erfahrung war ihm nicht in den Schoß gefallen. Lange hatte er an bedrückenden Gemütszuständen gelitten, der „dunklen Nacht der Seele“, wie Mystiker solche Zeiten nennen. Ein wichtiger Schritt war für ihn die *Ergebung*[249] in Gottes Willen. Solche Ergebung war früher ein wichtiges Thema in der spirituellen Literatur. Es ist etwas außer Mode gekommen – nicht ganz zu Unrecht. Deshalb gebe ich kurz eine eigene Erklärung.

Zwei mögliche Missverständnisse machen Ergebung zu einer zweischneidigen Sache. Das erste besteht darin, Ergebung mit Passivität zu verwechseln. Ein einfaches Beispiel erklärt, worum es geht. Wenn ein Schüler das Resultat einer Klassenarbeit in Gottes Hand legt und deshalb nicht lernt, ist das keine Ergebung, sondern Faulheit. Wenn er sich aber gut vorbereitet hat und dann den Test mit der Haltung schreibt: Was immer jetzt herauskommt, ich bin in Gottes Hand und fürchte mich nicht, dann liegt echte Ergebung vor. Das zweite Missverständnis besteht darin, ungerechte Verhältnisse als von Gott verfügt anzusehen. Mit dieser Art von „Ergebung“ ist in der Geschichte des Christentums viel Schindluder getrieben worden. Ergebung verträgt sich sehr wohl mit Widerstand, wie Bonhoeffers Buchtitel „Widerstand und Ergebung“ zeigt, den ich bereits früher zitiert habe. Bonhoeffer opponierte gegen die NS-Diktatur, aber als er dafür ins Gefängnis kam, konnte er schreiben: „Und reichst *du* uns den schweren Kelch, den bittern / Des Leids, gefüllt bis an den höchsten Rand / So nehmen wir ihn dankbar ohne Zittern / Aus deiner guten und geliebten Hand.“ Er war in einer höheren Hand als der von NS-Schergen.

Auch in der urbanen Mission tut Ergebung gut. Wir sind aktiv, wir engagieren uns für das Wohl der Stadt, aber die Ergebnisse sind nicht in unserer Hand, sondern in der Gottes. Was immer geschieht, wir ruhen in ihm. Wir können damit leben, wenn

249 So wie Lorenz davon spricht, ziehe ich den Begriff „Ergebung“ dem der „Hingabe“ vor, der in der deutschen Ausgabe verwendet wird.

unsere Bemühungen keinen Erfolg haben, aber wir wollen nicht damit leben, es nicht versucht zu haben. „Engagement und Ergebung“ wäre eine gute Beschreibung für die Spiritualität des urbanen Missionars.

Ergebung gab Lorenz eine zweifache innere Freiheit. Zum einen konnte er die kleinen Dinge lieben. Er sagte: „Ich bin schon ganz zufrieden, wenn ich aus Liebe zu Gott nur einen Strohhalm von der Erde aufheben kann“ (Herman 2014:43). Zum anderen wurde er nicht von der Ungerechtigkeit der Welt aufgerieben: „Über das Elend und die Verfehlungen, von denen ich die Leute alle Tage reden höre, wundere ich mich nicht. Im Gegenteil, angesichts der Bosheit, zu der ein Sünder fähig ist, bin ich überrascht, dass es nicht noch mehr davon gibt. Ich bete für den Sünder, doch da ich weiß, dass Gott ihn heilen kann, wenn er es will, lasse ich mich davon nicht weiter bekümmern“ (ebd. S. 41-42). In der urbanen Mission sieht es an manchen Stellen so aus, als ob wir derzeit nur kleine Veränderungen erzielen können. Dann feiern wir diese kleinen Veränderungen und danken für sie. Wir stoßen bei der Beschäftigung mit der Stadt auf viel Unrecht und Unfrieden. Dann sind wir nicht überrascht, weil wir wissen, dass wir in einer gefallenen Welt leben. Wir lassen uns davon nicht unseren Frieden rauben, denn wir können nur dann Frieden in die Stadt bringen, wenn wir selbst Frieden haben.

Gebet wurde für Lorenz zu einer einfachen Sache. Er unterhielt sich mit Gott über das, was gerade anlag. Ich übertrage seine Worte in meine Situation und Sprache. Wenn ich in meiner Stadt vor einer Aufgabe stehe, muss ich keine aufwendigen Gebete sprechen. Ich kann einfach sagen: „Gott, man hat mir diesen Job anvertraut. Wenn ich ihn alleine mache, kann ich für nichts garantieren. Aber du bist ja da.“ Diese schlichte Gebetshaltung führte dazu, dass Bruder Lorenz bei alltäglichen Verrichtungen Gott genauso nahe war wie bei den im Kloster vorgeschriebenen geistlichen Übungen. Er führte sein Leben beständig in Gottes Gegenwart und die freundschaftliche Nähe zu Gott wuchs: „Wenn er sich mitunter etwas zu weit von dieser göttlichen Gegenwart entfernt, macht Gott sich bald in seinem Inneren bemerkbar und ruft ihn zurück“ (ebd. S. 59). Das heißt, nach einiger Zeit wartete Gott nicht mehr auf die Aufmerksamkeit von Lorenz, sondern ergriff selbst die spirituelle Initiative.

Wichtig ist, dass wir die Gegenwart Gottes entdecken, nicht herstellen (Franziskus 2013:71), dass wir uns ihrer bewusst sind, sie aber nicht krampfhaft aufrechterhalten. Es geht nicht darum, dass wir etwas tun müssten, um Gott nahe zu sein, sondern dass wir merken: „Ach, er ist ja da.“ Unser Alltagsleben in der Stadt – ohnehin schon oft ein Multitasking – wird nicht um eine spirituelle Aufgabe erweitert, sondern wir können uns allen anderen Aufgaben mit dem Empfinden zuwenden, nicht allein zu sein.

Das verändert die Stadt *und* unseren Alltag. Eine Wohnung, in der wir allein sind, fühlt sich anders an als eine, in der sich noch jemand aufhält, selbst wenn der andere einfach nur in unserer Nähe sitzt und wir uns gerade nicht miteinander beschäftigen. Eine Stadt, in der Gott ist, fühlt sich anders an als eine, in der wir unter den Menschen alleine sind. Wenn meine Frau und ich beide zu Hause sind, nehme ich manchmal mein Notebook und setze mich zu ihr, um zu arbeiten. Ich bin nach wie vor ganz in meine Arbeit vertieft, halte mich aber gern in ihrer Nähe auf, selbst wenn zwischen uns nur ein vertrautes Schweigen herrscht. Natürlich besteht dann auch die Möglichkeit, ab und zu einige Worte zu wechseln. Sie kann mir kurz erzählen, was sie erlebt hat, ich spreche kurz über etwas, was mich beschäftigt, danach setzen wir beide unsere Aktivitäten fort. Immer mehr Leute erleben heute etwas Ähnliches in Co-Working-Spaces. In ihnen hat jeder seine eigene Arbeit, aber man arbeitet nicht in der Einsamkeit und kann sich zwischendurch mit anderen austauschen. Wenn wir uns in urbane Spiritualität einüben, wird die Stadt zu einem Co-Working-Space von Gott und uns.

24.2.1.2 Geistliche Übungen der Alltagsspiritualität

Spiritualität will gepflegt sein. Dann wird sie dauerhafter. Bruder Lorenz beschreibt auch, wie der Weg in diese beständige Alltagsspiritualität aussehen kann.

ERFAHRUNGEN UND REFLEXIONEN

Bruder Lorenz kannte am Anfang seines Lebens im Kloster den typischen Begleitumstand, den geistliche Übungen wohl zu allen Zeiten haben: wandernde Gedanken. Mangelnde Konzentration, innere Trockenheit, Unlust zum Gebet und Lust zu allem anderen – wer wüsste nicht von diesen Hürden des geistlichen Lebens. Wenn ich ihn recht verstehe, war für Lorenz ein wichtiger Schritt zur Überwindung, dass er die Trennung des Gebets von anderen Tätigkeiten aufgab und beides miteinander verband. Wenn wir die spirituelle Zeit als Gegensatz zur Banalität des Alltags verstehen und erwarten, in ihr besondere Höhen zu erklimmen, kann demotivierende Enttäuschung folgen.

Lorenz´ Rat an uns lautet: „Wir müssen danach trachten, uns in der Gegenwart Gottes festzumachen, und uns mit ihm in einem ununterbrochenen Gespräch befinden [...] Man muss ganz einfältig mit Gott reden, ihn frei und offenherzig ansprechen und so wie die Dinge vorfallen, seinen Beistand von ihm begehren [...] Anfangs kostet es etwas Fleiß, die feste Gewohnheit zu erlangen, stets mit Gott umzugehen und alles Tun auf ihn auszurichten; aber nach einiger Mühe fühlt man sich ohne irgendwelche Anstrengung einfach von seiner Liebe dazu aufgeweckt“ (Herman 2014:41.45). Ich glaube, das nennt man Gewohnheitsbildung.

Man kann sich eigene Übungen ausdenken, um seine Spiritualität zu fördern. Ein Beispiel aus meiner eigenen Praxis beruht auf einer Erfahrung, die ich vor Jahren in unserem Wohnzimmer gemacht habe. Wir hatten Kontakt zu einer jungen Frau, die wieder einmal zu Besuch war. Sie war – so die allgemeine Überzeugung derer, die sie kannten – etwas anstrengend. An diesem Abend hatte ich einen erleuchtenden Moment. Ich sah sie plötzlich „mit Gottes Augen". Ich spürte etwas davon, wie Gott sie sah: seine tiefe Wertschätzung, seine Sicht für Schönes und Kostbares an ihr, seinen Respekt dafür, dass sie ein schwieriges, deformierendes Leben ausgehalten hatte.

Dieser Abend hat mich nachhaltig beeinflusst. In mir wurde ein Sinn dafür geweckt, Menschen anders als äußerlich zu sehen. Diesen Sinn habe ich zu trainieren versucht. Ich habe eine Zeit lang bei Fahrten in der S-Bahn andere Fahrgäste – besonders solche, die auf den ersten Blick keine Sympathieträger waren – bewusst angeschaut und mir vorgestellt, was für Menschen sie wären, wenn Gottes Absichten in ihrem Leben voll zum Tragen kämen. Es waren schöne Vorstellungen, die sich dabei in mir bildeten. Diese Praxis war zunächst nur eine Anregung meiner spirituellen Fantasie. Ich meine aber, immer wieder auch etwas von Gottes Herz für diese Menschen gespürt zu haben.

Wer lieber unter Anleitung lernt, dem empfehle ich zur Einübung in die Alltagsspiritualität die Teilnahme an Straßenexerzitien. Diese Bewegung wurde vor ungefähr zwanzig Jahren in Berlin aus der Wohngemeinschaft des Jesuiten Christian Herwartz geboren. Auf der Webseite www.strassenexerzitien.de, die alle wichtigen Informationen enthält, steht:

> Einfache Quartiere und viel unverplante Zeit erleichtern es, sich betend auf den Weg zu machen, Orte der persönlichen Gottesbegegnung zu finden, dort zu verbleiben oder wieder hin zu gehen. Abends kommen die Übenden zurück in die einfache „Pilger-Herberge" und erzählen nach einem gemeinsamen, selbst zubereiteten Essen und Gottesdienst von ihren Wegen, ihrem Suchen, ihrem Stehenbleiben, ihrem langsamen Nähern an die Orte, die sie persönlich als wichtig, als aufwühlend, als ihnen heilig erfahren haben. Und auch von den entdeckten Schwierigkeiten, den Ängsten, den Dornbüschen in ihrem Leben erzählen sie. Dabei werden sie aufmerksam begleitet, um selbst deutlicher zu erkennen, wohin sie geführt werden.
>
> Die Exerzitien sind keine Sozialpraktika, sondern ein Loslassen in die Zeit und die Anwesenheit Gottes hinein, die er uns schenken will.

Hilfreich ist es, wenn unsere Alltagsspiritualität durch unsere Sonntagsspiritualität genährt wird. In Kapitel 3 habe ich von einer Begegnung der presbyterianischen Pfarrerin Sally A. Brown mit einem bedürftigen Mann erzählt, in der sie sich nach ihrer eigenen Einschätzung spontan falsch verhalten hatte. Ich erinnere an ihre Erklärung: Sie war anschließend überzeugt, dass in jener Situation das Empfinden für die Gegenwart Gottes im öffentlichen Raum nicht ganz an die Oberfläche ihres Bewusstseins gedrungen war (Brown 2013:35). Wenn sie wahrgenommen hätte, dass Gott bereits vor ihr am Ort der Begegnung gewesen war, hätte sie eher erkannt, wie sie in dieser Begegnung Mitarbeiterin der Fürsorge Gottes für diesen Mann hätte sein können. Leider wurde ihr erst auf der Weiterfahrt die Gegenwart Gottes bewusst und brachte Licht in die gerade erlebte Situation – durch die Erinnerung an liturgische Elemente aus dem Gottesdienst.

Was in dieser Situation beinahe geschehen wäre, kann in anderen Situationen tatsächlich geschehen. Wenn die Anbetung im Gottesdienst über den Gottesdienst hinausweist, wenn sie die Menschen der Stadt und ihre Straßen und Plätze als Aufenthaltsorte Gottes mit einschließt, vermittelt sie uns, dass er uns nicht nur in der Kirche begegnet, sondern in der Stadt schon auf uns wartet. Wann immer als Folge davon im Alltag das Empfinden für die Gegenwart Gottes ganz an die Oberfläche unseres Bewusstseins tritt, sind wir besser gerüstet, mit ihm zu handeln: „Der Gott, der die Toten lebendig macht, sendet uns nicht nur, sondern geht uns voraus auf die Straßen der Stadt [...] Wenn unsere Augen geöffnet sind für Gottes Gegenwart und Verheißung, können wir dorthin gehen ohne Furcht, sondern mit Mut und Kreativität, bereit als Akteure einer erlösenden Hoffnung zu handeln“ (ebd. S. 37).

24.2.2 Soziale Spiritualität

Es gibt spirituelle Erfahrungen – so habe ich es vorhin ausgedrückt –, die im Dreieck Gott, Mensch und Nächster geschehen. Ein Aspekt ist, dass die Wahrnehmung Gottes unsere Wahrnehmung der Menschen verändert, ein zweiter, dass die Begegnung mit Menschen zu einer Begegnung mit Gott wird.

Über den ersten Aspekt habe ich bereits im letzten Abschnitt einiges geschrieben. Wer Gottes Herzschlag spürt, spürt auch, dass dieses Herz für die Menschen um ihn herum schlägt. Geistliche Übungen wie die Straßenexerzitien, bei denen man im öffentlichen Raum Ausschau nach Gott hält, führen zu einer anderen Sicht auf die Menschen. Ein Gottesdienst, der über den religiösen Raum hinausweist auf die Straßen und Plätze der Stadt, bereitet auf Begegnungen mit Menschen vor, in denen Gott durch uns in Aktion treten möchte. Wenn ich noch daran erinnere, dass auch Stadterkundung eine spirituelle Dimension hat (→ Kap. 17), ist alles Nötige gesagt.

Beim zweiten Aspekt geht es vor allem darum, dass Christus sich mit Bedürftigen identifiziert und sie für uns seine „Stellvertreter“ werden (Mt. 25,35-40). Das gibt ihnen eine geheimnisvolle Würde. Dieses Kapitel endet mit den Erfahrungen einer Frau, die sich auf die Suche nach dieser Würde gemacht hat. Lia Ford ist studierte Theologin und macht sich derzeit als Fotografin selbständig. An ihren Bildern beeindruckt mich ihr Blick für die Würde und die Schönheit von Menschen, an denen andere solche Schönheit nicht entdecken. Für mich sind ihre Porträts nicht nur Handwerk und Kunst, sondern in Bildern festgehaltene Spiritualität.

ERFAHRUNGEN UND REFLEXIONEN

Lia Ford

„Ich bin das Leben“, sagt Christus. Die Kirche antwortet verlegen und zögernd: „Ja, aber nur das geistliche Leben.“ (Adolf Schlatter)

Mit Christus unterwegs zu sein bedeutet für mich, Leben zu entdecken. Leben in seiner Vielfalt, Schönheit und Intensität, jedoch ohne die Schmerzen, das Leid und die Gebrochenheit des Lebens zu leugnen oder zu ignorieren.

Vor einigen Wochen war ich für eine Porträt-Serie „Menschen auf den Straßen Berlins“ am Bahnhof Zoo unterwegs. In den Begegnungen mit den Menschen dort vor Ort – Männern und Frauen zwischen 30 und 60 Jahren, meist aus Osteuropa, die in kleinen Campingzelten an der Bahnstrecke leben – hatte ich das Empfinden, dass mir die Augen dafür geöffnet wurden, dass diese Stadt Berlin für mich ein Ort der Gottesbegegnung ist.

Abbildung 24.1: Ein Mensch auf den Straßen Berlins (von Lia Ford)

Praktisch bedeutet dies für mich, offen zu sein und zu lauschen, was diese Stadt bewegt. Es bedeutet für mich, im Alltag, in der Begegnung mit Menschen, in der Stadt Wärme und Zuneigung zu schenken. Zuzuhören, wahrzunehmen und freundlich zugewandte, aufbauende und manchmal auch prophetische Worte auszusprechen.

Meine Gottesbeziehung und das Studium der Theologie haben mit dazu beigetragen, dass meine Augen immer stärker geöffnet werden, etwas von der Würde und

Schönheit, die jedem Menschen innewohnen, zu erkennen. Wenn ich einen Blick darauf erhasche – mir der Mensch etwas von sich zeigt oder offenbart –, versuche ich, ihr oder ihm dies widerzuspiegeln. Sei es durch eine warmherzige und freundliche Begegnung, durch Porträtaufnahmen, die ich verschenke, oder auch durch ein stilles Gebet. Wenn ich beispielsweise Obdachlose oder wie neulich einen Toilettenwärter porträtiere, komme ich meistens ein paar Wochen später wieder und bringe ihnen als kleines Dankeschön die entwickelten Fotos vorbei. Das ist eine ganz konkrete Art, wie ich meine Wertschätzung für ihre Würde und Einzigartigkeit ausdrücke. Sie freuen sich meistens sehr. So wollte mich der Toilettenwärter als Dankeschön spontan auf einen Kaffee einladen und ein Obdachloser auf ein Eis. Sie waren beide sehr bewegt davon, dass ich mein Versprechen gehalten hatte und wieder gekommen war, um sie mit einem in den Fotos festgehaltenen würde- und liebevollen Blick zu beschenken.

Seitdem die Stadt mein Ort der Gottesbegegnung ist, ist mein Leben einfacher und organischer geworden ... irgendwie natürlicher und leichter. Ich bin unterwegs und begegne Menschen und bin gespannt, wie Gott in der Interaktion zwischen uns wirkt und was wir gegenseitig voneinander lernen können. Viel religiöser Druck und Perfektionismus ist durch diese neu gewonnene Freiheit von mir abgefallen.

Ich glaube nicht, dass dies der Weg für jeden ist – sich einfach sehend und wahrnehmend durch den urbanen Raum zu bewegen und Menschen zu begegnen. Aber ich merke, dass es mein Weg ist, als Reisende, als Sehende und als Wahrnehmende unterwegs zu sein und Menschen zu beschenken mit Würde und Wärme. It is as simple and complex as this!

Meine Theologie und auch mein Erleben sind sehr stark von dem Verständnis des inkarnierten Christus geprägt, der in die Welt gekommen ist, der die Welt durchdringt und erhält und mit seinem Geist in ihr am Werk ist. Dort, in der Begegnung mit Menschen, begegnet mir der Christus, und ich und andere werden beschenkt.

FAZIT

- Städte sind spirituelle Orte, weil Gott sich in ihnen aufhält. Sie sind Orte, an denen Gott gesucht, gefühlt und gefunden werden möchte. Dazu gibt es zwei mögliche Zugänge:
  - Die unmittelbare sinnliche Wahrnehmung Gottes: Immer wieder werden Menschen Gott fühlen, weil er in ihrer Stadt gegenwärtig ist. Damit dieses Fühlen zu mehr als einer undeutlichen Erkenntnis oder gar einem Missverstehen Gottes führt, stellt ihnen die urbane Mission Jesus Christus als den Gekreuzigten vor Augen. Denn nur in der Ver-

bindung mit diesem Sehen führt das Fühlen zu sicheren Ergebnissen.
  - Soziale Gotteserkenntnis: Es gibt spirituelle Erfahrungen, die im Dreieck Gott, Mensch und Nächster geschehen, indem die Wahrnehmung Gottes unsere Wahrnehmung der Menschen verändert und indem die Begegnung mit Menschen zu einer Begegnung mit Gott wird.
- Da die Stadt laut, Gott aber leise ist, müssen unsere Sinne geschärft werden für den Leisen und Sanften. Alltagsspiritualität bedeutet, dass Gott sich in unserem unterschwelligen Empfinden befindet und immer wieder das Gefühl für seine reale Nähe in unser Bewusstsein aufsteigt. Diese Alltagsspiritualität können wir pflegen und einüben.

- Wie haben andere Menschen Sie durch ihr Leben Jesus sehen lassen?
- Wie erleben Sie Gottes Gegenwart an säkularen Orten?
- Wann haben Sie einem Bedürftigen gedient und dabei etwas von der Nähe Jesu gespürt?

- Christian Herwartz: Brennende Gegenwart. Exerzitien auf der Straße (Herwartz 2012). *Der Begleiter und Inspirator der Straßenexerzitien stellt Impulse vor, wie man sich auf den Weg machen kann, neu die Nähe Gottes spüren zu lernen.*
- Bruder Lorenz: All meine Gedanken sind bei dir. In Gottes Gegenwart leben (Herman 2014). *Der in diesem Kapitel erwähnte spirituelle Klassiker.*

Wir wissen, dass in Bezug auf lebendige Systeme das Naheliegende nicht immer das Beste ist. Das gilt auch für das Gebet. Anhand von Beispielen aus der Bibel mache ich Vorschläge, wie missionarisches Gebet gestaltet sein kann.

25. Missionarisch beten

Urbane Spiritualität 2

25.1 Das missionarische Gebet im Neuen Testament

Die Mission ist im Neuen Testament von ständigem Gebet begleitet. Wer sich die entsprechenden Aussagen anschaut[250], macht eine wichtige Entdeckung: Nicht nur die neutestamentliche Praxis entspricht Einsichten, die wir über lebendige Systeme bereits gewonnen haben (→ Kap. 16.5), sondern auch das Gebet:

1. Das naheliegende Vorgehen ist oft nicht das Angemessene. Wenn man will, dass Verhältnisse sich ändern, liegt es nahe, gegen die Probleme und Hindernisse zu beten, die zu überwunden sind. So wird im Neuen Testament *nicht* gebetet.
2. In lebendigen Systemen ist bereits vorhanden, was sie für ihre Veränderung von innen brauchen. Deshalb wird im Neuen Testament nicht um Gottes Interventionen von außen gebetet, sondern um die Stärkung dessen, was schon da ist, um die Wirksamkeit derer, die schon da sind.

25.1.1 Drei Gefährdungen des Gebets für die Stadt

Gebete, mit denen wir direkt auf die Probleme der Stadt einwirken wollen, haben ihre Gefährdungen. Viele Fürbitter erliegen ihnen nicht, aber da sie vorhanden und gelegentlich auch zu beobachten sind, will ich sie nennen.

25.1.1.1 Ungesunde Machtgefühle

Christen sprechen von der „Macht" des Gebets. Fürbitter werden als die bezeichnet, die „Geschichte schreiben". Bisweilen wird eine militärische Sprache verwendet: Die Gläubigen „erobern Land", führen „Kreuzzüge" durch, unternehmen „Märsche" und verstehen sich als geistliche „Krieger". Das kann dazu verleiten, die eigene Bedeutung

250 Ich habe für dieses Kapitel alle Stellen aus den Evangelien, aus der Apostelgeschichte und aus den Briefen ausgewertet, in denen Gebet erwähnt wird. Ohne Relevanz für unser Thema sind: (1) allgemeine Aussagen, die lediglich feststellen, dass gebetet wurde, ohne näher auf den Inhalt bzw. das Ergebnis des Gebets einzugehen; (2) Aussagen über das Gebet für die eigenen Bedürfnisse des Beters. Aus den übrigen Stellen ergibt sich das folgende Gesamtbild.

dadurch aufzuwerten, dass man sich im Gebet als einer der eigentlichen Drahtzieher der Geschichte versteht. Aber das Gebet ist nicht dafür da, Verhältnisse zu dominieren und Veränderungen zu erzwingen. Wir sind nicht die Herren, auch nicht im Gebet, sondern die Diener der Welt. Unsere Bedeutung kommt nie aus einer wichtigen Funktion, die wir haben, sondern ausschließlich aus der Beziehung, die Jesus zu uns hat.

25.1.1.2 Verurteilendes Gebet

Wenn ich lese, wie Christen sich auf Facebook oder Twitter über gesellschaftliche Entwicklungen äußern, kann ich nur hoffen, dass sie nicht so beten, wie sie posten. Es wäre zumindest nicht das, was Gott gerne hört. „Richtet nicht, dann werdet auch ihr nicht gerichtet werden. Verurteilt nicht, dann werdet auch ihr nicht verurteilt werden" (Lk. 6,37). Gott möchte nicht, dass wir uns bei ihm über die Schlechtigkeit der Welt beschweren, die er so sehr geliebt hat, „dass er seinen einzigen Sohn hingab" (Joh. 3,16). Es gibt einen legitimen Platz für *Klage* – ich gehe später auf sie ein. Sie unterscheidet sich aber um mehr als zwei Buchstaben von der *Anklage*. Eine *Für*bitte, die zur *Gegen*bitte wird, entspricht nicht der Idee dessen, zu dem wir beten. Gebet ist in diesem Sinne ein solidarisches Handeln.

25.1.1.3 Übergriffiges Gebet

Gebet ist kein taugliches Mittel, um das Verhalten von Menschen zu beeinflussen. Die Achtung vor ihnen gebietet es, ihre Entscheidungen zu respektieren.[251] Wenn wir im Alltag versuchen, jemanden zu etwas zu bewegen, was der Betreffende nicht tun will, ohne dass er es merkt, nennen wir dieses Bemühen „Manipulation". Ich wüsste nicht, warum wir es anders nennen sollten, wenn wir Gott als Mittel der Beeinflussung einsetzen wollen. Gott hat den Menschen die Freiheit gegeben, sich „falsch" zu entscheiden, und wird ihnen diese Freiheit nicht auf unser Gebet hin wieder entziehen. Gebet hat nicht die Aufgabe, ungeliebte Demonstrationen durch Hagelschauer zu vereiteln, „richtige" Wahlergebnisse herbeizuführen oder „falsche" Entscheidungen im Rathaus zu revidieren.

Diese drei Gefährdungen bestehen nicht, wenn wir dem Grundtenor des Neuen Testaments gemäß beten: nicht gegen die Probleme der Stadt, sondern für alles, was ihrem Frieden dient. Das geschieht auf zwei Ebenen: (1) als Gebet für die Stadt und ihre Bewohner und (2) als Gebet für die urbanen Missionare.

251 Auf besondere Situationen, in denen sie mit rechtlichen Mitteln gehindert werden müssen, andere zu schädigen, oder in denen Widerstand gefordert ist, gehe ich hier nicht ein.

25.1.2 Das Gebet für die Stadt

25.1.2.1 Das vergebende Gebet

Sobald jemand an uns schuldig wird, gehört er auf unsere Gebetsliste. Wer Gottes Leute antastet, gewinnt Fürsprecher bei Gott. Der Verfolger wird zum Umbeteten. Das Vorbild dafür ist Jesus selbst. Die Menschen schlugen ihn ans Kreuz, „Jesus aber betete: Vater, vergib ihnen, denn sie wissen nicht, was sie tun" (Lk. 23,34). Entsprechend lauteten seine Anweisungen an seine Nachfolger: „Segnet die, die euch verfluchen; betet für die, die euch misshandeln" (Lk. 6,28). „Liebt eure Feinde und betet für die, die euch verfolgen" (Mt. 5,44).

Die ersten Nachfolger Jesu folgten in ihrer Praxis und ihrer Lehre dem Vorbild und den Worten von Jesus. Als Stephanus gesteinigt wurde, „sank er in die Knie und schrie laut: Herr, rechne ihnen diese Sünde nicht an! Nach diesen Worten starb er" (Apg. 7,60). Paulus konnte von sich und anderen Aposteln sagen: „Wir werden beschimpft und segnen" (1. Kor. 4,12). An die Christen in Rom schrieb er: „Segnet eure Verfolger; segnet sie, verflucht sie nicht!" (Röm. 12,14). Bei Petrus lesen wir: „Vergeltet nicht Böses mit Bösem noch Kränkung mit Kränkung! Stattdessen segnet; denn ihr seid dazu berufen, Segen zu erlangen" (1. Petr. 3,9).

25.1.2.2 Der Schalom Gottes

Als Jesus seine Jünger in die Städte und Dörfer Galiläas aussandte, sollten sie beim Eintreten in ein Haus als erstes sagen: „Friede diesem Haus!" (Lk. 10,5). Dieser Friedensgruß ist ein Segen, der real zugesprochen, nicht nur gewünscht wird. Er ist sehr umfassend, denn das hebräische Wort *schalom*[252] hat vielfältige Bedeutungen wie Friede, Unversehrtheit, Heil, Wohlergehen und Sicherheit. Der Zuspruch lässt offen, auf welchen Wegen welche konkreten Erscheinungsformen des Schalom zustande kommen. Das zu entscheiden liegt außerhalb der Zuständigkeit des Segnenden.

Der Friedensgruß ist die neutestamentliche Entsprechung zu einer früheren Aufforderung des Propheten Jeremia an die jüdischen Exilanten im babylonischen Reich: „Bemüht euch um das Wohl [den Schalom] der Stadt, in die ich euch weggeführt habe, und betet für sie zum Herrn; denn in ihrem Wohl liegt euer Wohl" (Jer. 29,7). Im Gebet für die Stadt geht es wie beim Friedensgruß um den Schalom. Weil der Beter in ihr wohnt, ist sein Schalom mit ihrem verbunden. Stadt und Beter bilden eine Interessengemeinschaft.

Segen scheint eine Beziehung oder körperliche Anwesenheit vorauszusetzen. Die Juden sollten für den Schalom der Stadt beten, in die Gott sie weggeführt hatte. Die Jünger sollten das Haus mit Frieden grüßen, in das sie eintraten. Wenn es darum geht, dass der Friede Gottes in friedlose Situationen hineinkommt, empfehle ich, wenn möglich vor Ort zu beten. Dieses Gebet erfüllt gleichzeitig noch andere Funktionen.

252 Es steht hinter dem griechischen Wort eirene, das Lukas verwendet.

Abbildung 25.1: Gebet vor Ort

ERFAHRUNGEN UND REFLEXIONEN

Gebet vor Ort
Axel Nehlsen, Geschäftsführer von Gemeinsam für Berlin

Häufig findet inzwischen gemeinsames Gebet nicht mehr nur in Gottesdiensten oder Gemeindegruppen statt, sondern an relevanten Orten in der Stadt, für die man besonders um Gottes Schalom bitten will. Das Gebet auf der Straße oder vor öffentlichen Gebäuden wird eine zunehmend praktizierte Form. Fokus kann die eigene Wohnstraße, ein sozial schwieriger Stadtteil, eine Schule o. ä. sein. Solche Gebetsgänge beginnen in der Regel unauffällig ohne Öffentlichkeit. Ein Schritt in die Öffentlichkeit kann ein Gebetsgottesdienst auf einem öffentlichen Platz sein wie am 1. Mai in Kreuzberg (→ Kap. 11.1.3).

Von Teilnehmenden wird häufig berichtet, dass ihre persönliche Betroffenheit von einer Not oder ihre persönliche Identifikation mit den Problemen ihrer Kommune durch die konkrete Anschauung vor Ort erheblich steigt: „Wir beten, was wir sehen, und wir sehen, was wir beten." Gewiss ist das Gebet zuerst auf die Erwartung des Segnens Gottes gerichtet. Aber im zweiten Schritt fördert es durchaus politisches Bewusstsein und bürgerschaftliches Engagement. Denn wer ernsthaft betet, dessen Herz und Kopf wird von den Nöten angerührt. Er kann sich selber als Gottes „Erfüllungsgehilfe" nicht ausschließen.

25.1.2.3 Das Gebet für alle Menschen

Die Gedanken über den Schalom Gottes führen uns zu einer Aussage aus dem ersten Timotheusbrief, in der wir zum Gebet „für alle Menschen" aufgefordert werden:

> Vor allem fordere ich zu Bitten und Gebeten, zu Fürbitte und Danksagung auf, und zwar für alle Menschen, für die Herrscher und für alle, die Macht ausüben, damit wir in aller Frömmigkeit und Rechtschaffenheit ungestört und ruhig leben können. Das ist recht und gefällt Gott, unserem Retter; er will, dass alle Menschen gerettet werden und zur Erkenntnis der Wahrheit gelangen. (1. Tim. 2,1-4)

Diese Aufforderung gleicht der des Jeremia. Die Bitten, Gebete und Fürbitte sollen *für* die Menschen dargebracht werden, „damit *wir* in aller Frömmigkeit und Rechtschaffenheit ungestört und ruhig leben können". Auch hier liegt eine Interessengemeinschaft vor. Das Wohl der Beter ist mit dem der Menschen, für die sie beten, verbunden. In zweifacher Hinsicht geht diese Aussage jedoch über Jeremia hinaus: (1) Die Wirkungskette endet nicht mit dem Schalom der Gläubigen. Gott will, „dass alle Menschen gerettet werden und zur Erkenntnis der Wahrheit gelangen". Es soll seinen Leuten in der Stadt gut gehen, damit sie seine Agenten für das Heil der Stadt sein können. (2) Neben das Eintreten für die Menschen und die Mächtigen tritt die Danksagung. Auch für das Gebet gilt, was ich früher über die gesamte urbane Mission geschrieben habe (→ Kap. 19.3): Der Ausgangspunkt ist nicht Unzufriedenheit, sondern Dankbarkeit. Man kann nicht im Sinne des Neuen Testaments für jemanden beten, zu dem man keine wertschätzende, dankbare Beziehung hat.

Mit dieser Haltung setzen wir einen wichtigen Akzent in einer Stadt, die nicht nur sozial, sondern auch in ihren Meinungen an vielen Stellen polarisiert ist. Ich habe leider nicht wenige parteiische Gebete gehört: Für eine bestimmte politische Richtung oder gesellschaftliche Gruppe und gegen eine andere. Wer seine Kammer (Mt. 6,6) mit einer Wahlkabine verwechselt, betet nicht im Sinne Gottes, der *allen* Menschen helfen und begegnen will und in ihnen das Potenzial sieht, Werkzeuge des Friedens zu sein oder zu werden.

Eine schöne Möglichkeit der Fürbitte für die, „die Macht ausüben", besteht darin, sich von ihnen eine „Lizenz zum Beten" zu holen, indem wir ihnen Gebet für ihre Anliegen anbieten und sie uns als Beter willkommen heißen.

ERFAHRUNGEN UND REFLEXIONEN

Gebet im Rathaus und auf dem Myfest
Axel Nehlsen

Ein kurzes Gespräch mit dem damaligen Regierenden Bürgermeister von Berlin, Klaus Wowereit, bei einem Empfang war der Anfang. Einer der Mitgründer des Vereins Gemeinsam für Berlin erhielt von ihm die Zusage, dass sich christliche Verantwortungsträger der Stadt zu einem Gebetsfrühstück ab und zu im Festsaal des Berliner (Roten) Rathauses treffen dürfen. Dieses Frühstückstreffen in ökumenischer Breite war eine der Wurzeln des Netzwerks Gemeinsam für Berlin. Das gemeinsame Gebet für die Belange der Stadt wurde für viele aus der christlichen Szene zu einem Ort, an dem Vertrauen gewonnen und Beziehungen gebaut wurden. Der Ministerpräsident des Landes Berlin hatte den Christen sozusagen eine „Lizenz zum Beten" am prominenten Ort gegeben. Über mehrere Jahre fanden diese Treffen und auch Empfänge in diesem Saal statt.

Vor den Wahlen zum Berliner Abgeordnetenhaus entstand daraus ein regelmäßiges kleineres Gebetstreffen für die Wahl, das bis zum Abschluss der Koalitionsverhandlungen fortgesetzt wurde. Als der Berliner Senat aus Gründen der weltanschaulichen Neutralität das Rathaus nicht mehr für religiöse Gruppen zur Verfügung stellte, wollten die Beter weitermachen. Seit mehr als drei Jahren findet einmal im Monat das Politische Stadtgebet vor dem Rathaus statt, auch bei Wind und Wetter. Knapp und sachlich informiert über aktuelle Herausforderungen in Politik und Wirtschaft, bei Sicherheitsfragen und Bauprojekten gehen die Betenden in kleinen Gruppen betend über das Rathausforum.

Auch bei der jährlichen Gebetswoche der Evangelischen Allianz wird an manchen Orten im Ratssaal oder in einem Gebäude der Stadtverwaltung gebetet. Nicht selten werden Kommunalpolitiker um die Nennung von speziellen Herausforderungen und Problemen ersucht, für die sie Veränderung erhoffen. Gelegentlich folgen Politiker/innen auch persönlich der Einladung, auf Gebetsveranstaltungen ihre Sicht der Nöte und Herausforderungen darzustellen. Dafür müssen sie nicht notwendig selber einen Zugang zum Gebet haben.

Auch beim bereits erwähnten Berliner Myfest bekamen die Christen eine Art „Gebetslizenz" von den lokalen Akteuren. Für den Gebetsgottesdienst für den Frieden am 1. Mai beantragte Gemeinsam für Berlin ein Zeitfenster auf der Bühne, die von den Grünen und der Linkspartei mit einem Musikprogramm betrieben wurde. Das Konzept wurde bei einer örtlichen Parteiversammlung vorgestellt. Diese entschied daraufhin, dass „die Christen im Sinne der Interkulturalität und Diversifizierung" dort ihren Gottesdienst feiern durften. Es könne ja nicht schaden, wenn für einen friedlichen Verlauf des 1. Mai gebetet werde. Tür öffnend war es in diesem Fall, dass nicht die Institution Kirche, sondern ein Netzwerk engagierter christlicher Bürger verantwortlich war.

25.1.3 Das Gebet für die urbanen Missionare

In Johannes 17 – dem wohl wichtigsten überlieferten Gebet von Jesus – wird der zweite Schwerpunkt des missionarischen Gebets im Neuen Testament deutlich: „Für sie bitte ich; *nicht* für die Welt bitte ich, sondern für alle, die du mir gegeben hast" (V. 9). Wenn Jesus sagt: „Nicht für die Welt bitte ich", ist damit nicht gemeint: Die Welt ist nicht mein Thema. In diesem Gebet geht es Jesus sehr wohl und ausdrücklich um die Welt, die den Vater und ihn erkennen soll. Er betet für die Seinen als Missionare: „Wie du mich in die Welt gesandt hast, so habe auch ich sie in die Welt gesandt" (V. 18). Der Vater soll den Jüngern beistehen, „damit die Welt glaubt, dass du mich gesandt hast" (V. 21). *Obwohl* und *weil* Jesus die Welt meint, betet er für seine Jünger, die in die Welt gehen sollen, um sie von innen heraus zu verändern. Sie sollen Teil des lebendigen Systems Welt sein, aber gesandt, geschützt und gestärkt vom Vater, um es von innen heraus zu verändern. So beteten dann auch seine Nachfolger selbst.

25.1.3.1 Die Aussendung der Missionare

Der erste Schwerpunkt des missionarischen Gebets für die Missionare ist ihre Aussendung. „Bittet also den Herrn der Ernte, Arbeiter für seine Ernte auszusenden" (Mt. 9,38). Es muss nicht um eine große Ernte gebetet werden, denn die Ernte ist schon groß (V. 37), aber sie braucht Leute, die aus einem inneren Antrieb ans Werk gehen. Personal für die urbane Mission wird durch Gebet rekrutiert. Jesus verbrachte eine Nacht im Gebet, bevor er die Zwölf aussuchte, die er seine „Apostel" (Missionare[253]) nannte (Lk. 6,12-13).

Bisweilen kann eine Aussendung das unmittelbare Ergebnis einer Gebetszeit sein. So war es in Antiochia: Als die Leiter der Gemeinde „fasteten, sprach der Heilige Geist: Wählt mir Barnabas und Saulus zu dem Werk aus, zu dem ich sie mir berufen habe" (Apg. 13,2). Wer ohne eigene Agenda vor Gott kommt, kann von Gottes Agenda überrascht werden.

Wenn Berufungen feststanden, war das Gebet nicht beendet. In Antiochia „fasteten und beteten sie, legten ihnen die Hände auf und ließen sie ziehen" (Apg. 13,3). In Jerusalem ließen sie die Sieben um Stephanus „vor die Apostel hintreten und diese beteten

253 Das griechische Wort, von dem der Begriff „Apostel" abgeleitet ist, entspricht dem lateinischen, von dem die Bezeichnung „Missionar" stammt.

und legten ihnen die Hände auf" (Apg. 6,6). Einige von ihnen wurden danach effektive urbane Missionare (Apg. 6,8-10; 8,4-12). Als Paulus mit seinem neuen Begleiter Silas auf eine zweite Missionstour ging, reiste er ab, „nachdem die Brüder ihn der Gnade des Herrn empfohlen hatten" (Apg. 15,40).[254]

25.1.3.2 Der Schutz der Missionare

Ich komme noch einmal auf das Gebet Jesu in Johannes 17 zurück. Es war sein aussendendes Gebet für seine Jünger. Wir schauen uns genauer an, was er für sie erbat. Sein Anliegen war, dass

- der Vater sie vor dem Bösen bewahrt (V. 11.15);
- sie eins sind wie der Vater und der Sohn (V. 11.22);
- sie in der Wahrheit geheiligt werden (V. 17);
- sie im Vater und im Sohn sind (V. 21);
- sie dort sein sollen, wo er ist, und seine Herrlichkeit sehen (V. 24).

Ich möchte die Bedeutung dieser Bitten aus der biblischen Sprache in heutige Erfahrung übertragen. Dazu greife ich auf den ersten Teil einer klassischen Definition des französischen Soziologen Émile Durkheim zurück. In ihr geht es um den Gegenstand seiner Wissenschaft, die „soziologischen Tatbestände".

> Ein soziologischer Tatbestand ist jede mehr oder minder festgelegte Art des Handelns, die die Fähigkeit besitzt, auf den Einzelnen einen äußeren Zwang auszuüben. (Durkheim 1965:114)

Die Gesellschaft – das, was Jesus als „Welt" bezeichnet – übt vielfältige Zwänge auf uns aus, mit denen sie uns zu „mehr oder minder festgelegtem" Handeln nötigt. Einige Zwänge sind als solche erkennbar. Dass Kinder in einem gewissen Alter morgens zur Schule gehen, entspricht der Schul*pflicht*. Dass wir uns beim Bäcker anstellen, steht zwar in keinem Gesetz, die Verkäuferin wacht aber darüber. Andere Zwänge sind subtiler. Einem Teenager ist es *unvorstellbar*, Klamotten zu tragen, die mega-out sind, und bei seiner Geburtstagsparty *muss* er mit seinen Freunden mithalten können. Solche Zwänge sind nicht absolut. Aber es kostet etwas, sich darüber hinwegzusetzen. Wer die Schule schwänzt, bekommt es mit dem Jugendamt zu tun. Wer sich in der Bäckerei vordrängelt, zieht sich den Unmut der anderen Kunden zu. Wer die falschen Sachen trägt oder eine uncoole Party gibt, macht sich peinlich. Die Gesellschaft (Welt) oder die Peergroup haben ihre Mittel, die Anpassung ihrer Mitglieder zu erreichen.

254 Hier finde ich das Vorbild für meine Empfehlung, Christen, die in der Gesellschaft ehrenamtliche Tätigkeiten übernehmen, dafür in der Gemeinde zu segnen (→ Kap. 19.4.2).

Oft – zum Beispiel im Schulwesen und in der Bäckerei – sind diese Zwänge nicht schlecht. Anders kann es schon beim Teenager sein, wenn seine Eltern das Geld für die Markenkleidung oder die Fete eigentlich nicht haben. Gravierender ist es in anderen Zusammenhängen. Im Römischen Reich, in dem der religiöse Pluralismus politisch korrekt und der Kaiserkult Staatsräson war, kostete es etwas, sich über die damit verbundenen Zwänge hinwegzusetzen und Jesus als *den* Herrn zu bekennen. Im bürgerlichen Milieu ist es nicht leicht, dem Zwang zur Karriere zu widerstehen und einer Berufung zu folgen, die mit sozialem Abstieg verbunden ist. Man braucht Zivilcourage, um aus einem Gruppenzwang auszuscheren und sich auf die Seite eines gemobbten Außenseiters zu stellen. Wenn solche Entscheidungen zu treffen sind, spürt man die Zwänge der „soziologischen Tatbestände" deutlicher, als einem lieb ist. Sie können aber auch so subtil sein, dass man sie überhaupt nicht spürt. Man kann Vorurteile hegen und nach unchristlichen gesellschaftlichen Werten handeln, ohne jemals zu merken, dass man einem „weltlichen Zwang" unterliegt.

Ich habe Durkheim zitiert, um deutlich zu machen, dass es hier nicht um fromme Weltfeindlichkeit, sondern um nüchterne soziologische Beobachtung geht. In dieser sozialen Wirklichkeit wird das Gebet von Jesus sehr aktuell. Der urbane Missionar soll sich von Herzen seiner Aufgabe hingeben und unbefangen in die Welt gehen können, ohne sich ständig zusammenreißen oder auf der Hut sein zu müssen. Dafür braucht er einen Schutz gegen die gerade beschriebenen Zwänge. Um diesen hat Jesus gebetet.

Der Vater soll die Jünger vor „dem Bösen bewahren" und sie „in der Wahrheit heiligen". Sie sollen nicht von der Gesellschaft, in die sie gesandt sind, korrumpiert werden. Sie sollen eine andere Prägung haben als ihre Umgebung. Sie sollen in der Wahrheit einen Vergleichsmaßstab haben, mit dem sie die ungerechten Maßstäbe der Gesellschaft durchschauen können. Die Jünger sollen im Vater und im Sohn („in uns") sein. Sie sollen nicht nur durch offene oder versteckte Mechanismen mit ihrer Gesellschaft verbunden sein, sondern noch enger mit dem Vater und mit Jesus, sodass diese Beziehung für sie der maßgebliche Einfluss ist. Sie sollen untereinander „eins sein", um angesichts gesellschaftlicher Polarisierung, Rivalität, Konkurrenz und Exklusion eine Gemeinschaft der Solidarität und Inklusion zu bilden.

Dieser Schutz ist das Programm Jesu für die, die er sendet, nicht der Rückzug aus den gesellschaftlichen Zwängen: „Ich bitte nicht, dass du sie aus der Welt nimmst, sondern dass du sie vor dem Bösen bewahrst" (V. 15). Unsere Sicherheit liegt nicht in abgeschotteten Parallelgesellschaften oder auf heiligen Bergen, sondern mitten im Geschehen der Welt, denn Jesus hat auch für uns gebetet, nämlich „für alle, die durch ihr [gemeint sind die ersten Jünger] Wort an mich glauben" (V. 20).

Das wichtigste Gebet aller Zeiten für uns als urbane Missionare wurde bereits gebetet. Ich hebe das hervor, weil ich den Eindruck habe, dass viele Christen eher an die Wirkung zukünftiger Gebete glauben als an die vergangener. Jedenfalls höre ich den

Satz „Dafür müssen wir beten“ öfter als den Satz „Dafür haben wir gebetet“. Jesus hat bereits für unseren Schutz gebetet. Darauf sollten wir uns berufen und verlassen.

25.1.3.3 Die Stärkung der Missionare

Ganz auf der Linie des Gebets im Neuen Testament liegt eine Begebenheit, die sich ziemlich am Anfang der urbanen Mission in Jerusalem ereignete. Zwei Leiter der jungen Gemeinde (Petrus und Johannes) waren massiv bedroht worden, nicht länger „im Namen Jesu zu predigen und zu lehren“ (Apg. 4,18). Sie taten, was zu tun war. Sie gingen zu ihren Leuten und berichteten, was geschehen war (V. 23). Dann beteten sie gemeinsam (V. 24-30). Zunächst richteten sie ihren Blick auf die Souveränität ihres Gottes (V. 24-28), bevor sie zu ihren Gebetsanliegen kamen (V. 29-30):

> Doch jetzt, Herr, sieh auf ihre Drohungen und gib deinen Knechten die Kraft, mit allem Freimut dein Wort zu verkünden. Streck deine Hand aus, damit Heilungen und Zeichen und Wunder geschehen durch den Namen deines heiligen Knechtes Jesus.

Sie beteten nicht um eine Besänftigung ihrer Widersacher, nicht um einflussreiche Fürsprecher. Sie beteten nicht, dass Gott irgendwie draußen in der Stadt aktiv würde. Sie beteten nur darum, für ihre eigene Aufgabe gestärkt zu werden, und zwar durch (1) Mut und (2) göttliche Beglaubigung. Beides haben auch wir nötig.

(1) Wir begegnen entmutigenden und einschüchternden Kräften, auch wenn es meist nicht um unsere körperliche Unversehrtheit geht. Die Probleme der Stadt scheinen schneller zu wachsen, als wir sie lösen können. Wie sollen Städte transformiert werden, die sich in den letzten Jahrzehnten so entwickelt haben, wie ich es im ersten Teil dieses Buches beschrieben habe? Der Wertewandel der Gesellschaft stellt uns an einigen Stellen vor schwierige Herausforderungen. Wie leben wir als heilende Gemeinschaft in einer Welt, in der die Ehen und Familien der Gemeinde nicht haltbarer sind als die außerhalb? Es gibt immer wieder Christen, die Alarm schlagen. Mut und Zuversicht sind besser. Darum kann man beten.

(2) Der Einfluss von Christen schwindet. An vielen Stellen ist das gar nicht schlecht, weil es uns dazu bringt, unseren Auftrag neu zu entdecken, statt uns an einem künstlichen „christlichen Abendland“ festzuhalten. Wenn wir keine institutionelle Macht haben, sind wir wieder wie die ersten Christen ausschließlich auf unsere wahren Ressourcen angewiesen. Worum sie beteten, war nicht Macht, sondern Beglaubigung. „Zeichen und Wunder“ sollten erkennbar machen, dass zwar nicht die etablierte Obrigkeit, aber der Himmel auf ihrer Seite war. Ich schlage dafür den allgemeineren Begriff der „Ausstrahlung“ vor: Wer mit uns zusammenkommt, sollte etwas von den heilsamen Kräften und Einflüssen der zukünftigen Welt spüren können. Auch darum kann man beten.

In Jerusalem kam die Antwort sofort: „Als sie gebetet hatten, bebte der Ort, an dem sie versammelt waren, und alle wurden mit dem Heiligen Geist erfüllt und sie verkündeten freimütig das Wort Gottes" (V. 31). Der Heilige Geist ist die Energiequelle der urbanen Mission. Er gibt Mut, Zuversicht und Ausstrahlung.[255]

Damit haben wir schöne Inhalte für unsere missionarischen Gebete. Diese Linie setzt sich im Neuen Testament fort. Bittet „auch für mich: dass Gott mir das rechte Wort schenkt, wenn es darauf ankommt, mit Freimut das Geheimnis des Evangeliums zu verkünden, als dessen Gesandter ich im Gefängnis bin. Bittet, dass ich in seiner Kraft freimütig zu reden vermag, wie es meine Pflicht ist" (Eph. 6,19-20). So oder ähnlich wünscht sich Paulus die Unterstützung seiner Mission durch die Leser seiner Briefe: durch das Gebet um Mut, Zuversicht und Ausstrahlung selbst angesichts von Gefangenschaft.

25.1.4 Gebet für die Gemeinden

Wir werfen noch einen Blick auf die Gebete des Paulus für die von ihm gegründeten Gemeinden. Diese waren – außer seinen Briefen – alles, was er in der relativ kurzen Zeit seiner Mission für die Transformation des riesigen Römischen Reiches hervorbringen konnte. Statistisch gesehen waren sie in den meisten Städten kümmerliche Häufchen Neubekehrter. Aber Paulus nennt sie stolz die „Gemeinde Gottes" in ihrer Stadt und er beginnt praktisch alle Briefe[256] mit einem herzlichen Dank für sie.[257] Ich weiß nicht, wer von Ihnen für eine chaotische Gruppe wie die Gemeinde in Korinth Dank empfinden würde, aber Paulus empfand ihn. Sie war im lebendigen System ihrer Stadt das, was da war, und sie war das, was die Stadt brauchte, um in den kommenden Jahrhunderten transformiert zu werden. Eine solche Gemeinde sollte man nicht geringschätzen, sondern sich über ihre Existenz freuen und sie stärken. Paulus geriet angesichts des Durcheinanders in der Gemeinde nicht in eine Untergangsstimmung, wie es Christen heute bisweilen angesichts des von ihnen wahrgenommenen Zustandes der Kirche geht. Er kümmerte sich um das, was sein Beitrag in der Sache war, mit der Zuversicht, der Herr werde die Gläubigen in Korinth „festigen bis ans Ende, so dass ihr schuldlos dasteht am Tag Jesu, unseres Herrn" (1. Kor. 1,8).

Wenn wir uns den Inhalt seiner Fürbitte für seine Gemeinden ansehen, stellen wir wieder fest, dass Gebete im Neuen Testament sich von vielen heutigen unterscheiden. Deutlich lässt sich das an zwei besonders markanten Gebeten aus dem Brief an die Epheser zeigen. Die Bitten sind blau unterlegt, die gewünschten Wirkungen gelb.

> Der Gott Jesu Christi, unseres Herrn, der Vater der Herrlichkeit, gebe euch den Geist der Weisheit und Offenbarung, damit ihr ihn erkennt. Er erleuchte die Augen eures

255 Auch das war Inhalt des Gebets von Jesus: „Ich werde den Vater bitten und er wird euch einen anderen Beistand geben, der für immer bei euch bleiben soll" (Joh. 14,16).
256 Eine Ausnahme ist der Brief an die Galater. Wo Gnade nicht mehr Gnade genannt wird, ist auch die Dankbarkeit des Paulus am Ende.
257 Siehe Röm. 1,8-11; 1. Kor. 1,4-5; Eph. 1,15-19; Phil. 1,3-5; Kol. 1,3; 1. Thess. 1,2-3; 2,13; 3,9; 2. Thess. 1,3; 2,13.

> Herzens, damit ihr versteht, zu welcher Hoffnung ihr durch ihn berufen seid, welchen Reichtum die Herrlichkeit seines Erbes den Heiligen schenkt und wie überragend groß seine Macht sich an uns, den Gläubigen, erweist durch das Wirken seiner Kraft und Stärke. (Eph. 1,17-19)

Paulus betet nicht, dass Gott im Umfeld der Gläubigen interveniert, er betet nicht, dass er ihnen alles Mögliche schenkt, was sie noch nicht haben, er betet nicht, dass er ihr Verhalten steuert und beeinflusst. Als christlicher Systemdenker ist Paulus davon überzeugt, dass das lebendige System der Gemeinde bereits alles hat, was es für seinen Auftrag braucht. Das einzige, was bei den Lesern noch wachsen muss, ist die Erkenntnis und das Verständnis dessen, was sie alles bereits haben. Deshalb betet Paulus, dass der Heilige Geist es ihnen zeigt und dass sie die Augen haben, es zu sehen. Alles andere in diesem Gebet ist nur eine Beschreibung des Gottes, zu dem Paulus betet, und der Inhalte, die es zu erkennen gibt, die aber alle schon da sind.

> Daher beuge ich meine Knie vor dem Vater, nach dessen Namen jedes Geschlecht im Himmel und auf der Erde benannt wird, und bitte, er möge euch aufgrund des Reichtums seiner Herrlichkeit schenken, dass ihr in eurem Innern durch seinen Geist an Kraft und Stärke zunehmt. Durch den Glauben wohne Christus in eurem Herzen. In der Liebe verwurzelt und auf sie gegründet, sollt ihr zusammen mit allen Heiligen dazu fähig sein, die Länge und Breite, die Höhe und Tiefe zu ermessen und die Liebe Christi zu verstehen, die alle Erkenntnis übersteigt. So werdet ihr mehr und mehr von der ganzen Fülle Gottes erfüllt. (Eph. 3,14-19)

Hier kommt ein weiterer Aspekt hinzu. Zentrale Bitte ist wieder etwas, was durch den Heiligen Geist geschieht. Es bringt aber in diesem Fall nicht nur Licht, sondern auch Stärke. Das Gute – das in ihnen bereits vorhandene innere Leben – soll gefördert werden und an Kraft zunehmen. Dadurch können sie weitere Dimensionen der Liebe Christi zu ihnen ermessen und verstehen und ihre Kapazität wächst, mehr von dem aufzunehmen, der in ihnen lebt. Veränderung geschieht in lebendigen Systemen, indem das Gute, das bereits da ist, zunimmt.

So habe ich oft für mich und für die Christen meiner Stadt gebetet.

25.1.5 Gebet für sich selbst

Was wir vorhin in der Gemeinde von Antiochia beim gemeinsamen Gebet der Leiter gesehen haben, kann auch im Gebet eines Einzelnen geschehen: Er kann von einer Beauftragung überrascht werden. Petrus stieg auf das Dach eines Hauses, in dem er zu Gast war, um zum Gebet allein zu sein. Während man ihm bereits das Essen zubereitete, wurde das Gebet unversehens durch eine visuelle Erscheinung belebt, die ihm deutlich machte, dass der nächste Tisch, an dem Gott ihn essen sehen wollte, an einem anderen

Ort stand. Die Küche dort war nicht koscher, aber Gott hatte gerade die Tischgenossen für koscher erklärt (Apg. 10,9-20).

In den letzten Gesprächen, die Jesus vor seiner Kreuzigung mit seinen Jüngern führte, schärfte er ihnen mehrfach ein, wie bereitwillig sein Vater war, ihre Gebete zu erhören (Joh. 14,12-14; 15,7-8.16; 16,23-24.26-27). Der Zusammenhang macht deutlich, dass Jesus dabei weniger bestandene Prüfungen und gefundene Parkplätze im Sinn hat – obwohl man auch um diese beten darf – als das Gelingen ihrer Mission. „Wer in mir bleibt und in wem ich bleibe, der bringt reiche Frucht [...] Wenn ihr in mir bleibt und wenn meine Worte in euch bleiben, dann bittet um alles, was ihr wollt: Ihr werdet es erhalten. Mein Vater wird dadurch verherrlicht, dass ihr reiche Frucht bringt und meine Jünger werdet" (15,5.7-8). Mit Frucht sind die positiven Ergebnisse gemeint, die unser Leben in der Gesellschaft (Welt) hervorbringt. Sie ist nicht etwas, was aus heiterem Himmel auf die Erde fällt. Frucht erwächst aus dem, was bereits da ist, aus unserem mit Jesus verbundenen Leben. Das Gebet dient der Pflege dieser Verbindung und ist der Dünger für die Frucht.

25.2 Klage und Stille

25.2.1 Die Klage

In den Psalmen finden wir weitere Anregungen für das missionarische Beten. Eine wichtige Form des Gebets ist die Klage vor Gott. Ihnen wird aufgefallen sein, dass ich durchweg eine positive, zuversichtliche und wertschätzende Haltung vertrete, in der Praxis der urbanen Mission genauso wie beim Gebet. Ich schaue auf das Potenzial, nicht auf die Probleme. Diese sind aber da und ich selbst bin von Haus aus keine Frohnatur. Deshalb ist für mich eine entscheidende Frage der urbanen Mission: Wie bewältigen wir die Ungerechtigkeiten und die Leiden, denen wir in der Stadt begegnen?

Die Stadt ist voller Nöte. Sie ist ein geschundener Organismus, polarisiert und fragmentiert. In ihr leben Menschen, die einsam und verbittert sind, die unter Diskriminierung und Stigmatisierung leiden, die wenig Zukunft und keine Hoffnung haben, die sich fremd und entwurzelt fühlen, denen der Halt und die Orientierung fehlt, an denen Enttäuschung und Resignation nagen, die im Leben mehr Verluste als Gewinne bilanzieren, die verdrängt werden und verarmen und die Gott nicht kennen. Mich lassen diese Menschen nicht kalt. Ich will mich nicht daran gewöhnen, ich will nicht abstumpfen und ihre Schicksale zu Statistiken und sozialen Kategorien werden lassen. Im Gegenteil stelle ich mir immer wieder während meiner Stadtforschungen vor, was die untersuchten Verhältnisse für einzelne Menschen bedeuten.

Die Stadt kann einem das Herz schwer machen. Wir sind aber kein Gewinn für sie, wenn wir mit Anklagen und düsterem Blick herumlaufen und in den Chor derer einstimmen, die sich ständig über etwas empören. Ich jedenfalls bin fest entschlossen, auch in einer solchen Stadt fröhlich und dankbar zu sein und mich mit dem Guten in ihr zu verbinden. Die Psalmen kennen einen Weg dazu. Wer ein schweres Herz hat, kann es wieder leicht machen, indem er es vor Gott ausschüttet.

„Schüttet euer Herz vor ihm aus!" (Ps. 62,9), lautet eine Einladung in den Psalmen zum Gebet. Dieses Ausschütten geschieht durch die Klage: „Ich schütte vor ihm meine Klagen aus" (Ps. 142,3). Bei Bedarf werden dem Beter Formulierungen angeboten, in denen er seine Last zum Ausdruck bringen kann:

> Herr, warum bleibst du so fern, / verbirgst dich in Zeiten der Not?
> In seinem Hochmut quält der Frevler die Armen.
> Herr, steh auf, Gott, erheb deine Hand, / vergiss die Gebeugten nicht!
>
> Psalm 10,1-2.12

Diese alttestamentliche Klage hat im Neuen Testament ein Gegenstück ohne Worte: „So nimmt sich auch der Geist unserer Schwachheit an. Denn wir wissen nicht, worum wir in rechter Weise beten sollen; der Geist selber tritt jedoch für uns ein mit Seufzen, das wir nicht in Worte fassen können" (Röm. 8,26). Diese Aussage steht im Zusammenhang mit einem Seufzen der gesamten Schöpfung (V. 22). In aller „Vergänglichkeit" (V. 20) und „Verlorenheit" (V. 21) gibt es eine tiefe Sehnsucht nach „Erlösung" (V. 23), nach einem Zustand der Vollendung, in dem alles heil ist. Wer aus dieser zukünftigen Hoffnung einen gegenwärtigen Anspruch macht, wer von der Stadt und der Gemeinde jetzt schon eine heile Welt fordert, wird enttäuscht und unzufrieden sein. Die Verhältnisse und die Menschen geben nicht her, wonach wir uns zu Recht sehnen. Deshalb „harren wir aus in Geduld" (V. 25).

Aber während wir warten, nimmt der Geist Gottes unser sehnsüchtiges Seufzen auf und macht es zu einem Gebet vor Gott:

> So nimmt sich auch der Geist unserer Schwachheit an. Denn wir wissen nicht, worum wir in rechter Weise beten sollen; der Geist selber tritt jedoch für uns ein mit Seufzen, das wir nicht in Worte fassen können. Und Gott, der die Herzen erforscht, weiß, was die Absicht des Geistes ist: Er tritt so, wie Gott es will, für die Heiligen ein. (Röm. 8,26-27)

Wenn wir vor Gott mit Worten geklagt oder wortlos geseufzt haben, wird unser Herz wieder leicht. Wir gehen hinaus und freuen uns über jede Gerechtigkeit, die jetzt schon geschieht, über jede Solidarität, die jetzt schon stattfindet, über jeden Menschen, der jetzt schon getröstet wird und Gott kennt. Wir können wieder mit Dankbarkeit und Zuversicht ans Werk gehen.

25.2.2 Die Stille vor Gott

Wir haben gerade die Worte von Paulus gelesen: „Wir wissen nicht, worum wir in rechter Weise beten sollen" (Röm. 8,26). Ich staune, wie viele Christen es doch wissen. Wenn sie beten, erhält der Himmel genaue Ratschläge für das, was er zu tun hat, von der eigenen Gemeinde bis hin zur Nahostpolitik. Es werden zu viele Worte vor Gott gemacht. Jesus rät uns, nicht denen zu gleichen, die „meinen, sie werden nur erhört, wenn sie viele Worte machen" (Mt. 6,7). Aus den Psalmen können wir den Wert des Wartens und Schweigens lernen.

In Psalm 37 lesen wir: „Sei still vor dem Herrn und harre auf ihn!" (V. 7). Auch hier ist der Zusammenhang von Bedeutung. Der Beter soll sich nicht über den empören, der Böses tut (V. 1), der mit Intrigen Erfolg hat (V. 7-8), der mit Gewalt vorgeht (V. 14) und das Recht zum Schaden anderer verdreht (V. 32-33). Manchmal kann er sich erfolgreich gegen das Unrecht engagieren, manchmal nicht. In beiden Fällen ist die Stille vor Gott und das Warten auf ihn ein Schutz gegen ein aufgebrachtes und erbostes Herz.

Ich beende dieses Kapitel mit einem weiteren Gebet aus den Psalmen, das ich oft für mich selbst gebetet habe. In einer unruhigen Stadt, unter geschäftigen Aktivisten und angesichts eigener Ambitionen ermöglicht es uns, zufrieden und still zu sein wie ein kleines Kind.

> Herr, mein Herz ist nicht stolz, / nicht hochmütig blicken meine Augen.
> Ich gehe nicht um mit Dingen, / die mir zu wunderbar und zu hoch sind.
> Ich ließ meine Seele ruhig werden und still;
> wie ein kleines Kind bei der Mutter ist meine Seele still in mir.
> Israel, harre auf den Herrn / von nun an bis in Ewigkeit!
>
> Psalm 131

FAZIT

- Das Gebet im Neuen Testament entspricht Einsichten, die wir über lebendige Systeme bereits gewonnen haben: Das naheliegende Gebet gegen Probleme ist nicht das angemessene. Vielmehr wird um Stärkung dessen gebetet, was an Gutem schon da ist.
- Gebet für die Stadt hat drei Schwerpunkte:
  - Vergebendes Gebet: Wer an uns schuldig wird, hat in uns Fürsprecher bei Gott.
  - Gebet um den umfassenden Frieden (Schalom) Gottes für die Stadt: Weil der Beter in der Stadt wohnt, ist sein Schalom mit dem der Stadt verbunden. Besonders hilfreich ist es, direkt vor Ort zu beten.
  - Gebet für „alle Menschen" (2. Tim. 2,1-4): Es soll den Menschen in der Stadt gut gehen, damit sie Gottes Agenten für das Heil der Stadt sein

können. Der Ausgangspunkt für das Gebet ist nicht Unzufriedenheit, sondern Dankbarkeit.
- In seinem berühmten Gebet in Johannes 17 betet Jesus nicht für die Welt, sondern für die Seinen als Missionare. Im NT hat das Gebet für die urbanen Missionare vier Schwerpunkte:
  - ihre Aussendung;
  - ihr Schutz gegen korrumpierende gesellschaftliche Zwänge;
  - ihre Stärkung angesichts ihrer Herausforderungen;
  - ihre „Ausstrahlung", durch die heilsame Kräfte der zukünftigen Welt in ihre Umgebung erfahrbar werden.
- Beim Gebet für Gemeinden können wir von Paulus lernen: Selbst angesichts des Durcheinanders einer Gemeinde wie der in Korinth geriet er nicht in Untergangsstimmung, sondern dankte Gott herzlich für sie. Er hatte verstanden, dass in den Gemeinden bereits alles da war, was sie brauchten, und betete darum, dass das Gute noch weiter zunehmen würde.
- Beim Gebet für uns selbst können wir von einer Beauftragung überrascht werden.
- Die Stadt ist voller Nöte, die uns das Herz schwer machen können. Wenn wir es durch Klage bei Gott ausschütten, wird es wieder leicht.
- Aus den Psalmen lernen wir den Wert des Wartens und Schweigens. Beides schützt vor einem aufgebrachten und erbosten Herzen.

- Wie kann in Bezug auf ein konkretes Problem Ihrer Stadt das Gebet um Gottes Schalom aussehen?
- Welche gesellschaftlichen Zwänge stellen für Sie die größte Gefährdung dar?
- Auch wenn vielleicht nicht immer alles rund läuft: Was ist an Ihrer Gemeinde / Ihrer Initiative besonders toll? Wofür sind Sie dankbar?

- Rebekah Brettle: Neighbours, Transform Your Street! (Brettle 2012). *Ein umfassendes Buch rund um das Gebet für städtische Nachbarschaften.*
- Church Mission Society: 365 Days of Yes. Daily Prayers and Readings for a Missional People (Church Mission Society 2012). *Ein Andachtsbuch für urbane Missionare mit täglichen Bibellesungen, Gebeten und Texten über missionarische Spiritualität.*

Das Leiden von Menschen hat oft gesellschaftliche Ursachen und Auswirkungen. Deshalb haben Sünde und Versöhnung eine soziale Dimension. Wir machen jedoch zunächst eine Bestandsaufnahme über die sozialen Leiden, die die Stadt ihren Bewohnern zufügt.

26. Du hast keine Chance, nutze sie!

Urbane Seelsorge 1

Nach einem Gottesdienst, in dem ich über Vergebung gepredigt hatte, kam ein Mann aus unserer Gemeinde zu mir. Er hatte sich mit einem kleinen Betrieb selbständig gemacht und es fiel ihm schwer, sich wirtschaftlich über Wasser zu halten. Sein Anliegen überraschte mich: „Harald, ich möchte dem Staat vergeben. Er schnürt mir mit seinen Steuern und Abgaben die Luft ab und ich merke, dass ich verbittert bin." Bis dahin hatte ich die Bedeutung von Versöhnung und Vergebung ausschließlich im zwischenmenschlichen Bereich gesehen. An diesem Tag wurde ich zum ersten Mal auf Phänomene wie „soziale Verbitterung" aufmerksam, die mir seither immer wieder begegnet sind.

Menschen werden nicht nur durch einzelne andere Menschen verletzt, sondern auch durch gesellschaftliche Verhältnisse und Entwicklungen, durch Behörden und Institutionen. Schuld wird anonym. Nicht nur die Verursacher der Leiden sind überpersönlich, sondern auch die Auswirkungen. Zunächst ist der Leidtragende selbst betroffen, indem sein eigenes Leben beeinträchtigt wird. Er reagiert jedoch mit negativen Haltungen gegenüber „dem Sozialen". Er verbittert und wird misstrauisch gegenüber dem Staat und der Gesellschaft oder er wird anfällig für die Suche nach Sündenböcken. Damit steht er nicht allein. Hartz-IV-Gesetze und Verdrängung durch Gentrifizierung betreffen nicht nur Einzelne, sondern eine große Zahl von Menschen, deren Reaktionen auf das Leiden sich zu neuen sozialen Phänomenen wie Politikverdrossenheit und Fremdenfeindlichkeit verbinden. Wenn das geschieht, ist der Moralist schnell auf dem Plan, weil er die Schuldigen zu kennen meint. Er liest den Nichtwählern die Leviten und drischt auf die Rechten ein. Der eigentlichen gesellschaftlichen Schuld ist das recht, denn sie bleibt hinter denen verborgen, die am Pranger stehen.

Persönliche Schicksale haben eine soziale Dimension. Individuelles Leiden hat gesellschaftliche Ursachen und Auswirkungen. Deshalb nenne ich es „soziales Leiden". Weil es dieses Leiden in unseren Städten vielfach gibt, ist die urbane Mission mit dem Auftrag der „sozialen Heilung" verbunden. Er steht im Mittelpunkt der beiden folgenden Kapitel. In diesem Kapitel geht es zunächst um ein tieferes Verständnis sozialer Leiden, im nächsten folgen Hinweise zur heilenden Praxis.

26.1 Die soziale Dimension der Sünde

Urbane Seelsorge darf sich nicht nur auf den Privatbereich von Menschen beziehen. Wenn wir ihnen bei der Lebensbewältigung helfen und mit ihnen nach den Ursachen aktueller Probleme suchen, geht es nicht nur um ihre eigene Biografie, ihre Herkunftsfamilie und ihr unmittelbares Umfeld. Ein Beispiel macht dies deutlich.[258]

Finanzieller Stress gehört zu den größten Belastungen für Ehen. Er ist häufig der Anlass für Konflikte und Trennungen. Die mit vielen Arbeitsplatzverlusten und Zwangsvollstreckungen verbundene Wirtschaftskrise 2007-2010 war in den USA eine der größten Bedrohungen für die Stabilität von Ehen und Familien seit der Wirtschaftskrise der 1930er-Jahre. Welche Ehen hatten die besten Voraussetzungen, „es zu schaffen"? Bei einer Untersuchung im Jahr 2009, dem Höhepunkt der Krise, wurde festgestellt, dass es Ehen signifikant besser ging, wenn die Partner die Schuld für die schwierige finanzielle Lage nicht (nur) einander gaben, sondern der Wirtschaft.[259]

> Diese Information könnte hilfreich für Therapeuten sein, die Ehepaare unter wirtschaftlichem Stress beraten. Wenn es ihnen gelingt, die Schuldzuschreibung *beider* [Hervorhebung im Original] Partner in eine neue Richtung zu lenken, und wenn sie die Partner dazu ermutigen können, das einander mitzuteilen („Es liegt an der Wirtschaft, Schatz, nicht an dir!"), helfen sie ihnen möglicherweise, ihr Durchhaltevermögen besser zu nutzen und ihre Beziehung gegenüber der Belastung durch finanzielle Engpässe zu schützen. (Diamond & Hicks 2012:598)

Grundsätzlich gilt: Wer nicht seinem Partner, sondern einer (sozialen) Situation die Schuld gibt, „ist optimistischer in Bezug auf die Beziehung, begegnet dem Partner mit mehr Nachsicht und verhält sich positiver und konstruktiver" (ebd. S. 587).

Wenn diese Ergebnisse sich verallgemeinern lassen, ergeben sich daraus wichtige Anwendungen. Menschen neigen dazu, Schuld zu personalisieren. Wenn in der Familie etwas schiefläuft, liegt es am Partner. Wenn in der Gemeinde etwas nicht funktioniert, haben der Pastor oder die Leitung versagt. Wer vom Amt drangsaliert wird, sieht im Sachbearbeiter den Feind. Wirtschaftliche Probleme, die durch eine ungerechte globale Wirtschaftsordnung entstehen, werden der eigenen Regierung angelastet. Als die Deindustrialisierung schon in vollem Gang war und Millionen Arbeitsplätze vernichtet worden waren, hielt sich bei vielen die Überzeugung: „Wer wirklich arbeiten will, findet

258 Die folgenden Angaben stammen aus Diamond & Hicks 2012.
259 Damit ist noch nicht gesagt, welche Kausalität vorliegt. Geht es Ehen besser, weil die Schuld der Krise gegeben wird, oder neigen die Partner in besseren Beziehungen eher dazu, die Schuld nicht beim Partner zu suchen?

auch Arbeit." Durch diese Personalisierung der Schuld kommt viel Verurteilung und Bitterkeit in die Gesellschaft und in das eigene Herz. Aber was ist, wenn die Schuld nicht (vorrangig) bei Personen liegt, sondern bei sozialen Systemen, Verhältnissen und Kräften?

Nicht nur anderen gegenüber wird Schuld personalisiert. Menschen machen sich selbst Vorwürfe für das, was in ihrem Leben misslungen ist. Manchmal trifft (teilweise) zu, dass es an ihnen lag, selten trifft es ausschließlich zu. Wenn zum Beispiel 2013 in Deutschland 169.833 Ehen geschieden wurden (bei 373.655 Eheschließungen; Statistisches Bundesamt 2015b), dann liegt es nicht nur an den Betroffenen selbst, wenn die eigene Ehe schwierig ist. Sie sind wie viele andere Paare gesellschaftlichen Kräften ausgesetzt, die das Gelingen einer Beziehung schwerer machen als in früheren Zeiten. Doch wenn in Gemeinden nur die persönliche Verantwortung der Christen für ihr Leben betont wird, werden überpersönliche Faktoren ausgeblendet. Sie selbst waren nicht hingegeben oder entschieden genug, hatten nicht genug Glauben oder haben versagt.

Abgesehen davon, dass es Gnade gibt, *weil* wir ständig etwas „nicht schaffen", liegt in dieser bußbetonten Haltung eine Unterschätzung der „Zwänge sozialer Tatbestände", die ich im letzten Kapitel erwähnt habe. Die tückische Dimension der „Sünde" – so nenne ich die negative Seite dieser Zwänge – liegt darin, dass sie eine Macht ist, die uns gefangen hält (Röm. 7,14-24), und diese Macht steckt nicht nur in unseren eigenen Knochen, sondern auch in sozialen Systemen und Strukturen.[260] Von dort aus infiziert sie uns und fügt uns gleichzeitig Leiden zu. Sonst bräuchten wir keine Erlösung. Auch wenn wir in vielen Fällen (zunächst) auf der persönlichen Ebene eine Lösung finden müssen, ist es wichtig, diese soziale Dimension zu verstehen und bei der persönlichen Verarbeitung zu berücksichtigen.

Urbane Seelsorge ist gut beraten, diese Dimension einzubeziehen. Zuerst geht es darum, die Einflüsse sozialer Verhältnisse auf unser Ergehen und Handeln zu verstehen, damit wir mit den beteiligten Menschen und uns selbst barmherziger werden: „Es liegt an der Sünde, Schatz, nicht an dir!"[261] Danach geht es darum, wie Gottes Schalom in unseren sozialen Verstrickungen und Leiden, die oft mit der Stadt verbunden sind, wirksam wird.

26.2 Die soziale Dimension der Versöhnung

Die (urbane) Mission ist ein „Dienst der Versöhnung" (2. Kor. 5,18). Versöhnung setzt an beschädigten Beziehungen an. Sie ist Gottes Antwort auf Ent*fremd*ung (Nichtbezie-

260 „Ich weiß, dass in mir, das heißt in meinem Fleisch, nichts Gutes wohnt" (Röm. 7,18). Zum Fleisch, wie Paulus es versteht, gehört die gesamte natürliche Existenz des Menschen, wenn sie losgelöst von Gott gedacht und erlebt wird. Eingeschlossen sind auch die sozialen Bezüge und Verflechtungen des Menschen.

261 Paulus hielt diese Einsicht für ein notwendiges und befreiendes Durchgangsstadium auf dem Weg zur Überwindung sündhafter Zwänge: „Dann aber bin nicht mehr ich es, der so handelt, sondern die in mir wohnende Sünde" (Röm. 7,17).

hung) und *Feind*schaft (negative Beziehung). Beides gibt es vertikal (Gott gegenüber) und horizontal (zwischen Menschen). Weil Menschen Gott „fremd und feindlich“ (Kol. 1,21) gegenüberstehen, hat er „in Christus die Welt mit sich versöhnt“ (2. Kor. 5,19). Weil es auch zwischen Menschen Entfremdung und Feindschaft gibt, hat er in Christus „die Feindschaft getötet“ (Eph. 2,16). Versöhnung durch Christus wird wirksam, wenn sie von den Menschen bejaht und nachvollzogen wird. Deshalb bittet der Missionar in Vertretung für Christus: „Lasst euch mit Gott versöhnen!“ (2. Kor. 5,20). Wo Menschen sich die neuen Realitäten aneignen, „gibt es nicht mehr Griechen oder Juden [...] Fremde, Skythen, Sklaven oder Freie, sondern Christus ist alles und in allen“ (Kol. 3,11).

Diese große neue Wirklichkeit gewinnt in vielen kleinen Schritten des Brückenbaus und der Solidarität Gestalt. Die Gemeinde ist ein Ort, an dem sie gelebt wird: Unter den Gläubigen und Getauften (Gal. 3,26-27) gibt es „nicht mehr Juden und Griechen, nicht Sklaven und Freie, nicht Mann und Frau; denn ihr alle seid ‚einer‘ in Christus Jesus“ (V. 28). Auffällig ist, dass es in diesen Lehraussagen nicht um Individuen, sondern um Kategorien von Menschen geht. Im Alltagsleben kann es vorkommen, dass Paulus Evodia und Syntyche auffordert, einen Zwist beizulegen (Phil. 4,2). Aber wenn in den Briefen des Neuen Testaments über Versöhnung gelehrt wird, geht es nicht um Asynkritus und Patrobas, sondern um Juden, Griechen, Skythen, Sklaven, Freie, Männer und Frauen. Wenn wir diese Begriffe um Deutsche und Migranten, Serben und Kroaten, die Linke und die CSU, Gymnasiasten und Hauptschüler sowie Kölner und Düsseldorfer[262] ergänzen, haben wir Paulus verstanden. Horizontale Versöhnung ist ein Geschehen, das primär auf der gesellschaftlichen Ebene stattfindet und sich erst sekundär auf der privaten manifestiert.

Ich weiß nicht, ob das unmittelbar einleuchtet. Wenn Michael mit seinem Nachbarn Peter eine Fehde austrägt, weil dieser sein Auto immer auf Michaels Parkplatz stellt, oder wenn in Familie Maier durch eine Erbstreitigkeit giftige Fronten entstanden sind, dann können die Beteiligten sich denken, dass sie nicht versöhnt sind. Wenn wir für eine Subkultur „überhaupt kein Verständnis“ haben – Entfremdung! – oder bei jeder Gelegenheit über eine Minderheit schimpfen – Feindschaft! –, unsere Abneigung aber durch ein ständiges „Ich habe nichts gegen ...“ vernebeln, dann ist uns der eigene Bedarf an Gnade und Versöhnung weniger klar. Oft *möchten* wir in solchen Fällen gar nicht versöhnt werden.

Auch Entfremdung und Feindschaft fügen Leiden zu. Vorbehalte und Vorurteile behält man nicht für sich. Selbst wenn sie nicht mit Worten geäußert werden, bringt das Verhalten sie zum Ausdruck. Der andere merkt, dass er aufgrund seiner Gruppenzugehörigkeit mit Misstrauen betrachtet wird und nicht willkommen ist. Das bleibt nicht spurlos. Wer wegen seiner Zugehörigkeit zu einer ethnischen Gemeinschaft oder einem Wohngebiet stigmatisiert wird, bleibt nicht unversehrt.

262 Zwischen beiden Städten herrscht eine Feindschaft, die auf eine Schlacht im Jahr 1288 zurückgeführt wird (Stark 2013). Diese Feindschaft wird weiter gepflegt, heute allerdings weniger ernst.

Weil Menschen sowohl durch systemische Sünde und strukturelle Ungerechtigkeit als auch durch Entfremdung und Feindschaft zwischen gesellschaftlichen Gruppen *verletzt* werden, brauchen sie soziale Heilung. Diese besteht in der Wiederherstellung dessen, was durch soziale Leiden verletzt worden ist.

26.3 Die ungeheilte Stadt

Wir schauen uns einige der sozialen Leiden genauer an, die die Stadt ihren Bewohnern (oder die Gesellschaft ihren Mitgliedern) zufügt.[263]

26.3.1 Beeinträchtigtes (gesundheitliches) Wohlbefinden

Ein Leben ohne Beeinträchtigungen gibt es nicht. Niemand ist immer nur kerngesund, hat immer nur beste Laune und muss nie einen Misserfolg wegstecken. Aber einige sind davon stärker betroffen als andere. Es kann sich dabei um persönliche Schicksale handeln. Beeinträchtigungen verteilen sich aber auch nach Gruppenzugehörigkeit und sozialer Lage.

Durch *Polarisierung* (→ Kap. 4) nehmen in der postmodernen Stadt soziale Unterschiede zu. Wir haben schon früher gesehen, dass die Zahl psychischer Erkrankungen steigt und die Lebenserwartung sinkt, wenn Ungleichheit zu groß wird. „Gesellschaften, in denen ein höherer Wohlstand herrscht und in denen er ausgeglichener verteilt ist, haben ein höheres Gesundheitsniveau" (Dunn 2000:343). Dagegen geben in Städten mit größeren sozialen Distanzen mehr Menschen an, unglücklich zu sein (→ Kap. 4.2.2).

Als Folge der *Restrukturierung* der städtischen Wirtschaft gibt es in den letzten Jahrzehnten vermehrt Erwerbslosigkeit, viele der neuen Arbeitsverhältnisse sind prekär (→ Kap. 5). Auch das wirkt sich auf Gesundheit und Wohlbefinden aus. Länger andauernde Zeiten der Nichtbeschäftigung können krank machen. Eine Langzeituntersuchung (1971-2001) in elf Ländern der Europäischen Union ergab, dass nach einem Anstieg der Erwerbslosigkeit in der Bevölkerung die Sterblichkeit kurzfristig abnahm[264], langfristig aber viel stärker wieder zunahm (Bender, Economou & Theodissiou 2013). Erwerbslosigkeit kann bei Betroffenen Depressivität, Angstsymptome, psychosomatische Beschwerden, Beeinträchtigung des Selbstwertgefühls und Störung des Wohlbefindens verursachen (Frese 2008:22; Mohr & Richter 2008:26).[265] Zu den nachgewiesenen psychosomatischen Leiden gehören Schmerzen, Herzinfarkte, Schlaganfälle sowie ver-

263 Ich trage in diesem Abschnitt nur die Ergebnisse verschiedener Forschungen zusammen und verzichte auf (nicht immer naheliegende) Erklärungen, wie diese Ergebnisse zustande kommen und auf welchen Wegen soziale Ursachen die genannten Auswirkungen hervorbringen. Dafür verweise ich meine Leser auf die zitierte Literatur.

264 Der kurzfristige Rückgang erklärt sich teilweise durch die Verringerung gesundheitsgefährdender Arbeitsbedingungen (Bender, Economou & Theodissiou 2013:284).

265 Zum schlechteren durchschnittlichen Befinden von Erwerbslosen tragen allerdings auch Selektionseffekte bei: Wer gesundheitlich anfälliger ist, wird in Krisenzeiten eher entlassen (Mastekaasa 1996). Der Verursachungseffekt ist aber deutlich stärker ausgeprägt als der Selektionseffekt (Mohr & Richter 2008:26).

mehrte Infektionen aufgrund eines geschwächten Immunsystems. Diese Folgen treten erst mit der Zeit auf, bei Langzeitarbeitslosen sind sie besonders hoch (Frese 2008:23).

Schlecht für das Herz sind als ungerecht empfundene Entgelte, wie ein Team von Forschern aus Bonn und Düsseldorf durch eine Kombination von Versuchen und Befragungen feststellte (Falk u. a. 2011). In experimentellen Situationen[266] konnten sie eine negative Auswirkung als unfair empfundener Entlohnung auf Herzfrequenz und -variabilität messen.[267] Bei der statistischen Untersuchung ergab sich, dass Leute, die ihre Entlohnung unfair fanden, vermehrt an Herzkrankheiten und erhöhtem Blutdruck litten (ebd. S. 12-17). Wenn man diese Ergebnisse in Verbindung damit sieht, dass Zeitarbeiter deutlich schlechtere Entgelte beziehen als Leute in Normalarbeitsverhältnissen (Bertelsmann-Stiftung 2012a:25-30) und sowohl sie als auch geringfügig Beschäftigte signifikant stärkere Zweifel an der Gerechtigkeit unseres Wirtschaftssystems äußern (Bertelsmann-Stiftung 2012b), rundet sich das Bild.

Wir haben bereits früher gesehen, wie sich das Leben in benachteiligten Quartieren auf die Bewohner auswirkt (→ Kap. 12.3.3). Wenn der öffentliche Raum voller Unordnung ist, weil Müll auf der Straße liegt, Häuser heruntergekommen sind und man überall Schäden durch Vandalismus sieht, wenn rücksichtsloses Verhalten das Miteinander prägt, Leute wegen Jungendgangs und Trinkern nicht mehr in den Park gehen und nachts wegen Ruhestörung nicht schlafen können, leidet die „gesundheitsbezogene Lebensqualität“[268]. Die Menschen haben weniger Energie und fühlen sich eher im Stich gelassen (Hill u. a. 2012). Sie weisen einen schlechteren Gesundheitszustand auf (Ellaway, Macintyre & Kearns 2001, O'Campo u. a. 2015) und sind anfälliger für Depressionen und Ängste (Kim & Ross 2009; Hill u. a. 2012; O'Campo u. a. 2015).

26.3.2 Soziale Scham

26.3.2.1 Die Macht der Scham

Scham ist weiter verbreitet, als wir denken, tut mehr weh, als wir ahnen, und hat stärkere soziale Auswirkungen, als uns bewusst ist. Sie umfasst ein ganzes Spektrum von Gefühlen: „Man fühlt sich dumm, lächerlich, minderwertig, gestört, inkompetent, peinlich, ausgeliefert, verwundbar und unsicher“ (Wilkinson & Pickett 2010a:56). Scham ist *die* soziale Emotion (Scheff 1988:398). In der biblischen Erzählung vom Sündenfall tritt sie zeitgleich mit der Schuld auf (Gen. 3,7) und beide sind bis heute Geschwister geblieben.

Scham ist ein mächtiger Mechanismus hinter den „Zwängen sozialer Tatbestände“

266 Zur Versuchsbeschreibung siehe Falk u. a. 2011:5-6.

267 Die Probanden empfanden es nicht als ungerecht, wenn der „Arbeitgeber“ einen nennenswerten Anteil (durchschnittlich ein Drittel) des von ihnen „erwirtschafteten“ Gewinns für sich behielt. Wenn er aber fast 60 Prozent kassierte, hielten sie das nicht für fair.

268 „Gesundheitsbezogene Lebensqualität“ misst, wie zufrieden Menschen mit ihrem körperlichen, seelischen und sozialen Befinden sind.

(ebd. S. 395-396). Warum verhalten wir uns so oft konform? In vielen Fällen liegt es an der Scham. Der Teenager *muss* das richtige Outfit tragen, der Jugendliche *muss* sich mit den anderen betrinken, wenn er sich nicht lächerlich machen willen. Zwei grundlegende soziale Erfahrungen spielen dabei eine Rolle: Ablehnung und Annahme. Wer abgelehnt wird, erleidet schmerzhafte Emotionen: Verlegenheit, Peinlichkeit, Scham, Blamage, Demütigung. Wer angenommen wird und sich anerkannt fühlt, genießt Stolz und ein Zugehörigkeitsgefühl. „Stolz ist die Lust und Scham der Schmerz, durch die wir sozialisiert werden“[269] (Wilkinson & Pickett 2010b:41).

Scham ist eine Beziehungsemotion. Wir schämen uns jemandem gegenüber. Das ist schon bei der körperlichen Scham der Fall. Niemand schämt sich, wenn er alleine nackt in einem Zimmer ist. Die Scham tritt in Aktion, wenn ein Fremder den Raum betritt. Die soziale Scham bezieht sich auf das, was andere über uns denken (Scheff 1988:399), oder wird durch Vergleiche mit ihnen ausgelöst (Wilkinson & Pickett 2010a:55). Die jeweiligen Bezugspersonen bestimmen, wofür man sich schämt. Unter Intellektuellen fühlen wir uns ungebildet, unter Athleten unsportlich, unter Models unansehnlich und unter „entschiedenen“ Christen „ungeistlich“. Dasselbe Verhalten kann in einem Kontext Auslöser von Stolz, in einem anderen von Scham sein. Ein Jugendlicher prahlt vor seinen Freunden mit einem Verhalten, von dem ihm peinlich wäre, wenn seine Eltern davon wüssten. In einem Witz stürzt ein Bauernjunge in die Wohnstube und erzählt mit deftigen Detailbeschreibungen, wie er auf dem Hof eine Ratte erwischte und mit dem Spaten auf sie eingeprügelte, bis das Blut spritzte. In diesem Moment bemerkt er den in der Ecke sitzenden Pfarrer, der zu Besuch ist. Er beendet seine Schilderung mit den Worten: „... und dann hat der Herr sie heimgeholt.“

Scham bleibt verborgen. Wir merken sie oft selbst nicht. Sie ist wie der Erdboden (Scheff 1988:398), den wir unter uns nicht wahrnehmen, bis wir stolpern und hinfallen. Wir kontrollieren ständig unbewusst unsere Handlungen, indem wir uns aus Sicht der anderen sehen (ebd.). Wenn uns ein Missgeschick passiert, reagieren wir sofort mit einem unangenehmen Gefühl, weil die Scham die ganze Zeit latent gegenwärtig war. Wenn wir an unsere Gemeinde denken, denken wir vielleicht nicht an einen Ort der Scham. Aber welche Probleme könnte jemand in ihr öffentlich äußern – oder von welchen Problemen könnte die Gemeinde auf andere Weise erfahren –, ohne dass es ihm unangenehm sein müsste? Ist die Gemeinde ein sicherer Ort, wenn einer vorbestraft ist, ein Alkoholproblem hat oder es in seiner Familie drunter und drüber geht?

Scham wird verborgen. Wir verstecken sie vor anderen und zeigen uns sicherer, als wir sind. Das verstärkt die Scham, denn die anderen verhalten sich genauso. Wir haben keine Ahnung, dass sie ebenso unsicher sind oder ihre Schwachpunkte haben wie wir. Wer sich schämt, glaubt oft, dass er die Ausnahme ist. Aber er ist die Regel. Wenn Christen anfangen, voreinander transparent zu werden, ist das erste Ergebnis oft eine

269 Wörtliche Übersetzung nach der englischen Originalausgabe.

spürbare Erleichterung: Ich bin nicht der Einzige, dem es so geht. Leider ist das nicht ganz einfach. Wir sind es gewohnt, unsere Scham für uns zu behalten. Oft wird sie hinter gegenteiligem Verhalten getarnt. Ein martialisch tätowierter Schläger kann ein zutiefst unsicherer Mensch sein. Ähnliches gilt für Leute, die in Gemeinden dominant auftreten.

Eine Erscheinungsform der Scham ist die soziale Bewertungsangst, die sich einstellt, wenn wir etwas tun, was von anderen begutachtet wird und negativ beurteilt werden kann. Wir kennen sie als Prüfungsangst oder als Lampenfieber. Sie ist stärker als besseres Wissen, denn sie tritt auch dann ein, wenn wir wissen, dass wir gut vorbereitet sind, und sie macht Auftritte schwieriger, als sie sein müssten. Hinter ihr steht der soziale Selbsterhaltungstrieb, der genauso automatisch unsere Anerkennung durch andere aufrechterhalten will, wie der physische unser biologisches Leben verteidigt. Die Bewertungsangst gehört zu den Formen von seelischem Stress, bei denen Cortisol ausgeschüttet wird und die auf Dauer gesundheitsschädlich sind (Dickerson & Kemeny 2004). Scham kann also nicht nur schmerzhaft sein, sondern auch krank machen. Der Stress und der Cortisol-Ausstoß werden verstärkt, wenn die Situation zusätzlich von uns nicht kontrolliert werden kann. Auf diese soziale Ohnmacht werde ich noch eingehen.

Abbildung 26.1: Scham

Scham ist umso gravierender, je mehr sie sich nicht auf einzelne Handlungen oder Eigenschaften bezieht, sondern auf die Person und die gesamte Existenz. Wenn uns ein Fauxpas unterläuft, können wir das mit einem galanten Spruch überspielen. Wenn wir selbst infrage gestellt werden, wenn wir uns von anderen als Person abgelehnt fühlen, sitzt das tiefer. Scham tritt nicht nur bei Verurteilung, sondern auch bei Verachtung ein. Wir sind in den Augen der anderen nicht schlecht, sondern ein Nichts. Solche Bedeutungslosigkeit kann schlimmer sein als Ablehnung, bei der man immerhin noch ernst genommen wird. Die Auswirkungen dieser Scham erleben wir, wenn Leute sich extremen Gruppen anschließen, weil sie dann gehasst und damit immerhin beachtet und nicht ignoriert werden.

26.3.2.2 Armutsscham

In der postmodernen Stadt nimmt mit der Armut auch die Armutsscham zu.[270] Es ist Leuten peinlich, bedürftig zu sein und nicht mithalten zu können. Sie versuchen, ihre Situation vor anderen zu verbergen. Sie sprechen nicht davon, dass sie arm sind, sondern „es gibt gerade ein paar Schwierigkeiten" (Shildrick & MacDonald 2013:289-293). Auch wenn sie alles getan haben, was in ihrer Macht stand, machen viele sich Vorwürfe, weil sie das Dogma der Leistungsgesellschaft verinnerlicht haben, dass jeder es schaffen kann, wenn er sich nur ins Zeug legt.

Sie schämen sich, von der Unterstützung anderer abhängig zu sein. Sie schämen sich, nicht angemessen für ihre Kinder sorgen zu können (Chase & Walker 2013:744-745). Sie schämen sich, weil sie billige Kleidung tragen. Sie schämen sich, weil sie aus einem Wohngebiet mit schlechtem Ruf kommen. Sie schämen sich für ihre Schulden. Sie schämen sich im Umgang mit Behörden (ebd. S. 745-746). Sie fühlen sich degradiert, als Nummer behandelt. Sie leiden unter der Darstellung von Leuten wie ihnen in den Medien (ebd. S. 746).

Sie tun alles, um sich einen Rest an Stolz zu bewahren. Ihre Armut soll nicht sichtbar werden. So gehen sie nicht auf Feiern, weil sie kein passendes Kleid haben und kein angemessenes Geschenk machen können. Sie beteiligen sich nicht am gesellschaftlichen Leben, weil sie sich die Kosten nicht leisten können (ebd. S. 747-748). Sie verbringen die meiste Zeit mit ihresgleichen, weil sie dadurch peinliche Kontraste vermeiden. Sie suchen sich andere, die auf der sozialen Leiter noch weiter unten stehen, um sich einen relativen Status zu schaffen, indem sie auf diese herabschauen (ebd. S. 749-750).[271]

Armut ist von Ohnmacht und Kontrollverlust (Mohr & Richter 2008:28; Chase & Walker 2013:748-749) begleitet, wodurch die Wirkung der Scham verstärkt wird. Statt eigene realistische Handlungsspielräume zu haben, unterliegt man verstärkter Fremdkontrolle. Wer vom Jobcenter abhängig ist, muss regelmäßig erreichbar sein, für die Behörde gilt sein Bankgeheimnis nicht. Welche Gefühle das auslöst, macht die Redewendung vom „Ausziehen auf dem Amt" deutlich. Betroffene erzählen von demütigenden Behandlungen.

---

270 Zum Folgenden siehe Chase & Walker 2013.
271 Diese bezeichnen sie als (schuldhaft) „Arme", auch wenn sie sich selbst nicht so nennen (Shildrick & MacDonald 2013).

26.3.2.3 Diskriminierung

In der fragmentierten Stadt kann Scham kollektiv sein, wenn ganze Bevölkerungsgruppen abgelehnt werden oder sich abgelehnt fühlen. So geht es einigen ethnischen Minderheiten. Bei Experimenten zeigt sich, dass Bewerbungen und Anzeigen weniger Rücklauf bekommen, wenn die angegebenen Namen auf Zugehörigkeit zu ihnen hinweisen.[272] Die Betroffenen wissen, mit welchen Vorurteilen man ihnen begegnet. Das hinterlässt tiefe Spuren.

Eine Auswirkung ist die *Stereotypen-Bedrohung.* Damit ist die Angst der Mitglieder einer sozialen Gruppe gemeint, sie könnten durch ihr Verhalten Vorurteile gegenüber ihrer Gruppe bestätigen. In den USA hält sich bei Weißen hartnäckig die Meinung, Afroamerikaner seien intellektuell weniger begabt. Scheinbar wird sie durch schlechteres Abschneiden an den Universitäten bestätigt. Doch ein Experiment zeigt, wie tückisch solche „Fakten" sind. Weiße und schwarze Studenten einer Universität wurden zu einem schwierigen Test eingeladen. Die Studenten hatten vergleichbare Leistungsvoraussetzungen, ihre Aufgaben waren identisch. Nur ein Detail wurde geändert, nämlich eine Information bei der Aufgabenstellung an die beteiligten Studenten. Einigen wurde mitgeteilt, es ginge um ihre verbalen Fähigkeiten, das heißt, dass der Test *sie* beurteilte. Anderen wurde mitgeteilt, es ginge darum, wie man Probleme dieser Art löst, das heißt, dass *die Aufgaben* beurteilt wurden. Im ersten Fall lösten die weißen Studenten ungefähr doppelt so viele Aufgaben wie die schwarzen, im zweiten Fall waren weiße und schwarze Studenten ebenbürtig. Allein die vermutete Tatsache, dass sie selbst auf dem Prüfstand waren, machte es den afroamerikanischen Studenten unmöglich, ihr Leistungsvermögen abzurufen (Steele 2008).

Diskriminierung trifft auch Erwerbslose und löst bei ihnen Scham aus. 2008 stimmten bei einer repräsentativen Befragung 49,3 Prozent der Teilnehmer der Aussage zu, Langzeiterwerbslose seien nicht wirklich daran interessiert, eine Arbeit aufzunehmen. Umgekehrt ist von 1986 bis 2003 der Anteil derjenigen, die im eigenen Umfeld nicht bekannt werden lassen möchten, dass sie erwerbslos sind, von 13 auf 25 Prozent gestiegen (Mohr & Richter 2008:27-28).

Stefan Wellgraf verbrachte für die Forschungen zu seiner Dissertation 18 Monate mit Berliner Hauptschülern (Wellgraf 2014). Wenn er sie fragte, wie sie von anderen gesehen zu werden meinten, nannten sie abwertende Begriffe wie „dumm", „faul" oder „Psychos" (ebd. S. 160). Von den Schülern, mit denen er intensiver zusammen war, konnte jeder von Erniedrigungen und sozialer Verachtung berichten (ebd. S. 161). Diese Erfahrungen bedeuten, dass sie „nicht nur von etwas beraubt werden, sondern dass ihre menschliche Würde aktiv verletzt wird" (ebd. S. 163). Sie reagierten mit Fatalismus (ebd. S. 164), Wut, Neid und Scham (ebd. S. 172-175), die sie aber

272 Das gilt für Arbeitsgesuche (Bertrand & Mullainathan 2004), für Partnersuche, Wohnungssuche und Angebote für Nachhilfeunterricht (Lütkenhöner 2011).

durch den Zusammenhalt in Gangs und Aggressivität nach außen übertünchten (ebd. S. 165-172).

Scham kann gewalttätig machen, wenn der Diskriminierte dadurch seine Ehre oder seinen Stolz wiederherzustellen versucht. „In Gesellschaften mit größerer Ungleichheit ist Gewalt weiter verbreitet. Eine wichtige Erklärung dafür ist, dass Leute mit Gewalt reagieren, wenn sie ihr Gesicht verlieren und erniedrigt werden, wenn sie das Gefühl haben, dass andere von oben auf sie herabsehen und sie nicht respektieren"[273] (Wilkinson & Pickett 2010b:40).

26.3.3 Soziale Verbitterung

Wer Leuten aus prekären Verhältnissen zuhört, nimmt oft eine tief sitzende Frustration und Wut wahr. Sie richtet sich gegen die Politiker, weil „für einen selber nichts mehr gemacht wird" (Harth u. a. 2010:115), gegen Behörden, gegen Migranten, gegen „Wessis", gegen Gentrifizierer, gegen Reiche, und manchmal auch gegen das eigene Umfeld. Die Leute sind misstrauisch und haben „dem System" innerlich gekündigt.

Ein beispielhafter Auslöser dafür sind flexible Arbeitsverhältnisse. Die Bertelsmann-Stiftung hat 2012 die Einstellungen von Zeitarbeitern und geringfügig Beschäftigten erfragt und mit denen von Normalbeschäftigten verglichen (Bertelsmann-Stiftung 2012b). Die als ungerecht empfundenen Löhne der Zeitarbeiter schlagen nicht nur aufs Herz, wie wir bereits gesehen haben. Sie beeinflussen auch ihre Haltung gegenüber dem politischen und wirtschaftlichen System, wie die folgende Tabelle zeigt.

273 Eigene Übersetzung nach der englischen Originalausgabe.

	Zeitarbeiter	Geringfügig Beschäftigte	Beschäftigte in Normalarbeitsverhältnissen
Mit der Demokratie zufrieden sind	etwas mehr als ein Viertel	etwa ein Fünftel	42 Prozent
Die Linke würden wählen	fast 20 Prozent	16 Prozent	8,6 Prozent
Die deutsche Gesellschaft halten für ziemlich oder sehr ungerecht	58 Prozent		36 Prozent
Individuelle Leistung wird nicht gerecht entlohnt, meinen	mehr als zwei Drittel		jeder Zweite
An Chancengleichheit glauben nicht	über 60 Prozent	über 60 Prozent	
Ihre wirtschaftliche Lage als schlecht/sehr schlecht beurteilen	34 Prozent		8 Prozent
Stolz auf ihren Beitrag zur Firma/zu Teamerfolgen sind	58/55 Prozent		78/75 Prozent

Tabelle 26.1: Einstellungen von atypisch und normal Beschäftigten zur Wirtschaft und zur Demokratie

Außerdem würden wahrscheinlich zehn Prozent der Zeitarbeiter und geringfügig Beschäftigten weniger zur Wahl gehen als Arbeiter in Normalarbeitsverhältnissen. Man kann Leute nicht atypisch beschäftigen und typische Demokraten erwarten.

26.3.4 Soziale Hoffnungslosigkeit

Eine der ersten großen Untersuchungen über Langzeiterwerbslosigkeit wurde 1933 in Österreich veröffentlicht (Jahoda, Lazarsfeld & Zeisel 1975; Erstauflage 1933). Sie wurde in Marienthal, einem Industriedorf, das durch ein Textilwerk entstanden war, durchgeführt. 1929/30 waren alle Fabriken im Ort geschlossen worden, die Einwohner wurden praktisch alle erwerbslos. Zwei Jahre später (1931/32) verbrachten die Forscher der Studie etwa 120 Arbeitstage in Marienthal.

Sie stießen auf ein „müde Gemeinschaft" (ebd. S. 55). Menschen brauchen Arbeit. Wenn diese und ein geregeltes Einkommen ihnen fehlen, erschlafft ihr ganzes Leben. Die Auffassung, dass Erwerbslose doch Zeit hätten, etwas Sinnvolles zu unternehmen, versagt gegenüber der wahren Funktionsweise des Menschlichen. Leute, die vorher gerne und viel gelesen hatten, mieden die Bibliothek. Das Vereinsleben erlahmte (ebd. S. 55-63). Die Bewegungen der Leute wurden langsamer, die Zeit wurde ereignislos und mit Nichtstun verbracht (ebd. S. 83-92). Die Kinder bekamen Zukunftsangst, ein 13-jähriges Mädchen schrieb im Schulaufsatz: „Ich möchte gerne Schneiderin werden, aber ich fürchte mich, daß ich keinen Posten bekommen könnte oder daß ich nichts zu essen hab" (ebd. S. 79).

Die Grundstimmung im Ort war Hoffnungslosigkeit. Mehr als die Hälfte gab als Beruf „Arbeitslos" an (ebd. S. 97-98). Die Forscher schätzten nur rund ein Fünftel der Bewohner als „ungebrochen" ein. Der größte Teil war „resigniert", einige sogar „verzweifelt" oder „apathisch". Die letzte Gruppe verfiel der sozialen Verwahrlosung. Ihre Wohnungen ließen sie verkommen, die Männer verfielen dem Alkohol (ebd. S. 70-74).

Fatalismus und Resignation begegnet man auch heute bei Leuten, die lange erwerbslos sind oder sich keine realistischen Zukunftschancen ausmalen. Berliner Hauptschüler antworten auf die Frage nach ihren Berufsabsichten gelegentlich mit: „Ich werde später Hartz IV." Stefan Wellgraf stieß auch bei ihnen auf Fatalismus (Wellgraf 2014:164). Bei Erwerbslosen verlangsamen sich nach einiger Zeit die Bewegungen und Gehgeschwindigkeit, ihr Interesse am Leben und an Arbeit nimmt ab (Frese 2008:23).

> Ein weiteres Paradoxon der Arbeitslosigkeit besteht in der Frage der Hoffnung. Es hat zwar einen positiven Effekt auf die psychische Gesundheit, wenn Arbeitslose hoffen, schnell wieder eine Arbeit zu finden. Dieser verkehrt sich aber in das genaue Gegenteil, wenn die Arbeitslosigkeit dann doch länger anhält als erwartet. Arbeitslose, die Hoffnungen auf eine Wiedereinstellung haben, werden durch die sich wiederholende Ablehnung ihrer Bewerbungen noch mehr geschädigt als jene, die von vornherein eher geringe Hoffnungen auf eine Wiederanstellung haben. Dies ist insofern wichtig, als die meisten Menschen dazu tendieren, Arbeitslosen „Mut zu machen", indem sie ihnen etwa sagen: „Das wird schon wieder. Du findest doch sicher einen Job mit deinen Qualifikationen." Dies kann sich kontraproduktiv auswirken, wenn dann doch keine Arbeit gefunden wird. (ebd. S. 24)

„Hingehaltene Hoffnung macht das Herz krank" (Spr. 13,12), sagt die Bibel. Doch ein „fordernder" und „aktivierender" Staat sagt etwas überspitzt formuliert: „Du hast keine Chance – nutze sie." Wenn Leute jedoch resignieren und nach einiger Zeit auch die

Lust auf Arbeit verlieren, wirft man ihnen ihr fehlendes Bemühen vor. Dabei leuchtet es jedem ein, dass man von Menschen, die nichts zu essen bekommen, auf Dauer keine körperlichen Leistungen erwarten kann. Warum verstehen wir nicht, dass man von Leuten, die nicht gebraucht werden, die keine begründete Hoffnung haben, deren Seele nicht mit Wertschätzung und Anerkennung ernährt wird, auf Dauer keine seelischen Leistungen erwarten kann?

Die Stadt verwundet Menschen und in ihr sammeln sich verwundete Menschen. Wie kann die Gemeinde eine heilende Gemeinschaft inmitten dieser sozialen Leiden sein? Darum geht es im nächsten Kapitel.

FAZIT

- Sowohl Sünde als auch Versöhnung haben eine soziale Dimension.
    - Sünde ist eine Macht, die auch in sozialen Systemen und Strukturen steckt. Nicht alles, was bei Menschen falsch läuft, liegt an ihnen selbst.
    - Versöhnung ist Gottes Antwort auf Entfremdung und Feindschaft. Versöhnung zwischen Menschen ist ein Geschehen, das primär auf der gesellschaftlichen Ebene stattfindet und sich erst sekundär auf der privaten manifestiert.
- Die Stadt fügt ihren Bewohnern soziale Leiden zu.
    - Ungleichheit, Erwerbslosigkeit, prekäre Arbeitsverhältnisse etc. beeinträchtigen das (gesundheitliche) Wohlbefinden.
    - Viele Stadtbewohner leiden an Scham. Sie wird z. B. durch Armut oder Diskriminierung ausgelöst und ist besonders stark, wenn nicht nur ein bestimmtes Verhalten, sondern das ganze Sein infrage gestellt wird.
    - Soziale Verbitterung ist besonders bei Menschen aus prekären Verhältnissen verbreitet. Sie sind dann misstrauisch und haben „dem System“ innerlich gekündigt.
    - Menschen, die lange erwerbslos sind oder sich keine realistischen Zukunftschancen ausmalen, empfinden oft Hoffnungslosigkeit, Fatalismus und Resignation.

?

- In welchem Bereich erleben Sie / haben Sie erlebt, dass Sie gesellschaftliche Verhältnisse oder Institutionen verletzt haben? Wo entdecken Sie bei sich Verbitterung oder Hoffnungslosigkeit? Wo brauchen Sie noch Versöhnung? In welchem Bereich sind Sie zu unbarmherzig mit sich selbst?
- Welche Person verurteilen Sie, wenn Sie ganz ehrlich sind, innerlich? Denken Sie darüber nach, was neben der persönlichen Verantwortung eine Rolle dafür gespielt haben könnte, dass sie sich so verhält, wie sie es tut.
- Für was schämen Sie sich?

- Marie Jahoda, Paul F. Lazarsfeld und Hans Zeisel: Die Arbeitslosen von Marienthal. Ein soziographischer Versuch über die Wirkungen langandauernder Arbeitslosigkeit (Jahoda, Lazarsfeld & Zeisel 1975). *Ein weiterer Klassiker der Sozialforschung, der an einem frühen Beispiel die Folgen von Deindustrialisierung und Arbeitsplatzverlusten im Leben der betroffenen Menschen beschreibt.*
- Sighard Neckel: Status und Scham. Zur symbolischen Reproduktion sozialer Ungleichheit (Neckel 1991). *Eine soziologische Untersuchung über Scham.*

Die Stadt verwundet Menschen und in ihr versammeln sich verwundete Menschen. Wie kann die Gemeinde eine heilende Gemeinschaft inmitten dieser sozialen Leiden sein?

27. „Ihr Angesicht soll nicht schamrot werden“

Urbane Seelsorge 2

21. Juni 2011: Eine Aktion der Berliner Bürgerplattform „Wir sind da“ (Wedding/Moabit). Unter den eingeladenen öffentlichen Verantwortungsträgern ist der neue Geschäftsführer des Jobcenters Mitte. Seit 2009 engagiert sich „Wir sind da“ gegen die Zustände, die dort herrschen. Ein erster Erfolg bestand darin, dass gleich im ersten Jahr die Mitarbeiterzahl von 636 auf 831 (die Sollstärke) erhöht wurde. Doch weitere Verbesserungen sind nötig. Zu Beginn erzählt ein afrikanischer Pastor von der Bühne von den verletzenden Erfahrungen, die er und seine Frau im Jobcenter gemacht haben. Er redet ruhig, in seiner Stimme klingt kein Vorwurf, nur eine leichte Traurigkeit. Danach spricht ein weiterer Vertreter der Bürgerplattform den Geschäftsführer direkt an. Er teilt ihm die Forderungen mit, die von den Mitgliedern gemeinsam erarbeitet wurden, und fragt ihn, ob er mit „Wir sind da“ zusammenarbeiten werde. Der Geschäftsführer bejaht, und damit es nicht nur bei einer verbalen Verlautbarung bleibt, wird er aufgefordert, sich öffentlich mit seiner Unterschrift zur Kooperation zu verpflichten.

Solche Veranstaltungen bewirken positive Veränderungen beim Jobcenter. Davon gibt es inzwischen weitere: Die Mitarbeiter werden in Beratungs- und interkultureller Kompetenz geschult, die Wartesituation hat sich verbessert, eine Hotline, auf der man tatsächlich Auskunft bekommt, wurde eingerichtet. Treffen wie das beschriebene bewirken aber auch soziale Heilung. Sie tun das auf dreifache Weise: (1) Das öffentliche Erzählen einer persönlichen „Leidensgeschichte“ macht aus einem privaten Schicksal ein gemeinsames, das bei den Zuständigen Gehör findet. Das entlastet. (2) Vertreter der Bürgerplattform, oft einfache Leute mit unvollkommenen Deutschkenntnissen, die sonst immer in der demütigenden Position von Abhängigen sind, können auf Augenhöhe mit Politikern und anderen Verantwortlichen reden. Das wertet auf. (3) Wenn jemand wie der Geschäftsführer des Jobcenters sich auf der Bühne per Unterschrift zur Zusammenarbeit verpflichtet und daraus Taten resultieren, erleben die Leute sich als nicht mehr ohnmächtig. Das gibt Würde.

Die Erfahrungen von Bürgerplattformen zeigen, dass Transformation und mit ihr verbundene soziale Heilung in vielen Fällen auf Koalitionen angewiesen sind. Zu „Wir sind da" gehören etwa 40 Organisationen, darunter zu ungefähr gleichen Teilen christliche, muslimische, kinder- bzw. jugendbezogene und säkulare Gruppen. Im Rest dieses Kapitels wird es jedoch überwiegend darum gehen, wie durch einzelne christliche Gemeinden soziale Heilung erlebt werden kann.

27.1 Lehre, Handeln, Rituale

Damit Menschen in christlichen Gemeinden etwas erkennen *und* erfahren, sind drei Elemente hilfreich. Das erste Element ist die Verkündigung und Lehre der Gemeinde. Das zweite und wichtigere ist die Praxis des Gemeindelebens, die das Gelehrte in sozialen Beziehungen erlebbar macht. Vielen hilft ein drittes, nämlich Rituale, in denen das Verkündigte einen sinnlichen Ausdruck findet. Auch in der sozialen Heilung spielen diese drei Elemente eine Rolle.

Ich will sie kurz am Beispiel der Schuldproblematik darstellen. Schuld und Schuldgefühle sind für viele Christen ein massives Problem. Obwohl dieses Problem eigentlich durch Jesus schon gelöst ist, leiden sie bewusst oder unterschwellig darunter. Um frei zu werden, müssen sie oft und deutlich genug etwas über Gnade hören. Gnade wird aber erst dann glaubhaft, wenn die Gemeinde eine Gemeinschaft ist, die miteinander gnädig umgeht und lebt, was ich einmal auf eine Postkarte in einer katholischen Kirche in Bayreuth gedruckt fand: „Kirche ist der Ort, wo du hinkommen kannst, wenn du alles falsch gemacht hast." Um sich Gnade persönlich anzueignen, hilft darüber hinaus vielen Leuten ein Ritual wie die Beichte oder die Möglichkeit, konkretes Versagen anonym auf ein Stück Papier zu schreiben und an einem Holzkreuz, das vorne steht, anzuheften.

27.2 Heilung sozialer Schamgefühle

27.2.1 Eine Bedarfsübersicht

Damit die konkreten Bezüge der heilenden Praxis deutlich werden, liste ich zunächst noch einmal kurz auf, was wir im letzten Kapitel über Scham gelernt haben.

1. **Scham ist *die* soziale Emotion.**
2. **Scham ist die Emotion der „sozialen Zwänge":** Wir verhalten uns meist so, dass wir bei denen, auf deren Urteil wir etwas geben, nicht unangenehm auffallen.
3. **Am schlimmsten ist Scham, wenn sie eine Seins-Emotion ist:** Menschen schämen sich in diesem Fall nicht für ein Verhalten oder eine Eigenschaft, sondern für das, was sie sind, für sich selbst. Sie empfinden sich als „falsch" oder als bedeutungslos.
4. **Scham ist eine Beziehungsemotion:** Sie meldet sich als Folge von Ablehnung oder Nichtbeachtung, das Gegenmittel ist Annahme.
5. **Scham ist eine versteckende und versteckte Emotion:** Wir verbergen und ver-

schweigen, was von anderen verurteilt werden könnte, und zeigen nicht gern, wenn wir uns schämen.

6. **Scham kann sich als Bewertungsangst manifestieren:** Wenn Menschen empfinden, dass sie auf dem Prüfstand stehen, werden sie durch Bewertungsangst gelähmt oder beeinträchtigt, weil sich die Scham vorauseilend meldet, schon bevor etwas Schamwürdiges passiert ist.
7. **Eine wichtige Form der sozialen Scham ist die Armutsscham:** Armut wird von den Betroffenen als Makel empfunden.
8. **Eine andere wichtige Form ist die durch Diskriminierung ausgelöste Scham:** Wenn Menschen als minderwertig behandelt werden, entwickeln sie Unterlegenheitsgefühle.
9. **Scham wird durch Kontrollverlust verschärft:** Scham schmerzt viel stärker, wenn man sich ohnmächtig und ausgeliefert fühlt.

27.2.2 Heilende Lehre über Scham

In der Bibel ist Scham ein zentrales Thema. Gott ist der, der die Beschämten aufrichtet und ihre Ehre wiederherstellt (Ps. 3,4). Die Beziehung zu Gott beugt der Scham vor: „Die auf ihn sehen, werden strahlen vor Freude, und ihr Angesicht soll nicht schamrot werden" (Ps. 34,6; Lutherübersetzung). Gott rehabilitiert die Diskriminierten und erhöht die Armen. Hanna singt in ihrem Danklied: „Den Schwachen hebt er empor aus dem Staub und erhöht den Armen, der im Schmutz liegt; er gibt ihm einen Sitz bei den Edlen, einen Ehrenplatz weist er ihm zu" (1. Sam. 2,8).

Scham ist nicht nur *die* soziale Emotion, sondern auch *die* Emotion des gefallenen Menschen. Wir haben schon gesehen, dass sich in der Erzählung vom Sündenfall als erstes spontanes Gefühl nicht ein Schuldgefühl, Zerknirschung oder Reue einstellt, sondern Scham (Gen. 3,7). Der gefallene Mensch kann nicht mehr auf angemessene Weise mit sich selbst in Harmonie sein. Entweder wird er auf vermessene Weise stolz oder er ist ständig bedroht von Gefühlen der Minderwertigkeit Gott und dem Nächsten gegenüber und vor sich selbst.

An dieser grundsätzlichen Seins-Scham setzen neutestamentliche Aussagen über die Erlösung an. Das Leiden an ihr ist *das* fundamentale Problem, das durch Jesus Christus gelöst ist. In unserer westlichen Kultur neigen wir dazu, das Schuldproblem in den Vordergrund zu stellen und die Schamdimension des biblischen Sündenbegriffs zu vernachlässigen. Aber es geht nicht nur darum, was wir getan haben (und dass uns vergeben ist), sondern vor allem darum, wer wir *waren* (und jetzt *sind*). Wenn wir die Tragweite entsprechender Texte besser begriffen, wäre unserem Schamproblem sehr geholfen. Auf dreifache Weise thematisieren diese Texte die Erlösung von verletzter Scham.

27.2.2.1 Das stellvertretende Leiden Jesu

„Christus ist für unsere Sünden gestorben“ (1. Kor. 15,3). In den anschaulichen Erzählungen seiner Passion werden seine Beschämung und Demütigung und die „Schande“ des Kreuzes (Hebr. 12,2) ausführlich beschrieben und betont. Jesus wurde von seinen jüdischen Anklägern bespuckt (Mt. 26,67). Römische Soldaten trieben ihren Spott mit ihm, indem sie ihn entkleideten, ihm einen Purpurmantel anzogen, eine Dornenkrone aufsetzten und ihn als „König“ verhöhnten (Mt. 27,27-31). Auf der sozialen Leiter stand er ganz unten: Die Leute wollten lieber, dass ein Mörder freigelassen wurde als er (Lk. 23,18-19). Seine letzte Gesellschaft waren zwei Räuber (Mt. 27,38). Jesus wurde öffentlich nackt gekreuzigt (Mt. 27,35). Seine Gegner ließen ihn seine Ohnmacht deutlich spüren: „Anderen hat er geholfen, sich selbst kann er nicht helfen“ (Mt. 27,42).

Psalm 22 ist von der Kirche als prophetisch auf das Leiden Christi gedeutet worden. Auch in ihm ist die Beschämung des Leidenden unübersehbar: „Ich aber bin ein Wurm und kein Mensch, der Leute Spott, vom Volk verachtet. Alle, die mich sehen, verlachen mich, verziehen die Lippen, schütteln den Kopf“ (V. 7-8). Der Ausgang des Leidens wird beschrieben als Rehabilitierung durch Gott: „Denn er hat nicht verachtet, nicht verabscheut das Elend des Armen. Er verbirgt sein Gesicht nicht vor ihm“ (V. 25). In diese Rehabilitierung werden alle anderen Gedemütigten und Armen mit hineingenommen: „Die Armen sollen essen und sich sättigen; den Herrn sollen preisen, die ihn suchen. Aufleben soll euer Herz für immer“ (V. 27). Pilatus hat recht, wenn er sagt: „Seht, da ist der Mensch!“ (Joh. 19,5). In Jesus Christus als unserem Stellvertreter stand *der* Mensch vor Pilatus. *Jesus wurde der tiefsten Scham ausgesetzt, damit wir uns nicht mehr schämen müssen.*

27.2.2.2 Die neue Identität

Scham als eine Emotion, die Menschen auf ihr ganzes Sein beziehen – sie sind als Person nicht „okay“ –, wird durch die neue Identität der Gläubigen überwunden. Wir sind mit Christus gestorben und auferstanden (Kol. 2,12), das heißt: Wir sind nicht mehr die, die wir waren. Explizit wird dieser Identitätsaustausch in einer Aussage wie: „Wenn also jemand in Christus ist, dann ist er eine neue Schöpfung: Das Alte ist vergangen, Neues ist geworden“ (2. Kor. 5,17). Ich erlebe, dass mit diesem Vers nicht immer konstruktiv umgegangen wird. Die einen fühlen ihren Puls und konstatieren, dass doch wohl nicht alles neu geworden sei. Für andere ist „die neue Kreatur“ ein kraftloses Etikett, durch das sie dem „Club der Wiedergeborenen“ angehören. Verkündiger betonen, was jetzt noch alles zu tun bleibt. Wenn uns aufginge, dass zwar nicht gleich alles Empfinden, aber unsere innerste Identität ausgetauscht worden ist, *dass wir nicht mehr die sind, für die wir uns immer geschämt haben*, wenn diese Lehraussage bei uns wirklich „ankäme“ und zu einer tief erfahrenen Realität würde, wäre vieles anders.

27.2.2.3 Wir sind Gottes Kinder

Soziale Scham hängt oft mit sozialer Herkunft und Zugehörigkeit zusammen. Wessen Eltern zu den Roma gehören, der hat kaum eine Chance auf eine würdevolle Position in der Gesellschaft. Wer Afroamerikaner ist, der trägt in sich Jahrhunderte der Erniedrigung. Wer in der Unterschicht geboren wurde, bleibt in der Regel sein ganzes Leben dort und vielfältige Erfahrungen machen ihm immer wieder neu seinen niedrigen Status deutlich. Die Erlösung macht aller sozialen Entwertung und Bedeutungslosigkeit ein Ende, auch wenn sich das gelegentlich nur langsam in der gefühlten Erfahrung niederschlägt. Gott hat uns mit Christus erhöht und uns mit ihm „einen Platz im Himmel gegeben" (Eph. 2,6). Wer ganz unten saß, ist ganz oben angekommen.

Dieser Verleih von Würde ist mit dem realen Status verbunden, Töchter und Söhne Gottes zu sein. „Wir heißen Gottes Kinder und wir sind es" (1. Joh. 3,1). Wir sind Gottes Familie, keine unwürdigen Gnadenempfänger. Unsere Position vor Gott befindet sich nicht in einem labilen Gleichgewicht, sodass wir bei der geringsten Störung „aus der Gnade fallen", sondern in einem stabilen, gesicherten. So wie unsere Kinder immer unsere Kinder sind und es immer sein werden, so sind Gottes Kinder immer Gottes Kinder und werden es immer sein.

27.2.2.4 Lehre ist nicht genug

Sie werden mir zustimmen, dass die Kirche keine durchgängig schambefreite Gemeinschaft ist. Sie kann sogar schamverstärkend wirken, wenn ihr Evangelium nicht klar ist. Viele Leute sind in christlichen Gemeinden aufgewachsen, in denen ihnen aus falsch verstandener „Demut" eine Minderwertigkeit vor Gott eingehämmert wurde. Wenn gleichzeitig die Aussage, dass Christen „nicht von der Welt sind" (Joh. 17,14), missverstanden wurde und sie durch einen Verhaltenskodex zu sozialen Außenseitern gemacht wurden, sind sie „in beiden Welten" zu einer schambelasteten Existenz genötigt.

Auch eine aufbauende Lehre bewirkt nicht aus sich, das Verkündigte zur heilenden Erfahrung werden zu lassen. Viele der schönen Wahrheiten, die ich gerade erwähnt habe, fristen in frommen Kreisen eine kraftlose Existenz als Richtigkeiten. Das liegt vor allem daran, dass wir durch Lehre nur kognitive Einsichten gewinnen. Existenzielle und lebensverändernde Wahrheiten lernen wir durch Erfahrungen und Beziehungen.

Aus Richtigkeiten Erfahrungen werden zu lassen, ist ein Werk des Heiligen Geistes. Wer heilende Wirkungen sehen will, sollte ihn willkommen heißen. Die Kindschaft Gott gegenüber wird zur heilenden Realität, wenn der Geist Gottes uns so erfüllt, dass er in uns „ruft": „Weil ihr aber Kinder seid, sandte Gott den Geist seines Sohnes in unser Herz, den Geist, der ruft: Abba, Vater" (Gal. 4,6). Er bewirkt, dass wir uns Gott gegenüber sicher fühlen: „Denn ihr habt nicht einen Geist empfangen, der euch zu Sklaven macht, so dass ihr euch immer noch fürchten müsstet, sondern ihr habt den Geist empfangen, der euch zu Kindern macht, den Geist, in dem wir rufen: Abba, Vater! So bezeugt der Geist selber unserem Geist, dass wir Kinder Gottes sind" (Röm. 8,15-16).

27.2.3 Eine Praxis gegen Scham

27.2.3.1 Heilende Beziehungen

Scham kann sich sowohl auf einzelne Handlungen oder Eigenschaften als auch auf die ganze Person beziehen. Kirche ist deshalb nicht nur „der Ort, wo du hinkommen kannst, wenn du alles falsch *gemacht hast*“, sondern auch der Ort, wo du hinkommen kannst, wenn du denkst, dass du falsch *bist.* Ihr Stifter Jesus hat vorgelebt, wie das geht. Erstbegegnungen mit ihm waren schamheilend, weil er den Menschen nicht ihre Sünden vorhielt, sondern ihnen ihren Wert zeigte. Er tat das durch die Art, wie er sie behandelte. Ich bin schon ausführlich auf die Begegnung mit der „Frau am Brunnen“ eingegangen (→ Kap. 23.5). Die erste Botschaft, die Jesus ihr vermittelte, lautete: „Du bist nicht minderwertig. Du musst dich nicht schämen.“ Er vermittelte ihr diese Botschaft nicht durch Worte: „Mein Vater liebt auch samaritanische Frauen mit zweifelhafter Vergangenheit.“ Er trank aus ihrem Krug und erklärte sie damit für rein, weil er sich offensichtlich nicht vor einer Verunreinigung durch den Krug fürchtete.[274] Die Frau schämte sich tatsächlich nicht mehr. Ihr bisheriges Leben war ihr vor Jesus nicht peinlich (Joh. 4,16-19). Sie lief zu den Leuten ihrer Stadt, denen sie vorher verschämt aus dem Weg gegangen war, und sagte ihnen: „Kommt, seht einen Menschen, *der mir alles gesagt hat, was ich getan habe*“ (Joh. 4,28).

Weil Scham eine Beziehungsemotion ist, wird sie durch Beziehungen geheilt. Sie wird durch Ablehnung ausgelöst und durch Annahme überwunden. Sie ist die Folge von Nichtbeachtung und wird durch Wertschätzung aufgehoben. Je stärker und nachhaltiger Annahme und Wertschätzung ausgedrückt werden, desto leichter wird es, auf soziale Versteckspiele zu verzichten und ohne Scham transparent zu werden. Je bedingungsloser Annahme ist, desto mehr schwindet die Bewertungsangst.

Gemeinden sind heilende Gemeinschaften, wenn in ihnen eine Kultur der Ehre gelebt wird, durch die ihre Mitglieder einander im täglichen Umgang vermitteln, dass sie wertvoll und willkommen sind. Wichtig ist, dass die Menschen willkommen sind, nicht ihre Leistungen. Es gibt ja auch den Irrweg der Scham, sich durch Taten Ehre zu erkaufen. Der Übereifrige will seiner Bedeutungslosigkeit entkommen, indem er sich unentbehrlich macht. Und wenn man nach einem Basar ja nicht vergessen darf, dass auch Tante Frieda vier selbstgehäkelte Topflappen beigesteuert hatte, herrscht nicht eine Kultur der Ehre, sondern der Lobhudelei. Dann kann es liebevoll sein, Anerkennung zu entziehen, damit Menschen sich klar werden können, warum sie etwas tun.

In dieser Gefahr steht Wertschätzung nicht, die dann vermittelt wird, wenn jemand gerade etwas verbockt hat. Auf einen Fehltritt nicht mit Vorwürfen zu reagieren, sondern mit einer Umarmung, kann heilsam sein. So hielt es Jesus mit Petrus am See Ti-

274 Im jüdischen Denken wurde selbst unrein, wer einen Gegenstand berührte, den ein unreiner Mensch berührt hatte.

berias (→ Kap. 23.3.1): Er hatte Jesus gerade verleugnet und Jesus ließ ihn spüren, dass er weiterhin nicht auf ihn verzichten, sondern mit ihm fischen und essen wollte. Gemeinden, in denen die Leute wissen können, was bei einem von ihnen schiefgelaufen ist, ohne dass er stigmatisiert ist, sind sichere Orte.

27.2.3.2 Eine Gemeinde mit Armen und Diskriminierten

Armut löst Scham aus, weil die Betroffenen sie als Makel empfinden. Diskriminierung löst Scham aus, weil die Betroffenen sich als unterlegen erleben. In beiden Fällen wird die Scham durch Ohnmachtsgefühle verstärkt. Es ist nicht selbstverständlich, dass es das in christlichen Gemeinden nicht gibt. Schon im ersten Jahrhundert musste einer Gruppe von Christen vorgehalten werden, dass sie ihre Leute nach den üblichen sozialen Standards behandelte: „Wenn in eure Versammlung ein Mann mit goldenen Ringen und prächtiger Kleidung kommt, und zugleich kommt ein Armer in schmutziger Kleidung, und ihr blickt auf den Mann in der prächtigen Kleidung und sagt: Setz dich hier auf den guten Platz!, und zu dem Armen sagt ihr: Du kannst dort stehen!, oder: Setz dich zu meinen Füßen! – macht ihr dann nicht untereinander Unterschiede und fällt Urteile aufgrund verwerflicher Überlegungen?" (Jak. 2,2-4). Gegen solch ein Sozialverhalten sind auch wir heute nicht immun. Wir haben gelesen, dass es Hauptschülern in christlichen Jugendgruppen ähnlich ergehen kann wie Armen bei den Empfängern des Jakobusbriefs (→ Kap. 15.2).

Arme können scheu gegenüber der Mittelschicht sein, Migranten gegenüber Einheimischen. Selbst wenn ihnen freundlich begegnet wird, fühlen sie sich leicht fehl am Platz oder gehemmt. Die Herstellung von Augenhöhe ist wichtig, um das soziale Gefälle zu überwinden. In christlichen Gemeinden wird Augenhöhe durch Repräsentanz sichtbar: Wer ist in der Gemeindeleitung vertreten und wer steht vorn? Bloße Zugehörigkeit ist noch keine Augenhöhe. Wer eine interkulturelle Gemeinde haben will, braucht Migranten, die leiten und verkündigen. Eine sozial inklusive Gemeinde braucht in der Leitung und auf der Bühne Hartz-IV-Empfänger, Erwerbslose, prekär Beschäftigte, Hauptschulabsolventen oder Alleinerziehende. Darunter können bildungsbürgerliche Standards etwas leiden, dafür wird den Standards des Reiches Gottes mehr genügt und Jesus gewinnt leichter neue Freunde unter den Bedrückten der Gesellschaft. Jesus hatte den Mut, seine Mission mit zum Teil „ungelehrten und einfachen Leuten" (Apg. 4,13) zu starten. Wir können das auch tun.

27.2.4 Heilende Rituale

Liturgien sind sprachliche Rituale. Die Gemeinde kann Leuten eine Sprache geben, die selbst keine haben. Ein gutes Vorbild sind die biblischen Klagepsalmen. In ihnen finden erniedrigte und gedemütigte Menschen Gebete, die sie zu ihren eigenen machen können.

Herr, wie zahlreich sind meine Bedränger; so viele stehen gegen mich auf.
Viele gibt es, die von mir sagen: „Er findet keine Hilfe bei Gott.“
Du aber, Herr, bist ein Schild für mich, du bist meine Ehre und richtest mich auf.
Psalm 3,2-4

Die Kirchenmusiker, Anbetungsleiter und Textdichter unter Ihnen bitte ich, entsprechende soziale Klagelieder für die heutige Stadtgemeinde zu schreiben: Lieder und Gebete für die Verwendung im Gottesdienst und bei anderen Gelegenheiten, durch die Flüchtlinge und Arme, Benachteiligte und Diskriminierte in Würde zuerst ihr Herz vor Gott ausschütten und sich dann an ihm aufrichten können.

Abbildung 27.1: Die Form des Labyrinths von Chartres

Ein anderes Ritual, das soziale Heilung unterstützt, ist das Labyrinthgebet (Geoffrion 2009 und 2012). Die älteste kirchliche Verwendung von Labyrinthen lässt sich bereits im vierten Jahrhundert nachweisen. Heute wird oft eine Gestalt des Labyrinths verwendet, die aus dem Mittelalter stammt und auf dem Boden der Kathedrale von Chartres zu finden ist (→ Abb. 27.1). Der Weg nach innen kann als Zeit des Loslassens dienen, im Zentrum folgt eine Zeit des Verweilens in Gottes Gegenwart (→ Abb. 27.2) und auf dem Rückweg nach außen bereitet man sich darauf vor, sich dem Leben neu zuzuwenden – im Licht der Erfahrung bei Gott.

Abbildung 27.2: Das Labyrinthgebet

27.3 Heilung sozialer Verbitterung

In Berlin beschäftigt sich eine „Forschungsgruppe Psychosomatische Rehabilitation" um Michael Linden seit vielen Jahren mit den Beeinträchtigungen, die Menschen durch Verbitterung erleiden. Ich lehne mich in Teilen dieses Abschnitts an ihre Ergebnisse und Lösungsvorschläge an, die sie in drei kurzen Aufsätzen (Linden 2003; Linden u. a. 2004; Schippan, Baumann & Linden 2004) zusammengefasst haben, aus denen, soweit nicht anders angegeben, die folgenden Informationen stammen.

Neben depressiven Stimmungen und Ängsten ist (soziale) Verbitterung eine der typischen emotionalen Belastungen vieler Stadtbewohner. Wenn allein zwei bis drei Prozent unserer Bevölkerung an einer schweren, klinischen Verbitterungsstörung leiden (Linden u. a. 2008), kann man sich vorstellen, wie verbreitet mildere Formen sind. Überall wo Menschen reales oder vermeintliches Unrecht zugefügt wird, kann Verbitterung auftreten. Wer dieses Buch von Anfang an gelesen hat, wird erkennen, dass es in der postmodernen und postsozialistischen Stadt viele mögliche Auslöser gibt. Deshalb lohnt es sich, darüber nachzudenken, wie die Praxis der Gemeinde ein Gegenmittel gegen Verbitterung sein kann.

27.3.1 Bitterkeit

Ungerechtigkeit in der Stadt macht den Betroffenen auf tückische Weise doppelt zu schaffen: Sie bedrängt und beeinträchtigt sie von außen und sie schafft sich einen Verbündeten, der sie von innen auffrisst. Dieser Verbündete ist die Bitterkeit, durch die die Ungerechtigkeit sich in den Betroffenen einnistet und sie bis in den (gestörten) Schlaf verfolgt. Deshalb engagieren wir uns gegen Ungerechtigkeit durch urbane Transformation *und* urbane Seelsorge. Die Überwindung ungerechter Verhältnisse durch Transformation kann ein langwieriger und wird ein unvollständiger Prozess sein. Auf dem Weg dahin leistet die Seelsorge den Verletzten Erste Hilfe. Das Ziel ist, dass sie so weit wie möglich von Bitterkeit frei werden und sich gleichzeitig so an Gott aufrichten, dass sie in Würde und mit innerer Stärke ertragen können, was zu ertragen bleibt.

Auch wenn wir vor allem Anlässe für Bitterkeit betrachten, die in unseren heutigen Städten entstehen, ist sie ein uraltes Phänomen. In seiner Nikomachischen Ethik schreibt Aristoteles:

> Die Verbitterten lassen sich schwer versöhnen. Ihr Zorn hält lange an, denn sie halten die Erregung fest. Ruhe finden sie erst, wenn sie Vergeltung geübt haben. Denn die Rache beendet den Zorn und Befriedigung tritt an die Stelle des Schmerzes. Geschieht dies nicht, lastet der Druck weiter auf ihnen. Da er sich nicht offen zeigt, redet ihnen niemand gut zu und es braucht Zeit, bis der Zorn sich von allein besänftigt. Diese Leute sind sich selbst und ihren besten Freunden die schwerste Last. (Aristoteles, Nikomachische Ethik 1126a)

Auch im Hebräerbrief lesen wir, dass der Verbitterte nicht nur sich selbst, sondern auch seinem Umfeld zu schaffen macht: „Seht zu [...] dass keine bittere Wurzel wächst und Schaden stiftet und durch sie alle vergiftet werden“ (12,15).

Bitterkeit ist kein einzelnes Gefühl, sondern ein Cocktail an negativen Emotionen. Mögliche Zutaten sind: Ungerechtigkeitsgefühl, das Empfinden, im Stich gelassen worden zu sein, Kränkung, Rachsucht bei gleichzeitiger Ohnmacht. Bitterkeit richtet sich als Wut und Vergeltungsdrang nach außen und in Form von Selbstvorwürfen nach innen. Viele bittere Menschen schämen sich ihrer Aggression und verdrängen sie. Die Vorstellung, dem „Feind“ könne etwas zustoßen, löst bei ihnen allerdings eine klammheimliche Genugtuung aus. Dass die bitteren Gefühle auf diese Weise nicht nur als quälend, sondern gleichzeitig als lohnend empfunden werden, verstetigt sie.

Weil die Schuld an ungerechten Verhältnissen oft anonym ist, kann der Bittere nicht immer den wahren Täter identifizieren. Dann ist es möglich, dass Bitterkeit diffus wird und eine Streuwirkung hat: Sie färbt auf viele andere Themen ab, zu denen giftige Bemerkungen gemacht werden. Ansonsten kommt der Verbitterte immer wieder auf *sein* Thema zu sprechen: die kränkende Entlassung, die schreckliche Enttäuschung, die schlimme Tat.

Vorübergehende Bitterkeit ist normal. Sie löst sich spätestens wieder auf, wenn man einige Male über dem ungerechten Vorfall geschlafen hat. Paulus empfiehlt, sich schon vor der ersten Nachtruhe ihrer zu entledigen (Eph. 4,26). Gefährlich wird es, wenn sie Wurzeln schlägt (Hebr. 12,15). Chronische Bitterkeit belastet Seele und Körper. Neben den dunklen Gedanken bringt sie Beschwerden wie Bluthochdruck hervor und erhöht das Risiko von Herz-Kreislauf-Erkrankungen.

27.3.2 Die posttraumatische Verbitterungsstörung (PTED)

Schwere, chronische Verbitterung kann eine Krankheit sein, für die Michael Linden 2003 den Begriff der posttraumatischen Verbitterungsstörung (PTED; nach dem englischen *Posttraumatic Embitterment Disorder*) vorschlug.[275] Weil zwei bis drei Prozent der Deutschen an dieser verstärkten Form der Verbitterung leiden, liste ich kurz einige der Kernkriterien und Zusatzsymptome auf, an denen sie erkennbar sein kann, wobei eine Dauer von mindestens drei Monaten vorausgesetzt wird.[276] Ich weise ausdrücklich darauf hin, dass damit keine Laiendiagnosen ermöglicht oder befürwortet werden, dass wir Leute nicht aufgrund einer Vermutung mit der PTED etikettieren dürfen und dass, wenn sie vorliegen sollte, professionelle Hilfe nötig ist.

1. **Auslöser:** „Es ist ein einmaliges schwerwiegendes negatives Lebensereignis zu identifizieren, in dessen Folge sich die psychische Störung entwickelt hat."[277] Dabei kann es sich um außerordentliche Ereignisse handeln wie die tiefgreifenden biografischen Einschnitte von Ostdeutschen nach der Wende, aber auch um „normale" – wenn auch nicht alltägliche – Ereignisse wie eine vom Partner ausgehende Trennung, einen erzwungenen Wohnungswechsel, einen Verlust des Arbeitsplatzes oder eine ungerechte Behandlung am Arbeitsplatz. Die beiden letzten – arbeitsplatzbezogenen – Probleme waren in einer empirischen Untersuchung Auslöser für 74 Prozent der erfassten Fälle (Lieberei 2008:52). Die chronische Verbitterung tritt also vor allem als soziale Verbitterung auf, nicht als Verbitterung aufgrund von Verletzungen im Privatbereich.
2. **Bewusstheit:** „Dem Patienten ist dieses Lebensereignis bewusst, und er sieht seinen Zustand als direkte und anhaltende Konsequenz aus dem Ereignis."
3. **Ungerechtigkeit:** „Der Patient erlebt das kritische Lebensereignis als ‚ungerecht'."
4. **Erinnerung:** „Wenn das kritische Ereignis angesprochen wird, reagiert der Patient mit Verbitterung und emotionaler Erregung."
5. **Festhalten:** „Der Patient berichtet wiederholte intrusive [wiedererlebende] Erinnerungen an das Ereignis; teilweise ist es ihm sogar wichtig, nicht zu vergessen."
6. **Opferrolle:** „Der Patient nimmt sich als Opfer und hilflos wahr und sieht sich nicht in der Lage, das Ereignis oder seine Ursache zu bewältigen."
7. **Selbstvorwürfe:** „Der Patient macht sich selbst Vorwürfe, das Ereignis nicht verhindert zu haben oder nicht damit umgehen zu können."

275 Sie unterscheidet sich von Depressionen zum Beispiel dadurch, dass die Betroffenen recht angenehme Gefühle erleben können, wenn sie von bestimmten Erinnerungen abgelenkt werden. Von den schon länger bekannten posttraumatischen Belastungsstörungen (PTSD) unterscheidet sie sich dadurch, dass diese durch Gewalt oder schwerwiegende Unfälle bzw. Erkrankungen ausgelöst werden, die PTED jedoch durch empfundene Ungerechtigkeit.

276 Fachlich interessierte Leser verweise ich für genauere Angaben über diagnostische Verfahren auf Lieberei 2008.

277 Alle wörtlichen Zitate in der Auflistung stammen aus Linden u. a. 2004.

8. **Körperliche Symptome:** „Patienten können eine Reihe unspezifischer somatischer Beschwerden zeigen, z.B. Schlafstörungen, Appetitverlust oder Schmerzen."
9. **Vermeidung:** „Der Patient berichtet über eine phobische Symptomatik, die eng mit dem Ort oder Urheber des kritischen Ereignisses verbunden ist." Eine Phobie ist die Angst vor bestimmten Personen, Situationen oder Objekten. Die Betroffenen meiden die Begegnung mit den Verursachern der Verletzung und den damit verbundenen Orten.

27.3.3 Verletzte Grundannahmen

Was macht Menschen anfällig für Verbitterung? Jeder erlebt in seinem Leben ungerechte Behandlungen, in vielen Fällen sind sie erheblich. Doch einige stecken diese Erfahrungen recht gut weg, andere sind kurzfristig aufgebracht, wieder andere kommen mit der Zeit darüber hinweg. Wann kann Bitterkeit dauerhaft werden? Unter den Umständen, die dazu beitragen, fällt einer besonders auf: Verbitterung droht, wenn eine „grobe Verletzung zentraler Grundannahmen und Wertvorstellungen" (Schippan, Baumann & Linden 2004:285) vorliegt.

Grundannahmen „sind psychologische Einstellungen und Wertorientierungen, die dazu dienen, sich über die Lebensspanne hin kohärent verhalten zu können (z.B. ‚Die Familie ist das Wichtigste im Leben!' ‚Der Beruf ist das Wichtigste im Leben!' ‚Materielle Sicherheit oder Reichtum ist das Wichtigste im Leben!' ‚Verlässlichkeit und Ehrlichkeit sind das Wichtigste im Leben!' usw.)" (Bonelli 2010:45). Sie beruhen meist auf Wertesystemen, die in der Kindheit und Jugend erlernt wurden. Zu ihnen gehören religiöse und politische Überzeugungen. Mit ihnen definiert man sich selbst und seine Lebensziele. Es geht also um zentrale Lebensentwürfe. Wenn Grundannahmen bedroht oder verletzt werden, kommt es zu intensiven Reaktionen, weil die Menschen nicht nur in ihrem Befinden, sondern im Zentrum ihrer Person getroffen werden. Eine dieser Reaktionen ist die Verbitterung.

27.3.4 Heilmittel gegen Verbitterung

Wie kann Bitterkeit geheilt werden? In der psychologischen Forschung wurden zwei Heilmittel gefunden: Weisheit und Vergebung. Das heißt nicht, dass es diese Medizin vorher nicht gegeben hätte. Aber ihre Wirksamkeit wurde noch einmal aus einer anderen Perspektive bestätigt. Ich gehe zuerst auf die *Weisheitstherapie* ein, die zur Überwindung von Verbitterungsstörungen entwickelt wurde. Um Vergebung geht es anschließend.

27.3.4.1 Weisheit für das Leben in der Stadt

Neben der Verletzung von Grundannahmen ist ein weiterer Umstand, der für Bitterkeit anfällig macht, ein „Mangel an Weisheit" (Schippan, Baumann & Linden 2004:286).

Kundige Bibelleser werden bei dieser Formulierung sofort an Jakobus 1,5 denken: „Wenn es aber jemandem unter euch an Weisheit mangelt, so bitte er Gott, der jedermann gern gibt" (Lutherübersetzung). Beten ist gut, aber nicht das Einzige, was man tun kann.

Zunächst brauchen wir eine Definition von Weisheit. Die Psychologie versteht darunter den verständigen Umgang mit schwierigen Lebensfragen, die sich auf die Planung, die Gestaltung und die Deutung des Lebens beziehen. Weisheit ist eine „Fähigkeit, die hilft, komplexe und letztlich nicht eindeutig lösbare Lebensprobleme zu verarbeiten bzw. zu ertragen" (ebd.). Die *Weisheitstherapie* wurde entwickelt, um Leuten zu helfen, die dringend mehr von dieser Weisheit brauchen, aber gleichzeitig in einem seelischen Gefängnis stecken, in dem sich Weisheit nicht leicht lernen lässt. Ich werde diese Therapie nicht vollständig beschreiben[278], sondern nur auflisten, welche Inhalte sie vermitteln möchte, und einige Aspekte nennen, die zur Heilung beitragen. Daraus ergeben sich Perspektiven über den therapeutischen Kontext hinaus. Sie geben Orientierung für ein kluges Leben in der postmodernen Stadt.

27.3.4.2 Zwölf Dimensionen der Weisheit

Die Fähigkeiten, die die Weisheitstherapie vermitteln möchte, werden den folgenden Dimensionen zugeordnet[279]:

1. **Perspektivwechsel:** Fähigkeit zum Erkennen der verschiedenen Perspektiven der an einem Problem beteiligten Personen.
2. **Selbstdistanz:** Fähigkeit, sich selbst aus der Sicht einer anderen Person wahrzunehmen.
3. **Empathie:** Fähigkeit zum Erkennen und Nachempfinden von Gefühlen anderer.
4. **Emotionswahrnehmung und Emotionsakzeptanz:** Fähigkeit zur Wahrnehmung und Akzeptanz eigener Gefühle.
5. **Emotionale Serenität und Humor:** Fähigkeit zur emotionalen Ausgeglichenheit bei der Vertretung eigener Überzeugungen und Standpunkte sowie die Fähigkeit, sich selbst und die eigenen Schwierigkeiten mit Humor zu betrachten.
6. **Fakten- und Problemlösewissen:** Generelles und spezifisches Wissen um Probleme und Möglichkeiten der Problemlösung.
7. **Kontextualismus:** Wissen um die zeitliche und situative Einbettung von Problemen und die zahlreichen Umstände, in die ein Leben eingebunden ist.
8. **Wertrelativismus:** Wissen um die Vielfalt von Werten und Lebenszielen und die Notwendigkeit, jede Person innerhalb ihres Wertesystems zu betrachten, ohne dabei eine kleine Anzahl universeller Werte aus dem Auge zu verlieren.

278 Genauer beschrieben ist sie in Schippan, Baumann & Linden 2004.
279 Die Liste wurde wörtlich übernommen aus dem angegebenen Text übernommen (S. 286).

9. **Selbstrelativierung:** Fähigkeit zu akzeptieren, dass in der Welt vieles nicht nach dem eigenen Willen läuft und man selbst nicht immer am wichtigsten ist.
10. **Ungewissheitstoleranz:** Wissen um die dem Leben inhärente Ungewissheit bezüglich Vergangenheit, Gegenwart und Zukunft.
11. **Nachhaltigkeit:** Wissen um negative und positive Aspekte jedes Geschehens und Verhaltens sowie kurz- und langfristige Konsequenzen, die sich auch widersprechen können.
12. **Problem- und Anspruchsrelativierung:** Fähigkeit, die eigenen Probleme durch einen Vergleich mit den Problemen anderer Personen zu relativieren.

Einige dieser Dimensionen verstehen sich von selbst. Anmerken möchte ich Folgendes:

Zu 4.: Die Wichtigkeit der Emotionswahrnehmung und -akzeptanz ist einer der Gründe, warum ich von der Notwendigkeit zeitgenössischer „Klagepsalmen" überzeugt bin. Vor Gott nur „Halleluja" zu singen, macht den gesunden Umgang mit den eigenen verletzten und bitteren Emotionen nicht leichter.

Zu 7.: Ich erinnere an das, was ich im letzten Kapitel über die soziale Dimension der Sünde geschrieben habe. Weder wir selbst noch unsere Umgebung können ungerechten Systemen einfach entkommen, in die wir eingebunden sind. Der Betriebschef hat Mitarbeiter nicht entlassen, weil er böse ist und sie quälen wollte, sondern weil auf ihm selbst der Druck eines konkurrenzorientierten Systems liegt.

Zu 8.: „Wertrelativismus" ist in christlichen Ohren ein schlimmes Wort. Es klingt nach Preisgabe der Wahrheit und nach Beliebigkeit. Doch das ist nicht gemeint. Es geht nicht darum, unsere eigenen Überzeugungen und Werte zu verleugnen, sondern einzusehen *und zu akzeptieren*, dass sie nicht von allen geteilt werden. Mir scheint hier eine der wichtigsten Voraussetzungen für die innere Gesundheit des urbanen Christen zu liegen. Ich beobachte immer wieder eine Verbitterung von Gläubigen gegenüber der Stadt und der Gesellschaft aufgrund des wahrgenommenen Verfalls von Werten, die ihnen wichtig sind. Sie „hassen" die Welt. Dahinter steckt die verletzte Grundannahme, unser Land habe christlich zu sein. Das ist es nicht und das hat es nicht zu sein. Ein Atheist hat genauso das Recht auf seinen Unglauben wie ich auf meinen Glauben.

Im Neuen Testament ist zu lesen: „Die ganze Welt steht unter der Macht des Bösen" (1. Joh. 5,19). Damit ist keine Verurteilung und Ablehnung der Welt gemeint, sondern ein gesunder Realismus: Seid nicht geschockt, wenn ihr mit Bösem konfrontiert werden. Akzeptiert es, dass die Stadt so ist, wie sie ist. Nur dann werden wir die Welt umarmen und die Stadt lieben können. So ist es im Neuen Testament. Gerade da, wo der gefallene Zustand der Welt thematisiert wird, wird besonders betont, wie sehr Gott die Welt liebt (Joh. und 1. Joh.). Wer seinen Frieden damit macht, dass er in einer Stadt lebt, in der es nie vollkommen gerecht zugehen wird, ist eher befähigt, sich ohne Bitterkeit für mehr Gerechtigkeit einzusetzen.

27.3.4.3 Aspekte der Weisheitsvermittlung

Die Gruppe um Michael Linden betont bei der Weisheitstherapie zwei Aspekte. Der erste besteht darin, dass der Therapeut eine tragfähige Beziehung zum Verbitterten aufbaut. Die Autoren plädieren für bedingungslose Annahme und dafür, sich „ohne Wenn und Aber auf die Seite des Patienten zu stellen" (ebd. S. 287). Gemeinden, in die man kommen kann, wie man ist, in denen man mit dem Gepäck, das man mitbringt, ausgehalten wird und in denen andere zu einem stehen, sind heilend.

Der zweite Aspekt ist die „Förderung von Ungewissheitstoleranz, Umgang mit Ohnmacht, Aktivierung von Selbstdistanz und Problemrelativierung" (ebd. S. 290). Bemerkenswert ist, wie dieser Aspekt näher ausgeführt wird. „Demut, d. h. die Einsicht in die Notwendigkeit und der Wille zum Hinnehmen der Gegebenheiten," wird als Kompetenz oder positive Fähigkeit empfohlen.

Für das Weisheitstraining wird die „Methode der unlösbaren Probleme" verwendet. Den Teilnehmern werden fiktive Fälle geschildert, in denen Menschen ähnliche Probleme zu lösen haben wie sie. Bei anderen ist man oft hellsichtiger als bei sich selbst und man kann seine Weisheitskompetenz leichter entwickeln, wenn man sich in ihre Lage versetzt. Christen haben dazu noch eine andere Möglichkeit als ausgedachte Situationen. In der Bibel finden sie Personen, die ähnliche Erfahrungen gemacht haben wie heutige Stadtbewohner. Wenn wir die Bibel aus dieser Perspektive lesen, gibt es in ihr großartiges Material für Weisheitstraining.

Der Verbitterungskandidat Nr. 1 im Alten Testament ist Josef (Gen. 37-50). Seine Behandlung durch seine Brüder verletzte eine fundamentale Grundannahme seiner Welt, die Heiligkeit der Großfamilie. Er wurde aus dem Leben eines freien Nomadenhirten verstoßen und in die niedrigste atypische Beschäftigungsform der damaligen Zeit gezwungen, die Sklaverei. Kaum hatte er wieder Karriere gemacht, warfen die Intrigen und das Mobbing der Frau seines Chefs ihn durch eine erlogene Anklage noch weiter nach unten. Mit der Frage, welche Bewältigungsstrategien Josef zur Verfügung standen, um nicht zu verbittern, kann man Leute auf eine heilsame Fährte setzen.

Kandidaten für die Verbitterung gegenüber einem System sind Daniel und seine Freunde (Dan. 1-6). Sie waren gewaltsam aus ihrer Heimat deportiert worden und lebten nun an einem Hof voller Polytheismus, Okkultismus und Intrigen. An ihnen kann man lernen, wie ein gesunder Wertrelativismus aussieht. Sie gaben ihr Bestes für eine Stadt, in der sie eine Werteminorität waren. Sie fanden kluge Kompromisse, wo Kompromisse möglich waren. Sie waren bereit, für ihre Grundannahmen zu leiden, wo Kompromisse Verrat an ihrem Gott bedeutet hätten. Sie waren ein Segen für das ganze Land, weil sie nicht mit dem inneren Anspruch herumliefen, das ganze babylonische Reich habe die Dinge so zu sehen wie sie, und weil sie ihm nicht die eigene gewaltsame Verschleppung nachtrugen. Mit etwas Fantasie kann man sich alltägliche Situationen ausmalen, die sie zu bestehen hatten, und auch nach ihren Bewältigungsstrategien fragen.

27.3.4.4 Vergebung

Neben der Weisheit verschreiben Therapeuten als Rezept gegen Bitterkeit die Vergebung. Sie tun es zögerlich: „Bisher wurde der Aspekt der Vergebung in Europa kaum wissenschaftlich behandelt, vermutlich aus Angst, dass der Begriff automatisch Religion impliziert“ (Bonelli 2010:46). Da der urbane Missionar diese Angst nicht hat, kann er sie unbefangener empfehlen. Er kann es mit demselben Verständnis tun, wie Therapeuten sie lehren:

> Überwinden kann man Verbitterung durch das Loslassen. Verbitterte wollen die absolute Gerechtigkeit hier und jetzt erleben. Man kommt jedoch erst durch die Erkenntnis weiter, dass diese Gerechtigkeit nicht existiert und alles Erlebte bloß relativ ist [...] Verzeihung als beste Form des Loslassens beschreibt einen Prozess, der im Wesentlichen zwei Voraussetzungen braucht. Erstens ist die Erkenntnis nötig, dass man auch selbst Fehler macht. Erst dadurch wird man bereit, auch dem Täter falsches Handeln zugestehen zu können. Zweitens braucht man eine Portion Großmut, um tatsächlich „Schwamm drüber!“ sagen zu können. (ebd.)

Wenn wir noch ergänzen, dass wir die Erkenntnis, selbst auch Fehler zu machen, mit der Erfahrung verbinden können, selbst Vergebung zu empfangen, und dass man nicht nur konkreten Menschen, sondern auch sozialen Gruppen und städtischen Systemen vergeben kann, sind wir auf dem Weg zu einem besseren Leben. Denn – auch das hat die Forschung nachgewiesen – Vergebung begünstigt psychologisches Wohlbefinden und körperliche Gesundheit. Zu den festgestellten Wirkungen gehören: weniger Angst, Depressivität und Feindseligkeit, weniger körperliche Symptome, Senkung von Blutdruck und Herzfrequenz, weniger Gefährdung durch Suchtmittel, mehr positive Emotionen, mehr Lebenszufriedenheit (McCullough u. a. 2012).

Zum Abschluss erinnere ich an die Inszenierung von Jürg Montalta (→ Kap. 2.2.2). Die Bewohner von Bückgen hatten viele Jahre am Schmerz ihrer zwangsweisen Umsiedlung gelitten. Als sie in gut besuchten Vorstellungen über ihr vergangenes Leben berichten konnten und die Vergangenheit in einem Kontext von Beachtung und Wertschätzung noch einmal auflebte, konnten sie „vergeben“. Vielleicht würden sie selbst die Erfahrung nicht als Vergebung bezeichnen, aber de facto war sie es: Ein heilender Schlussstrich unter soziale Verbitterung, der von Albträumen und einer Verhaftung an die Vergangenheit befreite und eine neue Zukunft eröffnete.

27.4 Wohlergehen durch christliche Gemeinschaft

Auch ohne Scham oder Bitterkeit kann die Stadt durch vielfältige Belastungen das Leben ihrer Bewohner beeinträchtigen. Dann geht es nicht um Versöhnung oder Vergebung, sondern darum, durch positive Erfahrungen und Beziehungen möglichst viele der Belastungen kompensieren zu können. Das wird sogar ohne besondere Aktionen in christlichen Gemeinden erlebt.

Wir haben gesehen, welche Folgen Erwerbslosigkeit auf das Ergehen der Betroffenen hat. In einer Langzeitstudie haben Forscher aus Jena und Amsterdam ermittelt, wie sich in Deutschland Erwerbslosigkeit während der ersten drei Jahre auf die subjektive Lebenszufriedenheit auswirkt. Dabei unterschieden sie zwischen Leuten, die wöchentlich, monatlich, selten oder nie einen Gottesdienst besuchen (Lechner & Leopold 2015). Die folgende Grafik (→ Abb. 27.3) zeigt das Ergebnis. Wer regelmäßig zur Kirche oder zu einer vergleichbaren religiösen Stätte geht, verliert nach einem Jobverlust weniger Lebensqualität und kann sich nach einiger Zeit besser wieder davon erholen. Gemeinden sind allein dadurch, dass es sie gibt und man regelmäßig an ihrem Leben teilnimmt, eine heilende Instanz.

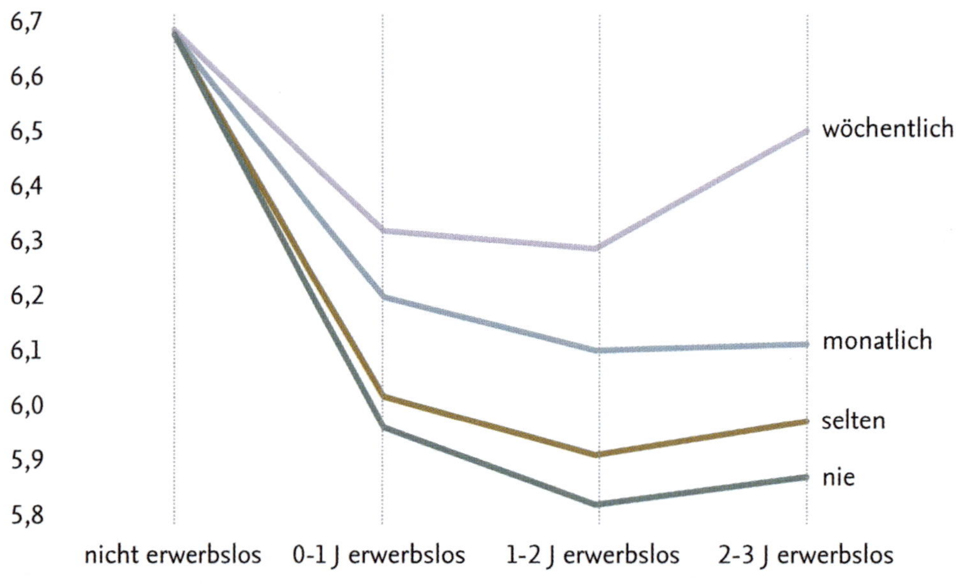

Abbildung 27.3: Die Auswirkung von Erwerbslosigkeit auf die subjektive Lebenszufriedenheit in Abhängigkeit vom Gottesdienstbesuch[280]

Auch viele andere Untersuchungen haben in den letzten Jahrzehnten positive Auswirkungen der Religion auf das Wohlergehen der Gläubigen festgestellt. In einer Übersicht über den Zusammenhang von Religion und Gesundheit (Ellison & Levin 1998) wird festgestellt: Glaube wirkt sich statistisch positiv auf die Gesundheit aus und schwächt

280 Nach Lechner & Leopold 2015:170.

die Anfälligkeit für Krankheiten und er stärkt das psychische Wohlbefinden. Folgende Faktoren wurden identifiziert: Gläubige führen im Durchschnitt einen gesünderen Lebensstil, erleben mehr soziale Integration, haben ein höheres Selbstwertgefühl und fühlen sich – im Bunde mit Gott – weniger ohnmächtig. Ihre Bewältigungsstrategien sind effektiver, ihre Emotionen positiver und ihre Überzeugungen gesünder.

Das bedeutet leider nicht, dass jeder Einzelne oder fast alle davon profitieren. Und es schließt nicht aus, dass Religion auch Schaden zufügen kann. Negative Auswirkungen hat es, (1) wenn der Glaube passiv macht, weil der Gläubige fatalistisch alles Gott überlässt; (2) wenn eine Betonung der menschlichen Verdorbenheit und ein einschüchterndes Gottesbild vermittelt wird; (3) wenn einengende soziale Normen oder perfektionistische Ideale die Gläubigen unter Druck setzen; (4) wenn der Glaube Schuld- und Schamgefühle erzeugt und das Selbstwertgefühl der Gläubigen schwächt; (5) wenn in Gemeinden Konflikte, Tratsch und Verurteilung herrschen; (6) wenn Gemeinden „gierige Institutionen“ sind, die so viel wie möglich an Zeit, Kraft und Geld ihrer Mitglieder verschlingen, oft auf Kosten von Familie, Arbeit und Freizeit.

Wenn wir den letzten Absatz lesen, wissen wir, was wir zu tun haben, damit unsere Gemeinden heilend sind, nämlich genau das Gegenteil von dem, was dort aufgelistet ist. Wer ein freundliches Gottesbild vermittelt, wer konsequent Gnade betont und Schuld- und Schamgefühle durch das Evangelium auflöst, wer das Selbstwertgefühl stärkt, wer den Leuten Freiheit lässt, wer Frieden stiftet, wer Tratsch und Verurteilungen ächtet und wer seine Leute nicht strapaziert, tut ihnen wohl. Die Bemerkung, dass auch urbane Mission keine „gierige Institution“ sein sollte, wird nicht fehl am Platz sein. Die Anregungen dieses Buches sollten entspannt umgesetzt werden. Ich erinnere besonders daran, dass Leute die Freiheit haben, sich nicht an der urbanen Mission zu beteiligen oder selbst zu entscheiden, welchen Beitrag sie dazu leisten wollen (→ Kap. 18.6).

27.5 Überwindung sozialer Verwahrlosung

Wenn Menschen die Hoffnung verlieren und infolgedessen haltlos werden und sich gehen lassen, wenn sie Süchten und zerstörerischem Verhalten erlegen sind, brauchen sie eine besondere Form der heilenden Zuwendung: bedingungslose Annahme und klare Regeln. Ich plädiere in diesem Buch oft für Freiheit. Wer sich im Leben überhaupt erst wieder zurechtfinden muss, braucht jedoch einen festen Rahmen. Wie diese Zuwendung auf eine nachhaltige wiederherstellende Art praktiziert werden kann, habe ich in der Victory Outreach Church in Manchester erlebt.

MODELLE UND BEISPIELE

Victory Outreach Manchester

Es gibt vermutlich nicht viele Gemeinden, deren Pastor wegen Raubs im Knast saß und deren Pastorin eine ehemalige Drogenabhängige und Kokainhändlerin ist. *Victory Outreach Manchester* (www.vomanchester.com) ist eine von ihnen. Paul und Vicky Lloyd kamen 2003 nur mit ihrem Gepäck nach Manchester. Aus kleinen Anfängen wuchs die Gemeinde, 2008 konnte sie ein eigenes Gebäude beziehen. Wer mit Suchtproblemen oder einer kriminellen Vergangenheit dorthin kommt, wird schnell feststellen, dass er von diesen Leuten verstanden wird, ihnen aber auch nichts vormachen kann. Und er wird auch feststellen, dass sie ihn sehr lieben: „Wir sind fest davon überzeugt, dass Menschen wertvoll sind und dass für Gott kein Problem zu groß ist. Das Leben von Drogenabhängigen, Alkoholikern und Gangmitgliedern wurde durch die Gemeinde total verändert. Wir helfen ihnen, ihre Würde wiederzufinden“ (Webseite der Gemeinde).

Ihre Liebe äußert sich darin, dass sie ihm eine Perspektive für ein neues Leben zeigen, er aber auch klare Ansagen bekommt, wenn er sich darauf einlässt. Von Anfang an gab es ein Rehabilitationszentrum für Abhängige. Wer dorthin kommt, erhält sofort einen Anzug – in der englischen Kultur ein äußeres Zeichen dafür, dass jemand eine respektable Person ist. Während der Rehabilitation gibt es Bibelkurse. Wenn man erfolgreich an ihnen teilnimmt, bekommt man eine Urkunde. Diesen Leuten bedeutet das viel. Ein Ire, der seine Zeit im Zentrum erfolgreich absolviert hatte, zeigte mir voller Stolz sein Zertifikat, das mit anderen an einer Wand aufgehängt war: „Vor zwei Jahren kam ich total kaputt hier an. Hier wurde ich in das Leben zurückgeliebt.“

Die Gemeinde wird straff geführt – „fast militärisch“, wie sie mir von einem Freund beschrieben wurde, der sie mir wärmstens für einen Besuch empfahl, als ich für Erkundungen der urbanen Mission in Manchester war. Der beschriebenen Zielgruppe tut das gut. Es gibt aber auch andere, die das lieben. Wer am Sonntag in den Gottesdienst kommt, sieht nicht nur viel weiße Haut – oft mit Tätowierungen –, sondern auch viele schwarze Gesichter. Eine große Zahl von Briten mit afrikanischen Wurzeln hat sich der Gemeinde angeschlossen. Sie stammen aus hierarchischen Kulturen und fühlen sich in diesem Gemeindemilieu wohl. In der Pause zwischen zwei Gottesdiensten stellte ich fest, dass die Leitung genauso interkulturell ist wie die Gottesdienstbesucher. Das pastorale Team hat eine ungewöhnliche Mischung: Ein weißes, zwei schwarze und drei bikulturelle Ehepaare.

Die urbane Mission braucht auch Gemeinden wie *Victory Outreach Manchester*, die mit „fast militärischer" Liebe Leuten wieder auf die Beine helfen, ihre Würde wiederherstellen und sie zu den „starken Männern und Frauen Gottes machen", zu denen er sie berufen hat.

FAZIT

- Zur Heilung sozialer Schamgefühle sind drei Elemente in christlichen Gemeinden hilfreich.
  - Heilende Lehre: Gott ist der, der die Beschämten aufrichtet und ihre Ehre wiederherstellt. Texte über die Erlösung thematisieren den Umgang mit Scham auf dreifache Weise: Jesus wurde stellvertretend der tiefsten Scham ausgesetzt, damit wir nicht mehr an ihr leiden müssen. Durch unsere neue Identität als Gläubige sind wir nicht mehr die, für die wir uns immer geschämt haben. Stattdessen haben wir eine neue Würde als Gottes Kinder.
  - Heilende Praxis: Scham wird durch Annahme und Wertschätzung überwunden. Gemeinden sind heilende Gemeinschaften, wenn in ihnen eine Kultur der Ehre gelebt wird, durch die ihre Mitglieder einander im täglichen Umgang vermitteln, dass sie wertvoll und willkommen sind. Dazu gehört, dass gerade auch Arme und Diskriminierte auf Augenhöhe behandelt werden und in Leitung und Gottesdienst repräsentiert sind.
  - Heilende Rituale: Liturgie kann Leuten eine Sprache geben, die selbst keine haben. Ein gutes Vorbild sind die biblischen Klagepsalmen. Eine andere hilfreiche Möglichkeit ist das Labyrinthgebet.
- Wo Menschen reales oder vermeintliches Unrecht zugefügt wird, kann sich Bitterkeit in ihnen breitmachen. Chronische Bitterkeit belastet Seele und Körper. Sie tritt besonders dann auf, wenn zentrale Grundannahmen und Wertvorstellungen verletzt werden. Gegen soziale Bitterkeit gibt es zwei Heilmittel: Weisheit und Vergebung.
- Auch ohne Scham und Bitterkeit kann die Stadt durch vielfältige Belastungen das Leben ihrer Bewohner beeinträchtigen. Positive Erfahrungen und Beziehungen in christlichen Gemeinden können dazu beitragen, diese Belastungen zu kompensieren.
- Wenn Menschen die Hoffnung verlieren und infolgedessen haltlos werden und verwahrlosen, brauchen sie eine besondere Form der heilenden Zuwendung: bedingungslose Annahme und klare Regeln.

- Wie geht Ihre Gemeinde / Initiative mit dem Thema Scham um? Gibt es heilende Lehre und Verkündigung? Ist der Umgang miteinander von Annahme und Wertschätzung geprägt? Befasst die Liturgie sich mit dem Thema?
- Welche verschiedenen sozialen Gruppen gehören zu Ihrer Gemeinde / Initiative? Werden wirklich alle auf Augenhöhe behandelt und angemessen repräsentiert? Oder gibt es Gruppen, die eher „unsichtbar“ bleiben?
- Gibt es Erfahrungen in Ihrem Leben, die Sie bitter machen oder zumindest noch an Ihnen nagen? Lesen Sie die Geschichte von Josef (Gen. 37-50) nach. Welche Weisheiten können Sie für Ihre Situation daraus mitnehmen?

- Sally Welch: Walking the Labyrinth. A Spiritual and Practical Guide (Welch 2010). *Eine praktische Einführung in die christliche Tradition des Labyrinthgebets mit beispielhaften Liturgien für die Advents- und Fastenzeit.*
- Kai Baumann und Michael Linden: Weisheitskompetenzen und Weisheitstherapie. Die Bewältigung von Lebensbelastungen und Anpassungsstörungen (Baumann & Linden 2014). *Eine ausführliche Darstellung der in diesem Kapitel skizzierten Weisheitstherapie.*

Urbane Seelsorge gehört zur Missio Dei und ist mit anderen kirchlichen Aktivitäten eng verbunden. Ich stelle einige Beispiele vor, wie urbane Seelsorge durch Schönheit und Kunst, Sterbebegleitung und nächtliche Patrouillen stattfinden kann.

28. Die Schönheit, das Sterben und die Nacht

Urbane Seelsorge 3

Die beiden letzten Kapitel haben gezeigt, dass heutiges städtisches Leben die Inhalte der Seelsorge erweitert. Seelsorge als „Hilfe zur Lebensbewältigung" (Herbst 2012:32) trifft auf vermehrte Lebensherausforderungen, die es in der postmodernen Stadt zu bewältigen gibt. Zu überdenken sind aber auch die Formen, in denen diese Hilfe angeboten wird. In der klassischen protestantischen Seelsorge gibt es eine klare Eingrenzung: Seelsorge gilt als Geschehen, das innerhalb der Kirche stattfindet, und zwar meist durch Gespräche unter vier Augen zwischen einem Seelsorger und einem Hilfsbedürftigen (Hauschildt 2000:31-33). Seelsorge wird dabei von anderen Formen kirchlicher Aktivität wie der Diakonie abgegrenzt[281] und mit Mission hat sie erst recht nichts zu tun[282].

Mit solch einem Seelsorgebegriff kann der urbane Missionar nicht zufrieden sein. Doch es gibt Alternativen. Eine finden wir in der katholischen Tradition: „In der Praxis wurden die Ausdrücke ‚Seelsorge' und ‚Pastoral' im Laufe der geschichtlichen Entwicklung zu austauschbaren Begriffen. Im *katholischen* Verständnis beziehen sie sich auf das gesamte Feld kirchlichen Handelns" (Müller 1993:15). Das ermöglicht eine mehrfache Entgrenzung der Seelsorge (Müller 2000): (1) Seelsorge ist Sache aller Christen; (2) Seelsorge kann auch nonverbal geschehen; (3) Seelsorge ist nicht von anderen kirchlichen Tätigkeiten wie der Diakonie abgegrenzt, sondern geschieht mit ihnen und in ihnen.

In der evangelischen Theologie hat Michael Herbst einen Ansatz vorgelegt, der in der Verbindung von urbaner Mission und Seelsorge noch einen Schritt weiter geht (Herbst 2012): „Es wird um den [...] Vorschlag gehen, Seelsorge im Zusammenhang der *missio dei* zu verstehen" (ebd. S. 151). Wie ungewöhnlich dieser Vorschlag im Pro-

281 „Hierin [im Gespräch] findet sich denn auch das am ehesten faßbare Unterscheidungsmerkmal gegenüber der [...] Diakonie" (Hauschildt 2000:32).

282 „Findet sich nämlich in der einschlägigen Seelsorge-Literatur überhaupt einmal das Stichwort ‚Mission', dann in einem abgrenzenden Sinn: Seelsorge hat mit Mission natürlich nichts im Sinn" (Herbst 2012:23).

testantismus ist, zeigt sich darin, dass Herbst ihn als einen „höchst strittigen“ (ebd.) und als „Tabubruch“ (ebd. S. 22) bezeichnet. Das soll uns nicht schrecken, denn dieser Ansatz hilft uns, Seelsorge stadttauglich in die urbane Mission zu integrieren. Gott ist nicht nur, wie es im Begriff der *Missio Dei* zum Ausdruck kommt, der eigentliche Missionar, sondern auch der eigentliche Seelsorger (ebd. S. 14-20). Gelingende Lebensbewältigung hat letztlich ihren Ursprung in ihm. Als ein von ihm Gesandter wartet der Seelsorger nicht nur in seinem Arbeitszimmer auf die, die kommen, sondern sucht die Menschen auf (ebd. S. 153). Er bietet ihnen umfassende Unterstützung an und erweitert „den Begriff der Seelsorge selbst um eine diakonische Dimension“ (ebd. S. 38). Er „wird an ihrer sozialen Lage nicht vorbeisehen und sein Geleit nicht nur auf verbale und rituelle Hilfe beschränken“ (ebd.). Er wird „den Alltag als Ort der Seelsorge annehmen“ (ebd. S. 116), mit dem Ziel, dass Gottes *Schalom* zu den Menschen kommt und in ihrem Leben Gestalt gewinnt (ebd. S. 159).

In diesem Kapitel werde ich drei Beispiele vorstellen, wie solche urbane Seelsorge geschehen kann. Es geht um (1) Seelsorge durch Kunst: heilende Schönheit in Manchester; (2) Seelsorge durch Begleitung: die ambulante Hospizarbeit des Johannes-Hospiz in Berlin-Spandau; (3) Seelsorge durch Präsenz: die Street Pastors im nächtlichen Einsatz auf den Straßen britischer Innenstädte.

28.1 „Jedes Mal gibt das Bild mir Hoffnung“

28.1.1 Schönheit als Sprache Gottes

In Lesley Suttons[283] Leben spielten Schönheit und Kreativität schon immer eine zentrale Rolle. Sie lernte früh, beides mit Gott in Verbindung zu bringen und Schönheit als Sprache Gottes zu verstehen, durch die er uns seine Liebe mitteilt. Später begann sie ihrerseits, sich Gott durch Bilder und Zeichnungen mitzuteilen. Bis heute sind Kunst und Kreativität wichtige Ausdrucksformen ihrer spirituellen Gottesbegegnung geblieben:

> Wann immer ich die Möglichkeit habe, verbringe ich einige Stunden allein in einer Kunstgalerie oder einem Museum. Für mich ist das eine Form der Meditation: Ich betrachte etwas Schönes und Inspirierendes im Detail; ich lerne auf ein Kunstwerk zu hören, indem ich versuche, durch die Augen der Künstler zu sehen, was sie über das Leben aussagen wollen; ich denke darüber nach, wie ich selbst zu diesem Thema stehe, und schreibe meine Reaktion auf oder zeichne sie. So wird die Meditation für mich eine Gelegenheit, Gottes Herz zu suchen und auf seine kreative Stimme in visueller Form zu hören. (Sutton o. J.)

283 Lesley Sutton ist Künstlerin und lebt in Manchester. Im September 2014 habe ich mit ihr ein Interview geführt, aus dem die folgenden Informationen stammen, soweit nicht anders angegeben.

Lesley Sutton bezieht sich gern auf den katholischen Theologen Hans Urs von Balthasar, der betont, wie wichtig Wahrheit, Gutheit und Schönheit für unsere Mission in der Welt sind. Doch während die Kirche sich oft und intensiv mit Wahrheit und in den vergangenen Jahren auch verstärkt mit Gutheit in Form sozialen Engagements beschäftigt, hat Schönheit oft wenig Aufmerksamkeit bekommen. Dabei begegnet Gott selbst uns in Schönheit und Kunst. Gerade in Umwelten, die durch Eintönigkeit und Hässlichkeit negative Auswirkungen auf das Wohlergehen und die Gesundheit von Menschen haben (→ Kap. 10), gibt es ein tiefes Bedürfnis nach Schönheit. Und wenn wir Schönheit entdecken, „werden uns neue Möglichkeiten unseres Daseins in der Welt bewusst".[284]

Eine Grundaussage dieses Buches ist auch für Lesley Sutton wichtig: Gott ist nicht erst dann bei den Menschen, wenn ihnen das Evangelium begegnet. Künstler sind oft Gott nahe, ohne ihn zu identifizieren. Schönheit ist Teil der *Missio Dei* und Lesley Sutton möchte Menschen, durch die Gott Schönheit sendet, zu entdecken helfen, wo Gott bereits in ihrem Leben und künstlerischen Schaffen anonym mit ihnen unterwegs ist. Manchmal fordert sie Leute auf, ihr Leben als eine Insel zu zeichnen, mit Bergen, Tälern und anderen Landschaftselementen, und sie durch Fotos zu einer Collage ergänzen. Dann sollen sie darüber nachdenken und markieren, an welchen Stellen Gott in ihrem Leben präsent war.

Kunst ist für Lesley Sutton ein Mittel, in der säkularen Stadt auf sensible Weise zu evangelisieren. 2014 fand in der Fastenzeit das erste Mal der von ihr initiierte *PassionArt Trail* Manchester (www.passionartmcr.co.uk) statt: ein „visueller Pilgerweg" durch sechs Museen und Kirchen der Stadt, in denen 60 Kunstwerke von namhaften Künstlern aus Gegenwart und Vergangenheit ausgestellt waren, die auf „unkirchliche" Weise Aspekte der Passions- und Ostergeschichte darstellten. Die Bilder und Skulpturen erzählten die Geschichte auf eine Art, die zur Reflexion über das eigene Leben einlud.

> Ein Pilgerweg verbindet eine körperliche mit einer spirituellen Reise. Der Pilger verlässt das Vertraute [...] und lernt, sein Ego, seine Position, seinen Titel und seine Macht hinter sich zu lassen und sich stattdessen auf das einzulassen, was uns allen gemeinsam ist: unsere Schwächen, unser Versagen, unsere Sehnsüchte und unsere Verletzlichkeit [...] Der Pilger erlebt eine innere Transformation und entdeckt einen Ort der Zugehörigkeit, an dem er von der göttlichen Gegenwart geliebt wird. Dieser Trail möchte ein zeitgenössischer Pilgerweg sein, durch Kunstwerke [...] die Sie einladen, über Ihre eigene Lebensreise nachzudenken, angeleitet durch die visuellen Erzählungen der Künstler und die dazugehörigen schriftlichen Reflexionen. (The PassionArt Trail 2014:4)

284 Vortrag am 1. Mai 2014 in London.

7.000 Leute gingen den Trail. Hunderte teilten hinterher schriftlich mit, was er für sie bedeutet hatte. 2016 soll der nächste Trail stattfinden, größer und umfassender.

28.1.2 Schönheit in der urbanen Seelsorge

Bilder wie die des PassionArt Trail laden nicht nur zur Reflexion ein. Sie können ein Mittel der Sorge Gottes für die Seele von Menschen sein. Zu einem der Bilder – The Scapegoat von Holman Hunt (→ Abb. 28.1) – schrieb Deirdre Brower Latz einen autobiografischen Text.

Abbildung 28.1: The Scapegoat (von Holman Hunt)

> Das erste Mal sah ich dieses Gemälde, als ich allein durch die Manchester City Art Gallery lief. Ich litt an einer schweren Depression, fühlte mich verloren, einsam, unsicher und schwermütig. Das Gemälde hielt mich fest. Ich begann zu weinen und meinen Schmerz heraus zu heulen [...] Die Stimmung des Ausgestoßenseins und des Schmerzes ergriff mich. Der Maler hatte mit der Haltung des Bocks, mit dem schmachtenden und schmerzvollen Blick seiner Augen etwas in Farbe gefasst, was zu mir sprach. Nein, mehr als das: Dort war ich [...] Ich erinnere mich nicht mehr, wie lange ich dort stand [...] Ich wollte die Wahrheit festhalten, die in mein Denken eingedrungen war: Jemand versteht mich! Es gibt Hoffnung [...] Ich wusste aus meiner Kindheit und aus der Bibel, dass der Sündenbock voller Bedeutung war, die darauf wartete, entdeckt zu werden. Er trug die Sünde der ganzen Gemeinschaft (deshalb das rote Band um die Hörner) und als der Hinausgejagte verkörperte er Hoffnung. Für mich enthielt dieses Gemälde Tod – und Leben. Erst nachdem ich lange den schmerzerfüllten Sündenbock betrachtet hatte, bemerkte ich den Regenbogen. Hoffnung brach in mir auf [...] Hoffnung auf Licht, Güte und Schönheit, eng verbunden mit dem Schmerz [...] Ich erlebte keine Wunderheilung – es ging mir

> nicht augenblicklich wieder gut. Dafür brauchte es Monate, oder sogar Jahre, und dieser Prozess geht auf meiner Pilgerreise weiter. Ich habe immer wieder lernen müssen, dass es Schatten gibt; dass Tod und Leben und Tod nebeneinandersitzen. Schmerz, Leiden, Ausgrenzung, Gebrochenheit, Wüstenorte und Trostlosigkeit, es gibt sie und sie sind real. Hoffnung scheint manchmal unvollständig zu sein. Doch der Schmerz dieses Bildes hat mich immer wieder zu ihm gezogen und jedes Mal gibt es mir Hoffnung. (Brower Latz 2014)

Für Lesley Sutton tragen Kunst und Schönheit zur Heilung bei. Ein großer Teil ihrer Arbeit findet im Rahmen von kommunalen Projekten mit den Armen und Verwundeten der Stadt statt: mit Asylbewerbern, mit Frauen, die Opfer sexueller Gewalt geworden sind, mit Trauernden. Hier ist sie besonders darauf angewiesen, dass Gott als der primäre Seelsorger auch in diesem Kontext durch die Sprache der Schönheit und durch die Sinne spricht, denn in diesen kommunalen Projekten darf sie nicht explizit ihren christlichen Glauben thematisieren. Aber sie erlebt, dass Kreativität und visuelle Mittel die Menschen öffnen und ihnen guttun.

Manchmal geht es nicht darum, Schönheit herzustellen, sondern sie in der Kostbarkeit kleiner Dinge zu entdecken. Einmal arbeitete Lesley Sutton mit einer Gruppe von Frauen, die unter dramatischen Umständen aus Somalia geflohen waren. Einige waren schwanger gewesen und hatten auf der Flucht entbunden. Sie alle hatten nur wenige Habseligkeiten mitnehmen können. Die Frauen sprachen kaum Englisch, aber sie brachten die wenigen Gegenstände mit, die für sie so kostbar waren, dass sie sie vor ihrem Aufbruch ausgesucht und zusammengepackt hatten. In gebrochenen Worten teilten sie mit, welche Erinnerungen oder welche Werte für sie damit verbunden sind. So konnten sie sich öffnen und anderen Anteil an ihrem Leben geben.[285]

Schönheit und Kostbarkeit sind Gottes Sprache, um sich Menschen mitzuteilen und für ihre Seele zu sorgen – besonders dann, wenn sie noch nicht bereit sind oder die Umstände es nicht zulassen, das Evangelium zu hören. Leute wie Lesley Sutton können die Menschen auf einem Teil ihrer Reise mit Gott und zu Gott begleiten, in der Hoffnung, dass Gott diese Reise zu einem guten Ziel führt.

28.2 „Sterben ist Leben – Leben bis zuletzt“

28.2.1 Der schwierige Umgang mit dem Tod

Neuzeit und Stadt haben das Sterben der Menschen verändert. Der Tod war auch früher nicht der Freund der Menschen, aber er war ein vertrauter Feind, mit dem man umzugehen wusste. Typische Elemente des vorneuzeitlichen Sterbens waren Vorahnungen

285 In anderen Gruppen nimmt Lesley Sutton diese Erfahrung als Aufhänger, um Teilnehmern die Frage zu stellen: „Wenn Sie nur zehn Minuten Zeit hätten, das Wichtigste für eine Flucht zusammenzupacken, was wäre für Sie so kostbar, dass Sie es auswählen würden?“

und Rituale. Die Menschen wussten, wann die Zeit zum Gehen gekommen war (Ariés 1982:13-19). Und sie wussten auch, was dann zu tun war: Im Mittelalter legte man sich auf den Rücken – mit dem Blick zum Himmel –, kreuzte die Hände auf der Brust, gedachte des verflossenen Lebens, bat die Anwesenden um Verzeihung, befahl sie Gott an, verabschiedete sich von der Welt und übergab seine Seele Gott. Danach verharrte man schweigend (ebd. S. 24-30).

Vertraut war das Sterben auch für das Umfeld. Leute erlebten oft mit, wie jemand starb, und wussten sich angemessen zu verhalten. Sterben war ein öffentlicher Vorgang.

> Noch zu Beginn des 19. Jahrhunderts konnte jeder, sogar ein der Familie Unbekannter, wenn das Viatikum[286] zu einem Kranken getragen wurde, sich dem Priester auf der Straße anschließen und das Haus und das Zimmer des Sterbenden betreten. So geht die fromme Mme. de La Ferronays in den Jahren um 1830 in Bad Ischl spazieren, als sie Glockengeläut hört und erfährt, daß nach der Monstranz gerufen wird, um sie einem jungen Priester zu bringen, den sie krank weiß. Sie hat bisher nicht gewagt, ihn zu besuchen, weil sie seine Bekanntschaft noch nicht gemacht hat, aber das Viatikum „läßt mich *auf ganz natürliche Weise* [Hervorhebung im Original] bei ihm Zutritt finden. Ich knie, wie alle anderen, unter dem Torbogen nieder, als die Priester vorbeigehen, dann gehe auch ich hinauf und werde Zeuge, wie er das Viatikum und die Letzte Ölung entgegennimmt“ (ebd. S. 30).

Diese „natürliche“ Beziehung ging in der Neuzeit zuerst unter den Reichen und in der Oberschicht und dann in der ganzen Gesellschaft verloren. Norbert Elias schreibt in seinem Buch „Über die Einsamkeit der Sterbenden in unseren Tagen“ (Elias 1991):

> Daß, ohne besondere Absicht, die frühzeitige Vereinsamung der Sterbenden gerade in den entwickelteren Gesellschaften besonders häufig vorkommt, ist eine der Schwächen dieser Gesellschaften [...]
>
> Hier begegnet man [...] einem allgemeineren Problem unserer Tage – der Unfähigkeit, Sterbenden diejenige Hilfe zu geben und diejenige Zuneigung zu zeigen, die sie beim Abschied von Menschen am meisten brauchen – eben weil der Tod des Andern als Mahnzeichen des eigenen Todes erscheint. (ebd. S. 9.19)

28.2.2 Ambulante Sterbebegleitung

Die Sprach- und Hilflosigkeit gegenüber dem Tod und die Einsamkeit der Sterbenden zu überwinden, ist das Anliegen der Hospizbewegung. Zu ihr gehört das Johannes-Hospiz in Berlin-Spandau, eine Einrichtung für ambulante Sterbebegleitung. Die Ko-

286 Sterbekommunion.

ordinatorin Christine Knop[287] stieß vor 16 Jahren zu dieser Arbeit. Den Anstoß gaben Erfahrungen, die sie im Zusammenhang mit dem Freitod eines ihr nahestehenden Menschen machte: Das Umfeld war nicht zu einem angemessenen Umgang mit dem Todesfall und den betroffenen Hinterbliebenen fähig. Heute spricht sie von einer „Berufung" in die Hospizarbeit.

Bei der Sterbebegleitung geht es um konkrete Werte und Ziele:

> Das Anliegen der Hospizarbeit ist es, sterbende Menschen und ihre Angehörigen in ihrer Würde und Einzigartigkeit anzunehmen, sie zu unterstützen und sie zu entlasten. Die Aufmerksamkeit gilt dabei körperlichen, psychischen, sozialen und spirituellen Dimensionen, die gelingendes Leben auch in Zeiten von Abschied und Trauer ermöglichen. Zur Hospizarbeit gehört neben lindernder Pflege und Medizin in erster Linie menschliche Zuwendung. (Flyer des Hospiz- und Palliativ-Verbandes Berlin)

Die Sterbenden und ihre Angehörigen brauchen zunächst einmal ganz praktische Unterstützung: Hilfsmittel müssen organisiert, Kontakte zu Hilfseinrichtungen vermittelt, Informationen über Hilfsangebote gegeben werden. Auch in der Begleitung selbst fallen viele praktische Tätigkeiten an: Mitgehen bei Arztbesuchen, gemeinsame Spaziergänge, wenn die Betroffenen noch mobil sind, oder Kinderbetreuung.

Oft brauchen Sterbende oder ihre Angehörigen Unterstützung gegenüber Institutionen wie den Krankenkassen. Solche Institutionen zeichnen sich nicht durch Empathie, dafür aber umso mehr durch bürokratische Dienstwege aus. Sie haben keine Ahnung, wie es bei den Betreffenden aussieht, und verwehren oder verzögern „lebens"wichtige Hilfsmittel, die ein würdevolles Sterben in der eigenen Häuslichkeit ermöglichen.

Ein wichtiger Bereich der Begleitung ist die Überwindung der Isolation der Sterbenden. Solange es etwas Praktisches zu tun gibt, halten Angehörige leichter durch, als wenn es ans Sterben selbst geht. Viele wollen das nicht sehen und ziehen sich zurück. Ehrenamtliche Sterbebegleiter sind bereit, dann präsent zu sein.

Goldene Regel ist die Autonomie der Kranken. Ihre Entscheidung wird respektiert, indem keine Begleitung gegen ihren Willen – nur auf den der Angehörigen hin – gegeben wird. Die Begleiter unterstützen ihre Selbstbestimmung, wenn in der medizinischen Behandlung (zum Beispiel bei der Verabreichung einer Chemo-Therapie) ihre Wünsche nicht ernstgenommen werden. Ihr Wille ist entscheidend für jeden einzelnen Schritt in der Begleitung.

Die Autonomie der Sterbenden entscheidet auch darüber, wie sie spirituell begleitet werden. Unzulässig ist das offensive „Missionieren". Es geht darum, welchen Beistand

287 Die folgenden Informationen stammen, soweit nicht anders angegeben, aus einem Interview mit Christine Knop am 15. Juni 2015 in Berlin.

der Begleitete wünscht, nicht darum, welchen der Begleiter für wünschenswert – oder auch nicht – hält. Im Johannes-Hospiz wurde eine Atheistin (die ansonsten sehr willkommen war) von ihrer Mitarbeit entbunden, weil sie sich geweigert hatte, einer sterbenden Diakonisse auf deren Wunsch hin aus der Bibel vorzulesen.

Die Ehrenamtlichen erkundigen sich, ob die Kranken kirchlichen Beistand wünschen, und stellen im Bedarfsfall einen Kontakt her. Wenn es gewollt ist, beten sie mit den Menschen oder lesen ihnen aus den Psalmen vor. Auf der anderen Seite geht es auch um die Erfüllung letzter Wünsche wie ein Lieblingsgericht, ein Stadionbesuch bei Hertha BSC, ein Konzertbesuch oder eine Begegnung mit bestimmten Menschen.

Oft ist den Sterbenden wichtig, dass auch nach ihrem Tod vor allem ältere Hinterbliebene oder Kinder weiter begleitet werden. Im Johannes-Hospiz ist aufgrund solcher Wünsche eine Trauergruppe für Kinder entstanden.

28.2.3 Die Ehrenamtlichen

Bei fast allen, die sich in der ambulanten Sterbebegleitung engagieren, spielen eigene – gute oder schlechte – Erfahrungen mit dem Sterben eines Menschen in ihrem Umfeld eine Rolle. Meine Frau, die im Johannes-Hospiz aktiv ist, hat vor vielen Jahren ihre Mutter während der letzten Lebenszeit begleitet. Als später unsere Kinder aus dem Haus waren und sie sich neu orientierte, sprang ein Hinweis im Internet auf die Hospizarbeit sie förmlich an. Außerdem war sie in unserer Gemeinde immer wieder dem Sterben begegnet.

Wer sich für die Sterbebegleitung meldet, hat einen vorgezeichneten Einstiegsweg vor sich. Im Johannes-Hospiz sieht er so aus: Wenn die Kandidaten selbst in akuter Trauer sind, muss wenigstens ein Jahr seit dem Todesfall vergangen sein. Ihre Motivation wird erkundet, um sicherzustellen, dass diese stimmt. Ein Fragebogen erfasst, wie viel Zeit sie zur Verfügung haben und ob es Umstände gibt, die sie vermeiden möchten, wie die Begleitung von Alkoholikern oder Rauchern. Zu den Verpflichtungen, die sie eingehen, gehört, sich durch eine Ausbildung zu qualifizieren, ein Praktikum zu absolvieren, sich später fortzubilden und an Supervision teilzunehmen. In einem Gottesdienst werden sie eingesegnet und es gibt ein Frühstück mit ihren Angehörigen, damit das Hospiz auch mit der Familie Kontakt hat.

28.2.4 Sterbebegleitung als urbane Seelsorge

Sterbebegleitung entspricht dem Verständnis von „urbaner Seelsorge“, das ich am Anfang dieses Kapitels gegeben habe: Es geht um „Hilfe zur Lebensbewältigung“ oder um „gelingendes Leben auch in Zeiten von Abschied und Trauer“, wie es in der Sprache der Hospizarbeit heißt. Es gibt keine Trennung zwischen „körperlichen, psychischen, sozialen und spirituellen Dimensionen“, sondern ein Stadionbesuch ist genauso „Seelsorge“ wie ein Gebet.

Sterbebegleitung gehört zur urbanen Transformation. Sie macht deutlich, dass es um

Anliegen geht, nicht um Ambitionen. Mit Sterbenden kann man keine großartigen Visionen verwirklichen und keine wachsenden Gemeinden gründen. Wer sie begleitet, muss den einzelnen Menschen meinen. Solch ein Engagement zeigt, dass es nicht darauf ankommt, möglichst große Dinge zu tun, sondern die, die Gott in unser Herz legt. Nachdem meine Frau bereits einige Zeit in einem anderen ambulanten Hospiz tätig gewesen war, wurde dieses vom Träger geschlossen. Eines Tages sagte sie mir: „Harald, ich möchte unbedingt wieder Sterbebegleitung machen." Das tut sie jetzt mit viel Herz im Johannes-Hospiz. Diese Art von Motivation braucht die urbane Transformation.

Ein solches Engagement führt dann auch dazu, dass die Verhältnisse in der Stadt sich ändern. Urbane Seelsorge fragt danach, warum die Probleme entstanden sind, mit denen sie sich befasst. Isolation und Hilflosigkeit im Sterben sind kein individuelles, sondern ein gesellschaftliches Problem. Neben der Begleitung für den Einzelnen will die Hospizarbeit auch daran etwas ändern:

> Wir setzen uns dafür ein, dass das Thema Tod und Sterben kein Tabuthema mehr ist und als genauso wertvoll geachtet wird wie der Beginn des Lebens, die Geburt. (Knop o. J.:1)

Der Beitrag der Hospizarbeit zur urbanen Transformation besteht im Einsatz für eine Stadt, in der die Würde des Menschen bis zuletzt gewahrt bleibt. Bei diesem Einsatz gibt es Erfolge. Seit einigen Jahren ist zum Beispiel die Aufnahme in ein stationäres Hospiz für die Betroffenen kostenlos. Eine Zweiklassen-Medizin darf es im Angesicht des Todes nicht geben. Und auch hier soll der Sterbende bestimmen können, was er möchte. Das bezieht sich nicht nur auf die Aufnahme in ein stationäres Hospiz, sondern auch darauf, wie dort mit ihm umgegangen wird. Im Simeon-Hospiz in Berlin-Spandau, dem stationären Bruder des Johannes-Hospizes, wollte ein Obdachloser nicht in ein Bett gelegt werden. „Ich habe die letzten 20 Jahre nur auf dem Boden geschlafen, dort möchte ich auch sterben." Er durfte.

28.3 „Was, Christen, hier? Ihr seid hier draußen?!"

28.3.1 Die Nachtökonomie

Die gemeinsamen Zeitrhythmen der Gesellschaft haben sich in der postmodernen Stadt immer mehr aufgelöst (→ Kap. 21.1.3). Die Leute arbeiten zu unterschiedlichen Zeiten und ihre Arbeit dringt für viel mehr Menschen in früher geschützte Zeiten wie den Abend und die Nacht vor. Was für die Arbeit gilt, gilt auch für die Freizeit. Konsum, Geselligkeit und Vergnügen beschränken sich, besonders am Wochenende, nicht mehr auf einige Abendstunden. Viele Menschen machen die Nacht zum Tage. Institutionelle Regelungen, die früher Ausdruck einer kollektiven Nachtruhe waren, haben nachgezogen: Den Sendeschluss im Fernsehen gibt es schon lange nicht mehr, die Sperrstunde ist bis auf Einschränkungen in der Außengastronomie weitgehend aufgehoben.

Was bisher kaum nachgezogen hat, ist die Praxis der Kirchen. Schon 1987 schrieb Ray Bakke:

> Außerdem gibt es verschiedene Subkulturen [...] die der Nacht [...] und viele andere. Diese Gruppen leben nicht nach einem Rhythmus von acht Stunden Arbeit und acht Stunden Schlaf. Sie können nur von Pastoren erreicht werden, die schichtweise rund um die Uhr arbeiten. Solch ein Dienst steht in der Regel nicht zur Verfügung [...] Eine Baptistengemeinde in Neu-Delhi liegt an einer geschäftigen Straße, aber sie ist immer geschlossen, wenn die Massen unterwegs sind. Die Moscheen und Tempel sind geöffnet, aber die Baptistenkirche bleibt geschlossen bis um 11 Uhr am Sonntagmorgen. (Bakke 1987:46)

Zehn Jahre später wiederholte er sein Anliegen:

> Die Herausforderung [der Verstädterung] ist auch eine Herausforderung an das kirchliche Leben, denn jede Kirche und Denomination [...] muss ihre Formen an die vielfältigen, bunten und ständig wechselnden Realitäten einer 24-Stunden-Stadt anpassen. Wie Supermärkte, Krankenhäuser und Polizeistationen, werden sie für ihr 24-Stunden-Umfeld mit allen Sprachen, Kulturen und Schichten [...] Tagespastoren und Nachtpastoren brauchen. (Bakke 1997:13)

Die Herausforderung des Nachtlebens – oder der *Nachtökonomie*, wie Wissenschaftler es nennen – ist umso größer, als nächtliche Freuden ihre Schattenseiten haben, darunter übermäßiger Alkoholkonsum, der zu Hilflosigkeit, Gewalt und Enthemmung führen kann. In englischen Städten spricht man vom „Binge Drinking" (Rauschtrinken), in deutschen vom „Komasaufen" und in beiden Ländern ist es kein nebensächliches Problem. Für Deutschland nennt eine Studie der Bundeszentrale für gesundheitliche Aufklärung Zahlen (Erhebungsjahr 2014): Fast jeder sechste Jugendliche (12-17 Jahre) hatte in den letzten 30 Tagen vor einer Befragung Rauschtrinken praktiziert, unter den jungen Erwachsenen (18-25 Jahre) war es mehr als ein Drittel (Orth & Töppich 2015:11). Eine andere Befragung, die in neunten Schulklassen durchgeführt wurde, ergab, dass Jugendliche besonders gefährdet sind, wenn sie schulische Probleme haben (aggressive Lehrer, Sitzenbleiben, Schwänzen) oder psychisch anfällig sind (Selbstmordgedanken). Am wenigsten gefährdet sind Schüler mit ausgeprägter Religiosität – und solche aus prekären Verhältnissen (Donath u. a. 2012). Ihnen fehlt schlicht das Geld für den Zug um die Häuser, ihre nächtlichen Probleme sind anderer Art. Wir werden davon später erfahren.

Wichtig ist der zeitliche Verlauf des Komatrinkens. Man kann ihn statistisch recht gut verfolgen, weil aus Krankenhäusern Angaben vorliegen, um welche Uhrzeit Leute welchen Alters mit Alkoholvergiftung eingeliefert werden (→ Abb. 28.2). Der Höhepunkt liegt bei Jugendlichen zwischen 1 und 2 Uhr nachts, bei jungen Erwachsenen zwischen 3 und 4 Uhr. In der Regel dürfte das außerhalb der Dienstzeiten urbaner Mission liegen.

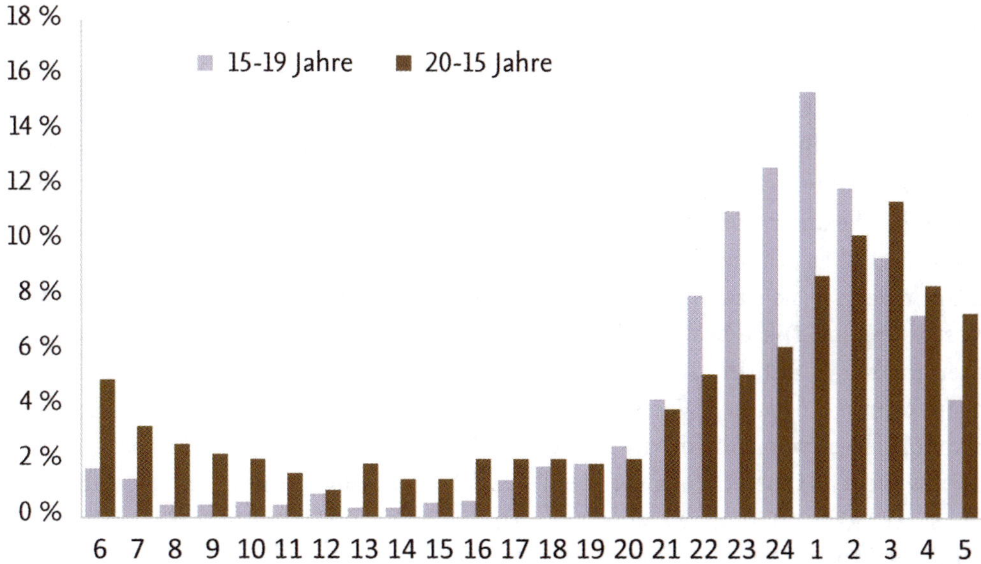

Abbildung 28.2: Prozentualer Anteil der mit Alkoholvergiftung in Krankenhäuser Eingelieferten je Stunde (nach Marcus & Siedler 2015:58)

28.3.2 Die Street Pastors

In Großbritannien ist das inzwischen anders. Dort ist in immer mehr Städten die Kirche auch dann im Einsatz, wenn die Stunde des *Binge Drinking* gekommen ist. 2003 entstand in London die erste Gruppe der *Street Pastors*.[288] Anfänglich standen die nächtlichen Probleme durch bewaffnete Gangs im Vordergrund, inzwischen liegt der Fokus auf der Nachtökonomie und aus den ersten Anfängen ist eine landesweite Bewegung entstanden: 2014 gab es ungefähr 10.000 Street Pastors, die in mehr als 270 Städten aktiv waren (Isaac & Davies 2014:5). Diese Bewegung findet Beachtung und Anerkennung in den Kommunen und bis ins Parlament.

Der Dienst der Street Pastors[289] lässt sich recht einfach beschreiben: Sie sind am Wo-

288 Zur Entstehungsgeschichte und zur Biografie des Gründers Les Isaac siehe Isaac & Davies 2014.
289 Im Folgenden beziehe ich mich vor allem auf drei Untersuchungen: (1) Ronald van Steden ist Politik- und Verwaltungswissenschaftler aus Amsterdam mit Schwerpunkt auf Polizeiarbeit und öffentliche Sicherheit. Im Sommer 2014 verbrachte er ein Sabbatsemester in Cardiff, um die Arbeit der Street Pastors zu erkunden. Er führte Interviews mit Teammitgliedern, Polizeioffizieren und Leuten aus dem kommunalen Leben und dem Gesundheitssystem, als teilnehmender Beobachter ging er mit

chenende nachts auf den Straßen unterwegs, auf denen es im Rahmen der Nachtökonomie zu problematischen Situationen kommen kann. Sie sorgen dafür, dass alkoholisierte Leute, besonders junge Frauen, nicht unter die Räder kommen. Und sie greifen schlichtend und mäßigend ein, wo Leute unter dem Einfluss von Alkohol zu gefährlichem und gewalttätigem Verhalten neigen. Ihr Engagement verstehen sie als *Presence Ministry* (Dienst durch Anwesenheit): Die Kirche verlässt ihr Gebäude und kommt auf die Straße.

28.3.2.1 Die Streife

Street Pastors sind freitags und samstags von 22.00 Uhr bis 4.00 Uhr morgens unterwegs. Sie treffen sich gegen 21.30 Uhr in ihrem Stützpunkt. Dort beten sie gemeinsam. Ein Polizeibeamter kommt für einige Minuten vorbei, beschreibt kurz die Lage und informiert über besondere Events, bei denen unschöne Vorkommnisse möglich sind. Dann teilen sie sich zu viert oder fünft in gemischte Teams auf und gehen mit ihrer Ausrüstung los. Diese besteht aus ihren „Uniformen" (blaue Caps, Polo-Shirts und Jacken mit der Aufschrift „Street Pastor") sowie Hilfsmitteln, die sie beim Einsatz brauchen könnten, darunter Wasserflaschen (für dehydrierte Betrunkene), Flip-Flops (für alkoholisierte Frauen, die mit ihren Stöckelschuhen nicht mehr laufen können und sich barfuß leicht an Glasscherben verletzen), Decken (für Leute, die draußen liegen bleiben, um sie vor Kälte oder junge Frauen vor unangemessenen Blicken zu schützen) und Rettungsmasken (für Mund-zu-Mund-Beatmung).

Ihre Route steht vorher fest. Sie ist so bemessen, dass sie während der ersten Schicht die Strecke in Ruhe ablaufen können und unterwegs genug Zeit für Begegnungen haben. Diese gleichbleibende Regelung sorgt dafür, dass ihr Auftauchen für die Leute entlang der Route eine verlässliche Einrichtung ist. Während sie draußen laufen, bleiben einige *Prayer Pastors* im Stützpunkt. Beide Gruppen sind miteinander per Handy in Kontakt und so wissen die, die sich auf der Straße um eine Person kümmern, dass drin für sie gebetet wird.

Was während der Streife geschieht, lässt sich in drei Begriffen zusammenfassen: Begegnungen, Prävention und Intervention.

28.3.2.1.1 Begegnungen

Street Pastors patrouillieren langsam, immer bereit für Begegnungen und Gespräche. Sie „mischen sich unter die Leute" (Middleton & Yarwood 2015:509). Manchmal gehen

auf Streife und er wertete die Berichte aus, die die Street Pastors über ihre Einsätze schreiben (Van Steden 2014). (2) Jennie Middleton und Richard Yarwood sind britische Geografen, die 2010-2011 an verschiedenen Orten Street Pastors begleiteten und ebenfalls viele Interviews führten (Middleton & Yarwood 2015). (3) In Kingston wollten die Street Pastors selbst herausfinden, wie ihr Einsatz und seine Ergebnisse zu bewerten seien, und baten die örtliche Universität, mit einer Evaluationsstudie zu helfen (Collins-Mayo, King & Jones 2012). Wo nicht anders angegeben, stammen alle Angaben aus diesen Studien.

sie auf Nachtschwärmer zu, manchmal werden sie angesprochen. Oft werden sie gefragt, was sie tun. Eine typische Begegnung wird so geschildert:

> Ein Mann, der auf Vergnügungstour ist: „Was macht ihr Typen hier?"
> Street Pastor: „Wir gehören zu verschiedenen Kirchen und wir tragen dazu bei, dass die Leute sicher sind."
> Mann: „Ich habe gehört, ihr seid Christen?"
> Street Pastor: „Das stimmt."
> Mann: „Was, Christen, hier? Ihr seid hier draußen?!" (ebd.)

Als wichtiges Hilfsmittel, um mit Leuten ins Gespräch zu kommen, haben sich die Flip-Flops erwiesen, die die Street Pastors mit sich tragen. Wie wir bereits erfahren haben, würden sich Leute im öffentlichen Raum oft gern unterhalten, es mangelt jedoch an legitimen Gesprächseinstiegen (→ Kap. 11.1.2). Einen solchen bieten die Flip-Flops. In englischen Städten haben sie mittlerweile Kultstatus und sind für viele Nachtschwärmer zu Trophäen einer guten Vergnügungstour geworden. „Habt ihr ein paar Flip-Flops für uns?", kann der Beginn einer bedeutsamen Unterhaltung werden.

Street Pastors berichten, dass Leute auf sie zukommen, um ihnen ihr Herz auszuschütten. Auch im bunten Treiben der Nachtökonomie sind nicht alle fröhlich und viele sind dankbar, wenn sie jemanden finden, der bereit ist, ihnen zuzuhören. Die Street Pastors sind dafür eine Institution. Sie haben Zeit und sie haben ein offenes Ohr. Andere kommen und bitten um Gebet. Die Tatsache, dass sie niemandem etwas aufdrängen – schon gar nichts „Christliches" –, sondern durch ihre Präsenz und ihre Uniform Verfügbarkeit signalisieren, schafft eine Atmosphäre, in der ihr „seelsorgerlicher Beistand" immer wieder gern in Anspruch genommen wird. Daneben kommt es auch zu neckischen und lustigen Begegnungen und für Touristen sind die Street Pastors wandelnde Stadtpläne und Informationspunkte.

28.3.2.1.2. Prävention und Intervention

Street Pastors wollen Leute schützen: vor anderen und vor sich selbst. Dazu trägt schon ihre bloße Anwesenheit bei. Verhalten entgleist am leichtesten, wenn Leute sich unbeobachtet fühlen. Street Pastors sind die Augen der nächtlichen Straßen. Sie bekommen mit, wenn sich an einer Stelle die Atmosphäre aufheizt, und oft können sie durch Smalltalk die Situation beruhigen, bevor echter Streit geschlichtet werden muss. Wenn es wirklich gefährlich wird, informieren sie die Polizei. Ihre vorbeugende Funktion zeigt sich aber auch im ganz praktischen Dienst: Sie sammeln Flaschen und Scherben ein, an denen Betrunkene sich verletzen und die als Waffen benutzt werden könnten, wenn Streit eskaliert. Wie ihre Funktion von den Leuten wahrgenommen wird, zeigt folgende Beobachtung:

> In einigen Städten werden den Street Pastors illegale Substanzen oder Waffen übergeben. Das macht deutlich, dass die Street Pastors in den Augen der Leute keine Ordnungshüter sind, sondern Menschen, die auf alternative Weise Beistand geben, der außerhalb des Aufgabenbereichs der Sicherheitskräfte liegt. (Middleton & Yarwood 2015:514)

Street Pastors kümmern sich um Betrunkene, die Hilfe brauchen. Die Polizei kann erst eingreifen, wenn etwas Ordnungswidriges geschehen ist, der Rettungsdienst erst, wenn jemand verletzt oder ohnmächtig ist. Street Pastors können helfen, bevor das der Fall ist. Sie bleiben bei stark alkoholisierten Leuten, bis diese wieder so weit zu sich gekommen sind, dass sie nach Hause fahren können, und begleiten sie zum Taxi. Sie geben ihnen Wasser zu trinken, schützen sie mit Decken vor der Kälte und durch ihre Anwesenheit vor Raub. Wo es Streit gibt, verlieren Leute leicht ihre Brieftaschen, Handys oder Schlüssel. Street Pastors achten darauf und sorgen dafür, dass die Leute ihre Habe zurückbekommen. Sie schützen die Würde der Menschen und stellen sich dazwischen, wenn jemand in einem erbärmlichen Zustand fotografiert werden soll, weil solche Bilder leicht das Ende einer Karriere bedeuten können. Wenn Leute ihre Freunde oder Bekannten verloren haben, helfen Street Pastors, sie wiederzufinden. Manchmal machen sie intensiv Kontakt mit dem Erbrochenen ihrer Klienten und sie halten auch in Kälte, bei Regen und in ungemütlichen Situationen aus.

Abbildung 28.3: Ein Street Pastor auf Streife

Street Pastors kümmern sich besonders um alkoholisierte junge Frauen. Von den Flip-Flops war schon die Rede, die sie bevorzugt verteilen, wenn die Frauen nicht mehr in ihren Stöckelschuhen laufen können. Vor allem achten sie auf „Raubtiere" oder „Wolfsrudel". So nennen sie Männer, die nachts um 3 Uhr nach betrunkenen Frauen Ausschau halten, um sie zu missbrauchen. Sie haben einen Blick für verdächtige Situationen und begleiten die jungen Frauen oder halten sich in ihrer Nähe auf, bis diese ins Taxi steigen. Ein Ereignis wie das folgende ist typisch:

> Ich sah einen jungen Mann und eine junge Frau zusammen auf der Straße. Die Situation sah verdächtig aus und so rief ich ihnen etwas zu. Die junge Frau konnte sich kaum auf den Beinen halten. Ich fragte: „Alles okay mit Ihnen? Kann ich Ihnen helfen?" Der junge Mann stieß sie buchstäblich zu Boden und rannte weg. Man kann sich leicht ausmalen, was geschehen wäre. (Van Steden 2014:29)

Street Pastors kümmern sich um Leichtverletzte und leisten erste Hilfe. Sie setzen sich zu Obdachlosen und leisten ihnen Gesellschaft. Sie schlichten Streit, wenn Leute aggressiv werden. In Cardiff ist ihr Stützpunkt die ganze Nacht für jedermann geöffnet. Taxifahrer oder Polizisten benutzen die Toilette, trinken Tee oder Kaffee, essen Kekse oder suchen Schutz vor Regen. Gerade Polizisten schätzen diese freundliche und entspannte Oase während ihres oft stressigen Nachtdienstes. Menschen, die in Kälte oder Regen draußen gelegen haben, können sich aufwärmen. Gelegentlich muss ein Handy aufgeladen werden, damit Leute ihre Freunde wiederfinden und nach Hause kommen können.

28.3.2.1.3 Und der Glaube?

Eins tun Street Pastors nie: Sie evangelisieren niemanden von sich aus. In dieser Hinsicht sind die Regeln eindeutig: Street Pastors sprechen über ihren Glauben nur, wenn sie explizit danach gefragt werden. Ihr Dienst ist nicht ein Mittel, um Menschen zu bekehren. Zwei Gründe spielen dabei eine Rolle: (1) Nur so ist ihr Einsatz ehrlich und ohne Hintergedanken. (2) Sie genießen viel Vertrauen in den Kommunen, weil ihre Absicht, Leute in der Nachtökonomie zu schützen und ihnen zu helfen, sehr willkommen ist, und sie werden zum Teil finanziell unterstützt. Es wäre nicht redlich, dieses Vertrauen zu missbrauchen und in Wirklichkeit Absichten zu hegen, die nicht weltanschaulich neutral sind. Die Street Pastors sind darin so konsequent, dass die einzige Person, von der Ronald van Steden erfuhr, dass sie den Dienst verlassen musste, ein Mann war, der es nicht bleiben lassen konnte, jedem von seinem Glauben zu erzählen.

Natürlich weiß man, dass sie Christen sind, und das ist für (fast) alle okay. Wenn sie gefragt werden, warum sie ihren Dienst tun, antworten sie: „Wir kommen aus örtlichen Kirchen und tragen dazu bei, dass Leute sicher sind." Was weiter passiert, liegt ausschließlich an den Leuten, denen sie begegnen. Wenn jemand Gebet wünscht, beten sie für ihn. Punkt. Wenn jemand sie allerdings nach ihrem Glauben fragt, dann erzählen sie davon. Aber sie reden nur über ihren eigenen Glauben, nicht darüber, was der andere glauben soll.

Interesse an ihrem Glauben entwickelt sich trotz dieser Zurückhaltung ganz von allein. Wenn Leute die Street Pastors beobachten, stellen sie sich natürlich Fragen wie: „Warum verzichtet dieser Mann auf eine Nacht Schlaf? Warum sitzt diese junge Frau eine Stunde bei einem Betrunkenen, der über und über von Erbrochenem bedeckt ist? Warum haben diese Leute bei Minustemperaturen ihre gemütliche Wohnung verlassen?“ (Isaac & Davies 2014:9). Und wenn die Leute spezifisch nachfragen, kommt es auch zu evangelistischen Gesprächen. Dann ist es auch für Sozialwissenschaftler und kommunale Autoritäten okay und dann kommt es auch zu Bekehrungserlebnissen.[290]

28.3.2.2 Koalitionen

Street Pastors bezeichnen ihren Dienst als „Mission mit Partnern“ (Middleton & Yarwood 2015:503). Sie sind Teil eines Netzwerkes rund um die Nachtökonomie, in dem sich Christen und säkulare Einrichtungen, Professionelle und Freiwillige gemeinsam für eine sichere nächtliche Stadt engagieren. Dazu gehören die Polizei, die Rettungsdienste, die Angestellten der Nachtökonomie und die Taxifahrer. Sie unterstützen einander durch Informationsaustausch: Türsteher oder Polizisten machen die Street Pastors auf hilflose Personen aufmerksam, die Street Pastors wiederum informieren die Polizei, wenn es zu Situationen kommt, die polizeiliches Eingreifen nötig machen.

Anfänglich war die Polizei an vielen Orten skeptisch, als die ersten Street Pastors auftauchten: Diese Amateure würden sich nur in Schwierigkeiten bringen und die Polizei bei der Arbeit behindern. Diese Skepsis ist inzwischen dankbarer Anerkennung gewichen. Street Pastors sind gut ausgebildet und auf ihren Einsatz vorbereitet. Sie können auch da helfen, wo die Polizei keinen rechtlichen Grund zum Einschreiten hat, und sie nehmen der Polizei Arbeit ab, sodass diese sich mehr ihren eigentlichen Aufgaben widmen kann. Wenn ein Polizist zum Beispiel auf eine hilflose Person stößt, die er nicht einfach liegen lassen darf, kann er einen Street Pastor rufen, der sich um diese Person kümmert, bis sie wieder auf die Beine kommt. Allerdings bleiben beide Gruppen in der Öffentlichkeit bewusst auf Distanz, damit die Unabhängigkeit der Street Pastors gewahrt bleibt und sichtbar ist. Die Leute wissen, dass alles, was sie einem Street Pastor anvertrauen, vertraulich ist.

Türsteher und Rausschmeißer haben die Aufgabe, Leute, die zu betrunken sind und Stress machen, aus den Clubs zu entfernen. Das taten sie früher, ohne sich weiter Gedanken zu machen, was aus den Betreffenden wird. Seit die Street Pastors im Einsatz sind, wird in vielen Clubs niemand mehr auf die Straße befördert, ohne in die Obhut der Street Pastors zu gelangen. Und auch die Angestellten der Nachtökonomie achten

290 Einige markante Beispiele werden in Isaac & Davies 2014 erzählt.

inzwischen auf verdächtige Situationen. In Cardiff rief zum Beispiel ein Türsteher einen Street Pastor herbei: „Da ist eine junge Dame, die gerade einen der Clubs verlassen hat. Ein Typ mit Auto hat gehalten und versucht, sie einsteigen zu lassen. Sie ist zu betrunken, um zu merken, was geschieht. Ich glaube nicht, dass die beiden sich kennen. Können Sie kommen?" (Van Steden 2014:60).

28.3.2.3 Wer sind die Freiwilligen?

Wer sind die Leute, die an diesen Einsätzen teilnehmen? Ein Street Pastor muss Christ sein, mindestens ein Jahr lang einer Gemeinde angehören und braucht eine persönliche Referenz seines Gemeindeleiters. Er muss mindestens 18 Jahre alt sein, ein einwandfreies polizeiliches Führungszeugnis besitzen und an einem umfangreichen Trainingsprogramm teilnehmen (Isaac & Davies 2014:15). Zu dieser Ausbildung gehören Erste-Hilfe-Kurse, Grundwissen über Alkohol und Drogen, Selbstverteidigung und Gewaltprävention, Soziologie (Jugendkulturen) und Kriminologie. Der Unterricht wird durch christliche und säkulare Einrichtungen – darunter die Polizei – durchgeführt.

Street Pastors sind in der Regel Leute, die sonst nachts nicht unterwegs sind. Meist sind sie älter als die Nachtschwärmer, denen sie begegnen. In Kingston sind 65 Prozent der Street Pastors zwischen 45 und 65 Jahren alt, 20 Prozent über 65 Jahre, nur 15 Prozent unter 45 Jahre. Das hat mehrere Vorteile: (1) Ältere Leute wirken allein durch ihre Gegenwart beruhigend. Es fällt Jugendlichen schwerer, zu fluchen oder sich zu schlagen, wenn Leute dabei sind, die ihre Eltern oder Großeltern sein könnten. Die Street Pastors sprechen deshalb vom „Oma-Faktor" (Isaac & Davies 2014:16). 2008 besuchte ich in Manchester Tony Winter, früheres Mitglied einer Gang, der Christ geworden war und einige Jahre die Arbeit der örtlichen Street Pastors leitete. Eines Abends war er mit einer älteren Dame auf Streife und sie sahen durch ein Schaufenster einen kräftigen jungen Mann, der sein Messer gezückt hatte und auf einen anderen einstechen wollte. Die ältere Lady betrat das Geschäft und legte ihre Hand auf die Schulter des Angreifers: „Sohn, du willst das nicht tun." Gehorsam steckte der Junge sein Messer wieder weg. (2) Street Pastors übernehmen in vielen Fällen eine elterliche Funktion. Einige Frauen sprechen davon, dass sie sich den jugendlichen Nachtschwärmern gegenüber wie Mütter fühlen. Hinter vielen dieser scheinbar lebenslustigen Leute stecken Menschen, die eine Sehnsucht nach echten Vätern und Müttern haben. Es ist nicht ungewöhnlich, dass ein breitschultriger Kerl auf einen Street Pastor zugeht und umarmt werden möchte. (3) In einem Bereich der Stadtgesellschaft, in der alles auf jugendlich getrimmt ist, bedeutet der Einsatz der Street Pastors eine Aufwertung von Senioren.

28.3.2.4 Die Auswirkungen

Es liegt in der Natur der Sache, dass man viele Auswirkungen des Dienstes der Street Pastors nicht nachweisen kann. Eine Gewalttat oder ein sexueller Missbrauch, die nicht passieren, können statistisch nicht erfasst werden. Was sich feststellen lässt, ist folgendes:

- Vertreter säkularer Einrichtungen, die gut informiert sind (Polizisten, Einsatzkräfte, Kommunalpolitiker), sprechen mit Wertschätzung und Anerkennung über die Arbeit der Street Pastors als wichtigen Beitrag für die Sicherheit der nächtlichen Stadt.
- Sie sind bei den Nutzern der Nachtökonomie sehr beliebt und genießen viel Vertrauen.
- An einigen Orten sank die Kriminalitätsrate, nachdem die Street Pastors ihren Einsatz begannen (Isaac & Davies 2014:102-103).
- Es gibt viel „anekdotische Evidenz" für den Erfolg der Arbeit: Berichte und Geschichten von Menschen, denen konkret geholfen wurde oder die durch die Street Pastors eine Lebenswende erlebten.
- Aus den Protokollen, die die Street Pastors schreiben, lässt sich ablesen, was sie tun. Von April 2013 bis März 2014 erfassten sie in Cardiff folgende Aktivitäten: Sie waren in 1.131 Fällen im Einsatz (mehr als 20 pro Wochenende). In 75 Prozent der Fälle leisteten sie Betrunkenen Beistand. Sie warteten bei den Betreffenden, bis diese von Freunden oder Verwandten aufgelesen wurden (25 Prozent), brachten Leute zum Taxi (15 Prozent) oder übergaben sie dem Rettungsdienst (26 Prozent). Die Street Pastors sammelten 3.577 leere Flaschen ein, verteilten 1.231 Wasserflaschen, 662 Paar Flip-Flops und 133 Decken (Van Steden 2014:40-41).
- In Devon und Cornwall wurde für 2012 der *Ersatzwert* (→ Kap. 20.2) für das Engagement der Street Pastors berechnet. Er belief sich auf ungefähr 370.000 Euro (Isaac & Davies 2014:104).

Die Evaluationsstudie in Kingston konnte abschließend feststellen: „Es zeigt sich, dass die Street Pastors [...] eine sehr willkommene und wertvolle Initiative sind" (Collins-Mayo, King & Jones 2012:4).

MODELLE UND BEISPIELE

MitternachtsSport[291]

Wenn am Wochenende in den Innenstädten das große Trinken beginnt, sind – wie wir gesehen haben – Jugendliche aus prekären Verhältnissen nicht in großer Zahl dabei. Das bedeutet allerdings nicht, dass sie um diese Zeit friedlich im Bett liegen. „Ihr Alltag findet im großstädtischen Nichts statt. Zwischen schmutzigem Asphalt und grauem Beton. Zwischen Trost- und Perspektivlosigkeit. Zwischen Langeweile

291 Alle Information und Zitate, soweit nicht anders angegeben, stammen von www.mitternachtssport.com.

und Frustration. Und weil die Alternativen im Kiez fehlen, sehen sie in Gewalt und Zerstörung häufig die einzige Freizeitbeschäftigung."

So war es 2007 auch in einem Berliner Kiez, den wir schon kennengelernt haben: Heerstraße-Nord (→ Kap. 13.4.2). Das Leben der Jugendlichen war geprägt von Frustration und Langeweile, ihre Umgebung reagierte mit Angst und Hilflosigkeit. Die Zahl der jugendlichen Straftäter war überdurchschnittlich hoch, die Polizei erhöhte ihre Präsenz. Spannungen und Ärger waren vorprogrammiert.

In dieser Situation ergriff der Jugendsozialarbeiter Ismail Özer die Initiative. Er brachte die Jugendlichen und die Polizei zusammen, um Feindbilder und Vorurteile auszuräumen. Gegen die Langeweile griff er eine Idee auf, die in US-amerikanischen Ghettos und in französischen Banlieues entstanden war: den MitternachtsSport. Ein erstes Projekt dieser Art hatte es in Deutschland schon 1995 als „Basketball um Mitternacht" in Köln gegeben (SEWO 2012), weitere waren in anderen Städten gefolgt. Das Prinzip ist einfach: In den Stunden, in denen anderswo das Nachtleben tobt und in England die Street Pastors unterwegs sind, öffnen Sportanlagen ihre Tür bis in die frühen Morgenstunden (in Berlin jeden Freitag und Samstag von 20.00 bis 3.00 Uhr) für die Jugendlichen und ermöglichen ein kostenloses Sportangebot.

Neben der Überwindung von Langeweile geht es um weitere Ziele. Statt des Gesetzes der Straße lernen die Jugendlichen das Fairplay. Gegen Vorurteile und Rivalität werden Respekt und Toleranz gestellt. Darüber hinaus haben die Aktiven engagierte Ziele: „Sie auf dem Weg von der Straße zurück in die Mitte der Gesellschaft zu begleiten, ihnen neue Chancen und Möglichkeiten zu eröffnen und zu Eigeninitiative und Engagement zu motivieren – das weckt unseren sportlichen und persönlichen Ehrgeiz."

Wie bei den Street Pastors fehlt auch das familiäre Element nicht. Allerdings gibt es hier keine Ersatzeltern, sondern „große Brüder". So werden Bundesligaprofis genannt (alle stammen aus Berlin oder spielen bzw. spielten bei Hertha BSC), die die Arbeit unterstützen und die immer wieder vorbeischauen. Dass die Stars sich für die Jugendlichen interessieren, vermittelt diesen, dass auch sie etwas Besonderes sind. Weil die großen Brüder selbst oft aus einem ähnlichen Milieu stammen, sind sie dicht dran an den Kids, „nahbar, vertraut und authentisch". Der größte Bruder ist der Schirmherr des Projekts: Jérôme Boateng, in Berlin aufgewachsen, jetzt Profi beim FC Bayern München (Motto: „Lieber ein Zweikampf auf dem Platz als auf der Straße!").

Abbildung 28.4: Jérôme Boateng und seine „kleinen Brüder"

Der Erfolg gibt dem Projekt recht: „Woche für Woche nehmen über 200 Jugendliche mit rund 40 Nationalitäten das Angebot des MitternachtsSports wahr – und die Zahl jugendlicher Straftaten ist deutlich zurückgegangen."

28.4 „Der treue Menschenhüter"

So unterschiedlich die Dienste sind, die ich in diesem Kapitel beschrieben habe, eins verbindet sie: Sie sind Ausdruck der Fürsorge Gottes für die Menschen in der Stadt. Deshalb bezeichne ich sie als Seelsorge und nicht nur als sozial-diakonisches Handeln. Sie sind mehr als „gute Werke", die aus dem Glauben folgen. Durch sie hindurch sorgt Gott selbst für die Seelen der Menschen. Psalm 121[292] beschreibt, wie Gott als „der treue Menschenhüter"[293] seine Seelsorge ebenso weitreichend betreibt, wie die Menschen, von denen ich erzählt habe, engagiert sind:

1 Ich hebe meine Augen auf zu den Bergen. Woher kommt mir Hilfe?
2 Meine Hilfe kommt vom HERRN, der Himmel und Erde gemacht hat.
3 Er wird deinen Fuß nicht gleiten lassen, und der dich behütet, schläft nicht.
4 Siehe, der Hüter Israels schläft und schlummert nicht.
5 Der HERR behütet dich; der HERR ist dein Schatten über deiner rechten Hand,
6 dass dich des Tages die Sonne nicht steche noch der Mond des Nachts.

292 Michael Herbst beginnt sein Buch über Seelsorge mit einer Meditation über diesen Psalm mit der Überschrift „Wie für den besorgten Menschen gesorgt wird" (Herbst 2012:14-20).
293 So ist dieser Psalm in der Lutherübersetzung überschrieben.

7 Der HERR behüte dich vor allem Übel, er behüte deine Seele.
8 Der HERR behüte deinen Ausgang und Eingang von nun an bis in Ewigkeit!

Psalm 121; Lutherübersetzung

An diesem Behüten der Seelen haben Menschen Anteil, wenn sie es anderen als Segen zusprechen: „Er behüte deine Seele!“ (V. 7). Gott nimmt aber auch Menschen mit hinein in sein Behüten, wenn er sie in die urbane Seelsorge sendet. Gottes Behüten geschieht, wenn Menschen mit der Frage „Woher kommt mir Hilfe?“ (V. 1) in die Gesprächsseelsorge kommen und dort erfahren, dass Hilfe zur Lebensbewältigung bei dem Herrn zu finden ist, „der Himmel und Erde gemacht hat“ (V. 2). Gottes Behüten geschieht beim „Ausgang und Eingang“ (V. 8) von Menschen und auf den Wegen dazwischen. Manchmal geschieht es auf besonderen Wegen, die eigens dafür geschaffen werden, wie dem PassionArt Trail in Manchester, auf dem Gott durch ein Gemälde für die Seele von Deirdre Brower Latz sorgte. Manchmal geschieht es auf gefährlichen Wegen, die die Menschen selbst wählen, wie in einigen Bereichen der Nachtökonomie. Auch dort soll ihr Fuß „nicht gleiten“ (V. 3), sie sollen „vor allem Übel“ behütet werden, nicht nur vor dem des Tages, sondern auch vor dem der Nacht (V. 6). Der „Hüter“ selbst „schläft nicht“ (V. 3-4) und er lässt einige seiner Leute als Street Pastors wachbleiben, um durch sie zu behüten. Manchmal behütet er auch durch Bundesligaprofis und weitere säkulare Akteure oder Anhänger anderer Religionen wie beim MitternachtsSport. Gottes Behüten umfasst das ganze Leben der Menschen. Die Einheitsübersetzung gibt Vers 7b so wieder: „Er behüte dein Leben.“ Das gilt bis ans Ende des Lebens und darüber hinaus, „von nun an bis in Ewigkeit“ (V. 8). Deshalb stellt er ihnen Menschen wie die Mitarbeiter des Johannes-Hospiz an die Seite, um sie bei diesem Übergang zu begleiten.

Wann, wo und wie auch immer wir urbane Seelsorge betreiben, wir dürfen es in dem Bewusstsein tun, dass durch uns noch ein anderer bei den Menschen ist und für sie sorgt – der treue Menschenhüter.

FAZIT

- Urbane Seelsorge als Hilfe zur Lebensbewältigung ist Ausdruck der Fürsorge Gottes für den Menschen in der Stadt. Als solche gehört sie zur *Missio Dei* und ist nicht von anderen kirchlichen Aktivitäten getrennt. Sie ist Sache aller Christen und kann auch nonverbal geschehen.
- Seelsorge durch Kunst:
    - Gott selbst begegnet uns in Schönheit und Kunst.
    - Künstler sind Gott oft nahe, ohne ihn zu identifizieren. Christen können sie dabei unterstützen, zu entdecken, wo er bereits in ihrem Leben mit ihnen unterwegs ist.
    - Kunst kann ein Mittel der sanften Evangelisation und der Sorge Gottes für die Seele von Menschen sein, das zur Heilung beiträgt.

- Seelsorge durch Sterbebegleitung:
  - Die „natürliche“ Beziehung zum Tod ging in der Neuzeit verloren. Durch menschliche Zuwendung und praktische Unterstützung möchte die Hospizbewegung dazu beitragen, die Sprach- und Hilflosigkeit gegenüber dem Tod und die Einsamkeit der Sterbenden zu überwinden.
  - Sterbebegleitung ist so Hilfe zur Lebensbewältigung auch in Zeiten von Abschied und Trauer.
- Seelsorge durch Präsenz auf nächtlichen Straßen:
  - Während viele Menschen in der postmodernen Stadt die Nacht zum Tage machen, sind viele Kirchen und Christen im Nachtleben kaum präsent.
  - Dabei hat die Nachtökonomie viele Schattenseiten wie Hilflosigkeit, Gewalt und Enthemmung durch übermäßigen Alkoholkonsum.
  - Die Street Pastors versehen am Wochenende nachts auf den Straßen einen „Dienst durch Anwesenheit“, bei dem sie für Gesprächsbeistand zur Verfügung stehen und Leute vor sich selbst und anderen schützen.

- In welchem Ausdruck von Schönheit ist Ihnen Gott schon einmal begegnet?
- Wo fehlt es in Ihrer Stadt nachts an Sicherheit und Fürsorge?
- Welche Dienste kennen Sie, die Sie nicht sofort als „Seelsorge“ identifizieren würden, die jedoch bei näherem Hinsehen Ausdruck der Fürsorge Gottes in der Stadt sind?

- Michael Herbst: beziehungsweise. Grundlagen und Praxisfelder evangelischer Seelsorge (Herbst 2012). *Michael Herbst stellt nicht nur die Seelsorge in den Kontext der Missio Dei, sondern beschreibt, wie sie in unterschiedlichen Lebensbereichen aussehen kann, die auch für die urbane Mission wichtig sind.*
- Les Isaac und Rosalind Davies: Faith on the Streets. Christians in Action through the Street Pastors Movement (Isaac & Davies 2014). *Mehr über die Entstehungsgeschichte und die Praxis der Street Pastors.*

Postmoderne Städte bieten wunderbare Gelegenheiten, mit Muslimen in Kontakt zu kommen. Wir stellen einige Ansätze vor, die Begegnungen zwischen Christen und Muslimen ermöglichen und dazu beitragen, soweit es an uns liegt mit allen Menschen in Frieden zusammenzuleben, ohne unseren eigenen Glauben verstecken zu müssen.

29. Lebt mit allen Menschen in Frieden zusammen

Christen und Muslime mit Andrea Meyerhoff[294]

Religion nimmt heute in der Stadt neue Formen an. Die Präsenz der traditionellen Kirchen ist in vielen Innenstädten zurückgegangen: Gebäude wurden verkauft, Gemeinden zusammengelegt. Freikirchen haben ihren Standort dorthin verlagert, wo ihre Leute inzwischen leben, oder sie sind zu Drive-in-Gemeinden geworden, weil kaum ein Mitglied noch vor Ort wohnt (→ Kap. 1.3).

Die Innenstädte sind deshalb nicht religionslos geworden. Wo die einen sich zurückziehen, füllen andere das Vakuum. Neue christliche Gemeinden entstehen, Migrationskirchen übernehmen verlassene Gebäude, Plakate laden zu fernöstlicher Meditation ein, in vielen Stadtteilen steigt die Zahl der Moscheen rasant an. Vor einiger Zeit lief ein spannender Fernsehbericht bei Arte: „Stadtgebete. Die Neuerfindung der Religion in der Stadt." In der Filmbeschreibung heißt es: „Lange Zeit galt die Stadt als weitgehend religionsfreier Raum. Die Moderne, so dachte man, führe zwangsläufig zu einem Bedeutungsverlust von Religion. Doch diese Annahme ist nicht länger haltbar. In der Stadt wird die Religion heute neu erfunden. Gläubig zu sein ist nicht mehr altmodisch, hinterwäldlerisch und konservativ" (www.arte.tv/guide/de/047087-000/stadtgebete).[295] Vorgestellt wurden neue christliche Gemeinden, aber auch andere, vorrangig islamische Gruppierungen, mit denen wir uns in diesem Kapitel besonders befassen, da sie in unseren Städten eine stärker werdende Gruppe darstellen.

294 Andrea Meyerhoff lebt mit ihrer Familie in Berlin-Neukölln. Sie hat Sozialarbeit studiert und einen Master in Intercultural Studies. Seit vielen Jahren arbeitet sie bei Gemeinsam für Berlin mit, hat das Forum Islam gegründet, ist Vorstandsmitglied und seit 2015 für Gemeinwesenarbeit angestellt.
295 Diese Fernsehsendung ist eine Dokumentation über das weltweite Forschungsprojekt „Global Prayers" (Becker u. a. 2013).

29.1 Muslime in Deutschland

Die Zahl der Muslime in Deutschland lässt sich nur schätzen. Die einzigen Religionsgemeinschaften, deren Mitglieder genau erfasst werden, sind die evangelische und die katholische Kirche. Für sie sind schließlich Kirchensteuern zu erheben. Beim Zensus 2011 gaben 1,9 Prozent der Befragten an, dem Islam anzugehören. Die Angabe war jedoch freiwillig und der Präsident des Statistischen Bundesamtes, Roderich Egeler, geht davon aus, dass Muslime zu denen gehören, die „überproportional häufig von der Möglichkeit Gebrauch gemacht haben, auf die Beantwortung der Frage zur Religionszugehörigkeit zu verzichten. Das bedeutet bedauerlicherweise auch, dass der Zensus 2011 keine verlässlichen Ergebnisse zu diesen Religionen in Deutschland bereitstellen kann“ (Egeler 2013:10).

Realistischer sind die Zahlen, die eine Studie im Auftrag der Deutschen Islam Konferenz ermittelte. Danach leben in Deutschland inzwischen etwa 4 Millionen Muslime, also ungefähr 5 Prozent der Bevölkerung. 1,8 Millionen sind deutsche Staatsbürger (Haug, Müssig & Stichs 2009:11). Der Islam ist nach dem Christentum die Religion mit den meisten Anhängern. Dennoch ist die Zahl der Muslime relativ gering und sie werden auch 2050 in der Minderheit sein (Saunders 2012). Anderslautende Panikmeldungen, die Übernahme Deutschlands durch den Islam stünde bevor, sind geeignet, Ängste zu schüren und die Gemüter zu erhitzen. Den Tatsachen entsprechen sie nicht und zu einer sachlichen, differenzierten Diskussion, ob der Islam zu Deutschland gehört, tragen sie auch nicht bei.

Wer sich die islamische Landschaft in den deutschen Städten näher ansieht, stellt schnell fest, dass es *den* Islam nicht gibt. Das wird zunächst an der traditionellen Unterscheidung zwischen Sunniten und Schiiten deutlich, die man in etwa mit dem Gegensatz von katholisch und evangelisch vergleichen kann. Die Sunniten stellen in den meisten islamischen Ländern die Mehrheit der Muslime. Das gilt auch für die Türkei, und weil die meisten Muslime in Deutschland aus diesem Land kommen, bilden die Sunniten bei uns die größte Gruppe. Eigene Moscheen haben aber auch Sunniten aus arabischen Ländern, aus Bosnien oder aus Bangladesch. In einem Gespräch über eine religionsübergreifende Begegnungsveranstaltung bat ein sunnitischer Moscheevertreter darum, die Schiiten doch erst einmal nicht einzuladen, denn „da sind die Unterschiede doch zu groß“. Solche Äußerungen machen deutlich, dass Muslime nicht gern in einen Topf geworfen werden möchten.

Auch innerhalb der Sunniten gibt es enorme Unterschiede. Da ist die traditionelle DITIB[296] Moschee um die Ecke, in einem kleinen Ladengeschäft. Der Imam ist von der türkischen Regierung für vier Jahre entsandt, er spricht kaum Deutsch und seine Freitagspredigt findet ausschließlich auf Türkisch statt. Dort versammeln sich meist ältere

296 Türkisch-Islamische Union der Anstalt für Religion e. V. Zu diesem Verband gehören in Deutschland zurzeit mehr als 900 Moscheegemeinden.

Männer der Umgebung, Rentner, die auch gerne mal auf einen Tee vorbeikommen und Freunde und Bekannte treffen. Jüngere Männer lassen sich gelegentlich sehen, weil sie um die Ecke arbeiten und zwischendurch kurz zum Gebet kommen. Frauen begegnet man dort selten. Diese Moscheegemeinden sind oft sehr klein und wachsen kaum. Sie sind weitgehend abhängig davon, dass der türkische Staat den Imam entsendet und finanziert.

Ein anderes Gesicht zeigt der Islam in großen modernen Moscheen, die für jeden Tag der Woche ein Programm anbieten. Der Imam hat zumindest einen Teil der Ausbildung in Deutschland absolviert, spricht gut Deutsch und seine Freitagspredigt findet manchmal sogar auf Deutsch statt oder wird auf jeden Fall übersetzt. Zweisprachigkeit ist selbstverständlich. In manchen Moscheen gibt es Angebote auf Deutsch, Türkisch und Arabisch. Die Sehitlik Gemeinde in Berlin hat eine Frauenquote für ihren Vorstand eingeführt und zwei Frauen in die Leitung berufen. Es gibt Angebote für Kinder, Jugendliche und erwachsene Frauen und Männer, nicht nur den klassischen Koranunterricht, sondern moderne Jugendprogramme mit Sport und Spiel. Der Koranunterricht findet auf Deutsch statt und wird von einer Imamin gehalten. Diese Gemeinde hat großen Zulauf und hohe Attraktivität nicht nur für türkischstämmige Menschen. Gerade Deutsche, die sich mit dem Islam auseinandersetzen, kommen in solche weltoffenen Moscheen, in denen sie die herzliche Gemeinschaft genießen.

In Köln gibt es inzwischen sogar eine Moscheegemeinde, die komplett von einer Imamin geleitet wird und einen sehr weltoffenen und liberalen Islam vertritt (Wahl-Immel 2015). Eine junge deutsche Besucherin sagt: „Ich habe viele Moscheegemeinden besucht, sie alle waren mir zu dogmatisch. Mit den Predigten konnte ich mich nicht identifizieren. Hier fühle ich mich heimisch, weil ich den Islam zeitgemäß leben will und nicht buchstabengetreu nach Regeln von vor 1400 Jahren" (ebd.).

Zum Spektrum der Moscheegemeinden gehört natürlich noch ein weiteres Bild: die streng islamische Moschee, die sich meist von der deutschen Gesellschaft abschottet und in der ein Islam gepredigt wird, der sich an einem Ideal aus der Zeit Mohammeds orientiert. In diesen Moscheen wird oft in der Muttersprache türkisch oder arabisch gepredigt, aber meist gibt es auch deutsche Übersetzungen. Hier fühlen sich Salafisten heimisch, der Verfassungsschutz ist ständiger Gast. Auch Deutsche, die zum Islam konvertiert sind und alles ganz besonders richtig machen wollen, landen oft hier. Diese Gemeinden wachsen. Sie haben eine Anziehungskraft auf viele Suchende. Interessant ist, hinter die Kulissen dieser Moscheen zu sehen. In Gesprächen mit Vertretern einer der größten Moscheen dieser Art wurde deutlich, dass es in ihrer Gemeinde sehr viele verschiedene Strömungen gibt und dass die Verantwortlichen sehr unterschiedliche Gruppierungen bedienen müssen. Manchmal zerreißen sie innerlich fast an den gegensätzlichen Anforderungen.

Auch wenn in deutschen Städten in den letzten Jahren eine deutliche Zunahme des sichtbaren Islam stattgefunden hat, so ist das kein Grund zu echter Sorge. Der Islam ist nicht so einheitlich, dass er automatisch eine Gefahr für Demokratie, Religionsfreiheit und Christentum darstellt. Bei einer Veranstaltung in einer Moschee, die fast ausschließlich von einem muslimischen Publikum besucht wurde, bekannte sich der Imam deutlich und ohne Hintertür zur Religionsfreiheit und damit zu dem Recht, seine Religion frei zu wählen, auch wenn dies heißt, dass ein Muslim Christ wird. In einem islamischen Land wäre diese Aussage sicher gefährlich gewesen. In einer deutschen Großstadt wie Berlin darf man so etwas sagen – auch als Muslim.

29.2 Die „religiöse Ökonomie"

Die Stadt ist ein Experimentierfeld für neue Formen der Religion – für Muslime genauso wie für Christen. Diese Freiheiten führen zu einer großen Vielfalt religiöser Erscheinungsformen. Gottesdienste finden an ungewöhnlichen Orten statt. Ein Laden wird zur Moschee, eine Disco zur Kirche. Ähnlich variabel sind die Formen und in vielen Fällen auch die Inhalte. Inmitten dieses religiösen Pluralismus können wir nicht mehr davon ausgehen, dass das Christentum ein Monopol hat, wenn es um das Thema Religion geht. Wir sind Teil dieser Vielfalt und müssen uns in ihr bewähren.

Anstatt uns über den religiösen Pluralismus zu beklagen, sollten wir seine Herausforderung positiv annehmen. Wir stehen in „Konkurrenz" mit anderen und Konkurrenz hat ihre guten Seiten: Die Qualität des eigenen „Produktes" muss sich zeigen oder verbessern, damit man bestehen kann. In den USA ist das schon lange selbstverständlich, weil es dort nie eine staatsnahe Kirche gab. Dort spricht man von einer „religiösen Ökonomie" und hat herausgefunden, dass gerade in Städten der „Wettbewerb" dazu beiträgt, religiöse Gleichgültigkeit zu überwinden.

> Egal ob es um Glauben oder Geld geht, Firmen, die ein Monopol haben, werden bequem. Wenn der Staat ein religiöses Monopol schafft, wird der privilegierte Glaube nicht den Kräften des Marktes ausgesetzt. In einer freien religiösen Ökonomie hingegen müssen alle Glaubensgemeinschaften etwas dafür tun, Mitglieder zu gewinnen und zu behalten. Wer nicht mithalten kann, verschwindet. *Je größer der Pluralismus, desto stärker ist die religiöse Mobilisierung der Bevölkerung und desto mehr Menschen hängen ernsthaft einem Glauben an* [Hervorhebung im Original]. (Finke & Stark 1988:42-43)

Wenn Menschen sich mit verschiedenen Angeboten auseinandersetzen, stellt sich ihnen fast automatisch die Frage: Warum sollte ich Christ oder Muslim sein? Was sind die wesentlichen Unterschiede? Für uns Christen bedeutet das die gesunde Herausforderung, die Grundlagen unseres Glaubens zu kennen, sie verständlich zu kommunizieren und ohne Angst und Vorurteile überall in der Stadt mit den unterschiedlichsten Menschen über unseren Glauben zu sprechen.

29.3 Begegnungsmöglichkeiten schaffen

Christen wohnen leider oft nicht da, wo die Muslime zu Hause sind. Besonders deutlich wird das im Berliner Stadtteil Wedding. Im Soldiner Kiez leben ungefähr 23.000 Menschen. Vor einigen Jahrzehnten gab es dort noch drei große evangelische Gemeinden, die jeweils eine eigene Kirche im Kiez oder in seiner unmittelbaren Nachbarschaft hatten. Jetzt sind sie fusioniert. Regelmäßige sonntägliche Gottesdienste finden nur noch in einer internationalen Gemeinde statt, evangelische und katholische Christen müssen in Nachbarkieze gehen. Dagegen gibt es mindestens acht Moscheegemeinden unterschiedlicher Richtung und Größe mit ihren religiösen und sozialen Angeboten.

Die evangelische Kirche hat ihren Gottesdienst vor Ort eingestellt, da kaum noch Gemeindeglieder dort wohnen. In den letzten Jahren hat ein deutlicher Bevölkerungsaustausch stattgefunden. Christen sind weggezogen, Muslime sind eingezogen. Wir mögen solche Entwicklungen kritisieren, aber wir können weder die Politik noch die Muslime dafür verantwortlich machen. Ein Vakuum wird gefüllt. Das Ergebnis ist, dass im Alltag kaum noch natürliche Begegnungen zwischen Christen und Muslimen stattfinden. Wenn sie geschehen sollen, müssen dafür Gelegenheiten geschaffen werden. Dazu gibt es einige gute Ansätze.

29.3.1 Move In

In einigen Stadtteilen kommen Christen nur noch in homöopathischen Dosen vor. Die Move-In-Bewegung (www.movein.to) will das ändern. Sie besteht aus Christen, die mit kleinen Teams von Gleichgesinnten bewusst in einen bestimmten Stadtteil ziehen. Sie leben und verbringen ihre Freizeit dort und bauen nachbarschaftliche Beziehungen auf. Einmal pro Woche treffen sie sich mit den anderen Christen, um sich gegenseitig zu ermutigen und miteinander für die Nachbarschaft und füreinander zu beten. Das ist sehr einfach und sehr natürlich. Es kostet nichts (außer den Umzug und die Bereitschaft, neue Menschen kennenzulernen). Man braucht dafür keine Experten und ausgebildeten Theologen. Es muss kein übergeordnetes Ziel verfolgt werden (wie eine neue Gemeindegründung oder das nächste soziale Projekt). Manchmal ergeben sich daraus weitere Projekte, manchmal auch nicht.

Die Idee von *Move In* inspiriert immer mehr – meist junge – Christen. Manche nennen es „Move In", manche auch nicht. Man findet sie in Marburg auf dem Richtsberg (www.christus-treff-marburg.de/arbeitsbereiche/central), in Hamburg-Wilhelmsburg oder in verschiedenen Berliner Stadtteilen (www.gfberlin.de/wer-wir-sind/foren). In Quartieren, die mehrheitlich von Muslimen bewohnt werden, schließt dies immer ein, Beziehungen mit ihnen zu pflegen und ihnen die Chance zu geben, gelebtes Christsein im Alltag zu beobachten.

29.3.2 Gemeinsame Stadtteilarbeit

Einige Stadteile sind voller sozialer Probleme. Populisten weisen gerne darauf hin, dass es oft eine hohe Übereinstimmung gibt zwischen Armut, Arbeitslosigkeit und dem Anteil von Muslimen an der Bevölkerung. Das stimmt. Es bedeutet aber nicht zwangsläufig, dass die Muslime dafür verantwortlich sind. Oft leiden sie wie andere Arme unter systemischer Ungerechtigkeit. Untersuchungen zeigen, dass Muslime besonders oft von Arbeitslosigkeit betroffen sind. Das hat zwei Ursachen. Die erste nennen wir Diskriminierung. Bewerbungen von Muslimen werden signifikant häufiger nicht berücksichtigt. Studien mit identischen Bewerbungen unter deutschem und türkischem Namen haben gezeigt, dass ein türkischer Bewerber eineinhalb Mal so viele Bewerbungen schreiben muss, bis er zum Vorstellungsgespräch eingeladen wird (Dernbach 2014). Die zweite Ursache liegt in den selektiven Anwerbeverfahren, mit denen früher bevorzugt Personen mit geringer Schuldbildung ins Land geholt wurden, um sie besser an stupiden Arbeitsplätzen einsetzen zu können. Das hat dazu geführt, dass Muslime eher gering qualifiziert sind und zu den Arbeitnehmern gehören, die als erste von Entlassungen betroffen sind.

In Stadtteilen mit großen sozialen Problemen hat man viele Möglichkeiten, sich gemeinsam mit den Nachbarn für Veränderungen und Verbesserungen im Stadtteil einzusetzen. In diesen Quartieren reagieren die meisten Menschen höchst allergisch, wenn „Kümmerer" von außen kommen und ihnen Hilfsangebote überstülpen. Die Menschen haben genug Würde, um selbst etwas initiieren zu wollen und gemeinsam auf Augenhöhe in Stadtteilinitiativen Lösungen zu entwickeln und Veränderungsprozesse anzuschieben. Solche Initiativen sind eine großartige Möglichkeit, tragfähige Beziehungen mit muslimischen Nachbarn zu entwickeln.

In manchen Stadtteilen gibt es ein kommunales Quartiersbüro, ein Quartiersmanagement oder ähnliches. Wenn es gut läuft, arbeiten dort Menschen verschiedener Kulturen und Religionen gemeinsam mit. Ein anderer sehr interessanter Ansatz ist die Bürgerplattform, die es in drei Berliner Regionen und in Köln gibt. „Mittlerweile organisieren sich fast 80 Gruppen in den drei Berliner Bürgerplattformen. Sie vertreten mehrere Tausend Berliner: deutsche ebenso wie türkische, arabische, asiatische und afrikanische; Christen, Muslime, Menschen ohne Religion, Männer und Frauen (mit und ohne Kopftuch), junge und alte" (www.dico-berlin.org/buergerplattformen.html). Basis ist eine nachhaltige Beziehungsarbeit, um kontinuierlich an den Problemen in den Nachbarschaften zu arbeiten. Diese Beziehungen sind das Kapital – es wird häufig auch von Macht gesprochen –, das die Bürger haben, um gegenüber Entscheidungsträgern aus Politik und Verwaltung geschlossen aufzutreten und ihre Forderungen zu stellen. Diese Beziehungen helfen aber auch uns Christen, in tiefe, vertrauensvolle Beziehungen mit muslimischen Nachbarn zu kommen. Gespräche über den Glauben sind dadurch an der Tagesordnung. Muslime sind mehr als dankbar, wenn sie überzeugten Christen begegnen, mit denen sie manchmal mehr verbindet als mit dem atheistischen türkischen Sozialarbeiter.

29.3.3 Dialog

Manchmal ist es angebracht, Christen und Muslime direkt über Glaubensthemen miteinander ins Gespräch zu bringen. Solche Initiativen werden allgemein unter dem Stichwort Dialog zusammengefasst. Begegnungsveranstaltungen können jedoch sehr unterschiedlich sein. Bei gemeinsamen Aktivitäten wie einem Fußballspiel zwischen den Jugendlichen einer Moscheegemeinde und denen einer christlichen Gemeinde geht es darum, miteinander Spaß zu haben. Der Glaube wird eher weniger thematisiert. Aber Vorurteile können durchaus abgebaut werden. Andere Dialogveranstaltungen sind mehr kopflastig. Man trifft sich abwechselnd – mal in der Moschee, mal in der Kirche – und hört einen Vortrag zu einem interessanten Thema aus der jeweils anderen Perspektive. Im Idealfall sind gleich viele Christen und Muslime beteiligt und haben Raum für einen anschließenden Austausch und gegenseitiges Kennenlernen. Leider werden diese Idealbedingungen nur selten erreicht, viele Begegnungen sind eher einseitig.

Sehr positive Erfahrungen gab es bei Dialogbegegnungen zwischen Theologiestudierenden des Martin Bucer Seminars und Imamschülern des Buchara Instituts in Berlin. Hier fanden gute theologische Vorträge statt, zum Beispiel über Hermeneutik, anschließend wurde in Kleingruppen darüber diskutiert, wobei auch der persönliche Glaube nicht zu kurz kam. Die Beziehungen wurden durch gemeinsames Essen intensiviert. Für Dialogveranstaltungen ist wichtig, dass sie gemeinsam vorbereitet werden, dass die Ebenbürtigkeit der Teilnehmer gewährleistet ist und dass die Möglichkeit für langfristige Beziehungen besteht. Gerade der letzte Punkt ist ein wesentliches Anliegen von *The Feast*, das bereits vorgestellt wurde (→ Kap. 6.2.2). Jugendlichen schon früh die Möglichkeit für ein vorurteilsfreies und respektvolles Miteinander zu bieten, eröffnet Perspektiven für ein positives Zusammenleben von Christen und Muslimen in unserer Gesellschaft auch in der Zukunft.

29.4 Mission?

Wenn ich [Andrea] über die Möglichkeit berichte, mit Muslimen über den Glauben ins Gespräch zu kommen, taucht immer wieder die – oft etwas vorwurfsvolle – Frage auf: „Sie wollen doch niemanden missionieren, oder?“ Meist lautet meine Antwort, dass ich sowieso niemanden missionieren kann. Aber wenn damit gemeint ist, dass ich mit Menschen über meinen Glauben spreche und mir wünsche, dass jemand den christlichen Glauben annimmt ... ja, dann missioniere ich. Dabei kann es aber nie darum gehen, jemanden zu etwas zu drängen, zu überreden, zu manipulieren oder gar zu bestechen. Und meine Beziehungen zu anderen sind nie davon abhängig, ob dieser Wunsch in Erfüllung geht. Eine Begegnung mit Menschen, die etwas anderes glauben als ich, kann nur mit sehr viel Respekt und Wertschätzung geschehen.[297] Dann finden

297 Ein hilfreiches Statement zu diesem Thema ist die Erklärung „Mission Respekt“, die im nächsten Kapitel vorgestellt wird (→ Kap. 30.3).

Gespräche über den Glauben fast von selbst statt, besonders mit Muslimen. Dabei stehe ich zu unserem Grundgesetz, in dem Religionsfreiheit verankert ist. Sie schließt ein, dass jeder seine Religion wechseln darf.

29.5 Konvertiten

Muslime, die für sich die Entscheidung treffen, Christen zu werden, sind heute kein Einzelfall mehr. Immer häufiger tauchen solche Konvertiten in christlichen Gemeinden auf. Sie stellen die Gemeinden und ihre Verantwortlichen vor neue Herausforderungen. Einige dieser Menschen sind schon in ihren Herkunftsländern Christen geworden und haben dort Verfolgung, manchmal auch Gefängnis und Folter erlebt. Viele von ihnen brauchen eine gute seelsorgerliche Begleitung in ihrer Muttersprache. Das kann meist nur in einer Gemeinde geleistet werden, die ihre Gottesdienste und Bibelstunden in der jeweiligen Muttersprache abhält. Deutsche Gemeinden können oft nur eine – allerdings wichtige – Rolle als Partner und Unterstützer in praktischer oder auch finanzieller Hinsicht übernehmen. Andere Konvertiten sind in Deutschland aufgewachsen und fühlen sich in einer deutschsprachigen Gemeinde wohl. Gemeinden, die solche Konvertiten in ihren Reihen haben, müssen sich mit der Kultur und der früheren Religion ihrer neuen Mitglieder auseinandersetzen, um einigen Konflikten vorzubeugen.

Wenn wir friedlich mit Muslimen in der Stadt leben wollen, sollten wir unsere Nachbarn – egal welchen Glaubens – kennen. Wenn unser Nachbar Salafist ist, lieben wir ihn und fragen, was er glaubt und warum. Wenn unsere Nachbarin eine Besucherin der Moschee in Köln ist, die von einer Frau geleitet wird, interessiert uns das Gleiche. Wenn unsere Nachbarn zu den neuen Atheisten gehören, möchten wir wissen, warum sie nicht mehr glauben. Unser Ziel ist, mit allen Menschen im Frieden zusammenzuleben, soweit es an uns liegt (Röm. 12,18).

FAZIT

- In der postmodernen Stadt gibt es eine große Vielfalt religiöser Erscheinungsformen. Dieser Pluralismus stärkt die religiöse Mobilisierung der Bevölkerung und führt dazu, dass mehr Menschen ernsthaft einem Glauben anhängen.
- Um in der postmodernen Stadt mit allen Menschen in Frieden zusammenzuleben, soweit es an uns liegt, sollten wir unsere Nachbarn – auch die muslimischen Glaubens – kennen.
- Obwohl die Zahl der Muslime in Deutschland relativ gering ist, ist der – in sich sehr diverse – Islam die Religion mit den zweitmeisten Anhängern.
- Segregierte Wohnbezirke führen dazu, dass im Alltag kaum noch natürliche Begegnungen zwischen Christen und Muslimen stattfinden. Es gibt jedoch einige gute Ansätze, die Gelegenheiten zur Begegnung schaffen:
  - Beim *Move In* ziehen Christen mit kleinen Teams von Gleichgesinnten

in einen bestimmten Stadtteil, um dort nachbarschaftliche Beziehungen aufzubauen.
- o Die gemeinsame Stadtteilarbeit bietet gerade in Stadtteilen mit großen sozialen Problemen viele Möglichkeiten, sich gemeinsam für Verbesserungen im Stadtteil einzusetzen und dabei u. a. auch tiefe, vertrauensvolle Beziehungen mit muslimischen Nachbarn aufzubauen.
- o Spezielle Dialogveranstaltungen schaffen weitere Möglichkeiten zur Begegnung. Es ist wichtig, dass sie gemeinsam und ebenbürtig vorbereitet und durchgeführt werden und sie die Möglichkeit für langfristige Beziehungen bieten.

- Wie viele Muslime kennen Sie persönlich? Was wissen Sie über ihren Glauben?
- Welche Möglichkeiten gäbe es für Sie, muslimische Menschen kennenzulernen?
- (Wie) können Sie die Grundlagen Ihres Glaubens verständlich kommunizieren?

- Landeskirchenamt der Evangelischen Kirche von Westfalen: Christen und Muslime. Eine Orientierungshilfe für die evangelischen Gemeinden in Westfalen (Landeskirchenamt der Evangelischen Kirche von Westfalen 2008). *In dieser Handreichung werden Grundzüge des Islam sowie die Gemeinsamkeiten mit und die Unterschiede zu dem Glauben der Christen dargestellt. Außerdem werden viele praktische Fragen des Miteinander von Christen und Muslimen und ihren jeweiligen Glaubensgemeinschaften angesprochen.*
- Tom Doyle und Greg Webster: Träume und Visionen. Wie Muslime heute Jesus erfahren (Doyle & Webster 2013). *Weltweit nimmt die Zahl der Muslime, die Jesus begegnen, zu. Die Autoren erzählen, welche wichtige Rolle dabei in vielen Fällen Träume und Visionen spielen.*

Obwohl Evangelisation eigentlich die natürlichste Sache der Welt ist, löst sie bei vielen Christen und Nichtchristen Unbehagen aus. Wir untersuchen, wie Menschen in der postmodernen Stadt zum Glauben finden und was wir als Christen dazu beitragen können.

30. Die natürlichste Sache der Welt

Evangelisation in der postmodernen Stadt

„Wie können wir unsere Freunde missionieren, ohne sie so zu missionieren, wie sie nicht missioniert werden wollen?", fragte einer der Beteiligten bei einem informellen Treffen, zu dem Gemeinsam für Berlin Leute aus verschiedenen Bereichen der Stadt eingeladen hatte. Diese Frage trifft ins Schwarze. Evangelisation ist vermintes Gelände. In der postmodernen, pluralistischen Stadt wird ihr mit Misstrauen begegnet und man kann sich schnell verdächtig machen, wenn man den unverhohlenen Wunsch äußert, dass andere zum Glauben an Jesus Christus kommen. Unter Christen kann man sich dagegen verdächtig machen, wenn man nicht auf herkömmliche Weise evangelisiert, sondern Mission so versteht und praktiziert, wie ich es in diesem Buch vertrete. Der Einwand lautet: Ist nicht unsere eigentliche Aufgabe die „Rettung von Seelen"?

Ich lade Sie zu einem unbefangenen Ausflug auf dieses verminte Gelände ein. Es ist nämlich ein schönes Gelände, wenn man es versteht, einigen Tretminen auszuweichen oder – besser noch – sie zu entschärfen. Damit meine Position klar ist, äußere ich sie gleich zu Beginn: Ich möchte, dass möglichst viele Stadtbewohner Jesus Christus kennenlernen und anfangen, mit ihm zu leben. *Weil* ich das möchte, gehe ich zu einigen Formen der Evangelisation auf Distanz. Wie das zu verstehen ist, wird in diesem Kapitel deutlich werden.

30.1 Wenn Evangelisation Unbehagen auslöst

Evangelistisches Bemühen stößt in der Stadt und in der christlichen Gemeinde auf Unbehagen. In der postmodernen, pluralistischen Stadt wird ihm ein Absolutheitsanspruch unterstellt, der auf instinktive Ablehnung stößt. Auch wenn die Leute unseren Glauben respektieren, wollen sie selbst auf gar keinen Fall bekehrt werden. Ich erinnere mich noch gut an Veränderungen, die den Übergang von der Moderne zur Postmoderne begleiteten. Gemeindeleute berichteten von neuen Erfahrungen, die sie nicht richtig einordnen konnten. Früher waren sie, wenn sie sich als Christen geoutet hatten, schnell in weltanschauliche apologetische Gespräche verstrickt. Irgendwann änderte sich das Szenario. Wenn sie „Zeugnis gaben" und erzählten, wie wichtig ihnen Jesus ist, ernteten sie ein freundliches Schulterklopfen: „Das finde ich prima. Du hast für dich das Richtige gefunden. Für mich ist es etwas Anderes."

Das christliche Unbehagen an der Evangelisation hat andere Ursachen. Viele Christen verbinden mit ihr unangenehme Vorstellungen und Erinnerungen, die mit der Form, den Ergebnissen und der Motivierung zu tun haben. Anfragen an die Form beziehen sich vor allem auf die Veranstaltungsevangelisation. Einige Formate entsprechen in vielen Fällen nicht mehr dem Weg, auf dem Menschen tatsächlich zum Glauben kommen. Was früher wirksam war, kann heute unangebracht sein. Was in einem Kontext passt, passt in einem anderen nicht. Das gilt nicht nur für die Evangelisation. Sie werden gemerkt haben, dass ich stolz auf meine Gemeinde bin. In Spandau sind wir genau richtig. Aber wenn ich 17 Kilometer stadteinwärts fahre und in einem Straßencafé in der Nähe des Büros von Gemeinsam für Berlin sitze, weiß ich, dass meine Gemeinde dort nicht so viele Chancen hätte.

Ähnlich ist es mit der evangelistischen Großveranstaltung. In einigen Gegenden hat sie nach wie vor ihren Wert. Aber in einer Stadt wie Berlin findet eine Abstimmung per weitgehender Nichtdurchführung statt. Ich freue mich über jeden, der durch dieses Format zum Glauben kommt, aber ich verstehe auch jeden, der sich daran nicht mehr beteiligt. Wenn unsere Veranstaltung in der Großstadt als eins von hunderten Events nicht auffällt, wenn die, die wir erreichen wollen, sich nicht einladen lassen, wenn die, die sich einladen lassen, nicht zum Glauben finden, wird diese Form von Evangelisation kontraproduktiv. In manchen Fällen halten die Gläubigen eisern daran fest, denn die Hoffnung stirbt zuletzt. In anderen Fällen wird sie eingestellt, denn unsterblich ist die Hoffnung nicht. Nichts ist so demotivierend wie die Erfolglosigkeit. Für klassische Formen der Evangelisation lassen sich viele Gemeinden und Christen nicht mehr gewinnen. Dieser erlahmte Eifer liegt nicht daran, dass das Ende der Zeiten nahe gekommen ist, sondern daran, dass die Zeiten sich geändert haben.

Neben diesen pragmatischen gibt es grundsätzliche Erwägungen, die Vorbehalte auslösen. Für immer mehr Christen ist zur zentralen Einsicht geworden, dass wir zu den Menschen gesandt sind, nicht sie zu uns. Eine Einladungsevangelisation entspricht nicht diesem Standard. Außerdem fragen sie sich, wie bei der Evangelisation die „Augenhöhe" entstehen kann, die ich mehrfach als neutestamentlichen Wert beschrieben habe (→ Kap. 17.2.4; 23.5). Das Unbehagen wird sprachlich an dem Anliegen erkennbar, Menschen nicht zu Missions*objekten* zu machen. Das Problem ist, dass Christen oft genau wissen, wie sie nicht evangelisieren wollen, aber weniger genau, was denn stattdessen angebracht sein könnte.

In Bezug auf Evangelisation sind außerdem noch Altlasten zu entsorgen, die von der Art herrühren, wie früher dazu motiviert wurde. Auf viele Christen wurde ein belastender Missionszwang gelegt, um sie zur „Rettung" von Freunden und Fremden zu bewegen. Wer nicht regelmäßig gegenüber Nichtchristen „Zeugnis abgab", musste sich schuldig fühlen. Im Zugabteil hatte man mindestens demonstrativ die Bibel zu lesen, besser war die direkte Ansprache der Mitreisenden. Einigen lag diese offensive Haltung, sie waren fein aus dem Schneider. Andere gerieten unter Dauerdruck. Ich stoße bis heute auf Nachwirkungen dieser ungesunden Prägung. In einer längeren Gemeindeberatung, die ich zur evangelistischen Stärkung einer freikirchlichen Gemeinde durchführte, gaben einige der Beteiligten hinterher an, der wichtigste Gewinn sei für sie gewesen, dass ich ihnen die Last, evangelisieren zu *müssen*, genommen und ihnen geholfen hätte, entspannt zu werden.

30.2 Die natürlichste Sache der Welt

Evangelisation ist etwas Natürliches. Menschen sind geborene Evangelisten. Wenn sie ein gutes Buch, einen spannenden Film oder ein beeindruckendes Naturschauspiel entdecken, sprechen sie darüber und versuchen, ihre Freunde dafür zu gewinnen: Diese *müssen unbedingt* das Buch lesen, den Film sehen oder den Ort bereisen. Leute machen sich die Mühe, nach einem genussvollen Restaurantbesuch auf einer Internetseite durch einen überzeugten Kommentar für diesen gastronomischen Ort zu evangelisieren. Durch eines dieser Zeugnisse angeregt, konnten meine Frau und ich uns in diesem Sommerurlaub zu einem feinen neuen Lokal bekehren. Politiker evangelisieren in jedem Wahlkampf durch Straßeneinsätze und hoffen ebenfalls auf Neubekehrte. Zu diesem Zweck sprechen sie Passanten an, verteilen Luftballons an Kinder, veranstalten Großevangelisationen mit prominenten Verkündigern und kleine Grill-Partys für die Nachbarschaft.

In der Wirtschaft wird die Werbung für Produkte durch speziell geschulte und begabte Angestellte sowie durch begeisterte Kunden unverblümt als „Evangelisation" bezeichnet. Der erste Mitarbeiter, der jemals offiziell von einer Firma als „Evangelist" eingestellt wurde, war Mike Boich (Apple). Doch als wahrer Pionier und Apostel der Technologiemission gilt Guy Kawasaki (ebenfalls Apple; → Abb. 30.1). Evangelisten sind für ihn Menschen, die einen Traum verkaufen (Kawasaki 1992): „Evangelisation ist der Prozess, in dem du Leute davon überzeugst, an dein Produkt oder deine Idee genauso zu glauben wie du" (ebd. S. 3). Er beschreibt solche Evangelisten als Menschen, die eine Berufung und eine Mission haben, die Welt verändern, andere bekehren und einen Feldzug (englisch *crusade*) führen. Sie geben den Zehnten (gemeint sind Provisionen), glauben an *Kairos*-Momente und rechnen mit dem Prinzip von Saat und Ernte.

Abbildung 30.1: Guy Kawasaki erklärt die Verkaufs-Evangelisation

Solch eine Sprache ist in den USA weniger ungewöhnlich als hierzulande, weil dort der Glaube eine andere öffentliche Bedeutung hat und die religiöse Landschaft ohnehin von vielen als ein Markt angesehen wird, auf dem konkurrierende Unternehmen um Kunden wetteifern. In diesem Kontext ist die Verwendung religiöser Sprache im Wirtschaftsleben naheliegend. Aber auch hierzulande sind die „Evangelisten" angekommen. Auf Online-Jobbörsen findet der „Technology Evangelist" Stellenangebote, im sozialen Netzwerk XING (www.xing.com), in dem es vor allem um geschäftliche Kontakte geht, Berufskollegen. Einer von ihnen wird in der Computerwoche als jemand vorgestellt, der „nicht sehr gläubig, aber dennoch ein Prediger [ist], der das Wort verkündet" (Ilg 2010).

Für alles darf evangelisiert werden: für eine Partei, für ein Deo, für den Tierschutz, für ein Konzert, für ein Auto, für Yoga, für Sportwetten, für ein Zeitungsabonnement oder für einen Urlaub in der Karibik. Wenn es aber um das Wichtigste geht, was ein Christ kennt, steht der Vorwurf der Proselytenmacherei im Raum. Wer für seinen Glauben Werbung macht, verletzt durch seinen vermeintlichen Absolutheitsanspruch das Empfinden der Postmoderne und gilt als intolerant, weil Toleranz angeblich darin besteht, jede Position als gleichwertig anzuerkennen. Hier melden sich die „Zwänge der sozialen Tatbestände" (→ Kap. 25.1.3.2), die uns durch Scham gefügig machen wollen, von der negativen Seite. Es ist nicht peinlich, von einem Fußballspiel zu schwärmen, aber es ist peinlich, von einer Erfahrung mit Jesus begeistert zu sein. Hier erleben wir auch, wie subtil sich diese „Zwänge" in uns einnisten und von uns verinnerlicht werden können. Ich begegne Christen, die sich ernsthaft fragen, ob es überhaupt richtig sei, andere „bekehren zu wollen". In Wirklichkeit ist es das Natürlichste auf der Welt, sich zu wünschen, dass unsere Mitbewohner in der Stadt Jesus kennenlernen und ihm nachfolgen. Die Frage ist nur, wie dieser Wunsch auf angemessene Weise zur Praxis wird.

Um diese Frage zu beantworten, gehe ich zunächst etwas genauer auf den unterstellten Absolutheitsanspruch ein. Meine persönliche Antwort auf den diesbezüglichen Vorwurf lautet so: Als Christ erhebe ich *keinen* Absolutheitsanspruch für meine Weltanschauung und meine Meinung. Ich erhebe überhaupt keinen Anspruch für mich selbst. Ich bin weder klüger noch besser als andere Menschen. Jeder hat das Recht, anders zu denken als ich, und ich würde genauso für das Recht eines Atheisten, Atheist zu sein, oder eines Muslims, Muslim zu sein, eintreten wie für mein Recht, Christ zu sein. Ich *erhebe* keinen Anspruch, ich bin einem Anspruch *begegnet*. Mir ist Jesus als der begegnet, der für sich beansprucht: „Ich bin der Weg und die Wahrheit und das Leben; niemand kommt zum Vater außer durch mich“ (Joh. 14,6). Ich bin Christ, weil ich diesen Anspruch von Jesus anerkannt und mich auf eine Beziehung mit ihm eingelassen habe.

Meine christlichen Freunde vertreten die unterschiedlichsten Theologien. Wenn einer von ihnen für seine Auffassungen einen weltanschaulichen Absolutheitsanspruch erheben würde, wäre das in der Tat vermessen, egal wie überzeugt er davon ist, dass sie „biblisch“ sind. Die Dinge können immer auch anders sein, als wir sie sehen, und es gibt immer mehr als eine Perspektive. Was uns verbindet, ist, dass für jeden von uns Jesus die wichtigste Person seines Lebens ist und die Beziehung zu ihm der Mittelpunkt unseres Lebens. Seinen nicht dogmatischen, sondern existenziellen Anspruch akzeptieren wir als Anspruch zunächst an uns selbst. Im Evangelium begegnet uns nicht die richtige Weltanschauung, sondern die maßgebliche Person. Das schließt ein, dem Gebot zu folgen, das Jesus als das wichtigste bezeichnet hat:

> Ein Gesetzeslehrer fragte ihn: „Meister, welches Gebot im Gesetz ist das wichtigste? Er antwortete ihm: Du sollst den Herrn, deinen Gott, lieben mit ganzem Herzen, mit ganzer Seele und mit all deinen Gedanken. Das ist das wichtigste und erste Gebot. Ebenso wichtig ist das zweite: Du sollst deinen Nächsten lieben wie dich selbst“. (Mt. 22,36-39)

Wenn wir ihm glauben und seinen Anspruch an uns akzeptieren, sind andere Menschen genauso wichtig wie wir selbst. Nichts am Evangelium gibt uns das Recht, uns über jemanden zu erheben, schon gar nicht durch unsere Weltanschauung. Alles im Evangelium motiviert uns, unserem Nächsten zu dienen und Gutes zu gönnen. Weil Jesus das Beste ist, was uns je passiert ist, gönnen wir jedem Menschen, ihm zu begegnen. Wir wollen Menschen nicht bekehren, sondern beschenken. Deshalb können wir eine positive Beziehung zur Evangelisation haben.

30.3 Evangelisation mit Respekt

Gesunde Evangelisation setzt Respekt vor den Menschen voraus. In unserer Gesellschaft gibt es viel unsaubere „Evangelisation". Wer seine Produkte anbietet, ist nicht immer daran interessiert, ob sie für den Kunden wirklich gut sind, sondern nur daran, möglichst viel zu verkaufen. Deshalb wird munter mit allen möglichen Tricks manipuliert. Eine Autofirma wirbt für ihre Modelle mit einem bekannten Fußballtrainer, damit dessen Beliebtheit auf die Gefährte abstrahlt und die Leute zu einem Kauf bewegt, der nicht nur vom tatsächlichen Gebrauchswert bestimmt ist. Eine Sportwette ist „bei uns" angeblich „in sicheren Händen". Die Assoziation einer riskanten Handlung – denn eine solche ist jede Wette – mit dem Attribut „sicher" soll die Leute einlullen, ohne Rücksicht darauf, dass spielsuchtgefährdete Menschen dafür einen hohen Preis zahlen können. Die Vorteile eines Produkts werden fett gesetzt, die Nachteile und Nebenkosten klein gedruckt. *So evangelisieren wir nicht.* Mission sucht das Beste der Menschen, an die sie sich richtet, und tut dies in Lauterkeit.

Im Sommer 2011 haben der Ökumenische Rat der Kirchen (ÖRK), der Päpstliche Rat für den Interreligiösen Dialog (PCID) und die Weltweite Evangelische Allianz (WEA) gemeinsam das Dokument „Das christliche Zeugnis in einer multireligiösen Welt" veröffentlicht (ÖRK, PCID & WEA 2011). Diese Erklärung wird in Deutschland unter dem Motto „Mission Respekt" (www.missionrespekt.de) rezipiert. Gemeinsam für Berlin bekennt sich in seinen Werten ausdrücklich zu ihr.

Wie beschreibt die weltweite Christenheit eine respektvolle und angemessene Mission? Ich greife einige Punkte aus dem Dokument heraus. Die Präambel beginnt mit dem folgenden Absatz:

> Mission gehört zutiefst zum Wesen der Kirche. Darum ist es für jeden Christen und jede Christin unverzichtbar, Gottes Wort zu verkünden und seinen/ihren Glauben in der Welt zu bezeugen. Es ist jedoch wichtig, dass dies im Einklang mit den Prinzipien des Evangeliums geschieht, in uneingeschränktem Respekt vor und Liebe zu allen Menschen.

Die Kirche besteht aus Menschen, die den Anspruch Jesu für sich anerkannt haben. Dieser Anspruch schließt ein, dass wir von ihm gesandt sind. Zur Sendung gehören die Verkündigung des Evangeliums und die Bezeugung des Glaubens. Dieser unverhandelbare Zweck heiligt jedoch nicht alle Mittel. Ohne Respekt und Liebe ist Evangelisation nicht das, womit Jesus seine Kirche beauftragt hat. Beides kommt in einigen Haltungen und Handlungen zum Ausdruck, die ich aus den Grundlagen und Prinzipien des Dokuments übernehme und auf die städtische Situation anwende.

1. **Christen geben Rechenschaft über ihre Hoffnung ab** (1. Petr. 3,15; Grundlage 1): Wir reden mit den Menschen unserer Stadt über unseren Glauben, die interessiert sind, etwas darüber zu hören.
2. **Das Zeugnis umfasst auch den Dialog** (Grundlage 4): Wir interessieren uns ehrlich dafür, was die anderen Menschen unserer Stadt denken. Evangelisation besteht aus Reden *und* Zuhören.
3. **Der Auftrag, das Evangelium zu bezeugen, gilt auch da, wo er auf Schwierigkeiten, Behinderungen oder Verbote stößt** (Grundlage 5): Wo Evangelisation in der postmodernen Stadt auf Unbehagen stößt, sind wir nicht von unserem Auftrag entpflichtet.
4. **Unangemessene Methoden wie Täuschung oder Zwangsmittel haben keinen Platz** (Grundlage 6): Zwangsmittel stehen uns in der postmodernen Stadt kaum zur Verfügung, Schönfärberei schon eher. Als Täuschung sehe ich auch an, wenn Leuten beim Erstkontakt bedingungslose Annahme in unserer Gemeinschaft signalisiert wird, später die tatsächliche Zugehörigkeit zu uns aber an viele Voraussetzungen gebunden ist.
5. **Die Aufgabe der Christen ist das Zeugnis, die Bekehrung die des Heiligen Geistes** (Grundlage 7): Wir respektieren, dass unsere Aufgabe begrenzt ist und dass Gottes Geist seine eigene Geschichte mit unserem Gegenüber hat. (Die Missachtung dieses Respekts hat in der Vergangenheit durch bedrängende Formen der Evangelisation zum Unbehagen ihr gegenüber beigetragen.)
6. **Zur Berufung der Christen gehören das Handeln in Gottes Liebe und Taten des Dienens und der Gerechtigkeit; dabei ist das Ausnutzen von Armut und Notlagen unzulässig** (Prinzipien 1 und 4): Unser Dienst an der Stadt und ihren Bedürftigen geschieht bedingungslos, ohne Nebenabsichten.
7. **Religions- und Glaubensfreiheit gelten für alle Menschen** (Prinzip 7): Jeder Bürger der Stadt hat das Recht, nach seiner Religion oder seinem Glauben bzw. Unglauben zu leben.
8. **Christen sind berufen, sich gemeinsam mit Menschen anderer Religionen in gegenseitigem Respekt und Solidarität für Gerechtigkeit, Frieden und Gemeinwohl einzusetzen und Beziehungen zu ihnen aufzubauen** (Prinzipien 8 und 12): In der urbanen Mission streben wir breite Koalitionen für das Beste der Stadt und Beziehungen zwischen Menschen aus verschiedenen Religionen und Kulturen an.
9. **Bei einem Religionswechsel ist die persönliche Ernsthaftigkeit sicherzustellen** (Prinzip 11): Religionswechsel und Konversion sind tief einschneidende Schritte, die einen ausreichenden zeitlichen Freiraum und völlige persönliche Entscheidungsfreiheit brauchen.

30.4 Der eigentliche Evangelist ist Jesus Christus

Was für die gesamte Mission gilt, gilt auch für die Evangelisation. Der eigentliche Evangelist ist Gott durch Jesus Christus: „Jesus Christus ist der Zeuge schlechthin (vgl. Joh. 18,37). Christliches Zeugnis bedeutet immer, Anteil an seinem Zeugnis zu haben [...] So wie der Vater den Sohn in der Kraft des Heiligen Geistes gesandt hat, so sind Gläubige mit der Sendung beauftragt, in Wort und Tat die Liebe des dreieinigen Gottes zu bezeugen" (Grundlage 2).

Wie evangelisiert Gott heute? Eine Antwort auf diese Frage kennen wir bereits: Wir haben in der Apostelgeschichte gelesen, dass Gott sich fühlbar macht (Apg. 17,27). Auf dieser Grundlage können menschliche Evangelisten diesen Gott persönlich vorstellen und bekanntmachen, der vorher schon den Stadtbewohnern nahe war, sich bezeugt und ihnen wohlgetan hat (Apg. 17,27; 14,17). Wir treten immer in eine Gottesgeschichte ein, die es schon vor uns zwischen Gott und den Menschen gab. Außerdem ist der Erfolg unserer Evangelisation von Voraussetzungen abhängig, die wir selbst nicht schaffen können. Gott fädelt die Umstände ein, die zum Gelingen der Evangelisation erforderlich sind (→ Kap. 16.5).

Evangelisation folgt immer einem Prinzip aus dem Johannesevangelium: Der Evangelist „kann nichts von sich aus tun, sondern nur, wenn er den Vater etwas tun sieht" (Joh. 5,19). Der Evangelist hat nie ein eigenes Werk, sondern er führt das Werk dessen zu Ende, der ihn gesandt hat (Joh. 4,34). Damit aus diesen theoretischen Aussagen Anschauungsmaterial wird, illustriere ich sie durch drei Beispiele.

30.4.1 Religiöses Erwachen in China

Der chinesische Religionssoziologe Fenggang Yang beschreibt in einem Aufsatz (Yang 2014) das religiöse Wiedererwachen in seiner Heimat nach dem Tod Mao Zedongs. Yang war in den 1960er- und 1970er-Jahren in einem völlig religionslosen Land aufgewachsen. Er kannte in seiner Kindheit und Jugend kein einziges religiöses Gebäude, das als solches in Gebrauch war, und begegnete nie irgendeiner Äußerung religiösen Lebens, mit Ausnahme eines vereinzelten daoistischen oder volksreligiösen Ritus bei einer Beerdigung. In seiner Familie wurde erzählt, dass die Großeltern die Verehrung der Ahnen schon lange vor der kommunistischen Zeit aufgegeben hatten. Diese Religionslosigkeit war typisch für das Land, nicht nur für seine Familie.

Die Situation hat sich inzwischen dramatisch verändert. Die christliche Kirche ist in China phänomenal gewachsen. Weil es keine offiziellen Statistiken gibt, ist es schwer, die Zahl der chinesischen Christen zu schätzen. Sie betrug 2010 mindestens 58 Millionen (Phillips 2014).[298] In westlichen Gemeinden wird dieser Vorgang oft ausschließlich als christliche Erweckung angesehen, als „Wunder des Heiligen Geistes". Doch der

298 Das ist eine konservative Schätzung. Andere Kenner der geistlichen Situation in China geben deutlich höhere Zahlen an.

christlichen Evangelisation war – so deute ich die Vorgänge – ein anderes missionarisches Handeln Gottes vorausgegangen: Er hatte sich bemerkbar gemacht.

Das religiöse Erwachen in China war zunächst etwas, was nicht spezifisch christlich war. Als nach dem Tod Maos erste behutsame Lockerungen des absoluten Religionsverbots eintraten, war Yang überrascht von dem großen Interesse, das plötzlich allem Spirituellen entgegengebracht wurde. Für unseren Kontext ist interessant, dass das Phänomen des religiösen Erwachens in China besonders in den Städten stattfand und viele gebildete junge Leute erfasste (Yang 2005). In vielen Fällen war *Qigong* – eine chinesische Meditationsform – die erste Station der erwachenden Spiritualität. Wenn Gott sich anonym fühlbar macht, können Menschen das auf unterschiedliche Weise deuten und darauf reagieren. In China war *Qigong* ein naheliegender Deutungsrahmen für das Empfinden des Religiösen. Die darauf basierende *Falung Gong*-Bewegung entstand 1992. 1999 hatte sie bereits, je nach Schätzung, zwischen 40 und 70 Millionen Anhänger. Sie wurde verboten und wird seither, wie die Christen, verfolgt.

Doch wie Yang schreibt, „bildete die Praxis von *Qigong* eine Zwischenstation auf dem Weg zu einer religiösen Erweckung. Viele Anhänger von *Qigong*, darunter einige meiner Freunde und Angehörigen, bekehrten sich später zum Buddhismus oder zum Christentum, besonders nachdem die chinesische Regierung 1999 *Qigong* verbot“ (Yang 2014:571).

Wenn ich die Vorgänge in China richtig deute, lassen sich zwei Aspekte hervorheben. (1) Die Stadt hat nicht die Möglichkeit, auf Dauer säkular zu sein, *weil* Gott in ihr ist und weil er sie dazu bestimmt hat, in ihr gefühlt zu werden, und er sich folglich in ihr bemerkbar macht. (2) Evangelisation beginnt nicht mit kognitiven Botschaften, sondern mit einem von Gott selbst gewirkten Empfinden für das Göttliche. Dieses Empfinden ist zunächst noch diffus oder mehrdeutig. Die Menschen werden es auf eine für sie naheliegende Weise (miss)deuten, oder sie werden den Deutungen folgen, die ihnen Vertreter von Religionen geben. Hier liegt die Aufgabe der menschlichen Evangelisten: die Mehrdeutigkeit des spirituellen Urerlebens in die Eindeutigkeit der Christuserkenntnis zu führen. Diese Struktur der Evangelisation entspricht dem Inhalt und Ansatz der Areopagrede (→ Kap. 1.3-4).

30.4.2 Muslime begegnen Isa

> Einer sunnitischen Frau erschien auf der arabischen Halbinsel eine Gestalt im Traum und forderte sie auf, eine ihr bekannte Christin zu besuchen. Die Gestalt – sie war später überzeugt, dass es Christus war – sagte ihr, diese Frau würde sie lehren. (Woodberry & Shubin 2001)

Die Zahl solcher Berichte steigt überall in der islamischen Welt und ebenso die Zahl der Muslime, die Isa (Jesus) nachfolgen. Neben einer Fülle von Einzelgeschichten (Doyle &

Webster 2013) gibt es zunehmend auch systematische Studien, die zeigen, in welchem Umfang Träume und Visionen Muslime für den Glauben an Isa vorbereiten. Bei einer Befragung von Gläubigen mit islamischem Hintergrund aus 39 Ländern gab mehr als ein Viertel an, Träume und Visionen seien entscheidend für ihren Weg zu und mit Isa gewesen (Woodberry & Shubin 2001).[299]

Vielleicht wird nirgendwo anders so deutlich wie hier, „dass Gott in der Mission die Initiative ergreift und uns einlädt, dort mitzumachen, wo er bereits wirkt" (Peters 2006:10). Wenn Gott die Initiative ergreift, beginnt er mit dem, was bei den Menschen bereits vorhanden ist. Von allen großen Religionen ist der Islam diejenige, in der Träume und Visionen die höchste Wertschätzung besitzen (Musk 1988:164-167; Peters 2006:5-6; Martin 2004:68). In missionarischen Träumen sehen Muslime biblische Personen, die ihnen bereits aus dem Koran bekannt sind (wie Maria, Johannes den Täufer oder Engel). In vielen Fällen ist es Isa selbst, der ihnen begegnet. In der Regel sehen sie ihn mit einem langen, weißen Gewand (Peters 2006:7; Musk 1988:168) und er zeigt sich ihnen als „Isa ibn Maryam" (Jesus, Sohn der Maria; Peters 2006:7). Aussagen über Isa, mit denen Muslime Mühe haben (wie die Gottessohnschaft und die Dreieinigkeit) spielen in dieser Phase keine Rolle. Es geht zuerst um die Beziehung zu ihm, nicht um die korrigierte Dogmatik über ihn. Sie bekommen den überwältigenden Eindruck einer Person voller Liebe, die sie in ihre Nachfolge ruft. Dieser Ansatz entspricht der Beziehungsorientierung der islamischen Kultur, nicht der kognitiven Betonung des westlichen Christentums. In der Praxis zeigt es sich, dass Muslime nach einer solchen Begegnung auch biblische Aussagen über Isa annehmen können, die vorher für sie eine unüberwindliche Barriere waren (Doyle & Webster 2013:125).

Auch wenn Gott selbst die missionarische Initiative ergreift, vollendet er das Werk nicht ohne menschliches Zeugnis. Manchmal werden den Muslimen in ihren Träumen Christen gezeigt, die sie aus der Bibel lehren sollen. Das können ihnen völlig unbekannte Personen sein, denen sie dann auf überraschende Weise begegnen. Oder sie werden direkt auf die Bibel, das schriftliche Urzeugnis, verwiesen, in der sie mehr über Isa erfahren. „Die Träume sind nur der Anfang. Bei den heutigen Träumen und Visionen unter Muslimen spielt die Bibel eine zentrale Rolle für das tiefere Verständnis davon, wer Jesus ist und was Erlösung bedeutet" (ebd. S. 129).

Die Reaktion auf solche missionarischen Träume und Visionen und die anschließenden Entdeckungen in der Bibel oder im Gespräch mit Nachfolgern Jesu führen zu unterschiedlichen Ergebnissen. Manchmal kommt es zu offenen Konversionen, bei denen die Menschen den Islam verlassen und Christen werden. Doch in immer mehr Fällen bleiben die an Isa Gläubigen in der islamischen Kulturgemeinschaft und leben dort als „messianische Muslime". Sie sehen sich in einer ähnlichen Situation wie Juden, die an Jeschua gläubig werden. An die Stelle früherer Judenchristen sind die messianischen

299 Bei anderen Befragungen ist der Anteil noch höher (Peters 2006:8).

Juden getreten, die Jeschua im Kontext ihrer jüdischen Identität und Kultur nachfolgen. Eine entsprechende Option wählen immer mehr Muslime, nachdem sie Isa begegnet sind (Travis 2000; Schlorff 2000).[300]

Diese Informationen sind auch für uns als urbane Missionare in deutschen Städten wichtig. Als Christen können wir dafür beten, dass Isa unseren muslimischen Mitbürgern erscheint, und wir können in Gesprächen mit Muslimen ihnen unsere Offenheit für die Bedeutung von Träumen mitteilen. Dann ist die Hürde niedriger, mit uns darüber zu sprechen. Einer meiner muslimischen Freunde in Berlin hat mehrfach erlebt, dass ihm Isa vor wichtigen Entscheidungen im Traum erschienen ist und aus „den Schriften" vorgelesen hat. Er hat mir davon erzählt, weil er wusste, dass ich solche Phänomene ernst nehme.

Ansonsten wünschen wir uns, dass unsere muslimischen Freunde Isa besser kennenlernen, aber wir überlassen es ihnen, was dann kommt. Wir möchten, dass sie Nachfolger von Isa werden, und nicht, dass sie das Label „Christ" tragen.[301] Für sie bedeutet dieses Label nämlich etwas ganz Anderes als für uns:

> Bedenken Sie, wie unterschiedliche Hörer die Nachricht verstehen: „Achmad (ein Muslim) ist Christ geworden." Für Evangelikale ist das die geistliche Botschaft einer übernatürlichen Begegnung mit dem lebendigen Gott: „Achmad ist jetzt ein wiedergeborener Nachfolger Christi." Nominelle Kirchenmitglieder hören eine religiöse oder administrative Botschaft: „Achmad ist Mitglied einer Kirche geworden." Muslime hören jedoch eine Botschaft des Verrats und des Abfalls: „Achmad hat den Glauben seiner Vorfahren verlassen und sich den unmoralischen Ungläubigen angeschlossen". (Travis 2000:54)

Deshalb geben einige Missionswissenschaftler inzwischen den Rat, es Muslimen, die Isa entdecken, selbst zu überlassen, wie sich ihre Beziehung zum Islam verändert: „Wie sie den Islam sehen, schreiben wir ihnen nicht vor, sondern überlassen es ihnen, die durch das Wort und den innewohnenden Geist geleitet werden" (ebd. S. 53). Bei messianischen Muslimen ist es in der Regel so, dass sie die weiterhin bestehenden Schnittmengen zwischen Islam und biblischem Glauben nutzen und gleichzeitig Isa immer mehr in den Vordergrund und Muhammad in den Hintergrund tritt (Daniels 2013).

Ein letzter Rat: Streitgespräche über das, was wir am Islam falsch finden, waren noch nie besonders produktiv. Wir erzählen unseren muslimischen Bekannten, wenn das Gespräch darauf kommt, von unserem Glauben an Jesus, aber wir kritisieren ihren Glau-

300 Auf die lebhafte internationale Diskussion über die missionstheologische Einordnung und „Legitimität" dieser Option kann ich nicht eingehen. Wichtig ist, nicht nur über Menschen zu sprechen, sondern sie selbst ihre Position erklären zu lassen. Dazu empfehle ich die Lektüre von Daniels 2013: ein Interview mit Abu Jaz, einem Leiter innerhalb der Bewegung der messianischen Muslime.

301 So wie es Jünger gab, bevor sie in Antiochia zuerst Christen genannt wurden (Apg. 11,26), kann es auch heute Jünger geben, ohne dass sie sich Christen nennen.

ben nicht. Muslime werden nicht durch dogmatische Begradigung für Isa gewonnen, sondern durch Liebe. Bei der bereits genannten Befragung (Woodberry & Shubin 2001) gab fast die Hälfte der Gläubigen mit islamischem Hintergrund an, dass der Hauptfaktor für ihre Hinwendung zu Isa die Liebe war: sowohl die Liebe Gottes, die sie in der Bibel entdeckten, als auch die beobachtete und selbst erfahrene Liebe von Christen. Das ist unser wichtigster Beitrag für die Evangelisation von Muslimen in unseren Städten: sie in der Stadtgesellschaft willkommen zu heißen, ihre Freunde zu werden, sie herzlich und praktisch zu lieben. Wenn dann Gott die Initiative ergreift, sie zu Isa zu führen, sind wir an ihrer Seite, falls wir gebraucht werden. Wenn nicht, haben wir mit der Liebe zu ihnen nie etwas falsch gemacht.

30.4.3 Und Deutschlands Osten?

Es könnte sein, dass religiöses Erwachen im Osten Deutschlands bereits begonnen hat. Die neuen Bundesländer gelten als Hochburg eines Atheismus, der nicht Gottesleugnung, sondern Gottvergessenheit ist (Tiefensee 2007). Aber wo Menschen Gott vergessen, wird das nicht auf Dauer geschehen, weil Gott sich früher oder später wieder in Erinnerung bringt. Ermutigend finde ich Ergebnisse des Bertelsmann Religionsmonitors 2013 über Religiosität in Deutschland (Pollack & Müller 2013). Danach hat sich von 2008 bis 2013 im Osten die Einstellung zur Religion deutlich verschoben (→ Tab. 30.1). Der Anteil derjenigen, die ziemlich/sehr an Gott oder etwas Göttliches glauben, stieg von 12 auf 23 Prozent (ebd. S. 12). Einen ähnlichen Anstieg verzeichnet der Anteil derer, die sich als ziemlich/sehr religiös einstufen (von 6 auf 12 Prozent) und derer, die sich für ziemlich/sehr spirituell halten (von 4 auf 6 Prozent).

Religiöser Glaube, religiöse Identität	**2008**	**2013**
Ziemlich oder sehr an die Existenz von Gott (Gottheiten) oder etwas Göttlichem glaubten	12 %	23 %
Als ziemlich oder sehr religiös bezeichneten sich	6 %	12 %
Als ziemlich oder sehr spirituell bezeichneten sich	4 %	6 %
Religiöse Praxis		
Mindestens monatlich besuchten religiöse Veranstaltungen oder nahmen an spirituellen Ritualen/religiösen Handlungen teil	10 %	12 %
Mindestens täglich beteten	11 %	12 %

Tabelle 30.1: Religiosität in Ostdeutschland (nach Pollack & Müller 2013:11-12)

Wir haben genug verstanden, um nicht enttäuscht zu sein, dass sich das (noch) nicht in einer vergleichbaren Zunahme bekennender Christen bemerkbar macht. Das Empfinden für Gott oder das Göttliche ist auch hier zunächst mehrdeutig und muss sich nicht in organisierter Religion auswirken. Der regelmäßige (mindestens monatliche) Besuch von Gottesdiensten, Freitagsgebeten oder anderen religiösen Formen ist im Osten nur von 10 auf 12 Prozent gestiegen, das tägliche Gebet nur von 11 auf 12 Prozent (ebd. S. 11). Wenn in China die erwachende Religiosität erst nach einiger Zeit in Konversionen zum christlichen Glauben umschlug, darf man hoffen, dass eine ähnliche Entwicklung auch in den neuen Bundesländern möglich ist. Auch hier ist wichtig, dass Christen mit den Menschen unterwegs sind, damit sie zur Stelle sind, wenn Menschen mehr über den Glauben an Jesus hören möchten.

30.5 Konversion als Prozess

Wenn wir anwenden, was wir in Kapitel 16 über das Wirken in lebendigen Systemen gelernt haben, stellen wir nicht zuerst die Frage: „Wie führen wir Menschen zum Glauben?", sondern die Systemfrage: „Wie kommen Menschen zum Glauben – und wie nicht?" Meine These lautet:

> Eine Konversion[302] ist in der Regel ein prozesshaftes Geschehen, das sich meist an der entscheidenden Stelle zu einem Akt des *Commitment* (Festmachens) verdichtet. Dieses Commitment braucht oft eine lange Vor- und Nachgeschichte.

In der Konversionsforschung gibt es verschiedene Modelle, wie dieser Prozess in unterschiedliche Phasen eingeteilt werden kann. Eins von ihnen ist das Modell nach Lewis Rambo (→ Tab. 30.2). Diese Phasen müssen nicht in der angegebenen Reihenfolge und manche können auch mehrfach durchlaufen werden. Aber dieses Modell ist eine hilfreiche idealtypische Darstellung, an der sich einige Aspekte zeigen lassen, die für die Evangelisation in der postmodernen Stadt von Bedeutung sind.

30.5.1 Der Kontext

Zu den Lebensumständen, die eine Konversion erleichtern oder erschweren, gehört zunächst das persönliche Umfeld. Welche Chancen hat ein Mensch, dort glaubwürdiges Christsein zu erleben? In der natürlichen Gemeindeentwicklung wurde schon vor einigen Jahrzehnten festgestellt, dass der Oikos-Faktor in der Evangelisation eine entscheidende Rolle spielt (Schwarz 1993:16-22). Der Begriff leitet sich von *oikos*, dem griechischen Wort für Haus, ab und steht für das persönliche Beziehungsnetz eines Menschen. Die meisten Menschen, die Christen werden, kommen durch Leute aus ihrer unmittelbaren Umgebung zum Glauben. Wer mit Christen befreundet ist, sich mit

302 Abgeleitet vom lateinischen *conversio* = Umwendung, Umkehr.

Phase	Beschreibung
Kontext	Die Umstände, die das bisherige Leben eines Menschen prägen, erleichtern oder erschweren eine Konversion.
Krise	Persönliche und/oder gesellschaftliche Veränderungen lassen die bisherige (religiöse) Lebensgrundlage als nicht mehr ausreichend erscheinen.
Suche	Auf mehr oder weniger aktive Art beginnt der Mensch, sich nach einer neuen Möglichkeit für die (religiöse) Ausrichtung seines Lebens umzusehen.
Kontakt	Er begegnet einer anderen religiösen Option (in unserem Fall dem Glauben an Jesus).
Interaktion	Er beschäftigt sich intensiv mit der neuen Option.
Commitment	Er identifiziert sich mit der neuen Option und macht dies in konkreten Schritten fest.
Konsequenz	Seine Glaubensüberzeugungen, sein Verhalten und seine Identität verändern sich als Folge seines Commitment.

Tabelle 30.2: Das Prozessmodell einer Konversion nach Rambo 1993

ihnen gemeinsam engagiert oder sie auf andere Art in seinem engeren Beziehungsnetz hat, hat größere Chancen, Jesus zu entdecken. Obwohl diese Einsicht seit Langem bekannt ist, hat sie nicht den Reflex christlicher Gemeinden beenden können, bei der Evangelisation immer wieder Programme und Events in den Vordergrund zu stellen. Wenn wir in der Zeit, die wir für ihre Vorbereitung verwenden, mit Leuten essen und trinken und neue Freunde gewinnen würden, wäre sie oft besser investiert.

Ein besonders erschwerender Kontext ist der Islam: (1) Muslime lernen in ihrer religiösen Sozialisation, dass das, was Christen über Isa (Jesus) glauben[303], falsch ist. Sie können ihm nicht unbefangen begegnen, sondern bringen bereits Festlegungen mit. Verschärft wird diese Schwierigkeit, wenn bei Gesprächen mit Christen kaum die – nicht unerhebliche – Schnittmenge an gemeinsamer Wertschätzung für Isa[304] zur Sprache kommt, sondern sofort die dogmatischen Unterschiede in den Vordergrund treten. (2) Der Islam ist darüber hinaus eine alles umfassende kulturelle, rechtliche und politische Welt. Seine Religion ist für einen Muslim keine austauschbare Option, sondern

303 Besonders seine Gottessohnschaft, sein Tod am Kreuz und seine Zugehörigkeit zur Trinität.
304 Isa ist auch im Koran der Gesalbte (Messias), der Gesandte und das Wort Gottes.

eng mit seiner familiären, ethnischen und kulturellen Identität verbunden. (3) Außerdem haben Muslime mit Christen nicht die besten Erfahrungen gemacht. Früher sind wir als Kreuzritter zu ihnen gekommen, und als sie zu uns kamen, erlebten sie das „christliche Abendland“ als eine Welt voller Unmoral.

Vielleicht liegt in diesem erschwerenden Kontext der Grund, warum Jesus die Evangelisation der Muslime besonders stark in die eigene Hand nimmt und vielen von ihnen in Träumen und Visionen erscheint. So können sie vor allen dogmatischen Fragen zunächst einen persönlichen Eindruck von ihm bekommen. Sicher liegt in diesem Kontext auch der Grund, warum immer mehr Menschen als „messianische Muslime“ an Isa glauben, sich aber keiner christlichen Kirche anschließen, sondern eigene Gemeinschaften unter Beibehaltung ihrer familiären, ethnischen und kulturellen Identität bilden. In Bezug auf die dritte erschwerende Kontextbedingung (das Bild von Christen) können wir einiges tun: Muslimen in Liebe begegnen, sie wertschätzen und respektieren und ihnen Anteil an unserem Leben geben.

Erschwerend ist auch das Bild, das viele säkulare Menschen von Christen haben. Die Stimme der Kirche haben sie besonders oft gehört, wenn diese sich kritisch zu ethischen und anderen gesellschaftlichen Entwicklungen geäußert hat. Verstärkt gilt dieser Eindruck an manchen Stellen für die evangelikale Bewegung. Bei einem Treffen äußerte vor einiger Zeit eine Pfarrerin, sie habe die Evangelikalen immer nur wahrgenommen als solche, die gegen etwas sind. Selbst wenn Christen in allem, wogegen sie sich aussprechen, recht hätten, hat diese Außenwahrnehmung fatale Folgen. Die Leute hören, was von Christen kommt, mit dem Appell-Ohr, nicht mit dem Beziehungs-Ohr. Selbst wenn wir sie beschenken wollen, gehen sie davon aus, dass wir sie weltanschaulich und ethisch normieren wollen. Diesen Eindruck können wir nur durch geduldige Praxis verändern. Wie wäre es, wenn wir eine Zeit lang zu vielen ethischen Fragen, bei denen wir Bauchschmerzen haben, schweigen, dafür aber loben, was wir an Gutem sehen – es gibt viel davon –, und unsere Stadt lieben und ihr dienen wie nie zuvor, bis bei ihren Einwohnern angekommen ist, dass die christliche Kernpräposition nicht „gegen“, sondern „für“ lautet?

Der (a)religiöse Kontext, in dem ein Mensch lebt, hat nicht nur Einfluss darauf, ob eine Konversion leichter oder schwerer zustande kommt, sondern auch darauf, wie der Mensch sie erlebt. Die Greifswalder Studie „Wie finden Erwachsene zum Glauben?“ (Zimmermann & Schröder 2010) unterscheidet entsprechend drei Haupttypen der Konversion (Zimmermann 2010:29-30).

1. **Vergewisserung:** Christlich sozialisierte, kirchennahe Menschen erleben die Freude und Gewissheit des Glaubens.
2. **Entdeckung:** Menschen, die in einer lockeren Beziehung zur Kirche stehen und ihr religiöses Angebot nur zu bestimmten Zeiten (besondere Feste und Knotenpunkte des Lebens) in Anspruch nehmen, entdecken „das Evangelium und die

Gemeinschaft des Glaubens als *zentral und wesentlich für ihr ganzes Leben* [Hervorhebung im Original]" (ebd. S. 30).

3. **Lebenswende:** Menschen, in deren Leben der Glaube und die Kirche bis dahin keine Rolle gespielt haben, öffnen sich für den Glauben, lassen sich taufen und treten in die Gemeinschaft des Glaubens ein.

30.5.2 Krise und Suche

Eine Krise im Sinn eines belastenden Lebensereignisses ist für eine Konversion nicht zwingend notwendig. Besser ist es, diesen Begriff allgemeiner als markantes Lebensereignis zu verstehen. Eine solche „Krise" kann auch ein so erfreuliches Erlebnis wie die Geburt des ersten Kindes sein. Als im Prenzlauer Berg vor ungefähr zehn Jahren die Kirchen sich entgegen dem stadtweiten Trend zu füllen begannen, waren unter den Neuzugängen viele Leute in der Phase der Familiengründung (Heier 2007). Wenn man das erste Kind auf dem Arm hält, hat man ein Wunder vor Augen. Gleichzeitig stellt sich die Frage: Wer schützt dieses Wunder? In einem christlichen Buchladen verkauften sich Bücher über Schutzengel und Taufzeremonien am besten. Und in einer katholischen Kirche wurden in einem Jahr je ungefähr 50 Erwachsene und Kinder getauft.

Nicht immer führt die Suche direkt in die Kirche. Manche Menschen fangen in Krisen an, religiös zu experimentieren, so wie in China, als nach Maos Tod viele Menschen eine neue Orientierung suchten, der Weg zum Glauben an Jesus aber über verschiedene Stationen wie *Qigong* und die *Falung Gong*-Bewegung verlief. In anderen Fällen äußert die Suche sich als latente Ansprechbarkeit. Es ist gut, wenn Christen dann den Menschen nahe sind und diese Offenheit, über Jesus zu hören, erspüren können.

30.5.3 Kontakt und Interaktion

30.5.3.1 Persönlicher Kontakt

Egal ob Menschen gerade durch eine einschneidende Lebensphase gehen und auf der Suche sind oder nicht, im Konversionsprozess wird es früher oder später zum Kontakt und zur Interaktion mit dem *Glauben* – in der Regel bedeutet das zunächst: mit *Gläubigen* – kommen: „Konversion von Erwachsenen lebt vom Kontakt zu sehr unterschiedlichen Personen. Personen spielen in allen Phasen des Konversionsprozesses eine wichtige, wenn auch je nach Phase und Typ wechselnde Rolle" (Zimmermann u. a. 2010:102).

Auch an dieser Stelle ist es gut, sich an eine Einsicht der Systemforschung zu erinnern: Naheliegendes Vorgehen ist oft falsch (→ Kap. 16.4). Wer die Welt nach einem einfachen Ursache-Wirkung-Schema versteht, kann zu der Auffassung kommen: Je mehr wir über unseren Glauben reden oder für ihn Werbung machen (Ursache), desto mehr Menschen kommen zum Glauben (Wirkung). Das entspricht nicht der Realität. Viele Christen führen kaum evangelistische Gespräche und das ist völlig in Ordnung.

Eine Ausnahme sind die *Evangelisten*. Bei ihnen handelt es sich um Menschen, denen es leichtfällt, den Glauben zu erklären, und in deren Nähe es anderen leicht(er) fällt, zum Glauben zu finden.[305] Ob jemand ein Evangelist ist, erfährt man nicht durch seine Visitenkarte, sondern durch die Wirkung, die von ihm ausgeht. Aufgrund der Auswertung vieler Gabentests vermutet Christian Schwarz, dass es in jeder Gemeinde ungefähr zehn Prozent von ihnen gibt (Schwarz 1993:38). Da Gemeinden lebendige Systeme sind, die alles haben, was sie benötigen, lässt sich vermuten, dass dies eine sinnvolle Quote ist und man die übrigen nicht bedrängen sollte, etwas zu sein, was sie nicht sind. Auf der anderen Seite ist es gut, wenn wir den Evangelisten helfen, ihre Gabe zu entdecken und zu entwickeln. Vielleicht sollten sie von anderen gemeindlichen Aufgaben entbunden werden, um sich mehr dem widmen zu können, wofür sie begabt und wozu sie berufen sind. Es steht zu befürchten, dass manche Evangelisten nie entdeckt werden, weil sie in ein kräfteverschlingendes Gemeindeleben so eingebunden sind, dass ihre eigentliche Berufung sich nicht entfalten kann.

Viele Menschen brauchen jedoch zunächst etwas Anderes als die Begegnung mit einem Evangelisten. Deshalb ist die evangelistische Rolle der meisten Christen eine andere: Menschen, die nicht durch das „Wort" erreicht werden können, sollen durch ihr „Leben [...] *ohne Worte* gewonnen werden" (1. Petr. 3,1). Zwar wird im Verlauf des Konversionsprozesses auch das Wort zumindest im Sinne eines einfachen Evangeliums von Bedeutung sein, aber die größere Hürde für den Glauben ist meist nicht die fehlende Information, sondern die mangelnde Glaubwürdigkeit und Attraktivität. In der postmodernen Stadt entsteht beides weniger durch gute Apologetik, obwohl auch diese noch ihre Bedeutung hat, sondern eher durch überzeugendes Leben. Informationen kann man schnell bekommen, Glaubwürdigkeit braucht Zeit. Dauerhafte Beziehungen zu Christen ermöglichen anderen Menschen die Alltagsbeobachtung unseres Lebens. Die evangelistische Rolle der meisten Christen besteht deshalb einfach darin, als urbane Missionare in der Stadt mit Liebe und Dienst präsent zu sein – auch ganz ohne evangelistische Motive.

Die Öffnung für den christlichen Glauben kann für viele Menschen ein langer Prozess sein. Dieser Prozess wird kaum dadurch zustande kommen, dass wir sie ständig propagandistisch bearbeiten. Er wird eher dadurch begünstigt, dass wir dauerhaft die Nähe zu ihnen aufrechterhalten. Das garantiert immer noch nicht, dass er eintritt. Deshalb ist es wichtig, der Stadt ohne evangelistische Nützlichkeitserwägungen zu dienen. Wenn Engagement und Freundschaft nicht ernst gemeint sind, sondern nur die Tarnung der eigentlichen Absicht, haben wir den Ökumenischen Rat der Kirchen, den Päpstlichen Rat für den Interreligiösen Dialog und die Weltweite Evangelische

305 Beide Teile dieser Beschreibung sind wichtig. Ein Evangelist hat nicht nur Freude daran, das Evangelium zu erklären, sondern für sein Gegenüber ist es eine angenehme und öffnende Erfahrung, es von ihm erklärt zu bekommen. Wer ständig das Evangelium ungebeten aufdrängt und die Leute damit nervt, ist kein Evangelist.

Allianz gegen uns, denn wir wenden dann die unangemessene Methode der Täuschung an.

Damit wir dauerhaft nahe bei Menschen unserer Stadt sind, brauchen wir ein gemeinsames Band, das uns unabhängig vom Glauben eint. Hier liegt einer der Gründe für die Wirksamkeit des Oikos-Faktors. In den meisten Fällen wird man von seiner Familie nicht rausgeworfen, wenn man Christ ist, man verliert dadurch meist nicht seinen Arbeitsplatz und wenn man nicht seiner eigenen frommen Homophilie auf den Leim geht, können viele Freundschaften zu Nichtchristen weiterbestehen. Auch wenn man merkt, dass die Angehörigen, Kollegen oder Freunde nicht mit Worten evangelisiert werden wollen, bleibt man mit ihnen verbunden. Schon im Neuen Testament finden wir die bereits erwähnte Zuversicht, dass Christen genug Ausstrahlungskraft besitzen, damit die, die „dem Wort nicht gehorchen, durch das Leben [...] ohne Worte gewonnen werden" (1. Petr. 3,1).

In anderen Fällen muss das gemeinsame Band erst entdeckt werden. Wir finden einen wichtigen Hinweis in der Aussendung der Jünger durch Jesus: „Wenn ihr in ein Haus kommt, so sagt als erstes: Friede diesem Haus! Bleibt in diesem Haus, esst und trinkt, was man euch anbietet; denn wer arbeitet, hat ein Recht auf seinen Lohn. Zieht nicht von einem Haus in ein anderes!" (Lk. 10,5.7). Die Schlüsselbegriffe sind Zugehörigkeit und Zusammenarbeit. Wer in der antiken Welt als Gast in ein Haus aufgenommen wurde, gehörte dazu. Gastgeber und Gast identifizierten sich miteinander, der Gast wurde Teil der Familie, der Gastgeber in gewisser Hinsicht Mitglied des Missionsteams. Das lässt sich auf heute übertragen.

Es gibt Leute, die Zugehörigkeit suchen, ohne den Glauben zu suchen. Warum sollten sie diese nicht in einer christlichen Gemeinschaft finden, in der sie mit leben können, auch wenn ihnen der Glaube noch nicht recht einleuchtet. Zugehörigkeit gibt den Menschen eine großartige Möglichkeit. Sie müssen nicht gleich den Glauben als Pauschalpaket annehmen, sondern können zunächst nach Belieben einzelne Elemente ausprobieren. Dem postmodernen Gemüt kommt das sehr entgegen.

Zusammenarbeit kann auf drei Wegen geschehen: Nichtchristen können in christlichen Gruppen mitarbeiten, Christen können in säkularen Initiativen mitmachen, Christen und Nichtchristen können gemeinsame Projekte durchführen. Gelegenheiten dazu gibt es in der postmodernen Stadt genug.

30.5.3.2 Kognitive Interaktion

Auf dem Weg zum Glauben kommt für viele Menschen die Zeit, in der sie sich intensiver mit dem Inhalt des christlichen Glaubens beschäftigen. Die bereits erwähnte Greifswalder Studie hat bei ihrer Befragung festgestellt, dass dabei bestimmte Veranstaltungen eine wichtige Rolle spielen. Für zwei Drittel der Befragten waren Glaubenskurse im Konversionsprozess wichtig. Sie bieten die Möglichkeit, sowohl zu hören als auch sich in Gruppen auszutauschen und dadurch eigenständig mit dem Gehörten auseinanderzusetzen. Noch wichtiger waren allerdings die traditionellen Gottesdienste. 87 Prozent gaben an, dass diese irgendwann auf ihrem Weg wichtig gewesen seien (Zimmermann u. a. 2010:116).

Allerdings hat diese Studie eingeschränkte Aussagekraft. Sie untersucht nur Konversionen, die innerhalb der evangelischen Kirche stattfanden. Dort ist Konversion in mehrfacher Hinsicht ein „Phänomen der Mitte" (ebd. S. 58). Unter anderem ist damit gemeint, dass es meist Leute aus der „bürgerlichen Mitte" sind, die zum Glauben finden (ebd. S. 62-65). Das löst bei den Autoren selbst einige Fragen aus:

> Wenn die Rede von „bürgerlicher Mitte" ist, stellt sich die Frage, wie es um die durchaus quantitativ gewichtige Zahl der Menschen mit formal niedriger Bildung in unserer Gesellschaft steht. Wurden sie mit dieser Studie einfach nicht erfasst? Fördert kirchliche Arbeit Glaubensbiographien in diesen Milieus und macht sie Angebote, die auf die Stärken, Vorlieben und Begrenzungen von Menschen jenseits des Bildungsbürgertums eingehen? Wir werden vermehrt auch gefragt: Gibt es auch Glaubenskurse für weniger gebildete Menschen? Wir fragen uns allerdings auch: Wäre der Glaubenskurs überhaupt ein geeignetes Format oder müsste uns etwas ganz anderes einfallen? Allem Anschein nach tun sich evangelische Kirchengemeinden in diesem Bereich eher schwer – was sicher auch an ihrer überwiegend bürgerlichen Prägung liegt. (ebd. S. 63-64)

Wir haben also noch nicht die Antwort, wie Menschen in den prekären Teilen der polarisierten postmodernen Stadt zum Glauben finden. Derselben Frage bin ich im Oktober 2015 in Liverpool begegnet. Pastor Tani Omideyi hat dort eine Gemeinde in einem der benachteiligten Quartiere der Stadt gegründet. Er hat erfolglos nach einem Glaubenskurs für die vielen prekären Leute, die sie erreichen, gesucht und kam zu dem Ergebnis: „Diese Leute lernen den Glauben nicht über kognitive Prozesse kennen. Wir leben mit ihnen und begleiten sie." Die Interaktion mit dem Glauben findet nicht im Rahmen von Lehre, sondern von Gemeinschaft statt.

30.5.3.3 Spirituelle Interaktion

Das Verstehen ist nur ein Aspekt der Annäherung an den Glauben. Zwei andere sind das Ausprobieren und das Erleben. In der Greifswalder Konversionsstudie gaben 93 Prozent der Befragten an, dass sie auf dem Weg zum Glauben irgendwann im Stillen zu beten anfingen (Zimmermann u. a. 2010:142). Vielleicht ist das Gebet in unserer Gesellschaft sogar die häufigste Interaktion mit dem Glauben.

> So exotisch das Beten einer ungläubigen Welt erscheint, so vertraut ist es ihr trotzdem. Beten ist meist immer noch das Erste, was Menschen im Leben vom Glauben begegnet, und das Letzte, wovon sie lassen. Vom kindlichen Abendgebet mit der

> Oma bis zum Stoßgebet des gestressten Teilzeitgläubigen, vom Fußballer, der sich vor dem Elfmeter bekreuzigt, bis zum Geschäftsreisenden, der beim Landeanflug verschämt die Hände faltet gegen seine Flugangst – selbst wer der Institution Kirche schon lange den Rücken gekehrt hat, ertappt sich in Momenten der Not bei der Suche nach innerem Zuspruch. (Schwarz 2009)

Nicht nur selbst praktiziertes Gebet, sondern auch empfangene Fürbitte, durch ein entsprechendes Angebot der Kirche, war für viele (63 Prozent) ein wichtiger Schritt auf dem Weg zum Glauben (Zimmermann u. a. 2010:142). Durch solch ein Gebet erfährt der Empfänger die Zuwendung von Christen und oft genug auch von Gott. Ein Segensgebet kann zu einem Gotteserlebnis werden.

Erlebnisorientierung gehört nicht zu den Lieblingsworten vieler Theologen und wenn die Postmoderne als Erlebnisgesellschaft bezeichnet wird, regt sich bei pflichtbewussten Christen Argwohn. Gott ist entspannter. Er erfüllt zunächst die Herzen der Leute mit Freude (Apg. 14,17) und lässt sich von ihnen fühlen, bevor sie ihn finden (Apg. 17,27). Die Annäherung an den bewussten Glauben über das Gotteserleben ist ein legitimer Weg, der durch christliche Präsenz verstärkt werden kann.

Schon früh fiel mir auf, dass ich in den Erfahrungsberichten von jungen Christen immer wieder Sätze wie den folgenden hörte: „Als ich das erste Mal in die Jugendgruppe/Gemeinde kam, verstand ich überhaupt nichts, aber ich spürte, dass die Leute etwas hatten, was mir fehlte." In unserer Gemeinde berichten immer wieder Menschen, die zum Glauben kommen, dass sie bei uns zuerst etwas gefühlt haben. Manchmal helfen wir nach, indem wir ihnen ein Segensgebet anbieten. Es kommt vor, dass dies für Leute zu einer starken spirituellen Erfahrung wird, zu einem Fühlen des Heiligen Geistes und seines Friedens. Gerade für Leute, denen der kognitive Zugang zum Glauben schwerfällt, kann das ein Meilenstein sein.

30.5.3.4 Commitment und Konsequenz

Wenn die Zeit reif ist, kommt es im Konversionsprozess zu einem Festmachen des Glaubens. Das kann durch sehr unterschiedliche Rituale wie das Gebet der Lebensübergabe, die Taufe oder die Teilnahme am Abendmahl geschehen (Zimmermann u. a. 2010:149). Das löst Veränderungen im Leben aus: Der Glaube wird gewisser, die Freude an Gott nimmt zu, die Verbundenheit mit der Kirche wächst (ebd. S. 165-166). Dies entspricht einem traditionellen Bekehrungsverständnis, dem der Unterschied zwischen dem Vorher und dem Danach wichtig ist. Leider ist es in der postmodernen Stadt nicht immer so einfach. Ihrem fragmentierten Charakter entsprechen fragmentierte (geistliche) Biografien. Der Konversionsprozess wird nicht immer linear durchlaufen und einzelne Lebensbereiche können gleichzeitig in einer sehr unterschiedlichen Nähe zu Jesus sein. Eine weitere Prozess-Skala macht das deutlich (→ Tab. 30.3).

Mitarbeiter-Zurüstung	+ 4	Fortlaufendes geistliches Wachstum: Frucht des Geistes Liebe lernen Haushalterschaft Jüngerschaft Charakterbildung Gebet Zeugnis gemeindliche Aufgabe etc.
	+ 3	Entdecken der geistlichen Gaben
	+ 2	Integration in die christliche Gemeinschaft
	+ 1	Begreifen der Konsequenzen des Glaubens
	0	Persönliche Lebensübergabe
Evangelisation	- 1	Entscheidung zur Lebensübergabe
	- 2	Persönliches Betroffensein
	- 3	Positive Einstellung gegenüber dem Evangelium
	- 4	Verstehen des einfachen Evangeliums
	- 5	Interesse am christlichen Glauben
	- 6	Verschwommenes Bild vom christlichen Glauben
	- 7	Rechnen mit einem „höheren Wesen"
	- 8	Ablehnung alles Übernatürlichen

Tabelle 30.3: Die Engel-Skala (nach Schwarz 1993:33)

Die Engel-Skala wurde von James Engel entwickelt und 1975 veröffentlicht. Sie hat den Vorteil, dass sie evangelistisches Denken von der Fixierung auf den Punkt der Entscheidung befreit und die Vor- und Nachgeschichte der Konversion genauer ins Auge fasst. Ihr Nachteil ist, dass sie eine Aufeinanderfolge suggeriert, die in der Postmoderne nicht mehr gegeben ist. Menschen können sich gleichzeitig an sehr unterschiedlichen Punkten dieser Skala befinden. Manche Menschen, die in Bezug auf den Glauben erst ein sehr verschwommenes Bild haben (- 6), brauchen die Zugehörigkeit zur christlichen

Gemeinschaft (+ 2), um dem Glauben näherzukommen. Musiker, die erst ein Interesse am Glauben haben (- 5), spielen in manchen Gemeinden im Lobpreisteam (+ 4). Und es gibt Leute, die bereits eine Lebensübergabe an Jesus vollzogen haben (0), aber gleichzeitig noch tief im Heidentum stecken (- 7). Dass einer mit Jesus leben möchte, bedeutet in der postmodernen Stadt noch nicht unbedingt, dass er schon verstanden hat, dass Odin jetzt in seinem Leben keinen Platz mehr hat. Wir dürfen darauf vertrauen, dass der Jesus, mit dem er jetzt unterwegs ist, es ihm zeigen wird.

In unserer Gemeinde kam eine Frau zum Glauben, die als Wahrsagerin arbeitete. Die Familie brauchte das Geld und so hörte sie nicht sofort mit diesem Broterwerb auf. Wir haben Leute, die das aushalten und damit umgehen können. Sie kam dann selbst zu dem Ergebnis, dass diese Tätigkeit nicht mehr geht, und riskierte es, damit aufzuhören und die Einnahme zu verlieren. Wir müssen nicht alles klären. Bei den neu Gläubigen ist der eingezogen, der sie „in die ganze Wahrheit führen“ wird (Joh. 16,13). Wenn wir bei der Evangelisation in der postmodernen Stadt eins brauchen, dann ist es die Gewissheit, dass Jesus nicht nur der Urheber, sondern auch der Vollender des Glaubens ist (Hebr. 12,2). Wenn wir Menschen in unsere liebevolle Gemeinschaft aufnehmen, dürfen wir damit rechnen, dass er an ihnen und in ihnen wirkt und ihnen zu seiner Zeit klarmacht, welche Schritte der Veränderung dran sind.

FAZIT

- Evangelisation löst bei vielen Nichtchristen Unbehagen aus, weil mit ihr ein (falscher) Absolutheitsanspruch verbunden wird. Christen verbinden mit Evangelisation oft ebenfalls unangenehme Vorstellungen und Erinnerungen.
- Eigentlich ist Evangelisation, d. h. das „Werben“ für etwas, das uns wichtig ist, die natürlichste Sache der Welt. Eine wichtige Grundlage der christlichen Evangelisation ist jedoch der Respekt vor dem anderen, weil wir Menschen nicht bekehren, sondern beschenken wollen.
- Gott macht sich den Menschen selbst fühlbar. Wenn wir ihnen diesen Gott persönlich vorstellen und bekanntmachen, treten wir immer in eine Gottesgeschichte ein, die es schon vor uns zwischen Gott und den Menschen gab.
- Eine Konversion ist in der Regel ein prozesshaftes Geschehen, das sich meist an der entscheidenden Stelle zu einem Akt des Commitment verdichtet. Dabei kommen oft verschiedene Phasen vor.
  - Kontext: Die persönliche Beziehung zu Christen erhöht die Chance, Jesus zu entdecken. Andere Kontexte (z. B. muslimischer Glaube, negative Erfahrungen mit Christen) machen es schwieriger, ihm zu begegnen.
  - „Krise“ und Suche: Oft führen markante Lebensereignisse zu einer latenten Ansprechbarkeit für den Glauben.

- Kontakt und Interaktion: Dauerhafte Beziehungen zu Christen, Zugehörigkeit und Zusammenarbeit ermöglichen anderen Menschen die Alltagsbeobachtung unseres Lebens. Das Entscheidende sind oft nicht kognitive Informationen, sondern Glaubwürdigkeit und Attraktivität. Eine Annäherung an den bewussten Glauben erfolgt oft über Ausprobieren und Erleben.
- Commitment und Konsequenz: Irgendwann kommt es zu einem Festmachen des Glaubens. Allerdings können einzelne Lebensbereiche in sehr unterschiedlicher Nähe zu Jesus sein. Wir dürfen darauf vertrauen, dass Jesus den Menschen selbst zu seiner Zeit klarmacht, welche Schritte der Veränderung dran sind.

- Was verbinden Sie mit dem Begriff „Evangelisation"? Welche Vorstellungen und Erinnerungen weckt er in Ihnen?
- Wie verlief bei Ihnen selbst der Konversionsprozess? Was war für Sie dabei förderlich, was eher hinderlich? Kennen Sie jemanden, bei dem der Prozess ganz anders verlief als bei Ihnen?
- Bei welchen Themen drücken Sie deutlich Ihr „Dagegen" aus, bei welchen Ihr „Dafür"? Wo sollten Sie mehr schweigen, wo mehr loben?

- Lewis R. Rambo: Understanding Religious Conversion (Rambo 1993). *Das der Greifswalder Studie zugrunde liegende Prozessmodell einer Konversion wird detailliert dargestellt.*
- Johannes Zimmermann und Anna-Konstanze Schröder (Hg.): Wie finden Erwachsene zum Glauben? (Zimmermann & Schröder 2010). *Die Autoren führen in die Greifswalder Studie ein und stellen ihre Ergebnisse detailliert dar.*

Einheit von Christen findet in Form von Stadtnetzwerken statt. Ich stelle dar, wie Netzwerke als lebendige Systeme funktionieren, wie man sie am besten fördern kann und welche Rolle die Person des Netzwerkers dabei spielt.

31. Gemeinsam für unsere Stadt

Urbane Netzwerke

In seinem Aufsatz „Das ‚andere' Wachstumswunder" untersucht der Religionssoziologe Thomas Kern die Erfolgsgeschichte der protestantischen Kirchen in Südkorea (Kern 2001), die sich vor allem in dicht besiedelten Großstädten abspielte. Er spricht von einem „explosiven Wachstum" (ebd. S. 341) und von einem „religiös-kulturelle[n] Erdrutsch", der „zu den interessantesten sozialen Transformationsprozessen der Nachkriegszeit in Südkorea" gehört (ebd. S. 343). Der Anteil der Christen an der Gesamtbevölkerung wuchs im Zeitraum von 1950 bis 1995 von drei auf 20 Prozent (ebd.).

Dass Einheit der Christen ein, wenn nicht *der* Schlüssel für derartige Erfolgsgeschichten ist, ist vielen Christen fraglose Gewissheit. Es ist gut, solche normativen Aussagen einer empirischen Überprüfung zu unterziehen. In Südkorea war der christliche Boom nicht von Einheit, sondern von ausgeprägtem Spaltungsfieber unter den Kirchen begleitet. In dem Zeitraum, in dem der Anteil der Christen an der Bevölkerung von drei auf 20 Prozent wuchs, nahm die Zahl der protestantischen Denominationen von 31 auf 137 zu (→ Abb. 31.1). Zwei Jahre später waren es schon 168 (ebd. S. 346). Die Mehrzahl von ihnen, der zwei Drittel der Christen angehörten, war durch Spaltungen allein innerhalb der Presbyterianischen Kirche entstanden (ebd. S. 344). Vielleicht kommt Gott besser mit unserer Uneinigkeit klar, als wir denken. Oder anders gedeutet: Transformation ist *kein* monokausaler Vorgang. Sie kommt weder allein dadurch zustande, dass ein bestimmter Umstand vorliegt (wie die Einheit der Christen), noch wird sie zwangsläufig verhindert, wenn er fehlt.[306]

306 Es gibt viele ähnliche Beispiele aus der Geschichte des Christentums. Die protestantische Reformation war nicht nur von zahlreichen transformatorischen Auswirkungen begleitet, sondern auch von erbitterter Feindschaft zwischen Christen – auch innerhalb des Protestantismus. Die kraftvolle Transformationsbewegung des frühen Methodismus (18./19. Jahrhundert) ereignete sich im ständigen Pulverdampf theologischer und anderer innerchristlicher Scharmützel. Die Pfingstbewegung hat trotz ihrer erstaunlichen denominationellen Zersplitterung bei den Armen der Erde sehr viel zur Veränderung von Herzen und Verhältnissen beigetragen.

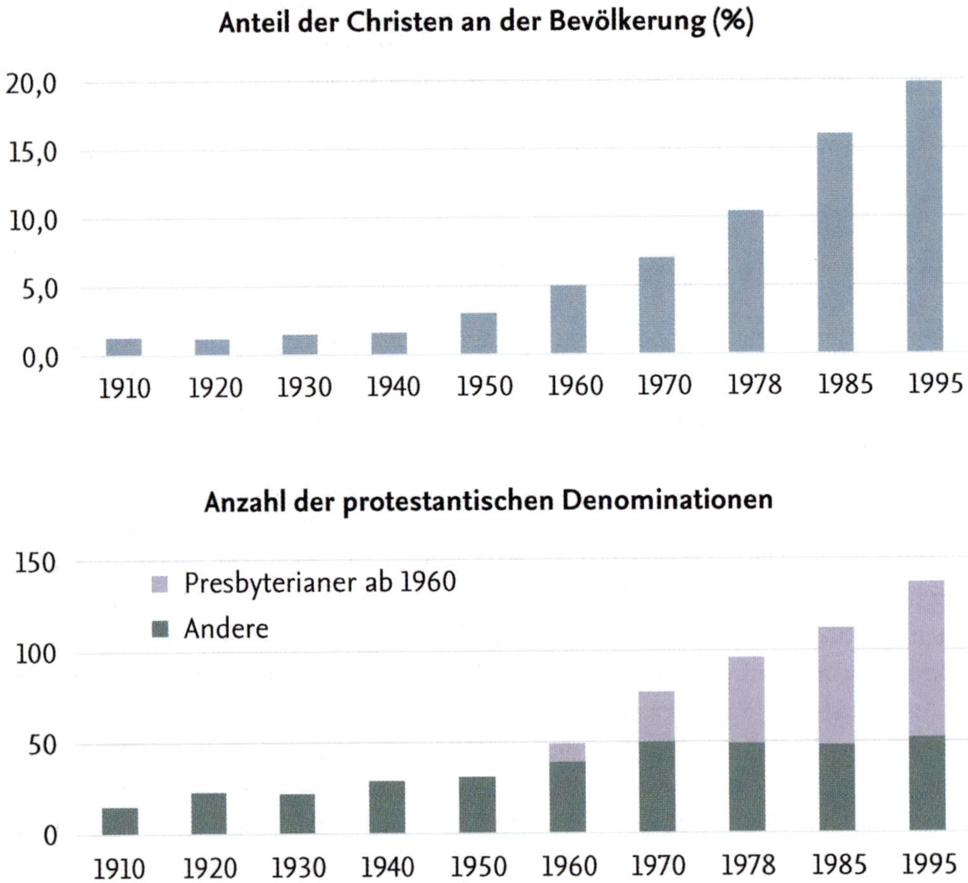

Abbildung 31.1: Anteil der Christen an der südkoreanischen Bevölkerung und Zahl der protestantischen Denominationen von 1910 bis 1995 (nach Kern 2001:344.346)

31.1 Welche Einheit braucht die Stadt?

Wir sollten ein *magisches* Einheitsverständnis – „wenn wir alle eins sind, wird alles anders" – hinter uns lassen. Es führt zu überhöhten Erwartungen und anschließend zu Enttäuschungen, oder wir werden frustriert, weil es uns nur bruchstückhaft gelingt, die Einheit der Stadtgemeinde sichtbar werden zu lassen. Außerdem lähmt es uns, wenn wir meinen, angesichts unserer mangelnden Einheit könne Gott in unserer Stadt nicht viel ausrichten.

Uns von solchen Einheitsvorstellungen zu befreien, hilft uns, Einheit *wirklich* zu schätzen. Einheit ist *nicht* das Mittel zu einem Zweck, und sei es ein so hehrer wie die Transformation der Stadt. Einheit ist ein Wert in sich. Sie ist nicht in erster Hinsicht ein quantitativer Begriff, sondern beschreibt eine Qualität von Beziehung, die Jesus als *agape* – als göttliche Liebe, die Menschen verbindet – bezeichnet (vgl. Joh. 17,23 mit

Joh. 13,35). Meine Mitchristen sind für mich nicht wertvoll, weil wir gemeinsam mehr bewegen können, sondern weil sie meine Schwestern und Brüder sind.

Einheit ist auch nicht die Voraussetzung für Transformation, sondern selbst schon ein Ausdruck von Transformation. Durch Jesus werden in der Stadt Menschen miteinander verbunden, die sonst getrennt wären. Auch das ist zuerst eine qualitative, keine quantitative Aussage. Wenn Menschen, die in der Stadt ausgegrenzt sind, in der Gemeinde gleichberechtigt und geachtet dazugehören, wenn Mitglieder gesellschaftlicher Gruppen, die einander feind oder fremd sind, in der Gemeinde einträchtig zusammenleben, *dann* zeigt sich die Einheit, um die Jesus gebetet hat, dann wird etwas sichtbar von der „Herrlichkeit", die er seinen Jüngern gegeben hat (Joh. 17,22-23).

Auch wenn Vorgänge wie in Südkorea ein *magisches* Einheitsverständnis entzaubern, bleibt ein *pragmatisches* Einheitsverständnis für die urbane Mission sehr wichtig. „Gemeinsam für unsere Stadt" ist ein Motto, das sich viele Christen zu eigen machen, und sie tun gut daran. Allerdings denken sie dabei oft vorrangig an eine *zentrale* Einheit, bei der einflussreiche Leiter oder Initiativen die Christen einer Stadt für bestimmte Aktivitäten versammeln. Diese Form der Einheit hat ihren Wert: Christen erleben sich als Teil eines größeren Ganzen, gemeinsam haben sie für die Stadt eine größere Sichtbarkeit und Gott wird ihrem vereinten Gebet aufmerksam zuhören und darauf antworten. Diese Form der Einheit hat aber auch ihre Grenzen. Ihre hierarchische Struktur entspricht nicht dem Lebensgefühl der Postmoderne. Sie erfordert zeitliche und andere Ressourcen, die nur begrenzt zur Verfügung stehen. Sie erhöht die Zahl der Events, bei denen Christen sich treffen und nicht unter den anderen Menschen ihrer Stadt sind. Und je größer eine Stadt ist, desto schwieriger ist die gesamtstädtische Mobilisierung. Deshalb tritt neben die zentrale Einheit, bei der die Christen versammelt werden und von der eine größere Signalwirkung ausgeht, eine dezentrale Einheit, bei der sie miteinander verbunden werden und die eine größere Nachhaltigkeit hat. Wie diese Einheit als Netzwerk funktioniert und wie sie gefördert werden kann, darum geht es in diesem Kapitel.

31.2 Netzwerke als lebendige Systeme

Netzwerke[307] sind soziale Gebilde, die sich grafisch als Knoten und verbindende Kanten darstellen lassen (→ Abb. 31.2). Die Knoten repräsentieren die *Akteure* des Netzwerks. Dabei kann es sich um einzelne Menschen, um soziale Gruppen oder um Organisationen (wie Gemeinden oder Vereine) handeln. Die Kanten stehen für die *Beziehungen*, die es zwischen den Akteuren gibt. Wer Netzwerke untersucht, hat also eine relationale Perspektive: Ihn interessieren vor allem die Verbindungen zwischen den Akteuren und nicht so sehr ihre individuellen Eigenschaften (Haas & Malang 2010:89-91).

307 Der Begriff „Netzwerk" wurde 1954 von John A. Barnes in die sozialwissenschaftliche Terminologie eingeführt (Quilling u. a. 2013:10).

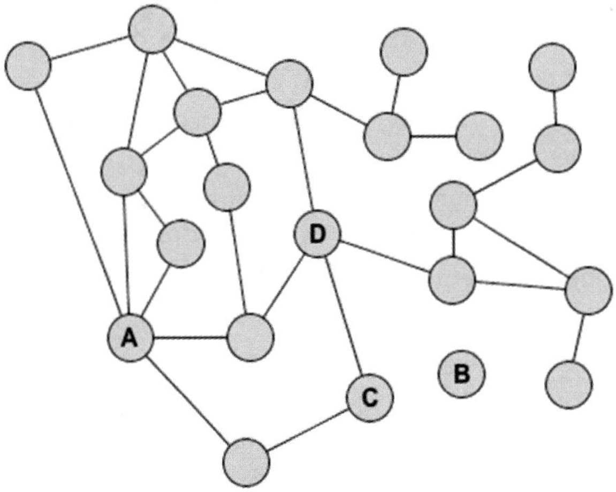

Abbildung 31.2: Ein einfaches Netzwerk aus 22 Akteuren mit 28 Beziehungen

Die Knoten in Abbildung 31.2 könnten zum Beispiel 22 Personen darstellen, die sich gemeinsam in einem Raum aufhalten. Die Kanten könnten zeigen, welche Personen sich bereits miteinander bekannt gemacht haben. A ist kontaktstark und hat schon fünf Visitenkarten ausgetauscht. B ist schüchtern und hat noch niemanden kennengelernt.

Netzwerke sind dynamische Gebilde. Ihre Struktur ändert sich ständig und in ihnen geschieht ständig etwas Neues. Wenn als nächstes C auf B zugeht, sind alle miteinander vernetzt: Keiner kennt jeden, aber jeder kennt mindestens einen. Außerdem hat C schon mit D gesprochen. Jetzt stellt er vielleicht fest, dass B und D ein gemeinsames Interesse haben, und fädelt eine nützliche Koalition zwischen den beiden ein.

Was dieses fiktive Modell im Kleinen zeigt, geschieht in der urbanen Mission täglich im Großen. Die Zahl der Akteure ist viel höher, zu ihnen rechne ich alle, die sich bereits engagieren, aber auch die, die dafür gewonnen werden könnten. Und über bereits bestehende oder neu gebildete Beziehungen geschieht vieles, das der Stadt zugutekommt. Bei diesem Netzwerk handelt es sich wieder um ein lebendiges System. Als solches organisiert es sich selbst (→ Kap. 16.4.1). Man kann seine Möglichkeiten nutzen und man kann es stärken, aber man kann es nicht kontrollieren.

Um das Potenzial des Netzwerks der urbanen Mission zu nutzen und zu stärken, ist es hilfreich, die Prinzipien zu verstehen, nach denen Netzwerke sich selbst organisieren, und die Strukturen, die sie dabei bilden. Einige besonders wichtige Prinzipien und Strukturen werde ich gleich durch Erfahrungen aus meinem eigenen Umfeld erzählend darstellen. Dabei sind die Beispiele nicht willkürlich ausgewählt, sondern ich orientiere mich an Forschungsergebnissen, die für ähnliche Fragestellungen anhand zivilgesellschaftlicher Stadtnetzwerke in Bristol und Glasgow gewonnen wurden (Purdue, Diani & Lindsay 2004; Diani & Lindsay 2004; Baldassarri & Diani 2007).

31.3 Beziehungen in Stadtnetzwerken

31.3.1 Bereits bestehende Beziehungen

Viele Beziehungen, auch untereinander, bringen die Akteure bereits in die urbane Mission mit. Manche haben einen gemeinsamen Herkunftsort, andere besuchen dieselbe Gemeinde und mehrere Gemeinden einer Stadt können zu derselben Denomination gehören. Mein Weg nach Berlin, den ich im Vorwort beschrieben habe, wurde durch solch eine Beziehung gelenkt. Helga studierte zusammen mit meiner Frau und mir am Theologischen Seminar. Nach Studienende zog sie nach Berlin. Wir blieben in Kontakt. Sie erzählte uns von ihrer Gemeinde, der Lukas-Gemeinde in Berlin-Schöneberg. Wir wurden neugierig, besuchten einen Gottesdienst und später machte Helga mich mit ihrem Pastor, Hans-Peter Pache, bekannt. Zwischen ihm und mir kam es schnell zu einer inneren Verbundenheit. Als ich mit meiner Familie bereits die Entscheidung getroffen hatte, nach Berlin zu gehen, suchte die Josuagemeinde, eine Tochter der Lukas-Gemeinde, einen Pastor. Hans-Peter Pache brachte uns zusammen und ich wurde es.

Eine entscheidende Weichenstellung für meinen Weg in die urbane Mission geschah also durch diese bereits bestehende Beziehung zu Helga. Eine fantastische Eigenschaft von Netzwerken spielte dabei eine Rolle: Über die Beziehung zu einer einzigen Person kann für uns potenziell das gesamte Netzwerk dieser Person nutzbar werden.

31.3.2 Wertschätzung und Verbundenheit

Zwischen manchen Akteuren entwickelt sich eine besondere Nähe. Über meine Beziehung zu Hans-Peter Pache habe ich schon geschrieben. Er hatte ähnliche Beziehungen zu anderen Pastoren in Berlin. Sie hatten schon viele Jahre gemeinsam gebetet, sich gegenseitig gestärkt und Wege in die Stadt gesucht. Ich lernte sie kennen und einige von uns bildeten eine kleine Pastorengebetsgruppe. Diese wurde zu einer Keimzelle für viele wichtige Entwicklungen in der Stadt. Gemeinsam für Berlin wurde aus dieser Gemeinschaft geboren und von ihr einige Jahre lang geistlich begleitet.

Es tut der urbanen Mission gut, wenn sich zwischen Engagierten Freundschaft, Vertrauen und Respekt entwickeln. Wenn solche Beziehungen zwischen Leuten aus Gemeinden entstehen, die zueinander ein distanziertes Verhältnis haben, können sie Versöhnung oder Annäherung bewirken. Wenn einer der Beteiligten in seinem Dienst oder persönlichen Leben durch eine Krise geht, kann er hier in einem geschützten Raum Zuspruch oder auch Korrektur empfangen. Es tut jedem Stadtnetzwerk gut, wenn es in ihm nicht nur funktionale, sondern auch freundschaftliche Beziehungen gibt. Voraussetzung ist allerdings, dass Freundschaften nicht zu Seilschaften werden, die sich gegenseitig in Position bringen und an denen vorbei nichts läuft. Cliquenwirtschaft tut einem Stadtnetzwerk nicht gut.

31.3.3 Austausch von Informationen

Am Mittwoch, den 8. November 2006, ging im Büro von Gemeinsam für Berlin eine folgenreiche E-Mail an unseren Geschäftsführer Axel Nehlsen ein. In ihr stand:

> [Sie] kennen [...] sich sicher gut in der „Kirchenszene“ hier in Berlin aus. Von unserer Partnermission vor Ort [...] wird empfohlen, mit einer örtlichen Gemeinde in Partnerschaft zu arbeiten [...] Vielleicht können Sie mir bei meinem Besuch ein paar Namen und Adressen geben.
>
> Gerne würde ich mich einmal mit Ihnen treffen, damit ich etwas mehr über Berlin und die verschiedenen Dienste und Initiativen, die es schon gibt, erfahren könnte. Ich wäre auch an Kontakten zu Leuten interessiert, die Sie kennen, und die eine ähnliche Arbeit tun bzw. tun wollen.

Diese Anfrage wurde „der Beginn einer wunderbaren Freundschaft“. Thomas Hieber, der sie geschrieben hatte, war nach Berlin gekommen, um mit Menschen aus Südasien zu arbeiten. Doch durch den Kontakt zu uns wurde sein Dienst ausgeweitet. Von 2007 bis 2014 leitete er unsere interkulturelle Arbeit und wurde ein großer Segen in der Stadt. Heute führt er eine ähnliche Aufgabe bei Gemeinsam für Hamburg (www.gemeinsam-fuer-hamburg.de) aus.

Viele Beziehungen entstehen durch das Bedürfnis nach Informationen. Man fragt Leute, die man schon kennt, und von diesen bekommt man einen Hinweis auf jemanden, den man noch nicht kennt, der sich aber auskennt.[308] Schon ist das Netzwerk um eine Beziehung reicher und es gehört zum Charme der urbanen Mission, dass man – wie bei Thomas Hieber – nie vorher weiß, was aus diesem Kontakt noch alles erwachsen kann.

31.3.5 Austausch von Ressourcen

In der urbanen Mission werden nicht nur Informationen gebraucht, sondern auch Räume und andere materielle Hilfsmittel. In der postmodernen Stadt ist der Austausch von Ressourcen besonders wichtig, weil viele Akteure materiell nicht gut ausgestattet sind. Was an einer Stelle gebraucht wird, ist immer an einer anderen Stelle vorhanden und kann vermietet, verliehen oder verschenkt werden. Das Medium, durch das Bedarf und Angebot zusammenfinden, heißt Netzwerk.

Ich begleite seit längerer Zeit die Jakobgemeinde in Berlin-Friedrichshain. Zu ihren Räumen gehörte ein Café. Eine andere Ressource fehlte ihr: Mitarbeiter, um dieses Café zu betreiben. In dieser Zeit traf ich mich mit Daniel Manthey, der mir erzählte, dass er

308 Thomas Hieber war durch Leute, die er kannte, auf Gemeinsam für Berlin aufmerksam gemacht worden.

mit einer kleinen Gruppe von Leuten ein Café eröffnen wollte, das mit anderen Aktivitäten verbunden sein sollte. Ich brachte diese Gruppe mit der Gemeinde zusammen. Das Ergebnis war das „Nachbarschaftscafé Klaus Abendbrot" (www.klausabendbrot.de).

In *dichten* Netzwerken ist solch ein Austausch von Ressourcen leicht. In ihnen kennt zwar nicht jeder jeden, aber jeder kennt einen, der den Richtigen kennt.

31.3.5 Partnerschaften

Partnerschaften gibt es in der urbanen Mission auf verschiedenen Ebenen. Mehrere Personen schließen sich zusammen, um eine neue Initiative zu starten. Einzelne Christen lernen eine Gruppe kennen, bei der sie mitarbeiten. Bestehende Organisationen arbeiten zusammen – von der Nutzung gemeinsamer Büroräume bis hin zu Fusionen. Auch hier sind Netzwerke die Umgebung, in der die Partner zusammenfinden.

Auf dem Studientag Gesellschaftstransformation 2008 in Marburg lernte ich Stephan Rauhut kennen. Zusammen mit anderen hatte er die Absicht, im darauffolgenden Jahr in Berlin als Gemeinschaft ein ganzheitliches Gemeindegründungsprojekt zu starten. Als die Gruppe im Sommer 2008 eine erste gemeinsame Erkundungstour in die Hauptstadt unternahm, traf ich sie zu einem inspirierenden Abend im Biergarten Prater. Aus diesen ersten Kontakten entstanden langjährige Partnerschaften.

Schon damals hatte ich ihnen meine Einschätzung mitgeteilt, dass Moabit ein guter Standort für eine solche Gründungsinitiative sein könnte. Durch andere Netzwerkbeziehungen stieß die Gruppe in diesem Stadtteil auf die leer stehende Reformationskirche, die ihr inzwischen für 99 Jahre übertragen wurde, um sie mit neuem Leben zu füllen. Dadurch wurde die Refo-Gemeinschaft (www.refo-moabit.de) Partner der evangelischen Landeskirche, unter deren Dach sie arbeitet. Ich selbst bin ein weiterer Partner geblieben und habe sie als Mentor begleitet. Einige Leute wurden durch mich auf die Refo aufmerksam, darunter meine Tochter, die sich ihr anschloss und mit ihrer Familie nach Moabit zog. Moabit hat ein reiches zivilgesellschaftliches Leben. Als „Kirche im Kiez" ist die Refo vielen ein Partner geworden (→ Kap. 12.2.3).

Alle diese Arten von Beziehungen finden ständig in der urbanen Mission statt, auch an Orten, an denen sich niemand explizit der Netzwerkarbeit verschrieben hat. Sie zeigen, wie Netzwerke als lebendige Systeme sich schon allein dadurch organisieren, dass Leute ein Bedürfnis nach Freundschaft, Information, Ressourcen und Zusammenarbeit haben.

31.4 Kooperation in Stadtnetzwerken

Enge oder lose Partnerschaften sind, wie wir gerade gesehen haben, wichtige Netzwerkbeziehungen der urbanen Mission. In Bristol und Glasgow fand die Selbstorganisation der Stadtnetzwerke ihren Ausdruck in vier Kooperationsformen (→ Tab. 31.1), die für den Zusammenhalt und die Wirksamkeit besonders wichtig waren (Purdue, Diani & Lindsay 2004:279-280). Die Vermutung liegt nahe, dass es sich um Grundbedürfnisse solcher Netzwerke handelt. Ich finde sie alle in meiner Stadt wieder.

	Wenige Partner	Viele Partner
Ähnliche Interessen	Personelle Verflechtung	Bereichsforen
Ergänzende Fähigkeiten	Projekt-Partnerschaften	Schnelle Hilfe

Tabelle 31.1: Kooperationsformen zwischen Akteuren in Stadtnetzwerken (nach Purdue, Diani & Lindsay 2004:280)

31.4.1 Bereichsforen

In Bereichsforen treffen sich Engagierte, die ein gemeinsames Anliegen verbindet. Dabei kann es sich um soziale Gerechtigkeit, interkulturelle Beziehungen oder das Gebet für die Stadt handeln. Manche Foren dienen vor allem dem Austausch von Informationen und dem Kontakt, andere führen gemeinsame Aktionen durch.

Solche Foren spielen in der Arbeit von Gemeinsam für Berlin eine wichtige Rolle. Ein Beispiel ist das „Forum Straffälligenhilfe". Ehrenamtliche Vollzugshelfer, die in kleinen Teams oder als einzelne in verschiedenen Haftanstalten im Einsatz sind, finden in ihm einen gemeinsamen Rahmen für ihr Engagement. Die Themen, die sie beschäftigen, die Herausforderungen, denen sie begegnen, die Anliegen, für die sie beten, sind so spezifisch, dass der Austausch und das gemeinsame Gebet nur in einem Forum Gleichgesinnter intensiv geschehen können.

Außerdem bietet solch ein Forum eine Einstiegsmöglichkeit in dieses Engagement. In vielen Gemeinden gibt es ein, zwei oder drei Leute, die ein Herz für Strafgefangene haben. In der eigenen Gemeinde stößt ihr Anliegen vielleicht auf wenig Resonanz. Das ist verständlich, weil andere diese Berufung nicht haben. Für die Betreffenden ist es dennoch betrüblich, weil sie sich mit ihrem Wunsch allein fühlen. Sobald über Netzwerkbeziehungen ein Kontakt zum Forum Straffälligenhilfe zustande kommt, ändert sich das.

Wenn eine Gemeinde in Bezug auf urbane Mission noch in den Anfängen steckt und sich zunächst nur Einzelne auf den Weg in die Stadt machen (→ Kap. 19.4.2), schaffen es nicht alle, das auf eigene Faust zu tun. Manche brauchen eine Dienstgruppe. Nicht immer kann diese in der eigenen Gemeinde gebildet werden. Je mehr Anlaufstellen es für Teilbereiche der urbanen Mission gibt, desto leichter ist es, eine passende übergemeindliche Dienstgruppe zu finden, egal ob diese Anlaufstellen „Forum" heißen oder nicht.

34.4.2 Personelle Verflechtung

In Bristol und Glasgow hat es sich als sehr wertvoll erwiesen, dass manche Engagierte gleichzeitig in mehreren Organisationen tätig sind. Das stärkt den Zusammenhalt und fördert gegenseitige Inspiration. Das Gleiche gilt für die urbane Mission. Christen, die sich engagieren, tun das oft an mehr als einer Stelle. Ein typischer Fall ist, dass sie sowohl in der eigenen Gemeinde als auch in einer außergemeindlichen Initiative mitarbeiten. Durch solche personellen Verflechtungen können Dienste besonders eng miteinander verbunden sein.

Die Lukas-Gemeinde in Berlin-Schöneberg hat ihr Gemeindehaus an der Kurfürstenstraße, einem traditionellen Revier der Berliner Straßenprostitution. Wer abends die Gemeinde verlässt, sieht auf der Straße die Frauen, die dort in eindeutigem Outfit auf Kunden warten. Wenige Meter weiter beginnt der Drogen- und Armutsstrich, auf dem die Frauen besonders schlimm dran sind. Aus den Reihen der Gemeindemitglieder kam es immer wieder zu diakonischem Engagement. Zuerst geschah das im Rahmen einer christlichen Teestube. Daraus entstand später der Verein „Neustart" (www.neustart-ev.de), der mit einem Kontaktcafé am Straßenstrich in beeindruckender Weise einen Ort der Liebe und der Gastfreundschaft für diese Frauen geschaffen hat und ihnen auf vielfältige Weise dient. Durch personelle Verflechtung bleibt die Arbeit des Neustart eng und lebendig mit der Lukas-Gemeinde verbunden, die ihn als Teil ihres diakonischen Dienstes ansieht und auch finanziell unterstützt. In der Gemeinde wird für die Arbeit gebetet und Mitarbeiter werden gesegnet. Gleichzeitig ist aber wichtig, dass der Verein unabhängig und übergemeindlich arbeitet, sodass auch andere sich engagieren, die nicht zur Lukas-Gemeinde gehören.

Um ganz andere personelle „Doppelfunktionen" geht es beim nächsten Beispiel. Ich habe bereits erzählt, wie die Christliche Freiwilligenagentur als Arbeitszweig von Gemeinsam für Berlin entstanden ist (→ Kap. 16.6). Einige Jahre später standen wir erneut vor einer ähnlichen Situation. Eine Initiative zur Gründung einer Berliner Internetmission (www.gottinberlin.de) war entstanden und hätte diesen neuen Dienst gern ebenfalls als Arbeitszweig von Gemeinsam für Berlin gestartet. Im Vorstand sprachen wir darüber und kamen zu dem Ergebnis, dass wir für unsere Aufgabe als Netzwerkinitiative – ich werde sie noch näher beschreiben – eine schlanke Organisation ohne Hierarchien und Abteilungen bleiben müssen. Das führte dann dazu, dass die Internetmission einen neuen Verein gründete, aber auch zur Ausgliederung der Freiwilligenagentur in einen eigenständigen Verein. Wir boten beiden entstehenden Vereinen an, sie durch Personalunionen zu unterstützen. Unser Geschäftsführer Axel Nehlsen wurde in beiden Vereinen Vorsitzender. Auf diese Weise stehen unsere Netzwerkressourcen ihnen zur Verfügung und wir bleiben eng mit ihnen verbunden.

31.4.3 Projekt-Partnerschaften

Von Partnerschaften war schon die Rede. Aus ihnen können langfristige gemeinsame Projekte erwachsen. Partner bündeln ihre Ressourcen, um effektiver arbeiten zu können. Vielleicht bringt der erste das Know-how, der zweite die nötigen Kontakte und der dritte geeignete Räume in die Partnerschaft ein.

Manche Partnerschaften sind langfristig und brauchen eine gute Vorbereitung. 2014 gründeten das Theologische Seminar Rheinland (www.tsr.de) und Gemeinsam für Berlin ein Institut für urbane Transformation (www.stadtinstitut-bit.de), das sich zurzeit in seiner Aufbauphase befindet. Leitung und Vorstand sind paritätisch von beiden Partnern besetzt, durch eine schriftliche Vereinbarung haben wir eine tragfähige Grundlage gelegt. Doch neben diesen Hauptpartnern sind weitere mit im Boot oder werden zukünftig dazukommen. Das kann auch ad hoc geschehen. Als wir den Plan des Instituts das erste Mal bei einem Netzwerktreffen bekannt machten, bot uns der Christburg-Campus (www.christburg-campus.de), ein freier Träger für christliche Schulen und Kitas, spontan Büroräumlichkeiten an.

31.4.4 Schnelle Hilfe

In Netzwerken geht es nicht nur um langfristige Kooperationen. Wenn sie gut funktionieren, ist über sie in vielen Fällen schnelle Hilfe bei logistischen Problemen, bei akutem Informationsbedarf und in Krisensituationen möglich. Das Prinzip ist schon bekannt: Man kennt immer jemanden, der jemanden kennt, der helfen kann oder Ahnung hat. Organisationen, die voneinander wissen, können Hilfesuchende schnell an die jeweils richtige Stelle vermitteln. Wer in einer bestimmten Sache Rat braucht, findet im Netzwerk den Spezialisten. Ein Sitzungsraum lässt sich kurzfristig organisieren. Und man kann Menschen in Bedrängnis beistehen.

Anne Rauhut saß an einem Montagabend in ihrem Hauskreis. Ein Freund rief an und teilte ihnen mit, dass eine Iranerin, die in ihrer Heimat politisch verfolgt wurde und in Deutschland Christin geworden war, in vier Tagen abgeschoben werden sollte. Anne Rauhut erinnerte sich, dass Piloten von ihrem Weisungsrecht Gebrauch machen und den Transport verweigern können, wenn Sicherheit und Ordnung an Bord gefährdet sind. Sie und ihr Mann wurden per Telefon und Fax aktiv. Am Flughafen kannten sie einen gläubigen Manager, der Unterstützung versprach. Per Telefon erreichten sie eine Landtagsabgeordnete, die Mitglied des Petitionsausschusses war, der zwar kein Bleiberecht erteilt, aber eine nochmalige Überprüfung empfohlen hatte. Die Abgeordnete fasste das Ergebnis zusammen und faxte es an den Manager. Der brachte das Dokument zu dem diensthabenden Piloten, informierte ihn und arrangierte ein direktes Telefongespräch mit der Abgeordneten. Der Pilot entschied sich, den Transport zu verweigern, wenn die Frau sich wehrte. Doch diese saß bereits am Flughafen im Gewahrsam und war nicht mehr erreichbar. Als sie zum Flugzeug geführt wurde, brach sie zusammen. Der Pilot hielt Wort und weigerte sich, sie mitzunehmen. Die Frau wurde in eine christliche Klinik eingeliefert. Anne Rauhuts Schwiegermutter kannte den leitenden Arzt und nahm ihm das Versprechen ab, die Frau solange wie möglich im Krankenhaus zu behalten, damit neue Anstrengungen für ihr Bleiberecht geschehen konnten. Die Presse schaltete sich ein, der Pilot wurde als Held gefeiert, Politiker setzten sich für die Frau ein und nach wenigen Tagen erhielt sie ihr Bleiberecht (Rauhut 2009:82-85). Bestehende Netzwerkbeziehungen (informierender Freund, hilfsbereiter

Manager, über die Schwiegermutter erreichbarer Arzt) wirkten mit spontan gebildeten (Abgeordnete, Pilot) zusammen und ermöglichten den guten Ausgang.

Die meisten Kooperationsformen sind nicht so spektakulär wie dieser Fall. Sie gehören zum Alltagshandeln der Engagierten einer Stadt. Aber sie bewirken sehr viel. Und sie zeigen, wie viel „Einheit" ein Netzwerk ganz aus sich selbst heraus organisiert, ohne dass irgendjemand sich das Thema der „Einheit" auf die Fahne geschrieben hat. Für viele Herausforderungen des städtischen Lebens ist diese Einheit wichtiger als ökumenische Verlautbarungen auf Kirchenleitungsebene. Und es gibt sie auch da, wo Kirchenleitungen zerstritten sind.[309]

Wer immer sich für die Einheit der Christen seiner Stadt engagieren will, sollte zunächst wertschätzend feststellen, wie viel Einheit schon selbstverständlich da ist. Die Einheit der Christen unserer Stadt beginnt nie mit unserer Initiative. Ein Stadtnetzwerk ist nie etwas, das durch uns erst hergestellt wird, sondern etwas, das wir vorfinden und das wir fördern, verstärken und ergänzen können. Das allerdings ist eine lohnende Aufgabe.

31.5 Die Struktur selbstorganisierter Netzwerke

Eine Frage war für die Forscher in Bristol und Glasgow besonders interessant: Welche Form nehmen Netzwerke ein, die sich in einer Stadt bilden? Ist ihre Struktur eher *hierarchisch* oder eher *polyzentrisch* (→ Abb. 31.3)? In einem hierarchischen Netzwerk gibt es einige zentrale Akteure, die mit einer Vielzahl von peripheren Akteuren verbunden sind, die wiederum untereinander kaum Beziehungen haben. Bei den zentralen Akteuren laufen alle Fäden zusammen, sie haben viel Übersicht und Einfluss, sie verkörpern die Einheit des Netzwerks. Polyzentrische Netzwerke zerfallen dagegen in eine Reihe von *Clustern*, innerhalb derer es regen Austausch und Zusammenhalt gibt, die aber untereinander nur locker verbunden sind.

309 Diese vernetzte Einheit war auch in Südkorea in verschiedenen Gesellschaftsbereichen wirksam. Während Kirchenleitungen neue Denominationen produzierten, hatten Netzwerke von Christen in der Politik, im Bildungssystem, im Militär und in anderen Bereichen weitreichenden Einfluss (Kern 2001:353-357).

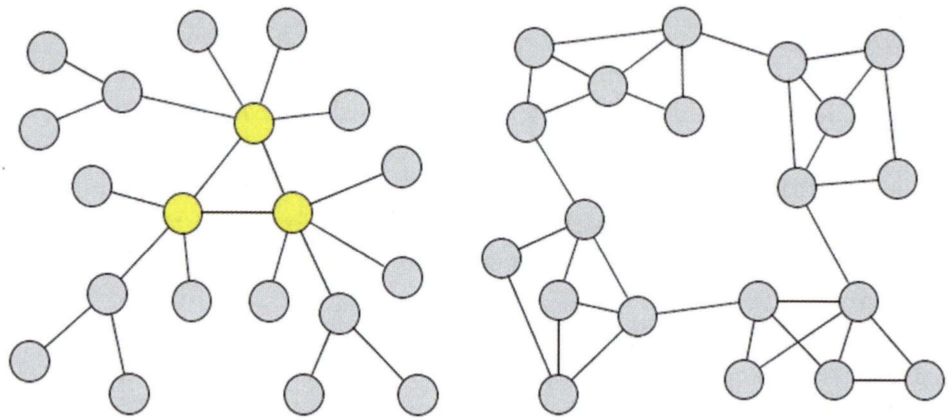

Abbildung 31.3: Hierarchische und polyzentrische Netzwerkstruktur
(nach Baldassarri & Diani 2007:741)

In der Theorie wird häufig das hierarchische Netzwerk favorisiert. In ihm können Leute schneller mobilisiert, der Austausch von Ressourcen kann leichter koordiniert werden (Marwell, Oliver & Prahl 1988).[310] Doch das Ergebnis der Forschungen ist eindeutig: Stadtnetzwerke bilden sich mit polyzentrischer Tendenz. Die meisten Beziehungen, der intensivste Austausch und die engste Zusammenarbeit finden in überschaubaren Clustern statt. Zwischen diesen Clustern gibt es losere Beziehungen, die den Gesamtzusammenhang des Netzwerks sichern.

31.5.1 Starke und schwache Beziehungen

Warum und wie entsteht diese Struktur? Sie ist das Ergebnis davon, dass es innerhalb des Netzwerks *starke* und *schwache* Beziehungen gibt (Avenarius 2010). Vereinfacht lassen sie sich wie folgt unterscheiden: „Starke Beziehungen verbinden Freunde, schwache Beziehungen vernetzen Bekannte“ (ebd. S. 100). Starke Beziehungen erfordern emotionale Nähe und brauchen Zeit (sowohl hinsichtlich der Dauer der Beziehung als auch der Häufigkeit der Begegnungen). Man kann nur eine begrenzte Zahl von ihnen aufrechterhalten. Oft gehen sie mit *sozialer Homophilie* einher. Es ist einfacher, enge Beziehungen mit Leuten zu pflegen, denen man ähnlich ist. Dadurch tragen starke Beziehungen zur Fragmentierung von sozialen Systemen bei (Granovetter 1983:202). Im Stadtnetzwerk bringen sie die Cluster hervor, in denen sich Engagierte verbinden, die ähnliche Anliegen vertreten oder sonst größere Gemeinsamkeit haben.[311] In ihnen fühlt man sich eins, bestärkt sich gegenseitig und lebt Solidarität.

310 Allerdings sind diese Netzwerke auch anfälliger. Wenn die zentralen Akteure ausfallen, zerfällt das Netzwerk (Baldassarri & Diani 2007:741).
311 Bereichsforen können solche Cluster sein.

Schwache Beziehungen sind weniger anspruchsvoll. Sie können entstehen, wenn Menschen sehr unterschiedlich sind, sich nur gelegentlich treffen oder bei ihrer Begegnung nur praktische Zwecke verfolgen. Für den Austausch von Ressourcen und Informationen und für gelegentliche Ad-hoc-Koalitionen sind sie hervorragend geeignet. Im Netzwerk schaffen sie die Verbindungen zwischen den Clustern. In jedem Cluster kennt jemand Leute aus anderen Clustern. Diese Beziehungen werden nur bei Bedarf aktiviert – dann allerdings können sie sehr effektiv sein.

Für viele Christen sind starke Beziehungen das Ideal. In ihnen erleben sie Gemeinschaft und Zugehörigkeit. Durch sie können sie aber auch anderen Gemeinschaft und Zugehörigkeit schenken. *Deshalb sind starke Beziehungen in der urbanen Mission unverzichtbar.* In der postmodernen Stadt, in der es an vielen Stellen einen Gemeinschaftsverlust gibt, können durch Menschen, die starke Beziehungen lieben und leben, neue Orte der Gemeinschaft entstehen. Menschen mit einer starken Beziehungsorientierung sind wichtig für pastorale Dienste und als sozialer Kitt in sozialen Gruppen.

Gleichzeitig ist in der urbanen Mission *unverzichtbar, dass nicht alle Christen starke Beziehungen anstreben.* Diese haben nämlich auch ihre Schwächen. Weil starke Beziehungen pflegeintensiv sind, beschränken sich ihre Liebhaber meist auf einen überschaubaren Kreis. Deshalb sind diese Christen oft nur wenig am gesamtstädtischen Engagement interessiert oder außerhalb ihrer Cluster kaum in der Stadt vernetzt: „Je mehr starke Beziehungen ein Akteur aufweist, desto schwächer ist er in das Gesamtnetz eingebunden, weil die kohäsive Subgruppe viel Zeit und Energie verbraucht" (Schweizer 1996:118). Wenn eine christliche Gemeinde wächst, macht die Liebe zu starken Beziehungen eine missionarische Außenorientierung immer schwieriger. Die Leute bekommen das Gefühl, miteinander nicht mehr vertraut genug zu sein, und ihr Bedürfnis, die innere Gemeinschaft zu stärken, ist stärker als ihr Drang, nach außen wirksam zu werden.

Glücklicherweise gibt es auch Menschen, die gern schwache Beziehungen pflegen. Sie sind nicht herzlos oder oberflächlich, sondern sie können ihr Herz in kurzen Begegnungen schnell öffnen, dann aber auch ohne Verlustgefühle schnell wieder schließen, wenn die Begegnung vorbei ist. Sie sind der Pool, aus dem sich urbane Netzwerker rekrutieren. Um ihren Wert zu erkennen, lohnt es sich, sich einige Gedanken über „die Stärke schwacher Beziehungen"[312] zu machen.

31.5.2 Die Stärke schwacher Beziehungen

Wer starke Beziehungen liebt, fühlt sich meist zu ihm ähnlichen Menschen hingezogen, mit denen er viel Zeit verbringt. Das hat Auswirkungen: Die Menschen, zu denen er eine starke Beziehung hat, lernen einander früher oder später kennen. Es ist kaum

312 So lautet der Titel eines der meistzitierten soziologischen Zeitschriftenaufsätze (Granovetter 1973).

vorstellbar, dass die beiden besten Freunde eines Menschen sich nicht irgendwann auf einer seiner Geburtstagsfeiern begegnen. Menschen mit lauter starken Beziehungen verbinden also kaum sozial getrennte Gruppen (Granovetter 1973:1362-1363). In der Sprache der Netzwerkforschung heißt das: „Keine starke Beziehung ist eine Brücke" (ebd. S. 1364).

Durch starke Beziehungen verbundene Menschen haben in der Regel auch einen ähnlichen Pool an Informationen. Mark Granovetter hat festgestellt, dass die Freunde, mit denen jemand starke Beziehungen hat, kaum bei der Jobsuche helfen können. Sie kennen keine anderen Job-Möglichkeiten als der Betreffende selbst. Bekannte aus anderen Bereichen der Gesellschaft sind in diesem Fall die wichtigen Tipp-Geber (ebd. S. 1371-1372). Wer sie nicht hat, ist benachteiligt. Eine Stärke von schwachen Beziehungen ist also, dass man durch sie an neue Informationen und Anregungen kommt, die das engere Umfeld einem nicht bietet.

Robert Calvert war viele Jahre Pastor der Scots International Church in Rotterdam. Er gehört zu den Leuten, mit denen mich eine schwache Beziehung verbindet. Wir haben uns insgesamt vier Mal getroffen. Jedes Mal waren wir sofort miteinander warm und haben uns gegenseitig inspiriert. Leute, mit denen ich eng verbunden bin, können mich kaum in eine neue Welt einführen. Ich kenne ihre Welt schon. Aber Robert Calvert konnte mir neue Türen aufstoßen. Er fädelte die Einladung ein, durch die ich meine Berufung in die interkulturelle Arbeit erhielt (→ Kap. 22.5). Seine Erfahrungen halfen mir bei den ersten Schritten. Bei einem Besuch in Berlin konnte er mir Kontakte zu Pastoren von Migrantengemeinden vermitteln, die er als interkultureller Netzwerker auch in unserer Stadt bereits hatte.

Solche Forschungsergebnisse und Erfahrungen lassen uns den Wert von Liebhabern schwacher Beziehungen für die urbane Mission erkennen. Sie können mit einer viel größeren Zahl von Menschen auf gute Weise verbunden sein. Deshalb kennen sie genug Menschen, um immer jemanden zu kennen, der jemand kennt, der das hat oder weiß, was gerade gebraucht wird. Sie finden leicht einen Draht zu Menschen, die ihnen nicht ähnlich sind, weil sie sich auf unterschiedliche Milieus einstellen können. Zu Gruppen, die man kaum zu einem gemeinsamen Treffen versammeln könnte, können sie gute Beziehungen aufbauen und dadurch beide miteinander verbinden. „Alle Brücken sind schwache Beziehungen" (ebd. S. 1364). Und Brücken braucht die Stadt.

„Je mehr schwache Beziehungen [...] ein Akteur unterhält, desto besser kann er die Beschränktheit kohäsiver Kreise überwinden, desto mehr unterschiedliche Information erhält er und desto besser ist seine Einbindung in das gesamte Netzwerk" (Schweizer 1996:118-119). Wir haben das bereits bei den *Cosmopolitans* festgestellt (→ Kap. 19.3.2.3). Sie sind in einer Gemeinde die, die über den Tellerrand hinausschauen, ständig neue Informationen von außen aufnehmen und am leichtesten für eine stadtweite Perspektive zu gewinnen sind. Bei Leuten mit der Berufung von Netzwerkern wird dieses Potenzial übergemeindlich wirksam.

31.6 Netzwerker

Jetzt ist es Zeit, die Person des *Netzwerkers* näher zu betrachten. Es gibt ihn nicht erst, seit es den Begriff Netzwerk gibt. Netzwerke gehörten schon immer zum Wesen des Sozialen und deshalb finden wir Netzwerker der urbanen Mission bereits im Neuen Testament. Der Prototyp ist Barnabas, an dem es so viel zu entdecken gibt, dass er im Mittelpunkt des auf dieses Kapitel folgenden Exkurses steht. Jetzt geht es zunächst um die heutige Bedeutung von Netzwerkern. Was tun sie und welche Persönlichkeitsmerkmale besitzen sie?

Weil Netzwerke sich als lebendige Systeme selbst organisieren, ist es nicht die Aufgabe von Netzwerkern, sie zu „gründen". Weil Netzwerke als lebendige Systeme nicht kontrolliert, sondern nur gefördert und ihre Möglichkeiten genutzt werden können, ist es nicht die Aufgabe von Netzwerkern, sie hierarchisch kontrollierend zu leiten. Gefragt ist vielmehr eine dienende, unterstützende Form von Leitung. Netzwerker sind Menschen, deren Berufung solch eine Art der Leitung ist.

Netzwerker kennzeichnen vier wichtige Merkmale: (1) Sie verstehen und fördern Netzwerke. (2) Sie wollen nicht ihre Agenda in Stadtnetzwerke bringen, sondern aufgreifen, was Gott in ihnen tut und was sich in ihnen bewegt. (3) Sie lieben schwache Beziehungen. (4) Ihr Motto lautet: Wen man kennt, ist genauso wichtig wie das, was man weiß. Mit diesen Merkmalen können sie Stadtnetzwerke an jedem Punkt ihrer Selbstorganisation fördern und unterstützen.

Netzwerker interessieren sich dafür, welche Beziehungen im Netzwerk bereits bestehen. Sie stellen fest, wo solche Beziehungen sich schon zu Clustern verbunden haben. Wo gibt es lokale Gebetstreffen in der Stadt? Wo treffen sich Leiter regelmäßig? Welche übergemeindlichen Aktionsgruppen gibt es in bestimmten Bereichen der Stadt? Wer gehört dazu, wer nicht? Mit solchen Fragen schauen sie in die Stadt.

Wenn sie im polyzentrischen Netzwerk der Stadt die sich von selbst bildenden Cluster entdecken, halten sie diese nicht für eine Beeinträchtigung der Einheit der Stadtgemeinde[313], sondern für Bausteine der Einheit. Wo sind zwischen diesen Clustern Synergien oder Kooperationen möglich und sinnvoll? Wie können sie für das größere Ganze der urbanen Mission fruchtbar werden? Wie kann gegenseitiges Lernen und Inspirieren geschehen?

Durch ihre vielen schwachen Beziehungen kennen sie viele Leute in unterschiedlichen Bereichen der Stadt. Aber wenn die Stadt keine Kleinstadt ist oder die urbane Mission in ihr nicht nur wenige Aktive hat, können auch sie nicht alles überblicken. Sie haben nicht den Anspruch, dass die Einheit der Stadtgemeinde darin besteht, dass alles mit „ihrer" Initiative verbunden oder ihnen bekannt ist, sondern freuen sich über alle, die neben und unabhängig von ihnen am Start sind.

Akteure, die miteinander besonders eng verbunden sind, schaffen in Netzwerken

313 Das könnte die Perspektive hierarchischer Leiter sein.

Räume des Vertrauens und der Freundschaft. In der Netzwerkforschung achtet man bei der Erforschung solcher Beziehungen aber auch auf „ihre jeweiligen Gegenteile" (Haas & Malang 2010:91). Darauf achten auch die Netzwerker: Wo gibt es Spannungen, Vorbehalte oder Isolation? Wenn möglich, versuchen sie etwas zur Überwindung beizutragen. Dabei kann ihnen helfen, dass es ihnen leichtfällt, zu sehr unterschiedlichen Leuten Beziehungen zu haben. Wenn zwei nicht miteinander können, kann der Netzwerker oft mit beiden. Das ist eine Chance.

Aufgrund ihrer vielen Beziehungen können Netzwerker beim stadtweiten Austausch von Informationen helfen. Sie haben in viele Bereiche Einblick. Meist haben sie auch ein ausgeprägtes Interesse für das, was in der Stadt läuft. Deshalb können sie oft selbst Auskunft geben, wenn sie gebraucht wird. Wichtiger ist jedoch, dass sie in den meisten Fällen wissen, bei wem man Auskunft bekommen kann oder wie man das herausfindet.

Wenn Netzwerker Teil einer Netzwerkinitiative sind (s. u.), kann diese ein Umschlagplatz für Informationen sein, die bei ihr eingehen und von ihr verbreitet werden. Ein nützliches Medium dafür ist das Internet. Bei Gemeinsam für Berlin haben wir einige Tools entwickelt, durch die Informationen zu denen kommen, die sie haben wollen. Wir versenden monatlich einen Berlin-Newsletter und erhalten gelegentlich von Leuten die Rückmeldung, dass sie mit uns vor allem durch diese Dienstleistung verbunden sind. Ein kleines Redaktionsteam erstellt monatlich eine Gebetsmail, die Betern (Hintergrund-)Informationen zum Gebet für die Stadt liefert. Über unsere Facebook-Seite machen wir immer wieder auf Veranstaltungen und Aktionen in der Stadt aufmerksam, die von anderen durchgeführt werden.[314]

Auch beim Austausch von Ressourcen können Netzwerker die entscheidende Kontaktstelle sein und sie können Beziehungen einfädeln, die zu Partnerschaften führen. Überhaupt macht die Herstellung von Beziehung ihnen viel Freude. Wenn ich meinen Dienst als Netzwerker beschreibe, tue ich das oft mit folgenden Worten: „Ich liebe es, Menschen mit Menschen und Menschen mit Ideen zusammenzubringen." Damit Netzwerker das tun können, müssen sie Menschen kennenlernen und Ideen aufschnappen. Deshalb ist für sie eine weitere Beziehungsart besonders wichtig: die Begegnung ohne Agenda.

Manchmal treffen sie sich mit Leuten, weil sie ein konkretes Anliegen haben. Immer wieder treffen sie sich mit Leuten allerdings auch ohne ein solches.[315] Sie lernen gerne Leute kennen, die sich in der Stadt engagieren (wollen). Sie wollen diese nicht für etwas gewinnen, sondern erfahren, wer sie sind und was sie auf dem Herzen haben. Genau das erweist sich oft als sehr hilfreich. Sie können ihnen Tipps geben oder sie mit den richtigen Leuten in Kontakt bringen. Aus „absichtslosen" Treffen – wenn man das Interesse für einen Menschen nicht als Absicht bezeichnet – entsteht manchmal mehr

314 Außerdem haben wir die Portale www.christen-in-berlin.de und www.gottesdienst-in-berlin.de eingerichtet.
315 Ein visionärer, hierarchischer Leiter würde das möglicherweise als verlorene Zeit ansehen.

Neues als aus Strategietreffen. Deshalb beschreibe ich meinen eigenen Dienst auch gern so: „Ich trinke mit möglichst vielen Leuten möglichst viel Kaffee und Gott sorgt dafür, dass dabei etwas herauskommt.“

Jeder Netzwerker ist auch ein *Unterstützer* und ein *Brückenbauer*. Aber nicht jeder Unterstützer und Brückenbauer ist gleichzeitig auch ein Netzwerker. Netzwerker haben das große Ganze im Blick und fördern Netzwerke auf vielfältige Weise, einige Unterstützer sind vielleicht nur auf die beratende oder begleitende Förderung einzelner Menschen oder Gruppen bedacht. Netzwerker bauen ständig neue Brücken, einige Brückenbauer vielleicht nur eine. Wo Unterstützung viel Zeit und Herz braucht, wo Brückenbau wichtig, aber schwierig ist, kann es ein Vorteil sein, wenn jemand sich in besonderer Weise dieser intensiveren Unterstützung oder diesem besonderen Brückenbau verschreibt. Netzwerke brauchen auch solche Menschen.

31.6.1 Unterstützer

Das Hauptmerkmal von Unterstützern ist, dass sie nicht eigene Dienste im Fokus haben, sondern die Dienste anderer. Sie freuen sich, wenn das Tun anderer gelingt und sie freuen sich noch mehr, wenn sie dazu einen Beitrag leisten können. Ihre Unterstützung kann auf vielfältige Weise geschehen. Beispiele dafür sind Helfer, Berater, geistliche Mütter und Väter und Sponsoren.

1. **Helfer:** Sie stehen nicht gern im Rampenlicht, sondern lieben Hintergrundtätigkeiten. Sie unterstützen Dienste, indem sie das Büro oder die Logistik in Ordnung halten, Brötchen schmieren und Kaffee kochen, für Sauberkeit und Übersichtlichkeit sorgen, im Nebenraum beten, Fahrdienste übernehmen oder Informationen besorgen. Einige von ihnen organisieren größere Events oder werden persönliche Assistenten, andere bleiben unauffällig. Wer sich in Netzwerken der urbanen Mission auskennt, kann sich ausmalen, wie viele Hilfeleistungen ständig in ihnen geschehen. „Echte“ Helfer sind daran zu erkennen, dass sie andere gerne unterstützen, und das nicht tun, weil sie dazu gedrängt werden und nicht Nein sagen können. Außerdem vermitteln sie denen, die sie unterstützen, ein Gefühl von Sicherheit, wenn sie ihnen den Rücken freihalten. Sie verdienen es, dass ihr Engagement anerkannt und wertgeschätzt wird und dass sie nicht ausgenutzt werden.
2. **Berater:** Sie stellen ihr Wissen und ihre Erfahrungen anderen zur Verfügung. Als Mentoren begleiten sie andere bei ihrer Persönlichkeitsentwicklung. Als Coaches helfen sie ihnen, die für bestimmte Aufgaben erforderlichen Fähigkeiten zu entwickeln. In der Begleitung von Freiwilligen unterstützen sie diese bei der Suche nach dem richtigen Einsatzgebiet. In der urbanen Mission helfen sie anderen, Wege in die Stadt zu finden. Wenn Berater gut vernetzt sind und in viele Bereiche der urbanen Mission Einblick haben, geschieht durch sie ein stän-

diger Erfahrungstransfer innerhalb des Netzwerks: Was an einer Stelle gelernt worden ist, vermitteln sie an einer anderen Stelle.

3. **Geistliche Mütter und Väter:** Unser natürliches Leben hat eine Struktur. Wenn es gut läuft, folgen biografische Phasen sinnvoll aufeinander. Im ersten Lebensabschnitt empfangen und lernen wir vor allem. Als Erwachsene setzen wir das Empfangene und Gelernte um, indem wir beruflich oder privat daran mitwirken, etwas zu schaffen und zu gestalten. Das Alter ist die Zeit, loszulassen und weiterzugeben. Das gilt auch für das geistliche Leben eines Menschen. Der 1. Johannesbrief spricht verschiedene „Altersstufen" an (1. Joh. 2,12-14): „Kinder" haben den Vater kennengelernt und empfangen seine Liebe. „Junge Erwachsene" sind stark und überwinden „den Bösen". Sie können etwas aufbauen und sie können sich gegen das stellen, was Leben schädigt und beeinträchtigt. „Mütter und Väter" haben eine Reife und Tiefe erreicht[316], mit der sie Jüngere segnen und fördern können. „Mutter" und „Vater" sind Beziehungsbegriffe: Man ist es nur, wenn man es für andere ist. Der Bedarf an Müttern und Vätern ist groß. Viele Jüngere sehnen sich nach ihnen, weil es in christlichen Gemeinden heute wie zu neutestamentlichen Zeiten oft mehr „Erzieher" als „Mütter und Väter" gibt (1. Kor. 4,15). Was genau geistliche Mütter und Väter ausmacht, ist schwer zu definieren. Aber wenn jemand es ist, erkennen Jüngere es leicht und fühlen sich zu ihnen hingezogen. In Stadtnetzwerken gelingt durch sie der Generationentransfer: Sie geben den Segen der älteren Generation weiter, ohne die jüngere in ihrer Entwicklung einzuengen.
4. **Sponsoren:** Sie geben gern. Manche von ihnen verdienen viel Geld, haben aber wenig Zeit. Deshalb besteht ihr Beitrag zur urbanen Mission vor allem darin, das Engagement anderer finanziell zu unterstützen. Dabei benutzen sie selten die Gießkanne, sondern meist den Schlauch: Sie möchten ihr Geld gezielt an solche Projekte geben, deren Ziel und Durchführung bei ihnen eine positive Resonanz auslösen. Oft wird die Beziehung zwischen Geber und Empfänger über Netzwerkbeziehungen hergestellt.

Netzwerker sind Leiter, die gleichzeitig Unterstützer sind. Sie üben Einfluss aus, aber ihr Einfluss kommt anderen zugute. Sie initiieren viele Aktivitäten, ohne dass diese ihr eigener Dienst werden. Sie geben in Netzwerken Orientierung, aber sie geben keine Weisung.

316 Sie haben Gott als den erkannt, „der von Anfang an ist" (1. Joh. 2,13).

31.6.2 Brückenbauer

Von der Bedeutung der Brückenbauer in der urbanen Mission war schon die Rede (→ Kap. 6.2.3). Die Netzwerkforschung hilft, ihr Engagement noch besser zu verstehen. Wo eine Brücke gebaut wird, gibt es etwas, das überbrückt werden muss: fehlende Beziehungen. In der Netzwerkforschung spricht man von „strukturellen Löchern" (Scheidegger 2010). Wenn in Abbildung 31.4 Person A nicht wäre, hätte die Gruppe B-G keinen Kontakt zum Rest des Netzwerks. Nehmen wir an, dass es sich um ein Netzwerk der urbanen Mission handelt. Durch eine einzige (schwache) Beziehung zu B sichert A den Zusammenhang und damit die praktische Einheit des gesamten Netzwerks. Über A kann die Gruppe Informationen aus der Stadt bekommen und erfahren, was Gott sonst in ihr tut. Über ihn erfährt der Rest der urbanen Missionare, was Gott durch die Gruppe von B in ihrem Bereich der Stadt tut. Und punktuell kann A durch seine sonstigen Beziehungen die Gruppe in Verbindung mit Unterstützern und Ressourcen bringen oder ihre Erfahrungen für andere fruchtbar machen. Vielleicht ist die Gruppe in einem Stadtteil so aktiv, dass sie keine Kapazitäten hat, sich an anderen „Aktionen der Einheit" zu beteiligen. (C schafft es nicht einmal, H zum Essen einzuladen, um eine Beziehung herzustellen, obwohl beide in derselben Straße wohnen.) Durch A kann die Gruppe sich dennoch als Teil der christlichen Stadtbewegung erleben, mit der sie durch ihn verbunden ist.

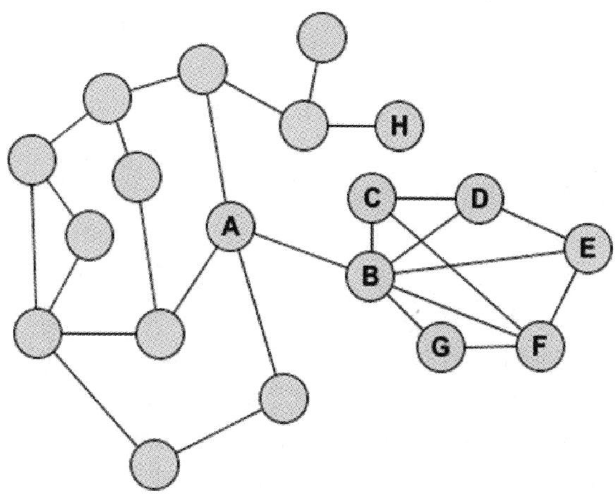

Abbildung 31.4: Brückenbau im Stadtnetzwerk

Strukturelle Löcher entstehen nicht nur durch unterschiedliche Cluster und Einsatzbereiche. Sie können auch Ausdruck von sozialer Distanz sein. Oder sie entstehen, wenn einige Gruppen aufgabenorientiert arbeiten, anderen beziehungsorientiert. Dann wandern Einladungen zu gemeinsamen Aktionen vom Briefkasten direkt ins Altpapier, weil die Empfänger Vorbehalte gegen die Einladenden hegen oder mit ihnen noch keinen

Tee getrunken haben. Brückenbauer sind Menschen, die auf beiden Seiten der strukturellen Löcher Vertrauen genießen und die Akteure auf beiden Seiten verstehen. Dadurch können sie Vorbehalte abbauen und Begegnung, Austausch oder Kooperation herbeiführen. In der Fachsprache heißen sie deshalb *Broker* (englisch für „Makler" oder „Vermittler").

Wie in vielen anderen Bereichen der urbanen Mission ist auch beim *Brokerage* das gemeinsame Essen eine einfache praktische Möglichkeit. Der Brückenbauer kann Leute, die sich sonst nie an einem Tisch treffen würden, zusammen an seinen einladen. Dadurch entsteht zwischen den Gästen zumindest eine schwache Beziehung: Sie kennen sich gegenseitig. Und manchmal entsteht auch mehr.

Gelegentlich wird der Brückenbauer auch als Übersetzer gebraucht. Verschiedene Kulturen, Milieus, Institutionen und bisweilen auch Denominationen sprechen eine unterschiedliche Sprache. Verbale oder nichtverbale Äußerungen, die in einem Kontext verständlich und positiv gefüllt sind, sind in einem anderen nebulös, nichtssagend oder belastet. Dann werden Leute gebraucht, die diese Äußerungen in die jeweils andere Sprache übersetzen. Einigen sind wir schon begegnet. Der *marginal man* (→ Kap. 6.2.3) kann Kulturen einander erklären und zwischen ihnen vermitteln. In Neubrandenburg erklärt Anne Henning politische Vorhaben in der Alltagssprache der Datzeberger (→ Kap. 14.2.3.3). Um Gemeinden in die urbane Mission zu führen, ist es gut, sowohl die Sprache des Abenteuers als auch die des Bewährten zu beherrschen (→ Kap. 19.5.5). *Saltbox* übersetzt in Stoke-on-Trent zwischen engagierten Christen und kommunalen Akteuren (→ Kap. 20.4).

Um Brückenbauer zu sein, braucht man zwei Voraussetzung: (1) Man muss sich mit den Leuten an beiden Rändern des strukturellen Loches gut verstehen. Das ist nicht schwierig, wenn sie sich ähnlich sind und bisher nur noch keine Beziehung hatten. Das ist anspruchsvoller, wenn es große Unterschiede oder Spannungen zwischen ihnen gibt. Dann sind interkulturelle, soziale und geistliche Kompetenz gefragt. Hier kann der *marginal man* (→ Kap. 6.2.3) ein guter Brückenbauer sein, wenn er zu beiden Gruppen gehört. Hier ist der Liebhaber schwacher Beziehungen richtig, weil er sich auf unterschiedliche Gruppen gut einstellen kann. (2) Man muss ein Herz für Einheit, Zusammenarbeit und, wo nötig, Versöhnung haben. Wo Brückenbau schwierig und langwierig ist, braucht man eine starke Motivation, die Mühe auf sich zu nehmen und Rückschläge zu ertragen. Wenn er gelingt, hat es sich gelohnt.

In Bristol und Glasgow stellte Brückenbau eine wichtige Form von Leitung in den jeweiligen Stadtnetzwerken dar (Purdue, Diani & Lindsay 2004:285-286). In hierarchischen Netzwerken wäre die wichtigste Leitungsaufgabe die der zentralen Akteure, in polyzentrischen ist es die der *Broker*. In Bristol erklärte jemand aus einer der Organisationen, die am stärksten in unterschiedliche Bereiche der Stadt vernetzt waren: „Zu meiner Rolle gehört, dieses Cluster mit jenem und jenes mit einem weiteren zu verbinden" (ebd. S. 285). In Glasgow wurde dasselbe Anliegen so formuliert: „Wir suchen aktiv nach Organisationen, die daran interessiert sind, dass um ein gemeinsames Anliegen herum etwas entsteht" (ebd.). Auch in Stadtnetzwerken der urbanen Mission sind Akteure mit solchen Einstellungen unverzichtbar.

31.7 Bewegungsorganisationen / Netzwerkinitiativen

Weil Leute mit einer gemeinsamen Sicht leicht zusammenfinden, ist es nicht unwahrscheinlich, dass die *Broker* einander entdecken. Eine Möglichkeit, ihr Stadtnetzwerk noch effektiver zu fördern, ist für sie, eine *Bewegungsorganisation* zu gründen. Dieser Begriff stammt aus der Erforschung sozialer Bewegungen (Kern 2008:128-134). In ihnen engagieren sich Menschen für gemeinsame größere Anliegen und entwickeln dabei ein „Bewusstsein der Zusammengehörigkeit" (Hillmann 2007:98). Ein solches Anliegen kann zum Beispiel der Umweltschutz oder die Gleichberechtigung von Frauen sein, aber auch die urbane Mission. Eine entsprechende soziale Bewegung ist uns gleich zu Beginn des Buches als missionarische *Graswurzelbewegung* begegnet (→ Kap. 1.2.1).

Solche Bewegungen lassen sich kaum einheitlich organisieren, sondern organisieren sich selbst als Netzwerke. Ein Beispiel ist die Umweltbewegung, die aus vielen unterschiedlichen Akteuren besteht, die sich in ihrem ökologischen Anliegen eins wissen. Sie haben unterschiedliche Schwerpunkte und verfolgen unterschiedliche Strategien, aber sie können auch abgestimmt und vereint handeln, wie Großdemonstrationen gegen Atommülltransporte zeigen.

Bewegungen können durchaus auf der Ebene loser Netzwerke bleiben. Ein Beispiel ist die Punkbewegung, die intern viel heterogener ist, als sich dem bürgerlichen Beobachter von außen erschließt. Eine feste Organisation unter ihnen mit einem „Zentralkomitee deutscher Punks" kann man sich auch mit viel Fantasie nicht vorstellen. Dennoch bilden sich unter ihnen Bewegungsorganisationen. Weil die Punk-Musik innerhalb der bestehenden Musikindustrie wenige Möglichkeiten der Veröffentlichung hatte, entstanden Independent-Labels, kleine Organisationen, die die Verbreitung ermöglichten. Solche Organisationen sind nicht die Bewegung und führen sie nicht an, sondern dienen ihr mit ihren spezifischen Möglichkeiten.

Bewegungsorganisationen gibt es auch in der Umweltbewegung. Dazu gehören der BUND[317], der NABU[318] und Greenpeace, um nur einige wichtige zu nennen. Sie sind nicht die Umweltbewegung, sie leiten die Umweltbewegung nicht, ihnen gehören nicht alle Aktiven an, aber sie sind wichtige Akteure, die die Bewegung stärken und ihr mehr Schlagkraft und Nachhaltigkeit verleihen.

Als solch eine Bewegungsorganisation versteht sich auch Gemeinsam für Berlin. Wir sind nicht die christliche Stadtbewegung in Berlin, aber wir fördern sie. Wir sind eine kleine Organisation, schlank genug, um unsere Stärken flexibel zum Einsatz zu brin-

317 Bund für Umwelt und Naturschutz Deutschland.
318 Naturschutzbund Deutschland.

gen. Wir sind aber auch stark genug, um der christlichen Stadtbewegung auf spezifische Weise dienen zu können. Unsere Stärke kommt unter anderem darin zum Ausdruck, dass wir als eine Organisation Leute anstellen und für die Netzwerkarbeit freistellen können. Gute Netzwerkarbeit erfordert viel Zeit. Wer neben anderen Diensten oder beruflichen Tätigkeiten als Netzwerker im Einsatz ist, kann das immer nur eingeschränkt tun. Freigestellte Netzwerker können mehr Kaffee mit mehr Leuten trinken, mehr Beziehungen aufbauen, mehr Ideen aufschnappen, mehr Verbindungen herstellen und den Austausch von Informationen und Ressourcen intensiver fördern. Dass einige Netzwerker in einer kleinen Organisation zusammengeschlossen sind, intensiviert den Austausch und sorgt dafür, dass das Ganze ihrer Netzwerkbeziehungen mehr ist als die Summe seiner Teile.

Als Bewegungsorganisation sind wir auch eine juristische Person. Wir können anderen Aktivitäten in der Stadt als Träger dienen. Wir haben bei vielen eine größere Sichtbarkeit und Akzeptanz, als wenn jeder auf eigene Faust netzwerken würde. Dadurch können wir in der Stadt mehr inspirieren. Zu dem, was wir inspirieren möchten, gehört das „Bewusstsein der Zusammengehörigkeit“, das für Bewegungen wichtig ist. Deshalb sprechen wir gerne davon, dass „Gemeinsam für Berlin“ nicht die Zugehörigkeit zu einer Institution ist, sondern eine Haltung (→ Abb. 31.5).

Abbildung 31.5: „Gemeinsam für Berlin“ ist eine Haltung, keine Mitgliedschaft.

Ich schließe dieses Kapitel mit praktischen Anregungen zur Förderung eines Stadtnetzwerks und zum Aufbau einer *Netzwerkinitiative* (wie man eine solche Bewegungsorganisation auch nennen könnte) in ihm, egal ob diese Initiative „Gemeinsam für ...“ heißt oder anders. Die Gedanken stammen von Axel Nehlsen aus einem Vortrag im

Jahr 2015. Ich habe den knappen, zusammenfassenden Stil seiner Präsentationsfolien beibehalten.

MODELLE UND BEISPIELE

Eine Netzwerkinitiative aufbauen
Auszug aus einer Präsentation von Axel Nehlsen

Was Vernetzung bringt – über die eigene Gemeinde hinaus:

- das pragmatische Mehr: Gemeinsam erreichen wir mehr.
- das geistliche Mehr: Wir entsprechen dem Willen Jesu.
- mehr Liebe, Koordination, Synergien;
- nach außen: mehr gesellschaftliche Relevanz, von Jesus veränderte Menschen und Milieus.

Wo wollen wir hin in unserer Stadt? Einige Strategiefragen:

- Was haben wir schon an Einheit, Vision, Gemeinsamkeiten, Projekten?
- Was erwächst daraus als organische Folge?
- Was tun andere schon und wir können uns einklinken?
- Was können wir *nur gemeinsam* tun?
- Wo ist Gott schon am Werk und wir können es fördern?

„Wir finden heraus, was Gott in der Stadt tut, und unterstützen die Leute, die er dabei gebraucht" (Vision von Gemeinsam für Berlin).

Motivation und Bewusstsein schaffen für Gottes Reich in der Stadt:

- Hauptauftrag ist es, nicht zuerst *meine* Gemeinde / meinen Dienst aufzubauen, sondern dem Kommen des Reiches Gottes den Weg zu bahnen.
- Wir beten und arbeiten für die Veränderung der Herzen und Verhältnisse.
- Priorität hat der *ganze* Leib Christi in der Stadt *vor* der eigenen Gemeinde, Kirche und Prägung.
- Gesellschaftliche und missionarische Verantwortung für die Stadt sind nur *gemeinsam* wahrzunehmen.

Welchen Bedenken und Vorbehalten begegnet diese Vision in Gemeinden und christlichen Kreisen?

Bedingungen für den Start einer stadtweiten Netzwerkinitiative:

- eine gemeinsame Vision, die über die der einzelnen Personen bzw. Gruppen hinausgeht;
- eine – am besten „neutrale", von allen anerkannte – Schlüsselperson für Koordination und Leitung (d. h. nicht so sehr der visionäre Leiter, der Mitmacher für seine Ideen sucht, sondern ein Beziehungs- und Unterstützungstyp, der verbindet, ermutigt und freisetzt);
- der richtige Kairos (Zeitpunkt) Gottes.

Ein Beispiel: Gemeinsam für Berlin

- Wir *fördern* die Einheit der Christen, ihr Gebet für die Stadt, ihre Sicht für Gottes Wirken in der Stadt und ihr koordiniertes, nachhaltiges Handeln.
- Wir *ermutigen* zum Dienst der Liebe, zu einem missionalen Lebensstil und zum Zeugnis des Glaubens.
- Wir *spüren* auf, wo es Sehnsucht nach Gott, Konzepte für eine gesellschaftsrelevante Kirche und beispielhafte Modelle gibt.
- Wir *ermöglichen* die erforderlichen Beziehungen und vernetzen die Engagierten.

Was ein „Gemeinsam für ..." tun könnte:

- Initiativen starten, wo es kein christliches Engagement gibt (Beispiel Gefängnisarbeit);
- Christen zusammenbringen, die sich über die Grenzen von Konfessionen und Generationen, Kulturen und Ethnien hinweg gemeinsam engagieren (Beispiel Hilfe für Flüchtlinge und Asylsuchende);
- Partner werden von Initiativen, die die gleichen Ziele verfolgen (Beispiel Bürgerplattform / Community Organizing);
- sich am kommunalen Leben beteiligen und Initiativen in der Nachbarschaft fördern (Beispiel Stadtteilkonferenz);
- vor Ort und in Gebetsversammlungen zu städtischen Themen beten (Beispiel Demos, soziale Spannungen).

Fragen für die ersten Schritte:

- Wie können wir Einheit und Gebet für die Stadt fördern?
- In welchem Bereich können wir gemeinsam nachhaltige Veränderung bewirken und damit die Gesellschaftsrelevanz von Christen und Gemeinden befördern?
- Welche Werkzeuge und Wege brauchen wir dazu?
- Welche Verabredungen und Verbindlichkeiten sind wir bereit einzugehen und mit wem fangen wir an?
- Welche Arbeitsgruppen und Aktivitäten sind dazu nötig und für wie lange?
- Was wollen wir von Gott erwarten und erbitten?

FAZIT

- Einheit ist nicht die Voraussetzung für Transformation, sondern ein Ausdruck davon. Besonders wichtig für die urbane Mission ist eine dezentrale Einheit, die die Christen miteinander als Netzwerk verbindet.
- Netzwerke sind lebendige Systeme, die sich selbst organisieren. Man kann ihre Möglichkeiten nutzen und sie stärken, aber man kann sie nicht kontrollieren.
- Netzwerke beruhen auf vielfältigen Beziehungen, die aus dem Bedürfnis nach Freundschaft, Informationen, Ressourcen und Zusammenarbeit entstehen.
- Vier Kooperationsformen sind für den Zusammenhalt und die Wirksamkeit von Stadtnetzwerken besonders wichtig:
  - Bereichsforen, bei denen sich viele Partner mit ähnlichen Interessen für ein gemeinsames Anliegen übergemeindlich zusammenschließen;
  - personelle Verflechtungen, bei denen einzelne Engagierte gleichzeitig in verschiedenen Organisationen tätig sind und dadurch Zusammenhalt und gegenseitige Inspiration fördern;
  - Projekt-Partnerschaften, bei denen wenige Akteure mit ergänzenden Fähigkeiten ihre Ressourcen bündeln, um effektiver arbeiten zu können;
  - schnelle Hilfe bei logistischen Problemen, akutem Informationsbedarf oder in Krisensituationen durch lose Beziehungen zwischen vielen Partnern mit ergänzenden Fähigkeiten.
- Stadtnetzwerke bilden sich mit polyzentrischer Tendenz. Die engste Zusammenarbeit findet in überschaubaren Clustern statt. Sie basieren auf starken Beziehungen, die viel Nähe und Zeit erfordern und oft mit sozialer Homophilie einhergehen. Weniger anspruchsvolle schwächere Bindungen sind u. a. deshalb bedeutend, weil man durch sie neue Informationen und Anregungen kommt, die das engere Umfeld einem nicht bietet.
- Netzwerker fördern als Unterstützer und Brückenbauer Stadtnetzwerke in ihrer Selbstorganisation.
- Eine Möglichkeit, Stadtnetzwerke noch effektiver zu fördern, besteht darin, eine Bewegungsorganisation zu gründen.

?

- Mit welchen anderen Akteuren der urbanen Mission sind Sie vernetzt? Mit welchen Ihre Gemeinde / Initiative?
- Wen kennen Sie, der schwache Beziehungen liebt und zu sehr vielen unterschiedlichen Organisationen, Initiativen und Menschen Kontakt hat?
- Welche Beispiele für die vier Kooperationsformen in Stadtnetzwerken kennen Sie in Ihrer eigenen Stadt?

- Tobias Faix: Sehhilfe 5. Netzwerke verstehen & nutzen (Faix 2012b). *Diese Sehhilfe für die Kontextanalyse vermittelt nicht nur weitere wichtige Einsichten zu städtischen Netzwerken, sondern gibt auch eine Anleitung, bestehende Netzwerke zu erfassen und grafisch darzustellen.*
- Eike Quilling, Hans J. Nicolini, Christine Graf und Dagmar Starke: Praxiswissen Netzwerkarbeit. Gemeinnützige Netzwerke erfolgreich gestalten (Quilling u. a. 2013). *Die Autoren beschäftigen sich mit einem speziellen Typ von Netzwerken, den tertiären (künstlichen) Netzwerken im gemeinnützigen Sektor. Diese zentralisierten Netzwerke wachsen nicht „natürlich", sondern entstehen durch eine Vereinbarung einer begrenzten Zahl von Akteuren, die in einem bestimmten Bereich tätig sind und koordiniert vorgehen wollen. Für solche Netzwerke gelten zum Teil andere Prinzipien, die dieses Buch beschreibt.*

Netzwerke und Netzwerker hatten bereits im Neuen Testament eine große Bedeutung für die urbane Mission. Ich stelle einige von ihnen vor.

Exkurs 4: Netzwerke(r) im Neuen Testament

Netzwerke gab es zu allen Zeiten, auch lange bevor der Begriff geprägt wurde. Sie begegnen uns im Neuen Testament und sind dort ebenfalls von großer Bedeutung für die urbane Mission. Mit ihnen finden wir den Netzwerker vor, den im vergangenen Kapitel beschriebenen Persönlichkeitstyp mit einem spezifischen unterstützenden Dienst. Sein Prototyp ist Barnabas, der langjährige Weggefährte des Paulus.

Von Barnabas lesen wir schon früh in der Geschichte der Jerusalemer Gemeinde. Diese hatte sich nach Pfingsten als ein Netzwerk von Gläubigen formiert, das gleichzeitig zentrale und dezentrale Strukturen besaß. Es gab leitende Akteure – anfänglich die Apostel, später kamen Älteste dazu (Apg. 15,2) – und einen zentralen Versammlungsort, den Tempel (Apg. 2,46). Es gab aber auch dezentrale Treffpunkte; Häuser, in denen die Gläubigen sich „hier und dort" (Apg. 2,46; Lutherübersetzung) versammelten und gemeinsame Mahlzeiten abhielten. In diesem Netzwerk gab es einen regen Ressourcentransfer von den begüterten Jüngern hin zu den bedürftigen. Bei dieser Versorgung scheint anfänglich vieles dezentral und selbstorganisiert verlaufen zu sein: Sie „hatten alles gemeinsam" (V. 44). Doch als einige Leute anfingen, Immobilien zu verkaufen und den Erlös der Armenfürsorge zur Verfügung zu stellen, wurde aufgrund des Umfangs der Mittel und der wachsenden Gemeindegröße eine zentrale Verteilung erforderlich: Man brachte den Erlös und legte ihn „den Aposteln zu Füßen. Jedem wurde davon so viel zugeteilt, wie er nötig hatte" (Apg. 4,34-35). Wir haben gesehen, dass in zentralen Netzwerken der Ressourcenaustausch effektiver koordiniert werden kann (→ Kap. 31.5), auch wenn Netzwerke in der Praxis meist eine andere Struktur annehmen.[319]

In diesem Geschehen hatte Barnabas einen prominenten Platz. Wenn wir von den betrüblichen Vorgängen um Hananias und Saphira (Apg. 5,1-11) absehen, ist er der einzige Immobilienverkäufer, der namentlich genannt wird: „Auch Josef, ein Levit aus Zypern, der von den Aposteln Barnabas, das heißt übersetzt Sohn des Trostes, genannt wurde, verkaufte einen Acker, der ihm gehörte, brachte das Geld und legte es den Aposteln zu Füßen" (Apg. 4,36-37). Bei dieser ersten Erwähnung werden bereits Merkmale genannt, die diesen Mann zum Netzwerker befähigten: (1) Barnabas stammte aus

319 Auch im Stadtnetzwerk von Jerusalem bildeten sich nach einiger Zeit aufgrund sozialer Ähnlichkeiten Cluster, nämlich die der hebräischen und hellenistischen Jünger (Apg. 6,1). Dies führte zu einem Ungleichgewicht in der Armenfürsorge, das überwunden wurde, indem sieben hellenistische Männer mit der Verteilung beauftragt wurden (V. 1-7) Viele Neutestamentler sehen in ihnen nicht nur Diakone, sondern Leiter des hellenistischen Clusters der Gemeinde.

Zypern, gehörte also zu den Hellenisten (→ Exkurs 2). Als solcher war er ein *marginal man* (→ Kap. 6.2.3) und „für die Rolle des Mittlers [...] prädestiniert" (Lindner 1990:204). (2) Der Name „Barnabas", den die Apostel ihm gaben, wird von Lukas als „Sohn des Trostes [oder der Ermutigung]" gedeutet und weist auf den Persönlichkeitstyp des Unterstützers und Förderers hin, der später bei ihm erkennbar wird. (3) Er war bekannt und sein Name hatte einen guten Klang unter den Jüngern. Bekanntheit und ein guter Ruf sind hilfreiche Ressourcen für einen Netzwerker. Er braucht an vielen Stellen Vertrauen. Das setzt voraus, dass er für andere Akteure kein unbeschriebenes Blatt ist.

Das nächste Mal erleben wir Barnabas als *Broker* (→ Kap. 31.6.2). Saulus von Tarsus – später Paulus genannt – war an Jesus gläubig geworden und versuchte, in Jerusalem Verbindung zu den Jüngern zu bekommen. Doch die Gemeinde war dem früheren Verfolger gegenüber misstrauisch und hielt sich von ihm fern (Apg. 9,26). Barnabas erkannte dieses „strukturelle Loch" im Netzwerk der Gläubigen und überbrückte es: Er stellte eine Beziehung zu Saulus her – „nahm sich seiner an" – und „brachte ihn zu den Aposteln" (Apg. 9,27).

Nachdem die hellenistischen Jünger in Antiochia angefangen hatten, das Evangelium auch Nichtjuden zu verkündigen, von denen viele zum Glauben kamen (Apg. 11,20-21), hörte die Gemeinde in Jerusalem von den Vorgängen. Sie „schickten Barnabas nach Antiochia" (V. 22). Auch hier überbrückte Barnabas ein „strukturelles Loch". Eine solche Lücke im Netzwerk bedeutet nicht unbedingt, dass es gar keine Verbindungen zwischen den Akteuren gibt. Immerhin hörten die Jerusalemer von den Vorgängen. Aber die Verbindungen laufen über so viele Stationen, dass es beim Hörensagen bleibt und keine echte Interaktion geschieht. Die hellenistischen Jünger hatten nach der Vertreibung aus Jerusalem auf eigene Faust evangelisiert, zuerst in ihren jüdischen Netzwerken, danach in Antiochia auch darüber hinaus (V. 19-20). Jetzt war es Zeit für die enge Rückbindung an die Muttergemeinde. Durch Barnabas konnten die Jerusalemer genauere Informationen über die Antiochener erhalten und er stellte die personale Brücke zwischen beiden Gemeinden dar. So funktionierte auch damals schon gemeindeübergreifende Einheit: als Netzwerkbeziehung mit personalen Bindegliedern.

Barnabas half die Fähigkeit von Netzwerkern, zu sehr unterschiedlichen Akteuren positive Beziehungen aufbauen zu können. Für streng hebräische Augen wären die Geschehnisse in Antiochia befremdlich gewesen, doch Barnabas sah „die Gnade Gottes" (V. 23) und freute sich. Netzwerker wie Barnabas – dazu „ein trefflicher Mann, erfüllt vom Heiligen Geist und von Glauben" (V. 24) – können die Gnade Gottes auch an Orten erkennen, wo sie für andere aufgrund ihrer bisherigen Theologie eigentlich nicht sein dürfte.

In Antiochia war Barnabas in seinem Element. Mit seiner unterstützenden Haltung stärkte er die junge Gemeinde (V. 23) und er „zog nach Tarsus, um Saulus aufzusuchen" (V. 25). Netzwerker lieben es, Menschen mit Menschen zusammenzubringen. Barnabas holte Saulus nach Antiochia und die durch ihn geknüpfte Beziehung zwischen Mann und Gemeinde wurde nicht nur die Basis für die spätere Missionstätigkeit, sondern diente sowohl der Förderung der Gemeinde als auch der des zukünftigen Apostels (V. 26).

Einige Zeit später spielte Barnabas eine Hauptrolle in einem doppelten Ressourcentransfer. Mit Saulus überbrachte er eine Gabe der Gemeinde Antiochia für die Armenfürsorge in Judäa an die Ältesten von Jerusalem (V. 27-30), im Gegenzug nahmen sie einen weiteren Mitarbeiter, Johannes Markus, der allerdings noch etwas Mentoring brauchte, mit auf den Rückweg nach Antiochia (Apg. 12,25). Netzwerker sind Ressourcensucher (→ Kap. 17.2.4): Sie haben ein Auge und ein Herz für Leute mit Potenzial.

Markus wurde von Barnabas und Saulus auch als Helfer mitgenommen, als sie auf Weisung des Heiligen Geistes eine gemeinsame Missionsreise antraten (Apg. 13,3-5). Auf dieser Reise zeigten sich andere Eigenschaften des Netzwerkers Barnabas. Dass Zypern die erste Station wurde, lag sicher daran, dass er dort Beziehungen hatte, an die das Team anknüpfen konnte. Außerdem kam es zu einer gravierenden Veränderung in den Beziehungen innerhalb des Teams.

Bis dahin war Barnabas der Förderer des Saulus gewesen. Doch jetzt übernahm Saulus die Führungsrolle. Als sie auf einen „Zauberer und falschen Propheten" (V. 6) trafen, war es Saulus, der diesem in der Kraft des Heiligen Geistes entgegentrat (V. 9-11). Das Ergebnis war nicht nur, dass der Prokonsul, an dessen Hof das Ganze geschah, gläubig wurde (V. 12). Mit der ihm eigenen Art der Berichterstattung macht Lukas klar, dass die Lehrzeit des Saulus abgeschlossen und die Zeit des Apostels Paulus gekommen war. „Saulus, der auch Paulus heißt" (V. 9) nennt er ihn und von da an ist er nur noch „Paulus". Aus „Barnabas und Saulus" (V. 2) wird „Paulus mit seinen Begleitern" (V. 13) oder „Paulus und Barnabas" (V. 43). In der Synagoge von Antiochia in Pisidien, dem nächsten wichtigen Aufenthaltsort, ist Paulus der Wortführer (V. 16). Außerdem wird er auf einer weiteren Reisestation das erste Mal „Apostel" genannt (Apg. 14,3). Vielleicht hatte Johannes Markus mit diesem Führungswechsel Probleme – Barnabas war sein Vetter (Kol. 4,10). Jedenfalls trennte er sich vom Team und fuhr heim (Apg. 13,13). Barnabas ertrug diese Veränderung willig. Zur unterstützenden und fördernden Haltung von Netzwerkern gehört, dass sie sich ohne Neid und Rivalität freuen, wenn der Dienst anderer gelingt und ihren eigenen „überholt". So rückte Barnabas ins zweite Glied.

Netzwerken war erneut angesagt, als beide Missionare nach Antiochia zurückgekehrt waren. Dort traten Gläubige auf, die aus Judäa gekommen waren und die jungen Christen beunruhigten: „Wenn ihr euch nicht nach dem Brauch des Mose beschneiden lasst, könnt ihr nicht gerettet werden" (Apg. 15,1). Leider gibt es dergleichen Vorfälle bis heute: Leute tauchen in der Stadt auf, die sich einem Spezialthema verschrieben haben, mit dem sie die Christen der Stadt bedrängen und verwirren. Gute Netzwerkbeziehungen sind ein guter Schutz. Man kann sich über den Leumund der Störer erkundigen und sich gemeinsam abstimmen, wie man damit umgeht. So geschah es auch hier: Die Gemeinde sandte eine Delegation nach Jerusalem, die von „Barnabas und Paulus" –

für die Jerusalemer war Barnabas immer noch Ansprechpartner Nr. 1 (V. 12) – geleitet wurde (V. 2).

Dort erhielten sie die gewünschte Auskunft: „Wir haben gehört, dass einige von uns, denen wir keinen Auftrag erteilt haben, euch mit ihren Reden beunruhigt und eure Gemüter erregt haben" (V. 24). Die Unruhestifter waren eigenmächtige Hardliner, hinter denen niemand stand als sie selbst. Dort gelang auch die gewünschte Abstimmung: Man einigte sich auf einen Kompromiss, der den Antiochenern ihre Freiheit ließ, aber auch auf die Empfindungen der hebräischen Jünger Rücksicht nahm (V. 22-29).

Ein wichtiger Aspekt dieses Vorgangs ist, dass man in Netzwerken großzügiger und weitherziger sein kann, als man es in der eigenen Gruppe ist. Jakobus, der die Sprachregelung für das Kompromisspapier vorschlug (V. 19-20), konnte anderen Christen Freiheiten zugestehen, die er in seiner hebräischen Gemeinde nie geduldet hätte. Er vertrat eine strenge Frömmigkeit, aber er tat es in seinem eigenen Revier. Nicht alle Leute seiner Umgebung waren so weise. Einige waren „Eiferer für das Gesetz" (Apg. 21,20), die bereitwillig Gerüchten über Paulus Gehör schenkten und sich über Vorgänge in der hellenistischen Diaspora empörten (V. 21). Bei gelegentlichen Exkursionen in die Welt des Hellenismus schüchterten sie andere jüdische Gläubige, die sich mehr Freiheiten nahmen als sie selbst, ein (Gal. 2,11-12). Jakobus war bei aller persönlichen Strenge im Umgang mit anderen klüger: „Klagt nicht übereinander, Brüder, damit ihr nicht gerichtet werdet" (Jak. 5,9). „Nur einer ist der [...] Richter" (Jak. 4,12). Netzwerke sind nicht dafür da, andere auf Spur zu bringen, sondern tragfähige Gemeinsamkeiten zu suchen.

Um die Beziehungen zwischen beiden Gemeinden weiter zu stärken und der Übereinstimmung mehr Gewicht zu verleihen, gaben die Jerusalemer den verfassten Brief nicht einfach Barnabas und Paulus mit, sondern schickten eigene Gesandte, Judas und Silas, die den Inhalt mündlich in Person bekräftigen sollten (V. 27).

Wieder nach Antiochia zurückgekehrt, ergriff Paulus nach einiger Zeit die Initiative und sagte zu Barnabas: „Wir wollen wieder aufbrechen und sehen, wie es den Brüdern in all den Städten geht, in denen wir das Wort des Herrn verkündet haben" (V. 36). Darin waren sich beide einig, jedoch nicht in der Zusammensetzung des Teams. Barnabas wollte wieder Johannes Markus mitnehmen, Paulus stellte sich entschieden dagegen, weil Markus sie früher „im Stich gelassen hatte" (V. 37-38).

In diesem Konflikt zeigen sich unterschiedliche Persönlichkeitsmerkmale, die mit dem jeweiligen Diensttyp einhergehen. Paulus war kein Netzwerker, sondern ein hierarchischer, visionärer Leiter. Diese sind in der Regel aufgabenorientiert. Ihre Frage lautet: „Wie wird der Job am besten erledigt?" Barnabas als Netzwerker war hingegen beziehungsorientiert. Solche Leute fragen: „Wie können Leute befähigt werden?". Bei ihnen bekommt man leicht eine zweite Chance.

Der Konflikt führte zur Trennung. Nebenbei erkennen wir hier, dass Gott sich durch Auseinandersetzungen zwischen Christen – Lukas spricht von einer „heftigen" (V. 39) – nicht von seinen guten Absichten abbringen lässt. Statt eines Missionsteams brachen zwei auf. Paulus nahm Silas mit sich (V. 40), sodass ein neuer Mitarbeiter für die Mission gewonnen wurde. Barnabas reiste mit Markus nach Zypern (V. 39) und war erfolgreich in der weiteren Förderung des Markus, der sich zu einem bewährten Mann der frühen Christenheit entwickelte. Er war mit Petrus in Rom (1. Petr. 5,13). Die altkirchliche Tradition meldet, dass er auf Bitten der römischen Christen die mündliche Verkündigung des Petrus schriftlich festgehalten und so die Erzählungen des Apostels als Grundstock für sein Evangelium verwendet habe. Außerdem soll er in Ägypten evangelisiert und in Alexandria Kirchen gegründet haben (Eusebius von Cäsarea, Kirchengeschichte II 15-16).[320] Auch Paulus war später wieder von seinen Qualitäten überzeugt und hatte erneut eine enge Beziehung zu ihm (Kol. 4,10; 2. Tim. 4,11; Phlm. 24).

Noch eine letzte Beobachtung an den Netzwerken der ersten Christen verdient Erwähnung. Seinen eigenen Mitarbeitern und den von ihm gegründeten Gemeinden gegenüber trat Paulus als hierarchischer Leiter auf. Anderen Missionaren gegenüber verhielt er sich, wie man es in Netzwerken tun muss. Wir erfahren nicht viel über die, die sonst noch mit dem Evangelium unterwegs waren, weil Lukas seinen Bericht auf Paulus fokussiert, aber einigen Andeutungen können wir doch wichtige Hinweise entnehmen.

Interessant ist die Person des Apollos, der uns zuerst in Apostelgeschichte 18,24-28 begegnet. Er war – allerdings unvollständig – „unterwiesen im Weg des Herrn" (V. 25). Priszilla und Aquila, zwei Mitarbeiter des Paulus, hörten ihn und gaben ihm Nachhilfeunterricht im Evangelium (V. 26). Als Apollos nach Achaja weiterreisen wollte (dort lag die Stadt Korinth), stellten sie ihm ihre Netzwerkbeziehungen zur Verfügung und gaben ihm einen Empfehlungsbrief an die Gläubigen mit, denen er „eine große Hilfe" wurde (V. 27). In Netzwerken kann man nicht nur eigenmächtige Störenfriede auffliegen lassen, wie wir gesehen haben. Durch sie öffnen sich ebenfalls Türen der Wirksamkeit für gute Leute.

Es gibt in Netzwerken immer wieder auch spaltende Tendenzen. Ein solche ergab sich aufgrund des unreifen Verhaltens einiger Christen in Korinth. Die „große Hilfe" durch Apollos war für sie der Anlass zur Fraktionsbildung. „Einer sagt: Ich halte zu Paulus!, ein anderer: Ich zu Apollos!" (1. Kor 3,4). Die Reaktion des Paulus war differenziert. Der Gemeinde gegenüber trat er als Leiter auf, Apollos gegenüber als Netzwerkpartner. Er bezeichnete den Dienst des Apollos als auf einer Ebene mit seinem eigenen stehend und sah in ihm eine Ergänzung (V. 6). Und er wünschte sich, dass Apollos selbst erneut nach Korinth reiste (1. Kor. 16,12). Niemand kann Anhänger besser zur Vernunft bringen als der, dem sie anhängen.

Allerdings wusste er sich auch als Apostel einem Missionar außerhalb des eigenen Teams gegenüber nicht weisungsberechtigt. Er konnte den Apollos nur „dringend" bitten und musste es akzeptieren, dass dieser „auf keinen Fall jetzt gehen" wollte (ebd.).

320 Hier darf man dem Grundsatz trauen, dass solche Überlieferungen nicht in allen Einzelheiten historisch zuverlässig sein müssen, aber in der Regel auch nicht völlig frei erfunden sind.

Das hebt sich deutlich von seinem Umgang mit seinem Mitarbeiter Timotheus ab, der er einfach nach Korinth schickte (1. Kor. 4,17). Man kann sich vorstellen, was geschehen wäre, wenn Timotheus „auf keinen Fall“ hätte gehen wollen. Er hätte sich einen neuen Job suchen können.

FAZIT

- In Netzwerken müssen dominante Leiter ihre Dominanz aufgeben. Das fällt ihnen oft nicht leicht. Deshalb sind dominante, visionäre Leiter nicht immer für die Führung in Netzwerken geeignet. Sie sind es gewohnt, Visionen zu entwickeln und dann andere hinter sich zu bringen. Sie sind es weniger gewohnt, dienend und unterstützend zu leiten und fremde Visionen aufzuspüren und zu fördern.
- Doch Paulus konnte sich in Netzwerkbeziehungen zurücknehmen und den Dienst anderer fördern. Als Apollos später mit dem „gesetzeskundigen Zenas“ (Tit. 3,13) auf Reisen war, führte die Beziehung zwischen Paulus und ihm zu einem Ressourcenaustausch: „Statte [sie] für die Weiterreise gut aus, damit ihnen nichts fehlt“ (ebd.), wies Paulus seinen Mitarbeiter Titus an. Auch mit Barnabas unterhielt er weiterhin eine schwache Fernbeziehung. Beide waren längst getrennt unterwegs, als Paulus die Gemeinde in Korinth gründete. Aber Barnabas war dort ein bekannter Mann, denn Paulus kann sich in einem Brief an die Gemeinde ohne nähere Erklärungen auf ihn beziehen (1. Kor. 9,6).
- So sehen wir schon im Neuen Testament, dass sowohl die hierarchische als auch die polyzentrische Struktur ihren Platz haben. Spezielle Dienste – zum Beispiel das „Missionswerk Paulus“ – können intern eine klare hierarchische Leitungsstruktur besitzen. Aber die übergreifende Einheit der Christen geschieht – und geschah auch damals schon –in den Formen polyzentrischer Netzwerkstrukturen. Die hierarchische Ordnung der Gesamtkirche ist erst das Ergebnis späterer kirchengeschichtlicher Entwicklungen.
- Im Neuen Testament hatten sowohl hierarchische Strukturen wie im Missionsteam von Paulus einen Platz als auch polyzentrische Netzwerkstrukturen, in denen die übergreifende Einheit der Christen ihren Ausdruck fand.
- Barnabas war der Prototyp des Netzwerker-Persönlichkeitstyps. Als *marginal man* stellte er Beziehungen her, er erkannte die Gnade Gottes auch an Orten, wo andere sie (noch) nicht sahen, hatte ein Auge und Herz für Leute mit Potenzial, konnte sich ohne Neid am Dienst anderer freuen und förderte und unterstützte so das Netzwerk der christlichen Gemeinden.
- Gute Netzwerkbeziehungen öffnen Türen der Wirksamkeit für gute Leute, sind aber gleichzeitig auch ein Schutz gegen Störer.

- An welchem Ort können Sie die Gnade Gottes entdecken, an dem Sie sie zuvor noch nicht gesehen haben?
- Wo hat bei den Engagierten in Ihrer Stadt eine hierarchische Struktur ihren Platz, wo eine polyzentrische?

- Tobias Faix und Anke Wiedekind: Mentoring – Das Praxisbuch. Ganzheitliche Begleitung von Glaube und Leben (Faix & Wiedekind 2010). *Auch heute gibt es Leute wie Johannes Markus, denen Förderung und Begleitung guttäten. Wer für sie ein Barnabas sein möchte, findet in diesem Buch eine gute Anleitung.*

Transformation ist ein komplexes Geschehen. Anhand von Fallbeispielen zeige ich, wie sie gelingen kann und wie wir an ihr mitwirken können.

32. „Bin ich nicht ein Mensch und Bruder?“

Transformation als Ziel der urbanen Mission

Das „Wachstumswunder“ (Kern 2001) der protestantischen Kirchen in Südkorea, das Thomas Kern zu den „interessantesten Transformationsprozessen der Nachkriegszeit in Südkorea“ zählt (ebd. S. 343), hat uns schon im letzten Kapitel beschäftigt. Wie war ein solcher Prozess, durch den vor allem in den Großstädten die Zahl der Christen dramatisch wuchs und der die Gesellschaft stark beeinflusste (ebd. S. 353-357), möglich?

Für ein *exklusives Transformationsverständnis* ist die Veränderung der Stadt ein rein „geistlicher“ Vorgang (der allerdings soziale Auswirkungen hat). Akteur der Transformation ist – außer Gott, wobei meist der Heilige Geist betont wird – die christliche Gemeinde und es gibt nur wenige ursächliche Faktoren, unter denen das Gebet der wichtigste ist.

Für ein *inklusives Transformationsverständnis*, das ich in diesem Buch vertrete, ist die Veränderung einer Stadt ein sehr viel komplexeres Geschehen. Die Veränderung eines lebendigen Systems wie einer Stadt lässt sich nicht auf wenige Ursache-Wirkungs-Mechanismen zurückführen (→ Kap. 16.3). Die Gemeinde ist ein wichtiger Akteur, das Gebet und das Engagement der Christen sind wichtige Faktoren, aber es gibt zahlreiche andere „geistliche“ und „natürliche“ Umstände, die zusammenwirken. Die *Missio Dei* ist umfassender als das Handeln derer, die (schon) an Jesus glauben.

So war es in Südkorea. Es waren keineswegs nur das Gebet der Christen oder ihr missionarischer Eifer, die die Erfolgsgeschichte hervorbrachten. Sie war vielmehr eingebettet in umfassende gesellschaftliche Veränderungen, durch die sie ermöglicht wurde.[321] Das wird an dem Umstand deutlich, dass nicht nur die christlichen Kirchen wuchsen. Nachdem sie sich mit Verzögerung auf die Verstädterung ihres Landes eingestellt hatten, konnten auch die Buddhisten ähnliche Zugewinne erzielen (→ Abb. 32.1). Bestimmte gesellschaftliche Konstellationen begünstigen „Suchbewegungen“, von denen verschiedene religiöse Gruppen „profitieren“ können (ebd. S. 347-349).

321 Einige wichtige gesellschaftliche Rahmenbedingungen und Faktoren werden von Thomas Kern in dem genannten Aufsatz beschrieben.

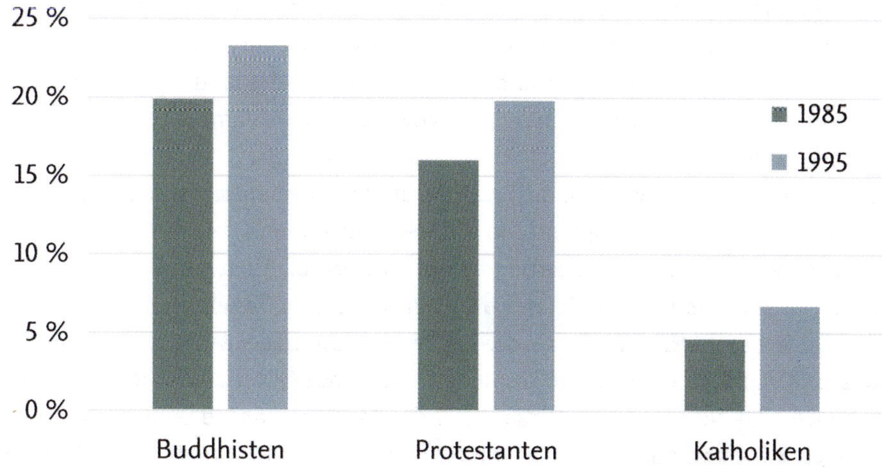

Abbildung 32.1: Bevölkerungsanteile der drei größten (Mitglieder-)Religionen in Südkorea (nach Kern 2001:345)

Trotz intensiver Bemühungen gelang es nicht, das südkoreanische Erfolgsmodell zu exportieren, weil in anderen Ländern eine solche Konstellation nicht vorlag. Westliche Christen besuchten koreanische Gemeinden, luden ihre Leiter ein und ahmten ihre Strategien nach. Aber der „religiös-kulturelle Erdrutsch" (ebd. S. 343) blieb aus.

32.1 Wie geschieht Transformation?

Zu Beginn dieses Buches habe ich mein Verständnis von *Transformation*[322] wie folgt definiert:

> Unter Transformation verstehe ich, dass in Übereinstimmung mit Gottes Willen durch das Wirken seiner Missionare Herzen und Verhältnisse verändert werden.

In diesem Buch sind wir bereits vielen Beispielen begegnet. Wir haben von Veränderungen erfahren, die einzelne Menschen betreffen, aber auch von Veränderungen in Häusern, Schulen, Wohngebieten, Stadtteilen, Milieus und ganzen Städten. Diese Beispiele haben meist einen der Aspekte urbaner Mission und Transformation illustriert, die ich in diesem Buch zusammengetragen habe. Jetzt ist es Zeit für eine Zusammenschau. Veränderung in lebendigen Systemen wie Städten und ihren Teilbereichen ist ein komplexer Vorgang. So wie es in ihnen viele Wechselwirkungen gibt (→ Kap. 16.1), ist auch ihre Transformation das Ergebnis eines Zusammenspiels von vielen Akteuren und Umständen. Es gibt kein einfaches Rezept für Transformation und man kann ihre

322 Zur Herleitung dieses Begriffs siehe Faix 2013a:22-24.

komplexen Abläufe leichter durch Geschichten erzählen als in die Form von Lehrsätzen fassen. Deshalb zeige ich in diesem Kapitel durch weitere Fallbeispiele, wie Transformation gelingen kann, um Ihr Gespür dafür zu schärfen, wie Sie an ihr mitwirken können.

32.1.1. Ciudad Bolívar

Ciudad Bolívar[323] ist der größte Slum in Bogotá, der Hauptstadt Kolumbiens. 2002 lebten dort ungefähr 600.000 Einwohner in unterentwickelten und zum Teil illegalen Siedlungen. Viele von ihnen waren *desplazados*, vertriebene Landbewohner. Wenn sie Arbeit hatten, waren sie als Straßenverkäufer, Müllsammler oder Tagelöhner in der informellen Ökonomie beschäftigt. Mehr als die Hälfte der Bewohner lebte in absoluter Armut und konnte sich nicht ausreichend mit lebenswichtigen Gütern versorgen. Armut führt zu Aggression. Häusliche Gewalt, Kämpfe zwischen Gangs und Morde durch Todesschwadronen[324] waren an der Tagesordnung.

Eine kleine Gruppe von Pastoren unabhängiger Pfingstgemeinden begann, sich regelmäßig zu treffen. Keiner von ihnen gehörte einem Verband an, sie hatten nicht die geringste Vorstellung, wie man einen Stadtteil entwickelt oder eine soziale Bewegung gründet. Ihre Theologie war sehr einfach. Die Probleme von Armut und Ungerechtigkeit waren dämonisch verursacht, aber den Gläubigen stand die übernatürliche Gegenwart Gottes zur Verfügung, um ihre Lebensumstände zu verbessern. Neben dieser schwarz-weißen Weltsicht besaßen sie nur eins: Feuer in ihrem Herzen. Damit konnte Transformation beginnen. Aus diesen unscheinbaren Anfängen erwuchs ein Netzwerk der Veränderung. Wir finden in ihm viele Elemente, die ich in diesem Buch beschrieben habe, wieder.

Die Pastoren entwickelten untereinander *Wertschätzung und Verbundenheit* (→ Kap. 31.3.2). Sie wurden Freunde, die durch *starke Beziehungen* (→ Kap. 31.5.1) miteinander verbunden waren und sich gegenseitig ermutigten und miteinander austauschten. Im Mittelpunkt ihrer Treffen stand das *Gebet* (→ Kap. 25), dem sie sich mit ihrer schlichten pfingstlichen Frömmigkeit und mit großer Leidenschaft widmeten. In ihren Gesprächen begannen sie, immer mehr konkrete Nöte ihres Umfeldes zu benennen. Ihr Bewusstsein für Gottes Gegenwart und die volkstümlichen biblischen Metaphern, in denen sie ihren Glauben ausdrückten, wurden ergänzt durch die konkrete Wahrnehmung persönlicher und gemeinschaftlicher Erfahrungen ihres Umfeldes, eine mehr oder weniger spontane Form der *Kontextanalyse* (→ Kap. 17).

Stephen Armet rechnet die entstehende Bewegung in Ciudad Bolívar zu den „volkstümlichen Graswurzelbewegungen“ (Armet 2002:371-373) in Lateinamerika. Diese Bewegung wurde gestärkt und handlungsfähiger, als die Beteiligten eine *Bewegungsorganisation* (→ Kap. 31.7) gründeten, die UMICE (Einheit der evangelikalen christlichen

323 Die Informationen über Ciudad Bolívar stammen aus Armet 2002.
324 Paramilitärische Gruppen, die ihre Gegner ermorden oder „verschwinden“ lassen.

Gemeinden und Pastoren). Frauen und Männer wurden in die Leitung berufen, Arbeitskomitees gebildet.

Von Anfang an war eine Grundüberzeugung der UMICE, dass lokale Gemeinden die eigentliche Basis für die Transformation einzelner Menschen und größerer Stadtteile sind. Doch diese Gemeinden brauchten zunächst eine *Bekehrung zur Stadt* (→ Kap. 1.2). Voraussetzung war die Erkenntnis, dass ihre bisherigen Schwerpunkte – Evangelisation und Verbesserung der eigenen Lebensumstände durch Gottes Hilfe – nicht genug waren. Hinzu kam jetzt die Liebe zum kommunalen Umfeld, die sich im praktischen Handeln auswirkte. So wurden die Gemeinden Katalysatoren und Akteure für positive Veränderungen.

Das *Netzwerk* (→ Kap. 31) weitete sich aus. Es entstanden neue *Partnerschaften* (→ Kap. 31.3.5) mit Akteuren von außerhalb, die *Ressourcen* (→ Kap. 31.3.3-4) bereitstellen konnten, die intern nicht vorhanden waren. Ein Partner war die ADEMCOL, eine Organisation, die die Gründung von Kleinunternehmen förderte. Durch Mikrokredite wurde es vor allem Frauen ermöglicht, ein Gewerbe zu starten, mit dem sie mehr als den Mindestlohn verdienten. Durch Schulungen in Management, Leitung und anderen Bereichen lernten sie dafür wichtige Fähigkeiten. Im Rahmen dieser Programme kam es zu *Evangelisation durch persönlichen Kontakt* (→ Kap. 30.5.3.1). Die Programme waren für alle zugänglich. Externe Teilnehmer begegneten dem Zeugnis und der Liebe der Christen. Häufig kamen sie dadurch selbst zum Glauben. Ein weiterer Partner war ein Missionar, der ein Computertraining anbot, um die Beschäftigungsfähigkeit von alleinerziehenden Müttern und von Jugendlichen zu fördern. Hinzu kamen Partnergemeinden im Norden der Stadt, zu denen Geschäftsleute gehörten. Durch diese Kontakte konnten viele Absolventen der Kurse in Jobs vermittelt werden.

Lange Zeit waren die Gemeinden in ihrem städtischen Umfeld ein Fremdkörper gewesen, dem die übrigen Bewohner mit Misstrauen begegneten. Weitere Partner dienten als *Brückenbauer* (→ Kap. 31.6.2). Es gelang, Ärzte und anderes medizinisches Personal für die Einrichtung von „Gesundheitsbrigaden" zu gewinnen, die die medizinische Versorgung im Stadtteil verbesserten. Diese Gesundheitsbrigaden führten zu vielen positiven Begegnungen von Slumbewohnern mit Pastoren und lokalen Gemeinden, durch die sich die Einstellung gegenüber den *evangélicos* positiv veränderte.

„Langfristige Instabilität und Deprivation erzeugen bei den Armen der Stadt ständigen emotionalen Stress. Die Moderne hat bewirkt, dass sich in den Familien die Rollen, die Entscheidungsprozesse und die Sozialisation verändert haben. Persönliche Erfahrungen mit Ausbeutung und Gewalt bringen Unsicherheit, Bitterkeit und Feindseligkeit hervor. Beziehungen unter den Armen sind brüchig und machen sie anfällig für emotionale Konflikte" (ebd. S. 376). Es gab einen großen Bedarf an *urbaner Seelsorge* (→ Kap. 26-27). Die UMICE startete einen sozialen Versöhnungsdienst. Ausgangspunkt war die *schwache Beziehung* (→ Kap. 31.5.2) einer Frau aus dem Stadtteil zu zwei Praktikanten der Universität. Mit externen Experten wurden Pastoren für diesen Dienst geschult, zahlreiche Seminare zur Überwindung zwischenmenschlicher Konflikte durchgeführt. Mitglieder der UMICE wirkten in zunehmendem Maße in ihrem Umfeld als Mediatoren.

Lateinamerikanische *evangélicos* waren bis dahin meist unpolitisch. Obwohl die UMICE sich aus ihren Reihen rekrutierte, kam auch die politische *Beteiligung am kommunalen Leben* (→ Kap. 20) auf ihre Agenda. Ein Mitglied der UMICE kandidierte für ein wichtiges lokalpolitisches Amt. Doch hier führte fehlende Einheit zu einem Rückschlag. Eine einzelne Gemeinde machte nicht mit und stellte einen eigenen Kandidaten auf, der nur drei Prozent der Stimmen erhielt. Am Ende fehlten dem Kandidaten der UMICE rund 100 Stimmen zum Sieg. Doch stärkte die Kampagne die Hoffnung, in Zukunft auch politisch etwas bewegen zu können.

Bei all diesen Aktivitäten blieb die Leidenschaft für *Evangelisation* (→ Kap. 30) erhalten. In den Stadtteilen der Mittelschicht war Massenevangelisation kein Thema mehr, aber bei den einfachen Slumbewohnern waren Zelt- und Freiluftevangelisationen immer noch wirksame Werkzeuge, zum Glauben an Jesus einzuladen. Gleichzeitig gaben diese gemeinsamen öffentlichen Veranstaltungen den *evangélicos* eine kollektive Identität. Noch wichtiger für die Evangelisation war die Gründung neuer Gemeinden, die allerdings eine intensive Vorbereitung brauchte, da die Pastoren der bestehenden Gemeinden meist vom Typ des dominanten Leiters waren, der andere neben sich nicht groß werden lässt und nicht gern finanzielle und personelle Ressourcen für andere Projekte zur Verfügung stellt. Sie mussten für eine freisetzende und *unterstützende Leitung* (→ Kap. 31.6.1) erst gewonnen werden. Doch dann erwiesen sich die Neugründungen als sehr erfolgreich.

Die Entwicklungen in Ciudad Bolívar waren transformativ: Gemeinden, die für sich selbst gelebt hatten, wurden gesellschaftsrelevant. Die Zahl der zu ihnen gehörenden Gläubigen wuchs von 1994 bis 1997 um 80 Prozent von 3.860 auf 6.943. Arbeitsplätze wurden geschaffen, soziale Versöhnung bewirkt, die gesundheitliche Versorgung verbessert. Bildungsmöglichkeiten wurden in den benachteiligten Quartieren angeboten, Kinder von den Straßen geholt, auf denen die Reviere der Gangs lagen. Gemessen an der Größe von Cuidad Bolívar mag das nicht viel sein. Der Stadtteil ist heute immer noch ein Problemgebiet von Bogotá. Aber für die Menschen im Umfeld der beteiligten Gemeinden sind die Auswirkungen höchst bedeutsam.

Wie kam diese Entwicklung zustande? Wir sehen, dass viele Umstände zusammenwirkten. Von zentraler Bedeutung war das Netzwerk, das sich um die UMICE entwickelte. Andere Faktoren kamen hinzu. Ein so komplexes Geschehen in einem lebendigen System hätte niemand vorher planen können, am wenigsten die schlichten Pfingstpastoren, mit denen es begann. Ihr Handeln musste mit Voraussetzungen zusammenkommen, die sie nicht selbst geschaffen hatten, die sie aber gut nutzten. Ein Beispiel dafür ist der Kontakt einer beteiligten Frau zu Leuten von der Universität. Solche Kontakte ergeben sich. Gut ist es, wenn dann jemand wachsam erkennt, welches Potenzial darin liegt.

Die Veränderung der Verhältnisse begann mit der Veränderung der Herzen einer kleinen Gruppe von Pfingstpastoren. Sie wandten sich einander und ihrem Stadtteil zu und durch ihr Gebet standen sie in Verbindung mit dem Gott der *Missio Dei*, der sie Schritt für Schritt hineinfinden ließ in die von ihm vorbereiteten Werke. Er hatte den Plan, der ihnen fehlte.

32.1.2 Die Kampagne der Abolitionisten

Eine andere, viel bekanntere Bewegung war die der Abolitionisten[325] in England, die sich vor ungefähr 200 Jahren für die Abschaffung der Sklaverei einsetzten. Auch wenn es keine städtische, sondern eine landesweite Bewegung mit internationalen Verbindungen war, stelle ich sie vor, weil sie höchst lehrreich ist und viele Einsichten auch für die urbane Transformation ermöglicht. Die Ausgangssituation war denkbar schwierig: Jährlich wurden rund 80.000 Afrikaner über den Atlantischen Ozean in die neue Welt verschifft, viele davon auf britischen Schiffen. Dort arbeiteten sie unter grausamen Bedingungen auf Plantagen. Vom Handel mit ihnen und von ihrer Arbeit profitierten viele Briten. Nutznießer der Sklaverei gehörten zur Oberschicht oder saßen im Parlament, sie hatten genug Geld, Geschick und Einfluss, um mit regem Lobbyismus und politischen Winkelzügen für ihren Erhalt zu kämpfen. Für die große Mehrheit der Bewohner des Vereinigten Königreichs, die kaum über die Lebensbedingungen der Sklaven informiert war, war diese Institution normal. Die wenigen, die die Sklaverei als Unrecht ansahen, hielten ihre Abschaffung meist für unrealistisch, weil ohne sie die Wirtschaft zusammenbrechen würde. Wer etwas gegen die Sklaverei unternehmen wollte, sah sich einem System gegenüber, das sich heftig gegen Veränderungen wehrte.

Wie bei den meisten Transformationsbewegungen gab es auch in diesem Fall *Innovatoren* (→ Kap. 19.3.2). Die Quäker waren die einzige britische Denomination, die die Sklaverei offiziell ablehnte. Viele ihrer Mitglieder waren bereits für die Abolition aktiv. Aber als religiöse Außenseiter besaßen sie wenig Einfluss im gesellschaftlichen Mainstream.

Ein anglikanischer Hochschullehrer, dem die Abschaffung der Sklaverei ebenfalls ein Anliegen war, kam auf eine folgenreiche Idee. Es gab in Cambridge, wo er unterrichtete, einen sehr renommierten Preis, der für die jeweils beste lateinische Arbeit zu einer vorgegebenen Fragestellung verliehen wurde und dessen Gewinn eine lebenslange Ehre blieb. Als Preisaufgabe stellte er 1785 die Frage: „Ist es rechtmäßig, Menschen gegen ihren Willen zu knechten?“ Sein Ziel war, durch die intensive Beschäftigung mit dieser Frage bei den teilnehmenden Studenten eine Reaktion auszulösen.

Der 25-jährige Theologiestudent Thomas Clarkson nahm teil – nur aus Ehrgeiz. Doch dann ergriff ihn das Thema. An einem Tag im Juni 1785, unterwegs bei einem Pfer-

325 Der Name Abolitionismus für die Bewegung zur Abschaffung der Sklaverei ist von *abolition* (englisch für Abschaffung) abgeleitet. Die Informationen über sie stammen aus Hochschild 2007.

deritt, erlebte er seine persönliche *Berufung* (→ Kap. 15) zum Abolitionismus. Clarkson war ein begnadeter Organisator und *Netzwerker* (→ Kap. 31.6). Unermüdlich war er unterwegs – er legte insgesamt 56.000 Kilometer im Sattel zurück – und breitete das Anliegen aus. „Die Abolitionisten hatten Erfolg, weil sie sich insbesondere einer Aufgabe gewachsen zeigten, vor die sich noch heute jeder Verfechter sozialer und ökonomischer Gerechtigkeit gestellt sieht: der Aufgabe, Verbindungen zwischen Nah und Fern herzustellen“ (Hochschild 2007:16). An der Erfüllung dieser Aufgabe hatte Clarkson einen großen Anteil.

Als Netzwerker nahm Clarkson Kontakt zu Gleichgesinnten auf und am 22. Mai 1787 gründete er mit elf anderen Männern (neun Quäkern und zwei weiteren Anglikanern) in London eine *Bewegungsorganisation* (→ Kap. 31.7), das „Komitee für die Abschaffung des Sklavenhandels“. Es war eine kleine Gruppe, aber eine der effektivsten Bewegungsorganisationen der Geschichte. Mit der Gründung dieser Organisation geschah ein wichtiger *Brückenbau* (→ Kap. 31.6.2). Die hingegebenen Aktivisten der Quäker hatten endlich die Verbindung zur anglikanischen Kirche, die für einen Erfolg unverzichtbar war.

Netzwerke dienen dem *Informationsaustausch* (→ Kap. 31.3.3). Clarkson machte unermüdlich Jagd auf Informationen und suchte Informanden. Die nötigen Informationen waren nicht in Bibliotheken verfügbar. Berichte über die Situation der Sklaven waren nur mündlich zu erhalten. Clarkson fand Leute, die bereit waren, darüber Auskunft zu geben, und als später in parlamentarischen Anhörungen Zeugen gebraucht wurden, brachte er sie bei.

Wen er auch beibrachte, war eine große Zahl von *Bündnispartnern* (→ Kap. 31.3.5). Der wichtigste davon war der junge Parlamentsabgeordnete William Wilberforce. Wilberforce zählte sich seit einem Bekehrungserlebnis im Jahr 1784 zur evangelikalen Bewegung innerhalb der anglikanischen Kirche. Durch ihn gelang der höchst wichtige *Brückenbau* (→ Kap. 31.6.2) in die politische Elite. Wilberforce war in allen Fragen, die nicht die Sklaverei betrafen, ein höchst konservativer Politiker.[326] Das war für das Bündnis ein Vorteil. Auf diese Weise hatte er als *marginal man* (→ Kap. 6.3.2) großen Einfluss, denn er war sowohl in der Welt des erwecklichen Glaubens zu Hause, die eng mit dem Abolitionismus verbunden war, als auch in der Welt der konservativen Aristokratie. Nur aufgrund der Nähe zu ihr konnte er sie beeinflussen. Einem eingefleischten Reformpolitiker wäre sie mit Misstrauen begegnet.

Clarkson und Wilberforce wussten voneinander. Der preisgekrönte Essay von Clarkson war der Anstoß für Wilberforces erste Beschäftigung mit dem Thema Sklaverei gewesen. Der eigentliche Brückenbau zwischen den beiden wichtigsten Vertretern des Abolitionismus geschah durch Bennet Langton, einen reichen Bürger Londons. Er

326 Ins Langzeitgedächtnis der britischen Arbeiterklasse hat er sich als Vertreter einer repressiven Politik eingeschrieben.

brachte die beiden durch die Einladung zu einem Dinner zusammen und erhielt von Wilberforce die Zusage, sich im Parlament für das Anliegen einzusetzen. Im Alter von 27 Jahren brachte er 1789 die erste Gesetzesvorlage gegen den Sklavenhandel ein, die jedoch mit 163 zu 88 Stimmen deutlich abgelehnt wurde.

Durch die Aufklärungstätigkeit von Clarkson entstanden überall im Land örtliche Abolitionsgruppen, eine beeindruckende soziale *Graswurzelbewegung*. Überall gab es Ortsgruppen und Kontaktpersonen zum Komitee. Das Land war überzogen von einem riesigen partizipativen *Netzwerk* (→ Kap. 31), durch das große Teile der Bevölkerung eine einflussreiche Macht waren, obwohl damals nur eine kleine Minderheit der Briten das Wahlrecht besaß.

Ein Aspekt verdient besondere Erwähnung: Vernetzte Bewegungen brauchen gute Instrumente für ihr Anliegen. Die Abolitionisten erfanden einige, die bis heute ihren Platz in sozialen Bewegungen haben. Neben den entstehenden Ortsgruppen gehörten dazu vor allem drei Gruppen von Werkzeugen.

1. **Literatur:** Ein Rundbrief wurde versandt, die vielleicht erste Fundraising-Kampagne der Geschichte durch direktes Mailing wurde erfolgreich durchgeführt, es gab öffentliche Lesungen der Autoren von Anti-Sklaverei-Büchern und eine Broschüre mit dem Titel „Abriss“ – ein Frühwerk des „investigativen Journalismus“ (ebd. S. 239) – wurde zum Bestseller.
2. **Optische Aufklärung:** Ein wichtiges Instrument der Aufklärung waren Kampagnenposter. Berühmt wurde die graphische Darstellung des Sklavenschiffs Brookes (→ Abb. 32.3), das zeigte, unter welch inhumanen Bedingungen die Sklaven transportiert wurden. Ein Siegel mit der Aufschrift „Am I not a man and a brother?“ (Bin ich nicht ein Mensch und Bruder? → Abb. 32.2) wurde so etwas wie ein Logo der Bewegung.
3. **Aktionen:** Mehr als 300.000 Briten verzichteten auf von Sklaven gepflanzten westindischen Zucker – die Geburtsstunde des Warenboykotts. Aktive verfassten Eingaben an ihre Abgeordneten und reichten Petitionen mit langen Unterschriftenlisten im Parlament ein. Später wurden die Abgeordneten nach ihrer Haltung zur Emanzipation der Sklaven klassifiziert und öffentlich bekanntgemacht: „Anti“, „zweifelhaft“ oder „ohne Vorbehalt empfohlen“. Die Prototypen der „gläsernen Abgeordneten“ reagierten auf diese „Verletzung ihrer Privatsphäre“ empfindlich – ein Hinweis auf die Wirksamkeit dieses Instruments.

Abbildung 32.2:
Das „Logo“
der Abolitionisten

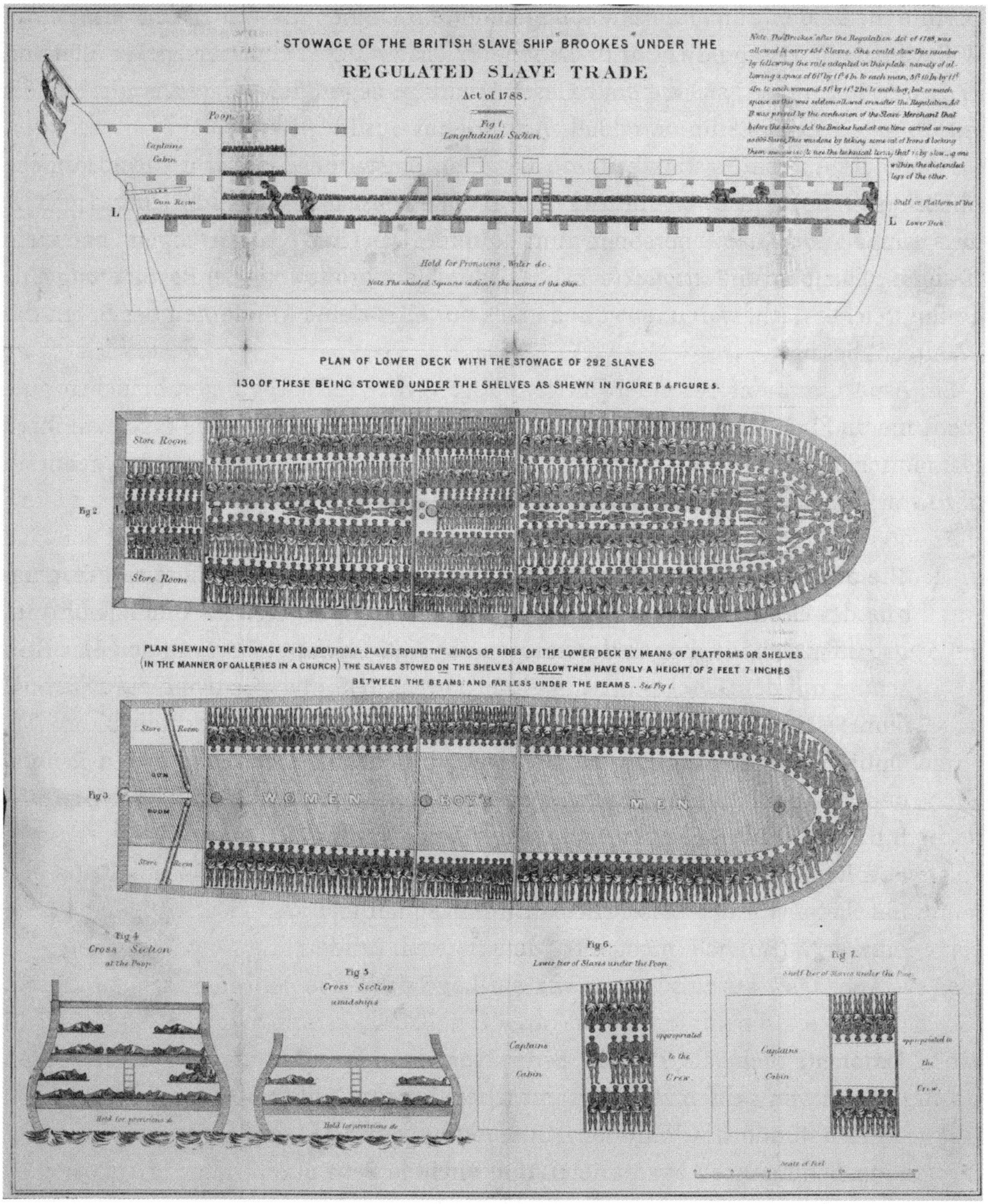

Abbildung 32.3: Kampagnenposter mit der grafischen Darstellung eines Sklavenschiffs

Das erste Teilziel auf dem Weg zur Abschaffung der Sklaverei war die Beendigung des Sklavenhandels. Aber auch für dieses Ziel sahen die Abolitionisten sich noch einem übermächtigen Widerstand gegenüber, wie das Scheitern der ersten Gesetzesinitiative zeigt. Ein weiterer Bündnispartner, James Stephen, brachte eine neue Ressource ins Netzwerk ein: Fachwissen. Er war Jurist, wie Wilberforce konservativ in jeder Hinsicht außer der Sklavenfrage und somit „unverdächtig", und er kannte sich im Seerecht aus. Mit diesem Wissen konnte er einen *Wirkungspunkt* (→ Kap. 17.3) ausmachen, der zu einem ersten Durchbruch führte. England war seit Jahren mit Frankreich im Krieg und hatte die Flotten Frankreichs und seiner Verbündeten Spanien und Holland vom atlantischen Ozean vertrieben. Die Gegner waren deshalb dazu übergegangen, ihre Kolonien durch Schiffe unter neutraler – meist US-amerikanischer – Flagge zu versorgen. Stephen bereitete eine Gesetzesvorlage vor, die der britischen Flotte das Recht gab, solche Schiffe an der Weiterfahrt zu hindern und ihre Fracht zu beschlagnahmen. Diese Vorlage ließ sich mit patriotischen Gründen vertreten. Was Stephen als Experte für die Seefahrt wusste, aber für sich behielt, waren zwei höchst wichtige Umstände: (1) Diese Schiffe transportierten zu einem großen Teil Sklaven und (2) zwei Drittel von ihnen waren in Wirklichkeit britische Schiffe, die nur unter fremder Flagge fuhren. Durch dieses Gesetz würde also der britische Sklavenhandel empfindlich getroffen werden. Der Schachzug gelang, 1892 wurde das Gesetz beschlossen. Es war weltweit das erste, das einen Einbruch in die Domäne der Sklaverei bedeutete.

1807 wurde das wichtige Teilziel der Abolitionisten erreicht: Per Gesetz wurde der Sklavenhandel im gesamten britischen Empire verboten. Das eigentliche Ziel, die Emanzipation der Sklaven, war damit noch nicht erreicht. Dennoch erlahmte die Bewegung zunächst, Krieg und Unruhen zogen die Aufmerksamkeit des Landes auf sich. 1823 formierte das Komitee sich neu. Doch es hatte nicht mehr den alten Schwung. Es forderte nur die „schrittweise" Abschaffung der Sklaverei, nicht ihr radikales Ende. Die öffentliche Meinung war ihnen voraus und viele Aktivisten auch.

Frauen brachten die Bewegung wieder voran. Elizabeth Heyrick war eine ihrer führenden Aktivistinnen. „Bei den Parlamentswahlen von 1826 rief sie die Bevölkerung dazu auf, nur für die Kandidaten zu stimmen, die für eine sofortige Befreiung der Sklaven eintraten" (ebd. S. 390). In Sheffield gründeten Frauen einen eigenen Verein, der in Großbritannien die erste Organisation wurde, die eine sofortige Befreiung aller Sklaven verlangte. Weitere Vereine von abolitionistischen Frauen folgten: „Die Vereine der Frauen gingen in ihren Aktionen fast immer weiter als die der Männer" (ebd. S. 391). Das „Logo" der Bewegung ergänzten sie um die komplementäre Variante (Abb. 32.4). Außerdem gründeten jüngere Aktivisten ein neues Komitee, weil sie dem alten „Ängstlichkeit" vorwarfen. Aus diesen Entwicklungen ergeben sich zwei Folgerungen: (1) Das Führungspotenzial von Frauen

Abbildung 32.4: Bin ich nicht eine Frau und Schwester?

ist eine unverzichtbare Ressource der Transformation. (2) Ein rechtzeitiger Generationentransfer ist nötig. Wenn eine neue Generation von Aktivisten herangewachsen ist, sollte die ältere den Stab weitergeben und die Jüngeren als *geistliche Mütter und Väter* (→ Kap. 31.6.1) segnend und fördernd begleiten, ohne sie zu hemmen.

1833 wurde schließlich ein Gesetz zur Freilassung aller Sklaven im britischen Empire beschlossen. Es enthielt zwei bittere Pillen: (1) Die bisherigen Besitzer erhielten fürstliche Entschädigungen. (2) Die Sklaven sollten zunächst einige Jahre als „Lehrlinge“ weiter für ihre bisherigen Besitzer arbeiten. Am 1. August 1838 war schließlich das Ziel erreicht. 800.000 Männer, Frauen und Kinder erlangten die Freiheit.

Die Bewegung der Abolitionisten zeigt uns einige wichtige Grundsätze für Transformation: Kleine Gruppen können Großes bewegen, wenn sie sich ein konkretes Ziel stecken. Das gelingt, wenn sie systemisch vorgehen. Clarkson hätte sein Handeln wohl nicht so genannt, aber es war so. Wenn ein begabter Aktivist wie er nur gefragte hätte: „Wie können wir die Sklaverei besiegen?“, hätte er organisiert und aufgeklärt. Aber er hatte einen Blick für die weitergehende Frage: „Wie wird Sklaverei abgeschafft?“ Dazu brauchte es noch andere Leute als ihn, sein Komitee und die vielen von ihm initiierten Ortsgruppen. Es gab Dinge, die nur andere Leute tun konnten, deshalb war er ständig auf der Suche nach Verbündeten. Auch wir tun gut daran, in der urbanen Mission nicht nur auf unseren eigenen Beitrag zu achten. Es gibt immer Dinge, die andere besser oder die nur sie tun können. Der Netzwerker hat Augen dafür, den Bedarf zu sehen und die Ergänzung zu entdecken.

Die Aufgabe war mit dem gesetzlichen Erfolg nicht abgeschlossen. Mit der Freilassung war die Würde der Sklaven noch nicht wiederhergestellt. Bis heute werden die Nachfahren der Sklaven in vielen Ländern benachteiligt und diskriminiert. Es gibt noch genug zu tun.

32.2 Bottom-up oder top-down?

Die Beobachtungen, die wir in Ciudad Bolívar und bei den Abolitionisten gemacht haben, helfen uns bei der Beantwortung einer wichtigen Frage: Wo beginnt Transformation und in welche Richtung entwickelt sie sich? Beginnt sie bei der Veränderung von Herzen, das heißt der Erneuerung vieler einzelner Menschen durch das Evangelium, die dann „automatisch“ zur Veränderung von Verhältnissen führt (*bottom-up*), oder müssen wir uns direkt mit Verhältnissen in Form von ungerechten und hemmenden Strukturen befassen, damit durch ihre Veränderung auch das Leben einzelner Menschen beeinflusst wird (*top-down*)?

Eine ähnliche Frage stellen auch Sozialwissenschaftler. James Coleman hat 1971 vier gängige Theorien (→ Tab. 32.1) untersucht und miteinander verglichen (Coleman 1971). Zwei von ihnen vertreten die These: Verändere die Menschen und du veränderst die Verhältnisse (*bottom-up*). Die beiden anderen behaupten die umgekehrte Transformationsrichtung (*top-down*): Verändere die Verhältnisse und du veränderst das Leben der Menschen.

	Ausgangspunkt der Veränderung	Veränderungs-richtung
psychologische Theorie	Befähigung von Menschen	bottom-up
revolutionäre Theorie	Veränderung des politischen Bewusstseins von Menschen	bottom-up
rechtliche Theorie	Veränderung ungerechter Verhältnisse durch Gesetze	top-down
ökonomische Theorie	Umverteilung ökonomischer Ressourcen	top-down

Tabelle 32.1: Theorien sozialen Wandels

Für beide Richtungen gibt es Beispiele gelungener Transformationen. Für beide gibt es aber auch Beispiele für ihre Grenzen. Ein Modell für den „psychologischen“ Ansatz ist die UMICE-Bewegung in Ciudad Bolívar. Fast alle ihre Aktivitäten waren auf die Befähigung und Veränderung einzelner Slumbewohner ausgerichtet. Sie wurden qualifiziert und in Jobs vermittelt, medizinisch versorgt, in Beziehungen miteinander versöhnt und kamen zum Glauben an Jesus.

Ein neutestamentliches Beispiel finden wir in Apostelgeschichte 19. Paulus kam nach Ephesus und begann, einzelne Menschen zum Glauben zu führen. Ihre Zahl wuchs und die Jesusbewegung erfasste immer mehr Bewohner der Region. Schließlich war eine „kritische Masse“ erreicht, Quantität schlug in Qualität um und hatte Auswirkungen auf das religiöse und ökonomische Gefüge der ganzen Stadt (V. 21-27).

Der individualistische Ansatz kann auch zu unerwarteter Transformation führen. In lebendigen Systemen mit ihren vielfältigen Wechselbeziehungen hat soziales Handeln leicht unbeabsichtigte Wirkungen (→ Kap. 16.3.1). Manchmal sind sie unerwünscht und kontraproduktiv. Sie können aber auch, wie das folgende Beispiel aus Brasilien zeigt, erwünscht und produktiv sein.

Pirambu[327] ist eine Favela der Stadt Fortaleza im Nordosten des Landes. Die Zahl der evangelikalen und Pfingstgemeinden hat in den letzten Jahren stark zugenommen.

327 Die Informationen zu Pirambu stammen aus Garmany 2013.

Die *crentes*, wie die nichtkatholischen Christen genannt werden, treffen sich überall in Wohnungen und einfachen Ladenräumen. Sie betonen den individualistischen Ansatz für soziale Veränderung. Doch mit diesem Fokus auf persönliche Frömmigkeit haben sie den öffentlichen Raum in den Nachbarschaften Pirambus transformiert.

Nach Einbruch der Dunkelheit waren die Straßen fest unter der Kontrolle von Drogenhändlern und gewaltbereiten Gangs. Viele Bewohner waren Opfer von Raub und Gewalt geworden. Andere hatten miterlebt, wie Menschen getötet wurden. Aus Furcht mieden sie abends den öffentlichen Raum und zogen sich in ihre Wohnungen zurück. Wenn es dunkel wurde, waren die Straßen menschenleer und „leere Straßen sind gefährliche Straßen“ (Garmany 2013:53). Wer noch unterwegs war, musste stets damit rechnen, dass von anderen Passanten Gefahr drohte.

Das änderte sich, als immer mehr *crentes* abends einzeln oder in Gruppen auf dem Weg zu den Abendveranstaltungen ihrer Gemeinden waren. Sie wagten sich auf die Straßen und sie waren für andere auf den ersten Blick erkennbar: Sie hatten sich besser angezogen und trugen ihre Bibel oder ihr Liederbuch unter dem Arm. Inzwischen ist die Zahl der Gemeinden gewachsen und ihre Mitglieder beleben an jedem Abend der Woche die Straßen so sehr, dass auch andere Bewohner sich draußen wieder sicher fühlen. Angstorte sind zu Orten der Gemeinschaft geworden.

Der *bottom-up*-Ansatz hat allerdings seine Grenzen. El Salvador hat wie Brasilien einen starken evangelikal-pfingstlichen Aufbruch erlebt. Aber die sozialen und moralischen Probleme im Land sind nicht geringer geworden. Auf einer Konsultation beklagte ein Pastor, dass der individualistische Ansatz zu keiner echten Transformation der Verhältnisse geführt habe. Und für die Abolitionisten wäre dieser Ansatz überhaupt nicht in Frage gekommen. Die Sklaven nur zu evangelisieren und ihnen zu einem gestärkten Selbstbewusstsein zu verhelfen, wäre keine angemessene Antwort auf die Ungerechtigkeit der Sklaverei gewesen. Hier musste der rechtliche *top-down*-Ansatz gewählt werden. Die Verhältnisse mussten geändert werden, indem zuerst der Sklavenhandel und dann die Sklaverei selbst per Gesetz beendet und geächtet wurden. Aber auch dieser Ansatz führte nur bis zu einem gewissen Punkt. Man kann Sklaven durch ein Gesetz rechtlich befreien. Aber der Rassismus im Herzen von Weißen, die offene und subtile Alltagsdiskriminierung und die Unterlegenheitsgefühle der Nachkommen der Sklaven, auf die man bei der Untersuchung der *Stereotypen-Bedrohung* stößt (→ Kap. 26.3.2.3), liegen außerhalb des Einflussbereichs von Gesetzen. Was *top-down* begonnen wurde, muss *bottom-up* vollendet werden.

Ein lehrreiches Beispiel für den ökonomischen Ansatz stammt von James Coleman selbst. 1944 wurde in England das Schulgeld für höhere Schulen abgeschafft. Diese Begünstigung ärmerer Familien führte dazu, dass Kinder aus der Arbeiterschicht erfolgreich eine höhere Schullaufbahn einschlugen. Bei genauerem Hinsehen wurde allerdings festgestellt, dass viele von ihnen aus Mittelschichtsfamilien kamen, die sozial abgerutscht waren. „Echte“ Arbeiterkinder profitierten kaum von der Veränderung der

Verhältnisse. Ihnen fehlte die Bildungsmotivation, die in den anderen Familien bewahrt worden war (Coleman 1971:640). Sie hätten beides gebraucht: sowohl die Veränderung der Verhältnisse – abgeschaffte Schulgebühren – als auch eine Veränderung ihrer Herzen, die zum Bildungseifer führt. Aus der Geschichte von Erweckungsbewegungen in armen Bevölkerungsgruppen wissen wir, dass durch sie mit dem Glauben oft auch solch ein Bildungseifer geweckt wurde.

Transformation geschieht durch ein Zusammenwirken vieler Faktoren und sie geschieht in vielen Fällen nur durch eine Verbindung von *bottom-up*- und *top-down*-Ansätzen. Das gilt besonders für Veränderungen, die in der polarisierten postmodernen Stadt denen zugutekommen sollen, die ausgegrenzt und benachteiligt sind. Mit Armut gehen, wie wir gesehen haben, Armutsscham und andere soziale Traumatisierungen einher (→ Kap. 26.3.2.2). Dann ist es mit dem ökonomischen Ansatz – einer Umverteilung gesellschaftlichen Vermögens – nicht getan. Die Betroffenen brauchen eine Transformation ihrer Persönlichkeit. Ein psychologischer (oder geistlicher) Ansatz reicht aber auch nicht. Sie brauchen an vielen Stellen gesetzlichen Schutz (rechtlicher Ansatz) und Rahmenbedingungen, die einen wirtschaftlichen Aufstieg erleichtern (ökonomischer Ansatz). Das war auch früher so:

> Die Lage der armen Bevölkerungsteile im England des 19. Jahrhunderts ließ sich nicht allein über einen Bottom-up-Ansatz verändern. William Booth, der Gründer der Heilsarmee, analysierte ihre Situation in seinem 1890 erschienenen Buch „In Darkest England". Dabei bediente er sich des Bildes von einem Droschkengaul auf den Straßen Londons. Wenn ein Kutschpferd auf der Straße hinfällt, schreibt er, steht nicht zur Debatte, es dort einfach liegen zu lassen. Selbst wenn es nur dazu dient, dass der Verkehr wieder flüssig läuft, wird man dem Pferd wieder auf die Beine helfen. Darüber hinaus hat ein Londoner Droschkengaul in der Regel drei Dinge: Obdach, Nahrung und Arbeit, um sich seinen Lebensunterhalt zu verdienen. Dieser einfache Standard – Hilfe, wenn man am Boden liegt, sowie Obdach, Nahrung und Arbeit – war zu Booths Zeit für Millionen von Armen in England unerreichbar. Die Heilsarmee machte es sich zur Aufgabe, ihren gestrauchelten Mitmenschen wieder auf die Beine zu helfen. Das war der erste Schritt. Doch, so Booth, wenn ein Droschkengaul aufgrund von Unterernährung oder Übermüdung fällt, so verlängert man nur sein Leiden, wenn man ihm aufhilft, ohne auch seine Umstände zu verbessern. Deshalb machte er sich daran, ein umfassendes Programm zu entwickeln, das die Lebenssituation der Armen verbessern sollte. Seine Ausführungen beginnen mit einer Auflistung von Bedingungen, die seiner Meinung nach unerlässlich für den Erfolg sind:

- Jedes Programm … muss den Menschen verändern, wenn sein Charakter und sein Verhalten der Grund für sein Scheitern im Kampf des Lebens sind.
- Um wirksam zu sein, muss das Mittel zur Abhilfe die Umstände des Individuums

ändern, wenn sie der Grund für seinen erbärmlichen Zustand sind und außerhalb seiner Kontrolle liegen.

Für Letzteres schlug Booth eine Reihe von Maßnahmen vor: Kolonien zur Selbstversorgung, Suppenküchen, Selbsthilfevereinigungen für Arbeitslose, ein mobiles Krankenhaus, eine Armenbank und vieles mehr. Ihm war dabei bewusst, dass er und seine Mitstreiter dieses Programm nicht alleine stemmen konnten. „Wenn ich gebeten würde, in einem Wort auszudrücken, was vermutlich der Schlüssel zur Lösung der sozialen Frage ist, würde ich ohne zu zögern sagen: Kooperation“, schreibt er in „In Darkest England“.

Deshalb nutzte Booth sein Netzwerk, um möglichst viel Unterstützung zu mobilisieren. Obwohl er anfangs mit mächtigen Widerständen bis hin zu ständigen physischen Angriffen konfrontiert war, ließ sein Engagement nicht nach. In seinen späteren Lebensjahren fungierte er als Berater für verschiedene europäische Königshäuser und Regierungen in der ‚sozialen Frage'. Aufgrund solcher politischer Vernetzungen flossen die Ideen von William Booth in sozialstaatliche Maßnahmen unter anderem in England und Australien ein. (Sommerfeld & Sommerfeld 2013:189-190)

Die beiden Grundsätze von Booth gelten auch für unser Engagement. Sie sind die Begründung dafür, Veränderung von Herzen *und* Verhältnissen anzustreben:

- Jedes Programm muss den Menschen verändern, wenn sein Charakter und sein Verhalten der Grund für sein Scheitern im Kampf des Lebens sind.
- Um wirksam zu sein, muss das Mittel zur Abhilfe die Umstände des Individuums ändern, wenn sie der Grund für seinen benachteiligten Zustand sind und außerhalb seiner Kontrolle liegen.

32.3 Der Beitrag des Einzelnen zur urbanen Transformation

Wie ich am Anfang dieses Kapitels geschrieben habe, sollen die Fallbeispiele, die es enthält, einen Eindruck vermitteln, wie Transformation gelingen kann, „um Ihr Gespür zu schärfen, wie Sie an ihr mitwirken können“. Es geht darum, wie wir unseren Platz in der Transformation unserer Stadt finden, nicht wie wir sie transformieren. Die Veränderung eines lebendigen Systems wie der Stadt ist zu komplex, um von uns verursacht und gelenkt zu werden. Es spielen mehr Umstände eine Rolle, als wir überschauen können, mehr Faktoren, als wir beeinflussen können, andere Akteure, die wir nicht dirigieren können. Die Transformation der Stadt ist ein Werk der *Missio Dei*. Gott überschaut die relevanten Umstände, bringt die nötigen Faktoren hervor und verbindet die Akteure miteinander. Aber er tut es nicht ohne uns.

Wir haben einen Platz in der *Missio Dei*. Dabei sollten wir nicht naiv davon ausgehen, dass christlicher Aktivismus und kirchliche Programme und Gepflogenheiten automatisch zu ihr gehören. Es gibt auch eine *missio ecclesiae irrita*, eine vergebliche Mission der Kirche. Christlicher Betrieb kann betriebsblind machen für das, was wirklich dran ist. Deshalb ist das *Hören und Sehen* (→ Kap. 17.1) für den urbanen Missionar so wichtig. Deshalb gehört zur urbanen Mission das *Gebet* nicht nur für den *Schalom* der Stadt (→ Kap. 25.1.2.2), sondern auch für die Sendung in die Stadt und *für die Gesandten* (→ Kap. 25.1.3). Deshalb brauchen wir für unser Engagement die *urbane Spiritualität* (→ Kap. 24.2). Ich erinnere an die Erfahrung von Sally Brown (→ Kap. 3.2): Das Bewusstsein für Gottes Gegenwart im öffentlichen Raum ließ sie erkennen, wie sie im Einklang mit seinen Absichten hätte handeln können. Es geht um eine Haltung der Verfügbarkeit für den Geist Gottes. In dieser Haltung vertrauen wir, dass der Gott der urbanen Mission uns führt und uns die Antwort auf drei Fragen finden lässt.

1. **Was wollen wir verändert sehen?** In Frage kommt alles, was Leben zerstört und nicht gelingen lässt. Aber nicht alles, was verändert werden müsste, ist unser Auftrag. Wo engagieren wir uns? Manchmal steht unser Schwerpunkt von Anfang an durch eine *Berufung* (→ Kap. 15) fest. So erlebte es Thomas Clarkson im Juni 1785, als ihm klar wurde, dass sein Leben der Abolition gehörte. Manchmal steht am Anfang nur die *Bekehrung zur Stadt* (→ Kap. 1.2). So war es bei den Pfingstpastoren in Cuidad Bolívar, die sich zum Gebet für ihren Stadtteil trafen und erlebten, wie Gott zuerst sie selbst veränderte und sie dann Schritt für Schritt in seine Absichten hineinführte.
2. **Was ist unser Beitrag zur Veränderung?** Die Antwort heißt: das, was wir sind, was wir können und was wir gerne tun. In der *Missio Dei* sucht nicht die Aufgabe eine Person, sondern die Person eine Aufgabe. Gott kennt nicht nur die komplexe Stadt, er kennt auch uns. Er weiß, was zu uns passt, was uns Erfüllung bringt, und er weiß, was er in unser Herz geschrieben hat (→ Kap. 18.6.2). Das hat er schon längst bei seinen Absichten eingeplant. Deshalb finden wir die Antwort auf die Frage „Was ist Gottes Wille für mich?“ manchmal am leichtesten, wenn wir uns fragen: „Was möchte ich eigentlich wirklich?“ Wo erleben wir den *Wiedererkennungseffekt* (→ Kap. 18.6.2.1) oder den *Magneteffekt* (→ Kap. 18.6.2.2), der uns in einem Bereich der urbanen Mission zu Hause sein lässt oder zu ihm hinzieht? Gott ist ein Gott der Gnade. Gnade bedeutet nicht nur, dass wir zu Gott kommen dürfen, wie wir sind. Gnade bedeutet auch, dass wir ihm dienen dürfen, wie wir sind, und nicht, wie andere Menschen es uns einreden oder wie wir meinen, dass wir sein müssten. Die Last der urbanen Mission ist leicht (Mt. 11,30).
3. **Wie passt unser Beitrag in die urbane Transformation?** Er wirkt zusammen mit den Beiträgen vieler anderer Akteure. Diese Akteure sind durch den Geist Gottes verbunden, der sie mit „Schwarmintelligenz“ beschenkt: Alle handeln für sich, aber daraus resultiert ein „intelligentes“ Vorgehen des Gesamten. Unser Beitrag

für die urbane Mission ergänzt und vernetzt sich mit vielen anderen Beiträgen. Deshalb geht es nicht nur darum, was wir tun, sondern auch darum, wie andere ergänzen, was wir nicht tun, wie wir ergänzen, was sie nicht tun, und wo wir zusammenkommen, weil wir etwas nur gemeinsam tun können. Die Pfingstpastoren in Ciudad Bolívar brauchten einander. Thomas Clarkson brauchte William Wilberforce und Wilberforce brauchte Clarkson. Wir brauchen andere und andere brauchen uns. Wir halten Ausschau nach ihnen. *Netzwerker* (→ Kap. 31.6) helfen uns, dass wir einander finden.

Was will ich verändert sehen? Was ist mein Beitrag zur Veränderung? Wie passt mein Beitrag in die urbane Transformation? Wenn dieses Buch dazu beiträgt, dass Sie Ihre Antworten auf diese drei Fragen finden, hat sich das Schreiben gelohnt.

FAZIT

- Transformation, die Veränderung von Herzen und Verhältnissen in Übereinstimmung mit Gottes Willen durch das Wirken seiner Missionare, ist ein komplexes Geschehen. Sie ist das Ergebnis eines Zusammenspiels von vielen Akteuren und Umständen.
- Dabei ist in der Regel eine Verbindung von *bottom-up-* und *top-down-*Ansätzen nötig, besonders bei Veränderungen, die denen zugutekommen sollen, die ausgegrenzt und benachteiligt sind.
  - *bottom up* (Verändere die Menschen und du veränderst die Verhältnisse): Jedes Programm muss den Menschen verändern, wenn sein Charakter und sein Verhalten der Grund für sein Scheitern im Kampf des Lebens sind.
  - *top down* (Verändere die Verhältnisse und du veränderst das Leben von Menschen): Um wirksam zu sein, muss das Mittel zur Abhilfe die Umstände des Individuums ändern, wenn sie der Grund für seinen benachteiligten Zustand sind und außerhalb seiner Kontrolle liegen.

- Was möchten Sie in Ihrer Stadt verändert sehen?
- Was kann Ihr Beitrag dazu sein?
- Mit welchen Beiträgen anderer können Sie sich vernetzen?

- Luis Noel Alfaro und Andrés Marroquín Gramajo: Protestant Ethic and Prosperity. Vegetable Production in Almolonga, Guatemala (Alfaro & Marroquín Gramajo 2012). *Almolonga ermöglicht einen interessanten Vergleich zwischen dem exklusiven und dem inklusiven Verständnis einer bottom-up-*

Transformation. Die Stadt hat nach einem geistlichen Aufbruch umfassende soziale und wirtschaftliche Veränderungen erlebt. In dem 1999 erschienenen Video Transformations 1 (down-to-earth.de/transformation-1-und-2-dvd.html) werden die Veränderungen vor allem auf Gebet, das die Macht des Okkultismus bricht, zurückgeführt. Alfaro und Marroquín Gramajo beschreiben sie als Ergebnis mehrerer Faktoren, unter denen die protestantische Frömmigkeit einen wichtigen Platz einnimmt.

- Adam Hochschild: Sprengt die Ketten. Der entscheidende Kampf um die Abschaffung der Sklaverei (Hochschild 2007). *Die top-down-Transformation durch den Abolitionismus verdient eine ausführliche Lektüre.*

Nachwort: Die Schönheit der urbanen Transformation

Gott selbst wird die urbane Transformation vollenden. Das Buch der Offenbarung spricht davon in der ihm eigenen Bildersprache: „Ich sah die heilige Stadt, das neue Jerusalem, von Gott her aus dem Himmel herabkommen; sie war bereit wie eine Braut, die sich für ihren Mann geschmückt hat" (Offb. 21,2). Bei der Beschreibung dieser Stadt tritt besonders ihre Schönheit hervor. Sie gleicht einer geschmückten Braut (V. 2), der Glanz Gottes erfüllt sie (V. 11), in ihr sind lauter kostbare Edelsteine (V. 11.18-20), ihre Tore sind Perlen (V. 21) und sie ist eine Anlage von vollkommener Harmonie (V. 12-18). *Gott macht, dass die Stadt schön ist.*

Diese Stadt ist noch Zukunftsmusik, aber es gibt jetzt schon eine Ouvertüre. *Auch die gegenwärtige Stadt soll schön werden.* In ihr sollen Orte der Harmonie entstehen. Gerechtigkeit soll in ihr zunehmen. Und manchmal sollen einfach graue Mauern farbig werden. Schön ist alles, was Wohlgefallen auslöst, und davon soll viel in unserer Stadt zu finden sein.

Die Stadt soll außerdem auf schöne Weise transformiert werden. „Groß sind die Werke des HERRN; wer sie erforscht, der hat Freude daran. Was er tut, das ist herrlich und prächtig, und seine Gerechtigkeit bleibt ewiglich" (Ps. 111,2-3; Lutherübersetzung). Das gilt auch für die Werke der *Missio Dei.* Auf „gefällige" Weise fügt Gott zusammen, was am Ende ein schönes Bild ergibt. Am besten kann ich es persönlich ausdrücken. Als vor 20 Jahren mein Weg nach Berlin in die urbane Mission führte, hatte ich keine Ahnung, was kommen würde. Diese Zeit war oft nicht einfach. Langwierige Krankheitszeiten und bedrückende Erfahrungen kamen in ihr vor. Doch wenn ich zurückschaue, bleibt *ein* Grundton: Es war „eine schöne Zeit". Ich habe dieses Buch mit viel Dankbarkeit dafür geschrieben, dass Gott mich an seinen Werken in meiner Stadt beteiligt hat.

Nicht nur Gottes Mission ist schön, sondern auch unsere. Über die Stadt Gottes wird gesagt: „Man wird die Pracht und die Kostbarkeiten der Völker in die Stadt bringen" (Offb. 21,26). Wir nehmen etwas aus unserer Stadt mit, das zur Schönheit der zukünftigen beiträgt. Hinweise auf das, was gemeint ist, finden wir in zwei Passagen aus dem Matthäusevangelium.

> Als Jesus in Betanien im Haus Simons des Aussätzigen bei Tisch war, kam eine Frau mit einem Alabastergefäß voll kostbarem, wohlriechendem Öl zu ihm und goss es über sein Haar. Die Jünger wurden unwillig, als sie das sahen, und sagten: Wozu diese Verschwendung? Man hätte das Öl teuer verkaufen und das Geld den Armen geben können. Jesus bemerkte ihren Unwillen und sagte zu ihnen: Warum lasst ihr

> die Frau nicht in Ruhe? Sie hat ein gutes Werk an mir getan. Denn die Armen habt ihr immer bei euch, mich aber habt ihr nicht immer. Als sie das Öl über mich goss, hat sie meinen Leib für das Begräbnis gesalbt. Amen, ich sage euch: Überall auf der Welt, wo dieses Evangelium verkündet wird, wird man sich an sie erinnern und erzählen, was sie getan hat. (Mt. 26,6-13)

Was die Frau tat, kam den Jüngern wie Vergeudung vor. Nach einer kurzen Zeit des Wohlgeruchs war ihr Vermögen scheinbar dahin. Doch Jesus sagte: „Man wird sich an sie erinnern und erzählen, was sie getan hat." Der Wohlgeruch ihrer Hingabe an Jesus duftet bis heute. Was jemand für und an Jesus tut, bleibt.

Kurz vorher hatte Jesus darüber gesprochen, wie Menschen aller Zeiten und Orte für ihn und an ihm handeln können.

> Dann wird der König denen auf der rechten Seite sagen: Kommt her, die ihr von meinem Vater gesegnet seid, nehmt das Reich in Besitz, das seit der Erschaffung der Welt für euch bestimmt ist. Denn ich war hungrig und ihr habt mir zu essen gegeben; ich war durstig und ihr habt mir zu trinken gegeben; ich war fremd und obdachlos und ihr habt mich aufgenommen; ich war nackt und ihr habt mir Kleidung gegeben; ich war krank und ihr habt mich besucht; ich war im Gefängnis und ihr seid zu mir gekommen. (Mt. 25,34-36)

Aus einem solchen Dienst stammen die Pracht und Kostbarkeiten, die die zukünftige Stadt schmücken werden. Jesus fordert uns auf, „Schätze im Himmel" (Mt. 6,20) zu sammeln, und in der Offenbarung heißt es: „Selig die Toten, die im Herrn sterben, von jetzt an; ja, spricht der Geist, sie sollen ausruhen von ihren Mühen; denn *ihre Werke begleiten sie*" (Offb. 14,13). Diese Werke sind es, die die Völker mit in die Stadt Gottes nehmen. Ihre Pracht und Kostbarkeit wird sich dort zeigen. Was wir hier in der urbanen Mission tun, transformiert nicht nur die gegenwärtige Stadt, sondern schmückt die zukünftige.

Die neue Stadt ist bei Gott schon vorhanden. Sie wird nicht erst gebaut werden, wenn ihre Zeit gekommen ist. Sie wird „von Gott her aus dem Himmel herabkommen" (Offb. 21,2). Sie ist bereits jetzt unser eigentlicher Heimatort: „Ihr seid vielmehr zum Berg Zion hingetreten, zur Stadt des lebendigen Gottes, dem himmlischen Jerusalem" (Hebr. 12,22). Wir tragen etwas von ihr in unsere Stadt. Wo Jünger in die urbane Mission gesandt werden, sollen sie den Leuten durch Tat und Wort mitteilen: „Das Reich Gottes ist euch nahe" (Lk. 10,9). Denn Gott geht durch seinen Geist mit ihnen. „Vom Zion her, der Krone der Schönheit, geht Gott strahlend auf. Unser Gott kommt und schweigt nicht" (Ps. 50,2-3). Hierin liegt unsere Hoffnung für die Stadt. Deshalb beende ich dieses Buch mit einem alten liturgischen Gebet:

Veni sancte spiritus
Komm, Heiliger Geist,
Und sende vom Himmel her
Deines Lichtes Strahl.
Komm, Vater der Armen,
Komm, Geber der Gaben,
Komm, Licht der Herzen.

Anhang A: Sokrates und Epimenides – Spurensuche in Athen

In Kapitel 1.3.2 habe ich beschrieben, wie Paulus in Athen Spuren seines Gottes entdeckte, die ihm als Anknüpfungspunkt für seine evangelistische Rede dienten. Die Aussagen, die ich dort gemacht habe, werde ich im Folgenden ergänzen und vertiefen und vor allem belegen und begründen. Das ist nicht nur von exegetischer und historischer Bedeutung, sondern daraus ergeben sich wichtige Schlussfolgerungen für unsere heutige missionarische Praxis. Es geht sowohl um die Frage nach ortspezifischen Spuren Gottes als auch um eine grundsätzliche Herausforderung in multireligiösen Städten: In welcher Beziehung steht das Evangelium zu anderen Erscheinungsformen des Religiösen?

Auf diese Frage gibt es zwei extreme Antworten. Der einen wird man als Christ nicht zustimmen können, nämlich der Auffassung, dass alle Religionen im Grunde gleich seien und dasselbe täten. Man muss aber als Christ auch nicht der anderen zustimmen, nämlich der Behauptung, dass das Evangelium und alle übrigen Religionen (mit Ausnahme des Judentums) ausschließlich im Gegensatz von Wahrheit und Irrtum stehen. Wir begegnen dieser Behauptung bei den lateinischen Kirchenvätern, die mit strengem Blick aus der Ferne auf die Ereignisse der neutestamentlichen Zeit schauten. Durch sie ist die radikale Abgrenzung von allem Außerchristlichen in das Erbe der westlichen Kirche eingeflossen.

Wenn wir uns jedoch näher an die Ursprünge der Mission begeben und genauer bei Lukas und den alten griechischen Kirchenlehrern nachlesen, ergibt sich ein anderes, differenziertes Bild. Zwar ist auch für sie die heidnische Religiosität insgesamt ein Irrweg, sie erkennen aber in ihr Graustufen und helle Punkte, an die das Evangelium anknüpfen kann. Diese sind nicht nur das Ergebnis von Ahnungen und Sehnsüchten der Menschen, sondern auch der realen Gegenwart und Aktivität Gottes in der vor- und außerchristlichen Welt. Wenn wir uns also jetzt den Feinheiten des lukanischen Berichts über den Athenbesuch des Paulus zuwenden, geht es um mehr als ein gutes exegetisches Gewissen. Es geht um sichere Grundlagen für die missionarische Praxis der Gegenwart.

In der Einführung wurde bereits erwähnt, dass Paulus um das Jahr 50 n. Chr. Athen besuchte, als die Blütezeit der Stadt längst hinter ihr lag. Wir haben gesehen, dass er zunächst die gebaute Stadt erkundete und sich dann ihren Bewohnern in missionarischen Begegnungen zuwandte. Unsere Beschäftigung mit den Details der lukanischen Darstellung beginnt mit der Untersuchung vor dem Areopag, wohl der für Religionsfragen zuständigen obersten Athener Behörde. Als Areopag wird zwar auch ein Hügel in Athen bezeichnet, der im Folgenden noch eine Rolle spielen wird. In unserem Zusammenhang ist aber eher an die Behörde zu denken (Jipp 2012:573-574), zumal einer der Anwesenden, Dionysius, ausdrücklich als Mitglied dieses Rates bezeichnet wird (Apg. 17,34).

Paulus und Sokrates

Sie „nahmen ihn mit", so liest sich der Auftakt bei Lukas (Apg. 17,19). Der entsprechende griechische Begriff ist doppeldeutig. Er kann sowohl die freundliche Einladung zu einem kollegialen Fachgespräch unter Philosophen als auch die förmliche Vorführung bedeuten. Es gibt gute Gründe, hier letzteres zu vermuten. In der Apostelgeschichte bedeutet er in den meisten Fällen, dass jemand in Gewahrsam genommen wird (Apg. 16,19; 18,17; 21,30.33). Vor allem aber lässt der Bericht des Lukas eindeutige Parallelen zum Prozess gegen Sokrates erkennen, von denen ich nur die wichtigsten nenne.[328] Auch dieser hatte täglich auf der Agora mit denen, die er dort antraf, gesprochen.[329] Auch ihm war vorgeworfen worden, dass er „fremde Götter" verkündete.[330] Und weil Sokrates von den unverständigen Athenern der Prozess gemacht wurde, liegt es nahe, in der Vorführung des Paulus zumindest eine behördliche Untersuchung zu sehen. So jedenfalls werden zeitgenössische Leser Lukas verstanden haben.

Wenn Lukas solche Ähnlichkeiten zwischen Sokrates und Paulus zeichnet, steckt darin eine implizite Wertschätzung für den griechischen Weisen, mit dem verglichen zu werden eines Apostels würdig ist. Explizit wird die Wertschätzung bei den frühen griechischen Kirchenlehrern.[331] Justin der Märtyrer, Clemens von Alexandrien, Origenes und andere sehen in Sokrates einen der Ihren. Selbst da, wo sie das Heidentum und seine Philosophie scharf ablehnen, nehmen sie Sokrates von ihrer Kritik aus. Denn er hatte die falschen Götter der Griechen entlarvt:

> Er hatte gelehrt, die Menschen sollten den bösen Dämonen absagen, die das verübt hatten, was die Dichter erzählten[332] [...] dagegen leitete er sie [...] zur Erkenntnis des ihnen *unbekannten Gottes* [Hervorhebung von mir] an, indem er sagte: „Den Vater und Schöpfer des Weltalls zu finden, ist nicht leicht, und wenn man ihn gefunden hat, ist es ebenso wenig gefahrlos, zu allen von ihm zu reden". (Justin, Zweite Apologie 10)[333]

328 Für detaillierte Aufstellungen siehe Jipp 2012:569-574; Rowe 2011; Sandnes 1993; Barrett 1994b:828-834; Weiser 1985:458.
329 Vgl. Apg. 17,17 mit Xenophon, Erinnerungen an Sokrates 1.1.10 und Plato, Apologie 17 c.
330 Vgl. Apg. 17,18 mit Xenophon, Erinnerungen an Sokrates 1.1.1 und Plato, Apologie 24 b-c. Beide erwähnen außerdem ausdrücklich, dass Sokrates die offiziell anerkannten Götter ablehnte.
331 Adolf Harnack hat ihr eine Rektoratsrede gewidmet (Harnack 1901).
332 Gemeint sind die Götter der griechischen Sagen.
333 Das abschließende Sokrates-Zitat hat Justin aus Plato, Timaios 28 c übernommen.

So also stellt sich die Sache für die frühen Lehrer der griechischen Kirche dar: Mitten in einer Stadt, deren Götzendienst Paulus ergrimmen ließ, auf derselben Agora, auf der er sich dem Spott der Philosophen aussetzte, hatte lange vor ihm ein Mann gewirkt, der den unbekannten Gott kannte und seine Zeitgenossen von der falschen Verehrung unwürdiger Gottheiten abbringen wollte. In gewisser Hinsicht sahen sie in ihm sogar einen „Christen“ (Justin, Erste Apologie 46) und einen Vorläufer Jesu, des „neuen Sokrates“ (Harnack 1901:13), ohne die grundsätzliche Überlegenheit Christi und seinen Abstand zu Sokrates infrage zu stellen. Die lateinische Kirche ist ihnen nicht gefolgt. Hier wurde Sokrates' Reputation gnadenlos dekonstruiert (ebd. S. 17-24), bis hin zu Augustinus, für den alle Tugenden der Heiden nur verkappte Laster waren (ebd. S. 23) – als könne das Licht der Kirche nur recht leuchten, wenn alles um sie herum lauter ägyptische Finsternis ist.

Der Altar des unbekannten Gottes

Dies sind mehr als akademische Debatten vergangener Epochen. Gab es in Athen (und gibt es in unserer Stadt) Werke Gottes auch an Orten, auf die der Fuß der Christen noch nicht getreten, an denen ihre Hand noch nicht tätig geworden und wo ihr Zeugnis noch nicht gehört worden ist? Hat Gott auch außerhalb der Kirchen und christlichen Gemeinschaften seine Zeugen, wirkt auch dort sein Geist? Und wenn dies der Fall ist, was ist dann das Alleinstellungsmerkmal der christlichen Mission? Wir setzen unsere Erkundung fort und hören hinein in die Rede, die Paulus vor dem Areopag hielt[334]:

> Er hat aus einem einzigen Menschen das ganze Menschengeschlecht erschaffen, damit es die ganze Erde bewohne. Er hat für sie bestimmte Zeiten und die Grenzen ihrer Wohnsitze festgesetzt. Sie sollten Gott suchen, ob sie ihn ertasten [oder fühlen] und finden könnten; denn keinem von uns ist er fern. Denn in ihm leben wir, bewegen wir uns und sind wir. (Apg. 17,26-28a)

Grundsätzlich erklärt habe ich diese Verse schon. Hinter der Zerstreuung der Menschen steht die Absicht Gottes, in ihren Wohngebieten von ihnen gesucht, gefühlt und gefunden zu werden. Diese Aussage ergibt nur dann Sinn, wenn es an den jeweiligen Wohnorten lokalspezifische Spuren Gottes gibt, die dem Suchen der Menschen eine Richtung weisen. Ergänzen möchte ich einige Bemerkungen zum sprachlichen und inhaltlichen Verständnis.

Der griechische Satzbau – Vers 26 und 27 sind ein Satz – ist kompliziert. Ich deute ihn so: (1) Die Erschaffung der Menschheit ist eng verbunden mit ihrer Ausbreitung über die ganze Erde in göttlich verordnete Wohngebiete. Hier klingt die biblische Ur-

334 Wie viel an der Areopagrede paulinisches Urgestein, wie viel lukanische Gestaltung ist, muss den Neutestamentler interessieren. Für unsere Belange ist es unerheblich.

geschichte durch (Gen. 10; 11,9; Dtn. 32,8; Ps. 74,17; vgl. Külling 1993:87-88). (2) Die Zerstreuung der Menschen wird von Gott durch die Zuweisung von Zeiten und Wohngebieten gelenkt.[335] (3) Alles zusammen ist die Basis für die eigentliche Absicht Gottes (im Griechischen durch einen finalen Infinitiv ausgedrückt), dass die Menschen Gott suchen (und dann fühlen und finden) sollen.[336]

In Athen hatte Paulus zuvor bereits eine lokalspezifische Spur Gottes entdeckt, die er seinen Zuhörern gegenüber erwähnt, nämlich „einen Altar mit der Aufschrift: Einem unbekannten Gott" (Apg. 17,23). Es gibt eine Reihe von außerbiblischen Informationen über solche Altäre, die jedoch alle einen Schönheitsfehler haben: die „unbekannten Götter" stehen bei ihnen im Plural. Das hat häufig zu Beanstandungen des lukanischen Berichts geführt, muss uns aber nicht wirklich irritieren.[337] In der Manier antiker Geschichtsschreiber trennt Lukas die Ereignisse nicht von ihrer Deutung, sondern erzählt sie so, dass er ihnen die Bedeutung direkt einschreibt. Durch die Verwandlung des Plurals in den Singular bringt er zum Ausdruck, dass es sich nicht um viele kleine Lücken der Gottesverehrung handelte, sondern um eine große. Schon Hieronymus, dem die Pluralform der Inschrift bekannt war, erklärt so die Benutzung des Singulars durch Paulus (Hieronymus, Kommentar zu Titus 1,12)[338] und dieses Stilmittel sollte uns ebenso wenig anstößig sein wie ihm.

Nun zu den einzelnen historischen Belegen.[339] Athen war in der Tat bekannt für die Verehrung unbekannter Götter. Pausanias erwähnt in seiner Beschreibung Griechenlands „Altäre der unbekannten Götter", die er bei seiner Reise nach Athen gesehen hatte (Pausanias, Beschreibung Griechenlands I 1,4). Ein weiterer Altar dieser Art ist ihm zwar auch in Olympia begegnet (ebd. V 14,8) und eine in Pergamon gefundene, leider nicht vollständig erhaltene Inschrift dürfte ebenfalls „Den unbekannten Göttern" zu lesen sein[340], aber diese Art der anonymen Verehrung wurde vor allem als den Athenern eigentümlich betrachtet[341]. Philostratos erwähnt lobend, dass die Athener auch „unbe-

335 In der Auslegungsgeschichte gab es eine Kontroverse, ob die Wohngebiete und Zeiten gemäß griechischem (Dibelius 1939:14) oder jüdischem (Pohlenz 1949:85-88) Denken zu verstehen sind. Hier muss keine Entscheidung getroffen werden. Lukas hat die Athen-Episode so gestaltet, dass sie an beide Traditionen anschlussfähig ist (Jipp 2012:582). In unserem Zusammenhang ist nur wichtig, dass die „festgesetzten Grenzen" nicht nur allgemein bewohnbare Zonen der Erde markieren (so die philosophische Deutung), sondern Grenzen zwischen den Wohngebieten verschiedener Menschheitsgruppen bilden (wie es dem griechischen Sprachgebrauch entspricht), wodurch spezifische Siedlungsgebiete ins Spiel kommen (Külling 1993:101-104).

336 Zur fachlichen Diskussion und zu alternativen Übersetzungen siehe Pohlenz 1949:83-85; Külling 1993:86; Barrett 1994b:841-844; Jervell 1998:447-448.

337 Zur Diskussion siehe Van den Horst 1989; Barrett 1994b:837-838; Dibelius 1939:16-19; Külling 1993:46-48; Elliger 2007:183-186; Jervell 1998:445-446.

338 Auch andere Autoren der alten Kirche erklären so die Diskrepanz (Van den Horst 1989:1437-1441).

339 Umfassende Auflistungen geben Wikenhauser (1921:369-382), Külling (1993:30-32) und Van den Horst (1989:1428-1443).

340 Eine überzeugende Argumentation für diese Ergänzung findet sich bei Van den Horst 1989:1432-1437, der auch (mit interessanten Deutungen) die Inschrift auf einem phrygischen Altar so lesen will.

341 „Die Erwähnung der Altarinschrift agnosto theo [im Original in griechischer Schrift] gehört zur Beschreibung der athenischen Religiosität. Die Inschrift verrät sogar einen eigentümlichen Wesenszug dieser Religiosität" (Külling 1993:29; so auch Dibelius 1939:18).

kannten Göttern" Altäre errichten (Philostratos, Das Leben des Apollonios von Tyana VI 3). Tertullian (An die Nationen II 9) und Hieronymus (Kommentar zu Titus 1,12) wussten ebenfalls von einem solchen Altar.

Was war das Motiv dafür, unbekannte Götter zu verehren und ihnen Altäre zu errichten? Viele Autoren sehen darin nichts weiter als die Sorge, bei der Verehrung keinen Gott auszulassen, sei es aus abergläubischer Furcht, sich den Zorn des Vernachlässigten zuzuziehen, sei es aus religiösem Ernst, keinem Gott das ihm Zustehende vorzuenthalten.[342] Doch reicht das zur Erklärung aus? Religiöse Neuerungen waren in Athen verpönt, ihre Urheber gefährdet. Von Euripides (Bakchen 255-256) bis Josephus (Gegen Apion 2.265-267) wird erzählt, dass die Einführung fremder Götter streng bestraft wurde.[343] Bei Sokrates führte dieser Vorwurf zum Todesurteil, bei Paulus war er Anlass für eine behördliche Vorladung. In einer solchen Stadt baut man nicht einfach einen Altar für einen weiteren Gott – und sei es ein anonymer –, nur weil man sich der Vollständigkeit des eigenen Götterhimmels nicht sicher ist.

Es waren wohl Krisenerfahrungen, die zu kultischen Neuerungen motivierten. Not lehrt beten – in der heidnischen Antike auch zu Göttern, die man bis dahin nicht kannte. Ein Beispiel für eine solche Innovation, die im Zusammenhang mit dem Krieg gegen die Perser stand, erzählt uns Herodot (Historien VI 105). Ähnliche Berichte finden wir bei mehreren Kirchenvätern, die unseren Altar damit in Verbindung bringen[344], darunter folgende Notiz von Ephräm dem Syrer[345]:

> „Mangel an Regen und Erdbeben waren einmal[346] in Athen. Und als sie sich entschlossen, gemeinschaftlich jeden Tag Gebete zu veranstalten, wechselten sie mit den Altären aller ihrer Götter. Und als sie mit den Altären zu Ende waren und (ihnen) keine Hilfe wurde, stürzten und warfen sie sie um. Und wiederum versammelten sie sich und hielten Rat, indem sie sagten: Wenn es kein anderer ist, wer ist dieser, welcher nicht aufhört uns zu plagen? Und sie meißelten und stellten auf einen Altar dem verborgenen Gott, wer es (auch) sein möge. Und als sich offenbarte die Fülle seiner Barmherzigkeit über den Ängsten ihrer Herzen, schickte er ihnen Hilfe."[347]

Isidor von Pelusium ist noch eine weitere Tradition bekannt, die die Entstehung des Al-

342 Ebner nennt es eine „religiöse Vorsichtsmaßnahme" (2012:22). Diese Deutung findet sich schon bei Johannes Chrysostomos in seiner Dritten Homilie zum Titusbrief (siehe auch Jipp 2012:578). Häufig ist hier eine Belegstelle für natürliche Gotteserkenntnis gesehen worden (Pohlenz 1949:88-95; Rowe 2011), also jener Erkenntnis Gottes, „die unabhängig von der in der Heiligen Schrift geoffenbarten Wahrheit aus den Ordnungen und Gesetzen der Natur und der menschlichen Geschichte erschlossen wird" (Külling 1993:168). Gegen diese Deutung spricht sich Külling in paulinischer Strenge aus (1993:168-173).
343 Siehe auch Jipp 2012:572-573; Pervo 2009:427, Garland 1992:10.
344 Belege bei Wikenhauser 1921:369-382.
345 Sie ist uns durch Ischodad von Merw überliefert (Kommentar zur Apostelgeschichte XVI).
346 Wörtlich bedeutet der syrische Ausdruck „manchmal", bezeichnet also ein mehrfaches Geschehen.
347 Zitiert nach der deutschen Übersetzung bei Wikenhauser 1921:373.

tars auf eine Pest zurückführt (Brief IV 69 an Hero). Man wird den Details solcher Überlieferungen mit gesunder Vorsicht begegnen dürfen. Aber die vielfache Verbindung von lebensbedrohenden Ereignissen mit der Errichtung von Altären für unbekannte Götter lässt doch die Lösung unserer Frage in dieser Richtung vermuten.

Allerdings stellt sich damit eine weitere Frage: Wie kamen gerade die Athener dazu, sich bei Notlagen an unbekannte Götter zu wenden? Wenn solch eine Reaktion einem natürlichen Impuls entspräche, müsste sie im Altertum viel weiter verbreitet sein. Am plausibelsten wäre, wenn es eine Urerfahrung gegeben hätte, bei der die Anrufung eines unbekannten Gottes sich als erfolgreich herausgestellt hätte.[348] Über eine solche gibt es tatsächlich einen Bericht und er geht in die von Isidor gewiesene Richtung.

Der Prophet aus Kreta

Wir finden diesen Bericht bei Diogenes Laertios:

> Als dann die Athener von einer Pest heimgesucht wurden [...] schickten sie Nikias, den Sohn des Nikeratos, zu Schiff nach Kreta, um Epimenides zu holen. Dieser kam in der 46. Olympiade, reinigte die Stadt und machte der Pest so ein Ende: Er zog mit schwarzen und weißen Schafen auf den Areshügel[349]. Dort ließ er sie frei und befahl seinen Begleitern, jedes Schaf an der Stelle, wo es sich hinlegen würde, dem entsprechenden Gott zu opfern. Dadurch sei das Übel ausgelöscht. Noch heute kann man deshalb in den Bezirken Athens anonyme Altäre finden, die an das damalige Sühneopfer erinnern. (Diogenes Laertios, Leben und Lehre der Philosophen I 110)[350]

Wie immer es um den historischen Wert solcher Überlieferungen steht, frei erfunden sind sie in der Regel nicht. In diesem Fall spricht einiges dafür, dass die Episode um Epimenides so oder ähnlich stattgefunden hat und dass sich Paulus und seine Weggefährten ernsthaft mit ihr und mit dem Weisen aus Kreta beschäftigt haben.[351]

Zunächst ist ein solcher Vorgang auch anderweitig bezeugt. Die Pestepidemie, von der die Athener geplagt wurden, wird mit dem sogenannten „Kylonischen Frevel" in Verbindung gebracht. In Athen waren Anhänger des Kylon getötet worden, obwohl sie sich zur Göttin Athena geflüchtet hatten (Plutarch, Solon 12). Epimenides galt als der, der die Stadt von dieser Schuld „gereinigt" hatte (Aristoteles, Der Staat der Athener 1.1).[352] Auch sonst ist eine enge Beziehung von Epimenides zu Athen belegt: Er stiftete

348 So argumentiert auch Dibelius: „Auch könnte ein bestimmtes Ereignis; das man als Wirkung eines bisher nicht verehrten Gottes verstand, zu einer Weihung dieser oder ähnlicher Art geführt haben" (1939:17).

349 Das ist der deutsche Name für den Areopag.

350 Zitiert nach der von mir leicht bearbeiteten Übersetzung von Jürß (1998:85-86).

351 „Mit der Perikope 17:16-34, dessen Teil die Areopagrede ist, weist Lukas mit großer Wahrscheinlichkeit auf eine Episode aus der Geschichte von Athen hin, was bisher aber kaum bemerkt wurde" (Wittkowsky 2009:111).

352 Von der Verbindung mit dem kylonischen Frevel weiß auch Diogenes von Laertios (Leben und

ein Freundschaftsbündnis zwischen Athen und seiner kretischen Heimatstadt Knossos. Er stand in freundschaftlicher Beziehung zu Athens berühmtem Gesetzgeber Solon, half diesem bei seiner Reform und lehrte die Athener Mäßigkeit, Gerechtigkeit und Einheit (Plutarch, Solon 12). Auch sind von ihm Weissagungen über Athen bekannt (Plutarch, Solon 12; Plato, Gesetze I 642 d-e). Als Folge wurde er von den Athenern sehr verehrt (Plutarch, Solon 12). An einer heilsamen Verbindung zwischen Epimenides und Athen dürfte kaum ein Zweifel bestehen.

Paulinische Vertrautheit mit dem Weisen zeigt sich vor allem darin, dass dieser im Titusbrief zitiert wird, und zwar als „Prophet" der Kreter: „Alle Kreter sind Lügner und faule Bäuche, gefährliche Tiere" (Tit. 1,12). Hier wird zwar nicht sein Name genannt, aber in der alten Kirche war man sich einig, dass dieses Zitat auf Epimenides zurückgeht (Clemens von Alexandrien, Stromateis XIV 59.2; Hieronymus, Kommentar zu Titus 1,12; Euthalius, Notitia). Ebenfalls um ein Zitat könnte es sich bei dem Satz „in ihm leben wir, bewegen wir uns und sind wir" (Apg. 17,28) handeln und auch er steht in einer, allerdings schwer zu rekonstruierenden, Beziehung zu Epimenides.[353]

Es handelt sich hier um mehr als das Einstreuen zufälliger Lesefrüchte in eine Rede oder einen Brief. Die Vertrautheit mit dem Mann aus Kreta geht so weit (und die Reaktion auf ihn ist so positiv), dass Lukas den Athenbesuch des Apostels so schildert, dass nicht nur Analogien zu Sokrates, sondern auch zu Epimenides erkennbar werden.[354]

Diese Hinweise im Neuen Testament reihen sich ein in die Wertschätzung, die Epimenides in der Antike erfuhr. Er galt als „Liebling der Götter" (Diogenes Laertios, Leben und Lehre der Philosophen I 110; Plutarch, Solon 12), als „göttlicher Mann" (Plato, Gesetze I 642 d)[355], als einer der sieben Weisen (Clemens von Alexandria, Stromateis XIV 59.1-2; Plutarch, Solon 12) und vor allem als Prophet oder Seher (Diogenes Laertios, Leben und Lehre der Philosophen I 114; Aristoteles, Rhetorik 1418 a). Die letzte Eigenschaft wird ebenfalls von Kirchenvätern genannt (Clemens von Alexandria, Stromata XIV 59.3; Euthalius, Notitia) und als Prophet wird er auch im Titusbrief bezeichnet (Tit. 1,12). Schon Hieronymus ist der Ansicht, dass Paulus in ihm einen Propheten im eigentlichen Sinne sah (Hieronymus, Kommentar zu Titus 1,12). Er wusste von einem

Lehre der Philosophen I 110). Von einer „Entsühnung" durch Epimenides sprechen ebenfalls Pausanias (Beschreibung Griechenlands I 14.4) und Plutarch (Solon 12).

353 Dibelius nennt ihn ein „verschleiertes Dichterzitat" (1939:26) und schon Athanasius schreibt diese Worte einem heidnischen Autor zu (Über die Menschwerdung des Logos 42). In einem mittelalterlichen syrischen Kommentar erscheint er als von demselben Autor stammend wie der Spruch aus dem Titusbrief (Ischodad von Merw, Kommentar zur Apostelgeschichte XVI). Harris (1906) und Dibelius (1939:26-28) vermuten aufgrund dieser Angabe, dass er tatsächlich ebenfalls auf Epimenides zurückgeht, und auch Van den Horst hält es für möglich (1989:1428). Dennoch ist diese Zuschreibung wenig wahrscheinlich (Pohlenz 1949:101-104). Aber es muss schon früh eine Überlieferung gegeben haben, die beide Zitate mit Epimenides in Verbindung bringt (Wittkowsky 2009:112-115 vermutet einen Pseudo-Epimenides) und die Paulus/Lukas bekannt gewesen sein könnte.

354 Dies hat Wittkowsky herausgearbeitet (2009:111-112).

355 Laut Twelftree 1993:241 ist Epimenides in der griechischen Tradition der Erste unter den als theios aner Bezeichneten.

Buch mit Weissagungen, das Epimenides zugeschrieben wurde, und vermutete, dass Paulus es gelesen hatte.

Darüber hinaus gab es in Athen vermutlich noch weitere Spuren Gottes. Wir finden hier zum Beispiel einen „Altar der Barmherzigkeit" (Pausanias, Beschreibung Griechenlands I 17.1), der zwar in den Polytheismus eingefügt ist, aber doch dem wahren Charakter Gottes näher kommt als viele andere Vorstellungen, die die Athener mit ihren Göttern verbanden. Pausanias jedenfalls „vergisst nicht, darauf aufmerksam zu machen, dass von den Griechen einzig die Athener dem Gott des Mitleids, der für das menschliche Leben am meisten Nutzen habe, Verehrung erwiesen" (Elliger 2007:149-150).

Ein Resümee

Aus dem Dargelegten ergeben sich konkrete Schlussfolgerungen: Es gibt auch außerhalb des Christentums (und Israels) Menschen, die Gott näher kennen und mit ihm in engerer Verbindung stehen als ihre Zeitgenossen. Wie Sokrates wissen sie von einem Vater und Schöpfer des Weltalls, den zu finden nicht leicht ist und der es wert ist, für ihn zu leiden. Wie Epimenides können sie, durch Gott inspiriert, prophetisch reden und den Menschen sein heilsames Wirken vermitteln. In der Einführung habe ich bereits erwähnt, dass die Propheten des Alten Testaments Gott rettende Interventionen zugunsten von Heiden und durch Heiden zuschreiben. Aus Kreta, der Heimat des Epimenides, hatte Gott die Philister ebenso heraufgeführt wie Israel aus Ägypten (Am. 9,7). Im Perserreich gab es einen gewiss nicht im jüdischen Glauben stehenden König, den Gott zu seinem Gesalbten machte, also seinen Geist auf ihn legte, damit er die Rückführung der Juden in ihre Heimat anordnen sollte (Jes. 45,1).

Wir sollten die religiösen Erfahrungen von Nichtchristen nicht automatisch als irregeleitet ansehen. Auch bei Muslimen, Hindus, Buddhisten oder Esoterikern können wir echte Gotteserfahrungen anerkennen, selbst wenn wir ihre Religion bzw. Spiritualität als solche nicht teilen. Wir sollten darauf achten, ob und wo Gott uns sendet, an diese Vorerfahrungen anzuknüpfen, denn er, „der über die Zeiten der Unwissenheit hinweggesehen hat, lässt jetzt den Menschen verkünden, dass überall alle umkehren sollen" (Apg. 17,30). Dies ist das Alleinstellungsmerkmal der christlichen Mission: Gott hat uns seinen Namen anvertraut, damit wir ihn sowohl denen nennen, denen Gott unbekannt ist, als auch denen, *die ihm anonym begegnet sind.* Gott hat sich in Jesus Christus offenbart, um richtigzustellen, was an seinem Wesen nicht oder falsch verstanden wird. Gott hat in Jesus Christus die Tür zur Gemeinschaft mit sich selbst aufgetan.

Anhang B: Milieus und Lebensstile

Städtische Vielfalt zeigt sich im Nebeneinander verschiedener Kulturen, Schichten, Milieus und Lebensstile (→ Kap. 3.4.1). Ich gehe in diesem Buch vor allem auf die vertikale soziale Ungleichheit zwischen verschiedenen Schichten ein, weil ihre Bedeutung in der polarisierten postmodernen Stadt wieder zunimmt. Eine zweite Betonung liegt auf der ebenfalls zunehmenden kulturellen Vielfalt. Milieus und Lebensstile behandle ich dagegen nur am Rande. Deshalb stelle ich in diesem Anhang kurz die Milieu- und Lebensstilgruppen vor, aus denen die Beispiele dieses Buches stammen, und weise auf zwei Bücher hin, die der urbanen Mission milieuspezifische Zugänge aufzeigen.

Die SINUS®-Milieus (→ Kap. 3.4.1-2)

Die für das Marketing als Zielgruppen-Typologie entwickelten Sinus-Milieus fassen Menschen mit ähnlicher Lebensauffassung und Lebensweise zu subkulturellen Einheiten zusammen. Diese Gruppen werden anhand ihrer sozialen Lage (Oberschicht / Obere Mittelschicht, Mittlere Mittelschicht und Untere Mittelschicht / Unterschicht) und ihrer Wertorientierung (traditionelle, moderne und postmoderne Werte) unterschieden. Die Milieulandschaft in Deutschland umfasst nach der Einteilung des Sinus-Instituts im Jahr 2015 zehn verschiedene, sich teilweise überlappende Milieus:

- **Konservativ-etabliertes Milieu:** Das sozial gehobene, klassische Establishment ist charakterisiert durch ein ausgeprägtes Standesbewusstsein und Führungsansprüche sowie einen starken Wunsch nach Ordnung und Balance.

- **Liberal-intellektuelles Milieu:** Eine kritische Weltsicht mit liberaler Grundhaltung und vielfältige intellektuelle Interessen kennzeichnen die aufgeklärte Bildungselite aus Ober- und Oberer Mittelschicht. Sie hat einen starken Wunsch nach Selbstbestimmung und Selbstentfaltung.

- **Milieu der Performer:** Die multi-optionale, effizienzorientierte Leistungselite ist im global-ökonomischen Denken verankert und hat eine hohe IT- und Technik-Affinität. Ihrem Selbstbild nach bildet sie die Konsum- und Stil-Avantgarde.

- **Expeditives Milieu:** Die ambitionierte kreative Avantgarde ist stets auf der Suche nach neuen Grenzen und Lösungen. Sie ist hochmobil und gut vernetzt und setzt transnationale Trends.

- **Sozialökologisches Milieu:** Das engagierte Milieu ist gesellschaftskritisch und hat normative Vorstellungen vom „richtigen" Leben, die sich beispielsweise in einem ausgeprägten ökologischen und sozialen Gewissen und Einsatz für Political Correctness und Diversität ausdrücken.

- **Bürgerliche Mitte:** Der leistungs- und anpassungsbereite Mainstream wünscht sich vor allem berufliche und soziale Etablierung und gesicherte Verhältnisse. Überforderung und Abstiegsängste nehmen inzwischen in diesem Bereich der Gesellschaft zu.

- **Adaptiv-pragmatisches Milieu:** Die moderne junge Mitte zeichnet sich durch ausgeprägten Lebenspragmatismus und Nutzenkalkül aus. Sie ist leistungsbereit, will aber auch Spaß und Unterhaltung haben. Obwohl sie flexibel und weltoffen ist, hat sie gleichzeitig ein starkes Bedürfnis nach Verankerung und Zugehörigkeit.

- **Traditionelles Milieu:** Die Kriegs- / Nachkriegsgeneration liebt Sicherheit und Ordnung. Sie ist kleinbürgerlich, sparsam und angepasst, fühlt sich in der Gesellschaft aber zunehmend abgehängt.

- **Hedonistisches Milieu:** Die moderne Unterschicht / untere Mittelschicht ist spaß- und erlebnisorientiert. Während Hedonisten im Beruf oft angepasst sind, brechen sie in der Freizeit aus den Zwängen des Alltags aus und leben unbekümmert und spontan im Hier und Jetzt.

- **Prekäres Milieu:** Die um Orientierung und Teilhabe bemühte Unterschicht wird sozial stark benachteiligt und ausgegrenzt. Sie bemüht sich, an die Konsumstandards der breiten Mitte Anschluss zu halten, hat aber geringe Aufstiegsperspektiven und entwickelt deshalb oft große Zukunftsängste und Verbitterung.

Quelle: Sinus-Institut 2015.

Das Milieu der DDR-Nostalgischen (→ Kap. 9.5.2)

Bis 2009 führte das Sinus-Institut die „DDR-Nostalgischen“ als eigenes Milieu auf. Dass die Menschen, die diesem Milieu angehör(t)en, jetzt anders zugeordnet werden, bedeutet nicht, dass ihre charakteristische Lebensauffassung und -weise nicht mehr vorhanden sind.

- **DDR-Nostalgisches Milieu:** Es besteht überwiegend aus resignierten „Wende-Verlierern“ mit Schwerpunkt bei den über 50-jährigen. Früher hatten sie gesicherte Positionen, oft als Führungskader in verschiedenen gesellschaftlichen Bereichen. Die Wende brachte ihnen einen sozialen Abstieg, sie übten danach einfache Berufe aus oder waren arbeitslos.[356] Sie sind verbittert und unzufrieden mit der eigenen und der gesellschaftlichen Situation. Das führt zu einer gewissen Verklärung der Vergangenheit, die sich in einer Präferenz für Ostprodukte und -marken äußert. In vielen Fällen findet ein sozialer Rückzug statt. Interessen und Freizeitaktivitäten konzentrieren sich auf das unmittelbare Umfeld.

Quellen: Dannhardt & Nowak 2007:16-17.

Lebensstile nach StadtLeben (→ Kap. 21.1.3.1.1)

Für das Forschungsprojekt StadtLeben wurden Personen zu verschiedenen Lebensstil-Inhaltsbereichen befragt und aufgrund der Antwortmuster in fünf verschiedene Lebensstilgruppen eingeteilt. Bei den untersuchten Bereichen handelte es sich um Wertorientierungen / Einstellungen, kulturellen Geschmack (sogenannte „alltagsästhetische Schemata"), bevorzugte Freizeitaktivitäten und die Dichte des sozialen Netzwerks. Daraus ergaben sich folgende Lebensstilgruppen:

- **Erlebnisorientierte:** Die Erlebnisorientierten, zu denen besonders viele junge Männer gehören, streben vor allem ein aufregendes und abwechslungsreiches Leben an. Ihr Geschmack zeichnet sich durch eine Spannungsorientierung aus, d. h. sie haben beispielsweise Interesse an Action- und Horrorfilmen oder Comics. Im Vergleich zu anderen Gruppen verbringen sie weniger Zeit mit der Familie oder häuslichen Freizeitbeschäftigungen wie Gartenarbeit.

- **Außerhäuslich-Gesellige:** Die Außerhäuslich-Geselligen haben ein sehr dichtes soziales Netzwerk mit vielen Freunden und Bekannten außerhalb der Familie. Selbstverwirklichung ist ihnen besonders wichtig. In ihrer Freizeit gehen sie gerne aus (z. B. ins Kino oder Konzert) oder sie besuchen Weiterbildungen und Kurse. Häufig sind sie verhältnismäßig junge Frauen mit hohen Bildungsabschlüssen, aber relativ prekären Beschäftigungsverhältnissen.

- **Distanzierte:** Die Distanzierten zeichnen sich v. a. dadurch aus, dass sie bei fast allen abgefragten Freizeitgestaltungsmöglichkeiten und Kulturangeboten sowie Wertorientierungen nur ein geringes Interesse angeben. Darüber hinaus haben sie ein schwaches außerfamiliäres soziales Netzwerk und leben häufig als Singles. Der Männeranteil in dieser Gruppe ist hoch, oft sind sie als Angestellte oder Selbstständige in Vollzeit erwerbstätig.

356 Sie hatten die höchste Erwerbslosigkeitsrate aller Milieus.

- **Kulturinteressierte:** Die Kulturinteressierten haben eine Vorliebe für klassische Literatur, politische oder kulturelle Fernsehmagazine und Dokumentationen. Selbstverwirklichung ist ihnen besonders wichtig, deshalb engagieren sie sich gesellschaftlich und politisch und übernehmen gerne Führungspositionen. Ihr Bildungsniveau und Pro-Kopf-Einkommen sind hoch.

- **Traditionelle:** Bei den Traditionellen handelt es sich im Wesentlichen um Rentner. Zu den Werten, die ihnen wichtig sind, gehören Sicherheit und Geborgenheit, Sparsamkeit, Anerkennung durch andere, aber auch für andere da zu sein. Sie haben ein schwaches soziales Netzwerk und gehen selten aus, dafür schauen sie gerne Shows, Quizsendungen, Heimatfilme oder Unterhaltungsserien.

Quelle: Schweer & Hunecke 2006.

Lebensstile nach Werner Georg (→ Kap. 3.4.1)

Auf Grundlage von Daten, die unter dem Titel „Lifestyle '90" erhoben wurden, fand Werner Georg sieben verschiedene Lebensstilgruppen in der deutschen Bevölkerung der alten Bundesländer. Dabei berücksichtigte er die soziale Lage, die Mentalität und Art der Weltdeutung sowie die Stilisierungspraxis der Befragten, die sich seiner Meinung nach aus der Interaktion der anderen beiden Ebenen ergibt.

- **Hedonistisch-expressiver Lebensstil:** Diesen Lebensstil findet man v. a. bei jüngeren, ledigen Männern. Ihr Verhalten zielt auf Selbstdarstellung, Vergnügen und Sozialkontakte ab. In ihrer Freizeit treffen sie sich gerne mit Freunden, gehen tanzen, feiern oder in Kneipen. Individualisierung und Unabhängigkeit in Partnerschaften sind ihnen wichtig. Sie haben oft einen mittleren Bildungsabschluss und arbeiten als Facharbeiter.

- **Familienzentrierter Lebensstil:** Dieser Lebensstil findet sich vor allem bei Frauen mit niedrigem Bildungsabschluss und Halbtagsbeschäftigung. In ihrer Freizeit widmen sie sich praktisch-nützlichen Tätigkeiten oder gemeinsamen Aktivitäten innerhalb der Familie. Sie lesen Zeitschriften über Wohnen, Kochen oder Gesundheit und interessieren sich eher für triviale Unterhaltung.

- **Kulturbezogen-asketischer Lebensstil:** Diese relativ junge Gruppe mit einem hohen Anteil an Abiturienten und Hochschulabsolventen interessiert sich für Kultur, Wissenschaft und Politik und engagiert sich sozial und politisch. Sie gehen gern in Konzerte oder ins Theater, musizieren, malen, schreiben oder töpfern. Ihr Konsum ist von einer „neuen Bescheidenheit" und dem Verzicht auf Überflüssiges geprägt, häufig werden biologische Nahrungsmittel gekauft.

- **Konservativ-passiver Lebensstil:** Diese Gruppe zeichnet sich durch einen unauffälligen Stil aus, der am traditionellen Männerbild orientiert ist. Ihr gehören vor allem (Fach-)Arbeiter in manuellen Tätigkeiten mit langen Arbeitszeiten und unterdurchschnittlichem Einkommen an. Sie halten an konservativen Werten fest und interessieren sich für Themen wie Autos, Sport und Technik.

- **Lebensstil „prestigebezogener Selbstdarstellung":** Diese Gruppe mit mittlerem sozialem Status versucht durch angestrengte Bemühungen als bedeutsam und distinguiert wahrgenommen zu werden. Dies zeigt sich z. B. an einer Ausrichtung an den neuesten modischen Trends, auffälliger und extravaganter Kleidung und dem Hang zur Selbstdarstellung. Das politische Interesse dieser Gruppe ist eher gering.

- **Zurückhaltend-konventioneller Lebensstil:** Diese Gruppe besteht überwiegend aus älteren Frauen, die eine konservativ-autoritäre Wertorientierung haben und denen Pflichterfüllung, Sparsamkeit, Sauberkeit und Ordnung sehr wichtig sind. Ihr Stil ist zurückhaltend, sie bevorzugen Einfachheit und Natürlichkeit. Ihre Freizeitaktivitäten bestehen aus verpflichtend-reproduktiven Tätigkeiten zu Hause (wie Kochen und Handarbeiten) und außerhäuslicher Entspannung (wie Stadtbummel, Spaziergänge, Ausflüge). Oft sind sie kirchlich stark eingebunden.

- **Lebensstil „Selbstdarstellung und Genuss":** Diese Gruppe ähnelt in Kleidung und Konsum der der „prestigebezogenen Selbstdarstellung", allerdings legt sie mehr Wert auf Genuss. Oft handelt es sich um Frauen mit überdurchschnittlichen Bildungsabschlüssen und Einkommen, die häufig ausgehen und deren Freizeitverhalten auf Vergnügen, Unterhaltung und Sozialkontakte ausgerichtet ist. Allgemein handelt es sich um eine zufriedene und optimistische Lebensstilgruppe.

Quelle: Georg 1996.

- Heinzpeter Hempelmann: Gott im Milieu. Wie Sinusstudien der Kirche helfen können, Menschen zu erreichen (Hempelmann 2012). Wie können die Ergebnisse, die man erhält, wenn man die Sinus-Milieumodelle als Sehhilfe benutzt, für die kirchliche Arbeit fruchtbar werden?
- Matthias Sellmann: Zuhören – Austauschen – Vorschlagen. Entdeckungen pastoraltheologischer Milieuforschung (Sellmann 2012). Die Lebenslogik sozialer Milieus wird aus katholischer Perspektive als „Lesehilfe des Glaubens" verstanden, die milieuspezifische Zugänge zum Evangelium ermöglicht.

Anhang C: Glossar

Adaptationsniveau: der subjektive Bewertungsmaßstab eines Menschen für die Einschätzung von Sinnesreizen (als interessant, langweilig, zu intensiv etc.)

Aktionsräume: die (städtischen) → Räume, in denen die normalen Aktivitäten eines Menschen stattfinden

Alltagsspiritualität → urbane Spiritualität

Armutsscham → soziale Scham

benachteiligte Quartiere: Stadtteile, in denen sich Menschen mit geringem Einkommen, niedriger Bildung und anderen sozialen Problemen konzentrieren und die oft einen schlechten Ruf besitzen

beobachtende Teilnahme: eine sozialwissenschaftliche Forschungsmethode, bei der man aktiv am Leben der erforschten → sozialen Gruppe teilnimmt

Bewegung → soziale Bewegung

Bewegungsorganisation: eine Organisation, die eine → soziale Bewegung unterstützt. Weil solche Bewegungen in der Regel (lose) Netzwerke bilden, ist in christlichen Stadtbewegungen (→ soziale Bewegung) eine wichtige Form der Bewegungsorganisation die Netzwerkinitiative, die Vernetzung fördern und das gemeinsame Potenzial zum Einsatz bringen möchte.

Bewertungsangst: die Sorge, andere Menschen könnten das eigene Verhalten negativ beurteilen. In vielen Fällen führt die Bewertungsangst zur Minderung der eigenen Leistungsfähigkeit.

Bohème: ein Milieu von unkonventionellen Intellektuellen (meist Künstler)

Broker (englisch für „Makler", „Vermittler): Wenn in einem → Netzwerk Akteure oder → Cluster nicht oder nur weitläufig miteinander verbunden sind, spricht man von einem „strukturellen Loch" zwischen ihnen. Ein Broker (oder Brückenbauer) schließt dieses Loch, indem er zu allen Betroffenen Beziehungen herstellt und unterhält.

Brückenbauer → Broker

Bürgerplattform → Community Organizing

Cluster: eine Gruppe von Akteuren in einem → Netzwerk, die bestimmte Merkmale gemeinsam haben und zwischen denen es besonders dichte Beziehungen gibt

Community → Gemeinschaft

Community Organizing: ein Ansatz, durch den die Bewohner einer Stadt oder eines Stadtteils politisch handlungsfähig werden und auf Strukturen Einfluss nehmen. In Deutschland wird er durch Bürgerplattformen verwirklicht, in denen sich unterschiedliche Gruppen dauerhaft und beziehungsbasiert zusammenschließen, um gemeinsam festgelegte Anliegen gegenüber Entscheidungsträgern zu vertreten und durchzusetzen.

Cosmopolitans: Mitglieder einer → sozialen Gruppe, die an der Welt außerhalb dieser Gruppe orientiert sind, im Gegensatz zu *Locals*, die ihre Interessen weitgehend auf die eigene Gruppe beschränken

Demografischer Wandel: eine Bevölkerungsentwicklung, durch die sich zum Beispiel die Altersstruktur, die Anteile von Inländern, Ausländern und Eingebürgerten oder die Geburten- und Sterbezahlen verändern

Deprivation: ein Mangel oder Entzug von etwas Erwünschtem

Diaspora: ein Gebiet, in dem eine religiöse oder ethnische Minderheit verstreut lebt

Diffusion: in den Sozialwissenschaften der Prozess, durch den Neuerungen in einem sozialen → System eingeführt und verbreitet werden

Distinktion: das (überlegene) Sichunterscheiden von anderen

durchlässige Orte → thin places

Einkommenspolarisierung → Polarisierung

Empathie: die Bereitschaft und Fähigkeit, sich in das Denken und Erleben anderer Menschen einzufühlen

Empirie, empirisch: Überprüfung von (normativen, dogmatischen oder hypothetischen) Aussagen anhand von konkreten Beobachtungen

Ersatzwert (englisch *replacement value*): die Kosten, die entstehen würden, wenn gemeinnützige Tätigkeiten nicht ehrenamtlich, sondern von profitorientierten Unternehmen geleistet würden

Ertragslücke: bei Gebäuden die Mehreinnahmen, die sich nach entsprechenden Investitionen gegenüber den derzeitigen Mieteinnahmen erzielen ließen

Ethnozentrismus: die Überzeugung, dass die Verhaltensmuster und Wertvorstellungen der eigenen → sozialen Gruppe normal, natürlich, gut oder richtig sind

Evaluation: die überprüfbare Bewertung, ob und in welchem Umfang Ziele erreicht werden

Evangelisation: die Verkündigung des Evangeliums von Jesus Christus und die Einladung zu einem Leben mit ihm

exklusives Transformationsverständnis → Transformationsverständnis

expressiv: Ein Verhalten wird als expressiv bezeichnet, wenn es nicht zweckgerichtet ist, sondern der eigenen Persönlichkeit Ausdruck verleiht

Fahrstuhleffekt: der soziale Ab- oder Aufstieg ganzer Stadtteile

Fernbeziehung → multilokales Wohnen

Fragmentierung: der Zerfall der postmodernen Stadt in viele unterschiedliche und getrennte geografische und kulturelle Einheiten

Funktionstrennung: die Aufteilung der städtischen Funktionen Wohnen, Arbeiten, Freizeit und Verkehr auf getrennte Bereiche der Stadt

Gemeinschaft: Eine → soziale Gruppe bildet eine Gemeinschaft (englisch *community*), wenn ihre Mitglieder ein Wir-Gefühl besitzen, in ihr einen festen und sicheren Platz haben, einander durch vielfältige Begegnungen vertraut sind, mit Fürsorge und Solidarität rechnen können und durch gemeinsame Werte und eine gemeinsame Geschichte verbunden sind.

Gemeinschaftsgärten: „gemeinschaftlich und durch freiwilliges Engagement geschaffene und betriebene Gärten, Grünanlagen und Parks mit Ausrichtung auf eine allgemeine Öffentlichkeit“ (Rosol 2006:7)

Generationentransfer: Weitergabe von Werten, Wissen, Erfahrungen oder Verantwortung an die nächste Generation

Gentrifizierung: die bauliche Aufwertung eines Wohngebietes, in deren Folge die ursprünglichen Bewohner weitgehend gegen statushöhere ausgetauscht werden

Gottesfürchtige → Proselyten

Graswurzelbewegung: eine Bewegung, die nicht „von oben“ durch charismatische Leiter oder strategische Planung entstanden ist, sondern „von unten“, von der Basis, durch viele voneinander unabhängige kleine Aktionsgruppen

Großsiedlungen (auch Großwohnsiedlungen): Wohngebiete mit einer dichten, hochgeschossigen und relativ homogenen Bebauung und einer gewissen Größe

Gruppe → soziale Gruppe

hierarchische Netzwerkstruktur → Netzwerke

Hochqualifizierte: Personen, die mindestens einen Fachhoch- oder Hochschulabschluss haben

Homophilie → soziale Homophilie

hybrid: Gebilde aus zwei oder mehr Komponenten

Index of Multiple Deprivation (IMD) → Sozialindex

Inkarnation/inkarnatorisch: Als Inkarnation (vom Lateinischen *incarnatio* = Fleischwerdung) bezeichnen wir die Menschwerdung Christi, der einer von uns wurde und unter uns wohnte (Joh. 1,14). Inkarnatorisch ist die → urbane Mission, wenn Christen den Menschen, zu denen Gott sie gesandt hat, nicht nur „von außen“ dienen, sondern sich mit ihnen identifizieren und Teil ihrer → Lebenswelt werden.

Inklusion: die uneingeschränkte Teilhabe von Menschen am Leben einer → sozialen Gruppe, auch wenn sie sich von anderen Gruppenmitgliedern unterscheiden

inklusives Transformationsverständnis → Transformationsverständnis

Innovatoren: die frühzeitigen Anwender bei der Ausbreitung von Neuerungen (→ Diffusion)

Integration: die Einbeziehung von Menschen in eine → soziale Gruppe, die vorher nicht dazugehörten

interkulturelle Gemeinden: in diesem Buch Gemeinden mit interkultureller Leitung, einem ausgeglichenen Verhältnis von Mitgliedern mit und ohne Migrationshintergrund, Verankerung in der deutschen Gesellschaft und Deutsch als Hauptsprache, jedoch mit Übersetzungsangebot

Intervention → urbane Intervention

Jesusmuslime → messianische Muslime

Kairos: ein günstiger Zeitpunkt

kategorialer Ansatz: in der Gemeinwesen- und Gemeindearbeit ein Ansatz, der auf eine bestimmte Gruppe von Menschen (im Unterschied zu einem geografischen Gebiet) zielt

Kiez → Quartier

Kobra-Effekt: das Ausbleiben angestrebter Ziele und das gleichzeitige Eintreten unerwünschter Auswirkungen als Folge einer bestimmten Maßnahme

Kohäsion → soziale Kohäsion

Kommunalaufsicht: die staatliche Aufsicht der Bundesländer über ihre → Kommunen

kommunale Aufgaben: die verschiedenen, durch Gesetze geregelten Aufgaben der Kommunen. Zu ihnen gehören Auftragsangelegenheiten, bei denen die Kommunen nur tun, was der Staat ihnen aufgibt, und Selbstverwaltungsaufgaben, die wiederum in Pflicht- und freiwillige Aufgaben unterteilt sind.

Kommunen: Sammelbegriff für (politische) Gemeinden, kreisfreie Städte, kreisangehörige Städte und Landkreise

Komplexitätshypothese: die These, dass die Attraktivität einer Situation sich erhöht, wenn es Neues und Interessantes zu entdecken gibt – allerdings nur bis zu einem Optimumniveau, nach dem durch weitere Steigerung der Komplexität die Situation unattraktiv und gemieden wird

Kontextanalyse: Erforschung der → Lebenswelt von Menschen, um sie in der urbanen Mission besser verstehen und ihnen angemessener begegnen zu können

Kontexteffekte: Wirkungen von → benachteiligten Quartieren, durch die die Probleme ihrer Bewohner verfestigt und verstärkt werden

Konversion: der Wechsel religiöser Zugehörigkeit in Verbindung mit neuen Glaubensüberzeugungen und Verhaltensweisen

Konvertit: jemand, der eine → Konversion vollzogen hat

Kreativität/kreative Klasse: Kreativität ist die Fähigkeit, Neues zu erzeugen oder Vorhandenes innovativ einzusetzen. Diese Fähigkeit führt zu technologischen Innovationen, unternehmerischem Geist (Neugründungen) und kulturellem/künstlerischem Schaffen. Die Menschen, deren berufliche Tätigkeit von Kreativität bestimmt ist, werden als kreative Klasse bezeichnet.

Living Apart Together (LAT) → multilokales Wohnen

Learning by Doing (englisch für „Lernen durch Handeln"): im Gegensatz zum theoretischen Lernen und zum Lernen anhand von Modellen ein Lernen durch Ausprobieren und anschließende Reflexion

lebendige Systeme → Systeme

Lebenslage: die Lebenssituation von Menschen, die unter anderem durch ihre Familiensituation, ihre Arbeit (oder Erwerbslosigkeit), ihr Einkommen, ihre Bildung, ihre gesundheitliche Verfassung oder ihre Wohnverhältnisse bestimmt ist

Lebensstil: relativ beständiges Verhalten von Menschen in Bezug auf Konsum, Freizeit, Werte und Geselligkeit

Lebenswelt: die Alltagswelt von Menschen, in der sich ihr Leben abspielt und die für sie vertraut und selbstverständlich ist

lebensweltlich orientierte Räume (LOR): in Berlin Räume mit einheitlicher sozioökonomischer Struktur, vergleichbaren → Lebenslagen und relativ homogenem sozialem Milieu. Ihre unterste Ebene bilden die Planungsräume.

Magneteffekt: in diesem Buch das Ansprechen von Menschen auf bestimmte Themen und Anliegen, weil diese in ihnen eine Resonanz auslösen, die auf Vorprägungen beruht

marginal man (englisch für „Randpersönlichkeit"): ein Mensch, der gleichzeitig mehreren → sozialen Gruppen angehört, die sich stark voneinander unterscheiden und deren Unterschiede diesen Menschen in eine gewisse Spannung bringen

Marginalisierung: ein Prozess, durch den Menschen an den Rand der Gesellschaft gedrängt werden

messianische Muslime (auch Jesusmuslime): Menschen mit muslimischer Herkunft, die an Isa (Jesus) gläubig werden, aber in der islamischen Kultur bleiben und sich deshalb nicht als „Christen" bezeichnen, sondern Isa in Formen ihrer Herkunftskultur verehren. Weil Isa auch im Islam der Messias (*al-Masiḥ*) ist, werden sie „messianische Muslime" genannt.

Metapher: ein Ausdruck, der das, worauf er sich bezieht, nicht exakt beschreibt, sondern durch etwas Ähnliches, Bildhaftes veranschaulicht

Metropolregion: stark verdichteter Ballungsraum um eine oder mehrere größere Städte, der als Motor für soziale und wirtschaftliche Entwicklungen gilt. In Deutschland gibt es elf definierte Metropolregionen: Berlin/Brandenburg, Bremen-Oldenburg, Hamburg, Hannover-Braunschweig-Göttingen-Wolfsburg, Mitteldeutschland, München, Nürnberg, Rhein-Main, Rhein-Neckar, Rhein-Ruhr und Stuttgart.

Migrationskirchen: Gemeinden, die von einem Pastor mit Migrationshintergrund gegründet wurden und geleitet werden, deren Hauptsprache nicht Deutsch ist und in denen über 75 Prozent der Mitglieder einen Migrationshintergrund haben

Milieu: eine Gruppe von Menschen mit ähnlicher Lebensauffassung und Lebensweise

Missio Dei (lateinisch für „Mission Gottes"): Oberbegriff für alles Gute, das auf Gottes Initiative hin auf der Erde geschieht. Er bringt zum Ausdruck, dass → (urbane) Mission ihren Ursprung nicht in menschlichem Handeln, sondern in göttlicher Sendung hat und in seine Mission eingebettet ist.

Mission → urbane Mission

missional: eine alternative Bezeichnung für „missionarisch" (→ urbane Mission), die zum Ausdruck bringt, dass Mission das Lebenselement und nicht ein Arbeitszweig der Kirche ist, und die betont, dass die Mission nicht einlädt, sondern zu den Menschen geht

Mobilität → räumliche Mobilität

Move In (englisch für „Einzug“): ein missionarischer Ansatz, bei dem Christen als kleine Teams in ein (oft → benachteiligtes) Quartier ziehen

multilokales Wohnen: gleichzeitiges Wohnen in mehreren Wohnungen, die in der Regel in verschiedenen Städten liegen. Man unterscheidet Shuttles, deren Lebensmittelpunkt bei ihrer Hauptwohnung liegt, die aber am Arbeitsort eine Zweitwohnung haben, von Paaren mit getrennten Haushalten (Living Apart Together; abgekürzt LAT), bei denen man von einer Fernbeziehung spricht, wenn die Wohnungen mehr als 50 Kilometer voneinander entfernt liegen.

Nachbarschaft → Quartier

Netzwerke: soziale Gebilde, die aus Akteuren (Menschen, Gruppen, Organisationen) und ihren → Netzwerkbeziehungen bestehen. Sie können eine hierarchische Netzwerkstruktur annehmen, bei der einige zentrale Akteure den Zusammenhalt des Netzes sichern, oder eine polyzentrische, bei denen Netzwerke sich in verschiedene → Cluster aufteilen, die untereinander nur lose verbunden sind.

Netzwerkbeziehungen: Die Beziehungen, durch die Akteure zu einem Netzwerk verbunden sind, können Ausdruck von Wertschätzung und Verbundenheit sein, dem Austausch von Informationen und → Ressourcen oder der Partnerschaft/Zusammenarbeit dienen. Sie werden starke Beziehungen genannt, wenn sie durch emotionale Nähe, häufige Begegnungen und langfristige Verbundenheit gekennzeichnet sind. Im Gegensatz dazu treffen Menschen mit schwachen Beziehungen sich nur gelegentlich oder verfolgen dabei rein praktische Zwecke.

Netzwerker: in christlichen Stadtbewegungen Menschen mit einem speziellen Dienst, die Vernetzung fördern, indem sie Menschen mit Menschen und Menschen mit Ideen verbinden und dabei nicht vorrangig die eigene Agenda in das → Netzwerk bringen, sondern aufgreifen und unterstützen, was sich in ihm tut. Die → Ressourcen von Netzwerkern sind ihre Beziehungen und ihr Wissen, die sie anderen zur Verfügung stellen.

Netzwerkinitiative → Bewegungsorganisation

Neue Urbanität → Reurbanisierung

Öffentlicher Raum: der Bereich der Stadt, in dem sich im Prinzip alle Stadtbewohner aufhalten und bewegen dürfen

Ort: ein → Raum, der für Menschen durch ihre Vorstellungen und Bedeutungen von einem allgemeinen Raum zu etwas Besonderem geworden ist

Ortsverbundenheit (englisch *place attachment*): die enge emotionale Bindung von Menschen an bestimmte → Orte

Parameter: eine charakterisierende Eigenschaft eines sozialen → Systems

Peergroup: eine Gruppe von Menschen, die gleichaltrig oder in ähnlichen → Lebenslagen sind und sich zusammengehörig fühlen

Peripherisierung: ein Prozess, in dem Städte durch Abwanderung, Abkoppelung, Abhängigkeit und → Stigmatisierung ins Abseits geraten

personae miserae (lateinisch für „elende Personen"): in der alttestamentlichen Wissenschaft der Ausdruck für die Bedürftigen der Stadt (Witwen, Waisen, Fremde, Sklaven, Arme, Verschuldete)

Phänomenologie: eine wissenschaftliche Richtung, die nicht untersuchen will, wie die Dinge an und für sich sind, sondern wie sie den Menschen in ihrer → Lebenswelt begegnen und ihnen fraglos gewiss sind

Planungsräume → lebensweltlich orientierte Räume

Polarisierung: ein Prozess, durch den soziale Gegensätze sich herausbilden oder verschärfen. Einkommenspolarisierung öffnet die Schere zwischen Arm und Reich, sozialräumliche Polarisierung (→ Segregation) „sortiert" Arm und Reich in bestimmte Wohngebiete und Polarisierung der Lebensverhältnisse bringt ungleiche Lebensbedingungen hervor.

Polarisierung der Lebensverhältnisse → Polarisierung

polyzentrische Netzwerkstruktur → Netzwerke

Postmoderne: unscharfe Bezeichnung für eine Geisteshaltung, die unter anderem durch Vielfalt, Offenheit und Suche nach Neuem gekennzeichnet ist. Dem von Rationalität, Ordnung und einem Streben nach einheitlichem Weltverständnis bestimmten Denken der Moderne stellt die Postmoderne eine Vielfalt von Erkenntnismöglichkeiten, Lebensweisen und Welterklärungen gegenüber.

postmoderne Stadt: die durch → Polarisierung, → Restrukturierung und → Fragmentierung charakterisierte nachindustrielle Stadt

postsozialistische Stadt: eine Stadt, in der der Wandel zur → postmodernen Stadt unter den besonderen Bedingungen der sozialistischen Vergangenheit und den damit verbundenen Herausforderungen stattfindet

Präferenzen: Vorlieben, durch die sich Menschen unter anderem bei der Wohnungswahl leiten lassen (siehe auch → Restriktionen, → Ressourcen)

prekär: unsicher, schwierig, problematisch. Der Begriff bezeichnet Verhältnisse von Menschen, deren → Lebenslage beeinträchtigt ist und für die der Weg aus dieser Situation sehr schwierig ist.

Proselyten: in der Antike Heiden, die vollständig zum Judentum übergetreten waren. Im Gegensatz zu ihnen verehrten „Gottesfürchtige" den Gott Israels, ohne sich beschneiden zu lassen.

qualitative Interviews: offene Befragungen, bei denen die Interviewten nicht aus vorgegebenen Antworten auswählen, sondern frei formulieren oder erzählen

Quartier (auch Kiez, Nachbarschaft, Stadtteil, Viertel): ein Wohngebiet innerhalb der Stadt, dem Menschen sich zugehörig fühlen und das für sie eine überschaubare soziale Einheit bildet

Raum (siehe auch → Ort): eine geografische Einheit mit spezifischen Eigenschaften (wie Form, Größe), die die Voraussetzung für bestimmte menschliche Nutzungen schafft
räumliche Mobilität: eine Lebensweise, bei der es zu häufigen Umzügen kommt und/ oder deren → Aktionsräume sich über einen größeren Bereich erstrecken
Resilienz: die Fähigkeit einer Stadt, nach einer Krise wieder in die Erfolgsspur zu kommen
Ressourcen: jedes materielle oder immaterielle Gut, mit dem Menschen ihre Ziele (wie Wohnungswahlen oder transformatorische Absichten) verwirklichen können
Restriktionen: Einschränkungen, die Menschen unter anderem bei der Wohnungswahl an der Verwirklichung ihrer → Präferenzen hindern
Restrukturierung: Veränderungen im sozialen und räumlichen Gefüge von Städten
Reurbanisierung: Bevölkerungszunahme in der Kernstadt nach vorangegangener → Suburbanisierung, die mit einer neuen Wertschätzung innenstädtischer Lebensweise („Neue Urbanität") einhergeht
Schalom (hebräisch für „Friede"): Bezeichnung für umfassendes Wohlergehen, zu dem Friede, Unversehrtheit, Gesundheit und Sicherheit gehören
Scham → soziale Scham
Schicht: Bezeichnung für ein Segment der Gesellschaft, dem man durch Beruf, Einkommen, Bildung und Status zugeordnet ist
schwache Beziehungen → Netzwerkbeziehungen
Seelsorge → urbane Seelsorge
Segregation: ungleiche Verteilung der Einwohner einer Stadt, durch die sich bestimmte Bevölkerungsgruppen in einzelnen Stadtteilen konzentrieren
sensorische Deprivation → weiße Folter
Shuttles → multilokales Wohnen
soziale Bewegung: eine → soziale Gruppe von Personen, die kontinuierlich bestrebt sind, die Gesellschaft im Sinne ihrer Werte zu beeinflussen und zu verändern. In diesem Sinn bilden die Akteure der urbanen Mission eine christliche Stadtbewegung.
soziale Brennpunkte → benachteiligte Quartiere
soziale Gruppe: eine unbestimmte Zahl von Menschen, die sich durch ein gemeinsames Merkmal zusammengehörig fühlen und von anderen unterscheiden
soziale Heilung: die Überwindung von → sozialem Leiden
soziale Homophilie: die Neigung von Menschen, am liebsten mit anderen Menschen zusammen zu sein, die ihnen sozial ähnlich sind
soziale Kohäsion: die Bindung von Menschen an ihr Wohngebiet und der damit einhergehende Zusammenhalt
soziale Mischung: das Zusammenleben von Menschen verschiedener Schichten, Milieus und Kulturen in einem Stadtgebiet
soziale Scham: Schamgefühle, die nicht durch individuelle Merkmale oder individuelles Verhalten ausgelöst werden, sondern aufgrund einer sozialen Position entstehen.

Soziale Scham – zum Beispiel die durch einen Mangel an materiellen → Ressourcen ausgelöste Armutsscham – kann zum sozialen Rückzug führen.

soziale Ungleichheit: ungleiche Verteilung gesellschaftlicher Ressourcen, die zu ungleichen Lebenschancen führt

soziale Verbitterung: eine Verbitterung, die nicht gegenüber einzelnen Menschen, sondern gegenüber sozialen Systemen und Verhältnissen besteht

soziale Verwahrlosung: Haltlosigkeit, in die Menschen aufgrund ihrer sozialen Situation verfallen und die sie dazu führt, sich gehen zu lassen und Süchten oder zerstörerischem Verhalten zu erliegen

sozialer Wohnungsbau: staatlich geförderter Bau von Wohnungen, durch den → sozialen Gruppen, für die die Mieten des freien Wohnungsmarkts nicht erschwinglich sind, angemessener Wohnraum zugänglich wird

soziales Leiden: alle Formen seelischer und körperlicher Beeinträchtigung, die gesellschaftliche Ursachen haben

Sozialindex: ein u. a. aus Einzeldaten über Erwerbslosigkeit, staatliche Transferleistungen, Wohnqualität, Bildungsabschlüsse, Einkommen, Armutsquote, vorzeitige Sterblichkeit und Lebenserwartung ermittelter Gesamtwert für ein Wohngebiet, durch den es mit anderen vergleichbar wird; in England als „Index multipler Benachteiligung" (IMD) zur Bewertung benachteiligter Quartiere verwendet

Sozialisation: Prozess der Übernahme und Verinnerlichung von Werten und Verhaltensweisen während des Heranwachsens

Sozialkapital: die Gesamtheit aller Ressourcen, die Menschen durch ihre Beziehungen in Netzwerken zur Verfügung stehen

sozialräumliche Polarisierung → Polarisierung

soziologische/soziale Tatbestände: ein von Émile Durkheim geprägter Begriff für mehr oder weniger festgelegte Arten des Handelns, die von einem gewissen Konformitätsdruck begleitet sind, sie zu übernehmen

Spiritualität → urbane Spiritualität

Stadtbewegung → soziale Bewegung

Stadtteil → Quartier

starke Beziehungen → Netzwerkbeziehungen

Stereotype: klischeehaft verfestigte Vorstellungen über bestimmte Personen oder Gruppen

Stereotypen-Bedrohung: die Angst der Mitglieder einer → sozialen Gruppe, sie könnten durch ihr Verhalten Vorurteile gegenüber ihrer Gruppe bestätigen

Stigma, Stigmatisierung: Ein Stigma ist ein Merkmal, durch das sich eine Person oder Gruppe negativ von anderen unterscheidet. Von Stigmatisierung wird gesprochen, wenn dieses Merkmal zu Herabsetzung, Isolation oder Verachtung führt.

strukturelles Loch → Broker

strukturschwach: wirtschaftlich unterentwickelt mit wenigen Arbeitsplätzen

Suburbanisierung: ein Prozess, in dem viele Stadtbewohner an den Stadtrand oder ins Umland ziehen

Systeme: Ein System besteht aus mehreren Teilen, die durch ihr Zusammenspiel ein Ganzes ergeben. Einfache Systeme bestehen aus wenigen Teilen, ihr Verhalten lässt sich leicht verstehen und kontrollieren. Komplexe Systeme (zu denen alle lebendigen Systeme gehören) bestehen aus vielen Teilen, lassen sich nur schwer verstehen, verhalten sich oft unvorhersehbar und können nicht vollständig beherrscht werden.

Systemfragen: Fragen, die über das eigene Engagement hinausweisen, indem sie zur Beschäftigung damit führen, was – über den eigenen Beitrag hinaus – in lebendigen → Systemen dazu beiträgt, dass gewünschte Veränderungen eintreten

Szene: ein soziales → Netzwerk oft von Jugendlichen mit bestimmten Fokussen, Einstellungen, Symbolen, Ritualen, Events, Treffpunkten, Medien und Strukturen

territorialer Ansatz: in der Gemeinwesen- und Gemeindearbeit ein Ansatz, der auf ein geografisches Gebiet (im Unterschied zu einer bestimmten Gruppe von Menschen) zielt

thin places (englisch für „durchlässige Orte"): aus der keltischen Tradition stammende Bezeichnung für Orte, an denen der Vorhang zwischen der diesseitigen und der jenseitigen Welt „dünn" ist und die Gegenwart Gottes leichter erfahren wird

Townhouse: Reihenhaus in innenstädtischer Lage

Transformation: in diesem Buch eine Veränderung städtischer Verhältnisse, die über die Veränderung einzelner Menschen hinausgeht („Veränderung von Herzen und Verhältnissen")

Transformationsverständnis: Für ein exklusives Transformationsverständnis ist die Veränderung einer Stadt ein rein „geistlicher" Vorgang (mit sozialen Auswirkungen), der allein (von Gott und) der Gemeinde verursacht wird. Ein inklusives Verständnis rechnet neben dem Handeln der Christen mit vielen anderen geistlichen und natürlichen Faktoren.

Trial and Error (englisch für „Versuch und Irrtum"): eine Methode des Lernens, bei der so lange Problemlösungen ausprobiert werden, bis man eine gewünschte Lösung gefunden hat, und dabei Fehlschläge in Kauf genommen werden

Ungleichheit → soziale Ungleichheit

urbane Intervention: eine Aktion, die gewohnte Kommunikations- und Nutzungsmuster im → öffentlichen Raum durchbricht, indem Gegenstände des Alltags in einem unerwarteten Zusammenhang verwendet und kulturelle Regeln spielerisch verletzt werden. Dadurch werden Menschen herausgefordert, Sachverhalte auf neue Art wahrzunehmen.

urbane Mission: In diesem Buch wird unter Mission alles verstanden, was Christen im Auftrag Gottes in der Welt tun. Urban ist diese Mission, wenn sie in der Stadt und unter Berücksichtigung des Städtischen geschieht.

urbane Seelsorge: Seelsorge wird in diesem Buch in einem weiten Sinn verstanden, als

„Hilfe zur Lebensbewältigung“, die sich nicht auf die seelsorgerliche Gesprächsführung beschränkt, sondern alles (kirchliche) Handeln umfasst, durch das Menschen diese Hilfe zuteilwird. Als urbane Seelsorge achtet sie auf die vielfältigen Umstände, die in der → postmodernen Stadt gelingendes Leben erschweren.

urbane Spiritualität: Durch Spiritualität haben Menschen einen nicht kognitiven (wie in der Theologie), sondern einen durch Praxis und Erfahrung vermittelten Zugang zur unsichtbaren Welt. Urbane Spiritualität ist Spiritualität, durch die Gott im städtischen Alltag („Alltagsspiritualität“) als gegenwärtig erlebt wird.

Verdrängung: vor allem durch ökonomische Faktoren (wie Aufwertung und Mietsteigerung) verursachte Prozesse, durch die bestimmten (ärmeren) Bevölkerungsgruppen bestimmte Wohngebiete nicht mehr zugänglich sind

Viertel → Quartier

Weisheit, Weisheitstherapie: Weisheit ist in der Psychologie der verständige Umgang mit schwierigen Lebensfragen, durch den nicht eindeutig lösbare Lebensprobleme verarbeitet oder ertragen werden können. Die Weisheitstherapie hilft Menschen in Lebenssituationen, die Weisheit erfordern, in denen sie sich aber nur schwer lernen lässt.

weiße Folter: eine Form der Folter, die keine Schmerzen oder Verletzungen zufügt, sondern durch den Entzug von Sinnesreizen (sensorische Deprivation) verheerende psychosomatische Folgen bewirkt

Wiedererkennungseffekt: in diesem Buch ein Phänomen, bei dem Menschen „neue“ Gedanken nicht als neu empfinden, sondern als etwas, das sie bereits „ahnten“, ohne es konkret formulieren zu können

Wirkungspunkt (englisch *leverage point*): ein oft schwer zu findender Ansatzpunkt für größere Veränderung in lebendigen Systemen, die sich sonst gegen Veränderungen sperren

Wohnpräferenzen → Präferenzen

Zentralität: die günstige Lage von Städten in dynamischen Regionen mit guter Verkehrsanbindung und enger Verbindung zu innovativem Wissen (durch Hochschulen und Forschungseinrichtungen)

Zivilgesellschaft: der Bereich der Gesellschaft, in dem ehrenamtliche und gemeinnützige Tätigkeiten stattfinden (einschließlich des christlichen Engagements), in Abgrenzung zu Staat und Wirtschaft

Zukunftswerkstatt: eine Methode, mit der Gruppen unter Anleitung durch einen Moderator Lösungen für bestimmte Probleme und Herausforderungen finden

Zwischennutzung: zeitlich befristete kostengünstige Übergangsnutzung leer stehender Räume zum Beispiel durch soziale Initiativen, Existenzgründer oder Kreative (→ Kreativität/kreative Klasse)

Literaturverzeichnis

Abels, Heinz 2009. *Wirklichkeit. Über Wissen und andere Definitionen der Wirklichkeit, über uns und Andere, Fremde und Vorurteile.* Wiesbaden: VS Verlag der Sozialwissenschaften. (Hagener Studientexte zur Soziologie).

Aehnelt, Reinhard 2011. Trends und Ausmaß der Polarisierung in deutschen Städten. In: Hanesch, Walter (Hg.): *Die Zukunft der „Sozialen Stadt". Strategien gegen soziale Spaltung und Armut in den Kommunen.* Wiesbaden: VS Verlag für Sozialwissenschaften, 63-79.

AG Kiezforschung (Hg.) 2005. *In den Straßen des Soldiner Kiezes.* Berlin: Verlag an der Spree.

Ahbe, Thomas 2005. *Ostalgie. Zum Umgang mit der DDR-Vergangenheit in den 1990er Jahren.* Erfurt: Landeszentrale für Politische Bildung Thüringen. Online im Internet: URL: http://www.thomas-ahbe.de/ostalgie_internet.pdf [Stand: 01.11.2015].

Aktionswoche Alkohol 2014. *Alkohol – Zahlen und Fakten.* Online im Internet: URL: http://www.aktionswoche-alkohol.de/hintergrund-alkohol/zahlen-fakten.html [Stand: 22.09.2015].

Alaimo, Katherine; Reischl, Thomas M. & Allen, Julie Ober 2010. Community Gardening, Neighborhood Meetings, and Social Capital. *Journal of Community Psychology* 38 (4), 497-514.

Alfaro, Luis Noel & Marroquín Gramajo, Andrés 2012. Protestant Ethic and Prosperity. Vegetable Production in Almolonga, Guatemala. In: Matejowsky, Ty & Wood, Donald C. (eds): *Political Economy, Neoliberalism, and the Prehistoric Economies of Latin America.* Bingley: Emerald. Online im Internet: URL: https://www.academia.edu/1056644/Protestant_Ethic_and_Prosperity_Vegetable_Production_in_Almolonga_Guatemala [Stand: 04.11.2015].

Alscher, Stefan 2015. *Großstädte sind Zuwanderungsmagneten.* Online im Internet: URL: http://www.bpb.de/gesellschaft/migration/newsletter/208209/grossstaedte-sind-zuwanderungsmagneten [Stand: 01.11.2015].

Altenhain, Karsten & Willenberg, Nicola (Hg.) 2011. *Die Geschichte der Folter seit ihrer Abschaffung.* Göttingen: V&R unipress.

Amt für Statistik Berlin-Brandenburg 2007. *Wanderungen Berlin 2006* (Statistischer Bericht A III 1 - j 06). Online im Internet: URL: https://www.statistik-berlin-brandenburg.de/Publikationen/Stat_Berichte/2007/SB-110_10a_2006j_BE.pdf [Stand: 01.11.2015].

Amt für Statistik Berlin-Brandenburg 2013. *Statistisches Jahrbuch 2013 Berlin.* Online im Internet: URL: https://www.statistik-berlin-brandenburg.de/produkte/jahrbuch/jb2013/JB_2013_BE.pdf [Stand: 01.11.2015].

Amt für Statistik Berlin-Brandenburg 2014. *Wanderungen im Land Berlin 2013.* Online im Internet: URL: https://www.statistik-berlin-brandenburg.de/Publikationen/Stat_Berichte/2014/SB_A03-02-00_2013j01_BE.pdf [Stand: 01.11.2015].

Andersson, Roger; Musterd, Sako; Galster, George & Kauppinen, Timo M. 2009. What Mix Matters? Exploring the Relationships between Individuals' Incomes and Different Measures of their Neighbourhood Context. In: Blasius, Jörg; Friedrichs, Jürgen & Galster, George (eds): *Quantifying Neighbourhood Effects. Frontiers and Perspectives.* London, New York: Routledge, 11-34.

Anguelovski, Isabelle 2013. From Environmental Trauma to Safe Haven. Place Attachment and Place Remaking in Three Marginalized Neighborhoods of Barcelona, Boston, and Havana. *City & Community* 12 (3), 211-237.

Aptekar, Sofya 2015. Visions of Public Space. Reproducing and Resisting Social Hierarchies in a Community Garden. *Sociological Forum* 30 (1), 209-227.

Ariès, Philippe 1982. *Geschichte des Todes.* München: dtv.

Armet, Stephen 2002. Holism and Popular Grassroots Movements. *International Review of Mission* 91 (362), 370-381.

Arzt, Wolfgang 2013. Missionale Jugendarbeit in einer evangelischen Kirchengemeinde in Solingen. In: Faix, Tobias & Reimer, Johannes (Hg.): *Tat. Ort. Glaube. 21 inspirierende Praxisbeispiele zwischen Gemeinde und Gesellschaft.* Marburg: Francke. (Transformationsstudien Bd. 6), 68-77.

Aschoff, Peter 2004. *Mit Gott im Job. Ganzheitlich leben – Gott am Arbeitsplatz begegnen.* Wuppertal: R. Brockhaus.

Asendorpf, Jens B. 2008. Living Apart Together. Alters- und Kohortenabhängigkeit einer heterogenen Lebensform. *Kölner Zeitschrift für Soziologie und Sozialpsychologie* 60 (4), 749-764.

Avenarius, Christine 2010. Starke und schwache Beziehungen. In: Stegbauer, Christian & Häußling, Roger (Hg.): *Handbuch Netzwerkforschung.* Wiesbaden: VS Verlag für Sozialwissenschaften. (Netzwerkforschung Bd. 4), 99-111.

Baacke, Dieter 1993. *Jugend und Jugendkulturen. Darstellung und Deutung.* Weinheim, München: Juventa.

Backhaus, Arno o. J. *Missio-Narr.* Online im Internet: URL: http://www.arno-backhaus.de/03c1989c9207b9b1f/index.html [Stand: 21.09.2015].

Backhaus, Arno 2002. *Efungelisation. Kreativ-missionarisches Überlebenstraining im Dschungel der Fußgängerzonen und anderswo.* Aßlar: Schulte + Gerth.

Bakke, Raymond J. 1987. *The Urban Christian. Effective Ministry in Today's Urban World.* Downers Grove: InterVarsity.

Bakke, Raymond J. 1997. *A Theology as Big as the City.* Downers Grove: InterVarsity.

Baldassarri, Delia & Diani, Mario 2007. The Integrative Power of Civic Networks. *American Journal of Sociology* 113 (3), 735-780.

Barrett, C. K. 1994a. *A Critical and Exegetical Commentary on the Acts of the Apostles.* Vol.

I. Edinburgh: Clark. (The International Critical Commentary on the Holy Scriptures of the Old and New Testament Bd. 34).

Barrett, C. K. 1994b. *A Critical and Exegetical Commentary on the Acts of the Apostles*. Vol. II. Edinburgh: Clark. (The International Critical Commentary on the Holy Scriptures of the Old and New Testament Bd. 34).

Baum, Detlef (Hg.) 2007. *Die Stadt in der Sozialen Arbeit. Ein Handbuch für soziale und planende Berufe*. Wiesbaden: VS Verlag für Sozialwissenschaften.

Baumann, Kai & Linden, Michael 2014. *Weisheitskompetenzen und Weisheitstherapie. Die Bewältigung von Lebensbelastungen und Anpassungsstörungen*. Lengerich: Pabst.

Baumann, Roland 2011. *Die missionale Ansprechbarkeit ostdeutscher Konfessionsloser. Eine qualitative Untersuchung am Beispiel der Treffen der „Nonamechurch" in Parchim*. Masterarbeit: Unisa. Online im Internet: URL: http://uir.unisa.ac.za/bitstream/handle/10500/5790/thesis_baumann._r.pdf [Stand: 01.11.2015].

Beck, Viktor 2013. Connection Bergneustadt. Interkulturelle Jugendarbeit. In: Faix, Tobias & Reimer, Johannes (Hg.): *Tat. Ort. Glaube. 21 inspirierende Praxisbeispiele zwischen Gemeinde und Gesellschaft*. Marburg: Francke. (Transformationsstudien Bd. 6), 172-178.

Becker, Jochen; Klingan, Katrin; Lanz, Stephan & Wildner, Kathrin (Hg.) 2013. *Global Prayers. Contemporary Manifestations of the Religious in the City*. Zürich: Lars Müller. (metroZones Bd. 13).

Beißwenger, Sabine & Sommer, Hanna 2013. Rahmenbedingungen und Probleme der Peripherisierung in Mittelstädten. Einordnung der Fallstudienstädte. In: Bernt, Matthias & Liebmann, Heike (Hg.): *Peripherisierung, Stigmatisierung, Abhängigkeit? Deutsche Mittelstädte und ihr Umgang mit Peripherisierungsprozessen*. Wiesbaden: Springer VS, 47-64.

Beißwenger, Sabine & Weck, Sabine 2010a. *Osterode am Harz. Fallstudie im Rahmen des Projektes „Stadtkarrieren in peripherisierten Räumen"*. Dortmund: ILS. Online im Internet: URL: http://www.ils-forschung.de/download/Osterode-Bericht_Endfassung_012011.pdf [Stand: 01.11.2015].

Beißwenger, Sabine & Weck, Sabine 2010b. *Pirmasens. Fallstudie im Rahmen des Projektes „Stadtkarrieren in peripherisierten Räumen"*. Dortmund: ILS. Online im Internet: URL: http://www.ils-forschung.de/download/Pirmasens-Bericht_Endfassung_012011.pdf [Stand: 01.11.2015].

Bender, Keith A.; Economou, Athina & Theodossiou, Ioannis 2013. The Permanent and Temporary Effects of Unemployment on the Mortality Rate in Europe. *International Labour Review* 152 (3), 275-286.

Benesh, Sean (ed) 2014a. *Vespas, Cafes, Singlespeed Bikes, and Urban Hipsters. Gentrification, Urban Mission, and Church Planting*. Portland: Urban Loft.

Benesh, Sean 2014b. The Geography of Church Planting in the City. Part 1: Agglomeration Economies. In: Benesh, Sean (ed): *Vespas, Cafes, Singlespeed Bikes, and Urban*

Hipsters. Gentrification, Urban Mission, and Church Planting. Portland: Urban Loft, 157-169.

Bensel, Joachim 1999. *Kampf-oder-Flucht-Reaktion.* Online im Internet: URL: http://www.spektrum.de/lexikon/biologie/kampf-oder-flucht-reaktion/35305 [Stand: 01.11.2015].

Berger, Christfried 1997. Zur Geschichte der Kirchen und Gemeinden anderer Sprache oder Herkunft in Deutschland. In: Kirchenamt der Evangelischen Kirche in Deutschland (Hg.): *Kirchen und Gemeinden anderer Sprache und Herkunft.* Frankfurt: GEP, 15-28.

Bergmann, Malte 2011. *Kreative Raumpioniere in Berlin Nord-Neukölln. Raumaneignungen und Repräsentationsformen.* Saarbrücken: VDM.

Berking, Helmuth 2008. „Städte lassen sich an ihrem Gang erkennen wie Menschen". Skizzen zur Erforschung der Stadt und der Städte. In: Berking, Helmuth & Löw, Martina (Hg.): *Die Eigenlogik der Städte. Neue Wege für die Stadtforschung.* Frankfurt, New York: Campus. (Interdisziplinäre Stadtforschung Bd. 1), 15-31.

Berking, Helmuth & Löw, Martina (Hg.) 2008. *Die Eigenlogik der Städte. Neue Wege für die Stadtforschung.* Frankfurt, New York: Campus. (Interdisziplinäre Stadtforschung Bd. 1).

Berking, Helmuth & Neckel, Sighard 1991. Außenseiter als Politiker. Rekrutierung und Identitäten neuer lokaler Eliten in einer ostdeutschen Gemeinde. *Soziale Welt* 42 (3), 283-299.

Berking, Helmuth & Neckel, Sighard 1992. Die gestörte Gemeinschaft. Machtprozesse und Konfliktpotentiale in einer ostdeutschen Gemeinde. In: Hradil, Stefan (Hg.): *Zwischen Bewußtsein und Sein. Die Vermittlung „objektiver" Lebensbedingungen und „subjektiver" Lebensweisen.* Opladen: Leske + Budrich. (Schriftenreihe Sozialstrukturanalyse Bd. 1), 151-171.

Berking, Helmuth & Schwenk, Jochen 2011. *Hafenstädte. Bremerhaven und Rostock im Wandel.* Frankfurt, New York: Campus. (Interdisziplinäre Stadtforschung Bd. 4).

Bernt, Matthias; Haase, Annegret; Großmann, Katrin; Cocks, Matthew; Couch, Chris; Cortese, Caterina & Krzysztofik, Robert 2014. How Does(n't) Urban Shrinkage Get onto the Agenda? Experiences from Leipzig, Liverpool, Genoa and Bytom. *International Journal of Urban and Regional Research* 38 (5), 1749-1766.

Bertels, Lothar 1994. Zur Erwerbsbiographie verschiedener Generationen. In: Herlyn, Ulfert & Bertels, Lothar (Hg.): *Stadt im Umbruch: Gotha. Wende und Wandel in Ostdeutschland.* Opladen: Leske + Budrich, 202-231.

Bertels, Lothar 2002. Entwicklungen des Arbeitsmarktes. In: Bertels, Lothar & Herlyn, Ulfert (Hg.): *Stadtentwicklung Gotha 1990-2000.* Opladen: Leske + Budrich, 47-62.

Bertels, Lothar (Hg.) 2008. *Stadtgespräche. Mit Hans-Paul Bahrdt, Ulfert Herlyn, Hartmut Häußermann und Bernhard Schäfers.* Wiesbaden: VS Verlag für Sozialwissenschaften.

Bertels, Lothar (Hg.) 2015a. *Gotha im Wandel 1990-2012. Transformation einer ostdeutschen Mittelstadt.* Wiesbaden: Springer VS.

Bertels, Lothar 2015b. Methodischer Ansatz und Aufbau der Arbeit. In: Bertels, Lothar (Hg.): *Gotha im Wandel 1990-2012. Transformation einer ostdeutschen Mittelstadt.* Wiesbaden: Springer VS, 33-41.

Bertels, Lothar 2015c. Entwicklung von Erwerbsarbeit und der wirtschaftlichen Lage. In: Bertels, Lothar (Hg.): *Gotha im Wandel 1990-2012. Transformation einer ostdeutschen Mittelstadt.* Wiesbaden: Springer VS, 85-103.

Bertels, Lothar 2015d. Zur kulturellen Inwertsetzung der Residenzstadt Gotha. In: Bertels, Lothar (Hg.): *Gotha im Wandel 1990-2012. Transformation einer ostdeutschen Mittelstadt.* Wiesbaden: Springer VS, 125-138.

Bertels, Lothar & Herlyn, Ulfert 1994. Eine Zwischenbilanz: Blick zurück nach vorn. In: Herlyn, Ulfert & Bertels, Lothar (Hg.): *Stadt im Umbruch: Gotha. Wende und Wandel in Ostdeutschland.* Opladen: Leske + Budrich, 374-392.

Bertels, Lothar & Herlyn, Ulfert (Hg.) 2002. *Stadtentwicklung Gotha 1990-2000.* Opladen: Leske + Budrich.

Bertelsmann Stiftung 2012a. *Herausforderung Zeitarbeit.* Online im Internet: URL: https://www.bertelsmann-stiftung.de/fileadmin/files/BSt/Publikationen/GrauePublikationen/GP_Herausforderung_Zeitarbeit.pdf [Stand: 06.11.2015].

Bertelsmann Stiftung 2012b. *Zeitarbeiter und geringfügig Beschäftigte sind mit Demokratie und Wirtschaftssystem unzufrieden. Pressemitteilung vom 07.03.2012.* Online im Internet: URL: http://www.bertelsmann-stiftung.de/de/presse/pressemitteilungen/pressemitteilung/pid/zeitarbeiter-und-geringfuegig-beschaeftigte-sind-mit-demokratie-und-wirtschaftssystem-unzufrieden/ [Stand: 06.11.2015].

Bertram, Hans 2007. Differenzierung, Pluralisierung, Individualisierung und Netzwerke. Soziale Beziehungen, Solidarität und neue Zeitlichkeit. In: Mückenberger, Ulrich & Timpf, Siegfried (Hg.): *Zukünfte der europäischen Stadt. Ergebnisse einer Enquete zur Entwicklung und Gestaltung urbaner Zeiten.* Wiesbaden: VS Verlag für Sozialwissenschaften, 215-231.

Bertrand, Marianne & Mullainathan, Sendhil 2004. Are Emily and Greg More Employable than Lakisha and Jamal? A Field Experiment on Labor Market Discrimination. *American Economic Review* 94 (4), 991-1013.

Bezirksamt Spandau von Berlin 2012. *Silvester mal ganz anders – Jahresrückblick in Dankbarkeit.* Online im Internet: URL: http://www.berlin.de/ba-spandau/aktuelles/pressemitteilungen/2012/pressemitteilung.279861.php [Stand: 22.09.2015].

Bettges, Ralf 2006. Shopping-Center können keine Citys ersetzen. Stadtplanung nur noch durch Centerentwickler? In: Brune, Walter; Junker, Rolf & Pump-Uhlmann, Holger (Hg.): *Angriff auf die City. Kritische Texte zur Konzeption, Planung und Wirkung von integrierten und nicht integrierten Shopping-Centern in zentralen Lagen.* Düsseldorf: Droste. (Droste Sachbuch), 85-91.

Betz, Gregor; Hitzler, Ronald & Pfadenhauer, Michaela (Hg.) 2011. *Urbane Events*. Wiesbaden: VS Verlag für Sozialwissenschaften. (Erlebniswelten).

Bexton, W. H.; Heron, W. & Scott, T. H. 1954. Effects of Decreased Variation in the Sensory Environment. *Canadian Journal of Psychology* 8 (2), 70-76.

Birdwell, Jonathan & Littler, Mark 2012. *Faithful Citizens*. London: Demos. Online im Internet: URL: http://www.demos.co.uk/files/Faithful_citizens_-_web.pdf [Stand: 06.11.2015].

Bittner, Jochen 2008. Finger weg, Otto! *Zeit Online* 30.01. Online im Internet: URL: http://www.zeit.de/2008/06/Verfassungsbeschwerde [Stand: 22.09.2015].

Bodenschatz, Eberhard 2010. *Komplexe Systeme*. Online im Internet: URL: http://www.mpg.de/96174/cpt08_Komplexe_Systeme.pdf [Stand: 22.09.2015].

Boender, Welmoet 2015. Volunteering in Religious Communities. Does it Contribute to Society? Calculating Social Yield. In: Hustinx, Lesley; Von Essen, Johan; Haers, Jacques & Mels, Sara (ed): *Religion and Volunteering. Complex, Contested and Ambiguous Relationships*. Cham: Springer. (Nonprofit and Civil Society Studies), 329-343.

Bogumil, Jörg & Holtkamp, Lars 2013. *Kommunalpolitik und Kommunalverwaltung. Eine praxisorientierte Einführung*. Bonn: bpb.

Bonelli, Raphael M. 2010. Verletzung – Verbitterung – Vergebung. *JATROS Neurologie & Psychiatrie* (1/2010), 44-46.

Bonhoeffer, Dietrich 2005. *Widerstand und Ergebung. Briefe und Aufzeichnungen aus der Haft*. Gütersloh: Gütersloher Verlagshaus.

Bosch, David J. 2012. *Mission im Wandel. Paradigmenwechsel in der Missionstheologie*. Gießen, Basel: Brunnen.

Bouali, Kerima & Gude, Sigmar 2014. Gentrifizierung oder Wiederkehr der Wohnungsnot? Sozialstruktureile Entwicklungstendenzen in Berliner Innenstadtwohngebieten. In: Holm, Andrej (Hg.): *Reclaim Berlin. Soziale Kämpfe in der neoliberalen Stadt*. Berlin, Hamburg: Assoziation A, 27-49.

Brettle, Rebekah 2012. *Neighbours, Transform Your Street!* o. O.: Sovereign World.

Breuer, Marcus 2014. *Drogenrehabilitation unter justiziellem Zwang* 2014. Online im Internet: URL: http://www.bas-muenchen.de/fileadmin/documents/pdf/Nachlese/2014/BAS_060514_Breuer_Drogenrehabilitation.pdf [Stand: 01.11.2015].

Brower Latz, Deirdre 2014. The Scapegoat. In: The PassionArt Trail (eds): *Catalogue*, 8-9. Online im Internet: URL: http://passionarttrail.co.uk/PassionArtCatalogue.pdf [Stand: 01.11.2015].

Brown, Sally A. 2013. Discerning the Public Presence of God. *Theology Today* 70 (1), 30-37.

Bude, Heinz 2008. *Die Ausgeschlossenen. Das Ende vom Traum einer gerechten Gesellschaft*. Bonn: bpb.

Bude, Heinz 2014. *Gesellschaft der Angst*. Hamburg: Hamburger Edition, HIS.

Bund Freikirchlicher Pfingstgemeinden 2015. *Statistik-Zahlen.* Online im Internet: URL: http://www.bfp.de/pages/wir-ueber-uns/statistik-zahlen.php [Stand: 01.11.2015].

Bundesagentur für Arbeit 2015a: *Übersicht Gotha.* Online im Internet: URL: https://statistik.arbeitsagentur.de/Navigation/Statistik/Statistik-nach-Regionen/Politische-Gebietsstruktur/Thueringen/Gotha-Nav.html [Stand: 06.05.2015].

Bundesagentur für Arbeit 2015b. *Übersicht Oberhausen.* Online im Internet: URL: https://statistik.arbeitsagentur.de/nn_29488/SiteGlobals/Forms/ImageMapSchnelluebersichten/ZeitauswahlSchnelluebersicht-Form.html?view=processForm&resourceId=210328&input_=&pageLocale=de&regionInd=371&year_month=201507 [Stand: 31.07.15].

Bundesagentur für Arbeit 2015c. *Übersicht Pirmasens Stadt.* Online im Internet: URL: https://statistik.arbeitsagentur.de/Navigation/Statistik/Statistik-nach-Regionen/Politische-Gebietsstruktur/Rheinland-Pfalz/Pirmasen-krfSt-Nav.html [Stand: 14.04.15].

Bundesamt für Migration und Flüchtlinge o. J. *Integration.* Online im Internet: URL: http://www.bamf.de/DE/Service/Left/Glossary/_function/glossar.html?lv3=1504494&lv2=5831826 [Stand: 01.11.2015].

Bundesministerium der Justiz 2011. *Informationen zu Unterbringungskosten von Strafgefangenen in Justizvollzugsanstalten.* Online im Internet: URL: https://fragdenstaat.de/files/foi/763/2011_12_22_antwort_bmj.pdf [Stand: 01.11.2015].

Bundeszentrale für politische Bildung 2012. *Bevölkerung mit Migrationshintergrund III.* Online im Internet: URL: http://www.bpb.de/nachschlagen/zahlen-und-fakten/soziale-situation-in-deutschland/150599/migrationshintergrund-iii [Stand: 01.11.2015].

Bürk, Thomas & Beißwenger, Sabine 2013. Stigmatisierung von Städten. In: Bernt, Matthias & Liebmann, Heike (Hg.): *Peripherisierung, Stigmatisierung, Abhängigkeit? Deutsche Mittelstädte und ihr Umgang mit Peripherisierungsprozessen.* Wiesbaden: Springer VS, 125-145.

Bürk, Thomas; Kühn, Manfred & Sommer, Hanna 2012. Stigmatisation of Cities. The Vulnerability of Local Identities. *Raumforschung und Raumordnung* 70 (4), 337-347.

Burzan, Nicole 2011. *Soziale Ungleichheit. Eine Einführung in die zentralen Theorien.* Wiesbaden: VS Verlag für Sozialwissenschaften. (Studientexte zur Soziologie).

Büttner, Kerstin 2009. Stadtentwicklung durch Großkonzerne. Zur Koevolution von Raum und Wissen am Fallbeispiel Siemens und Erlangen. In: Matthiesen, Ulf & Mahnken, Gerhard (Hg.): *Das Wissen der Städte. Neue stadtregionale Entwicklungsdynamiken im Kontext von Wissen, Milieus und Governance.* Wiesbaden: VS Verlag für Sozialwissenschaften, 133-146.

Chandler, Tertius 1987. *Four Thousand Years of Urban Growth. An Historical Census.* Lewiston: St. David's University Press.

Chase, Elaine & Walker, Robert 2013. The Co-construction of Shame in the Context of Poverty. Beyond a Threat to the Social Bond. *Sociology* 47 (4), 739-754.

Chen, Xiangming; Orum, Anthony M. & Paulsen, Krista E. 2013. *Introduction to Cities. How Place and Space Shape Human Experience.* Chichester: Wiley-Blackwell.

Chevreau, Guy 1995. *Catch the Fire. The Toronto Blessing: An Experience of Renewal and Revival.* Toronto: HarperCollins.

Christiane F. 1978. *Wir Kinder vom Bahnhof Zoo.* Hamburg: Gruner und Jahr.

Church Mission Society 2012. *365 Days of Yes. Daily Prayers and Readings for a Missional People.* London: Canterbury Press.

Cloud, Henry & Townsend, John 2014. *Nein sagen ohne Schuldgefühle. Gesunde Grenzen setzen.* Holzgerlingen: Hänssler.

Cnaan, Ram A. 2009. Valuing the Contribution of Urban Religious Congregations. *Public Management Review* 11 (5), 641-662.

Coleman, James S. 1971. Conflicting Theories of Social Change. *American Behavioral Scientist* 14 (5), 633-650.

Collins-Mayo, Sylvia; King, Andrew & Jones, Lee 2012. *Faith in Action. Street Pastors Kingston Social and Spiritual Impact Project.* Online im Internet: URL: http://www.kingstonfirst.co.uk/downloads/187/0/Kingston_University_Briefing_on_Street_Pastors.pdf.aspx [Stand: 01.11.2015].

Colomb, Claire 2012. Pushing the Urban Frontier. Temporary Uses of Space, City Marketing, and the Creative City Discourse in 2000s Berlin. *Journal of Urban Affairs* 34 (2), 131-152.

Conn, Harvie M. & Ortiz, Manuel 2000. *Urban Ministry. The Kingdom, the City, and the People of God.* Downers Grove: InterVarsity.

Cornelsen, Inge 1994. Wahrnehmung von sozialer Mobilität seit der Wende. In: Herlyn, Ulfert & Bertels, Lothar (Hg.): *Stadt im Umbruch: Gotha. Wende und Wandel in Ostdeutschland.* Opladen: Leske + Budrich, 292-309.

Cornelsen, Inge; Franz, Peter & Herlyn, Ulfert 1994. Stadtstruktur und Stadtbild im Wandel. In: Herlyn, Ulfert & Bertels, Lothar (Hg.): *Stadt im Umbruch: Gotha. Wende und Wandel in Ostdeutschland.* Opladen: Leske + Budrich, 340-373.

Crüsemann, Frank 1992. *Die Tora. Theologie und Sozialgeschichte des alttestamentlichen Gesetzes.* München: Kaiser.

Daniels, Gene 2013. Worshiping Jesus in the Mosque. *Christianity Today* 14.01. Online im Internet: URL: http://www.christianitytoday.com/ct/2013/january-february/insider-movement-islam-wheres-jesus.html [Stand: 01.11.2015].

Dannhardt, Karin & Nowak, Dorothea 2007. *Sinus-Milieus®. Lebensstil, Fernsehnutzung und Umgang mit neuer Kommunikationstechnologie.* Unterföhring, Wien, Küsnacht: SevenOne Media. Online im Internet: URL: http://www.sinus-institut.de/veroeffentlichungen/downloads/download/die-sinus-milieusR-2007-lebensstil-und-tv-nutzung/download-file/68/download-a/download/download-c/Category/

Day, Katie 2014. *Faith on the Avenue. Religion on a City Street.* Oxford: Oxford University Press.

Degenhardt, Friedrich 2015. Internationaler Gospel-Gottesdienst in Hamburg. Ein afrikanisch-deutsches Gemeinschaftsprojekt. *Theologische Impulse der Missionsakademie* (9), 51-57.

Deichen, Helga 2013. *„Bei uns oben auf dem Datzeberg". Chronik eines Stadtteils.* Neubrandenburg: Stadtteilbüro Datzeherg.

Deinet, Ulrich 2009a. Sozialräumliche Haltungen und Arbeitsprinzipien. In: Deinet, Ulrich (Hg.): *Methodenbuch Sozialraum.* Wiesbaden: VS Verlag für Sozialwissenschaften, 45-62.

Deinet, Ulrich (Hg.) 2009b. *Sozialräumliche Jugendarbeit. Grundlagen, Methoden und Praxiskonzepte.* Wiesbaden: VS Verlag für Sozialwissenschaften.

Deinet, Ulrich 2009c. „Aneignung" und „Raum" – zentrale Begriffe des sozialräumlichen Konzepts. In: Deinet, Ulrich (Hg.): *Sozialräumliche Jugendarbeit. Grundlagen, Methoden und Praxiskonzepte.* Wiesbaden: VS Verlag für Sozialwissenschaften, 27-57.

Der Beauftragte des Berliner Senats für Integration und Migration 2005. *Vielfalt fördern – Zusammenhalt stärken. Das Integrationskonzept für Berlin* (Berliner Beiträge zur Integration und Migration). Online im Internet: URL: http://www.berlin.de/imperia/md/content/lb-integration-migration/publikationen/berichte/integrationskonzept_bf.pdf?download.html [Stand: 01.11.2015].

Dernbach, Andrea 2014. Türkischer Name ist bei Bewerbungen ein Nachteil. *Tagesspiegel* 27.03. Online im Internet: URL: http://www.tagesspiegel.de/wirtschaft/lieber-hans-als-hakan-tuerkischer-name-ist-bei-bewerbungen-ein-nachteil/9670856.html [Stand: 01.11.2015].

Diamond, Lisa M. & Hicks, Angela M. 2012. „It's the economy, honey!". Couples' Blame Attributions during the 2007-2009 Economic Crisis. *Personal Relationships* 19 (3), 586-600.

Diani, Mario & Lindsay, Isobel 2004. *Networks of Civic Organizations in Britain. Full Report.* Online im Internet: URL: https://s3-eu-west-1.amazonaws.com/esrc-files/outputs/8ZH1hQfKjU-rHd9a049sog/Su_D2x6JXEyfMb2xoWdS3g.pdf [Stand: 01.11.2015].

Dibelius, Martin 1939. *Paulus auf dem Areopag.* Heidelberg: Winter.

Dickerson, Sally S. & Kemeny, Margaret E. 2004. Acute Stressors and Cortisol Responses. A Theoretical Integration and Synthesis of Laboratory Research. *Psychological Bulletin* 130 (3), 355-391.

Dickie-Clark, H. F. 1998. *The Marginal Situation. A Sociological Study of a Coloured Group.* London: Routledge.

Die Beauftragte der Bundesregierung für Migration, Flüchtlinge und Integration 2009. *Integration in Deutschland. Erster Integrationsindikatorenbericht. Erprobung des Indikatorensets und Bericht zum bundesweiten Integrationsmonitoring.* Online im Internet: URL: http://www.bundesregierung.de/Content/Infomaterial/BPA/IB/2009-07-07-indikatorenbericht.pdf?__blob=publicationFile&v=9 [Stand: 07.11.2015].

Diehl, Claudia 2002. *Die Partizipation von Migranten in Deutschland. Rückzug oder Mobilisierung?* Opladen: Leske + Budrich.

Diehl, Claudia 2004. Fördert die Partizipation in ethnischen Vereinen die politische Integration im Aufnahmeland? Theoretische Perspektiven und empirische Evidenzen. In: Klein, Ansgar; Kern, Kristine; Geißel, Brigitte & Berger, Maria (Hg.): *Zivilgesellschaft und Sozialkapital. Herausforderungen politischer und sozialer Integration.* Wiesbaden: VS Verlag für Sozialwissenschaften, 231-250.

Diehl, Claudia & Urbahn, Julia 1998. *Die soziale und politische Partizipation von Zuwanderern in der Bundesrepublik Deutschland.* Bonn: FES. (Gesprächskreis Arbeit und Soziales).

Diehl, Jörg 2012. Krisenstadt Oberhausen. Ganz unten im Westen. *Spiegel Online* 21.03. Online im Internet: URL: http://www.spiegel.de/politik/deutschland/schuldenstadt-oberhausen-zahlt-millionen-an-ostdeutschland-a-822715.html [Stand: 07.11.2015].

Diogenes Laertios 1998. *Leben und Lehre der Philosophen. Aus dem Griechischen übersetzt und herausgegeben von Fritz Jürß.* Stuttgart: Reclam. (Universal-Bibliothek Bd. 9669).

Donath, Carolin; Gräßel, Elmar; Baier, Dirk; Pfeiffer, Christian; Bleich, Stefan & Hillemacher, Thomas 2012. Predictors of Binge Drinking in Adolescents. Ultimate and Distal Factors. A Representative Study. *BMC Public Health* 12, 263-277.

Doyle, Tom & Webster, Greg 2013. *Träume und Visionen. Wie Muslime heute Jesus erfahren.* Gießen: Brunnen.

Dümling, Bianca 2011. *Migrationskirchen in Deutschland. Orte der Integration.* Frankfurt: Lembeck.

Dümling, Bianca 2015. Zuhause in Deutschland. *Theologische Impulse der Missionsakademie* (9), 37-41.

Dunn, James R. 2000. Housing and Health Inequalities. Review and Prospects for Research. *Housing Studies* 15 (3), 341-366.

Dunn, James D. G. 2009. *Beginning from Jerusalem. Christianity in the Making. Vol. 2.* Grand Rapids, Cambridge: Eerdmans.

Durkheim, Émile 1965. *Die Regeln der soziologischen Methode.* Neuwied, Berlin: Luchterhand.

Dworschak, Manfred 2013. Die Macht des Mitgefühls. *Spiegel* 15.07., 118-121. Online im Internet: URL: http://www.spiegel.de/spiegel/print/d-103361814.html [Stand: 07.11.2015].

Ebner, Martin 2012. *Die Stadt als Lebensraum der ersten Christen. Das Urchristentum in seiner Umwelt I.* Göttingen: Vandenhoeck & Ruprecht. (Grundrisse zum Neuen Testament. Das Neue Testament Deutsch – Ergänzungsreihe Bd. 1,1).

Egeler, Roderich 2013. *Zensus 2011. Fakten zur Bevölkerung in Deutschland* 2013. Online im Internet: URL: https://www.destatis.de/DE/PresseService/Presse/Pressekonferenzen/2013/Zensus2011/Statement_Egeler_zensus_PDF.pdf?__blob=publicationFile [Stand: 07.11.2015].

Elias, Norbert 1991. *Über die Einsamkeit der Sterbenden in unseren Tagen.* Frankfurt: Suhrkamp.

Elias, Norbert & Scotson, John L. 1993. *Etablierte und Außenseiter.* Frankfurt: Suhrkamp. (Suhrkamp-Taschenbuch Bd. 1882).

Ellaway, Anne; Macintyre, Sally & Kearns, Ade 2001. Perceptions of Place and Health in Socially Contrasting Neighbourhoods. *Urban Studies* 38 (12), 2299-2316.

Elliger, Winfried 2007. *Mit Paulus unterwegs in Griechenland. Philippi, Thessaloniki, Athen, Korinth.* Stuttgart: Katholisches Bibelwerk.

Ellison, Christopher G. & Levin, Jeffrey S. 1998. The Religion-Health Connection. Evidence, Theory, and Future Directions. *Health Education & Behavior* 25 (6), 700-720.

Elwert, Georg 1982. Probleme der Ausländerintegration. Gesellschaftliche Integration durch Binnenintegration? *Kölner Zeitschrift für Soziologie und Sozialpsychologie* 34 (4), 717-731.

Esser, Hartmut 1986. Ethnische Kolonien. „Binnenintegration" oder gesellschaftliche Isolation? In: Hoffmeyer-Zlotnik, Jürgen H. P. (Hg.): *Segregation und Integration. Die Situation von Arbeitsmigranten im Aufnahmeland.* Mannheim: Forschung Raum und Gesellschaft, 106-117.

Eusebius von Cäsarea 1932. *Aufgewählte Schriften Band II. Kirchengeschichte.* München: Kösel & Pustet. (Bibliothek der Kirchenväter, 2. Reihe Bd. 1).

Faix, Tobias 2012a. Einleitung in die Kontextanalyse. In: Faix, Tobias & Reimer, Johannes (Hg.): *Die Welt verstehen. Kontextanalyse als Sehhilfe für die Gemeinde.* Marburg: Francke. (Transformationsstudien Bd. 3), 13-35.

Faix, Tobias 2012b. Sehhilfe 5: Netzwerke verstehen & nutzen. In: Faix, Tobias & Reimer, Johannes (Hg.): *Die Welt verstehen. Kontextanalyse als Sehhilfe für die Gemeinde.* Marburg: Francke. (Transformationsstudien Bd. 3), 179-229.

Faix, Tobias 2013a. Chancen in Zeiten der Veränderung. In: Faix, Tobias & Reimer, Johannes (Hg.): *Tat. Ort. Glaube. 21 inspirierende Praxisbeispiele zwischen Gemeinde und Gesellschaft.* Marburg: Francke. (Transformationsstudien Bd. 6), 17-25.

Faix, Tobias 2013b. *Logbuch Berufung. Navigationshilfen für ein gelingendes Leben.* Marburg: Francke.

Faix, Tobias & Reimer, Johannes (Hg.) 2012. *Die Welt verstehen. Kontextanalyse als Sehhilfe für die Gemeinde.* Marburg: Francke. (Transformationsstudien Bd. 3).

Faix, Tobias & Reimer, Johannes (Hg.) 2013. *Tat. Ort. Glaube. 21 inspirierende Praxisbeispiele zwischen Gemeinde und Gesellschaft.* Marburg: Francke. (Transformationsstudien Bd. 6).

Faix, Tobias & Wiedekind, Anke 2010. *Mentoring – das Praxisbuch. Ganzheitliche Begleitung von Glaube und Leben.* Neukirchen-Vluyn: Aussaat.

Falk, Armin; Menrath, Ingo; Verde, Pablo Emilio & Siegrist, Johannes 2011. *Cardiovascular Consequences of Unfair Pay.* Berlin: Deutsches Institut für Wirtschaftsforschung.

(SOEPpapers 380). Online im Internet: URL: https://www.diw.de/documents/publikationen/73/diw_01.c.373176.de/diw_sp0380.pdf [Stand: 07.11.2015].

Fanning, D. M. 1967. Families in Flats. *British Medical Journal* 4, 382-386.

Farwick, Andreas 2007. Soziale Segregation in den Städten. Von der gespaltenen Gesellschaft zur gespaltenen Stadt. In: Baum, Detlef (Hg.): *Die Stadt in der Sozialen Arbeit. Ein Handbuch für soziale und planende Berufe.* Wiesbaden: VS Verlag für Sozialwissenschaften, 111-122.

Farwick, Andreas 2009. *Segregation und Eingliederung. Zum Einfluss der räumlichen Konzentration von Zuwanderern auf den Eingliederungsprozess.* Wiesbaden: VS Verlag für Sozialwissenschaften. (Stadt, Raum und Gesellschaft).

Farwick, Andreas 2012. Segregation. In: Eckardt, Frank (Hg.): *Handbuch Stadtsoziologie.* Wiesbaden: Springer VS, 381-419.

Farwick, Andreas 2013. Städtische Wohnquartiere als Orte sozialer Benachteiligung. In: Deffner, Veronika & Meisel, Ulli (Hg.): *StadtQuartiere. Sozialwissenschaftliche, ökonomische und städtebaulich-architektonische Perspektiven.* Essen: Klartext, 113-130.

Finke, Roger & Stark, Rodney 1988. Religious Economies and Sacred Canopies. Religious Mobilization in American Cities, 1906. *American Sociological Review* 53 (1), 41-49.

Fischer, Ralph 2008. *Kirche und Zivilgesellschaft. Probleme und Potentiale.* Stuttgart: Kohlhammer.

Fittkau, Ludger 2012. „Wer hier bleibt, der hat keine Chance". Pirmasens sieht sich als als Armenhaus Südwestdeutschlands – zu Recht. *Deutschlandradio* 07.04. Online im Internet: URL: http://www.deutschlandradio.de/wer-hier-bleibt-der-hat-keine-chance.331.de.html?dram:article_id=205314 [Stand: 07.11.2015].

Florida, Richard 2002. *The Rise of the Creative Class. And How It's Transforming Work, Leisure, Community and Everyday Life.* New York: Basic Books.

Florida, Richard 2005. *Cities and the Creative Class.* New York, London: Routledge.

Flouri, Eirini; Midouhas, Emily & Joshi, Heather 2014. The Role of Urban Neighbourhood Green Space in Children's Emotional and Behavioural Resilience. *Journal of Environmental Psychology* 40, 179-186.

Foucault, Michel 1992. Andere Räume. In: Barck, Karlheinz; Gente, Peter; Paris, Heidi & Richter, Stefan (Hg.): *Aisthesis. Wahrnehmung heute oder Perspektiven einer anderen Ästhetik.* Leipzig: Reclam. (Reclam Bibliothek Bd. 1352), 34-46.

Franiek, Corinna 2015. Demografie und Stadtentwicklung nach der Wende. In: Bertels, Lothar (Hg.): *Gotha im Wandel 1990-2012. Transformation einer ostdeutschen Mittelstadt.* Wiesbaden: Springer VS, 43-67.

Frank, Susanne 2011. Je näher man hinschaut, desto fremder schaut es zurück. Aktuelle Diskussionen um Suburbanisierung und Gentrifizierung. In: Herrmann, Heike; Keller, Carsten; Neef, Rainer & Ruhne, Renate (Hg.): *Die Besonderheit des Städtischen. Entwicklungslinien der Stadt(soziologie).* Wiesbaden: VS Verlag für Sozialwissenschaften. (Stadt, Raum und Gesellschaft), 285-300.

Franz, Peter 1994a. Von der Wende zur Vereinigung. In: Herlyn, Ulfert & Bertels, Lothar (Hg.): *Stadt im Umbruch: Gotha. Wende und Wandel in Ostdeutschland.* Opladen: Leske + Budrich, 67-98.

Franz, Peter 1994b. Zum Wandel politischer Institutionen und Orientierungen. In: Herlyn, Ulfert & Bertels, Lothar (Hg.): *Stadt im Umbruch: Gotha. Wende und Wandel in Ostdeutschland.* Opladen: Leske + Budrich, 99-139.

Franz, Peter 1994c. Veränderungen in Arbeit und Beruf. In: Herlyn, Ulfert & Bertels, Lothar (Hg.): Stadt im *Umbruch: Gotha. Wende und Wandel in Ostdeutschland.* Opladen: Leske + Budrich, 178-201.

Franz, Peter 1994d. Typische Verarbeitungsweisen des gesellschaftlichen Umbruchs. In: Herlyn, Ulfert & Bertels, Lothar (Hg.): Stadt im *Umbruch: Gotha. Wende und Wandel in Ostdeutschland.* Opladen: Leske + Budrich, 310-339.

Franz, Peter 2015. Die wirtschaftliche Basis der Stadt und Region Gotha nach 20 Jahren Transformationsbewältigung. In: Bertels, Lothar (Hg.): *Gotha im Wandel 1990-2012. Transformation einer ostdeutschen Mittelstadt.* Wiesbaden: Springer VS, 69-84.

Franz, Peter & Herlyn, Ulfert 1994. Zur Dynamik von Familie und Sozialbeziehungen. In: Herlyn, Ulfert & Bertels, Lothar (Hg.): *Stadt im Umbruch: Gotha. Wende und Wandel in Ostdeutschland.* Opladen: Leske + Budrich, 232-261.

Franziskus 2013. *Evangelii Gaudium. Apostolisches Schreiben des Heligen Vaters Franziskus.* Online im Internet: URL: http://w2.vatican.va/content/francesco/de/apost_exhortations/documents/papa-francesco_esortazione-ap_20131124_evangelii-gaudium.html [Stand: 07.11.2015].

Freitag, Lin 2014. Sechs Millionen Deutsche arbeiten im Urlaub. *WirtschaftsWoche Online* 31.07. Online im Internet: URL: http://www.wiwo.de/erfolg/beruf/von-wegen-ferienzeit-sechs-millionen-deutsche-arbeiten-im-urlaub/10274794.html [Stand: 22.09.2015].

Frenzel, Veronica & Rink, Tiemo 2013. Häuserkampf in Berlin. *Tagesspiegel* 09.08. Online im Internet: URL: http://www.tagesspiegel.de/berlin/steigende-mieten-haeuserkampf-in-berlin/8615676.html [Stand: 07.11.2015].

Frese, Michael 2008. Arbeitslosigkeit. Was wir aus psychologischer Perspektive wissen und was wir tun können. *Aus Politik und Zeitgeschichte* (40-41), 22-25. Online im Internet: URL: https://www.bpb.de/system/files/pdf/RXGKKH.pdf [Stand: 07.11.2015].

Frey, Oliver 2009. *Die amalgame Stadt. Orte. Netze. Milieus.* Wiesbaden: VS Verlag für Sozialwissenschaften.

Friedrichs, Jürgen 1998. Gentrification. In: Häußermann, Hartmut (Hg.): *Großstadt. Soziologische Stichworte.* Opladen: Leske + Budrich, 57-66.

Friedrichs, Jürgen & Blasius, Jörg 2000. *Leben in benachteiligten Wohngebieten.* Opladen: Leske + Budrich.

Friedrichs, Jürgen & Triemer, Sascha 2009. *Gespaltene Städte? Soziale und ethnische Segregation in deutschen Grossstädten.* Wiesbaden: VS Verlag für Sozialwissenschaften.

Fritsch, Michael & Stützer, Michael 2007. Die Geographie der Kreativen Klasse in Deutschland. *Raumforschung und Raumordnung* 65 (1), 15-29.

Gabler, Julia 2012. Überlebensgelassenheit einer Kümmerergesellschaft. Umbruch und Aufbruch in Pirmasens. In: Willisch, Andreas (Hg.): *Wittenberge ist überall. Überleben in schrumpfenden Regionen*. Berlin: Links, 195-213.

Gäckle, Volker 2014. *Allgemeines Priestertum. Zur Metaphorisierung des Priestertitels im Frühjudentum und Neuen Testament*. Tübingen: Mohr Siebeck. (Wissenschaftliche Untersuchungen zum Neuen Testament Bd. 331).

Gans, Herbert J. 1982. *The urban villagers. Group and class in the life of Italian-Americans*. New York: Free Press.

Garland, Robert 1992. *Introducing New Gods. The Politics of Athenian Religion*. Ithaca: Cornell University Press.

Garmany, Jeff 2013. Slums, Space and Spirituality. Religious Diversity in Contemporary Brazil. *Area* 45 (1), 47-55.

Gehl, Jan 1986. „Soft Edges" in Residential Streets. *Scandinavian Housing and Planning Research* 3 (2), 89-102.

Gehrmann, Wolfgang 2007. Besuch in Pierer-City. *Zeit Online* 27.04. Online im Internet: URL: http://www.zeit.de/2007/18/Siemens/komplettansicht [Stand: 29.04.15].

Geoffrion, Jill 2009. Labyrinth Prayers for Healing in Myanmar. *Labyrinth Pathways* (3), 8-12. Online im Internet: URL: http://www.jillgeoffrion.com/Jill/Articles%20by%20Jill/2009LabPrayHealingMY_JKHGeof.pdf [Stand: 07.11.2015].

Geißler, Rainer (Hg.) 1993. *Sozialer Umbruch in Ostdeutschland*. Opladen: Leske + Budrich.

Geoffrion, Jill 2012. *Labyrinth Prayers. An Ancient Yet „New" Way to Pray*. Online im Internet: URL: http://www.jillgeoffrion.com/Labyrinth/Books/LabIntroBiblioLinks.pdf [Stand: 07.11.2015].

Georg, Werner 1996. Zur quantitativen Untersuchung des Zusammenhangs von Lebensstilen und sozialer Ungleichheit. In: Schwenk, Otto G. (Hg.): *Lebensstil zwischen Sozialstrukturanalyse und Kulturwissenschaft*. Wiesbaden: VS Verlag für Sozialwissenschaften. (Sozialstrukturanalyse Bd. 7), 165–182.

Gerhards, Pia & Spellerberg, Annette 2011. Partizipative Planung mit Seniorinnen und Senioren am Beispiel von Zukunftswerkstätten in Pirmasens. *Raumforschung und Raumordnung* 69 (2), 119-128.

Geschke, Sandra Maria 2009. Zwischen Stillstand und Aufbruch. Medial gestützte Überlegungen zum produktiven Umgang mit dem Warten als straßenräumliche Aktionsform. In: Geschke, Sandra Maria (Hg.): *Strasse als kultureller Aktionsraum. Interdisziplinäre Betrachtungen des Strassenraumes an der Schnittstelle zwischen Theorie und Praxis*. Wiesbaden: VS Verlag für Sozialwissenschaften, 183-199.

Girouard, Mark 1987. *Die Stadt. Menschen, Häuser, Plätze. Eine Kulturgeschichte*. Frankfurt, New York: Campus.

Gladwell, Malcolm 2006. *Blink. The Power of Thinking without Thinking.* London: Penguin Books.

Glaeser, Edward L.; Resseger, Matthew G. & Tobio, Kristina 2008. *Urban Inequality.* (NBER Working Paper Series 14419). Online im Internet: URL: http://www.nber.org/papers/w14419.pdf [Stand: 07.11.2015].

Glaeser, Edward L.; Resseger, Matthew G. & Tobio, Kristina 2009. Inequality in Cities. *Journal of Regional Science* 49 (4), 617-646.

Glass, Ruth 2010. Aspects of Change. In: Brown-Saracino, Japonica (ed): *The Gentrification Debates.* New York, London: Routledge. (Metropolis and Modern Life), 19-29.

Glock, Birgit 2006. *Stadtpolitik in schrumpfenden Städten. Duisburg und Leipzig im Vergleich.* Wiesbaden: VS Verlag für Sozialwissenschaften. (Stadt, Raum und Gesellschaft Bd. 23).

Goebel, Jan; Gornig, Martin & Häußermann, Hartmut 2010. Polarisierung der Einkommen. Die Mittelschicht verliert. *Wochenbericht des DIW Berlin* (24), 2-8. Online im Internet: URL: http://www.diw.de/documents/publikationen/73/diw_01.c.357505.de/10-24-1.pdf [Stand: 07.11.2015].

Gohla, David 2010. *Valdas Ivanauskas. Eheprobleme in Wolfsburg.* Online im Internet: URL: http://www.kult-kicker.de/spieler/valdas-ivanauskas/valdas-ivanauskas/447/ [Stand: 03.04.15].

Gordon, Mary 1999. *The Roots of Empathy.* (Caledon Institute of Social Policy. Community Stories). Online im Internet: URL: http://www.caledoninst.org/Publications/PDF/RootsEmpathy.pdf [Stand: 07.11.2015].

Gordon, Mary 2009. *Roots of Empathy. Changing the World Child by Child.* New York: The Experiment.

Gordon, Mary 2010. „Home Is Where the Start Is". Parenting and Family Literacy Centres of the Toronto District School Board. *Education Canada* 39 (3), 44-47.

Górny, Agata & Toruńczyk-Ruiz, Sabina 2014. Neighbourhood Attachment in Ethnically Diverse Areas. The Role of Interethnic Ties. *Urban Studies* 51 (5), 1000-1018.

Göschel, Albrecht 2007. The Rise of the Creative Class. Zur Karriere eines Buches. *Kulturpolitische Mitteilungen* (119), 41. Online im Internet: URL: http://www.kupoge.de/kumi/pdf/kumi119/kumi119_41.pdf [Stand: 07.11.2015].

Granovetter, Mark S. 1973. The Strength of Weak Ties. *American Journal of Sociology* 78 (6), 1360-1380.

Granovetter, Mark S. 1983. The Strength of Weak Ties. A Network Theory Revisited. *Sociological Theory* 1, 201-233.

Grimm, Manfred & Deinet, Ulrich 2009. Öffnung von Schule. Methoden sozialräumlich orientierter qualitativer Lebensweltanalysen und ihre Anwendungsmöglichkeiten in Unterrichtsprojekten. In: Deinet, Ulrich (Hg.): *Methodenbuch Sozialraum.* Wiesbaden: VS Verlag für Sozialwissenschaften, 129-153.

Gronemeyer, Reimer 1977. Neubauwohnungen – Bausteine der Versorgungskultur.

Über die Zentralisierung von Lebensstilen, über Fragmentierung im modernisierten Alltag und über „nachbarschaftliche" Alternativen. In: Gronemeyer, Reimer & Bahr, Hans-Eckehard (Hg.): *Nachbarschaft im Neubaublock. Empirische Untersuchungen zur Gemeinwesenarbeit, theoretische Studien zur Wohnsituation.* Weinheim, Basel: Beltz, 43-72.

Gronemeyer, Reimer & Bahr, Hans-Eckehard (Hg.) 1977. *Nachbarschaft im Neubaublock. Empirische Untersuchungen zur Gemeinwesenarbeit, theoretische Studien zur Wohnsituation.* Weinheim, Basel: Beltz.

GSW Immobilien AG 2014. *WohnmarktReport Berlin 2014.* Online im Internet: URL: http://www.gsw.ag/~/media/Files/G/GSW-IR-V2/HMR/HMR-2014-de.pdf [Stand: 07.11.2015].

Guerra, Jorge Castillo; Glashouwer, Marjolein & Kregting, Joris 2008. *Tel je zegeningen. Het maatschappelijk rendement van christelijke kerken in Rotterdam en hun bijdrage aan sociale cohesie.* Online im Internet: URL: http://www.skinrotterdam.nl/wp-content/uploads/2013/04/tel_je_zegeningen.pdf [Stand: 07.11.2015].

Güleş, Antje & Sturm, Gabriele 2014. Die kleinräumige Struktur sozialräumlicher Individualisierung in deutschen Großstädten. In: Berger, Peter A.; Keller, Carsten; Klärner, Andreas & Neef, Rainer (Hg.): *Urbane Ungleichheiten. Neue Entwicklungen zwischen Zentrum und Peripherie.* Wiesbaden: Springer VS. (Sozialstrukturanalyse), 65-87.

Gundelach, Birte & Freitag, Markus 2014. Neighbourhood Diversity and Social Trust. An Empirical Analysis of Interethnic Contact and Group-specific Effects. *Urban Studies* 51 (6), 1236-1256.

Gust, Birgit & Simon, Jana 2015. Eine Wohnung finden. *Zeit Magazin* 15.06. (22/2015). Online im Internet: URL: http://www.zeit.de/zeit-magazin/2015/22/alltag-fluechtlinge-wohnung-behoerden [Stand: 07.11.2015].

Haas, Jessica & Malang, Thomas 2010. Beziehungen und Kanten. In: Stegbauer, Christian & Häußling, Roger (Hg.): *Handbuch Netzwerkforschung.* Wiesbaden: VS Verlag für Sozialwissenschaften. (Netzwerkforschung Bd. 4), 89-98.

Haase, Andrea 2013. Gott liebt Gotha. Leben & Glauben in der Platte. In: Faix, Tobias & Reimer, Johannes (Hg.): *Tat. Ort. Glaube. 21 inspirierende Praxisbeispiele zwischen Gemeinde und Gesellschaft.* Marburg: Francke. (Transformationsstudien Bd. 6), 164-171.

Haese, Inga 2012. Von Therapeuten, Chirurgen und Wutsorgern der Stadt. Der Stoff, aus dem Charisma ist. In: Willisch, Andreas (Hg.): *Wittenberge ist überall. Überleben in schrumpfenden Regionen.* Berlin: Links, 61-93.

Hagen, Jens 2014. Wo die schlechten Schuldner wohnen. *Handelsblatt* 04.08. Online im Internet: URL: http://www.handelsblatt.com/finanzen/vorsorge/altersvorsorge-sparen/kredit-kompass-wo-die-schlechten-schuldner-wohnen/9818170.html [Stand: 07.11.2015].

Hall, Douglas & Hall, Judy 2012. Living System Ministries. Toward a Mature and Productive Twenty-First Century Christianity. *Africanus Journal* 4 (1), 4-20. Online im Internet: URL: http://de.scribd.com/doc/96705147/Africanus-Journal-Volume-4-No-1 [Stand: 12.11.2015].

Hall, Douglas; Hall, Judy & Daman, Steve 2010. *The Cat and the Toaster. Living System Ministry in a Technological Age.* Eugene: Wipf & Stock. (Urban Voice Series).

Hammer, Antje & Scheiner, Joachim 2006. Lebensstile, Wohnmilieus, Raum und Mobilität. Der Untersuchungsansatz von StadtLeben. In: Beckmann, Klaus J.; Hesse, Markus; Holz-Rau, Christian & Hunecke, Marcel (Hg.): *StadtLeben – Wohnen, Mobilität und Lebensstil. Neue Perspektiven für Raum- und Verkehrsentwicklung.* Wiesbaden: VS Verlag für Sozialwissenschaften, 15-30.

Hannemann, Christine 2004. *Marginalisierte Städte. Probleme, Differenzierungen und Chancen ostdeutscher Kleinstädte im Schrumpfungsprozess.* Berlin: Berliner Wissenschafts-Verlag.

Harnack, Adolf 1901. *Sokrates und die alte Kirche.* Gießen: Ricker.

Harnack, Adolf 1906. *Die Mission und Ausbreitung des Christentums in den ersten drei Jahrhunderten. II. Band. Die Verbreitung.* Leipzig: Hinrich.

Harrasser, Karin 2007. Herausforderungen an das Folterverbot im 21. Jahrhundert. Ein Interview mit Manfred Nowak, Sonderberichterstatter über Folter bei der UNO, Oktober 2006. In: Harrasser, Karin; Macho, Thomas & Wolf, Burkhardt (Hg.): *Folter. Politik und Technik des Schmerzes.* München: Fink, 27-40.

Harrasser, Karin; Macho, Thomas & Wolf, Burkhardt 2007. Schmerzgrenzen: Politik, Technik und mediale Dramaturgie der Folter. Zur Einführung. In: Harrasser, Karin; Macho, Thomas & Wolf, Burkhardt (Hg.): *Folter. Politik und Technik des Schmerzes.* München: Fink, 9-26.

Harris, J. Rendel 1906. The Cretans Always Liars. *The Expositor* (Series 7) 2 (4), 305-317.

Harth, Annette; Herlyn, Ulfert; Scheller, Gitta & Tessin, Wulf 2010. *Stadt als Erlebnis: Wolfsburg. Zur stadtkulturellen Bedeutung von Großprojekten.* Wiesbaden: VS Verlag für Sozialwissenschaften.

Haug, Sonja 2007. Soziales Kapital als Ressource im Kontext von Migration und Integration. In: Lüdicke, Jörg & Diewald, Martin (Hg.): *Soziale Netzwerke und soziale Ungleichheit. Zur Rolle von Sozialkapital in modernen Gesellschaften.* Wiesbaden: VS Verlag für Sozialwissenschaften, 85-111.

Haug, Sonja; Müssig, Stephanie & Stichs, Anja 2009. *Muslimisches Leben in Deutschland. Eine Studie im Auftrag der Deutschen Islam Konferenz.* Online im Internet: URL: https://www.bmi.bund.de/cae/servlet/contentblob/566008/publicationFile/31710/vollversion_studie_muslim_leben_deutschland_.pdf [Stand: 07.11.2015].

Hauschildt, Eberhard 2000. Seelsorge II. Praktisch-theologisch. *TRE.*

Häußermann, Hartmut 1996. Von der Stadt im Sozialismus zur Stadt im Kapitalismus. In: Häußermann, Hartmut & Neef, Rainer (Hg.): *Stadtentwicklung in Ostdeutschland. Soziale und räumliche Tendenzen.* Opladen: Westdeutscher Verlag, 5-47.

Häußermann, Hartmut 2006. Sozialräumliche Polarisierung und Exklusion in der „europäischen Stadt". Politische Chancen für eine „soziale Stadt"? In: Lenger, Friedrich & Tenfelde, Klaus (Hg.): *Die europäische Stadt im 20. Jahrhundert. Wahrnehmung – Entwicklung – Erosion.* Köln, Weimar, Wien: Böhlau. (Industrielle Welt. Schriftenreihe des Arbeitskreises ftir moderne Sozialgeschichte Bd. 67), 511-522.

Häußermann, Hartmut 2007a. Städte, Gemeinden und Urbanisierung. In: Joas, Hans (Hg.): *Lehrbuch der Soziologie.* Frankfurt, New York: Campus, 597-625.

Häußermann, Hartmut 2007b. Was bleibt von der europäischen Stadt? In: Baum, Detlef (Hg.): *Die Stadt in der Sozialen Arbeit. Ein Handbuch für soziale und planende Berufe.* Wiesbaden: VS Verlag für Sozialwissenschaften, 71-79.

Häußermann, Hartmut 2010. Armutsbekämpfung durch Stadtplanung? *Aus Politik und Zeitgeschichte* (51-52), 23-29. Online im Internet: URL: http://www.bpb.de/system/files/pdf/Z83OD8.pdf [Stand: 07.11.2015].

Häußermann, Hartmut & Siebel, Walter 2004. *Stadtsoziologie. Eine Einführung.* Frankfurt, New York: Campus.

Heier, Anne-Kathrin & Groß, Johannes 2015. Mehr als ein Haus. *Berliner Zeitung Magazin* 13.03. Online im Internet: URL: http://mehralseinhaus.de/ [Stand: 07.11.2015].

Heier, Erik 2007. Der Himmel über Berlin. *tip Berlin* 36 (25), 24-26.

Heine, Hannes 2013. Mehr Mediziner in arme Kieze. *Tagesspiegel* 09.10. Online im Internet: URL: http://www.tagesspiegel.de/berlin/aerzte-in-berlin-mehr-mediziner-in-arme-kieze/8911052.html [Stand: 07.11.2015].

Heineberg, Heinz 2014. *Stadtgeographie.* Paderborn: Schöningh. (Grundriss allgemeine Geographie).

Hempelmann, Heinzpeter 2012. *Gott im Milieu. Wie Sinusstudien der Kirche helfen können, Menschen zu erreichen.* Gießen: Brunnen.

Henckel, Dietrich 1998. Zeitstrukturen. In: Häußermann, Hartmut (Hg.): *Großstadt. Soziologische Stichworte.* Opladen: Leske + Budrich, 310-319.

Henckel, Dietrich 2007. Bedeutung der Zeitpolitik für die Zukunft der Ökonomie. In: Mückenberger, Ulrich & Timpf, Siegfried (Hg.): *Zukünfte der europäischen Stadt. Ergebnisse einer Enquete zur Entwicklung und Gestaltung urbaner Zeiten.* Wiesbaden: VS Verlag für Sozialwissenschaften, 119-157.

Henderson, Jim & Casper, Matt 2007. *Jim & Casper Go to Church. Frank Conversation about Faith, Churches, and Well-Meaning Christians.* Ventura: Barna.

Hengel, Martin 1975. Zwischen Jesus und Paulus. Die „Hellenisten", die „Sieben" und Stephanus (Apg 6, 1-15; 7, 54 - 8, 3). *Zeitschrift für Theologie und Kirche* 72 (2), 151-206.

Hengel, Martin 1984. *Zur urchristlichen Geschichtsschreibung.* Stuttgart: Calwer Verlag. (Calwer Paperback).

Hengel, Martin 1989. *The „Hellenization" of Judaea in the First Century after Christ.* London, Philadelphia: SCM; Trinity.

Herbst, Michael 2012. *beziehungsweise. Grundlagen und Praxisfelder evangelischer Seelsorge.* Neukirchen-Vluyn: Neukirchener. (Neukirchener Theologie).

Herlyn, Ulfert 1994a. Zum theoretischen Rahmen der Untersuchung. In: Herlyn, Ulfert & Bertels, Lothar (Hg.): *Stadt im Umbruch: Gotha. Wende und Wandel in Ostdeutschland.* Opladen: Leske + Budrich, 12-30.

Herlyn, Ulfert 1994b. Die methodische Anlage der Untersuchung. In: Herlyn, Ulfert & Bertels, Lothar (Hg.): *Stadt im Umbruch: Gotha. Wende und Wandel in Ostdeutschland.* Opladen: Leske + Budrich, 31-47.

Herlyn, Ulfert 2015. Erkenntnisinteresse der dritten gemeindesoziologischen Untersuchung von Gotha. In: Bertels, Lothar (Hg.): *Gotha im Wandel 1990-2012. Transformation einer ostdeutschen Mittelstadt.* Wiesbaden: Springer VS, 17-32.

Herlyn, Ulfert & Bertels, Lothar (Hg.) 1994. *Stadt im Umbruch: Gotha. Wende und Wandel in Ostdeutschland.* Opladen: Leske + Budrich.

Herlyn, Ulfert; Tessin, Wulf; Harth, Annette & Scheller, Gitta 2012. *Faszination Wolfsburg 1938 - 2012.* Wiesbaden: Springer VS.

Herman, Nicolas o. J. *The Practice of the Presence of God. The Best Rule of Holy Life.* Grand Rapids: Christian Classics Ethereal Library. Online im Internet: URL: http://www.ccel.org/ccel/lawrence/practice.pdf [Stand: 08.11.2015].

Herman, Nicolas 2014. *All meine Gedanken sind bei dir. In Gottes Gegenwart leben.* Schwarzenfeld: Neufeld. (Klassiker der christlichen Spiritualität Bd. 1).

Herrschel, Tassilo 1997. Economic Transformation, Locality and Policy in Eastern Germany. A Comparison of Two Länder. *Applied Geography* 17 (4), 267-281.

Herwartz, Christian 2012. *Brennende Gegenwart. Exerzitien auf der Straße.* Würzburg: Echter. (Ignatianische Impulse Bd. 51).

Hessisches Ministerium der Justiz, für Integration und Europa 2010. *Integration nach Maß. Der Hessische Integrationsmonitor 2010.* Online im Internet: URL: http://www.integrationskompass.de/global/show_document.asp?id=aaaaaaaaaaabuie [Stand: 08.11.2015].

Hiebsch, Maria Elisabeth; Schlüter, Fritz & Willkomm, Judith 2009. Sensing the Street. Eine sinnliche Ethnographie der Großstadt. In: Geschke, Sandra Maria (Hg.): *Straße als kultureller Aktionsraum. Interdisziplinäre Betrachtungen des Straßenraumes an der Schnittstelle zwischen Theorie und Praxis.* Wiesbaden: VS Verlag für Sozialwissenschaften, 31-57.

Hildebrandt, Martin 2012. Endstation: Spandau. *Zitty* 06.03. Online im Internet: URL: http://www.zitty.de/spandau/ [Stand: 08.11.2015].

Hill, Erin M.; Shepherd, Daniel; Welch, David; Dirks, Kim N. & McBride, David 2012. Perceptions of Neighborhood Problems and Health-related Quality of Life. *Journal of Community Psychology* 40 (7), 814-827.

Hillmann, Karl-Heinz 2007. *Wörterbuch der Soziologie.* Stuttgart: Kröner.

Hirsch, Alan 2011. *Vergessene Wege. Die Wiederentdeckung der missionalen Kraft der Kirche.* Schwarzenfeld: Neufeld. (Edition Novavox).

Hitzler, Ronald 2013. *Forschungsfeld „Szene“. Konzept einer explorativ-interpretativen (Ju-*

gend-)Kultur-Forschung. Online im Internet: URL: http://www.hitzler-soziologie.de/szeneforschung.htm [Stand: 08.11.2015].

Hitzler, Ronald & Niederbacher, Arne 2010. *Leben in Szenen. Formen Juveniler Vergemeinschaftung Heute.* Wiesbaden: VS Verlag für Sozialwissenschaften.

Hochschild, Adam 2007. *Sprengt die Ketten. Der entscheidende Kampf um die Abschaffung der Sklaverei.* Stuttgart: Klett-Cotta.

Hofmann, Martin 2012. Sehhilfe 2: Den Ort entdecken. In: Faix, Tobias & Reimer, Johannes (Hg.): *Die Welt verstehen. Kontextanalyse als Sehhilfe für die Gemeinde.* Marburg: Francke. (Transformationsstudien Bd. 3), 85-115.

Holm, Andrej 2010. *Wir bleiben alle! Gentrifizierung – Städtische Konflikte um Aufwertung und Verdrängung.* Münster: UNRAST-Verlag. (unrast transparent. soziale krise Bd. 2).

Holm, Andrej 2012. Gentrification. In: Eckardt, Frank (Hg.): *Handbuch Stadtsoziologie.* Wiesbaden: Springer VS, 661-687.

Holtkamp, Lars 2011. Der lokale Sozialstaat im Lichte kommunaler Governance-Trends. Partizipative Wende oder das Ende der kommunalen Selbstverwaltung? In: Hanesch, Walter (Hg.): *Die Zukunft der „Sozialen Stadt". Strategien gegen soziale Spaltung und Armut in den Kommunen.* Wiesbaden: VS Verlag für Sozialwissenschaften, 157-180.

Holtkamp, Lars 2012. *Verwaltungsreformen. Problemorientierte Einführung in die Verwaltungswissenschaft.* Wiesbaden: Springer VS. (Grundwissen Politik Bd. 53).

Hoppe, Timon 2011. *Der ländliche Raum im 21. Jahrhundert – Neubewertung einer unterschätzten Raumkategorie. Ein methodischer und regionaler Beitrag zur Kulturlandschaftsforschung und Raumplanung am Beispiel Schleswig-Holstein.* Norderstedt: Books on Demand.

Hucklenbroich, Christina 2014. Dicke Kinder: Wohnviertel beeinflusst das Gewicht. *FAZ* 28.03. Online im Internet: URL: http://www.faz.net/aktuell/wissen/mensch-gene/dicke-kinder-wohnviertel-beeinflusst-das-gewicht-12868376.html [Stand: 08.11.2015].

Hufeisen, Daniel 2012. *Offen aus Tradition oder Sheriff Gnadenlos?* Online im Internet: URL: http://einaugenblick.de/2012/02/17/offen-aus-tradition-oder-sheriff-gnadenlos/[Stand: 08.11.2015].

Hunter, Albert 1979. The Urban Neighborhood. Its Analytical and Social Contexts. *Urban Affairs Quarterly* 14 (3), 267-288.

Ilg, Peter 2010. Beruf: Technology-Evangelist. *Computerwoche* 04.03. Online im Internet: URL: http://www.computerwoche.de/a/beruf-technology-evangelist,1929720.

Information und Technik Nordrhein-Westfalen 2014. *Einkommen der Lohn- und Einkommensteuerpflichtigen in NRW 2010.* Online im Internet: URL: https://www.it.nrw.de/presse/pressemitteilungen/2014/pdf/172_14.pdf [Stand: 08.11.2015].

Inge, John 2003. *A Christian Theology of Place.* Aldershot: Ashgate. (Explorations in Practical, Pastoral, and Empirical Theology). Inges Dissertation, die diesem Buch zugrunde liegt, findet man online im Internet: URL: http://etheses.dur.ac.uk/1235/ [Stand: 10.11.2015].

Internationale Arbeitsgemeinschaft der Liturgischen Kommissionen im Deutschen Sprachgebiet, Institutum Liturgicum, Salzburg 1978. *Benediktionale. Studienausgabe für die katholischen Bistümer des deutschen Sprachgebietes.* Einsiedeln, Zürich, Freiburg im Breisgau, Wien: Benziger; Herder. (Pastoralliturgische Reihe in Verbindung mit der Zeitschrift Gottesdienst).

Ipsen, Detlev 2006. *Ort und Landschaft.* Wiesbaden: VS Verlag für Sozialwissenschaften.

Isaac, Les & Davies, Rosalind 2014. *Faith on the Streets. Christians in Action through the Street Pastors Movement.* London: Hodder & Stoughton.

Jacobs, Jane 1992. *The Death and Life of Great American Cities.* New York: Vintage Books.

Jahoda, Marie; Lazarsfeld, Paul F. & Zeisel, Hans 1975. *Die Arbeitslosen von Marienthal. Ein soziographischer Versuch über die Wirkungen langandauernder Arbeitslosigkeit. Mit einem Anhang zur Geschichte der Soziographie.* Frankfurt: Suhrkamp. (edition suhrkamp Bd. 769).

Jencks, Charles 1993. *Heteropolis. Los Angeles, the Riots and the Strange Beauty of Hetero-Architecture.* London: Academy Editions.

Jeremias, Joachim 1962. *Jerusalem zur Zeit Jesu. Eine kulturgeschichtliche Untersuchung zur neutestamentlichen Zeitgeschichte.* Göttingen: Vandenhoeck & Ruprecht.

Jervell, Jacob 1998. *Die Apostelgeschichte.* Göttingen: Vandenhoeck & Ruprecht. (Kritisch-exegetischer Kommentar über das Neue Testament Bd. 3).

Jessen, Johann 1998. Großsiedlungen – West. In: Häußermann, Hartmut (Hg.): *Großstadt. Soziologische Stichworte.* Opladen: Leske + Budrich, 104-114.

Jipp, Joshua W. 2012. Paul's Areopagus Speech of Acts 17:16-34 as Both Critique and Propaganda. *Journal of Biblical Literature* 131 (3), 567-588.

Jürß, Fritz: s. Diogenes Laertios 1998.

Kahl, Werner 2011. Interkulturelle Bibelarbeiten. In: Evangelisches Missionswerk in Deutschland (Hg.): *Zusammen wachsen. Weltweite Ökumene in Deutschland gestalten.* Hamburg. (Weltmission Heute Bd. 73), 210-217.

Kahl, Werner 2015. Die Gestaltung transkultureller Gemeinden als soziologische Realisierung von Evangelium. *Theologische Impulse der Missionsakademie* (9), 7-12.

Kalwa, Eva 2011. Sozial Benachteiligte werden an den Stadtrand gedrängt. *Tagesspiegel* 01.12. Online im Internet: URL: http://www.tagesspiegel.de/berlin/wohnen-in-berlin-sozial-benachteiligte-werden-an-den-stadtrand-gedraengt/5910702.html [Stand: 08.11.2015].

Karangwa, Sandra 2015. Schwarze zu dunkel für biometrische Passfotos. *Migazin* 13.07. Online im Internet: URL: http://www.migazin.de/2015/07/13/schwarze-sind-zu-dunkel-fuer-das-biometrische-passfoto/ [Stand: 08.11.2015].

Karsten, Lia 2003. Family Gentrifiers. Challenging the City as a Place Simultaneously to Build a Career and to Raise Children. *Urban Studies* 40 (12), 2573-2584.

Kawasaki, Guy 1992. *Selling the Dream. How to Promote Your Product, Company, or Ideas – and Make a Difference – Using Everyday Evangelism.* New York: HarperCollins.

Keeble, Paul Brian 2013. *Mission-With in Inner-South Manchester. An Auto-Ethnographic Exploration of Presence-Among and Project-Praxis with Local Community as a Model of Urban Mission, with Particular Reference to the Community Group* Carisma. Master Thesis. Birmingham: The University of Birmingham. Online im Internet: URL: http://etheses.bham.ac.uk/4544/1/Keeble13MPhil1.pdf [Stand: 08.11.2015].

Keller, Timothy J. & Thompson, J. Allen 2012. *Handbuch zur urbanen Gemeindegründung.* Worms: Pulsmedien.

Kern, Thomas 2001. Das „andere" Wachstumswunder. Protestantische Kirchen in Südkorea. *Zeitschrift für Soziologie* 30 (5), 341-361.

Kern, Thomas 2008. *Soziale Bewegungen. Ursachen, Wirkungen, Mechanismen.* Wiesbaden: VS Verlag für Sozialwissenschaften. (Hagener Studientexte zur Soziologie).

Kiese, Matthias & Hundt, Christian 2014. Cluster Policies, Organising Capacity and Regional Resilience. Evidence from German Case Studies. *Raumforschung und Raumordnung* 72 (2), 117-131.

Kim, Joongbaeck & Ross, Catherine E. 2009. Neighborhood-Specific and General Social Support. Which Buffers the Effect of Neighborhood Disorder on Depression? *Journal of Community Psychology* 37 (6), 725-736.

Klamt, Martin 2007. *Verortete Normen. Öffentlichen Räume, Normen, Kontrolle und Verhalten.* Wiesbaden: VS Verlag für Sozialwissenschaften. (Stadtforschung aktuell Bd. 109).

Klein, Matthias 2015. Migrantenunternehmer haben es besonders schwer. *Migazin* 01.07. Online im Internet: URL: http://www.migazin.de/2015/07/01/mittelstandsforscher-migrantenunternehmer-haben-es-besonders-schwer/ [Stand: 08.11.2015].

Knierbein, Sabine 2010. *Die Produktion zentraler öffentlicher Räume in der Aufmerksamkeitsökonomie. Ästhetische, ökonomische und mediale Restrukturierungen durch gestaltwirksame Koalitionen in Berlin seit 1980.* Wiesbaden: VS Verlag für Sozialwissenschaften.

Knop, Christine o. J. *Das Engagement des Johannes-Hospiz e. V. Unveröffentlichtes Handout.*

Koch, Dietrich-Alex 2013. *Geschichte des Urchristentums. Ein Lehrbuch.* Göttingen: Vandenhoeck & Ruprecht.

Kohl, Helmut 1990. *Fernsehansprache von Bundeskanzler Kohl anlässlich des Inkrafttretens der Währungs-, Wirtschafts- und Sozialunion.* Online im Internet: URL: http://www.helmut-kohl.de/index.php?msg=555 [Stand: 08.11.2010].

Königsdorf, Helga 1990. *Adieu DDR. Protokolle eines Abschieds.* Reinbek: Rowohlt. (rororo aktuell).

Krause, Gerlinde; Krause, Hans-Joachim & Dawin, Wolfram 2015. Internationaler Gottesdienst Kassel. *Theologische Impulse der Missionsakademie* (9), 59-64.

Krehl, Reinhard; Steets, Silke & Wenzel, Jan (Hg.) 2005. *Leipzig-Protestatlas. Text, Bild, Karte.* Leipzig: General Panel für Experimentale.

Kreichauf, René 2012. *Kleinstadt und Zuwanderung. Zur Theorie und Empirie ethnischer Segregation in kleinen Städten.* Berlin: Universitäts-Verlag der Technischen Universität Berlin. (Graue Reihe des Instituts für Stadt- und Regionalplanung Heft 41). Online im Internet: URL: https://depositonce.tu-berlin.de/handle/11303/3593 [Stand: 08.11.2015].

Kreisfreie Stadt Pirmasens 2015. *Gemeindestatistik. Stichtag: 31.01.2014.* Online im Internet: URL: http://www.ewois.de/Statistik/user/pdfgen.php?stichtag=31.01.2014&ags=31700000&type=Kfr [Stand: 08.11.2015].

Kuder, Thomas 2001. *Städtebauliche Leitbilder. Begriff, Inhalt, Funktion und Entwicklung, gezeigt am Beispiel der Funktionstrennung und -mischung.* Dissertation. Berlin: Technische Universität. Online im Internet: URL: http://webdoc.sub.gwdg.de/ebook/y/2003/tu-berlin/kuder_thomas.pdf [Stand: 10.11.2015].

Kühn, Manfred & Weck, Sabine 2013a. Peripherisierung. Ein Erklärungsansatz zur Entstehung von Peripherien. In: Bernt, Matthias & Liebmann, Heike (Hg.): *Peripherisierung, Stigmatisierung, Abhängigkeit? Deutsche Mittelstädte und ihr Umgang mit Peripherisierungsprozessen.* Wiesbaden: Springer VS, 24-46.

Kühn, Manfred & Weck, Sabine 2013b. Interkommunale Kooperation, Konkurrenz und Hierarchie. In: Bernt, Matthias & Liebmann, Heike (Hg.): *Peripherisierung, Stigmatisierung, Abhängigkeit? Deutsche Mittelstädte und ihr Umgang mit Peripherisierungsprozessen.* Wiesbaden: Springer VS, 83-106.

Külling, Heinz 1993. *Geoffenbartes Geheimnis. Eine Auslegung von Apostelgeschichte 17, 16-34.* Zürich: Theologischer Verlag. (Abhandlungen zur Theologie des Alten und Neuen Testaments Bd. 79).

Kurrat, Christian 2015. Wohnen und Nachbarschaften im Wandel. In: Bertels, Lothar (Hg.): *Gotha im Wandel 1990-2012. Transformation einer ostdeutschen Mittelstadt.* Wiesbaden: Springer VS, 105-123.

Lamm, Nickolay 2013. *What Do Cats See?* Online im Internet: URL: http://nickolaylamm.com/art-for-clients/what-do-cats-see/ [Stand: 10.11.2015].

Landeskirchenamt der Evangelischen Kirche von Westfalen 2008. *Christen und Muslime. Eine Orientierungshilfe für die evangelischen Gemeinden in Westfalen.* Online im Internet: URL: https://www.ekd.de/download/Christen_und_Muslime_Nachruck_4-2008_Screen.pdf [Stand: 02.11.2015].

Lange, Antonia 2015. Weg aus Berlin – Wohin ziehen die Hipster nun? *Welt* 12.06. Online im Internet: URL: http://www.welt.de/vermischtes/weltgeschehen/article142381255/Weg-aus-Berlin-Wohin-ziehen-die-Hipster-nun.html [Stand: 15.06.15].

Lanier, Sarah 2006. *Überall zu Hause?! Menschen aus fremden Kulturen verstehen.* Marburg: Francke.

Läpple, Dieter 2005. Phönix aus der Asche. Die Neuerfindung der Stadt. In: Berking, Helmuth & Löw, Martina (Hg.): *Die Wirklichkeit der Städte.* Baden-Baden: Nomos. (Soziale Welt. Sonderbände Bd. 16), 397-413.

Leber, Sebastian 2010. Townhouses: Mittendrin und ausgegrenzt. *Tagesspiegel* 17.10. Online im Internet: URL: http://www.tagesspiegel.de/berlin/zum-einzug-fliegen-farbbeutel-townhouses-mittendrin-und-ausgegrenzt/1959416.html [Stand: 03.03.2015].

Lechner, Clemens M. & Leopold, Thomas 2015. Religious Attendance Buffers the Impact of Unemployment on Life Satisfaction. Longitudinal Evidence from Germany. *Journal for the Scientific Study of Religion* 54 (1), 166-174.

Legnaro, Aldo & Birenheide, Almut 2005. *Stätten der späten Moderne. Reiseführer durch Bahnhöfe, shopping malls, Disneyland Paris.* Wiesbaden: VS Verlag für Sozialwissenschaften. (Erlebniswelten Bd. 6).

Lehmann, Karsten 2001. *Vereine als Medium der Integration. Zu Entwicklung und Strukturwandel von Migrantenvereinen.* Berlin: Hitit.

Lewis, Michael 2014. Extreme Wealth Is Bad for Everyone – Especially the Wealthy. *New Republic* 12.11. Online im Internet: URL: http://www.newrepublic.com/article/120092/billionaires-book-review-money-cant-buy-happiness [Stand: 21.02.2015].

Lieberei, Barbara 2008. *Diagnostische Kriterien und Entwicklung eines diagnostischen Interviews für die Posttraumatische Verbitterungsstörung.* Dissertation. Berlin: Charité – Universitätsmedizin Berlin. Online im Internet: URL: http://www.diss.fu-berlin.de/diss/servlets/MCRFileNodeServlet/FUDISS_derivate_000000004273/Diss_Lieberei_E-Version.pdf [Stand: 10.11.2015].

Linden, Michael 2003. Posttraumatic Embitterment Disorder. *Psychotherapy and Psychosomatics* 72 (4), 195-202.

Linden, Michael; Baumann, Kai; Rotter, Max & Schippan, Barbara 2008. Diagnostic Criteria and the Standardized Diagnostic Interview for Posttraumatic Embitterment Disorder (PTED). *International Journal of Psychiatry in Clinical Practice* 12 (2), 93-96.

Linden, Michael; Schippan, Barbara; Baumann, Kai & Spielberg, Rüdiger 2004. Die posttraumatische Verbitterungsstörung (PTED). Abgrenzung einer spezifischen Form der Anpassungsstörungen. *Der Nervenarzt* 75 (1), 51-57.

Lindenberger, Thomas 2003. In den Grenzen der Diktatur. Die DDR als Gegenstand von „Gesellschaftsgeschichte". In: Eppelmann, Rainer; Faulenbach, Bernd & Mählert, Ulrich (Hg.): *Bilanz und Perspektiven der DDR-Forschung.* Paderborn: Schöningh, 239-245.

Lindner, Eva & Anker, Jens 2011. Demo gegen Mieterhöhung – Politiker unerwünscht. *Berliner Morgenpost* 03.09. Online im Internet: URL: http://www.morgenpost.de/berlin-aktuell/article105091133/Demo-gegen-Mieterhoehung-Politiker-unerwuenscht.html [Stadt: 12.11.2015].

Lindner, Rolf 1990. *Die Entdeckung der Stadtkultur. Soziologie aus der Erfahrung der Reportage.* Frankfurt: Suhrkamp.

Lindner, Rolf 2004. *Walks on the Wild Side. Eine Geschichte der Stadtforschung.* Frankfurt, New York: Campus.

Lomax, Tim 2015. *Creating Missional Worship. Fusing Context and Tradition.* London: Church House.

Lütkenhöner, Laura 2011. *Hat Julia aufgrund ihres Vornamens Wettbewerbsvorteile gegenüber Ayse und Chantal? Ein Experiment für den Beziehungs-, Nachhilfe- und Wohnungs-*

markt. (Diskussionspapier des Instituts für Organisationsökonomik 2/2011). Online im Internet: URL: https://www.wiwi.uni-muenster.de/io/forschen/downloads/DP-IO_02_2011.pdf [Stand: 10.11.2015].

Luy, Marc 2014. *Lebenserwartung in Deutschland. Aktuelle Daten zu Trends und Unterschieden.* Online im Internet: URL: http://www.lebenserwartung.info/index-Dateien/regdiff.htm [Stand: 14.04.15].

Maaz, Hans-Joachim 1991. *Das gestürzte Volk oder die unglückliche Einheit.* Berlin: Argon.

Maaz, Hans-Joachim 2014. *Der Gefühlsstau. Psychogramm einer Gesellschaft.* München: Beck. (Beck'sche Reihe Bd. 1821).

Manderscheid, Katharina 2007. Urbanität im 21. Jahrhundert – Verfall oder Chance einer Lebensform? Eine soziologische Kontextualisierung. In: Baum, Detlef (Hg.): *Die Stadt in der Sozialen Arbeit. Ein Handbuch für soziale und planende Berufe.* Wiesbaden: VS Verlag für Sozialwissenschaften, 52-70.

Marcus, Jan & Siedler, Thomas 2015. Reducing Binge Drinking? The Effect of a Ban on Late-Night Off-Premise Alcohol Sales on Alcohol-Related Hospital Stays in Germany. *Journal of Public Economics* 123, 55-77.

Martin, George H. 2004. The God Who Reveals Mysteries. Dreams and World Evangelization. *Southern Baptist Journal of Theology* 8 (1), 60-72. Online im Internet: URL: http://www.sbts.edu/wp-content/uploads/sites/5/2010/02/sbjt_081_martin.pdf [Stand: 10.11.2015].

Marwell, Gerald; Oliver, Pamela E. & Prahl, Ralph 1988. Social Networks and Collective Action. A Theory of the Critical Mass. III. *American Journal of Sociology* 94 (3), 502.534.

Mastekaasa, Arne 1996. Unemployment and Health. Selection Effects. *Journal of Community & Applied Social Psychology* 6, 189-205.

Matheis, Bernhard o. J. *Stadt Pirmasens: Pakt für Pirmasens.* Online im Internet: URL: www.pirmasens.de/19569/Pakt_fur_Pirmasens.html [Stand: 10.11.2015].

Mausfeld, Rainer 2009. Psychologie, „weiße Folter" und die Verantwortlichkeit von Wissenschaftlern. *Psychologische Rundschau* 60 (4), 229-240.

McCoy, Alfred W. 2007. Eine kurze Geschichte der Psychofolter durch die CIA. In: Harrasser, Karin; Macho, Thomas & Wolf, Burkhardt (Hg.): *Folter. Politik und Technik des Schmerzes.* München: Fink, 323-351.

McCullough, Michael E.; Root, Lindsey M.; Tabak, Benjamin A. & Van Oyen Witvliet, Charlotte 2012. Forgiveness. In: Lopez, Shane J. & Snyder, C. R. (eds): *The Oxford Handbook of Positive Psychology. Online Edition.* Online im Internet: URL: http://www.oxfordhandbooks.com/view/10.1093/oxfordhb/9780195187243.001.0001/oxfordhb-9780195187243-e-040 [Stand: 10.11.2015].

Meadows, Donella H. 2010. *Die Grenzen des Denkens. Wie wir sie mit System erkennen und überwinden können.* München: oekom.

Medoff, Peter & Sklar, Holly 1994. *Streets of Hope. The Fall and Rise of an Urban Neighborhood.* Boston: South End.

Menzel, Björn 2014. Gentrifizierung in Leipzig: Lofts aus Liebe. *Spiegel Online* 07.06. Online im Internet: URL: http://www.spiegel.de/panorama/gentrifizierung-in-leipzig-investoren-vertreiben-bewohner-a-973423.html [Stand: 15.06.15].

Merton, Robert K. 1995. *Soziologische Theorie und soziale Struktur.* Berlin, New York: De Gruyter.

Middleton, Jennie & Yarwood, Richard 2015. „Christians, out here?". Encountering Street-Pastors in the Post-Secular Spaces of the UK's Night-Time Economy. *Urban Studies* 52 (3), 501-516.

Mitscherlich, Alexander 1965. *Die Unwirtlichkeit unserer Städte. Anstiftung zum Unfrieden.* Frankfurt: Suhrkamp.

Moeller, Michael Lukas & Maaz, Hans-Joachim 1991. *Die Einheit beginnt zu zweit. Ein deutsch-deutsches Zwiegespräch.* Berlin: Rowohlt.

Mohr, Gisela & Richter, Peter 2008. Psychosoziale Folgen von Erwerbslosigkeit. Interventionsmöglichkeiten. *Aus Politik und Zeitgeschichte* (40-41), 25-32. Online im Internet: URL: https://www.bpb.de/system/files/pdf/RXGKKH.pdf [Stand: 07.11.2015].

Montalta, Jürg 2005. *Alles verloren – alles gewonnen? Äußere und innere Landschaften. Eine Spurensuche.* Großräschen: Stadt Großräschen. Online im Internet: URL: http://www.montalta.de/pdf/allesgewonnen.pdf [Stand: 10.11.2015].

Montgomery, Charles 2013. *Happy City. Transforming Our Lives through Urban Design.* New York: Farrar, Straus & Giroux.

Mori, Ryoko 2004. *Begeisterung und Ernüchterung in christlicher Vollkommenheit. Pietistische Selbst- und Weltwahrnehmungen im ausgehenden 17. Jahrhundert.* Tübingen: Niemeyer. (Hallesche Forschungen Bd. 14).

Muchow, Martha & Muchow, Hans Heinrich 2012. *Der Lebensraum des Großstadtkindes.* Weinheim, Basel: Beltz Juventa. (Kindheiten – Neue Folge).

Müller, Josef 1993. *Pastoral-Theologie. Ein Handbuch für Studium und Seelsorge.* Graz, Wien, Köln: Styria.

Müller, Philipp 2000. Seelsorge. *LThK.*

Müller, Tobias 2013. Eine missionale Wohngemeinschaft im sozialen Brennpunkt. In: Faix, Tobias & Reimer, Johannes (Hg.): *Tat. Ort. Glaube. 21 inspirierende Praxisbeispiele zwischen Gemeinde und Gesellschaft.* Marburg: Francke. (Transformationsstudien Bd. 6), 156-163.

Mumford, Lewis 1979. *Die Stadt. Geschichte und Ausblick.* München: dtv. (dtv Bd. 4326. dtv Wissenschaft).

Musk, Bill 1988. Dreams and the Ordinary Muslim. *Missiology: An International Review* 16 (2), 163-172.

Neckel, Sighard 1991. *Status und Scham. Zur symbolischen Reproduktion sozialer Ungleichheit.* Frankfurt, New York: Campus. (Theorie und Gesellschaft Bd. 21).

Neef, Rainer 2011. Quartiersleben und soziale Klassen. In: Herrmann, Heike; Keller, Carsten; Neef, Rainer & Ruhne, Renate (Hg.): *Die Besonderheit des Städtischen. Ent-*

wicklungslinien der Stadt(soziologie). Wiesbaden: VS Verlag für Sozialwissenschaften. (Stadt, Raum und Gesellschaft), 235-264.

Neef, Rainer & Schäfer, Uta 1996. Zusammenleben und Auseinanderleben. Veränderungen sozialer Lagen und Beziehungen in Ostdeutschland. In: Häußermann, Hartmut & Neef, Rainer (Hg.): *Stadtentwicklung in Ostdeutschland. Soziale und räumliche Tendenzen*. Opladen: Westdeutscher Verlag, 49-86.

Nehls, Ingmar 2013. Datzeberg eilt mit großen Schritten auf Geburtstag zu. *Nordkurier* 10.05. Online im Internet: URL: http://www.nordkurier.de/cmlink/nordkurier/lokales/neubrandenburg/datzeberg-eilt-mit-grossen-schritten-auf-geburtstag-zu-1.569866 [Stand: 09.11.2015].

Nehls, Ingmar 2015. Wenn aus Nachbarn Chorfreunde werden. *Neubrandenburger Zeitung* 07.03. Online im Internet: URL: http://beta.polyluxev.de/wp-content/uploads/2015/05/2015-Artikel-schallplatte.jpg [Stand: 09.11.2015].

Neu, Claudia 2006. Territoriale Ungleichheit – eine Erkundung. *Aus Politik und Zeitgeschichte* (37), 8-15. Online im Internet: URL: https://www.bpb.de/system/files/pdf/7LIGDM.pdf [Stand: 07.11.2015].

Neudorfer, Heinz-Werner 1983. *Der Stephanuskreis in der Forschungsgeschichte seit F. C. Baur*. Gießen: Brunnen. (Monographien und Studienbücher Bd. 309).

Niedermüller, Peter (Hg.) 2004. *Soziale Brennpunkte sehen? Möglichkeiten und Grenzen des „ethnologischen Auges“*. Münster: LIT. (Berliner Blätter. Ethnographische und ethnologische Beiträge Sonderheft 32/2004).

Nippe, Christine 2005. Auf dem Sprung. Transnationale Perspektiven Kunst- und Kulturschaffender auf Berlin. In: Färber, Alexa (Hg.): *Hotel Berlin. Formen urbaner Mobilität und Verortung*. Münster: LIT. (Berliner Blätter. Ethnographische und ethnologische Beiträge Heft 37), 132-141.

Nippe, Christine 2006. *Kunst der Verbindung. Transnationale Netzwerke, Kunst und Globalisierung*. Berlin: LIT. (Berliner ethnographische Studien Bd. 9).

O'Campo, Patricia; Wheaton, Blair; Nisenbaum, Rosane; Glazier, Richard H.; Dunn, James R. & Chambers, Catharine 2015. The Neighbourhood Effects on Health and Well-being (NEHW) Study. *Health & Place* 31, 65-74.

ÖRK; PCID & WEA 2011. *Das christliche Zeugnis in einer multireligiösen Welt*. Online im Internet: URL: http://www.missionrespekt.de/fix/files/original-ohne_das.de.pdf [Stand: 09.11.2015].

Orth, Boris & Töppich, Jürgen 2015. *Der Alkoholkonsum Jugendlicher und junger Erwachsener in Deutschland 2014. Ergebnisse einer aktuellen Repräsentativbefragung und Trends*. Köln: Bundeszentrale für gesundheitliche Aufklärung. Online im Internet: URL: http://www.slsev.de/fileadmin/user/Dokumente/Fachinformationen/Alkoholsurvey_2014_Bericht_Alkohol_Ergebnisse.pdf [Stand: 09.11.2015].

Otgaar, Alexander H. J.; Van den Berg, Leo; Berger, Christian & Feng, Rachel Xiang 2010. *Industrial Tourism. Opportunities for City and Enterprise.* Farnham: Ashgate. (Euricur Series).

Park, Robert E. 1928. Human Migration and the Marginal Man. *American Journal of Sociology* 33 (6), 881-893.

Pegels, Juliane 2013. Jenseits von Gemüse. Urbane Gärten als neue Gemeinschaftsorte. *vhw FWS* (5), 251-253. Online im Internet: URL: http://www.vhw.de/fileadmin/user_upload/08_publikationen/verbandszeitschrift/2000_2014/PDF_Dokumente/2013/5_2013/FWS_5_2013_Pegels.pdf [Stand: 09.11.2015].

Pervo, Richard I. 2009. *Acts. A Commentary.* Minneapolis: Fortress Press. (Hermeneia: A Critical and Historical Commentary on the Bible).

Peters, Barry 2006. The Role of Dreams and Visions in the Apostolate to Muslims and Its Application in Cross-Cultural Ministry. *St Francis Magazine* 2 (1), 1-14. Online im Internet: URL: https://www.yumpu.com/en/document/view/45711582/the-role-of-dreams-and-visions-in-the-apostolate-to-muslims-and-its- [Stand: 09.11.2015].

Petersen, Dorothea 2012. *Nachhaltige Wirkung auf soziale Netzwerke von Familien durch FuN unter besonderer Berücksichtigung des Empowermentansatzes.* Diplomarbeit. Berlin: Evangelische Hochschule.

Phillips, Tom 2014. China on Course to Become „World's Most Christian Nation" within 15 Years. *The Telegraph* 19.04. Online im Internet: URL: http://www.telegraph.co.uk/news/worldnews/asia/china/10776023/China-on-course-to-become-worlds-most-Christian-nation-within-15-years.html [Stand: 09.11.2015].

Pickett, Kate E. & Wilkinson, Richard G. 2015. Income Inequality and Health. A Causal Review. *Social Science & Medicine* 128, 316-326.

Pletter, Roman 2007. Systemwechsel. *brand eins* 9 (4), 74-89. Online im Internet: URL: http://www.brandeins.de/archiv/2007/entfremdung/systemwechsel/ [Stand: 09.11.2015].

Pohlenz, Max 1949. Paulus und die Stoa. *Zeitschrift für die Neutestamentliche Wissenschaft und die Kunde der Älteren Kirche* 42 (1), 69-104.

Pollack, Detlef & Müller, Olaf 2013. *Religionsmonitor. verstehen was verbindet. Religiosität und Zusammenhalt in Deutschland.* Gütersloh: Bertelsmann Stiftung. Online im Internet: URL: http://www.bertelsmann-stiftung.de/fileadmin/files/BSt/Publikationen/GrauePublikationen/GP_Religionsmonitor_verstehen_was_verbindet_Religioesitaet_und_Zusammenhalt_in_Deutschland.pdf [Stand: 09.11.2015].

Popp, Maximilian 2012a. Hauptstadt der Träumer. *Spiegel Online* 22.10. Online im Internet: URL: http://www.spiegel.de/spiegel/print/d-89234384.html [Stand: 09.11.2015].

Popp, Maximilian 2012b. Calling All Hipsters: Leipzig Is the New Berlin. *Spiegel Online International* 24.10. Online im Internet: URL: http://www.spiegel.de/international/zeitgeist/leipzig-is-the-new-berlin-a-863088.html [Stand: 09.11.2015].

Postgate, J. Nicholas 1992. *Early Mesopotamia. Society and Economy at the Dawn of History.* London, New York: Routledge.

Pressman, Jeffrey L. & Wildavsky, Aaron 1984. *Implementation. How Great Expectations in Washington are Dashed in Oakland; Or, Why it's Amazing that Federal Programs Work at All, This Being a Saga of the Economic Development Administrations Told by Two Sympathetic Observers Who Seek to Build Morals on a Foundation of Ruined Hopes.* Berkeley, Los Angeles, London: University of California Press. (The Oakland Project Series).

Przybilla, Olaf 2014. Ende der Erlanger Siemensfamilie. *Süddeutsche* 30.05. Online im Internet: URL: http://www.sueddeutsche.de/bayern/standort-in-franken-ende-der-erlanger-siemensfamilie-1.1979308 [Stand: 09.11.2015].

Purdue, Derrick; Diani, Mario & Lindsay, Isobel 2004. Civic Networks in Bristol and Glasgow. *Community Development Journal* 39 (3), 277-288.

Quilling, Eike; Nicolini, Hans J.; Graf, Christine & Starke, Dagmar 2013. *Praxiswissen Netzwerkarbeit. Gemeinnützige Netzwerke erfolgreich gestalten.* Wiesbaden: Springer VS.

Rambo, Lewis R. 1993. *Understanding Religious Conversion.* New Haven, London: Yale University Press.

Rauhut, Anne 2009. Wenn „die Anderen" zu Nächsten werden. Gesellschaftliche Versöhnung als Konsequenz der Liebe Gottes. In: Ehniss, Daniel & Wagner, Björn (Hg.): *Beziehungsweise leben. Inspirationen zum Leben und Handeln im Einklang mit Gott und Menschen.* Marburg: Francke. (Edition Emergent), 82-91.

Reader, John 2004. *Cities.* New York: Atlantic Monthly Press.

Reif, Heinz 1982. Städtebildung im Ruhrgebiet – die Emscherstadt Oberhausen 1850-1914. *Vierteljahresschrift für Sozial- und Wirtschaftsgeschichte* 69 (4), 457-487.

Reimer, Johannes 2009. *Die Welt umarmen. Theologie des gesellschaftsrelevanten Gemeindebaus.* Marburg: Francke. (Transformationsstudien Bd. 1).

Rentsch, Theresa; Tröger, Julius; Klack, Moritz; Boenke, Max; Wendler, David & Pätzold, André 2015. Linie der Gegensätze. *Berliner Morgenpost* 13.01. Online im Internet: URL: http://www.morgenpost.de/printarchiv/berlin/article136304167/Linie-der-Gegensaetze.html [Stand: 09.11.2015].

Reuschke, Darja 2010. *Multilokales Wohnen. Raumzeitliche Muster multilokaler Wohnarrangements von Shuttles und Personen in einer Fernbeziehung.* Wiesbaden: VS Verlag für Sozialwissenschaften.

Rhodes, Brandon 2014. Churches Without Roots are Not Plants. Springwater Community and Parish Collective (Portland, OR). In: Benesh, Sean (ed): *Vespas, Cafes, Singlespeed Bikes, and Urban Hipsters. Gentrification, Urban Mission, and Church Planting.* Portland: Urban Loft, 201-213.

Richardson, Don 1980. *Friedens-Kind. Wandlung einer Dschungelkultur grausamer Tücke in Neuguinea.* Bad Liebenzell: Liebenzeller Mission. (Telos-Taschenbuch Bd. 260).

Riewesell, Thorsten 2013. Jumpers – Jugend mit Perspektive. In: Faix, Tobias & Reimer,

Johannes (Hg.): *Tat. Ort. Glaube. 21 inspirierende Praxisbeispiele zwischen Gemeinde und Gesellschaft.* Marburg: Francke. (Transformationsstudien Bd. 6), 148-155.

Rink, Dieter 2005. Protest in Leipzig. In: Krehl, Reinhard; Steets, Silke & Wenzel, Jan (Hg.): *Leipzig-Protestatlas. Text, Bild, Karte.* Leipzig: General Panel für Experimentale, 19-45.

Ritzkowsky, Joachim 2001. *Die Spinne auf der Haut. Leben mit Obdachlosen: Bericht, Analyse, Deutung.* Berlin: Alektor.

Rogers, Everett M. 2003. *Diffusion of Inovations.* New York: Free Press.

Röhe, Matthias 2014. *Danke Landarzt. 26 Jahre rezeptfreie Unterhaltung.* Norderstedt: Books on Demand.

Rolff, Marten & Scharnigg, Max 2015. Schmeckt locker! *Süddeutsche* 14.03. Online im Internet: URL: http://www.sueddeutsche.de/stil/hipster-restaurants-schmeckt-locker-1.2378170 [Stand: 15.03.15].

Rosol, Marit 2006. *Gemeinschaftsgärten in Berlin. Eine qualitative Untersuchung zu Potenzialen und Risiken bürgerschaftlichen Engagements im Grünflächenbereich vor dem Hintergrund des Wandels von Staat und Planung.* Dissertation. Berlin: Humboldt-Universität. Online im Internet: URL: http://edoc.hu-berlin.de/dissertationen/rosol-marit-2006-02-14/PDF/rosol.pdf [Stand: 09.11.2015].

Rosol, Marit 2010. Public Participation in Post-Fordist Urban Green Space Governance: The Case of Community Gardens in Berlin. *International Journal of Urban and Regional Research* 34 (3), 548-563.

Rosol, Marit 2011. Ungleiche Versorgung mit städtischen Grün- und Freiflächen. (K)ein Thema für die Freiraumplanung? In: Belina, Bernd; Gestring, Norbert; Müller, Wolfgang & Sträter, Detlev (Hg.): *Urbane Differenzen. Disparitäten innerhalb und zwischen Städten.* Münster: Westfälisches Dampfboot. (Raumproduktionen: Theorie und gesellschaftliche Praxis Bd. 9), 98-114.

Rowe, C. Kavin 2011. The Grammar of Life. The Areopagus Speech and Pagan Tradition. *New Testament Studies* 57 (1), 31-50.

Roxburgh, Alan 2012. *Missional. Mit Gott in der Nachbarschaft leben.* Marburg: Francke. (Edition Emergent).

Roxburgh, Alan & Romanuk, Fred 2011. *Missionale Leiterschaft. Gemeinde bauen in einer sich verändernden Welt.* Marburg: Francke.

Rumpf, Torsten 2015. Mesut Özil will kein „Deutsch-Türke" mehr sein. *Sport BILD* 25.03. Online im Internet: URL: http://sportbild.bild.de/fussball/nationalmannschaft/nationalmannschaft/mesut-oezil-interview-kein-deutsch-tuerke-mehr-sein-40296328.sport.html [Stand: 09.11.2015].

Ryan, Bryce & Gross, Neal 1950. *Acceptance and Diffusion of Hybrid Corn Seed in Two Iowa Communities.* Agricultural Experiment Station. Iowa State College of Agriculture and Mechanic Arts. (Research Bulletin 372). Online im Internet: URL: http://didawikinf.di.unipi.it/lib/exe/fetch.php/wma/agricultural_research_bulletin-v029-b372.pdf [Stand: 10.11.2015].

Sachverständigenrat deutscher Stiftungen für Integration und Migration 2014. *Deutschlands Wandel zum modernen Einwanderungsland. Jahresgutachten 2014 mit Integrationsbarometer.* Online im Internet: URL: http://www.svr-migration.de/wp-content/uploads/2014/11/SVR_JG_2014_WEB.pdf [Stand: 09.11.2015].

Saleh, Raed 2011. Das Projekt „Stark ohne Gewalt". In: Marschke, Britta & Brinkmann, Heinz Ulrich (Hg.): *Handbuch Migrationsarbeit.* Wiesbaden: VS Verlag für Sozialwissenschaften, 208-212.

Sandnes, Karl Olav 1993. Paul and Socrates. The Aim of Paul's Areopagus Speech. *Journal for the Study of the New Testament* 15 (50), 13-26.

Saunders, Doug 2012. *The Myth of the Muslim Tide. Do Immigrants Threaten the West?* New York: Vintage Books.

Scheer, Karoline 2014. Imagewandel beschert der Stadt Einwohnerboom. *MDR Info* 10.09. Online im Internet: URL: http://www.mdr.de/mdr-info/einwohnerboom-leipzig100.html [Stand: 26.04.2015].

Scheff, Thomas J. 1988. Shame and Conformity. The Deference-Emotion System. *American Sociological Review* 53 (3), 395-406.

Scheidegger, Nicoline 2010. Strukturelle Löcher. In: Stegbauer, Christian & Häußling, Roger (Hg.): *Handbuch Netzwerkforschung.* Wiesbaden: VS Verlag für Sozialwissenschaften. (Netzwerkforschung Bd. 4), 145-155.

Scheiner, Joachim 2006. Lebensstile, Raum und Wohnmobilität. In: Beckmann, Klaus J.; Hesse, Markus; Holz-Rau, Christian & Hunecke, Marcel (Hg.): *StadtLeben – Wohnen, Mobilität und Lebensstil. Neue Perspektiven für Raum- und Verkehrsentwicklung.* Wiesbaden: VS Verlag für Sozialwissenschaften, 78-92.

Schelsky, Helmut 1965. Die Bedeutung des Schichtungsbegriffes für die Analyse der gegenwärtigen deutschen Gesellschaft. In: Helmut Schelsky: *Auf der Suche nach Wirklichkeit. Gesammelte Aufsätze zur Soziologie und Sozialpolitik.* Düsseldorf, Köln: Diederichs, 331-386.

Schenke, Ludger 1990. *Die Urgemeinde. Geschichtliche und theologische Entwicklung.* Stuttgart: Kohlhammer.

Schiffauer, Werner 1988. Migration and Religiousness. In: Gerholm, Tomas & Lithman, Yngve Georg (eds): *The New Islamic Presence in Western Europe.* London: Mansell, 146-158.

Schippan, Barbara; Baumann, Kai & Linden, Michael 2004. Weisheitstherapie. Kognitive Therapie der posttraumatischen Verbitterungsstörung. *Verhaltenstherapie* 14, 284-293.

Schlagner, Jonte 2015. Datzeberg – ein Stich im Herzen. *polylux newsletter* Sommer 2015.

Schlegelmilch, Cordia 2006. *Wurzen.* Erfurt: Sutton. (Wendezeiten).

Schlorff, Sam 2000. The Translational Model for Mission in Resistant Muslim Society. A Critique and an Alternative. *Missiology: An International Review* 28 (3), 305-328.

Schmid, Jeannette 1991. Die Wahrnehmung des Anderen. Sozialpsychologische Anmerkungen zu Ethnozentrismus und Marginalisierung. In: Fögen, Marie Theres (Hg.): *Fremde der Gesellschaft. Historische und sozialwissenschaftliche Untersuchungen zur Differenzierung von Normalität und Fremdheit.* Frankfurt: Klostermann. (Ius commune. Sonderhefte. Studien zur europäischen Rechtsgeschichte Bd. 56), 147-167.

Schmidbauer, Wolfgang 1992. *Hilflose Helfer. Über die seelische Problematik der helfenden Berufe.* Reinbek: Rowohlt. (rororo-Sachbuch Bd. 9196).

Schnur, Olaf 2013. Quartiersforschung revisited. Konzepte und Perspektiven eines stadtgeographischen Forschungsfeldes. In: Deffner, Veronika & Meisel, Ulli (Hg.): *StadtQuartiere. Sozialwissenschaftliche, ökonomische und städtebaulich-architektonische Perspektiven.* Essen: Klartext, 17-40.

Schnur, Olaf 2014. Quartier als Landschaft? Eine Exploration am Beispiel des Wandels in Berlin-Moabit. In: Schnur, Olaf (Hg.): *Quartiersforschung. Zwischen Theorie und Praxis.* Wiesbaden: Springer VS. (Quartiersforschung), 91-112.

Schwarz, Christian A. 1993. *Grundkurs Evangelisation. Leise werben für die Gute Nachricht.* Emmelsbüll: C & P. (Kirche für Morgen).

Schwarz, Patrik 2009. Auch ein Wunder. *Zeit Online* 22.12. Online im Internet: URL: http://www.zeit.de/2009/53/01-Glaube [Stand: 09.11.2015].

Schweer, Indra R. & Hunecke, Marcel 2006. Die Lebensstile in StadtLeben. In: Beckmann, Klaus J.; Hesse, Markus; Holz-Rau, Christian & Hunecke, Marcel (Hg.): *StadtLeben – Wohnen, Mobilität und Lebensstil. Neue Perspektiven für Raum- und Verkehrsentwicklung.* Wiesbaden: VS Verlag für Sozialwissenschaften, 55–61.

Schweizer, Thomas 1996. *Muster sozialer Ordnung. Netzwerkanalyse als Fundament der Sozialethnologie.* Berlin: Reimer.

Seipp, Wilhelm 1964. *Oberhausener Heimatbuch.* Oberhausen: Stadtverwaltung.

Sellmann, Matthias 2012. *Zuhören – Austauschen – Vorschlagen. Entdeckungen pastoraltheologischer Milieuforschung.* Würzburg: Echter.

Senatsverwaltung für Bildung, Jugend und Wissenschaft 2012. *Bericht zur Inspektion der 1. Gemeinschaftsschule 08K08.* Online im Internet: URL: http://campusruetli.de/cr2-uploads/2014.10/GemSchulinspek2011.pdf [Stand: 09.11.2015].

Senatsverwaltung für Gesundheit und Soziales 2014. *Handlungsorientierter Sozialstrukturatlas Berlin 2013. Ein Instrument der quantitativen, interregionalen und intertemporalen Sozialraumanalyse und -planung.* Online im Internet: URL: https://www.berlin.de/sen/gessoz/_assets/publikationen/gesundheits-und-sozialberichterstattung/gesundheitsberichterstattung-epidemiologie/spezialberichte/gbe_spezial_2014_1_ssa2013.pdf [Stand: 09.11.2015].

Senge, Peter M. 2001. *Die fünfte Disziplin. Kunst und Praxis der lernenden Organisation.* Stuttgart: Klett-Cotta.

SEWO 2012. *Mitternachtssport.* Online im Internet: URL: http://www.sewo.de/cms/Ursella-Stiftung/Mitternachtssport/Mitternachtssport.html [Stand: 09.11.2015].

Shallice, T. 1972. The Ulster Depth Interrogation Techniques and Their Relation to Sensory Deprivation Research. *Cognition* 1 (4), 385-405.

Shildrick, Tracy & MacDonald, Robert 2013. Poverty Talk. How People Experiencing Poverty Deny Their Poverty and Why They Blame „the Poor". *The Sociological Review* 61 (2), 285-303.

Siebel, Walter 1999. Die Stadt und die Fremden. In: Bollmann, Stefan (Hg.): *Kursbuch Stadt. Stadtleben und Stadtkultur an der Jahrtausendwende.* Stuttgart: DVA, 83-99.

Siebel, Walter 2007. Krise der Stadtentwicklung und die Spaltung der Städte. In: Baum, Detlef (Hg.): *Die Stadt in der Sozialen Arbeit. Ein Handbuch für soziale und planende Berufe.* Wiesbaden: VS Verlag für Sozialwissenschaften, 123-135.

Siebel, Walter 2012. Die europäische Stadt. In: Eckardt, Frank (Hg.): *Handbuch Stadtsoziologie.* Wiesbaden: Springer VS, 201-211.

Siebert, Horst 2002. *Der Kobra-Effekt. Wie man Irrwege der Wirtschaftspolitik vermeidet.* Stuttgart, München: DVA.

Simmel, Georg 2006. *Die Großstädte und das Geistesleben.* Frankfurt: Suhrkamp.

Sinus-Institut 2015. *Die Sinus-Milieus®.* Online im Internet: URL: http://www.sinus-institut.de/veroeffentlichungen/downloads/download/die-sinus-milieusR-2015/download-file/1074/download-a/download/download-c/Category/ [Stand: 09.11.2015].

Smith, Neil 1979. Toward a Theory of Gentrification. A Back to the City Movement by Capital, not People. *Journal of the American Planning Association* 45 (4), 538-548.

Smith, S. & Lewty, W. 1959. Perceptual Isolation Using a Silent Room. *The Lancet* 274 (7098), 342-345.

Smith, Yves 2011. Income Inequality is Bad for Rich People Too. *Salon* 11.08. Online im Internet: URL: http://www.salon.com/2011/08/11/income_inequality_3/ [Stand: 21.02.2015].

Soja, Edward W. 2000. *Postmetropolis. Critical Studies of Cities and Regions.* Oxford, Malden: Blackwell.

Sommerfeld, Harald 2009. *No more Blues. Glauben ohne Schuldgefühle.* Berlin: Down to Earth. (Quadro Bd. 8).

Sommerfeld, Harald & Sommerfeld, Esther 2013. Netzwerke der Gerechtigkeit. In: Forum Theologie & Gemeinde des BFP (Hg.): *Das Evangelium den Armen. Die Pfingstbewegung im Spannungsfeld zwischen sozialer Verantwortung und klassischem Missionsverständnis.* Erzhausen: Forum Theologie & Gemeinde, 181-196.

Spellerberg, Annette & Gerhards, Pia 2013. Lebensbedingungen und Wohnwünsche älterer Menschen. Ergebnisse aus der Stadt Pirmasens. In: Junkernheinrich, Martin & Ziegler, Karl (Hg.): *Räume im Wandel. Empirie und Politik.* Wiesbaden: Springer VS, 119-140.

Spohn, Cornelia (Hg.) 2006. *zweiheimisch. Bikulturell leben in Deutschland.* Hamburg: Edition Körber-Stiftung.

Stadt Erlangen 2013. *Erlanger Ausländeramt beim Projekt „Willkommensbehörden" da-*

bei. Online im Internet: URL: http://www.erlangen.de/desktopdefault.aspx/tabid-1475/1024_read-27977/ [Stand: 26.04.2015].

Stadt Erlangen 2015a. *Gesamtbevölkerung und die Verteilung nach Deutschen und Ausländern*. Online im Internet: URL: http://www.erlangen.de/desktopdefault.aspx/tabid-1590/1369_read-7936/ [Stand: 09.11.2015].

Stadt Erlangen 2015b. *Ausländer nach Staatsangehörigkeit*. Online im Internet: URL: http://www.erlangen.de/desktopdefault.aspx/tabid-1590/1369_read-9028/ [Stand: 09.11.2015].

Stadt Erlangen o. J. a. *Blickpunkt Stadtgeschichte:* Stadt Erlangen. Online im Internet: URL: http://www.erlangen.de/desktopdefault.aspx/tabid-1393/3362_read-24518/ [Stand: 09.11.2015].

Stadt Erlangen o. J. b. *Historische Einwohnerzahlen ab 1495*. Online im Internet: URL: http://www.erlangen.de/desktopdefault.aspx/tabid-1590/1369_read-7940 [Stand: 09.11.2015].

Stadt Erlangen o. J. c. *Ehrenamtliches Engagement in der Stadt Erlangen*. Online im Internet: URL: http://www.erlangen.de/desktopdefault.aspx/tabid-1166/797_read-6671/ [Stand: 09.11.2015].

Stadt Oberhausen 2012. *Familienbericht Oberhausen 2012*. Online im Internet: URL: http://www.lokale-buendnisse-fuer-familie.de/fileadmin/user_upload/lbff/Grossstadtinitiative/Familienbericht_Oberhausen_2012.pdf [Stand: 09.11.2015].

Stadt Oberhausen 2013. *Stadtentwicklungsprojekt Neue Mitte Oberhausen*. Online im Internet: URL: http://www.oberhausen.de/de/index/wirtschaft-arbeit/stadtentwicklungsprojekt-neue-mitte-oberhausen.php [Stand: 09.11.2015].

Stadt Oberhausen 2014a. *Statistisches Jahrbuch der Stadt Oberhausen. Jahrgang 2014*. Online im Internet: URL: http://www.oberhausen.de/de/index/rathaus/verwaltung/familie-bildung-soziales/statistik-und-wahlen/statistik/veroeffentlichungen/material_veroeffentlichungen/statistisches_jahrbuch/statistisches_jahrbuch_2014.pdf [Stand: 09.11.2015].

Stadt Oberhausen 2014b. *Im Blickpunkt: Statistisches Jahrbuch 2014. Oberhausener Datenspiegel* (Profile. Oberhausener Datenspiegel IV/2014). Online im Internet: URL: https://www.oberhausen.de/de/index/rathaus/verwaltung/familie-bildung-soziales/statistik-und-wahlen/statistik/veroeffentlichungen/material_veroeffentlichungen/profile/profile_ausgabe_iv_2014.pdf [Stand: 09.11.2015].

Stadt Oberhausen 2014c. *Familien als Haushaltstypen in der Oberhausener Kommunalstatistik*. Online im Internet: URL: https://www.oberhausen.de/de/index/rathaus/verwaltung/verwaltungsfuehrung/buero-fuer-chancengleichheit/familie/material_familie/vortrag_familien_statistik_oberhausen.pdf [Stand: 09.11.2015].

Stadtverwaltung Gotha 2014. *Statistischer Jahresbericht 2013*. Online im Internet: URL: http://www.gotha.de/fileadmin/stadtinfo/Statistik/Jahresbericht2013.pdf [Stand: 09.11.2015].

Stadtverwaltung Gotha 2015. *Bevölkerungsstand. Quartalsbericht I/2015.* Online im Internet: URL: http://www.gotha.de/fileadmin/stadtinfo/Statistik/Bevoelkerungsstand.pdf [Stand: 09.11.2015].

Stadtverwaltung Pirmasens 2011. *Stadt Pirmasens und der Landkreis Südwestpfalz in Zahlen, zuletzt aktualisiert am* http://www.pirmasens.de/dante-cms/app_data/adam/repo/49298_psp_pr-booklet_vollversion.pdf [Stand: 09.11.2015].

Staemmler, Johannes 2014. *Wie Städte sich neu finden. Chancen und Grenzen von Governance mit Zivilgesellschaft in strukturschwachen Kommunen.* Baden-Baden: Nomos. (Schriftenreihe Kommunikation in Politik und Wirtschaft Bd. 10).

Standesamt Gotha 2014. *Starker Geburtenanstieg setzt sich fort.* Online im Internet: URL: http://www.gotha.de/service/aktuell/pressemitteilungen/pressemitteilung-detailansicht/article/statistik_des_gothaer_standesamtes_2013_starker_geburtenanstieg_setzt_sich_fort.html [Stand: 09.11.2015].

Stark, Florian 2013. Die Schlacht, die Köln und Düsseldorf verfeindete. *Welt* 01.06. Online im Internet: URL: http://www.welt.de/geschichte/article116703956/Die-Schlacht-die-Koeln-und-Duesseldorf-verfeindete.html [Stand: 23.09.2015].

Stark, Rodney 1997. *Der Aufstieg des Christentums. Neue Erkenntnisse aus soziologischer Sicht.* Weinheim: Beltz Athenäum. (Neue wissenschaftliche Bibliothek).

Stark, Rodney 2006. *Cities of God. The Real Story of How Christianity Became an Urban Movement and Conquered Rome.* San Francisco: HarperOne.

Statistisches Amt München 2014. *Statistisches Jahrbuch. Jahreszahlen 2013.* Online im Internet: URL: http://www.muenchen.de/rathaus/dms/Home/Stadtinfos/Statistik/bevoelkerung/archiv/jaz2014_bevoelkerung.pdf [Stand: 09.11.2015].

Statistisches Bundesamt 2013. *Städte (Alle Gemeinden mit Stadtrecht) nach Fläche, Bevölkerung und Bevölkerungsdichte am 31.12.2012.* Online im Internet: URL: https://www.destatis.de/DE/ZahlenFakten/LaenderRegionen/Regionales/Gemeindeverzeichnis/Administrativ/Aktuell/05Staedte.html [Stand: 20.09.2014].

Statistisches Bundesamt 2014. *Mikrozensus 2013: 16,5 Millionen Menschen mit Migrationshintergrund.* (Pressemitteilung Nr. 402). Online im Internet: URL: https://www.destatis.de/DE/PresseService/Presse/Pressemitteilungen/2014/11/PD14_402_122.html [Stand: 09.11.2015].

Statistisches Bundesamt 2015a. *Einbürgerungen im Jahr 2014 geringfügig zurückgegangen.* (Pressemitteilung Nr. 237). Online im Internet: URL: https://www.destatis.de/DE/PresseService/Presse/Pressemitteilungen/2015/06/PD15_237_12511.html [Stand: 09.11.2015].

Statistisches Bundesamt 2015b. *Bevölkerung.* Online im Internet: URL: https://www.destatis.de/DE/ZahlenFakten/GesellschaftStaat/Bevoelkerung/Ehescheidungen/Tabellen_/lrbev06.html [Stand: 09.11.2015].

Statistisches Landesamt Nordrhein-Westfalen 1973. *Die Haushalte in Nordrhein-Westfalen nach Art und Größe am 27. Mai 1970. Ergebnisse der Volkszählung 1970.* Düsseldorf:

Statistisches Landesamt Nordrhein-Westfalen. (Beiträge zur Statistik des Landes Nordrhein-Westfalen – Sonderreihe Volkszählung 1970 Heft 13).

Statistisches Landesamt Rheinland-Pfalz 2012. *Rheinland-Pfalz 2060. Dritte regionalisierte Bevölkerungsvorausberechnung (Basisjahr 2010). Ergebnisse für die kreisfreie Stadt Pirmasens.* Online im Internet: URL: http://www.statistik.rlp.de/analysen/RP_2060/kreis/317.pdf [Stand: 14.04.2015].

Statistisches Landesamt Rheinland-Pfalz 2014a. *Kreisfreie Stadt Pirmasens. Bevölkerungsentwicklung 1963-2013.* Online im Internet: URL: http://www.infothek.statistik.rlp.de/MeineHeimat/zeitreihe.aspx?l=3&key=0731700000&subject=21 [Stand: 14.04.2015].

Statistisches Landesamt Rheinland-Pfalz 2014b. *Kreisfreie Stadt Pirmasens. Bevölkerungsstruktur am 31.12.2013 im Vergleich.* Online im Internet: URL: http://www.infothek.statistik.rlp.de/MeineHeimat/vergleich.aspx?topic=14335&key=0731700000&l=3&id=3537&subject=20 [Stand: 14.04.2015].

Statistisches Landesamt Rheinland-Pfalz 2014c. *Kreisfreie Stadt Pirmasens. Natürliche Bevölkerungsbewegungen 1975 - 2013.* Online im Internet: URL: http://www.infothek.statistik.rlp.de/MeineHeimat/zeitreihe.aspx?l=3&id=3537&key=0731700000&subject=221 [Stand: 14.04.2015].

Steele, Claude 2008. Stereotype Threat and African-American Student Achievement. In: Grusky, David B.; Ku, Manwai C. & Szelényi, Szonja (eds): *Social Stratification. Class, Race, and Gender in Sociological Perspective.* Boulder: Westview Press, 678-683.

Steets, Silke 2008. *Wir sind die Stadt! Kulturelle Netzwerke und die Konstitution städtischer Räume in Leipzig.* Frankfurt, New York: Campus. (Interdisziplinäre Stadtforschung Bd. 2).

Steinführer, Annett & Kabisch, Sigrun 2004. *Binnen- und Außenimage von Johanngeorgenstadt aus soziologischer Perspektive.* (UFZ-Bericht 2/2004). Online im Internet: URL: https://www.ufz.de/export/data/1/29275_ufz_bericht_02_04.pdf [Stand: 09.11.2015].

Stonequist, Everett V. 1961. *The Marginal Man. A Study in Personality and Culture Conflict.* New York: Russell & Russell.

Strack, Hermann L. & Billerbeck, Paul 1922. *Das Evangelium nach Matthäus.* München: Beck. (Kommentar zum Neuen Testament aus Talmud und Midrasch Bd. 1).

Strack, Hermann L. & Billerbeck, Paul 1924. *Das Evangelium nach Markus, Lukas und Johannes und die Apostelgeschichte.* München: Beck. (Kommentar zum Neuen Testament aus Talmud und Midrasch Bd. 2).

Strecker, Christian 2009. Gottesfürchtige / Proselyt / Proselytin. In: Crüsemann, Frank; Hungar, Kristian; Janssen, Claudia; Kessler, Rainer & Schottroff, Luise (Hg.): *Sozialgeschichtliches Wörterbuch zur Bibel.* Gütersloh: Gütersloher Verlagshaus, 227-230.

Sutton, Lesley o. J. *Meditation on Claire Curneen´s St. Sebastian.* Online im Internet: URL: http://www.lesleysutton.co.uk/www.lesleysutton.co.uk/Meditation_on_St_Sebastien_by_Claire_Curneens.html [Stand: 09.11.2015].

Sutton, Roger 2014. *Connecting with Your Local Authority.* Online im Internet: URL: http://

freshstreams.net/wp-content/uploads/2014/07/Roger-Sutton-Connecting-with-local-authority.pdf [Stand: 09.11.2015].

Tessin, Wulf 2008. *Ästhetik des Angenehmen. Städtische Freiräume zwischen professioneller Ästhetik und Laiengeschmack.* Wiesbaden: VS Verlag für Sozialwissenschaften.

The PassionArt Trail (eds) 2014. *Catalogue.* Online im Internet: URL: http://passionart-trail.co.uk/PassionArtCatalogue.pdf [Stand: 01.11.2015].

Theis, Burkhard 2013. Lang, lang ist es her mit dem Puzzeln. In: *FeG Bildungskalender 2013,* 2. Online im Internet: URL: http://www.th-ewersbach.de/files/bildungskalender-2013.pdf [Stand: 21.09.2015].

Thierse, Wolfgang 1992. Gegen die Abwicklung unserer Geschichte. In: Arnold, Heinz Ludwig & Meyer-Gosau, Frauke (Hg.): *Die Abwicklung der DDR.* Göttingen: Wallstein, 9-13.

Thoma, Susanne o. J. *Werkstatt für urbane Intervention.* Online im Internet: URL: http://susanne-thoma.de/werkstatt-fuer-urbane-intervention/ [Stand: 21.09.2015].

Thomas, Michael 2012. Vereine oder Wie nimmt man eigentlich Abschied? Eine Spurensuche in Wittenberge. In: Willisch, Andreas (Hg.): *Wittenberge ist überall. Überleben in schrumpfenden Regionen.* Berlin: Links, 95-111.

Thränhardt, Dietrich 2000. Einwandererkulturen und soziales Kapital. Eine komparative Analyse. In: Thränhardt, Dietrich & Hunger, Uwe (Hg.): *Einwanderer-Netzwerke und ihre Integrationsqualität in Deutschland und Israel.* Münster: LIT, 15-51.

Tiefensee, Eberhard 2007. Areligiosität. Annäherungen an ein Phänomen. In: Laepple, Ulrich & Roschke, Volker (Hg.): *Die so genannten Konfessionslosen und die Mission der Kirche. Festgabe für Hartmut Bärend.* Neukirchen-Vluyn: Neukirchener, 66-77.

Tönnies, Ferdinand 1963. *Gemeinschaft und Gesellschaft. Grundbegriffe der reinen Soziologie.* Darmstadt: Wissenschaftliche Buchgesellschaft.

Travis, John 2000. Messianic Muslim Followers of Isa. A Closer Look at C5 Believers and Congregations. *International Journal of Frontier Missions* 17 (1), 53-59.

Trenkamp, Oliver; Wiemann, Esther & Göbel, Malte 2009. Volksentscheid in Berlin. Doppelte Pleite für „Pro Reli". *Spiegel Online* 26.04. Online im Internet: URL: http://www.spiegel.de/schulspiegel/wissen/volksentscheid-in-berlin-doppelte-pleite-fuer-pro-reli-a-621216.html [Stand: 20.02.2015].

Tuan, Yi-Fu 2003. *Space and Place. The Perspective of Experience.* Minneapolis: University of Minnesota Press.

Twelftree, G. H. 1993. Reviews. *The Journal of Theological Studies* 44 (1), 240-245.

Twickel, Christoph 2010. *Gentrifidingsbums oder eine Stadt für alle.* Hamburg: Edition Nautilus.

Uhde, Michael 2015. Verantwortung für Flüchtlinge. *Spandauer Volksblatt* 22.08. Online im Internet: URL: http://www.berliner-woche.de/spandau/soziales/verantwortung-fuer-fluechtlinge-d82734.html [Stand: 09.11.2015].

Um, Stephen T. & Buzzard, Justin 2013. *Why Cities Matter. To God, the Culture, and the Church.* Wheaton: Crossway.

Unterwegs in Spandau 2015. *Café der Kulturen in der Josua Gemeinde.* Online im Internet: URL: http://www.unterwegs-in-spandau.de/cafe-der-kulturen-in-der-josua-gemeinde/ [Stand: 09.11.2015].

Van de Mieroop, Marc 1992. *Society and Enterprise in Old Babylonian Ur.* Berlin: Reimer. (Berliner Beiträge zum Vorderen Orient Bd. 12).

Van de Mieroop, Marc 1999. *The Ancient Mesopotamian City.* Oxford: Oxford University Press.

Van den Horst, Pieter Willem 1989. The Altar of the „Unknown God" in Athens (Acts 17 :23) and the Cult of „Unknown Gods" in the Hellenistic and Roman Periods. In: Haase, Wolfgang (Hg.): *ANRW Teil II, Bd. 18. Religion (Heidentum: Die religiösen Verhältnisse in den Provinzen [Forts.]). 2. Teilband.* Berlin: De Gruyter, 1426-1456.

Van Steden, Ronald 2014. *Living by Love. Street Pastors, Care and Public Safety in Cardiff's Night Economy.* Amsterdam: VU University. Online im Internet: URL: http://www.researchgate.net/publication/273026719_Living_by_love_Street_Pastors_care_and_public_safety_in_Cardiffs_night-time_economy [Stand: 09.11.2015].

VELKD 2010. *Segnung beim Umzug in eine neue Wohnung. Entwurf einer Handreichung zu Agende IV, Teilband 2.* Online im Internet: URL: http://www.velkd.de/publikationen/download.php?6ea9ab1baa0efb9e19094440c317e21b [Stand: 09.11.2015].

Venturi, Marco 2007. Innovationslose Städte? In: Mückenberger, Ulrich & Timpf, Siegfried (Hg.): *Zukünfte der europäischen Stadt. Ergebnisse einer Enquete zur Entwicklung und Gestaltung urbaner Zeiten.* Wiesbaden: VS Verlag für Sozialwissenschaften, 25-36.

Von Dohnany, Johannes 2015. Willkommen sein. *change* (2/2015), 16-25.

Von Seggern, Hille & Tessin, Wulf 2005. Einen Ort begreifen. Der Emst-August-Platz in Hannover. Beobachtungen – Experimente – Gespräche – Fotos. In: Riege, Marlo & Schubert, Herbert (Hg.): *Sozialraumanalyse. Grundlagen – Methoden – Praxis.* Wiesbaden: VS Verlag für Sozialwissenschaften, 283-298.

Wagner, Karsten 2013. FeG Geesthacht. Auf dem Weg zur Nachbarschaftskirche. In: Faix, Tobias & Reimer, Johannes (Hg.): *Tat. Ort. Glaube. 21 inspirierende Praxisbeispiele zwischen Gemeinde und Gesellschaft.* Marburg: Francke. (Transformationsstudien Bd. 6), 228-237.

Wahl-Immel, Yuriko 2015. Muslimische Gemeinde hat Frau als Imam. *n-tv* 31.01. Online im Internet: URL: http://www.n-tv.de/panorama/Muslimische-Gemeinde-hat-Frau-als-Imam-article14428461.html [Stand: 09.11.2015].

Währisch-Oblau, Claudia 2005. Migrationskirchen in Deutschland. Überlegungen zur strukturierten Beschreibung eines komplexen Phänomens. *Zeitschrift für Mission* (1-2), 19-39.

Wälde, Rainer o. J. *Social-Media-Knigge. Freundschaft auf den ersten Klick? Stilvolle Kontaktpflege durch soziale Medien.* Online im Internet: URL: http://knigge-rat.de/themen_social_media.html [Stand: 21.09.2015].

Warnhold, Birgit 2014. *Café St. Oberholz am Rosenthaler Platz. Treff der Digital Natives.* Online im Internet: URL: http://www.berlin1.de/berliner-kche/cafs/caf-st-oberholz-am-rosenthaler-platz-treff-der-digital-natives-20141367 [Stand: 09.11.2015].

Weiser, Alfons 1985. *Die Apostelgeschichte. Kapitel 13-28.* Gütersloh: Gütersloher Verlagshaus. (Ökumenischer Taschenbuchkommentar Bd. 5/2).

Welch, Sally 2010. *Walking the Labyrinth. A spiritual and Practical Guide.* London: Canterbury Press.

Wellgraf, Stefan 2014. Facing contempt. Dealing with exclusion among Berlin Hauptschüler. *Ethnography* 15 (2), 160-183.

Wellman, Barry 1979. The Community Question. The Intimate Networks of East Yorkers. *American Journal of Sociology* 84 (5), 1201-1231.

Weniger, Maren & Weniger, Karsten 2013. Go20. Mit Kindern und Jugendlichen den Stadtteil verändern. In: Faix, Tobias & Reimer, Johannes (Hg.): *Tat. Ort. Glaube. 21 inspirierende Praxisbeispiele zwischen Gemeinde und Gesellschaft.* Marburg: Francke. (Transformationsstudien Bd. 6), 89-95.

Wesley, John 1996. *The Works of John Wesley. Vol. I. Journals, Oct. 14, 1735 - Nov. 29, 1745.* Albany: SAGE.

Whyte, William F. 1981. *Street Corner Society. The Social Sructure of an Italian Slum.* Chicago: University of Chicago Press.

Whyte, William H. 1988. *City. Rediscovering the Center.* New York: Doubleday.

Whyte, William H. 2001. *The Social Life of Small Urban Spaces.* New York: Project for Public Spaces.

Wiechmann, Thorsten & Pallagst, Karina M. 2012. Urban Shrinkage in Germany and the USA. A Comparison of Transformation Patterns and Local Strategies. *International Journal of Urban and Regional Research* 36 (2), 261-280.

Wikenhauser, Alfred 1921. *Die Apostelgeschichte und ihr Geschichtswert.* Münster: Aschendorff.

Wilde, Anja & Mallock, Wolfgang 2009. *Wende und Wandel in Ostdeutschland. 20 Jahre nach dem Mauerfall.* (Recherche Spezial 10/2009). Online im Internet: URL: http://www.ssoar.info/ssoar/bitstream/handle/document/37189/ssoar-2009-wilde_et_al-Wende_und_Wandel_in_Ostdeutschland.pdf [Stand: 09.11.2015].

Wilhelm, Hannah 2010. Pleitestadt Pirmasens. *Süddeutsche* 17.05. Online im Internet: URL: http://www.sueddeutsche.de/geld/verschuldet-in-deutschland-pleitestadt-pirmasens-1.273544 [Stand: 22.04.2015].

Wilkinson, Richard G. & Pickett, Kate E. 2010a. *Gleichheit ist Glück. Warum gerechte Gesellschaften für alle besser sind.* Berlin: Tolkemitt.

Wilkinson, Richard G. & Pickett, Kate E. 2010b. *The Spirit Level. Why Greater Equality Makes Societies Stronger.* New York: Bloomsbury.

Wilkinson, Richard G. & Pickett, Kate E. 2014. Why society is more unequal than ever. *The Guardian* 09.03. Online im Internet: URL: http://www.theguardian.com/commentisfree/2014/mar/09/society-unequal-the-spirit-level [Stand: 20.02.15].

Williams, Linda & Cradock, Froukje 2006. *Faith Action Audit Stoke-on-Trent.* Online im Internet: URL: http://www.saltbox.org.uk/assets/uploads/SOT_FAA_-_2.pdf [Stand: 09.11.2015].

Willisch, Andreas (Hg.) 2012. *Wittenberge ist überall. Überleben in schrumpfenden Regionen.* Berlin: Links.

Wilson, Matt 2005. *Eden. Called to the Streets.* Eastbourne: Survivor.

Wirth, Louis 1938. Urbanism as a Way of Life. *American Journal of Sociology* 44 (1), 1-24.

WirtschaftsWoche 2013. *71 Großstädte im Test. Alle Daten zu Immobilienmarkt, Lebensqualität, Arbeitsmarkt und Wirtschaftsstruktur. Sonderausgabe.*

WirtschaftsWoche 2014. *69 Großstädte im Test. Alle Daten zu Immobilienmarkt, Lebensqualität, Arbeitsmarkt und Wirtschaftsstruktur. Sonderausgabe.*

Wittkop, Justus Franz 1974. *Michail A. Bakunin.* Reinbek: Rowohlt. (Rowohlts Monographien Bd. 218).

Wittkowsky, Vadim 2009. „Pagane" Zitate im Neuen Testament. *Novum Testamentum* 51 (2), 107-126.

Wolf, Kristine 2008. „Meine Arbeit macht kein Mann besser!". Frauen im Kaltwalzwerk des Stahlgiganten. In: Mohrmann, Ute; Scholze-Irrlitz, Leonore & Jacobeit, Sigrid (Hg.): *FrauenAlltag im östlichsten deutschen Osten. Eisenhüttenstadt.* Münster: LIT. (Berliner Blätter. Ethnographische und ethnologische Beiträge Sonderheft 47), 43-60.

Wolffe, John & Jackson, Bob 2012. Anglican Resurgence. The Church of England in London. In: Goodhew, David (ed): *Church Growth in Britain. 1980 to the Present.* Farnham: Ashgate. (Ashgate Contemporary Ecclesiology), 23-39.

Wood, Gerald 2003. *Die Wahrnehmung städtischen Wandels in der Postmoderne. Untersucht am Beispiel der Stadt Oberhausen.* Opladen: Leske + Budrich. (Stadtforschung aktuell Bd. 88).

Woodberry, J. D. & Shubin, R. G. 2001. Muslims Tell … „Why I Chose Jesus". *Mission Frontiers* March 2001. Online im Internet: URL: http://www.missionfrontiers.org/issue/article/muslims-tell...-why-i-chose-jesus [Stand: 09.11.2015].

Wulf, Bernd 2008. *Pro Ehrenamt. Entscheidungsfinder.* Norderstedt: Books on Demand.

Wycherley, R. E. 1968. St. Paul at Athens. *The Journal of Theological Studies* 19 (2), 619-621.

Yang, Fenggang 2005. Lost in the Market, Saved at McDonald's. Conversion to Christianity in Urban China. *Journal for the Scientific Study of Religion* 44 (4), 423-441.

Yang, Fenggang 2014. What about China? Religious Vitality in the Most Secular and Rapidly Modernizing Society. *Sociology of Religion* 75 (4), 564-578.

Zeiher, Helga 1995. Die vielen Räume der Kinder. Zum Wandel räumlicher Lebensbedingungen seit 1945. In: Preuss-Lausitz, Ulf (Hg.): *Kriegskinder, Konsumkinder, Krisenkinder. Zur Sozialisationsgeschichte seit dem Zweiten Weltkrieg.* Weinheim, Basel: Beltz. (Reihe Pädagogik), 176-195.

Zetterholm, Magnus 2003. *The Formation of Christianity in Antioch. A Social-Scientific Approach to the Separation between Judaism and Christianity.* London, New York: Routledge. (Routledge Early Church Monographs).

Zimmerli, Walther 1979. *Ezechiel.* Neukirchen-Vluyn: Neukirchener. (Biblischer Kommentar, Altes Testament Bd. 13).

Zimmermann, Johannes 2010. Theologische Einführung. In: Zimmermann, Johannes & Schröder, Anna-Konstanze (Hg.): *Wie finden Erwachsene zum Glauben? Einführung und Ergebnisse der Greifswalder Studie.* Neukirchen-Vluyn: Aussaat. (Beiträge zu Evangelisation und Gemeindeentwicklung Praxis), 17-30.

Zimmermann, Johannes; Herbst, Michael; Schröder, Anna-Konstanze; Hempelmann, Heinzpeter & Clausen, Matthias 2010. Zehn Thesen zur Konversion. In: Zimmermann, Johannes & Schröder, Anna-Konstanze (Hg.): *Wie finden Erwachsene zum Glauben? Einführung und Ergebnisse der Greifswalder Studie.* Neukirchen-Vluyn: Aussaat. (Beiträge zu Evangelisation und Gemeindeentwicklung Praxis), 57-167.

Zimmermann, Johannes & Schröder, Anna-Konstanze (Hg.) 2010. *Wie finden Erwachsene zum Glauben? Einführung und Ergebnisse der Greifswalder Studie.* Neukirchen-Vluyn: Aussaat. (Beiträge zu Evangelisation und Gemeindeentwicklung Praxis).

Zohlen, Gerwin 1999. Erlebnisumgebung mit kontrollierbarer Temperatur: Shopping-Malls. In: Bollmann, Stefan (Hg.): *Kursbuch Stadt. Stadtleben und Stadtkultur an der Jahrtausendwende.* Stuttgart: DVA, 115-121.

Bildnachweise

S. 39: Christian Kahle @ Flickr (Creative Commons BY-SA 2.0); S. 42: www.leipzig2015.de; S. 65: Axel Mauruszat @ Wikimedia Commons (Creative Commons BY-SA 3.0); S. 67: Andreas Fraefcke @ Wikimedia Commons (CC BY-SA 3.0); S. 74: Aktron @ Wikimedia Commons (CC BY-SA 2.5); S. 89: Tuxyso @ Wikimedia Commons (Creative Commons BY-SA 3.0); S. 96.97: Jürgen Kiefer; S. 104: Totinia Mateus; S. 109: www.thefeast.org.uk; S. 113: Joshua Lupemba; S. 136: Harald Sommerfeld; S. 139: Pakt für Pirmasens; S. 144: JugendKulturWerkstatt Pirmasens, www.jukuwe-pirmasens.de; S. 154: Daniel Hufeisen; S. 158: ELIA-Gemeinde Erlangen, info@elia-erlangen.de; S. 163: Hartmut Sauer, fotosauer@t-online.de; S. 176: polylux e. V.; S. 181: Nickolay Lamm; S. 195: Ines Külper; S. 210: Arno Backhaus; S. 214: Christian Aleksander @ Wikimedia Commons (CC BY 2.0); S. 216: Nashville Civic Design Center, www.cividesigncenter.org/events/parking-day; S. 232: Refo Moabit; S. 247: Harald Sommerfeld; S. 263: FACE-Familienzentrum; S. 267.273: polylux e. V.; S. 277: Raimond Spekking @ Wikimedia Commons (CC BY-SA 4.0); S. 302: Marlus Bancher; S. 303: Kevin Saff; S. 311: Vision Video; S. 318: Harald Sommerfeld; S. 332: Appaloosa @ Wikimedia Commons (CC BY-SA 3.0); S. 339: Alan Levine @ Flickr (CC BY 2.0); S. 368: Torsten Hüner, Totale Offensive; S. 379: Saltbox Stoke-on-Trent; S. 381: Pixelteufel @ Flicks (Creative Commons BY 2.0); S. 414: Harald Sommerfeld; S. 420: Gemeinsam für Berlin; S. 430: Harald Sommerfeld; S. 437: Serve the City; S. 438: Christine Thumm / Serve the City Berlin; S. 454: Lia Ford; S. 460: Craig Patterson @ Flickr (CC BY-ND 2.0); S. 480: Reploid @ Deviantart (CC BY-SA 3.0); S. 498: Ssolbergj @ Wikimedia Commons (CC BY-SA 3.0); S. 496: wplynn @ Flickr (CC BY-ND 2.0); S. 522: http://thelincolnite.co.uk; S. 528: MitternachtsSport e. V., www.mitternachtssport.de; S. 543: Brian Solis @ Flickr (CC BY 2.0); S. 584: Gemeinsam für Berlin

Weitere Transformationsstudien

Thomas Kröck, Gisela Schneider
Partnerschaft. Gerechtigkeit. Transformation.
Christliche Perspektiven der Entwicklungszusammenarbeit
Transformationsstudien – Band 7
ISBN 978-3-86827-503-2
400 Seiten, Paperback

Der Einsatz gegen die weltweite Armut beschäftigt internationale Organisationen, staatliche Entwicklungsdienste sowie christliche Werke und private Initiativen. Dabei stellen sich viele herausfordernde Fragen: Wie können und sollen Christen in einer global verbundenen Welt leben? Wie kann Gottes Gerechtigkeit sichtbar werden auf Erden? Und wie können Christen weltweit voneinander lernen?
Dies sind nur einige der spannenden Fragen, auf die eine große Bandbreite von Expertinnen und Experten in dem vorliegenden Buch eingeht. In den Beiträgen werden verschiedene Aspekte, Sichtweisen und Erfahrungen aus der interkulturellen und internationalen Arbeit dargestellt. Das Buch soll zum Nachdenken anregen und dazu ermutigen, das eigene Handeln zu überprüfen und noch bewusster und engagierter an Gottes Mission mitzuwirken.

Tobias Faix, Volker Brecht, Tobias Müller, Stefan Bösner
Tat. Ort. Glaube.
21 inspirierende Praxisbeispiele zwischen Gemeinde und Gesellschaft
Transformationsstudien – Band 6
ISBN 978-3-86827-385-4
272 Seiten, Paperback

Wie kommt das Evangelium zu den Menschen unserer Zeit? Wo trifft es ihren Alltag, ihre Hoffnungen und Bedürfnisse? Wie wird die neu anbrechende Welt Gottes heute in den gesellschaftlichen Verschiebungen sichtbar und erfahrbar?

In diesem Praxisbuch werden 21 innovative Projekte vorgestellt, die das Ziel haben, Antworten auf diese Fragen zu geben. Das Spektrum reicht von missionaler, kirchlicher Jugendarbeit sowie sozialer Stadtteilarbeit über Gemeindegründungen und -initiativen in Ostdeutschland bis hin zu einer Ausstellung über die Geschichte des Christentums. Leitende und Mitarbeitende berichten offen und ungeschminkt über ihre Visionen von einem veränderten Umfeld, die Umsetzung ihrer Ideen und die damit verbundenen motivierenden und ernüchternden Erfahrungen. Ein Buch für alle, die sich inspirieren lassen wollen durch neuartige und alternative Ausdrucksformen des christlichen Glaubens und Gemeindelebens.

Tobias Faix, Johannes Reimer
Die Welt verstehen
Kontextanalyse als Sehhilfe für die Gemeinde
Transformationsstudien – Band 3
ISBN 978-3-86827-319-9
288 Seiten, Paperback

Wer in der heutigen Zeit Gemeinde leben möchte, muss die Lebenswelt der Menschen verstehen. Nur wer die Hoffnungen, Ängste und Bedürfnisse der Menschen ernst nimmt, kann „Salz und Licht" sein. Doch in einer globalisierten und sich ständig verändernden Welt sind vielen Kirchen und Gemeinden die Menschen des eigenen Ortes fremd geworden.

Das Buch »Die Welt verstehen« möchte Gemeinden und Kirchen helfen, den Blick nach außen zu wenden, um ihren gesellschaftsrelevanten Auftrag neu zu entdecken. Die Methode der Kontextanalyse hilft, diesen Auftrag neu wahrzunehmen und umzusetzen und ist daher eine wertvolle und praktische Sehhilfe für die Gemeinde. Mit der Analyse des eigenen Potenzials beginnt eine spannende Reise von Milieukarten über Aktionsforschungen bis zu geistlichen Stadtteilbegehungen. Dabei werden viele praktische Anregungen und Hilfestellungen, Tools und Kopiervorlagen für die eigene Umsetzung gegeben, die es ermöglichen, den eigenen Stadtteil Schritt für Schritt besser kennenzulernen.

Johannes Reimer
Die Welt umarmen
Theologie des gesellschaftsrelevanten Gemeindebaus
Transformationsstudien – Band 1
ISBN 978-3-86827-085-3
384 Seiten, Paperback

Ein Buch voller Leidenschaft für die Welt, die Gott verloren hat und die er doch liebt. Ein Buch für Menschen, die Gemeinde bauen wollen. Ein Buch für Menschen, die diakonisch arbeiten und leben möchten. Ein Buch für Menschen, die versuchen, andere mit Gott in Kontakt zu bringen.
Johannes Reimer analysiert Gemeindemodelle und macht konkrete Vorschläge für einen gesellschaftsrelevanten Gemeindebau.
Er geht aus von den anschaulichen Gemeindebildern des Neuen Testaments und untersucht ihre Auswirkungen auf das Gesellschaftsleben der ersten Jahrhunderte.
Auch in der Kirchengeschichte späterer Jahrhunderte findet er interessante Beispiele für Gemeinden, die sowohl missionarisch als auch diakonisch ihre Umgebung durchdrangen.
Schließlich beschreibt er, wie Gemeinde heute aussehen kann. So wie Gott in Jesus Mensch wurde, so sollten auch wir als seine Nachfolger mitten in der Welt leben und uns einbringen.